DER LITERATUR BROCKHAUS
Band 4

DER
LITERATUR
BROCKHAUS

Grundlegend überarbeitete
und erweiterte Taschenbuchausgabe
in 8 Bänden

Herausgegeben
von Werner Habicht,
Wolf-Dieter Lange und der
Brockhaus-Redaktion

Band 4: Gry – Kle

B. I.-Taschenbuchverlag
Mannheim · Leipzig · Wien · Zürich

Redaktionelle Leitung: Gerhard Kwiatkowski
Redaktionelle Bearbeitung: Ariane Braunbehrens M.A.,
Heinrich Kordecki M.A., Dr. Rudolf Ohlig,
Heike Pfersdorff M.A., Cornelia Schubert M.A.,
Maria Schuster-Kraemer M.A.,
Dr. Margarete Seidenspinner, Birgit Staude M.A.,
Marianne Strzysch

Redaktionelle Leitung der Taschenbuchausgabe:
Maria Schuster-Kraemer M.A.
Redaktionelle Bearbeitung der Taschenbuchausgabe:
Vera Buller, Dipl.-Bibl. Sascha Höning,
Rainer Jakob, Birgit Staude M.A.

Die Deutsche Bibliothek – CIP-Einheitsaufnahme
Der **Literatur-Brockhaus**: in acht Bänden / hrsg. von
Werner Habicht, Wolf-Dieter Lange und der Brockhaus-Redaktion. –
Grundlegend überarb. und erw. Taschenbuchausg. –
Mannheim; Leipzig; Wien; Zürich: BI-Taschenbuchverl.
ISBN 3-411-11800-8
NE: Habicht, Werner [Hrsg.]
Grundlegend überarb. und erw. Taschenbuchausg.
Bd. 4. Gry – Kle. – 1995
ISBN 3-411-11841-5

Als Warenzeichen geschützte Namen
sind durch das Zeichen (W2) kenntlich gemacht.
Etwaiges Fehlen dieses Zeichens bietet keine Gewähr dafür,
daß es sich um einen nicht geschützten Namen handelt,
der von jedermann benutzt werden darf.

Das Wort BROCKHAUS ist für Bücher aller Art für den Verlag
Bibliographisches Institut & F.A. Brockhaus AG
als Warenzeichen geschützt.
Alle Rechte vorbehalten
Nachdruck, auch auszugsweise, verboten
© Bibliographisches Institut & F.A. Brockhaus AG,
Mannheim 1995
Satz: Bibliographisches Institut (DIACOS Siemens) und
Mannheimer Morgen Großdruckerei und Verlag GmbH
Druck: Klambt-Druck GmbH, Speyer
Bindearbeit: Augsburger Industriebuchbinderei
Printed in Germany
Gesamtwerk: ISBN 3-411-11800-8
Band 4: ISBN 3-411-11841-5

Gry

Grynberg, Uri Zvi †Greenberg, Uri Zvi.

Gryparis, Ioannis N., * Artemon (Sifnos) 17. Juli 1870, † Athen 10. März 1942, neugriech. Dichter. – Beeinflußt von den frz. Parnassiens, später von den Symbolisten; schrieb maßvolle, sprachlich brillante Gedichte.

Werke: Skarabaioi kai terrakottes (= Skarabäen und Terrakotten, Ged., 1919), Hapanta (= Gesamtwerk, 1952).

Gryphius, Andreas, eigtl. A. Greif, * Glogau 2. Okt. 1616, † ebd. 16. Juli 1664, dt. Schriftsteller. – Sohn eines prot. Pfarrers; hatte nach dem frühen Tod der Eltern eine schwere Kindheit und Jugend, wurde dennoch vorzüglich ausgebildet; er besaß hervorragende Kenntnisse der klass. und der neuen Sprachen; 1636 wurde er Hauslehrer bei den Söhnen seines Förderers Georg Ritter zu Schönborn, der ihn 1637 zum Dichter krönte; 1638–43 Studium in Leiden, wo er auch philosoph., natur- und geisteswiss. Vorlesungen hielt. Ab 1644 unternahm er ausgedehnte Reisen, u. a. nach Frankreich und Italien; 1647 kehrte er nach Schlesien zurück; ab 1650 Syndikus der Landstände des Fürstentums Glogau; ab 1662 Mitglied der ›Fruchtbringenden Gesellschaft‹. G. ist der bedeutendste Lyriker und Dramatiker des dt. Barock. Sein literar. Schaffen ist in seinem tiefen Pessimismus vom zentralen Motiv der ›Vanitas‹, der Vergänglichkeit alles ird. Glücks, bestimmt, es steht deutlich unter dem Eindruck des Dreißigjährigen Krieges und der damit verbundenen persönl. Unglücks. Einflüsse des antiken (v. a. Seneca d. J.), des niederl. Dramas (v. a. J. van den Vondel) und des Jesuitendramas wirkten auf seinen Stil ein. In der Thematik zeigt sich eine Verbindung der stoischen Philosophie mit einer christl. Opfergesinnung, v. a. in den Märtyrertragödien, die sich durch Vorliebe für grelle Effekte und pathetisch gesteigerte Sprachformen auszeichnen. Der von ihm geschaffene barocke Tragödientypus hat den Alexandriner als Versform und teilt die Handlung in fünf Akte (›Abhandlungen‹), die jeweils mit einem dem antiken Chor nachgebildeten, reflektierendallegor. † Reyen beschlossen werden. Die Lustspiele wirken durch possenhafte Situationskomik, insbes. aber durch Verwendung des groben und unflätigen Dialekts und durch Satire auf die ›Sprachmengerei‹ der Zeit.

Werke: Sonnete (1637 und 1643), Son- undt Feyrtags-Sonnete (1639), Epigrammata (1643), Oden (1643), Olivetum (Epos, 1646), Teutsche Reim-Gedichte (1650), Deutscher Gedichte Erster Theil (10 Tle., 1657; darin u. a. die Tragödien: Leo Armenius, Oder Fürsten-Mord [erstmals 1650 in: Teutsche Reim-Gedichte]; Catharina von Georgien. Oder Bewehrte Beständigkeit [UA 1651]; Ermordete Majestät. Oder Carolus Stuardus König von Gross Brittannien; Cardenio und Celinde, Oder Unglücklich Verliebete), Absurda Comica. Oder Herr Peter Squentz (Kom., 1658), Großmüttiger Rechts-Gelehrter, Oder Sterbender Aemilius Paulus Papinianus (Trag., 1659), Verliebtes Gespenste. Die gelibte Dornrose (Singspiele, 1660), Epigrammata Oder Bey-Schrifften (1663), Horribilicribrifax. Teutsch (Kom., 1663).

Andreas Gryphius

6 Grzymała Siedlecki

Ausgaben: A. G. Werke. Hg. v. H. PALM. Tüb. u. Lpz. 1878–1938. 4 Bde. Nachdr. Hildesheim 1961. – A. G. Gesamtausg. der dt.sprachigen Werke. Hg. v. M. SZYROCKI u. H. POWELL. Tüb. 1963–72. 8 Bde. u. 2 Erg.-Bde. – A. G. Dichtungen. Hg. v. K. O. CONRADY. Rbk. 1.–13. Tsd. 1968. – A. G. Die Lustspiele. Hg. v. H. L. ARNOLD. Mchn. 1975.
Literatur: MANHEIMER, V.: Die Lyrik des A. G. Bln. 1904. – SZYROCKI, M.: Der junge G. Bln. 1959. – SZYROCKI, M.: A. G. Sein Leben u. Werk. Tüb. 1964. – FLEMMING, W.: A. G. Eine Monogr. Stg. u. a. 1965. – WENTZLAFF-EGGEBERT, F. W.: Dichtung u. Sprache des jungen G. Bln. ²1966. – EGGERS, W.: Wirklichkeit u. Wahrheit im Trauerspiel von A. G. Hdbg. 1967. – MANNACK, E.: A. G. Stg. 1968. – MAUSER, W.: Dichtung, Religion u. Gesellschaft im 17. Jh. Die ›Sonnette‹ des A. G. Mchn. 1976. – STEINHAGEN, H.: Wirklichkeit u. Handeln im barocken Drama. Histor.-ästhet. Studien zum Trauerspiel des A. G. Tüb. 1977. – A. G. Hg. v. H. L. ARNOLD. Mchn. ²1980. – WENTZLAFF-EGGEBERT, F. W./WENTZLAFF-EGGEBERT, E.: A. G. (1616–1664). Darmst. 1983. – Weltgeschick u. Lebensgeschick. A. G., ein schles. Barockdichter aus dt. u. poln. Sicht. Düss. 1993. – ↑auch Fleming, Paul.

Grzymała Siedlecki, Adam [poln. gʒi'maŭa ɕɛd'lɛtski], * Wierzbno bei Miechów nördlich von Krakau 29. Jan. 1876, † Bromberg 31. Jan. 1967, poln. Kritiker und Dramatiker. – Theaterdirektor in Warschau und Krakau; Mitarbeiter an Zeitschriften; ab 1922 in Bromberg; 1942/43 in Haft (›Sto jedenaście dni letargu‹ [= 111 Tage in Lethargie], Erinnerungen, 1965); Verfasser von Kritiken, Essays und Dramen (Komödien); Meister des literar. Porträts (›Wyspiański‹, 1909); auch Romane; letzter Vertreter des ›Jungen Polen‹.
Literatur: KONIECZNY, J.: A. G.-S. Bromberg 1981.

Gualterus de Insulis, mlat. Schriftsteller, ↑Walther von Châtillon.

Guan Han-qing, chin. Schriftsteller, ↑Kuan Han-ch'ing.

Guan Zi, chin. Dichtung, ↑Kuan Tzu.

Guardati, Tommaso, italien. Schriftsteller, ↑Masuccio Salernitano.

Guareschi, Giovanni [italien. gṷa'reski], * Fontanelle (heute zu Roccabianca, Prov. Parma) 1. Mai 1908, † Cervia 22. Juli 1968, italien. Schriftsteller und Karikaturist. – Redakteur bzw. Leiter humoristisch-satir. Blätter (›Bertoldo‹, 1936–43; ›Candido‹, 1945–61). Sein erfolgreicher heiter-satir. Roman ›Don Camillo und Peppone‹ (1948, dt. 1950) behandelt den Gegensatz zwischen Kirche und Kommunismus im Gewand eines modernen Schelmenromans (mehrere Fortsetzungen und Verfilmungen).
Weitere Werke: La scoperta di Milano (En., 1941, dt. Ausw. 1952 in: Enthüllungen eines Familienvaters), Das Schicksal heißt Klothilde (R., 1942, dt. 1952), Lo zibaldino (En., 1948, dt. Ausw. 1952 in: Enthüllungen eines Familienvaters), Don Camillo und seine Herde (R., 1953, dt. 1953), Bleib in deinem D-Zug (En., 1954, dt. 1955), Genosse Don Camillo (R., 1963, dt. 1964), Don Camillo und die Rothaarige (R., hg. 1969, dt. 1969).

Guarini, Giovanni Battista, * Ferrara 10. Dez. 1538, † Venedig 7. Okt. 1612, italien. Dichter. – Prof. für Rhetorik, im Dienst Herzog Alfons' II. von Ferrara, für den er auch diplomatisch tätig war; fiel in Ungnade und diente an verschiedenen Höfen. Um T. Tassos ›Aminta‹ zu übertreffen, schrieb er ab 1580 in formvollendeten Versen das in alle Kultursprachen übersetzte Schäferdrama ›Il pastor fido‹ (1590, dt. 1619 u. d. T. ›Der treue Schäfer‹), das er selbst als ›tragicommedia‹ bezeichnete; mit ihm schuf er die Gattung des Schäferspiels. G. verteidigte sich gegen Angriffe auf sein Werk mit Dialogen (›Verato‹, 1588; ›Verato secondo‹, 1593) sowie mit dem ›Compendio della poesia tragicomica‹ (1601); schrieb auch petrarkisierende, oft vertonte Gedichte.
Weitere Werke: Il segretario (Essays, 1594), Rime (1598).
Ausgabe: G. B. G. Opere. Hg. v. M. GUGLIELMINETTI. Turin ²1971.
Literatur: OLSCHKI, L.: G. B. G.s Pastor Fido in Deutschland. Lpz. 1908. – PASQUAZI, S.: B. G. Mailand 1958. – PERELLA, N. J.: The critical fortune of B. G.'s ›Il pastor fido‹. Florenz 1973. – ↑auch Tebaldeo, Marco Antonio.

Guckkastenbühne ↑Bühne.

Gudea-Hymne, eines der bedeutendsten sumer. Literaturwerke der neusumer. Zeit; der Stadtfürst Gudea (gegen 2070 v. Chr.) schildert in dem auf zwei zeitgenöss. Tonzylindern überlieferten Text (heute Louvre, Paris) den Bau des Tempels Eninnu für den Stadtgott Ningirsu in Girsu, dem Hauptort des Stadtstaats von Lagasch, vom Bauauftrag im Traum über Materialbeschaffung, Aufrichtung, Ausstattung bis zum Göttereinzug und der Tempelweihe in hymn. Sprache. Die strenge Komposition ist ohne Parallele.

Literatur: Sumer. u. akkad. Hymnen u. Gebete. Hg. v. A. FALKENSTEIN u. W. VON SODEN. Zü. u. Stg. 1953. – Die Inschriften Gudeas v. Lagasch. Bd. 1: Einl. v. A. FALKENSTEIN. Rom 1966.

Guðmundsson, Kristmann [isländ. 'gvvðmyndsɔn], * Þverfell (Borgarfjörður) 23. Okt. 1901, † Reykjavík 20. Nov. 1983, isländ. Schriftsteller. – Bed., von K. Hamsun beeinflußter Romancier, der seine isländ. Heimat und deren naturverbundene Menschen darstellt; daneben auch psychologisch motivierte Erzählwerke um Gegenwartsprobleme; schrieb zunächst, nachdem er in jungen Jahren Island verlassen hatte, norwegisch, nach seiner Rückkehr im Jahre 1939 isländisch.

Werke: Das Brautkleid (R., 1927, dt. 1930), Morgen des Lebens (R., 1929, dt. 1934), Die blaue Küste (R., 1931, dt. 1934), Das neue Land (R., 1932, dt. 1936), Vorfrühling (R., 1933, dt. 1935), Helle Nächte (R., 1934, dt. 1950), Kinder der Erde (R., 1935, dt. 1937), Die Lampe (R., 1936, dt. 1940), Kvöld i Reykjavík (= Abend in Reykjavík, R., 1948), Pokan rauða (= Der rote Nebel, R., 2 Bde., 1950–52), Ísold hin svarta (= Die schwarze Isolde, Autobiogr., 1959). **Ausgabe:** K. G. Skaldverk. Reykjavík 1978. 8 Bde.

Guðmundsson, Tómas [isländ. 'gvvðmyndsɔn], * Efri-Brú (Grímsnes) 6. Jan. 1901, † Reykjavík 4. Nov. 1983, isländ. Schriftsteller. – Hg. isländ. Literatur und Übersetzer ausländ. Autoren; ein Teil seiner populären Gedichte führt, erfüllt von träumer. Melancholie und tiefer Sehnsucht, in das Reykjavík seiner Jugendzeit, andere gestalten eine romantisch-imaginäre Welt.

Werke: Við sundin blá (= An den blauen Sunden, Ged., 1925), Fagra veröld (= Schöne Welt, Ged., 1933), Stjörnur vorsins (= Sterne des Frühlings, Ged., 1940), Prologus (Dr., 1942), Fljótið helga (= Der heilige Strom, Ged., 1950). **Ausgabe:** T. G. Rit. Reykjavík 1981. 10 Bde.

Guðrun, mhd. Heldenepos, † Kudrun.

Guéhenno, Jean [frz. ge'no], eigtl. Marcel G., * Fougères (Ille-et-Vilaine) 25. März 1890, † Paris 22. Sept. 1978, frz. Schriftsteller. – Bed. Essayist, der sich für sozialen Fortschritt und Erhaltung traditioneller Kulturgüter einsetzte; Studien über J. Michelet (›L'évangile éternel‹, 1927) und J.-J. Rousseau (3 Bde., 1948–52); auch autobiograph. Schriften

(›Ein Mann von 40 Jahren‹, 1934, dt. 1936; ›Journal des années noires 1940–1944‹, 1947; ›Changer la vie‹, 1961; ›Carnets du vieil écrivain‹, 1971); 1962 Mitglied der Académie française.

Weitere Werke: Caliban parle (Essay, 1928), Jeunesse de la France (Essay, 1936), Ce que je crois (Essay, 1964), La mort des autres (Essay, 1968), Caliban est Prospéro (Essay, 1969), Dernières lumières, derniers plaisirs (Prosa, 1977).

Guenther, Johannes von ['gyntər], * Mitau (heute Jelgava) 26. Mai 1886, † Kochel a. See 28. Mai 1973, dt. Schriftsteller und Übersetzer. – Schrieb v. a. histor. Romane und Dramen, häufig nach älteren Vorlagen; bes. bekannt durch seine Übersetzungen, v. a. durch die stil- und formsichere Übertragung fast der gesamten klass. russ. Literatur.

Werke: Schatten und Helle (Ged., 1906), Martinian sucht den Teufel (R., 1916), Don Gil von den grünen Hosen (Kom., nach Tirso de Molina, 1918), Cagliostro (R., 1927), Rasputin (R., 1939), Der Kreidekreis (Dr., 1942), Hörst Du, was die Stunde spricht (1966), Ein Leben im Ostwind (Autobiogr., 1969).

Guérin, Alexandre [frz. ge'rẽ], schweizer. Schriftsteller, † Chenevière, Jacques.

Guérin, Charles [frz. ge'rẽ], * Lunéville 29. Dez. 1873, † ebd. 17. März 1907, frz. Lyriker. – Weist sich in seinen Lyriksammlungen (u. a. ›Fleurs de neige‹, 1893; ›Le sang des crépuscules‹, 1895; ›Le cœur solitaire‹, 1898; ›L'homme intérieur‹, 1905) als sanftmelanchol. Elegiker aus; er stand dem Symbolismus eines F. Jammes nahe.

Ausgabe: Ch. G. Œuvres. Paris 1926–30. 3 Bde. **Literatur:** HANSON, J. B.: Le poète Ch. G. Paris 1935.

Guérin, Maurice de [frz. ge'rẽ], * Schloß Le Cayla bei Albi 4. Aug. 1810, † ebd. 19. Juli 1839, frz. Dichter. – Kam 1832/33 in der Bretagne mit dem Kreis um F. R. de La Mennais in Verbindung. Starb verarmt an Schwindsucht. Bed. Vertreter der neuen literar. Gattung des Prosagedichts, in dessen Werk sich pantheist. Neigungen, romant. Lebensgefühl und tiefer Pessimismus vereinigen. Einblick in sein Leben geben sein Tagebuch und das seiner Schwester Eugénie (* 1805, † 1848).

Werke: Der Kentaur (Prosa-Ged., hg. 1840, dt. von R. M. Rilke, 1911), Die Bacchantin (Prosa-Ged., hg. 1861, dt. 1922).

8 Guernes

Ausgaben: M. de G. Œuvres complètes. Hg. v. B. D'HARCOURT. Paris 1947. 2 Bde. – M. DE G. Dichtungen. Tagebücher u. Briefe. Dt. Übers. In Ausw. hg. v. J. HUPPELSBERG. Krefeld 1949. **Literatur:** HEUSCHELE, O.: M. de G. Leben u. Werk eines Dichters. Bühl 1947. – RENKER, A.: La cité intérieure. M. de G. u. Friedrich Hölderlin. Mchn. 1960. – SCHÄRER-NUSSBERGER, M.: M. de G., l'errance et la demeure. Paris 1965. – BANNOUR, W.: Eugénie de G. ou une chasteté ardente. Paris 1983.

Guernes de Pont-Sainte-Maxence [frz. gɛrndəpõsɛ̃tmak'sã:s] (Garnier de Pont-Sainte-Maxence), altfrz. Dichter des 12. Jh. aus Pont-Sainte-Maxence (Oise). – Schrieb zwischen 1172 und 1174 eine bed. Vita des hl. Thomas Becket von Canterbury in Alexandrinern.
Ausgabe: G. de P.-S.-M. La vie de saint Thomas Becket. Hg. v. E. WALBERG. Lund 1922. Nachdr. Paris 1936.

Guerra, Gregório de Matos [brasilian. 'gɛrra], brasilian. Dichter, ↑ Matos Guerra, Gregório de.

Guerra Junqueiro, Abílio Manuel de [portugies. 'gɛrrɐ ʒuŋ'kɐiru], * Freixo de Espada (Trás-os-Montes) 17. Sept. 1850, † Lissabon 7. Juli 1923, portugies. Lyriker. – Verwaltungsbeamter; wiederholt Abgeordneter; in Porto einer der Führer der Ultrademokraten; 1911–14 Gesandter in der Schweiz, danach zurückgezogen auf dem Lande lebend. Einer der hervorragendsten Lyriker der neueren portugies. Literatur zwischen Romantik und Realismus; zeichnete sich durch revolutionäre Leidenschaft, sarkast. Humor, hohe poet. Inspiration und meisterhafte Beherrschung der Sprache aus; seit den 90er Jahren zunehmend pantheistisch-myst. Neigungen. Bed. sind das satir. Don-Juan-Epos ›A morte de D. João‹ (1874), der voltairisch-antiklerikale Gedichtzyklus ›A velhice do Padre Eterno‹ (1885) und ›Os simples‹ (Ged., 1892).
Ausgabe: A. M. de G. J. Ausw. aus seinen Werken. Dt. Übers. Hg. v. L. EY. Hdbg. 1920.
Literatur: HOURCADE, P.: G. J. et le problème des influences françaises dans son œuvre. Paris 1932. – CARVALHO, A. DE: G. J. e a sua obra poética. Porto 1945. – LOPES D'OLIVEIRA, J.: G. J. A sua vida e a sua obra. Lissabon 1954–56. 2 Bde. – AZEVEDO, M. DE: G. J. Lissabon 1981.

Guerrazzi, Francesco Domenico [italien. guer'rattsi], * Livorno 12. Aug. 1804, † Cecina (Prov. Livorno) 23. Sept. 1873, italien. Politiker und Schriftsteller. – Rechtsstudium in Pisa; Freund G. Mazzinis; wiederholt aus polit. Gründen verbannt oder im Gefängnis; 1848/49 Innenminister und diktator. Regierungschef der Republik Florenz; später Mitglied des italien. Parlaments; einer der leidenschaftlichsten literar. Vorkämpfer der italien. Erhebung, schrieb v. a. histor. Romane (›Die Schlacht von Benevent‹, 4 Bde., 1827, dt. 1853; ›Die Belagerung von Florenz‹, 5 Bde., 1836, dt. 1849; ›Beatrice Cenci‹, 1851, dt. 1858) und Novellen, ferner polit. Pamphlete und Satiren (›La serpicina‹, 1830; ›L'asino‹, 1857).
Ausgabe: Scritti scelti di F. D. G. e di Carlo Bini. Hg. v. A. CAJUMI. Turin ²1974.
Literatur: ELWERT, W. TH.: Geschichtsauffassung u. Erzählungstechnik in den histor. Romane F. D. G.s. Diss. Halle/Saale 1935. – ZARATTI, A. J.: F. D. G. e i suoi rapporti con la Chiesa. Rom 1953.

Guerrini, Olindo [italien. guer'ri:ni], Pseudonym Lorenzo Stecchetti, * Forlì 4. Okt. 1845, † Bologna 21. Okt. 1916, italien. Dichter. – Wurde berühmt durch die von Ch. Baudelaire und den frz. Naturalismus beeinflußte Gedichtsammlung ›Postuma‹, die 1877 als angebl. Nachlaß eines 30jährig an Lungenschwindsucht verstorbenen fiktiven Lorenzo Stecchetti erschien. Angriffe auf seine Verwendung der Alltagssprache, den oft derben Realismus, Antiklerikalismus und an H. Heine geschulten Spott beantwortete G. in den Gedichtbänden ›Polemica‹ (1878) und ›Nova polemica‹ (1878). Einen neuen Erfolg errang er mit der Sammlung ›Rime di Argia Sbolenfi‹ (1897).

Guesmer, Carl, * Kirch Grambow (heute zu Wedendorf, Landkreis Gadebusch) 14. Mai 1929, dt. Schriftsteller. – Seine Naturlyrik, ›Von Minuten beschattet‹ (1957), ›Alltag in Zirrusschrift‹ (1960), ›Zeitverwehung‹ (1965), ist der Dichtung O. Loerkes und W. Lehmanns verpflichtet; Miniaturen, die Abend und Herbst, Abschied, Vergänglichkeit und Trauer in erlesener, im Vergleich zu seinen Vorbildern spröderer Metaphorik zum Ausdruck bringen.
Weitere Werke: Geschehen und Landschaft (Prosa, 1967), Dächerherbst (Ged., 1970), Ab-

ziehendes Tief (Ged., 1974), Zur Ferne aufspielen (Ged., 1985), Im abgetragenen Sommer (Ged., 1992).
Ausgabe: C. G. Auswahl. Gedichte 1949–79. Kulmbach 1979.

Guevara, Antonio de [span. ge'βara], * Treceño (Prov. Santander) um 1480, † Mondoñedo (Prov. Lugo) 3. April 1545, span. Schriftsteller. – Franziskaner, Hofprediger, Chronist und Reisebegleiter Karls V., Inquisitor in Valencia, 1528 Bischof von Guadix, 1542 von Mondoñedo. Schrieb den oft übersetzten Fürstenspiegel ›Libro llamado relox de príncipes‹ (auch u. d. T. ›Libro áureo de Marco Aurelio emperador‹, 1528, dt. 1572 u. d. T. ›Horologium principum‹), der in Form fiktiver Briefe Mark Aurels das Idealbild des Herrschers zeichnet; eine größere Nachwirkung hatte der Roman ›Menosprecio de corte y alabanza de aldea‹ (R., 1539; Preis des Landlebens).
Literatur: GIBBS, J.: Vida de fray A. de G. Valladolid 1960. – SCHWEITZER, CH. E.: A. de G. in Deutschland. In: Romanist. Jb. 11 (1961), S. 328. – RALLO GRUSS, A.: A. de G. en su contexto renacentista. Madrid 1979.

Guevara, Luis Vélez de [span. ge-'βara], span. Dichter, † Vélez de Guevara, Luis.

Guggenheim, Kurt, * Zürich 14. Jan. 1896, † ebd. 5. Dez. 1983, schweizer. Schriftsteller. – Stammte aus einer jüd. Kaufmannsfamilie; kaufmänn. Ausbildung, ab 1935 freier Schriftsteller. Gehört zu den bed. schweizer. Romanciers dieses Jh.; gestaltete in einfacher Sprache in z. T. autobiograph. Romanen Stoffe aus dem Züricher Stadtbürgertum, in psychologisch motivierten Romanen Ausbruchsversuche aus der bürgerl. Welt. Wichtig sind seine ›Tagebuchblätter‹ ›Einmal nur‹ (3 Bde., 1981–84).
Weitere Werke: Entfesselung (R., 1935), Riedland (R., 1938), Der sterbende Schwan (Dr., 1943), Die heiml. Reise (R., 1945), Wir waren unser vier (R., 1949), Alles in allem (R., 4 Bde., 1952–55), Der Friede des Herzens (R., 1956), Sandkorn für Sandkorn (Autobiogr., 1959), Salz des Meeres, Salz der Tränen (R., 1964), Der goldene Würfel (R., 1967), Minute des Lebens (R., 1969), Der heilige Komödiant (E., 1972), Gerufen und nicht gerufen (R., 1973), Alles ist der Rede wert. Worte zum neuen Tag (1977), Das Zusammenspiel (R., 1977).
Literatur: HAUSWIRTH, A.: K. G. Zü. 1971.

Guggenmos, Josef, * Irsee (Landkreis Ostallgäu) 2. Juli 1922, dt. Schriftsteller. – Verfasser von Lyrik (›Gugummer geht über den See‹, 1957) und Erzählungen; v. a. bekannt durch seine eigenwillig-poet. Kinderbücher (›Das kunterbunte Kinderbuch‹, 1962; ›Was denkt die Maus am Donnerstag?‹, 1967; ›Warum die Käuze große Augen machen‹, 1968); auch Übersetzungen von Kinderliteratur; erhielt 1993 den Lyrik-Sonderpreis des Dt. Jugendliteraturpreises.
Weitere Kinderbücher: Ein Elefant marschiert durchs Land (1968), Theater, Theater! (1974), Das Knie aus der Wand (1975), Es las ein Bär ein Buch im Bett (1978), Das & Dies (1980), Wenn Riesen niesen (1980), Es gingen drei Kinder durch den Wald (1982), Sonne, Mond und Luftballon (1984), Oh, Verzeihung, sagte die Ameise (1990), Ich will dir was verraten (1992).

Guido delle Colonne [italien. 'gui:do 'delle ko'lonne], * Messina (?) um 1210, † nach 1287, italien. Dichter und Chronist. – War Richter in Messina; gehörte mit seiner italien. Minnelyrik zur Sizilian. Dichterschule; schrieb eine ›Historia destructionis Troiae‹ in lat. Sprache nach der Vorlage des ›Roman de Troie‹ von Benoît de Sainte-Maure.
Ausgabe: G. d. C. In: PANVINI, B.: Le rime della Scuola siciliana. Bd. 1. Florenz 1962. S. 73.
Literatur: CHIANTERA, R.: G. d. C. Neapel 1956.

Guido y Spano, Carlos [span. 'giðo i es'pano], * Buenos Aires 19. Jan. 1827, † ebd. 25. Juli 1918, argentin. Dichter. – Wuchs in Brasilien auf; Reisen durch Europa; als Diplomat tätig; Leiter des argentin. Nationalarchivs; parnassisch orientierter Lyriker, später zu einer eher sentimentalen Dichtung neigend; Übersetzer antiker Literatur (Sappho u. a.); schrieb zahlreiche zeitkritische und polemische Artikel (›Ráfagas‹, 2 Bde., 1879).
Ausgabe: C. G. y Sp. Poesías completas. Buenos Aires ²1938.

Guignol [frz. gi'ɲɔl], lustige Person des frz. Marionetten- und Handpuppentheaters, auch das frz. Puppentheater als Ganzes und die darin aufgeführten Stücke, deren Held der G. ist. Der Name wurde vom dem Lyoneser Puppenspieler Laurent Mourguet (* 1769, † 1844) geprägt.
Literatur: ROUSSET, P.: Théâtre lyonnais de G. Lyon 1892–95. 2 Bde. – CHESNAIS, J.: Histoire générale des marionnettes. Paris 1947.

Guilbert

Guilbert, René [frz. gil'bɛ:r], frz. Dichter, ↑ Ghil, René.

Guilhem IX [frz. gi'jɛm], Herzog von Aquitanien, ↑ Wilhelm IX., Herzog von Aquitanien.

Guilhem de Cabestanh (Guillem; Cabestaing, Cabestany) [frz. gijɛmdəkabɛs-'tã], provenzal. Troubadour der 2. Hälfte des 12. Jh. aus dem Rousillon. – Held der sog. Herzmäre; erhalten sind mehrere kunstvolle Minnelieder.
Ausgaben: G. de C. Les chansons. Hg. v. A. Langfôrs. Paris 1924. – Lommatzsch, E.: Leben u. Lieder der provenzal. Troubadours. Bd. 1. Bln. 1957. S. 42.
Literatur: Escallier, E.: Le destin tragique de G. de C. le troubadour. Grenoble 1934. – Cots, M.: Notas históricas sobre el trovador Guillem de C. In: Boletín de la Real Academia de Buenas Letras de Barcelona 37 (1977/78), S. 23.

Guilhem Figueira [gi'ljɛm fi'gaɪra; frz. gijɛmfigɛ'ra], *Toulouse um 1195, provenzal. Troubadour. – Begab sich um 1225 in die Lombardei; Schützling Kaiser Friedrichs II., dessen Politik er in seinen Rügeliedern verteidigte; unter seinen 10 erhaltenen Liedern ragt bes. ein antiklerikales Sirventes gegen die Korruption der röm. Kurie hervor.
Literatur: Levy, E.: G. F., ein provenzal. Troubadour. Diss. Bln. 1880.

Guillaume de Lorris [frz. gijomdələ-'ris], altfrz. Dichter, ↑ Rosenroman.

Guillaume de Machault (Machaut) [frz. gijomdəma'ʃo], *in der Champagne (Reims) zwischen 1300 und 1305, † Reims April 1377, frz. Dichter und Komponist. – Bereiste als Sekretär Johanns von Böhmen Europa; trat mit zahlreichen Balladen, Rondeaux, Chants royaux, Lais im Stil der Zeit hervor, pflegte aber auch die traditionelle Gattung des Versromans: ›Livre dou voir dit‹ (um 1363), ›Le jugement dou Roy de Navarre‹ (1349) u. a. Seine Dichtungen stehen seinen bed. Tonschöpfungen (Hauptvertreter der Ars nova; 142 Kompositionen überliefert) im Wert nicht nach.
Weiteres Werk: Prise d'Alexandrie (Reimchronik, um 1370).
Ausgaben: Œuvres de G. de M. Hg. v. E. Hoepfner. Paris 1908–11. 2 Bde. – G. de M. Poésies lyriques. Hg. v. V. Chichmareff. Paris 1909. 2 Bde. – G. de M. Musikal. Werke. Hg. v. F. Ludwig u. a. Lpz. 1926–43. 4 Bde.

Literatur: Machabey, A.: G. de M. 1300–1377. La vie et l'œuvre musicale. Paris 1955. 2 Bde. – Poirion, D.: Le poète et le prince. L'évolution du lyrisme courtois de G. de M. à Charles d'Orléans. Paris 1965. – Calin, W.: A poet at the fountain. Essay on the narrative verse of G. de M. Lexington (Ky.) 1974. – Brownlee, K.: Poetic identity in G. de M. Madison (Wis.) 1984. – Cerquiglini, J.: ›Un engin si soutil‹. G. de. M. et l'écriture au XIVᵉ siècle. Genf 1985.

Guillaume d'Orange [frz. gijomdə-'rã:ʒ] ↑ Wilhelmszyklus.

Guillaume le Clerc [frz. gijomlə-'klɛ:r], altfrz. Dichter des beginnenden 13. Jh. aus der Normandie. – Schrieb gegen 1210 den ›Bestiaire divin‹ und um 1226 den moralisch-didakt. ›Besant de Dieu‹; auch seine Mariendichtung (›Les joies de Notre Dame‹) dürfte aus dieser Zeit stammen. Den Roman ›Fergus‹ schrieb ein Namensvetter Guillaumes.
Literatur: Mann, M. F.: Der ›Bestiaire divin‹ des G. le C. Heilbronn 1888. – McCulloch, F.: Mediaeval Latin and French bestiaries. Chapel Hill (N. C.) ²1962. – Grundriß der roman. Literaturen des MA. Hg. v. H. R. Jauss u. a. Bd. 6 (2 Teilbde.). Hdbg. 1968–70. – Métamorphose et bestiaire fantastique au moyen âge. Hg. v. L. Harf-Lancner. Paris 1985.

Guillén, Jorge [span. gi'ʎen], *Valladolid 18. Jan. 1893, † Málaga 6. Febr. 1984, span. Lyriker. – War 1917–23 Lektor an der Sorbonne, 1925 Prof. für span. Literatur in Murcia; lehrte 1929–31 in Oxford; 1932 Prof. in Sevilla; befreundet mit F. García Lorca, R. Alberti, V. Aleixandre, P. Salinas; emigrierte 1938 in die USA; kehrte erst 1977 nach Spanien zurück. Bed. Vertreter der Poésie pure, von großem Einfluß auf die neuere span. Lyrik. 1928 erschienen seine einem klass. Formbewußtsein verpflichteten Gedichte über Erscheinungen des Alltags, voller Begeisterung und Dank für die Wunder der Schöpfung, der ›Cántico‹ (1928: 75 Gedichte), den er in immer neuer Gestalt und zahlreiche Gedichte erweitert veröffentlichte (⁴1950: 334 Gedichte, dt. Ausw. 1952 u. d. T. ›Lobgesang‹); Übersetzer P. Valérys und P. Claudels; bed. Literaturkritiker. 1976 erhielt er als erster den Premio Miguel de Cervantes.
Weitere Werke: Ardor (Ged., 1931), Variaciones sobre temas de Jean Cassou (Ged., 1951), Huerto de Melibea (Ged., 1954), Clamor (Ged., 1957), Viviendo y otros poemas (Ged., 1958),

Mein Freund García Lorca (Briefwechsel, 1959, dt. 1965), Sprache und Poesie. Einige Beispiele aus Spanien (Essays, 1962, dt. 1965), Berufung zum Sein (Ged., span. und dt. Ausw. 1963), Homenaje (Ged., 1967), Ausgewählte Gedichte (span. und dt. Ausw. 1974), Final (Ged., 1981).
Literatur: LIND, G. R.: J. G.s ›Cántico‹. Eine Motivstudie. Ffm. 1955. – GIL DE BIEDMA, J.: Cántico. El mundo y la poesía de J. G. Barcelona 1960. – GONZALEZ MUELA, J.: La realidad y J. G. Madrid 1962. – MITTERER, B.: Zur Dichtung J. G.s. Architektonik u. Ordo im 20. Jh. Mchn. 1978. – MENESES, C./CARRETERO, S.: J. G. Madrid 1981. – MCCURDY, G. G.: J. G. Boston (Mass.) 1982. – ↑ auch Aleixandre, Vicente.

Jorge Guillén

Guillén, Nicolás [span. gi'jen], * Camagüey 10. Juli 1902, † Havanna 16. Juli 1989, kuban. Dichter. – Nahm am Span. Bürgerkrieg teil; Mitglied der Sozialist. Volkspartei; Redakteur der Parteizeitung ›Noticias de Hoy‹; 1953–59 im Exil; ab 1961 Vorsitzender des kuban. Schriftsteller- und Künstlerverbandes. G. ist bedeutendster Vertreter der ›poesía negra‹, die an die Folklore der Schwarzen und Mulatten anknüpft. Kunstvoll verbindet er Rhythmik, sprachl. und bildl. Intensität mit sozialrevolutionärer, antiimperialist. Aussage.
Werke: Motivos de son (Ged., 1930), Sóngoro cosongo (Ged., 1931), West Indies Ltd. (Ged., 1934), Cantos para soldados y sones para turistas (Ged., 1937), Bitter schmeckt das Zuckerrohr (Ged., 1947, dt. 1952), La paloma de vuelo popular (Ged., 1958), Prosa de prisa (journalist. Artikel, 1962), Tengo (Ged., 1964), El gran zoo (Ged., 1967), Gedichte (dt. Ausw. 1969, 1982), Memoiren. Umgeblätterte Seiten (1982, dt. 1989).
Ausgabe: N. G. Obra poética, 1920–58. Havanna 1972–73. 2 Bde.
Literatur: MARTÍNEZ ESTRADA, E.: La poesía afrocubana de N. G. Montevideo 1966. – Recopilación de textos sobre N. G. Hg. v. N. MOREJÓN. Havanna 1974. – AUGIER, Á.: N. G., notas para un estudio biográfico-crítico. Neuausg. Havanna 1984. 2 Bde. – SMART, I. I.: N. G. Popular poet of the Caribbean. Columbia (Mo.) 1990.

Guilleragues, Gabriel Joseph de Lavergne, Vicomte de [frz. gij'rag], * Bordeaux 18. Nov. 1628, † Konstantinopel 5. März 1685, frz. Schriftsteller und Diplomat. – 1679 Botschafter in Konstantinopel; gilt heute als Verfasser der lange fälschlich der portugies. Nonne M. Alcoforado zugeschriebenen ›Portugies. Briefe‹ (1669, dt. 1751, 1913 von R. M. Rilke) sowie von Madrigalen (›Les Valentins‹).
Ausgaben und Literatur ↑ Alcoforado, Mariana.

Guillevic, Eugène [frz. gij'vik], * Carnac (Morbihan) 5. Aug. 1907, frz. Lyriker. – Verwaltungsbeamter; Lyriker, der sich in immer neuen Annäherungen der Welt der Gegenstände, der belebten und unbelebten Natur als dem einzigen Bezugssystem zuwendet, von dem Aussagen über Metaphysik und Transzendenz abgeleitet werden können. Seine Texte sind ohne die Dichtungen der Surrealisten und F. Ponges nicht denkbar. Erhielt 1976 den Grand prix de poésie der Académie française.
Werke: Terraqué (Ged., 1942), Exécutoire (Ged., 1947), Le goût de la paix (Ged., 1951), 31 sonnets (Ged., 1954), Carnac (Ged., 1961, frz. und dt. 1968), Euclidiennes (Ged., 1967), Geheimnis der Dinge (Ged., frz. und dt. Ausw. 1969), Du domaine (Ged., 1977), Étrier. Poèmes 1965-1975 (Ged., 1979), Autres (Ged., 1980), Trouées (Ged., 1981), La mer. Das Meer (Ged., frz. und dt. Ausw. 1985), Lexiquer (Ged., 1987), Le chant (Ged., 1990), Gedichte (dt. Ausw. 1991).
Literatur: TORTEL, J.: G. Paris 1971. – G. Vivre en poésie. Entretien avec L. Albertini et A. Vercoudelet. Paris 1980. – PIERROT, J.: G. ou la sérénité gagnée. Paris 1984. – MITCHELL-SAMBRONI, A.-M.: G. Marseille 1989.

Guilloux, Louis [frz. gi'ju], * Saint-Brieuc 15. Jan. 1899, † ebd. 14. Okt. 1980, frz. Schriftsteller. – Journalist; überzeugter Sozialist; begleitete A. Gide 1936 in die UdSSR. Sein Werk ist gekennzeichnet von seinem Mitgefühl v. a. für die sozial Unterdrückten. Hauptwerk ist der pessimistische Roman aus einer frz.

Guimarães Rosa

Kleinstadt des Jahres 1917 ›Schwarzes Blut‹ (1935, dt. 1979, dramatisiert 1962 u. d. T. ›Cripure‹). G. erhielt u. a. 1973 den Grand prix de littérature der Académie française.
Weitere Werke: Das Volkshaus (R., 1927, dt. 1981), Gefährten (R., 1930, dt. 1950), Le pain des rêves (R., 1942), Le jeu de patience (R., 1949), Les batailles perdues (R., 1960), La confrontation (R., 1967), Coco Perdu oder der unerwartete Abschied (E., 1978, dt. 1980), Carnets 1921–1944 (1978), Carnets 1944–1974 (hg. 1982), L'herbe d'oubli (Erinnerungen, hg. 1984).
Literatur: PELLETIER, Y.: Thèmes et symboles dans l'œuvre romanesque de L. G. Paris 1979. – GREEN, M. J.: L. G., an artisan of language. York (S. C.) 1980. – PELLETIER, Y.: L. G. Paris 1983.

Guimarães Rosa, João [brasilian. gima'reiz 'rrɔza], * Cordisburgo 27. Juni 1908, † Rio de Janeiro 19. Nov. 1967, brasilian. Schriftsteller. – Ursprünglich Arzt; ab 1934 Diplomat, u. a. 1938–42 in Hamburg, dann in Bogotá; bedeutendster brasilian. Autor seiner Zeit; veröffentlichte Erzählungen, Novellen und Romane, von denen ›Grande Sertão‹ (1956, dt. 1964), der philosoph. Monolog eines ehemaligen Banditen, als das Epos Brasiliens gilt; bed. Sprachschöpfer mit an J. Joyce erinnernder Technik.
Weitere Werke: Sagarana (En., 1946), Corps de ballet (R., 2 Bde., 1956, dt. 1966, Teilausg. 1991 u. d. T. Die Geschichte von Lélio und Lina), Das dritte Ufer des Flusses (En., 1962, dt. 1968), Tutaméia (En., 1967, dt. 1994), Estas estórias (En., hg. 1969).
Literatur: BRASIL, A.: G. R. Rio de Janeiro 1969. – BOLLE, W. S.: Die Entwicklung der Erzähltechnik in den Erzählungen G. R.s. Diss. Bochum 1971 (u. d. T. Fórmula e fábula. Teste de uma gramática narrativa, aplicada aos cantos de G. R. São Paulo 1973). – GARBUGLIO, J. C.: O mundo movente de G. R. São Paulo 1972. – MEYER-CLASON, C.: Der Sertão des J. G. R. In: Brasilianische Lit. Hg. v. M. STRAUSFELD. Ffm. 1984. S. 249.

Guimerà, Àngel [katalan. gimə'ra], * Santa Cruz de Tenerife 6. Mai 1849, † Barcelona 18. Juli 1924, katalan. Schriftsteller. – Vorkämpfer der katalan. Autonomiebestrebungen; schrieb neben lyr. Gedichten erfolgreiche romant. und zeitweilig naturalist. [Vers]dramen: ›Gala Placídia‹ (Trag., 1879), ›Judith de Welp‹ (Trag., 1883) u. a.; bekanntestes Stück ist das in zahlreiche Sprachen übersetzte Drama ›Terra baixa‹ (1896), das die Grundlage für E. d'Alberts Oper ›Tiefland‹ wurde.
Ausgaben: A. G. Obres completes. Barcelona 1892–1926. 9 Bde. – A. G. Obres selectes. Barcelona 1948. – A. G. Obres completes. Barcelona 1975–78. 2 Bde.
Literatur: MIRACLE, J.: G. Barcelona 1958.

Guinizęlli (Guinizzelli, Guinicelli), Guido, * Bologna zwischen 1230 und 1240, † Monselice (Padua) um 1276, italien. Dichter. – Studierte Rechtswiss. und war Richter in Bologna; mußte als Ghibelline 1274 ins Exil gehen, wo er starb. G., das Haupt der Bologneser Dichterschule, gilt als Begründer des Dolce stil nuovo; wurde von Dante ›Vater der italien. Dichtkunst‹ genannt. Nur wenige seiner anmutigen Gedichte (Kanzonen, Liebessonette), in denen die provenzalisch-sizilian. Troubadourlyrik mit einer platonisierenden Liebesauffassung intellektuell-myst. Prägung verbunden ist, sind erhalten.
Ausgabe: G. G. In: Poeti del Duecento. Hg. v. G. CONTINI. Mailand u. Neapel 1960. 2 Bde.
Literatur: SCHELUDKO, D.: G. u. der Neuplatonismus. In: Dt. Vjschr. f. Literaturwiss. u. Geistesgesch. 12 (1934), S. 364. – BERTELLI, I.: Poeti del dolce stil nuovo: G. G. e Lapo Gianni. Pisa 1963. – MOLETA, V.: G. in Dante. Rom 1980. – BERTELLI, I.: La poesia di G. G. e la poetica del ›dolce stil nuovo‹. Florenz 1983.

Guiot de Provins (Guyot) [frz. gijodə-prɔ'vɛ̃], altfrz. Autor des 12./13. Jh. aus Provins (Champagne). – Einer der ältesten Trouvères; entsagte um 1194 dem weltl. Leben und wurde zunächst Mönch in Clairvaux, dann in Cluny; unternahm eine Jerusalemreise; außer fünf Minneliedern ist nur eine um 1206 entstandene Satire auf die verschiedenen Stände (›Bible‹, 2686 Achtsilbler) und ein allegor. Gedicht (›L'armure du chevalier‹, 596 Achtsilbler) erhalten.
Ausgabe: G. de P. Œuvres. Hg. v. J. ORR. Manchester u. Paris 1915. Nachdr. Genf 1974.
Literatur: BECKER, PH. A.: Von den Erzählern neben u. nach Chrestien de Troyes. Halle/Saale 1936. S. 388. – Grundriß der roman. Literaturen des MA. Hg. v. H. R. JAUSS u. a. Bd. 6 (2 Teilbde.). Hdbg. 1968–70.

Güiraldes, Ricardo [span. gui'raldes], * Buenos Aires 13. Febr. 1886, † Paris 8. Okt. 1927, argentin. Schriftsteller. – Schloß sich den Ultraisten an, gründete 1924 mit J. L. Borges die Literaturzeitschrift ›Proa‹. Sein bekanntestes Werk, der z. T. autobiograph. Bildungsroman ›Das Buch vom Gaucho Sombra‹ (1926, dt. 1934), ist eine lyrisch-realist. Schilderung der argentin. Pampas und ihrer Bewohner. Als avantgardist. Lyriker war G. schon vor dem Ultraísmo mit ›El cencerro del cristal‹ (1915) hervorgetreten.

Weitere Werke: Cuentos de muerte y de sangre (En., 1915), Raucho (R., 1917), Rosaura (Nov., 1922), Xaimaca (R., 1923).
Ausgabe: R. G. Obras completas. Neuausg. Buenos Aires 1985.
Literatur: COLLANTES DE TERÁN, J.: Las novelas de R. G. Sevilla 1959. – PREVITALI, G.: R. G. and Don Segundo Sombra. New York 1963.

Guiraud, Alexandre Baron [frz. gi'ro], * Limoux (Aude) 24. Dez. 1788, † Paris 1847, frz. Dichter. – Verfasser klassizist. Tragödien (›Les Machabées‹, 1822; ›Le comte Julien‹, 1827) und Gedichte (›Élégies savoyardes‹, 1823), patriot. Oden und histor. Romane sowie eines geschichtsphilosoph. Werkes (›Philosophie catholique de l'histoire‹, 1839); Mitglied der Académie française seit 1826.

Guiraut de Bornelh [frz. girodbɔr'nɛj], provenzal. Troubadour, † Giraut de Borneil.

Guiraut de Calanso [frz. girodkalã'so], provenzal. Troubadour des 13. Jahrhunderts. – Von ihm sind 12 Gedichte erhalten, u. a. ein an die Spielleute gerichtetes Ensenhamen, das über deren Repertoire und Lebensweise Aufschluß gibt.
Literatur: ERNST, W.: Die Lieder des provenzal. Trobadors G. von Calanso. In: Roman. Forschungen 44 (1930), S. 255. – JONES, L. E.: G. de Calanso's lyric allegory of lady love. In: Mélanges de philologie romane. Hg. v. CH. CAMPROUX. Montpellier 1978. S. 105.

Guiraut Riquier de Narbonne [frz. girorikjednar'bɔn], * Narbonne um 1230, † ebd. um 1295, provenzal. Troubadour. – Hielt sich u. a. am Hofe Alfons des Weisen von Kastilien und König Heinrichs II. von England auf; letzter bed. Vertreter der höf. Troubadourdichtung; hinterließ ein ungewöhnlich umfangreiches Werk: 100 Gedichte (Kanzonen, Sirventes, Kreuzlieder, Tagelieder), meist von ihm sorgfältig datiert; schuf neue Metren und Gattungen.
Ausgabe: G. R.: Las Cansos. Krit. Text u. Kommentar von U. MÖLK. Hdbg. 1962.
Literatur: ANGLADE, J.: Le troubadour G. R. Étude sur la décadence de l'ancienne poésie

provençale. Paris 1905. Nachdr. Genf 1973. – BERTOLUCCI PIZZORUSSO, V.: Il canzoniere di un trovatore. Il ›libro‹ di G. R. In: Medioevo Romanzo 5 (1978), S. 216. – GUIDA, S.: Jocs poetici alla corte di Enrico II di Rodez. Modena 1983.

Guitry, Sacha [frz. gi'tri], eigtl. Alexandre Pierre Georges G., * Petersburg 21. Febr. 1885, † Paris 24. Juli 1957, frz. Schriftsteller. – Schauspieler und Regisseur; Sohn des Schauspielers Lucien G. (* 1860, † 1925). Seine Karriere begann mit dem Einakter ›Nono‹ (1905), bald war er ein gefeierter Künstler, vielseitig, gewandt, witzig; Mitglied der Académie Goncourt. Seine rund 130 Bühnenstücke, meistens Komödien, sind bestes Pariser Boulevardtheater. Amüsant ist seine Autobiographie ›Wenn ich mich recht erinnere‹ (1935, dt. 1939); schrieb außerdem u. a. ›Roman eines Schwindlers‹ (1936, dt. 1937, auch verfilmt). Seine übrigen Filme sind v. a. Theaterverfilmungen und Geschichtsfilme.

Weitere Werke: Le scandale de Monte-Carlo (Kom., 1908), Le veilleur de nuit (Kom., 1911), Le prise de Berg-op-Zoom (Kom., 1913), Schwarz und Weiß (Kom., 1925, dt. 1926), Le mot de Cambronne (Kom., 1936), Nicht zuhören, meine Damen (Kom., 1951, dt. 1951).
Ausgaben: S. G. Théâtre. Paris 1959–64. 15 Bde. – S. G. Théâtre complet. Paris 1973–75. 12 Bde.
Literatur: PRINCE, S.: G. hors sa légende. Paris 1959. – LORCEY, J.: S. G. Biogr. Paris 1971. – JADOUX, H.: S. G. Paris 1982. – BERNARD, A./ FLOQUET, CH.: S. G. Paris 1983. – LORCEY, J.: S. G. Cent ans de théâtre et d'esprit. Paris 1985. – CASTANS, R.: S. G. Paris 1993.

Guittone d'Arezzo [italien. guit'to:ne da'rettso], genannt Fra G., * Arezzo um 1225, † Florenz um 1294, italien. Dichter. – Entstammte einem aretin. Bürgergeschlecht, ging 1260 aus polit. Gründen nach Bologna; trat 1261 in den Orden der ›Cavalieri di Santa Maria‹ ein; bedeutender Prediger. Wurde durch seine Minnelyrik sowie seine polit. und v. a. religiösen und moralisch-didakt. Lieder der bedeutendste italien. Dichter zwischen der Sizilianischen Dichterschule und dem Dolce stil nuovo. G. Guinizelli fühlte sich als sein Schüler.
Werke: Lettere (hg. 1923), Rime (Ged., hg. 1940).
Ausgabe: G. d'A. In: Poeti del Duecento. Hg. v. G. CONTINI. Bd. 1. Neuausg. Mailand u. Neapel 1976. S. 189.

14 Gujarātī-Literatur

Literatur: MARGUERON, C.: Recherches sur G. d'A. Paris 1966 (mit Bibliogr.). – TARTARO, A.: Il ›Manifesto‹ di G. e altri studi fra Due e Quattrocento. Rom 1974. – BALDI, A.: G. d'A. fra impegno e poesia. Salerno 1975. – MOLETA, V.: The early poetry of G. d'A. London 1976. – PELLIZZARI, A.: La vita e le opere di G. d'A. Neuausg. Rom 1978.

Gujarātī-Literatur [gʊdʒa'raːti] ↑ indische Literaturen.

Gulbranssen, Trygve [norweg. 'gʉlbransən], * Christiania (heute Oslo) 15. Juni 1894, † Gut Hobøe bei Eidsberg 10. Okt. 1962, norweg. Schriftsteller. – Bäuerl. Herkunft; war Großhändler in Oslo und lebte von 1942 an auf seinem Gut Hobøe. G. war auch journalistisch tätig. Er schrieb die bekannte, von unechter Romantik geprägte Romantrilogie (1933, 1934, 1935) über das Leben eines alten norweg. Bauerngeschlechts auf Björndal (›Und ewig singen die Wälder‹, dt. 1935; ›Das Erbe von Björndal‹, 2. und 3. Teil zus. dt. 1936), die in Deutschland das Nordlandklischee befestigen halfen.

Gulden, Alfred, * Saarlouis 25. Jan. 1944, dt. Schriftsteller. – Schreibt viele seiner Arbeiten (Gedichte, Schauspiele, Prosa) in saarländ. moselfränk. Dialekt; bemüht sich darin ebenso wie in seinen Romanen (›Greyhound‹, 1982; ›Die Leidinger Hochzeit‹, 1984) um einen krit. Heimatbegriff; macht auch Schallplatten, schreibt Hör- und Fernsehspiele.

Weitere Werke: Lou mol lo lo laida (Ged., 1975), Auf dem großen Markt (E., 1977), Naischt wii Firz em Kopp (Ged., 1977), Naatschicht (Dr., 1979), Kennaschbilla (Kinderb., 1980), Et es neme wiit freja wooa (Ged., 1981), Nur auf der Grenze bin ich zuhaus (Essays, 1982), Splitter im Aug (Dr., 1984), Vis a vis ma (Ged., 1987), Ohnehaus (R., 1991), Silvertowers. Geschichten aus New York (1993).

Gulfilas, westgot. Bischof, ↑ Ulfilas.

Gullar, José Ribamar Ferreira, brasilian. Schriftsteller, ↑ Ferreira Gullar, José Ribamar.

Gullberg, Hjalmar [schwed. 'gʊlbærj], * Malmö 30. Mai 1898, † Stockholm 19. Juli 1961, schwed. Lyriker. – 1936–50 Leiter der Theaterabteilung beim Rundfunk; seit 1940 Mitglied der Schwed. Akademie. Seine in schlichter Sprache gehaltene Lyrik ist durch die paradoxe Vermischung von Sublimem mit Alltäglich-Banalem, Idyllischem und Apokalyptischem, tief empfundenem Christentum und heidn. Sinnenfreudigkeit gekennzeichnet; Übersetzungen u. a. aus dem Griechischen und Spanischen.

Werke: Sonat (Ged., 1929), Kärlek i tjugonde seklet (Ged., 1933), Dödsmask och lustgård (Ged., 1952), Terziner i okonstens tid (Ged., 1958), Ögon, läppar (Ged., 1959), Gedichte (dt. Ausw. 1959).

Literatur: FEHRMAN, C.: H. G. Stockholm [2]1959. – HOLMBERG, O.: H. G. Stockholm 1966. – ALGULIN, I.: Tradition och modernism. Bertil Malmbergs och H. G.s lyriska förnyelse efter 1940-talets mitt. Stockholm 1969. – PALM, A.: Kristet, indiskt och antikt i H. G.'s diktning. Stockholm 1976.

Gullvaag, Olav [norweg. ˌgʉlvoːg], * Drontheim 31. Dez. 1885, † Hvalstad bei Oslo 25. Sept. 1961, norweg. Schriftsteller. – War zunächst Maler; kam als Journalist in verschiedene europ. Länder; trat v. a. mit großangelegten, breit erzählten, in typisch nord. Atmosphäre gestalteten Romanen hervor, die in der Nachfolge K. Hamsuns und O. Duuns meist im 18. Jh. spielen und das an wechselvollen Schicksalen reiche Leben einfacher Menschen schildern, wobei oft der Gegensatz zwischen Bauern und Beamten von Bedeutung ist.

Werke: Es begann in einer Mittsommernacht (R., 1937, dt. 1939), Im Licht der Gnade (R., 1939, dt. 1952), Der Halbmondbläser (R., 1941, dt. 1957), Kain der Schuhmacher (R., 1951, dt. 1952), Ein altes Lied klingt aus (R., 1953, dt. 1954).

Gumiljow (tl.: Gumilev), Nikolai Stepanowitsch [russ. gumi'ljɔf], * Kronstadt 15. April 1886, † Petrograd (heute Petersburg) 24. Aug. 1921, russ. Dichter. – 1910–18 ∞ mit A. A. Achmatowa; zuerst Symbolist, schloß sich dann den Akmeisten an, deren Zeitschrift ›Apollon‹ er 1909–17 leitete; 1914 Kriegsfreiwilliger; wegen Verdachts der Beteiligung an einer Verschwörung erschossen; wurde 1923–86 in der Sowjetunion nicht gedruckt, sein Name kaum erwähnt, 1986 Rehabilitierung; einer der Organisatoren und bed. Theoretiker des Akmeismus; trat für Exaktheit, Realismus und Anschaulichkeit in der Dichtung ein; mit seiner Begeisterung für alles Heroische und Abenteuerliche, seiner Entdeckung russ. Volksdichtung sowie frz. und exot. Volkspoesie von großem Einfluß.

Werke: Put' konkvistadorov (= Weg der Konquistadoren, Ged., 1905), Nasledie simvolizma i akmeizm (= Das Erbe des Symbolismus und der Akmeismus, Manifest, 1913), Kolčan (= Der Köcher, Ged., 1916), Koster (= Scheiterhaufen, Ged., 1918), Šater (= Das Zelt, Ged., 1921), Ognennyj stolp (= Die Feuersäule, Ged., 1921).
Ausgaben: N. S. Gumilev. Sobranie sočinenij. Washington (D. C.) 1962–68. 4 Bde. – N. S. Gumilev. Neizdannoc. Paris 1980. – N. Gumiljov. Ausgewählte Gedichte. Dt. Übers. Bln. 1988.
Literatur: Rusinko, N. E.: Gumilev's acmeism. Diss. Brown-University Providence (R. I.) 1976. – Sampson, E. D.: N. Gumilev. Boston (Mass.) 1978. – Eshelman, R.: N. G. and neoclassical modernism. Ffm. u. a. 1993.

Gumpert, Martin, * Berlin 13. Nov. 1897, † New York 18. April 1955, dt. Lyriker und Erzähler. – Arzt, emigrierte 1936 in die USA, hatte eine Praxis in New York; befreundet mit Th. Mann. Nach expressionistisch-lyr. Anfängen schrieb er Dokumentarromane über medizingeschichtl. Themen; zahlreiche wiss. Arbeiten.
Werke: Verkettung (Ged., 1917), Heimkehr des Herzens (Ged., 1921), Hahnemann (Biogr., 1934), Berichte aus der Fremde (Ged., 1937), Dunant (R., 1938), Hölle im Paradies. Selbstdarstellung eines Arztes (1939), Der Geburtstag (R., 1948), Die Kunst, glücklich zu sein (engl. 1951, dt. 1952).

Gumppenberg, Hanns Freiherr von, Pseudonyme Jodok, Immanuel Tiefbohrer, * Landshut 4. Dez. 1866, † München 29. März 1928, dt. Dramatiker. – Mitbegründer (1901) und Mitglied des Münchener Kabaretts ›Die elf Scharfrichter‹. Schrieb Weltanschauungsdramen, Geschichtstragödien und Lustspiele, auch Gedankenlyrik und glänzende Parodien auf zeitgenöss. Schriftsteller.
Werke: Thorwald (Trag., 1888), Alles und Nichts (Dr., 1894), Das teutsche Dichterroß, in allen Gangarten vorgeritten (Parodien, 1901), Überdramen (3 Bde., 1902), Aus meinem lyr. Tagebuch (Ged., 1906), Lebenserinnerungen (hg. 1930).
Literatur: Wintzingerode-Knorr, K.-W. Frhr. von: H. v. G.s künstler. Werk. Diss. Mchn. 1960.

Guṇāḍhya [gu'na:dja], ind. Dichter, † Bṛhatkathā.

Gundacker von Judenburg, mhd. Dichter Ende des 13. Jahrhunderts. – Lebte wohl in der Steiermark. Autor eines 5 320 Verse umfassenden Gedichts

›Christi Hort‹, überliefert in einer nach 1300 geschriebenen Pergamenthandschrift. Behandelt die Heilsgeschichte von der Schöpfung bis zu Christi Gefangennahme, im Hauptteil Christi Passion, Auferstehung und Himmelfahrt, und schließt mit Wundererzählungen; das Werk steht in Darstellungstechnik und Erzählstil der späthöf. Dichtung nahe.
Ausgabe: G. v. J. ›Christi Hort‹. Hg. v. J. Jaksche. Bln. 1910.
Literatur: Stübiger, K.: Unterss. zu G. v. J. Bln. 1922. Nachdr. Nendeln 1967. – Fechter, W.: G. v. J. u. ›Mai u. Beaflor‹. In: Amsterdamer Beitr. zur älteren Germanistik 7 (1974), S. 187.

Gundelfinger, Friedrich Leopold, deutscher Literarhistoriker, † Gundolf, Friedrich.

Günderode (Günderrode), Karoline von, Pseudonym Tian, * Karlsruhe 11. Febr. 1780, † Winkel (Rheingaukreis) 26. Juli 1806, dt. Schriftstellerin. – Lebte ab 1797 als Stiftsdame in Frankfurt am Main; war bekannt mit F. K. von Savigny, befreundet mit C. und B. Brentano; ihre unglückl. Liebe zu dem Heidelberger Philologen Georg Friedrich Creuzer (* 1771, † 1858) trieb sie zum Selbstmord. Schrieb schwermütige, z. T. ekstatische Gedichte, romantische Dramen und Phantasien, die ein bis zur Exaltation gesteigertes schwärmerisches Gefühl bekunden.
Werke: Gedichte und Phantasien (1804), Poet. Fragmente (1805), Melete von Ion (Ged., 1806).
Ausgaben: K. v. G. Ges. Werke. Hg. v. L. Hirschberg. Bln. 1920–22. Nachdr. Bern 1970. 3 Bde. – K. v. G. Sämtl. Werke u. ausgew. Studien. Hg. v. W. Morgenthaler. Basel u. a. 1990–91. 3 Bde. – K. v. G. Der Schatten eines Traumes. Ged., Prosa, Briefe, Zeugnisse von Zeitgenossen. Hg. u. mit einem Essay von Ch. Wolf. Hamb. [10]1991.
Literatur: Wilhelm, R.: Die G. Dichtung u. Schicksal. Ffm. 1938. – Preitz, M./Hopp, D.: K. v. G. in ihrer Umwelt. In: Jb. des Freien Dt. Hochstifts. N. F. 2, 3, 14 (1962–75). 3 Tle. – Arnim, B. von: Die G. Mit einem Essay von Ch. Wolf. Ffm. [3]1986. – Hetmann, F.: Drei Frauen zum Beispiel. Die Lebensgesch. der Simone Weil, Isabel Burton u. K. v. G. Neuausg. Whm. 1990.

Gundersen, Gunnar Bull [norweg. 'gʉndərsən], * Stavanger 5. April 1929, norweg. Schriftsteller. – Thematisiert in seinen durchkomponierten, meist im Seemannsmilieu spielenden Romanen

Gundolf

den Gegensatz von Wirklichkeit und mythenschaffender Phantasie.

Werke: Om natten (R., 1956), Martin (R., 1959), Fabelnetter (R., 1961), Judith (R., 1963), Lieber Emanuel (R., 1965, dt. 1969), De fem (Dr., 1969), Skal blues (Ged., 1972), En dagdrivers nye opptegnelser (R., 1975), Historien om min syke mor (R., 1976), De hjemløse (R., 1977).

Gundolf, Friedrich, eigtl. F. Leopold Gundelfinger, * Darmstadt 20. Juni 1880, † Heidelberg 12. Juli 1931, dt. Literarhistoriker. – Ab 1916 Prof. für dt. Literaturgeschichte in Heidelberg. Als Autor (›Gedichte‹, 1930), Übersetzer (›Shakespeare‹, 10 Bde., 1908–18, neue Ausgabe 6 Bde., 1921–25) und Literarhistoriker stark von S. George beeinflußt, an dessen ›Blättern für die Kunst‹ er ab 1899 mitarbeitete. Seine Monographien sind kongeniale Erfassungen großer Künstlerpersönlichkeiten, die als Symbolgestalten ihrer Epoche verstanden werden.

Weitere Werke: Shakespeare und der dt. Geist (1911), Goethe (1916), George (1920), Dichter und Helden (1921), Caesar, Geschichte seines Ruhms (1924), Shakespeare (2 Bde., 1928), Romantiker (2 Bde., 1930/31).
Ausgaben: Stefan George – F. G. Briefwechsel. Hg. v. R. BOEHRINGER u. P. LANDMANN. Mchn. u. Düss. 1962. – F. G. Briefwechsel mit H. Steiner u. E. R. Curtius. Eingeleitet u. hg. v. L. HELBING u. C. V. BOCK. Amsterdam 1962–63. 2 Teilbde.
Literatur: SCHMITZ, V. A.: G. Eine Einf. in sein Werk. Düss. u. Mchn. 1965. – NEUTJENS, C.: F. G. Ein bibliograph. Apparat. Bonn 1969.

Gundulić, Ivan (Đivo Franov) [serbokroat. ˌgundulitɕ] (italien. Giovanni Gondola), * Ragusa (Dubrovnik) 8. Jan. 1589 (?), † ebd. 8. Dez. 1638, ragusan. (kroat.) Dichter. – Bedeutendster Vertreter der südslaw. Barockliteratur. Von zehn Dramen sind vier marinistisch bestimmte erhalten; später Hinwendung zur religiösen Dichtung (u. a. Lieder des Königs David). Hauptwerke sind die von der italien. Epik beeinflußten Epen ›Suze sina razmetnoga‹ (= Tränen des verlorenen Sohnes, 1622) und ›Die Osmanide‹ (entst. zw. 1621/22 und 1638, erschienen 1826, dt. 1919), ein heroisches Epos mit ritterlich-romant. Episoden um den Sieg der Polen über die Türken, sowie das allegor. Schauspiel ›Dubravka‹ (1628).

Ausgabe: I. G. Djela. Zagreb ³1938.
Literatur: SETSCHKAREFF, V.: Die Dichtungen G.s u. ihr poet. Stil. Bonn 1952.

Gunn, Neil Miller [engl. gʌn], * Dunbeath (Caithness) 8. Nov. 1891, † Inverness 15. Jan. 1973, schott. Erzähler. – Stellt in seinen Romanen v. a. das Leben der Fischer und Hochlandbewohner seiner Heimat dar.

Werke: Frühflut (R., 1931, dt. 1938), Das verlorne Leben (R., 1934, dt. 1937), Highland river (R., 1937), The silver darlings (R., 1941), Felsen der Herrschaft (R., 1944, dt. 1949), Der Quell am Ende der Welt (R., 1951, dt. 1955), The other landscape (R., 1954), The atom of delight (Autobiogr., 1956).
Literatur: HART, F. R.: N. M. G. A highland life. London 1981. – MCCULLOUCH, M.: The novels of N. M. G. Edinburgh 1987.

Gunn, Thom[son William] [engl. gʌn], * Gravesend (Kent) 29. Aug. 1929, engl. Lyriker. – Studierte in Cambridge, lebt seit 1960 in San Francisco. Seine energiegeladene und oft aggressive Lyrik um Existenzprobleme des modernen Menschen, die sich anfangs formale Bändigung auferlegte (›Fighting terms‹, 1954; ›The sense of movement‹, 1957; ›My sad captains‹, 1961), öffnete sich unter dem Einfluß von Y. Winters und in Berührung mit amerikan. Gegenwartsdichtung freieren und auch experimentelleren Stilarten (›Touch‹, 1967; ›Moly‹, 1971; ›Mandrakes‹, 1974; ›Selected poems‹, 1979; ›The passages of joy‹, 1982; ›Undesirables‹, 1988; ›The man with night sweats‹, 1992). Seine ›Collected poems‹ erschienen 1994. Auch Essays (›Shelf life‹, 1993).

Gunnarsson, Gunnar [isländ. ˈɡvnarsɔn], * Valþjófsstaður 18. Mai 1889, † Reykjavík 21. Nov. 1975, isländ. Schriftsteller. – Ging 18jährig nach Dänemark; 1939 Rückkehr nach Island; schrieb zunächst in dän., später in isländ. Sprache Gedichte, Novellen, Dramen und Essays; wurde bekannt durch den vierteiligen Roman ›Die Leute auf Borg‹ (1912–14, dt. 1927); entnahm seine Themen oft der isländ. Geschichte, behandelte daneben auch solche von aktueller Problematik.

Weitere Werke: Strand des Lebens (R., 1915, dt. 1929), Der Geächtete (R., 1916, dt. 1928), Die Eidbrüder (R., 1918, dt. 1934), Der Haß des Pall Einarsson (R., 1920, dt. 1921), Kirken paa bjerget (R.-Zyklus, 5 Bde., 1923–28, dt. Bd. 1 u. d. T. Spiel mit Halmen, 1928; Bd. 2 u. d. T. Schiffe am Himmel, 1928; Bd. 3 u. d. T. Nacht und

Traum, 1929; Bd. 4 u. d. T. Der unerfahrene Reisende, 1931), Schwarze Schwingen (R., 1929, dt. 1930), Vikivaki oder die goldene Leiter (R., 1932, dt. 1935), Der weiße Krist (R., 1934, dt. 1935), Der graue Mann (R., 1936, dt. 1937), Die Eindalssaga (R., 1952, dt. 1959).
Ausgaben: Rit Gunnars Gunnarssonar. Reykjavík u. a. 1944–62. 21 Bde. – G. G. Skáldverk. Reykjavik 1960–63. 19 Bde.
Literatur: ELFELT, K.: G. G. Kopenhagen 1927. – BOOR, H. DE: Isländ. Dichter. G. G. In: German.-Roman. Mschr. 26 (1938), S. 109. – ARVIDSON, S.: G. G., islänningen. Stockholm 1960.

Gunnlaugs saga ǫrmstungu [isländ. = Die Geschichte von Gunnlaug Schlangenzunge], in zwei Haupthandschriften des 14. und 15. Jh. überlieferte altisländ. Saga (wahrscheinlich aus dem späten 13. Jh.), die vom erbitterten Kampf zweier Skalden, des **Gunnlaugr ormstunga** (*um 980, † 1009) und Hrafn Önundarson, um die schöne Helga, eine Enkelin Egills Skallagrímsson, berichtet. Der Streit endet mit dem Tod beider Rivalen beim Holmgang in Norwegen.
Ausgaben: G. s. o. F. JÓNSSON. Kopenhagen 1916. – Skaldensagas. Übertragen, eingel. u. erl. v. F. SEEWALD. Ffm. 1981. S. 160.

Güntekin, Reşad Nuri [türk. gyntɛ-'kin], *Konstantinopel (heute Istanbul) 25. Nov. 1889, † London 7. Dez. 1956, türk. Schriftsteller. – Gehört zu den führenden türk. Prosaisten und Theaterautoren zwischen den beiden Weltkriegen. Berühmt gemacht hat ihn v. a. der Roman ›Der Zaunkönig‹ (1922, dt. 1942) mit dem Leitthema der Frauenemanzipation.

Gunther von Pairis [frz. pε'ris], *in der 2. Hälfte des 12. Jh., † Anfang des 13. Jh., mittellat. Schriftsteller. – War Mönch im Zisterzienserkloster Pairis bei Sigolsheim (Oberelsaß). Verfaßte 1217/18 in gelehrtem Latein einen Bericht über den 4. Kreuzzug von 1202–04, ›Historia Constantinopolitana‹. Weiter werden ihm u. a. zwei Hexameterepen, ›Solymarius‹ und ›Ligurinus‹ zugeschrieben. ›Solymarius‹, nur bruchstückhaft (232 Verse) überliefert, ist dem Prinzen Konrad, Sohn Barbarossas, gewidmet und behandelt die Geschichte des 1. Kreuzzuges. ›Ligurinus‹ (entst. 1186/87), ein Kaiser Friedrich I. und dessen Sohn gewidmetes Epos in 10 Büchern, schil-

dert im Anschluß an die ›Gesta Friderici imperatoris‹ Ottos von Freising und Rahewins die Taten Friedrichs I. bis 1160, v. a. dessen Kämpfe mit den Lombarden (Ligures).
Ausgaben: G. v. P. Die Gesch. der Eroberung von Konstantinopel. Dt. Übers. Köln u. Graz 1956. – G. v. P. Der ›Ligurinus‹. Hg. v. F. P. KNAPP. Göppingen 1982.

Günther, Agnes, geb. Breuning, *Stuttgart 21. Juli 1863, † Marburg a. d. Lahn 16. Febr. 1911, dt. Schriftstellerin. – Schrieb den schwärmerischen, religiös gefärbten, seinerzeit äußerst erfolgreichen Roman ›Die Heilige und ihr Narr‹ (2 Bde., hg. 1913/14, [107]1928), ferner das Drama ›Von der Hexe, die eine Heilige war‹ (hg. 1913).
Literatur: GÜNTHER, G.: Ich denke der alten, der vorigen Jahre. A. G. in Briefen, Erinnerungen, Berichten. Stg. 1972.

Günther, Egon, *Schneeberg (Kreis Aue) 30. März 1927, dt. Schriftsteller und Filmregisseur. – Lehrer, Verlagslektor, dann Dramaturg und Drehbuchautor, Filmregisseur der DEFA. In seinen Erzählungen und Romanen verarbeitet er oft autobiograph. Material (›Einmal Karthago und zurück‹, R., 1975); auch Gedichte und Kriminalromane. Bekannt wurde er durch seine Filme, v. a. seine Literaturverfilmungen, bei denen er u. a. mit H. Schütz und G. Kunert zusammenarbeitete, z. B. ›Lots Weib‹ (1965), ›Lotte in Weimar‹ (1975), ›Die Leiden des jungen Werthers‹ (1976). Seit 1981 arbeitete er häufig für das westdeutsche Fernsehen (›Exil‹, 1981; ›Morenga‹, 1985).
Weitere Werke: Flandr. Finale (R., 1955), Die Zukunft sitzt am Tische (Ged., 1955; mit R. Kunze), Der kret. Krieg (R., 1957), Rückkehr aus großer Entfernung (R., 1970), Reitschule (E., 1981), Der Pirat (R., 1991).

Günther, Herbert, *Berlin 26. März 1906, † München 19. März 1978, dt. Schriftsteller. – Schauspieler; gab 1929 die Anthologie ›Hier schreibt Berlin‹ heraus, ein literar. Dokument der 20er Jahre; verfaßte Lyrik, Erzählungen, Biographien, Essays und Reisebücher sowie Kritiken.
Weitere Werke: Franken und die Bayer. Ostmark (Reiseber., 1936), Künstler. Doppelbegabungen (1938, erweitert 1960), Glückl. Reise (Reiseber., 1939), Mag. Schicksal (En., 1942), Der Funke (Ged., 1953), Drehbühne der Zeit

(Erinnerungen, 1957), Joachim Ringelnatz (Biogr., 1964), Goethe (Essays, 1966), Akkorde der Palette. Zehn große frz. Maler (Essays, 1972).

Günther, Johann Christian, *Striegau 8. April 1695, †Jena 15. März 1723, dt. Schriftsteller. – Studierte Medizin in Wittenberg und Leipzig, bewarb sich 1719 vergeblich um die Stelle eines Hofdichters in Dresden, starb im Elend. G.s Werk ist zunächst noch dem Barock verpflichtet; sehr bald aber fand er die ihm gemäße Form, die auf die Dichtung des Sturm und Drangs vorausweist und Ausdruck ganz persönl. Erlebens ist.

Werke: Die von Theodosio bereute Eifersucht (Trauerspiel, 1715), Sammlung von J. Ch. G.s ... Dt. und Lat. Gedichten (4 Bde., hg. 1724–35). **Ausgaben:** J. Ch. G. Sämtl. Werke. Histor.-krit. Gesamtausg. Hg. v. W. KRÄMER. Lpz. 1930–37. Nachdr. Darmst. 1964. 6 Bde. – J. Ch. G. Werke in 1 Bd. Bearb. v. H. DAHLKE. Weimar ³1962. – J. Ch. G. Ges. Gedichte. Hg. v. H. HECKMANN. Mchn. 1981.
Literatur: HOFFMANN, ADALBERT: J.-Ch.-G.-Bibliogr. Breslau 1929. Nachdr. Hildesheim 1965. – DAHLKE, H.: J. Ch. G. Seine dichter. Entwicklung. Bln. 1960. – BÖLHOFF, R.: J. Ch. G.: 1695–1975. Kommentierte Bibliogr., Schrifttenverz., Rezeptions- u. Forschungsgesch. Köln u. Wien 1980–83. 3 Bde. – KRÄMER, W.: Das Leben des schles. Dichters J. Ch. G. 1695–1723. Stg. ²1980. – J. Ch. G. Hg. v. H. L. ARNOLD. Mchn. 1982. – †auch Fleming, Paul.

Günzburg, Johann Eberlin von, dt. Prediger und Schriftsteller, †Eberlin von Günzburg, Johann.

Guo Moruo, chin. Gelehrter und Schriftsteller, †Kuo Mo-jo.

Guramischwili, Davit Georgijewitsch, *Saguramo 1705, †Mirgorod 1. Aug. 1792, georg. Dichter. – Nach Gefangenschaft in Dagestan (1727/28) und preuß. Kriegsgefangenschaft in Magdeburg (1758/59) verfaßte er auf seinem Landgut in der Ukraine zwischen 1759 und 1774 sein poet. Werk unter dem Sammelnamen ›Davitiani‹ (= Gedichte von David, erste vollständige Ausgabe 1931); sich von der formalist. Schematik pers. Literatur abwendend, knüpfte er an Sch. Rustaweli und die georg. Volkspoesie an. Neben lyr. Gedichten z. T. religiösen Inhalts und einem Idyll mit Schäferpoesie schrieb er das große histor. Verscpos ›Kartlis čiri‹ (= Georgiens Not).

Gurgāni, Faḫru' d-Dīn As'ad, pers. Dichter, †Gorgani, Fachroddin Asad.

Guri (tl.: Gūrī), Chajim [hebr. gu'ri], *Tel Aviv 1923, israel. Schriftsteller. – Gehört zu den patriotisch engagierten Schriftstellern des neugegründeten Staates Israel. Seine beiden Gedichtbände ›Pirḫē ēš‹ (= Feuerblumen, 1949) und ›'Ad 'alōt ha-šaḥar‹ (= Bis zur Morgendämmerung, 1950) spiegeln das Geschehen des Unabhängigkeitskrieges 1948 wider. Sein Roman ›'Isqat ha-šokōlad‹ (= Der Schokoladenhandel, 1965, engl. 1968 u. d. T. ›The chocolate deal‹) spielt vor dem Hintergrund des Holocaust. Der Band ›Dappīm Yerūšalmiyyīm‹ (= Jerusalem-Aufzeichnungen, 1968) besteht im Hauptteil aus den Erlebnissen des Autors als Offizier im Sechs-Tage-Krieg (1967). Er verfaßte auch eine Chronik des Eichmann-Prozesses in Jerusalem unter dem Titel ›Mul tā ha-zekūkit‹ (= Vor dem gläsernen Käfig, 1962, frz. u. d. T. ›Le cage de verre‹, 1968).
Weiteres Werk: Hasefer hamēšûğa' (= Das verrückte Buch, R., 1971).
Literatur: Enc. Jud. Bd. 7, 1972, S. 832.

Gurk, Paul, Pseudonym Franz Grau, *Frankfurt/Oder 26. April 1880, †Berlin 12. Aug. 1953, dt. Schriftsteller. – Grübler, phantasiereicher Erzähler und Dramatiker ohne Kontakt zur Welt; hinterließ über 30 Dramen, ein umfangreiches erzähler. Werk und Lyrik. Bed. sind v. a. ›Thomas Münzer‹ (Dr., 1922), ›Meister Eckehart‹ (R., 1925), ›Judas‹ (R., 1931) und der autobiograph. Roman ›Berlin‹ (1934, Neuausg. 1980).
Weitere Werke: Dreifältigkeit (Nov.n, 1922), Persephone (Dr., UA 1922), Die Wege des teelschen Hans (R., 1922), Bruder Franziskus (Dr., UA 1923), Palang (R., 1930), Tresoreinbruch (R., 1935), Tuzub 37 (R., 1935), Wendezeiten (R.-Trilogie, 1940/41), Iskander (R., 1944), Magister Tinius (Dr., 1946), Laubenkolonie Schwanensee (R., 1949), Ein ganz gewöhnl. Mensch (R., hg. 1957).

Gürpınar, Hüseyin Rahmi [türk. gyrpi'nar], *Konstantinopel (heute Istanbul) 17. Aug. 1864, †ebd. 8. März 1944, türk. Romanschriftsteller. – Schrieb 40 naturalistisch-realist. Romane, in denen das Volksleben und der Übergang von traditionellen zu modernen Daseinsformen geschildert werden. Trotz literar. Schwächen ist das umfang-

Gütersloh   19

reiche Werk von dokumentar. Wert, nicht zuletzt wegen vieler volkssprachl. Passagen.

Gürsel, Nedim, *Gaziantep 1951, türk. Erzähler. – Studierte frz. Literatur an der Sorbonne; veröffentlichte in verschiedenen türk. und frz. Zeitschriften Essays und Erzählungen, die 1975 u. d. T. ›Ein Sommer ohne Ende‹ (dt. 1988) erschienen. Darin ist v. a. das Lebensgefühl der jüngeren, zur türk. Kleinbürgerschicht gehörenden Generation beschrieben.

Gustaf-Janson, Gösta [schwed. ˌgʊstavˈjɑːnsɔn], *Saltsjö-Duvnäs (Insel vor Stockholm) 6. Nov. 1902, schwed. Schriftsteller. – Schildert in seinerzeit recht populären Romanen, die sich durch sichere Personenporträts auszeichnen, mit feiner Ironie, oft auch mit bissigem Sarkasmus das Milieu des satten, selbstgefälligen bürgerl. Mittelstandes.
Werke: Krisår (R., 1931), Gubben kommer (R., 1934), Die Kogers (R., 1937, dt. 1943), Stampen (R., 1951), ... blev jag dDligt kär (R., 1953), Ängeln som inte kunde flyga fel (R., 1967), Tungt i den branta backen (R., 1972), Konsuln gör helt om (R., 1975), Mosters millioner (R., 1978), Att vända åter (Autobiogr., 1981).

Gustafsson, Lars [schwed. ˌgʊstavsɔn], *Västerås (Västmanland) 17. Mai 1936, schwed. Schriftsteller und Kritiker. – Setzt sich in Lyrik und Prosa mit philosoph. und sprachtheoret. Problemen auseinander. In seinem fünfbändigen Romanzyklus ›Sprickorna i muren‹ mit den Teilen ›Herr Gustafsson persönlich‹ (1971, dt. 1972), ›Wollsachen‹ (1973, dt. 1974), ›Das Familientreffen‹ (1975, dt. 1976), ›Sigismund. Aus den Erinnerungen eines poln. Barockfürsten‹ (1976, dt. 1977) und ›Der Tod eines Bienenzüchters‹ (1978, dt. 1978) versucht G., die Krisenzeit der 60er und 70er Jahre von verschiedenen Erzählerstandpunkten aus darzustellen.
Weitere Werke: Der eigentl. Bericht über Herrn Arenander (Prosa, 1966, dt. 1969), Die Tennisspieler (E., dt. 1979), Erzählungen von glückl. Menschen (1981, dt. 1981), Die Stille der Welt vor Bach (Ged., 1982, dt. 1982), Eine Liebe zur Sache (Prosa, 1983, dt. 1983), Trauermusik (R., 1984, dt. 1984), Die Bilder an der Mauer der Sonnenstadt (Essays, 1984/85, dt. Ausw. 1987), Die dritte Rochade des Bernard Foy (R., 1986, dt. 1986), Das seltsame Tier aus dem Norden

u. a. Merkwürdigkeiten (En., 1989, dt. 1989), Vorbereitungen für die Wintersaison (Ged., 1990, dt. 1992), Nachmittag eines Fliesenlegers (R., 1991, dt. 1991), Die Sache mit dem Hund (R., 1993, dt. 1994).
Literatur: G. lesen. Hg. v. R. Volz. Mchn. 1986.

Gustaitis, Motiejus [litauisch gʊsˈtaɪtɪs], *Rokai (Kreis Kaunas) 27. Febr. 1870, †Lazdijai 23. Dez. 1927, litauischer Dichter. – Studierte nach dem Besuch des Priesterseminars u. a. in Regensburg, Rom und Freiburg (Schweiz) Literaturwiss.; war zuletzt Direktor des Gymnasiums in Lazdijai. Vertreter des Symbolismus; übersetzte u. a. Vergil, Horaz und A. Mickiewicz und verfaßte literarhistor. Werke.
Werke: Tėvynės ašaros (= Die Tränen des Vaterlandes, Ged., 1914), Erškėčių taku (= Auf dem Dornenpfad, Ged., 1916), Sielos akordai (= Klänge der Seele, Ged., 1917), Varpeliai (= Die Glöckchen, Sonette, 1925).

Gustav III., *Stockholm 24. Jan. 1746, †ebd. 29. März 1792, König von Schweden (seit 1771). – Sein Interesse für das Theater, die schwed. Sprache und die Kunst der Staatsrede machten ihn zu einer kulturell wichtigen Persönlichkeit seiner Zeit; gründete 1773 die Schwed. Oper, 1786 nach frz. Vorbild die Schwed. Akad., 1788 das dramat. Theater. – Autor mehrerer histor. Schauspiele, u. a. ›Siri Brahe oder die Neugierigen‹ (1787, dt. 1794).
Ausgabe: Konung G. III. Skrifter i politiska och vittra ämnen. Hg. v. J. G. Oxenstierna. Stockholm 1806–12.
Literatur: Levertin, O. I.: G. som dramatisk författare. Stockholm ²1911.

Gutenburg, Ulrich von, mhd. Dichter, †Ulrich von Gutenburg.

Gütersloh, Albert Paris, ursprünglich A. Conrad Kiehtreiber (bis 1921; bis 1945: Paris von G.), *Wien 5. Febr. 1887, †Baden bei Wien 16. Mai 1973, österr. Schriftsteller und Maler. – Schüler des Jugendstilmalers G. Klimt; war Bühnenbildner, Schauspieler, Journalist und Regisseur, ab 1945 Prof. an der Akad. der bildenden Künste in Wien. Begann als Expressionist, mit einem Wechsel von bildhafter und abstrakter Sprache, war mit F. Blei Hg. der Zeitschrift ›Die Rettung‹ (1918/1919); wandte sich später einem Katholizismus und antik-heidnische Sinnenfreudigkeit verbindenden

Guth

Albert Paris
Gütersloh

Geisteshaltung zu; verwendete oft sprachl. (manierist.) Effekte.

Werke: Die tanzende Törin (R., 1911, gekürzt 1913), Die Vision vom Alten und vom Neuen (E., 1921), Innozent oder ... (R., 1922), Der Lügner unter Bürgern (R., 1922), Kain und Abel (Legende, 1924), Eine sagenhafte Figur (R., 1946), Die Fabeln vom Eros (En., 1947), Musik zu einem Lebenslauf (Ged., 1957), Sonne und Mond (R., 1962), Zur Situation der modernen Kunst (Aufss., Reden, 1963), Der innere Erdteil. Aus den ›Wörterbüchern‹ (1966), Die Fabel von der Freundschaft. Ein sokrat. Roman (1969), Treppe ohne Haus und Seele ohne Leib. Späte Gedichte (hg. 1974).
Literatur: A. P. G. Autor u. Werk. Bearb. v. H. VON DODERER u. a. Mchn. 1962. – THURNER, F.: A. P. G. Studien zu seinem Romanwerk. Bern 1970. – MAYRHOFER, R.: Distanz u. Integration. Essayist. Strukturen in den Romanen A. P. G.s. Diss. Salzburg 1974.

Guth, Paul [frz. gyt], *Ossun (Hautes-Pyrénées) 5. März 1910, frz. Schriftsteller. – 1934–45 Gymnasiallehrer in Dijon, Rouen und Paris, dann journalistisch und literarisch tätig. Am bekanntesten wurden seine humorist. Romane, darunter der teilweise autobiograph. Zyklus um die Abenteuer eines Naiven; G. schildert darin Situationen des modernen Lebens; auch Kinderbücher und eine Literaturgeschichte (›Histoire de la littérature française‹, 2 Bde., 1967). Erhielt u. a. 1978 den Grand prix de littérature der Académie française.
Weitere Werke: Mémoires d'un naïf (R., 1953), Erdgeschoß, Hofseite links (R., 1957, dt. 1958), Zwecks späterer Heirat (R., 1958, dt. 1959), Nur wer die Liebe kennt ... (R., 1959, dt. 1960), Jeanne la mince (R., 1960), Mazarin (Biogr., 1970, dt. 1973), Moi, Joséphine, impératrice (Biogr., 1979), Lettre ouverte aux futurs illettrés (Streitschr., 1980), L'aube de la France (Abh., 2 Bde., 1982), Le ›ce que je crois‹ du naïf (Essay, 1982), Une enfance pour la vie (Erinnerungen 1984), La tigresse (R., 1985), Oui, le bonheur! (Biogr., 1988), Moi, Ninon de Lenclos, courtisane (Biogr., 1991).

Gutiérrez, Antonio García [span. gu-'tjɛrrɛs], span. Dramatiker, † García Guttiérrez, Antonio.

Gutiérrez, Joaquín [span. gu'tjɛrrɛs], *San José 30. März 1918, costarican. Schriftsteller. – Lebte seit seiner Jugend bis 1973 in Chile, wo er als Verleger tätig war, sozialistisch engagierter Lyriker und Romancier; behandelt in seinem bekanntesten Roman ›Die Glut und ihr Schatten‹ (1950, dt. 1963) das kollektive Drama der Arbeiter auf den Plantagen der United Fruit Company.
Weitere Werke: Poesía (Ged., 1937), Jicaral (Ged., 1937), Manglar (R., 1947), Cocorí (R., 1948, dt. 1956), La hoja de aire (Ged., 1968), Murámonos Federico (R., 1973), Te acordás hermano (R., 1978).

Gutiérrez, Juan María [span. gu'tjɛrrɛs], *Buenos Aires 6. Mai 1809, †ebd. 26. Febr. 1878, argentin. Schriftsteller. – Neben E. Echeverría Mitbegründer der liberalen ›Asociación de Mayo‹; lebte 1840–52 im Exil in Uruguay und Chile; 1861–73 Rektor der Univ. von Buenos Aires; schrieb verhaltene, romant. Lyrik (›Poesías‹, 1869), den Kurzroman ›El capitán de patricios‹ (1874), Sittenschilderungen, Biographien, histor. und literaturkrit. Werke.
Literatur: SCHWEISTEIN DE REIDEL, M.: J. M. G. La Plata 1940.

Gutiérrez Nájera, Manuel [span. gu-'tjɛrrɛz 'naxera], *Mexiko 22. Dez. 1859, †ebd. 3. Febr. 1895, mex. Dichter. – Gründer der ›Revista Azul‹ (1894); einer der Väter des Modernismo, schrieb unter dem Einfluß der frz. Romantik (A. de Musset, A. de Lamartine, V. Hugo) sprachlich und metrisch vollendete Lyrik; auch bed. Prosaist.
Werke: Cuentos frágiles (En., 1883), Psalmos de la vida (Ged., 1893), Cuentos color de humo (En., 1898).
Ausgaben: M. G. N. Poesías completas. Hg. v. F. GONZÁLEZ GUERRERO. Mexiko 1953. 2 Bde. – M. G. N. Obras. Hg. v. E. K. MAPES u. E. MEÍA SÁNCHEZ. Mexiko 1959 ff. Auf mehrere Bde. berechnet.
Literatur: GÓMEZ DEL PRADO, C.: M. G. N., vida y obra. Mexiko u. East Lansing (Mich.) 1964.

Guttenbrunner, Michael * Althofen (Kärnten) 7. Sept. 1919, österr. Lyriker und Erzähler. – Graph. Lehre in Wien; während der Zeit des Nationalsozialismus mehrfach in Haft; Todesurteil mit Bewährung als Soldat. Lebt als freier Schriftsteller in Wien. Traumat. Erfahrungen im Krieg, leidenschaftl. Antifaschismus (auch nach dem Krieg) und allgemeine Ideologieskepsis prägen die inhaltl. Gestaltung seines Werkes, das in der Tradition von K. Kraus und G. Trakl steht. Herausgebertätigkeit, auch Übersetzer (Ch. Baudelaire, A. Rimbaud).
Werke: Schwarze Ruten (Ged., 1947), Spuren und Überbleibsel (Prosa, 1948), Opferholz (Ged., 1954), Ungereimte Gedichte (1959), Die lange Zeit (Ged., 1965), Der Abstieg (Ged., 1975), Im Machtgehege (Prosa, 1976), Gesang der Schiffe (Ged., 1980), Gedichte 1980–1990 (1992).

Gutzkow, Karl [...ko], * Berlin 17. März 1811, † Frankfurt am Main 16. Dez. 1878, dt. Schriftsteller. – Studierte Theologie und Philosophie; 1846–49 Dramaturg am Dresdener Hoftheater, dann freier Schriftsteller. Seine Fähigkeiten als Publizist, Literat und seine radikal-liberale polit. Überzeugung ließen ihn zur führenden Persönlichkeit des †Jungen Deutschland werden. Vielseitige und reiche literar. und journalist. Tätigkeit. Er verfaßte zu jener Zeit aktuelle Romane und Dramen. Einen Skandal verursachte sein Roman ›Wally, die Zweiflerin‹ (1835), der freisinnig religiöse Probleme erörtert und freimütige erot. Schilderungen enthält; er brachte G. eine Gefängnisstrafe in Mannheim und das Verbot seiner Schriften ein. Mit dem von ihm propagierten Typ des Gegenwartsromans versuchte er, die Wirklichkeit zu erfassen und ein Spiegelbild der damaligen Gesellschaft zu geben (›Die Ritter vom Geiste‹, 9 Bde., 1850/1851; ›Der Zauberer von Rom‹, 9 Bde., 1858–61); später schrieb er auch histor. Romane (›Fritz Ellrodt‹, 3 Bde., 1872). Mit seinem Gesamtwerk tat G. einen entscheidenden Schritt von der Romantik zum Realismus.
Weitere Werke: Novellen (2 Bde., 1834), Richard Savage (Dr., 1839), Börnes Leben (Biogr., 1840), Die Schule der Reichen (Dr., 1841), Das Urbild des Tartüffe (Lsp., 1844), Zopf und Schwert (Lsp., 1844), Uriel Acosta (Dr., 1847), Der Königslieutnant (Lsp., 1852), Lebensbilder (3 Bde., 1870/71), Rückblicke auf mein Leben (Autobiogr., 1875).
Ausgaben: K. G. Ges. Werke. Serie 1. Jena ¹⁻³1879. 12 Bde. Serie 2: Dramat. Werke. Jena ³⁻¹⁰1871–81. 20 Bde. in 19 Bden. – K. G. Werke. Hg. v. R. GENSEL. Bln. 1912. 15 Tle. in 7 Bden. Nachdr. Hildesheim 1974. 7 Bde. – K. G. Unter dem schwarzen Bären. Erlebtes 1811–1848. Hg. v. F. BÖTTGER. Bln. 1971. – K. G. Liberale Energie. Eine Sammlung seiner Krit. Schrr. Bearb. v. P. DEMETZ. Ffm. u. a. 1974. – Die Briefe des frühen G. 1830–48. Hg. v. P. BÜRGEL. Bern u. Ffm. 1975.

Karl Gutzkow

Literatur: FREIBURG-RÜTER, K.: Der literar. Kritiker K. G. Lpz. 1930. – HASUBEK, P.: K. G.s Romane ›Die Ritter vom Geiste‹ u. ›Der Zauberer v. Rom‹. Diss. Hamb. 1964. – DOBERT, E. W.: K. G. u. seine Zeit. Bern u. Mchn. 1968. – FUNKE, R.: Beharrung u. Umbruch 1830–60: K. G. auf dem Weg in die literar. Moderne. Ffm. 1984. – VONHOFF, G.: Vom bürgerl. Individuum zur sozialen Frage. Romane von K. G. Ffm. u. a. 1994.

Ğuwainī, 'Alā'u d-dīn 'Aṭā' Malik, pers. Geschichtsschreiber und Staatsmann, † Dschowejni, Ala od-din Ata Malek.

Guyot de Provins [frz. gɥijɔdprɔ'vɛ̃], altfrz. Lyriker, † Guiot de Provins.

Guyot, Pierre François [frz. gɥi'jo], frz. Schriftsteller, † Desfontaines, Abbé.

Guzmán, Martín Luis [span. guz-'man], * Chihuahua 6. Okt. 1887, † Mexiko 22. Dez. 1976, mex. Schriftsteller. – Nahm an der mex. Revolution teil; lebte 1925–36 im polit. Exil in Spanien; ausgehend von persönl. Erfahrungen, behandelt sein Roman ›Adler und Schlange‹ (1928, dt. 1932) die blutigen Kämpfe der Jahre 1913–15 in Mexiko.

22 Gwala

Weitere Werke: La sombra del caudillo (R., 1929), Memorias de Pancho Villa (Biogr., 1951), Islas Marías (R., 1959), Crónicas de mi destierro (Bericht, 1964).
Ausgabe: M. L. G. Obras completas. Neuausg. Mexiko 1984–85. 2 Bde.
Literatur: Five essays on M. L. G. Hg. v. W. W. MEGENNEY. Riverside (Calif.) 1978.

Gwala, Mafika Pascal [engl. 'gwɑːlɑː], *Verulam (Natal) 5. Okt. 1946, südafrikan. Lyriker. – Wegbereiter der emanzipierten schwarzen Literatur; richtet seine literar. und kulturelle Arbeit am Kampf gegen Klassen- und Rassenschranken aus; gleichzeitig sucht er den polit., manchmal bitter-iron. Tenor seiner Gedichte durch Einbeziehung internat., geschichtl. Zusammenhänge und durch dramatisierende Ausdrucksformen zu sublimieren. Seine Gedichtbände ›Jol-'iinkomo‹ (1977) und ›No more lullabies‹ (1982) zählen zu den bekanntesten Werken der Literatur Südafrikas.

Gwęrder, Alexander Xaver, *Thalwil bei Zürich 11. März 1923, †Arles 14. Sept. 1952, schweizer. Schriftsteller. – Offsetkopist in Zürich; schrieb formal an G. Benn anknüpfende Gedichte sowie Kurzprosa von melancholisch-düsterer Stimmung.
Werke: Blauer Eisenhut (Ged., 1951), Ein Abend, eine Straße und ein Mittag in der City (Ged., 1953), Dämmerklee (Ged., hg. 1955), Möglich, daß es gewittern wird (Prosa, hg. 1957), Land über Dächer (Ged., hg. 1959).
Literatur: FRINGELI, D.: Die Optik der Trauer. A. X. G. Wesen u. Wirken. Bern 1970.

Gyllembourg, Thomasine Christine [dän. 'gyləmbuːˀr], geb. Buntzen, *Kopenhagen 9. Nov. 1773, †ebd. 1. Juli 1856, dän. Erzählerin. – War ∞ mit P. A. Heiberg, dann mit dem schwed. Baron C. F. G.-Ehrensvärd; kritisierte in ihren volkstüml. und volkserzieher. Novellen die Mißstände ihrer Zeit; gilt als Schöpferin der modernen bürgerl. Novelle in Dänemark, ohne jedoch selbst Werke von großem literar. Wert verfaßt zu haben. Ihre Bücher sind gekennzeichnet von treffsicheren Schilderungen v. a. des großbürgerl. Milieus.
Werke: Eine Alltagsgeschichte (R., 1828, dt. 1901), Die Novellen des Verfassers der Alltagsgeschichte (17 Bde., 1833/34, dt. 1852).

Gyllenborg, Carl Graf [schwed. ˌjyːlənbɔrj], *Stockholm 17. März 1679, †ebd. 20. Dez. 1746, schwed. Politiker und Dramatiker. – Onkel von Gustaf Frederik Graf G.; war im diplomat. Dienst tätig; verfolgte als Kanzleipräsident ab 1739 eine unglückl. Politik (Krieg mit Rußland 1741–43); erwarb sich als Universitätskanzler (1728–39) durch Förderung der Wissenschaften große Verdienste; verspottete in seinen Lustspielen die sog. Halbgebildeten, während ehrl. Selbsteinschätzung gerühmt wird; bekannt wurde ›Svenska sprätthöken‹ (1740).

Gyllenborg, Gustaf Frederic Graf [schwed. ˌjyːlənbɔrj], *Strömbro bei Linköping 6. Dez. 1731, †Stockholm 30. März 1808, schwed. Schriftsteller. – Neffe von Carl Graf G.; begann mit bukol. Dichtung im Geiste des Rokokos und Satirenimitationen nach klass. lat. Vorbildern; in seinem späteren Werk wich das Heiter-Verspielte einem tiefen Pessimismus.
Werke: Vinterkväde (Ged., 1759), Ode öfver själens styrka (Ged., 1766), Penelope (Dr., 1791), Fabler (Fabeln, 1795), Dikter (Ged., 4 Bde., 1795–98).

Gyllensten, Lars Johan Wictor [schwed. ˌjyːlənsteːn], *Stockholm 12. Nov. 1921, schwed. Schriftsteller. – Arzt und Dozent für Histologie, 1955–73 Prof. am Karolinska Institut in Stockholm; seit 1966 Mitglied der Schwed. Akademie, seit 1968 Mitglied des Nobelpreiskomitees für Literatur (seit 1981 Vorsitzender). G. debütierte 1946 mit einer Parodie auf die Lyrik der 40er Jahre, die in Schweden eine stürm. Diskussion hervorrief. In seinen Romanen, die um moral. und existentialist. Grundprobleme kreisen, experimentiert G. stark mit verschiedenen Themen, Sprachebenen und Erzählhaltungen. Diese Experimentierfreudigkeit entspringt seiner Ablehnung jegl. weltanschaul. Dogmatismus, die ihn immer neue Einstellungen der Wirklichkeit gegenüber ausprobieren läßt, um auf diese Weise eine möglichst facettenreiche Weltbeschreibung zu erreichen.
Werke: Camera obscura (Ged., 1946; mit Torgny Greitz), Barnabok (R., 1952), Carnivora (Nov.n, 1953), Senilia (R., 1956), Senatorn (R., 1958), Sokrates död (R., 1960), Desperados (Nov.n, 1962, dt. 1965), Kains Memoiren (R.,

Gyurkó 23

1963, dt. 1968), Juvenilia (R., 1965), Palatset i parken (R., 1970), Grottan i öknen (R., 1973), Im Schatten Don Juans (R., 1975, dt. 1979), Ur min offentliga sektor (Essay, 1976), Baklänges-minnen (R., 1978), Huvudskallebok (R., 1981), Rätt och slätt (Essays, 1983), Skuggans återkomst (R., 1985), Sju vise mästare om kärlek (Nov.n, 1986), Just så eller kanske det (Essays, 1989).
Literatur: JOHANNESSON, H.-E.: Studier i L. G.s estetik. Göteborg 1973. – ISAKSSON, H.: Hängivenhet och distans. En studie i L. G.s romankonst. Stockholm 1974. – MUNCK, K.: G.s roller. Lund 1974. – ISAKSSON, H.: L. G. Boston (Mass.) 1978.

Gyöngyösi, István [ungar. 'djøndjø∫i], *Ungvár(?) 1629, †Rozsnyó 24. Juli 1704, ungar. Barockdichter. – Schrieb formal gewandte ep. Gedichte in flüssigem, reizvollem Stil.
Ausgabe: G. I. összes költeményei. Hg. v. F. BADICS. Budapest 1914–37. 4 Bde.

Gyp [frz. ʒip], eigtl. Sibylle Gabrielle Marie-Antoinette Gräfin von Martel de Janville, geb. de Riqueti de Mirabeau, *Schloß Koëtsug (Morbihan) 15. Aug. 1849, †Neuilly-sur-Seine 28. Juni 1932, frz. Schriftstellerin. – Schrieb über 100 Bände realist. Romane und Novellen, in denen sie mit Vorliebe die zeitgenöss. Gesellschaft und das hohle Leben der frz. Aristokratie schilderte, u.a. ›Petit

Bob‹ (R., 1882), ›Flederwischs Hochzeit‹ (R., 1894, dt. 1896).

Gysander, Pseudonym des dt. Schriftstellers Johann Gottfried ↑Schnabel.

Gyulai, Pál [ungar. 'djulɔi], *Klausenburg 25. Jan. 1826, †Budapest 9. Nov. 1909, ungar. Schriftsteller und Kritiker. – Studierte Jura und Theologie, war journalistisch tätig; bedeutendster ungar. Kritiker seiner Zeit; ab 1876 Professor an der Budapester Universität; verfaßte weniger bedeutende Gedichte, Erzählungen und Satiren, wertvolle literar. Porträts und ästhetisch-krit. Studien. Er setzte sich für eine volksverbundene nat. Dichtung ein.
Werke: Ein alter Schauspieler (E., 1851, dt. 1870), Der letzte Herr eines alten Edelhofes (E., 1857, dt. 1874), Frauen vor dem Spiegel (En., 1863, dt. 1864).
Literatur: PAPP, F.: G. P. Budapest 1925.

Gyurkó, László [ungar. 'djurkoː], *Budapest 22. April 1930, ungar. Schriftsteller. – War Beamter, dann freier Schriftsteller; bekannt durch seinen Kurzroman ›Csütörtök‹ (= Donnerstag, 1963) und seine Lenin-Biographie ›Lenin, Október‹ (1966); Verfasser von Dramen; Kritiker, Essayist, Übersetzer.

H

Haanpää, Pentti [finn. 'hɑ:mpæ:], *Pulkkila 14. Okt. 1905, †Piippola (Oulu) 30. Sept. 1955, finn. Schriftsteller. – In Romanen und Erzählungen Gestalter der ›kleinen Leute‹ in dichter., Volkstümliches genau festhaltender Sprache; pessimist. Atheist, der in den 30er Jahren wegen seiner sozialist. und materalist. Überzeugungen totgeschwiegen wurde; bedeutende erzählerische Werke wurden deshalb erst postum veröffentlicht.
Werke: Kenttä ja kasarmi (= Feld und Kaserne, Nov.n, 1928), Hota-Leenan poika (= Sohn der Hota-Leena, R., 1929), Der Teufelskreis (R., 1931, dt. 1983), Bauern und ihre Schatten (R., 1935, dt. 1965), Heta-Rahkon korkeassa iässä (= Heta-Rahko im hohen Alter, Nov.n, 1947), Der Einfall des Gouverneurs (R., 1949, dt. 1965), Noitaympyrä (= Ausweglos, hg. 1956), Vääpeli Sadon tapaus (= Der Fall des Feldwebels Sato, R., hg. 1956).

Haar, Bernard ter, *Amsterdam 13. Juni 1806, †Velp bei Arnheim 19. Nov. 1880, niederl. Dichter. – Studierte Theologie, war Pfarrer, dann Prof. für Kirchengeschichte in Utrecht; Vertreter des niederl. Biedermeier mit häusl. und frommer Poesie; gesammelt in den Bänden ›Gedichten‹ (1871) und ›Laatste gedichten‹ (1879).

Haas, Willy, Pseudonym Caliban, *Prag 7. Juni 1891, †Hamburg 4. Sept. 1973, dt. Kritiker und Essayist. – Gehörte in Prag zum literar. Kreis um F. Kafka, dessen ›Briefe an Milena‹ er herausgab (1952). Von 1925 bis zu seiner Emigration (1933 nach Prag, 1939 nach Indien) leitete er in Berlin die Wochenzeitung ›Die literar. Welt‹. Nach seiner Rückkehr nach Deutschland (1947) Theater- und Literaturkritiker der Tageszeitung ›Die Welt‹. Veröffentlichte zahlreiche Essays. Schrieb mehr als 20 Filmdrehbücher, meist nach literar. Vorlagen.

Werke: Das Spiel mit dem Feuer (Essays, 1923), Gestalten der Zeit (Essays, 1930, Neuausg. 1962 u. d. T. Gestalten), Die literar. Welt (Erinnerungen, 1957), Bert Brecht (Monogr., 1958), Fragmente eines Lebens (Essays, 1960), Hugo von Hofmannsthal (Monogr., 1964).
Literatur: SANDFORT-OSTERWALD, K.: W. H. Hamb. 1969.

Haasse, Hella, eigtl. H. Serafia van Lelyveld-H., *Batavia (heute Jakarta) 2. Febr. 1918, niederl. Schriftstellerin. – Verfasserin von Gedichten, Romanen und Essays; ihr ep. Werk weist häufig durch zeitl. und räuml. Entfernung von der niederl. Gegenwart romant. Züge auf.
Werke: Der schwarze See (R., 1948, dt. 1994), Wald der Erwartung (R., 1949, dt. 1957), Die scharlachrote Stadt (R., 1952, dt. 1955, 1954 u. d. T. Entheiligte Stadt), Zelfportret als legkaart (autobiograph. Schrift, 1954), Cider voor arme mensen (R., 1960), Mevrouw Bentinck of onverenigbaarheid van karakter (R., 1978), De groten der aarde of Bentinck tegen Bentinck (R., 1981), De wegen der verbeelding (R., 1983), Berichten van het Blauwe Huis (R., 1986), Schaduwbeeld, of Het geheim van Appeltern (R., 1989), Heren van de thee (R., 1992).
Literatur: POPELIER, E.: H. H. Brügge u. Nimwegen 1977. – DIEPSTRATEN, J. J.: H. S. H. Den Haag 1984.

Haavardsholm, Espen [norweg. 'ho:varshɔlm], *Oslo 10. Febr. 1945, norweg. Schriftsteller. – Begann mit modernist. Prosa; nahm später in sozialkrit. Romanen und Essays Partei gegen Norwegens EG-Beitritt und für eine ›kommunist. Revolution‹ in Norwegen.
Werke: Tidevann (En., 1966), Munnene (R., 1968), Kartskisser (Essays, 1969), Den avskyelige snømannen (En., 1970), Zink (Prosa, 1971), Grip dagen (Ged., 1973), Historiens kraftlinjer (R., 1975), Das Buch von Kalle und Reinert (R., 1978, dt. 1984), Drift (R., 1980), Store fri (R., 1983), Roger, gult (Prosa, 1986).

Haavikko, Paavo [finn. 'hɑ:vikkɔ], *Helsinki 25. Jan. 1931, finn. Lyriker und Erzähler. – Einer der bedeutendsten Vertreter der modernen finn. Literatur; begann als Lyriker in einer mehrdeutigen, hintersinnigen Ausdrucksweise, hinter der sich ein satir. Realismus verbirgt; es folgten Romane, Dramen, Novellen und Hörspiele, Opernlibretti und Aphorismen; Aufsehen erregte 1982 seine eigenwillige ›Kalevala‹-Adaptation ›Rautaaika‹ (= Die Eisenzeit), die als Drehbuch für den gleichnamigen Film benutzt wurde.

Weitere Werke: Tuuliöinä (= In Winternächten, Ged., 1953), Lehdet lehtiä (= Blätter, fliegende Blätter, Ged., 1958), Winterpalast (Poem, 1959, dt. 1986 in: Die Nacht bleibt nicht stehen. 2 Poeme), Jahre (R., 1962, dt. 1965), Poesie (dt. Ausw., 1965), Die Zeit vor dem Schnee (R., 1967, dt. 1967), Gedichte (dt. Ausw., 1973), König Harald (Hsp.-Tetralogie, 1975–78, dt. 1982), Talvirunoja (= Wintergedichte, 1990), Herbstland (Ged., dt. 1991), Nur leicht atmen die Bäume (Ged., dt. 1991), Fleurs mittlere Reife (R., dt. 1992).

Haavio, Martti, finn. Schriftsteller, ↑ Mustapää, P.

Habbema, Koos [niederl. 'ɦɑbəma:], Pseudonym des niederl. Schriftstellers Herman ↑ Heijermans.

Habberton, John [engl. 'hæbətən], * Brooklyn (heute zu New York) 24. Febr. 1842, † Glen Ridge (N. J.) 24. Febr. 1921, amerikan. Schriftsteller. – Schrieb ›Helenes Kinderchen‹ (R., 1876, dt. 1885) und andere humorvolle Kindergeschichten [für Erwachsene] (›Anderer Leute Kinder‹, R., 1877, dt. 1886), die sehr erfolgreich waren.

Habe, Hans, ursprünglich János Békessy, * Budapest 12. Febr. 1911, † Locarno 29. Sept. 1977, amerikan. Schriftsteller und Publizist österr. Herkunft. – Studium in Wien, Journalist, während des 2. Weltkrieges in der frz. und amerikan. Armee; als amerikan. Besatzungsoffizier war er maßgeblich am Wiederaufbau der Presse in Deutschland beteiligt. Schrieb erfolgreiche, auf Tatsachen fußende Berichte über Themen der Gegenwart und vielgelesene Unterhaltungsromane; bes. erfolgreich war sein Bericht ›Ob Tausend fallen‹ (engl. 1941, dt. 1943); auch Drehbücher.

Weitere Werke: Drei über die Grenze (R., 1936), Zu spät (R., 1939, 1976 u. d. T. Sturm im September), Ich stelle mich (Autobiogr., 1954), Off

limits (R., 1955), Im Namen des Teufels (R., 1956), Ilona (R., 1960), Die Tarnowska (R., 1962, Der Tod in Texas (Ber., 1964), Die Mission (R., 1965), Christoph und sein Vater (R., 1966), Das Netz (R., 1969), Wie einst David. Entscheidung in Israel. Ein Erlebnisbericht (1971), Erfahrungen (1973), Palazzo (R., 1975).

Habeck, Fritz, Pseudonym Glenn Gordon, * Neulengbach (Niederösterreich) 8. Sept. 1916, österr. Schriftsteller. – Bed. zeitkrit. Erzähler, der in seinen ersten Werken frz. Themen, in den späteren die Tradition und Stellung Österreichs in Beziehung zu Deutschland behandelte; auch Jugendbücher, Dramen, Hörspiele, Übersetzungen (J. Anouilh, J. Cocteau) und Kriminalromane.

Werke: Der Scholar vom linken Galgen (R., 1941), Der Tanz der sieben Teufel (R., 1950), Das Boot kommt nach Mitternacht (R., 1951), Das zerbrochene Dreieck (R., 1953), Ronan Gobain (R., 1956), Der Ritt auf dem Tiger (R., 1958), Der Piber (R., 1965), François Villon (Biogr., 1969), Taten und Abenteuer des Doktor Faustus (Jugendb., 1970), Schwarzer Hund im goldenen Feld ... (R., 1973), Der schwarze Mantel meines Vaters (R., 1976), Wind von Südost (R., 1979), Der Gobelin (R., 1982), Der General und die Distel (R., 1985), Die drei Kalender (R., 1986), Was soll's, ist ja Fasching! (R., 1991).

Habermas, Jürgen, * Düsseldorf 18. Juni 1929, dt. Philosoph. – 1961 Prof. in Heidelberg, 1964 in Frankfurt am Main, 1971–80 Direktor im Max-Planck-Institut zur Erforschung der Lebensbedingungen der wissenschaftlich-techn. Welt in Starnberg (zus. mit C. F. von Weizsäcker), 1980–82 am Max-Planck-Institut für Sozialwiss. in München, danach wieder in Frankfurt; neben Th. W. Adorno, M. Horkheimer und H. Marcuse der bekannteste Vertreter der krit. Theorie der sog. Frankfurter Schule; maßgebl. Einfluß auf die Protestbewegungen der 60er und 70er Jahre in der BR Deutschland. Wichtig v. a. die Analysen zur Legitimationsproblematik (angesichts wachsender Undurchschaubarkeit der gesellschaftlichen Entscheidungsprozesse) und seine Untersuchungen zum [sozial]wiss. Erkenntnisprozeß. Ziel der letzteren ist es, die These von der ›wertfreien‹ Wiss. zu widerlegen: Erkenntnistheorie muß immer auch Gesellschaftskritik enthalten. H. verfolgt auch das Projekt einer universalpragmatischen

Habernig

Begründung der Ethik. Ausgehend von den Grundvoraussetzungen, die eine Verständigung im Diskurs erst ermöglichen, sollen bestimmte Normen (wie Gleichberechtigung, Gewaltlosigkeit, Wahrhaftigkeit) auf rationalem Weg als unverzichtbar nachgewiesen (›letztbegründet‹) werden. Alle Normen müssen sich in einer idealen Kommunikationssituation bewähren. Wahrheit wird entsprechend als Konsens in einem Diskurs unter idealen Bedingungen verstanden. – H. wurde u. a. 1976 mit dem Sigmund-Freund-Preis für wissenschaftliche Prosa der Dt. Akad. für Sprache und Dichtung in Darmstadt ausgezeichnet.

Werke: Strukturwandel der Öffentlichkeit (1962), Erkenntnis und Interesse (1968, erweitert 1979), Kultur und Kritik (1973), Theorie des kommunikativen Handelns (2 Bde., 1981), Nachmetaphys. Denken (1988), Erläuterungen zur Diskursethik (1991), Faktizität und Geltung (1992).

Habernig, Christine, österr. Lyrikerin und Erzählerin, † Lavant, Christine.

Habington, William [engl. 'hæbɪŋtn], * Hindlip (Worcestershire) 4. Nov. 1605, † ebd. 30. Nov. 1654, engl. Dichter. – Verfasser idealist. Liebesgedichte und Elegien (›Castara‹, Ged., 1634, Neuausg. 1635 und 1640) sowie der erfolgreichen, moralisch-pathet. Blankvers-Tragikomödie ›The queen of Aragon‹ (1640).

Ausgabe: W. H. Poems. Hg. v. K. ALLOTT. London 1948.

Hackett, Albert [engl. 'hækɪt], * New York 16. Febr. 1900, amerikan. Schriftsteller und Schauspieler. – Schrieb zus. mit seiner Frau Frances Goodrich erfolgreiche Schauspiele (u. a. ›Das Tagebuch der Anne Frank‹, 1955, dt. 1958; Pulitzerpreis 1956) und Filmdrehbücher.

Hackländer, Friedrich Wilhelm Ritter von (seit 1860), * Burtscheid (heute zu Aachen) 1. Nov. 1816, † Leoni bei Starnberg 6. Juli 1877, dt. Schriftsteller. – 1843–49 Sekretär des Kronprinzen von Württemberg. Schrieb Unterhaltungsromane, künstlerisch ungleichwertige Novellen, humorist. Kasernengeschichten, Reiseschilderungen und Lustspiele. Bei seiner späteren Romanproduktion ist eher der Umfang als die literar. Qualität bemerkenswert.

Werke: Bilder aus dem Soldatenleben im Frieden (En., 1841), Wachtstubenabenteuer (En., 1845), Handel und Wandel (R., 2 Bde., 1850), Der geheime Agent (Lsp., 1851), Eugen Stillfried (R., 3 Bde., 1852), Fürst und Kavalier (R., 1865), Der letzte Bombardier (R., 4 Bde., 1870), Der Roman meines Lebens (Autobiogr., 2 Bde., hg. 1878).

Ausgabe: F. W. H. Werke. Stg. [1–3]1863–76. 60 Bde.

Literatur: PECH, Ch.: H. u. der Realismus. Diss. Kiel 1932.

Hacks, Peter, * Breslau 21. März 1928, dt. Schriftsteller. – Studierte in München, übersiedelte 1955 in die DDR; ab 1960 Theaterdichter am Dt. Theater in Berlin (Ost), seit 1963 freier Schriftsteller. Schrieb Dramen, meist in Versen, deren Stoffe er der damaligen DDR-Gegenwart, der Geschichte oder dem Mythos entnahm und in denen er, aufgrund sozialist. Zielsetzung, den Stil eines ›klass. Realismus‹ entwickelte. Seine Bearbeitungen älterer Bühnenwerke will er nicht als Aktualisierungen, sondern als Vervollkommnungen der Vorlage verstanden wissen. Auch Lyriker, Essayist und Übersetzer; für Kinder schrieb H. Gedichte, Erzählungen, Bilderbücher und Dramen.

Peter Hacks

Werke: Das Windloch (Kinderb., 1956), Der Frieden (Kom., 1963, nach Aristophanes, in: Zwei Bearbeitungen), Der Flohmarkt (Ged. für Kinder, 1965), Moritz Tassow (Kom., 1965), Amphitryon (Kom., 1968, in: Theater heute), Adam und Eva (Kom., 1972, in: Theater heute), Das Jahrmarktfest zu Plundersweilern (Kom., 1973, nach Goethe), Lieder, Briefe, Gedichte (1974), Ein Gespräch im Hause Stein über den abwesenden Herrn von Goethe (Stück, 1976), Prexaspes (Schsp., 1976, in: Theater heute), Die Maßgaben der Kunst (Essays, 1977), Arme Ritter (Märchendrama, 1978), Senecas Tod (Dr., 1978, in: Sechs Dramen), Pandora (Dr., 1981,

nach Goethe), Die Kinder (Märchendrama, 1983), Die Binsen. Fredegunde (2 Dramen, 1985), Historien und Romanzen (1985), Maries Baby (Märchendrama, 1985), Die Gedichte (1988), Jona (Trauerspiel u. Essay, 1989), Haffner, die Bisammaus (Stück, UA 1992).
Literatur: LAUBE, H.: P. H. Velber 1972. – SCHLEYER, W.: Die Stücke von P. H. Stg. 1976. – SCHÜTZE, P.: P. H. Ein Beitr. zur Ästhetik des Dramas. Kronberg 1976. – SCHMIDT, GERTRUD: P. H. in BRD u. DDR. Köln 1980. TRILSE, CH.: P. H. Das Werk. Bln. ²1981. – MITCHELL, M.: P. H. Theatre for a socialist society. Glasgow 1990. – BOSKER, M. R.: Sechs Stücke nach Stükken. Zu den Bearbeitungen von P. H. New York u. a. 1994. – ↑auch Müller, Heiner.

Hadamar von Laber, mhd. Dichter des 14. Jahrhunderts. – H. wird einem oberpfälz. Rittergeschlecht, dessen Sitz westlich von Regensburg war, zugewiesen. Der Name H. ist nur im ›Ehrenbrief‹ Püterichs von Reichertshausen genannt; vermutlich ist H. III. v. L., bezeugt von 1317–54, mit dem Dichter identisch. Autor der Minneallegorie ›Die Jagd‹, die in 565 Titurelstrophen richtiges und falsches Liebeswerben im Bilde einer Jagd ohne Ende darstellt. Grundlegend ist ein Minnekonzept, das den Dienst des Mannes mit dem Ziel der Gemeinschaft ohne körperl. Vereinigung erstrebt. Das Werk bildet den Ausgang und künstler. Höhepunkt der im Spätmittelalter beliebten Minneallegorie und war in der Folgezeit von breiter Wirkung.
Ausgabe: H. v. L. Jagd u. drei andere Minnegedichte seiner Zeit u. Weise. Hg. v. J. A. SCHMELLER. Stg. 1850. Nachdr. Amsterdam 1968.
Literatur: HESE, E. E.: Die Jagd H.s v. L. Breslau 1936. – GLIER, I.: Artes amandi. Mchn. 1971.

Hädecke, Wolfgang, * Weißenfels 22. April 1929, dt. Schriftsteller. – Lehrer; lebt seit 1958 in Bielefeld. Berichtet in seinen Reisebüchern u. a. über Reisen in den Nahen Osten und die Sowjetunion; schreibt Romane, Lyrik, Biographien, auch Essays.
Werke: Uns stehn die Fragen auf (Ged., 1958), Leuchtspur im Schnee (Ged., 1963), Die Steine von Kidron (Reiseber., 1970), Eine Rußlandreise (Reisetageb., 1974), Die Leute von Gomorrha (R., 1977), Heinrich Heine (Biogr., 1985), Poeten und Maschinen (Abh., 1993).

Hadewijch [niederl. 'ha:dəwɛix], niederl. (brabant.) Dichterin des 13. Jahrhunderts. – H. war vermutlich Begine und ist Repräsentantin der niederl. religiösen Frauenbewegung des Hochmittelalters. Ihr Dichtwerk, in dem die mittelniederl. Lyrik einen Höhepunkt erreicht (v. a. die stroph. Gedichte), verarbeitet die Formen und das Gedankengut des Minnesangs, das auf das Verhältnis der minnenden Seele zu Gott übertragen wird. Unter ihrem Namen sind auch mehrere didakt. Gedichte (›Mengeldichten‹) sowie myst. Prosa (›Brieven‹ und ›Visioenen‹) überliefert.
Ausgaben: H. Werke. Dt. Übers. u. Erl. v. J. O. PLASSMANN. Hagen 1923. 2 Bde. – De Visioenen van H. Hg. v. J. VAN MIERLO. Löwen 1924–25. 2 Bde. – H. Strophische gedichten. Hg. v. J. VAN MIERLO. Antwerpen 1942. 2 Bde. – H. Brieven. Hg. v. J. VAN MIERLO. Antwerpen 1947. 2 Bde. – H. Mengeldichten. Hg. v. J. VAN MIERLO. Antwerpen 1952.
Literatur: PAEPE, N. DE: H. Strofische gedichten. Gent 1968. – GUEST, T. M.: Some aspects of H.'s poetic form in the ›Strofische Gedichten‹. Den Haag 1975. – REYNAERT, J.: De beeldspraak van H. Tielt u. Bussum 1981. – WILLAERT, F.: De poëtica van H. in de Strofische Gedichten. Utrecht 1984.

Hadith [arab. = Bericht], die Tradition von den Aussprüchen und Taten des Propheten Mohammed. Der H. wurde v. a. während des 9. Jh. in maßgebl. Sammlungen niedergelegt, die als dem Koran fast gleichwertig geachtete Quellen des islam. Gesetzes und der Dogmatik angesehen werden. Obwohl die Sammler des H. versuchten, Echtes von Unechtem kritisch zu scheiden, stellt der Großteil des H. keine zweifelsfreien Traditionen dar, sondern entstammt den Glaubensauseinandersetzungen der Frühzeit des Islams.
Literatur: GOLDZIHER, I.: Muhamedan. Studien. Tl. 2. Halle/Saale 1890. Nachdr. Hildesheim 1961. – WENSINCK, A. J./MENSING, J. R.: Concordance et indices de la tradition musulmane. Leiden 1936–69. 47 Bücher in 7 Bden. – SCHACHT, J.: The origins of Muhammadan jurisprudence. Oxford 1950. Nachdr. 1953. – Enc. Islam Bd. 3, ²1971, S. 23. – JUYNBOLL, G. H. A.: Muslim tradition. Studies in chronology, provenance and authorship of early hadith. Cambridge 1983.

Hadlaub (Hadloub), Johannes, †an einem 16. März vor 1340, mhd. Minnesänger. – Er wird gleichgesetzt mit dem Züricher Bürger J. H., von dem am 4. Jan. 1302 ein Hauskauf in Zürich beurkundet ist. – Gehörte zum Dichterkreis um den Züricher Patrizier Rüdiger II. Manesse; wird, v. a. weil er ihn in Lied 8 als Liedersammler rühmt, gleich ihm mit der Entstehung der Großen Heidelberger Liederhandschrift in Verbindung gebracht. Nur in dieser ist seine Lyrik namentlich überliefert: unter den 54 Liedern finden sich konventionelle Minneklagen mit Natureingang, Lieder der niederen Minne und Herbstlieder im Stil Neidharts und Steinmars, Erntelieder, Tagelieder, drei Leiche, v. a. aber die wohl von ihm geschaffene Gattung der autobiographisch getönten Ereignislieder. Das Leben des Minnesängers wurde von G. Keller in der Novelle ›Hadlaub‹ (1878) poetisch gestaltet.

Ausgaben: Die Schweizer Minnesänger. Hg. v. K. BARTSCH. Frauenfeld 1886. Nachdr. Darmst. 1964. – J. H. Die Gedichte. Hg. v. M. SCHIENDORFER. Mchn. 1986.
Literatur: LANG, H.: J. H. Bln. 1959. – RENK, H. E.: Der Manessekreis, seine Dichter u. die Maness. Handschrift. Stg. 1974. – J. H. Dokumente zur Wirkungsgesch. Hg. v. M. SCHIENDORFER. Göppingen 1990.

Hadwiger, Viktor (Victor H.), * Prag 6. Dez. 1878, † Berlin 4. Okt. 1911, österr. Lyriker und Erzähler. – Mitglied des Prager Dichterkreises, befreundet u. a. mit O. Wiener und dem ›König der Prager Boheme‹, Paul Leppin (* 1878, † 1945); lebte ab 1903 in Berlin. Mit seinem Gedichtband ›Ich bin‹ (1903) war er einer der Wegbereiter des literar. Expressionismus.

Weitere Werke: Gedichte (1900), Blanche. Des Affen Jogo Liebe und Hochzeit (En., 1911), Abraham Abt (R., 1912), Wenn unter uns ein Wandrer ist (Ged., hg. 1912), Il Pantegan (E., hg. 1919).
Ausgabe: V. H. Il Pantegan. Abraham Abt. Prosa. Hg. v. H. GEERKEN. Mchn. 1984.
Literatur: SCHNEIDER, FERDINAND JOSEF: V. H. 1878–1911. Ein Beitr. zur Gesch. des Expressionismus in der Dichtung der Gegenwart. Halle/ Saale 1921.

Hadzis (tl.: Chatzēs), Dimitrios [neugriech. xa'dzis], * Jannina 2. März 1912, † Athen 2. Juli 1981, neugriech. Erzähler. – 1949, nach aktiver Teilnahme am linksgerichteten Widerstand und Bürgerkrieg, Flucht und Emigration nach Budapest; 1957–63 in Berlin (Ost) an der Akad. der Wissenschaften; dann bis 1975 in Budapest; 1975 Rückkehr nach Athen; sozialkrit., realist., psychologisch nuanciertes Erzählwerk; schildert Leben, Not und Schicksal zwischen griech.

Kleinstadt und Emigration; führender Erzähler seiner Generation.
Werke: Phōtia (= Feuer, E., 1947), To telos tēs mikrēs mas polēs (= Die letzten Tage unserer kleinen Stadt, En., 1952, dt. zerstörte Idyll), Anyperaspistoi (= Schutzlose, En., 1964), To diplo biblio (= Das doppelte Buch, R., 1976, dt. 1983), Spudes (= Studien, En., 1977), Thēteia (= Dienstverpflichtung, En., 1980).

Haecker, Theodor ['hɛkər], * Eberbach (heute zu Mulfingen, Hohenlohekreis) 4. Juni 1879, † Ustersbach (Landkreis Augsburg) 9. April 1945, dt. philosoph. Schriftsteller, Essayist und Kulturkritiker. – 1921 unter Einfluß J. H. Newmans Konversion zum Katholizismus. Seine Arbeiten intendierten den Aufbau von existentiellen Positionen ›christl. Philosophie‹ in Auseinandersetzung mit Problemen seiner Gegenwart. Interpretationen und Übersetzungen u. a. von Werken S. Kierkegaards, Newmans und Vergils. Mitarbeiter u. a. an der Zeitschrift ›Hochland‹. Als Gegner des Nationalsozialismus 1936 Rede-, 1938 Publikationsverbot.
Werke: Übertragungen. Satire und Polemik (1922), Christentum und Kultur (1927), Vergil, Vater des Abendlandes (1931), Der Begriff der Wahrheit bei S. Kierkegaard (1932), Der Geist des Menschen und die Wahrheit (1937), Tagund Nachtbücher 1939–45 (hg. 1947), Metaphysik des Fühlens (hg. 1950).

Haedens, Kléber [frz. e'dɛːs], * Equeurdreville (Manche) 11. Dez. 1913, † Aureville (Haute-Garonne) 13. Aug. 1976, frz. Schriftsteller und Kritiker. – Journalist; Autor brillant geschriebener [satir.] Romane sowie literar. Essays. Wurde für seinen Roman ›Adios‹ (1974) mit dem Großen Romanpreis der Académie française 1974 ausgezeichnet.
Weitere Werke: L'école des parents (R., 1937), Magnolia-Jules (R., 1938), Une jeune serpente (R., 1940), Paradoxe sur le roman (Studie, 1941), Salut au Kentucky (R., 1947), Une histoire de la littérature française (1954), L'été finit sous les tilleuls (R., 1966).

Haensel, Carl ['hɛnzəl], * Frankfurt am Main 12. Nov. 1889, † Winterthur 25. April 1968, dt. Schriftsteller. – Rechtsanwalt, Verteidiger bei den Nürnberger Prozessen; 1952 Prof. für Urheberrecht in Tübingen. Begann als Dramatiker, wandte sich dann mehr und mehr dem landschaftsgebundenen Tat-

Hafner 29

sachenroman und Biographien zu; auch jurist. Fachschriften.

Werke: Das Grauen (Dr., 1919), Der Kampf ums Matterhorn (R., 1928), Die letzten Hunde Dschingis Khans (R., 1929), Das war Münchhausen (R., 1933), Der letzte Grad (Nov., 1939), Das Gericht vertagt sich. Tagebuch eines Nürnberger Verteidigers (1950), Professoren (R., 1957), Frankfurter Ballade (R., 1964).

Haes, Jos de [niederl. ha:s], * Löwen 22. April 1920, † Brüssel 1. März 1974, fläm. Lyriker und Essayist. – Seine Poesie, die existentielle Fragen behandelt, verbindet Tradition (er übersetzte als Altphilologe klass. griech. Dichter) und Experiment. Gedichtbände: ›Het andere wezen‹ (1942), ›Ellende van het woord‹ (1946), ›Gedaanten‹ (1954), ›Azuren holte‹ (1964).

Literatur: SPILLEBEEN, W.: J. de H. Brügge 1966.

Hafes (tl.: Ḥāfiẓ; Hafis), Schamsoddin Mohammad [pers. ha'fez], * Schiras um 1325, † ebd. 1390(?), pers. Dichter. – Früh verwaist, sorgfältige, umfassende Ausbildung; Schreiber und später Lehrer der Theologie und Rechtskunde an der Medrese in Schiras. H. gehörte einer Gemeinschaft von Sufis an. Seine ersten Gedichte entsprachen der lyr. Tradition. Unter der strengen Herrschaft des fanatisch-orthodoxen Wesirs Mobaresoddin schlug er geheimnisvolle, mystisch-allegor. Töne an (Verwendung einer dunklen Sprache, schwer zu enträtselnde Bilder). Mit dem Ende der Tyrannei wurde seine Dichtung heiter und lebensfroh, er feierte und pries die neue Regierung in formschönen Ghaselen, besang die weltl. Freuden, Liebe und Wein und führte als größter Meister des Ghasels die pers. Lyrik zu höchster Formvollkommenheit. 1369 wurde er auf klerikalen Einspruch vom Hof verbannt, trotz Gnadenersuchen erreichte er seine privilegierte Stellung nicht mehr. Er lebte dann zurückgezogen in seiner Heimatstadt, bis er kurz vor seinem Lebensende rehabilitiert wurde. Seine formschöne, tiefe Lyrik wurde nach seinem Tod im ›Diwan‹ zusammengefaßt. Sie ist oft mit Kommentaren versehen worden, deren Verschiedenheit ein Beweis für die schillernde Vieldeutigkeit seines Ausdrucks ist. In Europa haben seine Werke höchste Wertschätzung gefunden. Auch Goethes

›West-östl. Divan‹ (1819) entstand unter dem Eindruck von H.' Dichtung. Dt. Übersetzungen erschienen u.a. 1812/13 (von J. Frhr. von Hammer-Purgstall) und 1858–64 (von V. von Rosenzweig-Schwannau), eine Auswahl u.a. von F. Rückert (hg. 1926).

Ausgaben: H., der Diwan des großen lyr. Dichters. Pers. u. dt. Hg. v. V. VON ROSENZWEIG-SCHWANNAU. Wien 1858–64. 3 Bde. – Hafis. Gedichte aus dem Divan, Gaselen, Qit'a, Vierzeiler, Schenkenbuch. Dt. Übers. Eingel. v. R.-D. KEIL. Düss. u. Köln 1957. – Hafis. Liebesgedichte. Dt. Übers. Hamb. 1965. – Dīwān-i-Ḥafiẓ. Hg. v. P. N. ḤĀNLARĪ. Teheran ²1983. 2 Bde.

Literatur: ROEMER, H. R.: Probleme der Hafiz-Forsch. u. der Stand ihrer Lösung. Wsb. 1951.

Haff, Bergljot Hobæk, * Botne (Vestfold) 1. Mai 1925, norweg. Schriftstellerin. – Schildert in ihren psycholog. Romanen v.a. Frauen in einer von Männern geprägten, verständnislosen Umwelt.

Werke: Raset (R., 1956), Liv (R., 1958), Du finner ham aldri (R., 1960), Bålet (R., 1962), Skjøgens bok (R., 1965), Den sorte kappe (R., 1969), Sønnen (R., 1974), Heksen. Opptegneler fra en fjern fortid (R., 1974), Jeg, Bakunin (R., 1983), Der Preis der Reinheit (R., 1992, dt. 1994).

Hafis, Schamsoddin Mohammad, pers. Dichter, ↑ Hafes, Schamsoddin Mohammad.

Hafner, Philipp, * Wien 27. Sept. 1735, † ebd. 30. Juli 1764, österr. Dramatiker. – Studierte Rechtswiss.; war am Stadtgericht in Wien tätig, dann Schauspieler und Bühnenschriftsteller. Seine frühen Stücke sind der Wiener Hanswurstkomödie und dem Stegreifspiel stark verpflichtet. Die späteren Mundartpossen von volksnahem Charakter zeichnen sich durch eine geschickte Mischung von Realismus und echter Wiener Komik aus; H. gilt als ›Vater des Wiener Volksstücks‹; Einfluß bis F. Raimund und J. N. Nestroy.

Werke: Die bürgerl. Dame oder ... (Kom., 1763), Scherz und Ernst in Liedern (2 Bde., 1763/64), Der Furchtsame (Lsp., 1764), Megära, die förchterl. Hexe oder ... (Kom., 2 Tle., hg. 1764/ 1765), Evakathel und Schnudi. Ein lustiges Trauerspiel (hg. 1765), Die reisenden Comödianten oder ... (Lsp., hg. 1774).

Ausgabe: Ph. H. Ges. Werke. Hg. v. E. BAUM. Wien 1915. 2 Bde.

Literatur: ALKER, E.: Ph. H. Wien 1923. – TILL, C. M.: Der Wiener Wortschatz bei P. H., erarbeitet anhand der ›Megära‹. Diss. Wien 1974.

Hafstein, Hannes Pétursson [isländ. 'hafstɛin], * Möðruvellir 4. Dez. 1861, † Reykjavík 13. Dez. 1922, isländ. Lyriker und Essayist. – Studierte Rechtswiss. und wandte sich der Politik zu; 1904–09 und 1912–14 Ministerpräsident Islands; schrieb unter dem Einfluß von H. Heine und H. Drachmann formal vollendete, sprachlich brillante optimist. Gedichte, u. a. ›Kvæðabók‹ (= Buch der Lieder, 1916); übersetzte u. a. H. Heine, Goethe und H. Ibsen.

Hagalin, Guðmundur [Gíslason] [isländ. 'ha:γalın], * Lokinhamrar (Arnarfjörður) 10. Okt. 1898, † Akranes 26. Febr. 1985, isländ. Schriftsteller. – Einer der produktivsten isländ. Schriftsteller; beschrieb, von K. Hamsun beeinflußt, in prägnantem Sagastil einfache nord. Menschen in ihrem harten Daseinskampf.

Werke: Brennumenn (= Brandstifter, R., 1927), Kristrún i Hamravík (= Kristrún auf Hamravík, R., 1933), Einn af postulunum (= Einer von den Aposteln, E., 1934), Virkir dagar (= Werktage, Biogr., 2 Bde., 1936–38), Sturla í Vogum (= Sturla auf Vogar, R., 1938), Saga Eldeyjar-Hjalta (= Die Geschichte von Eldeyjar-Hjalti, Biogr., 2 Bde., 1939), Móðir Ísland (= Mutter Island, E., 1945), Í fararbroddi (= An der Spitze, Biogr., 2 Bde., 1964/65), Márus á Valshamri og meistari Jón (= Márus auf Valshamr und Meister Jón, R., 1967), Úr Hamrafirði til Himinfjalla (= Aus dem Hamrafjord zu den Himmelsbergen, E., 1971).

Hagberg, Knut Hjalmar [schwed. ˌha:gbærj], * Torpa (Västergötland) 19. Juli 1900, † Djursholm (heute zu Stockholm) 23. März 1975, schwed. Literaturkritiker und Schriftsteller. – Verfaßte zahlreiche kulturhistor. Werke über literar. und naturwiss. Themen, v. a. eine Biographie über Carl von Linné (›Carl Linnaeus‹, 1939, dt. 1940), dessen Werke er auch herausgab. Seine Essays sind von einer konservativ-christl. Lebensanschauung geprägt.

Hagedorn, Friedrich von, * Hamburg 23. April 1708, † ebd. 28. Okt. 1754, dt. Schriftsteller. – Studierte in Jena Jura, war Sekretär des dän. Gesandten in London, später Angestellter einer engl. Handelsgesellschaft in Hamburg. Von Horaz, engl. (v. a. M. Prior, J. Gay), später frz. (bes. J. de La Fontaine) Dichtern inspirierter anakreont. Lyriker und Fabeldichter, der in seinen Gedichten mit einer heiter-verspielten, anmutigen und musikal. Sprache einem unbeschwerten, kultivierten Lebensgenuß huldigte; Neubelebung der Tierfabel; schrieb zahlreiche Gelegenheitsgedichte und Epigramme; von großem Einfluß bis auf G. E. Lessing und den jungen Goethe.

Werke: Versuch einiger Gedichte ... (1729), Versuch in poet. Fabeln und Erzehlungen (1738), Sammlung Neuer Oden und Lieder (3 Bde., 1742–52), Oden und Lieder in fünf Büchern (1747), Moralische Gedichte (1750).

Ausgaben: F. v. H. Sämtl. poet. Werke. Hamb. 1757. 3 Bde. Nachdr. Bern 1968. 1 Bd. – F. v. H. Poet. Werke. Mit seiner Lebensbeschreibung u. Charakteristik u. mit Auszügen seines Briefwechsels. Bearb. v. J. J. ESCHENBURG. Hamb. ²1825. 5 Tle.

Literatur: STIERLING, H.: Leben u. Bildnis F.s v. H. Hamb. 1911. – EPTING, K.: Der Stil in den lyr. u. didakt. Gedichten F. v. H.s. Stg. 1929. – STIX, G.: F. v. H. Menschenbild u. Dichtungsauffassung. Rom 1961. – GUTHKE, K. S.: F. v. H. u. das literar. Leben seiner Zeit im Lichte unveröffentlichter Briefe an J. J. Bodmer. In: Jb. des Freien Dt. Hochstifts (1966), S. 1. – KLEIN, A.: ›Die Lust, den Alten nachzustreben‹. Produktive Rezeption der Antike in der Dichtung F. v. H.s. Sankt Ingbert 1990.

Hagelstange, Rudolf, * Nordhausen 14. Jan. 1912, † Hanau 5. Aug. 1984, dt. Schriftsteller. – Sein Bemühen in der Lyrik galt dem Ziel, in eth. Verantwortungsbewußtsein und christlich-humanist. Grundhaltung eine erschütterte und zerstörte Welt geistig zu erneuern; später war er v. a. Verfasser von Romanen, Erzählungen, Reiseberichten und Essays. Der Romanzyklus um die Familie Balser ist der Versuch, die Strömungen des Zeitalters und der Gesellschaft am Schicksal einer Familie zu beschreiben. Seine späten Gedichte (›Flaschenpost‹, 1982) warnen vor einer noch furchtbareren Wiederholung der Katastrophe des 2. Weltkriegs und wenden sich bereits an eine Menschheit, die es danach möglicherweise noch einmal geben wird. Übersetzer G. Boccaccios, Leonardo da Vincis und A. Polizianos.

Weitere Werke: Venezian. Credo (Ged. [1944 heiml. gedr.], 1946), Strom der Zeit (Ged., 1948), Balthasar (E., 1951), Ballade vom verschütteten Leben (Ged., 1952), Zwischen Stern und Staub (Ged., 1953), How do you like America? Impressionen eines Zaungastes (1957), Spielball der Götter (R., 1959), Lied der Jahre (ges. Ged.,

1961), Die Puppen in der Puppe (Reisebericht, 1963), Zeit für ein Lächeln (Prosa, 1966), Altherrensommer (R., 1969), Alleingang (En., 1970), Gast der Elemente (Ged., 1972), Venus im Mars (En., 1972), Der General und das Kind (R., 1974), Der große Filou (R., 1976), Das Haus oder Balsers Aufstieg (R., 1981), Menschen und Gesichter (Erinnerungen, 1982), Der Niedergang (R., 1983).

Hagemann, Fritz [niederl. 'haːxə-mɑn], Pseudonym des niederl. Schriftstellers Ben van † Eysselsteijn.

Hagenau, Reinmar von, mhd. Minnesänger, † Reinmar der Alte.

Hagerup, Inger [norweg. ˌhaːgərʉp], * Bergen 12. April 1905, † Viker 2. Febr. 1985, norweg. Schriftstellerin. – Verfaßte unter dem Eindruck der dt. Besetzung polit. Gedichte, u. a. das bekannteste norwegische Widerstandsgedicht ›Aust-Vågøy‹ (in der Ged.-Sammlung ›Videre‹, 1944); schrieb auch Kinderverse, Dramen und Hörspiele.
Weitere Werke: Den syvende natt (Ged., 1947), Hilsen fra Katarina (Hsp., 1953), Den tredje utvei (Dr., 1956), Det kommer en pike gående (Memoiren, 1965), Ut og søke tjeneste (Memoiren, 1968), Den sommeren (Ged., 1971).
Ausgaben: I. H. Dikt i utvalg. Oslso 1965. – I. H. Det tatoverte hjerte. Dikt i utvalg. Oslo 1969.

Haggada [hebr. = Erzählendes, Erzählung], Teil der ›mündl. Lehre‹ und damit des rabbin. und mittelalterl. jüd. Schrifttums. Im Ggs. zur † Halacha werden vor der H. alle nichtgesetzl. Bereiche erfaßt; Halacha und H. bilden den Gesamtstoff des rabbin. Schrifttums. Haggadisches Material sind vorwiegend Erzählungen, Legenden, Fabeln, eth. Maximen, Predigten und erbaul. Schrifttum, aber auch Auslegung des AT mittels exeget. Regeln, letzteres v. a. zu erbaul. und apologet. Zwecken. Es findet sich in † Mischna, † Tosefta, v. a. aber in den beiden Talmuden († Talmud) und in den Midraschim († Midrasch).
Literatur: GINZBERG, L.: The legends of the Jews. Philadelphia (Pa.) 1909–38. 7 Bde. Nachdr. 1946–64. – GORION, M. J. BIN: Die Sagen der Juden. Ffm. 1913–26. 5 Bde. – STRACK, H. L./STEMBERGER, G.: Einl. in Talmud u. Midrasch. Mchn. ⁷1982.

Haggard, Sir Henry Rider [engl. 'hægəd], * Bradenham Hall (Norfolk) 22. Juni 1856, † London 14. Mai 1925, engl. Schriftsteller. – Schrieb Abenteuerromane, in denen er seine an wichtigen Verwaltungsstellen in Natal erworbenen Kenntnisse Afrikas verwertete; betonte bes. das Geheimnisvolle und bezog übersinnl. Elemente in seine Romanhandlungen ein; am bekanntesten wurde der Roman ›König Salomos Schatzkammer‹ (1885, dt. 1888, 1954 u. d. T. ›Die Schätze des Königs Salomo‹).
Weitere Werke: Das unerforschte Land (R., 1887, dt. 1896), Sie (R., 1887, dt. 1911, 1926 u. d. T. Die Herrin des Todes), Kleopatra (R., 1889, dt. 1898), Das Herz der Welt (R., 1895, dt. 1896), Die heilige Blume (R., 1915, dt. 1925), Das Elfenbeinkind (R., 1916, dt. 1925), The days of my life (Autobiogr., 2 Bde., 1926).
Literatur: ELLIS, P. B.: H. R. H. London 1978. – ETHERINGTON, N.: R. H. Boston (Mass.) 1984. – WHATMORE, D. E.: H. R. H. A bibliography. London 1987.

Hagiographie [griech.], Lebensbeschreibung christl. Heiliger, auch die wiss. Beschäftigung mit deren Geschichte, mit der Überlieferung über Heilige sowie mit dem Heiligenkult. – Die H. nahm ihren Ausgang bei den Märtyrerakten des 2. Jh. und erlebte im MA ihre Blütezeit († Legenda aurea). Aufgrund ihres erbaul. Charakters, ihrer unkrit. Übernahme von Legenden und ihrer subjektiven, mitunter auch tendenziösen Gestaltung sind die Heiligenbeschreibungen historisch nicht sehr zuverlässig, doch geben sie oft wichtige Aufschlüsse über die Sozial-, Kultur- und Sprachgeschichte ihrer Abfassungszeit. An der wiss. H. der Neuzeit haben die Bollandisten, ein Brüsseler Kreis von Jesuiten, mit der 1643 begonnenen Herausgabe der ›Acta Sanctorum‹ maßgebl. Anteil.
Literatur: † Legende.

Hahn, Ulla, * Brachthausen (heute zu Kirchhundem, Kreis Olpe) 30. April 1946, dt. Lyrikerin. – Arbeitete als Kulturredakteurin bei Radio Bremen, lebt seit 1987 in Hamburg. Erregte bereits mit ihrem ersten Gedichtband ›Herz über Kopf‹ (1981) die Aufmerksamkeit von Kritik und Publikum. Ihre Gedichte sind sehr persönlich geprägt; charakteristisch ist die Spannung zwischen Emotion und Artistik, Ironie und Trauer; schrieb auch Essays.
Weitere Werke: Spielende (Ged., 1983), Freudenfeuer (Ged., 1985), Unerhörte Nähe (Ged., 1988), Ein Mann im Haus (R., 1991), Liebesgedichte (1993).

Hahn-Hahn, Ida Gräfin von, * Tressow (heute zu Lupendorf, Landkreis Waren) 22. Juni 1805, † Mainz 12. Jan. 1880, dt. Schriftstellerin. – Nach der nur drei Jahre dauernden Konvenienzehe mit einem Vetter lebte sie als freie Schriftstellerin; sie veröffentlichte erfolgreiche Romane, deren Hauptfiguren aristokrat. Frauen sind, die geistig frei und dem Manne gleichgestellt leben wollten, was auch die freie Liebe einschloß. Unternahm zahlreiche Reisen, veröffentlichte Reiseberichte und Gedichte. Nach der Revolution von 1848/49 und dem Tod ihres langjährigen Lebenspartners konvertierte sie 1850 zum Katholizismus, gründete ein Kloster in Mainz und veröffentlichte erbaul. Bekehrungsromane.
Werke: Gräfin Faustine (R., 1841), Cecil (R., 2 Bde., 1844), Zwei Frauen (1845), Von Babylon nach Jerusalem (Autobiogr., 1851), Peregrin (R., 2 Bde., 1864).
Literatur: SCHMID-JÜRGENS, E.-I.: I. Gräfin v. H.-H. Bln. 1933. Nachdr. Nendeln 1967. – OBEREMBT, G.: I. Gräfin v. H.-H. Weltschmerz u. Ultramontanismus. Bonn 1980.

Haikal, Muhammad Husain, * Kafr Al Ghannama (Prov. Ad Dakalijja) 20. Aug. 1888, † Kairo 8. Dez. 1956, ägypt.-arab. Schriftsteller und Politiker. – 1922 Mitbegründer der Liberalen Konstitutionspartei und Hg. der Zeitung ›As-Siyāsaʰ‹ (= Die Politik), 1937–44 mehrmals Erziehungsminister; auch Senatspräsident. H. schrieb Erzählungen, Biographien und Reisebeschreibungen. 1914 trat er mit dem Roman ›Sainab‹ hervor, dem ersten in der modernen arab. Schriftsprache geschriebenen ägypt. Roman mit bäuerl. Thematik. Die politische Unsicherheit zwischen den beiden Weltkriegen und Zweifel an der Wirksamkeit europäischer Rationalität bewirkten bei H. eine Rückbesinnung auf den Islam, die 1935 in einer Darstellung des Lebens des Propheten (arab.: ›Ḥayāt Muḥammad‹) ihren Ausdruck fand.
Literatur: JOHANSEN, B.: Muḥammad Ḥusain H. Wsb. 1967.

Haiku (Haikai) [jap. = Posse], 17silbige (3 Zeilen über 5–7–5 Silben) Gattung der jap. Dichtkunst, durch Verselbständigung der Anfangsstrophe (›hokku‹) des humorist. Kettengedichts (›haikai no renga‹) im 16. Jh. entstanden. Mit Onit-

sura (* 1661, † 1738) und Bascho erfolgte eine Abkehr vom Possenhaften und eine Hinwendung zu Natur- und Alltagsmotiven. Das H., modifiziert durch Issa und Josa (no) Buson, erlebte in der Edo-Periode (1603–1867) mehrere Höhepunkte. Heute wird es in zahlreichen H.-Zirkeln gepflegt.
Literatur: YASUDA, K.: The Japanese haiku. Rutland (Vt.) ²1958. – H. Hg. v. J. ULENBROOK. Mchn. 1979. – H. Bedingungen einer lyr. Gattung. Übers. u. ein Essay v. D. KRUSCHE. Stg. ⁴1982.

Hailey, Arthur [engl. ˈhɛɪlɪ], * Luton 5. April 1920, kanad. Schriftsteller engl. Herkunft. – Internat. bekannter Vertreter des gut recherchierten Populärromans, Bestsellerautor. Mit ›Auf höchster Ebene‹ (R., 1962, dt. 1971) wurde er zum Mitbegründer des Politthrillers. Auch Fernsehdramatiker.
Weitere Werke: Letzte Diagnose (R., 1959, dt. 1960), Hotel (R., 1965, dt. 1966), Airport (R., 1968, dt. 1968), Räder (R., 1971, dt. 1972), Die Bankiers (R., 1975, dt. 1976), Hochspannung (R., 1979, dt. 1979), Bittere Medizin (R., 1984, dt. 1984), Reporter (R., 1990, dt. 1990).

Haimonskinder, Sagenzyklus um Karl den Großen und seinen Gegner Reinold von Montalban (Renaut de Montauban), der historisch auf die Gestalten von Karl Martell und den hl. Reinold (ermordet um 750) zurückgeht. Der Kampf zwischen den verfeindeten Sippen der Karolinger und der Aymoniden ist schon vor der Mitte des 12. Jh. besungen worden und dann um 1200 in die altfrz. Geste ›Renaut de Montauban‹ oder ›Les quatre fils Aymon‹ eingegangen. Die vier Söhne des Grafen Aymon de Dordogne (Allard, Renaut, Guiscard und Richard) unterwerfen sich zuletzt dem Kaiser. Renaut unternimmt nach der Versöhnung mit Karl eine Pilgerfahrt ins Hl. Land und stirbt schließlich als Heiliger. Der Stoff wurde in frz. (1493) und niederl. (1508) Volksbüchern weiterentwickelt. Die bekannteste dt. Fassung stammt aus dem Jahr 1604 (nach der niederl. Vorlage von P. van Aelst; dt. erstmals 1535). Wunderbare Elemente, wie der Zauberer Maugis und das Pferd Bayard, haben der ursprünglich tragisch endenden Sage große Beliebtheit gesichert, so daß L. Tieck (1796), K. Simrock (1845) und G. Schwab (1859) die Volksbuchver-

Halacha 33

sion neu erzählen konnten. In Spanien und Italien tangiert der Stoff den Roland-Komplex in ep. Form (L. Pulci, M. M. Boiardo, L. Ariosto), dramatisiert wurde er durch Lope F. de Vega Carpio (›Las pobrezas de Reynaldos‹, um 1604), A. Moreto y Cavana, G. A. Cicognini und C. Goldoni.

Ausgaben: Renaut de Montauban oder die H. Hg. v. H. MICHELANT. Stg. 1862. Nachdr. Amsterdam 1966. – Die H. in dt. Übers. Hg. v. A. BACHMANN. Tüb. 1895. – La Chanson des quatre fils Aymon. Hg. v. F. CASTETS. Montpellier 1909. – Histori von den vier Heymonskindern. In: Dt. Volksbb. Ausgew. u. eingel. v. P. SUCHSLAND. Bd. 3. Bln. ³1979. – Les quatre fils Aymond ou Renaud de Montauban. Hg. v. M. DE COMBARIEU DU GRES u. J. SUBRENAT. Paris 1983 (Ausw. mit neufrz. Übers. u. Komm.).
Literatur: JORDAN, L.: Die Sage von den vier H.n. Erlangen 1905. – CALIN, W. C.: The Old French epic of revolt. ›Raoul de Cambrai‹, ›Renaut de Montauban‹, ›Gormond et Isembard‹. Genf u. Paris 1962. – Études sur ›Renaut de Montauban‹. Sonder-Nr. der Zs. ›Romanica Gandensia‹ 18 (1981).

Hainbund ↑ Göttinger Hain.

Haindl, Marieluise [...dəl], dt. Schriftstellerin, ↑ Fleißer, Marieluise.

Hajaschi (tl.: Hayashi), Fumiko, *Schimonoseki 31. Dez. 1903, † Tokio 28. Juni 1951, jap. Schriftstellerin. – Hatte ihren ersten literar. Erfolg mit ›Horoki‹ (1930, engl. 1951 u. d. T. ›The journal of a vagabond‹), einer Art Tagebuch; schrieb auch Novellen, Romane und Erzählungen für Kinder; journalist. Tätigkeit; nach 1945 pessimistisch düstere Schilderungen des harten Lebens während des Krieges.

Hakel, Hermann, *Wien 12. Aug. 1911, † ebd. 25. Dez. 1987, österr. Schriftsteller. – Besuch der Kunstgewerbeschule, dann freier Schriftsteller; 1939 Emigration nach Italien, 1943–48 in Palästina, dann wieder in Wien. Schrieb Lyrik mit Visionen des Schreckens aus der Kriegszeit (›1938 bis 1945. Ein Totentanz‹, 1950) sowie von F. Kafka beeinflußte Kurzgeschichten (›Zwischenstation‹, 1949); Hg. von Anthologien, Übersetzer aus dem Hebräischen und Jiddischen; auch Essays, Dramen und Hörspiele; Hg. der Literaturzeitschrift ›Lynkeus‹.

Weitere Werke: Ein Kunstkalender in Gedichten (1936), An Bord der Erde (Ged., 1948), Hier

und dort (Ged., 1955), Jidd. Geschichten aus aller Welt (1967; Übers.), Der jüd. Witz (1971), Streitschrift gegen alle (1975).

Hakenstil, Inkongruenz von Langzeilengliederung und syntakt. Gliederung in altengl. und altsächs. Stabreimdichtungen wie ›Beowulf‹ und ›Heliand‹. Im Gegensatz zum ↑ Zeilenstil, bei dem die Langzeile zugleich syntakt. Einheit ist, werden beim H. die Satzschlüsse in die Mitte der Langzeilen verlegt. – Im weiteren Sinne kann als H. auch die Technik der ↑ Reimbrechung in den mhd. Reimpaargedichten bezeichnet werden. – ↑ auch Enjambement.

Hakim, Al (tl.: Al-Ḥākim), Taufik, *Alexandria 11. Jan. 1902, † Kairo 26. Juli 1987, ägypt. Dramatiker und Romancier. – Gilt als einer der bedeutendsten Dramatiker der arab. Moderne. Seine zahlreichen Bühnenwerke gehören nach Stoff und Geist dem Orient an, doch ist der Einfluß europ. Vorbilder wie M. Maeterlinck oder H. R. Lenormand zu spüren. Neben ›Šahrazād‹ (= Scheherazade, 1934, frz. 1936) ist sein bekanntestes Theaterstück ›Ahl al-kahf‹ (= Geschichte der Siebenschläfer, 1933), eine Anlehnung an die gleichnamige Episode im Koran. ›Muḥammad‹ (1936), ein histor. Stück, beschäftigt sich mit Leben und Sendungen des Propheten. ›'Awda¹ ar-rūḥ‹ (= Rückkehr des Geistes, 1933) erschien frz. 1937 u. d. T. ›L'âme retrouvée. Roman du réveil de l'Égypte‹. Seine anderen Romane sind Werke des Impressionismus.

Hakki (tl.: Ḥaqqī), Jahja, *Kairo 7. Jan. 1905, † 9. Dez. 1992, ägypt. Schriftsteller. – Zeitweise im diplomat. Dienst; Meister in der Technik des Erzählens, das große Kenntnis des ägypt. Lebens und Denkens verrät, wie z. B. in ›Die Öllampe der Umm Haschim‹ (En., 1944, dt. 1981).
Literatur: MANZALAOUI, M.: Arabic writing today. The short story. Kairo 1968. – CACHIA, P.: In: Journal of Arabic literature 4 (1973), S. 146.

Halacha [hebr. = Wandel], der gesetzl. Teil der jüd. Überlieferung im ganzen als auch für eine Einzelbestimmung. – Die H. umfaßt als schriftl. Thora die Gebote der fünf Bücher Moses, als mündl. Thora deren Interpretation sowie nicht in der Bibel enthaltene Vorschrif-

2 MTL Lit. 4

34 Halan

ten; bildet zus. mit der ↑Haggada die ↑Gemara.

Halan, Jaroslaw Olexandrowytsch, *Dynów (Woiwodschaft Rzeszów) 27. Juli 1902, †Lemberg 24. Okt. 1949, ukrain.-sowjet. Schriftsteller und Publizist. – In Krakau politisch tätig; bekämpfte bes. während der dt. Okkupation die faschist. Ideologie in Aufsätzen und Pamphleten, verfaßte antiklerikale Schriften sowie Dramen und Prosa; am bekanntesten ist seine satir. Komödie ›99%‹ (1930), in der er Korruption und Karrierestreben seiner ukrain. Landsleute in Galizien und Wolynien geißelt; von ukrain. Nationalisten ermordet.
Ausgabe: J. O. H. Tvory. Kiew 1960. 3 Bde.

Halas, František, *Brünn 3. Okt. 1901, †Prag 27. Okt. 1949, tschech. Lyriker. – Begann mit metaphernbeladenen Gedichten, die durch ihren reinen Wortkult häufig schwer zugänglich sind; gestaltete v. a. die Motive der Lebensangst und des Todes; hinterließ eine Absage an das tschech. kommunist. Regime.
Werke: Tvář (= Das Antlitz, Ged., 1931), Torzo naděje (= Torso der Hoffnung, Ged., 1938), Poesie (Auswahl, tschech. u. dt. 1965), Der Hahn verscheucht die Finsternis (Ged., dt. Auswahl 1970).
Ausgabe: F. H. Básně. Prag 1957.

Hāla Sātavāhana [...'va:hana], ind. König des 1. oder 2. Jh. n. Chr. – Verfaßte oder kompilierte die aus 700 Versen bestehende, in sechs Rezensionen vorliegende Sammlung ›Gāthāsattasaī‹ (= 700 Strophen). Die Strophen, voneinander unabhängig, zeitlich und inhaltlich sehr verschieden, behandeln die Liebe des Alltags mit ihren Problemen und Sehnsüchten sowie Naturerscheinungen und die Krischna-Mythologie.
Ausgaben: Das Saptaçatakam des Hâla. In: Abhh. f. die Kunde des Morgenlandes, Bd. 7, Nr. 4. Hg. v. ALBRECHT WEBER. Lpz. 1881. – TIEKEN, H.: H.s Sattasaī. Stemma and Edition (Gāthās 1–50) with translation and notes. Leiden 1983.
Literatur: WEBER, ALBRECHT: Über das Saptaçatakam des Hâla. In: Abhh. f. die Kunde des Morgenlandes. Bd. 5, Nr. 3. Lpz. 1870.

Halbe, Max, *Güttland bei Danzig 4. Okt. 1865, †Gut Neuötting (Oberbayern) 30. Nov. 1944, dt. Schriftsteller. – Lebte 1888–94 als freier Schriftsteller in Berlin, dann in Kreuzlingen am Boden-

see und ab 1895 in München, wo er mit F. Wedekind, O. E. Hartleben, E. von Keyserling und L. Thoma befreundet war. H. hatte mit dem lyrisch-melanchol. Drama ›Jugend‹ (1893), der Tragödie einer zerstörten Liebe, seinen größten Erfolg. Dieses und das bühnenwirksame Stück ›Mutter Erde‹ (1897) veranschaulichen die naturalist. Thesen von der Bedeutung des Milieus und der Unausweichlichkeit des Schicksals. H. schrieb auch dunkle, psychologisch motivierte Romane, die z. T. Anklänge an die Heimatkunst aufweisen.
Weitere Werke: Freie Liebe (Dr., 1890), Eisgang (Dr., 1892), Der Amerikafahrer (Kom., 1894), Frau Meseck (Nov., 1897), Das tausendjährige Reich (Dr., 1900), Der Ring des Lebens (Nov.n, 1904), Der Strom (Dr., 1904), Die Tat des Dietrich Stobäus (R., 1911), Schloß Zeitvorbei (Dr., 1917), Generalkonsul Stenzel und sein gefährl. Ich (R., 1931), Heinrich von Plauen (Dr., 1933), Scholle und Schicksal (Autobiogr., 1933), Jahrhundertwende (Autobiogr., 1935), Kaiser Friedrich II. (Dr., 1940).
Ausgabe: M. H. Sämtl. Werke. Salzburg 1945–50. 14 Bde.
Literatur: ZILLMANN, F.: M. H. Wesen u. Werk. Wzb. 1959. – M. H. zum 100. Geburtstag. Mchn. 1965.

Halberstadt, Albrecht von, mhd. Dichter, ↑Albrecht von Halberstadt.

Halbertsma, Eeltje Hiddes, *Grouw 8. Okt. 1797, †ebd. 22. März 1858, westfries. Dichter. – Bruder von Joost Hiddes H.; stand unter dem Einfluß der Romantik (studierte Medizin u. a. in Heidelberg), deren Thematik er in seinen Gedichten und Erzählungen mit volkstüml. Schlichtheit verband. Die erste Probe wurde 1822 in ›De lape koer fen Gabe scroor‹ veröffentlicht. Die Gesamtarbeit der (drei) Brüder H. wurde gesammelt in den noch immer sehr beliebten ›Rimen en Teltsjes‹ (hg. 1871); übersetzte u. a. K. Groths ›De Quickborn. Platduetske rymkes yn it Friesk oerbrogt‹ (1857).

Halbertsma, Joost Hiddes, *Grouw 23. Okt. 1789, †Deventer 27. Febr. 1869, westfries. Gelehrter und Dichter. – Studierte Theologie, war Pfarrer in Bolward und Deventer. Seine wichtige philolog. Forschungsarbeit galt der fries. Sprache. Seine satir. oder moralisierenden, bisweilen grotesken Erzählungen und Abhandlungen sind mit dem Lebenswerk seines

Bruders Eeltje Hiddes H. und mit einigen Beiträgen auch des dritten Bruders Tjalling H. (* 1792, † 1852) gesammelt in ›Rimen en Teltsjes‹ (hg. 1871), einem noch immer populären ›Volkslesebuch‹. Bed. ist auch seine Übersetzung des Matthäusevangeliums (1858).

Halbreim, Reimform, bei der im Gegensatz zum Vollreim (reiner Reim) nur ein Teil der Laute übereinstimmt. – ↑ auch Assonanz, ↑ Reim.

Halbzeile ↑ Langzeile.

Hale, Edward Everett [engl. hɛɪl], * Boston (Mass.) 3. April 1822, † Roxbury (Mass.) 10. Juni 1909, amerikan. Schriftsteller. – Unitar. Geistlicher; moralist. und philanthrop. Neigungen; seinen Nachruhm verdankt er v. a. der 1863 im ›Atlantic Monthly‹ erschienenen patriotisch-didakt. Erzählung ›Der Mann ohne Vaterland‹ (1863, dt. 1958) aus der Zeit des Amerikanischen Bürgerkriegs sowie der histor. Studie ›Franklin in France‹ (2 Bde., 1887/88).

Hálek, Vítězslav [tschech. 'haːlɛk], * Dolínek 5. April 1835, † Prag 8. Okt. 1874, tschech. Schriftsteller, Journalist und Kulturpolitiker. – V. a. Lyriker. Seine schönsten Gedichte, Liebeslieder und Naturskizzen sind in den Sammlungen ›Abendlieder‹ (1858, dt. 1874) und ›V přírodě‹ (= In der Natur, 3 Tle., 1872–74) enthalten. In ep. Dichtungen, in den klassizist. Geschichtsdramen und in den Balladen zeigt er sich von Shakespeare und der Romantik, insbes. von Lord Byron und A. S. Puschkin beeinflußt. Seine realist. Novellen (›Muzikantská Liduška‹ [= Die Musikanten-Ludmilla], 1861) aus dem bäuerl. Milieu erinnern an I. Turgenjew.
Ausgaben: V. H. Spisy. Prag ¹⁻²1924–29. 10 in 5 Bden. – V. H. Vybrané spisy. Prag 1955–60. 6 Bde.
Literatur: CHALOUPKA, A.: V. H. Prag 1949.

Halevi, Juda, span.-jüd. Dichter und Philosoph, ↑ Juda Halevi.

Halévy, Ludovic [frz. ale'vi], * Paris 1. Jan. 1834, † ebd. 8. Mai 1908, frz. Schriftsteller. – Neffe des Komponisten Jacques Fromental Élie H. (* 1799, † 1862). Schrieb Textbücher zu J. Offenbachs Operetten, meist zus. mit H. Meilhac (›Die schöne Helena‹, 1864, dt. 1928;

›Pariser Leben‹, 1866, dt. 1927), zu ›Carmen‹ von G. Bizet und (ebenfalls mit Meilhac) die Pariser Sittenkomödie ›Frou-Frou‹ (1870, dt. 1872). Wurde 1884 Mitglied der Académie française.
Weitere Werke: Die Großherzogin von Gerolstein (Libretto, 1867, dt. 1926), Monsieur et Madame Cardinal (Skizzen, 1873), Un mariage d'amour (R., 1881), Abbé Constantin (R., 1882, dt. 1884).
Ausgabe: Le théâtre de Meilhac et H. Paris 1900–02. 8 Bde.
Literatur: GROEPPER, T.: Aspekte der Offenbachiade. Unterss. zu den Libretti der großen Operetten Offenbachs. Ffm. u. a. 1990.

Haley, Alex [engl. 'heɪlɪ], * Ithaca (N. Y.) 11. Aug. 1921, † Seattle (Wash.) 10. Febr. 1992, amerikan. Schriftsteller. – Engagierte sich als Journalist in der nationalist. Panafrikanismusbewegung der 60er Jahre in den USA und wurde als Ghostwriter der Autobiographie von Malcolm X ›Der schwarze Tribun‹ (1965, dt. 1966) nach dem Tod dieses Führers der Black Muslims bekannt. ›Roots‹ (R., 1976, dt. 1977 u. d. T. ›Wurzeln‹; Pulitzerpreis 1977) war das literar. Ergebnis seiner Suche nach den afrikan. Ursprüngen seiner Familie.

Haliburton, Thomas Chandler [engl. 'hælɪbəːtn], * Windsor (Nova Scotia) 17. Dez. 1796, † Isleworth (heute zu London) 27. Aug. 1865, kanad. Schriftsteller. – Jurist (ab 1820) und zunehmend konservativer, gegenüber kanad. Konföderationsbestrebungen krit. Politiker in Neuschottland, ab 1859 im engl. Unterhaus. Seine Darstellung der Verschleppung der Akadier in ›An historical and statistical account of Nova-Scotia‹ (1829) inspirierte H. W. Longfellows Versepos ›Evangeline‹. Zum ersten kanad. Bestsellerautor machte ihn ›The clockmaker; or, the sayings and doings of Samuel Slick, of Slickville‹ (1836): witzige satir. Skizzen aus dem Munde eines Uhrenhändlers aus Connecticut, v. a. zum Gegensatz zwischen Neuschottländern und Kanadiern (›Bluenoses‹) sowie Neuengländern und Amerikanern (›Yankees‹). Damit wurde H. zu einem Mitbegründer des amerikan. Humors und der literar. Dialektdarstellung. Zwei Fortsetzungen (1838 und 1840) des Buches behandeln britisch-nordamerikan. Gegensätze, ebenso ›The attaché; or, Sam Slick

36 Halide Edib Adıvar

in England‹ (1843, Fortsetzung 1844). Mit ›The old judge; or, life in a colony‹ (1849), volksliterar. Skizzen, und ›Sam Slick's wise saws and modern instances ...‹ (1853), gefolgt vom letzten Sam Slick-Buch ›Nature and human nature‹ (1855), wandte sich H. wieder Nova Scotia zu. **Literatur:** On Th. Ch. H. Hg. v. R. A. DAVIES. Ottawa 1979.

Halide Edib Adıvar [türk. haːliˈdɛ ɛˈdib adiˈvar], Pseudonym Halide Salih, * Konstantinopel (heute Istanbul) 1884(?), † ebd. 9. Jan. 1964, türk. Schriftstellerin. – Führend in der türk. Frauenbewegung. 1923–38 aus polit. Gründen im Exil in Großbritannien, den USA und Indien, 1938 amnestiert, Rückkehr in die Türkei. Schrieb, teilweise in engl. Sprache, v. a. realist. psycholog. Romane, in denen sich die Verhältnisse der modernen Türkei spiegeln. Ihre bedeutendsten Werke sind ›Sinekli Bakkal‹ (R., 1936, engl. 1935 u. d. T. ›The clown and his daughter‹), ›Memoirs‹ (1926), ›The Turkish ordeal‹ (Memoiren, 1928). **Weitere Werke:** Handan (R., 1912, dt. 1916), Das Neue Turan (R., 1912, dt. 1916), Das Flammenhemd (R., 1923, dt. 1924).

Halikarnas Balıkçısı [türk. halikarˈnas balıktʃiˈsi], eigtl. Cevat Şakir Kabaağaçlı, * Konstantinopel (heute Istanbul) 1886, † İzmir 13. Okt. 1973, türk. Schriftsteller. – Studierte in Oxford, nach der Rückkehr in die Türkei (1908) und unstetem Leben ließ er sich in Bodrum, dem antiken Halikarnassos, nieder, wo er die ägäische Region und ihre Menschen zum Gegenstand seiner Romane und Erzählungen machte. **Werke:** Ege kıyılarında (= An den Küsten der Ägäis, En., 1939), Turgut Reis (R., 1966), Deniz gurbetçileri (= Vagabunden des Meeres, R., 1969).

Halit Ziya Uşaklıgil [türk. haˈlit ziˈja uʃakliˈgil], * Konstantinopel (heute Istanbul) 1866, † ebd. 27. März 1945, türk. Schriftsteller. – Seine am frz. Realismus geschulten Romane (u. a. ›Tagebuch eines Toten‹, 1889, dt. 1893) und Erzählungen schildern den Alltag einfacher Menschen und das Leben intellektueller Kreise.

Hạlka, Ijeremija, Pseudonym des ukrain. Schriftstellers und Historikers Mykola Iwanowytsch † Kostomarow.

Hạlkin (tl.: Halqîn), Simon, * Dobsk (Rußland) 30. Okt. 1899, † Jerusalem 20. Nov. 1987, hebr. Schriftsteller und Literaturwissenschaftler. – Kam 1914 in die USA, war u. a. 1943–49 Prof. für hebr. Literatur am Jewish Institute of Religion in New York und 1949–68 an der Hebr. Univ. in Jerusalem; erhielt 1975 den Israel-Preis für Literatur. Neben seiner schriftsteller. Tätigkeit (Gedichte, Romane, Essays) ist er v. a. als Übersetzer (Shakespeare, W. Whitman, J. London) hervorgetreten. Sein Hauptwerk ist ›Modern Hebrew literature. Trends and values‹ (1950).

Hall, Edward [engl. hɔːl], * um 1498, † London 1547, engl. Historiograph. – Schrieb die Interessen der Tudormonarchie entgegenkommende englische Geschichtschronik ›The union of the two noble and illustre families of Lancaster and York ...‹, eine der Hauptquellen für Shakespeares nationale Geschichtsdramen.

Hall, James [engl. hɔːl], * Philadelphia (Pa.) 19. Aug. 1793, † Cincinnati (Ohio) 5. Juli 1868, amerikan. Schriftsteller. – War Anwalt, Richter, Bankier und Verleger, u. a. der ersten literar. Zeitschrift westlich des Ohio; schrieb in gewandtem Stil erzählende und histor. Werke u. a. über die nordamerikan. Indianer; interessante geograph. und ethnograph. Details und lebhafte Darstellungen des Grenzerlebens machen H.s Werke kulturgeschichtlich bedeutsam. **Werke:** Legenden des Westens (1832, dt. 1855), Sketches of history, life and manners in the West (1834), Tales of the border (En., 1835), History of the Indian tribes of North America (3 Bde., 1836–44, zus. mit T. L. McKenney).

Hall, James Norman [engl. hɔːl], * Colfax (Iowa) 22. April 1887, † Papeete (Tahiti) 5. Juli 1951, amerikan. Schriftsteller. – Schrieb zus. mit Charles Bernard Nordhoff Südseeromane; den größten Erfolg hatte die Romantrilogie mit dem Thema der ›Bounty‹-Meuterei ›Mutiny on the Bounty‹ (1932), ›Men against the sea‹ (1933), ›Pitcairn's Island‹ (1934, dt. in 2 Bden. u. d. T. ›Schiff ohne Hafen. Seemanns-Chronik Anno 1787‹, 1935, und »Meer ohne Grenzen. Schicksale der Männer von der ›Bounty‹«, 1936).

Hall, Joseph [engl. hɔ:l], *Bristow Park bei Ashby de la Zouch (Leicestershire) 1. Juli 1574, † Higham bei Norwich 8. Sept. 1656, engl. Erbauungsschriftsteller und Satiriker. – Bischof von Exeter, später von Norwich; beide Male wegen konfessioneller Kontroversen abgesetzt. Bed. Satiriker (›Virgidemiarum‹, Satiren, 6 Bde., 1597/98); verfaßte als erster engl. Autor kulturgeschichtlich wertvolle Charakterskizzen nach dem Muster Theophrasts (›Kenn-Zeichen der Tugend und Laster‹, 1608, dt. 1696).

Ausgaben: The works of Bishop J. H. Hg. v. P. WYNTER. Oxford 1863. 10 Bde. Nachdr. New York 1969. – J. H. Collected poems. Hg. v. A. DAVENPORT. Liverpool 1949.
Literatur: KINLOCH, T. F.: The life and works of J. H. 1574–1656. London 1951. – HUNTLEY, F. L.: Bishop J. H. 1574–1656. A biographical and critical study. Cambridge 1979. – McCABE, R. A.: J. H. A study in satire and meditation. Oxford 1982.

Hall, Margaret Radclyffe [engl. hɔ:l], *Bournemouth (Hampshire) 1886 (?), † London 7. Okt. 1943, engl. Schriftstellerin. – Begann mit lyr. Gedichten, wandte sich dann dem Roman zu. Ihr bekanntester Roman, ›Quell der Einsamkeit‹ (1928, dt. 1929), der das Thema der lesb. Liebe behandelt, wurde in England verboten, hatte aber im Ausland, bes. in den USA, sensationellen Erfolg. Das Werk ist in ankläger. Ton geschrieben, es zeichnet sich durch psycholog. Subtilität aus.

Hall, Rodney [engl. hɔ:l], *Solihull (Warwickshire) 18. Nov. 1935, austral. Schriftsteller. – Kam als Kind nach Australien; zielt in seinen Gedichten und Romanen auf rätselhaft und ironisch verdichtete Lebensausschnitte ab.

Werke: Penniless till doomsday (Ged., 1961), Forty beads on a hangman's rope (Ged., 1963), The autobiography of a Gorgon (Ged., 1968), The law of karma (Ged., 1968), The ship on the coin (R., 1972), A soapbox omnibus (Ged., 1973), A place among people (R., 1975), The most beautiful world (Ged., 1981), Just relations (R., 1982), Kisses of the enemy (R., 1987), Gefangen (R., 1988, dt. 1990), Der zweite Bräutigam (R., 1991, dt. 1993).

Hall, Willis [engl. hɔ:l], *Leeds 6. April 1929, engl. Schriftsteller. – Schrieb, z. T. in Zusammenarbeit mit K. Waterhouse, v. a. realist. Dramen, aber auch Romane, Funk- und Fernsehspiele, Filmdrehbücher und Kinder-

bücher; am bekanntesten wurde sein im malayischen Dschungel spielendes Antikriegsstück ›Das Ende vom Lied‹ (1959, dt. 1960).

Weitere Werke: Last day in the dreamland (Dr., 1959), A glimpse of the sea (Dr., 1960), Billy liar (Dr., 1960; mit K. Waterhouse), Celebration (Dr., 1961; mit K. Waterhouse), Say who you are (Dr., 1966; mit K. Waterhouse).

Halleck, Fitz-Greene [engl. 'hælɪk], *Guilford (Conn.) 8. Juli 1790, † ebd. 19. Nov. 1867, amerikan. Schriftsteller. – Formbegabter, aber oft sorglos schreibender, von Lord Byron angeregter Dichter, der weniger seiner Lyrik wegen als durch die Ärgernis erregenden Satiren auf die New Yorker Gesellschaft, ›Poems by Croaker, Croaker and Co., and Croaker jun.‹ (1819, 1860 u. d. T. ›The Croakers‹), berühmt wurde, die er gemeinsam mit J. R. Drake schrieb; Mitglied der nach W. Irvings Werk benannten Knickerbocker Group.

Ausgabe: F.-G. H. Poetical works. London 1847.

Haller, Albrecht von (seit 1749), *Bern 16. Okt. 1708, † ebd. 12. Dez. 1777, schweizer. Arzt, Naturforscher und Schriftsteller. – H. studierte ab 1723 Medizin und Naturwissenschaften in Tübingen und Leiden, später Mathematik und Philosophie u. a. in Basel. Ließ sich 1729 in Bern als Arzt nieder. 1736 wurde H. Prof. für Medizin und Botanik an der Univ. Göttingen; hier begründete er eine medizin. Schule nach dem Leidener Vorbild und leitete den Aufbau des anatom. Instituts. 1743–54 veröffentlichte er das berühmte Tafelwerk ›Icones anatomicae ...‹, in dem v. a. die Gefäßanatomie berücksichtigt war, und verfaßte 1747 das bis ins 19. Jh. richtungweisende Lehrbuch der Physiologie ›Primae lineae physiologiae‹. Die Botanik förderte H. durch die Gründung des Göttinger botan. Gartens und mit einer Monographie der schweizer. Pflanzen. 1751 war H. Mitbegründer der Gesellschaft der Wissenschaften in Göttingen. Ab 1753 lebte H. wieder in Bern, wo er u. a. sein achtbändiges Hauptwerk ›Elementa physiologiae corporis humani‹ (1757–65) schrieb. – H.s literar. Frühwerk gilt als Beginn der philosoph. Lyrik im dt. Sprachraum. Nach dem Vorbild der ›Georgica‹ Vergils und des Lehrgedichts

Hallescher Dichterkreis

›De natura rerum‹ des Lukrez entstand sein erstes großes Gedicht ›Die Alpen‹ (in: ›Versuch Schweizer. Gedichten‹, 1732), in dem die Natur Anlaß zu philosoph. Reflexion gibt; ein dichter. Vorgehen, das bis zu Schillers Elegie ›Der Spaziergang‹ beispielhaft war. Andere Gedichte wie ›Über den Ursprung des Übels‹, ›Unvollkommenes Gedicht über die Ewigkeit‹ und die ›Trauerode‹ sind religiösen, eth. und metaphys. Grundfragen gewidmet. Im Alter verfaßte H. Staatsromane, in denen er den aufgeklärten Despotismus (›Usong. Eine morgenländ. Geschichte ...‹, 1771), die konstitutionelle Monarchie (›Alfred, König der Angel-Sachsen‹, 1773) und die aristokrat. Republik (›Fabius und Cato‹, 1774) darstellte. Literarisch und kulturhistorisch interessant sind sein ›Tagebuch seiner Beobachtungen über Schriftsteller und über sich selbst‹ (2 Bde., hg. 1787) und ›Albrecht von H.'s Tagebücher seiner Reisen nach Deutschland, Holland und England 1723–1727‹ (hg. 1883).

Albrecht von Haller (zeitgenössischer Kupferstich)

Ausgaben: A. v H. Gedichte. Hg. v. H. MAYNC. Neuausg. Frauenfeld 1923. – A. v. H.s Tagebuch der Studienreise nach London, Paris, Straßburg u. Basel 1727–1728. Hg. v. E. HINTZSCHE. Bern ²1968. – H.s Lit.-Kritik. Hg. v. K. S. GUTHKE. Tüb. 1970.
Literatur: GUTHKE, K. S.: H. u. die Lit. Gött. 1962. – SIEGRIST, CH.: A. v. H. Stg. 1967. – TOELLNER, R.: A. v. H. Über die Einheit im Denken des letzten Universalgelehrten. Wsb. 1971. – A. v. H. Zum 200. Todestag. Gött. 1977. – BALMER, H.: A. v. H. Bern 1977. – WISWALL, D. R.: A comparison of selected poetic and scientific works of A. v. H. Bern u. a. 1981. – KEMPF, F. R.: A. v. H.s Ruhm als Dichter. Eine Rezeptionsgesch. New York u. a. 1986.

Hallescher Dichterkreis, Name zweier literar. Vereinigungen des 18. Jh. in Halle/Saale.
Älterer Hallescher Dichterkreis (erster H. D.): 1733 von S. G. Lange und I. J. Pyra unter dem Namen ›Gesellschaft zur Förderung der dt. Sprache, Poesie und Beredsamkeit‹ gegründet. Dieser Kreis versuchte den Geist des ↑Pietismus auch in der Dichtung zu verwirklichen. Seine Mitglieder griffen, oft unter Verzicht auf die Reimform, auf antike Versmaße und Dichtungsformen zurück. So übersetzte Lange 1747 den Horazischen Oden in metrisch originalgetreuer Form.
Jüngerer Hallescher Dichterkreis (zweiter H. D., Hallescher Freundeskreis): literar. Zirkel um J. W. L. Gleim, J. P. Uz und J. N. Götz, der sich seit etwa 1739 in antipietist., hedonist. Grundhaltung v. a. der anakreont. Dichtung (↑Anakreontik) zuwandte.

Hallgrímson, Jansson [isländ. 'hadlgrimsɔn], isländ. Schriftsteller, ↑Kamban, Guðmundur.

Hallgrímsson, Jónas [isländ. 'hadlgrimsɔn], * Hraun 16. Nov. 1807, † Kopenhagen 26. Mai 1845, isländ. Lyriker. – Mitbegründer der Zeitschrift ›Fjölnir‹ (1835); Hauptvertreter der isländ. Romantik; schrieb formal vollendete, bilderreiche und musikal. Naturlyrik; in seinen vaterländisch-begeisterten Gedichten wird die große isländ. Vergangenheit heraufbeschworen; auch Übersetzer (u. a. H. Heine).
Ausgabe: Rit Jónasar Hallgrímssonar. Reykjavík 1929–37. 5 Bde.

Hallmann, Johann Christian, * Breslau um 1640, † ebd. um 1704, dt. Dramatiker. – War Schauspieler und Leiter einer Studentenbühne. In der Nachfolge von A. Gryphius und D. C. von Lohenstein stehender Dramatiker, der mit blutigen Märtyrer- und Tyrannenstücken seine Vorbilder nicht erreichte.
Werke: Siegprangende Tugend ... (Lsp., 1667), Mariamne (Trag., 1670), Sophia (Trag., 1671), Trauer-, Freuden- und Schäferspiele (1672).
Ausgabe: J. Ch. H. Sämtl. Werke. Hg. v. G. SPELLERBERG. Bln. u. New York 1975 ff. Auf 6 Bde. berechnet (bisher 4 Tle. erschienen).

Hallström, Per August Leonard, * Stockholm 29. Sept. 1866, † ebd. 18. Febr. 1960, schwed. Dichter. – 1908

Mitglied der Schwed. Akademie, 1931 bis 1941 deren Sekretär und Mitglied des Nobelpreisausschusses. Vertreter der schwedischen Neuromantik (›Nittital‹); schrieb zunächst Lyrik und wandte sich dann der Novellistik zu, die seine eigentl. Domäne wurde. Seine Erzählungen zeichnen sich oft durch eine skept. Grundeinstellung und einen lyrisch-wehmütigen Tonfall aus; bed. auch als Essayist.

Werke: Lyrik och fantasier (Ged., 1891), Verirrte Vögel (Nov., 1894, dt. 1904), Eine alte Geschichte (R., 1895, dt. 1903), Purpur (Nov.n, 1895), Frühling (R., 1898, dt. 1903), Ein geheimes Idyll (Nov.n, 1900, dt. 1904), Der tote Fall (R., 1902, dt. 1902), Ein Schelmenroman (R., 1906, dt. 1913), Die rote Rose (Nov.n, 1912, dt. 1919).
Literatur: GULLBERG, H. E. G.: Berättarkonst och stil i P. H.s prosa. Göteborg 1939. – ARVIDSSON, R.: Den unge P. H. Lund 1969.

Halm, Friedrich, eigtl. Eligius Franz-Joseph Frhr. von Münch-Bellinghausen, * Krakau 2. April 1806, † Wien 22. Mai 1871, österr. Schriftsteller. – 1867–70 Generalintendant der Wiener Hoftheater. Mit seinen prunkvollen, bühnenwirksamen Stücken war er zu seiner Zeit einer der beliebtesten Theaterautoren. Schrieb auch Gedichte sowie Novellen, die H. selbst als Beiwerk ansah, die aber heute z. T. für bedeutender gehalten werden als die Dramen.

Werke: Griseldis (Dr., 1837), Camoëns (Dr., 1838), Der Sohn der Wildnis (Dr., 1843), Gedichte (1850), Der Fechter von Ravenna (Trag., 1854), Die Marzipanlise (Nov., 1856), Verbot und Befehl (Lsp., 1857), Die Freundinnen (Nov., entst. 1860, gedr. 1872), Das Haus an der Veronabrücke (Nov., entst. 1862/64, gedr. 1872), Wildfeuer (Dr., 1864).
Ausgabe: F. H. Werke. Hg. v. F. PACHLER u. E. KUH. Wien 1856–72. 12 Bde.
Literatur: SCHNEIDER, HERMANN: F. H. u. das span. Drama. Diss. Bln. 1909. – VANCSA, K.: Neue Beitrr. zur Würdigung F. H.s Diss. Wien 1927. – SIEBERT, E. H.: A typology of F. H.'s dramas. Diss. University of Connecticut Storrs 1973.

Halter, Ernst, * Zofingen 12. April 1938, schweizer. Schriftsteller. – ∞ mit E. Burkart. Schreibt Gedichte, Erzählungen und Romane in reifer, sachl. Sprache. Der Roman ›Die Spinne und der Spieler‹ (1985) erzählt nicht ohne Ironie von Erfolg, Zusammenbruch und später Erkenntnis eines Buchmanagers.

Weitere Werke: Die unvollkommenen Häscher (Ged., 1970), Die Modelleisenbahn (En., 1972), Einschlüsse (Prosa, 1973), Urwil (AG) (R., 1975), Die silberne Nacht (R., 1977), Aschermittwoch (Ged., 1990).

Halvid, Einar, Pseudonym des dt. Schriftstellers Werner † Helwig.

Hamadhani, Al (tl.: Al-Hamaḍānī), Badi As Saman, * Hamadan 969, † Herat 1008, arab.-pers. Schriftsteller. – Schüler des berühmten Linguisten Ibn Faris (* 941, † 1004), bekanntester Vertreter der arab. Makame. Von seinen Werken sind 52 Stücke erhalten (1. Ausg. 1880).
Ausgabe: Abu'l-Fadi Ahmed Ibn al-Husain al-Hamadānī. Les Maqāmāt (Séances). Frz. Übers. v. R. BLACHÈRE u. P. MASNOU. Paris 1958.
Literatur: Enc. Islam Bd. 3, ²1971, S. 106.

Hamann, Johann Georg, * Königsberg (Pr) 27. Aug. 1730, † Münster (Westf.) 21. Juni 1788, dt. Schriftsteller und Philosoph. – H. studierte Theologie, Rechtswiss., Philosophie und Naturwiss., allerdings ohne einen Abschluß zu erlangen, wurde 1752 Hauslehrer und war ab 1756 in Handel und Verwaltung tätig. 1758 hatte er ein (christl.) Erweckungserlebnis, das ihn zum engagierten protestantisch-pietist. Kritiker der Aufklärung werden ließ. H. stand in engem persönl. Kontakt zu M. Mendelssohn, F. H. Jacobi und I. Kant; J. G. von Herder gilt als sein Schüler. Wegen der Dunkelheit seiner Schriften wurde H. der ›Magus in Norden‹ genannt. Er bekämpfte den Totalitätsanspruch der aufklärer. Vernunft, wie er ihn in Kants Lehre von der reinen Vernunft verkörpert sah. Vernunft kann nicht getrennt werden von Sinnlichkeit (Intuition) und Gefühl; Erkenntnis hat als letztes Fundament stets den Glauben. Letzte Wahrheiten sind nur erfahrbar (in der Offenbarung), nicht aber rational erkennbar. Die Einheit aller Erkenntnisvermögen sah H. in der Sprache verwirklicht. ›Vernunft ist Sprache‹, behauptete er und wollte damit auf die histor. Bedingtheit der Vernunft hinweisen. Damit wurde H. (neben Herder und W. von Humboldt) zu einem Wegbereiter der modernen Sprachphilosophie. Seine Philosophie beeinflußte den Sturm und Drang und wurde im 20. Jh. vom Existentialismus erneut aufgegriffen.

Hamasa

Johann Georg Hamann

Ausgabe: J. G. H. Sämtl. Werke. Hg. v. J. NADLER. Wien 1949–57. 6 Bde.
Literatur: NEBEL, G.: H. Stg. 1973. – O'FLAHERTY, J. C.: J. G. H. Einf. in sein Leben u. Werk. Dt. Übers. Ffm. u. a. 1989.

Hamạsa [arab. = Tapferkeit], Titel mehrerer altarab., aber auch frühislam. Anthologien; die berühmteste ist die von dem Syrer Abu Tammam aus älteren Quellen in 10 Büchern zusammengestellte Sammlung von Heldenliedern, Totenklagen, Sprüchen, Liebes-, Schmäh-, Ehren- und Scherzliedern mit mehr als 500 Verfassern. In späteren Jahrhunderten ging die ursprüngl. Bedeutung des Titels verloren.
Literatur: Enc. Islam Bd. 3, ²1971, S. 110.

Hambraeus, Axel [schwed. ham-'bre:ʊs], * Nora (Västmanland) 1. Jan. 1890, † Orsa (Dalarna) 22. Febr. 1983, schwed. Schriftsteller. – Pfarrer; schrieb vielgelesene Romane und Erzählungen, in denen er aus christlicher Sicht mit feinem Humor oftmals soziale Fragen behandelte. Besonders seine Pfarrhaus- und Weihnachtsgeschichten waren auch im dt. Sprachraum beliebt.
Werke: Marit (R., 1949, dt. 1955), Der Pfarrer in Uddarbo (R., 1953, dt. 1954), Per-Magnus baut (R., 1955, dt. 1956), Eine Frau fuhr nach Halldal (R., 1960, dt. 1961), Die sieben Ärgernisse und andere Erzählungen (dt. Ausw. 1963).

Hạmburger, Michael [Peter Leopold], * Berlin 22. März 1924, engl. Lyriker und Literaturwissenschaftler dt. Herkunft. – 1933 Emigration nach Großbritannien; lehrte 1955–64 Germanistik an der Univ. Reading; Gastprofessuren in den USA. In seinen Gedichten (›Collected poems‹, 1984; ›Selected poems‹, 1988) schlagen sich Erfahrungen des Emigrantenschicksals nieder. Übersetzte J. Ch. F. Hölderlin (1943) und moderne dt. Literatur, u. a. G. Trakl (1952), H. von Hofmannsthal (1961), G. Grass (1966), G. Eich (1968) und P. Bichsel (1971). Verfaßte auch krit. Arbeiten bes. über moderne Literatur.
Weitere Werke: Reason and energy. Studies in German literature (Abh., 1957, dt. 1969 u. d. T. Vernunft und Rebellion), Modern German poetry 1910–60 (Abh., 1962), The truth of poetry (Abh., 1965, dt. 1972 u. d. T. Die Dialektik der modernen Lyrik, 1985 u. d. T. Wahrheit und Poesie), A mug's game (1973, 1991 u. d. T. String of beginnings, dt. 1987 u. d. T. Verlorener Einsatz. Erinnerungen), Heimgekommen. Ausgewählte Gedichte 1951–1982 (dt. 1984), Roots in the air (Ged., 1991), Das Überleben der Lyrik. Berichte und Zeugnisse (dt. Ausw. 1993).

Hamburger, Salomon Herman [niederl. 'hɑmbʏrxər], niederl. Schriftsteller, ↑Man, Herman de.

Hạmdirlied, Heldenlied aus der älteren ↑›Edda‹.

Hameirị (tl.: Hammē'iri), Avigdor, eigtl. A. Feuerstein, * Dávidháza (heute Bereg, Transkarpatien) 5. Sept. 1878, † in Israel 1970, israel. Schriftsteller. – Nahm als Offizier der österr.-ungar. Armee am 1. Weltkrieg teil, 1916–19 in russ. Kriegsgefangenschaft in Sibirien; emigrierte 1921 nach Palästina; seine Erlebnisse spiegeln sich in den 26 Erzählungen ›Tahat šāmayim addummim‹ (= Unter rotem Himmel, 1925), die eine leidenschaftl. Anklage gegen Krieg und jede Art von Inhumanität darstellen; auch Verfasser expressionist. Lyrik und satir. Zeitgedichte; Übersetzer aus dem Deutschen (u. a. Schiller, H. Heine, A. und S. Zweig) und dem Ungarischen. Einige Erzählungen wurden ins Deutsche übersetzt (in: E. Bin-Gorion: ›Der Mandelstab‹, 1963).
Literatur: WAXMAN, M.: A history of Jewish literature. New York 1960. Bd. 4. S. 174. – Enc. Jud. 7, 1972, S. 1231.

Hạmelink, Jacques, * Terneuzen 12. Jan. 1939, niederl. Dichter. – Behandelt in seiner Lyrik traditionelle Themen (u. a. Liebespoesie) in manchmal überraschenden Bildern. Seine Erzählungen haben phantast. Züge.
Werke: De eeuwige dag (Ged., 1964), Horror vacui (E., 1966), De rudimentaire mens (E.,

1968), Ranonkel (Epos, 1969), De betoverde bruidsnacht (Dr., 1976), Niemandsgedichten (1976), In een lege kamer een garendraadje (Essays, 1980), Uit een nieuwe Akasha-kroniek (En., 1983), Asael's rust (Ged., 1988).

Hamerling, Robert, eigtl. Rupert Johann Hammerling, * Kirchberg am Walde (Niederösterreich) 24. März 1830, † Stifting (heute zu Graz) 13. Juli 1889, österr. Schriftsteller. – Schrieb in seiner Begeisterung für die Antike pathet. u. zur Dekadenz neigende Epen und Gedichte. Auch Satiriker und Übersetzer (G. Leopardi). Großen Erfolg hatte seinerzeit das Epos ›Ahasverus in Rom‹ (1865).

Weitere Werke: Venus im Exil (Ged., 1858), Ein Schwanenlied der Romantik (Ged., 1862), Der König von Sion (Epos, 1869), Danton und Robespierre (Trag., 1871), Aspasia (R., 3 Bde., 1876), Amor und Psyche (Epos, 1882), Homunculus (Epos, 1888), Stationen meiner Lebenspilgerschaft (Autobiogr., 1889).
Ausgabe: R. H. Sämtl. Werke. Mit einem Lebensbild u. Einl. Hg. v. M. M. RABENLECHNER. Lpz. 1911. Nachdr. 1922. 16 Bde. in 5 Bden.
Literatur: RITZER, W.: R. H.-Bibliogr. In: Biblos 7 (1958). H. 3, S. 144. – HOF, W.: Der Weg zum heroischen Realismus. Pessimismus u. Nihilismus in der dt. Lit. von H. bis Benn. Bebenhausen 1974. – KLIMM, P.: Zw. Epigonentum u. Realismus. Studien zum Gesamtwerk R. H.s. Wien 1974. – KRACHT, TH.: R. H. Sein Leben – sein Denken zum Geist. Dornach 1989.

Hamilton, Antoine (Anthony) Graf von [frz. amil'tõ], * Roscrea (Tipperary) (?) um 1646, † Saint-Germain-en-Laye 21. April 1720, frz. Schriftsteller ir. Herkunft. – Kämpfte nach dem Sturz Jakobs II. bis 1690 in Irland für dessen Sache und lebte dann im Exil am Hof des Prätendenten in Saint-Germain; sein Hauptwerk sind die in frz. Sprache geschriebenen, kulturgeschichtlich aufschlußreichen, geistvollen ›Memoiren des Grafen Grammont‹ (1713, dt. 1853); er schrieb außerdem Märchen im Stil von ›Tausendundeiner Nacht‹ (›Feenmährchen‹, 1715, dt. 1790) und Gedichte.
Ausgabe: A. H. Œuvres complètes. Paris ²1805. 3 Bde.
Literatur: CLARK, R. E.: Anthony H., his life and works and his family. London u. New York 1921. – CLERVAL, A.: Du frondeur au libertin, essai sur H. Lausanne 1978.

Hamilton, Clive [engl. 'hæmɪltən], Pseudonym des engl. Schriftstellers und Literaturwissenschaftlers Clive Staples † Lewis.

Hamlet, P. P., Pseudonym des dt. Schriftstellers Rudolf † Genée.

Hamm, Peter, * München 27. Febr. 1937, dt. Journalist und Schriftsteller. – Seit 1964 Redakteur beim Bayer. Rundfunk; Mitarbeiter an verschiedenen Zeitschriften; schreibt Gedichte, literaturkrit. Essays, Filmdrehbücher, machte sich einen Namen als Hg. (und Übersetzer) dt. und schwed. Lyrik sowie als Autor dokumentar. Fernsehsendungen (u. a. über H. Böll, H. W. Henze, I. Bachmann, A. Brendel und R. Walser).
Werke: 7 Gedichte (1958), Kritik – von wem, für wen, wie? (1968; Hg.), Der Balken (Ged., 1981), Die verschwindende Welt (Ged., 1985), Den Traum bewahren (Ged. u. Essays, 1989), Der Wille zur Ohnmacht (Essays, 1992).

Hammarskjöld (Hammarsköld), Lorenzo [schwed. ˌhamarʃœld], eigtl. Lars H., * Tuna (Småland) 7. April 1785, † Stockholm 15. Okt. 1827, schwed. Schriftsteller. – Mitarbeiter der Zeitschrift ›Phosphoros‹; Kritiker, Vorkämpfer und Wegbereiter der Romantik; verbindet Polemik mit treffsicherem Humor.
Werke: Försök till en kritik över F. Schiller (Abhandlung, 1808), Prins Gustaf (Dr., 1812), Svenska vitterheten (Studie, 1818/19), E. J. Stagnelius (Studie, 1823).
Literatur: LJUNGGREN, T.: L. Hammarsköld som kritiker. Lund 1952.

Hammel, Claus, * Parchim 4. Dez. 1932, dt. Dramatiker. – Bis 1968 Theaterkritiker und Journalist, seitdem freier Schriftsteller in Berlin. Trotz seiner krit. Sicht der sozialist. Gesellschaftsform setzte er sich in seinen Stücken konsequent gegen einen westl. Einfluß auf die Entwicklung der DDR ein.
Werke: Um neun an der Achterbahn (Dr., 1966), Ein Yankee an König Artus' Hof (Stück, 1967; nach Mark Twain), Le Faiseur oder Warten auf Godeau (Kom., 1972; nach H. de Balzac), Rom oder Die zweite Erschaffung der Welt (Dr., 1976), Humboldt und Bolívar oder Der Neue Continent (Schsp., 1980), Die Preußen kommen (Kom., 1982).

Hammenhög, Waldemar [schwed. ˌhamənhøːg], * Stockholm 18. April 1902, † ebd. 1. Nov. 1972, schwed. Schriftsteller. – Verfasser sozialkrit. Romane mit vortreffl. Milieuschilderungen und guten Charakterzeichnungen; später Hinwendung zu religiösen Themen.

42 Hammerling

Werke: Esther och Albert (R., 1930), Pettersson & Bendel (R., 1931, dt. 1935), Esthers och Alberts äktenskap (R., 1936), Det är bara ovanan, damen! (R., 1938), Torken (R., 1951), Omne animal (R., 1952), Den eviga kärleken (R., 2 Bde., 1957/58).

Hammerling, Rupert Johann, österr. Schriftsteller, † Hamerling, Robert.

Hammershaimb, Venceslaus (Venzel) Ulricus [dän. 'hamərshaiʾm], * á Steig bei Sandavágur (Färöer) 25. März 1819, † Kopenhagen 8. April 1909, färöischer Theologe und Sprachwissenschaftler. – 1855–78 Pfarrer auf den Färöern, danach in Dänemark; schuf 1846 eine die verschiedenen färöischen Dialekte überbrückende Orthographie und damit die Grundlage für die färöische Literatursprache; sammelte und gab färöische Tanzballaden heraus. Seine ›Folklivsbilleder‹ in der ›Færøsk anthologi‹ (2 Bde., 1891) bilden die ersten Stücke einer originalen färöischen Prosaliteratur.

Hammerstein-Equord, Hans Frhr. von ['e:kvɔrt], * Schloß Sitzenthal (Niederösterreich) 5. Okt. 1881, † Gut Pernlehen bei Micheldorf (Oberösterreich) 9. Aug. 1947, österr. Schriftsteller. – Im Verwaltungsdienst tätig, dann u. a. Justizminister, schließlich Staatssekretär für Kulturpropaganda in Wien; 1938 pensioniert; nach dem 20. Juli 1944 bis Kriegsende im KZ Mauthausen. Schrieb histor. Romane und Märchennovellen.

Werke: Die blaue Blume (Märchen, 1911), Februar (R., 1916), Zwischen Traum und Tagen (Ged., 1919), Ritter, Tod und Teufel (R., 2 Tle., 1921/22), Wald (E., 1923, R., 1937), Die Asen (Dichtung, 1928), Die finn. Reiter (R., 1933), Der Wanderer im Abend (Ged., 1936).

Hammett, [Samuel] Dashiell [engl. 'hæmɛt], * in der County Saint Mary's (Md.) 27. Mai 1894, † New York 10. Jan. 1961, amerikan. Schriftsteller. – Begründete mit seinen psychologisch motivierten, realist. Erzählungen die ›hard-boiled school‹ des amerikan. Kriminalromans, in dem er sich unter dem Einfluß E. Hemingways in knapper und unterkühler Sprache dem urbanen Verbrechermilieu zuwandte. Berühmt wurde H. v. a. durch die Verfilmungen seiner Romane, bes. ›Der Malteser Falke‹ (1930, dt. 1951), in dem er die bekannte Detektivfigur Sam Spade schuf; auch Tätigkeit als Dreh-

buchautor, u. a. zus. mit seiner Lebensgefährtin L. Hellman.

Weitere Werke: Bluternte (R., 1929, dt. 1952), Der Fluch des Hauses Dain (R., 1929, dt. 1954), Der gläserne Schlüssel (R., 1931, dt. 1953), Der dünne Mann (R., 1934, dt. 1952), Der Komplize (En., dt. Ausw. 1989), Der schwarze Hut (En., dt. Ausw. 1990), Der Engel vom ersten Stock (En., dt. Ausw. 1991), Ein Mann namens Spade. Detektiv-Stories (dt. Ausw. 1992), Zwei scharfe Messer. Detektiv-Stories (dt. Ausw. 1993). **Literatur:** WOLFE, P.: Beams falling. The art of D. H. Bowling Green (Ohio) 1980. – NOLAN, W. F.: H. A life at the edge. London 1983. – MARLING, W.: D. H. Boston (Mass.) 1983. – DOOLEY, D.: D. H. New York 1984. – JOHNSON, D.: D. H. Dt. Übers. Zü. 1985.

Hamp, Pierre [frz. ã:p], eigtl. Henri Bourillon, * Nizza 23. April 1876, † Le Vésinet bei Paris 19. Nov. 1962, frz. Schriftsteller. – Beschreibt mit Zolascher Exaktheit und sozialer Intention die Welt der Arbeit und der Berufe; Hauptwerk ist die umfangreiche Romanserie ›La peine des hommes‹ (27 Bde., 1908–57). Schrieb auch Dramen (›Théâtre‹, 2 Bde., 1927) und Essays (›Enquêtes‹, 5 Bde., 1937–47).

Hampton, Christopher James [engl. 'hæmptən], * Faial (Azoren) 26. Jan. 1946, engl. Dramatiker. – 1968–70 Dramaturg am Royal Court Theatre in London, seitdem freier Schriftsteller. Schreibt zeitkritisch-satir. Schauspiele, Drehbücher und Hörspiele über die Schwierigkeiten zwischenmenschl. Kommunikation, u. a. ›When did you last see my mother?‹ (Dr., 1967), ›Der Menschenfreund‹ (Dr., 1970, dt. 1971) und ›Herrenbesuch‹ (Dr., 1976, dt. 1976), zuweilen auch in Verbindung mit histor. Figuren (A. Rimbaud und P. Verlaine in ›Total eclipse‹, Dr., 1969). Brasilien bildet den Hintergrund für das Drama über die Entführung eines Diplomaten durch Revolutionäre (›Die Wilden‹, 1974, dt. EA 1973).

Weitere Werke: Able's will (Dr., 1979), A cornered freedom (Ged., 1980), Tales from Hollywood (Dr., 1983), Gefährl. Liebschaften (Dr., 1985, dt. 1989; nach dem Roman von P. A. F. Choderlos de Laclos), White chameleon (Dr., 1991).

Hamsun, Knut [norweg. ,hamsʉn], eigtl. K. Pedersen, * Lom (Oppland) 4. Aug. 1859, † Nørholm bei Grimstad 19. Febr. 1952, norweg. Schriftsteller. – Sohn eines Schneiders aus altem Bauern-

Knut Hamsun

geschlecht, verlebte eine harte Jugend, ging verschiedenen Beschäftigungen nach, unternahm 1882–84 und 1886–88 zwei Reisen nach Amerika, wo er in verschiedensten Berufen tätig war, u. a. auch literar. Vorträge hielt; nach seiner Rückkehr blieb H. einige Jahre in der Heimat, ging 1893 nach Paris, wo er Umgang u. a. mit P. Gauguin, A. Strindberg und J. Bojer hatte; später unternahm er Reisen nach Finnland, Rußland, Persien und der Türkei, 1911 kehrte er in die Heimat zurück und lebte ab 1918 auf seinem Gut Nørholm. 1920 erhielt H. den Nobelpreis für Literatur. Wegen seiner deutschfreundl. Gesinnung im 2. Weltkrieg wurde er 1946 des Landesverrats angeklagt, seines hohen Alters wegen jedoch nur zu einer hohen Geldstrafe verurteilt. – H. gilt als der größte Romancier der norweg. Literatur; auch Erzählungen und Novellen. Nach seinen für die Neuromantik der 90er Jahre typ. Romanen (›Hunger‹, 1890, dt. 1891; ›Mysterien‹, 1892, dt. 1894, Neuübers. 1994; ›Pan‹, 1894, dt. 1895) bildet die Wanderer-Trilogie (›Unter Herbststernen‹, 1906, dt. 1908; ›Gedämpftes Saitenspiel‹, 1909, dt. 1910; ›Die letzte Freude‹, 1912, dt. 1914) einen nächsten Höhepunkt. Die Segelfoss-Romane (›Kinder ihrer Zeit‹, 1913, dt. 1915; ›Die Stadt Segelfoss‹, 1915, dt. 1916) beschreiben den Übergang der bäuerl. Gesellschaft in die moderne Zivilisation, der der Erzähler sehr skeptisch gegenübersteht. Bittere Satiren auf seine Zeit sind die Romane ›Die Weiber am Brunnen‹ (1920, dt. 1921) und ›Das letzte Kapitel‹ (1923, dt. 1924). Eines der erstaunlichsten Alterswerke überhaupt schrieb H. mit seinem autobiograph. Rückblick ›Auf überwachsenen Pfaden‹ (1949, dt. 1950); auch Lyriker und Dramatiker.

Weitere Werke: Neue Erde (R., 1893, dt. 1894), Abendröte (Dr., 1898, dt. 1904), Victoria (R., 1898, dt. 1899), Königin Tamara (Dr., 1903, dt. 1903), Schwärmer (R., 1904, dt. 1905), Segen der Erde (R., 1917, dt. 1918), Landstreicher (R., 1927, dt. 1928), August Weltumsegler (R., 1930, dt. 1930), Der Ring schließt sich (R., 1936, dt. 1936).

Ausgaben: K. H. Ges. Werke. Dt. Übers. Hg. v. J. Sandmeier. Mchn. 1921–36. 17 Bde. – K. H. Sämtl. Romane u. Erzählungen. Dt. Übers. Mchn. 1958. 5 Bde. – K. H. Samlede verker. Oslo⁶1963–64. 15 Bde.

Literatur: Berendsohn, W. A.: K. H. Mchn. 1929. – Fechter, P.: K. H. Güt. 1952. – Thiess, F.: Das Menschenbild bei K. H. Mchn. 1956. – Beheim-Schwarzbach, M.: K. H. Rbk. 1958. – Hamsun, M.: H. Übers. v. W. von Grönar. Mchn. 1959. – Heimat u. Weltgeist. Jb. der K.-H.-Gesellschaft. Hg. v. H. Fürstenberg. Mölln u. Lauenburg 1960 ff. – Friese, W.: Das dt. H.-Bild. In: Edda 52 (1965), S. 257. – Thiess, F.: H.s ›Auf überwachsenen Pfaden‹. Wsb. u. Mainz 1966. – Carlsson, A.: Ibsen, Strindberg, H. Kronberg i. Ts. 1978. – Hansen, Th.: Der H.-Prozeß. Übers. v. U. Leippe u. M. Wesemann. Mchn. 1979. – Uecker, H.: Auf alten u. neuen Pfaden. Eine Dokumentation zur H.-Forsch. Ffm. 1983. 2 Tle. – Schulte, G.: H. im Spiegel der dt. Literaturkritik 1890 bis 1975. Ffm. u. a. 1986. – Ferguson, R.: K. H. Leben gegen den Strom. Dt. Übers. Mchn. u. a. 1990. – Hamsun, T.: Mein Vater K. H. Dt. Übers. Mchn. 1993.

Hamsun, Marie [norweg. ˌhamsʉn], geb. Andersen, *Elverum (Hedmark) 19. Nov. 1881, †Nørholm bei Grimstad 5. Aug. 1969, norweg. Schriftstellerin. – Zunächst Lehrerin, dann Schauspielerin, seit 1909 ∞ mit Knut H.; bekannt v. a. durch ihre anschaul., aus kindl. Sicht gestalteten Kinderbücher, u. a. ›Die Langerudkinder im Sommer‹ (1924, dt. 1928), ›Die Langerudkinder wachsen heran‹ (1932, dt. 1932); ferner schrieb sie Lebenserinnerungen: ›Die letzten Jahre mit Knut Hamsun‹ (1959, dt. 1961).

Hamzah, Amir [indones. 'hamzah], *Tandjungpura Langkat (Nordsumatra) 28. Febr. 1911, †16. März 1949 (ermordet), indones. Dichter. – H. gilt neben Ch. Anwar als der größte Dichter der Bewegung um die Zeitschrift ›Pudjangga Baru‹ (= Neuer Dichter). Mit seiner

44 Hamzah Fansuri

schwermütig-fatalist. Lyrik hat die moderne indones. Dichtung Eingang in die Weltliteratur gefunden.

Literatur: TEEUW, A.: Modern Indonesian literature. Den Haag 1967. S. 85 u. S. 154.

Hamzah Fansuri [malaiisch 'hamzah fan'suri], * 2. Hälfte des 16. Jh., † 1. Hälfte des 17. Jh., malaiischer islam. Dichter und Mystiker. – Hervorragendster Vertreter der in Nordsumatra beheimateten Sufis. Seine Gedichte, die (von der Orthodoxie als häretisch verurteilt) in verschlüsselter, bilderreicher Sprache die ekstat. Schauungen von der Vereinigung der Seele mit Allah schildern, gehören zu den ältesten und schönsten Zeugnissen der malaiischen Literatur.

Ausgabe: De geschriften van H. Pansoeri. Hg. u. erl. von J. DOORENBOS. Diss. Leiden 1933.
Literatur: WINSTEDT, R. O.: A history of classical Malay literature. Singapur 1961. S. 116. – AL-ATTAS, S. M. N.: The mysticism of Ḥamzah Fanṣūrī. Kuala Lumpur 1970.

Handbuch, systemat. und/oder lexikal. Nachschlagewerk für ein bestimmtes Sachgebiet.

Händel-Mazzetti, Enrica Freiin von, * Wien 10. Jan. 1871, † Linz 8. April 1955, österr. Schriftstellerin. – Fand nach unbedeutenden novellist. und dramat. Versuchen mit ihrem Roman ›Meinrad Helmpergers denkwürdiges Jahr‹ (1900) große Beachtung. Er ist wie die meisten ihrer breitangelegten histor. Romane von leidenschaftl. Religiosität und christl. Humanitätsdenken geprägt. Ihr Romanwerk ist sowohl thematisch und gedanklich als auch formal dem österr. kath. Barock verpflichtet; ihre Stärke liegt im Einfühlungsvermögen in die Seele ihrer Figuren sowie in der Bildhaftigkeit ihrer Sprache.

Weitere Werke: Pegasus im Joch (Lsp., 1895), Jesse und Maria (R., 2 Bde., 1906), Dt. Recht (Ged., 1908), Die arme Margaret (R., 1910), Stephana Schwertner (R., 3 Bde., 1912–14), Brüderlein und Schwesterlein (R., 1913), Ritas Briefe (5 Bde., 1915–21), Der dt. Held (R., 1920), Ritas Vermächtnis (R., 1922), Das Rosenwunder (R., 3 Bde., 1924–26, 1934 u. d. T. Sand-Trilogie), Johann Christian Günther (R.fragment, 1927), Frau Maria (R., 3 Bde., 1929–31), Die Waxenbergerin (R., 1934).
Literatur: Persönlichkeit, Werk u. Bedeutung E. v. H.-M.s. Hg. v. P. SIEBERTZ. Mchn. 1931. – VANCSA, K.: In Memoriam E. v. H.-M. Luzern 1955. – DOPPLER, B.: Kath. Lit. u. Lit.-Politik. E.

v. H.-M. Königstein i. Ts. 1980. – WATZINGER, C. H.: Blümelhuber, H.-M., Enzinger. Schöpfer. Begegnungen jenseits der Zeitgesch. Steyr 1982.

Handke, Peter, * Griffen (Kärnten) 6. Dez. 1942, österr. Schriftsteller. – 1961–65 Jurastudium in Graz. Nach verschiedenen Reisen und langen Auslandsaufenthalten lebt er heute wieder in Österreich (Salzburg). Weniger sein erster Roman ›Die Hornissen‹ (1966) als seine frühen ›Sprechstücke‹ (›Publikumsbeschimpfung u. a. Sprechstücke‹, 1966), das Stück ›Kaspar‹ (1967) und die Pantomime ›Das Mündel will Vormund sein‹ (UA 1969) begründeten seinen Ruhm. Hauptthema ist die Sprache, die durch sie erfahrene und reflektierte Wirklichkeit, programmatisch formuliert durch den Titel der Textsammlung ›Die Innenwelt der Außenwelt der Innenwelt‹ (1969). In den Erzählungen ›Die Angst des Tormanns beim Elfmeter‹ (1970) und ›Der kurze Brief zum langen Abschied‹ (1972) sind erstmals Handlungszusammenhänge erkennbar, autobiograph. Bezüge erhalten zunehmend Gewicht. Daneben greift H. auf klass. literar. Traditionen zurück, setzt sich etwa mit K. Ph. Moritz, G. Keller und A. Stifter auseinander wie auch mit dem eigenen Dasein als Schriftsteller. Neue und andere Formen des künstler. Ausdrucks werden erkundet, so der Film (›Chronik der laufenden Ereignisse‹, Filmbuch, 1971; ›Falsche Bewegung‹, Film-E., 1975) und die Malerei. 1981 stellte er der Werkgruppe ›Langsame Heimkehr‹ zusammen: ›Langsame Heimkehr‹ (E., 1979), ›Die Lehre der Sainte-Victoire‹ (Prosa, 1980), ›Kindergeschichte‹ (E., 1981) und ›Über die Dörfer. Dramat. Gedicht‹ (1981). Zentral bleibt die Bedeutung des Formulierens, des Schreibens als Inventarisierung und Konservierung von subjektiv erlebter Welt. Schreiben sieht H. als Form- und Forschungsarbeit, als Abenteuer, als Möglichkeit des Auffindens von Lebensstrukturen. H. ist auch Übersetzer amerikan., frz., slowen. und griech. Literatur. Neben zahlreichen anderen Preisen erhielt er 1973 den Georg-Büchner-Preis, 1987 den Großen österr. Staatspreis.

Weitere Werke: Begrüßung des Aufsichtsrats (Prosa, 1967), Der Hausierer (R., 1967), Wind und Meer. Vier Hörspiele (1970), Der Ritt über den Bodensee (Stück, 1970), Ich bin ein Bewohner des Elfenbeinturms (Aufsätze, 1972), Wunschloses Unglück (E., 1972), Als das Wünschen noch geholfen hat (Ged., Aufsätze, 1974), Die linkshändige Frau (E., 1976; von H. verfilmt 1977), Das Ende des Flanierens (Ged., 1977), Das Gewicht der Welt. Ein Journal (1977), Der Chinese des Schmerzes (E., 1983), Phantasie der Wiederholung (Prosa, 1983), Die Wiederholung (E., 1986), Gedicht an die Dauer (1986), Die Abwesenheit (Märchen, 1987), Nachmittag eines Schriftstellers (E., 1987), Versuch über die Jukebox. Erzählung (1990), Versuch über den geglückten Tag. Ein Wintertagtraum (1991), Die Stunde da wir nichts voneinander wußten (Schsp., 1992), Noch einmal vom Neunten Land (Gespräch, 1993), Mein Jahr in der Niemandsbucht. Ein Märchen aus den neuen Zeiten (R., 1994).

Peter Handke

Literatur: Über P. H. Hg. v. M. SCHARANG. Ffm. ²1973. – MIXNER, M.: P. H. Kronberg i. Ts. 1977. – P. H. Hg. v. H. L. ARNOLD. Mchn. ⁴1978. – NÄGELE, R./VORIS, R.: P. H. Mchn. 1978. – BLATTNER, K.: Zu P. H.s Sprachverständnis. Bern 1981. – Zu P. H. Zwischen Experiment u. Tradition. Hg. v. N. HONSZA. Stg. 1982. – DURZAK, M.: P. H. u. die dt. Gegenwartslit. Stg. 1982. – PÜTZ, P.: P. H. Ffm. 1982. – GABRIEL, N.: P. H. u. Österreich. Bonn 1983. – BARTMANN, CH.: Suche nach Zusammenhang. H.s Werk als Prozeß. Wien 1984. – P. H. Die Arbeit am Glück. Hg. v. G. MELZER u. J. TÜKEL. Königstein i. Ts. 1984. – RENNER, R. G.: P. H. Stg. 1985. – HASLINGER, A.: P. H. Jugend eines Schriftstellers. Salzburg 1992. – P. H. Hg. v. R. FELLINGER. Ffm. ²1992. – JANKE, P.: Der schöne Schein. P. H. u. Botho Strauß. Wien 1993. – P. H. Hg. v. G. FUCHS u. a. Graz 1993. – BONN, K.: Die Idee der Wiederholung in P. H.s Schrr. Wzb. 1994.

Handlung, im Unterschied zur Darstellung von Charakteren, bestehenden Zuständen, Erscheinungen o. ä. bezeichnet H. die Geschehnisfolge in ep. und bes. in dramat. Werken, wobei die H. aus den Konflikten und den widersprüchl. Beziehungen der Personen untereinander entwickelt wird. In der aristotel. Poetologie stehen für H. die Begriffe ›mỹthos‹ (↑ Fabel; engl. ›plot‹) und ›práxis‹. Im Drama (griech. = Handlung) wurden an die H. zu verschiedenen Zeiten unterschiedl. Maßstäbe angelegt. Im klass. Drama wurde in Anlehnung an die aristotel. Dramentheorie die Einheit der H. als eine der ↑ drei Einheiten verlangt; für romant. Werke ist die Vielschichtigkeit der H. charakteristisch. Grundsätzlich werden unterschieden: Haupt-H. und Neben-H. (↑ Episode), äußere und innere H.; die H. kann zu einem Umschlag (↑ Peripetie) führen und von dort auf eine ↑ Katastrophe zutreiben. – Im experimentellen Drama (u. a. ↑ absurdes Theater) und Roman (u. a. ↑ Nouveau roman) ist die H. meist aufgelöst.
Literatur: PFISTER, M.: Das Drama. Mchn. ⁷1992.

Handlungsdrama, Drama, dessen Geschehensablauf sich v. a. aus den situationsbedingten und auf Willensentscheidungen der beteiligten Personen beruhenden Handlungen ergibt; vom H. unterscheiden sich das ↑ Charakterdrama und das ↑ Ideendrama.

Handpuppenspiel, volkstüml. Sonderform des ↑ Puppenspiels. Es wird von einem oder mehreren hinter einer Paraventbühne verborgenen Spielern mit aus Kopf und Gewand bestehenden bewegl. Handpuppen, in die man mit der Hand schlüpft, gespielt. Die Hauptfigur des Kasperl hat diesem Puppenspiel auch seinen Namen ↑ Kasperltheater gegeben. Im MA wurde das H. v. a. von Wanderkomödianten auf Jahrmärkten vorgeführt. Da die Handlung meist improvisiert wurde, sind Textquellen nur spärlich überliefert; meist sind nur ungenaue Spielvorlagen vorhanden. Zwei Arten des H.s lassen sich unterscheiden. 1. Das von nur einem Puppenspieler bestrittene traditionelle H., dessen kom. Szenen von den Standardfiguren Kasperl, Gretel, Großmutter, Polizist, Räuber, Hexe, Krokodil, König und Prinzessin getragen werden, von denen immer nur zwei gleichzeitig auftreten können. Die Figuren werden dabei stets an der Spielleiste,

46 **Handschrift**

der unteren Begrenzung des Bühnenausschnittes, bewegt. In einer losen Folge von Szenen muß der Kasperl dabei meist turbulente Abenteuer bestehen. – 2. Das moderne H., das eine deutl. Ausweitung des äußeren Rahmens brachte. Es hat zwei oder mehr Puppenspieler und damit zugleich mehr Puppen und Puppentypen, die auch in der Tiefe des Bühnenraumes spielen. So wird zudem aus der losen Szenenfolge ein festeres Handlungsgefüge. – Publikum des H.s sind in erster Linie Kinder, die von den Spielern häufig durch Frage und Antwort in den Handlungsablauf einbezogen werden. Eine der bekanntesten modernen Handpuppenbühnen sind die (1922 gegr.) Hohnsteiner Puppenspiele.

Handschrift (Abk. Hs., Mrz. Hss.), **1.** das handgeschriebene Buch von der Spätantike bis zum Aufkommen des Buchdrucks (nach 1450).

Die Bedeutung der spätantiken und mittelalterl. H.en ergibt sich aus ihrer Rolle als Träger der literar. Überlieferung und ihrer jeweils einmaligen individuellen Gestalt. Die Geschichte des H.enwesens wird untersucht von der H.enkunde, die Entzifferung und Datierung einzelner H.en ist Aufgabe der Paläographie. Verzeichnisse und Beschreibungen von H.en enthalten die z. T. gedruckt vorliegenden H.enkataloge einzelner Bibliotheken mit entsprechenden Beständen.

Als **Material** für die Herstellung von H.en diente zunächst der von Ägypten nach Griechenland und Rom eingeführte Papyrus, der ältere, für Aufzeichnungen größeren Umfangs ungeeignete Materialien verdrängte (Stein, Holz, Ton- und Wachstafeln). Seit dem 4. Jh. n. Chr. löste ihn das Pergament ab, seit dem 13. Jh. das von den Arabern ins Abendland importierte Papier. Geschrieben wurde auf den mit Zirkelstichen und blinden Prägestichen linierten Blättern mit Rohrfedern und (meist schwarzer) Tinte. Überschriften und wichtige Stellen im Text wurden durch rote Farbe hervorgehoben (rubriziert), die Anfangsbuchstaben kleinerer Absätze oft abwechselnd blau und rot geschrieben (Lombarden). Die häufig bes. ausgeschmückten Anfangsbuchstaben größerer Kapitel (Initialen), Randleistenverzierungen und Illustrationen wur-

den meist nicht von den Schreibern, sondern von Miniatoren ausgeführt, die sich an kurzen Notizen (Vorschriften) orientierten. Wenn das teure Pergament abradiert und neu verwendet wurde, entstanden Palimpseste (›codices rescripti‹). Die Papyri wurden quer gerollt, Pergament und Papier gefaltet, zu Lagen aus zwei oder mehr Doppelblättern ineinandergelegt und zu Kodizes gebunden. Aus der Papyrusrolle stammt die Einteilung· des Schriftspiegels in Spalten.

Die **Herstellung** von H.en wurde in der Antike von Sklaven ausgeführt, die meist in Schreibbüros nach Diktat arbeiteten, im frühen und hohen MA von Mönchen in den Skriptorien der Klöster, bes. von den Benediktinern und Zisterziensern. Wichtige Schreibschulen entstanden u. a. in Vivarium (Kalabrien), Luxeuil (Dep. Haute-Saône), Bobbio (Prov. Piacenza), Corbie (Dep. Somme), in Sankt Gallen, auf der Reichenau, in Fulda und Regensburg. Im späteren MA kamen gewerbsmäßig eingerichtete weltl. Schreibstuben auf, die verlagsähnl. Herstellungs- und Vertriebsverfahren anwandten. Auch in Klöstern und anderen Ordenshäusern kam es zu gewerbsmäßiger Buchherstellung. Eigene Vervielfältigungsmethoden entwickelten sich an den Universitäten. Die klösterl. Tradition der **Sammlung** von Pracht-H.en ging in der Renaissance auf die Fürstenhäuser über und dauerte auch nach der Erfindung des Buchdrucks fort. Um die Pflege von H.en als Träger der literar. Überlieferung bemühten sich die Humanisten, aus deren Sammel- und Editionstätigkeit die moderne Philologie erwachsen ist. Öffentlich zugängl. H.ensammlungen richteten zuerst die Medici in Florenz ein. Heute befinden sich die bedeutendsten H.ensammlungen in den großen Bibliotheken von Rom (Vaticana), Florenz (Biblioteca Medicea Laurenziana), Paris (Bibliothèque Nationale), London (Britisches Museum), Oxford (Bodleiana), Wien (Österr. Nationalbibliothek), München (Bayer. Staatsbibliothek), Berlin (Staatsbibliothek Preuß. Kulturbesitz), Moskau (Russ. Staatsbibliothek, früher Staatl. Lenin-Bibliothek), Petersburg (Russ. Nationalbibliothek, früher Saltykow-Schtschedrin-Bibliothek) und New York (Pierpont-Morgan-Library). Ihre Bestände stammen aus Stiftungen, Ankäufen und der Auflösung alter Klosterbibliotheken. Im ursprüngl. Zustand erhalten geblieben ist die Bibliothek des Klosters Sankt Gallen. Eine bed. private H.ensammlung befindet sich in Genf (›Martin-Bodmer-Stiftung‹). Die älteste erhaltene german. H. ist der ›Codex argenteus‹ (um 500) der got. Bibel; wichtige H.en mit Werken aus der dt. Literatur des MA sind die Nibelungenlied-H.en A (München), B (Sankt Gallen), C (Donaueschingen), die Lieder-H.en in Heidelberg (Kleine Heidelberger und Große [Maness.] Heidelberger Lieder-H.) und Stuttgart (Stuttgarter [auch Weingartner] Lieder-H.) sowie das im Auftrag Kaiser Maximilians I. geschriebene ›Ambraser Heldenbuch‹ (Wien). **2.** für den Druck bestimmte Niederschrift (↑ Manuskript). **3.** vom Verfasser handgeschriebenes Originalmanuskript (↑ Autograph).

Literatur: TRAUBE, L.: Zur Palaeographie u. H.enkunde. Mchn. 1909. Nachdr. 1965. – Mittelalterl. H.en. Festgabe H. Degering. Hg. v. A. BÖMER u. J. KIRCHNER. Lpz. 1926. Nachdr. Hildesheim 1973. – MAZAL, O.: Lehrb. der H.enkunde. Wsb. 1986.

Handwerkslied, ständisch gebundene Sonderform des ↑ Volkslieds (↑ Ständelied), die sich allgemein mit dem Handwerkerstand oder mit einem bestimmten Handwerk (v. a. Maurer, Schmied, Schneider, Zimmermann) befaßt.

Handzová, Viera [slowak. 'handzɔva:], * Kokava nad Rimavicou 12. Mai 1931, slowak. Schriftstellerin. – Redakteurin; schildert in ihrer Prosa zeitgenöss. Probleme und Konflikte; Übersetzerin aus dem Russischen.

Werke: Človečina (= Menschenfleisch, E., 1960), Chvíle dvoch slnovratov (= Augenblicke zweier Sonnenwenden, R., 1975), Kamaráti do zlého počasia (= Kameraden für schlechtes Wetter, R., 1978).

Hanka, Václav [tschech. 'haŋka], * Hořiněves 10. Juni 1791, † Prag 12. Jan. 1861, tschech. Schriftsteller und Philologe. – Ab 1848 Prof. für slaw. Sprachen in Prag; widmete sich unter dem Einfluß der Romantik der Pflege des Volkslieds in Übersetzungen und eigenen Dichtungen; v. a. bekannt als Hg. der angeblich von ihm entdeckten ↑ ›Königinhofer Handschrift‹ (1817) und der ›Grünberger Handschrift‹ (1818), die er mit seinen Freunden J. Linda und Václav Alois Svoboda (* 1791, † 1849) fälschte, um das Vorhandensein einer alten tschech. Heldenepik vorzutäuschen.

Hankin, St. John Emile [engl. 'hæŋkɪn], * Southampton 25. Sept. 1869, † Llandrindod Wells (Wales) 15. Juni 1909, engl. Dramatiker. – Journalist; für ›Punch‹ schrieb er Theaterkritiken und Parodien (›Dramatic sequels‹). Verfaßte realist., wohlkonstruierte Gesellschaftsdramen, in denen er satirisch-ironisch, aber aus konservativer Warte, soziale Fragen anschnitt.

Werke: The return of the prodigal (Dr., UA 1905), The charity that began at home (Dr., UA 1906), The Cassilis engagement (Dr., UA 1907), The last of the De Mullins (Dr., UA 1908).

Hanley, James [engl. 'hænlɪ], * Dublin 3. Sept. 1901, † London 11. Nov. 1985, ir. Schriftsteller. – Arbeitersohn, ohne abgeschlossene Schulbildung; ging zur See, einige Zeit Gelegenheitsarbeiter, dann Journalist; schrieb zahlreiche Romane und Kurzgeschichten, bes. aus dem Milieu der Elendsviertel, sowie Dramen, Hör- und Fernsehspiele.

Werke: Drift (R., 1930), Fanny Fury (R., 1935, dt. 1990), Hollow sea (R., 1938), Ozean (R., 1941, dt. 1942), Das Lied des Seemanns (R., 1943, dt. 1946), Das Haus im Tal (R., 1951, dt. 1988), Der letzte Hafen (R., 1952, dt. 1957), Collected stories (En., 1953), The inner journey (Dr., 1965), The darkness (En., 1973), A kingdom (R., 1978), What Farrar saw (En., 1984). **Literatur:** STOKES, E.: The novels of J. H. Melbourne u. London 1964.

Han-Măc-Tu' [vietnames. han maịk tị], eigtl. Nguyên-Trong-Trí, * Dông Hoi (Prov. Quang Binh) 22. Sept. 1912, † im Lepraheim Quihoa 11. Nov. 1940, vietnames. Lyriker. – Starb an Lepra; gläubiger Katholik, dessen gesamtes dichter. Werk geprägt ist von der Spannung zwischen ekstat. Verlangen nach Gott und der ungestillten Liebes- und Lebenssehnsucht des wegen seines unheilbaren Leidens von der menschl. Gemeinschaft Getrennten (u. a. ›Tho' H.-M.-Tu'‹ [= Gedichte H.-M.-Tu's], hg. 1942).

Literatur: DURAND, M./TRAN-HUAN NGUYEN: Introduction à la littérature Vietnamienne. Paris 1969. S. 186.

48 Hannsmann

Hạnnsmann, Margarete, * Heidenheim an der Brenz 10. Febr. 1921, dt. Schriftstellerin. – Schauspielstudium; nach dem Krieg erfolglose Verlagsgründung ihres Mannes, sie ernährte die Familie als Lehrmittelhändlerin und Puppenspielerin. Erst nach dem Tod ihres Mannes (1958) begann sie zu schreiben, neben Gedichten (›Tauch in den Stein‹, 1964) und Hörspielen auch Autobiographisches (›Drei Tage in C.‹, 1965); Themen ihrer Gedichte sind oft Landschaft und Natur (zunächst Griechenlands, dann ihrer schwäb. Heimat), in Beziehung gesetzt zu Geschichte und Mythen. Langjährige Freundschaft und Zusammenarbeit mit dem Holzschneider HAP Grieshaber, der viele ihrer Gedichtbände mit Holzschnitten ausschmückte.
Weitere Werke: Maquis im Nirgendwo (Ged., 1969), Zwischen Urne und Stier (Ged., 1971), Das andere Ufer vor Augen (Ged., 1972), Fernsehabsage (Ged., 1974), Landkarten (Ged., 1980), Der helle Tag bricht an. Ein Kind wird Nazi (autobiograph. R., 1982), Du bist in allem (Ged., 1983), Drachmentage (Ged., 1986), Pfauenschrei. Die Jahre mit HAP Grieshaber (1986), Rabenflug (Ged., 1987), Raubtier Tag (Ged., 1989), Purpuraugenblick (Ged., 1991), Tagebuch meines Alterns (1991).

Hạnny, Reto, * Tschappina (Kt. Graubünden) 13. April 1947, schweizer. Schriftsteller. – Zentrales Thema seiner Werke ist die Sprache, die er gestaltet und nach seinen Bedürfnissen ergänzt; Verlust von Heimat, Sprache und eigener Identität hängen direkt zusammen, eine Erfahrung, die H. in seiner Kindheit, als er seine graubündner. Heimat verlor, machen mußte und die ihn prägte. Kritik an gesellschaftl. Verhältnissen übt er in dem Report über die Züricher Jugendrevolte ›Zürich, Anfang September‹ (1981). Erhielt 1994 den Ingeborg-Bachmann-Preis.
Weitere Werke: Ruch – ein Bericht (1979), Flug (Prosa, 1985), Am Boden des Kopfes. Verwirrungen eines Mitteleuropäers in Mitteleuropa (1991), Helldunkel. Ein Bilderbuch (1994).

Hạns von Bühel, genannt ›der Büheler‹, * in der 2. Hälfte des 14. Jh., † in der 1. Hälfte des 15. Jh., mhd. Epiker. – War Dienstmann des Kölner Erzbischofs und stammte eventuell aus einem südbadischen Ministerialengeschlecht. Überliefert sind von ihm zwei Versromane in der stilist. Nachfolge Konrads von Würzburg: ›Von eines Küniges Tochter von Frankrich‹ (1401), vielleicht nach einer frz. Vorlage, und ›Diocletianus' Leben. Die Geschichte der sieben weisen Männer‹ (1412) nach dem ›Historia septem sapientium‹ und einer oriental. Vorlage.
Ausgaben: H. v. B. Dyocletianus' Leben. Hg. v. A. KELLER. Quedlinburg 1841. – Des Bühelers ›Königstochter von Frankreich ...‹ Hg. v. J. F. L. TH. MERZDORF. Old. 1867.

Hạns am Sẹe, Pseudonym des dt. Schriftstellers Heinrich † Hansjakob.

Hansberry, Lorraine [engl. ˈhænzbərɪ], verh. Nemiroff, * Chicago (Ill.) 19. Mai 1930, † New York 12. Jan. 1965, amerikan. Dramatikerin. – Stammte aus der begüterten schwarzen Mittelschicht; Universitätsstudium, Malerin. Erste schwarze Broadwayschriftstellerin; behandelte in ihren Stücken meist Rassenprobleme wie die afrikan. Abstammung der Schwarzen und deren Leben in der amerikan. Gesellschaft der Gegenwart. War v. a. erfolgreich mit ihrem naturalist. Familiendrama ›Eine Rosine in der Sonne‹ (1959, dt. 1963, als Musical 1973).
Weitere Werke: Das Zeichen am Fenster (Dr., 1965, dt. 1976), A matter of colour (Studie, 1965), Jung, schwarz und begabt (Essays u. dokumentar. Entwürfe, hg. 1969, dt. 1976), Les Blancs (Dramenfragment, UA postum 1970, dt. 1976).

Hạns-Christian-Ạndersen-Preis, internat. Jugendliteraturpreis, der seit 1956 alle zwei Jahre vom Internat. Kuratorium für das Jugendbuch (International Board on Books for Young People, Abk.: IBBY, Sitz Zürich) in Form einer Goldmedaille an einen lebenden Schriftsteller vergeben wird. Den Preis erhielten u. a. Erich Kästner (1960), J. Krüss (1968), G. Rodari (1970), C. S. Bødker (1976), Lygia Bojunga Nunes (1982), Ch. Nöstlinger (1984), D. Kállay (1988), L. Zwerger und T. Haugen (1990), V. Hamilton und K. Pacovská (1992), Jörg Müller (1994). Seit 1966 wird eine zweite Medaille für das Werk eines Kinderbuchillustrators verliehen.

Hạnsen, Aase, * Frederiksværk 11. März 1893, † ebd. 9. Febr. 1981, dän. Schriftstellerin. – Beschreibt in ihren Romanen mit den Mitteln des inneren Monologs die dämon. Kräfte der Erotik bei intellektuellen Frauengestalten.

Werke: Ebba Berings studentertid (R., 1929), En kvinde kommer hjem (R., 1937), Drømmen om i gaar (R., 1939), Den lyse maj (R., 1948), Alt for kort er duggens tid (R., 1954), Ursula og hendes mor (R., 1956), Luftspejlinger over havet (En., 1963), Klip af et billedark (Erinnerungen, 1973), I forvitringens år (R., 1977). **Literatur:** NIELSEN, D.: Rejse i tid. A. H.s forfatterskab. Kopenhagen 1975.

Hansen, Anton, estn. Schriftsteller, †Tammsaare, Anton Hansen.

Hansen, Jap Peter, *Westerland 8. Juli 1767, †Keitum (heute zu Sylt-Ost) 9. Aug. 1855, fries. Dichter. – Schrieb in fries. Sprache Gedichte, Novellen und Theaterstücke und begründete das nordfries. (Sylter) Schrifttum; u. a. ›...Di Gitshals of di Söl'ring Piðersdai‹ (Kom., 1809), ›Di lekelk Stjüürman‹ (Nov., 1822), ›Di lekelk falsk Tiring‹ (Nov., hg. 1934).

Hansen, Lars, *Molde 8. Jan. 1869, †Bergen 20. Juli 1944, norweg. Schriftsteller. – War als Fischer und Robbenfänger im Nördl. Eismeer und auf Spitzbergen; seine spannenden Erzählungen geben das [abenteuerl.] Leben der Seeleute im Eismeer wieder.

Werke: Die weiße Hölle (E., 1926, dt. 1928), In Schnee und Nordlicht (En., 1936, dt. 1938).

Hansen, Martin Jens Alfred, *Strøby (Seeland) 20. Aug. 1909, †Kopenhagen 27. Juni 1955, dän. Schriftsteller. – Entstammte einer bäuerl. Familie; wurde Lehrer; während der dt. Besetzung Mitarbeiter der illegalen Zeitschrift ›Folk og Frihed‹; setzte sich in seinen frühen Romanen v. a. mit der Krisenzeit zwischen den beiden Kriegen, mit sozialen Problemen und den Ideen des Kommunismus auseinander; auch wenn er in die Vergangenheit (v. a. ins MA) ausweicht oder scheinbar unverfängl. Bereiche aufsucht (Fabel), bleiben seine Stoffe stark gegenwartsbezogen. Ein religiös gefärbter Existentialismus bestimmt sein Spätwerk.

Werke: Nu opgiver han (R., 1935), Kolonien (R., 1937), Jonatans rejse (R., 1941), Lykkelige Kristoffer (R., 1945), Der Lügner (R., 1950, dt. 1952), Die Osterglocke (Nov.n, dt. Ausw. 1953). **Ausgabe:** M. J. A. H. Mindeudgave. Kopenhagen [1-11]1961. 10 Bde.

Literatur: WOEL, C. M.: M. A. H. Ladager 1959. – BJØRNVIG, T.: Kains alter. M. A. H.s digtning og tænkning. Diss. Kopenhagen 1964. – CHRISTENSEN, E. M.: Ex auditorio. Kunst og ideer hos M. A. H. Viborg u. Kopenhagen 1965. – KETTEL, H.: M. A. H.s forfatterskab. Kopenhagen 1966. – WIVEL, O.: M. A. H. Kopenhagen 1967–69. 2 Bde. – NIELSEN, F.: Fra M. A. H.s værksted. Kopenhagen 1971. – Omkring løgneren. Hg. v. O. WIVEL. Kopenhagen 1971. – NISSEN, J.: Den unge M. A. H. Kopenhagen 1974.

Hansen, Mauritz Christopher, *Modum bei Drammen 5. Juli 1794, †16. März 1842, norweg. Dichter. – Schrieb Dramen, Lyrik und v. a. Novellen, die ihn zum bedeutendsten norweg. Dichter zwischen Romantik und Realismus vor der Zeit H. A. Wergelands machen.

Werke: Othar af Bretagne (Nov., 1819), Theodors dagbok (Nov., 1820), Mordet paa Maskinbygger Rolfsen (Nov., 1840). **Ausgabe:** M. Ch. H. Fortællinger: Luren. Bergen 1969. **Literatur:** SVENDSEN, P.: M. Ch. H. Oslo 1943.

Hansen, Thorkild, *Kopenhagen 9. Jan. 1927, †auf einer Seereise vor Südamerika 4. Febr. 1989, dän. Schriftsteller und Journalist. – Vertreter des Dokumentarismus; benutzte histor. Quellenmaterial als Grundlage für seine z. T. fiktionale Dichtung; seine Teilnahme an histor. und archäolog. Expeditionen, u. a. nach Persien, Nubien, Kanada und an die Goldküste, verarbeitete H. in krit. essayist. Reiseberichten von hoher histor. und literar. Qualität.

Werke: Pausesignaler (Reiseb., 1959), Syv seglsten (Reiseb., 1960), Reise nach Arabien (Reiseb., 1962, dt. 1965), Jens Munk (Biogr., 1965, dt. 1974), Slavernes kyst (Ber., 1967), Slavernes skibe (Ber., 1968), Slavernes øer (Ber., 1970), Vinterhavn (Ber., 1972), De søde piger. Dagbog 1943–47 (Tageb., 1974), Sidste sommer i Angmagssalik (Ber., 1978), Der Hamsun Prozeß (1978, dt. 1979), Kurs mod solnedgangen (Reisebericht, 1982), Artikler fra Paris 1947–1952 (hg. 1992).

Han Shan [chin. xanʃan], chin. Gedichtsammlung. H. S. (= kalter Berg) gilt als Name eines legendären buddhistischen Einsiedlers der T'ang-Dynastie (618–906). Unter seinem Namen sind über 300 Gedichte überliefert, die volksnah und bildhaft buddhist. Weltflucht besingen. Sie stammen von mehreren unbekannten Autoren.

Hansischer Goethe-Preis

Ausgabe: 150 Gedichte vom Kalten Berg. Übers. u. hg. v. S. SCHUHMACHER. Köln ⁴1984.

Hansischer Goethe-Preis (H. G.-P. der Stiftung F. V. S. zu Hamburg), 1950 geschaffener, heute mit 50000 DM dotierter und mit zwei Stipendien von jeweils 18000 DM für eine Nachwuchskraft verbundener Preis, der zuerst jedes Jahr, seit 1959 in der Regel alle zwei Jahre von einem unabhängigen europ. Kuratorium an Personen oder Personengruppen vergeben wird, die sich durch überragende völkerverbindende und humanitäre Leistungen ausgezeichnet haben. Bisherige Preisträger waren C. J. Burckhardt (1950), M. Buber (1951), E. Spranger (1952), E. Berggrav (1953), T. S. Eliot (1954), G. Marcel (1955), W. Gropius (1956), A. Weber (1957), P. Tillich (1958), Th. Heuss (1959), B. Britten (1961), W. A. Flitner (1963), H. Arp (1965), S. de Madariaga y Rojo (1967), R. Minder (1969), G. Strehler (1971), A. Lesky (1972), M. Sperber (1973), C. Schmid (1975), W. A. Visser't Hooft (1977), H.-G. Wormit (1979), A. Tovar (1981), 1983 nicht vergeben, K.-H. Hahn (1985), A. Sauvy (1988), C. F. von Weizsäcker (1989), Internat. Goethe-Gesellschaft in Weimar (1991), J. Starobinski (1993).

Hansjakob, Heinrich, Pseudonym Hans am See, * Haslach im Kinzigtal 19. Aug. 1837, † ebd. 23. Juni 1916, dt. kath. Theologe und Schriftsteller. – Pfarrer in Hagnau am Bodensee und Freiburg im Breisgau; 1871–78 Mitglied des bad. Landtags (Zentrum). Als unbequemer, demokratisch gesinnter Zeitkritiker während des Kulturkampfes 1870 und 1873 inhaftiert. Verfaßte histor. Schriften, schrieb lebendige Reiseschilderungen und Lebenserinnerungen; populärer Volkserzähler.

Werke: Auf der Festung (Erinnerungen, 1870), Aus meiner Jugendzeit (Erinnerungen, 1880), Wilde Kirschen (En., 1888), Dürre Blätter (En., 2 Bde., 1889/90), Schneeballen (En., 3 Bde., 1892–94), Der Vogt auf Mühlstein (E., 1895), Bauernblut (En., 1896), Waldleute (En., 1897).
Ausgabe: H. H. Ausgew. Erzählungen. Stg. 13.–21. Tsd. 1920–32. 5 Bde.
Literatur: H.-Jb. Hg. v. der H. H. Gesellschaft. Freib. u. Kehl 1 (1958) ff. – KREMANN, B.: 1837–1916. H. H., der Schwarzwalderzähler.

H.-Bibliogr. Münster (Westf.) 1961. – STINTZI, M.-P.: H. H. Dichter der Heimat u. des Volkes. Freib. 1966. – H. H. Seine Bedeutung für unsere Zeit. Hg. v. O. B. ROEGELE u. a. Kehl 1977. – KLEIN, K.: H. H. Ein Leben für das Volk. Kehl 1980. – H. H. 1837–1916. Schriftsteller, Politiker, Seelsorger. Hg. v. H. HEID. Ausst.-Kat. Rastatt 1993.

Hansson, Ola, * Hönsinge (Schonen) 12. Nov. 1860, † Büyükdere bei Istanbul 26. Sept. 1925, schwed. Dichter. – Bekanntschaft mit A. Strindberg; beschäftigte sich mit F. Nietzsches Philosophie; lebte von 1889 an längere Zeit in Deutschland und wurde zu einem bed. Vermittler skand. Literatur; ein Teil seiner Werke erschien zuerst in dt. Sprache. Seine impressionist. Gedichte und psychologisch-realist. Erzählungen schildern die heimatl. Landschaft und deren Menschen; bekämpfte H. Ibsen, G. Brandes und den Naturalismus; schrieb auch literarhistor. Essays.

Werke: Dikter (Ged., 1884), Notturno (Ged., 1895), Sensitiva amorosa (Nov.n, 1887, dt. 1892), Parias (Nov.n, 1890, dt. 1890), Frau Ester Bruce (R., 1893, dt. 1895), Vor der Ehe (R., 1894, dt. 1895), Der Schutzengel (R., 1896), Nya visor (Ged., 1907).
Ausgabe: O. H. Samlade skrifter. Stockholm 1919–22. 17 Bde.
Literatur: LEVANDER, H.: Sensitiva amorosa. O. H.s ungdomsverk och dess betydelse för åttiotalets litterära brytningar. Stockholm 1944. – HOLM, I.: O. H. Diss. Lund 1957. – AHLSTRÖM, S.: O. H. Stockholm 1958. – WIDELL, A.: O. H. i Tyskland. Uppsala 1979. – MANESKÖLD-ÖBERG, I.: Att spegla tiden – eller forma den. O. H.s introduktion av nordisk litteratur i Tyskland 1889–1895. Göteborg 1984.

Hanstein, Otfrid von, Pseudonym Otfrid Zehlen, * Bonn 23. Sept. 1869, † Berlin 17. Febr. 1959, dt. Schriftsteller. – Schauspieler, 1908/09 Theaterdirektor in Nürnberg, später freier Schriftsteller. Sammelte auf zahlreichen Tourneen nach Nord- und Südamerika und in den Orient Stoffe für seine geographisch-kulturgeschichtl. Reisebücher, histor. Unterhaltungsromane, Kriminalromane und abenteuerl. Jugendbücher, die er in großer Zahl verfaßte.

Werke: Die Feuer von Tenochtitlan ... (R., 1919), Im Reich des Goldenen Drachen ... (Jugendb., 3 Bde., 1919), Der Fall Gudulla (Kriminal-R., 1923), Kleopatra (R., 1927), Wie der Glasbläserjunge zum Braunhemd kam ... (1934), Die ihre Heimat verließen (R., 1935), Weltuntergang (R., 1946), Via Dolorosa (R., 1949), Rätsel um Anita (R., 1951).

Han Suyin [engl. 'hɑːn 'suːjɪn], eigtl. Elizabeth Comber, geb. Chow, * Honan 12. Sept. 1917, engl. Schriftstellerin chin.-belg. Abstammung. – Ärztin; lebt heute in Hongkong. Verfasserin erfolgreicher z. T. autobiographisch gefärbter Romane, die meist in Ostasien spielen; auch Werke über das heutige China.

Werke: Manches Jahr bin ich gewandert (Autobiogr., 1942, dt. 1955), Alle Herrlichkeit auf Erden (R., 1952, dt. 1953), Der Wind ist mein Kleid (R., 1956, dt. 1957), Wo die Berge jung sind (R., 1958, dt. 1958), Eine Winterliebe (R., 1962, dt. 1963), Der große Traum (R., 1965, dt. 1988), Die Blume Erinnerung (R., 1966, dt. 1966), Die Morgenflut. Mao Tse Tung, ein Leben für die Revolution (1972, dt. 1972), Chinas Sonne über Lhasa (1977, dt. 1978), Bis der Tag erwacht (R., 1982, dt. 1982), Die Zauberstadt (R., 1985, dt. 1985), Nur durch die Kraft der Liebe (Autobiogr., 1986, dt. 1987).

Hanswurst, dt. Prototyp der kom. Figur oder lustigen Person: Spaßmacher, Vielfraß, Kraftmeier, Schürzenjäger, Akrobat. – Der H. entstand aus der Verschmelzung heim. Figuren mit den von ↑englischen Komödianten im 16. und 17. Jh. populär gemachten Clowntypen Jan Bouchet, Stockfisch, Pickelhering (↑ auch Haupt- und Staatsaktionen) oder dem von der Commedia dell'arte geschaffenen ↑Arlecchino (in der dt. Version unter dem Namen ↑ Harlekin). – Der Name ›H.‹ findet sich zuerst in Hans van Getelens († zw. 1524 u. 1528) Rostocker Bearbeitung von S. Brants ›Narrenschiff‹ (1519): ›Hans worst‹ als Bez. für den aufschneider. Narren; meist meint H. aber den link. Dickwanst, dessen Gestalt einer Wurst gleicht. Bei Luther findet sich eine Bedeutungserweiterung zu ›Tölpel‹ (›Vormahnung an die Geistlichen‹, 1530, und ›Wider Hans Worst‹, 1541). – Eine lokalisierende Neuschöpfung versuchte Anfang des 18. Jh. J. A. Stranitzky mit der Gestalt des dummdreisten und gefräßigen Bauern ›Hans Wurst‹, den er im Salzburger Bauernkostüm (grüner Spitzhut, Narrenkröse, rote Jacke, blauer Brustfleck mit grünem Herz, rote Hosenträger, gelbe Hose, Holzpritsche) auftreten und seine Späße im Heimatdialekt machen ließ. – Der H. war bis ins 18. Jh. eine der beliebtesten Bühnenfiguren, die

auch in ernsten Stücken auftrat. Er wurde von J. Ch. Gottsched und von der Theatertruppe der Neuberin in einem allegor. Spiel von der Bühne verbannt, wurde aber bald in der ›veredelten‹ Gestalt des Harlekin von J. Ch. Krüger, G. E. Lessing und J. Möser wieder bühnenfähig gemacht.

Literatur: HOHENEMSER, H.: Pulcinella, Harlekin, H. Emsdetten 1940. – ROMMEL, O.: Die Alt-Wiener Volkskomödie. Wien 1952. – HINCK, W.: Das dt. Lustspiel des 17. u. 18. Jh. u. die italien. Komödie. Commedia dell'arte u. Théâtre italien. Stg. 1965. – ASPER, H. G.: H. Emsdetten 1981.

Hanuš, Miroslav [tschech. 'hanuʃ], * Prag 15. Mai 1907, tschech. Schriftsteller. – Vertreter des tschech. psycholog. Romans; sein Interesse gilt den wechselseitigen menschl. Beziehungen und Problemen der student. Jugend; auch histor. Prosa sowie Novellen.

Werke: Osud národa (= Das Schicksal des Volkes, R., 1957), Tři variace na lásku (= Drei Variationen über die Liebe, Prosa, entst. 1972).

Han Yu, chin. Beamter und Literat, ↑ Han Yü.

Han Yü (Han Yu) [chin. xan-y], * Nanyang (Honan) 768, † Changan (Schensi) 824, chin. Literat. – In wechselvoller Amtslaufbahn stand er oft in Gegensatz zu den Autoritäten, u. a. durch Angriffe auf den populären Buddhismus und Taoismus. In seinem gelehrten poet. Werk beeindruckten parabelhafte Prosastücke, die soziale und polit. Mißstände geißeln; forderte wie Liu Tsung-yüan (* 773, † 819) eine Abkehr von der raffinierten Kunstprosa und eine Rückkehr zum allgemein verständl. ›Ku-wen‹ (= alter Stil) der klass. Philosophen und zu den konfuzian. Lehren.

Ausgabe: H. Y.'s poet. Werke. Übers. v. E. VON ZACH. Cambridge (Mass.) 1952.

Hanzlík, Josef [tschech. 'hanzliːk], * Neratovice 19. Febr. 1938, tschech. Lyriker. – Verfaßte eine Reihe von Gedichtbänden (›Lampa‹ [= Lampe], 1961; ›Láska pod mostem‹ [= Liebe unter der Brücke], 1980; ›Požár babylonské věže‹ [= Der Brand des babylon. Turms], 1981). H. ist Autor von Kinderbüchern sowie Übersetzer südslawischer Lyrik.

Hao Jan (Hao Ran) [chin. xaʊran], eigtl. Liang Chin-kuang, * Suhsien (Hopeh) 1932, chin. Schriftsteller. – Früh verwaist, schloß er sich als Knabe der kommunist. Bewegung an; ab 1949 Journalist, schrieb dann zwischen 1956 und 1975 über 30 Bücher: Reportagen, Kinderliteratur, Erzählungen, Romane, v. a. über die sozialist. Umgestaltung auf dem Lande; geriet nach dem Sturz der ›Viererbande‹ ins literar. Abseits.

Werke: Yen-yang-t'ien (= Sonniger Frühling, R., 3 Bde., 1964–66), Chin-kuang ta-tao (= Goldglanzstraße, R., 4 Bde. 1972 ff.).

Hao Ran, chin. Schriftsteller, † Hao Jan.

Happel, Eberhard Werner, * Kirchhain bei Marburg a. d. Lahn 12. Aug. 1647, † Hamburg 15. Mai 1690, dt. Schriftsteller. – Schrieb spätbarocke Mode- und Unterhaltungsromane, sog. Geschicht-Romane, die ab 1681 jährlich erschienen und die interessantesten Ereignisse des vergangenen Jahres in aller Welt behandeln.

Werke: Der Asiat. Onogambo ... (R., 1673), Der Insulan. Mandorell ... (R., 1682), Afrikan. Tarnolast ... (R., 1689), Der Academ. Roman ... (R., 1690).

Literatur: LOCK, G.: Der höf.-galante Roman des 17. Jh. bei E. W. H. Wzb. 1939.

Happening [engl. ˈhæpənɪŋ; zu engl. to happen = geschehen, sich ereignen], avantgardist. provokative [Kunst]veranstaltung, die von den USA ausging und dadaist. und surrealist. Inszenierungen fortführte. – Am Anfang standen Allan Kaprows (* 1927) ›18 H.s in 6 Parts‹ (1959), in denen unterschiedl. Kunstformen wie Musik, Diaprojektion, Tanz, Malerei usw. gemischt und miteinander konfrontiert wurden. Um 1960 wurde der Begriff in Europa aufgenommen. Neben dem Versuch zur bloßen Intensivierung abgestumpfter Sensibilität zeigten sich auch Tendenzen, die in der Kritik an der modernen Industriewelt ihren Ursprung haben. Als zerstörer. Decollage erscheint das H. bei Wolf Vostell (* 1932), als intellektueller Scherz mit Doppeldeutigkeiten und spielerisch vorgetragener Herausforderung bei Bazon Brock (* 1936) oder Timm Ulrichs (* 1940), als ›heilsames Chaos‹, das die erstarrten rationellen und materiellen Denk- und Lebensformen aufbrechen soll, bei Joseph Beuys (* 1921, † 1986), als schwarze Messe und rauschhafte Orgie bei den Österreichern Otto Mühl (* 1925) und Hermann Nitsch (* 1938). Beim H. sollte der Zuschauer aus seiner passiven Rolle befreit und ins ›Mitspiel‹ (C. Bremer) gezogen werden. Die Veranstaltungen waren mehr oder weniger kalkulierte Abläufe, die v. a. auf spontane Reaktionen des Publikums zielten. Ihren Höhepunkt erreichte die H.kunst in der BR Deutschland um 1965 mit zahlreichen Gemeinschaftsveranstaltungen und in den Großveranstaltungen Vostells (z. B. ›In Ulm, um Ulm und um Ulm herum‹, 1964). Einzelne Charakteristika der H.s gingen in die † Performances ein.

Literatur: H.s – Fluxus, Pop Art, Nouveau Réalisme. Hg. v. J. BECKER u. W. VOSTELL. Rbk. 1965. – H.s. Hg. v. M. KIRBY. New York 1965. – Aktionen, H.s u. Demonstrationen seit 1965. Hg. v. W. VOSTELL. Rbk. 1970. – H. u. Fluxus. Ausstellungskat. Kunstverein Köln 1970. – NÖTH, W.: Strukturen des H.s. Hildesheim u. New York 1972. – HENRI, A.: Environments and H.s. London 1974. – SCHILLING, J.: Aktionskunst. Luzern 1978.

Harambašić, August [serbokroat. ˌharambaʃitɕ], * Donji Miholjac (Kroatien) 14. Juli 1861, † Stenjevac bei Zagreb 16. Juli 1911, kroat. Lyriker. – 1901 Deputierter der Staatsrechtspartei im Landtag. Seine (mit formalen Mängeln behaftete) Lyrik machte H. wegen der leidenschaftlichen, romantisch-patriot. Grundhaltung für etwa ein Jahrzehnt zum Lieblingsdichter der Kroaten; bed. Übersetzer (u. a. N. W. Gogol, L. N. Tolstoi, Shakespeare, F. Grillparzer).

Ausgabe: A. H. Ukupna djela. Hg. v. J. BENEŠIĆ. Zagreb 1942–43. 10 Bde.

Harasymowicz, Jerzy [poln. xaraˈsɨmɔvit͡ʃ], * Puławy 24. Juli 1933, poln. Lyriker. – War Förster in den Beskiden; lebt in Krakau. Bestimmend für seine Lyrik (›Cuda‹ [= Wunder], 1956; ›Wiersze miłosne‹ [= Liebesgedichte], 1979; ›Na cały regulator‹ [= Auf volle Lautstärke], 1985) sind phantasievolle Bilder, Märchenmotive, Landschaft, Stadt, Erinnerungen, Alltag.

Harclensis, eine syr. Übersetzung des NT (um 616), die auch die kleineren Kath. Briefe und die Apokalypse des Johannes enthält. Als Verfasser gilt Thomas von Charkel (Herakleia). Problematisch war, ob es sich nur um eine

Neuausgabe der †Philoxeniana mit Randbemerkungen oder um eine selbständige neue, mit Randbemerkungen versehene Übersetzung handelt; das letztere scheint der Fall gewesen zu sein.
Literatur: ALAND, K./ALAND, B.: Der Text des Neuen Testaments. Stg. 1982. S. 204.

Hardekopf, Ferdinand, Pseudonym Stefan Wronski, *Varel 15. Dez. 1876, †Zürich 26. März 1954, dt. Schriftsteller. – Gehörte zum Kreis der ›Aktion‹, deren enger Mitarbeiter er war; befreundet u. a. mit R. Schickele und F. Pfemfert; ging 1916 in die Schweiz, lebte nach einem vorübergehenden Berlin-Aufenthalt 1921/22 vorwiegend in Frankreich, ab 1945 in der Schweiz. Obwohl er nur wenig schrieb, gehört er zu den führenden Berliner Frühexpressionisten; Lyriker (›Privatgedichte‹, 1921) und geistreicher Essayist; bed. auch als Übersetzer und Interpret frz. Literatur.
Ausgabe: F. H. Ges. Dichtungen. Hg. v. E. MOOR-WITTENBACH. Zü. 1963.
Literatur: RICHTER, H.: Dada-Profile. Zü. 1961.

Maximilian Harden

Harden, Maximilian, ursprüngl. Felix Ernst Witkowski, *Berlin 20. Okt. 1861, †Montana (Wallis) 30. Okt. 1927, dt. Publizist und Schriftsteller. – Schauspieler, ab 1888 Journalist; 1892 gründete er eine eigene polit. Wochenschrift, ›Die Zukunft‹, die er allein führte und als persönl. Kampforgan verwendete. Als Kenner und Befürworter des modernen europ. Theaters war er 1889 Mitbegründer der †Freien Bühne und seit 1905 Berater von M. Reinhardt. Zugunsten seines zunehmenden polit. Engagements traten seine zahlreichen literar. Fehden (z. B. gegen H. Sudermann und G. Hauptmann) in den Hintergrund. H.s polit. Einstellung war äußerst widerspruchsvoll und häufig von Emotionen geleitet. Er führte unter dem Pseudonym Apostata harte Polemiken für den gestürzten Bismarck gegen Wilhelm II. und dessen Berater H. von Moltke und Ph. Fürst Eulenburg, die in drei Skandalprozessen (1907–09) gipfelten. Vor dem 1. Weltkrieg Vertreter des dt. Imperialismus, wurde er während des Krieges Pazifist und Gegner des Nationalismus. Ein 1922 von rechtsradikalen Kreisen auf ihn verübtes Attentat überlebte er; er stellte jedoch seine Zeitschrift ein und verbrachte die letzten Jahre in der Schweiz.
Werke: Apostata (Essays, 2 Bde., 1892), Literatur und Theater (Essays, 1896), Kampfgenosse Sudermann (1903), Köpfe (Essays, 4 Bde., 1910–24), Krieg und Friede (Essays, 2 Bde., 1918), Deutschland, Frankreich, England (1923), Von Versailles nach Versailles (Essays, 1927).
Ausgabe: M. H. Köpfe, Porträts, Briefe u. Dokumente. Hg. v. H.-J. FRÖHLICH. Hamb. 1963.
Literatur: GOTTGETREU, E.: M. H. Ways and errors of a publicist. In: Leo Baeck Institut Yearbook 7 (1962), S. 215. – MOMMSEN, W.: Nachlaß M. H. Koblenz 1970. – WELLER, B. U.: M. H. u. die ›Zukunft‹. Bremen 1970. – YOUNG, H. F.: M. H., censor Germaniae. Dt. Übers. Münster 1971. – GOEBEL, H. J.: M. H. als polit. Publizist im Ersten Weltkrieg. Ffm. u. Bern 1977.

Hardenberg, Georg Philipp Friedrich Freiherr von, dt. Dichter, †Novalis.

Harder Hansen, Uffe Erling, *Kopenhagen 29. Sept. 1930, dän. Schriftsteller und Übersetzer. – Mitarbeiter mehrerer Zeitungen und Zeitschriften; seit 1974 Mitglied der Dän. Akad.; gehört mit seiner surrealist. Lyrik dem [gesamt]europ. Modernismus an, den er durch seine Übersetzungen in Dänemark bekannt machte.
Werke: Sprængte diger (Ged., 1954), Udsigter (Ged., 1960), Positioner (Ged., 1964), I disse dage (Ged., 1971), Nu og nu (Ged., 1978), Verden som om (Ged., 1979), Fangen der gik med briller (Nov., 1980), Virkelighedens farver (Ged., 1980), Det er ikke en drøm (Ged., 1982), Skrivning (Ged., 1990).

Hardt, Ernst, *Graudenz (heute Grudziądz) 9. Mai 1876, †Ichenhausen 3. Jan. 1947, dt. Schriftsteller. – 1919–24 Generalintendant des Deutschen Natio-

54 Hardwick

naltheaters in Weimar; 1924–33 Intendant der Schauspielbühne in Köln und Leiter des Westdeutschen Rundfunks; anfangs unter dem Einfluß des George-Kreises, später dem jungen H. von Hofmannsthal und den frz. Symbolisten verpflichtet; nach dem 2. Weltkrieg Hinwendung zu Zeitproblemen; schrieb Lyrik und Novellen sowie lyr. Dramen; Erfolg hatte besonders die Tristan-Episode ›Tantris der Narr‹ (Dr., 1907). Zahlreiche Übersetzungen (É. Zola, G. Flaubert, P. Claudel u. a.).

Weitere Werke: Priester des Todes (Nov.n, 1898), Aus den Tagen des Knaben (Ged., 1904), Gudrun (Trag., 1911), Schirin und Gertraude (Lsp., 1913), Don Hjalmar (E., 1946).
Ausgabe: Briefe an E. H. Eine Ausw. aus den Jahren 1898–1947. Hg. v. J. MEYER. Stg. 1975.
Literatur: SCHÜSSLER, S.: E.H. Eine monograph. Studie. Ffm. 1994.

Hardwick, Elizabeth [engl. 'ha:dwɪk], * Lexington (Ky.) 27. Juli 1916, amerikan. Schriftstellerin. – Studium der Anglistik an den Universitäten Kentucky und Columbia (1938–41); in New York Mitarbeit an literar. Zeitschriften, v. a. am ›New York Review of Books‹, die sie 1963 mitbegründete; 1949–72 ∞ mit dem Dichter R. Lowell. In ihren Romanen und Kurzgeschichten schildert sie – z. T. mit autobiograph. Bezug wie in ›Schlaflose Nächte‹ (1979, dt. 1988) – die Brüchigkeit menschl. Beziehungen und die Einsamkeit des Individuums in der modernen Gesellschaft aus der Sicht der Frau.

Weitere Werke: The ghostly lover (R., 1945), The simple truth (R., 1955), A view of my own. Essays in literature and society (1962), Verführung und Betrug. Frauen und Literatur (Essays, 1974, dt. 1986), Bartleby in Manhattan and other essays (1983).

Hardy, Alexandre [frz. ar'di], * Paris um 1570, † 1631 oder 1632, frz. Dramatiker. – Vermutlich Schauspieler; ab 1611 als Bühnendichter im Sold der Truppe des Königs (Comédiens du Roy). Von seinen angeblich 600 Stücken sind 34 erhalten (darunter 12 Tragödien, 14 Tragikomödien und fünf Schäferspiele). H., der sich in seinen Dramen als geschickter Theaterpraktiker ausweist und die Stoffe – meist der antiken Mythologie entnommen – sehr publikumswirksam zu gestalten wußte, gilt als der führende

Bühnendichter im 1. Drittel des 17. Jahrhunderts.
Werke: Didon (Trag., 1603), Coriolan (Trag., um 1607), Mariamne (Trag., 1610), La mort d'Alexandre (Trag., 1624), Corinna (Pastoral-Dr., zw. 1624 und 1628), Alceste (Tragikomödie).
Ausgabe: A. H. Le théâtre. Hg. v. E. STENGEL. Marburg a. d. Lahn 1883–84. 5 Bde.
Literatur: GARSCHA, K.: H. als Barockdramatiker. Ffm. 1971. – DEIERKAUF-HOLSBOER, S. W.: Vie d'A. H., poète du roi. Neuausg. Paris 1972. – PAULSON, M. G./ÁLVAREZ-DETRELL, T.: A. H. A critical and annoted bibliography. Paris u. a. 1985.

Hardy, Thomas [engl. 'ha:dɪ], * Upper Bockhampton (Dorset) 2. Juni 1840, † Max Gate bei Dorchester 11. Jan. 1928, engl. Schriftsteller. – Architekturstudium in London (1862–67), Architekt in Weymouth, 1880 freier Schriftsteller. H.s Romane sind von pessimist. Schicksalsglauben bestimmt: Die individuell gestalteten, leidenschaftl. Hauptpersonen kämpfen vergeblich gegen Veranlagung, Milieu und unerbittlich waltende Mächte, die das erstrebte harmon. Glück verhindern. Dem düsteren Fatum entspricht die Schilderung der Landschaft, oft der Heidelandschaft in ›Wessex‹ (= Dorset und Wiltshire). Am bekanntesten wurden die Romane ›Die Rückkehr‹ (R., 1878, dt. 1955, 1989 u. d. T. ›Clyms Heimkehr‹) und ›Tess von d'Urbervilles‹ (R., 1891, dt. 1925), in denen die trag. Verstrickung menschl. Schicksale zwischen leidenschaftl. und domestizierter Liebe sich in der Landschaft spiegelt und zwangsläufig zum Untergang der Heldinnen führt. H.s düsterster Roman, ›Juda, der Unberühmte‹ (1895, dt. 1901, 1956 u. d. T. ›Herzen im Aufruhr‹, 1988 u. d. T. ›Im Dunkeln‹), über die aussichtslose Auflehnung der Titelfigur gegen soziale Schranken und die Konvention der bürgerlichen Ehe, markiert einen Wendepunkt in seinem Schaffen. Danach wandte er sich v. a. der Lyrik zu. In dem von H. als episches Drama bezeichneten Werk ›The dynasts‹ (3 Bde., 1903–08) verbinden sich Blankversszenen, Prosateile und Chorgespräche zu einem Bild der Napoleonischen Kriege vor der Schlacht von Waterloo.
Weitere Werke: Desperate remedies (R., 1871), Die Liebe der Fancy Day (R., 1872, dt. 1949),

Far from the Madding crowd (R., 1874, dt. 1984 u. d. T. Am grünen Rand der Welt), Der Bürgermeister von Casterbridge (R., 1885, dt. 1985), The woodlanders (R., 1887), Wessex tales (Kurzgeschichten, 1888), Bosheiten des Schicksals (Kurzgeschichten, 1894, dt. 1904), Poems of the past and present (Ged., 1901), Satires of circumstances (Ged., 1914).

Thomas Hardy (Bleistiftzeichnung von William Strang, 1919)

Ausgaben: The works of Th. H. London 1919–20. 37 Bde. – The works of Th. H. in prose and verse. London 1920–27. 23 Bde. – The short stories of Th. H. London 1928. – Th. H. Collected poems. London ⁴1960. – Th. H. The new Wessex edition. Hg. v. P. N. FURBANK u. a. London 1975–78. 19 Bde. – The collected letters of Th. H. Hg. v. R. L. PURDY u. M. MILLGATE. Oxford 1978 ff. – The personal notebooks of Th. H. Hg. v. R. H. TAYLOR. London 1978. – The literary notebooks of Th. H. Hg. v. L. BJÖRK. London 1985. 2 Bde.
Literatur: HARDY, E.: Th. H. A critical biography. New York u. London 1954. Neudr. 1970. – REINHARD-STOCKER, A.: Charakterdarst. u. Schicksalsgestaltung in den Romanen Th. H.s. Winterthur 1958. – HOWE, I.: Th. H. New York 1967. Nachdr. London 1985. – The Th. H. yearbook 1 (1970) ff. – Critical approaches to the fiction of Th. H. Hg. v. D. KRAMER. London u. a. 1979. – GITTINGS, R.: Young Th. H. Harmondsworth Neuaufl. 1980. – GITTINGS, R.: The older H. Harmondsworth Neuaufl. 1980. – HAWKINS, D.: H. Novelist and poet. London ²1981. – MILLGATE, M.: Th. H. A biography. Oxford 1982. – The H. journal 1 (1985) ff. – PINION, F. B.: A Th. H. dictionary. London 1989. – GOETSCH, P.: H.s Wessex-Romane. Tüb. 1993. – SEYMOUR-SMITH, M.: H. London 1994.

Hare, David [engl. hɛə], *Sussex 5. Juni 1947, engl. Dramatiker. – Schreibt Dramen und Fernsehspiele mit verbalen und visuellen Schockeffekten, mit schwarzem Humor und in erklärter polit. Absicht.

Werke: Slag (Dr., 1971), The great exhibition (Dr., 1972), Brassneck (Dr., 1974; zus. mit H. Brenton), Knuckle (Dr., 1974), Fanshen (Dr., 1976), Teeth n'smiles (Dr., 1976), Licking Hitler (Fsp., 1978), Plenty (Dr., 1978), Dreams of leaving (Fsp., 1980), Eine Weltkarte (Dr., 1982, dt. 1986), Saigon (Fernsehfilm, 1983), Wetherby (Film, 1985), Prawda (Dr., 1985, dt. 1986; mit H. Brenton), Bay at Nice (Dr., 1986), Wrecked eggs (Dr., 1986), The secret rapture (Dr., 1988), Strapless (Dr., 1989), Racing demon (Dr., 1990), Murmuring judges (Dr., 1991), Falscher Frieden (Dr., 1993, dt. EA 1994).
Literatur: BULL, J.: New British political dramatists. H. Brenton, D.H., T. Griffiths and D. Edgar. London u. a. 1984. – DEAN, J. F.: D. H. Boston (Mass.) 1990.

Haren, Onno Zwier van [niederl. 'ha:rə], *Leeuwarden 2. April 1713, †Wolvega (Friesland) 2. Sept. 1779, niederl. Schriftsteller. – Hatte als Schützling des Statthalters Wilhelm IV. hohe polit. Ämter inne; wurde des Inzests beschuldigt und zog sich auf sein Landgut in Wolvega zurück. Schrieb ein episches Gedicht ›Aan het vaderland‹ (1769), in späteren Überarbeitungen ›De Geuzen‹ genannt, eine Verherrlichung der nat. und religiösen Freiheit. Sein Drama ›Agon, sultan van Bantam‹ (1773), in dem er für die indones. Bevölkerung Partei ergreift, gilt als Vorläufer der engagierten kolonialen Literatur.
Literatur: O. Z. en W. van H. Bibliografie van het werk der gebroeders. Hg. v. J. J. KALMA. Leeuwarden 1956.

Haren, Willem van [niederl. 'ha:rə], *Leeuwarden 21. Febr. 1710, †Sint-Oedenrode 4. Juli 1768, niederl. Lyriker. – War wie sein Bruder Onno Zwier v. H. Schützling von Wilhelm IV.; verlor die Gunst des Hofes und beging Selbstmord; schrieb ›Gevallen van Friso ...‹ (1741), ein didaktisch-polit. Epos, die Ode ›Leonidas‹ (1742) zur Unterstützung Maria Theresias und die Elegie ›Het menschelyk leeven‹ (1760).
Literatur: † Haren, Onno Zwier van.

Harig, Ludwig, *Sulzbach/Saar 18. Juli 1927, dt. Schriftsteller. – Bis 1970 Volksschullehrer, seitdem freier Schriftsteller. Seine literar. Arbeiten stellen vorgefundene Sprache, Muster und Klischees mit experimentellen Techniken (Permutation, Collage, Montage u. a.) in Frage, demonstrieren auf zumeist witzige Weise ›das Absurde der Logik‹ und ver-

56 Häring

suchen nach Gedicht und Kurzprosa (›Zustand und Veränderungen‹, 1963) neue Möglichkeiten des Hörspiels (›Ein Blumenstück‹, 1969, Slg.), des Reiseromans (›Reise nach Bordeaux‹, 1965), des Familienromans (›Sprechstunden für die dt.-frz. Verständigung ...‹, 1971) sowie des philosoph. Traktats (›Allseitige Beschreibung der Welt zur Heimkehr des Menschen in eine schönere Zukunft‹, 1974). H. erhielt 1986 den Hörspielpreis der Kriegsblinden.

Weitere Werke: Haiku Hiroshima (1961), Die saarländ. Freude. Ein Lesebuch ... (1977), Rousseau. Der Roman vom Ursprung der Natur im Gehirn von Ludwig Harig (1978), Heimweh. Ein Saarländer auf Reisen (1979), Der kleine Brixius (Nov., 1980), Heilige Kühe der Deutschen. Eine feuilletonistische Anatomie (1981), Trierer Spaziergänge (1983), Zum Schauen bestellt. Deidesheimer Tagebuch (1984), Das Rauschen des sechsten Sinnes (Reden, 1985), Ordnung ist das ganze Leben. Roman meines Vaters (1986), Die Laren der Villa Massimo. Ein röm. Tagebuch (1987), Weh dem, der aus der Reihe tanzt (R., 1990), Die Hortensien der Frau von Roselius (Nov., 1992), Der Uhrwerker von Glarus (En., 1993).

Häring, Georg Wilhelm Heinrich, dt. Schriftsteller, ↑Alexis, Willibald.

Haringer, Johann (Jan) Jakob, eigtl. Johann Franz Albert, * Dresden 16. März 1898, † Zürich 3. April 1948, dt. Schriftsteller. – Führte ein unstetes Leben, vielfach in Konflikt mit der bürgerl. Ordnung; ab 1930 in Aigen bei Salzburg, emigrierte 1938 in die Schweiz. Eigenwilliger, von Weltschmerz gequälter Dichter; schrieb expressionist. Lyrik und Prosa; auch Essays und Übersetzungen aus dem Französischen (F. Villon) und Chinesischen.

Werke: Hain des Vergessens (Ged., 1919), Abendbergwerk (Ged., 1920), Die Kammer (Ged., 1921), Weihnacht im Armenhaus (E., Ged., 1925), Abschied (Ged., 1930), Vermischte Schriften (1935), Das Fenster (Ged., 1946), Lieder eines Lumpen (Ged., hg. 1962).
Ausgaben: J. J. H.: Die Dichtungen. Bd. 1 (m. n. e.). Potsdam 1925. Nachdr. Nendeln 1973. – J. J. H. Das Schnarchen Gottes u. a. Ged. Hg. v. J. SERKE. Mchn. 1979.
Literatur: HEINZELMANN, P.: J. H. in memoriam. Fürstenfeldbruck 1955. – AMSTAD, W.: J. H. Leben u. Werk. Diss. Frib. 1967.

Hariri, Al (tl.: Al-Ḥarīrī), Abu Muhammad Al Kasim Ibn Ali, * Basra 1054, † ebd. 1122, arab. Dichter. – Studierte in Basra; ein reiches Erbe ermöglichte dem Gutsbesitzersohn das sorgenfreie Leben eines freien Gelehrten; beschäftigte sich v. a. mit philolog. Schriften, von denen ein grammatikal. Lehrgedicht und eine Schrift über Sprachfehler des Volkes von wiss. Bedeutung sind. Ein genialer Sprachkünstler, der alle Feinheiten seiner Muttersprache in 50 vielfach nachgeahmten ›Maqāmāt‹ (Makamen) voll zur Geltung brachte; von F. Rückert meisterhaft ins Deutsche übertragen (1826 und 1837).

Literatur: Enc. Islam Bd. 3, ²1971, S. 221.

Harivaṃśa [...'vamʃa = Geschlechterfolge Haris], ein aus etwa 16 000 Versen bestehender Anhang zum ↑›Mahābhārata‹. Der H. ist mit diesem jedoch nur formal verbunden und gehört seinem Inhalt nach zu den ›Purāṇas‹. Wie diese behandelt er Herrschergenealogien, wischnuit. Mythen und Legenden sowie Prophezeiungen zur Zukunft der Menschheit.

Ausgabe: Mahabharata Harivamsa. The transmigration of the seven Brahmans. Engl. Übers. v. H. D. THOREAU. New York 1932.

Harland, Henry [engl. 'haːlənd], * New York 1. März 1861, † San Remo 20. Dez. 1905, amerikan. Schriftsteller. – Gab sich als in Rußland geborener, in Europa erzogener Harvardstudent aus; schrieb unter dem Pseudonym Sidney Luska melodramat. Romane über jüd. Einwanderer (›As it was written‹. A Jewish musician's story‹, 1885); ab 1889 in Europa, zunächst in Paris, dann ab 1890 in London, wo er als einer der führenden Vertreter expatriierter amerikan. Ästheten die einflußreiche Fin-de-siècle-Zeitschrift ›The Yellow Book‹ (1894–97) herausgab und eine Reihe von Gesellschaftsromanen, wie ›The cardinal's snuff-box‹ (1890) und ›My friend Prospero‹ (1904), schrieb.

Literatur: BECKSON, K.: H. H. His life and work. London 1978.

Harlekin [italien.-frz.; zu der altfrz. Fügung maisnie Hellequin = Hexenjagd, wilde, lustige Teufelsschar], von J. M. Moscherosch 1642 eingeführte Eindeutschung von frz. Harlequin, die lustige Person der italien. Commedia dell'arte, den ↑Arlecchino, auch für den dt. ↑Hanswurst.

Harlekinade [italien.], um die kom. Figur des ↑Harlekin oder ↑Hanswurst zentrierte Posse, in der weniger die Handlung als vielmehr der Charakter und das Benehmen des Harlekin oder Hanswurst die Komik bestimmen, auch Hanswurstiade genannt.

Harrie, Ivar [schwed. ‚harjə], *Stora Harrie (Schonen) 18. Jan. 1899, †Malmö 24. Juli 1973, schwed. Schriftsteller. – War u.a. 1944–59 Chefredakteur von ›Expressen‹; trat als Essayist liberal-humanist. Tradition (›Athenare‹, 1927, Neuausg. 1964; ›Poeten Horatius‹, 1936, Neuausg. 1959; ›Sju grekiska sagor‹, 1939, Neuausg 1962; ›Det antika dramat från Aishylos till Menandros‹, 1958) und Übersetzer aus dem Griechischen (Aristophanes), Französischen (J. de La Fontaine, J. Racine, P. Corneille), Spanischen (Lope F. de Vega Carpio, P. Calderón de la Barca) und Englischen (Shakespeare) hevor.
Literatur: Intåg i femtiotalet. En bok till I. H. Stockholm 1949.

Harris, Christopher [engl. ˈhærɪs], ursprüngl. Name des engl. Dramatikers Christopher ↑Fry.

Harris, Frank [engl. ˈhærɪs], eigtl. James Thomas H., *Galway 14. Febr. 1856, †Nizza 26. Aug. 1931, amerikan. Schriftsteller ir. Herkunft. – Wanderte 15jährig in die USA aus; später Jurist; lebte vorübergehend wieder in England als Publizist und Hg. mehrerer Zeitschriften; gehörte in London zu den Freunden von O. Wilde und G. B. Shaw, denen er [ungenaue] Biographien widmete; schrieb erzählende und dramat. Werke; seine Autobiographie ›My life and loves‹ (3 Bde., 1922–27) erschien in 2 Bänden 1926–30 in dt. Übersetzung (Tl. 1: ›Mein Leben‹; Tl. 2: ›Jahre der Reife‹).
Literatur: BROME, V.: F. H. London ²1959.

Harris, Joel Chandler [engl. ˈhærɪs], *bei Eatonton (Ga.) 9. Dez. 1848, †Atlanta (Ga.) 3. Juli 1908, amerikan. Schriftsteller. – Berühmt durch die Kurzgeschichtensammlung ›Uncle Remus, his songs and his sayings‹ (1880), in der er, im Dialekt der farbigen Plantagenarbeiter der Südstaaten und deren Vorstellungswelt angepaßt, die Sagen und Märchen der Schwarzen oft humorvoll nacherzählt. Die Sammlung gehört zu den beliebtesten Werken der afroamerikan. Heimatkunst.
Weitere Werke: Nights with Uncle Remus (Kurzgeschichten, 1883), Uncle Remus and his friends (Kurzgeschichten, 1892), Uncle Remus and Br'er Rabbit (Kurzgeschichten, 1907).
Ausgaben: The complete tales of Uncle Remus. Hg. v. R. CHASE. Boston (Mass.) 1955. – J. Ch. H. Onkel Remus erzählt. Dt. Übers. Hanau ²1979. – J. Ch. H. Geschichten von Onkel Remus. Dt. Übers. Bln. 1984.
Literatur: BICKLEY, R. B.: J. Ch. H. A reference guide. Boston (Mass.) 1978. – Critical essays on J. Ch. H. Hg. v. R. B. BICKLEY Jr. Boston (Mass.) 1981.

Harris, Wilson [engl. ˈhærɪs], *New Amsterdam (Guyana) 24. März 1921, karib. Schriftsteller. – H. arbeitete lange Jahre als Landvermesser im Inneren Guyanas; er schrieb Gedichte und Kurzgeschichten für die karib. Literaturzeitschrift ›Kyk-over-al‹; lebt seit 1959 in England; gilt als bedeutender Romancier und Romantheoretiker der anglophonen Karibik. Seine Werke brechen auf allen Strukturebenen mit dem herkömml. Roman; Parallelen zum modernen lateinamerikan. Roman gibt es in bezug auf Inhalt und Form.
Werke: Der Palast der Pfauen (R., 1960, dt. 1988), The far journey of Oudin (R., 1961), The whole armour (R., 1962), The secret ladder (R., 1963), Tradition, the writer and society (Aufss., 1967), Ascent to Omai (R., 1970), Black Marsden (R., 1972), The tree of the sun (R., 1978), Explorations (Aufss., 1981), The womb of space (Aufss., 1983), The infinite rehearsal (R., 1987), The four banks of the river of space (R., 1990).
Literatur: GILKES, M.: W. H. and the caribbean novel. London 1975. – MAES-JELINEK, H.: W. H. Boston (Mass.) 1982.

Harṣa ind. Herrscher und Dichter, ↑Harṣavardhana.

Harsányi, Zsolt [ungar. ˈhɔrʃaːnji], *Krompach (tschech. Krompachy, Ostslowak. Gebiet) 27. Jan. 1887, †Budapest 29. Nov. 1943, ungar. Schriftsteller. – Aus einer Kleinadelsfamilie, studierte Philosophie und Jura; Redakteur in Klausenburg und Budapest, zeitweise Theaterdirektor; spielte als Mitglied literar. Gesellschaften eine bed. Rolle im literar. Leben Ungarns, Verfasser von Erzählungen, zugkräftigen Dramen sowie zuweilen etwas oberflächlich und mit Interesse

58 Harṣavardhana

für Intimitäten geschriebenen, erfolgreichen biograph. Romanen.
Werke: Ungar. Rhapsodie (R., 1936, dt. 1936), Zum Herrschen geboren (R., 1936, dt. 1951), Und sie bewegt sich doch (R., 3 Bde., 1937, dt. 1937), Mit den Augen einer Frau (R., 3 Bde., 1938, dt. 1938).

Harṣavardhana (Harṣa) [...ʃa'var...], *um 600, †um 647, ind. Herrscher und Dichter. – Regierte ab 606 bis zu seinem Tode ein mächtiges Reich in Nordindien; war ein Gönner der Dichtkunst. Ihm werden drei Dramen zugeschrieben: ›Ratnāvalī‹ (hg. 1832) und ›Priyadarśikā‹ (hg. 1874) handeln von der Liebe des Königs Udayana zu den Titelheldinnen, während ›Nāgānanda‹ (hg. 1864) von buddhist. Gedankengut erfüllt ist. H. gilt auch als Verfasser buddhist. Hymnen.
Literatur: DEVAHUTI, D.: Harsha. A political study. Oxford 1970.

Harsdörffer (Harsdörfer), Georg Philipp, * Fischbach bei Nürnberg 1. Nov. 1607, † Nürnberg 17. Sept. 1658, dt. Schriftsteller. – Aus einer Nürnberger Patrizierfamilie, studierte Jura, Philosophie, Geschichte und Sprachen, reiste durch West- und Südeuropa; ab 1655 Mitglied des Nürnberger Rates; gründete mit J. Klaj 1644 den ›Löbl. Hirten- und Blumenorden an der Pegnitz‹ (↑ Nürnberger Dichterkreis; Mitglied unter dem Namen ›Strefon‹). H. schrieb u. a. geistl. und weltl. Lieder in klangvoller und bilderreicher Sprache sowie kleine anekdot. Erzählungen, außerdem eine Poetik: ›Poet. Trichter, Die Teutsche Dicht- und Reimkunst, ohne Behuf der Lat. Sprache, in VI. Stunden einzugießen‹ (3 Bde., 1647–53); gesellschaftliche Lebensformen suchte er durch ›Gesprächsspiele‹ zu fördern; auch Übersetzer.
Weitere Werke: Frauenzimmer-Gesprechspiele ... (8 Bde., 1641–49), Pegnes. Schäfergedicht ... (1641; mit J. Klaj), Hertzbewegl. Sonntagsandachten ... (2 Bde., 1649–51), Der Große Schau-Platz Lust- und Lehrreicher Geschichte (2 Bde., 1650/51), Der Große Schauplatz Jämmerl. Mordgeschichte (8 Bde., 1650–52), Nathan und Jotham ... (2 Bde., 1650–51), Hundert Andachtsgemählde (1656).
Ausgaben: G. Ph. H., Johann Klaj, Sigmund von Birken. Die Pegnitzschäfer. Gedichte. Hg. v. G. RÜHM. Bln. 1964. – G. Ph. H., Sigmund von Birken, Johann Klaj. Pegnes. Schäfergedicht 1644–45. Hg. v. K. GARBER. Tüb. 1966.

Literatur: KAYSER, W.: Die Klangmalerei bei H. Gött. ²1962. – KIESLICH, G.: Auf dem Wege zur Zs. G. Ph. H.s ›Frauenzimmer Gesprechsspiele‹ (1641–1649). In: Publizistik 10 (1965), S. 515. – ZELLER, R.: Spiel u. Konversation im Barock. Unterss. zu H.s ›Gesprächsspielen‹. Bln. 1974. – KREBS, J. D.: G. Ph. H. (1607–58). Bern u. a. 1983. 2 Bde. – G. Ph. H. Ein dt. Dichter u. europ. Gelehrter. Hg. v. I. M. BATTAFARANO. Bern 1991.

Hart, Heinrich, * Wesel 30. Dez. 1855, † Tecklenburg 11. Juni 1906, dt. Schriftsteller. – Journalist, u. a. in Berlin; durch das mit seinem Bruder Julius H. veröffentlichte, erfolgreiche Literaturorgan ›Krit. Waffengänge‹ (1882–84) wurde er einer der führenden Vorkämpfer des Naturalismus; die Brüder waren Mitglieder des literar. Vereins ›Durch‹ und des Friedrichshagener Dichterkreises. Das auf 24 Bände berechnete Epos ›Das Lied der Menschheit‹, eine Darstellung der Menschheitsentwicklung, blieb mit den drei Teilen ›Tul und Nahila‹ (1888), ›Nimrod‹ (1888) und ›Mose‹ (1896) Fragment. Übersetzer- und Herausgebertätigkeit (oft mit seinem Bruder).
Weitere Werke: Weltpfingsten (Ged., 1872), Sedan (Trag., 1882), Kinder des Lichts (Novellist. Skizzen, 1884).
Ausgabe: H. H. Ges. Werke. Hg. v. J. HART u. a. Bln. 1907. 4 Bde.
Literatur: WOLF, L. H.: Die ästhet. Grundl. der Lit.-Revolution der achtziger Jahre (Die ›Krit. Waffengänge der Brüder H.‹). Eine literargeschichtl. Studie. Diss. Bern 1922. – RIBBAT, E.: Propheten der Unmittelbarkeit. Bemerkungen zu H. u. Julius H. In: Wiss. als Dialog. Hg. v. R. VON HEYDEBRAND u. K. G. JUST. Stg. 1969.

Hart, Julius, * Münster (Westf.) 9. April 1859, † Berlin 7. Juli 1930, dt. Schriftsteller. – 1878 Theaterkritiker in Bremen, ab 1881 Mitarbeiter seines Bruders Heinrich H. in Berlin. 1887 Kritiker der ›Tägl. Rundschau‹, ab 1900 des ›Tag‹. Dichter und Kritiker des Naturalismus; außer dem mit seinem Bruder herausgegebenen krit. Schriften veröffentlichte er die Gedichtsammlungen ›Sansara‹ (1879), ›Homo sum!‹ (1890), ›Triumph des Lebens‹ (1898). Schrieb hpts. pantheist. Gedankenlyrik, später Tendenz zum Symbolismus und zum Expressionismus.
Weitere Werke: Der Rächer (Trag., 1884), Fünf Novellen (1888), Die Richterin (Dr., 1888), Träume der Mittsommernacht (Prosa, 1905), Revolution der Ästhetik ... (Schr., 1909).

Literatur: JÜRGEN, I.: Der Theaterkritiker J. H. Diss. FU Bln. 1956 [Masch.].

Hart, Maarten 't, * Maassluis 25. Nov. 1944, niederl. Schriftsteller. – Verfasser erfolgreicher Romane und Erzählungen, die sich z.T. mit seiner kalvinist. Erziehung auseinandersetzen.
Werke: Stenen voor en ransuil (R., 1973), Ik had een wapenbroeder (R., 1973), Ein Schwarm Regenbrachvögel (R., 1978, dt. 1988), De droomkoningin (R., 1980), De ortolaan (Nov., 1984), De unster (En., 1989), Een dasspeld uit Toela (Essays, 1990), Onder de korenmaat (R., 1991), Een havik onder Delft. Polemische paukeslagen (Essays, 1992).
Literatur: Over M. 't H. Hg. v. J. DIEPSTRATEN. Den Haag ²1982. – WERKMAN, H.: Een calvinist leest M. 't H. Baarn 1982.

Hart, Moss [engl. hɑːt], * New York 24. Okt. 1904, † Palm Springs (Calif.) 20. Dez. 1961, amerikan. Dramatiker. – Schrieb, in Zusammenarbeit mit G. S. Kaufman, erfolgreiche Stücke, u.a. ›You can't take it with you‹ (1936; Pulitzerpreis 1937) und ›The man who came to dinner‹ (1939), ferner die Libretti zu Irving Berlins ›Face the music‹ (1932), Cole Porters ›Jubilee‹ (1935) sowie Kurt Weills und Ira Gershwins ›Lady in the dark‹ (1941); Autobiographie: ›Act one‹ (1959).

Harte, [Francis] Bret[t] [engl. hɑːt], * Albany (N.Y.) 25. Aug. 1836, † Camberley (heute zu Frimley and Camberley, England) 5. Mai 1902, amerikan. Schriftsteller. – Ging 1854 nach Kalifornien, dort nach Tätigkeit in verschiedenen Berufen Lehrer und Journalist. 1878 ging er für immer nach Europa, zunächst als Konsul nach Krefeld, später nach Glasgow; zuletzt Journalist in London. Vertreter der amerikan. Regionalliteratur, der seine Charaktere und Stoffe aus dem Goldgräbermilieu schematisierend und typisierend gestaltete. Am erfolgreichsten waren seine frühen Erzählungen ›Das Glück von Roaring Camp‹ (1868, dt. 1870), ›Die Ausgestoßenen von Poker Flat‹ (1869, dt. 1870) und das Dialektgedicht ›The heathen Chinee‹ (1870); seine Romane und Dramen waren weniger erfolgreich.
Ausgaben: The writings of B. H. Riverside edition. Boston (Mass.) 1906–14. 25 Bde. – Argonaute edition of the works of B. H. New York 1914. 25 Bde. – B. F. H. Goldgräbergeschichten.

Dt. Übers. v. R. RÖDER. Ffm. 1984. – B. H. Kalifornische Abenteuer. Dt. Übers. v. R. RÖDER. Bln. u.a. 1985.
Literatur: STEWART, G. R.: B. H., argonaut and exile. Boston (Mass.) u. New York 1931. – O'CONNOR, R.: B. H. A biography. Boston (Mass.) u. Toronto 1966. – MORROW, P. D.: B. H., literary critic. Bowling Green (Ohio) 1979. – BARNETT, L. D.: B. H. reference guide. Boston (Mass.) 1980.

Hartford Wits [engl. 'hɑːtfəd 'wɪts; zu engl. wit = kluger, geistreicher Mensch], nordamerikan. Dichterkreis ehem. Yale-Studenten, die sich Ende des 18.Jh. in Hartford, Conn. (daher auch ›Connecticut Wits‹), um T. Dwight sammelten mit dem Ziel, eine eigenständige nat. Dichtung zu schaffen; religiös auf kalvinist. und politisch auf konservativ-föderalist. Basis blieben sie bei der Gestaltung patriot. Stoffe jedoch ganz den engl. Formmustern verpflichtet. Hauptvertreter neben Dwight waren J. Trumbull und J. Barlow.
Literatur: HOWARD, L.: The Connecticut Wits. Chicago (Ill.) 1943.

Hartlaub, Felix, * Bremen 17. Juni 1913, † bei Berlin(?) 1945, dt. Schriftsteller und Historiker. – Sohn des Kunsthistorikers Gustav Friedrich H., Bruder von Geno H.; studierte Romanistik und Neuere Geschichte; seit Ende 1940 Archivar in Paris, später in der kriegsgeschichtl. Abteilung beim Oberkommando der Wehrmacht in Berlin, 1942 Sachbearbeiter der Abteilung Kriegstagebuch im Führerhauptquartier (›in der windstillen toten Mitte des Taifuns‹); seit April 1945 vermißt. Seine fast ausnahmslos postum veröffentlichten Erzählungen, Dramen, literar. Skizzen und v.a. seine Tagebücher weisen ihn als bed. Prosaisten und Erzähler aus.
Werke: Von unten gesehen (Aufzeichnungen und Impressionen, hg. 1950, erweitert 1955 u.d.T. Im Sperrkreis), Parthenope oder das Abenteuer in Neapel (E., hg. 1951).
Ausgaben: F. H. in seinen Briefen. Hg. v. E. KRAUSS u. G. F. HARTLAUB. Tüb. 1958. – F. H. Das Gesamtwerk. Dichtungen, Tagebücher. Hg. v. G. HARTLAUB. Ffm. 1959.
Literatur: WILKE, CH.-H.: Die letzten Aufzeichnungen F. H.s. Bad Homburg v. d. H. u.a. 1967.

Hartlaub, Geno, eigtl. Genoveva H., Pseudonym Muriel Castrop, * Mannheim 7. Juni 1915, dt. Schriftstellerin. – Schwester von Felix H.; war Lektorin und Redakteurin, u. a. bei der Zeitschrift ›Die Wandlung‹; schreibt psycholog. und zeitgeschichtl. Romane, Erzählungen, Essays und Reiseschilderungen; gab den Nachlaß ihres Bruders heraus.

Werke: Die Entführung (Nov., 1942), Anselm der Lehrling (R., 1947), Die Tauben von San Marco (R., 1953), Der große Wagen (R., 1954), Windstille vor Concador (R., 1958), Gefangene der Nacht (R., 1961), Der Mond hat Durst (E., 1963), Die Schafe der Königin (R., 1964), Unterwegs nach Samarkand (Reisebericht, 1965), Nicht jeder ist Odysseus (R., 1967), Rot heißt auch schön (En., 1969), Lokaltermin Feenteich (R., 1972), Wer die Erde küßt (autobiograph. Skizzen, 1975, Neuausg. 1984 u. d. T. Sprung über den Schatten), Das Gör (R., 1980), Muriel (R., 1985), Die Tür nach draußen (ausgewählte En., 1986), Einer ist zuviel (R., 1989).

Hartleben, Otto Erich, Pseudonym Otto Erich, * Clausthal (heute zu Clausthal-Zellerfeld) 3. Juni 1864, † Salò 11. Febr. 1905, dt. Schriftsteller. – Studierte Jura; Referendar, dann freier Schriftsteller in Berlin, ab 1901 in München, später am Gardasee. H. begann als naturalist. Dramatiker mit geistreich-iron. Verspottung kleinbürgerl. Philistertums; später tief pessimistisch gestimmt; seine Bühnenwerke sind geschickt aufgebaut und effektvoll gestaltet, z. T. mit gesellschaftskrit. Thematik; sein größter Erfolg war die Offizierstragödie ›Rosenmontag‹ (1900); schrieb auch humoristisch-satir. Novellen und formstrenge Lyrik.

Weitere Werke: Die Erziehung zur Ehe (Kom., 1893), Die Geschichte vom abgerissenen Knopfe (En., 1893), Hanna Jagert (Kom., 1893), Meine Verse (2 Bde., 1895–1902), Vom gastfreien Pastor (En., 1895), Die sittl. Forderung (Kom., 1897), Tagebuch (hg. 1906).
Ausgabe: O. E. H. Ausgew. Werke. Hg. v. F. F. HEITMÜLLER. Bln. 1919/20. 3 Bde.
Literatur: HOCK, F.: Die Lyrik O. E. H.s. Bln. 1931. Nachdr. Nendeln 1967. – LÜCKE, H.: O. E. H. Clausthal-Zellerfeld 1941. – KLEMENT, A. VON: Die Bücher von O. E. H. Eine Bibliogr. Salò 1951. – REIF, H.: Das dramat. Werk O. E. H.s. Wien 1963 [Masch.].

Hartley, Leslie Poles [engl. 'hɑːtlɪ], * Whittlesey (Cambridgeshire) 30. Dez. 1895, † London 13. Dez. 1972, engl. Schriftsteller. – Vielseitiger Autor von Romanen und Erzählungen, die in eindrückl. Widerspiegelungen der Lebenswelt und mit psycholog. Einfühlung oft gespannte Beziehungen zwischen Menschen und Klassen sowie Kindheitserfahrungen darstellen; bes. erfolgreich war ›The go-between‹ (R., 1953, dt. 1956 u. d. T. ›Der Zoll des Glücks‹).

Weitere Werke: Simonetta Perkins (Nov., 1925), Eustace and Hilda (R.-Trilogie: Das Goldregenhaus, 1944, dt. 1948; Der sechste Himmel, 1946, dt. 1948; Eustace und Hilda, 1947, dt. 1949), Das Boot (R., 1950, dt. 1961), My fellow devils (R., 1951), Botschaft für Lady Franklin (R., 1957, dt. 1958), The brickfield (R., 1964), The love-adept (R., 1969), The collections (R., 1972), The complete short stories (En., hg. 1973).
Literatur: BIEN, P.: L. P. H. London 1963. – JONES, E. T.: L. P. H. Boston (Mass.) 1978.

Hartlieb, Johannes, * Anfang des 15. Jh., † 1468, dt. Schriftsteller und Gelehrter. – H. war in der Universalität seiner Interessengebiete ein Vorläufer humanist. Geistigkeit. Er verfaßte, bearbeitete, kompilierte oder übersetzte (aus dem Lateinischen) Schriften aus den verschiedensten Literaturbereichen und Wissensgebieten, u. a. den ›Dialogus miraculorum‹ des Cäsarius von Heisterbach und den Traktat ›De amore‹ des Andreas Capellanus.

Peter Härtling

Härtling, Peter, * Chemnitz 13. Nov. 1933, dt. Schriftsteller. – Kam 1946 nach Nürtingen; seit 1952 journalist. Tätigkeit, 1962 Redakteur, zeitweise Mit-Hg. der Zeitschrift ›Der Monat‹, 1967–73 Verlagslektor in Frankfurt am Main, seitdem freier Schriftsteller. Begann mit lyrisch-verspielten Gedichten, veröffentlichte 1959 den Zeitroman ›Im Schein der Kometen‹ und 1964 den Roman um Nikolaus Lenau ›Niembsch oder Der Stillstand‹, eine poet. Komprimierung des literarhistorisch vorgegebenen Lebenslaufs, sprachlich zu einer musikal. ›Suite‹ aufgebaut. Sensibilisierte in den 70er Jahren thematisch und erzähltechnisch die ihm eigene Darstellung histor. Prozesse und individueller histor. Erfahrungen. Diese Rezeption der Vergangenheit in der Gebrochenheit der Erinnerung kommt u. a. zum Ausdruck in den Romanen ›Hölderlin‹ (1976) und ›Hubert oder die Rückkehr nach Casablanca‹ (1978). Daneben widmete sich H. sehr engagiert dem Kinder- und Jugendbuch; für sein Buch ›Oma ...‹ (1975) erhielt er den Dt. Jugendliteraturpreis 1976.

Weitere Werke: Poeme und Songs (Ged., 1953), Yamins Stationen (Ged., 1955), Unter den Brunnen (Ged., 1958), Janek (R., 1966), Das Familienfest (R., 1969), Gilles. Ein Kostümstück ... (1970), Ein Abend, eine Nacht, ein Morgen. Eine Geschichte (1971), Neue Gedichte (1972), Das war der Hirbel (Kinderb., 1973), Zwettl. Nachprüfung einer Erinnerung (1973), Eine Frau (R., 1974), Anreden (Ged., 1977), Ben liebt Anna (Kinderb., 1979), Alter John (Kinderb., 1980), Nachgetragene Liebe (autobiograph. Prosa, 1980), Sofie macht Geschichten (Kinderb., 1980), Die dreifache Maria (E., 1982), Jakob hinter der blauen Tür (Kinderb., 1983), Vorwarnung (Ged., 1983), Das Windrad (R., 1983), Ich rufe die Wörter zusammen (Ged., 1984), Der span. Soldat oder Finden und Erfinden. Frankfurter Poetik-Vorlesungen (1984), Und hören voneinander. Reden aus Zorn und Zuversicht (1984), Felix Guttmann (R., 1985), Krücke (Jugend-R., 1986), Die Mörsinger Pappel (Ged., 1987), Waiblingers Augen (R., 1987), Fränze (Jugend-R., 1989), Herzwand. Mein Roman (1990), Schubert. Zwölf moments musicaux und ein Roman (1992), Das Land, das ich erdachte (Ged., 1993), Božena (Nov., 1994).

Literatur: P. H. Materialienbuch. Hg. v. E. u. R. HACKENBRACHT. Nw. 1979. – DÜCKER, B.: P. H. Mchn. 1983. – Festgabe zum 60. Geburtstag für P. H. Hg. v. P. BICHSEL. Stg. 1993.

Hartman, Carl Olov, * Stockholm 7. Mai 1906, † Sigtuna 28. April 1982, schwed. Schriftsteller. – Aus seinen Werken spricht die Überzeugung, daß allumfassende Menschlichkeit sowie Solidarität die wesentl. Merkmale des wahren Christentums seien. H. erneuerte die Tradition des schwed. Mirakelspiels.

Werke: Die Gnadenfrist (R., 1948, dt. 1953), Heilige Maskerade (R., 1949, dt. 1950), Prophet und Zimmermann (Dr., 1954, dt. 1954), Die Kreuzrose (R., 1958, dt. 1966).

Hartmann von Aue, * 2. Hälfte des 12. Jh., † Anfang des 13. Jh., mhd. Dichter. – Bezeichnet sich selbst in seiner Dichtung als gelehrten Ritter und Ministerialen. Von den in der Forschung erwogenen alemann. Herkunftsorten namens Aue hat Au bei Freiburg im Breisgau die größte Wahrscheinlichkeit; H. wäre dann Ministeriale der Herzöge von Zähringen gewesen und hätte in ihrem Auftrag gearbeitet. H. dichtete Lieder der hohen Minne, die Absage an die Minnekonvention und Kreuzzugslieder. Ob er am Kreuzzug 1189/90 oder 1197/98 teilgenommen hat, ist ebenfalls strittig. Er verfaßte eine didakt. Minnelehre in Form eines Streitgespräches zwischen Herz und Leib, das sog. ›Büchlein‹, sicher aber nicht das zweite Büchlein, eine Minneklage. Seine Hauptbedeutung liegt auf dem Gebiet der Epik. H. schuf die ersten mhd. Artusromane, ›Erec‹ und ›Iwein‹, nach dem Vorbild des frz. Epikers Chrétien de Troyes. Während Erec im Spannungsfeld von Ehe und ritterl. Aufgaben seine Herrscherpflichten vergißt (sich *verligt*), versagt Iwein in seiner Aufgabe als Landesherr, weil er sich den Ritterspielen am Artushof hingibt und seine Verpflichtungen gegenüber seiner Frau Laudine nicht einhält. Die Helden lernen in didaktisch der Fehlverhalten bezogenen Abenteuerfolgen die richtige Einstellung zu ihren gesellschaftl. Pflichten. In seinen beiden höf. Verslegenden kommt die religiöse Dimension hinzu: im ›Gregorius‹ nimmt der Held, selbst Inzestkind und unwissentlich Gatte der eigenen Mutter, diese ungewollte Schuld als Teilhabe an der allgemein menschl. Sündhaftigkeit auf sich und wird dafür von Gott zum Papst erwählt; im ›Armen Heinrich‹ überwindet der vom Aussatz befallene Held seine Ichbefangenheit, indem er das heilende Blutopfer einer reinen Jungfrau ausschlägt: er wird durch Gottes Gnade gesund für ein glückl. Leben in der Welt. H.s pädagog. Absicht zielt auf das Selbstverständnis der höf. Gesellschaft zwischen neuem Minneideal, Standespflichten und religiöser Sinngebung der weltl. Existenz. Gottfried von Straßburg preist ihn in seinem ›Tristan‹ als den führenden Epiker seiner Zeit. Sein klarer, rhetorisch einprägsamer Stil wurde Vorbild für spätere Dichtergenerationen.

62 Hartmann

Ausgaben: H. v. A. Iwein. Hg. v. G. F. BENECKE u. K. LACHMANN. Bearb. v. L. WOLFF. Bln. [7]1968. 2 Bde. – H. v. A. Der arme Heinrich. Hg. v. H. PAUL. Bearb. v. L. WOLFF. Tüb. [14]1972. – Des Minnesangs Frühling. Hg. v. H. MOSER u. H. TERVOOREN. Bd. 1. Stg. [37]1982. – H. v. A. Gregorius. Hg. v. H. PAUL. Neubearb. v. B. WACHINGER. Tüb. [13]1984. – H. v. A. Erec. Hg. v. A. LEITZMANN. Neubearb. v. L. WOLFF. Tüb. [6]1985. – H. v. A. Erec. Iwein. Hg. v. E. SCHWARZ. Darmst. [2]1986. – Iwein. Übers. v. M. WEHRLI. Zü. [2]1992.
Literatur: CORMEAU, CH.: H.s v. A. ›Armer Heinrich‹ u. ›Gregorius‹. Mchn. 1966. – BLATTMANN, E.: Die Lieder H.s v. A. Bln. 1968. – RUH, K.: H.s ›Armer Heinrich‹. In: Mediaevalia litteraria. Mchn. 1971. S. 315. – H. v. A. Hg. v. H. KUHN u. CH. CORMEAU. Darmst. 1973. – NEUBUHR, E.: Bibliogr. zu H. v. A. Bln. 1977. – MERTENS, V.: Laudine. Soziale Problematik im Iwein H.s v. A. Bln. 1978. – MERTENS, V.: Gregorius eremita. Eine Lebensform des Adels bei H. v. A. Zü. u. Mchn. 1978. – WAPNEWSKI, P.: H. v. A. Stg. [7]1979. – CORMEAU, CH./STÖRMER, W.: H. v. A. Epoche – Werk – Wirkung. Mchn. [2]1993. – OKKEN, L.: Komm. zur Artusepik H.s v. A. Amsterdam 1993.

Hartmann, Moritz, * Dušnik bei Příbram 15. Okt. 1821, † Wien 13. Mai 1872, österr. Schriftsteller. – Studierte Medizin in Prag, war Hauslehrer; verließ 1844 Österreich; 1848 Mitglied des Frankfurter Parlaments; Beteiligung an der Revolution und am bad. Aufstand hatte seine Flucht zur Folge; Reisen durch verschiedene europ. Länder; 1862 Schriftleiter in Stuttgart, ab 1868 (nach Amnestie) in Wien Feuilletonredakteur. Bed. polit. Lyriker, wandte sich später der idyll. Dichtung zu; auch Romane, Novellen und Reiseerzählungen.
Werke: Kelch und Schwert (Ged., 1845), Reimchronik des Pfaffen Maurizius (Satire, 1849), Tagebuch aus Languedoc und Provence (2 Bde., 1853), Erzählungen eines Unstäten (2 Bde., 1858), Novellen (3 Bde., 1863), Nach der Natur (Nov., n 3 Bde., 1866), Die Diamanten der Baronin (R., 2 Bde., 1868).
Ausgabe: M. H. Ges. Werke. Hg. v. L. BAMBERGER u. W. VOLLMER. Stg. 1873–74. 10 Bde.
Literatur: WITTNER, O.: M. H.s Leben u. Werke. Prag 1906–07. 2 Bde. – LASS, H.: M. H. Diss. Hamb. 1963 [Masch.]. – DORPALEN, T. L.: Das Motiv des ruhelosen Wanderers. Studien zum Leben u. Werk M. H.s. Diss. University of Maryland Baltimore u. a. 1965.

Hartog, Jan de [niederl. 'hɑrtɔx], Pseudonym F. R. Eckmar, * Haarlem 22. April 1914, niederl. Schriftsteller. – Verließ als Kind das Elternhaus und ging zur See; volontierte ab 1932 am Theater; floh im 2. Weltkrieg nach Großbritannien und lebte nach dem Krieg dort, in Paris und in den USA. Vielseitiger und produktiver Schriftsteller, dessen Werk – anfangs niederländisch, später englisch geschrieben – Romane, Dramen, Kriminalgeschichten und auch Filmdrehbücher umfaßt.
Werke: Fort 99 (R., 1931), Hollands Glorie (R., 1940, dt. 1947, dt. 1943 auch u. d. T. Jan Wandelaar), Gottes Trabanten (R.-Trilogie, 1947–49, dt. 1952/53), Stella (R., 1950, dt. 1951), Mary (R., 1951, dt. 1951), Das Himmelbett (Kom., 1951, dt. 1953), Kapitän Harinx (R., 1966, dt. 1968), Der Künstler (R., 1968, dt. 1969), Das friedfertige Königreich (R., 1972, dt. 1973), Die Spur der Schlange (R., 1983, dt. 1985), The commodore (R., engl. 1986, niederl. 1987 u. d. T. De commodore).

Hartung, Harald, * Herne 29. Okt. 1932, dt. Lyriker, Kritiker und Essayist. – Trat als Prof. für Literaturwiss. an der TU Berlin v. a. mit Veröffentlichungen zu experimenteller Literatur und konkreter Poesie hervor. H.s thematisch vielschichtiges Werk zeichnet sich durch formale Klarheit und hohe Stilkunst aus. Sprach- und Bildwitz prägen v. a. die frühen Werke (›Hase und Hegel‹, Ged., 1970), während die jüngeren Arbeiten vermehrt Reise- und Umwelteindrücke (v. a. aus Berlin) und persönl. Erinnerungen thematisieren (›Augenzeit‹, Ged., 1978; ›Traum im dt. Museum‹, Ged., 1986).
Weitere Werke: Reichsbahngelände (Ged., 1974), Das gewöhnl. Licht (Ged., 1976), Dt. Lyrik seit 65 (Porträts, 1985).

Hartung, Hugo, Pseudonym N. Dymion, * Netzschkau 17. Sept. 1902, † München 2. Mai 1972, dt. Schriftsteller. – Geschickter Erzähler, der – manchmal satirisch-humoristisch – Gegenwartsprobleme in gehobenen Unterhaltungsromanen behandelte; auch Hör- und Fernsehspiele, Filmdrehbücher.
Werke: Der Deserteur oder ... (Nov., 1951, 1947 u. d. T. Die große belmontische Musik), Der Himmel war unten (R., 1951), Aber Anne hieß Marie (R., 1952), Das Feigenblatt der schönen Denise (En., 1952), Ich denke oft an Piroschka (R., 1954), Wir Wunderkinder (R., 1957), König Bogumil König (R., 1961), Ihr Mann ist tot und läßt Sie grüßen (R., 1965), Deutschland, deine Schlesier. Rübezahls unruhige Kinder (1970), Wir Meisegeiers (R., 1972), Die Potsdamerin (R., hg. 1979), In einem anderen Jahr (Tageb., hg. 1982).

Ausgabe: H. H. Gesamtausg. Bearb. v. S. HARTUNG. Mchn. 1982. 8 Bde.

Hartwig von Raute (Hartwic von Rûte), mhd. Minnesänger, wohl Ende des 12. Jahrhunderts. – Die Stuttgarter und die Große Heidelberger Liederhandschrift überliefern von ihm je ein 4strophiges Lied und drei Einzelstrophen. Eine Zuweisung zu einem österr. Geschlecht ist unsicher. Formal und thematisch bestehen Beziehungen zum rhein. Minnesang.

Ausgabe: Des Minnesangs Frühling. Hg. v. H. MOSER u. H. TERVOOREN. Bd. 1. Stg. ³⁷1982.

Hartzenbusch, Juan Eugenio [span. arθεm'butʃ], * Madrid 6. Sept. 1806, † ebd. 2. Aug. 1880, span. Dichter dt.-span. Abstammung. – 1862 Leiter der Nationalbibliothek in Madrid. Hauptvertreter des romant. Dramas in Spanien; veröffentlichte auch Fabeln und Gedichte und machte sich durch krit. Ausgaben span. Dramen des Siglo de oro (P. Calderón de la Barca, J. Ruiz de Alarcón y Mendoza, Lope F. de Vega Carpio) verdient.

Werke: Die Liebenden von Teruel (Dr., 1836, dt. 1853), Doña Mencía (Dr., 1838), La redoma encantada (Kom., 1839), La madre de Pelayo (Dr., 1846), Fábulas (1862).
Ausgabe: J. E. H. Obras. Hg. v. A. FERNÁNDEZ-GUERRA. Madrid 1887–92. 5 Bde.
Literatur: HARTZENBUSCH, H. E.: Bibliografía de H. Madrid 1900. – IRANZO, C.: J. E. H. Boston (Mass.) 1978.

Hasar O Jęk Rus, anonyme Sammlung oriental. Erzählungen, † Tausendundein Tag.

Hasas, hebr. Schriftsteller, † Hazaz.

Hasdeu, Bogdan Petriceicu [rumän. haz'deu̯], * Cristinești (Bessarabien) 26. Febr. 1838, † Cîmpina 25. Aug. 1907, rumän. Schriftsteller. – Historiker und Sprachforscher, Prof. in Jassy und Bukarest, 1876–1900 Direktor der Staatsarchive; schrieb außer in der romant. Tradition stehenden Gedichten, Dramen, erzählenden Werken und Kritiken bed. Werke zur Geschichte und Sprachgeschichte Rumäniens; Begründer des rumän. Wörterbuchs ›Etymologicum magnum Romaniae‹ (1886–98), das Fragment blieb.

Ausgaben: B. P. H. Scrieri literare, morale și politice. Krit. Ausg., hg. v. M. ELIADE. Bukarest 1937. 2 Bde. – B. P. H. Scrieri literare. Hg. v. G. MUNTEANU. Bukarest 1960. 2 Bde.
Literatur: ROMANENKO, N.: B. P. H. Viața și opera (1836–1907). Kischinjow 1957. – POGHIRC, C.: B. P. H. Lingvist și filolog. Bukarest 1968. – DRĂGAN, M.: B. P. H. Jassy 1972. – SANDU, V.: Publicistica lui H. Bukarest 1974.

Hasegawa Tatsunosuke, jap. Schriftsteller, † Futabatei, Schimei.

Hašek, Jaroslav [tschech. 'haʃɛk], * Prag 30. (?) April 1883, † Lipnice nad Sázavou (Ostböhm. Gebiet) 3. Jan. 1923, tschech. Schriftsteller. – Soldat im 1. Weltkrieg, schloß sich der tschech. Legion an, dann der Roten Armee, Mitglied der KP; 1920 Rückkehr in seine Heimat. H. begann als Reporter und Journalist mit humoristisch-satir. Skizzen gegen Kirche, Monarchie und die verlogene bürgerl. Moral. Weltruhm erlangte er mit dem satir. Roman ›Die Abenteuer des braven Soldaten Schwejk während des Weltkrieges‹ (unvollendet, 4 Bde., 1920 bis 1923, dt. 1926/27), in dem der nur scheinbar einfältige Soldat den Militarismus lächerlich macht. Humorvoll und doch scharf wendet sich H. gegen Unterdrückung und die Sinnlosigkeit des Kriegs. Karel Vaněk (* 1887, † 1933) vollendete den Roman und schrieb eine Fortsetzung (›Die Abenteuer des braven Soldaten Schwejk in russ. Gefangenschaft‹, 2 Tle., 1923/24, dt. 2 Bde., 1927/1928). H.s Werk wurde mehrfach dramatisiert (B. Brecht) und verfilmt. Auswahlausgaben der Erzählungen H.s liegen auch in dt. Übersetzung vor, so ›Schwejks Lehrjahre‹ (1962), ›Der Tolpatsch u. a. Erzählungen‹ (1964), ›Die Beichte des Hochverräters‹ (1967), ›Schwejkiaden‹ (1969).

Jaroslav Hašek

Ausgabe: J. H. Spisy. Prag 1955–73. 16 Bde.
Literatur: Bibliografie J. Haška. Hg. v. R. Pytlík u. M. Laiske. Prag 1960. – Frynta, E.: H., der Schöpfer des Schwejk. Dt. Übers. Prag 1965. – Janouch, G.: J. H. Bern u. Mchn. 1966. – Lion, M.: Der Einfluß von J. H.s ›Die Abenteuer des braven Soldaten Schwejk‹ auf die tschech. antimilitarist. Satire der Nachkriegszeit. Diss. Wien 1977 [Masch.]. – Parrott, C.: The bad Bohemian. The life of J. H. London 1978. – Parrott, C.: J. H. Cambridge 1982.

Hasenclever, Walter [...kleːvər], *Aachen 8. Juli 1890, †Les Milles bei Aix-en-Provence 21. Juni 1940, dt. Lyriker und Dramatiker. – Wurde unter dem Eindruck des 1. Weltkrieges Pazifist; in den 20er Jahren als Korrespondent meistens in Paris; mußte 1933 Deutschland verlassen und ließ sich schließlich in Cagnes-sur-Mer bei Nizza nieder. Beim Anmarsch der dt. Truppen beging er im Internierungslager Selbstmord. H. fand nach frühen, neuromant. Versen zu einer melod. und zeitbedingt aufrührer. Lyrik. Berühmt wurde er mit dem Drama ›Der Sohn‹ (1914), das den Vater-Sohn-Konflikt zum Thema hat und ihn zum Repräsentanten der jungen Generation werden ließ. H. stand im Mittelpunkt der expressionist. Bewegung. In den folgenden Jahren trat er in seinen Stücken – z. T. expressionist. Experimenten – für eine bessere Welt ein, wandte sich von der polit. Dichtung ab und einer sehr persönl. Mystik zu. H. war einer der meistgespielten Autoren der 1920er Jahre. Für die Antikriegstragödie ›Antigone‹ (1917) erhielt er 1917 den Kleist-Preis.

Weitere Werke: Der Jüngling (Ged., 1913), Der Retter (Dr., 1916), Tod und Auferstehung (Ged., 1917), Die Menschen (Dr., 1918), Der po-

Walter
Hasenclever

lit. Dichter (Ged., 1919), Jenseits (Dr., 1920), Ein besserer Herr (Lsp., 1926), Ehen werden im Himmel geschlossen (Kom., 1928), Napoleon greift ein (Kom., 1929), Irrtum und Leidenschaft (R., entst. 1934–39, hg. 1969).
Ausgaben: W. H. Gedichte, Dramen, Prosa. Hg. u. eingel. v. K. Pinthus. Rbk. 1963. – W. H. Sämtl. Werke. Hg. v. D. Breuer u. H. Witte. Mainz 1990 ff. (bisher 5 Tle. erschienen).
Literatur: Zeltner, E.: Die expressionist. Dramen W. H.s. Diss. Wien 1961. – Huder, W.: W. H. u. der Expressionismus. In: Welt u. Wort 21 (1966), S. 255. – Raggam, M.: W. H. Leben u. Werk. Hildesheim 1973. – Wilder, A.: Die Komödien W. H.s Ffm. 1983. – Karties, B.: W. H. Eine Biogr. der dt. Moderne. Tüb. 1994.

Haşim, Ahmet [türk. haˈʃim], *Bagdad 1884, †Istanbul 4. Juni 1933, türk. Lyriker. – Veröffentlichte ab 1901 Gedichte in den wichtigsten Literaturzeitschriften, die später in zwei Bänden gesammelt erschienen. Sie stellen einen letzten Höhepunkt der nach einem strengen Formenkanon konzipierten klass. osmanisch-türk. Poesie dar, die A. H. durch die Dimensionen der Bilderwelt des frz. Symbolismus noch einmal neu belebte.
Werke: Göl saatleri (= Seestunden, Ged. 1921), Bütün şiirleri (= Ges. Gedichte, 1933), Bize göre (= Uns betreffend, ges. Prosa, 1969).

Hasištejnský z Lobkovic, Bohuslav [tschech. ˈhasiʃtɛjnski: ˈzlɔpkɔvits], böhm. Humanist, †Lobkowitz, Bohuslaw Frhr. von Hasenstein und.

Hasler, Eveline, *Glarus 22. März 1933, schweizer. Schriftstellerin. – Mit ihren Kinder- und Jugendbüchern versucht sie, Vorurteile abzubauen und für Außenseiter Verständnis zu wecken; 1978 erhielt sie den Schweizer Jugendbuchpreis. Auch in ihren histor., dabei jedoch zeitkrit. Romanen will sie den Schwachen und Mißhandelten nachträglich Gerechtigkeit und Anerkennung zukommen lassen, sei es der letzten in der Schweiz verbrannten Hexe (›Anna Göldin. Letzte Hexe‹, 1982) oder den Bauern und Arbeitern aus Graubünden, die in der Mitte des 19. Jh. aufbrachen, um in Brasilien ihr Paradies zu finden (›Ibicaba. Das Paradies in den Köpfen‹, 1985).
Weitere Werke: Adieu Paris, adieu Catherine (1966), Komm wieder, Pepino (1968), Der Sonntagsvater (1973), Die Hexe Lakritze und Rino Rhinozeros (1979; alles Kinderbücher), Novemberinsel (E., 1979), Der Buchstabenvogel

(Kinderb., 1981), Jahre mit Flügeln (Kinderb., 1982), Freiräume (Ged., 1982), Im Winterland (Bilderb., 1984), Die Wachsflügelfrau (R., 1991), Auf Wörtern reisen (Ged., 1993), Der Zeitreisende (R., 1994).

Haslund, Ebba [norweg. ‚haslʉn], *Oslo 1917, norweg. Schriftstellerin. – Ihre der realist. Tradition verpflichteten Romane spielen zumeist im bürgerl. Milieu der Großstadt.

Werke: Siste halvår (R., 1946), Det hendte ingenting (R., 1948), Drømmen om Nadja (R., 1956), Det trange hjerte (R., 1965), Døgnfluens lengsel (R., 1984).

Hassan Ibn Thabit (tl.: Ḥassān Ibn Ṯābit), *Medina um 563 (?), † um 660, arab. Dichter. – Schrieb Gedichte in einfacher Sprache zum Lob des Propheten Mohammed und zur Schmähung seiner Gegner; sein Diwan wurde 1953 ins Deutsche übersetzt.

Literatur: Enc. Islam Bd. 3, ²1971, S. 271.

Hasselt, G. van, Pseudonym des fläm. Schriftstellers Ernest André Jozef ↑Claes.

Hatefi (tl.: Hātifī), Abdollah, *Chargerd, †1521, pers. Epiker. – Neffe des Dichters Dschami; schrieb eine ›Chamse‹ nach dem Vorbild Nesamis, von der jedoch nur 4 Teile erhalten sind; neu war, daß der Dichter das übliche ›Eskandarname‹ (= Alexanderlied) durch ein ›Timurname‹, ein großangelegtes Epos über die Kriegszüge des Eroberers Timur, ersetzte.

Hatim At Tai (tl.: Hātim At-Tāʾī), vorislam. arab. Dichter des 6./7. Jahrhunderts. – Bekannt durch seine Freigebigkeit, die ihn zum Helden eines Volksromans machte, der ins Persische, Türkische und Hindi übersetzt wurde. Die Gedichte seines Diwans (wahrscheinlich sind darunter zahlreiche unechte) besingen diese Tugend.

Ausgabe: Der Diwan des arab. Dichters Hātim Tej. Hg., übers. u. erl. v. F. SCHULTHESS. Lpz. 1897

Literatur: Enc. Islam Bd. 3, ²1971, S. 274.

Hatzfeld, Adolf von, *Olpe 3. Sept. 1892, †Bonn-Bad Godesberg 25. Juli 1957, dt. Schriftsteller. – Erblindete 1913 infolge eines Selbstmordversuches während seiner Offiziersausbildung. H. verfaßte hymnische, religiös-ekstat. Lyrik, expressionist. Bekenntnisromane, Novellen und Dramen in lebensvoller, far-

benreicher Darstellung. Sein Werk zeugt von seiner tiefen Verbundenheit mit seiner westfäl. Heimat.

Werke: Gedichte (1916), Franziskus (E., 1918), An Gott (Ged., 1919), Die Lemminge (R., 1923), Positano (Reiseb., 1925), Das zerbrochene Herz (Trag. nach J. Ford, 1926), Das glückhafte Schiff (R., 1931), Der Flug nach Moskau (E., 1942), Melodie des Herzens (Ged., 1951).

Literatur: A. v. H. Einf. v. F. BAUKLOH. Do. 1959 (mit Bibliogr.).

Hauch, Carsten [dän. hauˀg], *Frederikshald (heute Halden, Norwegen) 12. Mai 1790, †Rom 4. März 1872, dän. Dichter. – Befreundet mit A. G. Oehlenschläger, der ihn mit den Ideen der Romantik vertraut machte; lehrte in Kiel nord. Sprachen und Literatur, dann Prof. für Ästhetik in Kopenhagen; nahm sich während einer Italienreise das Leben. Als Romantiker von F. W. J. von Schelling beeinflußt; schuf mehr lyr. als dramat. Bühnenstücke; seine Romane stehen unter dem Einfluß W. Scotts; am besten sind seine volksliedhaft-schlichte Naturlyrik und die antiken Vorbildern verpflichteten Oden.

Werke: Wilhelm Zabern (R., 1834, dt. 1836), Der Goldmacher (R., 1836, dt. 1837), Eine poln. Familie (R., 1839, dt. 1842), Marsk Stig (Dr., 1843), Das Schloß am Rhein (R., 1845, dt. 1851).

Ausgaben: C. H. Samlede romaner of fortællinger. Kopenhagen 1873–74. 7 Bde. – Johannes C. H. Udvalgte skrifter. Hg. v. P. SCHJAERFF. Kopenhagen 1926–29. 3 Bde.

Literatur: RØNNING, F. V. V.: Johannes C. H. Kopenhagen ²1903. – GALSTER, K.: C. H.s barndom og ungdom. Kolding 1930. – GALSTER, K.: C. H.s manddom og alderdom. Kolding 1935.

Haufenreim (Reimhäufung), Aufeinanderfolge von mehr als zwei gleichen Endreimen, etwa nach dem Schema aaaa bbbb cccc usw. – ↑auch Reim.

Hauff, Wilhelm, *Stuttgart 29. Nov. 1802, †ebd. 18. Nov. 1827, dt. Schriftsteller. – 1820/25 Studium der Theologie und Philosophie in Tübingen, dabei zeitweise Mitglied der verbotenen burschenschaftl. ›Kompagnie‹. 1824–26 Hauslehrer in Stuttgart. H. unternahm 1826 Reisen durch Frankreich, die Niederlande und Norddeutschland; 1827 Leiter des belletrist. Teils von J. F. Cottas ›Morgenblatt für gebildete Stände‹. H. war ein vielseitiger und viel beachteter Erzähler zwischen Spätromantik und Realismus. Besonderen Erfolg verzeichnete sein

66 Haufs

in der Tradition W. Scotts stehender histor. Roman ›Lichtenstein‹ (3 Bde., 1826). Darüber hinaus sind es neben Novellen und Zeitsatiren v. a. seine Märchen (›Die Geschichte vom kleinen Muck‹, ›Das kalte Herz‹, ›Zwerg Nase‹, ›Kalif Storch‹), die ihn berühmt machten. Sie erschienen in den ›Maehrchenalmanachen‹ auf die Jahre 1826, 1827 und 1828 in themat. Rahmen zusammengefaßt (›Die Karawane‹, ›Das Wirtshaus im Spessart‹). Seinen Roman ›Der Mann im Mond ...‹ (1826) veröffentlichte er in parodist. Absicht unter dem Pseudonym des erfolgreichen Unterhaltungsschriftstellers H. Clauren, was ihm einen Prozeß einbrachte. Einige von H.s Liedern (u. a. ›Steh ich in finstrer Mitternacht‹, ›Morgenrot, Morgenrot, leuchtest mir zum frühen Tod‹) wurden volkstümlich und sind bis heute lebendig.

Weitere Werke: Mittheilungen aus den Memoiren des Satan (E., 2 Bde., 1826/27), Phantasien im Bremer Rathskeller (E., 1827), Novellen (3 Bde., hg. 1828), Phantasien und Skizzen (hg. 1828).
Ausgaben: W. H. Werke. Hg. v. H. ENGELHARD. Stg. 1961–62. 2 Bde. – W. H. Sämtl. Werke. Hg. v. S. v. STEINSDORF. Mchn. 1970. 3 Bde. – W. H. Werke in 4 Bden. Bearb. v. G. SPIEKERKÖTTER. Ffm. 1970.
Literatur: PFÄFFLIN, F.: W. H. Stg. 1981. – HORN, J.: Der Dichter u. die Lesewelt. W. H.s Werk als Epochenphänomen. Diss. Bremen 1981. – HINZ, O.: W. H. Rbk. 1989. – VRIENDT, S. DE: Zw. kritikloser Anpassung u. satir. Abwendung. Eine krit. Analyse von W. H.s Märchenalmanachen. Gent 1992.

Haufs, Rolf, * Düsseldorf 31. Dez. 1935, dt. Lyriker. – Seit 1972 Redakteur für Literatur beim Sender Freies Berlin. Schreibt Gedichte, in denen er sich mit seiner Situation in Berlin auseinandersetzt und in denen das scheinbar Unwichtige, Kleine als zu unserer Umwelt gehörig und eigenwertig geschildert wird; auch Prosa, Hörspiele, Kinderbücher.

Werke: Straße nach Kohlhasenbrück (Ged., 1962), Das Dorf S. und andere Geschichten (Prosa, 1968), Der Linkshänder oder Schicksal ist ein hartes Wort (R., 1970), Die Geschwindigkeit eines einzigen Tages (Ged., 1976), Größer werdende Entfernung (Ged., 1979), Ob ihr's glaubt oder nicht (Kindergeschichten, 1980), Juniabschied (Ged., 1984), Felderland (Ged., 1986), Allerweltsfieber (Ged., 1990), Vorabend (Ged., 1994).

Haug, Friedrich, * Niederstotzingen 9. März 1761, † Stuttgart 30. Jan. 1829, dt. Schriftsteller. – War auf der Karlsschule Mitschüler Schillers, seit 1816 Bibliothekar und Hofrat; 1807–17 Schriftleiter von J. F. Cottas ›Morgenblatt für gebildete Stände‹; schrieb zahlreiche Epigramme, die er unter dem Pseudonym Friedrich Hophthalmos veröffentlichte.

Werke: Sinngedichte (1791), Epigramme und vermischte Gedichte (2 Bde., 1805), Hundert Epigramme auf Aerzte, die keine sind (1806), Gedichte (2 Bde., 1827).

Hauge, Alfred [norweg. 'hœŷgə], *Sjernarøy (Ryfylke) 17. Okt. 1915, † Stavanger 31. Okt. 1986, norweg. Schriftsteller. – Schildert in seinen realistisch-psycholog. Romanen religiös-eth. Probleme. In der Romantrilogie ›Hundevakt‹ (1961), ›Landkjenning‹ (1964), ›Ankerfeste‹ (1965) behandelte er, unter Einbeziehung dokumentar. Materials, die norweg. Auswanderung in die USA.

Weitere Werke: Septemberfrost (R., 1941), Sturm über Siglarholm (R., 1945, dt. 1957), Das Jahr hat keinen Frühling (R., 1948, dt. 1952), Kreuzweg der Liebe (R., 1949, dt. 1953), Ingen kjenner dagen (R., 1955), Kvinner på Galgebakken (R., 1958), Mysterium (R., 1967), Legenden om Svein og Maria (R., 1968), Det evige Sekund (Ged., 1970), Perlemorstrand (R., 1974), Barndom (Autobiogr., 1975), Leviathan (R., 1979), Serafen (R., 1984).

Hauge, Olav Håkonson [norweg. 'hœŷgə], * Ulvik (Hardanger) 18. Aug. 1908, norweg. Lyriker und Übersetzer. – H. gelingt es, in seiner formal vollendeten Lyrik so heterogene Elemente wie die traditionelle, heimatverbundene westnorweg. Naturdichtung und Einflüsse J. F. Ch. Hölderlins, P. Verlaines, A. Rimbauds, W. B. Yeats', E. Pounds und B. Brechts miteinander zu verschmelzen.

Werke: Glør i oska (Ged., 1946), Under bergfallet (Ged., 1951), Seint rodnar skog i djuvet (Ged., 1956), På ørnetuva (Ged., 1961), Dropar i austavind (Ged., 1966), Spør vinden (Ged., 1971).
Literatur: O. H. H. Ei bok til 60-årsdagen 18. august 1968. Hg. v. E. BJORVAND u. K. JOHANSEN. Oslo 1968.

Haugen, Paal-Helge [norweg. ‚hœŷgən], * Valle (Aust-Agder) 26. April 1945, norweg. Schriftsteller. – Begann mit orientalisch bzw. fernöstlich beeinflußter modernist. Lyrik; leitete mit seinem rea-

list. Roman ›Anne‹ (1968) den norweg. Dokumentarismus ein.
Weitere Werke: På botnen av ein mørk sommar (Ged., 1967), Sangbok (Ged., 1969), Requiem for Janis Joplin (Prosa, 1972), Det synlege menneske (Ged., 1975), Fram i lyset, tydeleg (Ged., 1978), Det overvintra lyset (Ged., 1985).

Haugwitz, August Adolph von, * Uebigau(?) 14. Mai 1647, † Neschwitz bei Bautzen 27. Sept. 1706, dt. Schriftsteller. – Schrieb an D. C. von Lohenstein, A. Gryphius und Ch. Hofmann von Hofmannswaldau epigonal ausgerichtete Dramen und Gedichte.
Werke: Schuldige Unschuld, Oder Maria Stuarda (Dr., 1683), Prodromus Poeticus, Oder ... (Lsp.e, Dramen, Oden, Sonette u. a., 1684).
Ausgabe: A. A. v. H.: Prodromus Poeticus, Oder: Poet. Vortrab. Hg. v. P. BÉHAR. Dresden 1684. Nachdr. Tüb. 1984.
Literatur: NEUMANN, O.: Studien zum Leben u. Werk des Lausitzer Poeten A. A. v. H. Diss. Greifswald 1938.

Haukland, Andreas [norweg. 'hœÿklan], * Vefsn bei Mosjøen 10. Okt. 1873, † Capri 6. Okt. 1933, norweg. Schriftsteller. – In histor. Romanen von K. Hamsun beeinflußter Schilderer des harten Daseins norweg. Bauern und Fischer; auch Darstellungen aus der Wikingerzeit und der vorchristl. Epoche.
Werke: Ol-Jörgen (R., 4 Bde., 1902–05, dt. 1928), Orms Söhne (R., 1912, dt. 1913), Flut und Ebbe (R., 1929, dt. 1930).

Haulleville, Eric de [frz. ol'vil], * Etterbeek (Brabant) 13. Sept. 1900, † Saint-Paul-de-Vence (Alpes-Maritimes) 20. März 1941, belg. Schriftsteller. – Rechtsstudium in Brüssel; 1928–34 in Paris, wo er u. a. Kunsthändler war; trat mit Gedichten (u. a. ›Dénoûment‹, 1923), dem phantast. Prosagedicht ›Le genre épique‹ (1930), dem surrealist. Roman ›Voyage aux îles Galapagos‹ (1934) und Essays hervor.

Hauptmann, Carl, * Bad Salzbrunn 11. Mai 1858, † Schreiberhau 4. Febr. 1921, dt. Schriftsteller. – Bruder von Gerhart H.; studierte Naturwiss. und Philosophie; seit 1889 in Berlin, ab 1891 in Schreiberhau freier Schriftsteller. H. begann, thematisch und sprachlich seiner schles. Heimat verbunden, mit naturalist. Dramen, die soziale Probleme behandeln. Die seinem Wesen entsprechende schles. Mystik wies ihn zu Grüblertum und visionärer Erkenntnis; in seinem Spätwerk steht er dem Expressionismus nahe. Bestechend ist die psycholog. Durchdringung seiner Erzählwerke (v. a. ›Einhart, der Lächler‹, R., 2 Bde., 1907); auch impressionist. Lyrik.

Carl Hauptmann (Lithographie, um 1918)

Weitere Werke: Waldleute (Dr., 1896), Aus meinem Tagebuch (1900, erweitert 1910), Ephraims Breite (Dr., 1900), Die Bergschmiede (Dr., 1902), Mathilde (R., 1902), Die armseligen Besenbinder (Dr., 1913), Ismael Friedmann (R., 1913), Krieg. Ein Tedeum (Dr., 1914), Schicksale (En., 1914), Rübezahlbuch (En., 1915), Tobias Buntschuh (Kom., 1916), Tantaliden (R.-Fragment, hg. 1927).
Literatur: GOLDSTEIN, W.: C. H. Eine Werkdeutung. Breslau 1931. Nachdr. Hildesheim 1972. – STROKA, A.: C. H.s Werdegang als Denker u. Dichter. Breslau 1965. – JOFEN, J.: Das letzte Geheimnis. Eine psycholog. Studie über die Brüder Gerhart u. C. H. Bern 1972. – MINDEN, H.: C. H. u. das Theater. Kastellaun 1976.

Hauptmann, Gerhart, * Bad Salzbrunn 15. Nov. 1862, † Agnetendorf (Landkreis Hirschberg i. Rsgb.) 6. Juni 1946, dt. Schriftsteller. – Sohn eines Gastwirts; nach abgebrochenem Realschulbesuch landwirtschaftl. Ausbildung, 1880–82 Besuch der Kunstschule in Breslau, 1882/83 Philosophiestudium in Jena; 1883 Kunstreise nach Italien, 1884 an der Kunstakademie in Dresden, dann histor. Studien und Schauspielunterricht in Berlin; heiratete 1885 die Großkaufmannstochter Marie Thienemann und wurde damit finanziell unabhängig (1904 Scheidung und 2. Ehe mit Margarete Marschalk), 1885–91 freier

Schriftsteller in Berlin, dort Anschluß an den literar. Verein ›Durch‹ und den Friedrichshagener Dichterkreis; 1891 Übersiedlung nach Schlesien (Schreiberhau, dann Agnetendorf), danach nur noch zeitweise in Berlin. H. unternahm zahlreiche Reisen, u. a. nach Paris (1894), Amerika (1894 und 1932), Griechenland (1907) und mehrmals nach Italien. 1912 erhielt er den Nobelpreis für Literatur. Er starb vor der geplanten Übersiedlung nach Berlin in dem unter poln. Verwaltung stehenden Agnetendorf, die Beisetzung fand in Kloster/Hiddensee statt.

H. schuf – unterschiedl. Stilrichtungen verpflichtet – ein vielgestaltiges Werk mit wechselnden sozialen, myth., psycholog., religiösen und autobiographisch-künstler. Themen. Im Vordergrund steht der unterdrückte, an sich selbst oder der Umwelt scheiternde Mensch (›passiver Held‹). Spektakuläre Wirkung erzielte H. mit dem ›sozialen Drama‹ ›Vor Sonnenaufgang‹ (1889), mit dem er dem Naturalismus, als dessen wichtigster Vertreter er gilt, in Deutschland zum Durchbruch verhalf, und mit der dramat. Bearbeitung des Weberaufstands von 1844 in dem Drama ›Die Weber‹ (1892, 1. Fassung in schles. Mundart 1892 u. d. T. ›De Waber‹). In diesen Bereich des realist., sozialkrit. Dramas gehören auch ›Der Biberpelz‹ (1893) und ›Der rote Hahn‹ (1901). Über dem Versuch auf Ausweitung des Naturalismus ins Traumhafte und Visionäre gab H. das proletar. Engagement auf und glitt mit Sagen-, Mythen- und Märchenspielen in die Neuromantik ab, kehrte jedoch mit realist. Milieutragödien (z. B. ›Rose Bernd‹, 1903; ›Die Ratten‹, 1911) immer wieder zu naturalist. Dispositionen zurück. In der mittleren und späten Schaffensperiode wandte er sich histor. Stoffen zu, lieferte zahlreiche Bearbeitungen vorgegebener literar. Stoffe (Shakespeare, F. Grillparzer u. a.) und tendierte zur klassizistisch-symbol. Verstragödie. Aus dem ep. Schaffen ragt die Novelle ›Bahnwärter Thiel‹ (1888 in: ›Die Gesellschaft‹, Buchausg. 1892 zus. mit ›Der Apostel‹) heraus; dennoch ist der Erzähler H. dem Dramatiker deutlich unterlegen; ähnliches gilt für H.s versep., lyr. und essayist. Produktion. Die Romane und Erzählungen zeigen H.s Vorliebe für magisch-phantast. Elemente und basieren stark auf Autobiographischem.

H. galt zu seiner Zeit, v. a. bei seinen vielen Auslandsaufenthalten, als Repräsentant des dt. Geistes und Nachfahre Goethes. Er bejahte die Weimarer Republik, ließ sich allerdings 1933 vom nationalist. Gedankengut beeindrucken; er lebte bis 1945 zurückgezogen, ohne sich politisch zu betätigen, versuchte jedoch, sich zu arrangieren, um sein Werk nicht zu gefährden; hiermit enttäuschte er viele seiner Freunde, die ins Exil gegangen waren, z. B. seinen ehemaligen Förderer A. Kerr, der ihn öffentlich als ›wurmstichig im Seelengrund‹ bezeichnete.

Gerhart Hauptmann

Weitere Werke: Promethidenlos (Epos, 1885), Das Friedensfest (Trag., 1890), Einsame Menschen (Trag., 1891), College Crampton (Kom., 1892), Florian Geyer (Dr., 1896), Hanneles Himmelfahrt (Dr., 1897, 1893 u. d. T. Hannele Matterns Himmelfahrt), Die versunkene Glocke (Dr., 1897), Fuhrmann Henschel (Dr., 1899), Michael Kramer (Dr., 1900), Schluck und Jau (Kom., 1900), Der arme Heinrich (Dr., 1902), Elga (Dr., 1905), Und Pippa tanzt! (Dr., 1906), Griech. Frühling (Reiseber., 1908), Griselda (Dr., 1909), Der Narr in Christo Emanuel Quint (R., 1910), Atlantis (R., 1912), Gabriel Schillings Flucht (Dr., 1912), Festspiel in dt. Reimen (1913), Der Ketzer von Soana (Nov., 1918), Indipohdi (Dr., 1920), Der weiße Heiland (Dr., 1920), Dorothea Angermann (Trag., 1926), Des großen Kampffliegers ... Till Eulenspiegel Abenteuer ... (Epos, 1928), Wanda (R., 1928), Buch der Leidenschaft (Autobiogr., 2 Bde., 1930), Vor Sonnenuntergang (Dr., 1932), Hamlet in Wittenberg (Dr., 1935), Das Abenteuer meiner Jugend (Autobiogr., 2 Bde., 1937), Iphigenie in Delphi (Trag., 1941), Der große Traum (Dichtung, 1942), Magnus Garbe (Trag.,

Haushofer 69

1942), Der neue Christophor (R.-Fragment, 1943), Iphigenie in Aulis (Trag., 1944), Mignon (Nov., hg. 1947), Agamemnons Tod. Elektra (Tragödien, hg. 1948).
Ausgaben: G. H. Das ges. Werk. Ausg. letzter Hand zum 80. Geburtstag des Dichters. Abt. 1. Bln. 1942. 17 Bde. (m.n.e.). – G. H. Ausgew. Werke in 8 Bden. Hg. v. HANS MAYER. Bln. 1962. – G. H. Sämtl. Werke. Centenar-Ausg. Hg. v. H.-E. HASS, fortgef. v. M. MACHATZKE u. W. BUNGIES. Darmst. 1962–74. 11 Bde. – G. H. Diarium: 1917 bis 1933. Hg. v. M. MACHATZKE. Bln. 1980. – G. H. Notiz-Kalender 1889 bis 1891. Hg. v. M. MACHATZKE. Bln. 1982. – G. H. Tagebuch 1892 bis 1894. Hg. v. M. MACHATZKE. Bln. 1985. – G. H. Tagebücher 1897 bis 1905. Hg. v. M. MACHATZKE. Bln. 1987.
Literatur: SCHLENTHER, P./ELOESSER, A.: G. H. Leben u. Werke. Bln. [13]1922. – ALEXANDER, N. E.: Studien zum Stilwandel im dramat. Werk G. H.s. Stg. 1964. – HILDEBRANDT, K.: G. H. u. die Gesch. Mchn. 1968. – REICHART, W. A.: G. H.-Bibliogr. Bad Homburg v. d. H. u. a. 1969. – HILSCHER, E.: G. H. Biogr. Bln. 1969. – DAIBER, H.: G. H. oder der letzte Klassiker. Wien u. a. 1971. – MAYER, HANS: G. H. Velber [3]1973. – GUTHKE, K. S.: G. H. Weltbild im Werk. Mchn. [2]1980. – COWEN, R. C.: H.-Komm. zum nichtdramat. Werk. Mchn. 1981. – HOEFERT, S.: G. H. Stg. [2]1982. – HILDEBRANDT, K.: Naturalist. Dramen G. H.s Mchn. 1983. – SPRENGEL, P.: G. H. Epoche, Werk, Wirkung. Mchn. 1984. – MITTLER, R.: Theorie u. Praxis des sozialen Dramas bei G. H. Hildesheim u. New York 1985. – LEPPMANN, W.: G. H. Mchn. 1986. – BEHL, C. F. W./VOIGT, F. A.: Chronik von G. H.s Leben u. Schaffen. Neuausg. Wzb. 1993. – SEYPPEL, J.: G. H. Neuausg. Bln. 1993. – TANK, K. L.: G. H. Rbk. 112.–114. Tsd. 1993.

Haupttitel, bestimmender Titel eines Buches, Aufsatzes o. ä., der oft noch durch einen Untertitel, Nebentitel o. ä. erläutert wird. Der H. gehört zusammen mit der Angabe eines evtl. vorhandenen Autorennamens (sowie Erscheinungsjahr und Erscheinungsort) zu den Minimalangaben in Bibliographien, Katalogen und bei Quellenangaben.

Haupt- und Staatsaktionen, die Repertoirestücke der dt. Wanderbühne des 17. und frühen 18. Jh.; sie heißen ›Hauptaktionen‹ im Ggs. zu dem kom. Nach- und Zwischenspielen, ›Staatsaktionen‹ nach den (pseudo-)historischpolit. Inhalten. Der Begriff ist polemisch gemeint; er geht auf J. Ch. Gottsched zurück. – Die H.- u. S. spielen grundsätzlich in höf. Kreisen; Staatspomp und höf. Pracht (Krönungsszenen, Festge-

lage), Krieg, Abenteuer, Exotisches und Phantastisches bilden den unerläßl. äußeren Rahmen. Zu den Personen der Stücke gehört regelmäßig der ↑Hanswurst; die Sprache der H.- u. S. ist Prosa, oft kunstlos und der Umgangssprache verpflichtet, z. T. auch durch Pathos oder Rührseligkeit gekennzeichnet. Die erhaltenen Texte sind Bühnenmanuskripte aus dem Besitz der einzelnen Truppen, z. T. nur Theaterzettel.
Literatur: Das Schauspiel der Wanderbühne. Hg. v. W. FLEMMING. Lpz. 1931. Nachdr. Darmst. 1965.

Hauranijja (tl.: Ḥaurāniyya[h]), Said [...'ni:ja], *23. Sept. 1929, syr. Schriftsteller. – Seine realist. Erzählungen und Kurzgeschichten wurden z. T. übersetzt (dt. in: ›Die Taube der Moschee‹, 1966, in: ›Arab. Erkundungen‹, 1971).

Hausen, Friedrich von, mhd. Lyriker, ↑Friedrich von Hausen.

Hauser, Heinrich, *Berlin 27. Aug. 1901, †Dießen a. Ammersee 25. März 1955, dt. Schriftsteller. – 1939–48 Emigration, danach meist journalistisch tätig; schrieb im Stil der Neuen Sachlichkeit Romane, Erzählungen, Erlebnisberichte und Reportagen.
Werke: Das zwanzigste Jahr (R., 1925), Brackwasser (R., 1928), Donner überm Meer (R., 1929), Die letzten Segelschiffe (Bericht, 1930), Notre Dame von den Wogen (R., 1937), Opel, ein dt. Tor zur Welt (Reportage, 1937), Australien. Der menschenscheue Kontinent (Bericht, 1938), Nitschewo Armada (R., 1949), Gigant Hirn (R., hg. 1958).

Hauser, Kaspar, Pseudonym des dt. Journalisten und Schriftstellers Kurt ↑Tucholsky.

Haushofer, Albrecht, *München 7. Jan. 1903, †Berlin 23. April 1945, dt. Schriftsteller. – 1940 Prof. für polit. Geographie und Geopolitik in Berlin; wegen Teilnahme an der Verschwörung vom 20. Juli 1944 verhaftet und kurz vor Kriegsende erschossen. H. schrieb klassizist. Römerdramen (›Scipio‹, 1934; ›Sulla‹, 1938; ›Augustus‹, 1939), in denen er, historische Parallelen ziehend, Kritik am Nationalsozialismus übte. Seine bedeutendste Dichtung und zugleich die bedeutendste des Widerstands sind die ›Moabiter Sonette‹ (hg. 1946).
Literatur: LAACK-MICHEL, U.: A. H. u. der Nationalsozialismus. Stg. 1974.

Haushofer, Marlen, * Frauenstein (Oberösterreich) 11. April 1920, † Wien 21. März 1970, österr. Schriftstellerin. – Internatsschule in Linz; 1939 Arbeitsdienst in Ostpreußen, anschließend Studium der Germanistik in Wien und Graz; lebte später in Steyr. Nach ersten Veröffentlichungen, u. a. dem Roman ›Eine Handvoll Leben‹ (1955) und der Novelle ›Wir töten Stella‹ (1958), fand sie internat. Anerkennung mit dem Roman ›Die Wand‹ (1963), der als ihr wesentlichstes Buch gilt, sowie dem der Kindheit nachspürenden Roman ›Himmel, der nirgendwo endet‹ (1966). Gelegentlich an A. Schnitzler und M. Proust erinnernd, durchdringt H., aus weibl. Sicht, empfindsam und genau die Zeit, die eigene Person mit ihren Ängsten, Enttäuschungen und Hoffnungen. Sie beobachtet scharf, ohne verletzen zu wollen; Alltagssituationen erhalten durch die Poesie ihrer Sprache und in der Distanz des Schreibens einen mag. Glanz. Neben Hörspielen schrieb sie auch Kinderbücher, u. a. ›Bartls Abenteuer‹ (1964), ›Brav sein ist schwer‹ (1965) und ›Schlimm sein ist auch kein Vergnügen‹ (1970).
Weitere Werke: Das fünfte Jahr (Nov.n, 1951), Die Vergißmeinnichtquelle (En., 1956), Die Tapetentür (R., 1957), Schreckliche Treue (E., 1967), Müssen Tiere draußen bleiben? (Kinderb., 1967), Die Mansarde (R., 1969).
Ausgabe: M. H. Ges. Erzählungen. Düss. 1985–86. 2 Bde.
Literatur: Oder war da manchmal noch etwas anderes. Texte zu M. H. Hg. v. O. J. TAUSCHINSKI u. a. Ffm. 1985.

Hausmann, Manfred, * Kassel 10. Sept. 1898, † Bremen 6. Aug. 1986, dt. Schriftsteller. – Lebte nach einer Amerikareise (1929) jahrelang als freier Schriftsteller in Worpswede, 1945–52 Schriftleiter des ›Weser-Kuriers‹, ab 1951 in Bremen. H. schrieb Gedichte, Erzählungen, Romane, Dramen und Essays. Lange Zeit war sein Werk romantisch-schwermütig, geprägt von verhaltenem Naturerlebnis und Vagabundenromantik. In seinem Roman ›Abschied von der Jugend‹ (1937) kündigte sich eine Wandlung an, die in der Nachkriegszeit – unter dem Einfluß S. Kierkegaards und K. Barths – zu einem entschiedenen Christentum führte. ›Das Worpsweder Hirtenspiel‹ (1946), ›Der dunkle Reigen‹ (Dr., 1951) und ›Der Fischbecker Wandteppich‹ (Spiel, 1955) sind die bedeutendsten Zeugnisse dieser Wandlung. Wichtig auch als Übersetzer von dän. (eskimoischen), griech., hebr., jap. und chin. Werken.

Manfred Hausmann

Weitere Werke: Die Frühlingsfeier (Nov.n, 1924), Jahreszeiten (Ged., 1924), Die Verirrten (Nov.n, 1927), Lampioon küßt Mädchen und kleine Birken (R., 1928), Lilofee (Dr., 1929), Salut gen Himmel (R., 1929), Abel mit der Mundharmonika (R., 1932), Jahre des Lebens (Ged., 1938), Einer muß wachen (Betrachtungen, 2 Bde., 1940–50), Alte Musik (Ged., 1941), Irrsal der Liebe (Ged., 1960), Kleiner Stern im dunklen Strom (R., 1963), Kreise um eine Mitte (Essays, 1968), Unvernunft zu dritt (En., 1968), Der golddurchwirkte Schleier (Ged., 1969), Kleine Begegnungen mit großen Leuten (Erinnerungen, 1973), Altmodische Liebesgedichte (1975), Bis nördlich von Jan Mayen (En., 1978), Liebe, Tod und Vollmondnächte. Jap. Gedichte (1980), Gottes Nähe. Zwölf Predigten (1981), Da wußte ich, daß Frühling war (Eskimo-Lieder, 1984).
Ausgabe: M. H. Ges. Werke. Ffm. 1983. 12 Bde.
Literatur: FRÖHLING, C. P.: Sprache u. Stil in den Romanen. M. H.s. Diss. Bonn 1965. – M. H. Festschr. zu seinem 70. Geburtstag. Hg. v. K. SCHAUDER. Ffm. 1968. – SCHAUDER, K.: M. H. Weg u. Werk. Neukirchen-Vluyn ²1979.

Hausmann, Raoul, * Wien 12. Juli 1886, † Limoges 1. Febr. 1971, österr. Maler, Photograph und Schriftsteller. – Ab 1900 in Berlin, 1918 Mitbegründer der Berliner Dadaistengruppe; Mit-Hg. der Zeitschrift ›Der Dada‹; er nahm in vielen Manifesten Stellung zum Geschehen in Politik und Kunst. Emigrierte 1933, ab 1938 in Frankreich. Als bildender Künstler machte er v. a. Collagen, Karton-

skulpturen, Photographien und Photomontagen; als Autor schrieb er Lautgedichte, sog. Plakatgedichte sowie Satiren, Grotesken und Essays.
Werke: Hurra! Hurra! Hurra! (Satiren, 1920), Pin (Ged., entst. 1946/47, gedr. 1962; mit K. Schwitters), Poèmes et bois (1962), Sprechspäne (1962), Hyle. Ein Traumsein in Spanien (1969), Am Anfang war dada (Erinnerungen, hg. 1972), Die Sprache der Fische und der Vögel und die Phonie (hg. 1977).
Ausgabe: R. H. Texte bis 1933. Hg. v. M. ERLHOFF. Mchn. 1982. 2 Bde.
Literatur: ERLHOFF, M.: R. H., Dadasoph. Versuch einer Politisierung der Ästhetik. Hann. 1982.

Haute tragédie [frz. ottraʒe'di = hohe Tragödie], klass. Form der frz. Tragödie der 2. Hälfte des 17. Jh., vertreten bes. durch P. Corneille und J. Racine. Die H. t. zeigt eine starke Tendenz zur Konzentration und Abstraktion: symmetr. Bau der fünf Akte (↑ geschlossene Form), Befolgung der ↑ drei Einheiten, Beschränkung der Handlung auf das unbedingt Wesentliche, geringe Anzahl der Personen. Dem trag. Konflikt der H. t. liegt eine verbindl. eth. Norm zugrunde, die getragen wird von der höfisch-aristokrat. Gesellschaft des Absolutismus. Der hohe Stand des Helden (↑ Ständeklausel) ist notwendige Voraussetzung.

Hávamál ['ha:vama:l; altnord. = Sprüche des Hohen], Sammlung weiser Lebensregeln in Sprüchen Odins (Teil der ↑ ›Edda‹).

Havel, Václav [tschech. 'havɛl], * Prag 5. Okt. 1936, tschech. Schriftsteller. – Ab 1969 Publikations- und Aufführungsverbot (ab 1977 Veröffentlichungen im Ausland); Sprecher der Charta 77; mehrfach inhaftiert, 1979–83 sowie 1989 (bis Mai) im Gefängnis. H. war Sprecher des im Nov. 1989 gegründeten oppositionellen Bürgerforums und wurde nach dem Sturz des kommunist. Regimes am 29. Dez. 1989 zum Staatspräsidenten der ČSFR gewählt (Rücktritt Juli 1992). Seit Jan. 1993 ist er Präsident der neuen Tschech. Republik. – Geschult an E. Ionesco, benutzt H. Elemente des absurden Theaters, um in seinen Grotesken die Sinnlosigkeit in den mechanisierten Beziehungen innerhalb der menschl. Gesellschaft aufzudecken. 1989 erhielt er den Friedenspreis des Börsenvereins des Dt.

Buchhandels, den er nicht persönlich entgegennehmen durfte.
Werke: Das Gartenfest (Spiel, 1964, dt. 1967), Die Benachrichtigung (Schsp., 1965, dt. 1967), Erschwerte Möglichkeit der Konzentration (Stück, 1968, dt. EA 1968), Die Retter (Spiel, UA dt. 1974, tschech. 1977), Audienz (Einakter, 1976, dt. 1977), Vernissage (Einakter, 1977, dt. 1977), Protest (Einakter, dt. 1979), Versuch, in der Wahrheit zu leben. Von der Macht der Ohnmächtigen (Essay, 1979, dt. 1980), Briefe an Olga (Betrachtungen aus dem Gefängnis, dt. 1984), Largo desolato (Schsp., dt. 1985), Versuchung (Stück, dt. 1986), Fernverhör. Ein Gespräch mit Karel Hvížd'ala (1986, dt. 1987), Sanierung (Stück, dt. 1989), Am Anfang war das Wort. Texte von 1969 bis 1990 (dt. 1990), Angst vor der Freiheit. Reden des Staatspräsidenten (dt. 1991), Sommermeditationen (1991, dt. 1992).
Literatur: RAMADAN, O.: V. H. Ein Portrait. Mchn. 1991. SIMMONS, M.: V. H. Staatsmann oder Idealen. Dt. Übers. Zü. 1992. – KRISEOVÁ, E.: V. H. Dichter u. Präsident. Dt. Übers. Neuausg. Rbk. 1993.

Haverschmidt, François [niederl. 'ha:vərsmɪt], * Leeuwarden 14. Febr. 1835, † Schiedam 19. Jan. 1894, niederl. Schriftsteller. – Kalvinistischer Pfarrer; schwermütig veranlagt, beging Selbstmord; veröffentlichte unter dem Pseudonym Piet Paaltjens Gedichte und Skizzen, die seinem romant. Weltschmerz Ausdruck verleihen.
Werke: Snikken en grimlachjes (Ged., 1867), Familie en kennissen (Skizzen, 1876).
Literatur: SERRARENS, E. A.: De dichter-predikant F. H. Amsterdam 1955. – NIEUWENHUYS, R.: De dominee en zijn worgengel. Amsterdam 1964.

Havlíček Borovský, Karel [tschech. 'havli:tʃek 'bɔrɔfski:], * Borová (Ostböhm. Gebiet) 31. Okt. 1821, † Prag 29. Juli 1856, tschech. Schriftsteller. – 1843/44 Lehrer in Rußland, wo er zum Gegner der zarist. Autokratie wurde; danach einflußreicher Journalist; als Verfechter des Austroslawismus 1851–55 in Brixen interniert; von N. W. Gogol beeinflußter, zwischen Romantik und Realismus stehender Publizist; verfocht seine nationalist. polit. Ideale in Parodien und Satiren, darunter ›Die Taufe des E. Zaren Wladimir‹ (hg. 1876, dt. 1906); G. E. Lessing und F. Frhr. von Logau waren die Vorbilder für seine Epigramme. Ebenfalls dt. erschienen ›Tiroler Elegien‹ (hg. 1861, dt. 1936).

72 Havrevold

Ausgabe: K. H. B. Spisy. Prag 1906–08. 8 Bde. **Literatur:** REPKOVÁ, M.: Satira K. Havlíčka. Prag 1971.

Havrevold, Finn [norweg. ˌhavrəvɔl], *Oslo 11. Aug. 1905, † Lismarka 18. Febr. 1988, norweg. Schriftsteller. – Untersucht in seinen Romanen und Hörspielen die psycholog. Ursachen von Aggressionslust und Menschenverachtung sowie das Problem des Nazismus in Norwegen; bed. auch als Jugendschriftsteller.

Werke: Walter den fredsommelige (R., 1947), Skredet (R., 1949), Den ytterste dag (R., 1963), De gjenstridige (R., 1965), Duellen (Hsp.e, 1965), Under samme tak (R., 1972), Avreisen (Hsp.e, 1973), De nådeløse (R., 1975), Vennskap (R., 1976), I fjor sommer (R., 1977).

Hawel, Rudolf, *Wien 19. April 1860, † ebd. 25. Nov. 1923, österr. Schriftsteller. – Wuchs in ärml. Verhältnissen auf, Volksschullehrer in Wien. H. schildert in volkstüml. Romanen und Bühnenstücken das Leben der Arbeiter und des Wiener Kleinbürgertums.

Werke: Märchen für große Kinder (1900), Die Politiker (Kom., 1904), Erben des Elends (R., 1906), Der Naturpark (Volksstück, 1906), Im Reiche der Homunkuliden (R., 1910), Erzählungen aus Stadt und Land (3 Bde., 1916–20).

Hawes, Stephen [engl. hɔːz], *Suffolk (?) um 1475, † um 1523, engl. Dichter. – War am Hof Heinrichs VII., dem er sein Hauptwerk ›The pastime of pleasure‹ (entst. um 1506, gedr. 1509) widmete. Seine der Tradition G. Chaucers und J. Lydgates verpflichteten Dichtungen, Übergangserscheinungen vom MA zur Renaissance, verbinden in pädagog. Absicht allegor. Darstellungen des menschl. Lebensweges mit Elementen der Ritterromanze und der Liebesallegorie.

Weitere Werke: The conversion of swearers (Ged., 1509), The example of virtue (Ged., um 1509).

Hawkes, John [Clendennin Burne, Jr.] [engl. hɔːks], *Stamford (Conn.) 17. Aug. 1925, amerikan. Schriftsteller. – Studium an der Harvard University. Teilnahme am 2. Weltkrieg in Deutschland, seit 1958 Prof. für Englisch zunächst an der Harvard, dann an der Brown University in Providence (R. I.); einer der bed. Vertreter postmoderner Erzählliteratur, der auf die konventionellen Strukturierungselemente des Romans verzichtet

und an ihre Stelle die ästhet. Vision setzt, die es ihm erlaubt, die Paradoxa der Kriegserlebnisse (›Der Kannibale‹, R., 1949, dt. 1989) sowie der zwischenmenschl. Beziehungen (›Die zweite Haut‹, R., 1964, dt. 1971; ›The blood oranges‹, R., 1971; ›Death, sleep & the traveller‹, R., 1974; ›The passion artist‹, R., 1979) unter den Leitbegriffen von Chaos und Ordnung zu versöhnen. Dabei parodiert er bekannte Erzählvorlagen wie den Western (›The beetle leg‹, R., 1951), den Kriminalroman (›Die Leimrute‹, R., 1961, dt. 1964), A. Camus' ›La chute‹ (›Travestie‹, R., 1975, dt. 1986), pornograph. (›Virginie. Her two lives‹, R., 1982) sowie autobiograph. Fiktion (›Abenteuer unter den Pelzhändlern in Alaska‹, R., 1985, dt. 1988); schrieb auch bed. Erzählungen (ges. in ›Lunar landscapes‹, 1969) und vier Kurzdramen (›The innocent party‹, 1966).

Weitere Werke: Il Gufo. Der Henker von Sasso Fetore (Nov., 1954, dt. 1988), Whistlejacket (R., 1988, dt. 1990).

Literatur: BUSCH, R.: H. A guide to his fictions. Syracuse (N. Y.) 1973. – A J. H. Symposium. Design and debris. Hg. v. A. C. SANTORE u. M. POCALYKO. New York 1977. – GREINER, D. J.: Comic terror. The novels of J. H. Memphis (Tenn.) ²1978. – BERRY, E.: A poetry of force and darkness. The fiction of J. H. San Bernardino (Calif.) 1979. – O'DONNELL, P.: J. H. Boston (Mass.) 1982. – GREINER, D. J.: Understanding J. H. Columbia (S. C.) 1985. – HRYCIW, C. A.: J. H. A research guide. New York ²1986.

Hawkins, Sir Anthony Hope [engl. ˈhɔːkɪnz], engl. Schriftsteller, † Hope, Anthony.

Hawthorne, Nathaniel [engl. ˈhɔːθɔːn], *Salem (Mass.) 4. Juli 1804, † Plymouth (N. H.) 18. oder 19. Mai 1864, amerikan. Schriftsteller. – Studierte zusammen mit H. W. Longfellow, beteiligte sich 1841 an der von den Transzendentalisten gegründeten Brook Farm, einer sozial-utop., später sozialistisch intendierten Genossenschaft; war als Journalist und Zollbeamter tätig, wurde erst als Konsul in Liverpool (1853–57) von finanziellen Sorgen frei. Nach einer Italienreise (1857–59) kehrte er 1860 in die USA zurück. Seine ersten Erzählungen und der noch unausgereifte Roman ›Fanshawe‹ (1828) erschienen anonym. In den bed. Kurzgeschichtensammlun-

Nathaniel Hawthorne (zeitgenössischer Kupferstich)

gen ›Zweimal erzählte Geschichten‹ (1837, erweitert 1842, dt. Ausw. in 2 Bden., 1852) und ›Mosses from an old manse‹ (1846), die in der Rezeption durch E. A. Poe und H. Melville zum Ausgangspunkt für die Theorie der amerikan. Short story und zur Einschätzung H.s als amerikan. Shakespeare wurden, entwickelt er das für sein Werk zentrale Thema der sich aus der Religionsauffassung der puritan. Siedler Neuenglands ergebenden Widersprüche zwischen individueller Freiheit und Konformitätszwang. Sein Meisterwerk ist der Roman ›Der scharlachrote Buchstabe‹ (1850, dt. 1913, 1851 u. d. T. ›Der Scharlachbuchstabe‹), in dessen einleitendem biograph. Bericht ›Custom house‹ H. seine eigene Verstrickung in die von Puritanern verübten Ungerechtigkeiten darlegt. Das Werk ist eine meisterhafte psycholog. Durchleuchtung des Schuldbewußtseins und seiner Folgen, eine Darstellung des freudlosen Lebens der sittenstrengen, ihre Gefühle unterdrückenden Puritaner. Das Problem der Sünde und der Erbschuld im Zusammenhang mit der amerikan. Geschichte behandelt H. in dem Roman ›Das Haus der sieben Giebel‹ (1851, dt. 2 Bde., 1851), während der autobiograph. Roman ›Blithedale‹ (1852, dt. 2 Bde., 1852) die zwischenmenschl. Beziehungen in der fiktionalisierten Brook-Farm-Kommune schildert. Der letzte Roman, ›Miriam oder Gral und Künstlerin‹ (1860, dt. 1862, 1961 u.d.T. ›Der Marmorfaun‹), verlagert das Geschehen um Liebe und Schuld nach Italien.
Weitere Werke: The snow-image (Kurzgeschichten, 1851), Tanglewood tales (Kindergeschichten, 1853), The American notebooks (hg. 1932), The English notebooks (hg. 1941), The French and Italian notebooks (hg. 1979).
Ausgaben: N. H. Romane u. Erzählungen. Dt. Übers. Hg. v. F. BLEI. Potsdam u. Bln. 1923. 4 Bde. – The centenary edition of the works of N. H. Hg. v. W. CHARVAT u. a. Columbus (Ohio) 1962 ff. Auf mehrere Bde. berechnet (bisher 20 Bde. erschienen).
Literatur: JAMES, H.: N. H. New York 1879. Neuausg. 1967. – HAWTHORNE, J.: H. and his circle. New York u. London 1903. – A scarlet letter handbook. Hg. v. S. L. GROSS. San Francisco (Calif.) 1960. – STEWART, R.: N. H. A biography. New Haven (Conn.) 1961. – LINK, F. H.: Die Erzählkunst N. H.s. Hdbg. 1962. – H. A collection of critical essays. Hg. v. A. N. KAUL. Englewood Cliffs (N. J.) 1966. – Twentieth century interpretations of ›The scarlet letter‹. Hg. v. J. C. GERBER. Englewood Cliffs (N. J.) 1968. – STUBBS, J. C.: The pursuit of form. A study of H. and the romance. Urbana (Ill.) 1970. – N. H. A reference bibliography 1900–1971 (with nineteenth century materials). Ges. v. B. RICKS u. a. Boston (Mass.) 1972. – N. H. A collection of criticism. Hg. v. J. D. CROWLEY. New York 1975. – BAYM, N.: The shape of H.'s career. Ithaca (N. Y.) u. London 1976. – CLARK, C. E. F.: N. H. A descriptive bibliography. Pittsburgh (Pa.) 1978. – MELLOW, J. R.: N. H. in his times. Boston (Mass.) 1980. – N. H. New critical essays. Hg. v. A. R. LEE. London u. a. 1982. – EHRLICH, G. C.: Family themes and H.'s fiction. New Brunswick (N. J.) 1984. – N. H. Hg. v. H. BLOOM. New York 1986.

Hay, John [Milton] [engl. hɛɪ], * Salem (Ind.) 8. Okt. 1838, † Sunapee (N. H.) 1. Juli 1905, amerikan. Politiker und Schriftsteller. – 1862–65 Privatsekretär A. Lincolns; dann Diplomat in Europa, u. a. Botschafter in London, dazwischen journalistisch tätig, 1898–1905 Außenminister unter W. McKinley und Th. Roosevelt. Verfaßte Skizzen über seinen Spanienaufenthalt, Gedichte, den sozialkrit. Tendenzroman ›The bred-winners‹ (1884) und mit John George Nicolay (* 1832, † 1901) eine Biographie Lincolns (10 Bde., 1890); v. a. bekannt als Autor derb-humorist. Dialektballaden, der ›Pike County ballads‹ (1871), in denen er das Leben der Pioniere in Illinois darstellt.
Literatur: THURMAN, K.: J. H. as a man of letters. Reseda (Calif.) 1974. – KUSHNER, H. I./SHERRILL, A. H.: J. M. H. The union of poetry and politics. Boston (Mass.) 1977.

Háy, Gyula (Julius) [ungar. 'haːi], * Abony (Bezirk Pest) 5. Mai 1900, † As-

74 Hayashi

cona 7. Mai 1975, ungar. Schriftsteller. – Studierte in Budapest Architektur, emigrierte 1919 – nach Niederschlagung der Räterepublik – nach Deutschland, lebte in Dresden und Berlin, ging 1933 ins Exil nach Moskau, kehrte 1945 nach Ungarn zurück, wurde nach dem Aufstand 1956 zu mehreren Jahren Gefängnis verurteilt, nach dreijähriger Haft amnestiert und lebte ab 1965 in der Schweiz. H. trat ab 1930 als marxist. Dramatiker hervor; er schrieb seine Theaterstücke v. a. in dt. Sprache. Bekannt wurde H. bes. durch sein Schauspiel ›Haben‹ (1938), in dem anhand einer Giftmordaffäre der soziale Verfall einer Dorfgesellschaft gezeigt wird.

Weitere Werke: Gott, Kaiser und Bauer (Dr., 1935), Das neue Paradies (Kom., 1938), Gerichtstag (Dr., 1946), Der Putenhirt (Dr., 1948), Begegnung (Dr., 1953), Attilas Nächte (Trag., 1964), Das Pferd (Kom., 1964), Gáspár Varrós Recht (Dr., 1966), Der Barbar (Dr., 1966), Geboren 1900 (Autobiogr., 1971).
Ausgabe: Julius H. Dramen. Rbk. 1964–66. 2 Bde.

Hayashi, Fumiko, jap. Schriftstellerin, † Hajaschi, Fumiko.

Hayes, Joseph [Arnold] [engl. hɛɪz], * Indianapolis (Ind.) 2. Aug. 1918, amerikan. Schriftsteller. – Romancier, Dramatiker und Funkautor; wurde v. a. bekannt durch seinen Kriminalroman ›An einem Tag wie jeder andere‹ (1954, dt. 1955).

Weitere Werke: Der dritte Tag (R., 1964, dt. 1965), Zwei auf der Flucht (R., 1971, dt. 1972), Der Schatten des anderen (R., 1976, dt. 1976), Insel auf dem Vulkan (R., 1979, dt. 1979), Sekunde der Wahrheit (R., 1980, dt. 1980), Die dunkle Spur (R., 1982, dt. 1982), Morgen ist es zu spät (R., 1985, dt. 1985).

Haykal, Muḥammad Ḥusayn, ägypt.-arab. Schriftsteller, † Haikal, Muhammad Husain.

Ḥayyām, pers. Gelehrter und Dichter, † Omar Chaijam.

Hazard, Désiré [frz. a'za:r], Pseudonym des frz. Schriftstellers Octave † Feuillet.

Hazār Wa Jik Rūz † Tausendundein Tag.

Hazaz, (tl.: Hazaz; Hasas), Chajim [hebr. xa'zaz], * Sidorowitschi (Ukraine) 16. Sept. 1898, † Jerusalem 24. März 1973, hebr. Schriftsteller. – Verließ Rußland 1921, lebte dann in Berlin und Paris, ab

1931 in Jerusalem. Im Mittelpunkt seiner frühen Romane und Erzählungen steht die jüd. Welt in den osteurop. Kleinstädten, ihre Bedrohung und Zerstörung während und nach der Revolution von 1917. Bes. bekannt wurde H. durch seine Darstellungen des Lebens der jemenit. Juden.

Ausgabe: Ch. H. Ges. Werke (Hebr.). Tel Aviv 1968. 12 Bde.
Literatur: Enc. Jud. Bd. 7, 1972, S. 1524.

Hazlitt, William [engl. 'hæzlɪt, 'hɛɪzlɪt], * Maidstone bei London 10. April 1778, † London 18. Sept. 1830, engl. Essayist. – Bed. Kritiker und Essayist, der mit leidenschaftl. persönl. Teilnahme zu allen literar. und polit. Fragen Stellung nahm. Er pflegte v. a. die witzige, unterhaltsame Essayistik im Konversationston; Vorbilder waren bes. Montaigne und E. Burke. Seine gedanklich klare, unbefangene Kritik wurde den Eigenheiten sowohl des Klassizismus als auch der Vorromantik gerecht.

Werke: The characters of Shakespeare's plays (1817), The English poets (1818), On the English comic writers (1819), The dramatic literature of the age of Elizabeth (1820), The spirit of the age (1825), Sketches and essays (hg. 1839).
Ausgabe: The complete works of W. H. Hg. v. P. P. Howe. London u. Toronto 1930–34. 21 Bde.
Literatur: Baker, H.: W. H. Cambridge (Mass.) 1962. – Bromwich, D.: H. The mind of a critic. New York u. Oxford 1983. – Uphaus, R. W.: W. H. Boston (Mass.) 1985. – Jones, S.: H., a life. Oxford 1989.

H. D. [engl. 'ɛɪtʃ 'di:], Initialen der amerikan. Schriftstellerin Hilda † Doolittle.

Head, Bessie [engl. hɛd], * Pietermaritzburg (Natal) 6. Juli 1937, † Serowe (Botswana) 17. April 1986, südafrikan. Erzählerin. – Kind einer weißen Gutsbesitzertochter und eines schwarzen Stalljungen, wuchs bei einer farbigen Pflegemutter auf; wurde von anglikan. Missionaren erzogen; ging 1964 ins Exil nach Botswana. Ihr Werk enthält eine persönl. Bestandsaufnahme ihres Schicksals, stellt aber v. a. die Frage nach der geschichtl. Identität des Menschen.

Werke: When rainclouds gather (R., 1969), Maru (R., 1972), Die Farbe der Macht (R., 1973, dt. 1987), Serowe. Village of the rain wind (R., 1981), A bewitched crossroad (R., 1984), Tales of tenderness and power (En., hg. 1989), A

Hebbel 75

woman alone. Autobiographical writings (hg. 1990).

Heaney, Seamus Justin [engl. 'hi:nɪ], * Castledawson (Derry) 13. April 1939, ir. Dichter. – Studierte und lehrte an der Univ. in Belfast; war in den 60er Jahren führender Exponent einer Gruppe junger nordir. Dichter; übersiedelte 1972 in die Republik Irland; Gastprofessuren an engl. und amerikan. Universitäten, seit 1982 an der Harvard University. Seine Lyrik ist eng mit der Landschaft, der agrar. Tradition, der Geschichte und den Gegenwartsproblemen Irlands verbunden.

Werke: Death of a naturalist (Ged., 1966), Door into the dark (Ged., 1969), Wintering out (Ged., 1972), Norden (Ged., 1975, engl. u. dt. 1987), Field work (Ged., 1979), Preoccupations (Ged., 1980), Selected poems 1965–75 (Ged., 1980), Station Island (Ged., 1984), Die Hagebuttenlaterne (Ged., 1987, engl. u. dt. 1990), New selected poems 1966–1987 (Ged., 1990), The redress of poetry (Abh., 1990), Seeing things (Ged., 1991).

Ausgabe: S. H. Ausgew. Gedichte 1965–1975, engl. und dt. Hg. v. H. BEESE. Stg. 1984.

Literatur: BUTTEL, R.: S. H. Brunswick (N.J.) 1975. – OPPEL, H.: Die Suche nach Irlands Vergangenheit u. einer anglo-ir. Dichtersprache in S. H.s › North‹. Wsb. 1979. – The art of S. H. Hg. v. T. CURTIS. Bridgend 1982. – CORCORAN, N.: S. H. London 1986. – ANDREWS, E.: The poetry of S. H. London u. a. 1988. – PARKER, M.: S. H.: the making of the poet. Dublin u. a. 1993.

Hearn, Lafcadio [engl. hɔ:n], * auf Lefkas (Griechenland) 27. Juni 1850, † Tokio 26. Sept. 1904, amerikan. Schriftsteller irisch-griech. Herkunft. – Wanderte 1869 nach Amerika aus; lebte ab 1890 als Berichterstatter in Japan, heiratete eine Japanerin, wurde Lehrer, nahm den jap. Namen Jakumo Koisumi und die jap. Staatsbürgerschaft an und war ab 1896 Dozent für engl. Literatur in Tokio. Als feinsinniger Beobachter des Brauchtums seiner neuen Heimat gelangen ihm eindrucksvolle Impressionen.

Werke: Two years in the French West Indies (Bericht, 1890), Youma (E., 1890), Izumo. Blicke ins unbekannte Japan (2 Bde., 1894, dt. 2 Bde., 1907/08), Out of the East (1895), Kokoro (Nov.n, 1896, dt. 1906), Jap. Geistergeschichten (1899, dt. 1925), A Japanese miscellany (1901), Kwaidan. Seltsame Geschichten und Stücke aus Japan (1904, dt. 1909).

Ausgaben: The writings of L. H. Boston (Mass.) u. New York 1922. 16 Bde. – L. H. Selected writings. Hg. v. H. GOODMAN. New York 1949.

Literatur: MCWILLIAMS, V.: L. H. Boston (Mass.) 1946. Nachdr. New York 1970. – KUNST, A. H.: L. H. New York 1969. – STEVENSON, E.: L. H. New York Neuaufl. 1979. – WEBB, K. M.: L. H. and his German critics. New York 1984.

Heath-Stubbs, John [engl. 'hɪ:θ-'stʌbz], * London 9. Juli 1918, engl. Lyriker und Kritiker. – Seine technisch virtuose, hochgebildete, zuweilen satir. Lyrik schöpft aus Geschichte und Mythen der Antike und des Mittelalters, reflektiert aber auch die moderne Stadtwelt; sie umfaßt zudem Übersetzungen von Hafes und G. Leopardi; schrieb auch literaturkrit. Arbeiten.

Werke: Wounded Thammuz (Ged., 1942), Beauty and the beast (Ged., 1943), The divided ways (Ged., 1946), The swarming of the bees (Ged., 1950), The darkling plain (Kritik, 1950), Selected poems (Ged., 1965), Satires and epigrams (1968), Artorius (Ged., 1970), Naming the beasts (Ged., 1982), The immolation of Aleph (Ged., 1985), Collected poems 1943–1987 (Ged., 1988).

Hebbel, [Christian] Friedrich, * Wesselburen 18. März 1813, † Wien 13. Dez. 1863, dt. Dramatiker. – Sohn eines Tagelöhners; zunächst Maurerlehre, nach dem Tod der Eltern ab 1827 Botenjunge und Schreiber bei dem Kirchspielvogt J. J. Mohr in Wesselburen, in dessen Bibliothek er sich den Grundstock seines Wissens aneignete. In Hamburg, wo er vergeblich versuchte, das Abitur nachzuholen, Bekanntschaft mit der Schriftstellerin A. Schoppe, die ihm unterstützte und ihm Mäzene verschaffte. 1836–39 studierte er in Heidelberg und München, zunächst Jura, später Geschichte, Literatur und Philosophie, 1839 Fußmarsch zurück nach Hamburg; hier hatte er finanzielle Unterstützung durch die Putzmacherin und Näherin Elise Lensing (* 1804, † 1854), zu der er jahrelang enge Beziehungen unterhielt und mit der er zwei Söhne hatte. Er begann mit der Arbeit an seinen ersten Dramen und unternahm viele Reisen; 1842/43 Aufenthalt in Kopenhagen, wo ihm von König Christian VIII. ein zweijähriges Reisestipendium gewährt wurde; 1843/44 in Paris, 1844/45 Italienreise. In Wien lernte er die Burgschauspielerin Christine Enghaus (* 1817, † 1910) kennen, die ›lebenslänglich mit 5000 Gulden beim Hoftheater engagiert‹ war, und heiratete sie 1846. Lebte von da an in Wien (hier Feuilletonredakteur), ab 1855 auch am Traunsee, wo er ein Sommerhaus erwarb. Reisen u. a. nach Weimar, Paris und London. 1848 kandidierte er für die Wahl zur Frankfurter Nationalversammlung, er erhielt jedoch keine Stimme.

H. gilt als einer der großen Dramatiker des 19. Jh., er schrieb jedoch auch Novellen und Gedichte. Die Tragödie ›Judith‹ (1841) brachte ihm den ersten Erfolg. Das am häufigsten gespielte Drama war das bürgerl. Trauerspiel ›Maria Magdalene‹ (1844), das für den Durchbruch des modernen trag. Realismus von großer Bedeutung ist. In seiner vorwiegend gegen Schillers ›Kabale und Liebe‹ gerichteten Kritik (Vorwort zu ›Maria Magdalene‹) versuchte H., den Typus des bürgerl. Trauerspiels als reine dramat. Gattung neu zu bestimmen und der ›epochemachenden‹ Tragödie, die nach H.s Dramentheorie das Verhältnis eines Charakters zum Ideenzentrum gestaltet, im Rang gleichzustellen. Das bürgerl. Trauerspiel, dem die Schwere des Stoffs, die Gewichtigkeit der Motive und die ›Fallhöhe‹ des Helden fehlen, wird tragisch nicht durch den Zusammenstoß der bürgerl. Welt mit einer sozial höheren Sphäre, sondern durch das starre Beharren dieser bürgerl. Welt, die tödl. Verfestigung ihrer Denkgewohnheiten. ›Gyges und sein Ring‹ (1856) gilt als das künstlerisch vollendetste von H.s Dramen. In ihm verbinden sich griech. Einfachheit (Anlehnung an Goethes antikisierende Dramen) mit modern-realist. Motivation der Charaktere.

Literatur- und geistesgeschichtlich steht H. zwischen Idealismus und Realismus; der Einfluß G. F. W. Hegels und A. Schopenhauers ist in all seinen Werken spürbar. H.s Hauptthema ist das trag. Verhältnis zwischen Ich und Welt, das bes. in Übergangszeiten und an großen Persönlichkeiten deutlich wird. Individuation an sich, als Differenzierung des Ichs vom Nicht-Ich, stellt den Menschen notwendig in einen – schuldhaften – Konflikt zum Weltwillen. Im Sinne von Hegels Geschichtsphilosophie wird die Persönlichkeit zum Werkzeug einer höheren Macht und wird der Vernichtung preis-

Christian Friedrich Hebbel

gegeben, wenn sie ihren Auftrag erfüllt hat. Durch den Kampf der Geschlechter wird dieser Dualismus kompliziert (›Judith‹; ›Herodes und Mariamne‹, 1850; ›Gyges und sein Ring‹). H. war aber von 1850 an bemüht, seinen ›pantrag.‹ Ansatz, der von der Unauflöslichkeit des Konflikts ausgeht, in die Versöhnung der Gegensätze münden zu lassen, die erst jenseits der Vernichtung des Protagonisten sichtbar werden kann.

Eine pessimistisch-nihilist. Grundanschauung durchzieht H.s Werk. Schon früh in seinem Leben und früh für seine Zeit empfand er die Gottesferne des Menschen und sah wie H. Heine ›im Riß der Welten‹ stehen. Die Problematik der Übergangszeit, in der das Alte keine Geltung mehr hat und noch nichts Neues in Sicht ist, bestimmte die Wahl der Stoffe seiner Dramen, die er dem AT (›Judith‹), der jüd. Geschichtsschreibung des Flavius Josephus (›Herodes und Mariamne‹), der jüdisch-oriental. Sagenwelt (›Gyges und sein Ring‹), der german. Sagenwelt (›Die Nibelungen‹, Tragödientrilogie, 2 Bde., 1862), dem MA (›Genoveva‹, 1843; ›Agnes Bernauer‹, 1852) und seiner Zeit (›Maria Magdalene‹) entnahm. Häufig gab erst seine krit. Einstellung zu schon vorliegenden Bearbeitungen eines Stoffes H. den schöpfer. Impuls, und trotz großräumiger Anlage der Dramen erdrücken Gedanken häufig die dichter. Komponenten. Auch die Lyrik ist gedankenbeladen und steht der Prosa nahe. Die ›Gedichte‹ (1857) sind L. Uhland gewidmet; der Band enthält Balladen, Sonette und Epigramme; bekannt sind v. a. ›Heideknabe‹, ›Sommerbild‹ und ›Nachtlied‹. In den an E. T. A. Hoffmann, H. von Kleist, Jean Paul und L. Tieck geschulten Novellen herrscht das Groteske und Grausige vor, so daß sich in diesem herben Gesamtwerk das idyll. Hexameterepos ›Mutter und Kind‹ (1859), worin die Ehe als den Menschen läuternde, ja seine Menschwerdung erst ermöglichende Institution dargestellt wird, fast fremd ausnimmt. Die Epigramme und Kritiken weisen H. als scharfsinnigen und eigenwilligen Denker aus. Seine ›Tagebücher‹ (entstanden 1835–63, herausgegeben von F. Bamberg, 2 Bde., 1885–87) sind voller Selbstkritik und spiegeln die geistigen Auseinandersetzungen des 19. Jahrhunderts wider.

Weitere Werke: Gedichte (1842), Mein Wort über das Drama! (Abh., 1843), Der Diamant (Kom., 1847), Neue Gedichte (1848), Schnock (En., 1850), Julia (Trag., 1851), Der Rubin (Kom., 1851), Ein Trauerspiel in Sizilien (Tragikomödie, 1851), Erzählungen und Novellen (1855), Michel Angelo (Dr., 1855), Demetrius (Trag., 1864).

Ausgaben: F. H. Sämtl. Werke. Histor.-krit. Ausg. (Säkular-Ausg.). Hg. v. R. M. WERNER. Bln. 1911–17. Nachdr. Bern 1970. Abt. 1–3. 27 Bde. – F. H. Werke. Hg. v. G. FRICKE u. a. Mchn. 1963–67. 5 Bde. – F. H. Tagebücher. Hg. v. K. PÖRNBACHER. Mchn. 1984. 3 Bde. – F. H. Das erzähler. Werk. Hg. v. K. PÖRNBACHER u. W. KELLER. Mchn. 1986.

Literatur: WALZEL, O.: H.probleme. Lpz. 1909. Nachdr. Hildesheim 1973. – KUH, E.: Biogr. F. H.s. Wien ³1912. 2 Bde. – ZIEGLER, K.: Mensch u. Welt in der Tragödie F. H.s. Bln. 1938. Nachdr. Darmst. 1966. – H.-Jb. Jg. 1, Heide 1939 ff. – H. in neuer Sicht. Hg. v. H. KREUZER. Stg. 1963. – MEETZ, A.: F. H. Stg. ²1965. – STOLTE, H.: F. H. Welt u. Werk. Hamb. 1965. – MICHELSEN, P.: F. H.s Tagebücher. Eine Analyse. Gött. 1966. – SCHAUB, M.: F. H. Velber 1967. – WITTKOWSKY, W.: Der junge H. Zur Entstehung u. zum Wesen der Tragödie H.s. Bln. 1969. – KAISER, H.: F. H.: Geschichtl. Interpretation der dramat. Werke. Mchn. 1983. – FOURIE, R.: Das ›Abgrund‹-Motiv in H.s Tagebüchern u. Tragödien. Stg. 1984. – NIVEN, W. J.: The reception of F. H. in Germany in the era of national socialism. Stg. 1984. – MATTHIESEN, H.: F. H. Rbk. 27.–29. Tsd. 1992. – Studien zu H.s Tagebüchern. Hg. v. G. HÄNTZSCHEL. Mchn. 1994.

Hebel, Johann Peter, * Basel 10. Mai 1760, † Schwetzingen 22. Sept. 1826, dt. Schriftsteller. – Von einfacher Herkunft, studierte Theologie in Erlangen, wurde Vikar und Hauslehrer; ab 1783 Lehrer am Pädagogium in Lörrach, später am Gymnasium in Karlsruhe (ab 1808 als Direktor); 1819 Prälat und Abgeordneter des bad. Landtags. Bedeutendster alemann. Mundartdichter; schrieb im Dialekt der Gegend von Lörrach (Baden) ›Allemann. Gedichte‹ (1803 und 1820), idyll. Lebens- und Landschaftsschilderungen, z. T. didakt. Kurzerzählungen, die in dem von ihm herausgegebenen Kalender ›Der Rheinländ. Hausfreund ...‹ (1808–11, Auswahl 1811 u. d. T. ›Schatzkästlein des rhein. Hausfreundes‹) erschienen, später im Kalender ›Rhein. Hausfreund ...‹ (1813–15 und 1819), und ihn als Meister der Anekdote und der volkstüml. Kalendergeschichte ausweisen.

Ausgaben: J. P. H. Briefe. Gesamtausg. Hg. v. W. ZENTNER. Karlsr. 1957. 2 Bde. – J. P. H. Werke. Hg. v. W. ALTWEGG. Zü. u. Freib. ²1958. 2 Bde. – J. P. H. Werke. Hg. v. E. MECKEL. Ffm. 1968. 2 Bde. – J. P. H. Der Rheinländ. Hausfreund. Faksimiledruck der Jahrgänge 1808–15 u. 1819. Mit einem Kommentarbd. Hg. v. L. ROHNER. Wsb. 1981. 2 Bde. – J. P. H. Schatzkästlein des rhein. Hausfreundes. Krit. Gesamtausg. Hg. v. W. THEISS. Stg. 1981.

Literatur: ALTWEGG, W.: J. P. H. Frauenfeld 1935. – ZENTNER, W.: J. P. H. Eine Biogr. Neuausg. Karlsr. 1965. – HIRTSIEFER, G.: Ordnung u. Recht in der Dichtung J. P. H.s. Bonn 1968. – KULLY, R. M.: J. P. H. Stg. 1969. – DÄSTER, U.: J. P. H. Rbk. 14.–16. Tsd. 1979. – Zu J. P. H. Hg. v. R. KAWA. Stg. 1981. – FEGER, R.: Annäherung an einen Prälaten. Fragestellungen zu Leben u. Werk J. P. H.s. Lahr 1983. – J. P. H. Eine Wiederbegegnung zu seinem 225. Geburtstag. Hg. v. G. MOEHRING u. a. Karlsr. 1985. – STEIGER, J. A.: Bibel-Sprache, Welt u. Jüngster Tag bei J. P. H. Gött. 1994.

Johann Peter Hebel

78 Hébert

Hébert, Anne [frz. eˈbɛːr], * Sainte-Catherine-de Fossambault (Quebec) 1. Aug. 1916, kanad. Schriftstellerin. – Lebt seit den 1950er Jahren meist in Paris. Literarisch prägend waren ihr Vater, ein Literaturkritiker, und ihr Vetter, der Lyriker Hector de Saint-Denys Garneau (* 1912), dessen Tod 1943 sie zu dem ihre literar. Entwicklung kennzeichnenden Thema des Aufbegehrens (v.a. gegen Quebec) führte, z.B. in der Titelgeschichte von ›Le torrent‹ (En., 1950, erweitert 1963), der Lyrik von ›Le tombeau des rois‹ (Ged., 1953) und in dem titelgebenden Stück des Dramenbandes ›Le temps sauvage‹ (1967). Am bekanntesten ist sie als Autorin von Romanen, die nach ›Les chambres de bois‹ (1958) zyklusartig in die Vergangenheit ausholen und Themen der Gewalt und Dämonie gestalten: ›Kamouraska‹ (1970, dt. 1972), ihr größter Erfolg, eine Liebes- und Mordgeschichte des 19.Jh., ›Les enfants du sabbat‹ (1975), ›Héloïse‹ (1980) und ›Les fous de Bassan‹ (1982; Prix Femina 1982).

Weitere Werke: Le premier jardin (R., 1988), L'enfant chargé de songes (R., 1992).
Literatur: LACÔTE, R.: A. H. Paris 1969. – MAJOR, J.L.: A. H. ou le miracle de la parole. Montreal 1976. – MEZEI, K.: A. H. In: Canadian literature (Frühjahr 1977). – PATERSON, J.: A. H. Architexture romanesque. Ottawa 1985.

hebräische Literatur, die in hebr. Sprache in den letzten 200 Jahren entstandenen literar. Werke, wobei das religiöse Schrifttum ausgeschlossen bleibt (↑ jüdische Literatur).

Bereits im MA und zur Zeit der Renaissance gab es neben dem religiösen Schrifttum die literar. Behandlungen profaner Themen, so etwa Liebes- und Weinlyrik in Spanien und Italien. Aber erst mit der Aufklärung im 18.Jh. kam es – zunächst in Deutschland – unter dem Aspekt der Teilnahme am allgemeinen Kultur- und Geistesleben zu einer stärkeren Hinwendung zu außerreligiösen Themen und zum Versuch, in hebr. Sprache literar. Werke in den unterschiedlichsten Gattungen zu verfassen. Hebräisch wurde als sprachl. Mittel bewußt gewählt, weil in aufgeklärten Kreisen eine Besinnung auf den Wert dieser Sprache einsetzte und Hebräisch als Ver-

kehrssprache der Juden in jüd. Kreisen überall verstanden wurde. Eine Verwendung des Jüdisch-Deutschen oder Jiddischen lehnte man ab, da es als Vulgärsprache galt und keine anerkannte Tradition aufwies.

In **Deutschland** waren es im Anschluß an den Philosophen M. Mendelssohn die sog. Me'assefim (= Sammler, benannt nach der Zeitschrift ›Ha-me'assef‹, 1783ff.), die versuchten, auf der Grundlage eines bibl. Hebräisch neue sprachl. und künstler. Wege zu finden (Hartwig Wessely, eigtl. Naphtali Herz Wesel [Weisel] und Isaak Satanow [* 1732, † 1804]). Verfaßt wurden v.a. ep. Gedichte, Maximen, Dramen, aber auch publizist. Beiträge. Während in Deutschland zu Beginn des 19.Jh. diese Periode ausklang und völlig der aufgeklärten Juden in der Folgezeit sich der dt. Sprache zuwandten, begann in dieser Zeit in **Polen** und **Rußland** eine Übernahme der Ideen der jüd. Aufklärung und damit eine literar. Verarbeitung in allen Bereichen. Josef Perl (* 1774, † 1839) und Isaak Erter (* 1792, † 1851) schrieben Satiren; A. Mapu verfaßte den ersten histor. Roman in hebr. Sprache (›Ahavat Ziyyôn‹ [= Zionsliebe], 1853, dt. 1885), der auf bibl. Themen basiert. P. Smolenskin trat als Publizist für den jüd. Nationalismus ein (Zeitschrift ›Haš-Šaḥar‹ [= Die Morgenröte, 1869–84), wie sich überhaupt bei vielen Autoren von nun an polit. und literar. Zielsetzungen verbanden. Mosche Leib Lilienblum (* 1843, † 1910) setzte sich für eine religiöse Reform ein. J. L. Gordon forderte auf der Grundlage des Sozialismus Reformen. In seinen meisterhaft geschriebenen Essays vertrat Achad Haam einen jüd. kulturellen Nationalismus. Für die Entwicklung der hebr. Sprache über das klassizist. Bibel-Hebräisch hinaus leistete Mendele Moicher Sforim in seinen Romanen Entscheidendes. Durch ihn erfolgte der Durchbruch des Realismus als künstler. Prinzip in der h. Literatur. In Polen wirkten zur gleichen Zeit D. Frischmann, M. J. Bin Gorion und J. L. Perez. Perez schrieb wie Mendele Moicher Sforim viele seiner Erzählungen in Jiddisch, das nach 1870 neue Literatursprache und v.a. von sozialist. Schriftstellern und Publizisten verwendet wurde, während Hebräisch aus nat. Gründen von den Anhängern des aufkommenden Zionismus benutzt wurde. Durch Ch. N. Bialik erreichte die europ. Periode der h. L. ihren Höhepunkt; sein dichter. Werk (Lyrik, Erzählungen, Essays und Übersetzungen) vereinigte in sich jüd. Tradition, tiefe Religiosität und moderne europ. Kultur. Neben Bialik wirkten mit gleichfalls großer künstler. Gestaltungskraft S. Tschernichowski und S. Schne'ur. Von Beginn des 20. Jh. an und bes. nach der Oktoberrevolution wurde **Palästina** neuer Mittelpunkt der h. Literatur. Zuerst ragten bes. J. Ch. Brenner und Aharon David Gordon (* 1856, † 1922) hervor. Während der Zeit des brit. Mandats (1920/23–48) waren die führenden Lyriker A. Schlonski, N. Alterman, U. Z. Greenberg und L. Goldberg. Die Prosa erfuhr durch S. J. Agnon einen neuen Höhepunkt. Nach der Gründung des **Staates Israel** standen im Mittelpunkt der literar. Thematik die Katastrophe der europ. Judenheit in der Hitler-Zeit und die sich verändernden sozialen und polit. Verhältnisse in Israel. Unter den neueren Dichtern sind bes. zu nennen Mosche Schamir, S. Jishar, J. Amichai und Aharon Meged. Nach dem Sechstagekrieg von 1967 nahmen Themen aus dem individuellen und aktuell-polit. Bereich (Verhältnis zu den Arabern) breiten Raum ein, wobei – wie auch schon zuvor – moderner europ. und amerikan. Erzählstil und literar. Richtungen Verwendung finden (A. B. Jehoschua). Die traditionell zionistisch fixierten Themenstellungen treten zurück.

Entscheidende neue Tendenzen haben sich in den letzten Jahren nicht gezeigt. Bedingt durch die neue Situation nach dem Jom-Kippur-Krieg (1973) und die sich anschließenden Veränderungen im polit. Bereich werden v. a. soziale Fragen, Probleme der jüd. Identität und das Verhältnis zu den Arabern behandelt. Die Holocaust-Problematik stand in den letzten Jahren verstärkt im Mittelpunkt: A. Kovner (* 1918), A. Appelfeld, A. Oz. Hierin ist eine Parallele zu entsprechenden Entwicklungen in der jüd. Literatur zu sehen. Zu erwähnen sind auch B. Tammuz, D. Shahar, Yoram Kaniuk

(* 1930), David Grossman (* 1954). In der jüngeren Generation israel. Schriftsteller zeichnet sich eine Abkehr von der Prosa zugunsten (meist realist.) Poetik ab (T. Carmi). Ein publizist. Sammelpunkt der Dichter ist die literar. Zeitschrift ›Siman qerî'a‹ (= Ausrufezeichen). Nach wie vor bewahren gute Theaterstücke israel. Schriftsteller, wie die von Nissim Aloni (* 1926), ihre Anziehungskraft. Sein erstes und erfolgreichstes Stück ›Akzar mi-kôl ha-mẹlẹk‹ (= Grausamer als alle ist der König, UA 1953) behandelt die Grausamkeit des Königs Rehabeam (1. Kön., Kap. 11–12). Bed. Vertreter der israel. Gegenwartsdramatik ist u. a. auch J. Sobol. Weltberühmt wurde der israel. Humor durch E. Kishon, dessen Humoresken in alle Sprachen der Welt übersetzt wurden.

Außer in Europa und Israel sind auch in den USA seit Beginn des 20. Jh. Werke der h. L. entstanden; die Bedeutung der dortigen Schriftsteller und ihrer Werke tritt aber gegenüber denjenigen in Israel in der Gegenwart immer stärker zurück.

Literatur: KLAUSNER, J.: Gesch. der neuhebr. L. Hg. v. H. KOHN. Bln. 1921. – WAXMAN, M.: A history of Jewish literature. Bd. 3–5. New York 1960. – NAVÉ, P.: Die neue h. L. Bern u. Mchn. 1962. – HALKIN, S.: Modern Hebrew literature. Neudr. New York 1970. – SILBERSCHLAG, E.: From Renaissance to Renaissance. Hebrew literature from 1492 to 1970. New York 1973. – Modern Hebrew literature. In: Enc. Jud. Bd. 8, 1972, S. 175. (Ergänzungen in: Enc. Jud., Decennial book 1973–82, S. 295). – GOELL, Y.: Bibliography of modern Hebrew literature in translation. Tel Aviv 1975. – STEMBERGER, G.: Gesch. der jüd. Lit. Mchn. 1977. – Hauptwerke der h. L. Hg. v. L. PRIJS. Mchn. 1978.

Hebung, Begriff der Verslehre, als wörtl. Übersetzung zurückzuführen auf den griech. Begriff ↑Arsis. Arsis und ↑Thesis beziehen sich in der antiken Vers- und Rhythmustheorie zunächst auf das ›Aufheben und Niedersetzen des Fußes beim Tanz‹. H.en sind danach die leichten, Senkungen die schweren Taktteile. Spätantike Theoretiker deuteten beide Begriffe um, indem sie diese auf das ›Heben und Senken der Stimme‹ bezogen. Von neuzeitl. Theoretikern werden die beiden Begriffe in umgekehrtem Sinne gebraucht: H. ist der schwere, Senkung der leichte Taktteil.

80 Hebungsspaltung

Auf die nach dem ↑akzentuierenden Versprinzip gebauten Verse des Deutschen, Englischen usw. übertragen, bezeichnet man als H.en stets die durch verstärkten Atemdruck hervorgehobenen Teile des Verses (↑auch Iktus), während die druckschwachen Versteile ›Senkungen‹ heißen. Dabei ist für den german. ↑Stabreimvers nur die Zahl der H.en relevant. Spätere Verstypen versuchen demgegenüber auch das Verhältnis der H.en und Senkungen zueinander zu regeln. Diese Regelung hat eine mehr oder minder starke Spannung zwischen Versschema und natürl. Betonung zur Folge, so daß metr. H.en und Senkungen nicht immer mit druckstarken und druckschwachen Silben zusammenfallen müssen (Tonbeugung, schwebende Betonung).

Hebungsspaltung, Begriff der altdt. Metrik: zwei kurze Silben ($\smile\smile$) können statt einer langen Hebungssilbe ($\acute{x}$) stehen ($\acute{x} = \smile\smile$); begegnet v. a. als zweisilbig männl. ↑Kadenz am Versausgang.

Hecht, Anthony [engl. hɛkt], * New York 16. Jan. 1923, amerikan. Lyriker. – Studium an der Columbia University; Kriegsteilnahme, Prof. für Englisch, seit 1985 an der Georgetown University in Washington (D. C.). Formal dem Modernismus verpflichtet, thematisieren seine Gedichte schockartig in unerwarteter Gegenüberstellung von Bildern das Leiden des jüd. Volkes und die Erfahrung des Todes; auch Übersetzer von Aischylos.
Werke: A summoning of stones (Ged., 1954), The seven deadly sins (Ged., 1958), The hard hours (Ged., 1967; Pulitzerpreis 1968), Millions of strange shadows (Ged., 1977), The Venetian vespers (Ged., 1979), Obbligati. Essays in criticism (1986), The transparent man (Ged., 1990). **Literatur:** GERMAN, N.: A. H. New York u. a. 1988.

Hecht, Ben [engl. hɛkt], * New York 28. Febr. 1894, † ebd. 18. April 1964, amerikan. Schriftsteller und Journalist. – Arbeitete beim ›Chicago Journal‹; bed. Mitglied der nach dem 1. Weltkrieg entstandenen ›Chicago Literary Renaissance‹; begründete die Zeitschrift ›Chicago Literary Times‹ und war ihr Herausgeber (1923/24); wurde als Verfasser melodramat. (›The front page‹,

1928; zus. mit Ch. MacArthur), politisch-satir. Dramen (›To Quito and back‹, 1937), realistisch-psycholog. Romane (›Eric Dorn‹, 1921), Kurzgeschichten und als Mitautor vieler Drehbücher (›Wuthering heights‹, 1939) bekannt. Vornehmlich in den Prosaschriften thematisierte er seine jüd. Identität (›A Jew in love‹, R., 1930) und schrieb gegen den Antisemitismus (›A guide for the bedevilled‹, 1944).
Weitere Werke: A child of the century (Autobiogr., 1954), Die Leidenschaftlichen (R., 1959, dt. 1960), Gaily, Gaily (R., 1963), Geschichten aus Chicago und Hollywood (dt. Ausw. 1989).

Heckentheater, im 17. und 18. Jh., v. a. zur Zeit des Rokoko, beliebte Sonderform des Natur- bzw. ↑Freilichttheaters, bei der die Gartenanlagen (figürlich beschnittene Hecken, Lauben, Springbrunnen usw.) von Schloßparks die Kulisse bildeten. Meist verfügten die H., in denen mit Vorliebe festlich-höf. Stücke, italien. Komödien, Schäferspiele u. a. zur Aufführung gelangten, über einen amphitheatralisch angelegten Zuschauerraum und einen Orchestergraben.

Heckmann, Herbert, * Frankfurt am Main 25. Sept. 1930, dt. Schriftsteller. – Veröffentlichte parabelhafte Erzählungen (›Das Portrait‹, 1958; ›Schwarze Geschichten‹, 1964), den humorvoll geschriebenen Roman ›Benjamin und seine Väter‹ (1962) und Kinderbücher (›Geschichten vom Löffelchen‹, 1970). War 1984–87 Präsident der Dt. Akad. für Sprache und Dichtung. Herausgebertätigkeit, Fernseharbeit, literaturwiss. Arbeiten.
Weitere Werke: Der große Knock-out in sieben Runden (R., 1972), Der Sägmehlstreuer (Kinderb., 1973), Ubuville – die Stadt des großen Ei's (En., 1973), Der große O (En., 1977), Ein Bauer wechselt die Kleidung und verliert sein Leben (En., 1980), Die andere Schöpfung. Geschichte des frühen Automaten (1982), Löffelchen und die anderen (Kinderb., 1982), Für alles ein Gewürz (En., 1983), Die Trauer meines Großvaters. Bilder einer Kindheit (1994).

Hečko, František [slowak. 'hɛtʃkɔ], * Suchá nad Parnou bei Preßburg 10. Juni 1905, † Martin 1. März 1960, slowak. Schriftsteller. – Beschrieb in seinen Romanen in rhythm. Prosa die sozialen und histor. Probleme seiner bäuerl. Heimat; wurde mit seinem zweiten Roman

›Das hölzerne Dorf‹ (1951, dt. 1955) zu einem wichtigen Vertreter des sozialist. Realismus; auch Lyrik.

Weiteres Werk: Roter Wein (R., 1948, dt. 1959).
Literatur: JANŮ, J.: F. H. Prag 1967.

Hedajat (tl.: Hidāyat), Sadegh [pers. hedɑ'iæt], * Teheran 17. Febr. 1903, † Paris 9. April 1951, pers. Schriftsteller. – Gilt als berühmtester, bereits ›klass.‹ Erzähler der modernen pers. Literatur; schrieb, beeinflußt von A. P. Tschechow, E. A. Poe, G. de Maupassant, v. a. Novellen von großer sprachl. Meisterschaft, die oft im Milieu der untersten Volksschichten spielen; ferner Dramen, Satiren, Reisebücher, Übersetzungen (F. Kafka, A. P. Tschechow, J.-P. Sartre). In dt. Übersetzung liegen u. a. vor: ›Die blinde Eule‹ (R., 1936, dt. 1960, auch dt. 1990 zus. mit neun Erzählungen), ›Die Legende von der Schöpfung‹ (Legenden und Märchen, 1946, dt. 1960) und ›Die Prophetentochter‹ (En., dt. Ausw. 1960).

Hedberg, Olle [schwed. ˌhe:dbærj], * Norrköping 31. Mai 1899, † Tveggesjö bei Kisa (Östergötland) 20. Sept. 1974, schwed. Schriftsteller. – Ab 1957 Mitglied der Schwed. Akad., Kritiker des Bürgertums, das er mit psychologisch motivierter Ironie und beißender Satire, aber auch mit wehmütiger Liebe schildert. Die Anschaulichkeit seiner Schilderungen und die moral. Thematik seiner Werke machten H. zu einem der meistgelesenen schwed. Romanschriftsteller des 20. Jahrhunderts.

Werke: Skära, skära havre (R., 1931), Darf ich um die Rechnung bitten (R., 1932, dt. 1946), Ich bin ein Prinz von Geblüt (R., 1936, dt. 1943), Karsten Kirsewetter (R.-Trilogie, 1937–39, dt. 1943), Foto von Blomberg (R., 1953), Storken i Sevilla (R., 1957), Mitt liv var en dröm (Autobiogr., 1962), Vad en ung flicka bör veta (R., 1969), Tack och farväl (R., 1973), Tänk att ha hela livet framför sej (R., 1974).
Literatur: ANDERSSON, E.: Olle H. Stockholm 1944. – KULLING, A. J.: O. H.s romaner. Stockholm 1952.

Hedberg, Tor [schwed. ˌhe:dbærj], * Stockholm 23. März 1862, † ebd. 13. Juli 1931, schwed. Schriftsteller. – Ab 1922 Mitglied der Schwed. Akademie. H. begann zunächst mit realistisch-naturalist. Erzählungen und Romanen, wandte sich dann mehr einer psychologisch-symbolist. Gestaltung zu, die seine Dramen auszeichnet; aus heutiger Sicht v. a. bed. als Kunst-, Theater- und Literaturkritiker sowie durch seine Tätigkeit als Leiter des Dramat. Theaters Stockholm (1910–22).

Werke: Judas (R., 1886, dt. 1897), Versöhnt (R., 1888, dt. 1898), Sånger och sagor (Ged., 1903), Johan Ulfstjerna (Dr., 1903, dt. 1907), Perseus och vidundret (Dr., 1917), Hemmets sånger (Ged., 1922), Rembrandts son (Dr., 1927).
Ausgabe: T. H. Skrifter. Stockholm ¹⁻²1893–1927. 14 Bde.
Literatur: AHLENIUS, H.: T. H. Stockholm 1935.

Hedborn, Samuel, * Heda (Östergötland) 14. Okt. 1783, † Askeryd (Småland) 26. Dez. 1849, schwed. Dichter. – Schloß sich während seines Theologiestudiums in Uppsala dem Kreis der Romantiker um P. D. A. Atterbom an; schrieb neben Gedichten v. a. Psalmen, die eine einfache und natürl. Frömmigkeit ausdrükken.

Hedenvind-Eriksson, Gustav, * Gubbhögen (Alanäs, Jämtland) 17. Mai 1880, † Stockholm 17. April 1967, schwed. Schriftsteller. – Schildert realistisch und ausdrucksstark das harte Leben der Bauern und Wanderarbeiter des nordschwed. Grenzlandes, bes. die Auseinandersetzungen mit der modernen Industrialisierung. Sein Spätwerk verrät deutlich das Vorbild der altnord. Sagaliteratur.

Werke: Ur en fallen skog (R., 1910), Branden (R., 1911), De förskingrades arv (R., 1926), De bevingade hjulet (R., 1928), På friköpt jord (R., 1930), Sagofolket som kom bort (1946), Jorms saga (R., 1949).
Literatur: LINDBERGER, O.: G. H.-E. Stockholm 1945. – SVENSSON, C.: Idé och symbol. Studier i fem romaner av G. H.-E. (1918–24). Staffanstorp 1974.

Heemskerck, Johan van, * Amsterdam 1597, † ebd. 27. Febr. 1656, niederl. Schriftsteller. – Rechtsanwalt in Den Haag; schrieb Liebeslyrik und führte mit seinem Roman ›Inleydinghe tot het ontwerp van een Batavische Arcadia‹ (Fragment, 1637, 1647 2. erweiterte Ausg. u. d. T. ›Batavische Arcadia‹) den Schäferroman in die niederl. Literatur ein; auch bed. Übersetzer.
Literatur: SMIT, D. H.: J. v. H. 1597–1656. Amsterdam 1933.

Heer, Gottlieb Heinrich, * Ronchi dei Legionari (Prov. Gorizia) 2. Febr. 1903, † Scherzingen (Thurgau) 23. Okt. 1967, schweizer. Schriftsteller. – Neffe von Jakob Christoph H.; seine Novellen und Romane wurzeln thematisch in Landschaft und Geschichte seiner Heimat.

Werke: Der Getreue (Nov.n, 1927), Die Königin und der Landammann (R., 1936), Thomas Platter (R., 1937), Junker Diethelm und die Obristin (R., 1942), Verlorene Söhne (R., 1951), Spuk in der Wolfsschlucht (R., 1953), Die rote Mütze (E., 1963).

Heer, Jakob Christoph, * Töß (heute zu Winterthur) 17. Juli 1859, † Rüschlikon bei Zürich 20. Aug. 1925, schweizer. Schriftsteller. – Lehrer, dann Feuilletonredakteur der ›Neuen Zürcher Zeitung‹, 1899–1902 Schriftleiter der ›Gartenlaube‹ in Stuttgart. H. schrieb Gedichte, Novellen und Reisebilder, wurde aber v. a. durch seine unterhaltenden Heimatromane bekannt, die z. T. auch verfilmt wurden.

Werke: Ferien an der Adria (Reisebilder, 1888), Im Dt. Reich (Reisebilder, 1895), An heiligen Wassern (R., 1898), Der König der Bernina (R., 1900), Felix Notvest (R., 1901), Der Spruch der Fee (Nov., 1901), Der Wetterwart (R., 1905), Laubgewind (R., 1908), Nick Tappoli (R., 1920), Tobias Heider (R., 1922).
Ausgabe: J. Ch. H.: Romane u. Novellen. Stg. 1927. 10 Bde in 2 Reihen.
Literatur: HEER, G. H.: J. Ch. H. Frauenfeld 1927.

Heerberger, Helge, schwed. Schriftsteller, ↑ Brenner, Arvid.

Heeresma, Heere, * Amsterdam 9. März 1932, niederl. Schriftsteller. – Seine Romane und Erzählungen, in einem direkten Stil geschrieben, haben einen großen pessimist. Grundton.

Werke: Der Tag am Strand (2 En., 1962, dt. 1969), De vis (R., 1963), De verloedering van de Swieps (Drehb., 1967), Zwaarmoedige verhalen voor bij de centrale verwarming (E., 1973), Eens en nooit weer (ges. Ged., 1979), Beuk en degel (E., 1983), Autobiografisch (2 Tle., 1983), Eén robuuste buste, één! ... (R., 1989).
Literatur: H. H. ... en greep me duchtig bij de keel. Hg. v. H. DÜTTING. Amsterdam 1981.

Heermann, Johannes, * Raudten (Schlesien) 11. Okt. 1585, † Lissa (heute Leszno) bei Posen 17. Febr. 1647, dt. ev. Kirchenliederdichter. – War 1611–38 Pfarrer in Köben a./Oder, zog sich in den Kriegswirren nach Polen zurück. Seine Kirchenlieder, die z. T. heute noch gesungen werden (›Herzliebster Jesu, was hast du verbrochen‹), gehörten zu den ersten, die den Regeln der Opitzschen Verskunst entsprachen; auch asket. Schriften und Lehrgedichte.

Heever, Christian Maurits van den, * Norvalspont (Kapprovinz) 27. Febr. 1902, † Johannesburg 8. Juli 1957, südafrikan. Lyriker und Erzähler. – Ab 1933 Prof. für Afrikaans an der Witwatersrand-Univ. in Johannesburg; Förderer der jungen afrikaansen Literatur; gilt als führender Erzähler der dreißiger Jahre; strafft das erdverbundene, romantischnostalg. Wesen seiner Dichtung durch Formenstrenge und Symbolik. Der psycholog. Realismus seiner Romane ist von G. Flaubert beeinflußt. Sein Werk ist überschattet von dem Gefühl der Schwermut und Einsamkeit.

Werke: Stemmingsure (Ged., 1926), Droogte (R., 1930), Somer (R., 1930), Aardse Vlam (Ged., 1938), Die held (R., 1948), Marthinus se roem (Nov., 1949), Die laatste baken (En., 1951), Vannag kom die ryp (R., 1952), Beelde in die stroom (En., 1956).
Literatur: Gedenkboek Ch. M. v. d. H., 1902–1957. Hg. v. P. J. NIENABER. Johannesburg 1959.

Heever, Toon van den, eigtl. Frans van den H., * Heidelberg (Transvaal) 29. Nov. 1894, † Bloemfontein 29. Jan. 1956, südafrikan. Lyriker und Prosaist. – Seine Natur- und Gedankenlyrik, seine dramat. Monologe und der erot. Charakter seiner Gedichte weisen der afrikaansen Literatur der zwanziger Jahre eine neue Richtung. Zweifel an den traditionellen Werten und Dogmen der Afrikander, Pessimismus, Zynismus und Verbitterung, die aus seinem Werk sprechen, machen ihn zum Vorläufer des religiösen Skeptizismus der 30er Jahre.

Werke: Eugène in ander gedigte (1931), Gerwe uit die erfpag van Skoppensboer (En., 1948), Die speelman van Dorestad (Ged., 1949).

Heftromane, in ↑ Groschenheften veröffentlichte Romane der ↑ Trivialliteratur.

Hegel, Georg Wilhelm Friedrich, * Stuttgart 27. Aug. 1770, † Berlin 14. Nov. 1831, dt. Philosoph. – Studium der Theologie und Philosophie in Tübingen (Freundschaft mit J. Ch. F. Hölderlin und F. W. J. von Schelling), 1793–1800 Hauslehrer in Bern und Frankfurt am Main (auf Vermittlung Hölderlins), 1801

Hegner

Übersiedlung nach Jena und Habilitation für Philosophie, Zusammenarbeit mit Schelling; 1807 Redakteur in Bamberg, 1808 Rektor des Ägidiengymnasiums in Nürnberg, 1816 Prof. in Heidelberg, ab 1818 in Berlin. H. war mehrfach Rektor der Berliner Univ. und entfaltete dort als ›preuß. Staatsphilosoph‹ einen starken Einfluß. – H. wird als Vollender des dt. Idealismus angesehen. Er selbst sah sein System des absoluten Idealismus als Synthese aus subjektivem (J. G. Fichte) und objektivem Idealismus (Schelling) an. Deshalb erhob seine Philosophie einen universellen Anspruch. Deren Grundlage bilden der dialekt. Dreischritt These – Antithese – Synthese (z. B. an sich – für sich – an und für sich) und der daran anknüpfende Fortschrittsgedanke. Auch die Kunst ordnet H. in sein universelles System ein. Sie stellt eine Stufe im Entfaltungsprozeß des absoluten Geistes dar, weshalb sie mehr ist als ein ›angenehmes oder nützliches Spielzeug‹. Vielmehr erhebt die Kunst wie die anderen Entfaltungen des absoluten Geistes – Religion und Philosophie – einen Anspruch auf Wahrheit. Während sich Religion und Philosophie auf Vorstellung und Denken stützen, gründet die Kunst in der Anschauung. Im Schönen als ›sinnlich Scheinen‹ wird die Subjekt-Objekt-Spaltung überwunden. H. hat auf allen Gebieten der Philosophie gearbeitet. Am einflußreichsten sind seine ›Grundlinien der Philosophie des Rechts oder Naturrecht und Rechtswiss. im Grundrisse‹ (1820) geworden, an denen sich die Kritik der Junghegelianer (K. Marx) entzündete. Andere bekannte Werke H.s sind die Frühschrift ›Die Phänomenologie des Geistes‹ (1807) – eine Rekonstruktion der Wissensbildung als stufenweises Zusichselberkommen des Geistes –, die ›Wissenschaft der Logik‹ (2 Bde., 1812–16) – eine Kritik der traditionellen Logik vom Standpunkt der Dialektik aus –, die ›Enzyklopädie der philosoph. Wissenschaften im Grundrisse‹ (1817), die H.s System der theoret. Philosophie enthält, sowie die ›Ästhetik‹ (entst. zw. 1817 und 1828/29, hg. 1835 bis 1838). Kunst und Geschichte werden von H. als Ausformungen des absoluten bzw. objektiven Geistes aufgefaßt.

Literatur: BLOCH, E.: Über Methode u. System bei H. Ffm. ²1975. – THEUNISSEN, M.: Sein u. Schein. Die krit. Funktion der H.schen Logik. Ffm. 1980. – WIEDMANN, F.: G. W. F. H. Rbk. 76.–78. Tsd. 1993.

Hegeler, Wilhelm, *Varel 25. Febr. 1870, †Irschenhausen bei Ebenhausen 8. Okt. 1943, dt. Schriftsteller. – H. gilt als Schöpfer des naturalist. Charakterromans mit ausgezeichneter, psychologisch tiefgründiger Beobachtung des modernen Lebens; spätere Romane gehören der Unterhaltungsliteratur an.
Werke: Mutter Bertha (R., 1893), Sonnige Tage (R., 1898), Ingenieur Horstmann (R., 1900), Pastor Klinghammer (R., 1903), Pietro der Korsar und die Jüdin Cheirinca (R., 1906), Das Ärgernis (R., 1908), Zwei Freunde (R., 1921), Die zwei Frauen des Valentin Key (R., 1927), Der Zinsgroschen (R., 1928), Das Gewitter (R., 1939).

Hegemon von Thasos (tl.: Hēgēmōn), griech. Dichter der 2. Hälfte des 5. Jh. v. Chr. – Zeitgenosse des Alkibiades; machte als erster die Parodie zu einer selbständigen Dichtungsgattung und trat bei sportl. und musischen Wettkämpfen, den sog. Agonen, mit ihr auf; bes. erfolgreich war seine ›Gigantomachía‹.

Hegewald, Wolfgang, * Dresden 26. März 1952, dt. Schriftsteller. – Informatikstudium, ab 1977 Studium der ev. Theologie in Leipzig; kam 1983 in die BR Deutschland, lebt seitdem in Hamburg. Annäherung und Überschreitung von Grenzen, äußeren wie inneren, sind Thema seiner ersten Buchveröffentlichung, ›Das Gegenteil der Fotografie. Fragmente einer empfindsamen Reise‹ (1984).
Weitere Werke: Hoffmann, Ich und Teile der näheren Umgebung (En., 1985), Jakob Oberlin oder Die Kunst der Heimat (R., 1987), Die Zeit der Tagediebe (R., 1993).

Hegner, Ulrich, * Winterthur 7. Febr. 1759, †ebd. 3. Jan. 1840, schweizer. Schriftsteller. – War u. a. 1789–1834 Stadtbibliothekar und ab 1803 Friedensrichter in Winterthur. Gilt als der erste bed. schweizer. Volksschriftsteller. Seine realist. Romane zeichnen sich durch vorzügl. Beobachtungsgabe und Humor aus. Auch Biographien und bed. Briefwechsel.
Werke: Auch ich in Paris (Reiseber., 3 Bde., 1803/04), Die Molkenkur (R., 1812), Saly's Revolutionstage (R., 1814), Suschen's Hochzeit ... (R., 2 Tle., 1819).

84 Heiberg

Ausgabe: U. H. Ges. Schrr. Bln. 1828–30. 5 Bde.
Literatur: WASER, H.: U. H. Ein schweizer Kultur- u. Charakterbild. Halle/Saale 1901.

Heiberg, Gunnar Edvard Rode [norweg. 'hɛibærg], * Christiania (heute Oslo) 18. Nov. 1857, † ebd. 22. Febr. 1929, norweg. Dramatiker. – Seine tendenziösen Gesellschaftsdramen sind durch starke Aggressivität gekennzeichnet. Später spielen auch polit. und sozialkrit. Themen eine gewisse Rolle in seinem Werk, das satir. Elemente aufnimmt und sein Hauptthema im Konflikt zwischen Verstand und triebhafter Erotik findet.
Werke: Tante Ulrike (Dr., 1884, dt. 1911), König Midas (Dr., 1890, dt. 1890), Der Balkon (Dr., 1894, dt. 1894), Das große Los (Dr., 1895, dt. 1896), Die Tragödie der Liebe (Dr., 1904, dt. 1906), Ibsen og Bjørnson på scenen (Essay, 1918), I frihetens bur (Dr., 1929).
Ausgabe: G. H. Samlede dramatiske verker. Christiania 1917–18. 4 Bde.
Literatur: BAB, J.: Das Drama der Liebe. Stg. ³1925. – SKAVLAN, E.: G. H. Oslo 1950.

Heiberg, Johan Ludvig [dän. 'haibɛr'], * Kopenhagen 14. Dez. 1791, † Bonderup 25. Aug. 1860, dän. Dichter und Kritiker. – Sohn von Peter Andreas H.; 1822 Prof. in Kiel (Einfluß G. W. F. Hegels), 1825 kehrte er nach Kopenhagen zurück und war dann Theaterdichter des Königl. Theaters, das er 1849–56 auch leitete. Berühmt ist seine Fehde gegen A. G. Oehlenschläger und dessen Epigonen. H. begann als Dramatiker in der romant. Tradition (›Der Elfenhügel‹, 1828, dt. 1849), wurde Wegbereiter des Realismus, schuf das dän. Vaudeville, das er in Paris 1819–22 kennengelernt hatte und mit dem er dem dän. Theaterleben Auftrieb gab; auch Lyriker.
Weitere Werke: Kong Solomon og Jørgen Hattemager (Kom., 1825), Recensenten og dyret (Kom., 1826), Aprilsnarrene (Kom., 1826), Alferne (Dr., 1835), Syvsoverdag (Dr., 1840), Die Neuvermählten (Romanze, 1841, dt. 1950), En sjæl efter døden (Ged., 1841), Nøddeknækkerne (Kom., 1845).
Literatur: SPANG-HANSSEN, E.: Bibliografi over J. L. H.s skrifter. Kopenhagen 1929. – BORUP, M.: J. L. H. Kopenhagen 1947–49. 3 Bde. – FENGER, H.: The Heibergs. Hg. v. F. J. MARKER. New York 1971.

Heiberg, Johanne Luise [dän. 'haibɛr'], geb. Pätges, * Kopenhagen 22. Nov. 1812, † ebd. 21. Dez. 1890, dän. Schriftstellerin. – ⊙ mit Johan Ludvig H.; war

Schauspielerin am Königl. Theater; schrieb unterhaltsame Vaudevilles (u. a. ›En søndag på Amager‹, 1848; ›Abekatten‹, 1849) und kulturhistorisch interessante Memoiren: ›Ein Leben, in der Erinnerung noch einmal durchlebt‹ (3 Bde., hg. 1891/92, dt. 1901).

Heiberg, Peter Andreas [dän. 'haibɛr'], * Vordingborg 16. Nov. 1758, † Paris 30. April 1841, dän. Schriftsteller. – ⊙ mit Thomasine Ch. Gyllembourg; den Lehren der Aufklärung verhafteter und von den Ideen der Frz. Revolution beeinflußter Publizist; kritisierte die gesellschaftl. Verhältnisse und polemisierte gegen den Einfluß der Deutschen; wurde 1799 verbannt und lebte in Paris; schrieb satir. Lustspiele, Komödien und polit. Lieder.
Werke: Rigsdalersedlens hændelser (Zs. mit Romanrahmen, 1787–93), Holger Tydske (Opernparodie, 1789), De Vonner og de Vanner (Kom., 1791), Politisk dispache (Abh., 1798).
Literatur: INGERSLEV-JENSEN, P.: P. A. H. Herning 1974.

Heidegger, Martin, * Meßkirch 26. Sept. 1889, † Freiburg im Breisgau 26. Mai 1976, dt. Philosoph. – 1909–13 Studium der Philosophie und Theologie in Freiburg im Breisgau, 1916 Privatdozent in Freiburg (intensive Beschäftigung mit der Phänomenologie E. Husserls), 1923 Prof. in Marburg, ab 1928 als Nachfolger Husserls in Freiburg; 1945–51 wegen seines Engagements für die nationalsozialist. Bewegung (Freiburger Rektoratsrede von 1933) von der Lehrtätigkeit ausgeschlossen. – H. gilt als der bedeutendste Existenzphilosoph Deutschlands. Seine Werke entfalteten eine nachhaltige internat. Wirkung und wurden trotz ihrer schwierigen Sprache mehrfach übersetzt. H.s Hauptwerk ›Sein und Zeit‹ erschien 1927. Sein Thema ist die Frage ›Was ist Sein?‹. Zu ihrer Klärung bedient sich H. einer hermeneutisch orientierten Daseinsanalytik (Dasein = Existenz = menschl. Sein). Das Dasein, das in die Welt ›geworfen‹ ist, wird bestimmt durch die Existenzialien (Tod, Sorge, Zeitlichkeit u. a.). ›Dasein ist Sein-zum-Tode‹ heißt die berühmteste Formel Heideggers. Den Tod als unüberholbare Möglichkeit gilt es für das Dasein auf sich zu nehmen; dann erst wird dieses ›eigentlich‹. H.s Verwendung der Sprache, insbes. seine Wortschöpfungen, fanden vielfach Nachahmung, stießen aber auch auf entschiedene Kritik (z. B. bei Th. W. Adorno). H. hat seine Philosophie später in vielen Punkten revidiert (er sprach von einer ›Kehre‹). Sein Spätwerk ist gekennzeichnet durch den Versuch, die Frage nach dem Sein ohne Umweg über das Dasein direkt zu stellen. Damit will er die ›Seinsvergessenheit‹ der abendländ. Philosophie überwinden. Hierzu muß zu den Anfängen (d. h. zu den Vorsokratikern) zurückgegangen werden. Die Spätphilosophie H.s gibt bewußt die argumentative Strenge seiner frühen Werke auf, weshalb ihr philosoph. Wert sehr umstritten ist. – H. hat v. a. den frz. Existentialismus (J.-P. Sartre, A. Camus, M. J.-J. Merleau-Ponty) beeinflußt. Im Bereich der Literaturwissenschaften ist E. Staigers ›fundamentalpoet.‹ Werk ›Grundbegriffe der Poetik‹ zu nennen. H. selbst lieferte Interpretationen literar. Texte (u. a. von F. Hölderlin und G. Trakl); er hat sich auch zu Fragen der Ästhetik geäußert. Kunst gilt ihm als ausgezeichnete Möglichkeit für die Öffnung zum Sein hin.

Ausgabe: M. H. Gesamtausg. Ffm. 1975 ff.
Literatur: RECHSTEINER, A.: Wesen u. Sinn von Sein u. Sprache bei M. H. Bern u. a. 1977. – M. H. u. das Dritte Reich. Hg. v. B. MARTIN. Darmst. 1989. – SCHÜTT, R. F.: M. H. Essen 1993. – SAFRANSKI, R.: Ein Meister aus Deutschland. H. u. seine Zeit. Mchn. u. Wien 1994.

Heidelberger Liederhandschriften ↑Große Heidelberger Liederhandschrift, ↑Kleine Heidelberger Liederhandschrift.

Heidelberger Romantik ↑deutsche Literatur (Romantik).

Heidenstam, Verner von [schwed. ˈhɛidənstam], *Olshammer (Örebro) 6. Juli 1859, †Övralid (Östergötland) 20. Mai 1940, schwed. Dichter. – Mußte seine Ausbildung wegen eines Lungenleidens abbrechen und unternahm ausgedehnte Reisen, v. a. nach Südeuropa und in den Orient; in Rom Malerausbildung; in der Schweiz schloß H. Bekanntschaft mit A. Strindberg. 1887 kehrte er in die Heimat zurück; seit 1912 Mitglied der Schwed. Akad.; 1916 erhielt er den Nobelpreis für Literatur. Bedeutsam war seine Gründung des ›Svenska Dagbladet‹; Hauptvertreter der neuromant. schwed. Literatur. Seine künstler. Ziele sind in dem Essay ›Renässans‹ (1889) formuliert. Das sehr persönl. Werk ›Hans Alienus‹ (R., 1892, dt. 1904) ist ein autobiographisch gefärbtes visionäres Lebensbild eines Schönheitssuchers. Sein berühmtestes Werk ist der Novellenzyklus ›Karolinerna‹ (2 Bde., 1897/98, dt. 1898 u. d. T. ›Carl XII. und seine Krieger‹) über die trag. Gestalt des großen schwed. Königs. Zu den Hauptwerken H.s gehört das geschichtl. Volkslesebuch ›Die Schweden und ihre Häuptlinge‹ (2 Bde., 1908–10, dt. 1909–11). V. a. mit seiner spieler., farbenfrohen und sehr subjektiven Lyrik gelangen H. Gedichte von vollkommener Schönheit, denen realist. Elemente nicht fehlen, daneben stehen Verse von verhaltener Traurigkeit (›Gedichte‹, 1895, dt. Ausw. 1910). Wie in seiner Prosa, so drängt es ihn auch als Lyriker zur Gestaltung nationaler Themen, wie z. B. die ›Nya dikter‹ (1915) zeigen. Im Spätwerk schrieb er nur noch Gedankenlyrik.

Verner von Heidenstam

Weitere Werke: Vallfart och vandringsår (Ged., 1888), Endymion (R., 1889, dt. 1891), Die Pilgerfahrt der hl. Birgitta (R., 1901, dt. 1903), Der Wald rauscht (En. und Sagen, 1904, dt. 1913), Der Stamm der Folkunger (R., 2 Bde., 1905, dt. 2 Bde., 1909/10).
Ausgabe: V. v. H.s samlade verk. Hg. v. K. BANG u. F. BÖÖK. Stockholm 1943. 23 Bde.
Literatur: CARLBERG-ROSENHAGEN, M.: Heimat u. Nation in der Dichtung V. v. H.s. Greifswald 1939. – BÖÖK, F.: V. v. H. Stockholm 1945–46. 2 Bde. Neuaufl. 1959. – BJÖRCK, H.: V. v. H. Stockholm Neuaufl. 1964. – STOLPE, S.: V. v.

86 Heijermans

H. Stockholm 1980. – AHÉ, K.-R. VON DER: Rezeption schwed. Literatur in Deutschland 1933–45. Hattingen 1982. – STENKVIST, J.: Nationalskalden. H. och politiken från och med 1909. Stockholm 1982.

Heijermans, Herman [niederl. ˈhɛiərmɑns], Pseudonyme Iwan Jelakowitsch, Koos Habbema u. a., * Rotterdam 3. Dez. 1864, † Zandvoort 22. Nov. 1924, niederl. Schriftsteller. – Hauptvertreter des naturalist. niederl. Dramas (›Ahasver‹, 1893, dt. 1904; ›Die Hoffnung auf Segen‹, 1901, dt. 1901; ›Ora et labora‹, 1903, dt. 1904; ›Allerseelen‹, 1905, dt. 1906; ›Glück auf‹, 1912). In seinen bühnenwirksamen Werken wird die trostlose Thematik durch H.' Humor gemildert. Auch in naturalist. Erzählungen, Skizzen und Romanen schildert H. die Gesellschaftsverhältnisse; am bedeutendsten sind ›Trinette‹ (R., 1893, dt. 1902), ›Kamertjeszonde‹ (R., 1897), ›Intérieurs‹ (R., 1898, dt. 1903) und ›Diamantstadt‹ (R., 1904, dt. 1904).

Weitere Werke: Schetsen van Samuel Falkland (Skizzen, 20 Bde., 1897–1919, dt. Ausw. 1903/04 in 2 Bden. u. d. T. Ausgewählte Falkland-Skizzen), Ghetto (Dr., 1899, dt. 1903), Das siebente Gebot (Dr., 1899, dt. 1903), Erlösung (Dr., 1907, dt. 1907).
Literatur: SCHILP, C. A.: H. H. Amsterdam 1967. – FLAXMAN, S. L.: H. H. and his dramas. Neuausg. Ann Arbor (Mich.) 1976.

Heike-monogatari [jap. heˈikemonoga‚tari = Die Geschichte der Familie Taira], Hauptvertreter der frühmittelalterl. jap. Gattung der Kriegserzählungen (›gunkimono‹). Entstand wohl Anfang des 13. Jh. aus dem Zusammenspiel adliger Schreiber und wandernder professioneller Vortragskünstler (›biwa-hoschi‹ = Lauten-Mönche), die die buddhistisch gefärbte Erzählung vom Aufstieg und Untergang des Schwertadelsgeschlechts Taira vor Samurai und Volk zur Begleitung der Biwalaute rezitierten.
Literatur: KITAGAWA, U./TSUCHIDA, B. T.: The tale of the Heike. Tokio 1975.

Heilborn, Ernst, * Berlin 10. Juni 1867, † ebd. 16. Mai 1942, dt. Schriftsteller. – Seit 1892 journalistisch (u. a. als Theaterkritiker) tätig; 1911 Schriftleiter der Zeitschrift ›Das literar. Echo‹ (bis 1933), 1926–31 Hg. der Monatsschrift ›Die Literatur‹; starb nach dem Versuch, aus Deutschland zu fliehen, im Gefäng-

nis. Verfaßte u. a. realist. Novellen und Romane.
Werke: Kleefeld (R., 1900), Der Samariter (R., 1901), Josua Kersten (R., 1908), Die steile Stufe (R., 1910), Die kupferne Stadt (Großstadtlegende, 1918), Tor und Törin (Nov., 1927), Zwischen zwei Revolutionen (Schr., 2 Bde., 1927–29).
Literatur: WEGENER, B.: Bibliogr. E. H. Opladen 1994.

Heiligenlegende, im weitesten Sinn die † Legende um das Leben eines Heiligen; im engeren Sinn die [schriftlich fixierte] legendar. Vita eines Heiligen sowie das Buch, das [legendar.] Lebensbeschreibungen von Heiligen, meist nach dem Kalender geordnet, enthält.
Literatur † Legende.

heilige Schriften, religionswiss. Bez., die von der Benennung der christl. Bibel als ›Hl. Schrift‹ abgeleitet ist und für normative Texte außerchristl. Religionen übernommen wurde. Der kanonisierte Wortlaut h. Sch. muß unverändert erhalten bleiben, die Sprache, in der sie abgefaßt sind, gilt oft als hl. Sprache. – Neben der Bibel sind die wichtigsten h. Sch.: 1. der Talmud (orthodoxes Judentum); 2. der Koran (Islam); 3. das Awesta (Parsismus); 4. der Veda (Brahmanismus und Hinduismus); 5. der Ādigrantha (ind. Reformsekte der Sikhs); 6. das Tripiṭaka des südl. Buddhismus (Pāli-Kanon); 7. die konfuzian. Bücher Chinas. – Eine religiöse Neustiftung, die in betonter Weise auf dem Besitz einer eigenen hl. Schrift aufbaut, ist das Mormonentum mit seinem ›Buch Mormon‹.

Heilsspiegel, spätmittelalterl. Erbauungsbücher nach dem Vorbild des anonymen ›Speculum humanae salvationis‹, einer Anfang des 14. Jh. wohl von einem Dominikaner geschaffenen illustrierten Heilsgeschichte vom Sündenfall bis zum Jüngsten Gericht in lat. Reimprosa. Der älteste erhaltene volkssprachl. H. ist eine mitteldt. Prosaübersetzung (›Eyn spiegel der menschlichen selikeit‹, Mitte des 14. Jh.). Neben der reichen handschriftl. Überlieferung finden sich mehrere Drucke (ab 1473), die bezeugen, daß H. mit ihrer v. a. für Laien gedachten Kombination von Wort und Bild zu den religiösen Hausbüchern gehörten. Die Bildreihen der Handschriften wurden

z. T. auch in die darstellende Kunst über-
nommen.

Heimann, Erwin, * Bern 20. Febr.
1909, † Heiligenschwendi 21. Aug. 1991,
schweizer. Schriftsteller. – War zunächst
Metallarbeiter, ab 1946 Verlagslektor,
ab 1963 freier Schriftsteller. Verfaßte ne-
ben zahlreichen Erzählungen (z. T. in
Schweizerdeutsch), Essays, Hörfolgen
und Hörspielen eine Reihe von Roma-
nen.
Werke: Wir Menschen (R., 1935), Hetze (R.,
1937), Liebling der Götter (R., 1939), Hast noch
der Söhne ja ... (R., 1956), Narren im Netz (R.,
1960), Aufruhr nach innen (En., 2 Bde., 1969),
... wie sie Sankt Jakob sah (R., 1970), Ein Blick
zurück. Mein Leben in meiner Zeit (1974), Die
Gestraften (R., 1981).

Heimann, Moritz, * Werder/Havel
19. Juli 1868, † Berlin 22. Sept. 1925, dt.
Schriftsteller. – Studierte Philosophie
und Literatur, 1896 Lektor des S. Fischer
Verlages; in dieser Stellung hatte er bed.
Einfluß auf die moderne Literatur. H.
verfaßte Dramen und psycholog. Novel-
len; bedeutender als diese sind seine
Essays und Aphorismen.
Werke: Der Weiberschreck (Lsp., 1896), Gleich-
nisse (Nov.n, 1905), Joachim von Brandt (Kom.,
1908), Prosaische Schriften (5 Bde., 1918–26),
Armand Carrel (Dr., 1920), Das Weib des Akiba
(Dr., 1922).
Ausgaben: M. H. Die Wahrheit liegt nicht in der
Mitte. Essays. Eingel. v. W. LEHMANN. Ffm.
1966. – M. H. Krit. Schrr. Bearb. v. H. PRANG.
Zü. u. Stg. 1969. – M. H. Was ist das: ein Ge-
danke? Essays. Hg. v. G. MATTENKLOTT. Ffm.
1986.
Literatur: HEYDEBRANDT, R. VON: M. H. Über
den Zusammenhang von Weltbild u. Lit.-Kritik.
In: Zeit der Moderne. Bernhard Zeller zum
65. Geburtstag. Hg. v. H.-H. KRUMMACHER u. a.
Stg. 1984.

Heimatkunst, Ende des 19. Jh. ent-
standene Strömung der dt. Literatur; sie
wandte sich gegen Verstädterung, sog.
Modernismus, Industrialisierung und
Technisierung, polemisierte gegen die
seit dem ↑ Naturalismus aufkommende,
in der ↑ Dekadenzdichtung am deutlich-
sten greifbare Intellektualisierung und
Ästhetisierung der Dichtung und for-
derte statt dessen eine ›bodenständige‹
Literatur, die sich wieder der ›Urkräfte‹
Volkstum, Landschaft und Stammesart
erinnern sollte. In der H. wurden ›Hei-
mat‹ und bäuerl. Leben idealisiert. – Das

Schlagwort ›H.‹ wurde von F. Lienhard
und A. Bartels, den Herausgebern der
seit 1900 erscheinenden, für diese Strö-
mung programmat. Zeitschrift ›Heimat‹,
sowie durch Ernst Wachler (* 1871,
† 1945), H. Sohnrey und die Zeitschrift
›Der Türmer‹ (1898–1943) verbreitet. In
zwei Phasen, unterbrochen durch den
Ersten Weltkrieg, entstand eine Flut sog.
Heimat-, Stammes-, Grenzland- oder
Bauerndichtung, vorwiegend waren es
Romane, die auch den Begriff **Heimat-
roman** geprägt haben. Davon zu unter-
scheiden sind die Romane der Schrift-
steller des poetischen Realismus (J. Gott-
helf, A. Stifter, Th. Storm, G. Keller,
W. Raabe), die der H.bewegung als Vor-
bilder galten. Die bekanntesten, zu ihrer
Zeit sehr erfolgreichen Vertreter der H.
waren u. a. T. Kröger (Schleswig-Hol-
stein), G. Frenssen (Dithmarschen),
H. Löns (Lüneburger Heide), R. Herzog
(Niederrhein), L. von Strauß und Torney
(Westfalen), W. Holzamer (Rheinhes-
sen), in der Schweiz u. a. J. Ch. Heer,
E. Zahn, in Österreich u. a. E. Ertl, R. H.
Bartsch, F. von Gagern. Die Idee einer
bodenständigen Dichtung fand in der
↑ Blut-und-BodenDichtung ihre Fortset-
zung. – ↑ auch Trivialliteratur.
Literatur: ROSSBACHER, K.: H.bewegung u. Hei-
matroman. Stg. 1975.

Heimatroman ↑ Heimatkunst.

Heimeran, Ernst, * Helmbrechts
19. Juni 1902, † Starnberg 31. Mai 1955,
dt. Schriftsteller und Verleger. – Journa-
list; gründete 1922 in München den E. H.
Verlag, in dem zunächst v. a. zweispra-
chige Ausgaben antiker Autoren erschie-
nen, später die Verlagsgebiete Haus und
Familie, Humor und Kuriosa hinzuka-
men. Dies waren meist auch die Themen
seiner eigenen heiteren Bücher.
Werke: Die lieben Verwandten (1936), An-
standsbuch für Anständige (1937), Der Vater
und sein erstes Kind (1938), Christiane und Till
(1944), Grundstück gesucht (1946), Bücher-
machen (Autobiogr., 1947), Familien-Album
(1952), Lehrer, die wir hatten (1954), Sonntags-
gespräche mit Nele (1955).
Ausgabe: E. H. Von Büchern u. vom Bücher-
machen. Nachw. v. G. GÖPFERT. Pullach i. Isar-
tal 1969.

Heimesfurt, Konrad von, mhd.
Schriftsteller, ↑ Konrad von Heimesfurt.

Heimskringla [altnord. = Weltkreis], Hauptwerk ↑Snorri Sturlusons, entstanden wohl um 1230. Von der myth. Vorzeit der götterentsprungenen Ynglingar führt die Darstellung über die norweg. Kleinkönige zu Harald Schönhaar und endet mit dem Jahr 1177. Das Werk besteht aus 16 Sagas.

Ausgaben: Snorri Sturluson. H. Hg. v. B. ADALBJARNARSON. Reykjavík 1941–51. 3 Bde. – Snorris Königsb. Übers. v. F. NIEDNER. Düss. u. Köln 1965. 3 Bde.
Literatur: VRIES, J. DE: Altnord. Literaturgesch. Bd. 2. Bln. ²1967. S. 288.

Hein, Christoph, * Heinzendorf 8. April 1944, dt. Schriftsteller. – Studium der Philosophie und Logik in Leipzig und Berlin (Ost), Dramaturg an der Volksbühne ebd.; seit 1979 freier Schriftsteller. Zeichnet in seinen Stücken und erzählen. Werken ein krit. Bild der DDR-Gesellschaft, ohne auf konkrete Tagesaktualitäten einzugehen; insofern zielt diese Kritik nicht ausschließlich auf ein sozialist. Gesellschaftssystem. Übersetzungen und Bearbeitungen, u. a. von J. Racine, Molière, J. M. R. Lenz.

Werke: Schlötel oder Was solls (Kom., UA 1974, gedr. 1986), Einladung zum Lever Bourgeois (Prosa, 1980; in der BR Deutschland 1982 u. d. T. Nachtfahrt und früher Morgen), Cromwell und andere Stücke (1981), Der fremde Freund (Nov., 1982; in der BR Deutschland 1983 u. d. T. Drachenblut), Die wahre Geschichte des Ah Q (Stücke, Essays, 1984), Das Wildpferd unterm Kachelofen (Kinderb., 1984), Horns Ende (R., 1985), Die Ritter der Tafelrunde (Kom., 1989), Der Tangospieler (R., 1989), Das Napoleonspiel (R., 1993), Exekution eines Kalbes und andere Erzählungen (1994), Randow. Eine Komödie (1994).

Hein, Piet [dän. haiˈn], * Kopenhagen 16. Dez. 1905, dän. Schriftsteller. – Schreibt unter dem Pseudonym ›Kumbel‹ satirisch-humorist. Kurzgedichte (genannt ›gruk‹), in denen er Alltägliches ironisch verfremdet; eine Auswahl seiner Gedichte erschien u. d. T. ›Digte fra all årene‹ (2 Bde., 1972–78).

Heine, Heinrich (bis zur christl. Taufe 1825 Harry H.), * Düsseldorf 13. Dez. 1797 (nach eigenen Angaben 1799), † Paris 17. Febr. 1856, dt. Schriftsteller und Publizist. – Sohn eines jüd. Tuchhändlers, wurde Kaufmann, studierte nach dem Scheitern seiner kaufmänn. Laufbahn Jura in Bonn (Burschenschafter), Göttingen (wegen Duellvergehens relegiert) und bis 1823 in Berlin, wo er u. a. in R. Varnhagen von Enses Salon verkehrte und Verbindung zu dem ›Verein für Kultur und Wiss. der Juden‹ aufnahm. 1822 Reise nach Polen, 1824 Fußreise durch den Harz, Besuch bei Goethe in Weimar. 1825 Übertritt zum Protestantismus und Abschluß seines Studiums in Göttingen (Dr. iur.). 1826 Reise nach England, 1828 nach Italien. 1827/28 war er Mitarbeiter von Cottas ›Neuen allgemeinen polit. Annalen‹. Im April 1831 ging H. als Korrespondent der ›Allgemeinen Zeitung‹ (Augsburg) nach Paris, wo er, abgesehen von zwei Reisen nach Deutschland (1843 und 1844), bis zu seinem Tod lebte. In Paris schloß er sich den Saint-Simonisten an. 1835 wurden seine Schriften in Deutschland verboten (Beschluß des Bundestags des Dt. Bundes gegen das Junge Deutschland). Seit 1841 war H. ∞ mit ›Mathilde‹ (Crescence Eugénie Mirat, * 1815, † 1883); seine letzte Liebe galt ›Mouche‹ (Elise Krinitz). Ab 1848 lag H. in seiner ›Matratzengruft‹, langsam an einem Rückenmarksleiden dahinsiechend.

Heinrich Heine (Radierung von Franz Kugler)

H. erwarb seinen frühen literar. Ruhm als Lyriker. Seine ›Gedichte‹ (1822) und das ›Lyr. Intermezzo‹ (1823, in: ›Tragödien ...‹), die, vermehrt um den Zyklus ›Die Heimkehr‹, die Gedichte aus den Reiseberichten ›Harzreise‹ und ›Die Nordsee‹, als ›Buch der Lieder‹ 1827 erschienen, wurden ein außerordentl. Bucherfolg. Als Lyriker ist H. v. a. Erbe der klassisch-romant. Kunstperiode; die angebl. Volksliedhaftigkeit seiner Gedichte, die ihn zum meistvertonten und -übersetzten Autor machte, ist das Produkt einer kunstvollen Stilisierung, eines artist. Spiels mit dem traditionellen Form- und Motivkanon vergangener Stilepochen. Das Charakteristikum seiner Lyrik besteht in der witzig-iron. Behandlung des Erlebnisses; die poet. Illusion wird durch die verschiedenartigen Beleuchtungseffekte der Ironie, durch die Spielarten des Witzes, der geistreichen Pointe, der Reflexion des Dichters selbst zerstört; der Intellekt bricht in den lyr. Zusammenhang ein. In der Variierung verschiedener Distanzierungsmöglichkeiten, dem Reiz der Dissonanz, der überraschenden Zusammenschau disparater Elemente, der Aufnahme von Aktualität ohne Verleugnung des Kunstcharakters des Gedichts beeinflußte H.s Lyrik das moderne Gedicht entscheidend. Ihr großes Thema ist das des Schmerzes: im ›Buch der Lieder‹ der Schmerz über die Untreue der Geliebten und die Hingabe an den persönl. Weltschmerz, in den ›Neuen Gedichten‹ (1844) das Leiden an den polit. und gesellschaftl. Verhältnissen, in der Sammlung ›Romanzero‹ (1851) mit den Büchern ›Historien‹, ›Lamentationen‹, ›Hebr. Melodien‹ die Klage über das Leid der Menschheit. Parallel zu seinem lyr. Stil, bes. zu dem des ›Zeitgedichts‹, entwickelte H. als Reiseschriftsteller eine moderne Prosa, die eine Art zeitdiagnost. Überblick über das menschl. Treiben gibt. Unter dem Sammeltitel ›Reisebilder‹ erschienen 1826 und 1827 zwei Bände mit den Berichten ›Harzreise‹, ›Die Nordsee‹ und ›Ideen. Das Buch Le Grand‹, 1830 und 1831 dann zwei weitere Bände mit den Abschnitten ›Reise von München nach Genua‹, ›Die Bäder von Lucca‹ (mit der berühmten Polemik gegen A. Graf von Platen), ›Die Stadt Lucca‹. Durch seinen witzig-pointierten, unterhaltsamen, aber zugleich auch kritisch-entlarvenden und polemisierenden Stil schuf H. eine feuilletonist. Prosa, die formal eine reihende, kontrastharmon. Struktur, fragmentar. Charakter und einen vorläufigen Schluß aufweist, inhaltlich das Leben nach dem literar. Muster des Theaters, im Bildfeld von Lebensbühne und Lebensrolle, dem Wechselspiel von Illusion und Täuschung, vorstellt.

Der freiwillige Entschluß zur Übersiedlung nach Paris brachte neue kulturelle und polit. Anregungen. H. kämpfte gegen die katholisierenden und deutschtümelnden Tendenzen der Spätromantik, zeigte Interesse an sozialen Fragen (Briefwechsel mit K. Marx ab 1843). Anknüpfend an die ›Reisebilder‹ ließ H. 1834–40 u. d. T. ›Der Salon‹ seine Schriften in vier Bänden erscheinen. Seiner Absicht, zwischen der dt. und frz. Kultur zu vermitteln sowie das von Madame de Staël gezeichnete Deutschlandbild zu korrigieren, diente insbes. der Beitrag ›Zur Geschichte der Religion und Philosophie in Deutschland‹ (1835, in: ›Der Salon‹, Bd. 2; frz. 1834 u. d. T. ›De l'Allemagne depuis Luther‹, in: ›La Revue des Deux Mondes‹), der ihm in Deutschland heftige Kritik einbrachte, weil man ihn allein als Polemik gegen die Religion verstand. Mit seiner Darstellung ›Zur Geschichte der neueren schönen Litteratur in Deutschland‹ (2 Bde., 1833, ²1836 u. d. T. ›Die romant. Schule‹) versuchte H. eine literar. Abrechnung mit dem überkommenen geistigen Erbe Europas. Die erzählende Prosa, v. a. ›Aus den Memoiren des Herren von Schnabelewopski‹ (1834, in: ›Der Salon‹, Bd. 1), ›Florentin. Nächte‹ (1837, in: ›Der Salon‹, Bd. 3; 1. Fassung 1836, in: ›Morgenblatt für gebildete Stände‹) und ›Elementargeister‹ (1837, in: ›Der Salon‹, Bd. 3), spielt effektvoll mit den Möglichkeiten komödiant. Erzählens. ›Der Rabbi von Bacherach‹ (1840, in: ›Der Salon‹, Bd. 4), ein Sittengemälde über die mittelalterliche Judenverfolgung, vereint Sage, Geschichtsschreibung und fiktive Biographie. Für seine Satire über die dt. Zustände und die zeitgenöss. polit. Verhältnisse wählte H. die Form des Versepos: ›Deutschland. Ein Wintermärchen‹ (1844, in: ›Neue Gedichte‹) und ›Atta Troll. Ein Sommernachtstraum‹ (1847).

Die Rezeption H.s ist durch den Widerstreit der Meinungen, sein Nachleben in Deutschland durch Phasen von Ablehnung und Verehrung bestimmt; den Vorwürfen polit., moral., religiöser und weltanschaulicher Art (polit. Unverantwortlichkeit, internat. orientierter Sozialismus, nihilist. Blasphemie, negativer Journalismus, lyr. Plagiat) steht die große Popularität seiner Lyrik entgegen, die durch Übersetzung in alle Kultursprachen internat. Breitenwirkung erlangte. Nach der Verfemung H.s bei den Deutschnationalen und im Nationalsozialismus kam es nach 1945 in der DDR und in der BR Deutschland zu einer Wiederbelebung der H.forschung.

Weitere Werke: Almansor (Trag., 1823, in: Tragödien ...), Frz. Zustände (Essays, 1833), Shakespeares Mädchen und Frauen (Essay, 1839), Über Ludwig Börne (Schr., 1840), Der Doctor Faust. Ein Tanzpoem (1851), Vermischte Schriften (3 Bde., 1854; darin u. a. das Tanzpoem Die Göttin Diana; Lutezia. Berichte über Politik, Kunst und Volksleben). **Ausgaben:** H. H. Sämmtl. Werke. Hg. v. A. STRODTMANN. Hamb. 1861–69. 21 Bde. Suppl.-Bde. 1869–84. – H. H. Ges. Werke. Hg. v. E. ELSTER. Lpz. 1887–90. 7 Bde. – H. H. Sämtl. Werke. Hg. v. O. WALZEL. Lpz. 1910–15. 10 Bde., Reg.-Bd. 1920. – H. H. Briefe. Erste Gesamtausg. nach den Hss. Hg. v. F. HIRTH. Mainz 1950–53. 3 Komm.-Bde. Neudr. 1965. 2 Bde. – H. H. Sämtl. Schrr. Hg. v. K. BRIEGLEB. Mchn. 1968–76. 7 Bde. Tb.-Ausg. Bln. 1981. 12 Bde. – H. H. Säkularausg. Werke, Briefwechsel, Lebenszeugnisse. Hg. v. den Nat. Forschungs- und Gedenkstätten der klass. dt. Lit. in Weimar u. dem Centre National de la Recherche Scientifique in Paris. Bln. u. Paris 1970 ff. Auf 30 Bde. in 4 Abt. u. etwa 15 Komm.-Bde. berechnet. – H. H. Sämtl. Werke. Histor.-krit. Ausg. Hg. v. M. WINDFUHR. Hamb. 1973 ff. Auf 16 Bde. berechnet. – H. H. Werke u. Briefe in zehn Bden. Hg. v. H. KAUFMANN. Bln. u. Weimar ³1980. **Literatur:** STRODTMANN, A.: H. H.'s Leben u. Werke. Hamb. ³1884. 2 Bde. – WILHELM, G./GALLEY, E.: H.-Bibliogr. Weimar 1960. 2 Bde. – H.-Jb. Hg. vom H.-Arch. Düss. Jg. 1, Hamb. 1962 ff. – PAUCKER, H. R.: H. H. Mensch u. Dichter zw. Deutschland u. Frankreich. Bern 1967. – H.-Bibliogr. 1954–1964. Bearb. v. S. SEIFERT. Bln. u. Weimar 1968. – KAUFMANN, H.: H. H. Geistige Entwicklung u. künstler. Werk. Bln. ²1970. – VORDTRIEDE, W./SCHWEIKERT, U.: H.-Komm. Mchn. 1970. 2 Bde. – BETZ, A.: Ästhetik u. Politik. H. H.s Prosa. Mchn. 1971. – STORZ, G.: H. H.s lyr. Dichtung. Stg. 1971. – H.-Studien. Hg. v. M. WINDFUHR. Bd. 1. Hamb. 1971 ff. – KUTTENKEULER, W.: H. H. Theorie u. Kritik der Lit. Stg. u. a. 1972. – ROSENTHAL, L.: H. H. als Jude. Ffm. u. Bln. 1973. – WINDFUHR, M.: H. H. Revolution u. Reflexion. Stg. ²1976. – GALLEY, E.: H. H. Stg. ⁴1976. – H. in Deutschland. Dokumente seiner Rezeption, 1834–1956. Nachwort v. K. TH. KLEINKNECHT. Mchn. u. a. 1976. – MARCUSE, L.: H. H. Melancholiker, Streiter in Marx, Epikureer. Zü.

1977. – HOOTON, R. G.: H. H. u. der Vormärz. Meisenheim 1978. – REESE, W.: Zur Gesch. der sozialist. H.-Rezeption in Deutschland. Ffm. u. a. 1979. – H. H. Epoche, Werke, Wirkung. Hg. v. I. BRUMMACK u. a. Mchn. 1980. – MENDE, F.: H. H. Chronik seines Lebens u. Werkes. Stg. ²1981. – KOPELEW, L.: Ein Dichter kam vom Rhein. H. H.s Leben u. Leiden. Bln. ²1981. – H. H. Hg. v. H. L. ARNOLD. Mchn. ⁴1982. – SAMMONS, J. L.: H. H. A selected critical bibliography of secondary literature, 1956–80. New York u. London 1982. – KRAFT, W.: H. der Dichter. Mchn. 1983. – HÄDECKE, W.: H. H. Eine Biogr. Mchn. 1985. – HÖHN, G.: H.-Hdb. Stg. 1987. – MARCUSE, L.: H. H. Rbk. 140.–144. Tsd. 1990. – DEMETZ, P.: H. H. ein Liberaler. Über H. H. Ffm. u. a. 1993. – PULVER, C.: Mouche. H. H.s letzte Liebe. Düss. 1993. – VOIGT, J.: O Deutschland, meine ferne Liebe ... Der junge H. H. zw. Nationalromantik u. Judentum. Bonn 1993. – ZIEGLER, E.: H. H. Leben – Werk – Wirkung. Mchn. u. a. 1993. – KÜPPERS, M.: H. H.s Arbeit am Mythos. Münster u. New York 1994.

Heine-Preis (Heine-Preis der Landeshauptstadt Düsseldorf), 1972 vom Rat der Stadt Düsseldorf gestifteter, mit 25 000 DM dotierter Preis, der zunächst alle drei Jahre, seit 1981 alle zwei Jahre an Persönlichkeiten verliehen wird, ›die durch ihr geistiges Schaffen im Sinne der Grundrechte des Menschen, für die sich Heinrich Heine eingesetzt hat, den sozialen und politischen Fortschritt fördern, der Völkerverständigung dienen oder die Erkenntnis von der Zusammengehörigkeit aller Menschen verbreiten‹. Bisherige Preisträger: C. Zuckmayer (1972), P. Bertaux (1975), S. Haffner (1978), W. Jens (1981), C. F. von Weizsäcker (1983), G. Kunert (1985), M. Gräfin Dönhoff (1988), M. Frisch (1989), R. von Weizsäcker (1991), W. Biermann (1993).

Heinesen, Jens Pauli [dän. ˈhai̯nəsən], * Tórshavn (Färöer) 12. Nov. 1932, färöischer Schriftsteller. – Einziger färöisch schreibender freiberufl. Autor; er debütierte 1953 mit einer Sammlung von Kurzprosa ›Degningssæli‹ (= Regenschauer bei Tagesanbruch); wurde bekannt durch die Romantrilogie ›Tú upphavsins heimur‹ (= Du Welt des Ursprungs, 1962–66), in der die Veränderung der überkommenen Strukturen einer bäuerl. Gesellschaft beschrieben wird.

Weitere Werke: Yrkjarin úr Selvík (= Der Dichter von Selvik, R., 1958), Frænir eitur ormurin (= Frænir heißt die Schlange, R., 1973).

Heinesen, William [dän. ˈhaınəsən],
*Tórshavn (Färöer) 15. Jan. 1900, †ebd. 12. März 1991, dän. Schriftsteller. – Reisen durch Europa; lebte ab 1932 in seinem Heimatort; seine Lyrik steht unter dem Eindruck der heimatl. Landschaft.
Werke: Arktiske elegier (Ged., 1921), Noatun (R., 1938, dt. 1939), Der schwarze Kessel (R., 1949, dt. 1951), Die verdammten Musikanten (R., 1950, dt. 1952), Das verzauberte Licht (En., 1957, dt. 1964), Die Gute Hoffnung (R., 1964, dt. 1967), Don Juan fra tranhuset (Nov., 1970), Der Turm am Ende der Welt (R., 1976, dt. 1991), Her skal danses. Seks fortællinger (En., 1980), Vinterdrøm. Digte i udvalg 1920–30 (Ged., 1983), Laterna magica (Nov.n, 1985).
Literatur: JONES, G. W.: Fæø og kosmos. En indføring i W. H.s forfatterskab. Kopenhagen 1974. – THORKENHOLDT, M.: W. H. En bibliografie. Kopenhagen 1984.

Heinlein, Robert A[nson] [engl. ˈhaınlaın],
*Butler (Mo.) 7. Juli 1907, †Carmel (Calif.) 7. Mai 1988, amerikan. Schriftsteller. – Besuchte die Marineakademie in Annapolis und war fünf Jahre Geschützoffizier; 1939 begann H. Science-fiction-Literatur zu schreiben. In der Folge veröffentlichte er mehrere Science-fiction-Romane für Jugendliche, darunter ›Endstation Mond‹ (1947, dt. 1951). Zahlreiche Romane und Erzählungen bilden eine zusammenhängende ›Geschichte der Zukunft‹. Einen unerwarteten Erfolg errang H. mit dem Roman ›Ein Mann in einer fremden Welt‹ (1961, dt. 1970), der zu einem Kultobjekt der Hippiebewegung wurde. Trotz seines großen Erfolgs bleibt H. v. a. wegen seines als faschistoid kritisierten Romans ›Sternenkrieger‹ (1959, dt. 1979) sehr umstritten; schrieb auch Kurzgeschichten, Essays und Drehbücher.
Weitere Werke: Beyond this horizon (R., 1948), Die Tramps von Luna (R., 1952, dt. 1970), Tunnel zu den Sternen (R., 1955, dt. 1974), Tür in die Zukunft (R., 1957, dt. 1967), Die Straße des Ruhms (R., 1963, dt. 1970), Revolte auf Luna (R., 1966, dt. 1969), Die Leben des Lazarus Long (R., 1973, dt. 1976), Freitag (R., 1982, dt. 1983), The cat who walks through walls. A comedy of manners (R., 1985), Das neue Buch Hiob (R., 1984, dt. 1985).
Ausgabe: Requiem. New collected works by R. A. H. and tributes to the grand master. Hg. v. Y. KONDO. New York 1992.

Literatur: FRANKLIN, H. B.: R. A. H. America as science fiction. New York 1980. – Death and the serpent. Immorality in science fiction and fantasy. Hg. v. C. B. YOKE u. D. M. HASSLER. Westport (Conn.) 1985.

Heinrich III., der Erlauchte,
*zwischen 30. Aug. 1215 und 20. Juli 1216, †vor dem 8. Febr. 1288, Markgraf von Meißen (seit 1221). – Verfaßte sechs Minnelieder (überliefert in der Großen Heidelberger Liederhandschrift) und war vermutlich Auftraggeber des ›Wartburgkriegs‹ und des ›Jüngeren Titurel‹ Albrechts von Scharfenberg.

Heinrich VI.,
*Nimwegen 1165, †Messina 28. Sept. 1197, dt. Kaiser. – Sohn Friedrichs I. Barbarossa; 1169 zum König gewählt, seit 1186 ∞ mit Konstanze von Sizilien, regierte seit 1190; 1191 Kaiserkrönung. Unter seinem Namen überliefert die Große Heidelberger Liederhandschrift an erster Stelle drei Minnelieder, die wahrscheinlich in seiner Jugend (1184, Hoftag zu Mainz?) entstanden sind; zwei davon, ein Wechsel- und ein Tagelied, sind noch der vorhöf. Lyrik verpflichtet, während das dritte – das erste dt. Minnelied mit daktyl. Versen – provenzal. Einfluß zeigt.
Ausgabe: Des Minnesangs Frühling. Hg. v. H. MOSER u. H. TERVOOREN. Bd. 1. Stg. ³⁷1982.
Literatur: TOECHE, TH.: Kaiser H. VI. Lpz. 1867. Nachdr. Darmst. 1965. – WAPNEWSKI, P.: Kaiserlied u. Kaisertopos. In: WAPNEWSKI: Waz ist minne. Mchn. ²1979. S. 47.

Heinrich der Glichesaere [ˈgliːçəzɛːrə]
(H. der Gleisner), mhd. Dichter der 2. Hälfte des 12. Jh., wohl aus dem Elsaß. – Der Beiname (Gleisner) ist ein schon mittelalterl. Mißverständnis und bezieht sich ursprünglich auf seinen Helden, den Fuchs. Autor des ältesten mhd. Tierepos ›Reinhart Fuchs‹, das in vier Bruchstükken (700 Verse) einer um 1200 geschriebenen Handschrift und in zwei Handschriften vom Anfang des 14. Jh., die eine jüngere Bearbeitung (2200 Verse) enthalten, überliefert ist. Das satirisch-lehrhafte Werk ist in der 2. Hälfte des 12. Jh. für den Grafen von Dagsburg entstanden und benutzt die Tierfabel zur polit. Kritik an den stauf. Herrschern: am ›falschen‹ Fuchs zeigt sich die Falschheit der Verhältnisse. H. übernahm einzelne ›branches‹ des altfrz. ↑›Roman de Renart‹ und gestaltete daraus ein Buchepos

92 Heinrich

mit Motivationen der Episoden und Konzentration auf das Ende, den Tod des Löwen, des Königs. Aus dem frz. Schelmen Renart wird bei H. Reinhart als Verkörperung des Bösen. – ↑auch Reinaert.

Ausgabe: Der Reinhart Fuchs des Elsässers Heinrich. Hg. v. K. DÜWEL. Tüb. 1984.
Literatur: SCHWAB, U.: Zur Datierung u. Interpretation des ›Reinhart Fuchs‹. Neapel 1967. – KÜHNEL, J.: Zum ›Reinhart Fuchs‹ als antistauf. Gesellschaftssatire. In: Stauferzeit. Hg. v. R. KROHN u. a. Stg. 1979.

Heinrich der Teichner, †vor 1377, mhd. Spruchdichter. – Stammte vermutlich aus der Steiermark, führte das Leben eines Fahrenden und wurde in oder bei Wien seßhaft. Sein ab etwa 1350 entstandenes Werk von rund 720 Reimreden mit insgesamt 70 000 Versen ist eines der umfangreichsten im dt. Spät-MA. In seinen Reimreden (religiöse Lehrgedichte, Stände- und Sittenlehre) beklagt er Mißachtungen der von Gott gesetzten Ordnung. Sein Werk, in zahlreichen Handschriften überliefert, übte auf die spätmittelalterl. Spruchdichtung bed. Einfluß aus; ›Teichner‹ wurde zu einer Gattungsbezeichnung.

Ausgabe: H. d. T. Die Gedichte. Hg. v. H. NIEWÖHNER. Bln. 1953–56. 3 Bde.
Literatur: LÄMMERT, E.: Reimsprecherkunst im Spät-MA. Eine Unters. der Teichnerreden. Stg. 1970. – SEIDEL, K. O.: ›Wandel‹ als Welterfahrung des Spät-MA im didakt. Werk H.s des T.s Göppingen 1973.

Heinrich der Vogelaere [...lɛːrə] (H. der Vogler), mhd. Epiker der 2. Hälfte des 13. Jh., stammte eventuell aus Tirol. – Nennt sich am Schluß eines der kleineren Epen aus dem Dietrichsagenkreis, dem ›Buch von Bern‹. Es ist jedoch unsicher, ob er der Autor dieses Werkes (und eventuell auch der ohne Autorennamen überlieferten ›Rabenschlacht‹) oder nur ein Bearbeiter ist.

Heinrich von dem Türlin, mhd. Epiker der ersten Hälfte des 13. Jahrhunderts. – Stammte vermutlich aus einem Kärntner Bürgergeschlecht. Von ihm sind zwei Werke überliefert: ›Der Mantel‹ (994 Verse) erzählt nach einem frz. Fabliau eine Treueprobe (bricht ab) und ›Der aventiure crône‹, ein um 1220 verfaßter ca. 30 000 Verse langer episodenreicher Artusroman, in dessen Mittelpunkt der

Artusritter Gawan als Minneritter und Gralssucher steht. H. wendet sich gegen Wolfram von Eschenbachs religiöse Gralskonzeption und treibt ein raffiniertes Spiel mit der Erzähltradition des Artusromans.

Ausgabe: H. v. d. T. Diu crône. Hg. v. G. H. F. SCHOLL. Stg. 1852. Nachdr. Amsterdam 1966.
Literatur: CORMEAU, CH.: ›Wigalois‹ und ›Diu crône‹. Mchn. 1977. – JILLINGS, L. G.: Diu Crône H.s v. d. T. Göppingen 1980. – Die mittelalterl. Lit. in Kärnten. Hg. v. P. KRÄMER. Wien 1980. – GOUEL, M.: H. v. d. T., ›Diu crône‹. Ffm. u. a. 1993.

Heinrich von Esslingen, mhd. Lyriker, ↑Schulmeister von Esslingen.

Heinrich von Freiberg, mhd. Epiker vom Ende des 13. Jh., vermutlich aus Freiberg in Sachsen. – Schuf um 1290 eine dem Stil Gottfrieds von Straßburg gewandt angepaßte Fortsetzung von dessen unvollendetem ›Tristan‹-Epos (6 890 Verse), wobei er stofflich dem ›Tristrant‹ Eilharts von Oberg und der ersten ›Tristan‹-Fortsetzung Ulrichs von Türheim (um 1230) folgte; beide übertraf er jedoch in der sprachl. Gestaltung. Er stilisiert Tristan (gegen Gottfried von Straßburg) zum vorbildl. Minne- und Aventiureritter. Weiter sind überliefert: unter seinem Namen ein Preisgedicht ›Ritterfahrt des Johann von Michelsberg‹ (312 Verse) und, mit unsicherer Verfasserangabe, eine ›Legende vom Heiligen Kreuz‹.

Literatur: KRAUS, K. VON: Studien zu H. v. F. Mchn. 1941. – SEDLMAYER, M.: H.s v. F. Tristanfortsetzung im Vergleich mit anderen Tristandichtungen. Bern 1976.

Heinrich von Hesler, mhd. Dichter um 1300. – Stammt vermutlich aus Hesler bei Naumburg/Saale; man nimmt an, daß er dem Deutschen Orden angehörte, weil seine Werke in Deutschordensbibliotheken überliefert sind. Er verfaßte eine durch Erläuterungen erweiterte gereimte ›Apokalypse‹ und Bruchstücke eines religiösen Gedichtes ›Die Erlösung‹; zugeschrieben wird ihm aufgrund sprachlich-stilist. Parallelen außerdem ein in Versen abgefaßtes ›Evangelium Nicodemi‹.

Ausgaben: H. v. H. Evangelium Nicodemi. Hg. v. K. HELM. Tüb. 1902. Nachdr. Hildesheim u. New York 1976. – H. v. H. Apokalypse. Hg. v. K. HELM. Bln. 1907.

Literatur: WIEDMER, P.: Sündenfall u. Erlösung bei H. v. H. Bern 1977.

Heinrich von Meißen, mhd. Lyriker, † Frauenlob.

Heinrich von Melk, mhd. Dichter der 2. Hälfte des 12. Jahrhunderts. – Der Dichter des in einer Handschrift um 1300 überlieferten asketisch-weltfeindl. Gedichtes ›Von des tôdes gehugede‹ (= Erinnerung an den Tod, 1042 Verse) nennt sich nur ›Hâinrich‹. Aufgrund der Sprache, der Form und der religiösen Tendenz wurde das Werk der Memento-mori-Dichtung zugeordnet. Die Nennung eines Abtes Erchennenfride in Vers 1033 wurde schon von K. Lachmann auf einen Melker Abt (1122–63) dieses Namens bezogen, mit dem Heinrich u. a. als ›ritterl.‹ Laienbruder in Beziehung gesetzt wurde; daraus resultierte dann sein heute übl. Beiname ›von Melk‹. Zugeschrieben wird H. v. M. auch das in derselben Handschrift aufgezeichnete Gedicht ›Priesterleben‹, das ebenfalls durch scharfe Zeit- und Kirchenkritik geprägt ist.

Ausgabe: H. v. M. Hg. v. R. HEINZEL. Bln. 1867. Nachdr. Hildesheim 1983.
Literatur: NEUSER, P. E.: Zum sog. H. v. M. Köln u. Wien 1973.

Heinrich von Morungen, mhd. Lyriker vom Ende des 12. und Anfang des 13. Jahrhunderts. – Sein Stammsitz wird in der Burg Morungen bei Sangerhausen in Thüringen gesehen. Aus zwei Urkunden, einer, in der ein Henricus de Morungen als ›miles emeritus‹ eine Rente des Markgrafen von Meißen an das Thomaskloster zu Leipzig überträgt (wohl 1217), und einer zweiten, in der er als Zeuge aufgeführt ist, schließt man, daß er längere Zeit im Dienst des Markgrafen Dietrich IV. von Meißen, der 1195–1221 regierte, gestanden habe. H. v. M. ist der klass. Antike (Ovid), der Troubadourlyrik und der kirchl. Hymnik verpflichtet. Sein Werk bildet mit dem Reinmars des Alten und dem Walthers von der Vogelweide den Höhepunkt des mhd. Minnesangs; vor beiden zeichnet sich H. v. M. sowohl durch seine musikal. Sprachgebung, seine rhythm. Flexibilität (u. a. gemischte Daktylen), seine reich differenzierten Strophenformen als auch durch die Gestaltung des Minne-

themas aus. In visionärer Schau entwickelt er, vergleichbar Gottfried von Straßburgs ›Tristan‹, eine Liebesmystik, eine Verklärung der Idee der Minneherrin. Sein Einfluß auf Walther von der Vogelweide war groß, die thüring. Minnesänger des 13.Jh. folgten seinem Vorbild. Die Beziehung der Balladengestalt des Edeln Moringers zu H. von Morungen ist nicht genau zu klären.

Ausgaben: H. v. M. Lieder. Text, Übers., Komm. Hg. v. H. TERVOOREN. Stg. 1975. – Des Minnesangs Frühling. Hg. v. H. MOSER u. H. TERVOOREN. Bd. 1. Stg. ³⁷1982.
Literatur: KRAUS, C. VON: Zu den Liedern H.s v. M. Bln. 1916. – TERVOOREN, H.: Bibliogr. zum Minnesang u. zu den Dichtern aus ›Minnesangs Frühling‹. Bln. 1969. S. 71.

Heinrich von Mügeln, mhd. Dichter des 14.Jh., stammte aus Mügeln (bei Oschatz oder Pirna?). – Erscheint als Dichter, Chronist und Übersetzer im Dienste verschiedener Fürstenhöfe; aus einem Preislied auf König Johann von Böhmen läßt sich ein Aufenthalt am Prager Hof erschließen, ebenso aus zwei Sangsprüchen zu Ehren Kaiser Karls IV. und aus seinem Hauptwerk, der allegor. Dichtung ›Der meide kranz‹ (2600 Verse), in welcher der Kaiser als Richter in einem Wettstreit der 12 ›Künste‹ angerufen wird. Dem ungar. König Ludwig I. widmete H. eine lat. Reimchronik über Ungarn, eine dt. Ungarnchronik in Prosa Rudolf IV. von Österreich; sie geht auf eine nicht erhaltene lat. Chronik zurück. Neben seinen zahlreichen weltl. und geistl. Sangsprüchen (über 400 Strophen) in geblümtem, lehrhaftem Stil sind von ihm Übersetzungen (Memorabilien des Valerius Maximus, Psalmen mit Kommentar des Nikolaus von Lyra) überliefert. H. v. M. wurde von den Meistersingern zu den alten Meistern gezählt.

Ausgaben: Der Meide Kranz. Hg. v. W. JAHR. Diss. Lpz. 1908. – Die kleineren Dichtungen H. v. M.s. Hg. v. K. STACKMANN. Bln. 1959. 3 Bde.
Literatur: STACKMANN, K.: Der Spruchdichter H. v. M. Hdbg. 1958. – KIBELKA, J.: der ware meister. Denkstile u. Bauformen in der Dichtung H.s v. M. Bln. 1963. – HENNIG, J.: Chronologie der Werke H.s v. M. Hamb. 1972.

Heinrich von Neustadt, mhd. Dichter Ende des 13./Anfang des 14. Jahrhunderts. – Arzt, aus Wiener Neustadt, 1312 urkundlich in Wien bezeugt; schrieb den mehr durch die Tatsachenfülle als durch die eher sorglose Sprache fesselnden, mehr als 20 000 Verse umfassenden Versroman ›Apollonius von Tyrland‹, die erweiternde Bearbeitung eines spätantiken Abenteuer- und Liebesromans; das geistl. Epos (8 113 Verse) ›Von Gottes Zukunft‹ nach dem lat. ›Anticlaudianus‹ des Alanus ab Insulis handelt von der dreimaligen Herabkunft Gottes: Erschaffung, Erlösung, Gericht. Am Schluß steht die ›Visio Philiberti‹, eine Vision vom Schicksal der bösen Seele nach dem Tod.

Ausgabe: H.s v. N. ›Apollonius von Tyrland‹ nach der Gothaer Hs. ›Gottes Zukunft‹ u. ›Visio Philiberti‹ nach der Heidelberger Hs. Hg. v. S. SINGER. Bln. 1906. Neudr. Zü. 1967.

Heinrich von Ofterdingen, sagenhafter mhd. Schriftsteller des 13. Jahrhunderts. – Der Name entstammt dem mhd. Gedicht ›Der Wartburgkrieg‹ (13. Jh.), dort ist er Herausforderer der anderen Sänger und Lobredner des österr. Herzogs; er wird weiter in einer Bearbeitung des ›Laurin‹, eines Heldengedichtes aus dem Dietrichsagenkreis, am Schluß als Autor genannt. Die Meistersinger zählten ihn zu den alten Meistern. In der Forschung wird er meist als historisch nicht nachweisbare fiktive Gestalt angesehen. Die Romantik hat H. v. O. für die Dichtung entdeckt. Thema von Novalis' Romanfragment ›H. v. O.‹ (1802) ist das Künstlerproblem, E. T. A. Hoffmann (›Der Kampf der Sänger‹, Nov., 1818, in ›Urania. Taschenbuch auf das Jahr 1819‹) und F. de la Motte Fouqué (›Der Sängerkrieg auf der Wartburg‹, Dr., 1828) übernahmen Namen und Rolle im Sängerstreit aus dem mhd. ›Wartburgkrieg‹. R. Wagner (›Tannhäuser und der Sängerkrieg auf Wartburg‹, Oper, UA 1845) verschmolz die Person H.s v. O. mit der des Tannhäuser. Die Ansicht, H. v. O. wäre der Dichter des Nibelungenlieds gewesen (vertreten u. a. von den Brüdern Schlegel), spielt, obwohl sie schon von K. Lachmann 1820 bestritten wurde, in den Dichtungen bis zu F. Lienhard eine Rolle.

Literatur: ROMPELMAN, T. A.: Der Wartburgkrieg. Amsterdam 1940. – MERTENS, V.: Wagner u. das MA. In: Wagner-Hdb. Hg. v. ULRICH MÜLLER u. P. WAPNEWSKI. Stg. 1986. – RÜ-

BER, J.: ›Ich zog mir einen Falken ...‹. H. v. O. Mchn. 1988.

Heinrich von Rugge, mhd. Lyriker der 2. Hälfte des 12. Jahrhunderts. – Vermutlich identisch mit Henricus de Rugge, einem (1175/78) urkundlich bezeugten Ministerialen des Pfalzgrafen von Tübingen; seine Stammburg lag bei Blaubeuren. Unter seinem Namen sind spruchartige Strophen und Minnelieder erhalten, die ein reflektiertes Minneideal didaktisch präsentieren. Von ihm ist außerdem der älteste dt. Kreuzleich überliefert, der unter dem Eindruck des Todes Kaiser Friedrichs I. Barbarossa die Kreuzzugsideale propagiert.

Ausgabe: Des Minnesangs Frühling. Hg. v. H. MOSER u. H. TERVOOREN. Bd. 1. Stg. ³⁷1982.

Heinrich von Veldeke, mhd. Dichter der 2. Hälfte des 12. Jahrhunderts. – Der Herkunftsname weist auf ein Dorf westlich von Maastricht; H. v. V. ist urkundlich nicht bezeugt. Der ihm in Handschriften und von anderen Dichtern beigelegte Titel ›meister‹ läßt auf gelehrte Bildung schließen. Aus den Angaben in seinen Werken geht hervor, daß er zunächst im Dienste der Herren von Loon dichtete, 1184 am Mainzer Hoffest teilnahm und im Auftrag des späteren Thüringer Landgrafen Hermann sein Hauptwerk vollendete. – Sein ep. Schaffen begann er mit einer Verslegende über den limburg. Lokalheiligen ›Sanct Servatius‹, die in niederdt. Mundart in einer Handschrift des 15. Jh. überliefert ist. Eine bes. Bedeutung für die mhd. Literatur, die schon von mhd. Dichtern wie Gottfried von Straßburg, Rudolf von Ems u. a. erkannt und gerühmt wurde, gewann H. v. V. durch sein Hauptwerk ›Eneit‹ (bis 1174 größtenteils fertig, bis 1186 vollendet), eine Bearbeitung des frz. ›Roman d'Énéas‹ auf der stoffl. Grundlage von Vergils ›Äneis‹. Neben der ritterl. Bewährung spielt die Minne eine zentrale Rolle (Dido- bzw. Lavinia-Handlung). H. v. V. schuf damit das erste mhd. höf. Epos, das durch seine Formbeherrschung (reiner Reim, alternierendes Versmetrum) und durch seine Darstellung der Minne vorbildhaft wurde. Seine Bedeutung spiegelt sich auch darin, daß von diesem Epos zum ersten Mal in der dt. Literaturgeschichte eine größere Anzahl von Handschriften (13) bezeugt ist, darunter die Berliner Handschrift, die erste repräsentativ illustrierte eines mhd. Versepos (um 1200). Umstritten ist die sprachl. Form des Originals, ob es sich um Limburger Dialekt oder mitteldeutsche Literatursprache handelt. – In der mhd. Versnovelle ›Moriz von Craûn‹ ist noch ein nicht erhaltenes Werk H.s v. V., ›Salomo und die Minne‹, erwähnt. In H. v. V.s Liedern findet eine Auseinandersetzung mit dem aus dem frz. Raum übernommenen Konzept der hohen Minne statt, neben Liebeszuversicht und -erwiderung steht das nicht erhörte Werben.

Ausgaben: H. v. V. Hg. v. L. ETTMÜLLER. Lpz. 1852. – H. v. V. Die ep. Werke. Krit. hg. v. TH. FRINGS u. G. SCHIEB. Bd. 1. Halle/Saale 1956 (m.n.e.). – Henric van Veldeken. Eneide. Hg. v. G. SCHIEB u. TH. FRINGS. Bln. 1964–70. 3 Bde. – Des Minnesangs Frühling. Hg. v. H. MOSER u. H. TERVOOREN. Bd. 1. Stg. 37 1982. – H. v. V. Eneasroman. Mhd./nhd. Übers. u. Nachwort v. D. KARTSCHOKE. Stg. 1986. **Literatur:** FRINGS, TH./SCHIEB, G.: Drei Veldekestudien. Bln. 1949. – SCHIEB, G.: Henric van Veldeken. H. v. V. Stg. 1965. – DITTRICH, M. E.: Die ›Eneide‹ H.s v. V. Ein quellenkrit. Vergleich mit dem Roman d'Eneas u. Vergils Aeneis. Wsb. 1966. 1. Tl. (m.n.e.). – BRANDT, W.: Die Erzählkonzeption H.s v. V. in der Eneide. Marburg 1969. – SCHRÖDER, W.: Veldeke-Studien. Bln. u. a. 1969. – Heinric van Veldeken. Symposion ... Hg. v. G. A. DE SMET. Antwerpen 1971. – KISTLER, H.: H. v. V. u. Ovid. Tüb. 1993.

Heinrich, Willi, * Heidelberg 9. Aug. 1920, dt. Schriftsteller. – Verfaßte zuerst spannende, z. T. kraß naturalistische Kriegsromane und kritische Romane über Heimkehrerschicksale, dann auch Unterhaltungsromane.

Werke: Das geduldige Fleisch (R., 1955), Der goldene Tisch (R., 1956, 1970 u. d. T. In stolzer Trauer), Die Gezeichneten (R., 1958), Gottes zweite Garnitur (R., 1962), Mittlere Reife (R., 1966), Geometrie einer Ehe (R., 1967), Schmetterlinge weinen nicht (R., 1969), Jahre wie Tau (R., 1971), So long, Archie (R., 1972), Eine Handvoll Himmel (R., 1976), Ein Mann ist immer unterwegs (R., 1977), Herzbube und Mädchen (R., 1980), Allein gegen Palermo (R., 1981), Traumvogel (R., 1983), Männer zum Wegwerfen (R., 1985), Der Väter Ruhm (R., 1988), Eine span. Affäre (R., 1990).

Heinrich-Böll-Preis, Literaturpreis der Stadt Köln (bis Sept. 1985 unter dem Namen ›Kölner Literaturpreis‹, seitdem H.-B.-P.). Er wurde 1980–93 (mit 25 000 DM dotiert) jährlich vergeben. 1994 fand keine Vergabe statt, ab 1995 (Dotierung 35 000 DM) ist die Verleihung nur noch alle zwei Jahre vorgesehen. Der Preis honoriert ›herausragende Leistungen auf dem Gebiet der deutschsprachigen Literatur‹. Bisherige Preisträger waren: Hans Mayer (1980), P. Weiss (1981), W. Schnurre (1982), U. Johnson (1983), H. Heißenbüttel (1984), H. M. Enzensberger (1985), E. Jellinek (1986), L. Harig (1987), D. Wellershoff (1988), B. Kronauer (1989), G. de Bruyn (1990), Rainald Goetz (* 1954; 1991), H. J. Schädlich (1992), A. Kluge (1993).

Heinrich-Heine-Preis, 1957–90 vom Ministerium für Kultur der DDR vergebener Literaturpreis, der jährlich am 13. Dez., dem Geburtstag Heinrich Heines, für herausragende lyr. und literarisch-publizist. Werke, ›die, das Erbe Heinrich Heines wahrend, einen würdigen Beitrag zur sozialist. Literatur bilden‹, verliehen wurde. Bis 1977 gab es jährlich zwei Preisträger (Dotierung für beide zusammen 12 500 M), ab 1978 wurde jährlich nur noch eine Person ausgezeichnet (Dotierung: 10 000 M). Den Preis erhielten u. a. 1972 S. Hermlin, 1973 S. Kirsch, 1975 E. Strittmatter und J. Villain, 1976 H. Czechowski und D. Süverkrüp, 1977 G. Steineckert und J. Koplowitz, 1978 E. Richter, ferner u. a. 1981 R. Holland-Moritz, 1984 B. Engelmann, 1988 P. Rühmkorf, 1989 S. Mensching, 1990 H.-E. Wenzel.

Heinrich Julius, * Schloß Hessen (heute Landkreis Halberstadt) 15. Okt. 1564, † Prag 30. Juli 1613, Herzog von Braunschweig-Wolfenbüttel (seit 1589). – Genoß eine gelehrte Erziehung, wurde 1576 Rektor der Univ. Helmstedt; 1578 fiel ihm die Verwaltung des Bistums Halberstadt zu, 1582–85 war er Bischof von Minden. H. J. war ein großer Freund von Wissenschaft und Kunst. 1592 rief er engl. Komödianten nach Wolfenbüttel und behielt von da an eine Truppe unter der Leitung Th. Sackvilles an seinem Hof, für die er selbst Prosastücke verfaßte. H. J. schrieb unter dem Einfluß N. Frischlins, später den engl. Komödianten Tragödien, Tragikomödien und Komödien mit erzieher. Absicht; ver-

96 Heinrich-von-Kleist-Gesellschaft

wendete Stoffe aus dem Alltagsleben; realist. Szenen, starke Theatereffekte.
Werke: Von der Susanna ... (Dr., 1593), Von einem Buler und Bulerin ... (Trag., 1593), Von einem Weibe ... (Kom., 1593), Von einem Wirthe oder Gastgeber (Kom., 1594), Von einem ungeratenen Sohn ... (Trag., 1594), Von einer Ehebrecherin ... (Trag., 1594), Von einem Edelman ... (Kom., 1594), Von Vincentio Ladislao Sacrapa von Mantua ... (Kom., 1594).
Ausgabe: H. J. Die Schauspiele. Hg. v. W. L. HOLLAND. Stg. 1855. Nachdr. Amsterdam 1967.
Literatur: KNIGHT, A. H.: H. J. Duke of Brunswick. Oxford 1948. – EMMRICH, CH.: Das dramat. Werk des Herzogs H. J. v. Braunschweig. Habil. Jena 1964 [Masch.]. – WERNER, I.: Zwischen MA u. Neuzeit. H. J. v. Braunschweig als Dramatiker der Übergangszeit. Ffm. u. a. 1976. – LIETZMANN, H.: Herzog H. J. zu Braunschweig u. Lüneburg (1564–1613). Brsw. 1993.

Heinrich-von-Kleist-Gesellschaft
† Kleist-Preis.

Heinrich-von-Kleist-Preis † Kleist-Preis.

Heinse, Johann Jakob Wilhelm (Heintze, Henze), * Langewiesen 15. (16.?) Febr. 1746, † Aschaffenburg 22. Juni 1803, dt. Schriftsteller. – Studierte Jura in Jena und Erfurt, lebte dann, unterstützt von Ch. M. Wieland und J. W. L. Gleim, als Hauslehrer in Quedlinburg und Halberstadt, wurde von J. G. Jacobi als Mitarbeiter der Zeitschrift ›Iris‹ nach Düsseldorf berufen. Wichtig für sein Werk war die Italienreise 1780–83; nach der Rückkehr wurde H. Vorleser und Bibliothekar am erzbischöflich-kurmainz. Hof; 1788 erfolgte die Ernennung zum Hofrat. Die Zeit der Mainzer Republik verbrachte er in Düsseldorf, flüchtete 1795 mit dem kurmainz. Hof nach Aschaffenburg. In dem ersten dt. Künstlerroman, ›Ardinghello und die glückseeligen Inseln‹ (2 Bde., 1787), entwarf H. das Bild eines freien, naturhaften, genußfrohen Daseins, die Möglichkeit eines ird. Paradieses, in dem sich Kunst und Sinnlichkeit wechselseitig beeinflussen. Die kunstphilosoph. Erörterungen des Romans bilden den Beginn einer modernen Kunstbetrachtung, die bereits in den ›Briefen über die hervorragendsten Bilder der Düsseldorfer Galerie‹ (1776/77, in: ›Teutscher Merkur‹) angewandt wurde und die Überwindung der Kunstauffassung J. J. Winckelmanns bedeutete. In

›Hildegard von Hohenthal‹ (R., 3 Tle., 1795/96) nehmen musiktheoret. Ausführungen, bes. zur Oper, breiten Raum ein. Bed. auch als Übersetzer (C. Petronius, T. Tasso und L. Ariosto).
Weitere Werke: Sinngedichte (1771), Laidion oder die Eleusin. Geheimnisse (R., 1774), Anastasia und das Schachspiel (R., 2 Bde., 1803), Musikal. Dialogen (hg. 1805).
Ausgabe: W. H. Sämtl. Werke. Hg. v. C. SCHÜDDEKOPF u. A. LEITZMANN. Lpz. 1902–25. 10 Bde.
Literatur: SCHOBER, J.: J. J. W. H. Sein Leben u. seine Werke. Lpz. 1882. – BRECHT, W.: H. u. der aesthet. Immoralismus. Bln. 1911. – BAEUMER, M. L.: H.-Studien. Stg. 1966. – MOORE, E. M.: Die Tagebb. W. H.s. Mchn. 1967. – MAGRIS, C.: W. H. Udine 1968. – DICK, M.: Der junge H. in seiner Zeit. Mchn. 1980.

Heinsius, Daniel [niederl. 'hɛinsiʏs], * Gent 9. Jan. 1580, † Leiden 25. Febr. 1655, niederl. Philologe und Dichter. – War ab 1605 Prof. in Leiden; gab die Werke zahlreicher klass. Schriftsteller (u. a. von Seneca d. J., Terenz, Ovid, Vergil) heraus (1640 ges. in ›Poemata auctiora‹); schrieb lat. und niederl. Gedichte, die auf M. Opitz und dessen Anhänger bed. Einfluß ausübten; auch Dramen, die der griech. Tragödie sowie Seneca d. J. verpflichtet sind.
Werke: Auriacus sive Libertas saucia (Dr., 1602), Nederduytsche poemata (Ged., 1616), Lobgesang Jesu Christi ... (1616, dt. von M. Opitz 1621), Herodes infanticida (Dr., 1632).
Literatur: HORST, D. J. H. TER: D. H. Utrecht 1934. – SELLIN, P. R.: D. H. and Stuart England. Leiden 1968. – BECKER-CANTARINO, B.: D. H. Boston (Mass.) 1978.

Heinsius, Nicolaas d. J. [niederl. 'hɛinsiʏs], * Den Haag 1656, † Culemborg 1718, niederl. Schriftsteller. – lebte von Daniel H.; um 1687 Leibarzt der Königin Christine von Schweden in Rom und später des brandenburg. Kurfürsten in Kleve. Neben medizin. Schriften verfaßte H. nach dem span. ›Lazarillo de Tormes‹ den bekannten Schelmenroman ›Den vermakelijken avanturier‹ (1695, dt. 1714 u. d. T. ›Der kurtzweilige Avanturier‹) und nach dem Vorbild von Gilbert Saulnier Du Verdiers († 1686) ›Chevalier hypochondriaque‹ seinen ›Don Clarazel de Gontarnos ofte den buitensporigen dolenden ridder‹ (1697).

Heinzelin von Konstanz [...li:n], mhd. Dichter Anfang des 14. Jahrhunderts. – Wird in der Berner Handschrift als Küchenmeister eines Grafen Albrecht von Hohenberg bezeichnet, wahrscheinlich Albrecht V., Bischof von Freising. Von H. v. K. sind zwei unter dem Einfluß Konrads von Würzburg stehende Streitgedichte überliefert: Im ersten, ›Von dem Ritter und dem Pfaffen‹ (etwa 400 Verse), streiten zwei Frauen um das traditionelle Problem, ob dem Ritter oder dem Pfaffen der Preis als höf. Liebhaber gebühre, im anderen, ›Von den zwei Sanct Johansen‹ (80 Strophen), disputieren zwei Nonnen über den höheren Rang Johannes des Täufers oder Johannes des Evangelisten.

Ausgabe: H. v. K. Hg. v. F. PFEIFFER. Lpz. 1852. – Die kleineren Liederdichter des 14. u. 15. Jh. Hg. v. TH. CRAMER. Bd. 1. Mchn. 1977. S. 375.

Heise, Hans-Jürgen, * Bublitz (heute Bobolice, Woiwodschaft Koszalin) 6. Juli 1930, dt. Schriftsteller. – War 1949/50 Redakteur beim Ostberliner ›Sonntag‹, siedelte 1950 in die BR Deutschland über; schreibt Lyrik, Kurzprosa, Satiren und Aufsätze zu Kunst und Literatur; auch Übersetzer (u. a. T. S. Eliot).

Werke: Vorboten einer neuen Steppe (Ged., 1961), Worte aus der Zentrifuge (Ged., 1966), Uhrenvergleich (Ged., 1971), Drehtür. Parabeln (1972), Das Profil unter der Maske (Essays, 1974), Vom Landurlaub zurück (Ged., 1975), Der lange Flintenlauf zum kurzen Western (Satiren, 1977), Ariels Einbürgerung im Land der Schwerkraft (Essays, 1978), Meine kleine Freundin Schizophrenia. Prosagedichte (1981), Natur als Erlebnisraum der Dichtung (Essays, 1981), Der Zug nach Gramenz (Ged., 1985), Der große Irrtum des Mondes (Ged., 1988), Katzen fallen auf die Beine. Short stories und andere Kurzprosa (1993), Schreiben ist Reisen ohne Gepäck. Auskünfte über mich selbst (1994).

Heiseler, Bernt von, * Großbrannenberg (Landkreis Rosenheim) 14. Juni 1907, † ebd. 24. Aug. 1969, dt. Schriftsteller. – Sohn von Henry von H.; Verfasser von sprachlich wohlgeformten christl. Laien- und Volksspielen, Dramen, Romanen, religiöser Natur- und Gedankenlyrik sowie von Essays zur Kunst und Literatur. Gab u. a. die Werke seines Vaters heraus.

Werke: Wanderndes Hoffen (Ged., 1935), Stefan George (Biogr., 1936), Die Unverständigen (En., 1936), Schill (Dr., 1937), Die gute Welt (R., 1938), Des Königs Schatten (Kom., 1938), Ahnung und Aussage (Essays, 1939), Cäsar (Trag., 1942), Hohenstaufentrilogie (Dramentrilogie,

1948), Versöhnung (R., 1953), Sieben Spiegel (En., 1962), Leben, Zeit und Vaterland. Ein Bericht (1967), Haus Vorderleiten (Erinnerungen, hg. 1971).

Heiseler, Henry von, * Petersburg 23. Dez. 1875, † Vorderleiten (heute zu Soyen, Landkreis Rosenheim) 25. Nov. 1928, dt. Schriftsteller. – Kam 1898 nach Deutschland, trat in Verbindung zum George-Kreis; bei einem Besuch seiner Eltern in Rußland vom 1. Weltkrieg überrascht, mußte er auf russ. Seite (auch in der Roten Armee) kämpfen; 1922 Flucht. In seiner Lyrik anfangs S. George verpflichtet; wandte sich später in seinen Versdramen der klassisch-schlichten Form zu; schrieb auch Novellen. Große Bedeutung hat H. als Übersetzer russ., auch engl. Dichtung.

Werke: Peter und Alexéj (Trag., 1912), Die mag. Laterne (Lsp., 1919), Die drei Engel (Ged., 1926), Aus dem Nachlaß (hg. 1929), Die Legenden der Seele (nachgelassene Ged., hg. 1933). **Ausgaben:** H. v. H. Ges. Werke. Hg. v. B. VON HEISELER. Dessau 1937–38. 3 Bde. – H. v. H. Sämtl. Werke. Hdbg. 1965. **Literatur:** HEISELER, B. VON: H. v. H. Radolfzell 1932. – GRONICKA, A. VON: H. v. H. A Russo-German writer. New York 1944. – FLEISS, H.: Traum u. Wirklichkeit bei H. v. H. Diss. Graz 1970.

Heißenbüttel, Helmut (H. Heissenbüttel), * Rüstringen (heute zu Wilhelmshaven) 21. Juni 1921, dt. Lyriker. – Bis zu seiner schweren Verletzung (Verlust eines Armes) 1941 Teilnahme am 2. Weltkrieg; studierte seit 1942 Architektur, dann Germanistik und Kunstgeschichte; Verlagsangestellter, später Redakteur und bis 1981 Leiter der Abteilung ›Radio-Essay‹ beim Süddt. Rundfunk in Stuttgart. H. ist bemüht, als avantgardist. ›Wortgestalter‹ zu neuen Ausdrucksformen zu gelangen; zählt zu den konsequentesten Vertretern der konkreten Poesie. Summe seiner Sprachmeditationen sind seine ›Textbücher‹ mit Lyrik und Prosa (1–6, 1960–67 [ges. u. d. T. ›Das Textbuch‹, 1970]; 8–11, 1985–87) sowie seine sog. ›Projekte‹; auch literarkrit. und theoret. Arbeiten, Hörspiele, Herausgebertätigkeit (u. a. ›Antianthologie‹, 1973; mit F. Mon); erhielt u. a. 1969 den Georg-Büchner-Preis, 1990 den Österr. Staatspreis für europ. Literatur.

Weitere Werke: Kombinationen (Ged., 1954), Topographien (Ged., 1956), Über Literatur

Heisterbach

Helmut Heißenbüttel

(Essays, 1966), Projekt Nr. 1, d'Alemberts Ende (1970), Das Durchhauen des Kohlhaupts. 13 Lehrgedichte. Projekt Nr. 2 (1974), Eichendorffs Untergang u. a. Märchen. Projekt 3/1 (1978), Wenn Adolf Hitler den Krieg nicht gewonnen hätte. Histor. Novellen und wahre Begebenheiten. Projekt 3/2 (1979), Das Ende der Alternative. Einfache Geschichten. Projekt 3/3 (1980), Ödipuskomplex made in Germany. Gelegenheitsgedichte, Totentage, Landschaften 1965–1980 (1981), Von fliegenden Fröschen, libidinösen Epen, vaterländ. Romanen, Sprechblasen und Ohrwürmern. 13 Essays (1982), Franz-Ottokar Mürbekapsels Glück und sein Ende (En., 1983), mehr ist dazu nicht zu sagen. neue Herbste (1983).
Literatur: KÖHLER, K. H.: Reduktion als Erzählverfahren in H.s Textbüchern. Ffm. 1978. – H. H. Hg. v. H. L. ARNOLD. Mchn. 1981.

Heisterbach, Cäsarius von, mlat. Schriftsteller, ↑Cäsarius von Heisterbach.

Heiti [altnord. = Name, Benennung], in der altnord., bes. in der skald. Dichtung die poet. Umschreibung eines Wortes. – ↑auch Kenning.

Heitmann, Hans, * Großflintbek 5. Jan. 1904, † Lübeck 4. Sept. 1970, dt. Schriftsteller. – Lehrerausbildung, Schuldienst in Holstein, in Dithmarschen und in Nordfriesland, seit 1934 in Lübeck. Schrieb in hoch- und niederdt. Sprache, fand seine Motive in Geschichte und Gegenwart Schleswig-Holsteins; trat v. a. als Dramatiker und Epiker hervor.
Werke: Grise Wulf (Schsp., 1937), Carsten Wulf (R., 1938), Schimmelrieder (Schsp., 1938), Die Flut (R., 1942), Isern Hinnerk (R., 1947), Blauen Maandag (E., 1952), Der Deich von Horsbüll (E., 1956), Rode Hahn (E., 1960), Swart Schaap (Nov., 1968).

Hekataios von Abdera (tl.: Hekataīos), griech. Schriftsteller der 2. Hälfte des 4. Jh. v. Chr. – Sein Werk über Ägypten, das durch Exzerpte des Diodoros bekannt ist, verbindet landeskundl. Schilderungen mit der Propagierung des Ptolemäerstaates als Idealstaat. Der utop. Roman ›Peri Hyperboreiōn‹ (= Über die Hyperboreer), in dem ein fiktiver Staat dargestellt wird, war Vorlage für Euhemeros.

Hektorović, Petar [serbokroat. hɛk-,tɔrɔvitɕ], * auf Hvar (?) 1487, † Starigrad auf Hvar 1572, kroat. Dichter. – Hervorragender dalmatin. Renaissancedichter; schrieb außer Übersetzungen (u. a. aus Ovids ›Remedia amoris‹, 1528) und Beiträgen zur Versepistelliteratur v. a. die naturnahe Fischeridylle ›Ribanje i ribarsko prigovaranje‹ (= Fischfang und Fischereigespräche, entst. 1556, gedr. 1568), in der die ältesten langzeiligen südslawischen Heldenlieder (Bugarštice) erhalten sind.
Literatur: TEUTSCHMANN, J.: P. H. (1487–1572) u. sein ›Ribanje i ribarsko prigovaranje‹. Wien u. a. 1971.

Helander, Gunnar Manfred, * Vänersborg (Prov. Västergötland) 20. März 1915, schwed. Schriftsteller. – War 1938–56 Missionar in Südafrika, 1958 Pfarrer, seit 1966 Dompropst in Västerås. In seinen Werken bekämpft H. aus christl. Sicht engagiert die Apartheidspolitik in Südafrika; verfaßte auch Jugendbücher.
Werke: Zulu trifft den weißen Mann (R., 1951, dt. 1950), Nur für Weiße (R., 1953, dt. 1955), Großstadtneger (R., 1955, dt. 1957), Svart Napoleon (R., 1956).

Helbling, Seifried, anonyme Dichtung des 13. Jh., ↑Seifried Helbling.

Held, Kurt, eigtl. K. Kläber, * Jena 4. Nov. 1897, † Sorengo (Tessin) 9. Dez. 1959, dt. Schriftsteller. – Schlosser, Bergmann; im 1. Weltkrieg Soldat, 1919 Teilnahme am Spartakusaufstand. Setzte sich in seinen nach dem 1. Weltkrieg erschienenen sozialkrit. Werken (Lyrik, Novellen und Romane) mit der Not des Proletariats auseinander. Schrieb nach seiner Emigration in die Schweiz 1933, wo er die Schriftstellerin Lisa Tetzner heiratete, erfolgreiche realistisch-moral. Jugendbücher.

Heldendichtung 99

Werke: Neue Saat (Ged., 1919), Barrikaden an der Ruhr (E., 1925), Empörer! Empor! (Ged., Skizzen, Reiseberr., 1925), Passagiere der III. Klasse (R., 1927), Die rote Zora und ihre Bande (Jugendb., 1941), Matthias und seine Freunde (Jugendb., 1949), Giuseppe und Maria (4 Bde., 1955). **Literatur:** TETZNER-KLÄBER, L.: Das war K. H. Vierzig Jahre Leben mit ihm. Aarau u. Ffm. 1961.

Held, Hauptperson in einem literar. Werk; H. bezeichnet keine bestimmte Eigenschaft, sondern die bestimmende Funktion, die eine Figur in einem ep. Werk oder Drama hat. Als Verkörperung positiver Ideale begegnet der H. etwa seit Mitte des 19. Jh. nur noch in der ↑ Trivialliteratur und in jüngerer Zeit in der Literatur des ↑ sozialistischen Realismus (positiver Held). Im ↑ Antihelden wird der traditionelle Heldenbegriff aufgehoben; auch Rollenfach im Theater, bes. geläufig: jugendl. Held.

Heldenbriefe ↑ Heroiden.

Heldenbuch, seit dem Spät-MA gebrauchter Begriff für handschriftl. oder gedruckte Sammlungen von Heldendichtungen. Überliefert sind **1. Fragmente** aus der Zeit um 1300 (›Ortnit‹, ›Wolfdietrich‹, ›Virginal‹, ›Eckenlied‹). **2.** Das **Dresdener H.** (so genannt nach seinem heutigen Aufbewahrungsort); es wurde 1472 für Herzog Balthasar von Mecklenburg von zwei Schreibern angelegt; von der Hand Kaspars von der Rhön stammen ›Eckenlied‹, ›Der Wormser Rosengarten‹, ›Sigenot‹, ›Wunderer‹, ›Herzog Ernst‹, ›Laurin‹, von einem Ungenannten (in teilweise verkürzenden Umarbeitungen) ›Ortnit‹, ›Wolfdietrich‹, ›Virginal‹, das ›Jüngere Hildebrandslied‹ und das Gedicht ›Meerwunder‹. **3. Linhart Scheubels H.** (1480/90; nach einem Besitzervermerk, auch Piaristenhandschrift, heute in der Österr. Nationalbibliothek) enthält ›Virginal‹, ›Anteloy‹, ›Ortnit‹, ›Wolfdietrich‹, das ›Nibelungenlied‹ und den ›Lorengel‹, ein eigenes Programm mit Interesse an Kampf, Prachtentfaltung und sentimentaler Liebesdarstellung. **4. H. des Diepolt von Hanowe** (um 1480, 1870 verbrannt) enthielt: Vorrede, ›Ortnit‹, ›Wolfdietrich‹, ›Rosengarten‹, ›Laurin‹, ›Sigenot‹. **5.** Das **gedruckte H.** (auch Straßburger H.), zuerst in Straßburg (1477 ?), bis 1590 sechsmal gedruckt, entspricht im Inhalt meist dem H. des Diepolt. Der Erstdruck ist mit bedeutenden Holzschnitten geschmückt. **6.** Das **Ambraser H.** (benannt nach dem früheren Aufbewahrungsort im Schloß Ambras bei Innsbruck; heute in der Österr. Nationalbibliothek, Wien); es wurde z. T. nach der mutmaßl. Vorlage des verlorenen sog. H.es an der Etsch im Auftrag Kaiser Maximilians zwischen 1504 und 1516 von Hans Ried geschrieben. Dieses H. geht im heldenep. Teil wohl auf ein älteres H. zurück, bewahrt aber nicht nur Heldenepik (›Dietrichs Flucht‹, ›Rabenschlacht‹, ›Nibelungenlied‹, ›Biterolf‹, ›Ortnit‹, ›Wolfdietrich‹), sondern auch höf. Epen, Verserzählungen und Schwänke wie Hartmanns ›Erec‹ und ›Iwein‹, Strickers ›Frauenlob‹ und ›Pfaffe Amis‹, sowie ›Meier Helmbrecht‹ von Wernher dem Gartenaere. 17 der 25 in diesem H. aufgezeichneten Texte sind allein hier überliefert, u. a. Hartmanns ›Erec‹, Wolfram von Eschenbachs ›Titurel‹, ›Moriz von Craûn‹, ›Kudrun‹, ›Biterolf und Dietleib‹.
Ausgaben: Altdt. Gedichte des Mittelalters. Bd. 2: Das H. in der Ursprache (Dresdner H.). Hg. v. F. H. VON DER HAGEN u. A. PRIMISSER. Bln. 1820. – Das H. Hg. v. K. SIMROCK. Stg. [1-32]1847–77. 6 Bde. – H. Hg. v. F. H. VON DER HAGEN. Lpz. 1855. 2 Bde. in 1 Bd. Nachdr. Hildesheim 1977. – Das kleine H. Hg. v. K. SIMROCK. Stg. u. Lpz. 1859. – Dt. Helden- u. Ehrenbuch. Hg. v. O. JÄNICKE u. a. Bln. 1866–73. 5 Bde. – Das dt. H. (Straßburger H.). Neu hg. v. A. VON KELLER. Stg. 1867. Nachdr. Hildesheim 1966. **Literatur:** BECKER, P. J.: Handschriften u. Frühdrucke mhd. Epen. Wsb. 1977. – HEINZLE, J.: Mhd. Dietrichepik. Zü. u. Mchn. 1978.

Heldendichtung, meist anonyme dichter. Ausgestaltung von Teilen der ↑ Heldensage. Älteste Form der H. ist das ursprünglich noch nicht schriftlich überlieferte ↑ Heldenlied. Die skand. Heldenballade erscheint als Verbindung von erzählendem Heldenlied und ritterlich-höf. Tanzlied. Einen ähnl. episch-lyr. Charakter haben englisch-schott. und dt. Heldenballaden des späten MA und span. Romanzen. Oft kommt es zu zykl. Verknüpfungen von H.en, vorzugsweise nach genealog. Gesichtspunkten, wie

4*

100 Heldenepos

z. B. in den Heldenliederzyklen der
›Edda‹ um Sigurd und die Niflungen,
den ›Gesten‹ genannten Zusammenfas-
sungen der frz. ↑Chansons de geste, der
Überlieferung der dt. Heldenepik des
MA in sog. Heldenbüchern oder den
span. Romanzyklen um den Cid. Wand-
lungen des Geschichtsverständnisses im
Zusammenhang mit der Ablösung feuda-
ler durch bürgerl. Gesellschafts- und
Lebensformen lassen die H. aus den Lite-
raturen verschwinden, doch werden
ihre Stoffe auch in jüngeren literar. Epo-
chen in neuen Formen und mit anderen
Darstellungsmitteln immer wieder aufge-
griffen.
Literatur: SCHNEIDER, HERMANN: German. Hel-
densage. Bln. ¹⁻²1933–62. 2 Bde. in 3 Tlen. –
BOWRA, C. M.: H. Dt. Übers. Stg. 1964. – HEUS-
LER, A.: Nibelungensage u. Nibelungenlied. Die
Stoffgesch. des dt. Heldenepos. Do. ⁶1965.
Nachdr. Darmst. 1982. – Europ. H. Hg. v. K.
VON SEE. Darmst. 1978. – SEE, K. VON: German.
Heldensage. Wsb. ²1981. – Heldensage u. H.
Hg. v. H. BECK. Bln. 1988. – Helden u. Helden-
sage. Hg. v. H. REICHERT u. G. ZIMMERMANN.
Wien 1990. – Heldensage – Heldenlied – Hel-
denepos. Hg. v. D. BUSCHINGER. Amiens 1992. –
↑auch Chanson de geste, ↑Romanze.

Heldenepos, Großform der ↑Hel-
dendichtung, in bewußter dichter. Ge-
staltung durch Erweiterung aus dem viel
kürzeren ↑Heldenlied geschaffen. Die
Verfasser bleiben traditionsbedingt meist
ungenannt und bedienen sich oft erzäh-
ler. Mittel der älteren mündl. Helden-
dichtung. Die frühere Ansicht, das H. sei
aus additiver Verknüpfung episod. Ein-
zellieder hervorgegangen, verträgt sich
nicht damit, daß in den ältesten überlie-
ferten Heldenliedern keine Episoden,
sondern vollständige Fabeln gestaltet
sind. Der Gattungsunterschied liegt dem-
nach v. a. im Stil: ep. Breite gegenüber
liedhafter Knappheit.
Ältestes H. der Weltliteratur ist das baby-
lon. ↑›Gilgamesch-Epos‹. Die altind.
Epen ↑›Mahābhārata‹ und ↑›Rāmāyaṇa‹
sind Werke ›von fast enzyklopäd. Cha-
rakter‹. ›Ilias‹ und ›Odyssee‹ stellen die
Vorbilder für eine umfangreiche helle-
nist. und röm. (Vergil, Statius) und über-
haupt die ganze neuzeitl. Kunstepik dar
(↑Epos). Lat. Kunstepik regte im
Früh-MA zur Episierung german. Hel-
denlieder an, in lat. Sprache und in He-

xametern (↑›Waltharius‹), in England
auch in der Volkssprache (↑›Beowulf‹);
Heldenepik in größerem Ausmaße ist im
mittelalterl. Europa allerdings erst seit
den Kreuzzügen nachweisbar, in Frank-
reich seit dem 11. Jh., in Deutschland seit
dem Ende des 12. Jahrhunderts. Sowohl
das frz. H. des Hoch-MA, die ↑Chanson
de geste, als auch das dt. H. setzen sich
nach Stoff, Form, Vortragsweise, Über-
lieferung und Ethos von der gleich-
zeitigen höf. Epik (›roman courtois‹,
↑höfischer Roman) deutlich ab: sie be-
schränken sich auf die alten, letztlich ge-
schichtl. Heldensagenstoffe und verwen-
den stroph. Formen (die altfrz. Laissen-
strophe; die mhd. Langzeilenstrophen im
Ggs. zum Reimpaar der höf. Epik): sie
sind möglicherweise gesungen worden,
wie alle älteren Formen der Heldendich-
tung anonym und meist in Sammelhand-
schriften (z. B. die dt. ›Heldenbücher‹)
überliefert; sie sind Ereignisdichtung
(das höfische Epos ist in erster Linie Pro-
blemdichtung) und neigen zu einer reali-
stischen, oft tragischen Weltsicht, wo die
höfische Epik märchenhafte und utopi-
sche Tendenzen zeigt.
Literatur ↑Heldendichtung.

Heldenlied, Form der ↑Heldendich-
tung. Gegenüber dem umfangreicheren,
auf jeden Fall literar. ↑Heldenepos stellt
das knappe H. die ältere Variante der
Heldendichtung dar. Das H. gibt den
Handlungsablauf der Sage nicht in seiner
ganzen Breite wieder, sondern konzen-
triert sich auf die Höhepunkte der Hand-
lung, die Personenzahl ist reduziert. Das
H. ist mündl. Dichtung. In seiner primi-
tivsten Form, z. T. noch bis ins 20. Jh., bei
den Serben und Bulgaren, in Albanien, in
Teilen Rußlands (↑Bylinen) in Finnland
und in den balt. Ländern, bei asiat. und
afrikan. Stämmen und Völkern zahlreich
nachweisbar, hat es noch keinen festen
Text. In seiner metrischen Form ist das
H. auf dieser Stufe anspruchslos, charak-
teristisch sind Figuren der Wiederholung
und des Gleichlaufs aller Art. H. er
können in dieser Form anonym über
Jahrhunderte hinweg überliefert werden
und von Stamm zu Stamm wandern.
Von diesen internat. nachweisbaren
›rhapsod.‹ H. ern unterscheiden sich die
aus dem frühen und hohen MA erhalte-

Heldensage 101

nen Denkmäler german. Heldendichtung, deren Stoffe in die Zeit der german. Völkerwanderung zurückverweisen. Sie scheinen einen jüngeren, höher entwikkelten Typus des H.es zu repräsentieren. Im einzelnen handelt es sich um das ahd. ↑›Hildebrandslied‹ (überliefert Anfang des 9. Jh.), das altengl. ↑›Finnsburglied‹ (8. Jh., erhalten lediglich in einer Druckfassung des 18. Jh.) und die altnord. H.er der ↑›Edda‹ (13. Jh.) sowie diesen verwandte Denkmäler; hier finden sich neben insgesamt 18 Liedern süd- bzw. ostgerman. Stoffes (v. a. die Lieder um Siegfrieds [Sigurds] Tod und den Burgundenuntergang; dazu ein Wielandlied, ein Lied von Ermanarichs Tod, das Lied von der Hunnenschlacht und ›Hildebrands Sterbelied‹ [die beiden letzten nur bruchstückhaft überliefert]); auch H.er mit skand. Stoffen (die drei Helgi-Lieder). Diese H.er sind durchweg sehr individuelle Gestaltungen des jeweiligen Stoffes. Sie müssen also von vornherein einen relativ festen Text gehabt haben, der trotz jahrhundertelanger mündl. Überlieferung stellenweise noch in den späten erhaltenen Liedfassungen greifbar wird. Ihre metr. Form ist der ↑ Stabreimvers. Es ist fraglich, ob diese ›klass.‹ Form des H.es bereits für die Völkerwanderungszeit anzusetzen und als Form german. H.dichtung schlechthin zu erklären ist; noch das ahd. ›Hildebrandslied‹ als ältestes der erhaltenen Lieder erfüllt die formalen Ansprüche, wie sie die Lieder der ›Edda‹ erkennen lassen, nur unzureichend. – Die echten H.er der ›Edda‹ kommen mit ihrer episch-dramat. Gestaltungsweise dem internat. belegten Typus des H.es am nächsten. Bei einem größeren Teil der ›Edda‹-Lieder liegen dagegen eher lyr. Gestaltungen einzelner Themen und Motive aus der Heldendichtung vor. Ähnliches gilt für die Situations- und Episodenlieder. Deshalb werden diese Lieder in der Forschung entstehungsgeschichtlich mit den dt. und dän. Heldenballaden (↑ Ballade, ↑ Folkevise, ↑ Kämpevise) des Hoch-MA in Verbindung gebracht.

Literatur ↑ Heldendichtung.

Heldensage, stilisierte Geschichtsüberlieferung (›Vorzeitkunde‹), meist aus der Sicht und im Sinne des frühen Kriegeradels, aus dem Umbruch von der bäuerl. Urgesellschaft zum Feudalismus. Der Held als Repräsentant der Führungsschicht und Verkörperung ihres Ethos steht im Mittelpunkt. Myth. Handlungs-, Darstellungs- und Deutungsschemata bedingen z. T. eine Typisierung des Geschichtlichen, so daß histor. Ereignisse und ihre Abfolge oft kaum sicher rückerschlossen werden können. In der ↑ Heldendichtung erfährt die H. ihre Literarisierung.

Die H.nüberlieferung der einzelnen Völker ordnet sich meist zyklisch zu Sagenkreisen, in deren Mittelpunkt jeweils ein überragender Held steht. Zu den ältesten greifbaren H.n gehört der *babylonisch-assyr.* Sagenkreis um Gilgamesch (↑ Gilgamesch-Epos). Die H. des alten *Israel* knüpft an die Einwanderung der israelit. Stämme in Palästina usw. an. Die mit der Einwanderung arischer Stämme in Nordindien verbundenen Kämpfe bilden den nur noch schwer greifbaren geschichtl. Hintergrund der *altind. H.,* die ihren Niederschlag in den großen Epen ↑ ›Mahābhārata‹ und ↑ ›Rāmāyaṇa‹ gefunden hat. Zentrales Thema der *altpers. H.* ist die Begründung des pers. Großreiches durch Kyros. Die polit. Umwälzungen in Griechenland und im ägäisch-kleinasiat. Raum lassen sich als geschichtl. Hintergrund der *griech. H.* nachweisen; wichtigste griech. Sagenkreise sind um Herakles, Theseus, die Argonauten, das theban. Labdakiden (Ödipus), die myken. Atriden, die Belagerung und Zerstörung Trojas und die Schicksale einzelner Helden dieses Krieges (Achilleus, Odysseus). Auch die *röm. H.* gestaltet geschichtl. Überlieferung aus der Wanderzeit (Sagenkreis um Äneas) sowie aus der Zeit der Gründung Roms (Romulus und Remus), aus der Königszeit und aus der Zeit des Sturzes der etrusk. Könige und der Gründung der Republik (Lucretia). Ereignisse aus der german. Völkerwanderung stehen im Mittelpunkt der *H.n der germanischen Stämme,* so die Auseinandersetzungen zwischen Goten und Hunnen in Südrußland (später Reflex das altnord. Lied von der Hunnenschlacht), die Schicksale des burgund. Reiches am Mittelrhein und der Tod Attilas (Untergang der Nibelun-

102 Helder

gen), die Gründung des Ostgotenreiches in Italien (Theoderich der Große [Dietrich von Bern]), die merowing. und langobard. Königsgeschichte (Alboin), die Einwanderung der Angeln und Sachsen nach England (Offa) u. a.; die großen Sagenkreise sind die um Siegfried und die Nibelungen und um Theoderich (Dietrich von Bern). Zentralfiguren der *kelt. H.*, greifbar v. a. im hochmittelalterl. höf. Roman, sind König Arthur (↑ Artusdichtung) und die Helden seiner ›Tafelrunde‹. Die *frz. H.* des MA hat die Kämpfe der Franken gegen die Araber in Südfrankreich und Nordspanien und die Etablierung des fränk. Königtums zum Gegenstand; Mittelpunktsfiguren sind Karl der Große und seine zwölf Pairs (Paladine). Die *dt. H.* des MA setzt im wesentlichen die ältere german. H. fort; Ansätze einer eigenen Sagentradition läßt lediglich die Sage um Herzog Ernst erkennen. Die *skand. H.* des MA dagegen umfaßt außer den alten Stoffen aus der Völkerwanderungszeit auch eine umfangreiche Sagenüberlieferung aus der Zeit der Wikinger und der Normannenzüge. Die *span. H.* des MA schließlich knüpft an die span. Reconquista an; ihr Held ist der Cid. Frühe Staatengründungen und die krieger. Selbstbehauptung der Stämme und Völker im Kampf gegen fremde Eroberer sind auch die Gegenstände der *H. der slaw. Völker* (z. B. die tschech. Sagen um Libussa, die Przemysliden und die Gründung Prags; die russ. Sage von Igor; die serb. und bulgar. Berichte aus den Kämpfen gegen die Türken).

Literatur ↑ Heldendichtung.

Helder, Herberto [portugies. 'ɛldɛr], eigtl. Luís Bernardes de Oliveira, * Funchal (Madeira) 23. Nov. 1930, portugies. Lyriker und Erzähler. – Nimmt in seiner dunklen Dichtung die großen Themen des Surrealismus – Liebe, Zufall und Spontaneität, Traum, Gewalt und Tod – wieder auf. Durch automat. Schreiben will er dabei zu einer Form der Urpoesie gelangen, in der Sprache als energetisch und kosmisch bestimmtes, subjektives Spielmaterial Wirklichkeitsbezüge aleatorisch durch Klang und Vermischung von Worten sowie Sprengung der Syntax simuliert, um konnotierend-assoziativ an die Grenzen von Totalität und Absolutheit zu gelangen.

Werke: A colher na boca (Ged., 1961), Poemacto (Ged., 1961), Lugar (Ged., 1962), Os passos em volta (En., 1963), Electronicolírica (Ged., 1964), Os brancos arquipélagos (Ged., 1971), Cobra (Ged., 1977), Flash (Ged., 1980), Última ciência (Ged., 1988).
Ausgabe: H. H. Poesia toda. Lissabon [3]1990.
Literatur: MARINHO, M. DE FÁTIMA: H. H., a obra e o homem. Lissabon 1982. – DIOGO, A. A. LINDEZA: H. H.: texto, metáfora, metáfora do texto. Coimbra 1990.

Helderenberg, Gerry [niederl. 'hɛldərəmbɛrx], eigtl. Hubert Buyle, * Nieuwkerken-Waas 18. Jan. 1891, † Lede 9. Dez. 1979, fläm. Lyriker. – Priester; Verfasser religiöser Gedichte, die sich den Zeitströmungen anpassen, jedoch immer einen persönl. Ton aufweisen.

Werke: Poëmata (1910), Smeltkroes (1931), Emblemata biblica (1953), Liefde en dood (Anthologie, 1961), Het brevier (1964).

Helgason, Jón, * Rauðsgil (Borgarfjörður) 30. Juni 1899, † Kopenhagen 19. Jan. 1986, isländ. Dichter und Philologe. – Ab 1929 Prof. in Kopenhagen; eine der herausragenden Persönlichkeiten auf dem Gebiet der nord. Mittelalterphilologie. Neben einer umfangreichen wiss. Produktion stehen Gedichtsammlungen und Übersetzungen, die durch überlegene Sprachbeherrschung und große poet. Schönheit gekennzeichnet sind.

Werke: Úr landsuðri (= Aus Südost, Ged., 1939), Tuttugu erlend kvæði og einu betur (= 20 ausländ. Gedichte und eins dazu, Übers., 1962), Kver med útlendum kvæðum (= Kleines Buch mit ausländ. Gedichten, Übers., 1976), Áfangar (= Raststätten, Ged., 1980).

Heliade-Rădulescu, Ion [rumän. eli'aderədu'lesku], * Tîrgoviște 18. Jan. 1802, † Bukarest 9. Mai 1872, rumän. Schriftsteller. – Nach der Revolution 1848–59 im Exil in Paris; wurde 1868 erster Präsident der rumän. Akad.; schrieb vom frz. Rationalismus beeinflußte Gedankenlyrik; auch Fabeln und Satiren, Dramen und philolog. Arbeiten.

Ausgaben: I. H.-R. Opere. Hg. v. D. POPOVICI. Bukarest 1939–43. 2 Bde. – I. H.-R. Opere. Hg. v. V. DRIMBA. Bukarest 1967–75. 3 Bde.
Literatur: PIRU, A.: I. Eliade R. Bukarest 1971. – TOMOIAGA, R.: I. Eliade R. Ideologia social-politică și filozofică. Bukarest 1971. – I. H. R. interpretat de P. CORNEA. Studiu, antologie, tabel

cronologic și bibliografie de P. CORNEA. Bukarest 1980. – ANGHELESCU, M.: I. H. R.: O biografie a omolui și a operei. Bukarest 1986.

Heliand, anonym überliefertes altsächs. Epos, wohl um 830 entstanden. Der Titel ›H.‹ (altsächs. Form von ›Heiland‹) stammt vom Hg. der ersten wiss. Ausgabe, J. A. Schmeller (1830). In fast 6000 Stabreimversen enthält der H. die Lebensgeschichte Christi nach dem Vorbild der Evangelienharmonie des Syrers Tatian unter Benutzung v. a. der Evangelienkommentare des Fuldaer Abtes Hrabanus Maurus, des angelsächs. Kirchenlehrers Beda sowie Alkuins. In der älteren Forschung hat man den H. als eine germanisierende Christus-Darstellung der latinisierenden ahd. Evangelienharmonie Otfrids von Weißenburg (um 860/870) gegenübergestellt; nach neuerer Auffassung werden aufgrund der zentralen Rolle der Bergpredigt in diesem Epos die german. Elemente nur noch als äußere Einkleidung interpretiert, die im Wortschatz aus den Gebieten von Gefolgschaft, Kampf und Schicksal, in der Idealisierung des Christusbildes und der Tilgung des jüd. Hintergrunds eine Anpassung an das Publikum (Adel und Geistlichkeit) darstellen. Eine lat. Prosa-Praefatio und ein poet. ›versus de Poeta‹ (publiziert 1562 von dem dt. Theologen M. Flacius aus einer heute verlorenen Handschrift), die dann im 18. Jh. mit dem H. in Verbindung gebracht wurden, berichten, ein sächs. Volksdichter habe das Werk im Auftrag Ludwigs (des Frommen?) verfaßt. Zu Herkunft und Stand dieses Dichters gibt es mehrere Hypothesen, ebenso wie zum Entstehungsort der Dichtung (Kloster Fulda oder Abtei Werden usw.). Das Verhältnis zur altsächs. Genesisdichtung läßt sich nicht mehr genau klären, die angelsächs. Genesis ist vom H. beeinflußt.
Ausgaben: Der H. Nach dem Altsächs. v. K. SIMROCK. Eingel. v. A. HEUSLER. Lpz. 13.–15. Tsd. 1959. – H. u. Genesis. Hg. v. O. BEHAGHEL. Bearb. v. M. MITZKA. Tüb. [8]1965. – H. u. die Bruchstücke der Genesis. Aus dem Altsächs. u. Angelsächs. übertragen u. eingel. v. F. GENZMER. Stg. 1966. Nachdr. 1973.
Literatur: RATHOFER, J.: Der H. Theolog. Sinn als tekton. Form. Köln u. Graz 1962. – KROGMANN, W.: Absicht oder Willkür im Aufbau des H. Hamb. 1964. – SIMON, W.: Zur Sprachmi-

schung im H. Bln. 1965. – HUBER, W.: H. u. Matthäusexegese. Quellenstudien insbes. zu Sedulius Scotus. Mchn. 1969. – KARTSCHOKE, D.: Bibeldichtung. Studien zur Gesch. der ep. Bibelparaphrase von Juvencus bis Otfrid von Weißenburg. Mchn. 1975.

Hélinand de Froidmont (Hélinant) [frz. ɛlin'ã], *Angivilliers (Oise) (?) um 1160, † Kloster Froidmont (Oise) kurz nach 1229, altfrz. und mittellat. Dichter. – Nach kurzer, erfolgreicher Schaffenszeit als Trouvère trat H. de F. zwischen 1182 und 1185 in das Zisterzienserkloster Froidmont ein, wo seine wichtigen literar. und moralisch-didakt. Schriften entstanden: der ›Liber de reparatione lapsi‹ (zw. 1187 und 1190, auch: ›Epistola ad Galterum clericum‹), die Traktate ›De cognitione sui‹ und ›De bono regimine principis‹, Märtyrerlegenden und das nur fragmentarisch überlieferte ›Chronicon‹ mit einem frühen Hinweis auf die Gralssage sowie aus seinen letzten Lebensjahren Predigten, die ihn als einen der großen geistl. Redner des lat. MA ausweisen. Ungleich weiter verbreitet als diese Schriften waren seine in altfrz. Sprache verfaßten, zum öffentl. Vortrag bestimmten ›Vers de la mort‹, die Gebildete und Ungebildete wortmächtig und belesen mit Allgegenwart und Unfaßbarkeit des Todes konfrontierten und damit am Anfang der mittelalterl. Totentanzliteratur standen.
Ausgaben: H. de F. Lat. Texte in: Patrologiae cursus completus. Series latina. Hg. v. J.-P. MIGNE. Paris 1844–64. 221 Bde. (H. de F.: Bd. 212). – H. de F. Les vers de la mort. Poème du XIIe siècle. Hg., übers. und kommentiert von M. BOYER u. M. SANTUCCI. Paris 1983.
Literatur: BERNHARDT, A.: Die altfrz. H.strophe. Diss. Münster 1912. – MÂLE, É.: L'art religieux de la fin du moyen âge en France. Paris 1922. – SCHALK, F.: Die moral. u. literar. Satire. In: Grundriß der roman. Lit.en des MA. Hg. v. H. R. JAUSS u. a. Bd. 6, Tl. 1. Hdbg. 1968. S. 246. – H. de F. Poète picard du XIIe siècle. Colloque à l'Abbaye de Saint Arnoult. Warluis u. Paris 1987.

Heliodoros von Emesa (tl.: Hēliódōros; Heliodor), griech. Schriftsteller des 3. Jh. n. Chr. – Aus dem Geschlecht der Priester des Helios; schrieb den vielgelesenen Roman ›Aithiopiká‹ (= Äthiopisches; 10 Bücher), der, in virtuoser Erzähltechnik gestaltet, die gefahrvolle Heimkehr der äthiop. Königstocher Charikleia mit ihrem Geliebten, dem Griechen Theagenes, aus Griechenland nach Äthiopien schildert. Das Werk wird u.a. symbolisch als Weg der Seele in ihre jenseitige Heimat gedeutet. In zahlreichen Bearbeitungen und Übersetzungen (u.a. frz. 1547, dt. 1554, engl. 1559) überliefert, beeinflußte es v.a. das literar. Schaffen im Barock.

Ausgaben: Héliodore d'Émèse. Les Éthiopiques. Hg. v. R. M. RATTENBURY u. T. W. LUMB. Griech. u. frz. Paris ²1960. 3 Bde. – Heliodor. Aithiopica. Dt. Übers. v. R. REYMER. In: Im Reiche des Eros. Mchn. 1983. 2 Bde.
Literatur: HEFTI, V.: Zur Erzählungstechnik in Heliodors Aethiopica. Wien 1950. – FEUILLATRE, E.: Études sur les ›Éthiopiques‹ d'Héliodore. Paris 1967. – SCHNEIDER, A.: Von Heliodors Äthiopika zu Wielands Oberon. In: Alterum XXII (1976), S. 49.

Hellaakoski, Aaro Antti, * Oulu 22. Juni 1893, † Helsinki 23. Nov. 1952, finn. Schriftsteller. – Studierte Naturwiss., war Univ.-Dozent für Geographie; wichtige wiss. Veröffentlichungen; experimentierfreudiger Lyriker, dessen Werk durch Rhythmik, Bildhaftigkeit und ein stark ausgeprägtes meditatives Element gekennzeichnet ist; gilt mit seiner späten, klassisch gewordenen Lyrik als Wegbereiter des neuen finn. Gedichts.

Werke: Jääpeili (= Eisspiegel, Ged., 1928), Uusi runo (= Neues Gedicht, 1943), Sarjoja (= Reihen, Ged., 1952), Huomenna seestyvää (= Morgen aufklarend, Ged., hg. 1953).

Hellanikos (fl.: Hellánikos), † Perperene (Mysien) um 400 v.Chr., griech. Schriftsteller. – Stammte wohl aus Mytilene und war jünger als Herodot. Seine Werke umfassen u.a. mythographischgenealog., ethnograph. (nichtgriech. Länder, griech. Landschaften) und historisch-chronolog. Arbeiten (darunter ›Hiéreiai‹ [= Priesterinnen], 3 Bde., als erste gesamtgriech. Chronographie; ›Atthís‹, 2 Bde. [?], eine Chronik der att. Geschichte).

hellenistische Literatur ↑ griechische Literatur.

hellenistisch-jüdische Literatur, im eigtl. Sinn das griechisch überlieferte jüd. Schrifttum aus hellenistisch-röm. Zeit, im weiteren Sinn auch in anderssprachigen Übersetzungen erhaltene Werke jener Epoche. – Die Begegnung des Judentums mit der hellenist. Kultur

hatte in Ägypten und Palästina eine Fülle von Übersetzungen und originaler Literatur zur Folge. Die Septuaginta enthält an griechisch verfaßten Schriften: 2., 3., 4. Makkabäerbuch, Weisheit Salomos, Gebet des Manasse, Zusätze zu Esther. Alte hebr. Literaturformen stehen neben griechischen. Jüd. Geschichte in ep. Form schrieben Philon d.Ä. und Theodotos, in Prosa Demetrios, Kleodemos, Aristeas, Josephus, Iason von Kyrene (2. Makkabäerbuch) und der Autor des legendar. 3. Makkabäerbuchs. Zu dem Roman ›Joseph und Aseneth‹ gesellte sich der histor. Roman des Artapanos. Das Drama vertrat Ezechiel. Philosoph. Schriften sind von Aristobulos, [Pseudo-]Aristeas (↑ Aristeasbrief), Philon von Alexandria und im 4. Makkabäerbuch überliefert. Auch die Gattung der Sibyllin. Orakel wurde übernommen.
Die christl. Kirche beanspruchte den Großteil der h.-j. L. als ›Vorbereitung auf das Evangelium‹, so daß das Judentum, von Ausnahmen abgesehen, sich erst in der Neuzeit wieder auf sie als wesentl. Teil seiner Geschichte und Kultur besann.

Hellens, Franz [frz. ɛ'lɛ̃:s], eigtl. Frédéric van Ermenghem, * Brüssel 8. Sept. 1881, † ebd. 20. Jan. 1972, belg. Schriftsteller. – Frankophone Erziehung in fläm. Milieu; Jesuitenschüler in Turnhout und Gent; Jurastudium; ab 1912 Parlamentsbibliothekar in Brüssel; im 1. Weltkrieg in Südfrankreich; Kontakte zur literar. und künstler. Avantgarde; begründete mit H. Michaux 1920 die avantgardist. Zeitschrift ›Le disque vert‹; ab 1947 freier Schriftsteller in Paris. Sein Frühwerk steht in der Tradition des Naturalismus und belg. Symbolismus; erste Tendenzen zum ›fantastique réel‹ in ›Les hors-le-vent‹ (En., 1909); im Roman ›Mélusine‹ (1920) literar. Transposition von Träumen. Der Traum – philosophisch, phantastisch und psychologisch – ist neben Kindheit und Adoleszenz ein wichtiges Motiv in H.' Werk (R.-Trilogie ›Le naïf‹, 1926; ›Les filles du désir‹, 1930; ›Frédéric‹, 1935). Der Roman ›Mémoires d'Elseneur‹ (1954), mit einem phantast. Mittelteil in zeitentgrenzter Sphäre, behandelt den Hamletstoff.

Weitere Werke: Bass-Bassina-Bulu (R., 1922, dt. 1923), La vie seconde ou Les songes sans la clef (Essay, 1945), Moreldieu (R., 1946), Werden und Vergehen (R., 1948, dt. 1949), Documents secrets 1905–1956. Histoire sentimentale de mes livres et de quelques amitiés (Autobiogr., 1958), Les yeux du rêve. Moralités fantastiques (Prosa, 1964), Le fantastique réel (Essay, 1967), Essais de critique intuitive (1968), Das Phantom der Freiheit und andere Erzählungen (dt. Ausw. 1983).
Ausgabe: F. H. Poésie complète, 1905–1959. Paris 1959.
Literatur: DE SMEDT, R.: La collaboration de F. H. aux périodiques de 1899 à 1972. Bibliographie descriptive. Brüssel 1978. – F. H. entre mythe et réalité: colloque international ... Löwen 1990. – FRICKX, R.: F. H. ou Le temps dépassé. Brüssel 1992. – KLATTE, G. H. M.: Wege zur Innenwelt. Träume im fiktionalen Prosawerk von F. H. Ffm. 1994.

Heller, Frank, eigtl. Martin Gunnar Serner, * Lösen (Blekinge) 20. Juli 1886, † Stockholm 14. Okt. 1947, schwed. Erzähler. – Einer der beliebtesten schwed. Unterhaltungsschriftsteller des 20. Jh.; humorvollwitziger, eleganter Erzähler, der neben zahlreichen Abenteuerromanen auch histor. Romane und Reiseberichte schrieb.
Werke: Herrn Collins Abenteuer (R., 1914, dt. 1917), Die Finanzen des Großherzogs (R., 1915, dt. 1917), Des Kaisers alte Kleider (R., 1918, dt. 1923), Marco Polos Millionen (R., 1927, dt. 1929), Die Diagnosen des Dr. Zimmertür (R., 1928, dt. 1928), Der gestohlene Eiffelturm (R., 1931, dt. 1934), Drei Mörder treten ein (R., 1939, dt. 1951), Der meistgehaßte Mann Europas (R., 1945, dt. 1946).

Heller, Joseph [engl. 'hɛlə], * New York 1. Mai 1923, amerikan. Schriftsteller. – Studium in New York und Oxford; im 2. Weltkrieg Bomberpilot, dann Universitätsdozent, Werbefachmann. Verfasser erfolgreicher Romane, wie ›Der IKS-Haken‹ (1961, dt. 1964, 1971 u. d. T. ›Catch–22‹), einer grotesk-kom. Entlarvung der Sinnlosigkeit des Krieges, ›Was geschah mit Slocum?‹ (1974, dt. 1975), in dem er ein grausam-unbestechl. Bild der Welt eines Konzerns und seiner Angestellten entwirft, ›Gut wie Gold‹ (1979, dt. 1980), einer komisch-farcenhaften Darstellung jüd. Familienlebens und der polit. Szenerie in Washington, sowie ›Weiß Gott‹ (1984, dt. 1985); weniger erfolgreich als Dramatiker: ›Wir bombardieren Regensburg‹ (1968, dt. 1969), ›Clevinger's trial‹ (1974). ›Überhaupt nicht komisch‹ (1986, dt. 1986) ist der gemeinsam mit Speed Vogel veröffentlichte Bericht einer Krankheitsgeschichte des Autors.
Weitere Werke: Rembrandt war 47 und sah dem Ruin ins Gesicht (R., 1988, dt. 1989), Endzeit (R., 1994, dt. 1994).
Literatur: KEEGAN, B. M.: J. H. A reference guide. London u. a. 1978. – Critical essays on J. H. Hg. v. J. NAGEL. Boston (Mass.) 1984. – SEED, D.: J. H. London 1988.

Hellman, Lillian [engl. 'hɛlmən], * New Orleans (La.) 20. Juni 1906, † auf Martha's Vineyard (Mass.) 30. Juni 1984, amerikan. Dramatikerin. – Universitätsdozentin; verfaßte zahlreiche bühnensicher gebaute, erfolgreiche Problemstücke, in denen sie mit psycholog. Scharfsinn menschl. Beziehungen analysiert und Kritik an der amerikan. Gesellschaft übt. Ihre bekanntesten Dramen schildern den Niedergang einer reichen Südstaatenfamilie (›Die kleinen Füchse‹, 1939, dt. EA 1950), die Gefahr des Faschismus (›Watch on the Rhine‹, 1941) sowie das mangelnde Engagement amerikanischer Intellektueller (›The autumn garden‹, 1951). Ihre vierteilige Autobiographie befaßt sich mit ihrem privaten Leben (›Eine unfertige Frau‹, 1970, dt. 1970), privaten und öffentl. Bekanntschaften (›Pentimento: Erinnerungen‹, 1973, dt. 1989) sowie mit der polit. Verfolgung linker Intellektueller während der McCarthy-Ära (›Die Zeit der Schurken‹, 1976, dt. 1978); ›Maybe‹ (1980) stellt eine weitere Episode ihres bewegten Lebens dar; schrieb auch Drehbücher, u. a. mit ihrem gleichgesinnten Lebenspartner D. † Hammett.
Weiteres Werk: Zerbrochenes Spielzeug (Dr., 1960, dt. 1962).
Ausgabe: L. H. The collected plays. Boston (Mass.) 1972.
Literatur: FALK, D.: L. H. New York 1978. – BILLS, S. H.: L. H. An annotated bibliography. New York 1979. – LEDERER, K.: L. H. Boston (Mass.) 1979. – ESTRIN, M.: L. H. A reference guide. Boston (Mass.) 1980. – RIORDAN, M. M.: L. H. A bibliography. 1926–1978. Metuchen (N. J.) u. London 1980. – WRIGHT, W.: L. H. The image, the woman. New York 1986.

Hellström, Erik Gustaf, * Kristianstad 28. Aug. 1882, † Stockholm 27. Febr. 1953, schwed. Schriftsteller. – 1907–35 Auslandskorrespondent von ›Dagens

106 Helman

Nyheter‹ in London, Paris und New York; schrieb breitangelegte Romane, die, vorzüglich in der psycholog. Motivierung, Probleme v. a. von sozialem Interesse behandeln und zeitkritisch die bürgerl. Gesellschaft Schwedens zeichnen.

Werke: Kutscher (R., 1910, dt. 1912), Kring en kvinna (R., 2 Bde., 1914), En man utan humor (R.-Serie, 7 Bde., 1921–52), Meister Lekholm hat eine Idee (R., 1927, dt. 1939), Noveller (1927), Stürmisches Paradies (R., 1935, dt. 1945), Personligt. Minnesbilder och meningar (Erinnerungen, 1953).
Literatur: MALMBERG, B.: G. H. Stockholm 1953.

Helman, Albert, eigtl. Lodewijk Alphonsus Maria Lichtveld, * Paramaribo (Surinam) 7. Nov. 1903, niederl. Schriftsteller. – Verfasser gefühlvoller Novellen und Romane, die Probleme in Surinam behandeln.

Werke: Mijn aap schreit (R., 1928), De stille plantage (R., 1931, 1952 umgearbeitet u. d. T. De laaiende stilte), De rancho des X mysteries (R., 1941), Een doodgewone held (R., 1946), Mijn aap lacht (R., 1953), Facetten van de Surinaamse samenleving (1977), Wederkerige portretten ... Een alternatieve autobiografie (1985), Zusters van liefde (R., 1988).
Literatur: NORD, M.: A. H. Den Haag 1949.

Helmers, Jan Frederik, * Amsterdam 7. März 1767, † ebd. 26. Febr. 1813, niederl. Dichter. – Trat in dem pathet. Gedicht ›De Hollandsche natie‹ (1812) gegen Napoleon auf und verhalf dem unterdrückten niederl. Volk durch die Schilderung der glorreichen Vergangenheit wieder zu einem Nationalbewußtsein.

Weitere Werke: Gedichten (2 Bde., 1809/10), Nagelaten gedichten (3 Bde., hg. 1815–23).

Helming [altnord. = Hälfte], Halbstrophe in der altnord. Metrik; umfaßt in der Regel vier Kurzzeilen, die durch ↑ Stabreim zu zwei Langzeilen verknüpft sind.

Helprin, Mark [engl. ˈhɛlprɪn], * New York 28. Juni 1947, amerikan. Schriftsteller. – Schreibt Kurzgeschichten und Romane, in denen er u. a. zwischenmenschl. Beziehungen und Großstadtleben in einer Mischung aus Fakten und Phantasie behandelt. Sein bekanntestes Werk ist ›Wintermärchen‹ (R., 1983, dt. 1984).

Weitere Werke: Eine Taube aus dem Osten und andere Erzählungen (1977, dt. 1984), Der Find-

ling (R., 1977, dt. 1987), Das Licht im Norden und andere Erzählungen (1981, dt. 1985), Schwanensee (E., 1989, dt. 1993), Ein Soldat aus dem Großen Krieg (R., 1991, dt. 1991).

Helvius Cinna, Gaius, röm. Schriftsteller, ↑ Cinna, Gaius Helvius.

Helwig, Werner, Pseudonym Einar Halvid, * Berlin 14. Jan. 1905, † Thônex bei Genf 4. Febr. 1985, dt. Schriftsteller. – Gehörte der Jugendbewegung an. Hielt sich seit 1933 lange in Griechenland, in Italien und während des Krieges in der Schweiz und in Liechtenstein auf. Sein abenteuerl. Leben gestaltet er in seinem umfangreichen literar. Schaffen, das Romane, Novellen, Reisebücher, Gedichte und auch Nachdichtungen ostasiat. Lyrik umfaßt; bes. bekannt wurde der Roman ›Raubfischer in Hellas‹ (1939, endgültige Fassung 1960); auch Hörspiele.

Weitere Werke: Im Dickicht des Pelion (R., 1941), Isländ. Kajütenbuch (R., 1950), Auf der Knabenfährte (Autobiogr., 1951), Reise ohne Heimkehr (R., 1953), Das Steppenverhör (R., 1957), Die Waldschlacht (E., 1959), Erzählungen der Windrose (1961), Xenophon und die Raubfischer (1963), Das Paradies der Hölle (R., 1965), Capri, mag. Insel (1973), Totenklage (autobiograph. Aufzeichnungen, 1984).

Hemacandra [...ˈtʃandra], * Dhandhuka (Gujarat) 1. Nov. 1088, † Ahmedabad 1172, ind. Dichter, Grammatiker und Lexikograph. – Verfaßte im Auftrag des Königs Kumārapāla eine Sanskrit-Grammatik, in der auch das Prākrit berücksichtigt wurde, Wörterbücher und Werke über Poetik und Metrik; dichter. Ruhm wurde ihm v. a. durch das zwischen 1160 und 1172 entstandene große Epos ›Triṣaṣṭiśalākapuruṣacaritra‹ (= Die Taten der 63 Großen Männer) zuteil, in dem H. in einfacher Sprache eine ausführl. Darstellung des Jainismus gibt.
Literatur: BÜHLER, G.: Über das Leben des Jaina-Mönchs Hemachandra. Wien 1889. – VOGEL, C.: Indian lexicography. Wsb. 1979. S. 335.

Hemans, Felicia Dorothea [engl. ˈhɛmənz], * Liverpool 25. Sept. 1793, † Dublin 16. Mai 1835, engl. Schriftstellerin. – Ihre frühen Gedichte (gedr. 1808) erregten die Aufmerksamkeit P. B. Shelleys; zu ihren Bewunderern gehörten W. Wordsworth, Lord Byron, W. Scott und F. Freiligrath; hohes Ansehen bes. in Amerika; ihren Gedichten ist schlichte

Schönheit eigen, die jedoch den Mangel an gedankl. Tiefe und poet. Reife nicht immer aufwiegt; schrieb auch erzählende Dichtungen und [allerdings erfolglose] Dramen; 1871 übersetzte Freiligrath ihr bestes Gedicht u. d. T. ›Das Waldheiligtum‹.

Hemavijaya-gaṇin [...'vɪdʒaja], * um 1565, † 1631, ind. Dichter. – Verfasser des 1601 vollendeten ›Kathāratnākara‹ (= Meer der Erzählungen), einer der bedeutendsten und verbreitetsten Geschichtensammlungen Indiens. In 258 Erzählungen, Fabeln und Anekdoten in Sanskrit sind gelegentlich Strophen in mittel- und neuind. Sprachen eingeschoben.
Ausgabe: Ind. Märchen. Hg. v. J. HERTEL. Düss. 33.–37. Tsd. 1967.

Hemeldonck, Emiel van, Pseudonym Paul van der Venen, * Zwijndrecht 29. Nov. 1897, † Arendonk (Prov. Antwerpen) 13. Jan. 1981, fläm. Schriftsteller. – Volkstüml. Erzähler mit Heimatromanen in kath. idealist. Gesinnung und histor. Romanen.
Werke: Das Dorf in der Heide (R., 1938, dt. 1952), Der Hof am Veen (R., 1940, dt. 1943), Der kleine Kaiser (R., 1943, dt. 1950), Das Mädchen Maria (R., 1944, dt. 1948), Das gelobte Land (R., 1948, dt. 1951), Wolken über der Schelde (R., 1956, dt. 1956), Trösterin der Betrübten (R., 1956, dt. 1958), De giftmenger van Antwerpen (R., 1962), Ebbe en vloed (R., 1965).

Hemerken, Thomas, dt. Mystiker, † Thomas a Kempis.

Hemiepes [griech.], in der griechisch-röm. Metrik Kolon der Form –⌣⌣–⌣⌣–. Die Bez. geht auf die röm. Grammatiker zurück, die das H. als katalekt. daktyl. Trimeter auffaßten und damit als Hexameterhälfte deuteten.

Hemingway, Ernest [Miller] [engl. 'hɛmɪŋweɪ], * Oak Park (Ill.) 21. Juli 1899, † Ketchum (Id.) 2. Juli 1961, amerikan. Schriftsteller. – Sohn eines Landarztes; lehnte sich schon als Kind gegen den Zwang im Elternhaus auf, wurde 18jährig Reporter, ging 1918 als Freiwilliger des Roten Kreuzes an die italien. Front, wo er verwundet und ausgezeichnet wurde; schrieb während der Rekonvaleszenz seine ersten Kurzgeschichten; 1920 in Chicago (lernte dort Sh. Anderson kennen), 1921–27 als Korrespondent in Europa (hpts. Paris, wo er mit G. Stein, E. Pound und F. Scott Fitzgerald zusammentraf), einige Jahre in Amerika. 1936/37 Berichterstatter im Span. Bürgerkrieg (auf republikan. Seite), dann in China, auf Kuba, bei der Invasion 1944/45 in Frankreich. Er erhielt 1954 den Nobelpreis für Literatur. Nahm sich auf seiner Farm das Leben. – H.s Kurzgeschichten und Romane sind vornehmlich eine Verarbeitung seiner eigenen Erlebnisse und der Ereignisse seiner Zeit. Von einem eindeutig maskulinen Standpunkt aus sucht er Bewährung in der Konfrontation mit Formen der Gewalt und des Todes, die sich ihm in existentiellen Grenzsituationen des Lebens, wie Großwildjagd, Stierkampf, Hochseefischerei und Krieg, bieten. Das aus diesen Erfahrungen gewonnene System selbstgesetzter Normen einer sinnlosen Welt gegenüber (Hemingway-Code) scheitert allerdings in der Beziehung zwischen Mann und Frau sowie in der Realität des Schriftstellers, der ästhet. Prinzipien und eth. Gesichtspunkte miteinander verbindet und daraus die Verpflichtung zum polit. Engagement ableitet. Die nüchterne, scheinbar emotionslose Sprache, die an H.s Tätigkeit als Journalist erinnert, besitzt jedoch eine durch Symbole und Metaphern erkennbare Tiefendimension, die ein objektives Korrelat zur Erlebnisqualität darstellen kann; schrieb auch Gedichte.

Ernest Hemingway

Werke: In unserer Zeit (Kurzgeschichten, 1925, dt. 1932), Fiesta (R., 1926, dt. 1928), In einem anderen Land (R., 1929, dt. 1930), Tod am Nachmittag (Schr., 1932, dt. 1957), Die grünen

108 Hemmer

Hügel Afrikas (E., 1935, dt. 1954), Haben und Nichthaben (R., 1937, dt. 1951), The fifth column and the first forty-nine stories (Dr. und Kurzgeschichten, 1938, dt. 1950 u. d. T. 49 Stories [ohne Drama]), Wem die Stunde schlägt (R., 1940, dt. 1941), Der Schnee vom Kilimandscharo (Kurzgeschichten, 1948, dt. 1949), Über den Fluß und in die Wälder (R., 1950, dt. 1951), Der alte Mann und das Meer (E., 1952, dt. 1952), Paris, ein Fest fürs Leben (autobiograph. Bericht, hg. 1964, dt. 1965), Neunundvierzig Depeschen (Zeitungsberr. und Reportagen, hg. 1967, dt. 1969), Inseln im Strom (R., hg. 1970, dt. 1971), 88 Poems (Ged., hg. 1979), Gefährl. Sommer (Reportagen, hg. 1985, dt. 1986), Der Garten Eden (R., hg. 1986, dt. 1987).
Ausgaben: E. H. Sämtl. Erzählungen. Dt. Übers. Rbk. 114.–120. Tsd. 1971. – E. H. Ges. Werke. Dt. Übers. Neuausg. Rbk. 1989. 10 Bde. (Tb.-Ausg.).
Literatur: STRESAU, H.: E. H. Bln. 1958. – BAKER, C.: E. H. Der Schriftsteller u. sein Werk. Dt. Übers. Rbk. 1967. – GURKO, L.: E. H. and the pursuit of heroism. New York 1968. – HANNEMAN, A.: E. H. A comprehensive bibliography. Princeton (N. J.) ²1969. Supplement-Bd. 1975. – BAKER, C.: H. Die Gesch. eines abenteuerl. Lebens. Dt. Übers. Mchn. u. a. 1971. – ASTRE, G. A.: E. H. Dt. Übers. Rbk. ¹¹1975. – HEMINGWAY, M. W.: How it was. New York 1976. – WAGNER, L. W.: E. H. A reference guide. Boston (Mass.) 1977. – NICOLAISEN, P.: E. H. Studien zum Bild der erzählten Welt. Neumünster 1980. – E. H. A revaluation. Hg. v. D. R. NOBLE. Troy (N. Y.) 1982. – E. H. New critical essays. Hg. v. A. R. LEE. London 1983. – E. H. The writer in context. Hg. v. J. NAGEL. Madison (Wis.) 1984. – NELSON, R. S.: E. H. Life, work, and criticism. Fredericton (New Brunswick) 1984. – BRÜNING, E.: E. H. Humanist u. Antifaschist. Bln. 1985. – MEYERS, J.: H. A biography. New York 1985. – REYNOLDS, M. S.: The young H. Oxford 1986. – LYNN, K. S.: H. Eine Biogr. Dt. Übers. Rbk. 1989.

Hemmer, Jarl, * Vaasa 18. Sept. 1893, † Borgå 6. Dez. 1944, schwedischsprachiger finn. Dichter. – Spätromant., zwischen Aufschwüngen und Drepressionen schwankender Lyriker und Epiker; beging nach dem Zusammenbruch seines Landes Selbstmord.
Werke: Rösterna (Ged., 1914), Pelaren (Ged., 1916), Över dunklet (Ged., 1919), Onni Kokko (E., 1920, dt. 1937), Väntan (Ged., 1922), Skärseld (Ged., 1925), Budskap (Nov.n, 1928), Gehenna (R., 1931, dt. 1933), Die Morgengabe (R., 1934, dt. 1936, 1964 u. d. T. Eisgang), Nordan (Ged., 1936), Du land (Ged., 1940).
Ausgabe: J. H. Skrifter i minnesupplaga. Stockholm 1945. 4 Bde.

Hémon, Louis [frz. e'mõ], * Brest 12. Okt. 1880, † Chapleau (Ontario) 8. Juli 1913, frz. Schriftsteller. – Wanderte 1911 nach Kanada aus, wo er in den Wäldern unter Holzfällern lebte. Aus diesen Erfahrungen entstand sein berühmter Roman ›Maria Chapdelaine‹ (hg. 1914, dt. 1925).
Weitere Werke: Der Jahrmarkt der Wahrheiten (En., hg. 1923, dt. 1925), Colin-Maillard (R., hg. 1924), Der Boxer und die Lady (R., hg. 1925, dt. 1927), Monsieur Ripois' Londoner Nächte (R., hg. 1926, dt. 1958).
Literatur: AYOTTE, A./TREMBLAY, V.: L'aventure H. Montreal 1974. – Colloque L. H. Quimper 1986.

Henckell, Karl [...əl], * Hannover 17. April 1864, † Lindau (Bodensee) 30. Juli 1929, dt. Lyriker. – Hatte früh Beziehungen zum Naturalismus; in München Mit-Hg. der ›Modernen Dichtercharaktere‹ (1885); ließ sich 1890 in Zürich nieder, gründete dort eine Verlagsbuchhandlung (1895); später in Berlin, dann wieder in München. Verband in seinem Werk sozialrevolutionäre und naturalist. Tendenzen; Liebeslieder, Naturgedichte.
Werke: Umsonst (Ged., 1884), Poet. Skizzenbuch (Ged., 1885), Trutznachtigall (Ged., 1891), Neues Leben (Ged., 1900), Gipfel und Gründe (Ged., 1904), Schwingungen (Ged., 1906), Weltmusik (Ged., 1918).
Literatur: K. H. im Spiegel seiner Umwelt. Aufss., Briefe, Gedichte als Gedenkschr. Hg. v. KARL F. SCHMID. Stg. 1931.

Hendekasyllabus [griech. = elfsilbig], elfsilbiger Vers, bes. in der ↑alkäischen Strophe und der ↑sapphischen Strophe.

Hendiadyoin [griech. = eins durch zwei], v. a. in der Antike und im Barock bevorzugte rhetor. Figur, bei der zum Zweck der Verstärkung zwei synonyme Substantive statt eines einzigen gesetzt werden (z. B. ›Hab und Gut‹, ›Leib und Leben‹) oder zwei durch ›und‹ verbundene Substantive ein Substantiv mit einem Genitiv- oder Adjektivattribut ersetzen (z. B. natura pudorque ›Natur und Scham‹ statt ›natürl. Scham‹).

Hending [altnord.], Technik des Silbenreims in der Metrik der altnord. Skaldendichtung; die H. bindet als Binnenreim innerhalb eines Verses in der Regel zwei in der Hebung stehende Tonsilben

Henriot 109

durch Gleichklang der silbenschließenden Konsonanten.

Hendrik van Alkmar, niederl. Dichter, ↑ Hinrek van Alkmar.

Hendscho (tl.: Henjō), eigtl. Joschimine Munesada, * Kioto 816, ✝ Febr. 890, jap. Dichter. – Enkel des Kaisers Kammu, hatte hohe und einflußreiche Hofämter inne, wurde 850 Mönch, 877 Abt und 885 Bischof der Tendaisekte; schrieb formal vollendete Gedichte, die in kaiserl. Anthologien (↑ Tschokusenwakaschu) aufgenommen wurden.

Henisch, Peter, * Wien 27. Aug. 1943 österr. Schriftsteller. – Studierte Germanistik, Geschichte, Philosophie und Psychologie; Mitbegründer der Literaturzeitschrift ›Wespennest‹ sowie der Musikgruppe ›Wiener Fleisch und Blut‹; lebt als freier Schriftsteller in Wien. Die Themen seiner Werke sind Wiener Randgruppen, der Konflikt zwischen den durch die Zäsur des Jahres 1945 getrennten Generationen sowie die Problematik von Anpassung und Widerstand in oft ironischer Brechung.
Werke: Hamlet bleibt (Prosa 1971), Die kleine Figur meines Vaters (E., 1975), Lumpazimoribundus. Antiposse mit Gesang (1975), Mir selbst auf der Spur/Hiob (Ged., 1977), Der Mai ist vorbei (R., 1978), Vagabunden-Geschichten (1980), Bali oder Swoboda steigt aus (R., 1981), Hoffmanns Erzählungen. Aufzeichnungen eines verwirrten Germanisten. (R., 1984), Pepi Prohaska Prophet (R., 1986), Vom Wunsch, Indianer zu werden (biograph. Essay, 1994).

Henley, William Ernest [engl. 'henlɪ], * Gloucester 23. Aug. 1849, ✝ Woking 11. Juli 1903, engl. Dichter und Kritiker. – Von Kindheit an verkrüppelt. Freund R. L. Stevensons, mit dem er mehrere Dramen verfaßte, u. a. ›Deacon Broodie‹ (1880) und ›Admiral Guinea‹ (1884); Mit-Hg. eines Slang-Wörterbuches (1894–1904); bekannt v. a. als Lyriker.
Weitere Werke: A book of verses (Ged., 1888), The song of the sword and other verses (1892), London voluntaries (Ged., 1893), Hawthorn and lavender. Songs and madrigals (1899), For England's sake (Ged., 1900), In hospital (Ged., 1903).
Ausgabe: W. E. H. Works. London 1908. 7 Bde. Nachdr. New York 1970.
Literatur: CONNELL, J.: W. E. H. London 1949. Nachdr. Port Washington (N. Y.) 1972. – GUILLAUME, A.: W. E. H. et son groupe. Paris 1973.

Hennings, Emmy, dt. Schriftstellerin, ↑ Ball-Hennings, Emmy.

Henningsen, Agnes [dän. 'hɛnɛŋsən], geb. Andersen, * Skovsbo bei Kerteminde 18. Nov. 1868, ✝ Kopenhagen 21. April 1962, dän. Schriftstellerin. – Schrieb außer Gesellschaftsdramen v. a. erot. Frauenromane, in denen sie die Liebe aus der Sicht von Frauen verschiedener Altersstufen darstellt; ins Deutsche übersetzt wurden u. a. die Romane ›Polens Töchter‹ (1901, dt. 1904), ›Glück‹ (1905, dt. 1921), ›Die vielgeliebte Eva‹ (1911, dt. 1911), ›Die große Liebe‹ (1917, dt. 1919); bed. sind v. a. ihre Memoiren (›Erindringer‹, 8 Bde., 1941–55).

Henri, Adrian [engl. 'hɛnrɪ], * Birkenhead (Cheshire) 10. April 1932, engl. Dichter. – Studierte Malerei in Durham; in den 60er Jahren einer der Liverpool poets, der seine von Rock-Lyrik inspirierten Gedichte und Textkollagen selbst mit Musik vortrug. Schreibt auch Kindergedichte und -geschichten.
Werke: Tonight at noon (Ged., 1968), City (Ged., 1969), Autobiography (Ged., 1971; mit Nell Dunn), From the loveless motel (Ged., 1980), Eric the punk cat (Kinderb., 1982), Penny arcade, poems 1979–1982 (Ged., 1983), I want (Stück, 1983; mit Nell Dunn), The phantom lollipop lady and other poems (Ged., 1986), Collected poems 1967–1985 (Ged., 1986), Box and other poems (Ged., 1990), Wish you were here (Ged., 1990).

Henrici, Christian Friedrich [hɛn'ri:tsi], Pseudonym Picander, * Stolpen 14. Jan. 1700, ✝ Leipzig 10. Mai 1764, dt. Schriftsteller. – Schrieb Kirchenlieder und geistl. Texte u. a. zur Matthäuspassion und zu Kantaten J. S. Bachs, daneben derb-realist. Komödien sowie Lyrik in der Nachahmung J. Ch. Günthers.

Henriot, Émile [frz. ã'rjo], eigtl. É. Maigrot, * Paris 3. März 1889, ✝ ebd. 14. April 1961, frz. Schriftsteller. – Journalist; war langjähriger Mitarbeiter von ›Le Temps‹ und von ›Le Monde‹; 1948–61 Präsident der Alliance française; er begann als Lyriker (›La flamme et les cendres‹, 1909), verdankt seinen Ruhm jedoch seinen humanitär-bürgerlichen Romanen (›Valentin‹, 1918; ›Aricie Brun‹, 1924; ›Les occasions perdues‹, 1931; ›Tout va finir‹, 1936; ›La rose de Bratislava‹, 1948) und seinen zahlreichen Essays (›Vue générale du XVIIᵉ siècle‹,

110 Henry

1954), Biographien und literaturkrit. Zeitungsbeiträgen. Wurde 1945 Mitglied der Académie française.

Henry, O. [engl. 'hɛnrɪ], eigtl. William Sydney Porter, * Greensboro (N. C.) 11. Sept. 1862, † New York 5. Juni 1910, amerikan. Schriftsteller. – Lehre als Apotheker, dann Kartenzeichner der Regierung und Kassierer einer Bank in Austin, wo er wegen Veruntreuung von Geldern verfolgt und später inhaftiert wurde. Während der Haft erste literar. Erzeugnisse; ab 1902 neues Leben in New York; erfolgreicher Verfasser von rund 600 in ihrem Aufbau meisterhaften Kurzgeschichten, in deren Mittelpunkt kleine Leute, Durchschnittscharaktere und Großstadttypen stehen. Die überraschende Schlußpointe ist für seinen Stil charakteristisch.
Werke: Narren des Glücks (Kurzgeschichten, 1904, dt. 1953, 1955 u. d. T. Kohlköpfe und Könige), The four million (Kurzgeschichten, 1906), The voice of the city (Kurzgeschichten, 1908), Wege des Schicksals (Kurzgeschichten, 1909, dt. 1981), Rollende Steine setzen kein Moos an (Kurzgeschichten, dt. Ausw. 1966), Glück, Geld und Gauner (Kurzgeschichten, dt. Ausw. 1967), Streng geschäftlich (Kurzgeschichten, dt. Ausw. 1981).
Ausgabe: O. H. The complete works. Hg. v. H. HANSEN. Garden City (N.Y.) 1953. 2 Bde.
Literatur: LONG, E. H.: O. H., the man and his work. Philadelphia (Pa.) 1949. Nachdr. New York. 1969. – CURRENT-GARCIA, E.: O. H. New York 1965. – HARRIS, R. C.: William Sydney Porter. A reference guide. Boston (Mass.) 1980. – SMITH, CHARLES ALFONSO: O. H. New York 1980.

Henryson, Robert [engl. 'hɛnrɪsn], * um 1430, † um 1506, schott. Dichter. – Sein Werk ist an der Dichtung G. Chaucers orientiert; gebildet, mit feinem Formgefühl, Witz und Sinn für makabre Komik; pflegte die Tierfabel nach dem Vorbild des Äsop; frische Gestaltung bes. durch Einbeziehung der schott. Landschaft und Natur; seine Dichtung ›Orpheus and Eurydice‹ (hg. 1508) ist einer Vorlage von Boethius nachgestaltet; ›The testament of Cresseid‹ (gedr. 1532 in einer Chaucer-Ausgabe von William Thynne) ist eine moralisierende Fortsetzung von Chaucers Verserzählung ›Troilus und Cressida‹; ›Robene and Makyne‹ (gedr. 1724) ist die erste schott. Pastoraldichtung; weitgehend realist., heimatverbundene Darstellung bäuerl. Lebens in Schottland.
Ausgabe: R. H. The poems. Hg. v. D. FOX. Oxford 1981.
Literatur: MACQUEEN, J.: R. H. A study of the major narrative poems. London 1967. – MCDIARMID, M. P.: R. H. Edinburgh 1981.

Henscheid, Eckhard, * Amberg 14. Sept. 1941, dt. Schriftsteller. – Sein humorist. Stil ist geprägt durch Literaturzitate, Assoziationsketten auslösende Stichworte und Polemiken gegen zeitgenöss. Personen. Arbeitet u. a. mit F. K. Waechter und R. Gernhardt für satir. Zeitschriften, u. a. ›Titanic‹, die er mitbegründete. Bekannt wurde er durch seine ›Trilogie des laufenden Schwachsinns‹: ›Die Vollidioten‹ (R., 1973), ›Geht in Ordnung–sowieso––genau–––‹ (R., 1977), ›Die Mätresse des Bischofs‹ (R., 1978).
Weitere Werke: Verdi ist der Mozart Wagners (Opernführer, 1979), Beim Fressen beim Fernsehen fällt der Vater dem Kartoffel aus dem Maul (R., 1981), Wie Max Horkheimer einmal sogar Adorno hereinlegte (En., 1983), Dummdeutsch. Ein satirisch-polem. Wörterbuch (1985; mit Ch. Poth u. a.), Frau Killermann greift ein (En., 1985), Helmut Kohl. Biographie einer Jugend (1985), Erledigte Fälle (Porträts, 1986), Kleine Poesien (Prosa, 1992), Über die Wibblinger. Geschichten und Bagatellen (1993), An krummen Wegen. Gedichte und Anverwandtes (1994).
Literatur: RINGEL, M.: Bibliogr. E. H. 1968–1990. Paderborn 1992.

Henschke, Alfred, dt. Schriftsteller, ↑ Klabund.

Hensel, Luise, * Linum (Landkreis Neuruppin) 30. März 1798, † Paderborn 18. Dez. 1876, dt. Lyrikerin. – Pfarrerstochter, Erzieherin in Berlin, konvertierte 1818 zum Katholizismus, war Gesellschafterin, Krankenpflegerin und Lehrerin, ging 1874 in Paderborn ins Kloster. War mit den Romantikern, v. a. mit C. Brentano (ab 1816) befreundet. Sie schrieb gemütvolle geistl. Lieder und Gedichte, u. a. ›Müde bin ich, geh' zur Ruh'‹...‹.
Ausgabe: L. H. Lieder. Hg. v. H. CARDAUNS. Regensburg 1923.
Literatur: SPIECKER, F.: L. H. als Dichterin. Freib. 1936. – SCHIEL, H.: Clemens Brentano u. L. H. Mit bisher ungedruckten Briefen. Ffm. 1956.

Hensen, Herwig [niederl. 'hɛnsə], eigtl. Florent Mielants, *Antwerpen 22. Jan. 1917, †ebd. 24. Mai 1989, fläm. Lyriker und Dramatiker. – Lehrer; seine in subtiler Verskunst gestaltete Lyrik ist von R. M. Rilke beeinflußt; auch neoklassizist., bühnenwirksame Dramen.

Werke: Hamlet in den spiegel (Ged., 1939), Antonio (Dr., 1942), Lob der Bereitschaft (1945, dt. Auswahl 1949), Alkestis (Dr., 1953), De aarden schaal (Dr., 1955), De andere Jehanne (Dr., 1955), Sodom en Gomorra (Dr., 1955), Drapieren vogel op de hand (Ged., 1971), Achter woordflitsen van krijt (Ged., 1983).

Henz, Rudolf, *Göpfritz an der Wild (Niederösterreich) 10. Mai 1897, †Wien 11. Febr. 1987, österr. Schriftsteller. – Ab 1931 wiss. Leiter beim österr. Rundfunk; 1938 entlassen, betätigte sich u.a. als Glasmaler und Restaurator; nach 1945 arbeitete er wieder in leitenden Stellungen beim Rundfunk. Nach expressionist. Anfängen fand er in seinen Gedichten, Romanen und Erzählungen zu einem christl. Realismus. Schrieb auch Schauspiele, Hör- und Fernsehspiele, Sachbücher. Ab 1955 Hg. bzw. Mit-Hg. der Zeitschrift ›Wort in der Zeit/Literatur und Kritik‹.

Werke: Lieder eines Heimkehrers (Ged., 1920), Unter Brüdern und Bäumen (Ged., 1929), Die Gaukler (R., 1932), Kaiser Joseph II. (Trag., 1937), Begegnung im September (R., 1939), Der Kurier des Kaisers (R., 1941), Der große Sturm (R., 1943), Österr. Trilogie (Ged., 1950), Der Turm der Welt (Epos, 1951), Die große Entscheidung (Dr., 1954), Die Nachzügler (R., 1961), Fügung und Widerstand (Autobiogr., 1963, erweitert 1981), Der geschlossene Kreis (Ged., 1964), Der Kartonismus (R., 1965), Unternehmen Leonardo (R., 1973), Wohin mit den Scherben (R., 1979), Dennochbrüder (Ged., 1981), Die Geprüften (Dr., 1985).

Literatur: Dichter zwischen den Zeiten. Festschrift f. R. H. Hg. v. V. Suchy. Wien 1977.

Hephaistion (tl.: Hēphaistíōn), griech. Grammatiker der 2. Hälfte des 2.Jh. n. Chr. – Stammte aus Alexandreia; sein aus urspr. 48 Büchern von ihm selbst zusammengestrichenes, erhaltenes ›Encheirídion peri métrōn‹ (= Handbüchlein über Metren) ist die Hauptquelle für die Kenntnis der antiken alexandrin. Metrik.

Ausgabe: Hephaestion. Enchiridion ... Cum commentariis veteribus. Hg. v. M. Consbruch. Lpz. 1906. Nachdr. Stg. 1971.

Hephthemimeres [griech.], in der griechisch-röm. Metrik die ↑Zäsur nach dem 7. halben Fuß eines Verses, bes. nach der ersten Hälfte des 4. Fußes im ↑Hexameter.

Heptameter [von griech. heptá = sieben und métron = Maß], Bez. für die aus sieben Metren bestehenden Verse, so den lat. ↑Septenar.

Herakleitos von Ephesos (tl. Hērákleitos; Heraklit), *um 540, †um 480 v.Chr., griech. Philosoph aus dem Umkreis der vorsokrat. Autoren. – In seinem Leben wie in seinem Denken zeigt H. ausgesprochen eigenwillige und elitäre Züge. Er stammte aus einem alten Adelsgeschlecht, lehnte aber sowohl die Demokratie als Herrschaft der Masse als auch die traditionellen aristokrat. Machtstrukturen ab. An deren Stelle setzte er das Ideal einer Vernunftaristokratie. Sein Werk, von dem nur Bruchstücke erhalten sind, ist geprägt von blockartig-knappen und unsystemat., teilweise sogar widersprüchl. Sentenzen. Wegen des schwer zugängl. Charakters seiner Schriften wird H. auch als ›der Dunkle‹ bezeichnet. H.' philosoph. Weltanschauung geht aus von einer empir. Welt, die nach seiner Ansicht in stetem Werden begriffen ist. Der permanente Wandel aller Dinge besteht in ständiger Aufeinanderfolge und Ablösung von Gegensätzen. Bestimmt wird dieser dialekt. Prozeß durch die Dynamik des ›Logos‹, worunter Weltprinzip und Weltgesetz zu verstehen sind (bildhaft verdeutlicht als vernunftbegabter, feuerähnl. Stoff).

Ausgaben: Heraklit. Das Wort Heraklits. Griech. u. dt. Hg. v. L. Winterhalter. Zü. u. Stg. 1962. – Heraklit. Fragmente. Griech. u. dt. Hg. v. B. Snell. Mchn. ⁸1983.

heraldische Dichtung ↑Heroldsdichtung.

Herausgeber (Editor), jemand, der für die Zusammenstellung von Sammelwerken, Periodika, Anthologien, Chrestomathien u.a. oder für die Herausgabe von ↑historisch-kritischen Ausgaben u.a. verantwortlich ist.

Herben, Jan [tschech. 'hɛrbɛn], *Brumovice 7. Mai 1857, †Prag 24. Dez. 1936, tschech. Schriftsteller und Journalist. – Politisch tätig; schilderte in oft humor-

Herberay des Essarts

vollen Prosaskizzen und bes. in seinem Hauptwerk ›Do třetího a čtvrtého pokolení‹ (= Bis in die dritte und vierte Generation, 1889–92), einem histor., der Form der Chronik nahestehenden Roman, realistisch Leben und Schicksal seiner Heimat Mährens; Mitarbeiter T. G. Masaryks, dessen Biographie er schrieb (3 Tle., 1926/1927, dt. 1937 u. d. T. ›Masaryks Familienleben‹).

Herberay des Essarts, Nicolas d' [frz. ɛrbərɛdeʒe'saːr], * in der Pikardie (?), † um 1553, frz. Schriftsteller. – Offizier; fertigte 1540–48 im Auftrag König Franz' I. eine sehr freie Übersetzung des span. Ritterromans ›Amadís de Gaula‹ von G. Rodríguez di Montalvo in insgesamt 8 Büchern (†Amadisroman) an. Schrieb auch selbst Ritterromane.

Ausgabe: Le premier livre d'Amadis de Gaule. Nach der Originalausg. v. H. VAGANAY mit Einl., Glossar u. Variantenverzeichnis, hg. v. Y. GIRAUD. Paris 1986. 1 Bd. in 2 Teil-Bden.

Herbert, Edward [engl. 'hɔːbət], Lord H. of Cherbury, * Eyton-on-Severn (Shropshire) 3. März 1583, † London 20. Aug. 1648, engl. Philosoph, Diplomat und Schriftsteller. – 1619–24 Gesandter in Paris. Royalist; schloß sich aber 1645 Cromwell an. Stand u. a. in Verbindung mit P. Gassendi und H. Grotius. Als Wahrheit gilt H. eine gewisse Harmonie zwischen Gegenständen und dazugehörigen Erkenntnisvermögen (›faculties‹). Der Erfahrung vorhergehende Allgemeinbegriffe (›notitiae communes‹) sind speziell Teil des auf allgemeiner Übereinstimmung (›consensus universalis‹) beruhenden natürl. Instinkts und so von angeborenen Ideen unterschieden.

Werke: De veritate, prout distinguitur a revelatione, a versimili, a possibili, et a falso (1624, engl. 1937), De religione gentilium (1663, engl. 1709), De religione laici (hg. 1944).

Herbert, George [engl. 'hɔːbət], * Montgomery Castle (Wales) 3. April 1593, □ Bemerton bei Salisbury 3. März 1633, engl. Dichter. – Bruder des Philosophen Lord H. of Cherbury; studierte in Cambridge und wurde dort Dozent, später Lektor für Rhetorik, 1626 Geistlicher, 1630 Pfarrer in Bemerton. H. war Freund und Schüler J. Donnes, dessen Lyrik nachhaltigen Einfluß auf ihn hatte. Sein dichter. Werk ist im wesentl. in der postum veröffentlichten Sammlung ›The temple‹ (1633) enthalten. Die sprachlich schlichten, formal vielfältigen religiösen Gedichte sind psycholog. und seelsorgerischer Ausdruck der Glaubenserfahrung; schrieb auch lat. Gedichte und den Traktat ›A priest to the temple‹ (hg. 1652); zählt zu den † Metaphysical poets.

Ausgaben: G. H. Works. Hg. v. F. E. HUTCHINSON. Oxford 1941. Nachdr. Oxford 1964. – The Latin poetry of G. H. Hg. v. McCLOSKEY und P. R. MURPHY. Athens (Ohio) 1965.

Literatur: VENDLER, H.: The poetry of H. Cambridge (Mass.) u. a. 1975. – CHARLES, A. M.: A life of G. H. Ithaca (N. Y.) 1977. – FISH, S.: The living temple. G. H. and catechizing. Berkeley (Calif.) 1978. – G. H. The critical heritage. Hg. v. C. A. PATRIDES. London 1983. – STRIER, R.: Love known. Theology and experience in G. H.'s poetry. Chicago (Ill.) 1985. – SHERWOOD, T. G.: H.'s prayerful art. Toronto 1989.

Herbert, [Alfred Francis] Xavier [engl. 'hɔːbət], * Port Hedland (Westaustralien) 15. Mai 1901, † Alice Springs (Nordterritorium) 10. Nov. 1984, austral. Schriftsteller. – Seine ausgezeichneten, durch extensive Reisen im nordaustral. Busch und seine mehrjährige Tätigkeit als Protector of Aborigines in Darwin erworbenen Kenntnisse der Ureinwohner spiegelt sein 1938 mit dem Commonwealth-Literaturpreis ausgezeichneter Roman ›Capricornia. Die paradiesische Hölle‹ (1938, dt. 1954) wider. Er beschreibt den Lebensweg des aus einer flüchtigen Verbindung zwischen einer Ureinwohnerfrau und dem jungen Regierungsangestellten Mark Shillingsworth hervorgegangenen Mischlings Norman.

Weitere Werke: Der vertauschte Traumstein (R., 1959, dt. 1970), Soldier's woman (R., 1961), Larger than life (Kom., 1963), Disturbing element (Autobiogr., 1963), Poor fellow my country (R., 1975).

Herbert, Zbigniew [poln. 'xɛrbɛrt], * Lemberg 29. Okt. 1924, poln. Schriftsteller. – Veröffentlichte 1956 in der ›Tauwetterperiode‹ seinen ersten Gedichtband. In H.s auf Einfachheit und subtiler Ironie beruhender Lyrik dominiert die philosoph. Reflexion. Er macht menschl. Konfliktsituationen transparent und befaßt sich mit moral. Problemen; auch Dramen und Hörspiele.

Werke: Struna światła (= Lichtsaite, Ged., 1956), Die Höhle des Philosophen (Hsp., Sen-

dung 1957, auch Dr., dt. 1963), Das andere Zimmer (Hsp., 1958, dt. 1968), Ein Barbar in einem Garten (Essays, 1962, dt. 2 Bde., 1965–70 mit weiteren Essays), Gedichte (dt. Ausw. 1964), Inschrift (Ged., dt. Ausw. 1967), Im Vaterland der Mythen. Griech. Tagebuch (dt. 1973), Herr Cogito (Ged., 1974, dt. 1974), Bericht aus einer belagerten Stadt u. a. Gedichte (Paris 1983, dt. 1985), Das Land, nach dem ich mich sehne (Lyrik und Prosa, dt. Ausw. 1987), Stilleben mit Kandare. Skizzen und Apokryphen (1993, dt. 1994).
Literatur: BARAŃCZAK, S.: Uciekinier z utopii. O poezji Z. H.a. London 1984. – DEDECIUS, K.: Von Polens Poeten. Ffm. 1988.

Herbort von Fritzlar (Fritslar), * Ende des 12. Jh., † Anfang des 13. Jh., mhd. Epiker. – Stammt aus Fritzlar (Hessen); übertrug im Auftrag des Landgrafen Hermann von Thüringen zw. 1190 und 1210 den ›Roman de Troie‹ des Benoît de Sainte-More in dt. Reimpaare. H.s ›Liet von Troje‹ geht von der höf. Tendenz der Vorlage ab und nähert sich in der ungeschönten Darstellung der Kämpfe um Troja der Geschichtsepik. Der klerikal gebildete Autor erweist sich bei der Bearbeitung als Rhetoriker und eigenwilliger Stilist. Sein Werk ist die erste dt. Bearbeitung der Troja-Sage und bildet die Vorgeschichte zur ›Eneit‹ Heinrichs von Veldeke.
Ausgabe: H. v. F. Lied von Troye. Hg. v. K. FROMMANN. Quedlinburg 1837. Nachdr. Amsterdam 1966.
Literatur: LENGENFELDER, H.: Das ›Liet von Troje‹ H.s v. F. Bern u. a. 1975.

Herburger, Günter, * Isny (Allgäu) 6. April 1932, dt. Schriftsteller. – Lebt in München; wurde bekannt durch seinen Prosaband ›Eine gleichmäßige Landschaft‹ (1964), dessen zeitkrit. Erzählungen in der bundesdt. Gegenwart spielen. Im Verlaufe seines Schaffens entwickelte H. die Utopie der Möglichkeit des Ausbruchs durch bewußte Aktion und Eigeninitiative (›Flug ins Herz‹, R., 2 Bde., 1977; ›Die Augen der Kämpfer‹, R., 1980). In seinen Gedichten spricht er sich für Spontaneität und Solidarität aus. Schrieb auch Kinderbücher (›Birne kann alles‹, 1971; ›Helmut in der Stadt‹, 1972; ›Birne brennt durch‹, 1975).
Weitere Werke: Ventile (Ged., 1966), Die Messe (R., 1969), Training (Ged., 1969), Jesus in Osaka (Zukunfts-R., 1970), Die Eroberung der Zitadelle (E., 1972), Operette (Ged., 1973), Haupt-

lehrer Hofer. Ein Fall von Pfingsten (En., 1975), Ziele (Ged., 1977), Orchidee (Ged., 1979), Makadam (Ged., 1982), Die Augen der Kämpfer. Zweite Reise (R., 1983), Capri (E., 1984), Kinderreich Passmoré (Ged., 1986), Lauf und Wahn (autobiograph. Prosa, 1988), Thuja (R., 1991), Sturm und Stille (Ged., 1993).

Herculano de Carvalho e Araújo, Alexandre [portugies. irku'lɐnu ðǝ kɐr-'vaʎu i ɐrɐ'uʒu], * Lissabon 28. März 1810, † Vale de Lobos (Distrikt Santarém) 13. Sept. 1877, portugies. Geschichtsforscher und Dichter. – Lebte nach dem Studium ein Jahr im polit. Exil, war dann Bibliothekar, Redakteur, 1839 Bibliotheksdirektor und ab 1856 Hg. der ›Portugaliae monumenta historica‹. Schrieb grundlegende Werke zur portugies. Geschichte (›Historia de Portugal‹, 4 Bde., 1846–53), zwei lyr. Frühwerke religiös-polit. Inhalts (›A voz do profeta‹, 1836; ›A harpa do crente‹, 1838) und histor. Romane in der Art W. Scotts (›Eurich der Priester der Gothen‹, 1844, dt. 1847). Gilt mit J. B. da Silva Leitão de Almeida Garrett als Begründer der portugies. romant. Schule.
Ausgabe: H. de C. e A.: Opúsculos. Lissabon 1873–1908. 10 Bde.
Literatur: BORGES COELHO, A.: A. H. Lissabon 1965. – CARVALHO, J. BARRADAS DE: As ideias políticas e sociais de A. H. Erweiterte Neuausg. Lissabon 1971. – CARVALHO, J. BARRADAS DE: Da história-crónica à história-ciência. Lissabon 1972. – MEDINA, J.: H. e a geração de 70. Lissabon 1977. – DURIGAN, J. A.: A. H. São Paulo 1982. – BEIRANTE, C.: A. H.: as faces do poliedro. Lissabon 1991.

Herczeg, Ferenc [ungar. 'hɛrtsɛg], eigtl. Franz Herzog, * Vršac (Wojwodina) 22. Sept. 1863, † Budapest 24. Febr. 1954, ungar. Schriftsteller. – Seinen Ruf begründeten geistreich-amüsante, flüssige Novellen aus der Welt der gehobenen städt. Gesellschaft. Andere Romane, wie ›Die Töchter der Frau Gyurkovics‹ (1893, dt. 1896), ›Die Brüder Gyurkovics‹ (1895, dt. 1908), die sich mit dem verarmten und leichtlebigen Landadel beschäftigen, sind zum spezifisch ungar. Naturalismus zu rechnen. Seine histor. Romane gehören zur Neuromantik. Die bekanntesten sind ›Im Banne der Pußta‹ (1902, dt. 1910), ›Rákóczi, der Rebell‹ (1936, dt. 1937).
Weitere Werke: Die Ehe des Herrn von Szabolcs (R., 1896, dt. 1898), Die erste Schwalbe

u. a. Erzählungen (1896, dt. 1898), Unter fremden Menschen (R., 1900, dt. 1906), Das Tor des Lebens (R., 1919, dt. 1947).
Literatur: HORVÁTH, I.: H. F. Budapest 1925.

Herdal, Harald [dän. 'hɛrda:'l], * Kopenhagen 1. Juli 1900, † Rungsted 28. Dez. 1978, dän. Schriftsteller. – In seinen sozialist., von antibürgerl. Tendenz bestimmten Romanen sind des Autors eigene bittere Lebenserfahrungen zu einem desillusionierenden Bild des dän. Arbeitermilieus der 30er Jahre verarbeitet. Sehr beachtet wurde sein Roman ›En egn af landet‹ (1939), der einen direkten Angriff auf den aufkommenden Faschismus enthält.
Weitere Werke: Nyt sind (Ged., 1929), Man muß ja leben (R., 1934, dt. 1950), Løg (R., 1935), Barndom (Erinnerungen, 1944), De unge år (Erinnerungen, 1945), Læreår (Erinnerungen, 1946), Arbejsår (Erinnerungen, 1970).

Herdan, Johannes, Pseudonym der österr. Schriftstellerin Alma Johanna † Koenig.

Johann Gottfried von Herder

Herder, Johann Gottfried von (seit 1802), * Mohrungen 25. Aug. 1744, † Weimar 18. Dez. 1803, dt. Philosoph, Theologe und Schriftsteller. – Aus pietist. Elternhaus; 1761 Kopist bei dem Diakonus J. S. Trescho, in dessen Bibliothek H. antike und zeitgenöss. Literatur kennenlernte. 1762 Studium der Medizin, Theologie und Philosophie in Königsberg (Pr); entscheidende Anregungen durch die vorkrit. Philosophie I. Kants wie durch J. G. Hamann, A. A. C. Shaftesbury und J.-J. Rousseau. 1764 Lehrer an der Domschule in Riga, 1767 ebd. Prediger. 1769 Seereise nach Nantes, die, nach H.s eigenen Angaben, die entscheidende Wende von der Aufklärung zum Sturm und Drang brachte. In Paris trat H. in Beziehung zu den Enzyklopädisten, u. a. D. Diderot und J. Le Rond d'Alembert. In Hamburg Bekanntschaft mit G. E. Lessing und M. Claudius. Bei J. H. Merck in Darmstadt lernte H. 1770 seine spätere Frau Caroline Flachsland (* 1750, † 1809; Heirat 1773) kennen. In Straßburg Begegnung mit Goethe, die für beide von nachhaltiger Wirkung war. 1771 Konsistorialrat in Bückeburg; dort unter dem Einfluß der pietist. Gräfin Maria von Schaumburg-Lippe Änderung seiner religiösen Position. Seit 1776 in Weimar, dort nach mehreren geistl. Ämtern seit 1801 Oberkonsistorialpräsident. Befreundet u. a. mit Ch. M. Wieland, Jean Paul. Zeitweise Entfremdung von Goethe.

H.s Gedanken und Denkanstöße sind für die dt. und europ. Geistesgeschichte bis in die Gegenwart von zukunftsweisender, weitreichender Bedeutung und Wirkung gewesen, bes. auf den Gebieten der Sprachphilosophie, der Geschichtsphilosophie, der Literatur- und Kulturgeschichte und der Anthropologie. Bereits in den Frühschriften der Rigaer Zeit zeichneten sich H.s Grundpositionen ab. Die ›Fragmente‹: ›Über die neuere Dt. Litteratur‹ (3 Bde., 1767) gelten der systematisierenden Ausarbeitung einer ›pragmat. Geschichte der Litteratur‹ unter Berücksichtigung der für sie maßgebenden polit. und sozialen Bedingungen und der Bestimmung der literar. Normen; jedes Volk habe seine spezif. Dichtung; sie sei von dem Stand seiner Sprache, diese wiederum von den natürl. und sozialen Gegebenheiten abhängig. H.s ästhet. Grundforderungen sind Zeitgemäßheit und Verständlichkeit, aus der er die Forderung nach Verwendung der Volkssprache, der ›Muttersprache‹, als Sprache der Literatur ableitet. Der vorausgesetzte Volksbegriff ist bereits hier nicht eng nationalistisch, sondern eher soziologisch gebraucht. In den ›Kritischen Wäldern‹ (3 Bde., 1769) entwarf H. gegen eine apriorist., aus Axiomen deduzierende rationalist. Ästhetik das Programm einer empirisch-psycholog. Ästhetik, die von der Analyse der genet. Bedingungen und

Herder 115

der Absichten des Einzelkunstwerks ausgeht und von hier zur Entwicklung des entsprechenden Gattungsbegriffs und des Begriffs des ›Schönen‹ führt. Im ›Journal meiner Reise im Jahre 1769‹ (gedr. 1846, in: Herder, E. G. v.: ›J. G. v. H.s Lebensbild‹, 3 Bde.) sind bereits alle Ideen, die H. später entfaltete, programmatisch vorgeprägt. In der 1770 entstandenen, von der Berliner Akademie preisgekrönten ›Abhandlung über den Ursprung der Sprache ...‹ (1772) setzt H. die Sprache gegen die theologisch-orthodoxen wie gegen die rationalist. Sprachtheorien der frz. Aufklärung zu den spezif., naturgegebenen anthropolog. Voraussetzungen in Beziehung: Durch die Instinktschwäche des Menschen, der auf der anderen Seite ›Freiheit‹ und ›Vernunft‹ entsprechen, ist der Mensch auf Sprache hin angelegt. Durch seine ›Bestimmung‹ als ›Geschöpf der Gesellschaft‹ wird die ›Fortbildung einer Sprache‹ ›... notwendig‹. Sprache ist in ihrer gesellschaftlich bestimmten, zugleich naturgesetzl. Entfaltung und Ausdifferenzierung in verschiedene Einzel- bzw. Nationalsprachen Voraussetzung und Medium universalen Lernens. In dem Werk ›Auch eine Philosophie der Geschichte zur Bildung der Menschheit‹ (1774), einer Vorstufe der Geschichtsphilosophie H.s, in der sich die religiöse Grundhaltung der Bückeburger Zeit dokumentiert, kritisierte H. in scharfer, teils polem. Form Rationalismus und Weltbild der Aufklärung, bes. ihr teleolog. Geschichtsdenken mit seinem Vernunft- und Fortschrittsoptimismus. In den ›Ideen zur Philosophie der Geschichte der Menschheit‹ (4 Tle., 1784–91) entfaltete H. seine Geschichtsphilosophie v. a. unter dem Aspekt der ›Organisation‹ und ›Humanität‹ weiter. Das ›Mittelgeschöpf‹ Mensch ist zur Humanität bestimmt, die in der Religion ihre höchste Form findet. Die zentralen Kategorien der Geschichtsphilosophie H.s sind Individualität, Entwicklung und Tradition als Überlieferung des Beständigen in der Geschichte. Volkstum wird als Sozialindividualität verstanden. In seiner von B. Spinoza beeinflußten Naturphilosophie (u. a. ›Gott. Einige Gespräche‹, 1787) negierte H. die Vorstellung eines außerweltl. Gottes und begründet die Göttlichkeit der Natur. Natur und Geschichte stehen unter dem Gesetz einer organ. Harmonie.

H.s eigene dichter. Werke sind weniger bedeutend. Mit seiner Sammlung ›Volkslieder‹ (2 Tle., 1778/79), die 1807 u. d. T. ›Stimmen der Völker in Liedern‹ erschien, gilt H. als Begründer der Erforschung des Volkslieds. Als Theologe kann H. als Vorläufer der liberalen Theologie gelten. In seinen Untersuchungen des AT und NT nahm H. die zentralen ästhetisch-religionswiss. Erkenntnisse der exeget. Forschung, der Formgeschichte und Redaktionsgeschichte, vorweg. Die Wirkungsgeschichte ist gekennzeichnet durch unmittelbaren Einfluß auf die Geniezeit und die Romantik. Durch seine historisch-genetische Geschichtsbetrachtung trug er zur Entfaltung der histor. Wissenschaften bei. Politisch wurde seine Philosophie durch bed. Denkimpulse bei der Identitätsfindung der slaw. Nationen wirksam. Der Nationalismus in seinen übersteigerten Formen berief sich zu Unrecht auf H.s Volkstumsbegriff.

Weitere Werke: Älteste Urkunde des Menschengeschlechts (Abh., 4 Tle., 1774–76), Über die Würkung der Dichtkunst ... (1781), Vom Geist der Ebräischen Poesie (2 Tle., 1782/83), Briefe zur Beförderung der Humanität (10 Sammlungen, 1793–97), Adrastea (Aufss., Betrachtungen, Ged., 5 Bde., 1801–03, Bd. 6 hg. 1804), Der Cid (Romanzenzyklus, 1803/04, in: Adrastea; Buchausg. 1805).
Ausgaben: J. G. v. H. Sämtl. Werke. Hg. v. B. SUPHAN. Bln. 1877–1913. 33 Bde. Nachdr. Hildesheim 1967–68. – J. G. H. Briefe. Gesamtausg. 1763–1803. Hg. v. K.-H. HAHN. Weimar 1977–84. 8 Bde. – J. G. H. Werke in 5 Bden. Ausgew. v. R. OTTO. Bln. u. Weimar ⁵1978. – H.s Briefe. In einem Bd. Ausgew. v. R. OTTO. Bln. u. Weimar ²1983. – J. G. H. Werke. Hg. v. G. ARNOLD. Ffm. 1985 ff. Auf 11 Tle. ber. (bisher 8 Tle. erschienen).
Literatur: HAYM, R.: H. nach dem Leben u. seinen Werken. Bln. 1877–85. Neudr. Osnabrück 1978. – GILLIES, A.: H. Der Mensch u. sein Werk. Dt. Übers. Hamb. 1949. – ADLER, E.: H. u. die dt. Aufklärung. Dt. Übers. Wien u. a. 1968. – DOBBEK, W.: J. G. H.s Weltbild. Köln 1969. – KATHAN, A.: H.s Lit.-Kritik. Göppingen ²1971. – BENZ, E.: J. G. H. 1803–1978. Bonn-Bad Godesberg 1978. – GÜNTHER, G., u. a.: H.-Bibliogr. Bln. u. Weimar 1978. – J. G. H. im Spiegel seiner Zeitgenossen. Hg. v. L. RICHTER. Gött. 1978. – DIETZE, W.: J. G. H. Abriß seines

Heredia

Lebens u. Schaffens. Bln. u. Weimar 1980. – J. G. H. Innovator through the ages. Hg. v. W. KOEPKE. Bonn 1982. – KANTZENBACH, F. W.: J. G. H. Rbk. 22.–24. Tsd. 1986. – ARNOLD, G.: J. G. H. Lpz. ²1988. – H. today. Hg. v. K. MUELLER-VOLLMER. Bln. u. a. 1990. – MARKWORTH, T.: J. G. H. A bibliographical survey, 1977–1987. Hürth-Efferen 1990.

Heredia (Hérédia), José-Maria de [frz. ere'dja], *La Fortuna Cafeyera (Kuba) 22. Nov. 1842, † Bourdonné (Yvelines) 3. Okt. 1905, frz. Dichter. – Befreundet mit Ch. M. Leconte de Lisle, der, wie Th. Gautier, sein Lehrer war. 1894 Mitglied der Académie française. Gilt als bedeutendster Vertreter der jüngeren Generation des Parnasse. Sein Hauptwerk, ›Trophäen‹ (1893, dt. 1909), eine in fünf Zyklen gegliederte Folge von 118 Sonetten, stellt Epochen der Geschichte dar, unpersönlich, in vollendeter Verstechnik, suggestiv in ausgefallene und klangvolle Worte gekleidet, musikalisch im Rhythmus, alle Möglichkeiten der Wortkunst ausschöpfend.

José-Maria de Heredia (Federlithographie aus dem Jahr 1905)

Ausgaben: J.-M. de H. Poésies complètes. Paris 1924. Nachdr. Paris u. a. 1981. – J.-M. de H. Les trophées. Hg. v. A. DETALLE. Paris 1981. – J.-M. de H. Œuvres poétiques complètes. Krit. Ausg. Hg. v. S. DELATY. Paris 1984. 2 Bde.
Literatur: IBROVAC, M.: J. M. de H. Sa vie, son œuvre. Paris 1923. – SZERTICS, S.: L'héritage espagnol de J.-M. de H. Paris 1975. – INCE, W. N.: H. London 1979.

Heredia y Heredia, José María [span. e'reðia i e'reðia], *Santiago de Cuba 31. Dez. 1803, † Toluca de Lerdo (Mexiko) 7. Mai 1839, kuban. Schriftsteller. – Sohn eines span. Kolonialbeamten; Jurastudium in Mexiko und Havanna; Anwalt; mußte 1823 als Mitglied einer revolutionären Geheimgesellschaft aus Kuba fliehen; lebte bis 1826 in den USA, danach in Mexiko, hpts. in Toluca. Seine formal dem Klassizismus verpflichtete Lyrik erweist sich in ihrer inhaltl. Verbindung von subjektiver Empfindsamkeit, Patriotismus und demokrat. Idealismus als eine der ersten und bedeutendsten Manifestationen der hispanoamerikan. Romantik. Außer zahlreichen journalist. und literaturkrit. Beiträgen schrieb er mehrere Theaterstücke, übersetzte u. a. Voltaire, A. Chénier, W. Scott, V. Alfieri und gab mehrere Zeitschriften (›La Miscelánea‹ u. a.) heraus.

Werke: Poesías (Ged., 1825), Los últimos romanos (Trag., 1829).
Ausgaben: Poesías, discursos y cartas de J. M. H. Havanna 1939. 2 Bde. – J. M. H. Poesías completas. Hg. v. R. LAZO. Mexiko 1974.
Literatur: GONZÁLEZ, M. P.: J. M. H., primogénito del romanticismo hispano. Mexiko 1955. – FERNÁNDEZ ROBAINA, T.: Bibliografía sobre J. M. H. Havanna 1970.

Herger, mhd. Spruchdichter(?) des 12. Jh. (?). – Wird seit K. Simrock in der Forschung immer wieder als Verfasser des in der ›Hergerstrophe‹ abgefaßten Teiles derjenigen Spruchstrophen genannt, die in den beiden Heidelberger Minnesanghandschriften unter dem Namen ›Spervogel‹ überliefert sind. Diesem mutmaßl. Fahrenden um 1170 werden die altertüml. Sprüche zugeschrieben, in denen der Name H. begegnet. Sie bieten Gönnerpreis und -kritik, Tiergleichnisse, Lebensweisheiten, religiöse Lehren sowie Betrachtungen über die Situation des Fahrenden.

Ausgabe: Des Minnesangs Frühling. Hg. v. H. MOSER u. H. TERVOOREN. Bd. 1. Stg. ³⁷1982.
Literatur: LIECHTENHAN, M.: Die Strophengruppe H.s im Urteil der Forsch. Bonn 1980.

Hergesheimer, Joseph [engl. 'hə:-gəʃhaɪmə], *Philadelphia (Pa.) 15. Febr. 1880, † Sea Isle City (N. J.) 25. April 1954, amerikan. Schriftsteller dt.-schott. Herkunft. – Verfasser von – meist spannend geschriebenen – Liebes- und Gesellschaftsromanen, oft aus der Welt der internat. Müßiggänger.

Werke: Bergblut (R., 1915, dt. 1932), Die drei schwarzen Pennys (R., 1917, dt. 1931), Kap Java

(R., 1919, dt. 1927), Linda Condon (R., 1919), Aphrodite (R., 1922, dt. 1928), Der bunte Shawl (R., 1922, dt. 1928), Tampico (R., 1926, dt. 1927), Das Pariser Abendkleid (R., 1930, dt. 1931).
Literatur: MARTIN, R. E.: The fiction of J. H. Philadelphia (Pa.) u. London 1965. – GIMME-STAD, V. E.: J. H. Boston (Mass.) 1984.

Herhaus, Ernst, * Ründeroth (heute zu Engelskirchen, Oberbergischer Kreis) 6. Febr. 1932, dt. Schriftsteller. – Begann mit gesellschaftskrit., satirisch-iron. Prosa; nach seinen Erfahrungen mit dem Alkoholismus wurde er mit seinen z. T. autobiograph. Romanen und Hörspielen zum Begründer einer sog. Literatur der Selbsthilfe.
Werke: Die homburgische Hochzeit (R., 1967), Roman eines Bürgers (R., 1968), Die Eiszeit (R., 1970), Kapitulation. Aufgang einer Krankheit (R., 1977), Der zerbrochene Schlaf (R., 1978), Gebete in die Gottesferne (autobiograph. Prosa, 1979), Der Wolfsmantel (R., 1983).

Hériat, Philippe [frz. e'rja], eigtl. Raymond Gérard Payelle, * Paris 15. Sept. 1898, † ebd. 10. Okt. 1971, frz. Schriftsteller. – Gab untendenziöse Darstellungen aus dem bürgerl. Leben: ›Agnes Boussardel‹ (R., 1939, dt. 1946; Prix Goncourt 1939), fortgeführt mit ›Familie Boussardel‹ (R., 1944, dt. 1950) und ›Les grilles d'or‹ (R., 1957). 1949 Mitglied der Académie Goncourt.
Weitere Werke: L'innocent (R., 1931), La foire aux garçons (R., 1934), Miroirs (R., 1936), L'immaculée (Dr., 1947), Belle de jour (Dr., 1950), Les noces de deuil (Dr., 1954), Les joies de la famille (Dr., 1960), Le temps d'aimer (R., 1968), Duel (R.-Fragment, hg. 1974).

Herlihy, James Leo [engl. 'hə:lıhı], * Detroit (Mich.) 27. Febr. 1927, amerikan. Schriftsteller. – Dt.-ir. Abstammung; Verfasser von märchenhaften Dramen, Kurzgeschichten, erfolgreichen Romanen und Drehbüchern. Am bekanntesten wurde die Verfilmung seines Romans ›Rodeo der Nacht‹ (1965, dt. 1968).
Weitere Werke: Streetlight sonata (Dr., 1950), Moon in Capricorn (Dr., 1953), Blue denim (Dr., 1958), Crazy october (Dr., UA 1958), Es ist hübsch im Bus bei Nacht (En., 1959, dt. 1960), Ich und dieser Berry-berry (R., 1960, dt. 1961), Stop, you're killing me (Dr., 1968), Die Zeit der Hexe (R., 1971, dt. 1972).

Herling-Grudziński, Gustaw [poln. 'xɛrlıŋkgru'dziĩski], * Kielce 20. Mai

1919, poln. Schriftsteller. – Widerstandskämpfer, 1940–42 in sowjet. Lager, kämpfte in der poln. Armee u. a. in Italien, nach dem Krieg Redakteur in Rom, 1948–52 in London, ab 1955 in Neapel Mitarbeiter an Zeitschriften; Novellist und Essayist.
Werke: Welt ohne Erbarmen (Prosa, 1953, dt. 1953), Der Turm und Die Insel. 2 Erzählungen (1960, dt. 1966), Dziennik pisany nocą (= Das nachts geschriebene Tagebuch, 1973).

Hermann von Sachsenheim, * zwischen 1366 und 1369, † Stuttgart 5. Juni 1458, spätmhd. Dichter. – Stammte aus einer angesehenen schwäb. Adelsfamilie. Gehörte als Literaturkundiger und geistvoller Autor, der v. a. die Minnedichtung souverän beherrschte, zum Dichterkreis um die in Rottenburg am Neckar residierende Pfalzgräfin Mechthild von Vorderösterreich, der ein Teil seiner Werke gewidmet ist, so die allegor. Minnedichtungen ›Der Spiegel‹ (um 1452) und ›Die Mörin‹, sein Hauptwerk (1453, 6000 Verse); verfaßte auch eine Liebesnovelle ›Das Schleiertüchlein‹, eine derbe Minneparodie ›Die Grasmetze‹ sowie die geistl. Allegorien ›Der goldene Tempel‹ (1455) und ›Jesus der Arzt‹. Ausdrücklich für ihn bezeugt ist allerdings nur ›Die Mörin‹, die als einziges Werk seit 1512 fünfmal im Druck erschien.
Ausgaben: H. v. S. Die Dichtungen. Hg. v. E. MARTIN. Stg. 1878. – H. v. S. Die Mörin. Hg. v. H. D. SCHLOSSER. Wsb. 1974. – The Schleiertüchlein of H. v. S. Hg. v. D. ROSENBERG. Göppingen 1980.
Literatur: HUSCHENBETT, D.: H. v. S. Bln. 1962. – GLOCKER, J.: Unterss. zur ›Mörin‹ H.s v. S. Diss. Tüb. 1987.

Hermann von Salzburg, mhd. Liederdichter, † Mönch von Salzburg.

Hermann, Georg, eigtl. G. H. Borchardt, * Berlin 7. Okt. 1871, † KZ Birkenau(?) 19. Nov. 1943, dt. Schriftsteller. – Kaufmann, später Journalist; emigrierte 1933 nach Laren (Niederlande). H. schildert in seinen Romanen bevorzugt das Leben jüd. Familien der Biedermeierzeit, liebevoll die kleinen Dinge beachtend (›Jettchen Gebert‹, 1906; ›Henriette Jacoby‹, 1908); auch Kunstkritiker.
Weitere Werke: Kubinke (R., 1910), Die Nacht des Doktors Herzfeld (R., 1912), Heinrich Schön jr. (R., 1915), Einen Sommer lang (R., 1917), Der kleine Gast (R., 1925), Spaziergang

118 Hermans

in Potsdam (Prosa, 1926), November achtzehn (R., 1930), Ruth's schwere Stunde (R., 1934), Eine Zeit stirbt (R., 1934), Rosenemil (R., 1936). Literatur: LIERE, C. G. VAN: G. H. Materialien zur Kenntnis seines Lebens u. seines Werkes. Amsterdam 1974.

Hermans, Godfried, Pseudonym des fläm. Schriftstellers Lodewijk ↑ Dosfel.

Hermans, Willem Frederik, *Amsterdam 1. Sept. 1921, niederl. Schriftsteller. – In scharfsinnigen, aggressiven und stilistisch ausgefeilten Romanen sowie in polem. Veröffentlichungen entlarvt er menschl. Illusionen, Intrigen und Deformationen. Kulissen seiner Romane sind u. a. der Krieg (›Die Tränen der Akazien‹, 1949, dt. 1968; ›De donkere kamer van Damocles‹, 1958), die wiss. Welt (›Nie mehr schlafen‹, 1966, dt. 1986; ›Unter Professoren‹, 1975, dt. 1986).

Weitere Werke: Moedwil en misverstand (Nov.n, 1948), Ik heb altijd gelijk (R., 1951), Paranoia (Nov., 1953), De God denkbaar denkbaar de God (R., 1956), Mandarijnen op zwavelzuur (Essays, 1964), Het sadistische universum (Essays, 1964), Herinneringen van een engelbewaarder (R., 1971), King Kong (Dr., 1972), Uit talloos veel miljoenen (R., 1981), Een heilige van de horlogerie (R., 1987), Au pair (R., 1989), Wittgenstein (1990).
Literatur: DUPUIS, M.: Eenheid en versplintering van het ik. Hasselt 1976. – POPELIER, E.: W. F. H. Brügge u. Nimwegen 1979. – OVERSTEEGEN, J. J.: Voetstappen van W. F. H. Utrecht 1982. – HELSLOOT, K.: W. F. H. Amsterdam 1986.

Hermant, Abel [frz. ɛr'mã], *Paris 3. Febr. 1862, †Chantilly (Oise) 28. Sept. 1950, frz. Schriftsteller. – War 1927–44 Mitglied der Académie française; 1945 wurde er als Kollaborateur verurteilt, 1948 begnadigt. Ironisch-satir. Beobachter der zeitgenöss. Gesellschaft (›Mémoires pour servir à l'histoire de la société‹, R., 20 Bde., 1895–1937); schrieb auch Dramen. Wurde am bekanntesten durch seine unter dem Pseudonym Lancelot erschienenen Artikel in der Zeitung ›Le Temps‹ über Probleme der frz. Sprache; Hauptverfasser der ›Grammaire de l'Académie française‹ (1932), die eine heftige Polemik auslöste.

Weitere Werke: Monsieur Rabosson (R., 1884), Le cavalier Miserey (R., 1887), Nathalie Madoré (R., 1888, dt. 1895), Les transatlantiques (R., 1897, auch dramatisiert), Savoir parler (Schrift, 1935), Défense de la langue française (Schrift, 1938).

Literatur: PELTIER, R.: A. H., son œuvre. Paris 1924. – THÉRIVE, A.: Essai sur A. H. Paris 1926.

Hermen_eutik [zu griech. hermēneúein = aussagen, auslegen, erklären, übersetzen],

1. die Kunst der Auslegung (↑ Interpretation).

2. die Theorie der Auslegung als einer Reflexion auf die Bedingungen und Normen des Verstehens und seiner sprachl. Äußerung. – Gegenstand der H. können prinzipiell alle Lebensäußerungen sein (z. B. Texte, Musik, Malerei, Handlungen, Institutionen). Traditioneller Gegenstand ist die (v. a. schriftl.) Rede. Wichtige Textbereiche, auf die sich hermeneut. Bemühungen beziehen, sind Dichtung, Gesetzestexte und heilige Schriften (insbes. die Bibel). Die Wortbedeutung von H. als ›Kunst der Auslegung‹ überwiegt bis zum Beginn der Neuzeit. Eine Theorie der Auslegung entwickelte sich im 17. Jh. und kam im 19. Jh. zum Abschluß. – Primärer Anlaß für die Ausbildung einer Auslegungskunst waren in der griech. Antike die religiöse Bedeutung und der Bildungswert der kanonisierten homer. Epen und der Schriften Hesiods. Unter dem Einfluß dieser als vorbildlich und verbindlich anerkannten Texte entwickelte sich eine streng grammatisch-philolog. Methode, die v. a. durch Erstellung von Hilfsmitteln zur Interpretation beitrug (etwa mit Wörterbüchern, Grammatiken, Stilistiken, Kommentaren), und die über den unmittelbaren Wortsinn hinausgreifende, ihn [um]interpretierende Allegorese. Die **Allegorese** gab die Götter für ›Personifikationen kosm. oder moral. Potenzen‹ aus. Ausgehend von der pergamen. Schule (begründet durch Krates Mallotes im 2. Jh. v. Chr., der alle naturwiss. Erkenntnisse seiner Zeit bei Homer wiedergefunden zu haben glaubte) wurde die Allegorese auch im Judentum (bedeutendster Vertreter: Rabbi Akiba Ben Joseph mit seiner Umdeutung des bibl. Hohenliedes) und im Christentum wirksam. Das bedeutendste Beispiel einer frühchristl. Allegorese findet sich in den Paulusbriefen, Galater 4, 22–27, wo Abrahams Frauen Hagar und Sarah das Alte und das Neue Testament bedeuten. Es war Augustinus, der die verschie-

Hermeneutik 119

nen Ströme der Spätantike und der alten Kirche (Origenes, Tertullian, Ambrosius) in seinem Werk ›De doctrina christiana‹ (397–426) verband und damit das geschichtlich wirksamste Werk der H. schuf. Die von ihm ausgehende Schematisierung der alten Zweiteilung in wörtl. und geistl. Schriftsinn (sensus litteralis – sensus spiritualis) zum vierfachen Schriftsinn wurde in der durch die Exegese der Kirchenväter gestifteten Tradition sanktioniert und behielt, das Schriftverständnis des MA bestimmend, ihre Gültigkeit bis zu Luthers Verurteilung der spirituellen Schriftauslegung. Die vier Arten des Wortsinnes sind: 1. der histor. oder Buchstabensinn, 2. der allegor. Sinn, 3. der moral. oder tropolog. Sinn, 4. der anagog. Sinn. Musterbeispiel für die Veranschaulichung des vierfachen Schriftsinnes war im MA das Wort ›Jerusalem‹: ›Geschichtlich eine Stadt auf Erden, allegorisch die Kirche, tropologisch die Seele des Gläubigen, anagogisch die himmlische Gottesstadt‹ (Friedrich Ohly). Entscheidende Impulse erhielt die H. durch die Reformation und die Humanisten. Für Luther wird die Auslegungstradition als Norm hinfällig; alle Überlieferung muß am ›Buchstaben‹ der Schrift überprüft werden (Schriftprinzip). Ein erster Versuch der Bewältigung jener neuen Impulse, eine Zusammenfassung der Einflüsse Luthers, J. Calvins, Ph. Melanchthons findet sich in der ›Clavis scripturae sacrae‹ (1567) des M. Flacius, genannt Illyricus, dem Standardwerk refomator. Hermeneutik. – Mit den allgemeinen Emanzipationsprozessen gegen Tradition und Autoritäten, insbes. mit der Entstehung des modernen Methoden- und Wissenschaftsbegriffs, setzt die *hermeneut. Wende* ein. Epochemachend für die Interpretation bibl. Texte wurden die hermeneut. Werke J. A. Ernestis und v. a. J. S. Semlers, der die bibl. Aussagen aus ihren histor., zeitbedingten Bezügen und Voraussetzungen erkennen und auf die jeweilige veränderte Situation der Gegenwart beziehen will. Als allgemeine Tendenz ihrer hermeneut. Wende kann die Aufhebung der grundsätzl. Unterscheidung zwischen der ›Hermeneutica sacra‹, der theolog. H., und der ›Hermeneutica profana‹, der philolo-

gisch-histor. H., gelten. Statt um die Wiedergewinnung eines Verständnisses von Texten mit bes. Autorität geht es jetzt um die Ausbildung einer allgemeinen Auslegungslehre, die zunächst noch, so bei Ch. Wolff (1752), als Teil der Logik abgehandelt wird. Mit F. D. E. Schleiermachers Definition der H. als ›Kunstlehre des Verstehens‹ beginnt eine umfassende Verstehenstheorie, die sich nicht allein auf die Auslegung von Texten beschränkt, unter Einbeziehung des Problems der Sprache als der allgemeinen und des Denkens als der individuellen Komponente. Orientiert an Schleiermacher, versteht W. Dilthey H. als ›Kunstlehre des Verstehens schriftlich fixierter Lebensäußerungen‹ und sieht in ihr die method. Grundlage der Geisteswissenschaften überhaupt. Für die an Dilthey orientierten philosoph. Richtungen (u. a. O. F. Bollnow, E. Spranger, E. Rothacker) wird H. weiterentwickelt zur Interpretation des Lebens und der Welt, zum philosoph. und geisteswiss. Verfahren überhaupt. Diese Weiterentwicklung konstituiert die zweite, die sogenannte *hermeneut. Wende der neueren Philosophie*. M. Heideggers ›H. des Daseins‹ basiert zwar auf dieser zweiten Wende, ist aber gerade nicht als Methodologie des Verstehens konzipiert, sondern wird aller geisteswiss. Methodologie vorgeordnet. Existenz wird als ›Verstehen‹ und ›Sich-Entwerfen auf die Möglichkeit seiner selbst‹ interpretiert, so daß ›Verstehen‹ die Weise des Existierens selbst charakterisiert. Die Tatsache des schon durch eigene innere Erfahrung vorhandenen Wissens von dem, was Gegenstand des Verstehens werden soll, bezeichnet er als hermeneut. Zirkel. Die Theorie der sog. *philosoph. H.* wird fortgeführt durch H.-G. Gadamer (›Wahrheit und Methode‹, 1960), der vornehmlich das wirkungsgeschichtlich bestimmte Verhältnis von Vorverständnis und Verständnis in allem Verstehen analysiert, d. h. Erfahrung von Wahrheit ist immer durch ›Wirkungsgeschichte‹ bestimmt. Gadamers Theorie führte u. a. zu Kontroversen mit Vertretern des krit. Rationalismus (v. a. H. Albert) und der Frankfurter Schule der krit. Theorie (v. a. J. Habermas). Für eine philosoph. H., deren Gegenstand

Hermes

die Interpretation von Texten mit Behauptungscharakter, sog. *apophant*. *Texten* ist, vertrat R. Carnap die Theorie der ›rationalen Nachkonstruktion‹ bzw. der ›Explikation‹. Ihre aktuellste Herausforderung erlebt die moderne H. durch die Theorien des Poststrukturalismus (P. Ricœur, J. Lacan, M. Foucault, J. Derrida). Sie setzen an die Stelle des traditionellen, aber auch an die Stelle einer ideologiekrit. H. eine prinzipielle H. des ›Verdachts‹ bzw. die These eines prinzipiellen Sinn-›Mangels‹ von Texten. Was den an diesen Theorien orientierten Interpreten an Texten interessiert, ist nicht mehr ihr ›Sinn‹, sondern bestimmte Organisationsschemata, die sich in Form von Diskursanalysen beschreiben lassen.

Literatur: DE BRUYNE, E.: Études d'esthétique médiévale. Brügge 1946. 3 Bde. – LUBAC, H. DE: Exégèse médiévale. Les quatre sens de l'écriture. Paris 1959–64. 2 Bde. in 3 Teilbdn. – ASSUNTO, R.: Die Theorie des Schönen im MA. Köln 1963. – BETTI, E.: Die H. als allgemeine Methodik der Geisteswiss. Tüb. ²1972. – MARALDO, J. C.: Der hermeneut. Zirkel. Unterss. zu Schleiermacher, Dilthey u. Heidegger. Freib. u. Mchn. 1974. – H. u. Ideologiekritik. Hg. v. J. HABERMAS. Ffm. 1975. – ZÖCKLER, CH.: Dilthey u. die H. Stg. 1975. – HUFNAGEL, E.: Einf. in die H. Stg. u. a. 1976. – RIEDEL, M.: Verstehen oder Erklären? Zur Theorie u. Gesch. der hermeneut. Wiss. Stg. 1978. – FISCHER-LICHTE, E.: Bedeutung: Probleme einer semiot. H. u. Ästhetik. Mchn. 1979. – BRINKMANN, H.: Mittelalterl. H. Tüb. 1980. – LANG, P. CH.: H., Ideologiekritik, Ästhetik. Königstein i. Ts. 1981. – Brauchen wir andere Forschungsmethoden? Beitrr. zur Diskussion interpretativer Verfahren. Hg. v. D. GARZ u. K. KRAIMER. Ffm. 1983. – Handlung u. Sinnstruktur. Bedeutung u. Anwendung der ›objektiven‹ H. Hg. v. S. AUFENANGER u. M. LENSSEN. Mchn. 1985. – GADAMER, H.-G.: Ges. Werke. Bd. 1,1: Wahrheit u. Methode. Grundzüge einer histor. H. Tüb. ⁶1990. – JAUSS, H. R.: Ästhet. Erfahrung u. literar. H. Neuausg. Ffm. 1991. – SEIFFERT, H.: Einf. in die H. Tüb. 1992. – Beiträge zur H. aus Italien. Hg. v. U. BIANCO. Freib. 1993. – ALBERT, H.: Kritik der reinen H. Tüb. 1994. – JAUSS, H. R.: Wege des Verstehens. Mchn. 1994.

Hermes, Johann Timotheus, Pseudonyme Heinrich Meister, T. S. Jemehr, * Petznick bei Stargard i. Pom. 31. Mai 1738, † Breslau 24. Juli 1821, dt. Schriftsteller. – War Lehrer, Prediger, zuletzt Oberkonsistorialrat und Prof. der Theologie in Breslau. H. steht mit dem Roman ›Geschichte der Miß Fanny Wilkes‹

(2 Bde., 1766) noch stark unter dem Einfluß des engl. Familien- und Gesellschaftsromans. In ›Sophiens Reise von Memel nach Sachsen‹ (5 Bde., 1769–73), seinerzeit sehr erfolgreich, gab er eine kulturhistorisch interessante Schilderung, die, ganz im Sinne der Aufklärung, mit moralisierenden und lehrhaften Erörterungen durchsetzt ist. Zahlreiche Andachtsschriften und Predigten.

Literatur: SCHULZ, G.: H. u. die Liebe. In: Jb. der Schles. Friedrich-Wilhelm-Univ. zu Breslau 6 (1961), S. 369.

Hermesianax von Kolophon (tl.: Hermēsiánax), griech. Schriftsteller um 300 v. Chr. – Stand in enger Beziehung zu seinem Lehrer Philetas von Kos; sein eleg. Gedicht ›Leóntion‹, das nach dem Namen seiner Geliebten benannt ist, erzählt unglückl. Liebesgeschichten aus Mythos und Geschichte; von Parthenios exzerpiert; Fragmente erhalten.

hermetische Literatur, Schrifttum einer spätantiken religiösen Offenbarungs- und Geheimlehre, als deren Verkünder und Verfasser Hermes Trismegistos (griech. Name für den ägypt. Gott Thot, den Gott der Weisheit und der Schreibkunst, der mit Hermes identifiziert wurde) angesehen wurde. Sie findet sich v. a. im ›Corpus Hermeticum‹ (nach dem Titel des ersten der 18 Teile auch ›Poimandres‹ genannt). Die Sammlung wird dem 2./3. Jh. zugerechnet (Teile gehören mindestens dem 1. Jh. v. Chr. an). Die h. L. besteht aus Traktaten in Brief-, Dialog- oder Predigtform, sie zeigt Einflüsse u. a. ägypt. und orph. Mysterien, neuplaton. Gedanken und handelt von Wiedergeburt, Ekstase, Reinigung, Opfer, myst. Vereinigung mit Gott. Im 3. und 4. Jh. übte sie Einfluß auf die christl. Gnosis aus. Vornehmlich durch arab. Vermittlung blieb die h. L. auch für das MA lebendig (P. Abälard, Albertus Magnus). Das ›Corpus Hermeticum‹ wurde durch lat. (M. Ficino, 1471) und griech. Übersetzungen für den europ. Humanismus bedeutsam. Starken Einfluß hatte die h. L. auf die Alchimie, Astrologie und verschiedene okkultist. Theorien und Strömungen der Literatur des 16. und 17. Jh. (H. C. Agrippa von Nettesheim, Ph. A. Th. Paracelsus, J. V. Andreä) sowie im 18. Jh. auf die Freimaurerei.

Ausgabe: Hermetica. The ancient Greek and Latin writings which contain religious or philosophical teachings ascribed to Hermes Trismegistus. Text, Komm. u. engl. Übers. Hg. v. W. SCOTT. Oxford 1924–36. 4 Bde. Nachdr. New York 1968.
Literatur: THORNDIKE, L.: A history of magic and experimental science. New York [3–5]1958 bis 1960. 4 Bde.

Hermetismus [griech.] (italien. Ermetismo),

Stilrichtung der Lyrik des 20. Jh., bes. der 30er Jahre, die in der Tradition des frz. ↑Symbolismus steht; zu den bekanntesten Vertretern zählen die Italiener G. Ungaretti, E. Montale und S. Quasimodo. Die hermet. Lyrik entzieht sich einer präzisen Beschreibung; ihr wesentl. Merkmal besteht gerade darin, durch Einsatz des Wortes in seinem ›reinen‹ Eigenwert semant., rhetor. u. a. Eindeutigkeiten aufzuheben und durch Auflösung (fester) rhythm., metr. u. a. Regeln Wortkombinationen zu finden oder Sprachelemente so zusammenzusetzen, daß eine nicht aufzuhebende Vieldeutigkeit entsteht. In Deutschland hat u. a. die Lyrik von S. George, G. Benn und P. Celan hermet. Züge.
Literatur: FLORA, F.: La poesia ermetica. Bari [3]1947. – RAMAT, S.: L'ermetismo. Florenz 1969. – STRAZZERI, M.: Profilo ideologico dell'ermetismo italiano. Lecce 1977. – VALLI, D.: Storia degli ermetici. Brescia 1978.

Hermlin, Stephan,

eigtl. Rudolf Leder, *Chemnitz 13. April 1915, dt. Schriftsteller. – Schloß sich 1931 der kommunist. Jugend an, 1936 Emigration; 1945 Rückkehr nach Deutschland, seit 1947 in Berlin. H.s Themen sind die antifaschist. Widerstandsbewegung und der sozialist. Aufbau in der DDR, wobei er das Recht des Individuums innerhalb der sozialist. Gesellschaft vertritt. Übertragungen französischer, lateinamerikanischer und afroamerikanischer Dichtungen.
Werke: Zwölf Balladen von den großen Städten (Ged., 1945), Der Leutnant Yorck von Wartenburg (E., 1946), Mansfelder Oratorium (1950), Die Zeit der Gemeinsamkeit (En., 1950), Der Flug der Taube (Ged., 1952), Gedichte und Prosa (1965), Scardanelli (Hsp., 1970), Die Argonauten (Kinderb., 1974), Gesammelte Gedichte (1979), Abendlicht (autobiograph. Skizzen, 1979), Aufss., Reden, Reportagen, Interviews (1980), Lebensfrist. Gesammelte Erzählungen (1980), Äußerungen 1944–1982 (1983), Bestimmungsorte (En., 1985), Traum der

Stephan Hermlin

Gemeinsamkeit. Ein Lesebuch (1985), Erzählende Prosa (1990), In einer dunklen Welt (En., 1993), Scardanelli (Stück, 1993).
Literatur: ERTL, W.: S. H. u. die Tradition. Bern u. a. 1977. – SCHLENSTEDT, S.: S. H. – Sein Leben u. Werk. Bln. 1985. – S. H. Bd. 1. Bibliogr. zum 70. Geburtstag. Bd. 2. Texte Materialien Bilder. Lpz. 1985.

Hermodsson, Elisabet

[schwed. 'hɛrmudsɔn], *Göteborg 20. Sept. 1927, schwed. Schriftstellerin, Liedermacherin und Künstlerin. – In ihren Gedichten, von ihr oft selbst illustriert und vertont, vereinigt sie politisch-gesellschaftliches Engagement mit Themen wie Liebe, Individuum und Natur. H. schrieb auch bedeutende Essays.
Werke: Dikt-ting (Ged., 1966), Mänskligt landskap, orättvist fördelat (Ged., 1968), AB Svenskt självsliv (Ged., 1970), Vad gör vi med sommaren, kamrater (Lieder, 1973), Disa Nilssons visor (Lieder, 1974), Gör dig synlig (Ged., 1980), Samtal under tiden (R., 1983).

Herms, Uwe,

*Salzwedel 9. Sept. 1937, dt. Schriftsteller. – War Gastdozent in den USA, in Großbritannien und China; 1972–77 Fernsehredakteur, seitdem freier Schriftsteller in Hamburg. Schreibt Gedichte, Erzählungen, Hörspiele, Essays; Übersetzungen aus dem Englischen.
Werke: Zu Lande, zu Wasser (Ged., 1969), Familiengedichte (1977), Brokdorfer Kriegsfibel (Ged., 1977), Wahnsinnsreden (Prosa, 1978), Das Haus in Eiderstedt (E., 1985).

Hernádi, Gyula

[ungar. 'hɛrnɑːdi], *Oroszvár 23. Aug. 1926, ungar. Schriftsteller. – Im Mittelpunkt der Werke des vielseitigen Romanciers, Dramatikers und Drehbuchautors stehen – des öfteren in histor. Milieu gekleidet – existen-

122 Hernández

tielle und moral. Probleme der Gegenwart.

Werke: Auf der Freitagstreppe (R., 1959, dt. 1963), Folyosók (= Korridore, R., 1966), Az erőd (= Die Festung, R., 1971), Az elnökasszony (= Die Frau Präsidentin, R., 1978), Fantomas (R., 1984).

Hernández, Felisberto [span. ɛr'nandes], * Montevideo 20. Okt. 1902, † ebd. 13. Jan. 1964, uruguay. Schriftsteller. – Pianist; zu Lebzeiten als Schriftsteller verkannt, wird seine Bedeutung für die Entwicklung der phantast. Literatur zunehmend stärker gewürdigt. Kennzeichen seiner Romane und Erzählungen, die u. a. J. Cortázar beeinflußt haben, ist die außerordentlich subtile, z. T. ironisch verfremdete Überlagerung von Realität und subjektiver, unbewußter Wahrnehmung und Erinnerung.

Werke: Fulano de tal (En., 1925), Libro sin tapas (En., 1929), La cara de Ana (En., 1930), La envenenada (En., 1931), Por tos tiempos de Clemente Colling (R., 1942), El caballo perdido (R., 1943), Nadie encendía las lámparas (En., 1947), La casa inundada (En., 1960), Tierras de la memoria (En., hg. 1965), Die Hortensien (En., dt. Ausw. 1985).
Ausgabe: F. H. Obras completas. Montevideo 1969–74. 6 Bde.
Literatur: F. H. ante la crítica actual. Hg. v. A. SICARD. Caracas 1977. – ANTÚNEZ, R.: F. H. El discurso inundado. Mexiko 1985.

Hernández, José [span. ɛr'nandes], * Gut Pueyrredón bei San Martín (Prov. Buenos Aires) 10. Nov. 1834, † Buenos Aires 21. Okt. 1886, argentin. Schriftsteller. – Journalist; nahm ab 1853 aktiv an den Kämpfen der Provinzen gegen die Zentralregierung von Buenos Aires teil; 1871 Exil in Brasilien; ab 1879 Parlamentarier. Sein Hauptwerk, die ep. Dichtung ›Martín Fierro‹ (2 Tle., 1872–79, dt. 1945), gilt, nach anfängl. Verfemung, als argentin. Nationalepos; darin behandelt er das soziale Schicksal der Gauchos, die durch D. F. Sarmientos einseitig stadtorientierte Politik verelendeten und in den Kämpfen gegen Indianer der phys. Vernichtung preisgegeben wurden. Seine übrigen Schriften sind didakt., polit. und biograph. Prosa.

Weitere Werke: Vida del Chacho (Biogr., 1863), Instrucción del estanciero (Abh., 1882), Obra parlamentaria (Parlamentsreden, 3 Bde., 1947).
Literatur: MARTÍNEZ ESTRADA, E.: Muerte y transfiguración de Martín Fierro. Mexiko ²1958.

2 Bde. – MAFUD, J.: Contenido social del ›Martín Fierro‹. Buenos Aires 1961. – JITRIK, N.: J. H. Buenos Aires 1971. – ALBARRACÍN SARMIENTO, C.: Estructura del ›Martín Fierro‹. Amsterdam 1981.

Hernández, Miguel [span. ɛr'nandɛθ], * Orihuela 30. Okt. 1910, † Alicante 28. März 1942, span. Lyriker. – Nahm am Bürgerkrieg auf republikan. Seite teil; 1939 zum Tode verurteilt, später zu 30 Jahren Haft; starb im Zuchthaus. Neoklassizist. span. Lyriker, der von der traditionellen Literatur seines Landes ausging; beeinflußte stark die span. Dichtung nach dem Bürgerkrieg.

Werke: Perito en lunas (Ged., 1933), El rayo que no cesa (Ged., 1936), El labrador de más aire (Dr., 1937), Cancionero y romancero de ausencias (Ged., entst. 1938–41, gedr. 1958), Gedichte (span. u. dt. Ausw. 1965), Der Ölbaum schmeckt nach Zeit (Ged., dt. Ausw. 1972).
Ausgaben: M. H. Obras completas. Hg. v. E. ROMERO u. A. R. VÁZQUEZ. Buenos Aires 1960. – M. H. Obra poética completa. Hg. v. L. DE LUIS u. J. URRUTIA. Madrid ²1984.
Literatur: GUERRERO ZAMORA, J.: M. H. poeta (1910–1942). Madrid 1955. – CANO BALLESTA, J.: La poesía de M. H. Madrid ²1971. – MANRESA, J.: Recuerdos de la viuda de M. H. Madrid 1980. – ROSE, W.: El pastor de la muerte. La dialéctica pastoril en la obra de M. H. Barcelona 1983.

Herne, James A. [engl. hə:n], * Cohoes (N. Y.) 1. Febr. 1839, † New York 2. Juni 1901, amerikan. Dramatiker. – Erfolge als Schauspieler und Dramatiker (z. T. zus. mit D. Belasco). Seine realist., inhaltlich und formal H. Ibsen verwandten Dramen schildern die ehel. Untreue (›Margaret Fleming‹, 1890), das Leben in Neuengland (›Shore acres‹, 1892) sowie den Bürgerkrieg (›The Reverend Griffith Davenport‹, 1899). Seine Stücke hatten großen Einfluß auf die Entwicklung des amerikan. Theaters im 20. Jahrhundert.

Weitere Werke: Hearts of oak (Dr., 1879; mit Belasco), Sag Harbor (Dr., 1899).
Ausgaben: J. A. H. Shore acres and other plays. New York 1928. – J. A. H. The early plays. Hg. v. A. H. QUINN. Princeton (N. J.) 1940.
Literatur: EDWARDS, H. J.: J. A. H. The rise of realism in the American drama. Orono (Maine) 1964. – PERRY, J.: J. A. H. The American Ibsen. Chicago (Ill.) 1978.

Herodas von Kos (tl.: Hērṓdas; Herondas, tl.: Hērṓndas), griech. Schriftsteller des 3. Jh. v. Chr. – Seine ↑ Mimiamben, von denen erst 1890 ein bed. Teil gefunden wurde, weisen deutlich auf das Vorbild des Hipponax von Ephesus hin, dem er in Sprache (Ionisch) und Vers (Choliambus) folgte; bunt im Inhalt, gestalten die kurzen Szenen frisch und lebendig das Leben der kleinen Leute.

Ausgaben: Die Mimiamben des Herondas. Dt. Übers. u. eingel. v. O. CRUSIUS. Lpz. ²1926. – Herodae Mimiambi. Einl., Text, Komm. u. Index v. G. PUCCIONI. Florenz 1950.

Herodes Atticus (tl.: Hēródēs Attikós; Tiberius Claudius H. A.), * Marathon um 101, † 177, griech. Redner. – Bed. Vertreter der 2. Sophistik, Lehrer u. a. des Aelius Aristides; Vertreter des Attizismus; hatte unter Hadrian öffentl. Ämter in Athen inne; 143 röm. Konsul; ließ als reichster Mann der Antike in verschiedenen griech. Orten, v. a. in Athen, zahlreiche Prachtbauten errichten; erhalten ist nur eine Rede ›Peri politeías‹ (= Über den Staat).

Literatur: RUTLEDGE, H. C.: H. A. Diss. Ohio State University Columbus (Ohio) 1960.

Herodot (tl.: Hēródotos), * Halikarnassos nach 490, † Athen nach 430, griech. Geschichtsschreiber. – Nach Cicero ›Vater der Geschichtsschreibung‹. Nachdem H. die Heimat wegen Verschwörung gegen den Tyrannen Lygdamis hatte verlassen müssen, unternahm er Reisen nach Ägypten, Mesopotamien und in skyth. Gebiete und lebte dann in Athen, wo er Perikles und Sophokles nahestand (öffentl. Ehrung 445). Wahrscheinlich Teilnehmer an der Kolonisation von Thurii (442), trug er in der Folgezeit sein Werk auf Festen vor. Später in neun Bücher eingeteilt, behandelt es die Entwicklung des Ost-West-(= Perser-Griechen-)Verhältnisses von den Anfängen bis zur Schlacht von Plataä (479). Die Darstellung wird ergänzt durch in sich geschlossene ethnographisch-geograph. Berichte, von Reden, Anekdoten und Reflexionen. H.s Bemühen, dem Geschehen metaphys. Sinn zu geben, ist Abschluß vorklass. Denkens, leitet aber zugleich in die spätere Historiographie über. Histor. Geschehen ist einer göttl. Macht unterworfen, das Sicherheben einzelner wird von ihr als Hybris bestraft; Geschichte ist Lehre aus dieser Erkenntnis. H.s Parteinahme ist keineswegs einseitig progriechisch, doch wirkte seine Betonung

der Überlegenheit griech. Freiheitsdenkens über pers. Despotismus formend auf das Denken seiner griech. Nachwelt.

Ausgaben: Herodotus. Historiae. Hg. v. K. HUDE. Oxford ³1927. Nachdr. 1962–63. 2 Bde. – H. Dt. Übers. Hg. v. H. STEIN. Zü. ⁶⁻⁸1968–70. 9 Bücher in 5 Bden. – H. Geschichten u. Gesch. Historien. Übers. v. W. MARG. Mchn. 1983. 2 Bde.

Literatur: HOW, W. W./WELLS, J.: A commentary on Herodotus. Oxford 1949–50. 2 Bde. – POHLENZ, M.: H. Der erste Geschichtsschreiber des Abendlandes. Darmst. ²1961. – PAULY-WISOWA. Suppl. 2. Mchn. 1981. – H. Hg. v. W. MARG. Darmst. ³1982. – ROLLINGER, R.: H.s babylon. Logos. Innsb. 1993.

Heroic couplet [hı'roʊık 'kʌplıt; engl. = heroisches Verspaar], häufige metr. Form der engl. ep. Versdichtung. Das H. c. ist ein paarweise gereimter fünfhebiger jamb. Vers mit fester Zäsur nach der zweiten Hebung. Es wurde von G. Chaucer in seinem Erzählungszyklus ›Canterburysche Erzählungen‹ (begonnen 1386, dt. 1827) in die engl. Literatur eingeführt und wurde bes. im späten 17. und im 18. Jh. zum vorherrschenden Vers.

Heroiden [griech.-lat., eigtl. = Heldinnen, Halbgöttinnen] (Heldenbriefe), fiktive ↑ Briefgedichte, bes. Liebesbriefe; nach Ovids ›Heroides‹ (Liebesbriefe myth. Frauengestalten) benannte literar. Gattung; bes. populär in der Renaissance und im Barock (in Deutschland u. a. Ch. Hofmann von Hofmannswaldau, D. C. von Lohenstein).

heroischer Vers, Vers des ↑ Epos; als ↑ Hexameter in der antiken und dt., als ↑ Blankvers in der engl. und als ↑ Alexandriner in der frz. Dichtung.

heroisch-galanter Roman, nach frz. Vorbildern (z. B. M. Le Roy de Gomberville, G. de Costes de La Calprenède, M. de Scudéry) entstandene Sonderform des höf. Romans der Barockzeit. Im Mittelpunkt der Handlung stehen Figuren aristokrat. Herkunft, die in Liebessituationen (galante Situationen) eine Fülle von Mißgeschicken erdulden müssen und sich dank ihrer heroischen Haltung bewähren. Das Geschehen entwickelt sich dabei vor einem pseudohistor. Hintergrund. Hauptvertreter dieser Romanform, die sowohl unterhalten als auch belehren wollte, waren in Deutschland u. a.

124 Heroldsdichtung

Ph. von Zesen, Herzog Anton Ulrich von Braunschweig-Wolfenbüttel (›Die Durchleuchtige Syrerinn Aramena‹, 1669–73), auch J. J. Ch. von Grimmelshausen (›Dietwalts und Amelinden anmuthige Liebes- und Leidsbeschreibung‹, 1670) und D. C. von Lohenstein (›Großmüthiger Feldherr Arminius oder Hermann ...‹, hg. 1689/90).

Heroldsdichtung (herald. Dichtung, Wappendichtung), panegyrisch-lehrhafte Literatur des 13.–15. Jh., in der die Beschreibung fürstl. Wappen nach einem festen Schema mit der Huldigung ihrer gegenwärtigen oder früheren Träger verbunden wird. In ihr treffen sich dem Turnierwesen entstammende Formen mündl. Reimsprecherkunst mit literar. Traditionen der Wappenschilderung. Hauptvertreter sind der niederrhein. Herold Gelre (* um 1310/15, † nach 1372), der Österreicher Peter Suchenwirt und im Dt. Orden Wigand von Marburg (* vor 1365, † nach 1409). Im 16. Jh. wird die H. durch die ↑ Pritschmeisterdichtung abgelöst.

Herondas von Kos, griech. Schriftsteller, ↑ Herodas von Kos.

Herrand von Wildonie [vɪl'do:niə], mhd. Schriftsteller der 2. Hälfte des 13. Jahrhunderts. – Urkundlich nachweisbar zwischen 1248 und 1278; stammte aus einem steir. Adelsgeschlecht; Schwiegersohn Ulrichs von Lichtenstein. Er war der erste adlige Märenautor: vier Kurzerzählungen in der Tradition des Strikkers und unter dem formalen Einfluß Ulrichs von Lichtenstein. In der ↑ Großen Heidelberger Liederhandschrift sind unter dem Namen ›Der von Wildonie‹ drei Minnelieder im Stile Walthers von der Vogelweide überliefert.

Ausgabe: H. v. W. Vier Erzählungen. Hg. v. HANNS FISCHER u. P. SAPPLER. Tüb. ³1984. **Literatur:** CURSCHMANN, M.: Zur literarhistor. Stellung H.s v. W. In: Dt. Vjschr. f. Literaturwiss. u. Geistesgesch. 40 (1966), S. 56. – FISCHER, HANNS: Studien zur dt. Märendichtung. Tüb. ²1983.

Herreman, Raymond, * Menen 21. Aug. 1896, † Brüssel 6. März 1971, fläm. Dichter. – Seine zunächst spieler. Poesie wurde allmählich formenstrenger und intellektualistischer, mit einem epikureist. Unterton.

Werke: De roos van Jericho (Ged., 1931), Het helder gelaat (Ged., 1937), Gedichten (1956), Boekuiltjes (Essays, 1960).

Herrera, Fernando de [span. ɛ'rrɛra], genannt ›el Divino‹ (= der Göttliche), * Sevilla um 1534, † ebd. 1597, span. Dichter. – Bedeutendster span. Vertreter des Petrarkismus und Vorläufer L. de Góngora y Argotes mit seiner Forderung nach einer eigenen, der Umgangssprache unterschiedenen Dichtersprache. Schrieb mit ›Anotaciones a las obras de Garcilaso de la Vega‹ (1580) die bedeutendste span. Poetik des 16. Jahrhunderts.

Weitere Werke: Algunas obras (Ged., 1552), Canción por la victoria de Lepanto (Ged., nach 1571), Canción a don Juan de Austria (Ged., nach 1571), Elogio de la vida y muerte de Tomás Moro (Biogr., 1592). **Ausgabe:** F. de H. Poesías. Hg. v. V. GARCÍA DE DIEGO. Madrid 1914. **Literatur:** ALMEIDA, J.: La crítica literaria de F. de H. Madrid 1976. – FERGUSON, W.: Versificación imitativa en F. de H. London 1981.

Herrera y Reissig, Julio [span. ɛ'rrɛra i 'raisix], * Montevideo 9. Jan. 1875, † ebd. 18. März 1910, uruguay. Lyriker. – Entstammte einer verarmten Patrizierfamilie; gilt als einer der bedeutendsten Lyriker des hispanoamerikan. Modernismus; seine z. T. alog., unterbewußt assoziative Metaphorik verweist auf Ultraísmo und Surrealismus.

Werke: Los parques abandonados (Ged., 2 Tle., 1901–08), Los éxtasis de la montaña (Ged., 2 Tle., 1904–07), Sonetos vascos (Ged., 1906), Los peregrinos de piedra (Ged., 1909), La torre de las esfinges (Ged., 1909). **Ausgaben:** J. H. y R. Poesías completas. Hg. v. G. DE TORRE. Buenos Aires ⁴1969. – J. H. y R. Poesía completa y prosa selecta. Hg. v. A. MIGDAL. Caracas 1978. **Literatur:** GICOVATE, B.: J. H. y R. and the symbolism. Berkeley (Calif.) 1957. – BLENGIO BRITO, R.: Aproximación a la poesía de H. Montevideo 1967.

Herreweghen, Hubert van [niederl. 'hɛrəwe:xə], * Pamel (Brabant) 16. Febr. 1920, fläm. Lyriker. – Begann 1943 als Neuromantiker. Seine ersten Gedichte waren stark von G. Marcel und S. Kierkegaard beeinflußt. Am Begin seines Schaffens steht der Gegensatz Mensch–Natur, wandelt sich aber bald in das Verhältnis Natur–Übernatur.

Werke: Het jaar der gedachtenis (Ged., 1943), De minnaar en de vrouw (Ged., 1945), Liedjes van de liefde en van de dood (Ged., 1949), Gedichten I–VII (7 Tle., 1953–88), Valentijn. Een toef liefdesgedichten (1986).

Herrick, Robert [engl. 'hɛrɪk], ≈ London 24. Aug. 1591, □ Dean Prior (Devon) 15. Okt. 1674, engl. Dichter. – Nach einer Goldschmiedelehre studierte H. in Cambridge, lebte dann wieder in London, wurde 1629 anglikan. Pfarrer von Dean Prior im ländl. Devonshire, 1647 von den Puritanern seines Amtes enthoben und erst nach der Restauration 1662 wieder eingesetzt. Unter dem Einfluß B. Jonsons und seiner Dichterschule schrieb er anakreont., graziös-klangvolle, technisch ausgefeilte Lyrik, darunter besonders reizvolle Natur-, Liebes- und Trinklieder. Seine gedanklich eher schlichten religiösen Gedichte veröffentlichte er 1647 u. d. T. ›Noble numbers‹ und 1648 zus. mit der weltl. Lyrik u. d. T. ›Hesperides‹ (von F. Freiligrath 1846 ins Deutsche übersetzt).
Ausgabe: R. H. Complete poetry. Hg. v. J. M. PATRICK. New York 1963.
Literatur: DEMING, R. H.: Ceremony and art. R. H.'s poetry. Den Haag u. Paris 1974. – SCOTT, G. W.: R. H. 1591–1674. London 1974. – MUSGROVE, S.: The universe of R. H. Norwood 1978. – HAGEMAN, E.: R. H. A reference guide. Boston (Mass.) 1983. – ROLLIN, R. B.: R. H. Neuausg. New York 1992.

Herrick, Robert [engl. 'hɛrɪk], * Cambridge (Mass.) 26. April 1868, † Charlotte Amalie (Jungferninseln) 23. Dez. 1938, amerikan. Schriftsteller. – Studium an der Harvard University, dann Prof. der Anglistik in Chicago (1893–1923). Einer der bedeutendsten kultur- und sozialkrit. Romanciers Amerikas vor dem 1. Weltkrieg, der in seinen v. a. in Chicago spielenden Romanen und Kurzgeschichten und in seinen polit. Essays von der eth. Warte seiner puritan. Abstammung aus eine Erneuerung der amerikan. Gesellschaft im Sinne der Reformbewegungen der Jahrhundertwende (Progressive und Muckraking movement) forderte. Seine bekanntesten Werke sind die Romane ›The common lot‹ (1904) und ›The memoirs of an American citizen‹ (1905); auch Kurzgeschichten.
Literatur: NEVIUS, B.: R. H. The development of a novelist. Berkeley (Calif.) 1962. – BUDD, L. J.: R. H. New York 1971. – HORLACHER,

F. W.: Die Romane R. H.s. Empirie u. Fiktion. Ffm. u. a. 1978.

Herriot, James [engl. 'hɛrɪət], eigtl. James Alfred Wight, * Glasgow 3. Okt. 1916, † Thirsk (Yorkshire) 23. Febr. 1995, engl. Schriftsteller. – Tierarzt in Yorkshire; wurde bekannt durch seine zahlreichen humorvollen Erzählungen über Tiere und Menschen aus seiner Praxis (danach auch Fernsehserie). Dt. erschienen u. a. die Sammlungen ›Der Doktor und das liebe Vieh‹ (dt. 1974), ›Dr. James Herriot, Tierarzt‹ (dt. 1976), ›Der Tierarzt kommt‹ (dt. 1979), ›Von Zweibeinern und Vierbeinern‹ (dt. 1982), ›Ein jegliches nach seiner Art‹ (dt. 1993).

Herrmann, Gerhart, dt. Schriftsteller, † Mostar, Gerhart Herrmann.

Herrmann, Ignát, * Chotěboř bei Prag 12. Aug. 1854, † Řevnitz (Ostböhm. Gebiet) 8. Juli 1935, tschech. Schriftsteller. – Zuletzt Reporter und Redakteur; sein Vorbild war u. a. J. Neruda; gab genrehafte, oft humorist. Darstellungen des Prager Kleinbürgerlebens, u. a. in dem Roman ›Vater Kondelik und Bräutigam Wejwara‹ (1898, dt. 1907).
Weiteres Werk: U sněděného krámu (= Zum verschlungenen Kramladen, R., 1890).
Ausgabe: I. H. Sebrané spisy. Prag 1905–40.

Herrmann-Neisse, Max (M. Herrmann-Neiße), eigtl. M. Herrmann, * Neisse 23. Mai 1886, † London 8. April 1941, dt. Schriftsteller. – War in Berlin Mitarbeiter literar. Zeitschriften, gefördert u. a. von F. Pfemfert und A. Kerr; 1933 Emigration in die Schweiz, dann nach Großbritannien. Dramatiker, Erzähler und Lyriker, der sich mit sozialer Thematik dem Expressionismus zuwandte; später sprachlich und formal konservativ, trat er für alle Gepeinigten und Unterdrückten ein und rief zur Verbrüderung der Menschen auf.
Werke: Sie und die Stadt (Ged., 1914), Empörung, Andacht, Ewigkeit (Ged., 1918), Joseph der Sieger (Dr., 1919), Die Laube der Seligen (Kom., 1919), Die Preisgabe (Ged., 1919), Der Flüchtling (R., 1921), Der Todeskandidat (E., 1927), Abschied (Ged., 1928), Um uns die Fremde (Ged., 1936), Letzte Gedichte (hg. 1941), Mir bleibt mein Lied (Ged., hg. 1942).
Ausgaben: M. H.-N. Lied der Einsamkeit. Gedichte 1914–1941. Hg. v. F. GRIEGER. Mchn. 1961. – M. H.-N. Ich gehe, wie ich kam. Gedichte. Hg. v. B. JENTZSCH. Mchn. 1979. – M.

Hersch

H.-N. Ges. Werke. Hg. v. K. VÖLKER. Ffm. 1986–88. 10 Bde.
Literatur: LORENZ, R.: M. H.-N. Stg. 1966. – M. H.-N. Bearb. v. K. VÖLKER. Bln. 1991.

Hersch, Jeanne [frz. ɛrʃ], * Genf 13. Juli 1910, schweizer. Schriftstellerin. – Schülerin von K. Jaspers; seit 1956 Professorin für Philosophie an der Univ. Genf; veröffentlichte in frz. Sprache, u. a. ›Die Illusion, der Weg der Philosophie‹ (1936, dt. 1956), ›Die Ideologien und die Wirklichkeit‹ (1956, dt. 1957), ›Die Unfähigkeit, Freiheit zu ertragen. Aufsätze und Reden‹ (dt. Ausw. 1974), ›Die Hoffnung, Mensch zu sein‹ (Essays, dt. Ausw. 1976), ›Von der Einheit des Menschen‹ (Essays, dt. Ausw. 1978), ›Antithesen ...‹ (1981, dt. 1982), ›Textes‹ (Aufsätze, 1985) sowie den Roman ›Begegnung‹ (1943, dt. 1975). Übersetzte u. a. Arbeiten von K. Jaspers.
Weiteres Werk: Im Schnittpunkt der Zeit. Essays (1992).
Literatur: Schwierige Freiheit. Gespräche mit J. H. Hg. v. G. u. A. DUFOUR. Köln 1986.

John Hersey

Hersey, John [Richard] [engl. 'hɔːsɪ, 'hɔːzɪ], * Tientsin (China) 17. Juni 1914, † Key West (Fla.) 24. März 1993, amerikan. Schriftsteller. – Lebte ab 1925 in den USA; Studium an der Yale University; 1937 Sekretär von S. Lewis; Journalist, Kriegskorrespondent in Italien, Polen, der UdSSR und Japan; veröffentlichte zahlreiche Dokumentarromane; für ›Eine Glocke für Adano‹ (R., 1944, dt. 1945), der das Leben italien. Bauern im 2. Weltkrieg schildert, erhielt er 1945 den Pulitzerpreis; in ›Hiroshima‹ (1946, dt. 1947) gibt H. die Erlebnisse von sechs Überlebenden der Atombombenexplosion, in ›Die Mauer‹ (1950, dt. 1951, 1982 u. d. T. ›Der Wall‹; dramatisierte Fassung von M. Lampell, 1961) anhand von aufgefundenen Tagebüchern eines jüd. Historikers Eindrücke des Aufstandes im Warschauer Getto wieder.
Weitere Werke: Verdammt sind wir alle (R., 1959, dt. 1960), Zwischenfall im Motel (R., 1968, dt. 1970), Die Verschwörung der Dichter, Geheimberichte aus dem alten Rom (R., 1972, dt. 1974), Aspects of the presidency (Bericht über die Präsidenten H. Truman und G. Ford, 1980), The call (R., 1985), Blues (Prosa, 1987), Life sketches (Prosa, 1989), Antonietta (R., 1991, dt. 1992).
Literatur: SANDERS, D.: J. H. New York 1967.

Hertz, Benedykt [poln. xɛrts], * Warschau 7. Juni 1872, † Podkowa Leśna 31. Okt. 1952, poln. Schriftsteller. – Bevorzugte die Tierallegorie für Bühnenstücke, Fabeln und Märchen, in denen er auch soziale und polit. Probleme behandelte; dt. erschien die Erzählung ›Felek‹ (1951, dt. 1953).

Hertz, Henrik [dän. hɛrds], * Kopenhagen 25. Aug. 1798, † ebd. 25. Febr. 1870, dän. Dichter. – Aus jüd. Bürgerfamilie; bekannte sich in den 1830 anonym herausgegebenen ›Gjenganger-Breve‹ zur poet. Schule J. L. Heibergs; am erfolgreichsten war H. als Dramatiker; von großer Ursprünglichkeit sind seine bürgerl. Komödien, die den Durchbruch des bürgerl. Realismus anbahnten. Der Romantik gehören die Tragödie ›Svend Dyring's Haus‹ (1837, dt. 1848) und das Troubadourdrama ›König Renés Tochter‹ (1845, dt. 1847) an.
Ausgaben: H. H. Ges. Schrr. Dt. Übers. Lpz. 1–21848. 3 Bde. – H. H. Udvalgte dramatiske værker. Kopenhagen 1897–98. 8 Bde. in 4 Bden.
Literatur: KYRRE, H. P.: H. H. Kopenhagen 1916. – BRØNDSTED, M.: H. H.es teater. Kopenhagen 1946.

Hertz, Wilhelm [Carl Heinrich] von (seit 1897), * Stuttgart 24. Sept. 1835, † München 7. Jan. 1902, dt. Literaturwissenschaftler und Schriftsteller. – Ab 1869 Prof. in München; schloß sich dem Kreis um E. Geibel und P. Heyse an und schrieb formglatte, lebensfrohe Gedichte sowie Versepen; bekannter ist er durch die Nachdichtung altfrz. und mhd. Dichtung.

Werke: Gedichte (1859), Lanzelot und Ginevra (Epos, 1860), Das Rolandslied (Übers., 1861), Aucassin und Nicolette (Übers., 1865), Heinrich von Schwaben (Epos, 1867), Gottfried von Straßburg. Tristan und Isolde (Übers., 1877), Bruder Rausch (Epos, 1882).

Hertzberg Larsen, Henry [engl. 'hɑːtsbəːg 'lɑːsn], austral. Schriftsteller, ↑ Lawson, Henry Archibald.

Hervarar Saga ok Heidreks konungs [altnord. = Die Geschichte von Hervör und König Heidrek], altnord. Vorzeitsaga des späten 13. Jh.; enthält ein altes Heldenlied, das von einem gotisch-hunn. Bruderzwist berichtet.

Hervé-Bazin, Jean-Pierre [frz. ɛrveba'zɛ̃], frz. Schriftsteller, ↑ Bazin, Hervé.

Hervieu, Paul Ernest [frz. ɛr'vjø], * Neuilly-sur-Seine 2. Sept. 1857, † Paris 25. Okt. 1915, frz. Schriftsteller. – Schrieb zuerst gesellschaftskritisch-satir. Romane (›Flirt‹, 1890; ›Im eigenen Licht‹, 1893, dt. 1895; ›Baron Saffre‹, 1895, dt. 1901), dann Dramen, in denen er als Moralist v. a. Probleme des Familienlebens, der Frau und des Eherechts behandelte (u. a. ›Les tenailles‹, 1895). Wurde 1900 Mitglied der Académie française.
Literatur: FAHMY, S. P.: H., sa vie et son œuvre. Diss. Marseille 1942.

Herwegh, Georg [...ve:k], * Stuttgart 31. Mai 1817, † Baden-Baden 7. April 1875, dt. Lyriker. – Theologiestudium, freier Schriftsteller; wegen Ehrenhändel 1839 Flucht in die Schweiz, wo die ›Gedichte eines Lebendigen‹ (2 Bde., 1841–43) entstanden, die H. berühmt machten. 1842 Reise durch Deutschland (Audienz beim preuß. König), nach Ausweisung aus Preußen Aufenthalt in der Schweiz, 1844–48 in Paris; 1848 aktiv am bad. Aufstand beteiligt; bis 1866 wieder in der Schweiz. Seine politisch-revolutionären Gedichte begeisterten seine Anhänger durch zündende Rhythmen, leidenschaftl. Pathos und sichere Beherrschung rhetor. Effekte; nur einzelne unpolit. Lieder mit schwermütigen Themen; übersetzte A. de Lamartine und Shakespeare.
Weitere Werke: 21 Bogen aus der Schweiz (Ged., 1843), Neue Gedichte (hg. 1877).
Ausgaben: G. H. Werke in 3 Tlen. Hg. v. H. TARDEL. Bln. 1909. – G. H. Werke in 1 Bd. Ausgabe. u. eingel. v. H.-G. WERNER. Bln. u. Weimar

1967. – G. H. Frühe Publizistik 1837–41. Hg. v. B. KAISER. Ruggel 1971.
Literatur: Der Freiheit eine Gasse. Aus dem Leben u. Werk G. H.s. Hg. v. B. KAISER. Bln. 1948. – SCHMIDT-KÜNSEMÜLLER, F. A.: G. H.s Wandlung zum polit. Radikalismus. In: Heine-Jb. (1965), S. 68. – KLEISS, P.: G. H.s Lit.-Kritik. Ffm. u. Bern 1982. – PEUCKERT, S.: Freiheitsträume. G. H. u. die Herweghianer. Ffm. 1985. – KRAUSNICK, M.: Die eiserne Lerche. Die Lebensgeschichte des G. H. Whm. u. Basel 1993.

Herwig, Franz, * Magdeburg 20. März 1880, † Weimar 15. Aug. 1931, dt. Schriftsteller. – War Journalist, Buchhändler, Verlagslektor; schrieb Dramen, Romane, Weihnachts- und Passionsspiele; kath.-nat. Einstellung; später auch sozialkrit. Thematik.
Werke: Herzog Heinrich (Dr., 1904), Wunder der Welt (R., 1910), Die Stunde kommt (R., 1911), Pinz und der heilige Krieg (E., 1916), Heimat Kamerun (Bericht, 1917), Dunkel über Preußen (R., 1920), Die Eingeengten (R., 1926), Hoffnung auf Licht (R., 1929), Fluchtversuche (R., 1930).
Literatur: LAWNIK, L.: F. H. Mchn. 1933. – SPEE, H.: F. H. als Dichter u. Kritiker. Graz 1938.

Herz, Henriette Julie, geb. de Lemos, * Berlin 5. Sept. 1764, † ebd. 22. Okt. 1847, dt. Literatin. – Empfing in ihrem Berliner Salon viele bed. Persönlichkeiten aus allen Bereichen der Wiss. und Kultur; Mitbegründerin eines sog. Tugendbundes, dem u. a. auch A. und W. von Humboldt und später der ihr bes. verbundene F. D. E. Schleiermacher angehörten. Ihr Salon hatte noch vor R. Varnhagen von Enses berühmtem Zirkel eine neue Form des geselligen Lebens geschaffen, der v. a. auf die Frühromantiker und L. Börne starken Einfluß hatte.
Ausgaben: H. H.: Berliner Salon. Erinnerungen u. Porträts. Hg. v. U. JANETZKI. Bln. 1984. – H. H. in Erinnerungen, Briefen u. Zeugnissen. Hg. v. R. SCHMITZ. Ffm. 1984.

Herzberg, Judith [niederl. 'hɛrdzbɛrx], * Amsterdam 4. Nov. 1934, niederl. Lyrikerin. – Ihre Lyrik gibt in leichtem Plauderton kleine Beobachtungen prägnant wieder; in 27 ›Liefdesliedjes‹ (Ged., 1971) paraphrasiert sie Stellen aus dem Hohenlied; auch Dramen.
Weitere Werke: Zeepost (Ged., 1963), Beemdgras (Ged., 1968), Vliegen (Ged., 1970), Strijklicht (Ged., 1971), Botshol (Ged., 1980), Tagesreste (Ged., 1984, dt. 1986), Zwischen Eiszeiten (ausgew. Ged., niederl. u. dt. 1984), Und, oder

(Stück, 1985, dt. 1986), Mark (Stück, 1986, dt. 1988), Der Karakal (Stück, 1988, dt. 1988), Tohuwabohu (Stück, dt. 1988, niederl. 1989), Knistern (Ged. und Prosa, niederl. und dt. 1993).

Herzen, Alexander Iwanowitsch, russ. Alexandr I. Gerzen (tl.: Gercen), eigtl. Alexandr I. Jakowlew, Pseudonym Iskander, * Moskau 6. April 1812, † Paris 21. Jan. 1870, russ. Schriftsteller und Publizist. – Illegitimer Sohn eines wohlhabenden russ. Gutsbesitzers und einer Deutschen; 1825 vom Aufstand der Dekabristen begeistert; setzte sich für die Abschaffung der Leibeigenschaft und die antikapitalist. Selbstverwaltung der Dorfkommunen ein; mit W. G. † Belinski Mittelpunkt literar. und polit. Salons in Moskau, Führer der radikalen russ. † Westler; vom dt. Geistesleben und vom frz. utop. Sozialismus beeinflußt, v. a. von Schiller, G. W. F. Hegel, L. Feuerbach, Saint-Simon; lebte nach mehrjähriger Verbannung in Rußland (1835–39 und 1841/42) ab 1847 in Westeuropa; befreundet mit K. Marx, G. Garibaldi, G. Mazzini, L. Kossuth; bed. als Sozialpolitiker, Denker und Schriftsteller. Dichterische Werke ließ er nur in den 1840er Jahren erscheinen, darunter seinen einzigen Roman ›Wer ist schuld?‹ (1847, dt. 1851); gab in London den Almanach ›Poljarnaja zvezda‹ (= Polarstern, 1855–62 [in Genf 1869]) und die Zeitschrift ›Kolokol‹ (= Die Glocke, 1857–67) heraus, die stark auf die russ. Intelligenzija wirkten. Hervorragendes Zeugnis seines Zeitalters und zugleich eines der besten russ. Memoirenwerke sind seine Erinnerungen ›Mein Leben‹ (8 Tle., 1854–70, 1. vollständige Ausg. 1919/20, 1. vollständige dt. Fassung in 3 Bden. 1962/63, erstmals dt. 1855–59).
Weitere Werke: Vom andern Ufer (Essays, dt. 1850, russ. 1855), Die Pflicht vor allem (Nov., 1861, dt. 1887).
Ausgaben: A. I. Gercen. Sobranie sočinenij. Moskau 1954–65. 30 Bde. – A. H. Briefe aus dem Westen. Dt. Übers. Nördlingen 1989.
Literatur: MALIA, M.: A. H. and the birth of Russian socialism. 1812–1855. Cambridge (Mass.) 1961. – PIROSCHKOW, V.: A. H. Mchn. 1961. – Bibliografija literatury ob A. I. Gercene 1917–1970 godov. Leningrad 1978ff. – ACTON, E.: A. H. and the role of the intellectual revolutionary. London u. New York 1979. – TATARINOVA, L. E.: A. I. Gercen. Moskau 1980. –

Alexander Iwanowitsch Herzen

HÖFFLER-PREISSMANN, U.: Die Technik des literar. Porträts in A. H.s ›Byloe i dumy‹. Hg. v. W. GIRKE u. E. REISSNER. Mainz 1982. – PARTRIDGE, M.: A. H. Collected studies. Nottingham ²1993.

Herzfelde, Wieland, eigtl. W. Herzfeld, * Weggis (Schweiz) 11. April 1896, † Berlin (Ost) 23. Nov. 1988, dt. Schriftsteller. – Bruder des Künstlers J. Heartfield; 1916 Gründer des Malik-Verlags in Berlin, den er zum Sprachrohr revolutionärer Literatur und des Dadaismus machte. 1933 Emigration nach Prag, wo er den Verlag weiterführte und (mit A. Seghers und O. M. Graf) die ›Neuen Dt. Blätter‹ herausgab. 1939 Flucht über London in die USA, 1949 Rückkehr in die DDR; ab 1949 Prof. für Literatursoziologie in Leipzig; u. a. Hg. der Werke L. N. Tolstois in dt. Sprache.
Werke: Sulamith (Ged., 1917), Schutzhaft (Erlebnisse, 1919), Tragigrotesken der Nacht (En., 1920), Gesellschaft, Künstler und Kommunismus (Essays, 1921), Immergrün (autobiograph. En., 1949), Im Gehen geschrieben (Ged., 1956), Unterwegs. Blätter aus 50 Jahren (1961), John Heartfield. Leben und Werk (1962), Blau und Rot (Ged., 1971), Zur Sache geschrieben und gesprochen zwischen 18 und 80 (1976).
Literatur: FAURE, U.: Im Knotenpunkt des Weltverkehrs. H., Heartfield, Grosz u. der Malik-Verlag 1916–1947. Bln. 1992.

Herzl, Theodor, * Budapest 2. Mai 1860, † Edlach an der Rax (Niederösterreich) 3. Juli 1904, österr. Schriftsteller und Politiker. – Ab 1878 in Wien, studierte dort Jura; 1891–95 Korrespondent der ›Neuen Freien Presse‹ in Paris, wo ihm die Dreyfusaffäre Grunderlebnis jüd. Selbstbesinnung wurde; dann Feuilletonredakteur in Wien. Begründer des

Herzog August Bibliothek Wolfenbüttel 129

politischen Zionismus, dessen Ziele in seiner Schrift ›Der Judenstaat‹ (1896) niedergelegt sind; berief 1897 den ersten Zionist. Weltkongreß in Basel und wurde zum ersten Präsidenten der Zionist. Weltorganisation gewählt. Er forderte auf der Basis einer jüd. Massenbewegung in Osteuropa die Errichtung eines selbständigen jüd. Nationalstaates, dem er in dem Roman ›Altneuland‹ (1902) Gestalt gab.

Ausgaben: Th. H. Feuilletons. Bln. 1911. 2 Bde. – Th. H. Tagebb. 1895–1904. Bln. 1922–23. 3 Bde. – Th. H. Ges. zionist. Werke. Bln. 1-3 1934–35. 5 Bde. – Th. H. Briefe u. Tagebb. Hg. v. A. BEIN u. a. Bln. u. a. 1983–84. 3 Bde.
Literatur: Th. H. Ein Gedenkb. zum 25. Todestage. Hg. v. der Exekutive der Zionist. Organisation. Bln. 1929. – CHOURAQUI, A.: Théodore H. Paris 1960. – BELLER, S.: H. New York 1991. – FALK, A.: H., king of the Jews. Psychoanalytic biography ... Lanham (Md.) 1993.

Herzlieb, Minna (Mine, Minchen), eigtl. Wilhelmine H., * Züllichau 22. Mai 1789, † Görlitz 10. Juli 1865, Freundin Goethes. – Pflegetochter des Jenaer Buchhändlers C. F. E. Frommann, in dessen Haus Goethe sie bereits als Kind kennenlernte. 1807/08 wandelte sich seine väterliche Zuneigung in leidenschaftliche Liebe. Die Goetheforschung hält Minna H. für das Vorbild der Ottilie in Goethes ›Wahlverwandtschaften‹ (1809).

Herzmanovsky-Orlando, Fritz Ritter von, * Wien 30. April 1877, † Schloß Rametz bei Meran 22. Mai 1954, österr. Schriftsteller. – Studierte Architektur und war in Wien Architekt und Graphiker, freier Schriftsteller in Meran; lebte meist zurückgezogen. H.-O. verfaßte phantast. Erzählungen, parodist. Dramen, Pantomimen und Ballette; sein tragikomisch-skurriler Roman aus der Zeit des Wiener Vormärz, ›Der Gaulschreck im Rosennetz‹ (1928), ist neben einem Privatdruck das einzige zu seinen Lebzeiten gedruckte Werk; bekannt wurden seine Schriften erst in der – allerdings stark bearbeiteten – Ausgabe F. Torbergs, die seit 1983 durch eine kommentierte Gesamtausgabe ersetzt wird.

Ausgaben: F. v. H.-O.: Ges. Werke. Hg. v. F. TORBERG. Mchn. 1957–65. 5 Bde. – F. v. H.-O. Sämtl. Werke. Hg. v. W. METHLAGL u.

W. SCHMIDT-DENGLER. Salzburg 1983 ff. Auf 10 Bde. berechnet (bisher 9 Bde. erschienen).
Literatur: BRONNEN, B.: F. v. H.-O. Original u. Bearbeitung. Diss. Mchn. 1965. – GAGERN, M. VON: Ideologie u. Phantasmagorie F. v. H.-O.s. Diss. Mchn. 1972.

Herzog, Émile [frz. εr'zɔg], frz. Schriftsteller, † Maurois, André.

Herzog, Franz, ungar. Schriftsteller, † Herczeg, Ferenc.

Herzog, Rudolf, * Barmen (heute zu Wuppertal) 6. Dez. 1869, † Rheinbreitbach (Landkreis Neuwied) 3. Febr. 1943, dt. Schriftsteller. – Dramatiker und erfolgreicher Erzähler mit Themen aus der Welt des nationalgesinnten Bürgerund Unternehmertums (bes. der Jahrhundertwende).
Werke: Der Graf von Gleichen (R., 1901), Die vom Niederrhein (R., 1903), Die Wiskottens (R., 1905), Hanseaten (R., 1909), Die Stoltenkamps und ihre Frauen (R., 1917), Das Fähnlein der Versprengten (R., 1926).
Literatur: SPRENGEL, J. G.: R. H.s Leben u. Dichten. Stg. 1919.

Herzog, Wilhelm, Pseudonym Julian Sorel, * Berlin 12. Jan. 1884, † München 18. April 1960, dt. Publizist und Dramatiker. – War Kritiker und Essayist; 1910 Mitbegründer der Zeitschrift ›Pan‹; Redakteur der Zeitschrift ›März‹ in München; seine Zeitschrift ›Das Forum‹ wurde 1915 wegen ihrer kriegsfeindl. Haltung verboten. 1919 Leiter der sozialist. Tageszeitung ›Die Republik‹; 1929 emigrierte er nach Südfrankreich, später Journalist in der Schweiz. Während des Krieges auf Trinidad, in den USA, ab 1947 in der Schweiz. 1952 Rückkehr nach München. Bed. v. a. als Essayist, Herausgeber und Übersetzer (R. Rolland); sein bekanntestes Drama (mit H. J. Rehfisch) war ›Die Affäre Dreyfus‹ (1929).
Weitere Werke: Rund um den Staatsanwalt (Revue, 1928), Panama (Schsp., 1931), Menschen, denen ich begegnete (Autobiogr., 1959).

Herzog August Bibliothek Wolfenbüttel, als Gründungsdatum gilt das Jahr 1572. Wertvollster Teil der heutigen Bibliothek sind die von Herzog August d. J. von Braunschweig-Wolfenbüttel (* 1579, † 1666), dem größten Büchersammler seines Jh., hinterlassenen 135 000 Drucke und Handschriften. 1690–1716 nahm G. W. Leibniz, 1770–81 G. E. Lessing die Stellung des fürstl. Bi-

130 Herzog Ernst

bliothekars wahr. In den 80er Jahren des 19. Jh. erhielt die Bibliothek den heutigen wilhelmin. Neubau anstelle der 1706–10 errichteten barocken Rotunde. 1981 wurde das aus sieben Gebäuden bestehende Bibliotheksquartier eröffnet, darunter das restaurierte ehem. Zeughaus und das neuerrichtete Leibnizhaus. Mit etwa 900 000 (davon 415 000 vor 1850 erschienenen) Bänden, 11 700 (davon etwa 3 000 mittelalterl.) Handschriften, 5 000 Inkunabeln, 2 000 Bibeln, 4 500 alten Karten und 43 000 Porträtstichen (Bestand 1994) ist die Bibliothek internat. Forschungs- und Studienstätte für europ. Kulturgeschichte. **Literatur:** RAABE, P., u. a.: H.-A.-B. Wolfenbüttel. Brsw. ³1985. – Lex. zur Gesch. u. Gegenwart der H.-A.-B. W. Hg. v. G. RUPPELT u. a. Wsb. 1992.

Herzog Ernst, in der ältesten Fassung A (fragmentarisch überliefert) um 1160/70 entstandenes mhd. vorhöf. Epos eines vermutlich mittelfränk. Dichters; der einzige mhd. Versroman, der sich thematisch an die dt. Reichsgeschichte anschließt. Er greift Motive aus verschiedenen sog. Empörersagen auf, so den Kampf Herzog Liudolfs gegen seinen Vater Otto den Großen (953) und seinen Onkel Heinrich, Herzog von Bayern, sowie Elemente des Aufstands H. E.s II. von Schwaben gegen seinen Stiefvater Kaiser Konrad II. und der Auseinandersetzungen zwischen Fürsten und königlicher Gewalt. Das Historische liefert allerdings nur den Rahmen des Werks: der Hauptteil besteht aus fabulösen Abenteuern im Orient, für die im Gefolge der Kreuzzüge des 12. Jh. bes. Interesse erwacht war. Das Werk erfuhr später mannigfache mhd. und lat. Bearbeitungen in Vers und Prosa bis hin zum Prosaroman des späten 15. Jh. (5 Drucke vor 1500), dem Schauspiel L. Uhlands (1818) und der parodistischen Dramatisierung von P. Hacks (1957). **Ausgaben:** H. E. Hg. v. K. BARTSCH. Wien 1869. Nachdr. Hildesheim 1969. – H. E. In der mhd. Fassung B nach der Ausg. v. K. BARTSCH mit den Bruchstücken der Fassung A. Hg. u. Übers. v. B. SOWINSKI. Stg. 1970. – H. E. Eine Übersicht über die verschiedenen Textfassungen u. deren Überlieferung. Hg. v. H.-J. BEHR. Göppingen 1979. – Spielmannsepen. Bd. I.: König Rother. H. E. Hg. v. H. u. I. PÖRNBACHER. Darmst. 1984.

Literatur: ROSENFELD, H.-F.: H. E. D u. Ulrich von Eschenbach. Lpz. 1929. Nachdr. New York 1967. – CARLES, J.: Das Lied von H. E. La chanson du Duc Ernst. – Étude sur l'origine et l'utilisation d'une matière légendaire ancienne dans le genre tardif du Lied. Paris 1964.

Hesiod (tl.: Hēsíodos), griech. Schriftsteller um 700 v. Chr. – Stammte aus Askra in Böotien, wohin sein Vater, ein armer Bauer aus dem äolischen Kyme, gezogen war. H. lebte in seiner Jugend als Hirt in den Bergen, wo er, wie er selbst berichtet, beim Weiden der Schafe von den Musen des Berges Helikon die Dichterweihe empfing. Er durchbrach als erster mit persönl. Vorstellung (›Theogonía‹ 24 ff.) die Anonymität der epischen Dichtung in der frühen griech. Literatur. Sein Werk spiegelt die Welt der kleinen Bauern, die in der Abgeschiedenheit Böotiens ihr kärgl. Dasein fristen. Die Götter werden in der religiösen Mentalität dieser Menschen – im Gegensatz zum homer. Epos – nicht als heitere Olympier gesehen, sondern als gewaltige, erhabene, auch segnende Mächte, deren Walten der Mensch in ehrfürchtiger Scheu gegenübersteht. Der Glaube an die Heiligkeit des Rechts ist es, der ihn ein zwar mühevolles, aber gerechtes Dasein bejahen läßt. In seinem Hauptwerk, der ›Theogonía‹ (= Götterentstehung; 1 022 Hexameter), besingt H. Weltentstehung, Ursprung und Sukzession der Götter sowie die Errichtung der Herrschaft des Zeus. Die ›Érga kaì hēmérai‹ (= Werke und Tage; 828 Hexameter) sind eine Mahnung an den Bruder Perseus zu Arbeit und Rechtlichkeit und enthalten in diesem Zusammenhang den Mythos von den Weltzeitaltern sowie praktische Ratschläge für die Landwirtschaft. Der ›Schild des Herakles‹ und die nur in Fragmenten überlieferten ›Frauenkataloge‹ stammen jedoch nicht von Hesiod. **Ausgaben:** H. Sämtl. Werke. Dt. Übers. v. TH. VON SCHEFFER. Hg. v. ERNST GÜNTHER SCHMIDT. Bremen ²1965. – H. Sämtl. Gedichte. Theogonie, Erga, Frauenkataloge. Dt. Übers. Erl. v. W. MARG. Zü. u. Stg. 1970. **Literatur:** NICOLAI, W.: H.s Erga. Hdbg. 1964. – TROXLER, H.: Sprache u. Wortschatz H.s Zü. 1964. – H. Hg. v. E. HEITSCH. Darmst. 1966. – BLUSCH, J.: Formen u. Inhalt v. H.s individuellem Denken. Bonn 1970. – TEBBEN, J. R.: H.-Konkordanz. A computer concordance to H.

Hildesheim u. New York 1977. – PANAGIOTOU, K. S.: Die ideale Form der Polis bei Homer und H. Bochum 1983.

Hesiodos, griech. Schriftsteller, † Hesiod.

Hesler, Heinrich von, mhd. Schriftsteller, † Heinrich von Hesler.

Hermann Hesse

Hesse, Hermann, Pseudonym Emil Sinclair, *Calw 2. Juli 1877, † Montagnola (Schweiz) 9. Aug. 1962, dt. Schriftsteller. – Der Vater war ein deutsch-baltischer Missionsprediger, die Mutter eine schweizer. Missionarstochter. H. erhielt eine pietist. Erziehung, der er sich 1892 nach einjährigem Aufenthalt im ev.-theolog. Seminar Maulbronn endgültig entzog. Ab 1895 Buchhändlerlehre in Tübingen, ab 1899 Buchhändler und Antiquar in Basel; ab 1904 freier Schriftsteller. Lebte, von Reisen durch Europa und Indien (1911) abgesehen, zurückgezogen am Bodensee und später im Tessin (seit 1923 schweizer. Staatsbürger); während des 1. Weltkrieges für die Kriegsgefangenen tätig; 1946 erhielt er den Nobelpreis für Literatur, 1955 den Friedenspreis des Dt. Buchhandels. – In seiner Erzählkunst, geprägt von Goethe und G. Keller, begann H. als Neuromantiker mit stark autobiograph. Werken, die seine krisenhafte Entwicklung, die aus den Konventionen der engen Erziehung hinausführte, darstellen. Bereits hier anklingend, bestimmt der Gegensatz Geist – Leben (Natur), dem er auf der Suche nach harmon. Ausgleich in immer neuen Variationen Ausdruck gibt, sein weiteres literar. Schaffen. Stark beeindruckt von der ind. Philosophie, stellte er zeitweise das meditative Element in den Vordergrund, aber auch Einflüsse der psychoanalyt. Erkenntnisse lassen sich (bes. im Roman ›Der Steppenwolf‹, 1927) feststellen. Eine Synthese versuchte H. in seinem Alterswerk ›Das Glasperlenspiel‹ (2 Bde., 1943), das, westl. und östl. Weisheit vereinend, spielerisch die Form einer Chronik verwendend, ein ›utop.‹ Bild geistiger Gemeinschaft zeichnet. H.s schlichte, musikalische Sprache ist gekennzeichnet durch impressionistische Bilder. Er schrieb auch Lyrik, die oft volksliednah ist. Schuf Illustrationen eigener Werke. Seine Bücher wurden in viele Sprachen übersetzt.

Weitere Werke: Romant. Lieder (1899), Peter Camenzind (R., 1904), Unterm Rad (R., 1906), Gertrud (R., 1910), Unterwegs (Ged., 1911), Roßhalde (R., 1914), Knulp (R., 1915), Demian (R., 1919), Gedichte des Malers (1920), Klingsors letzter Sommer (En., 1920), Siddharta (Dichtung, 1922), Sinclairs Notizbuch (Aufsätze, 1923), Ein Stück Tagebuch (Ged., 1928), Trost der Nacht (Ged., 1929), Narziß und Goldmund (E., 1930), Weg nach innen (En., 1931), Die Morgenlandfahrt (En., 1932), Der Europäer (Aufsatz, 1946), Bericht an die Freunde. Letzte Gedichte (1960).

Ausgaben: H. H. Briefe. Neuausg. Ffm. 16. Tsd. 1959. – H. H. Ges. Schrr. in 7 Bden. Ffm. 1968. – H. H. Ges. Briefe. Hg. v. U. MICHELS u. V. MICHELS. Ffm. 1973–86. 4 Bde. – H. H. Ges. Werke. Ffm. 1975. 12 Bde. – H. H. Die Romane u. die großen Erzählungen. Ffm. 1977. 8 Bde. – H. H. Kindheit u. Jugend vor Neunzehnhundert. Hg. v. N. HESSE. Ffm. 1984–85. 2 Bde.
Literatur: WAIBLER, H.: H. H. Eine Bibliogr. Bern u. Mchn. 1962. – LÜTHI, H. J.: H. H. Natur u. Geist. Stg. u. a. 1970. – PFEIFER, M.: H.-H.-Bibliogr. Bln. 1973. – KOESTER, R.: H. H. Stg. 1975. – Über H. H. Hg. v. V. MICHELS. Ffm. $^{1-2}$1976–79. 2 Bde. – BALL, H.: H. H. Ffm. 1977. – H. H.: 1877–1977. Bearb. u. hg. v. F. PFÄFFLIN u. a. Ausst.-Kat. Mchn. 1977. – MILECK, J.: H. H. Dichter, Sucher, Bekenner. Biogr. Mchn. 1979. – ZIOLKOWSKI, TH.: Der Schriftsteller H. H. Wertung u. Neubewertung. Dt. Übers. Ffm. 1979. – H. H. heute. Hg. v. A. HSIA. Bonn 1980. – RÖTTGER, J.: Die Gestalt des Weisen bei H. H. Bonn 1980. – FREEDMAN, R.: H. H. Autor der Krisis. Eine Biogr. Dt. Übers. Ffm. 1981. – HUCKE, K.-H.: Der integrierte Außenseiter. H.s frühe Helden. Ffm. u. a. 1983. – UNSELD, S.: H. H. Werk u. Wirkungsgeschichte. Ffm. 1985. – ROTHFUSS, U.: H. H. privat. Bln. 1992. – H. H. Hg. v. V. MICHELS. Ffm. ^{8}1993. – ZELLER, B.: H. H. Rbk. 252.–254. Tsd. 1993.

132 Hesse

Hesse, Max René, * Wittlich 17. Juli 1877, † Buenos Aires 15. Dez. 1952, dt. Schriftsteller. – Arzt in Argentinien, dann längere Zeit Großwildjäger in Südamerika und Afrika; schrieb psychologisch motivierte Entwicklungs- und Gesellschaftsromane, z. T. mit sozialkrit. Tendenz.

Werke: Partenau (R., 1929), Morath schlägt sich durch (R., 1933), Morath verwirklicht einen Traum (R., 1933), Dietrich Kattenburg (Romantrilogie: Dietrich und der Herr der Welt, 1937; Jugend ohne Stern, 1943; Überreife Zeit, 1950), Liebe und Lüge (R., 1950), Die Erbschaft (R., hg. 1984).

Hesse, Otto Ernst, Pseudonym Michael Gesell, * Jeßnitz 20. Jan. 1891, † Berlin 16. Mai 1946, dt. Schriftsteller. – Redakteur und Theaterkritiker (u. a. ab 1925 bei der ›Vossischen Zeitung‹, ab 1935 bei der ›B. Z. am Mittag‹), dann freier Schriftsteller in Berlin. Schrieb v. a. Gedichte, erfolgreiche Komödien und Novellen.

Werke: Mörderin und Mutter Zeit (Ged., 1915), Das Privileg (Kom., 1921), B. G. B. § 1312 (Kom., 1923), Symphonie des Greisenalters (Nov.n, 1928), Regina spielt Fagott (Nov.n, 1942).

Hessus, Helius Eobanus, eigtl. Eoban Koch, * Halgehausen bei Frankenberg-Eder 6. Jan. 1488, † Marburg a. d. Lahn 4. Okt. 1540, dt. Humanist und nlat. Schriftsteller. – Studierte 1504–09 in Erfurt, wo er später lehrte; gehörte dem Erfurter Humanistenkreis an, ab 1517 Prof. für lat. Sprache; 1526–33 Prof. der Poesie in Nürnberg, 1533 wieder in Erfurt, ab 1536 in Marburg. Bed. nlat. Lyriker seiner Zeit; neben zahlreichen Gelegenheitsgedichten, Eklogen und den ›Heroiden‹ Ovids nachgestalteten Briefen hl. Frauen (›Heroides christianae‹, 1514, erweitert 1532) verfaßte er eine Übersetzung der ›Ilias‹ in lat. Sprache.

Literatur: KRAUSE, C.: H. E. H. Sein Leben u. seine Werke. Gotha 1879. 2 Bde. Nachdr. Nieuwkoop 1963. – GRÄSSER-EBERBACH, I.: H. E. H. Der Poet des Erfurter Humanistenkreises. Erfurt 1993.

hethitische Literatur, die Literatur der Hethiter, eines Volkes, das im 2. Jt. v. Chr. vom östl. Kleinasien aus ein bed. Reich schuf. Ihre Sprache, das **Hethitische,** gehört zu den anatol. Sprachen der indogerman. Sprachfamilie, deren älteste

schriftlich überlieferte Sprache es ist. Es wird auch als Keilschrift-Hethitisch bezeichnet, da es in einer Form der älteren babylon. Keilschrift geschrieben wurde. Tontafeln mit hethit. Texten sind fast ausschließlich aus königl. Archiven und Tempelarchiven der Hauptstadt Hattusa (das heutige Boğazkale) erhalten, zum größten Teil religiösen Inhalts. Daneben finden sich Dienstinstruktionen, Staatsverträge, die hethit. Rechtssammlung sowie Teile der diplomat. Korrespondenz (meist in akkad. Sprache). Zur Literatur im engeren Sinne gehören die in hethit. Schreiberschulen nach dem Vorbild der Babylonier überlieferten Epen von Gilgamesch (↑ Gilgamesch-Epos; in akkad., churrit. und hethit. Fassung), von Sargon (↑ Sargon-Epos) und Naram-Sin von Akkad (↑ Naram-Sin-Dichtungen), aber auch Schultexte wie lexikal. Listen und andere mehrsprachige (sumerisch-akkadisch-hethit.) Texte. Neu und selbständig von den Hethitern entwickelt wurde die Geschichtsschreibung, u. a. in der Form histor. Einleitungen des Telipinu-Erlasses und der Vasallenverträge, in Annalenform bereits bei Hattusili I. Sie schildert wertend, in entwickelter Darstellungsform mit Botenberichten, wörtl. Dialogen, Rückblenden, hypothet. Alternativen und dramat. Raffung Geschichte als göttlich bestimmtes, zugleich aber verantwortl. menschl. Handeln und versucht (wie die spätere griech. Geschichtsschreibung), auch den Motiven der Gegner gerecht zu werden.

Ausgaben: Hethit. Texte, in Umschrift. Hg. v. F. SOMMER. Lpz. 1924–43. 8 Hefte. – Texte der Hethiter. Hdbg. 1971 ff. Auf mehrere Bde. berechnet.

Literatur: SCHULER, E. VON: Hethit. Dienstanweisungen f. höhere Hof- und Staatsbeamte. Ein Beitr. zum antiken Recht Kleinasiens. Graz 1957. Nachdr. Osnabrück 1967. – Studien zu den Bogazköy-Texten. H. 1, Wsb. 1965 ff.

Hethitologie, die Wiss. von den Hethitern (↑ hethitische Literatur) und den altkleinasiat. Sprachen und Kulturen, ein Zweig der ↑ Altorientalistik. Zum Gegenstand der H. gehören aber auch die nichtindogerman. Sprachen Protohattisch und Churritisch.

Hetmann, Frederik, eigtl. Hans-Christian Kirsch, * Breslau 17. Febr. 1934, dt.

Schriftsteller. – Verfasser von Romanen und Biographien, Sammler, Übersetzer und Hg. von Märchen aus Nordamerika, Irland, England und Wales; als Jugendschriftsteller zeigt er Interesse an zeitgeschichtl. und sozialpolit. Themen. 1965 wurde er für ›Amerika-Saga. Von Cowboys, Tramps und Desperados‹ (1964) und 1973 für ›Ich habe sieben Leben. Die Geschichte des Ernesto Guevara, genannt Che‹ (1972) mit dem Dt. Jugendbuchpreis ausgezeichnet.

Weitere Werke: Blues für Ari Loeb (Jugendb., 1961), Mit Haut und Haar (R., 1961), Das schwarze Amerika (Jugendb., 1970), Rosa L. Die Geschichte der Rosa Luxemburg und ihrer Zeit (Biogr., 1976), Indianer heute. Bericht über eine Minderheit (1977; mit A. Keil), Georg B. oder ... (Büchner-Biogr., 1981), Bettina und Achim. Die Geschichte einer Liebe (1983), Madru oder Der große Wald (Märchen, 1984), Preis der Freiheit. Bericht einer Reise nach Kuba (1984), Schlafe, meine Rose. Die Lebensgeschichte der Elisabeth Langgässer (1986), In Baals Welt. Kindheit und Jugend des Bert Brecht (1994).

Heuff, Johan Adriaan [niederl. høːf], Pseudonyme J. Huf van Buren und Cosinus, *Avezaat (Betuwe) 5. März 1843, † Heerde 16. Juni 1910, niederl. Schriftsteller. – Schrieb histor. Romane (›De kroon van Gelderland‹, 2 Tle., 1877; ›Hertog Adolf‹, 1888; ›Jonker van Duinenstein‹, 2 Tle., 1896), Lustspiele, histor. Dramen und die Erzählung ›Kippeveer‹ (1889), eine derbe polit. Karikatur.

Heun, Karl Gottlieb, dt. Schriftsteller, ↑Clauren, H[einrich].

Heuschele, Otto, *Schramberg (Landkreis Rottweil) 8. Mai 1900, dt. Schriftsteller. – Studierte Literatur- und Kunstgeschichte und Philosophie; lebt als freier Schriftsteller in Waiblingen; begann mit Essays, denen er 1924 die lyrisch-schwärmer. ›Briefe aus Einsamkeiten‹ folgen ließ; sein Gesamtwerk ist dem geistigen Erbe seiner schwäb. Heimat sowie den Idealen der dt. Klassik und Romantik verpflichtet.

Weitere Werke: Geist und Gestalt (Essays, 1927), Licht übers Land (Ged., 1931), Die Sturmgeborenen (R., 1938), Ins neue Leben (Essays, 1950), Der Knabe und die Wolke (E., 1951), Gaben der Gnade (Ged., 1954), Musik durchbricht die Nacht (E., 1956), Die Gaben des Lebens (Autobiogr., 1957), Weg und Ziel (Essays, 1958), Am Abgrund (R., 1961), Das Mädchen Marianne (E., 1962), Wegmarken (Ged., 1967), Immer sind wir Suchende (En. und Betrachtungen, 1975), Zwischen Blumen und Gestirnen. Tagebuchblätter Ostern 1945 (1985), Hugo von Hofmannsthal (Biogr., 1990).
Ausgabe: O. H. Ausgewählte Kostbarkeiten. Lahr 1984.
Literatur: O. H. Leben u. Werk. Einf. v. H. HELMERKING. Amriswil 1959. – LARESE, D.: O. H. Amriswil 1965. – O. H. Bibliographie. Schwäbisch Gmünd 1972.

Hewlett, Maurice Henry [engl. 'hjuːlɪt], *Addington 22. Jan. 1861, †Broad-Chalke bei Salisbury 15. Juni 1923, engl. Schriftsteller. – Schrieb neben Essays und Lyrik v. a. Romane mit histor. Hintergrund, in denen er in archaisierendem Stil eine romantisierte und idealisierte Darstellung des Mittelalters gab.

Werke: The forest lovers (R., 1898), Die Chronik der Königin Maria Stuart (R., 1904, dt. 1913), The stooping lady (R., 1907), Halfway house (R., 1908), Open country (R., 1909), Rest harrow (R.-Trilogie, 1910), The song of the plow (Ged., 1916).
Literatur: SUTHERLAND, B.: M. H. H. A bibliography. Boston (Mass.) 1935.

Hexameter [griech. héx = sechs und métron = Maß, Silben-, Versmaß], antiker Vers, der sich aus sechs Metren (Daktylen [–⏑⏑] oder Spondeen [– –]) zusammensetzt; dabei ist das 5. Metrum meist ein ↑Daktylus, das letzte Metrum ein ↑Spondeus oder ein ↑Trochäus. Grundschema: –⏑⏑/–⏑⏑/–⏑⏑/–⏑⏑/–⏑⏑/–⏑. Der relativ freie Wechsel von Daktylen und Spondeen sowie eine Reihe von Zäsuren (zwei bis drei pro Vers) und ›Brücken‹ (d. h. Stellen, an denen die Zäsur vermieden wird) machen den H. zu einem bewegl. und vielseitig verwendbaren Vers. Wichtigste Zäsuren sind die ↑Trithemimeres, die ↑Penthemimeres, die Zäsur nach dem dritten Trochäus und die ↑Hephthemimeres.
Der H. ist der Vers der homer. Epen. Seit Hesiod findet er sich auch im Lehrgedicht. Weiter ist er, in Verbindung mit dem ↑Pentameter (eleg. ↑Distichon), der Vers der ↑Elegie und des ↑Epigramms. – Die H.dichtung der hellenist. Zeit (Kallimachos) und der Spätantike (Nonnos) unterscheidet sich von der älteren (›homer.‹) Praxis durch größere Strenge und Künstlichkeit des Versbaus. In die röm. Dichtung führte Ennius den H. ein. Die quantitierende mittellat. Dichtung kennt

134 Hey

eine Sonderform des H.s mit Zäsurreim, den sog. ↑leoninischen Hexameter. Die ersten dt. H. nach dem ↑akzentuierenden Versprinzip stammen von S. von Birken (1679; mit Endreim). Den reimlosen akzentuierenden H. führten J. Ch. Gottsched und F. G. Klopstock in die dt. Dichtung ein; mit den Homerübersetzungen von J. H. Voß und Goethes H.epen (›Reineke Fuchs‹, 1794; ›Hermann und Dorothea‹, 1797) setzte er sich dann in der nhd. Verskunst endgültig durch und wird bis in die jüngste Gegenwart immer wieder verwendet.

Literatur: JÜNGER, F. G.: Über den dt. H. In: Lit. 40 (1937/38), S. 648. – DREXLER, H.: H.studien. Madrid u. a. 1951–56. 6 Bde. – ALBERTSEN, L. L.: Warum schrieben die Klassizisten tonbeugende H. In: German.-Roman. Mschr. 14 (1975), S. 360. – GROTJAHN, R.: H. studies. Bochum 1981.

Hey, Richard, * Bonn 15. Mai 1926, dt. Dramatiker und Hörspielautor. – Verfasser von tragikom. Dramen, in denen sich Kabarettistisches, Satirisches und Surrealistisches verbinden, von zeitkrit. und experimentellen Hörspielen sowie sozialkrit. Kriminal- und Science-fiction-Romanen. Übersetzer, v. a. aus dem Italienischen.

Werke: Thymian und Drachentod (Dr., 1956), Kein Leben für Augusto (Hsp., 1961), Weh dem, der nicht lügt (Kom., 1962), Rosie (Hsp., 1969), Engelmacher & Co (R., 1975), Feuer unter den Füßen (R., 1981), Im Jahr 95 nach Hiroshima (R., 1982), Ein unvollkommener Liebhaber (R., 1990).

Heyden, Friedrich August von, * Gut Nerfken bei Heilsberg (Ostpreußen) 3. Sept. 1789, † Breslau 5. Nov. 1851, dt. Schriftsteller. – Seine Dichtungen, histor. Tendenzdramen (›Theater‹, 3 Bde., 1842), Novellen, Verserzählungen, Romane und Gedichte sind formgewandt, aber epigonenhaft. Am bekanntesten war die Erzählung ›Das Wort der Frau‹ (1843).

Weitere Werke: Dramat. Novellen (2 Bde., 1819), Die Intriguanten (R., 2 Bde., 1840), Gedichte (hg. 1852).

Heyduk, Adolf [tschech. 'hɛjduk], * Rychmburk (Ostböhm. Gebiet) 6. Juni 1835, † Písek (Südböhm. Gebiet) 6. Febr. 1923, tschech. Dichter. – Schrieb stimmungsvolle, volksliedhafte Gedichte, auch patriot. Lyrik sowie Romanzen u. a.

Verserzählungen; interessant sind die literar. Memoiren ›Vzpomínky literární‹ (1911).

Weitere Werke: Cimbál a husle (= Zimbel und Geige, Ged., 1876), Dědův odkaz (= Großvaters Vermächtnis, Versmärchen, 1879).

Literatur: TICHÝ, F.: A. H. a jeho dílo. Prag 1915.

Heyking, Elisabeth Freifrau von, * Karlsruhe 10. Dez. 1861, † Berlin 5. Jan. 1925, dt. Schriftstellerin. – Enkelin von A. und B. von Arnim, in 2. Ehe ⚭ mit dem Diplomaten Edmund Freiherr von H., den sie auf seinen Missionen begleitete. Bekannt wurde sie durch den zuerst anonym erschienenen Roman aus der Adels- und Diplomatensphäre ›Briefe, die ihn nicht erreichten‹ (1903).

Weitere Werke: Der Tag Anderer (R., 1905), Ille mihi (R., 2 Bde., 1912), Das vollkommene Glück (E., 1920), Tagebücher aus vier Weltteilen. 1886–1904 (hg. 1926).

Heym, Georg, * Hirschberg i. Rsgb. 30. Okt. 1887, † Berlin 16. Jan. 1912, dt. Lyriker. – Studierte Jura in Würzburg, Jena und Berlin; ertrank mit seinem Freund E. Balcke beim Eislaufen auf der Havel; bed. Vertreter des Frühexpressionismus, der, beeinflußt von Ch. Baudelaire, P. Verlaine, A. Rimbaud, J. Ch. F. Hölderlin und S. George, bald zu eigener, ausdrucksstarker Sprache fand, die in ihrer Gewalt auf die expressionist. Lyrik einen nachhaltigen Einfluß ausübte. Chaos und Grauen bestimmen seine z. T. formstrenge Dichtung, die den einsamen und verwahrlosten Menschen in den großstädt. Steinwüsten schildert und in dämonisch-apokalypt. Visionen, Krieg und Untergang prophezeiend, die Sinnlosigkeit des Daseins darstellt. Auch Dramatiker und Erzähler.

Werke: Der Athener Ausfahrt (Trag., 1907), Der ewige Tag (Ged., 1911), Umbra vitae (Ged., 1912), Der Dieb (Nov.n, hg. 1913), Marathon (Sonette, hg. 1914, vollständig hg. 1956).

Ausgaben: G. H. Dichtungen u. Schrr. Gesamtausg. in 4 Bden. Hg. v. KARL L. SCHNEIDER. Mchn. [1-2]1962–79. – G. H. Lesebuch. Hg. v. H. RÖLLEKE. Mchn. 1984. – G. H. Gedichte. Ausgew. v. H. HARTUNG. Mchn. 1986.

Literatur: LOEWENSON, E.: G. H. oder Vom Geist des Schicksals. Mchn. 1962. – SCHWARZ, G.: G. H. Mühlacker 1963. – SEILER, B. W.: Die histor. Dichtungen G. H.s. Mchn. 1971. – SALTER, R.: G. H.s Lyrik. Mchn. 1972. –

KORTE, H.: G. H. Stg. 1982. – MAUTZ, K.: G. H. Mythologie u. Gesellschaft im Expressionismus. Ffm. ³1987. – SCHÜNEMANN, P.: G. H. Bln. ²1993.

Heym, Stefan, eigtl. Helmut Flieg, *Chemnitz 10. April 1913, dt. Schriftsteller. – 1933 Emigration in die Tschechoslowakei, Journalist, 1937–39 Chefredakteur der Wochenzeitung ›Dt. Volksecho‹ in New York, 1943 Eintritt in die amerikan. Armee, Mitbegründer der amerikan. ›Neuen Zeitung‹ in München, wegen prokommunist. Haltung in die USA zurückversetzt. Ging 1952 in die DDR; dort freier Schriftsteller. Schrieb stark politisch orientierte [histor.] Romane, früher oft zunächst in engl. Sprache; auch Essays und Reportagen. Literatur ist für ihn nicht nur eine Angelegenheit der Ästhetik, sondern auch Auseinandersetzung mit den gesellschaftl. Verhältnissen. Seine Kritik betrifft sowohl die östl. wie die westl. Gesellschaft. Seine kritisch die Entwicklung der DDR in der Verflochtenheit von persönl. Schicksalen mit den polit. Verhältnissen aufzeigenden Romane ›Fünf Tage im Juni‹ (1974; Darstellung der Ereignisse des 17. Juni 1953) und ›Collin‹ (1979) sowie die meisten weiteren Werke erschienen nicht in der DDR. 1979 wurde H. wegen angebl. Devisenvergehens (im Zusammenhang mit seinen Publikationen in der BR Deutschland) zu einer hohen Geldstrafe verurteilt und aus dem Schriftstellerverband der DDR ausgeschlossen, Ende 1989 wieder aufgenommen. 1993 erhielt er den Jerusalem-Preis. Seit 1994 ist er Abgeordneter des Deutschen Bundestages.

Stefan Heym

Weitere Werke: Der Fall Glasenapp (R., engl. 1942 u. d. T. Hostages, dt. 1958), Der bittere Lorbeer (R., engl. 1948 u. d. T. The crusaders, dt. 1950; 1950 auch u. d. T. Kreuzfahrer von heute), Die Augen der Vernunft (R., engl. 1951 u. d. T. The eyes of reason, dt. 1955), Goldsborough (R., dt. 1953, engl. 1954; 1958 auch u. d. T. Die Liebe der Miss Kennedy), Schatten und Licht (En., dt. 1960, engl. 1963 u. d. T. Shadows and lights), Die Papiere des Andreas Lenz (R., dt. 1963, engl. 1964 u. d. T. The Lenz papers; 1965 auch u. d. T. Lenz oder die Freiheit), Lassalle (R., dt. 1969, engl. 1969 u. d. T. Uncertain friend), Der König-David-Bericht (R., dt. 1972, engl. 1973 u. d. T. The King-David-Report), Cymbelinchen oder der Ernst des Lebens. Vier Märchen für kluge Kinder (1975), Erzählungen (1976), Wege und Umwege (Schrr., 1980), Ahasver (R., 1981), Schwarzenberg (R., 1984), Reden an den Feind (1986), Nachruf (Autobiogr., 1988), Filz. Gedanken über das neueste Deutschland (1992).
Ausgabe: S. H. Werkausgabe. Mchn. 1981–85. 13 Bde.
Literatur: Beitrr. zu einer Biogr. Eine Freundesgabe f. S. H. zum 60. Geburtstag. Mchn. 1973. – HUTCHINSON, P.: S. H. The perpetual dissident. Cambridge 1992.

Heymel, Alfred Walter von (seit 1907), *Dresden 6. März 1878, †Berlin 26. Nov. 1914, dt. Schriftsteller. – Zusammen mit O. J. Bierbaum und R. A. Schröder Begründer der Zeitschrift ›Die Insel‹ (1899–1902), dann des Insel-Verlags. Lyriker, Dramatiker und Erzähler; bedeutender jedoch als Förderer junger Talente.
Werke: In der Frühe (Ged., 1898), Ritter Ungestüm (E., 1900), Der Tod des Narcissus (Dr., 1901), Zeiten (Ged., 1907).
Literatur: Rudolf Borchardt, A. W. H., Rudolf Alexander Schröder. Bearb. v. R. TGAHRT u. a. Ausst.-Kat. Marbach am Neckar 1978.

Heynicke, Kurt, *Liegnitz 20. Sept. 1891, †Merzhausen bei Freiburg im Breisgau 18. März 1985, dt. Schriftsteller. – Aus dem Expressionismus (Sturmkreis) hervorgegangener Lyriker, der sich auch anderen Formen der literar. Produktion, dem Roman, dem Theater, dem Hörspiel, zuwandte. 1919 erhielt er den Kleist-Preis. H. schrieb auch Filmdrehbücher und Fernsehspiele.
Werke: Rings fallen Sterne (Ged., 1917), Das namenlose Angesicht (Ged., 1919), Die hohe Ebene (Ged., 1921), Kampf um Preußen (Dr., 1926), Herz, wo liegst du im Quartier? (R., 1938), Rosen blühen auch im Herbst (R., 1942), Der goldene Käfig (R., 1950), Der Hellseher (R.,

1951), Das Lächeln der Apostel (Hsp., 1958), Alle Finsternisse sind schlafendes Licht (Ged., 1969).
Literatur: K. H. Mit Beitrr. v. K. H., B. BERGER u. a. Do. 1966.

Heyse, Paul von (seit 1910), * Berlin 15. März 1830, † München 2. April 1914, dt. Schriftsteller. – Studium der klass., german. und roman. Philologie in Berlin und Bonn. Künstler. Anregungen gab H. der Berliner Literaturkreis ›Tunnel über der Spree‹, wo er Th. Fontane, J. von Eichendorff, Th. Storm, J. Burckhardt, E. Geibel sowie den Maler A. Menzel traf und seine ersten schriftsteller. Arbeiten vortrug. Prägend für sein Leben und Werk war die Begegnung mit Italien (erste Italienreise 1852/53). Nach seiner Rückkehr wurde er von König Maximilian II. nach München berufen, wo er sich bei einem regelmäßigen Jahresgehalt lediglich zur Teilnahme an den königl. ›Symposien‹ verpflichten mußte. Mit Geibel bildete er den Mittelpunkt des Münchner Dichterkreises; Freundschaft u. a. mit G. Keller. Seine erste und wohl auch beste Novelle ›L'Arrabbiata‹ (1855, in: ›Novellen‹) wurde der Formtypus für über 150 Novellen, die 1855–95 folgten. Darüber hinaus schrieb er mehr als zwei Dutzend Theaterstücke, auch Romane (›Kinder der Welt‹, 3 Bde., 1873; ›Im Paradiese‹, 3 Bde., 1875). Dieser fruchtbaren Produktion steht eine gewisse Inhaltsarmut gegenüber; H. gilt als Epigone, der selbst bei Darstellung moderner Stoffe und Themen ein klassizist. Schönheitsideal kultivierte. Sprachl. Anmut, Liebenswürdigkeit und Virtuosität verdrängen die Auseinandersetzung mit realen sozialen Problemen. Verdienstvoll sind seine Übersetzungen aus dem Italienischen; die Literaturwiss. verdankt ihm die † Falkentheorie, welche Aufbau und Form einer Novelle zu bestimmen versucht. 1910 erhielt H. den Nobelpreis für Literatur.

Weitere Werke: Neue Novellen (1858), Vier neue Novellen (1859), Italien. Liederbuch (Übers., 1860), Neue Novellen (1862), Meraner Novellen (1864), Moral. Novellen (1869), Skizzenbuch (Ged., 1877), Troubadour-Novellen (1882), Über allen Gipfeln (R., 1895), Gegen den Strom (R., 1907).
Ausgaben: P. v. H. Ges. Werke. Stg. 1924. 15 Bde. in 3 Reihen. Nachdr. Hildesheim

Paul von Heyse

1984–85. – P. H. Werke in 2 Bden. Hg. v. B. u. J. KNICK u. H. KORTH. Ffm. 1980.
Literatur: KRAUSNICK, M.: P. H. u. der Münchner Dichterkreis. Bonn 1973. – MARTIN, W.: P. H. Eine Bibliogr. seiner Werke. Hildesheim u. New York 1978. – P. H. Münchner Dichterfürst im bürgerl. Zeitalter. Hg. v. S. VON MOISY. Ausst.-Kat. Mchn. 1981. – KROES-TILLMANN, G.: P. H. Italianissimo. Wzb. 1993.

Heyward, DuBose [engl. ˈhɛɪwəd], * Charleston (S. C.) 31. Aug. 1885, † Tryon (N. C.) 16. Juni 1940, amerikan. Schriftsteller. – Hatte großen Erfolg mit dem Roman ›Porgy‹ (1925, dt. 1930), in dem er seine genaue Kenntnis des Lebens und der Psyche der Schwarzen aus den Südstaaten verwertete; später bearbeitete H. zus. mit seiner Frau Dorothy H. (* 1890, † 1961) die Vorlage für die Bühne (1927) und verfaßte mit Ira Gershwin (* 1896, † 1983) das Libretto für G. Gershwins Oper ›Porgy and Bess‹ (1935, dt. 1945); schrieb auch Gedichte und Dramen.

Weitere Werke: Carolina chansons (Ged., 1922; zus. mit H. Allen), Skylines and horizons (Ged., 1924), Mamba's daughters (R., 1929), Star spangled virgin (R., 1939).
Literatur: DURHAM, F.: Du B. H. Columbia (S. C.) 1954. – DURHAM, F.: D. H.'s use of folklore in his Negro fiction. Charleston (S. C.) 1961. – SLAVICK, W. H.: D. H. Boston (Mass.) 1981.

Heywood, John [engl. ˈhɛɪwʊd], * London(?) 1497(?), † Mecheln 1580(?), engl. Dramatiker und Dichter. – War Sänger und Musiker am Hof Heinrichs VIII.; stand unter Maria Tudor in höf. Gunst; war mit Thomas Morus befreundet; ging als Katholik 1564 ins Exil. Nur sechs seiner Dramen sind erhalten;

es sind teils kom. Debattierstücke (›The play of the weather‹, 1533; ›The play of love‹, 1534; ›The four PP‹, 1544), teils Farcen frz. Art (z. B. ›The pardoner and the frere‹, 1533); schrieb auch die allegor. Verssatire ›The spider and the fly‹ (1556) sowie Epigramme.

Ausgaben: The dramatic writings of J. H. Hg. v. J. S. FARMER. London 1905. – J. H.'s works and miscellaneous short poems. Hg. v. B. A. MILLIGAN. Urbana (Ill.) 1956.
Literatur: MAXWELL, I.: French farce and J. H. Melbourne u. London 1946. – JOHNSON, R. C.: J. H. New York 1970.

Heywood, Thomas [engl. 'hɛɪwʊd], *in Lincolnshire 1574(?), □ London 16. Aug. 1641, engl. Dramatiker und Dichter. – War nach dem Studium in Cambridge Mitglied Londoner Schauspielertruppen; Autor und Mitautor zahlreicher bühnenwirksamer Dramen der verschiedensten Gattungen, darunter Tragödien, Komödien, Tragikomödien, mytholog. und histor. Schauspiele, auch ein Stück über Königin Elisabeth I. (›If you know not me, you know nobody‹, 1605), sowie höf. Maskenspiele. Die Verssprache ist meist schlichter als die anderer elisabethan. Dramatiker. Seine Familientragödie ›A woman killed with kindness‹ (UA 1603, gedr. 1607) ist ein Vorläufer des bürgerl. Trauerspiels; schrieb auch Gedichte, Übersetzungen (u. a. Sallust, 1608) sowie Pamphlete (u. a. zur Verteidigung der Schauspielkunst).

Weitere Werke: Edward IV (Dr., 2 Tle., 1599), The four prentices of London (entst. um 1600, gedr. 1615), The rape of Lucrece (Dr., 1608), An apology for actors (Pamphlet, 1612), The fair maid of the west (Dr., 2 Tle., 1631), Der engl. Reisende (Dr., 1633, dt. 1890).
Ausgabe: Th. H. The dramatic works. Hg. v. R. H. SHEPHERD. London 1874. Nachdr. New York 1964. 6 Bde.
Literatur: BOAS, F. S.: Th. H. London 1950. Nachdr. Staten Island (N. Y.) 1974. – GRIVELET, M.: Th. H. et le drame domestique élisabéthain. Paris 1957. – BAINES, B. J.: Th. H. Boston (Mass.) 1984.

Hiärne, Urban [schwed. ˌjæ:rnə] (Hjärne), *in Ingermanland 20. Dez. 1641, † Stockholm 10. März 1724, schwed. Dichter. – Bed. Vertreter der barocken Schäferdichtung; verfaßte für Karl XII. das Schauspiel ›Rosimunda‹ (1665) und schrieb neben anakreont. Lyrik den einzigen schwed. Schäferroman: ›Stratonice‹ (1666–68).

Literatur: STRANDBERG, O.: U. H.s ungdom och diktning. Stockholm 1942. – FRIESE, W.: Nord. Barockdichtung. Mchn. 1968.

Hiatus [lat. = Öffnung, Kluft, Schlund], Begriff aus der Sprachwiss. und Metrik, der das Zusammenstoßen zweier Vokale an der Silben- oder Wortgrenze bezeichnet. Zu unterscheiden sind der Binnen-H. innerhalb eines Wortes (Frei-er) oder eines Kompositums (be-inhalten) und der äußere H., d. h. der Zusammenstoß des auslautenden Vokals oder Diphthongs eines Wortes mit dem anlautenden des folgenden Wortes (sage ich). Der äußere H. galt in der antiken und in der roman. Dichtung als verpönt. Lediglich an Satzenden oder bei der Zäsur im Vers wurde er geduldet. In der ahd., frühmhd. und mhd. Dichtung vermied man den H. ebenfalls weitgehend. Die neuere dt. Lyrik kennt dagegen keine strenge Regelung. Seit M. Opitz wird der bei der Elision eintretende Wegfall des Auslautes durch den Apostroph (›sag' ich‹) gekennzeichnet.

Hichens, Robert Smythe [engl. 'hɪtʃɪnz], *Speldhurst (Kent) 14. Nov. 1864, †Zürich 20. Juli 1950, engl. Schriftsteller. – Hielt sich einige Zeit in Ägypten auf und lebte dann als Journalist, Musikkritiker und Schriftsteller meist in der Schweiz. Er wurde bekannt durch den Roman ›The green carnation‹ (1894); bevorzugte exot., myst. und spiritist. Stoffe; besonders erfolgreich war der später auch dramatisierte Roman ›Der Garten Allahs‹ (1904, dt. 1929) mit stimmungsvollen Schilderungen der nordafrikan. Wüste.

Weitere Werke: Die Stimme des Blutes (R., 1906, dt. 1917), Wege im Zwielicht (R., 1913, dt. 1935), Vivian und ihr Mann (R., 1924, dt. 1927), Bacchantin und Nonne (R., 1927, dt. 1928).

Hidalgo, José Luis [span. iˈðalɣo], *Torrelavega (Santander) 10. Okt. 1919, †Madrid 3. Febr. 1947, span. Lyriker. – Kunststudium in Valencia; fragt in seinen bewußt schlicht gehaltenen, andeutenden Texten in immer neuer Annäherung nach dem Sinn von Sein, Werden und Vergehen; Einflüsse von R. Alberti, F. García Lorca und V. Aleixandre sind erkennbar.

138 Hidāyat

Werke: Raíz (Ged., 1944), Los animales (Ged., 1945), Los muertos (Ged., 1947).
Literatur: GARCÍA CANTALAPIEDRA, A.: Tiempo y vida de J. L. H. Madrid 1975. – FERNÁNDEZ, L. J.: Esthétique et expression surréaliste chez J. L. H. In: Iris 3 (1982), S. 15.

Hidāyat, Ṣādiq, pers. Schriftsteller, † Hedajat, Sadegh.

Hiel, Emanuel, * Sint-Gillis bij Dendermonde 31. Mai 1834, † Schaarbeek 27. Aug. 1899, fläm. Dichter. – Zentrale Figur des fläm. Kulturlebens in Brüssel; Verfasser lyr. und dramat. Werke, schrieb die Texte für mehrere Oratorien und Kantaten des fläm. Komponisten Peter Benoit, u. a. ›Lucifer‹ (1866) und ›De Schelde‹ (1867).
Weitere Werke: Gedichten (1863), Liederen voor groote en kleine kinderen (Ged., 1879), Historische zangen en vaderlandsche liederen (Ged., 1885), Droomerijen (Ged., 1895).

Hieroglyphen [hi-e …; zu griech. hieroglyphiká (grámmata) = heilige Schriftzeichen (der altägypt. Bilderschrift)], Schriftzeichen, die die Form von Bildern haben († auch Bilderschrift). Am bedeutendsten ist die auf altägypt. Denkmälern erhaltene, kurz vor 3000 v. Chr. erfundene ägypt. Bilderschrift, mit der eine Fülle ›heiliger‹ Texte überliefert wurde. Später wurden auch die Zeichen anderer Schriftsysteme H. genannt, wenn sie aus der Bilderschrift hervorgegangen waren und noch deutl. Bildelemente aufwiesen. – Die erste Entzifferung der ägypt. H., eines sehr komplizierten und bis ins 3. Jh. n. Chr. gebräuchl. Systems aus Laut-, Wort-, Symbol- und Deutezeichen, gelang 1822 dem frz. Ägyptologen Jean-François Champollion (* 1790, † 1832).

Hieronymus, Sophronius Eusebius [hi-e…], * Stridon (Dalmatien) um 347, † Bethlehem 30. Sept. 420 (419 ?), lat. Kirchenvater. – Aus wohlhabender christl. Familie, studierte in Rom Grammatik und Rhetorik, lernte in Antiochia Griechisch, zog sich später als Einsiedler in die Wüste zurück, wo er Hebräisch lernte; nach der Priesterweihe eingehendes Studium der griech. Kirchenschriftsteller; von Papst Damasus I. beauftragt, die sog. ›Itala‹, den lat. Text des AT und NT, zu überprüfen; nach dem Tod des Papstes ging er 386 nach Bethlehem, wo

er ganz seiner literar. Tätigkeit lebte und in jahrzehntelanger Arbeit zahlreiche Kommentare, dogmat. Schriften und Predigten schrieb; daneben sind seine Geschichtswerke von Bedeutung, die nach dem Vorbild Suetons abgefaßte erste christliche Literaturgeschichte ›De viris illustribus‹ und bes. die ›Chronik‹ (›Chronicorum libri duo‹), eine Übertragung der griech. ›Chronik‹ des Eusebius, die er um die Daten der röm. Geschichte erweiterte und bis 378 n. Chr. fortführte; unlösbar verbunden bleibt der Name des H. mit der von ihm teils neu geschaffenen, teils revidierten lat. Bibelübertragung (seit dem 13. Jh. ›Vulgata‹ genannt), die auf den Urtext zurückgeht, ohne jedoch eine strenge Wort-für-Wort-Übersetzung zu sein; von kulturhistor. Interesse sind seine Briefe; seine Schriften zeichnen sich durch Klarheit der Sprache und Eleganz der stilist. Gestaltung aus.
Literatur: GRÜTZMACHER, G.: H. Eine biograph. Studie zur alten Kirchengesch. Lpz. u. Bln. 1901–08. Neuausg. Aalen 1969. 3 Bde. – EISWIRTH, R.: H.' Stellung zu Lit. und Kunst. Wsb. 1955. – HAGENDAHL, H.: Latin fathers and the classics. Stockholm 1958. – STEINMANN, J.: H., Ausleger der Bibel. Dt. Übers. Köln 1961.

Hiesel, Franz, * Wien 11. April 1921, österr. Schriftsteller. – War u. a. Bibliothekar in Wien, ab 1960 Hörspiel-Chefdramaturg beim Norddt. Rundfunk, ab 1968 freier Schriftsteller, 1977–86 Leiter der Abteilung Hörspiel beim Österr. Rundfunk. H. verfaßte Dramen, Hörspiele, Erzählungen und Gedichte; erhielt u. a. den Hörspielpreis der Kriegsblinden (1959).
Werke: Die Dschungel der Welt (Hsp., 1956), Auf einem Maulwurfshügel (Hsp., 1960), Ich kenne den Geruch der wilden Kamille (En. u. Hsp.e, 1961), Das Herz in der Hosentasche (En., 1964), Die gar köstl. Folgen einer mißglückten Belagerung (Hsp., 1978), Repertoire 999. Literaturdenkmal-Hörspiel (2 Bde., 1990; Hg.).

Highsmith, Patricia [engl. ˈhaɪsmɪθ], * Fort Worth (Tex.) 19. Jan. 1921, † Locarno (Schweiz) 4. Febr. 1995, amerikan. Schriftstellerin. – Studium am Barnard College und an der Columbia University in New York; lebte lange in Frankreich, ab 1983 im Tessin. Verfasserin glänzend gebauter Kriminalromane, die ihre Spannung weniger aus der äußeren Aktion als aus der differenzierten Schilderung be-

Hilarius 139

stimmter psycholog. Zustände und dem sich daraus ergebenden Handlungsablauf beziehen; schuf in den von schwarzem Humor erfüllten Erzählungen die Figur des Tom Ripley, eines unmoralischen Antihelden und vergnügungssüchtigen Amateurverbrechers; schrieb auch Kurzgeschichten.

Werke: Alibi für zwei (R., 1950, dt. 1967), Nur die Sonne war Zeuge (R., 1955, dt. 1961, 1971 u. d. T. Der talentierte Mr. Ripley), Suspense oder wie man einen Thriller schreibt (krit. Studie, 1966, dt. 1985), Venedig kann sehr kalt sein (R., 1967, dt. 1968), Das Zittern des Fälschers (R., 1969, dt. 1970), Ripley under ground (R., 1970, dt. 1972), Lösegeld für einen Hund (R., 1972, dt. 1974), Ripleys game oder Regel ohne Ausnahme (R., 1974, dt. 1976), Kleine Geschichten für Weiberfeinde (En., dt. 1975, engl. 1977), Kleine Mordgeschichten für Tierfreunde (En., 1975, dt. 1976), Ediths Tagebuch (R., 1977, dt. 1978), Leise, leise im Wind (En., 1979, dt. 1979), Der Junge, der Ripley folgte (R., 1980, dt. 1980), Keiner von uns: 11 Geschichten (1981, dt. 1982), Leute, die an die Tür klopfen (R., 1983, dt. 1983), Nixen auf dem Golfplatz (En., 1985, dt. 1985), Elsie's Lebenslust (R., 1986, dt. 1986), Ripley under water (R., 1991, dt. 1991). **Literatur:** Über P. H. Hg. v. F. CAVIGELLI u. F. SENN. Zü. 1980.

Higutschi (tl.: Higuchi), Itschijo, *Tokio 25. März 1872, †ebd. 23. Nov. 1896, jap. Schriftstellerin. – Erste große Schriftstellerin der frühen jap. Moderne; schrieb in stilist. Anlehnung an traditionelle jap. Erzählformen Werke, in denen ihr psycholog. Scharfsinn, ihre Beobachtungsgabe und ihre Befähigung zu realist. Darstellung zur Geltung kommen. Ihre Werke dokumentieren zudem die Irritationen durch die Entwicklungen und radikalen Veränderungen der ersten Meidschi-Jahrzehnte.

Werke: Takekurabe (En., 1895, dt. u. d. T. Die Liebe des kleinen Midori, in: Der Kirschblütenzweig, 1965), Nigorie (= Trübes Gewässer, E., 1895).

Hikmęt, Nazim (Nâzım Hikmet Ran), *Saloniki 20. Jan. 1902, † Moskau 3. Juni 1963, türk. Schriftsteller. – Mitglied der illegalen türk. KP, insgesamt 15 Jahre in polit. Haft, lebte ab 1951 in den Ostblockstaaten. Radikaler Erneuerer der türk. Lyrik des 20. Jh.; schrieb auch sozialkrit. Romane und Bühnenstücke, beeinflußt von Expressionismus, Dadaismus und von W. W. Majakowski. Seine

Nazim Hikmet

Werke – in der Türkei lange Zeit verboten – wurden in zahlreiche Sprachen übersetzt: ›Türk. Telegramme‹ (Ged., dt. Ausw. 1956), ›Legende von der Liebe‹ (Dr., 1948, dt. 1956), ›Von allen vergessen‹ (Schsp., 1935, dt. 1960), ›Joseph in Egyptenland‹ (Dr., 1954, dt. 1962), ›Und im Licht mein Herz‹ (Ged., dt. Ausw. 1971), ›Menschenlandschaften‹ (R. in Versform, 5 Bde., 1966/67, dt. 1978–81), ›Nachtgebete an meine Liebste‹ (Ged., 1965–67, dt. 1985), ›Leben. Einzeln und frei wie ein Baum und brüderlich wie ein Wald‹ (Ged., dt. Ausw. 1985), ›Die Luft ist schwer wie Blei‹ (Ged., türk. und dt. 1988), ›Eine Reise ohne Rückkehr‹ (Ged., türk. und dt. 1989), ›Das schönste Meer ist das noch nicht befahrene‹ (Ged., türk. und dt. 1989).

Literatur: GRONAU, D.: N. H. Rbk. 1991.

Hilarion von Kiew, russ. Metropolit und Prediger, ↑ Ilarion.

Hilarius von Poitiers [frz. pwa'tje], *Poitiers um 315, † ebd. 367, Kirchenlehrer und Bischof von Poitiers (seit etwa 350). – Entschiedener Verteidiger des Glaubensbekenntnisses von Nizäa; wegen seines Auftretens gegen den arian. Kaiser Konstantius nach Phrygien verbannt; 361 Rückkehr nach Gallien, wo er literarisch und kirchenpolitisch weiter gegen den Arianismus kämpfte. Sein theolog., in glänzendem Stil geschriebenes Hauptwerk sind die 12 Bücher ›De trinitate‹ (entst. zw. 356 und 359, dt. 1878 u. d. T. ›Des hl. Hilarius zwölf Bücher von der Dreieinigkeit‹), das v. a. für die Einführung der Hymnodie in der abendländ. Kirche bed. ist.

140 Hilbert

Hilbert, Jaroslav, * Laun (Louny, Nordböhm. Gebiet) 19. Jan. 1871, † Prag 10. Mai 1936, tschech. Schriftsteller. – Schrieb neben Gedichten und Erzählungen v. a. psycholog. Dramen nach dem Vorbild H. Ibsens; gestaltete auch histor., religiöse und soziale Probleme und verfaßte Lustspiele, die meist Liebesintrigen zum Thema haben; dt. erschien das Drama ›Die Schuld‹ (1896, dt. 1896).

Hilbig, Wolfgang, * Meuselwitz (Kreis Altenburg, Bezirk Leipzig) 31. Aug. 1941, dt. Schriftsteller. – Wuchs in der Bergarbeiterfamilie seines Großvaters auf, arbeitete u. a. als Schlosser und Heizer, danach freier Schriftsteller in Leipzig, 1985 Übersiedelung in die BR Deutschland. Seine Gedichte und Erzählungen, geprägt von Reflexionen über die eigene Herkunft, erschienen zu Zeiten der DDR meist nur in der BR Deutschland. Er erhielt 1989 den Ingeborg-Bachmann-Preis.
Werke: Abwesenheit (Ged., 1979), Unterm Neomond (En., 1982), Der Brief (En., 1985), Die Versprengung (Ged., 1986), Die Territorien der Seele (Prosa, 1986), Die Weiber (Prosa, 1987), Eine Übertragung (R., 1989), Alte Abdeckerei (E., 1991), Die Kunde von den Bäumen (E., 1992), Zwischen den Paradiesen (Prosa u. Lyrik, 1992), Grünes grünes Grab (En., 1993), Ich (R., 1993), Die Arbeit an den Öfen (En., 1994).
Literatur: W. H. Hg. v. H. L. ARNOLD. Mchn. 1994. – W. H. Materialien zu Leben u. Werk. Hg. v. U. WITTSTOCK. Ffm. 1994.

Hildebert von Lavardin [frz. lavar'dɛ̃], * Lavardin (Loir-et-Cher) 1056 (um 1067 ?), † Tours 18. Dez. 1133 (1134?), Erzbischof von Tours (seit 1125). – 1092 Archidiakon, 1096 Bischof von Le Mans. Teilnehmer an verschiedenen Synoden und am 1. Laterankonzil (1123). H. gilt wegen seiner literar. Werke (Vita Hugos von Cluny, Briefe, Gedichte) als bed. Humanist an der Schwelle des höf. Zeitalters.
Literatur: MOOS, P.: H. v. L. 1056–1133. Stg. 1965.

Hildebrand, Pseudonym des niederl. Lyrikers Nicolaas † Beets.

Hildebrandslied, einziges ahd. Beispiel eines german. Heldenliedes; erhalten sind 68 nicht immer regelmäßig gebaute stabgereimte Langzeilen in einer ahd.-altsächsischen Mischsprache; der Schlußteil fehlt. Die trag. Begegnung des aus der Verbannung heimkehrenden Hildebrand mit seinem ihn nicht erkennenden Sohn Hadubrand spielt vor dem geschichtl. Hintergrund der Ostgotenherrschaft Ende des 5. Jh. in Italien. Der Text bricht in der Kampfschilderung ab: der Widerstreit zwischen Gefolgschaftspflicht und Sippengefühl kann im Rahmen des archaischen Ethos nur tragisch enden. So läßt sich der nicht erhaltene Schluß des ahd. Liedes im Vergleich mit dem edd. Gedicht ›Hildebrands Sterbelied‹ rekonstruieren. Das Grundmotiv, der trag. Vater-Sohn-Kampf, findet sich auch in anderen Literaturen, z. B. im irischen Gedicht ›Cuchulinn und Conla‹ (9./10. Jh.), im ›Sähnäme‹ (= Königsbuch) des Persers Ferdousi (um 1000) und in der mittelalterl. russ. Byline ›Ilja und Sokolnik‹. Das H. gehört zur Dietrichsage, in das das histor. Geschehen (Vertreibung Odoakers) umgedeutet ist (Exil Dietrichs am Hunnenhof). Der Stil ist für die german. Heldendichtung charakteristisch: dialogische Wechselreden mit formelhaften Einleitungen, zweigliedrige Formeln, jedoch auffällig wenig Metaphorik. – Das H. wurde im 4. Jahrzehnt des 9. Jh. in Fulda von zwei Mönchen in karoling. Minuskel, gemischt mit insularen Schriftformen, auf der ersten und letzten Seite einer theolog. Sammelhandschrift eingetragen. Die überlieferte Fassung geht nach Meinung der Forschung auf eine bair. Bearbeitung eines langobard. Urliedes (Anfang des 8. Jh. ?) zurück, das u. a. aufgrund der Namensendungen ›brand‹ erschlossen wurde. Die Handschrift wurde bis zum Dreißigjährigen Krieg in der Fuldaer Klosterbibliothek, danach in Kassel aufbewahrt; sie war nach dem 2. Weltkrieg verschollen; der zweite Teil des Gedichtes kam 1955, der erste Teil 1972 aus den USA wieder in die Landesbibliothek Kassel zurück.
Das **Jüngere Hildebrandslied**, in gereimten Strophen auf eine ältere Langzeilenmelodie abgefaßt (im sog. † Hildebrandston), ist eine Ballade in volksliedhaftem Stil, welche die Vater-Sohn-Begegnung ohne Bezug auf einen histor. Hintergrund mit humoristisch-burlesken Zügen schildert und versöhnlich endet. Der

Text ist in zwei Fassungen, einer kürzeren von 20 Strophen und einer längeren von 29 Strophen (in hochdt. und niederdt. Sprache) in Handschriften des 15. Jh. und in mehreren Drucken des 15. und 17. Jh. überliefert. Frühere Fassungen des ›Jüngeren H.es‹ werden Anfang des 13. Jh. angesetzt.

Ausgaben: Das Hildebrandlied. Ahd. u. nhd. Hg. v. G. BAESECKE. Halle/Saale 1945. – Das H. Hg. v. W. KROGMANN. Bln. 1959. – Ahd. Leseb. Hg. v. W. BRAUNE. Bearb. v. E. A. EBBINGHAUS. Tüb. [16]1979. – Das Hildebrandlied. Faksimile der Kasseler Hs. Bearb. v. H. BROSZINSKI. Kassel [2]1985.
Literatur: BOOR, H. DE: Die nord. u. dt. Hildebrandsage. In: DE BOOR: Kleine Schrr. Bd. 2. Bln. 1966. – WOLFF, L.: Das Jüngere H. u. seine Vorstufe. In: WOLFF: Kleinere Schrr. zur altdt. Philologie. Bln. 1967. S. 350. – KOLK, H. VAN DER: Das H. Eine forschungsgeschichtl. Darst. Amsterdam 1967. – GUTENBRUNNER, S.: Von Hildebrand u. Hadubrand. Hdbg. 1976. – LÜHR, R.: Studien zur Sprache des H.es. Ffm. u. a. 1982. 2 Bde.

Hildebrandston, altdt. ep. Strophenform aus vier paarweise gereimten ↑ Langzeilen, die sich jeweils aus einem vierhebigen ↑ Anvers und weibl. Kadenz und dreihebigem ↑ Abvers mit männl. Kadenz zusammensetzen, Eingangssenkung und Versfüllung sind frei, Zäsurreime häufig; benannt nach dem in dieser Form abgefaßten ›Jüngeren Hildebrandslied‹.

Hildegard von Bingen, * Bermersheim bei Alzey 1098, † Kloster Rupertsberg bei Bingen 17. Sept. 1179, dt. Mystikerin. – Tochter des Edelfreien Hiltebertus de Vermersheim (Bermersheim); Benediktinerin; gründete das Kloster Rupertsberg und das Filialkloster Eibingen bei Rüdesheim; Visionen regten sie zu ihrem lateinisch geschriebenen literar. Werk an, das religiöse Schriften und Briefe, prophet. Ankündigungen in bildhafter, jedoch geheimnisvoller Sprache umfaßt. Die drei Bände ihrer myst. Glaubenslehre ›Liber Scivias‹ (dt. 1928 u. d. T. ›Wisse die Wege‹) erregten mit ihren dunklen Prophezeiungen und poet. Lobgesängen unter ihren Zeitgenossen großes Aufsehen. Neben myst. Schriften (›Liber vitae meritorum‹, 1158–63, und ›Liber divinorum operum‹, 1163–70) entstanden homiletisch-exegetische und

historische Abhandlungen (Fragment einer Selbstbiographie, eine Rupertusvita u. a.), 70 selbstvertonte geistl. Lieder, außerdem naturkundl. Bücher, wie das in zwei Teilen überlieferte Werk ›Liber subtilitatum diversarum naturarum creaturarum‹ (etwa 1150–60), das die wichtigste Quelle naturkundl. Kenntnisse des frühen MA in Mitteleuropa darstellt.

Ausgaben: H. v. B. Briefwechsel. Übersetzt u. erl. v. A. FÜHRKÖTTER. Salzburg 1965. – H. v. B. Lieder. Nach den Hss. Lat. u. dt. Hg. v. P. BARTH u. a. Salzburg 1969. – H. v. B. Der Mensch in der Verantwortung. Das Buch der Lebensverdienste (Liber vitae meritorum). Übersetzt u. erl. v. H. SCHIPPERGES. Salzburg 1972. – H. v. B. Wisse die Wege (Scivias). Übersetzt u. bearb. v. M. BÖCKELER. Salzburg [6]1976. – H. v. B. Ausgew. u. eingel. v. H. SCHIPPERGES. Freib. [3]1980. – H. v. B. Gott sehen. Texte christl. Mystiker. Ausgew. u. eingel. v. H. SCHIPPERGES. Mchn. 1985.
Literatur: SCHIPPERGES, H.: Die Welt der Engel bei H. v. B. Salzburg [2]1963. – LAUTER, W.: H.-Bibliogr. Alzey 1970–84. 2 Bde. – FÜHRKÖTTER, A.: H. v. B. Salzburg 1972. – SCHIPPERGES, H.: H. v. B. Ffm. 1981. – FLANAGAN, S.: Hildegard of Bingen, 1098–1179. A visionary life. London 1990. – KERNER, C.: ›Alle Schönheit des Himmels‹. Die Lebensgesch. der H. v. B. Whm. [2]1994.

Hildesheimer, Wolfgang, * Hamburg 9. Dez. 1916, † Poschiavo (Schweiz) 21. Aug. 1991, dt. Schriftsteller. – Lebte nach der Emigration 1933–36 in Palästina, wo er eine Tischlerlehre absolvierte; 1937–39 Bühnenbild- und Kunststudium in London; war während des Krieges brit. Informationsoffizier in Jerusalem, 1946–49 Dolmetscher bei den Nürnberger Prozessen; seit etwa 1950 freier Schriftsteller. Gehörte zur Gruppe 47; lebte ab 1957 in Poschiavo (Graubünden). H. veröffentlichte zunächst Kurzprosa (›Lieblose Legenden‹, 1952, erweitert 1962) und einen Roman (›Paradies der falschen Vögel‹, 1953), denen er manche Themen seiner zahlreichen Hörspiele und Bühnenstücke entnahm. Auffallend ist, daß H. literarische Redeformen in verschiedenen Gattungen ausprobierte, so den Monolog im Theaterstück (›Nachtstück‹, 1963) und in der Erzählprosa (›Tynset‹, 1965), daß er ein Thema nicht nur in mehreren Fassungen vorlegte (›An den Ufern der Plotinitza‹, Hsp., 1954 und 1956), sondern auch in verschiedenen Medien vorstellte (›Prinzessin Turandot‹, Hsp.-Fassung 1954, Bühnenfassung 1955 u. d. T. ›Der Drachenthron‹, Neufassung 1960 u. d. T. ›Die Eroberung der Prinzessin Turandot‹). Mit ›Spiele, in denen es dunkel wird‹ (Dramen, 1958) galt H. als einer der ersten dt. Vertreter des absurden Theaters, das er in seiner 1960 gehaltenen Erlanger Rede ›Über das absurde Theater‹ (gedr. 1966) als ein Theater der Parabel verstanden wissen wollte. H. war somit von der satir. Betrachtung der Welt zur Darstellung ihrer Absurdität gelangt. In einer Vielzahl seiner neueren Werke spielt die Musik eine fundamentale Rolle, bes. intensiv beschäftigte er sich mit Mozart. Nach mehreren Aufsätzen erschien 1977 sein großes Werk ›Mozart‹, eine biograph. Annäherung, in der H. versucht, durch liebevolle Entmythologisierung eine neue Sicht auf den Menschen und Künstler Mozart zu öffnen. Mit seinen ›Mitteilungen an Max über den Stand der Dinge und anderes‹ (1983) hat H. einen vorläufigen Schlußstrich unter sein literar. Schaffen gezogen und sich wieder verstärkt künstler. Arbeiten zugewandt (Graphiken, Collagen u. a.). H. erhielt u. a. 1954 den Hörspielpreis der Kriegsblinden, 1966 den Georg-Büchner-Preis.

Wolfgang Hildesheimer

Weitere Werke: Das Opfer Helena (Hsp., 1959; Dr., 1959), Vergebl. Aufzeichnungen (1963), Unter der Erde (Hsp.e, 1964), Mary Stuart (Dr., 1971; Hsp. 1971 u. d. T. Mary auf dem Block), Zeiten in Cornwall (autobiograph. Aufzeichnungen, 1971), Masante (R., 1973), Marbot. Eine Biographie (R., 1981), Das Ende der Fiktionen (Reden und Aufsätze, 1984), Endlich allein (Collagen, 1984), Der ferne Bach (Rede, 1985), In Erwartung der Nacht (Collagen, 1986), Nachlese (Collagen, 1987), Klage und Anklage (Prosa, 1989), Der Ruf in die Wüste (En., 1991), Ich werde nun schweigen (Interview, hg. 1993).
Literatur: PUKNUS, H.: W. H. Mchn. 1978. – STANLEY, P. H.: W. H. and his critics. Columbia (S. C.) 1993. – MALLAD, H.: Komik im Werk von W. H. Ffm. u. a. 1994.

Hill, Geoffrey [engl. hıl], * Bromsgrove (Worcestershire) 18. Juni 1932, engl. Dichter. – Studierte in Oxford, Prof. für engl. Literatur in Leeds, seit 1981 in Cambridge. Schreibt konzentrierte, sprachlich komplexe, oft historisch meditierende Lyrik mit pessimist. Grundton.
Werke: For the unfallen (Ged., 1959), King Log (Ged., 1968), Hymnen aus Mercia (Ged., 1971, dt. 1983 in: Engl. Lyrik 1900–1980), Tenebrae (Ged., 1978), The mystery of the charity of Charles Péguy (Ged., 1983), The lords of limit (Essays, 1984), Collected poems (Ged., 1985), The enemy's country (Essays, 1991).
Literatur: G. H. Essays on his work. Hg. v. P. ROBINSON. Milton Keynes 1985. – HART, H.: The poetry of. G. H. Carbondale (Ill.) 1986.

Hill, Susan [engl. hıl], * Scarborough (Yorkshire) 5. Febr. 1942, engl. Schriftstellerin. – Autorin einer breiten Palette von Romanen, zu deren wiederkehrenden Themen ungewöhnl. Krisen im Leben gewöhnl. Menschen und die Selbstbehauptung in der Entfremdung gehören. Schreibt auch Kurzgeschichten, Kinderbücher sowie Hör- und Fernsehspiele.
Werke: The enclosure (R., 1961), Do me a favour (R., 1963), A change for the better (R., 1969), Wie viele Schritte gibst du mir? (R., 1970, dt. 1981), The Albatross and other stories (Kurzgeschichten, 1971), Seltsame Begegnung (R., 1971, dt. 1982), The bird of night (R., 1972), Frühling (R., 1974, dt. 1984), Here comes the bride (Hsp., 1980), The blackness within them (Fsp., 1980), Chances (Hsp., 1981), Nur ein böser Traum (R., 1984, dt. 1985), Susan. Auf der Suche nach meinem Kind (Autobiogr., 1989, dt. 1990), Luft und Engel (R., 1991, dt. 1993), The mist in the mirror (R., 1992), Rebeccas Vermächtnis (R., 1993, dt. 1994); Forts. zu D. du Mauriers Roman ›Rebecca‹).

Hillard, Gustav, eigtl. G. Steinbömer, * Rotterdam 24. Febr. 1881, † Lübeck 3. Juli 1972, dt. Schriftsteller. – 1913–18 Generalstabsoffizier; war 1918–22 Dramaturg in Berlin bei M. Reinhardt. Ab 1944 lebte er in Lübeck. H. schrieb Romane, Novellen und konservative kultur-krit. Essays.

Werke: Polit. Kulturlehre (1933), Soldatentum und Kultur (1936), Spiel mit der Wirklichkeit (R., 1938), Der Smaragd (Nov., 1948), Der Brand im Dornenstrauch (R., 1948), Herren und Narren der Welt (Erinnerungen, 1954), Kaisers Geburtstag (R., 1959), Anruf des Lebens (E., 1963), Recht auf Vergangenheit (Essays u. a., 1966).
Literatur: G. H. Hg. v. K. MATTHIAS u. E. ROSENBAUM. Hamb. 1970.

Hille, Peter, * Erwitzen (heute zu Nieheim, Kreis Höxter) 11. Sept. 1854, † Großlichterfelde (heute zu Berlin) 7. Mai 1904, dt. Schriftsteller. – Unstetes Leben, viele Reisen; ab 1891 meist in Berlin; viele seiner Werke gingen seiner Sorglosigkeit wegen verloren; außer Romanen, einer Tragödie und mystisch gestimmten, impressionist. Naturgedichten schuf er kluge und prägnante Aphorismen.
Werke: Die Sozialisten (R., 1886), Des Platonikers Sohn (Trag., 1896), Semiramis (R., 1902), Cleopatra (R., hg. 1905), Aus dem Heiligtum der Schönheit (Aphorismen und Ged., hg. 1909), Das Mysterium Jesu (hg. 1921).
Ausgaben: P. H. Eine Einf. in sein Werk u. eine Ausw. Hg. v. E. NAUSED. Wsb. 1957. – P. H. Ein Spielzeug strenger Himmel. Lyrik, Prosa, Aphorismen. Ausw. u. Vorwort v. J. P. WALLMANN. Recklinghausen 1970. – P. H. Ein Leben unterwegs. Dichtungen u. Dokumente. Hg. v. F. KIENECKER. Paderborn 1979. – P. H. Ges. Werke in 6 Bden. Hg. v. F. KIENECKER. Essen 1984–86.
Literatur: VOGEDES, A.: P. H. Paderborn 1947. – P. H. Dokumente u. Zeugnisse seines Lebens, Werk u. Wirkung. Hg. v. F. KIENECKER. Paderborn 1986.

Hillebrand, Bruno, * Düren 6. Febr. 1935, dt. Literaturwissenschaftler und Schriftsteller. – Seit 1971 Prof. für dt. Literatur in Mainz; neben literaturwiss. Arbeiten schreibt er an F. Nietzsche geschulte zeitkrit. und existentielle Gedichte und verfaßte den Roman ›Versiegelte Gärten‹ (1979).
Weitere Werke: Sehrreale Verse (1966), Reale Verse (1972), Theorie des Romans (2 Bde., 1972), Über den Rand hinaus (Ged., 1982), Vom Wüstenrand (Ged., 1985), Benn (Essays, 1986), Von der Krümmung des Raumes (Ged., 1992).

Hiller, Kurt, * Berlin 17. Aug. 1885, † Hamburg 1. Okt. 1972, dt. Publizist, Kritiker und Essayist. – Studierte Rechtswissenschaft; ab 1908 freier Schriftsteller und Publizist in Berlin; als revolutionärer Pazifist von den Nationalsozialisten verhaftet. 1934 Flucht nach Prag, 1938 nach London; lebte seit 1955 in Hamburg. H. war ein eigenwilliger Vertreter einer sozialist. Staats- und Gesellschaftsordnung; mit seinen fünf Jahrbüchern ›Das Ziel‹ (1916–24) war er der entscheidende Anreger und Förderer des † Aktivismus. Bei der Verwirklichung seiner Ideen wies er dem Schriftsteller und damit der Literatur eine bed. Stellung zu; H. bediente sich einer exakten, schlagkräftigen, zuweilen provozierend scharfen Sprache.
Werke: Die Weisheit der Langenweile (2 Bde., 1913), Geist werde Herr (1920), Verwirklichung des Geistes im Staat (1925), Profile (1938), Köpfe und Tröpfe. Profile aus einem Vierteljahrhundert (1950), Hirn- und Haßgedichte (1957), Ratioaktiv. Reden 1914–1964 (1966), Leben gegen die Zeit (Erinnerungen, 2 Bde., 1969–73).
Ausgabe: K. H. Polit. Publizistik. Hg. v. S. REINHARDT. Hdbg. 1983.
Literatur: K. H. Hg. v. HORST H. W. MÜLLER. Hamb. 1969. – HABEREDER, J.: K. H. u. der literar. Aktivismus. Ffm. 1981.

Hilsenrath, Edgar, * Leipzig 2. April 1926, dt. Schriftsteller. – Ab 1938 in Rumänien, 1941 Deportation in die Ukraine; ab 1951 in den USA (amerikan. Staatsbürger); seit 1975 in Berlin (West). H.s Romane behandeln teilweise aufgrund eigener Erfahrung jüd. Schicksale während des Krieges und in der Nachkriegszeit (›Bronskys Geständnis‹, R., 1980).
Weitere Werke: Nacht (R., 1964), Der Nazi & der Friseur (R., 1977), Gib acht, Genosse Mandelbaum (R., 1979, 1992 u. d. T. Moskauer Orgasmus), Zibulski oder Antenne im Bauch (R., 1983), Jossel Wassermanns Heimkehr (R., 1993).

Hiltbrunner, Hermann, * Biel (BL) 24. Nov. 1893, † Uerikon (Zürich) 11. Mai 1961, schweizer. Schriftsteller. – H. schrieb sprachlich schlichte Gedankenlyrik, Landschaftsschilderungen von großem Zauber, Reisebücher und Essays; auch als Übersetzer (K. Hamsun) tätig.
Werke: Von Euch zu mir (Ged., 1923), Graubünden (3 Bde., 1927/28), Heiliger Rausch (Ged., 1939), Fallender Stern (Ged., 1941), Geistl. Lieder (1945), Wenn es Abend wird (Ged., 1955), Alles Gelingen ist Gnade (Tagebücher, 1958), Spätherbst (Ged., 1958), Und das

144 Hilton

Licht gewinnt (Ged., 1960), Wege zur Stille (Betrachtungen, 1961), Schattenwürfe (Ged., hg. 1962), Letztes Tagebuch (hg. 1963).

Hilton, James [engl. 'hıltən], * Leigh (Lancashire) 9. Sept. 1900, † Los Angeles-Hollywood 20. Dez. 1954, engl. Romancier. – Studierte in Cambridge, wurde Journalist; seine ungewöhnlich erfolgreichen Unterhaltungsromane sind voller Spannung, Güte und Humor.
Werke: Ein Abschied (R., 1931, dt. 1949), Ein schweigsamer Held (R., 1933, dt. 1937), Irgendwo in Tibet (R., 1933, dt. 1937), Leb wohl, Mr. Chips (R., 1934, dt. 1935), Wir sind nicht allein (R., 1937, dt. 1937), Jahr um Jahr (R., 1953, dt. 1954).

Hilty, Hans Rudolf, * Sankt Gallen 5. Dez. 1925, † Jona (Kanton Sankt Gallen) 5. Juli 1994, schweizer. Schriftsteller. – War Journalist, 1951–64 Hg. der Zeitschrift ›hortulus‹. Schrieb Erzählungen, Romane und Gedichte, daneben umfangreiche Herausgebertätigkeit (v. a. zeitgenöss. Literatur), Übersetzungen, Essays.
Werke: Nachtgesang (Ged., 1948), Die Entsagenden (Nov.n, 1951), Eingebrannt in den Schnee. Lyr. Texte (1956), Parsifal (R., 1962), Symbol und Exempel (Essays, 1966), Zu erfahren. Lyr. Texte, 1954–1968 (1969), Mutmaßungen über Ursula. Eine literar. Collage (1970), Risse. Erzähler. Recherchen (1977), Bruder Klaus oder Zwei Männer im Wald. Erzähler. Recherche (1981), Zuspitzungen (Ged., 1984).

Himerios (tl.: Himérios), * Prusias (Bithynien) um 310, † Athen um 385, griech. Rhetor. – Sophist, Lehrer der Rhetorik in Athen; 362 von Kaiser Julianus an den Hof nach Antiochia berufen; seine berühmtesten Schüler waren Gregor von Nazianz und Basileios der Große; von seinen Reden, die sprachlich und stilistisch Gorgias von Leontinoi verpflichtet sind, wurden 24 überliefert.

Himes, Chester Bomar [engl. haımz], * Jefferson City (Mo.) 29. Juli 1909, † Moraira (Spanien) 12. Nov. 1984, amerikan. Schriftsteller. – Begann seine literar. Karriere während eines Gefängnisaufenthaltes; in seinem naturalist., von Protesthaltung bestimmtem Frühwerk übt er scharfe Kritik an der Rassendiskriminierung in den USA (›If he hollers let him go‹, R., 1945; ›Lonely crusade‹, R., 1947); wurde v. a. durch seine Kriminalromane bekannt, in denen er das von Angst und Gewalt bestimmte Leben im New Yorker Schwarzen-Getto Harlem beschreibt; sein Roman ›Mrs. Taylor und ihre Söhne‹ (1954, dt. 1962), in dem er die Situation der gebildeten Farbigen in den amerikan. Südstaaten darstellt, ist autobiograph. Natur. ›The quality of hurt‹ (1972) und ›My life as absurdity‹ (1976) stellen seine zweibändige Autobiographie dar.
Weitere Werke: Cast the first stone (R., 1952), Die Geldmacher von Harlem (R., 1957, dt. 1962), Heiße Nacht für kühle Killer (R., 1959, dt. 1969), Der Traum vom großen Geld (R., 1960, dt. 1969), Lauf, Nigger, lauf (R., 1966, dt. 1968), Blind mit der Pistole (R., 1969, dt. 1970), Black on black, baby sister, and selected writings (1973), A case of rape (R., 1980).
Literatur: LUNDQUIST, J.: Ch. H. New York 1976. – MILLIKEN, S. F.: Ch. H. A critical appraisal. Columbia (Mo.) 1976.

Hindi-Literatur ↑ indische Literaturen.

Hinkjambus ↑ Choliambus.

Hinrek van Alkmar (Hendrik van Alkmar), niederl. Dichter des 15. Jh., ↑ Reinaert.

Hinrichs, August, * Oldenburg (Oldenburg) 18. April 1879, † Großenkneten 20. Juni 1956, dt. Schriftsteller. – Verfasser erfolgreicher, z. T. in niederdt. Sprache geschriebener Bühnenstücke und Erzählwerke aus dem bäuerl. Milieu, die sich durch Humor, lebendige, realist. Darstellungsweise, sichere Handlungsführung und Situationskomik auszeichnen.
Werke: Frithjof (Sagenspiel, 1911), Das Licht der Heimat (R., 1920), Die Hartjes (R., 1924), Das Volk am Meer (R., 1929), Swienskomödi (Kom., 1930, hochdt. 1935 u. d. T. Krach um Jolanthe), Wenn de Hahn kreiht (Kom., 1932), Die Stedinger (Dr., 1934), För de Katt (Kom., 1938), Die krumme Straße (R., 1949), Siebzehn und zwei (Kom., 1955).
Literatur: Der Nachlaß A. H.s in der Landesbibliothek Oldenburg. Hg. v. J. ONNEN u. G. PREUSS. Old. 1984.

Hinterberger, Ernst, * Wien 17. Okt. 1931, österr. Schriftsteller. – War u. a. Elektriker, Polizist und Bibliothekar. Veröffentlichte Romane und Gedichte, schrieb außerdem Hör- und Fernsehspiele. Großen Publikumserfolg brachte ihm das Drehbuch zur Fernsehserie ›Ein echter Wiener geht nicht unter‹ (1975–77), in der er den Typ des Wiener

Hirche 145

Vorstadtbewohners der 70er Jahre darstellte.

Weitere Werke: Beweisaufnahme (R., 1965), Salz der Erde (R., 1966), Wer fragt nach uns (En., 1975), Das Abbruchhaus (R., 1977), Jogging (Kriminal-R., 1984), Und über uns die Heldenahnen ... (Kriminal-R., 1991), Kleine Blumen (Kriminal-R., 1993).

Hintertreppenroman, seit etwa 1880 übl. Bez. für Romane, die einem einfachen Lesepublikum (Dienstboten) an der Hintertreppe verkauft wurden. Der H. löste die ↑Ritterromane und ↑Räuberromane des 18.Jh. ab. – ↑auch Trivialliteratur.

Hippel, Theodor Gottlieb von, * Gerdauen 31. Jan. 1741, † Königsberg (Pr) 23. April 1796, dt. Schriftsteller. – Studierte in Königsberg Theologie, später Jura; ab 1768 Rechtsanwalt, 1786 geheimer Kriegsrat und Stadtpräsident; Freund I. Kants. H. verbindet in seinen Romanen, die von L. Sterne beeinflußt sind, empfindsame, lehrhafte, humorist. und satir. Elemente; popularphilosoph. Verbreitung Kantischer Ideen; bed. Einfluß auf Jean Paul; zahlreiche Schriften zu polit. und rechtl. Fragen.

Werke: Der Mann nach der Uhr, oder ... (Lsp., 1765), Geistl. Lieder (1772), Lebensläufe nach Aufsteigender Linie ... (R., 4 Bde., 1778–81), Kreuz- und Querzüge des Ritters A bis Z (R., 2 Bde., 1793/94).
Literatur: CZERNY, J.: Sterne, H. u. Jean Paul. Beitrr. zur Gesch. des humorist. Romans. Bln. 1904. Nachdr. Hildesheim 1978. – GREINER, M.: Th. G. v. H. 1741–1796. Gießen 1958. – PETERKEN, P.: Gesellschaftl. u. fiktionale Identität. Eine Studie zu H. v. H.s Roman ›Lebensläufe nach aufsteigender Linie nebst Beilagen A, B, C.‹. Stg. 1981. – KOHNEN, J.: Th. G. v. H. Eine zentrale Persönlichkeit der Königsberger Geistesgesch. Biogr. u. Bibliogr. Lüneburg 1987.

Hippius, Sinaida [Nikolajewna], russ. Sinaida Nikolajewna Gippius, * Beljow (Gebiet Tula) 20. Nov. 1869, † Paris 9. Sept. 1945, russ. Schriftstellerin. – Heiratete 1889 D. S. Mereschkowski, mit dem sie für die Anerkennung der symbolist. Dichtung publizistisch tätig war; 1919 gemeinsame Emigration nach Paris; Dichterin des russ. Symbolismus und Mittelpunkt ihres bed. literar. Salons in Petersburg. In ihrer intellektbestimmten Lyrik, die oft philosoph., religiöse und allgemeinchristl. Motive verwandte, be-

vorzugte H. klare, schlichte Strukturen und gestaltete oft düstere, alptraumhafte Stimmungen. Ihre Prosawerke, bes. die sozialen Romane, sind von F. M. Dostojewski beeinflußt. Sie verfaßte auch krit. Arbeiten unter dem Pseudonym **Anton Kraini.** Außer Gedichten (›Frühe Gedichte‹, dt. Auswahl 1987) liegen der Roman ›Des Teufels Puppe‹ (1911, dt. 1912) und das ›Petersburger Tagebuch‹ (1921, dt. 1993) in dt. Übersetzung vor.

Weitere Werke: Literaturnyj dnevnik (= Literar. Tagebuch, 1908), Živye lica (= Lebendige Gestalten, Erinnerungen, 1925).
Ausgaben: Z. N. Gippius. Rasskazy. Petersburg 1898–1902. Nachdr. Mchn. 1974–77. 6 Bde. – Z. N. Gippius. Stichotvorenija i poèmy. Mchn. 1972. 2 Bde.
Literatur: PACHMUSS, T.: Z. H. Carbondale (Ill.) 1971. – SCHAFFER, D. R.: The short stories of Z. H. Decadent or symbolist? Diss. University of Wisconsin Madison 1979.

Hipponakteus, nach ↑Hipponax von Ephesus benanntes griech. Metrum, eines der Grundmaße der äol. Lyrik: ⏓⏓–⏑⏑–⏑––.

Hipponax von Ephesus (tl.: Hippōnax), griech. Schriftsteller des 6.Jh. v.Chr. – Mußte vor den Tyrannen Athenagoras und Komas nach Klazomenai fliehen. In seinen Jambendichtungen, in vulgärer Sprache verfaßt und hauptsächlich im Versmaß des angeblich von ihm erfundenen ↑Choliambus, zeigt er sich bettelarm, bitter, aber auch humorvoll, mit einem Hang zum Obszönen, roh und von einer Spottlust und Schmähsucht besessen, die in der Antike berüchtigt war.

Ausgaben: Anthologia lyrica Graeca. Bd. 3: Iamborum scriptores. Hg. v. E. DIEHL. Lpz. Neuaufl. 1954. – Les fragments d'H. Krit. Ausg. mit Komm. v. O. MASSON. Paris 1962.
Literatur: WURM, A.: Der Stil des H. Diss. Innsbr. 1967. 2 Bde.

Hirche, Peter, * Görlitz 2. Juni 1923, dt. Schriftsteller. – Seit 1949 freier Schriftsteller, lebt in Berlin. Hörspielautor und Dramatiker mit sozial- und zeitkrit. Themen; auch Übersetzer. Erhielt 1965 den Hörspielpreis der Kriegsblinden.

Werke: Die seltsamste Liebesgeschichte der Welt (Hsp., Ursendung 1953), Heimkehr (Hsp., Ursendung 1955), Triumph in tausend Jahren (Schsp., UA 1957), Nähe des Todes (Hsp., Ursendung 1958), Die Söhne des Herrn Proteus (Kom., 1960), Der Unvollendete (Hsp., Ur-

146 **Hiršal**

sendung 1962), Der Verlorene (Hsp., Ursendung 1963), Miserere (Hsp., Ursendung 1965), Die Krankheit und die Arznei (Hsp., Ursendung 1967).

Hiršal, Josef [tschech. 'hirʃal], *Chomutičky (Nordböhm. Gebiet) 24. Juli 1920, tschech. Schriftsteller. – Lyriker, Übersetzer (u. a. H. Heines, Erich Kästners, v. a. Ch. Morgensterns) sowie Kinderbuchautor; zählt mit B. ↑Grögerová, mit der er mehrere Bücher schrieb sowie Anthologien herausgab und übersetzte, zu den wichtigsten tschech. Vertretern einer experimentellen (konkreten) Literatur. Sein Dorfbubensong ›Böhm. Boheme‹ (1986) erschien dt. 1994.

Hirsch, Karl Jakob, Pseudonyme Karl Böttner, Joe Gassner, *Hannover 13. Nov. 1892, †München 8. Juli 1952, dt. Schriftsteller. – Kunststudium, arbeitete ab 1918 als Bühnenbildner und Maler. Bekannt wurde er v. a. mit seinem pazifist. Roman ›Kaiserwetter‹ (1931). 1934 Emigration in die USA; Schriftleiter der in New York erscheindenden ›Neuen Volkszeitung‹; 1948 Rückkehr nach Deutschland; auch Maler, Graphiker und Bühnenbildner.

Weitere Werke: Felix und Felicia (R., 1933), Hochzeitsmarsch in Moll (R., 1936), Tagebuch aus dem Dritten Reich (1939), Gestern und Morgen (R., 1940), Heimkehr zu Gott (Autobiogr., 1946), Einer muß es ja tun (R., hg. 1982).

Hirschbein, Peretz, *Kleszczele bei Grodno 7. Nov. 1880, †Los Angeles (Calif.) 16. Aug. 1948, jidd. Schriftsteller. – Emigrierte 1911 in die USA; begann mit naturalist. Dramen in hebr. Sprache, wandte sich dann aber dem Jiddischen und symbolist. Formen zu; erfolgreich waren u. a. die volkstüml. Dramen ›Di puste kretschme‹ (= Das leere Wirtshaus, 1914), ›Grine felder‹ (1923); weniger Erfolg hatten seine Romane ›Rojte felder‹ (1935) und ›Bovel‹ (= Babylon [gemeint ist New York], 1942).

Hirschfeld, Georg, *Berlin 11. Febr. 1873, †München 17. Jan. 1942, dt. Schriftsteller. – Erfolgreich mit naturalist. Dramen aus dem Berliner Milieu, mit Komödien und Volksstücken sowie Novellen mit schwierigen psycholog. Problemen. Später schrieb er eine große Zahl von Unterhaltungsromanen.

Werke: Dämon Kleist (Nov.n, 1895), Zu Hause (Dr., 1896), Die Mütter (Dr., 1896), Agnes Jordan (Dr., 1898), Pauline (Kom., 1899), Der junge Goldner (Kom., 1901), Nebeneinander (Dr., 1904), Die Belowsche Ecke (R., 1914), Die Tanzseele (R., 1920), Die Frau im Feuer (R., 1922), Opalritter (R., 1927), Die Frau mit den hundert Masken (R., 1931).
Literatur: STIGLITZ, R.: Das dramat. Werk G. H.s. Diss. Wien 1955 [Masch.].

Hirtendichtung ↑bukolische Dichtung, ↑Schäferdichtung, ↑arkadische Poesie.

Hirtenspiel,
1. Szenengruppe des ↑Weihnachtsspiels, die die Verkündigung an die Hirten auf dem Felde und die Anbetung des Christkindes in der Krippe darstellt.
2. Bez. für Schäferspiel (↑Schäferdichtung).

Hirtius, Aulus, ✗bei Mutina (heute Modena) 43 v. Chr., röm. Politiker und Schriftsteller. – Offizier und enger Vertrauter Caesars, dessen ›Bellum Gallicum‹ er in einem an seinem Vorbild geschulten Stil mit dem 8. Buch abschloß; vielleicht auch Verfasser des ›Bellum Alexandrinum‹, das sich an das 3. Buch von Caesars ›Bellum civile‹ anschließt.

Hisar, Abdulhak Şinasi, *Istanbul 1883, †ebd. 3. Mai 1963, türk. Romancier. – Wurde v. a. bekannt durch seinen Roman ›Unser guter Fahim Bey‹ (1941, dt. 1954), in dem der Verfall die aristokratisch-großbürgerl. Lebensstils am Beispiel eines kauzigen, aber liebenswerten, schon lange verarmten Vertreters der ehemals führenden Schicht des Osman. Reiches exemplarisch dargestellt wird.

Historia Lausiaca [lat.], Sammlung von Biographien aus dem ägypt. Mönchtum, Verfasser war ↑Palladios von Helenopolis; dem Kammerherrn Lausos gewidmet.
Literatur: ALTANER, B./STUIBER, A.: Patrologie. Freib. ⁹1980.

Historie [griech.-lat., eigtl. = Wissen, Kunde],
1. veraltet für darstellende Geschichtsquellen (↑auch Annalen, ↑Chronik).
2. im MA verwendet für Erzählungen, später auch für ↑Volksbücher (z. B. ›Historia von D. Johann Fausten ...‹, 1587). Dabei soll der Begriff in Anlehnung an

die von Fürstenspiegeln weitergegebene Auffassung Ciceros, die Geschichte sei ›Lehrmeisterin des Lebens‹ (›historia magistra vitae‹, De oratore II, 36), die Authentizität des Geschilderten unterstreichen und ihm so eine größere Glaubwürdigkeit verleihen.

Historienbibel, volkstümliche Darstellung der erzählenden Teile der Bibel, wobei neben die bibl. Geschichte gleichrangig die ↑ Legende und Auszüge aus altchristl. Schriftstellern (u. a. Eusebios von Caesarea, Hieronymus) treten. Die H. dieser Art geht auf die ›Historia scholastica‹ des Petrus Comestor (* 1100, † um 1179) zurück. Als biblisch-erbaul. Lektüre waren H.n als Handschriften bis zur Erfindung des Buchdrucks verbreitet.

Historiendrama ↑ Geschichtsdrama.

historische Erzählung, kürzere erzählende Dichtung in Prosa, seltener in Versform, über historisch authent. Gestalten und Vorfälle oder in historisch beglaubigter Umgebung angesiedelt; meist auf ein einzige Ereignis aus einem größeren Komplex von Geschehnissen oder aus einem Lebenslauf konzentriert. Von der loser gefügten h. E. unterscheidet sich die **histor. Novelle** durch dichtere Handlungsführung, der ↑ historische Roman durch seinen Umfang und Figurenreichtum. Ansätze zu einer h. E. enthalten die Geschichtsschreibung seit der Antike (z. B. bei Herodot, Livius, Sueton, C. Nepos, Plutarch), im MA (z. B. bei Einhard), in der Renaissance (bei N. Machiavelli), ferner die volkstüml. Überlieferungen in ↑ Bispel, ↑ Schwank, ↑ Anekdote, ↑ Kalendergeschichte oder die literarisch mehr oder weniger geformten Kriminalfälle in Sammlungen wie dem alten und neuen ›Pitaval‹. Eine bes. künstler. Gestaltung erfuhr die h. E. in der ↑ Novelle (G. Boccaccio), dann bes. seit der dt. Romantik (H. von Kleist, C. Brentano, E. T. A. Hoffmann u. a.). Der Einfluß W. Scotts und des histor. Romans macht sich bemerkbar in L. Tiecks ›Der Aufruhr in den Cevennen‹ (1826) und in den h. E.en von H. D. Zschokke. Begleitet von verwandten Erscheinungen in anderen Ländern (N. Hawthorne, H. de Balzac, G. Flaubert u. a.) erfuhr die h. E. einen Höhepunkt bei G. Keller, C. F. Meyer, Th. Storm, W. Raabe und Th. Fontane, wobei sie zum histor. Roman tendiert. Trotz solcher Erweiterungen und Überschneidungen bleibt die knappere Form der h. E. weiterhin aktuell bis in die Gegenwart, z. B. bei G. Grass (›Katz und Maus‹, 1961) oder F. Fühmann (›Das Judenauto‹, 1962).

Literatur ↑ historischer Roman.

historische Novelle ↑ historische Erzählung.

historischer Reim, Reimbindungen, die zur Zeit des Dichters rein waren, durch die spätere Sprachentwicklung aber unrein geworden sind; sie begegnen bes. in der engl. und frz. Literatur, z. B. bei Shakespeare ›proved‹: ›loved‹ und sind heute nur noch in der Schriftform reimend (↑ Augenreim).

historischer Roman (Geschichtsroman), meist umfangreicher Roman, in dem geschichtl. Persönlichkeiten oder Geschehnisse im Mittelpunkt stehen oder die Handlung vor einem historischauthent. Hintergrund abläuft. Der eigtl. h. R. entwickelte sich erst zu Beginn des 19. Jahrhunderts. Die Gattung und ihre Rezeption in Frankreich, Deutschland, Italien, Spanien, Rußland und Portugal belegt literarisch jene Veränderung des histor. Bewußtseins, die sich mit den Diskussionen über Autoritätsanspruch und Modellcharakter der antiken Kultur (↑ Querelle des anciens et des modernes) abzuzeichnen begann, ihre Fortsetzung in den Wandlungen von Politik und Gesellschaft im 18. Jh. fand und sich in der Frz. Revolution von 1789 uneinholbar und folgenreich ausdrückte. Ältere erzählende Dichtungen, die histor. Stoffe gestalten, wie z. B. im MA die ↑ Chansons de geste oder im 17. und 18. Jh. die Schlüssel- und Staatsromane sind innerliterarisch nur bedingt als Vorläufer anzusehen. Unmittelbares Modell war die neuere, noch nicht streng wiss. Geschichtsschreibung. Eigtl. Begründer des h. R.s war W. Scott mit ›Waverley‹ (3 Tle., 1814, dt. 1821). Scotts Romane wurden in Frankreich maßgebend für A. de Vigny (›Cinq-Mars, oder ...‹, 1826, dt. 1829), P. Mérimée (›Die Bartholomäusnacht‹, 1829, dt. 1845), V. Hugo (›Der

148 historischer Roman

Glöckner von Notre Dame‹, 1831, dt. 1948, erstmals dt. 1831) und A. Dumas d. Ä. mit seinen über 300 histor. Abenteuerromanen (u. a. ›Die drei Musketiere‹, 1844, dt. 1845; ›Der Graf von Monte Christo‹, 1845/46, dt. 1846), in Italien für A. Manzoni (›Die Verlobten‹, 1827, dt. 1827), in Rußland u. a. für A. S. Puschkin (›Die Hauptmannstochter‹, 1836, dt. 1848) und N. W. Gogol (›Taras Bulba‹, 1835, dt. 1910, erstmals dt. 1844). Bei aller Eigenständigkeit steht Scott in den USA J. F. Cooper mit dem Roman ›Der Spion‹ (1821, dt. 1824) und den ›Lederstrumpf‹-Romanen (1823–41, dt. 1824 bis 1841) nahe, in England E. Bulwer-Lytton mit Stoffen aus der Antike (›Die letzten Tage von Pompeji‹, 1834, dt. 1834) und der italien. Renaissance (›Rienzi ...‹, 1835, dt. 1836). In Deutschland sind zu nennen: C. Brentano (›Aus der Chronika eines fahrenden Schülers‹, 1818), A. von Arnim (›Die Kronenwächter‹, 1817–54), ferner F. de la Motte Fouqué u. a. Verfasser von pseudohistor. Ritterromanen, v. a. W. Hauff (›Lichtenstein‹, 1826), L. Tieck (›Vittoria Accorombona‹, 1840) und W. Alexis (›Der falsche Woldemar‹, 1842; ›Die Hosen des Herrn von Bredow‹, 1846–48), der zahlreiche Nachahmer fand. Bedeutende Vertreter des h. R.s auf der Iber. Halbinsel sind E. Gil y Carrasco (›El señor de Bembibre‹, 1844), B. Pérez Galdós (›Episodios nacionales‹, 1873–1912) und A. Herculano de Carvalho e Araújo (›Eurich, der Priester der Goten‹, 1844, dt. 1847). Eine dt. Sonderform ist das Kultur- und Sittenbild, der sog. chronikal. Roman, begründet von W. Meinhold mit ›Maria Schweidler, die Bernsteinhexe‹ (1843).

Eine zweite Phase ergab sich mit der Ausbreitung des Historismus und seiner Verabsolutierung des Geschichtsdenkens sowie mit der konsequent wiss. Geschichtsschreibung. Sehr früh davon beeinflußt zeigt sich der h. R. in den USA bei N. Hawthorne (›Der scharlachrote Buchstabe‹, 1850, dt. 1913, erstmals dt. 1851) und H. Beecher Stowe (›Oldtown folks‹, 1869), in England bei W. M. Thackeray (›Die Virginier‹, 1857–59, dt. 1857–59) und Ch. Dickens (›Zwei Städte‹, 1859, dt. 1859/60). In Deutschland ist zuerst J. V. von Scheffels ›Ekkehard‹ (1855) Vertreter der neuen Phase, dann bes. G. Freytag mit seinem sechsbändigen Zyklus ›Die Ahnen‹ (1872–80), neben ihm M. L. von François mit ihrem Roman ›Die letzte Reckenburgerin‹ (1871) u. a., ferner die sog. Professorenromane wie F. Dahns ›Ein Kampf um Rom‹ (1876). Der h. R. kam auch den Ansprüchen des literar. Hoch- und Spätrealismus entgegen; das zeigen G. Flauberts ›Salambo‹ (1862, dt. 1900), Ch. De Costers ›Tyll Ulenspiegel und Lamm Goedzak‹ (1867, dt. 1909), A. Stifters ›Witiko‹ (3 Bde., 1865–67), C. F. Meyers ›Jürg Jenatsch‹ (1882, erstmals 1876 u. d. T. ›Georg Jenatsch‹), Th. Fontanes ›Vor dem Sturm‹ (1878), ›Grete Minde‹ (1880) und ›Schach von Wuthenow‹ (1883) sowie W. Raabes Erzählungen ›Unseres Herrgotts Canzlei‹ (1862), ›Das Odfeld‹ (1889) und ›Hastenbeck‹ (1899) (z. T. als Einkleidung von eigener Welt-, Lebens- und Kunstauffassung). Wohl der bedeutendste h. R. dieser zweiten Phase ist L. N. Tolstois ›Krieg und Frieden‹ (1868/69, dt. 1885).

Seit dem Ende des 19. Jh. sind histor. Stoffe im Roman so weit verbreitet, daß eine weitere Einteilung in einzelne Phasen nicht mehr möglich ist. H. R.e schrieben u. a. W. Faulkner, S. Undset, E. von Handel-Mazzetti, J. Roth, R. Rolland, H. Sienkiewicz, R. Huch, F. Thieß, H. Mann, S. Zweig, A. Zweig, W. Bergengruen, G. von Le Fort, M. Brod, A. Döblin, F. Werfel, L. Feuchtwanger, ferner A. France, Th. Wilder, H. Broch, M. Yourcenar.

Literatur: JENSSEN, CH.: Der h. R. Möglichkeiten u. Gefahren des h. R.s. Rendsburg 1954. – LUKÁCS, G.: Der h. R. Nw. 1965. – Dargestellte Gesch. in der europ. Lit. des 19. Jh. Hg. v. W. ISER u. F. SCHALK. Ffm. 1970. – EGGERT, H.: Studien zur Wirkungsgesch. des dt. h. R.s 1850–75. Ffm. 1971. – NYSSEN, E.: Geschichtsbewußtsein u. Emigration. Der h. R. der dt. Antifaschisten 1933–1945. Mchn. 1974. – HUBER, H. D.: Der h. R.e in der ersten Hälfte des 19. Jh. Mchn. 1978. – MÜLLENBROCK, H. J.: Der h. R. des 19. Jh. Hdbg. 1980. – VALLERY, H.: Führer, Volk u. Charisma. Der nationalsozialist. h. R. Köln 1980. – SCHABERT, I.: Der h. R. in England u. Amerika. Darmst. 1981. – TANGUY BAUM, M.: Der h. R. im Frankreich der Julimonarchie. Ffm. 1981. – FEUCHTWANGER, L.: Das Haus der Desdemona oder Größe u. Grenzen der histor.

Dichtung. Neuausg. Ffm. 1986. – SCHALLER, H.-W.: Der frühe h. R. in Amerika. Hdbg. 1992. – Erzählte Nationalgesch. Der h. R. im italien. Risorgimento. Hg. v. F. WOLFZETTEL. Tüb. 1993. – KOHPEISS, R.: Der h. R. der Gegenwart in der BR Deutschland. Stg. 1993. – NEUMANN, F.-W.: Der engl. h. R. im 20.Jh. Hdbg. 1993. – AUST, H.: Der h. R. Stg. u. Weimar 1994.

historisches Drama ↑Geschichtsdrama.

historisches Lied, Lied, das von zeitgenössisch-aktuellen, geschichtl. Ereignissen berichtet und dessen Verfasser meist anonym bleibt. Das h. L. kann die Ereignisse chronistisch dokumentieren (Berichtslied), tendenziös Partei ergreifen (Parteilied) oder sie zum histor. Mythos erhöhen (Preislied). Der Wert des h. L.es als Quelle für die Geschichtsforschung ist sehr beschränkt, da es häufig das Episodisch-Nebensächliche in den Vordergrund rückt. Tacitus z. B. berichtet in seinen ›Annales‹ von h. L.ern der Germanen über den Cheruskerfürsten Arminius. Älteste erhaltene Zeugnisse der Gattung sind in Deutschland das ahd. ›Ludwigslied‹ (Ende des 9.Jh.) auf König Ludwig III. von Frankreich und das Ende des 10.Jh. entstandene ahd.-lat. ›Lied de Heinrico‹. V. a. seit dem 14.Jh. setzte eine breite Überlieferung zeitgeschichtl. Lieder ein, die vereinzelt die Popularität von Volksliedern erreichten. Bekannteste Beispiele sind Lieder über K. Störtebeker (1402), Agnes Bernauer (1435), die Schlacht von Pavia (1525), später über den Dreißigjährigen Krieg und den Türkenkrieg (Prinz Eugen). Vergleichbare Texte sind in vielen Literaturen vor ihrer schriftl. Fixierung bzw. im Frühstadium ihrer Entwicklung nachweisbar. – ↑auch Cantilène, ↑Chanson de geste, ↑Mündlichkeit.

historisch-kritische Ausgabe, Ausgabe eines Schriftwerkes, in der die verschiedenen einzelnen Fassungen eines Textes von den frühesten Entwürfen bis zur ↑Ausgabe letzter Hand berücksichtigt sind.

Histrionen [lat.], in Rom zunächst mim. Tänzer, die bes. bei Leichenspielen und kult. Festen auftraten; im frühen MA Gaukler, fahrende Musikanten; später allgemein Schauspieler.

Hita, Arcipreste de [span. 'ita], span. Dichter, ↑Ruiz, Juan.

Hita, Ginés Pérez de [span. 'ita], span. Schriftsteller, ↑Pérez de Hita, Ginés.

Hitomaro, jap. Dichter, ↑Kakinomoto no Hitomaro.

Hitopadeśa [...ʃa = nützl. Unterweisung], eine in Sanskrit abgefaßte metr. Bearbeitung des ›Pañcatantra‹ durch Nārāyaṇa; nach dem 9.Jh. in Bengalen entstanden.

Ausgaben: Hitopadesas, id est institutio salutaris... Hg. v. A. W. VON SCHLEGEL u. CH. LASSEN. Bonn 1829–31. Nachdr. 1972. 2 Bde. – H. Übers. v. J. HERTEL. Lpz. 1894.

Hix, Auguste [frz. iks], Pseudonym des frz. Dichters Claude Joseph ↑Rouget de Lisle.

Hjärne, Urban [schwed. ˌjæːrnə], schwed. Dichter, ↑Hiärne, Urban.

Hjartarsson, Snorri [isländ. 'jartarsɔn], * Hvanneyri in Borgarfirði 22. April 1906, † Reykjavík 27. Dez. 1986, isländ. Dichter. – Studierte zunächst an der Kunstakademie in Oslo und schrieb dort als Erstlingswerk den Roman ›Højt flyver ravnen‹ (= Hoch fliegt der Rabe, 1934). Nach seiner Rückkehr nach Island (1935) debütierte er dort 1944 als Lyriker mit der Gedichtsammlung ›Kvæði‹ (= Gedichte); formal den traditionellen Mitteln der isländ. Lyrik verpflichtet, gestaltete er beeindruckende Bilder von ungewöhnl. ästhet. Reiz und setzte damit neue Impulse für die isländ. Lyrik.

Weitere Werke: Á Gnitaheiði (= Auf der Gnitaheide, Ged., 1952), Lauf og stjörnur (= Blätter und Sterne, Ged., 1966), Hauströkkrið yfir mér (= Herbstdämmerung über mir, Ged., 1979).

Hjortø, Knud [dän. 'jɔrdø:'], * Kirke Værløse 4. Jan. 1869, † Frederiksberg 25. Nov. 1931, dän. Schriftsteller. – Schrieb Romane, deren Handlung oft in kleinstädt. Milieu spielt; phantastisch-satir. Gestaltung und psycholog. Motivierung bestimmen seine Darstellungskunst; auch Novellist.

Werke: Staub und Sterne (R., 1904, dt. 1905), Zwei Welten (R., 1905, dt. 1906), Hans Raaskov (R., 1906, dt. 1906).

Literatur: FRIIS, O./JOHANSEN, F.: K. H. Kopenhagen 1924.

Hłasko, Marek [poln. 'xuaskɔ], * Warschau 14. Jan. 1934, † Wiesbaden 14. Juni 1969, poln. Schriftsteller. – Verließ 1958

150 Hlaváček

Polen, lebte zeitweilig in der BR Deutschland, auch in Israel; schrieb Romane, Erzählungen und Drehbücher. Seine Werke, die unter dem Einfluß E. Hemingways stehen, sind v.a. Protest gegen Unterdrückung und Leiden.

Werke: Der achte Tag der Woche (En., dt. Auswahl 1958), Der Nächste ins Paradies (R., 1958, dt. 1960), Peitsche deines Zorns (R., dt. 1963, poln. 1964), Alle hatten sich abgewandt (E., 1964, dt. 1965), Folge ihm durchs Tal (R., 1968, dt. 1970), Am Tage seines Todes. Die zweite Ermordung des Hundes (En., dt. Auswahl 1969), Palcie ryż każdego dnia (= Brennt Reis jeden Tag, R., hg. 1983).
Ausgabe: M. H. Utwory wybrane. Warschau 1985. 4 Bde.
Literatur: RUDNICKI, B.: M. H. Warschau 1983. – STABRO, S.: Legenda i twórczość M. Hłaski. Breslau 1985.

Hlaváček, Karel [tschech. 'hlava:-tʃɛk], * Prag 24. Aug. 1874, † ebd. 15. Juni 1898, tschech. Lyriker. – Vertreter des Dekadenz und des Symbolismus; schuf nach dem Vorbild P. Verlaines und M. Maeterlincks feinsinnige, bildhafte Gedichte; sein Versuch, sozialreformer. Probleme zu gestalten, scheiterte.
Ausgabe: K. H. Dílo. Prag 1930. 3 Bde.

Hlbina, Pavol G. [slowak. 'hḷbina], eigtl. P. Gašparovič, * Veľké Krštenany 13. Mai 1908, † Bobot 21. Okt. 1977, slowak. Lyriker. – Kath. Priester; Dichter in der Tradition der kath. Moderne, dessen Gedichte von religiös-eth. Werten bestimmt sind; zeitweilig Neigung zur Poésie pure; bed. Übersetzer und Theoretiker der Dichtkunst.

Hlebka, Pjatro (Pjotr Fjodarawitsch) [weißruss. 'ɣlɛpka], * Welikaja Ussa (Gebiet Minsk) 6. Juli 1905, † Minsk 18. Dez. 1969, weißruss.-sowjet. Lyriker. – Stellte seine anfangs romant. Dichtung zunehmend in den Dienst des Sozialismus; auch literatur- und sprachwiss. Arbeiten; übersetzte A. S. Puschkin, M. Gorki, T. H. Schewtschenko ins Weißrussische.
Ausgabe: P. H. Zbor tvoraŭ. Minsk 1969–71. 3 Bde.

Hlibow (tl.: Hlibov), Leonid Iwanowytsch [ukrain. 'hliboṷ], * Wessjoly Podol 5. März 1827, † Tschernigow 10. Nov. 1893, ukrain. Schriftsteller. – Verfaßte satir. Fabeln, z. T. nach I. A. Krylow, und liedhafte Gedichte, die z. T. Volkslieder wurden; schrieb Kindermärchen, Rätsel, Spruchdichtungen; auch Dramatiker.
Ausgabe: L. I. Hlibov. Tvory. Charkow 1927. 2 Bde.

Hlinka, Vojtěch [tschech. 'hliŋka], tschech. Schriftsteller, † Pravda, František.

Hobart, Alice Tisdale [engl. 'hoʊbaːt], * Lockport (N. Y.) 28. Jan. 1882, † Oakland (Calif.) 14. März 1967, amerikan. Schriftstellerin. – Historikerin; lebte 20 Jahre mit ihrem Mann, einem amerikan. Geschäftsmann, in China; schrieb Reiseberichte, dann Romane mit dem Thema des Gegensatzes zwischen östl. und westl. Mentalität, von denen der bekannteste ›Petroleum für die Lampen Chinas‹ (1933, dt. 1935) war; später verfaßte sie Romane, die in Mexiko und Kalifornien spielen und sich mit dem sozialen und industriellen Aufschwung in den USA befassen.
Weitere Werke: Strom, du Schicksal (R., 1929, dt. 1935), Das Haus der heilenden Hände (R., 1936, dt. 1946), Their own country (R., 1940), Diese Erde ist mein (R., 1942, dt. 1960), Das Pfauenrad (R., 1945, dt. 1946), Tal der Unruhe (R., 1948, dt. 1953), Im Zeichen der Schlange (R., 1951, dt. 1953), Einer blieb zurück (R., 1955, dt. 1957), Gusty's child (Autobiogr., 1959), Die arglosen Träumer (R., 1963, dt. 1965).

Hobbes, Thomas [engl. hɔbz], * Westport (heute zu Malmesbury, Wiltshire) 5. April 1588, † Hardwick Hall (Derbyshire) 4. Dez. 1679, engl. Philosoph. – Studierte in Oxford Physik und Logik, lebte dann als Hauslehrer; ausgedehnte Reisen auf dem Kontinent brachten ihn mit führenden Wissenschaftlern seiner Zeit in für ihn wichtigen Kontakt. 1640 verfaßte er die (nur in Abschriften zirkulierende) Schrift ›The elements of law, natural and political‹ (hg. 1889), wonach er für 11 Jahre ins Exil nach Frankreich mußte. Dort erschien 1651 ›Leviathan or the matter, forme and power of a common-wealth ecclesiastical and civill‹ (dt. 1794/95 in 2 Bden. u. d. T. ›Leviathan oder Der kirchl. und bürgerl. Staat‹), sein staatsphilosoph. Hauptwerk. Nach seiner Rückkehr nach England publizierte er ›Elementorum philosophiae sectio prima. De corpore‹ (1655), seine wichtigste naturphilosoph. Schrift. H. hat sowohl zur Natur- als auch zur Staatsphilo-

Hochsprache 151

sophie einflußreiche Beiträge geleistet. Im Bereich der Staatsphilosophie wurde er als konsequenter Vertreter der absoluten Herrschaft bekannt. Nur diese sei in der Lage, die menschl. Triebkräfte so zu regulieren, daß ein gesichertes Zusammenleben möglich sei. Das Ungeheuer Leviathan, das H. aus dem Buch Hiob des AT als Sinnbild des Staates entlehnt hat, ist für ihn unverzichtbar. Gäbe es diesen Moloch nicht, würde der Krieg aller gegen alle herrschen. – H. gilt als Materialist und als Nominalist. Als Materialist, weil sich nach seiner Ansicht alle natürl. Ereignisse (unter ausdrückl. Einschluß seel. Vorgänge) letztlich auf die Bewegung und den Stoß von Körpern zurückführen lassen. Hier zeigt sich der tiefgreifende Einfluß, den die zeitgenöss. Physik auf H. hatte: Die Mechanik stellt nach H.' Meinung ein universelles Erklärungsmodell dar. Die menschl. Willensfreiheit ist eine Illusion. Nominalistisch ist H.' Lehre, daß Allgemeinbegriffe bloß Namen seien, denen kein Pendant in der Wirklichkeit entspricht. Denken bedeutet für ihn mit Begriffen rechnen. Paradigmatisch hierfür waren in seinen Augen die Elemente des Euklid.
Weitere Werke: Elementorùm philosophiae sectio tertia. De cive (1642), Elementorum philosophiae sectio secunda. De homine (1658).
Literatur: TÖNNIES, F.: Th. H.' Leben u. Werk. Stg. 1971. – SCHMITT, CARL: Der Leviathan in der Staatslehre des Th. H. Stg. 1982. – AUBREY, J.: Th. H. Bln. 1984. – MÜNKLER, H.: Th. H. Ffm. 1993.

Hobsbaum, Philip Dennis [engl. 'hɔbzbɔ:m], * London 29. Juni 1932, engl. Schriftsteller. – Gründete 1955 die Dichtervereinigung The Group; seit 1972 Dozent in Glasgow. Seine Lyrik ist von scharfer, z. T. satir. sozialer Beobachtung gekennzeichnet. Verfaßte auch literaturkrit. Arbeiten.
Werke: The place's fault and other poems (Ged., 1964), Coming out fighting (Ged., 1969), Women and animals (Ged., 1972), Tradition and experiment in English poetry (Abh., 1979), Essentials of literary criticism (Essays, 1983).

Hoccleve, Thomas [engl. 'hɔkli:v], engl. Dichter, ↑ Occleve, Thomas.

Hochhuth, Rolf, * Eschwege 1. April 1931, dt. Schriftsteller. – Verfasser vielbeachteter und vielgespielter, aber auch umstrittener Theaterstücke. Ausgehend von seiner Grundthese, daß die Geschichte durch das Eingreifen des einzelnen gestaltbar ist, handeln seine Stücke von der moral. Verantwortung einzelner Personen im polit. Handlungsraum, insbes. während des Nationalsozialismus. Schreibt auch Erzählungen und Essays.

Rolf Hochhuth

Werke: Der Stellvertreter (Dr., 1963), Berliner Antigone (E., 1965), Soldaten (Dr., 1967), Krieg und Klassenkrieg (Essays, 1971), Die Hebamme (Kom., 1971), Lysistrate und die NATO (Kom., 1973), Die Berliner Antigone (Prosa und Verse, 1975), Tod eines Jägers (Monodrama, 1976), Eine Liebe in Deutschland (E., 1978), Juristen (Dr., 1979), Ärztinnen (Dr., 1980), Spitze des Eisbergs (Schriften, 1982), Judith (Trag., 1984), Atlantik-Novelle (En., 1985), Alan Turing (E., 1987), Täter und Denker (Essays, 1987), Tell gegen Hitler. Histor. Studien (1992), Wessis in Weimar (Stück, 1993).
Literatur: MELCHINGER, S.: R. H. Velber 1967. – TAENI, R.: R. H. Mchn. 1977. – R. H. Dokumente zur polit. Wirkung. Hg. v. R. HOFFMEISTER. Mchn. 1980. – R. H. Eingriff in die Zeitgesch. Hg. v. W. HINCK. Rbk. 1981.

Hochland, 1903 gegründete kath. Kulturzeitschrift. Das H. suchte zunächst die kulturelle Gettosituation des dt. Katholizismus im Kaiserreich zu überwinden. Der Weimarer Republik stand es mit einer konservativen Mischung aus Reserve und Loyalität gegenüber. Es ließ sich im Dritten Reich (bis zur Einstellung 1941) nicht gleichschalten. Neugründung 1946, abgelöst durch ›Neues Hochland‹ (1972–74).

Hochsprache (Standardsprache), die über lokalen Umgangssprachen, Mundarten und Gruppensprachen stehende allgemeinverbindl. Form einer Sprache,

152 Hochwälder

wie sie im gesamten öffentl. Leben verwendet wird und im wiss. und literar. Schrifttum ihren Niederschlag findet. V. a. die modernen Massenmedien haben für die feste Verankerung und für die große Verbreitung der H. gesorgt. Neuerdings tritt der Begriff ›H.‹ (dafür früher auch Nationalsprache, Landessprache, Literatursprache, Schriftsprache u. a.) gegenüber der Bez. ›Standardsprache‹ zurück.

Hochwälder, Fritz, * Wien 28. Mai 1911, † Zürich 20. Okt. 1986, österr. Dramatiker. – Emigrierte 1938 in die Schweiz, wo er seitdem als freier Schriftsteller lebte. H. war bemüht, in seinen Werken, die in der Gestaltung histor. und weltanschaul. Themen eine aktualisierende Tendenz zeigen, das streng gebaute idealist. Drama fortzuführen.

Werke: Das hl. Experiment (Dr., 1947), Der Flüchtling (Schsp., 1948), Donadieu (Dr., 1953), Der öffentl. Ankläger (Dr., 1954), Die Herberge (Dr., 1956), Der Himbeerpflücker (Dr., 1965), Der Befehl (Dr., 1967), Lazaretti oder Der Säbeltiger (Dr., 1975), Im Wechsel der Zeit (autobiograph. Skizzen und Essays, 1980), Die Prinzessin von Chimay (Kom., 1982).
Ausgaben: F. H. Dramen. Mchn. 1959–64. 2 Bde. – F. H. Dramen. Ausw. Graz 1975–85. 4 Bde.
Literatur: FÉRET, H. M.: Sur la terre comme au ciel le vrai drame de Hochwalder. Paris 1953. – SCHLIEN, H.: F. H. Werk u. Leben. In: HOCHWÄLDER, F.: Das hl. Experiment. Hamb. u. Wien ²1957. – BORTENSCHLAGER, W.: Der Dramatiker F. W. Innsb. 1979.

Hock, Theobald, dt. Lyriker, † Hoeck, Theobald.

Höcker, Paul Oskar, * Meiningen 7. Dez. 1865, † Rastatt 5. Mai 1944, dt. Schriftsteller. – War zunächst Kapellmeister, schrieb ab 1889 Romane, Novellen, Lustspiele und Dramenentwürfe für den Film.

Werke: Dem Glück nach (R., 1893), Zersprungene Saiten (Nov.n und En., 1900), Paradiesvogel (R., 2 Bde., 1907), Die Rose Feuerzauber (R., 1936), Gottgesandte Wechselwinde (Autobiogr., 1940), Der Kapellmeister (R., 1944).

Hoddis, Jakob van, eigtl. Hans Davidsohn, * Berlin 16. Mai 1887, † 30. April 1942 (auf der Deportation), dt. Lyriker. – Mitbegründer des frühexpressionistischen Neuen Clubs; Freundschaft mit G. Heym; ab 1912 Anzeichen von Geisteskrankheit; führte ein gehetztes Wanderleben, Aufenthalt in Sanatorien. H. schrieb schwermütige, oft iron. Gedichte voller prophetisch-visionärer Bilder in expressionist. Technik, veröffentlicht v. a. in der ›Aktion‹ und im ›Sturm‹. Sein Gedicht ›Weltende‹ (gedr. 1911 in der Berliner Zeitschrift ›Der Demokrat‹) ist eines der berühmtesten expressionist. Gedichte.

Ausgabe: J. v. H. Weltende. Dichtungen. Hg. v. P. PÖRTNER. Zü. 1958. – J. v. H. Dichtungen u. Briefe. Hg. v. R. NÖRTEMANN. Zü. 1987.
Literatur: REITER, U.: J. v. H. Leben u. lyr. Werk. Göppingen 1970. – HORNBOGEN, H.: J. v. H. Die Odyssee eines Verschollenen. Mchn. 1986. – Tristitia ante – geahnte Finsternis. Zu Leben u. Werk J. v. H.' 1887–1987. Güt. 1987.

Hodgson, Ralph [engl. hɔdʒsn], * Darlington (Durham) 9. Sept. 1871, † Alliance (Ohio) 3. Nov. 1962, engl. Dichter. – H.s Lyrik drückt sein Mitleid mit der Kreatur und seine Liebe zur Natur aus; ließ fast alle Gedichte auf Einzelblättern (›broadsides‹) drucken.

Werke: The last blackbird (Ged., 1907), Poems (Ged., 1917), The muse and the mastiff (Ged., 1942), The skylark and other poems (Ged., 1958), Collected poems (Ged., 1961).

Hodža, Michal Miloslav [slowak. ˈhɔdʒa], * Rakša 22. Sept. 1811, † Cieszyn (Polen) 26. März 1870, slowak. Schriftsteller und Publizist. – Ev. Pfarrer; Mitarbeiter L. Štúrs, bes. bei dessen Bemühungen um eine slowak. Schriftsprache. H. setzte die etymolog. Orthographie durch; 1848/49 arbeitete er gegen die Ungarn; 1867 wurde er gezwungen, das Land zu verlassen; schrieb außer Epigrammen patriot. und religiöse Lyrik; auch philosoph. Epen mit visionären Elementen.

Literatur: HUČKO, J.: M. M. H. Preßburg 1970.

Hoeck (Hock), Theobald [hœk], * Limbach bei Homburg (Saarland) 10. Aug. 1573, † nach 1618, dt. Lyriker. – Humanist. Bildung; lebte als Soldat oder Vagant am Prager Hof, dann Sekretär eines böhm. Adligen, 1602 geadelt. Eintreten für die ev. Union, deshalb zum Tode verurteilt, 1618 beim Prager Aufstand befreit, als Oberst verschollen. Vorbarocker Lyriker, der wegen seiner reformer. Bemühungen um die dt. Dichtung – er wollte u. a. die Hofgesellschaft für die dt. Dichtung gewinnen – als Vorläufer G. R. Weckherlins und M. Opitz' gilt. In seinen

Gedichten, veröffentlicht 1601 u. d. T. ›Schönes Blumenfeld‹, verwendete der Verfasser eine volkstüml. Sprache, die von vielen Dialektwendungen und Sprichwörtern durchsetzt ist.
Ausgabe: Th. H. Schönes Blumenfeld. Hg. v. K. HANSON. Bonn 1975.

Hoeflich, Eugen, israel. Schriftsteller österr. Herkunft, † Ben-Gavriêl, Moscheh Ya'akov.

Høeg, Peter [dän. 'høəg], * Kopenhagen 17. Mai 1957, dän. Schriftsteller. – Arbeitete als Tänzer und Schauspieler am Theater; schreibt erfolgreiche Romane, die sich durch erzähler. Kraft auszeichnen; auch Erzählungen.
Werke: Vorstellung vom zwanzigsten Jh. (R., 1988, dt. 1992), Fräulein Smillas Gespür für Schnee (R., 1992, dt. 1994).

Hoel, Sigurd [norweg. hu:l], * Nord-Odal (Hedmark) 14. Dez. 1890, † Oslo 14. Okt. 1960, norweg. Schriftsteller. – Von S. Freud beeinflußter Dramatiker und Erzähler, der mit pessimistisch gestimmten erot. Darstellungen und scharfer Satire gegen das norweg. Bürgertum Kritik hervorrief; auch Übersetzer.
Werke: Sünder am Meer (R., 1927, dt. 1932), Ein Tag im Oktober (R., 1931, dt. 1932), Der Weg bis ans Ende der Welt (R., 1934, dt. 1957), Begegnung am Meilenstein (R., 1947, dt. 1970), Der Trollring (R., 1958, dt. 1980).

Hoem, Edvard [norweg. ‚hu:ɛm], * 10. März 1949, norweg. Schriftsteller. – Erschloß als einer der führenden Vertreter des marxistisch orientierten Sozialrealismus der 1970er Jahre mit seinen ›Distriktsromanen‹ der norweg. Literatur neue Themen und Ausdrucksformen; ergriff als Liedermacher Partei gegen Norwegens EG-Beitritt.
Werke: Som grønne musikantar (Ged., 1969), Landet av honning og aske (Prosa, 1970), Anna Lena (R., 1971), Kvinnene langs fjorden (Dr., 1973), Fährfahrten der Liebe (R., 1974, dt. 1987), Gi meg de brennende hjerter. Melding frå Petrograd (R., 1978), Prøvetid (R., 1984).

Hoerner, Herbert von ['hœrnər], * Gut Ihlen (Kurland) 9. Aug. 1884, † Torgau Mai 1950, dt. Schriftsteller. – Maler und Zeichenlehrer, starb in russ. Haft. Gab in sprachlich vollendeten Erzählungen ein Bild seiner balt. Heimat; Übersetzer aus dem Russischen (N. W. Gogol, A. S. Puschkin, L. N. Tolstoi, I. S. Turgenjew).

Werke: Villa Gudrun (En. und Ged., 1922), Die Kutscherin des Zaren (E., 1936), Die letzte Kugel (E., 1937), Der graue Reiter (R., 1940), Die Welle (Ged., 1942), Die grüne Limonade (E., hg. 1952).

Hoerschelmann, Fred von ['hœr...], * Haapsalu (Estland) 16. Nov. 1901, † Tübingen 2. Juni 1976, dt. Schriftsteller. – Hörspielautor, Dramatiker und Erzähler mit Themen aus Geschichte und Gegenwart. Bes. bekannt wurde sein Hörspiel ›Das Schiff Esperanza‹ (Ursendung 1953).
Weitere Werke: Das rote Wams (Kom., 1935), Die zehnte Symphonie (Dr., 1940), Wendische Nacht (Dr., 1942), Die Stadt Tondi (En., 1950), Die verschlossene Tür (Hsp., 1958), Sieben Tage, sieben Nächte (En., 1963).

Hofdichtung, Dichtungen, die Normen höf. Standes- und Lebensideale und monarch. Herrschaftsstrukturen repräsentieren und propagieren oder Herrschergestalten verherrlichen. H. ist vorwiegend höf. ↑ Gelegenheitsdichtung. Sie findet sich an den hellenist. Königshöfen, dann in der röm. Kaiserzeit, im gesamten MA, an den Höfen der Renaissance und erreicht eine Hochblüte im europ. Barock.

Hofdijk, Willem Jacobszoon [niederl. 'hɔvdɛik], * Alkmaar 27. Juni 1816, † Arnheim 29. Aug. 1888, niederl. Lyriker, Epiker und Dramatiker. – Schrieb Versepen mit Stoffen aus der Vergangenheit; Einfluß Ossians und der Spätromantik.
Werke: Rosamunde (Epos, 1839), Aёddon (Epos, 1852), Griffo de Saliër (Epos, 1852).

Höfen, von, poln. Bischof und Dichter dt. Herkunft, ↑ Dantyszek, Jan.

Hoff, Kay, * Neustadt in Holstein 15. Aug. 1924, dt. Schriftsteller. – War Bibliothekar, Journalist; 1970–73 Leiter des Kulturzentrums an der Dt. Botschaft in Tel Aviv; lebt in Lübeck. Setzt sich in seinen Romanen realistisch, auch satirisch mit der Zeit des Dritten Reiches und der Gegenwart auseinander; auch Gedichte, Hörspiele und Fernsehfeatures.
Werke: In Babel zuhaus (Ged., 1958), Zeitzeichen (Ged., 1962), Bödelstedt oder Würstchen bürgerlich (R., 1966), Ein ehrlicher Mensch (R., 1967), Netzwerk (Ged., 1969), Drei. Anatomie einer Liebesgeschichte (R., 1970), Wir reisen nach Jerusalem (R., 1976), Bestandsaufnahme (Ged., 1977), Hörte ich recht? (Hsp.e, 1980), Ge-

gen den Stundenschlag (Ged., 1982), Janus (R., 1984), Zeit-Gewinn. Gesammelte Gedichte 1953–1989 (1989).

Hoffer, Klaus, * Graz 27. Dez. 1942, österr. Schriftsteller. – Studium der Altphilologie, Germanistik und Anglistik; Lehrer, lebt in Graz. Nach Veröffentlichungen meist in der Literaturzeitschrift ›manuskripte‹ (u. a. das R.-Fragment ›Unter Schweinen‹, 1967) wurde er durch den zweiteiligen Roman ›Bei den Bieresch‹ (Bd. 1 u. d. T. ›Halbwegs‹, 1979, Bd. 2 u. d. T. ›Der große Potlatsch‹, 1983) bekannt. Geschildert werden darin die Bemühungen des Ich-Erzählers Hans, in einer sprachlich und geistig verkümmerten, nach Konventionen und Mythenbildern lebenden Welt zu einer vorläufigen Identität zu gelangen. Schreibt auch literaturwiss. Arbeiten und Hörspiele und ist als Übersetzer tätig.
Weitere Werke: Am Magnetberg (E., 1982), Pusztavolk (Essay, 1991).

Hoffmann, August Heinrich, dt. Germanist und Lyriker, † Hoffmann von Fallersleben, August Heinrich.

Hoffmann, Elisabeth, dt. Schriftstellerin, † Langgässer, Elisabeth.

Hoffmann, E[rnst] T[heodor] A[madeus], eigtl. E. Th. Wilhelm H., * Königsberg (Pr) 24. Jan. 1776, † Berlin 25. Juni 1822, dt. Schriftsteller, Komponist und Zeichner. – 1792–95 Studium der Rechtswiss. in Königsberg; ab 1796 in Glogau, wo er 1798 das Referendarexamen ablegte; anschließend am Kammergericht in Berlin. Nach dem Assessorenexamen 1800 Versetzung nach Posen. H. pflegte dabei stets seine zeichner. und musikal. Begabungen, worin er die eigtl. Bestimmung seines Lebens sah (ab 1815 benutzte er aus Verehrung für Mozart den Vornamen Amadeus). Diese wie seine später einsetzende schriftsteller. Tätigkeit bezeugt die konfliktreiche Spannung zwischen dem Streben nach Ausbildung und Ausübung seiner allseitigen künstler. Anlagen und bloßer Existenzsicherung. Eine Reihe von Karikaturen (auf die er sich besonders gut verstand) erwiesen sich als allzu treffend und führten zu einer Strafversetzung nach Płock. 1804 kam er als Regierungsrat nach Warschau. Als Mitglied der ›Musikal. Gesellschaft‹ wirkte er dort als Organisator und Dirigent bei Veranstaltungen mit. Nach dem Einmarsch der Franzosen mußte er Warschau verlassen und ging 1807 nach Berlin, wo er vergeblich versuchte, eine Anstellung zu finden. 1808 wurde ihm die Stelle eines Theaterkapellmeisters in Bamberg angeboten. Dort wirkte er zugleich auch als Musikkritiker (v. a. der ›Leipziger Allgemeinen musikal. Zeitung‹), Direktionsgehilfe, Komponist und Bühnenbildner. 1813 ging er als Musikdirektor der Theatertruppe J. Secondas nach Dresden und Leipzig. Mit seiner Entlassung dort (Febr. 1814) war H.s Laufbahn als freischaffender Künstler zu Ende. Wieder im Staatsdienst und Richter am Kammergericht in Berlin (ab 1. Okt. 1814) schrieb er nur noch wenige kleine Kompositionen, entfaltete dafür aber seine dichter. Begabung umso stärker. 1816 Ernennung zum Kammergerichtsrat. 1819 erste Anzeichen einer schweren Erkrankung. Im Okt. 1819 wurde H. ohne sein Zutun Mitglied einer Kommission, die auf Veranlassung Metternichs gegen politl. ›Aufwiegler‹, gegen Burschen- und Turnerschaften vorgehen sollte (›Demagogenverfolgung‹). Mit viel Zivilcourage setzte sich H. für die Betroffenen ein (u. a. für den ›Turnvater‹ F. L. Jahn), weswegen ein Disziplinarverfahren gegen ihn eingeleitet wurde. Zudem wurde er selbst Opfer der preuß. Zensur, der seinen ›Meister Floh‹ (Märchen, 1822) nur in einer verharmlosten Fassung zum Druck freigab. In dieser Lage, seine Existenz von zwei Seiten bedroht sehend, starb er, krank und vereinsamt.
Wie sich sein Leben in Gegensätzen bewegte – gewissenhafter Beamter und leidenschaftl. Künstler –, so stehen in H.s Romanen, Novellen, Erzählungen und Märchen realist. Alltagswelt und phantast. Geisterwelt nebeneinander, gehen ineinander über. Sein unfreiwilliges Außenseitertum, seine Suche nach einer tragenden Wirklichkeit öffnete ihm den Blick auf die Nachtseiten der Natur, hinter die Fassade einer oft nur geheuchelten bürgerl. Harmonie. Nicht Flucht des Romantikers ins Phantastische, vielmehr seine verschiedenartigen Auseinandersetzungen mit der Realität führten ihn zum Erkennen des Widersinnigen, Gro-

tesken, Hintergründigen. Dieses wird vom literar. Erstling an (›Ritter Gluck‹, E., 1809) zum Medium auch grundsätzl. Urteile über seine Erfahrung des Lebens. Satire und Ironie, Miteinbeziehung von Fabelwesen und Tieren schaffen Distanz und öffnen neue Bereiche des Denkens. Manches zunächst Gespensterhafte und Unverständliche wiederum erfährt eine empir. Beglaubigung (Abnormitäten der Natur, psych. Störungen) und wird vom Schleier des Okkulten befreit. Eine wichtige Rolle spielen Automaten und Maschinen, Vorboten der Industrialisierung und des techn. Zeitalters; in ihrer literar. Verarbeitung vermischen sich sachl. Darstellung mit der Ahnung um die Gefahren für die Identität der menschl. Persönlichkeit. Hinter dem Abgründigen noch schimmert stets H.s Humanitätsideal, sein Verlangen nach einem Reich der poet. Menschlichkeit. Die Spannweite, die durch alle diese Komponenten entsteht, hat ihre Pole in H.s beiden einzigen Romanen ›Die Elixiere des Teufels ...‹ (2 Bde., 1815/16), wo insbesondere das Doppelleben im Motiv des Doppelgängers thematisiert wird, und ›Lebens-Ansichten des Katers Murr ...‹ (Fragment, 2 Bde., 1819–21), worin sich zwei gegensätzliche Handlungsabläufe überschneiden: Die Memoiren des Kapellmeisters Johannes Kreisler (ein übersteigertes Selbstporträt) und auf der Rückseite der Makulaturblätter die Betrachtung seines schreibkundigen Katers, eine humorist. Relativierung von Biedermannswelt und romant. Künstlerwelt. Weitere Werke sind die Erzählsammlung mit musikal. Thematik ›Fantasiestücke in Callot's Manier‹ (4 Bde., 1814/15, mit einem Vorwort von Jean Paul; darin u. a. ›Ritter Gluck‹, ›Don Juan‹, ›Der goldne Topf‹, ›Der Magnetiseur‹, ›Die Abenteuer der Silvesternacht‹), ›Nachtstücke ...‹ (En., 2 Bde., 1816/17; darin ›Der Sandmann‹, ›Das Majorat‹), ›Seltsame Leiden eines Theater-Direktors‹ (En., 1819), ›Die Serapions-Brüder‹ (Erzählzyklus mit Rahmenhandlung, 4 Bde., 1819–21; darin u. a. ›Rat Krespel‹, ›Der unheiml. Gast‹, ›Die Bergwerke zu Falun‹, ›Nußknacker und Mausekönig‹, ›Doge und Dogaresse‹, ›Meister Martin der Küfner‹, ›Das Fräulein von Scudéri‹, ›Signor

Formica‹), ferner ›Klein Zaches genannt Zinnober‹ (Märchen, 1819), ›Prinzessin Brambilla. Ein Capriccio nach Jakob Callot‹ (1821) und ›Des Vetters Eckfenster‹ (E., 1822). In diesem letzten Werk nähert er sich dem krit. Realismus und bekräftigt sein Bekenntnis zur ›Kunst des Schauens‹, die dem Leben, der Wirklichkeit tief verbunden ist. – H.s Werk übte großen Einfluß auf die Weltliteratur aus (u. a. auf H. de Balzac, N. W. Gogol, Ch. Dickens, E. A. Poe, F. Kafka). Sein bevorzugtes Interesse galt der Musik. Als Musikkritiker setzte er sich für L. van Beethoven und den fast vergessenen J. S. Bach ein. Er schrieb Sinfonien, Sonaten, Kammermusik, Singspiele (›Die Maske‹, 1799; ›Scherz, List und Rache‹, 1801, Text von Goethe; ›Die lustigen Musikanten‹, 1804, Text von C. Brentano), eine Bühnenmusik und die Oper ›Undine‹ (UA 1816; nach F. de la Motte Fouqué). J. Barbier und M. Carré stellten H. in den Mittelpunkt ihres Dramas ›Les contes d'H.‹ (1851), dem J. Barbiers Libretto für J. Offenbachs phantast. Oper ›H.s Erzählungen‹ (UA 1881 in Paris) folgt. Die Handlung beruht u. a. auf den drei Novellen ›Der Sandmann‹, ›Geschichte vom verlorenen Spiegelbild‹ (= ›Die Abenteuer der Silvesternacht‹) und ›Rat Krespel‹. Weitere von Dichtungen H.s angeregte Kompositionen schufen u. a. R. Schumann (›Kreisleriana‹ op. 16, 1838), W. Braunfels (Oper ›Prinzessin Brambilla‹, 1909) und P. Hindemith (Oper ›Cardillac‹, 1926).

Ausgaben: E. T. A. H. Sämtl. Werke. Histor.-krit. Ausg. Hg. v. C. G. VON MAASSEN. Mchn. u. Lpz. 1908–28. Bd. 1–4 u. 6–10. (m. n. e.). – E. T. A. H. Handzeichnungen. Hg. v. W. STEFFEN u. HANS VON MÜLLER. Bln. 1925. Nachdr. Hildesheim 1973. Text-Bd., Tafel-Bd. – E. T. A. H. Werke in 15 Tlen. Hg. v. G. ELLINGER. Bln. u. Lpz. ²1927. – E. T. A. H. Poet. Werke. Hg. v. K. KANZOG. Bln. 1957–62. 12 Bde. – E. T. A. H. [Sämtl. Werke in 5 Einzel-Bden.] Mchn. 1960–65. – E. T. A. H. Tagebb. Hg. v. F. SCHNAPP. Mchn. 1971. – E. T. A. H. Sämtl. Werke in 6 Einzel-Bden. Nach dem Text der Erstausg. u. Hss. Mchn. 1977–81. – E. T. A. H. Ges. Werke. Hg. v. M. HÜRLIMANN. Herrsching 1982. 5 Bde. – E. T. A. H. Werke. Mchn. 1982. 4 Bde. – E. T. A. H. Sämtl. Werke. Hg. v. W. SEGEBRECHT u. H. STEINECKE. Ffm. 1985 ff. Auf 6 Bde. berechnet (bisher 4 Bde. erschienen).

Hoffmann

Literatur: SALOMON, G.: E.T.A. H. Bibliogr. Bln. u. Lpz. ²1927. Nachdr. Hildesheim 1983. – Mitt. der E.T.A. H.-Gesellschaft. Jg. 1. Bamberg (1938/40 ff.). – GREEFF, P.: E.T.A. H. als Musiker u. Musikschriftsteller. Köln 1948. – SEGEBRECHT, W.: Autobiogr. u. Dichtung. Eine Studie zum Werk E.T.A. H.s. Stg. 1967. – VÖRSTER, J.: 160 Jahre E.T.A. H.-Forschung 1805–1965. Eine Bibliogr. ... Stg. 1967. – E.T.A. H.s Leben u. Werk in Daten u. Bildern. Hg. v. G. WITTKOP-MÉNARDEAU. Ffm. 1968. – CRAMER, TH.: Das Groteske bei E.T.A. H. Mchn. ²1970. – E.T.A. H. in Aufzeichnungen seiner Freunde u. Bekannten. Hg. u. erl. v. F. SCHNAPP. Mchn. 1974. – ETTELT, W.: E.T.A. H. Der Künstler u. Mensch. Wzb. 1981. – Zu E.T.A.H. Hg. v. S. P. SCHER. Stg. 1981. – LOECKER, A. DE: Zw. Atlantis u. Frankfurt. Märchendichtung u. Goldenes Zeitalter bei E.T.A. H. Ffm. 1983. – ROTERS, E.: E.T.A. H. Bln. 1984. – SAFRANSKI, R.: E.T.A. H. Das Leben eines skept. Phantasten. Mchn. 1984. – FELDGES, B./STADLER, U.: E.T.A. H. Epoche – Werk – Wirkung. Mchn. 1986. – KAISER, G. R.: E.T.A. H. Stg. 1988. – KREMER, D.: Romant. Metamorphosen. E.T.A. H.s Erzählungen. Stg. u.a. 1993.

Hoffmann, Heinrich, * Frankfurt am Main 13. Juni 1809, † ebd. 20. Sept. 1894, dt. Schriftsteller. – Arzt und 1851–88 Direktor der städt. Nervenheilanstalt in Frankfurt am Main, an der er als erster eine bes. Abteilung für psychisch kranke Kinder einrichtete; kann deshalb als Gründer der Jugendpsychiatrie gelten. Wurde durch seine Kinderbücher bekannt, die er auch selbst illustrierte; weltberühmt wurde ›Der Struwwelpeter‹ (1845); kulturhistorisch interessant sind seine Memoiren ›Struwwelpeter-Hoffmann erzählt aus seinem Leben‹ (hg. 1926, Neuausgabe 1985 u.d.T. ›H. H. Lebenserinnerungen‹).

Weitere Werke: Gedichte (1842, erweitert 1873 u.d.T. Auf heiteren Pfaden), Bastian der Faulpelz (E., 1854), Prinz Grünewald und Perlenfein mit ihrem lieben Eselein (Märchen, 1871).

Literatur: KÖNNEKER, M. L.: Dr. H. H.s Struwwelpeter. Unterss. zur Entstehungs- u. Funktionsgesch. eines bürgerl. Bilderbuchs. Stg. 1977.

Hoffmann, Ruth, verh. R. Scheye, * Breslau 19. Juli 1893, † Berlin 10. Mai 1974, dt. Schriftstellerin. – Ihre volkstüml. Novellen und Romane behandeln bevorzugt Probleme der Frau und spielen meistens in der Welt einfacher Menschen.

Werke: Pauline aus Kreuzberg (R., 1935), Dunkler Engel (Ged., 1946), Das goldene Seil (Ged., 1946), Meine Freunde aus Davids Geschlecht (En., 1947), Der verlorene Schuh (R., 1949), Die tanzende Sonne (E., 1956), Der Wolf und die Trappe (R., 1963), Der Mohr und der Stern (En., 1966), Eine Liebende (R., 1971).

Hoffmann, Walter, dt. Schriftsteller, † Kolbenhoff, Walter.

Hoffmann von Fallersleben, August Heinrich, eigtl. A. H. Hoffmann, * Fallersleben (heute zu Wolfsburg) 2. April 1798, † Schloß Corvey (Kreis Höxter) 19. Jan. 1874, dt. Germanist und Lyriker. – Studierte in Göttingen und Bonn, ab 1830 Prof. für dt. Sprache und Literatur in Breslau; wegen seiner nationalliberalen Haltung, die in den ›Unpolit. Liedern‹ (2 Bde., 1840/41) bezeugt ist, 1842 seines Amtes enthoben und des Landes verwiesen; 1848 rehabilitiert; ab 1860 Bibliothekar des Herzogs von Ratibor. Schrieb 1841 auf Helgoland das ›Deutschlandlied‹. Neben seiner polit. Lyrik veröffentlichte er Lieder, von denen bes. die Kinderlieder bekannt sind (›Alle Vögel sind schon da‹, ›Kuckuck‹, ›Morgen kommt der Weihnachtsmann‹ u.a.). Entdeckte u.a. Bruchstücke von Otfrid von Weißenburgs Evangelienbuch und das ›Ludwigslied‹; mit E. Richter 1842 Herausgeber der ›Schles. Volkslieder‹; setzte sich v.a. für die alt- und mittelniederl. Literatur ein.

Weitere Werke: Deutsche Lieder (1815), Die Schöneberger Nachtigall (Ged., 1822), Gedichte (1827), Horae belgicae (12 Bde., 1830–62; Hg.), Die dt. Philologie im Grundriß (1836), Dt. Lieder aus der Schweiz (1843), Die dt. Gesellschaftslieder des 16. und 17. Jh. (1844; Hg.), Mein Leben (6 Bde., 1868).

Ausgaben: H. v. F. Ges. Werke. Hg. v. H. GERSTENBERG. Bln. 1890–93. 8 Bde. – A. H. H. v. F.

August Heinrich Hoffmann von Fallersleben (Stich von Christian Hoffmeister)

höfischer Roman 157

Ausw. in 3 Tlen. Hg. v. A. WELDLER-STEINBERG. Bln. 1912. 3 Bde. Nachdr. Hildesheim 1973. 2 Bde. **Literatur:** RAAF, K. H. DE: H. v. F. Den Haag 1943. – Mitteilungs-Bll. der H. v. F.-Gesellschaft. Jg. 1 (1953) ff. – ANDRÉE, F.: H. v. F. Des Dichters Leben, Wirken und Gedenkstätten in Wort u. Bild. Höxter ²1972. – HEINRICH-JOST, I.: A. H. H. v. F. Bln. 1982. – BORCHERT, J.: H. v. F. Ein dt. Dichterschicksal. Bln. 1991.

Hoffmanowa, Klementyna [poln. xɔfma'nɔva], geb. Tańska, *Warschau 23. Nov. 1798, †bei Paris 21. Sept. 1845, poln. Schriftstellerin. – Begründerin der poln. Kinder- und Jugendliteratur; gab die erste poln. Kinderzeitung ›Rozrywki dla dzieci‹ (= Unterhaltungen für Kinder) heraus, in der ›Listy Elżbiety Rzeczyckiej‹ (= Briefe der Elżbieta Rzeczycka, 1824) und ›Dziennik Franciszki Krasińskiej‹ (= Tagebuch der Franciszka Krasińska, 1825) erschienen. Sie ist von J.-J. Rousseau beeinflußt. **Ausgabe:** K. H. (Tańska). Wybór dzieł. Krakau 1898. 6 Bde. **Literatur:** KANIOWSKA-LEWAŃSKA, I.: Twórczość dla dzieci i młodzieży K. z Tańskich Hofmanowej. Oppeln 1964.

höfische Dichtung, Sammelbegriff für Dichtung, die an Fürstenhöfen entstand oder sich thematisch an der höfisch-ritterl. Kultur orientierte. In Deutschland erlebte die h. D. v. a. vom letzten Drittel des 12. bis Mitte des 13. Jh. an den Höfen der Staufer sowie an den Fürstenhöfen in Thüringen und Österreich ihre Blütezeit. Thematisch befaßte sich die mhd. h. D. mit den ritterl. Idealen des MA (êre, triuwe, milte, staete, mâze, zuht, minne). Die wichtigsten Formen sind der † Minnesang und der † höfische Roman. Ihren Ausgang nahm die h. D. von Süd- und Nordfrankreich und verbreitete sich von hier aus bis zum Ende des 14. Jh. in den verschiedensten germanischen und romanischen Sprachgebieten. Mit dem Niedergang der Ritterkultur im 14. Jh. endete auch die h. D. des Mittelalters. – Als h. D. wird außerdem auch die an den Fürstenhöfen des Barock entstandene Gesellschaftsdichtung bezeichnet.

höfischer Roman, erzählende Großform der volkssprachl. höf. Dichtung des MA. Gegenstand ist die als Vorbild und Legitimation der Feudalgesellschaft gedachte Darstellung eines idealen Rittertums, Hauptfigur ist der zivilisierte höf. Ritter, der sich meist im Dienste seiner Minnedame auf Turnieren und in Zweikämpfen mit Rittern und Fabelwesen auszeichnet, gesellschaftl. Ansehen erringt und seinen Platz in der höf. Welt und vor Gott zu bestimmen lernt. Der auktoriale Erzähler des h. R.s artikuliert sich in Exkursen, Reflexionen und direkten Anreden sowohl an seine Gestalten als auch an die Hörer. Der stark idealisierenden Darstellung des ritterl. Lebens korrespondiert eine stilisierte, von derben Redewendungen gereinigte Sprache. Für die metr. Form des zum Vortrag bestimmten h. R.s ist der Reimpaarvers verbindlich. Prosa kommt erst mit den für ein lesendes Publikum geschriebenen chroniknahen Romanzyklen auf. – Die Geschichte des h. R.s beginnt in der Mitte des 12. Jh. in Frankreich mit der Adaptierung antiker Stoffe, deren Ereignisse und Gestalten in das höf. Milieu um Eleonore von Aquitanien (*um 1120, †1204) übertragen wurden. Seine klass. Form erhielt er zwischen 1170 und 1188 in den Werken von Chrétien de Troyes, der den Artusroman († Artusdichtung) auf der Basis von Geoffrey of Monmouth (›Historia regum Britanniae‹, 1130–36) und Wace (›Le roman de Brut‹, vollendet 1155) entwickelte. Der dt. h. R. schloß sich an frz. Vorbilder an. Als sein Begründer gilt Heinrich von Veldeke (›Eneit‹, 1186 vollendet). Den Höhepunkt erreichte er mit den Werken Hartmanns von Aue (›Erec‹, ›Iwein‹, vor 1200), Wolframs von Eschenbach (›Parzival‹, um 1200) und Gottfrieds von Straßburg (›Tristan und Isolt‹, nach 1200). Neue Stoffbereiche erschlossen ihm Hartmanns Legendendichtungen (›Gregorius‹, ›Der arme Heinrich‹) und Wolframs ›Willehalm‹ (um 1212–1217). Weniger anspruchsvolle Nachahmer waren Ulrich von Zatzikhoven (›Lanzelet‹, vor 1200) und Wirnt von Grafenberg (›Wigalois ...‹, 1212–1220?). In der Folge entstand eine kaum überschaubare Fülle kompilierender Versepen, die die Abenteuer einzelner Helden des Artushofs zum Inhalt haben. Verfasser sind: der Pleier, Heinrich von dem Türlin, Albrecht (von Scharfenberg?), Ulrich von

158 höfisches Epos

Türheim. Eine eigenständige Fortent-
wicklung des h. R.s im Sinne einer Für-
stenlehre gelang Mitte des 13. Jh. Rudolf
von Ems (›Der gute Gerhard‹, ›Barlaam
und Josaphat‹, ›Willehalm von Orlens‹,
›Alexander‹, ›Weltchronik‹). Sein Nach-
folger Konrad von Würzburg war in sei-
nen großen Epen eher restaurativ (›En-
gelhard‹, ›Partonopier und Meliur‹,
›Trojanerkrieg‹, sein Alterswerk, das bei
40 000 Versen unvollendet blieb), er-
schloß der höf. Erzählkunst aber die
novellenartige Kurzform (↑ Märe). Die
französischen Modelle wirkten darüber
hinaus auf die übrigen volkssprachlichen
Literaturen der mittelalterlichen Ro-
mania, aber auch auf diejenigen Eng-
lands, Irlands, Wales' und Skandina-
viens. Ohne den h. R. ist schließlich die
europäische Mode des Ritterromans im
15. und 16. Jh. ebensowenig denkbar wie
die Gestaltungen des Roland-Stoffes bei
M. M. Boiardo und L. Ariosto.

Literatur: BEZZOLA, R. R.: Liebe u. Abenteuer
im h. R. Dt. Übers. Rbk. 1961. – Der arthur. Ro-
man. Hg. v. K. WAIS. Darmst. 1970. – KÖH-
LER, E.: Ideal u. Wirklichkeit in der höf. Epik.
Tüb. ²1970. – RUH, K.: Höf. Epik des dt. MA.
Bln. ²1977–80. 2 Bde. – BROGSITTER, K. O.: Ar-
tusepik. Stg. ³1980. – Studi di epica arturiana.
Studien zur Artusepik. Hg. v. M. DALLAPIAZZA.
Triest 1993. – GRÜNKORN, G.: Die Fiktionalität
des h. R.s um 1200. Bln. 1994. – ↑auch Artus-
dichtung.

höfisches Epos,
1. Oberbegriff für die erzählenden Groß-
formen der ↑höfischen Dichtung; um-
faßt den höf. Roman und die in höf. Ge-
wand gekleidete Heldenepik des Hoch-
MA, aber auch die romanhafte höf. Legende.
2. svw. ↑höfischer Roman.

Hofmann, Gert, * Limbach-Ober-
frohna 29. Jan. 1931, † München 1. Juli
1993, dt. Schriftsteller. – Studierte neuere
Sprachen und Philosophie; mehrjährige
Lehrtätigkeit in Großbritannien und den
USA. Schrieb Hör- und Fernsehspiele,
Dramen, Romane und Erzählungen; v. a.
bekannt durch das zeitkrit. Stück ›Der
Bürgermeister‹ (1963) und das in der
Nachkriegszeit spielende, ausweglose
Heimkehrerstück ›Der Sohn‹ (UA 1965);
erhielt u. a. 1979 den Ingeborg-Bach-
mann-Preis, 1982 den Hörspielpreis der
Kriegsblinden. Seinen Ruf als Erzähler
begründete H. mit dem Novellenband

›Gespräch über Balzacs Pferd‹ (1981).
Trat danach v. a. als Autor von Romanen
in Erscheinung, die z. T. aus der Sicht ei-
nes Kindes in seiner sächs. Heimat er-
zählt werden (›Unsere Eroberung‹, R.,
1984; ›Veilchenfeld‹, R., 1986). Hinter-
ließ ein fertiges Romanmanuskript, das
1994 u. d. T. ›Die kleine Stechardin‹ er-
schien.

Weitere Werke: Kündigungen (2 Einakter,
1969), Die Denunziation (Nov., 1979), Die Fi-
stelstimme (R., 1980), Die Überflutung. Vier
Hörspiele (1981), Auf dem Turm (R., 1982), Der
Blindensturz (E., 1985), Unsere Vergeßlichkeit
(R., 1987), Der Kinoerzähler (R., 1990), Tolstois
Kopf (En., 1991), Das Glück (R., 1992).

Hofmannsthal, Hugo von, Pseud-
onyme Theophil Morren, Loris, Loris
Melikow, * Wien 1. Febr. 1874, † Rodaun
(heute Wien-Rodaun) 15. Juli 1929,
österr. Schriftsteller. – Ab 1892 Jura-, ab
1895 Romanistikstudium in Wien; sein
Habilitationsgesuch zog er zurück; seit
seiner Heirat 1901 freier Schriftsteller. H.
unternahm zahlreiche Reisen, u. a. nach
Italien, Frankreich, Griechenland und
Nordafrika. Befreundet mit St. George,
dessen Ruhm er begründen half, dessen
herrischem Anspruch er sich jedoch bald
entzog, mit A. Schnitzler, R. Beer-Hof-
mann, H. Bahr, R. A. Schröder, C. J.
Burckhardt und R. Pannwitz. Mitarbeit
an Georges Zeitschrift ›Blätter für die
Kunst‹; Herausgeber bzw. Mitherausge-
ber verschiedener literar. Sammlungen
und Zeitschriften (›Morgen‹, 1907–09;
›Neue dt. Beiträge‹, 1922–27), Begrün-
der und Mitherausgeber der ›Österr.
Bibliothek‹ (26 Bde., 1915–17). Zusam-
menarbeit mit R. Strauss (ab 1906) und
M. Reinhardt (Mitbegründer der Salz-
burger Festspiele 1917). Nahm am
1. Weltkrieg als Offizier teil. H. starb am
Tag der Beisetzung seines Sohnes Franz.
H. gehört mit Lyrik und Drama zu den
bed. Vertretern des österr. Impressionis-
mus und Symbolismus. Sein Romanfrag-
ment ›Andreas oder die Vereinigten‹
(entst. 1907–13, gedr. 1932), seine formal
vollendeten Novellen, seine Essays, bes.
über literar. Fragen, wie auch die Briefe
sind Prosawerke von hohem Rang. H.
vereinigt in sich Zivilisationsmüdigkeit
mit Traditionsbewußtsein, slaw. Schwer-
mut mit roman. Formgefühl. Beeinflußt

Hofmannsthal

vom frz. Symbolismus und von George, schrieb er in seiner Frühzeit formvollendete Gedichte und lyrisch bestimmte Dramen in äußerst verfeinerter und prunkvoller Wortkunst, in deren Beziehungsreichtum das Artistische eine magisch-myst. Dimension erhält. Themen und Stimmung des Fin de siècle herrschen vor: Schönheit und Tod, das reflexive, allein durch seine Nerven existierende Ich, die Fremdheit zum Leben, das als Schauspiel erscheint, Introversion als – myst. – Weg zur Welterkenntnis. Doch schon im Frühwerk tritt H.s eth. Grundhaltung hervor: die ästhetisch-reflexive Distanz zum Leben wird als Schuld erlebt, Sprachbeherrschung als sittl. Problem gedeutet. Durch das gesamte Werk zieht sich leitmotivisch – ähnlich wie bei Schnitzler – das Grundproblem der Treue. Aller Erfahrung wird die Welterkenntnis vorweggenommen (›Der Thor und der Tod‹, Dr., 1894, in: ›Moderner Musenalmanach auf das Jahr 1894‹, Buchausg. 1900). Innere Krise, Krise des Denkens und der Sprache bezeichnet der sog. ›Chandos-Brief‹ (›Ein Brief des Philipp Lord Chandos an Francis Bacon‹, 1902, in: ›Der Tag‹): Der abstrakte Begriff vermag nicht die in Einzelheiten zerfallene Wirklichkeit nicht mehr zu umspannen. Bemüht um Überwindung von Lyrismus und Ästhetizismus wandte sich H. der antiken und christlich-abendländ. Tradition zu, dem griech. Drama (›Elektra‹, 1904), dem religiösen Mysterienspiel (›Jedermann‹, 1911), dem Altwiener Lustspiel (›Der Schwierige‹, 1921) und dem österr. Barocktheater (›Das Salzburger große Welttheater‹, 1922). H.s eth. Anliegen trat immer deutlicher hervor und drückte sich in der Entscheidung für die Tragödie (und Komödie) aus, thematisch in der Behandlung neuer Probleme (Ehe, Staat), in der Gestaltung der Wirklichkeit und der veränderten Stellung zur Sprache, deren Scheincharakter und Schablonenhaftigkeit er aufzudecken suchte. Als Verfasser literarisch eigenständiger, von R. Strauss vertonter Opernlibretti schuf er eine neue Form des Musiktheaters (›Der Rosenkavalier‹, Kom., 1910) und förderte mit den für die Salzburger Festspiele geschriebenen Stücken den Festspielgedanken.

Hugo von Hofmannsthal

Weitere Werke: Gestern (dramat. Studie, 1891), Der Tod des Tizian (dramat. Fragment, 1892, in: Blätter für die Kunst, Buchausg. 1901), Das Märchen der 672. Nacht (Nov., 1895, in: Die Zeit), Reitergeschichte (Nov., 1899, in: Neue Freie Presse), Theater in Versen: Die Frau im Fenster. Die Hochzeit der Sobeide. Der Abenteurer und die Sängerin (1899), Das Erlebnis des Marschalls von Bassompierre (Nov., 1900, in: Die Zeit), Ausgewählte Gedichte (1903), Unterhaltungen über literar. Gegenstände (1904), Das gerettete Venedig (Dr., 1905), Ödipus und die Sphinx (Trag., 1906), Der Dichter und diese Zeit (Rede, 1907, in: Die neue Rundschau), Cristinas Heimreise (Kom., 1910), Alkestis (Dr., 1911; nach Euripides), Ariadne auf Naxos (Libretto, 1912), Prinz Eugen, der edle Ritter (E., 1915), Die Frau ohne Schatten (Libretto, 1916; E., 1919), Buch der Freunde (1922), Gedichte (1922), Der Unbestechliche (Kom., UA 1923, gedr. 1956), Der Turm (Dr., 1925), Das Schrifttum als geistiger Raum der Nation (Rede, 1927), Die ägypt. Helena (Libretto, 1928), Die Berührung der Sphären (Reden und Betrachtungen, hg. 1931), Das Bergwerk zu Falun (Dr., entst. 1899, erstmals vollständig gedr. 1932), Arabella oder Der Fiakerball (Libretto, hg. 1933; als E. 1910 u. d. T. Lucidor).
Ausgaben: H. v. H. Ges. Werke in Einzelausgg. Hg. v. H. STEINER. Ffm. 6.–19. Tsd. 1956–77. 15 Bde. – H. v. H. Sämtl. Werke. Krit. Ausg. in 38 Bden. Veranstaltet vom Freien Dt. Hochstift. Hg. v. R. HIRSCH u. a. Ffm. 1975 ff. – H. v. H. – R. M. Rilke. Briefwechsel 1899–1925. Hg. v. R. HIRSCH u. I. SCHNACK. Ffm. 1978. – H. v. H. Ges. Werke in 10 Einzel-Bden. Hg. v. R. HIRSCH u. B. SCHOELLER. Ffm. 1985.
Literatur: NAEF, K. J.: H. v. H.s Wesen u. Werk. Zü. 1938. – FIECHTNER, H. A.: H. v. H. Die Gestalt des Dichters im Spiegel der Freunde. Wien 1949. – ALEWYN, R.: Über H. v. H. Gött. [4]1967. – GOLDSCHMIDT, R.: H. v. H. Velber 1968. – H.-Bll. Veröff. der H. v. H.-Gesellschaft. Folge 1, H. 1, Hdbg. 1968 ff. – HOPPE, M.: Literatentum, Magie u. Mystik im Frühwerk H. v. H.s

Bln. 1968. – H. v. H. Hg. v. S. BAUER. Darmst. 1968. – KOBEL, E.: H. v. H. Bln. 1970. – WEBER, HORST: H. v. H. Bibliogr. Bln. 1972. – H. im Urteil seiner Kritiker. Dokumente zur Wirkungsgesch. H.s in Deutschland. Hg. v. G. WUNBERG. Ffm. 1972. – EXNER, R.: Index nominum zu H. v. H.s ges. Werken. Hdbg. 1976. – KOCH, H. A./KOCH, U.: H. v. H. Bibliogr. 1964–76. Freib. 1976. – AUSTIN, G.: Phänomenologie der Gebärde bei H. v. H. Hdbg. 1981. – MAYER, MATHIAS: H. v. H. Stg. 1993. – PERRIG, S.: H. v. H. u. die zwanziger Jahre. Ffm. u. a. 1994. – VOLKE, W.: H. v. H. Rbk. 64.–66. Tsd. 1994.

Hofmann von Hofmannswaldau, Christian (Ch. Hoffmann von Hoffmannswaldau), * Breslau 25. Dez. 1616, † ebd. 18. April 1679, dt. Schriftsteller. – Gymnasien in Breslau und Danzig (hier von M. Opitz beeinflußt und gefördert), Jurist. Studium in Leiden, Reisen nach England, Frankreich und Italien; Ratsherr in Breslau, 1657 kaiserl. Rat, 1677 Präsident des Ratskollegiums. H. v. H. schrieb v. a. weltl. und geistl. Lieder, Oden, Heldenbriefe (nach dem Vorbild Ovids) und galante Lieder; er gilt als Haupt der sog. 2. schles. Dichterschule und als Wegbereiter des Marinismus in Deutschland; die artist. Überfeinerung, das Pathos und der sprachl. Schwulst sowie die galante Frivolität der dt. spätbarocken Literatur gehen stark auf seinen Einfluß zurück. Seine Lyrik ist virtuos, melodisch, geistreich pointiert und reich an verschlüsselter, blumiger Metaphorik, doch findet sich in einzelnen seiner Gedichte auch ein sehr schlichter, volksnaher Ton.

Werke: Hundert ... Grabschrifften (1663), Dt. Übersetzungen und Getichte (9 Tle., 1679–82).

Christian Hofmann von Hofmannswaldau

Ausgaben: Ch. H. v. H. Dt. Überss. u. Gedichte. Breslau ²1679. 9 Tle. in 1 Bd. – Herrn v. Hoffmannswaldau u. andrer Deutschen auserlesene u. bißher ungedruckte Gedichte. Bearb. v. B. NEUKIRCH. Hg. v. A. G. DE CAPUA. Lpz. 1697–1705. 5 Bde. Nachdr. Tüb. 1961–81. – Ch. Hoffmann von Hoffmannswaldau. Ges. Werke. Hg. v. F. HEIDUK. Hildesheim 1984 ff. Auf 5 Bde. berechnet (bisher 3 Bde. erschienen).

Literatur: IBEL, R.: H. v. H. Studien zur Erkenntnis dt. Barockdichtung. Bln. 1928. Nachdr. Nendeln 1967. – ROTERMUND, E.: Ch. H. v. H. Stg. 1963. – COHEN, F. G. The poetry of Ch. H. v. H. A new reading. Columbia (S. C.) 1986.

Hofmiller, Josef, * Kranzegg bei Immenstadt i. Allgäu 26. April 1872, † Rosenheim 11. Okt. 1933, dt. Schriftsteller und Kritiker. – Mitherausgeber der ›Süddt. Monatshefte‹, Mitarbeiter mehrerer Zeitungen und Zeitschriften; befreundet mit L. Thoma. H. war als Übersetzer, Essayist sowie Literatur-, Theater- und Musikkritiker tätig; von der frz. Literatur beeinflußt.

Werke: Versuche (Essays, 1909), Zeitgenossen (Essays, 1910), Der Meier Helmbrecht (E., 1925; nach Wernher dem Gartenaere), Über den Umgang mit Büchern (Essays, 1927), Nord. Märchen (1933; Hg.), Letzte Versuche (hg. 1934).

Hofmo, Gunvor [norweg. ˌhɔfmuː], * Oslo 30. Juni 1921, norweg. Lyrikerin. – Wendet sich in ihrer dunklen, metaphernreichen Gedankenlyrik gegen Gewalt, Krieg und Kollektivismus.

Werke: Jeg vil hjem til menneskene (Ged., 1946), Blinde nattergaler (Ged., 1951), Testamente til en evighet (Ged., 1955), November (Ged., 1972), Nå har hendene rørt meg (Ged., 1981), Gi meg til berget (Ged., 1984).

Hofzucht, mhd. meist paarig gereimte didakt. Versdichtung, die Tugend-, Anstands- und allg. Verhaltensregeln für höf. Leben zu begründen, zu normieren und zu vermitteln sucht. Die bekanntesten H.en sind ›Der wälsche Gast‹ von Thomasin von Circlaere (1215/16) und der ↑ ›Winsbeke‹ (1210/20).

Hogaș, Calistrat [rumän. 'hogaʃ], * Tecuci 1. Mai 1847 oder 1848, † Roman 10. Sept. 1917, rumän. Schriftsteller. – Gymnasiallehrer u. a. in Piatra-Neamț, Tecuci, Jassy; begann 1874 mit Lyrik; in seinen Prosawerken beschreibt er seine Wanderungen durch die Heimat und

Hohler 161

zeichnet dabei ein Bild der Schönheit der rumän. Landschaft.
Werke: Pe drumuri de munte (= Auf Bergwegen, 1914, 1921 zus. mit Amintiri dintr-o călătorie [= Erinnerungen an eine Reise]).
Ausgabe: C. H. Opere. Hg. v. C. CIOPRAGA. Bukarest 1956.
Literatur: STREINU, V.: C. H. Bukarest 1968.

Högberg, Olof [schwed. ¸hø:gbærj], * Högsjö (Ångermanland) 27. Sept. 1855, † Njurunda (Medelpad) 12. Okt. 1932, schwed. Schriftsteller. – Als Journalist und Lehrer in seiner nordschwed. Heimat tätig. Ein starkes Interesse am Volksleben des Nordlandes mit seinen Sagen, Mythen und Bräuchen bestimmte H.s literar. Schaffen. Einige seiner Abenteuerbücher, u. a. ›Sjösagorna om Late Jim‹ (R., 1909), wurden als Jugendbücher populär; heute v. a. wegen seiner Bemühungen um die nordschwed. Volkskunde bekannt.
Weitere Werke: Den stora vreden (R., 1906), Fribytare (R., 1910), Baggbölingar (R., 1911), Utbölingar (R., 1912).
Literatur: NORDIN-HENNEL, I.: Den stora vreden. Studier i O. H.s prosa epos. Umeå 1976.

Hogg, James, ≈ Ettrick bei Selkirk 9. Dez. 1770, † Altrive bei Yarrow (Selkirkshire) 21. Nov. 1835, schott. Dichter. – War wie sein Vater Schäfer. Sein Talent wurde von W. Scott entdeckt. Er kam als der ›Ettrick-Schäfer‹ in den literar. Salons Edinburghs zu hohem Ansehen. Bes. begabt als Erzähler in Vers und Prosa; bevorzugte folklorist. Stoffe; auch talentierter Satiriker.
Werke: Scottish pastorals, poems and songs (1801), The mountain bard (Ged., 1807), The forest minstrel (Ged., 1810), The queen's wake (Vers-E., 1813), Winter evening tales (En., 1820), Vertraul. Aufzeichnungen und Bekenntnisse eines gerechtfertigten Sünders (R., 1824, dt. 1951), Dramatic tales (1825).
Ausgaben: The works of The Ettrick Sheppard. Hg. v. T. THOMPSON. London 1865. 2 Bde. – J. H. Selected poems. Hg. v. D. S. MACK. Oxford 1970.
Literatur: BATHO, E. L.: The Ettrick shepherd. Cambridge 1927. – STROUT, A. L.: The life and letters of J. H., the Ettrick shepherd. Lubbock (Tex.) 1946. – SIMPSON, L. A. M.: J. H. Edinburgh u. London 1962. – GIFFORD, D.: J. H. Edinburgh 1976.

hohe Minne † Minnesang.

Hohenfels, Burkhart von, schwäb. Minnesänger, † Burkhart von Hohenfels.

Hohenthal, Karl, Pseudonym des dt. Schriftstellers Karl † May.

Hoheslied † Bibel.

Hohl, Ludwig, * Netstal (Kanton Glarus) 9. April 1904, † Genf 3. Nov. 1980, schweizer. Schriftsteller. – Lebte lange Zeit im Ausland, v. a. in Frankreich und den Niederlanden; seit 1937 freier Schriftsteller in Genf. Erzähler, Essayist und Aphoristiker; schrieb realist., melancholisch-resignative Prosa, meist als formlose ›Notizen‹; erhielt 1980 den Petrarca-Preis.
Werke: Gedichte (1925), Nuancen und Details (Essays, 3 Bde., 1939–42), Nächtl. Weg (En., 1943), Die Notizen oder Von der unvoreiligen Versöhnung (Essays, 2 Bde., 1944–54), Von den hereinbrechenden Rändern (Prosa, 1952), Vernunft und Güte (E., 1956), Daß fast alles anders ist (Prosa, 1967), Drei alte Weiber in einem Berghof (E., 1970), Bergfahrt (E., 1975), Von den hereinbrechenden Rändern. Nachnotizen (2 Bde., hg. 1986).
Literatur: BÄNNINGER, A. E.: Fragment u. Weltbild in L. H.s Notizen. Diss. Zü. 1973. – FUCHS, W.: Möglichkeitswelt. Zu L. H.s Dichtung u. Denkformen. Bern u. Ffm. 1980. – L. H. Hg. v. J. BERINGER. Ffm. 1981. – L. H. (1904–1980). Hg. v. J.-M. VALENTIN. Ffm. u. a. 1994.

Hohlbaum, Robert, * Jägerndorf (heute Krnov) 28. Aug. 1886, † Graz 4. Febr. 1955, österr. Schriftsteller. – In seinen polit. Romanen behandelte H. vorwiegend Probleme aus der dt.-österr. Geschichte in großdt. Sicht. Er schrieb ferner Romane und Novellen über Künstlerpersönlichkeiten (A. Bruckner, Goethe), außerdem Gedichte, Dramen und Essays.
Werke: Österreicher (R., 1914), Grenzland (R., 1921), Deutschland (Ged., 1923), Der Frühlingswalzer (E., 1925), Volk und Mann (R.-Trilogie, 1938: König Volk, 1931; Der Mann aus dem Chaos, 1933, 1952 u. d. T. Finale im Moskau; Stein, 1935), Frühlingssturm (R.-Trilogie, 1940: Die dt. Passion, 1924; Der Weg nach Emmaus, 1925; Die Pfingsten von Weimar, 1926), Tedeum (R., 1950), Sonnenspektrum (R., 1951), Der König von Österreich (R., hg. 1956).

Hohler, Franz, * Biel (BE) 1. März 1943, schweizer. Kabarettist und Schriftsteller. – Seine zwischen Alltag und Phantastik angesiedelten skurrilen, tragikom. oder auch grotesken Geschichten erzählt er mit dem Violoncello als Begleitinstrument (›Celloballaden‹); 1973

6 MTL Lit. 4

162 **Hohoff**

erhielt er den Dt. Kleinkunstpreis. Verfaßt auch Kurzgeschichten, Gedichte, Kinderbücher, Theaterstücke und arbeitet für das Fernsehen.
Werke: Das verlorene Gähnen und andere nutzlose Geschichten (1967), Wegwerfgeschichten (1974), Ein eigenartiger Tag. Lesebuch (1979), Doktor Parkplatz (Kinderb., 1980), Der Granitblock im Kino. Kindergeschichten (1981), Die Rückeroberung (En., 1982), Der Nachthafen (E., 1984), Tschipo und die Pinguine (Kinder-R., 1985), Hin- und Hergeschichten (1986; mit J. Schubiger), Das Kabarettbuch (1987), Der neue Berg (R., 1989), Da, wo ich wohne (E., 1993).
Literatur: F. H. Texte, Daten, Bilder. Hg. v. M. BAUER. Hamb. 1993.

Hohoff, Curt, * Emden 18. März 1913, dt. Schriftsteller. – Studierte u. a. Germanistik und Philosophie. Im 2. Weltkrieg Soldat, danach Feuilleton- und Literaturredakteur, seit 1950 freier Schriftsteller. Sein Werk umfaßt Romane, Erzählungen, Essays, literaturwiss. und krit. Arbeiten, Übersetzungen. H. setzt sich, in betont christl. Haltung, v. a. mit aktuellen und religiösen Stoffen auseinander. Am bekanntesten ist sein russ. Kriegstagebuch ›Woina, Woina‹ (1951).
Weitere Werke: Der Hopfentreter (En., 1941), Hochwasser (En., 1948), Geist und Ursprung (Essays, 1954), Heinrich von Kleist (Biogr., 1958), Die verbotene Stadt (E., 1958), Die Märzhasen (R., 1966), Gegen die Zeit. Theologie, Literatur, Politik (Essays, 1970), Die Nachtigall (R., 1977), Venus im September (R., 1984), Scheda – im Flug vorbei. Roman einer Jugend (1993).

Höijer, Björn-Erik [schwed. 'hœiər], * Malmberget (Lappland) 14. März 1907, schwed. Schriftsteller. – In seinen ersten Werken zeichnet er ein realist. Bild des Grubenmilieus seiner nordschwed. Heimat; später beschäftigen ihn v. a. das Problem von Gut und Böse sowie das Verhältnis des Künstlers zu seinem Publikum, wobei er seine Fragestellungen oft von einem religiösen Hintergrund her entwickelt; auch bed. Hörspielautor.
Werke: Grått berg (Nov.n, 1940), Parentation (R., 1945), Johan Blom håller aus (Nov.n, 1948, dt. 1953), Martin går i gräset (R., 1950), Innan änkorna kom (R., 1951), Högsommar (R., 1959), Die Lawine (R., 1961, dt. 1964), Det kommer främmande (Dr., 1961), Rallarens ros (R., 1966), Det är något bortom bergen (R., 1971), Flickan i fjärran (R., 1973), Röda fanor (R., 1980), Fjällbäcken (Nov., 1982), Brudkronan (R., 1983),

Det svåra livet (R., 1985), Innan änkorna kom (R., 1986).

Hojeda (Ojeda), Fray Diego de [span. ɔ'xeða], * Sevilla 1571, † Huánuco de los Caballeros (Peru) 24. Okt. 1615, span. Dichter. – Wanderte 1590 nach Peru aus; Prior des Dominikanerklosters in Lima, später im Kloster Cuzco; schrieb nach italien. Vorbild eine der bedeutendsten religiösen Dichtungen der span. Blütezeit, das Epos ›La Cristiada‹ (1611), eine barocke Darstellung der Leidensgeschichte Christi.

Højholt, Per [dän. 'hɔihɔl'd], * Esbjerg 22. Juli 1928, dän. Schriftsteller. – Begann mit modernist. Lyrik; später Hauptvertreter der sog. Systemdichtung, einer Weiterentwicklung des Modernismus; schrieb daneben auch einflußreiche programmat. Aufsätze.
Werke: Hesten og solen (Ged., 1949), Skrift på vind og vand (Ged., 1956), Poetens hoved (Ged., 1963), Provinser (Ged., 1963), Turbo (Ged., 1968), Cézannes metode (Programmschrift, 1969), Mytologier (Ged., 1969), 6512 (R., 1969), Punkter (Texte, 1971), Intethedens grimasser (Essays, 1972), Volumen (Texte, 1974), Praksis (Ged., 10 Bde., 1977–93), Smerteskolen og andre digte (Ged., 1979), Gittes monologer (Ged., 1984), Kvababbelser (1985).
Literatur: KROGH, O.: P. H. som eksempel. Kopenhagen 1973. – EGEBAK, N.: H.s metode. Kopenhagen 1974.

Holan, Vladimír, * Prag 16. Sept. 1905, † ebd. 31. März 1980, tschech. Schriftsteller. – Einer der bedeutendsten zeitgenöss. tschech. Lyriker; schrieb Gedichte von metaphys. Problematik, in denen sich experimentelle Kühnheit der Metaphern mit Präzision in der Erfassung konkreter Gefühle und Vorgänge zu spannungsvoller Einheit verbindet; verfaßte auch dichter. Prosa und übersetzte u. a. aus dem Russischen, Deutschen und Französischen; dt. erschien seine Dichtung ›nacht mit Hamlet‹ (1964, dt. 1969).
Weitere Werke: Bolest (= Schmerz, Ged., 1965), Strom kůru shazuje (= Der Baum wirft die Rinde ab, Ged., 1979), Rückkehr (Ged., dt. Ausw. 1980).
Ausgabe: V. H. Sebrané spisy. Prag 1965 ff. 14 Bde.

Holappa, Pentti, * Ylikiiminki 11. Aug. 1927, finn. Lyriker, Erzähler, Hörspielautor und Essayist. – H. lebte längere Zeit in Paris und ist von der modernen frz. Literatur, v.a. vom Nouveau roman beeinflußt, was sich z. T. im Verzicht auf jede Fabel zeigt; bisweilen wird der Leser in die Irre geleitet und mit widersprüchl. Variationen desselben Themas konfrontiert. Gedichte liegen in dt. Übersetzung in ›Panorama moderner Lyrik‹ (1960, 1962 und 1963) vor.

Weitere Werke: Narri peilisalissa (= Der Narr im Spiegelsaal, Ged., 1950), Yksinäiset (= Die Einsamen, R., 1954), Lähellä (= Nähe, Ged., 1957), Tinaa (= Zinn, R., 1961), Tuntosarvilla (= Füllhörner, Essays, 1963), Vuokralla täällä (Ged., 1983).

Holberg, Ludvig Baron von [dän. 'hɔlbɛr'], Pseudonym Hans Mikkelsen, * Bergen (Norwegen) 3. Dez. 1684, † Kopenhagen 28. Jan. 1754, dän. Dichter und Historiker. – Sohn eines Offiziers, früh verwaist, studierte Theologie in Kopenhagen, unternahm mehrere große Reisen durch Europa, wurde 1717 in Kopenhagen Prof. der Metaphysik, 1720 auch der Rhetorik und der Geschichte, 1737 Administrator der Univ.; 1747 Erhebung in den Freiherrenstand. H., als Gelehrter wie als Dichter eine der bedeutendsten Persönlichkeiten der dän. Aufklärung, war auf fast allen literar. Gebieten Schöpfer und Anreger. Seine flüssig geschriebenen, auf Quellenkritik aufgebauten Geschichtswerke wurden zum Vorbild für die dän. Prosa. Als Dichter ging es H. v. a. um moral. Belehrung durch satir. Behandlung zeitübl. Torheiten und Schwächen. In seinem kom. Heldengedicht ›Peter Paars‹ (4 Bde., 1719/20, dt. 1750) rechnete er im Stil antiker Heldenepik mit der Aufgeblasenheit, bes. der pedant. Schulgelehrsamkeit seiner Zeit ab. Seine größte Bedeutung, die bis in die Gegenwart reicht, erlangte H. durch seine 33 derb-realist. Komödien, die er 1722–28 und nach 1747 für die dän. Nationalschaubühne schrieb. Wie ›Der polit. Kannegießer‹ (1723, dt. 1742) den politisierenden Spießbürger trifft, so ist H.s ganze Komödiendichtung Typen- und Standessatire: ›Jean de Fance‹ (1723, dt. 1741) trifft den frz. Modenarren, ›Don Ranudo de Colibrados‹ (1745, dt. 1745) den dumm-stolzen Adelsdünkel, ›Erasmus Montanus‹ (1731, dt. 1744) die gelehrte Pedanterie, ›Jeppe vom Berge‹ (1723, dt. 1744) die Bauerngrob-

Ludvig Baron von Holberg

heit. ›Ulysses von Ithaca‹ (1724) und ›Melampe‹ (1724) sind Parodien auf die geschwollenen dt. Haupt- und Staatsaktionen und auf die gestelzte frz. Alexandrinertragödie. Nach 1730 schrieb H. meist in lat. Sprache ebenfalls satirisch-moral. Dichtungen, so v. a. den utop. Reiseroman ›Nicolai Klims Unterird. Reise ...‹ (lat. 1741, dt. 1741).

Weitere Werke: Dän. und norweg. Staatsgeschichte (3 Bde., 1732–35, dt. 1750), Allgemeine Kirchenhistorie ... (1738, dt. 6 Tle., 1749–77), Episteln (5 Bde., 1748–54, dt. 1749–55).

Literatur: BENDIX, H.: H. og hykleriet. Kopenhagen 1972. – BAMBERGER, A.: L. H. u. das erste dän. Nationaltheater. Ffm. 1983.

Holcroft, Thomas [engl. 'hoʊlkrɔft], * London 10. Dez. 1745, † ebd. 23. März 1809, engl. Dramatiker. – Harte Jugend; nach Anfängen als Wanderschauspieler fand H. Anerkennung für sein erstes Drama ›Duplicity‹ (1781) und für die Übersetzung und Aufführung von P. A. Caron de Beaumarchais' ›Die Hochzeit des Figaro‹ (1784). Außerdem schrieb er Romane (›Anna St. Ives‹, 1792; ›Hugo Trevor, sein Leben und Schicksal‹, 1794, dt. 1795), Gedichte, weitere Übersetzungen – u. a. Goethes ›Hermann und Dorothea‹ (1801) – und auch Zeitungsartikel. Als bestes Werk gilt sein melodramat. Lustspiel ›The road of ruin‹ (1792).

Literatur: BAINE, R. M.: Th. H. and the revolutionary novel. Athens (Ga.) 1965.

Hölderlin, Johann Christian Friedrich, * Lauffen am Neckar 20. März 1770, † Tübingen 7. Juni 1843, dt. Dichter. – Nach dem frühen Tod seines Vaters, des Klosterhofmeisters Heinrich Friedrich H., und seines Stiefvaters, des Nürtinger

Hölderlin

Bürgermeisters J. Ch. Gock, wuchs H. in enger Bindung an seine pietistischfromme Mutter auf, die ihn für das Pfarramt bestimmte. 1784–88 besuchte er die Klosterschulen Denkendorf und Maulbronn, studierte dann 1788–93 ev. Theologie in Tübingen und wohnte im Tübinger Stift (1790 Promotion zum Magister, 1793 Abschlußexamen). Seine Neigung, kein geistl. Amt zu übernehmen, wurde verstärkt durch die Atmosphäre im Stift; seine philosoph. Studien brachten ihn in Verbindung mit F. W. J. von Schelling und G. W. F. Hegel. Die Frz. Revolution fand im Stift und bei H. lebhaften Widerhall und hinterließ tiefgreifende Spuren in seinem Werk. Ende 1793 ging H. auf Empfehlung Schillers als Hofmeister nach Waltershausen zu Charlotte von Kalb. 1795 löste er diese Verpflichtung und lebte dann vorübergehend in Jena, wo er mit I. von Sinclair Freundschaft schloß. Unter dem übermächtigen Eindruck Schillers und J. G. Fichtes, dessen Philosophie er eingehend studierte, geriet er in eine tiefe Krise und verließ Jena. Zu Beginn des Jahres 1796 wurde er Hofmeister im Haus des Frankfurter Bankiers J. F. Gontard. Zwischen H. und dessen Frau Susette entwickelte sich eine tiefe Freundschaft. Susette Gontard ging als ›Diotima‹ in H.s Dichtung ein. 1798 kam es unter für H. erniedrigenden Umständen zum Bruch mit der Familie. 1798–1800 lebte er in Bad Homburg bei seinem Freund Sinclair. Im Juni 1800 kehrte er nach Stuttgart zurück und verbrachte den Sommer z. T. bei dem befreundeten Kaufmann Ch. Landauer, z. T. in Nürtingen. 1801 war er Hofmeister in Hauptwil bei Sankt Gallen, 1802 in Bordeaux. Mitte Mai 1802 kehrte er mit den ersten Anzeichen geistiger Zerrüttung nach Stuttgart zurück; 1802–04 lebte er bei der Mutter. Sinclair, der sich seiner annahm, lud ihn im Sept./Okt. 1802 zum Regensburger Reichstag ein und holte ihn im Juni 1804 als Bibliothekar nach Bad Homburg. 1805 wurde Sinclair unter dem Verdacht revolutionärer Verschwörung verhaftet. Im Sept. 1806 wurde H. wegen Verschlechterung seines Zustandes nach Tübingen in die Heilanstalt gebracht und im Sommer 1807 als unheilbar entlassen. Der Schreinermeister E. Zimmer und seine Frau pflegten ihn in ihrem am Neckar gelegenen Turm (sog. Hölderlinturm) bis zum Tode.

Johann Christian Friedrich Hölderlin

H.s außerordentliches, durch ein Streben nach Reinheit und Frömmigkeit bestimmtes Wesen, das schon früh überschattet war vom Gefühl der Einsamkeit, der Unruhe, Unstetigkeit und ›Zerstörbarkeit‹, prägte seine Dichtung, die sich in einem vergebl. Ringen um Anerkennung neben der großen Strömung der Klassik und Romantik entwickelte. Mit seiner vom absoluten Anspruch bestimmten Vorstellung vom Dichter, dessen Beruf es sei, ›zu rühmen Höheres‹, geriet er in Spannung zu den Anforderungen der bürgerl. Welt und einer dem Dichter feindl. ›dürftigen Zeit‹. Er wurde zum Verkünder einer neuen Zeit der Versöhnung aller Gegensätze, eines neuen Goldenen Zeitalters der Schönheit und Götternähe, wie er es bei den Griechen ideal vorgebildet sah. Die Frz. Revolution erschien ihm als die große Zeitenwende. Die prophet. Grundhaltung seines Dichtertums fand ihre Ausprägung im lyrisch-hymn. Ton, der allen Werken H.s das unverwechselbare Gepräge verleiht.

Unter dem Einfluß des Pietismus, von F. G. Klopstocks Odendichtung, von Ch. F. D. Schubart, den Brüdern Stolberg-Stolberg und L. Ch. H. Hölty entstanden die ersten Maulbronner Gedichte, die sich auch inhaltlich (Preis der Vorzeit, Freundschaft, Jenseitsbezogenheit) an den Vorbildern ausrichteten. Angeregt durch die Lyrik des jungen Schil-

Hölderlin 165

ler und die Ideen der Frz. Revolution, schrieb H. die Tübinger Reimhymnen (Hymne an die Freiheit, Unsterblichkeit, Schönheit, Menschlichkeit u. a.), in denen der religiöse Impuls seiner Dichtung bereits voll hervortritt. Die von H. selbst entscheidend mitbeeinflußte Vorstellung des dt. Idealismus, daß der ›ewige Widerstreit zwischen unserem Selbst und der Welt‹ in der Schönheit zur ›unendl. Vereinigung‹ gelange, sah er verkörpert in der Gestalt S. Gontards (Diotima), wobei für H. das Ewige im ›göttl. Augenblick‹ der Liebe Gegenwart gewann und das dissonante Verhältnis von Ich und Welt im Anschauen der ›ewigen Schönheit‹ seinen Frieden fand. Dieses Erlebnis, das in den Diotima-Gedichten und den Frankfurter ›epigrammat.‹ Oden in antiken Maßen gestaltet wurde, brachte aber auch die Vergänglichkeit des Augenblicks zum Bewußtsein und weckte das Sehnen nach einer versunkenen Zeit in den Elegien in Hexametern (›Menons Klagen um Diotima‹, ›Brod und Wein‹ u. a.) wie das Hoffen auf eine neue Zeit des ewigen Friedens und der unvergängl. Göttereinkehr in den späten, freirhythm. Hymnen, den sog. ›vaterländ. Gesängen‹ (›Wie wenn am Feiertage‹, ›Der Rhein‹, ›Friedensfeier‹, ›Der Einzige‹, ›Patmos‹). Sie entstanden als Ausdruck einer pantheist. Einigkeitssehnsucht mit dem Göttlichen, dessen Einkehr sich in ›Feier‹ und ›Fest‹ vollendet und im chor. Gesang der Gemeinschaft Gegenwart gewinnt. Pantheist. Einigkeitssehnsucht war bereits das Thema von H.s lyr. Briefroman ›Hyperion oder der Eremit in Griechenland‹ (2 Bde., 1797–99 [4. Fassung]): Im 1. Band versucht Hyperion im Einssein mit der Natur das Göttliche dauernd zu erfassen, scheitert jedoch. In der Begegnung mit Diotima lösen sich im 2. Band die Dissonanzen in der Schönheit auf, die als Prinzip der Erneuerung eines ganzen Volkes erkannt wird; Hyperion nimmt am Befreiungskrieg der Griechen gegen die Türkei teil, muß aber erkennen, daß die Schönheit nicht mit Waffengewalt zu erzwingen ist, er endet in Trauer und Verlassenheit. In den drei fragmentar. Fassungen des Trauerspiels ›Der Tod des Empedokles‹ (entst. 1798–1800, gedr. 1826) wird Empedo-

kles' legendärer Freitod im Ätna thematisiert. Die Thematik der durch den freiwilligen Tod gewonnenen Wiedergeburt eines Volkes und der Befreiung des Lebens vom monarch. Prinzip steht in engem Zusammenhang mit den republikan. Revolutionsbestrebungen in Schwaben. – H.s dichter. Arbeiten waren begleitet von Übersetzungen der Trauerspiele des Sophokles (2 Bde., 1804) und dichtungstheoret. Abhandlungen über das ›kalkulable Gesetz‹ der Dichtung (›Über die verschiedenen Arten zu dichten‹, ›Wechsel der Töne‹, ›Über die Verfahrensweise des poet. Geistes‹, ›Über den Unterschied der Dichtarten‹ u. a.). H.s Dichtung fand erst im 20. Jh. volle Anerkennung. N. von Hellingrath, F. Seebass und L. von Pigenot, F. Zinkernagel, der George-Kreis, insbes. F. Beißner, der die komplizierte Textlage in der ›Großen Stuttgarter Ausgabe‹ (1943–85) erschloß, und D. E. Sattler mit einer neuartigen Textedition der ›Frankfurter Ausgabe‹ (1975 ff.; photograph. Wiedergabe der Handschriften) haben sich darum große Verdienste erworben.

Ausgaben: F. H. Sämtl. Werke u. Briefe. Hg. v. F. Zinkernagel. Lpz. 1914–26. 5 Bde. – F. H. Sämtl. Werke. Histor.-krit. Ausg. Begr. v. N. von Hellingrath, fortgef. durch F. Seebass u. L. von Pigenot. Bln. ²1923. 6 Bde. – F. H. Sämtl. Werke (Große Stuttgarter Ausg.). Hg. v. F. Beissner. Stg. ¹⁻²1943–85. 8 Bde. Teilweise Neudr. – F. H. Sämtl. Werke (Kleine Stuttgarter Ausg.). Hg. v. F. Beissner. Stg. 1944–62. 6 Bde. Nachdr. 1965–72. – F. H. Sämtl. Werke. Histor.-krit. Ausg. Hg. v. D. E. Sattler u. W. Groddeck. Ffm. 1975 ff. Auf 24 Bde. berechnet (bisher 13 Bde. erschienen). – F. H. Werke u. Briefe. Hg. v. G. Mieth. Mchn. ⁴1984. 2 Bde.

Literatur: Hellingrath, N. von: H.-Vermächtnis. Forsch. u. Vortrr. Mchn. ²1944. – H.-Jb. (Jg. 1. 1944 u. d. T.: Iduna. Jb. der H.-Gesellschaft). Jg. 2 1947 (1948) ff. – Kohler, M./Kelletat, A.: H.-Bibliogr. 1938–1950. Bebenhausen u. Stg. 1953. – Michel, W.: Das Leben F. H.s. Neuausg. Ffm. 1967. – Ryan, L.: F. H. Stg. ²1967. – Beissner, F.: H. Reden u. Aufss. Köln ²1969. – H. Eine Chronik in Text u. Bild. Hg. v. A. Beck u. P. Raabe. Ffm. 1970. – Szondi, P.: H.-Studien. Ffm. 1971. – H. ohne Mythos. Hg. v. I. Riedel. Gött. 1973. – F. H. Dokumente seines Lebens. Hg. v. H. Hesse u. K. Isenberg. Neuausg. Ffm. 1976. – Le Pauvre Holterling: Bll. zur Frankfurter H.-Ausg. Ffm. Jg. 1 (1976) ff. – Krämer, G./Prottung, H.: F. H. Stg. 1981. – Waiblinger, W. F.: F. H.s Leben, Dichtung u.

Wahnsinn. Rottenburg 1981. – PETERS, U. H.: H. Wider die These vom edlen Simulanten. Rbk. 1982. – Wörterbuch zu F. H. Bearb. v. H.-M. DANNHAUER u. a. Tüb. 1983 ff. (bisher 2 Tle. erschienen). – BERTAUX, P.: H.-Variationen. Ffm. 1984. – Internat. H.-Bibliogr. Bearb. v. M. KÖHLER. 1984. – WACKWITZ, S.: F. H. Stg. 1985. – ROTH, S.: F. H. u. die dt. Frühromantik. Stg. 1991. – BECK, A.: H. Ffm. u. a. ⁴1993. – GAIER, U.: H. Eine Einf. Tüb. 1993. – HÄUSSERMANN, U.: F. H. Rbk. 95.–97. Tsd. 1993. – BERTEAUX, P.: F. H. Ffm. ⁶1994. – H. u. Nürtingen. Hg. v. P. HÄRTLING. Stg. 1994. – Neue Wege zu H. Hg. v. U. BEYER. Wzb. 1994. – SCHARFSCHWERDT, J.: F. H., der Dichter des ›dt. Sonderweges‹. Stg. 1994.

Holeček, Josef [tschech. ˈhɔlɛtʃɛk], * Stožice bei Vodňany (Südböhm. Gebiet) 27. Febr. 1853, † Prag 6. März 1929, tschech. Schriftsteller. – Begeisterter Panslawist, der die Idee der slaw. Kultureinheit vertrat und um die Erschließung der südslaw. Kultur bemüht war. Er übersetzte serbokroat., auch finn. Werke (u. a. das Epos ›Kalevala‹). Sein Hauptwerk ist ein unvollendeter Romanzyklus, ›Naši‹ (= Die Unsrigen, 10 Bücher, 1898–1930), der, chronikalisch die Ereignisse der Jahre 1840–66 aufzeichnend, ein Bild der um ihr Recht kämpfenden Bauern gibt.

Ausgabe: J. H. Sebrané spisy. Prag 1909–32. 22 Bde.

Holgersen, Alma, * Innsbruck 27. April 1899, † ebd. 18. Febr. 1976, österr. Schriftstellerin. – Schrieb neben z. T. religiösen Romanen und Erzählungen auch Lyrik, Dramen und Kinderbücher. Bekannt wurde sie mit ihrem sozialen Bauernroman ›Der Aufstand der Kinder‹ (1935).

Weitere Werke: Der Wundertäter (R., 1936), Kinderkreuzzug (R., 1940), Sursum corda (Ged., 1949), Gesang der Quelle (R., 1953), Die Reichen hungern (R., 1955), Das Buch von La Salette (R., 1956), Weiße Taube in der Nacht (R., 1963), Thomas sucht den lieben Gott (Kinderb., 1968), Kleiner Bruder Kim (Kinderb., 1973).

Holinshed (Hollingshead), Raphael [engl. ˈhɔlinʃɛd], † Bramcote (Warwickshire) um 1580, engl. Geschichtsschreiber. – Seine weitgehend unkrit. Kompilation von Chroniken diente den elisabethan. Dramatikern als Materialsammlung. Shakespeare entnahm ihr Stoffe für

Macbeth, King Lear, Cymbeline und die meisten seiner Geschichtsdramen.

Holitscher, Arthur, * Budapest 22. Aug. 1869, † Genf 14. Okt. 1941, österr. Schriftsteller. – War zunächst Kaufmann und Bankbeamter u. a. in Wien, dann Journalist, ab 1907 Verlagslektor in Berlin. Vorübergehend Anhänger des Kommunismus. Neben literatur- und kunstwiss. Schriften, Essays und Dramen schrieb er psycholog. Romane und Novellen, stark beeinflußt vom frz. Symbolismus. Große Popularität erzielte er mit seinen Reiseberichten.

Werke: Leidende Menschen (Nov.n, 1893), Der vergiftete Brunnen (R., 1900), Der Golem (Dr., 1908), Geschichten aus zwei Welten (1914), Reise durch das jüd. Palästina (Reisebericht, 1922), Lebensgeschichte eines Rebellen (Erinnerungen, 2 Bde., 1924–28), Es geschah in Moskau (R., 1928), Wiedersehen mit Amerika (1930), Es geschieht in Berlin (R., 1931), Ein Mensch ganz frei (R., 1931).

Literatur: BRUCHMANN, M.: A. H. Ein Dichter zwischen Literatur und Politik. Diss. Graz 1972.

Hollaender, Felix [ˈhɔlɛndər], * Leobschütz (Oberschlesien) 1. Nov. 1867, † Berlin 29. Mai 1931, dt. Schriftsteller und Theaterkritiker. – 1908–13 Dramaturg am Dt. Theater Berlin; 1920 Nachfolger M. Reinhardts am Großen Schauspielhaus in Berlin, später Theaterkritiker. H. verfaßte u. a. naturalist. Novellen und Romane mit sozialist. Thematik, auch Dramen; später Unterhaltungsromane.

Werke: Jesus und Judas (R., 1891), Frau Ellin Röte (R., 1893), Sturmwind im Westen (R., 1896), Erlösung (R., 1899), Der Weg des Thomas Truck (R., 2 Bde., 1902), Der Baumeister (R., 1904), Unser Haus (R., 1911), Der Demütige und die Sängerin (R., 1925), Ein Mensch geht seinen Weg (R., 1931).

Hollander, Walther von, * Blankenburg/Harz 29. Jan. 1892, † Ratzeburg 30. Sept. 1973, dt. Schriftsteller. – War Verlagslektor, Theaterkritiker, später Buchhändler, ab 1924 freier Schriftsteller; schrieb Drehbücher, Hörspiele, Essays und Novellen im Stil gepflegter Unterhaltungsliteratur, v. a. Frauen- und Eheromane, auch Anweisungen zur prakt. Lebensführung.

Werke: Legenden vom Mann (Nov.n, 1923), Das fiebernde Haus (R., 1926), Komödie der Liebe (R., 1931), Der Mensch über Vierzig (Essays, 1938), Therese Larotta (R., 1939), Das

Leben zu zweien. Ein Ehebuch (1940), Akazien (R., 1941), Es wächst schon Gras darüber (R., 1947), Bunt wie Herbstlaub (R., 1955, 1965 u. d. T. Lucia Bernhöven), Perlhuhnfedern (En., 1966).
Literatur: KAYSER, W.: W. v. H. Hamb. 1971.

holländische Komödianten ↑niederländische Komödianten.

Holle, Berthold von, niederdt. Schriftsteller, ↑Berthold von Holle.

Höllerer, Walter, *Sulzbach-Rosenberg (Oberpfalz) 19. Dez. 1922, dt. Germanist und Schriftsteller. – Seit 1959 Prof. an der TU Berlin; gehörte zur Gruppe 47. 1954–68 Mit-Hg. der literar. Zeitschrift ›Akzente‹, seit 1961 Hg. der Zeitschrift ›Sprache im Techn. Zeitalter‹; 1963 gründete er das Literar. Colloquium Berlin. Neben wiss. Veröffentlichungen (u. a. ›Zwischen Klassik und Moderne‹, 1958) liegt H.s Bedeutung gleicherweise in seiner Herausgebertätigkeit (u. a. ›Transit. Lyrikbuch der Jahrhundertmitte‹, 1956; ›Ein Gedicht und sein Autor‹, 1967) und seiner Tätigkeit als literar. Organisator. Als Lyriker wandte er sich nach Anfängen in der Nachfolge u. a. G. Eichs, G. Benns (›Der andere Gast‹, 1952) in den 60er Jahren auch theoretisch (›Gedichte/Wie entsteht ein Gedicht‹, 1964; ›Systeme‹, 1969) dem experimentellen Gedicht zu. 1973 erschien ›Die Elephantenuhr‹, H.s erster, modernen Erzähltechniken verpflichteter Roman. Schreibt auch Theaterstücke und Texte für Fernsehsendungen.
Weitere Werke: Berlin (Essays, 1977), Alle Vögel alle (Kom., 1978), Gedichte. 1942–82 (1982), Autoren im Haus. 20 Jahre Literar. Colloquium Berlin (1982; Mit-Hg.), Zurufe, Widerspiele. Aufsätze zu Dichtern und Gedichten (1992).
Literatur: Sprache im Techn. Zeitalter. Sondernummer zu W. H.s 60. Geburtstag (1982), H. 84. – KRUMME, D.: Lesemodelle. Elias Canetti – Günter Graß – W. H. Mchn. u. a. 1983. – Bausteine zu einer Poetik der Moderne. Festschr. für W. H. Hg. v. N. MILLER u. a. Mchn. 1987.

Hollý, Ján [slowak. 'hɔliː], *Borský Mikuláš 24. März 1785, ↑Dobrá Voda 14. April 1849, slowak. Lyriker. – Kath. Priester. Als Übersetzer von Homer, Theokrit, Ovid, Horaz und Vergil an der Antike orientiert, pflegte er in seiner eigenen Dichtung die Idylle, Elegie und Ode in klassizist. Stil; in seiner Epik behandelte er, seinem patriot. Gefühl ge-

mäß, v. a. Stoffe aus der Geschichte seiner Heimat.
Werke: Svatopluk (Epos, 1833), Cirillo-Metodiada (Epos, 1835).
Ausgabe: J. H. Dielo. Trnava 1950. 10 Bde.
Literatur: VYVÍJALOVÁ, M.: Mladý J. H. Preßburg 1975.

Holm, Katja, Pseudonym der dt. Schriftstellerin Marie Louise ↑Fischer.

Holm, Korfiz, *Riga 21. Aug. 1872, ↑München 5. Aug. 1942, dt. Schriftsteller. – Gehörte längere Zeit der Redaktion des ›Simplicissimus‹ an; Mitbesitzer des Verlages Albert Langen ab 1918; Erzähler und Dramatiker sowie Übersetzer (russ. Klassiker).
Werke: Arbeit (Schsp., 1899), Mesalliancen (En., 1901), Thomas Kerkhoven (R., 1906), Hundstage (Lsp., 1911), Die Tochter (R., 2 Bde., 1911), Marys großes Herz (Kom., 1913), Herz ist Trumpf (R., 1917), Mehr Glück als Verstand (E., 1936), Farbiger Abglanz (Erinnerungen, 1940).

Holm, Peter Røwde [dän. hɔl'm], *Oslo 5. April 1931, norweg. Schriftsteller. – Schrieb zunächst abstrakte Lyrik unter dem Einfluß des angelsächs. und schwed. Modernismus; wandte sich dann einer konkreten Bildersprache zu.
Werke: Skygger rundt en virkelighet (Ged., 1955), Befrielser (Ged., 1966), Synslinjer (Ged., 1970), Sanndrømt (Ged., 1971), Isglimt, glødepunkt (Ged., 1972), Portrettalbum (Ged., 1975), Vinden stiger (Ged., 1978), Utvalgte dikt (Ged., 1981), Vår tids skjebnedrama (Abh., 1982), Den nye kalde krigen (Abh., 1984).

Holm, Sven [dän. hɔl'm], *Kopenhagen 13. April 1940, dän. Schriftsteller. – Vertreter des sog. ›phantast.‹ Modernismus in der Nachfolge von T. Blixen und V. Sørensen; mit sprachl. Originalität stellt er (oft aus dem Blickwinkel des Sonderlings) menschl. Isolation, gesellschaftliche Verfremdung und Identitätssuche dar.
Werke: Den store fjende (E., 1961), Jomfrutur (R., 1966), Termush, Atlantikküste (R., 1967, dt. 1970), Syv passioner (En., 1971), Syg og munter (R., 1972), Det private liv (R., 1974), Langt borte taler byen med min stemme (R., 1976), Struensee var her (Fsp., 1977), Ægteskabsleg (R., 1977), Mænd og mennesker (Nov.n, 1979), Aja, hvor skøn (R., 1980), En mand gør ingen vinter (Dr., 1980), Hummel af Danmark (R., 1982), Under blodet (Nov.n, 1988), Jeres majestæt (Stück, 1988).

Hølmebakk, Sigbjørn [norweg. ˌhœlməbak], *Feda bei Flekkefjord 2. Febr.

168 Holmes

1922, † im Nov. 1981, norweg. Schriftsteller und Politiker. – Beschreibt in seinen handlungsreichen, auch verfilmten realist. Romanen elementare menschl. Haltungen; erregte als linkssozialist. Politiker mit polem. Artikeln Aufsehen.

Werke: Ikke snakk om høsten (En., 1950), Det hvite fjellet (R., 1954), Menneskefiskeren (R., 1956), Emigranten (R., 1959), Fimbulvinter (R., 1964), Hurra for Anders (R., 1966), Jentespranget (R., 1970), Hundevakt (Artikelsammlung, 1974), Karjolsteinen (R., 1975), Sønnen (R., 1978).

Holmes, Oliver Wendell [engl. hoʊmz], *Cambridge (Mass.) 29. Aug. 1809, † Boston 7. Okt. 1894, amerikan. Schriftsteller. – Studierte klass. Philologie und Medizin an der Harvard University und in Paris; war Arzt, 1838–40 Prof. für Anatomie am Dartmouth College, Hanover (N. H.), und 1847–82 an der Harvard University. Sein literar. Hauptwerk ist ›The autocrat of the breakfasttable‹, eine Mischung von Gedichten, geistreichen Essays und Plaudereien (publiziert 1857 ff. in ›The Atlantic Monthly‹, Buchausg. 1858, dt. 1876 u. d. T. ›Der Tisch-Despot‹, 1889 u. d. T. ›Der Professor am Frühstückstische‹). In seinen Romanen griff der durch das patriot. Gedicht ›Old Ironsides‹ (1830) bekanntgewordene Autor die orthodoxe Einstellung der neuengl. Kalvinisten an. Er stellte Vererbung und Kindheitserlebnisse als maßgeblich für Psyche und Moral des Menschen dar. Auch Biographien (u. a. von R. W. Emerson, 1885), Gedichte und medizinische Abhandlungen (›The contagiousness of puerperal fever‹, 1843).

Weitere Werke: Elsie Venner (R., 1861, dt. 2 Bde, 1866), The poet at the breakfast-table (Essays, 1872), A mortal antipathy (R., 1885), Over the teacups (Essays, 1891).

Ausgaben: The writings of O. W. H. Riverside Edition. Boston (Mass.) 1891–1913. 14 Bde. – The works of O. W. H. Boston (Mass.) 1892. 13 Bde.

Literatur: TILTON, E. M.: Amiable autocrat. A biography of O. W. H. New York 1947. Nachdr. 1978. – SMALL, M. R.: O. W. H. New York 1962. – HOYT, E. P.: The improper Bostonian. Dr. O. W. H. New York 1979.

Holmsen, Bjarne Peter, gemeinsames Pseudonym für die dt. Schriftsteller Arno † Holz und Johannes † Schlaf.

Holmström, Arvid Ragnar, Pseudonym Paul Michael Ingel, *Arnäs (Ångermanland) 6. Aug. 1894, † Stockholm 30. Nov. 1966, schwed. Schriftsteller. – Sohn eines Malers, autodidakt. Bildung; gehört zu den Arbeiterdichtern; realist. Schilderer seiner eigenen Erlebnisse, Darstellung der kleinbürgerl. Welt und des Arbeitermilieus.

Werke: Jonas Ödmarks Geschichte (R., 1926, dt. 1933), Jonas Ödmarks söner (R., 1927), Das Dorf am Meer (R., 1936, dt. 1938), Män ombord (R., 1942), Seger i lejonbur (R., 1957).

Holowko (tl.: Holovko), Andri Wassylowytsch [ukrain. hɔlɔu̯'kɔ], *Jurki (Gebiet Poltawa) 4. Dez. 1897, † Kiew 5. Dez. 1972, ukrain.-sowjet. Schriftsteller. – Frontberichterstatter im 2. Weltkrieg. Seine Erzählungen und Romane (›Steppenkraut‹, 1927, dt. 1930) haben impressionist. Züge.

Ausgabe: A. V. Holovko. Tvory. Kiew 1967–68. 4 Bde.

Holst, Knud, *Skæve sogn (Vendsyssel) 15. April 1936, dän. Schriftsteller. – Gehörte zu den Modernisten der 60er Jahre; bedient sich mitunter ausgeklügelter sprachl. Neuschöpfungen; schreibt außer Gedichten auch Novellen, in denen er u. a. die Begegnung des Kindes mit der bösen Welt der Erwachsenen in oft absurder Weise darstellt, so bereits in seiner ersten Novellensammlung ›Dyret‹ (1963). Die späteren Novellen sind realistischer.

Weitere Werke: Dementi (Ged., 1962), Asfaltballet (Nov., 1965), Samexistens (Ged., 1966), Lærken (Nov., 1975), Min bedstefars nat og andre almanakhistorier (Nov.n, 1978), Afstande, sammenstød (Ged., 1979).

Holstein, Ludvig Detlef [dän. 'hɔlsdai̯'n], *Langebækgaard (Seeland) 3. Dez. 1864, † Kopenhagen 11. Juli 1943, dän. Lyriker. – Tiefe Ehrfurcht vor der Natur und ein Gefühl der Einheit mit allem Lebenden bestimmen seine Gedichte, die er in verschiedenen kleineren Sammlungen herausgab; er schrieb auch ein Schauspiel und eine philosoph. Abhandlung.

Werke: Digte (Ged., 1895), Tove (Dr., 1898), Den grønne mark (Abhandlung, 1925), Jehi (Ged., 1929).

Literatur: FRANDSEN, E.: L. H. Århus 1931.

Holt, Kåre, *Våle (Vestfold) 27. Okt. 1917, norweg. Schriftsteller. – Beschäftigt sich in seinen Romanen vorwiegend mit Ereignissen aus der norweg. Geschichte.

Werke: Det store veiskillet (R., 1949), Brødre (R., 1951), Hevnen hører meg til (R., 1953), Mennesker ved en grense (R., 1954), Det stolte nederlag (R., 1956), Storm under morgenstjerne (R., 1958), Opprørere ved havet (R., 1960), Perlefiskeren (R., 1963), Kongen (R.-Trilogie, 1965–69), Scott, Amundsen. Wettlauf zum Pol (Dokumentar-R., 1974, dt. 1976), Sjøhelten (R., 1975), Skoggangsman (R., 1984).

Holtby, Winifred [engl. 'hoʊltbɪ], * Rudston House (Yorkshire) 23. Juni 1898, † London 25. Sept. 1935, engl. Schriftstellerin. – Studierte in Oxford; Mitarbeiterin von ›Time and Tide‹. Schrieb tief empfundene Romane unter Berücksichtigung sozialer Aspekte.

Werke: The crowded street (R., 1924), The land of green ginger (R., 1927), Mandoa Mandoa (R., 1933), Nehmt – und zahlt dafür (R., hg. 1936, dt. 1948).

Holtei, Karl von, * Breslau 24. Jan. 1798, † ebd. 12. Febr. 1880, dt. Schriftsteller. – Führte ein unstetes Künstlerleben. H. war ein meisterhafter Rezitator Shakespeares und ein vielseitiger Bühnenschriftsteller. Die Rührseligkeit seiner Stücke traf den Publikumsgeschmack der Zeit. Am erfolgreichsten war er mit seinen Singspielen im Stil der frz. Vaudevilles. Als Lyriker (auch in schles. Mundart) trat H. mit den ›Schles. Gedichten‹ (1830) hervor. Später schrieb er Romane aus dem Theaterleben (›Die Vagabunden‹, 4 Bde., 1851; ›Der letzte Komödiant‹, 3 Tle., 1863). 1876 trat er, obwohl evangelisch, in ein kath. Kloster in Breslau ein. Ein kulturgeschichtl. Dokument ist seine Autobiographie (›Vierzig Jahre‹, 8 Bde., 1843–50; ›Noch ein Jahr in Schlesien‹, 2 Bde., 1864).

Weitere Werke: Berliner in Wien (Lsp., 1825), Gedichte (1827), Farben, Sterne, Blumen (Dramen, 1828), Lenore (Schsp., 1829; nach G. A. Bürger), Dt. Lieder (1834), Lorbeerbaum und Bettelstab... (Dr., 1840), Christian Lammfell (R., 5 Tle., 1853), Die Eselsfresser (R., 3 Tle., 1860).

Ausgaben: K. v. H. Erzählende Schrr. Breslau 1861–66. 41 Bde. – K. v. H. Theater. Ausg. letzter Hand. Breslau 1867. 6 Bde.

Literatur: MOSCHNER, A.: H. als Dramatiker. Breslau 1911. – BEATON, K. B.: Der Tendenzroman zw. 1848 u. 1866, unter bes. Berücksichtigung der konservativen Romane K. v. H.s. Diss. Birmingham 1964/65.

Holthusen, Hans Egon, * Rendsburg 15. April 1913, dt. Schriftsteller. – Lebte lange Zeit als freier Schriftsteller in München; unternahm zahlreiche Vortragsreisen ins Ausland; 1961–64 Programmdirektor des Goethe-Hauses in New York; 1968–81 Prof. für dt. Literatur an der Northwestern University, Evanston (Ill.). Vertreter eines christl. Existentialismus; bekannt v. a. durch eine krit. Würdigung von Th. Manns ›Doktor Faustus‹ in der Studie ›Die Welt ohne Transzendenz‹ (1949) und den Essayband ›Der unbehauste Mensch. Motive und Probleme der modernen Literatur‹ (1951).

Weitere Werke: Klage um den Bruder (Ged., 1947), Hier in der Zeit (Ged., 1949), Labyrinthische Jahre (Ged., 1952), Ergriffenes Dasein. Dt. Lyrik 1900–1950 (1953; Hg. mit F. Kemp), Das Schiff (R., 1956), Das Schöne und das Wahre (Essays, 1958), Krit. Verstehen (Essays, 1961), Plädoyer für den Einzelnen. Krit. Beiträge zur literar. Diskussion (1967), Indiana Campus. Ein amerikan. Tagebuch (1969), Amerikaner und Deutsche. Dialog zweier Kulturen (1977), Sartre in Stammheim (Essays, 1982), Opus 19. Reden und Widerreden aus 25 Jahren (1983), Gottfried Benn. Leben, Werk, Widerspruch (1986), Vom Eigensinn der Literatur. Krit. Versuche aus den achtziger Jahren (1989).

Hölty, Ludwig Christoph Heinrich, * Mariensee bei Hannover 21. Dez. 1748, † Hannover 1. Sept. 1776, dt. Schriftsteller. – Studierte Theologie und neue Sprachen, war Mitbegründer und eines der tätigsten Mitglieder des Göttinger Hains. Seine ›Gedichte‹ (hg. 1783) sind durch Grazie, Weichheit des Gefühls, warmes Naturempfinden und Harmonie der Sprache gekennzeichnet. Seine Balladen gehören zu den frühesten dt. Versuchen in dieser Gattung.

Ausgaben: L. Ch. H. H. Sämtl. Werke. Hg. v. W. MICHAEL. Weimar 1914–18. 2 Bde. Nachdr. Hildesheim 1969. – L. Ch. H. H. Werke u. Briefe. Hg. v. U. BERGER. Bln. u. Weimar 1966.

Literatur: ALBERT, K. E.: Das Naturgefühl L. H. Ch. H.s u. seine Stellung in der Entwicklung des Naturgefühls innerhalb der Dichtung des 18. Jh. Do. 1910. Nachdr. Hildesheim 1978. – OBERLIN-KAISER, TH.: L. Ch. H. H. Zü. 1964. – MÜLLER, ERNST: L. Ch. H. H. Leben u. Werk. Hann. 1986.

Holub, Miroslav [tschech. 'hɔlup], * Pilsen 13. Sept. 1923, tschech. Schriftsteller. – Immunologe; Themen und Metaphorik seiner Gedichte stammen v. a. aus der Wissenschaft; dt. erschienen die

Gedichtbände ›Obwohl‹ (dt. Ausw. 1969), ›Aktschlüsse, Halbgedichte‹ (dt. Ausw. 1974), ›Vom Ursprung der Dinge‹ (dt. 1991) sowie ein Prosawerk, das künstler., philosoph. und soziolog. Reportagen aus den USA enthält (›Engel auf Rädern‹, 1963, dt. 1967).
Weiteres Werk: Naopak (= Im Gegenteil, Ged., 1982).

Holz, Arno, * Rastenburg 26. April 1863, † Berlin 26. Okt. 1929, dt. Schriftsteller. – Kam 1875 nach Berlin; lebte als freier Schriftsteller in Niederschönhausen bei Berlin, Freundschaft und Zusammenarbeit mit J. Schlaf; nach dessen Abwendung von der gemeinsamen literar. Richtung kam es jedoch zum Bruch. Seiner doktrinären Haltung wegen war H. in zahlreiche literar. Fehden verwickelt. Mit J. Schlaf Begründer des konsequenten Naturalismus in theoret. Schriften und gemeinsam verfaßten Musterbeispielen naturalist. Dichtung unter dem Pseudonym Bjarne Peter Holmsen (›Papa Hamlet‹, Nov.n, 1889; ›Die Familie Selicke‹, Dr., 1890). Nach frühen, formal traditionellen Gedichten erschien 1886 die in Haltung und Stoff bewußt moderne, stilistisch jedoch konventionelle Gedichtsammlung ›Das Buch der Zeit. Lieder eines Modernen‹; in der Folgezeit Studium von literartheoret. Schriften (É. Zola) und Beschäftigung mit den modernen Naturwissenschaften. In seiner Bemühung um neue Ausdrucksmöglichkeiten bezog H. Umgangssprache und neue Themen (soziale Tendenz, sozialrevolutionäre Bekenntnisse, Großstadtbilder) in die Literatur ein. Unter Verzicht auf Reim und alle Formregeln ist seine z. T. sprachlich virtuose Lyrik allein vom ›inneren Rhythmus‹ her bestimmt. H. schrieb auch dramat. Skizzen, Dramen und literar. Komödien; vortreffl. Imitator barocker Lyrik in der Gedichtsammlung ›Lieder auf einer alten Laute‹ (1903; erweitert 1904 u. d. T. ›Dafnis‹). Mit dem Werk ›Die Kunst, ihr Wesen und ihre Gesetze‹ (2 Bde., 1891/92) schuf H. eine der wichtigsten Programmschriften des dt. Naturalismus.
Weitere Werke: Klinginsherz (Ged., 1883), Der geschundene Pegasus (1892; mit J. Schlaf), Socialaristokraten (Dr., 1896), Phantasus (Ged., 2 Tle., 1898/99), Traumulus (Kom., 1904; mit

Arno Holz

O. Jerschke), Sonnenfinsternis (Trag., 1908), Ignorabimus (Trag., 1913), Kindheitsparadies (Erinnerungen, 1924).
Ausgaben: A. H. Das Werk. Einf. v. HANS W. FISCHER. Bln. 1926. 12 Bde. – A. H. Werke. Hg. v. W. EMRICH u. A. HOLZ. Nw. 1961–64. 7 Bde.
Literatur: A. H. Die Revolution der Lyrik. Hg. v. A. DÖBLIN. Wsb. 1951. – MOTEKAT, H.: A. H. Persönlichkeit u. Werk. Kitzingen 1953. – Die Akte A. H. Hg. v. A. KLEIN. Bln. u. Weimar 1965. – SCHEUER, H.: A. H. im literar. Leben des ausgehenden 19. Jh. (1883–1896). Eine biograph. Studie. Mchn. 1971. – SCHULZ, GERHARD: A. H. Dilemma eines bürgerl. Dichterlebens. Mchn. 1974. – BRANDS, H.-G.: Theorie u. Stil des sog. ›Konsequenten Naturalismus‹ von A. H. u. Johannes Schlaf. Bonn 1978. – MÖBIUS, H.: Der Positivismus in der Lit. des Naturalismus. Wiss., Kunst u. soziale Frage bei A. H. Mchn. 1980. – BURNS, R.: The quest of modernity. The place of A. H. in the modern German literature. Ffm. u. Bern 1981. – A. H. Hg. v. H. L. ARNOLD. Mchn. 1994.

Holz, Detlef, Pseudonym des dt. Literaturkritikers und Schriftstellers Walter † Benjamin.

Holzamer, Wilhelm, * Nieder-Olm bei Mainz 28. März 1870, † Berlin 28. Aug. 1907, dt. Schriftsteller. – Lehrer, Bibliothekar, ab 1902 freier Schriftsteller. Schrieb Dorf- und Heimatgeschichten, später Problemromane. Von Bedeutung ist der Entwicklungsroman eines Priesters ›Der hl. Sebastian‹ (1902); verfaßte auch Gedichte und Essays.
Weitere Werke: Meine Lieder (Ged., 1892), Auf staubigen Straßen (Skizzen, 1897), Im Dorf und draußen (Nov.n, 1901), Peter Nockler (R., 1902), Um die Zukunft (Dr., 1906), Vor Jahr und Tag (R., 1908), Der Entgleiste (R., 2 Bde., 1910), Gedichte (hg. 1912).
Literatur: HEINEMANN, G.: W. H. Persönlichkeit u. Schaffen (1870–1907). Diss. Mainz 1956.

Holzer, Rudolf, * Wien 28. Juli 1875, † ebd. 17. Juli 1965, österr. Schriftsteller. – Journalist, 1924–33 Chefredakteur der ›Wiener Zeitung‹. Dramatiker, Novellist, Feuilletonist; schrieb v. a. heimatgebundene Dramen.

Werke: Frühling (Dr., 1901), Hans Kohlhase (Dr., 1905, 1940 u. d. T. Justitia), Gute Mütter (Kom., 1913), Das Ende vom Lied (Dr., 1917), Wiener Volkshumor (2 Bde., 1943–47; Hg.), Der Himmel voller Geigen (Dr., 1948), Sieger (Dr., 1960).
Literatur: EMELE, R.: R. H. Ein Leben u. Wirken f. das Theater. Diss. Wien 1950.

Home, John [engl. hju:m], * Leith (heute zu Edinburgh) 21. Sept. 1722, † Merchiston Bank bei Edinburgh 5. Sept. 1808, schott. Dramatiker. – War einige Zeit Geistlicher; schrieb u. a. die den Stoff einer alten Ballade variierende Tragödie ›Douglas‹ (1757), die ihn in Schottland bekannt machte; Londoner Bühnenerfolge mit weiteren Tragödien folgten (u. a. ›Agis‹, 1758; ›The fatal discovery‹, 1769; ›Alfred‹, 1778); in seinem Versuch, Shakespeare in einer gefühlvollen ›Sprache des Herzens‹ nachzuahmen, neigte er zu Übertreibungen.

Ausgaben: Works of J. H. now first collected. Mit Biogr. v. H. MACKENZIE. Edinburgh 1822. 3 Bde.

Homer (tl.: Hómēros; lat. Homerus), nach der Überlieferung ältester ep. Dichter des Abendlandes und Verfasser von ›Ilias‹ und ›Odyssee‹. – Nachdem H. lange als fiktive Persönlichkeit betrachtet worden war, glaubt man heute wieder an seine histor. Existenz. Als wahrscheinlichste Datierung ergibt sich die 2. Hälfte des 8. Jh. v. Chr.; seine Heimat ist das ion. Kleinasien; unter den vielen Städten, die sich die Ehre seiner Geburt streitig machen, hat Smyrna den bestbegründeten Anspruch; enge Beziehungen zu Chios sind wahrscheinlich, wo noch zu Platons Zeit die Schule der † Homeriden ihren Sitz hatte. H. soll ursprünglich Melesigenes geheißen haben (nach dem Fluß Meles bei Smyrna). Die Tradition verlegt sein Grab auf die Insel Ios. Das Herodot zugeschriebene kaiserzeitl. Volksbuch vom Leben H.s (auf der Basis älterer Quellen) schildert das Dasein eines wandernden Rhapsoden, ist aber in den anekdot. Details frei erfunden. Als typ. Legendenzug erscheint die Blindheit des Dichters, doch haben der blinde Sänger Demodokos der ›Odyssee‹ (8, 64) und der ›blinde Mann von Chios‹ als Verfasser des (H. zugeschriebenen) ›Apollonhymnus‹ die antiken Vorstellungen vom Bild des Dichters maßgeblich beeinflußt. Bei den vielen erhaltenen H.büsten handelt es sich um Idealporträts; die meisten stammen aus hellenist. Zeit.

Die moderne Philologie nimmt im allgemeinen an, daß ›Ilias‹ und ›Odyssee‹ nicht von demselben Verfasser stammen; der zeitl. Abstand der beiden Epen dürfte etwa eine Generation betragen (sprachl. und kulturelle Indizien). Die ›Ilias‹ (›Ilías‹), das älteste erhaltene Großepos der europ. Literatur (etwa 16 000 Hexameter), behandelt nicht den gesamten Trojan. Krieg, sondern lediglich eine Episode der 10jährigen Belagerung: den Zorn Achills wegen der ihm von Agamemnon geraubten Briseis, die wechselvollen Kämpfe bis zu Patroklos' Tod, Hektors Fall und Bestattung; kunstvoll ist die gespannte Fülle der Handlung um das zentrale Thema des Zornes komponiert. Zahlreiche Episoden unterbrechen den Gang der Handlung, wobei in wechselnder Folge griech. und trojan. Helden als Protagonisten hervortreten. Ein kompliziertes System von Vor- und Rückverweisen verklammert die Geschehnisse; in dramat. Raffung (50 Tage, von denen überdies nur wenige ausführlich behandelt sind) ist so die Geschichte des 10jährigen Krieges zusammengefaßt. Parallel zum menschl. Geschehen läuft eine Götterhandlung; die Götter greifen fördernd oder hemmend in die Kämpfe ein und suchen den Gang der Ereignisse nach ihrem Willen zu lenken; ihre allzu menschl. schlechten Eigenschaften haben schon früh den Widerspruch der griech. Philosophen hervorgerufen. Ob hinter der ›Ilias‹ ein konkretes myken. Unternehmen gegen Troja steht, ist umstritten; auf jeden Fall ist mit sehr weitgehender poet. Umformung zu rechnen.

Die ›Odyssee‹ (›Odýsseia‹; etwa 12 000 Hexameter) ist der Bericht von den 10jährigen Irrfahrten und der Heimkehr des Odysseus nach Ithaka, die sich an die Eroberung Trojas anschließen. Der troische Sagenkreis bildet Hintergrund

und Voraussetzung des Geschehens. Das Epos vereinigt in kunstvoller Verschränkung alte Seefahrermärchen mit den Motiven der späten Rückkehr des Gatten und der Rache an Penelopes Freiern. Schon im Altertum fehlte es nicht an Versuchen, die Irrfahrten zu lokalisieren. Daß es sich bei einzelnen Abenteuern um 013h. Überhöhungen geograph. Gegebenheiten handelt (z. B. die Straße von Messina als Skylla und Charybdis), ist wahrscheinlich. Odysseus verkörpert den Prototyp des ion. Seefahrers der beginnenden Kolonialzeit, der mit unersättl. Neugier in unbekannte Bereiche vorstößt. Einen eigenen Handlungszug bildet die Telemachie; in Telemachos, dem Sohn des Odysseus, ist ein junger Mensch gestaltet, der sich zum ersten selbständigen Handeln entschließt, indem er sich aufmacht, um nach dem Schicksal des verschollenen Vaters zu forschen. Im Gegensatz zur ›Ilias‹ finden in der ›Odyssee‹ auch die einfachen sozialen Schichten Beachtung (Bettler, Bediente, ›der göttl. Sauhirt‹ Eumaios u. a.). Die Götterhandlung erscheint weniger ausgeprägt als in der ›Ilias‹; Zauberinnen wie Kirke und Kalypso tragen in ihrem Verhältnis zu Odysseus v. a. menschl. Züge und gehören so zu jenen Frauengestalten (Nausikaa, Penelope), denen der alte Mythos von der Heimkehr des Odysseus sein unverwechselbares Gepräge verdankt.

Das Versmaß H.s ist der Hexameter in seiner klass., später kaum mehr modifizierten Gestalt. Die Sprache ist eine typ. Kunstsprache, wie sie in dieser Form nie gesprochen wurde: Der Hauptbestand ist ionisch, doch finden sich zahlreiche äol. Elemente, die zum älteren Bestand des ep. Formelschatzes gehören; diese traditionsbedingte Dialektmischung bildet eine untrennbare Einheit. Zur Sprache der myken. Linear-B-Schrift bestehen erkennbare Beziehungen. Die beiden Epen archaisieren bewußt (u. a. bronzene statt eiserne Waffen und Geräte), Zeitgenössisches tritt am ehesten in den Gleichnissen hervor. Die ep. Technik ist charakterisiert durch stehende Beiwörter (Epitheta), Verswiederholungen (Iteraten), Formelverse und typ. Szenen (Wappnungen, Zweikämpfe, Zubereitung des Mahles usw.). In ihr vollendet sich eine ep. Tradition, die die Summe einer jahrhundertealten, über das griech. Mittelalter bis in die myken. Zeit hinaufreichenden Entwicklung zieht.

Homerische Frage: Anfänglich wurden H. neben ›Ilias‹ und ›Odyssee‹ auch große Teile des ↑epischen Zyklus, das parodist. Gedicht ›Margítēs‹, die ↑›Batrachomyomachia‹ und die ↑Homerischen Hymnen zugeschrieben. Bereits im 4.Jh. v.Chr. galten jedoch im wesentlichen nur noch ›Ilias‹ und ›Odyssee‹ als sicher homerisch. Eine Gruppe von Grammatikern, die Chorizonten, schrieb auch diese beiden Gedichte verschiedenen Verfassern zu, setzte sich aber gegen die Autorität der alexandrin. Gelehrten nicht durch. Der heutige Text basiert auf den Ausgaben der alexandrin. Philologen Zenodotos von Ephesus, Aristophanes von Byzanz und Aristarchos von Samothrake. Sie reinigten die Epen von Zusätzen, die durch die rhapsod. Überlieferung eingedrungen waren, und schrieben wiss. Kommentare (stark gekürzt in den Scholien erhalten). Auf die Alexandriner geht auch die Einteilung beider Epen in je 24 Bücher zurück.

In der Neuzeit wurde die wiss. Diskussion um H. durch F. A. Wolfs ›Prolegomena ad Homerum‹ (1795, dt. 1908) eröffnet; um vorhandene Widersprüche in den Epen zu erklären, nahm Wolf ursprünglich unabhängige, mündlich tradierte ep. Gedichte an; sie seien erst Ende des 6.Jh. v.Chr. unter Peisistratos von einem Redaktor zur heutigen Form

Homer (römische Kopie eines Bildniskopfes; zwischen 460 und 450 v.Chr.)

Homerische Hymnen 173

zusammengefügt worden. Die von K. Lachmann 1847 begründete Liedertheorie sah in der ›Ilias‹ eine Sammlung aus dem ›Volksgeist‹ erwachsener Lieder. Bereits 1831 hatte G. Hermann eine ›Ur-Ilias‹ angenommen, an die sich nach und nach Erweiterungen angeschlossen hätten. A. Kirchhoff sah v.a. in der ›Odyssee‹ eine Kompilation von Kleinepen (1859); dieser Gesichtspunkt wurde von U. von Wilamowitz-Moellendorff, dem bedeutendsten Vertreter der Gruppe, auf die ›Ilias‹ übertragen. Versuche, durch Trennung verschiedener Kulturschichten (ältere und jüngere Waffen und Geräte, Bronze und Eisen usw.) eine interne Chronologie aufzustellen, scheiterten. Immer deutlicher stellte sich heraus, daß die ep. Tradition sprachlich und kulturell zur Zeit der Entstehung der Werke bereits voll ausgebildet vorgelegen haben mußte. Daraufhin begann sich erneut eine unitar. Betrachtung auf neuer Basis (vermehrte Berücksichtigung der speziellen Gegebenheiten rhapsod. Technik) durchzusetzen (W. Schadewaldt, C. M. Bowra). Daneben versuchte die Neoanalyse (J. Th. Kakrides), inhaltl. Unstimmigkeiten durch Einwirkung erschließbarer Vorbilder zu erklären. Größte Bedeutung für die Entwicklung der homer. Forschung in neuester Zeit gewann schließlich die Schule des Amerikaners M. Parry, der zusammen mit A. B. Lord an der noch lebendigen südslaw. Volksepik die Gesetze der ›oral composition‹ entwickelte und typ. Züge der Improvisationsrhapsodik auch für die homer. Dichtung nachwies. Die raffinierte Komposition von ›Ilias‹ und ›Odyssee‹ führt aber doch eher zur Annahme, daß die Epen zwar der Technik der ›oral composition‹ verpflichtet sind, daß in ihnen aber der Schritt von der mündl. Gebrauchsepik in die eigentliche Literatur bereits vollzogen ist.

Ausgaben: H. Ilias. Kommentiert u. bearb. v. K. F. AMEIS u. a. Lpz. [4–8]1905–22. 2 Bde. in 8 Tlen. Nachdr. Amsterdam 1965. – K. Kommentiert u. bearb. v. K. F. AMEIS u. a. Lpz. [9–13]1908–20. Nachdr. Amsterdam 1964. 2 Bde. in 4 Tlen. – H. Werke. Dt. Übers. v. J. H. VOSS. Hg. P. VON DER MÜHLL. Basel 1953. – H. Odyssee. Dt. Übers. v. TH. VON SCHEFFER. Bremen Neuausg. 1958. – H. Ilias. Dt. Übers. v. TH. VON SCHEFFER. Bremen Neuausg. 1958. – H. Odys-

see. Dt. Übers. v. W. SCHADEWALDT. Mchn. 1966. – Scholia Graeca in Homeri Iliadem. Hg. v. H. ERBSE. Bln. 1969–83. 5 Bde. u. Index-Bd. – H. Odyssee. Griech. u. dt. Hg. v. A. WEIHER. Darmst. [7]1982. – H. Ilias. Griech. u. dt. Hg. v. H. RUPÉ. Darmst. [8]1983.
Literatur: CAUER, P.: Grundfragen der H.kritik. Lpz. [3]1921–23. 2 Bde. – WILAMOWITZ-MOELLEN-DORFF, U. VON: Die Heimkehr des Odysseus. Bln. 1927. – NILSSON, N. M. P.: H. and Mycenae. London 1933. – BOEHRINGER, R./BOEHRIN-GER, E.: H. Bildnisse u. Nachweise. Bd. 1. Breslau 1939 (m.n.e.). – KAKRIDES, J. TH.: Homeric research. Lund 1949. – LORIMER, H. L.: H. and the monuments. London 1950. – LESKY, A.: Die H.forschung in der Gegenwart. Wien 1952. – SCHRADE, H.: Götter u. Menschen H.s. Stg. 1952. – WEBSTER, T. B. L.: Von Mykene bis H. Dt. Übers. v. E. DOBLHOFER. Mchn. u. Wien 1960. – REINHARDT, K.: Die Ilias u. ihr Dichter. Hg. v. U. HÖLSCHER. Gött. 1961. – LORD, A. B.: The singer of tales. New York 1965. – SCHADE-WALDT, W.: Von H.s Welt u. Werk. Stg. [4]1966. – Archaeologia Homerica. Hg. v. F. MATZ u. H.-G. BUCHHOLZ. Gött. 1967 ff. Auf 4 Bde. berechnet. (26 Lfgg.). – HEITSCH, E.: Ep. Kunstsprache u. homer. Chronologie. Hdbg. 1968. – BOWRA, C. M.: Heldendichtung. Eine vergleichende Phänomenologie der heroischen Poesie aller Völker u. Zeiten. Dt. Übers. v. H. G. SCHÜRMANN. Stg. 1970. – CODINO, F.: Einf. in H. Dt. Übers. v. R. ENKING. Bln. 1970. – ERBSE, H.: Beitrr. zum Verständnis der Odyssee. Bln. 1972. – HEUBECK, A.: Die homer. Frage. Darmst. 1974. – TEBBEN, J. R.: H.-Konkordanz: a computer concordance to the Homeric hymns. Hildesheim u. New York 1977. – BANNERT, H.: H. Rbk. 1979. – FINLEY, M. I.: Die Welt des Odysseus. Dt. Übers. Mchn. [2]1979. – THIEL, H. VAN: Iliaden u. Ilias. Stg. u. Basel 1982. – LATACZ, J.: H. Eine Einf. Mchn. 1985. – REI-CHEL, M.: Fernbeziehungen in der Ilias. Tüb. 1994. – YAMAGATA, N.: Homeric morality. Leiden 1994.

Homeriden [griech.], im ursprüngl. Sinne Angehörige der auf verwandtschaftl. Grundlage gebildeten Rhapsodengilde auf Chios, die ihr Geschlecht auf Homer zurückführte; im weiteren Sinne solche Rhapsoden, die auf den Vortrag der Werke Homers spezialisiert waren.

Homerische Hymnen, Sammlung von 33 Gedichten in daktyl. Hexametern, die Homer zugeschrieben wurden. Sie sind zu verschiedenen Zeiten (ab dem 7.Jh. v. Chr.) in verschiedenen Gegenden entstanden; sprachlich wie stofflich gehören sie zur rhapsod. Tradition. Sie enthalten den Anruf an eine einzelne Gott-

174 Homerus

heit und dienten als Vorspruch zu ep. Rezitationen. Bedeutendste Gedichte der Sammlung sind der Hymnus auf Apollon (Geburt des Gottes auf Delos, Begründung des Delph. Apollonkultes), der Demeterhymnus (Mythos von Demeter und Persephone, Stiftung des Mysterienkultes von Eleusis), der Hermeshymnus (humorvoller Bericht über Geburt und erste Streiche des Gottes) und der Hymnus auf Aphrodite (Verführung des Hirten Anchises durch die Göttin). **Ausgabe:** H. H. Griech. u. dt. Hg. v. H. WEIHER. Mchn. ⁴1979.

Homerus, griech. Epiker, ↑ Homer.

Homöarkton [griech. = gleich beginnend], rhetor. Figur, die gleichklingenden Anfang aufeinanderfolgender Wörter oder Wortgruppen aufweist, z. B. ›per aspera ad astra‹. – ↑auch Alliteration, ↑Anapher.

Homographe [zu griech. homós = gemeinsam, gleich und griech. gráphein = schreiben] (Homogramme), Wörter oder Wortformen mit gleicher Schreibweise, aber verschiedener Aussprache und Bedeutung, z. B. modern (= faulen) und modern (= neuzeitlich), rasten (= ruhen) und rasten (= fuhren sehr schnell). – ↑auch Homonyme.

Homo-mensura-Satz, der überlieferte Grundsatz des Sophisten Protagoras, der besagt: ›Der Mensch (lat. homo) ist das Maß (lat. mensura) aller Dinge, der seienden, wie sie sind, der nicht seienden, wie sie nicht sind‹. Durch ihn wird erstmals die Abhängigkeit allen Wissens vom Menschen formuliert und so die Fundierung aller Theorie in der menschl. Handlungsweisen, der Praxis, postuliert.

Homonyme [zu griech. homōnymos = gleichnamig], in diachron. Sicht Wörter, die in der Lautung übereinstimmen, den gleichen Wortkörper haben, aber verschiedenen Ursprungs sind, z. B. *Kohl* ›Gemüsepflanze‹, mhd., ahd. kōl, und *Kohl* ›Unsinn‹, jidd. kol; in synchron. Sicht Wörter, die in der Lautung übereinstimmen, aber aufgrund ihrer stark voneinander abweichenden Bedeutungen als verschiedene Wörter aufgefaßt werden. Im Gegensatz zu den ↑Homographen und ↑Homophonen sind H. sowohl

durch gleiche Schreibung als auch durch gleiche Aussprache gekennzeichnet. Wenn H. unterschiedl. Bedeutung in gleichen oder ähnl. Kontexten auftreten und zu Mißverständnissen Anlaß geben, spricht man von einem *H.nkonflikt (H.nkollision),* der den Untergang des einen Wortes bewirken kann.

Homöoteleuton [griech. = gleich endend], rhetor. Figur: Gleichklang der Endungen aufeinanderfolgender Wörter oder Wortgruppen, z. B. ›wie gewonnen, so zerronnen‹. – ↑auch Homöarkton.

Homophone [griech. homóphōnos = gleichklingend], Wörter oder Wortformen, die gleich lauten (in der Aussprache übereinstimmen), aber verschieden geschrieben werden, z. B. ›Moor‹ und ›Mohr‹, ›Kuh‹ und ›Coup‹, ›ruhst‹ und ›rußt‹. – ↑auch Homonyme.

Homunculus, Pseudonym des dt. Schriftstellers Sigismund von ↑ Radecki.

Hončar, Oles' (Oleksandr) Terentijovyč, ukrain. Schriftsteller, ↑Hontschar, Oles (Olexandr) Terentijowytsch.

Honegger, Arthur, *Sankt Gallen 27. Sept. 1924, schweizer. Schriftsteller.– Kam mit 14 Jahren in ein Kinderheim, wurde danach Knecht bei einem Bauern, war dann in einem Arbeitserziehungsheim. Von dieser Kindheit und Jugend ist sein Werk geprägt, das sich außerdem u. a. mit der polit. Situation der Schweiz während der Zeit des Nationalsozialismus auseinandersetzt. **Werke:** Die Fertigmacher (R., 1974), Freitag oder Die Angst vor dem Zahltag (R., 1976), Wenn sie morgen kommen (R., 1977), Der Schulpfleger (R., 1978), Der Ehemalige (R., 1979), Der Nationalrat (R., 1980), Alpträume (R., 1981), Der Schneekönig und andere Geschichten aus dem Toggenburg (1982), Der Weg des Thomas J. (R., 1983), Ein Flecken Erde (R., 1984), Dobermänner reizt man nicht (R., 1988), Der fremde Fötzel oder die Wahl in den großen Rat (1992).

Hontschar (tl.: Hončar), Oles (Olexandr) Terentijowytsch, *Sucha bei Poltawa 3. April 1918, ukrain. Schriftsteller. – Schrieb u. a. eine Romantrilogie über den 2. Weltkrieg, ›Die Bannerträger‹ (1946–48, dt. 1953), und den Bürgerkriegsroman ›Sturm auf die Landenge‹ (1957, dt. 1960).

Weitere Werke: Die schwarzen Stürme (R., 1952, dt. 1955), Mensch und Waffen (R., 1960, dt. 1964), Tronka (R., 1963, dt. 1964), Der Dom von Satschipljanka (R., 1968, dt. 1970), Bereh ljubovi (= Das Ufer der Liebe, R., 1976), Morgenröte (R., 1980, dt. 1985).
Ausgabe: O. Hončar. Tvory. Kiew 1966–67. 5 Bde.

Hood, Hugh John Blagdon [engl. hʊd], *Toronto 30. April 1928, kanad. Schriftsteller.

– Aus zweisprachigem Elternhaus; an kath. Schulen und der Univ. Toronto (1947–55) ausgebildet; seit 1961 Hochschullehrer an der Univ. Montreal; wurde zuerst als Autor vorzügl. Short stories bekannt: u. a. die Titelgeschichte von ›Flying a red kite‹ (1962) und ›The fruit man, the meat man and the manager‹ (1971), die neben ›Selected stories‹ (1978) als beste seiner fünf Geschichtensammlungen gilt. Als Romancier begann H. mit Künstlerromanen: ›White figure, white ground‹ (1964), ›The camera always lies‹ (1967). Im Zentrum seines Schaffens steht jetzt das ehrgeizigste kanad. Erzählprojekt, der ›New age‹-Zyklus, der in Anlehnung an M. Proust eine ›historical mythology‹ erstellen soll, die in zwölf Romanen vom dem Toronto in den 30er Jahren vermittelnden Roman ›The swing in the garden‹ (1975) über ›A new Athens‹ (1977), ›Reservoir ravine‹ (1979), ›Black and white keys‹ (1982), ›The scenic art‹ (1984) bis zum Jahr 2000 reichen soll.
Literatur: H. H. Sondernummer von ›Essays in Canadian writing‹ (1979).

Hood, Thomas [engl. hʊd], *London 23. Mai 1799, †ebd. 3. Mai 1845, engl. Schriftsteller.

– Kaufmann, Kupferstecher und Hg. verschiedener Zeitschriften. H. hatte mit pathoserfüllten, sozial engagierten Gedichten Erfolg (›The song of the shirt‹, ›The bridge of sighs‹, ›The haunted house‹) sowie mit den die Zeitereignisse karikierenden ›Whims and oddities in prose and verse‹ (2 Bde., 1826/27).
Ausgaben: Th. H. The works. Hg. v. TH. HOOD JR. u. F. F. BRODERIP. London 1882–84. 11 Bde. Nachdr. Hildesheim 1970. – Th. H. Selected poems. Hg. v. J. CLUBBE. Cambridge (Mass.) 1970. – The letters of Th. H. Hg. v. P. F. MORGAN. Edinburgh 1973.
Literatur: REID, J. C.: Th. H. London 1963. – CLUBBE, J.: Victorian forerunner. The later career of Th. H. Durham (N. C.) 1968.

Hooft, Pieter Corneliszoon, *Amsterdam 16. März 1581, †Den Haag 21. Mai 1647, niederl. Dichter und Historiker.

– Seit 1609 Drost zu Muiden bei Amsterdam; gehört zu den wichtigsten niederl. Dichtern der Renaissance. Seine sprachlich und formal vollendete Liebeslyrik ist von antiken Autoren, F. Petrarca und den Dichtern der Pléiade beeinflußt; bed. v. a. als Wegbereiter und Anreger auf dem Gebiet des Dramas (›Granida‹, 1615, gilt als bedeutendstes Schäferspiel der niederl. Literatur), dessen Stoffe er der antiken Klassik, aber auch der nat. Geschichte entnahm; bedeutendster Historiker der Niederlande im 17. Jh., zuverlässige Darstellung der niederl. Geschichte von 1555 bis 1587 in ›De Nederlandsche histooriën‹ (Bd. 1 1642, Bd. 2 1654).
Weitere Werke: Emblemata amatoria (Ged., 1611), Geeraerdt van Velsen (Dr., 1613), Achilles en Polyxena (Dr., 1614), Theseus en Ariadne (Dr., 1614), Warenar (Lsp., 1617), Baeto, oft oorsprong der Hollanderen (Trag., 1626), Gedichten (1636).
Ausgabe: P. C. H. Alle de gedrukte werken 1611–1738. Amsterdam 1972. 9 Bde.
Literatur: KAZEMIER, G.: Het vers van H. Assen 1932. – SMIT, W. A. P.: H. en Dia. Amsterdam 1968. – TRICHT, H. W. van: Het leven van P. C. H. Den Haag 1980. – Essays over H. Uyt liefde geschreven. Amsterdam 1981.

Hooker, Richard [engl. ˈhʊkə], *Heavitree (heute zu Exeter) im März 1554, †Bishopsbourne (Kent) 2. Nov. 1600, engl. Theologe.

– Lehrtätigkeit in Oxford, geistl. Ämter; wurde als Master of the Temple in London (ab 1585) in Kontroversen mit dem Puritaner Walter Travers verwickelt; ab 1595 Pfarrer in Bishopsbourne. Sein Hauptwerk ›Of the lawes of ecclesiastical politie‹ (1.–4. Buch 1593, 5. Buch 1597, 6.–8. Buch postum 1648–62) brachte die umsichtige theolog. Rechtfertigung der anglikan. Kirche, deren empir. Gestalt dabei auf vernünftige menschl. Gesetze bezogen wird; zugleich ist es ein bed. Meisterwerk engl. Renaissanceprosa.
Ausgabe: Works of R. H. Hg. v. W. S. HILL. Cambridge (Mass.) 1977 ff. Bisher 5 Bde. erschienen.
Literatur: HILLERDAL, G.: Reason and revelation in R. H. Lund 1962. – HILL, W. S.: Studies in R. H. Cleveland (Ohio) 1972. – SHUFFELTON, R.: R. H. Princeton (N. J.) 1977. – FAULK-

NER, R. K.: R. H. and the politics of a Christian England. Berkeley (Calif.) u. London 1981. – ARCHER, S.: R. H. Boston (Mass.) 1983.

Hoornik, Eduard, *Den Haag 9. März 1910, † Amsterdam 1. März 1970, niederl. Schriftsteller. – Debütierte mit ›Het keerpunkt‹ (Ged., 1936), wurde schon vor dem 2. Weltkrieg leitende Figur der jüngeren Generation, auch als Theoretiker. Seine Erlebnisse in den Konzentrationslagern Buchenwald und Dachau (1942–45) beeinflußten sein Werk entscheidend, dessen späterer Teil stark autobiographisch gefärbt ist.
Weitere Werke: Mattheus (Ged., 1938), Geburt (Ged., 1938, dt. 1939), Steenen (Ged., 1939), Tafelronde (Essays, 1940), Tweespalt (Ged., 1947), Ex tenebris (Ged., 1948), Het menselijk bestaan (Ged., 1951), De bezoeker (Dr., 1952), Na jaren (Ged., 1955), De zeewolf (Dr., 1955), Kains geslacht (Dr., 1955), Achter de bergen (Ged., 1955), De vis (Ged., 1962), De overlevende (Ged., 1968), De vingerwijzing (R., 1969).
Ausgabe: E. H. Verzamelde gedichten. Amsterdam 1972.
Literatur: ›De Gids‹. Sondernummer E. H. Amsterdam 1970.

Hope, Alec Derwent [engl. hoʊp], *Cooma (Neusüdwales) 21. Juli 1907, austral. Dichter und Literaturwissenschaftler. – Veröffentlichte zunächst ausschließlich in austral. Zeitschriften seine formal traditionellen, inhaltlich komplexen, intellektuell anspruchsvollen Gedichte. In ihnen steht oft seine Enttäuschung über die Beschränktheit der menschl. Natur, die Dominanz der Sexualität und eine sinnleere, monotone Welt im Mittelpunkt.
Werke: The wandering Islands (Ged., 1955), Poems (Ged., 1960), A midsummer Eve's dream (Literaturkritik, 1970), Collected poems 1930–70 (Ged., 1972), A late picking (Ged., 1975), A book of answers (Ged., 1978), The pack of autolycus (Literaturkritik, 1978), The age of reason (Ged., 1985).

Hope, Anthony [engl. hoʊp], eigtl. Sir (seit 1918) A. H. Hawkins, *London 9. Febr. 1863, † Walton-on-the-Hill 8. Juli 1933, engl. Schriftsteller. – Schrieb phantasievolle Ritter- und Abenteuerromane im Stil der pseudohistor. Spätromantik, u. a. ›Der Gefangene von Zenda‹ (1894, dt. 1898), der in dem fiktiven Land Ruritania spielt, ferner humorist. Skizzen, Novellen und Dramen.

Weitere Werke: The god in the car (R., 2 Bde., 1894), Rupert of Hentzau (R., 1898), Quisanté (R., 2 Bde., 1900), Double harness (R., 1904), Lucinda (R., 1920).
Literatur: MALLET, CH. E.: A. H. and his books. London 1935.

Hope, Christopher David Tully [engl. hoʊp], *Johannesburg 26. Febr. 1944, südafrikan. Schriftsteller. – Verließ 1974 Südafrika, lebt seit 1976 in London. H. entwirft ein schonungsloses, ins Bizarre übersteigertes, aber brillant artikuliertes Bild der südafrikan. Gesellschaft, in der letztlich nur noch Galgenhumor und Gelächter das Chaos der menschl. Groteske bezwingen.
Werke: Whitewashes (Ged., 1971), Cape drives (Ged., 1974), Separate development (R., 1980), In the country of the black pig (Ged., 1981), Private parts (Kurzgeschichten, 1981), Krügers Alp (R., 1984, dt. 1986), Englishmen (Ged., 1985), The Hottentot room (R., 1986), My chocolate redeemer (R., 1989, dt. 1991 u. d. T. Bella. Eine kannibal. Liebesgeschichte), Moskau! Moskau! (Essay, 1990, dt. 1991), Serenity house (R., 1992).

Hopfen, Hans von (seit 1888), *München 3. Jan. 1835, † Großlichterfelde (heute Berlin-Lichterfelde) 19. Nov. 1904, dt. Schriftsteller. – Jurastudium, Gerichtstätigkeit; Mitglied des Münchner Dichterkreises, Freundschaft mit E. Geibel; lebte später in Berlin. H. bevorzugte in seinem literar. Werk die Darstellung von Künstler- und Studentenschicksalen.
Werke: Der Pinsel Ming's (Epos, 1868), Verdorben zu Paris (R., 2 Bde., 1868), Bayr. Dorfgeschichten (En., 1878), Robert Leichtfuß (R., 2 Bde., 1888).

Hophthalmos, Friedrich [hɔf'talmɔs], Pseudonym des dt. Schriftstellers Friedrich ↑ Haug.

Hopkins, Gerard Manley [engl. 'hɔpkɪnz], *Stratford (Essex) 28. Juli 1844, † Dublin 8. Juni 1889, engl. Dichter. – Entstammte einer vornehmen Familie. – studierte in Oxford; unter dem Einfluß von Kardinal Newman Übertritt zum Katholizismus, seit 1868 Jesuit, später Prof. für alte Sprachen an der Univ. Dublin. Frühe (traditionelle) Gedichte hat er symbolisch verbrannt. Erst auf Anregung des Ordens begann er mit ›The wreck of the Deutschland‹ (Ged., entst. 1875) wieder zu schreiben. Seine Lyrik, erst 1918 von seinem Freund R. Bridges postum veröffentlicht, ringt um den Glauben und um die in der sinnl. Erscheinung ausgeprägte, im persönl. Erleben wirksame sakramentale Wesensschau (›inscape‹). Die formalen Neuerungen – dichtgedrängte Syntax, kompakte und schöpfer. Wortbildungen, gewagte Bildassoziationen und von ausdrucksstarken Hebungen bestimmte, am altgerman. Stabreimvers orientierte Rhythmen (›sprung rhythm‹) –, die H. auch in Briefen und Tagebüchern erörterte, nahmen Tendenzen der Lyrik des 20. Jh. vorweg und beeinflußten diese bes. in den 30er Jahren. Von H. stammen auch bed. Predigten.

Ausgaben: G. M. H. Gedichte, Schrr., Briefe. Dt. Übers. Hg. v. H. RINN. Mchn. 1954. – G. M. H. Sermons and devotional writings. Hg. v. CH. DEVLIN. London u. New York 1959. Nachdr. 1967. – The poetical works of G. M. H. Hg. v. N. H. MACKENZIE. Oxford 1990. – G. M. H. Selected letters. Hg. v. C. PHILLIPS. Oxford 1990. – J. M. H. Journal. Dt. Übers. Salzburg 1994. **Literatur:** GARDNER, W. H.: G. M. H. (1844–1889). London ²1948. 2 Bde. Neudr. London u. New York 1961. – RITZ, J.-G.: Le poète G. M. H., S. J. 1844–89. Paris u. Brüssel 1964. – HUNTER, J.: G. M. H. London 1966. – PICK, J.: G. M. H. Priest and poet. London u. a. ²1966. – MARIANI, P. L.: A commentary on the complete poems of G. M. H. Ithaca (N. Y.) u. London 1970. – BERGONZI, B.: G. M. H. London 1977. – DOWNES, D. A.: H.'s sanctifying imagination. Lanham u. a. 1985. – WHITE, N.: H. A literary biography. Oxford 1992.

Hopkins, John [engl. 'hɔpkɪnz], * London 27. Jan. 1931, engl. Dramatiker. – Autor zahlreicher Fernsehspiele; auch Regisseur bei der BBC. Seine vierteilige Serie ›Talking to a stranger‹ (Erstsendung 1966, gedr. 1967) galt als Pionierleistung der engl. Fernsehdramatik. Wie dort geht es auch in seinen seitherigen Bühnenstücken, von denen v. a. das Polizistendrama ›Diese Geschichte von Ihnen‹ (1969, dt. 1970) erfolgreich war, um zwischenmenschl. Beziehungsschwierigkeiten, Einsamkeit und Perversionen im kleinbürgerl. Alltag.

Weitere Werke: Find your way home (Dr., 1970), Economic necessity (Dr., 1973), Next of kin (Dr., 1974), Verlorene Zeit (Dr., 1979, dt. 1984).

Hopkinson, Francis [engl. 'hɔpkɪnsn], * Philadelphia (Pa.) 2. Okt. 1737, † ebd. 9. Mai 1791, amerikan. Schriftsteller. – In hohen jurist. und polit. Ämtern; einer der Unterzeichner der Unabhängigkeitserklärung. Vielseitig begabt; schrieb und komponierte das erste Lied eines gebürtigen Amerikaners; entwarf das amerikan. Sternenbanner; bekannt v. a. als Autor der Ballade ›The battle of the kegs‹ (1778) und weiterer antibrit. Satiren und Pamphlete, u. a. ›A letter written by a foreigner on the character of the English nation‹ (1777).

Literatur: SONNECK, O. G. T.: F. H. The first American poet-composer. Washington (D. C.) 1905. – HASTINGS, G. E.: The life and works of F. H. Chicago (Ill.) 1926. – ALBRECHT, O. E.: F. H., musician, poet and patriot, 1737–1737. Philadelphia (Pa.) 1938. – Comical spirit of seventysix. The humor of F. H. Hg. v. P. M. ZALL. San Marino (Calif.) 1976.

Hora, Josef, * Dobříň bei Roudnice nad Labem 8. Juli 1891, † Prag 21. Juni 1945, tschech. Lyriker. – Begann mit neuromant. Gedichten, die auch durch impressionist. Stilzüge bestimmt sind; zeitweilig einer der hervorragendsten Vertreter tendenziöser sozialist. Dichtung; Anfang der 30er Jahre wandte er sich einer meditativen, metaphys. Dichtung zu; unter dem Eindruck der polit. Geschehnisse von 1938 um die Heimatdichtung bemüht; auch Erzählwerke (›Dech na skle‹ [= Ein Hauch auf der Scheibe], R., 1938); übersetzte dt. sowie russ. Dichtungen.

Ausgabe: J. H. Dílo. Prag 1950–61. 16 Bde. in Einzelausg.

Horaz (Quintus Horatius Flaccus), * Venusia (heute Venosa) 8. Dez. 65, † 27. Nov. 8 v. Chr., röm. Lyriker. – Seinem Vater, einem Freigelassenen, verdankte H. die umfangreiche Schulausbildung in Rom; während der philosoph. Studien in Athen schloß er sich den Republikanern an, kämpfte in der Schlacht bei Philippi (42 v. Chr.) als Kommandeur einer Legion auf der Seite von Marcus Iunius Brutus; nach dessen Niederlage verlor er das väterl. Vermögen; den Lebensunterhalt erwarb er sich als Schreiber in Rom. Er lernte Vergil und durch ihn Maecenas und Octavian/Augustus kennen. Maecenas nahm ihn in seinen Kreis auf und beschenkte ihn mit einem Landgut, dem ›Sabinum‹. Zu Augustus fand der ehem. Republikaner nur zö-

178 Horbach

gernd und wohl nie ohne Reserve. H.'
Werke sind vollständig erhalten.

H. begann als aggressiver Autor von Ep-
oden (›Iambi‹, vollendet um 30), wobei
er an Archilochos von Paros anknüpfte.
Zugleich verfaßte er in der Nachfolge
des Gaius Lucilius Satiren (›Sermones‹),
in denen er durch witzige Verspottung
menschl. Unzulänglichkeiten die Grund-
sätze richtigen Verhaltens zu verdeutli-
chen suchte (Buch 1 mit 10 Stücken er-
schien um 33, Buch 2 mit 8 Stücken um
30). – Während der mittleren Schaffens-
periode (30–23) schrieb H. sein Meister-
werk, die drei ersten Bücher der Oden
(›Carmina‹), im Rückgriff auf die äol.
Lyrik der Sappho und des Alkaios; von
dort stammen die kunstvollen Versmaße
und ein Teil der Motive. Inmitten viel-
fältiger Themen – Götter und Staat,
Freundschaft und Liebe, Lebenskunst
und Dichtertum – tritt das Grundmotiv
der Endlichkeit, des Todes, immer wie-
der hervor; der erfüllte Augenblick er-
scheint als höchster Daseinszweck des
Menschen. – Die Wende zum Spätwerk
vollzog sich zunächst als Abkehr von der
Lyrik: Das 1. Buch der hexametr. Epi-
steln (›Epistulae‹; 20 kürzere Stücke,
vollendet um 20) erörtert Fragen der
Ethik; im 2. Buch (drei längere Stücke,
darunter der berühmte Brief ›Ad Piso-
nes‹, später ›Ars poetica‹ [= Dichtkunst,
vollendet um 13] genannt) ist die Dich-
tungskritik und -theorie der beherr-
schende Gegenstand. Das ›Carmen sae-
culare‹ (das offizielle Kultlied für die Sä-
kularspiele 17 v. Chr., ein Auftrag des
Augustus) regte zu neuer lyr. Produktion
an (4. Buch der Oden, erschienen um 13).
Das spannungsreiche Gesamtwerk des
H. beruht letztlich auf dem Antagonis-
mus zweier Grundbedürfnisse: Auf der
einen Seite stand der Wille des Dichters,
an sich selbst und anderen im Sinne eines
epikureisch-stoischen Sittlichkeitsideals
zu arbeiten, auf der anderen das Streben
nach Lebensgenuß, nach der glückl.
Stunde. Gebändigt wird diese Gegenläu-
figkeit durch die geradezu funkelnde
künstler. Form sowie durch eine unnach-
ahml. Haltung der (Selbst-)Ironie und
Urbanität.
Die anspruchsvolle Kunst des H. war
(anders als die Ciceros, Vergils und

Ovids) stets auf geduldige Einzelleser an-
gewiesen. Die Entwicklung seines Ein-
flusses deckt sich weithin mit der Ent-
wicklung eines neuzeitl. Idealtyps: der
kultivierten, ihre Subjektivität durch Re-
flexion ausbalancierenden und sich in
sittl. Hinsicht als autonom erfahrenden
Persönlichkeit. Die Odendichtung des H.
zählt zu den meistbewunderten Mustern
der europ. Lyrik. Im Zeitalter der Auf-
klärung wurde H. zum Garanten eines
auf philosoph. Selbstbestimmung beru-
henden Lebensglücks.
Ausgaben: Q. Horatius Flaccus. Hg. v. A. KIESS-
LING u. R. HEINZE (mit Komm.). Zü. ⁹⁻¹³1968–70.
3 Bde. – Q. Horatius Flaccus. Opera. Hg. v.
F. KLINGNER. Lpz. ⁵1970. – H. Sämtl. Werke.
Lat. u. dt. Hg. v. H. FÄRBER u. W. SCHÖNE.
Mchn. ⁸1979.
Literatur: PASQUALI, G.: Orazio lirico. Florenz
1919. – HOMMEL, H.: H. Hdbg. 1950. – WILKIN-
SON, L. P.: Horace and his lyric poetry. London
²1951. – BECKER, C.: Das Spätwerk des H. Stg.
1963. – WILLI, W.: H. und die augusteische Kul-
tur. Basel u. Stg. ²1966. – PÖSCHL, V.: Horazi-
sche Lyrik. Hdbg. 1970. – SYNDIKUS, H. P.: Die
Lyrik des H. Darmst. 1972–73. 2 Bde. – Wege
zu H. Hg. v. H. OPPERMANN. Darmst. ²1980. –
FRAENKEL, E.: H. Dt. Übers. Darmst. ⁶1983. –
KYTZLER, B.: H. Zü. 1985. – Horace. L'œuvre et
les limitations. Bearb. v. W. LUDWIG u. a. Genf
1993. – LEFEVRE, E.: H. Dichter im augustei-
schen Rom. Mchn. 1993.

Horbach, Ursula, dt. Schriftstellerin,
↑ Cordes, Alexandra.

Horen, Die [nach den Göttinnen der
griech. Mythologie], Titel einer von
Schiller 1795 begründeten, im Verlag
Cotta in Tübingen herausgegebenen, er-
sten programmat. Literaturzeitschrift der
dt. Klassik. Bestimmend für den Charak-
ter der Zeitschrift waren Schillers Briefe
›Über die ästhet. Erziehung des Men-
schen ...‹ (1795) mit dem Ziel, ›die poli-
tisch geteilte Welt unter der Fahne der
Wahrheit und Schönheit wieder zu verei-
nigen‹. Beiträge für ›D. H.‹ schrieben au-
ßer Schiller A. und W. von Humboldt,
K. Th. Körner, J. G. Fichte, A. W. Schle-
gel, Goethe, J. G. Herder, J. H. Voß und
J. Ch. F. Hölderlin. Trotz ihres Scheiterns
(1797) wurden ›D. H.‹ zum epochema-
chenden Vorbild für alle späteren literar.
Zeitschriften.
Literatur: MEYER, FRIEDRICH: Schillers H. als
Verlagswerk betrachtet. Lpz. 1941. – SCHULZ,
GÜNTER: Schillers H. Hdbg. 1960.

Die Horen

eine Monatsschrift

herausgegeben von Schiller

Erster Band.

Tübingen
in der J. G. Cottaischen Buchhandlung
1 7 9 5.

Die Horen. Titelblatt des
ersten Bandes (1795)

Horgan, Paul [engl. 'hɔːgən], * Buffalo (N. Y.) 1. Aug. 1903, amerikan. Schriftsteller. – Die vielfältigen Tätigkeiten als Soldat, Sänger, Schauspieler, Regisseur und seit 1962 als Writer-in-residence an der Wesleyan University in Middletown (Conn.) spiegeln sich in seinen literar. Schriften, die Romane, Kurzgeschichten, Dramen, biograph. und histor. Darstellungen umfassen. Der kath. Glaube und seine humanist. Überzeugung prägen den Werthorizont seines literar. Werks.
Werke: The fault of angels (R., 1933), Das Haus der Sonne (R., 1942, dt. 1957), Look at America. The Southwest (Reiseber., 1947), Great river (Geschichte des Rio Grande, 1954; Pulitzerpreis 1955), Romantrilogie: Things as they are (1964), Everything to live for (1968), Lamy of Santa Fe (Studie, 1975; Pulitzerpreis 1976), The thin mountain air (1977), The clerihews of P. H. (Ged., 1985), Under the Sangre de Cristo (Prosa,

1985), A certain climate: essays in history, arts, and letters (1988).
Literatur: DAY, J. M.: P. H. Austin (Tex.) 1967. – GISH, R.: P. H. Boston (Mass.) 1983.

Horheim, Bernger von, mhd. Minnesänger, ↑ Bernger von Horheim.

Horia, Vintila [rumän. 'horia], * Segarcea (Dolj) 18. Dez. 1915, † Madrid im April 1992, rumän. Schriftsteller. – Studierte Jura und Philosophie, war im diplomat. Dienst; lebte ab 1945 im Exil in Argentinien, Spanien und Frankreich; schrieb Lyrik in rumän. Sprache sowie Essays und Romane mit resignativer Grundstimmung in rumän., frz. und span. Sprache; gab 1960 aus polit. Gründen den Prix Goncourt für sein Hauptwerk, den das Problem der Emigration behandelnden Roman ›Gott ist im Exil geboren‹ (1960, dt. 1961), zurück.
Weitere Werke: Der Ritter der Resignation (R., 1961, dt. 1962), La septième lettre (R., 1964), Une femme pour l'apocalypse (R., 1968), Viaje a los centros de la tierra (Essay, 1971), Introducción a la literatura del siglo XX (Essay, 1976), Los derechos humanos y la novela del siglo XX (Essay, 1981).

Hörmann, Markus, Pseudonym des österr. Schriftstellers Otto ↑ Basil.

Horn, Heinrich, dt. Schriftsteller und Archäologe, ↑ Cordan, Wolfgang.

Horn, Otto, Pseudonym des österr. Dramatikers Adolf ↑ Bäuerle.

Horneck, Ottokar von, steir. Geschichtsschreiber, ↑ Ottokar von Steiermark.

Hórnik, Michał [obersorb. 'huǫrnik], * Räckelwitz bei Kamenz 1. Sept. 1833, † Bautzen 22. Febr. 1894, obersorb. Dichter und Philologe. – Kath. Priester; verfaßte u. a. patriot. Lieder; kämpfte mit J. A. Smoleŕ für die nat. Erweckung der Sorben und die Pflege ihrer Sprache; Mit-Hg. des ›Lausitzisch-Wendischen Wörterbuchs‹ (1866); übersetzte das NT (1885–96).

Horov, Pavol [slowak. 'horou̯], * Bánovce nad Ondavou 25. Mai 1914, † Preßburg 29. Sept. 1975, slowak. Lyriker. – Redakteur; in der Nachfolge von Poetismus und Surrealismus; im Zentrum seiner Dichtung stehen der Protest gegen den Krieg sowie die Heimat und das Mütterliche.

180 Horrorliteratur

Ausgabe: P. H. Spisy. Preßburg 1972–78. 3 Bde.
Literatur: O diele P. H.a. Hg. v. A. BAGIN u.
J. ZAMBOR. Preßburg 1980.

Horrorliteratur ↑ Trivialliteratur.

Hörspiel, für den Rundfunk produzierte literar. Gattung, deren wesentl. Merkmal die von allem Sichtbaren gelöste akust. Unmittelbarkeit ist. Das H. ist ein ›Spiel mit der Vorstellungskraft‹ (D. Wellershoff); Hauptakteurin ist die Stimme mit allen ihren Ausdrucksmöglichkeiten, oft unterstützt von anderen akust. Ausdrucksmitteln sowie den techn. Hilfsmitteln des Funks (u. a. Verstärker, Filter, Verzerrer und v. a. Schnitt und Blende), durch die die verschiedensten Zeit- und Bedeutungsebenen und Raumvorstellungen erreicht sowie die unterschiedlichsten Hörphänomene erzielt werden können. Dementsprechend hat das H. zahlreiche Formen und Kombinationen entwickelt: von Sprechstükken über Wort- und Geräuschcollagen bis hin zu Schallexperimenten, die auf das Wort weitgehend verzichten.

Heute unterscheidet man begrifflich das sog. literar. H. (Typen: neben dramat. H.en und H.en, in denen das Epische oder Lyrische überwiegt, v. a. auch H.e, die die Möglichkeiten des ↑ inneren Monologs nutzen) vom experimentellen H., auch ›neues Hörspiel‹ genannt. Dem H. verwandt sind die ↑ Funkerzählung und das ↑ Feature.

Geschichte: Als erstes H. (zunächst auch ›Radio-Drama‹ genannt) gilt ›Danger‹ von R. A. W. Hughes, das Anfang 1924 vom engl. Rundfunk gesendet wurde; ihm folgten im gleichen Jahr in Frankreich ›Maremoto‹ von Pierre Cusy und Gabriel Germinet und in Deutschland die Funkgroteske ›Zauberei auf dem Sender‹ von Hans Georg Flesch (* 1896, † [verschollen] 1945). In der ersten Phase des H.s überwogen Sendungen mit adaptierter Dramenliteratur. Für die Entwicklung der ästhet. Möglichkeiten des eigenständigen H.s waren neben L. McNeice (* 1907, † 1963) in England in Deutschland zunächst F. Bischoff, Hans Bodenstedt (* 1887, † 1958) und v. a. Alfred Braun (* 1888, † 1978) bedeutend, in den 30er Jahren dann u. a. B. Brecht, J. R. Becher, W. Benjamin, A. Döblin, G. Eich, Felix Gasbarra (* 1895, † 1985), Ernst Jo-

hannsen (* 1898, † 1977), Erich Kästner, H. Kasack, H. Kesser, H. Kyser, E. Reinacher, W. E. Schäfer, Alfred Schirokauer (* 1899, † 1954) und F. Wolf. Zu gleicher Zeit entstanden die ersten H.theorien von Brecht (›Radiotheorie‹, 1927–32), Döblin (›Literatur und Rundfunk‹, 1929), Richard Kolb (›Das Horoskop des H.s‹, 1932) und H. Pongs (›Das H.‹, 1931). Das H.angebot reichte von der lyr. Montage (Schirokauer), dem literar. ambitionierten H. (Reinacher, F. von Hoerschelmann) bis zu featureähnl. Formen. **Nach 1945** entwickelte D. Thomas in England mit dem von ihm als ›Spiel für Stimmen‹ charakterisierten H. ›Unter dem Milchwald‹ (1953, dt. 1954), das als von 65 Stimmen interpretiertem ›long dramatic programme in verse‹ auch lesend auf der Theaterbühne vorgetragen wurde, eine gattungsunabhängige Poetik des H.s, die weltberühmt werden sollte. –

Auch in seiner weiteren Entwicklung fand das in ganz Europa auf wachsendes Interesse stoßende H. in bedeutenden Schriftstellern seine Autoren, in England v. a. Dramatiker, u. a. H. Pinter (›A slight ache‹, 1959, auch als Dr. u. d. T. ›Ein leichter Schmerz‹, 1961, dt. 1962), J. Orton (›The ruffian on the stair‹, 1964, auch als Dr., 1967) und T. Stoppard (›Albert's bridge‹, 1967), in Frankreich v. a. Autoren des ↑ Nouveau roman: u. a. M. Butor (›6 810 000 litres d'eau par seconde‹, 1965), R. Pinget (›Abel und Bela‹, dt. 1969) sowie N. Sarraute (›Das Schweigen‹, ›Die Lüge‹, beide 1967, dt. 1969). Das H. der BR Deutschland knüpfte, nach einer kurzen Feature-Phase unter angelsächs. Einfluß, gleichsam am Kolbschen ›Horoskop des H.s‹ wieder an. Dimensionen des Unbewußten u. des Traums bestimmen die H.e von G. Eich (›Geh nicht nach El Kuwehd‹, 1950; ›Träume‹, 1951). Sie stehen ebenso wie die H.e von L. Ahlsen (›Niki und das Paradies in Gelb‹, 1952; ›Fettaugen‹, 1969), W. Borchert (›Draußen vor der Tür‹, 1947, auch als Dr., 1947), I. Aichinger (›Knöpfe‹, 1953, auch als Dr., 1957), I. Bachmann (›Der gute Gott von Manhattan‹, 1958), F. Dürrenmatt (›Die Panne‹, 1956, als Hörspiel 1961), M. Frisch (›Herr Biedermann und die Brandstifter‹, 1956, auch als Dr., 1958),

R. Hey (›Rosie‹, 1969), W. Hildesheimer (›Herrn Walsers Raben‹, 1960), P. Hirche (›Miserere‹, 1965), Claus Hubalek (* 1926), W. Jens, M. L. Kaschnitz (›Die fremde Stimme‹, 1969), S. Lenz (›Haussuchung‹, 1967), M. Walser (›Welche Farbe hat das Morgenrot‹, 1969), D. Wellershof (›Bau einer Laube‹, 1965) und den Autoren, die schon vor 1933 H.e geschrieben hatten, J. M. Bauer, F. Gasbarra, F. von Hoerschelmann, W. E. Schäfer, W. Weyrauch für die H.szene der 50er und 60er Jahre. Das ›neue H.‹ vertreten Jürgen Becker, P. O. Chotjewitz, R. Döhl, B. Frischmuth, P. Handke, L. Harig, E. Jandl, F. Mayröcker, P. Pörtner, G. Rühm, Ror Wolf, W. Wondratschek, Mauricio Kagel (* 1931), U. Widmer, F. Mon, G. Wohmann, P. Wühr, D. Kühn, I. von Kieseritzky, Y. Karsunke, M. Scharang. Für das H. in der ehem. DDR waren Autoren wie M. Bieler (bis 1967), W. Bräunig, Joachim Goll (* 1925), R. Kirsch, Artur Müller, Gerhard Rentzsch (* 1926), G. Rücker, Rolf Schneider, Walter K. Schweickert (* 1908), Bernhard Seeger (* 1927) u. a. repräsentativ. – Als wichtigster dt. H.-Preis gilt der ↑ Hörspielpreis der Kriegsblinden.

Literatur: KECKEIS, H.: Das dt. H. 1923–1973. Ffm. 1973. – HÖRBURGER, CH.: Das H. der Weimarer Republik. Stg. 1975. – KLOSE, W.: Didaktik des H.s Stg. ²1977. – PRIESSNITZ, H. P.: Das engl. ›radio play‹ seit 1945. Typen, Themen u. Formen. Mchn. 1978. – WÜRFFEL, S. B.: Das dt. H. Stg. 1978. – Grundzüge der Gesch. des europ. H.s. Hg. v. CH. W. THOMSEN u. J. SCHNEIDER. Darmst. 1985. – HANNES, R.: Erzähler u. Erzählen im H. Marburg 1990. – BREITINGER, E.: Rundfunk u. H. in den USA, 1930–1950. Trier 1992. – DÖHL, R.: Das H. zur NS-Zeit. Darmst. 1992. – DÖHL, R.: Das neue H. Darmst. ²1992. – BOLIK, S.: Das H. in der DDR. Ffm. u. a. 1994.

Hörspielpreis der Kriegsblinden,

ein 1951 vom Bund der Kriegsblinden Deutschlands e. V. gestifteter Ehrenpreis (nicht mit einem Geldbetrag verbunden); er wird jährlich an den Autor eines Originalhörspiels in dt. Sprache, das im vorangegangenen Jahr von einer Rundfunkanstalt der ARD als Uraufführung gesendet wurde, vergeben. Preisträger zwischen 1951 und 1970 waren u. a. E. Wickert, G. Eich, W. Hildesheimer,

F. Dürrenmatt, I. Bachmann, W. Weyrauch, D. Wellershoff, E. Jandl und F. Mayröcker; Preisträger ab 1970 waren: H. Heißenbüttel (1970), P. Wühr (1971), H. Noever (1972), A. Behrens (1973), D. Kühn (1974), W. Adler (1975), U. Widmer (1976), Ch. Buggert (1977), R. Lettau (1978), M. Kagel (1979), W. Kempowski (1980), P. Steinbach (1981), G. Hofmann (1982), G. Rühm (1983), F. Roth (1984), für das Jahr 1985 erhielten den Preis der Komponist H. Goebbels und der Dramatiker Heiner Müller für eine Gemeinschaftsproduktion, für das Jahr 1986 wurde L. Harig ausgezeichnet. Weitere Preisträger waren 1987 R. Wolf, 1988 P. Jacobi, 1989 J. Sparschuh, 1990 Karl-Heinz Schmidt-Lauzemis und R. Oehme, 1991 H. Giese, 1992 W. Fritsch, 1993 Ch. Geissler.

Hortensius (Quintus H. Hortalus), * 114, † 50, röm. Konsul (69) und Rhetor. – Berühmter Redner, der erst von Cicero übertroffen wurde. Der Nobilität zugetan, verteidigte er deren Mitglieder. Von seinen Reden (im Stil des Asianismus) sind 25 Titel bekannt; Cicero würdigte mehrfach (›De oratore‹, Einleitung zum ›Brutus‹, ›Academica‹, in der verlorenen Schrift ›H.‹) H.' Bedeutung für die lat. Beredsamkeit.

Horváth, Ivan [slowak. 'hɔrvaːt], * Senica 26. Juli 1904, † Preßburg 5. Sept. 1960, slowak. Schriftsteller. – Diplomat; 1950–59 in Haft; schrieb psycholog. und expressionist. Erzählwerke (›Život s Laurou‹ [= Ein Leben mit Laura], Nov., 1948); Bewunderer des frz. Geistes (›Návrat do Paríža‹ [= Rückkehr nach Paris], Essay, 1947).

Literatur: ROSENBAUM, K.: Podobizeň I. H.a. Preßburg 1967.

Horváth, Ödön von (Edmund von H.), * Fiume (heute Rijeka) 9. Dez. 1901, † Paris 1. Juni 1938, österr. Schriftsteller. – Studierte in München, lebte ab 1924 u. a. in Berlin (Bekanntschaft mit M. Reinhardt und G. Gründgens), ab 1933 in Österreich; emigrierte 1938 (Zürich, Amsterdam, Paris); wurde bei einem Gewitter von einem herabstürzenden Ast erschlagen. – In seinen z. T. sozial- und moralkrit. Bühnenwerken versuchte er, das Wiener Volksstück erneut zu beleben. Seine heute wieder viel gespielten Stücke weisen sichere, knappe Stilisierung, dichte Atmosphäre, geschickte Dialogführung und treffende Menschendarstellung auf. In den Romanen ›Jugend ohne Gott‹ (1938) und ›Ein Kind unserer Zeit‹ (1938; beide zus. 1953 u. d. T. ›Zeitalter der Fische‹) gibt er seinem Entsetzen über das Wesen der Diktatur Ausdruck. Für das Volksstück ›Geschichten aus dem Wienerwald‹ (1931) erhielt er 1931 den Kleist-Preis. Die meisten seiner Stücke sind zunächst nur als Bühnenmanuskript erschienen und wurden erst seit den 50er Jahren in Einzel- und Sammelausgaben herausgegeben.

Ödön von Horváth

Weitere Werke: Buch der Tänze (Pantomime, 1922), Revolte auf Côte 3018 (Volksstück, 1927, umgearbeitet 1927 u. d. T. Die Bergbahn), Zur schönen Aussicht (Kom., 1927), Sladek oder Die schwarze Armee (Stück, 1928), Der ewige Spießer (R., 1930), Italien. Nacht (Volksstück, 1931), Glaube, Liebe, Hoffnung (Stück, entst. 1932, gedr. 1933), Kasimir und Karoline (Volksstück, 1932), Hin und Her (Posse, 1933), Don Juan kommt aus dem Krieg (Schsp., 1937), Figaro läßt sich scheiden (Kom., 1937), Der jüngste Tag (Schsp., 1937), Pompeji (Kom., 1937), Rechts und links (Sportmärchen, hg. 1969).
Ausgaben: Ö. v. H. Ges. Werke. Hg. v. T. KRISCHKE u. D. HILDEBRANDT. Ffm. ²1978. 8 Bde. – Ö. v. H. Ges. Werke. Hg. v. T. KRISCHKE. Ffm. 1983 ff. Auf 15 Bde. berechnet (bisher 14 Bde. erschienen).
Literatur: KAHL, K.: Ö. v. H. Velber 1966. – FRITZ, A.: Ö. v. H. als Kritiker seiner Zeit. Mchn. 1973. – KURZENBERGER, H.: H.s Volksstücke. Mchn. 1974. – STEETS, A.: Die Prosawerke Ö. v. H.s. Stg. 1975. – LECHNER, W.: Mechanismen der Literaturrezeption in Österreich am Beispiel Ö. v. H.s. Stg. 1978. – KRISCHKE, T.:

Ö. v. H. Kind seiner Zeit. Mchn. 1980. – SCHULTE, B.: Ö. v. H., verschwiegen, gefeiert, glattgelobt. Analyse eines ungewöhnl. Rezeptionsverlaufs. Bonn 1980. – GAMPER, H.: H.s komplexe Textur. Dargestellt an frühen Stücken. Zü. 1987. – KRISCHKE, T.: H.-Chronik. Ffm. 1988. – H.s Prosa. Hg. v. T. KRISCHKE. Ffm. 1989. – SCHNITZLER, CH.: Der polit. H. Unterss. zu Leben u. Werk. Ffm. u. a. 1990. – H. auf der Bühne. Hg. v. T. KRISCHKE. Wien 1991. – HILDEBRANDT, D.: Ö. v. H. Rbk. 32.–34. Tsd. 1993.

Hosenrolle, beim Theater Bez. für Männerrollen, die von Frauen gespielt werden (Cherubino in ›Figaros Hochzeit‹, Oktavian im ›Rosenkavalier‹) oder für weibl. Rollen in Männerkleidung (›Fidelio‹).

Hositašvili, Irodion Isakievič, georg. Dichter, ↑Jewdoschwili, Irodion Issakijewitsch.

Hostovský, Egon [tschech. 'hɔstɔfski:], *Hronov 23. April 1908, †New York 5. Mai 1973, tschech. Schriftsteller. – Lebte 1939–46 und ab 1949 in der Emigration, überwiegend in den USA; schilderte in Romanen und Novellen, die der Psychoanalyse und dem psycholog. Roman F. M. Dostojewskis Anregungen verdanken, das Problem des Ausgestoßenseins, das er oft am Beispiel der Prager Juden exemplarisch darstellt; weiteres Hauptmotiv ist die innere Unsicherheit und Zerrissenheit seiner Helden.
Werke: Sedmkrát v hlavní úloze (= Siebenmal in der Hauptrolle, R., 1942), Der Mitternachtspatient (R., engl. 1954, dt. 1958, tschech. 1959), Das Komplott (R., engl. 1961, dt. 1964, tschech. 1969).
Literatur: STURM, R.: E. H. Toronto 1974.

Hostrup, Jens Christian [dän. 'hɔsdrʌb], *Kopenhagen 20. Mai 1818, †ebd. 21. Nov. 1892, dän. Schriftsteller. – Nach dem theolog. Examen widmete sich H. dem Theater, gab 1854 diese Tätigkeit auf, wurde Pfarrer und schloß sich der grundtvigianischen Strömung an. H.s Schauspiele und Lieder können als spätromant. Studentendichtung charakterisiert werden.
Werke: Genboerne (Dr., 1844), En spurv i Tranedans (Dr., 1846), Eventyr paa Fodrejsen (Dr., 1848).

Hôtel de Bourgogne [frz. otɛldəbur'gɔɲ] ↑Bourgogne, Hôtel de.

Houdar de La Motte, Antoine [frz. udardəla'mɔt], auch La Motte-Houdar, * Paris 17. (18.?) Jan. 1672, † ebd. 26. Dez. 1731, frz. Dichter. – Bes. erfolgreich waren sein Singspiel ›L'Europe galante‹ (1697) und seine Tragödie ›Ines de Castro‹ (1723, dt. 1774); er widersetzte sich der Forderung der drei Einheiten im Drama, stand im ›Streit der Alten und Modernen‹ (›Querelle des anciens et des modernes‹) auf seiten der modernen Dichtung; in der von ihm angeregten Aussprache über den Wert der Verskunst entschied er sich für die von ihm als natürlicher empfundene Prosa (›Odes [en prose] avec un discours sur la poésie en général‹, 1709); veröffentlichte auch Fabeln (1719) und löste durch eine ›gereinigte‹ und auf zwölf Gesänge gekürzte Übersetzung der ›Ilias‹ (1714) als Kritik an der Übertragung der Madame Dacier eine aufsehenerregende Fehde aus. Seit 1710 war er Mitglied der Académie française.
Ausgaben: A. Houdart de La M. Œuvres. Paris 1754. 9 in 10 Bde. – Œuvres choisies de H. de la M. Paris 1811. 2 Bde.
Literatur: DUPONT, P.: Un poète philosophe au commencement du XVIIIᵉ siècle. H. de la M. (1672–1731). Paris 1898.

Houghton, William Stanley [engl. hɔ:tn], * Ashton-upon-Mersey (Cheshire) 22. Febr. 1881, † Manchester 11. Dez. 1913, engl. Dramatiker. – Vertreter des realist. Dramas in der Nachfolge H. Ibsens; stellt v. a. Generationsprobleme und Geschlechterkonflikte dar.
Werke: The younger generation (Dr., 1910), Hindle wakes (Dr., 1912), The fifth commandment (Dr., 1913).
Ausgabe: The works of W. S. H. Hg. v. H. BRIGHOUSE. London 1914. 3 Bde.

Housman, Alfred Edward [engl. 'haʊsmən], * Fockbury (Worcestershire) 26. März 1859, † Cambridge 30. April 1936, engl. Lyriker. – Ab 1892 Prof. für klass. Philologie in London, ab 1911 in Cambridge. Schrieb romantisch-pessimist. Lyrik in einfachem, klarem Stil; seine poet. Theorien legte er in der Schrift ›The name and nature of poetry‹ (1933) dar.
Weitere Werke: A Shropshire lad (Ged., 1896), Last poems (Ged., 1922), More poems (Ged., hg. 1936), Manuscript poems (Ged., hg. 1955).

Ausgabe: A. E. H. Complete poems. Centennial edition. Hg. v. T. B. HABER u. B. DAVENPORT. New York 1959.
Literatur: SKUTSCH, O.: A. E. H., 1859–1936. London 1960. – LEGGETT, B. J.: The poetic art of A. E. H. Lincoln (Nebr.) 1978. – GRAVES, R. P.: A. E. H. Oxford 1979. – CARTER, J.: A. E. H. A bibliography. Goldaming ²1982. – BAYLEY, J.: H.'s poems. Oxford 1992.

Housman, Laurence [engl. 'haʊsmən], * Bromsgrove (Worcestershire) 18. Juli 1865, † Glastonbury (Somerset) 20. Febr. 1959, engl. Dichter. – Bruder von Alfred Edward H.; studierte zunächst Malerei; schrieb Dramen, u. a. über die Königin Victoria (›Victoria Regina‹, 1934, dt. 1937; ›Happy and glorious‹, 1945), Gedichte und Romane, z. T. politisch-satir. Inhalts. Seine Märchen und Gedichte illustrierte er teilweise selbst.
Weitere Werke: Green Arras (Ged., 1896), Spikenard (Ged., 1898), An Englishwoman's love letters (R., 1900), Selected poems (Ged., 1909), Nazareth (Dr., 1916), Angels and ministers (Dramen, 1921), Kleine Franziskusspiele (Dramen, 2 Bde., 1922–31, dt. 3 Hefte, 1933), The duke of Flamborough (R., 1928), Cynthia (Epos, 1947).
Ausgabe: Collected poems of L. H. London 1937.

Houville, Gérard d' [frz. u'vil], eigtl. Marie Louise Antoinette de Régnier, geb. de Heredia, * Paris 20. Dez. 1875, † Suresnes 6. Febr. 1963, frz. Schriftstellerin. – Tochter von J.-M. de Heredia, ∞ mit H. de Régnier; ihre Romane zeugen von hervorragender Kenntnis der weibl. Psyche (›Le temps d'aimer‹, 1908; ›Tant pis pour toi!‹, 1921; ›Esclave amoureuse‹, 1927; ›Enfantines et amoureuses‹, 1946, u. a.); verfaßte außerdem Lyrik (›Poésies‹, 1930, 1949, 1953) und literarkrit. Beiträge für die ›Revue des Deux Mondes‹. Wichtige Vertreterin der aristokratisch-kosmopolit. Literaturszene Frankreichs zwischen 1900 und 1920.
Literatur: CHIZERAY-CUNY, H. DE: G. d'H. In: La Revue des Deux Mondes (Juli–Aug. 1966), S. 220.

Houwald, Christoph Ernst Freiherr von ['hu:valt], * Straupitz (Landkreis Lübben) 29. Nov. 1778, † Lübben/Spreewald 28. Jan. 1845, dt. Schriftsteller. – Wurde 1822 Landsyndikus für die Niederlausitz. Hauptvertreter der romant.

184 Hovey

Schicksalstragödie neben A. Müllner; auch Erzählungen und Jugendbücher.

Werke: Romant. Akkorde (En., 1817), Das Bild (Trag., 1821), Fluch und Segen (Dr., 1821), Der Leuchtturm. Die Heimkehr (2 Trauerspiele, 1821), Die Feinde (Trag., 1825), Die Seeräuber (Trag., 1831).
Literatur: SCHMIDTBORN, O.: Ch. E. Frhr. v. H. als Dramatiker. Marburg 1909. Nachdr. New York 1968.

Hovey, Richard [engl. 'hʌvɪ], * Normal (Ill.) 4. Mai 1864, † New York 24. Febr. 1900, amerikan. Dichter. – Studium in Dartmouth (N. H.), Aufenthalt in England und Frankreich (1891/92), Dozent am Barnard College in New York. Beeinflußt von den frz. Symbolisten schrieb er, z. T. mit W. B. Carman, ›Songs from Vagabondia‹ (1894), ›More songs from Vagabondia‹ (hg. 1896), ›Last songs from Vagabondia‹ (hg. 1901), in denen er das Wanderleben und jugendl. Gemeinschaft pries. Durch den Span.-Amerikan. Krieg erhielt seine Dichtung einen nationalist. Ton (›Along the trail‹, 1898). Von den projektierten drei Versdramen über den ›Morte Darthur‹-Stoff wurde nur ›The holy graal‹ (hg. 1907) vollendet. ›To the end of the trail‹ (1908) ist eine postume Gedichtsammlung; bekannt als Übersetzer M. Maeterlincks.
Literatur: LINNEMAN, W. R.: R. H. Boston (Mass.) 1976.

Howard, Bronson [Crocker] [engl. 'haʊəd], * Detroit (Mich.) 7. Okt. 1842, † New York 4. Aug. 1908, amerikan. Dramatiker. – Ab 1865 als Reporter in New York, wo er nach dem Erfolg der farcenhaften Gesellschaftskomödie ›Saratoga‹ (1870) eine Reihe melodramat. Stücke mit sozialkrit. Intention schrieb (›Young Mrs. Winthrop‹, 1882; ›One of our girls‹, 1885; ›Aristocracy‹, 1892). Am bekanntesten wurde das erfolgreiche Bürgerkriegsdrama ›Shenandoah‹ (1888).
Literatur: FRERER, L. A.: B. H. Dean of American dramatists. Diss. University of Iowa. Iowa City 1971.

Howard, Henry, Earl of Surrey [engl. 'haʊəd], engl. Dichter, ↑ Surrey, Henry Howard, Earl of.

Howard, Richard [Joseph] [engl. 'haʊəd], * Cleveland (Ohio) 13. Okt. 1929, amerikan. Lyriker. – Beeinflußt von W. H. Auden und R. Browning zeichnet

H. in den meisten seiner Gedichte Porträts engl., amerikan. und frz. Dichter und Künstler in Form von dramatisierten Monologen oder Dialogen. H. erhielt 1970 für ›Untitled subjects‹ (Ged., 1969) den Pulitzerpreis. Bed. Übersetzer frz. Autoren (u. a. Ch. Baudelaire, A. Robbe-Grillet) und Kritiker (R. Barthes, T. Todorov).

Weitere Werke: Quantities (Ged., 1962), The damages (Ged., 1967), Alone with America. Essays on the art of poetry in the United States since 1950 (1969), Findings (Ged., 1971), Two-part inventions (Ged., 1974, dramat. Fassung UA 1979), Fellow feelings (Ged., 1976), Misgivings (Ged., 1979), Lining up (Ged., 1984), No traveller (Ged., 1989).

Howard, Sidney [Coe] [engl. 'haʊəd], * Oakland (Calif.) 26. Juni 1891, † Tyringham (Mass.) 23. Aug. 1939, amerikan. Dramatiker. – Studium an der University of California und an der Harvard University (in George Pierce Bakers [* 1866, † 1935] ›47 workshop‹); nach dem 1. Weltkrieg als Journalist in New York; schrieb publikumswirksame, erfolgreiche Theaterstücke.
Werke: Swords (Dr., 1921), They knew what they wanted (Dr., 1924; Pulitzerpreis 1925), Lucky Sam McCarver (Dr., 1925), The silver cord (Dr., 1926), Dodsworth (Dr., 1934; mit S. Lewis), Yellow Jack (Dr., 1934), The ghost of Yankee Doodle (Dr., 1937).
Literatur: WHITE, S. H.: S. H. Boston (Mass.) 1977.

Howe, E[dgar] W[atson] [engl. haʊ], * Treaty (Ind.) 3. Mai 1853, † Atchison (Kans.) 3. Okt. 1937, amerikan. Schriftsteller. – Gründer und Hg. von Zeitungen, journalistisch tätig. Vermittelt in seinem Roman ›The story of a country town‹ (1883) ein frühnaturalist. Bild des engen kleinstädt. Lebens im amerikan. Mittelwesten.
Weitere Werke: Plain people (Autobiogr., 1929), The indignations of E. W. Howe (Essays, 1933).
Ausgabe: E. W. H. Collected works. Hg. v. J. WOODRESS. New York 1970. 15 Bde.
Literatur: PICKETT, C. M.: E. H. Country town philosopher. Lawrence (Kans.) u. London 1968. – SACKETT, S. J.: E. W. H. New York 1972. – BUCCO, M.: E. W. H. Boise (Id.) 1977.

Howe, Julia Ward [engl. haʊ], * New York 27. Mai 1819, † Newport (R. I.) 17. Okt. 1910, amerikan. Schriftstellerin. – Kämpfte für die Rechte der Frau und gegen die Sklaverei in den Südstaaten; v. a. bekannt durch das Gedicht ›The battle hymn of the republic‹ (1862), das in seiner Wirkung ›Onkel Toms Hütte‹ gleichkommt; schrieb auch Dramen, Essays und eine Autobiographie (›Reminiscences‹, 1899).

Weitere Werke: Passion flowers (Ged., 1854), Later lyrics (Ged., 1866).
Literatur: RICHARDS, L. E./ELLIOTT, M. H.: J. W. H. 1819–1910. Boston (Mass.) u. New York 1916. – CLIFFORD, D. P.: Mine eyes have seen the glory. A biography of J. W. H. Boston (Mass.) 1979.

Howells, William Dean [engl. 'haʊəlz], * Martin's Ferry (Ohio) 1. März 1837, † New York 11. Mai 1920, amerikan. Schriftsteller. – Autodidakt; Reporter, dann Sprachen- und Literaturstudium; seine Wahlkampfbiographie für A. Lincoln (›Lives and speeches of Abraham Lincoln‹, 1860) verhalf ihm zum Amt des Konsuls in Venedig (1861–65); Hg. des ›Atlantic Monthly‹ (1871–81), Förderer junger Talente (H. Garland, S. Crane, F. Norris u. a.); befreundet mit H. James und Mark Twain; erst spät anerkannt. Vorkämpfer des realist. Romans und führender Erzähler Amerikas vor der Jahrhundertwende. H. begann sein vielseitiges Werk (Romane, Kurzgeschichten, Dramen, Lyrik, Literaturkritik, autobiograph. Schriften), dessen Themenkreis sich immer mehr erweiterte, mit Reiseskizzen (›Venetian life‹, 1866). Er schildert das Amerika sowohl des urwüchsigen Westens wie des kultivierten Ostens, die Begegnung mit Europa sowie typ. amerikan. Zeiterscheinungen (Geschäftsmoral und Privatleben), mit denen er sich auch kritisch auseinandersetzt.

Weitere Werke: A chance acquaintance (R., 1873), Voreilige Schlüsse (R., 1875, dt. 1876), A modern instance (R., 1882), Die große Versuchung (R., 1885, dt. 1958), Indian summer (R., 1886), A hazard of new fortunes (R., 2 Bde., 1890), Criticism and fiction (Abh., 1891), Literary friends and acquaintance (Autobiogr., 1900), Years of my youth (Autobiogr., 1916), The vacation of the Kelwyns (R., 1920).
Ausgaben: W. D. H. Representative selections. Hg. v. C. M. KIRK u. R. KIRK. New York 1950. – W. D. H. The complete plays. Hg. v. W. J. MESERVE. New York 1960. – A selected edition of W. D. H. Bloomington (Ind.) u. London 1968 ff. Auf 32 Bde. berechnet. – The selected letters of W. D. H. Hg. v. G. ARMS u. a. Boston (Mass.) 1979–84. 6 Bde.
Literatur: CADY, E. H.: The road to realism. The early years, 1837–1885 of W. D. H. Syracuse (N. Y.) 1956. – CADY, E. H.: The realist at war. The mature years, 1885–1920 of W. D. H. Syracuse (N. Y.) 1958. – KIRK, C. M./KIRK, R.: W. D. H. New York 1962. – McMURRAY, W.: The literary realism of W. D. H. Carbondale (Ill.) 1967. – LYNN, K. S.: W. D. H. An American life. New York 1971. – BENNETT, G. N.: The realism of W. D. H., 1889–1920. Nashville (Tenn.) 1973. – BRENNI, V. J.: W. D. H. A bibliography. Metuchen (N. J.) 1973. – EBLE, K. E.: W. D. H. Boston (Mass.) 1982. – Critical essays on W. D. H., 1866–1920. Hg. v. E. H. CADY u. N. W. CADY. Boston (Mass.) 1983. – CADY, E. H.: Young H. and John Brown. Episodes in a radical education. Columbus (Ohio) 1985.

Hô-Xuân-Hu'o'ng [vietnames. ho suən hiəŋ], Vorname Thi-Mai (?), * Quynh Ðoi (Prov. Nghê An) (?) Mitte des 18. Jh., † Anfang des 19. Jh., vietnames. Dichterin. – Gilt als bedeutendste Lyrikerin Vietnams. Ihre Gedichte sind das Spiegelbild einer sich gegen die erstarrten feudalist. Konventionen erhebenden unabhängigen und selbstbewußten Frau, die gegen die soziale Diskriminierung der Frau kämpft.
Literatur: DUONG DINH KHUE: Les chefs d'œuvre de la littérature vietnamienne. Saigon 1966. S. 170. – DURAND, M. M.: L'œuvre de la poétesse vietnamienne Hô-xuân-Huong. Paris 1968. – NGÔ-LANG-VÂN: Hô Xuân Huong toàn tâp. Saigon 1972.

Hoyer, Alexandra Galina von ['hɔʏər], russ. Schriftstellerin, † Rachmanowa, Alja.

Hrabal, Bohumil [tschech. 'hrabal], * Brünn 28. März 1914, tschech. Schriftsteller. – Schrieb Erzählungen, in denen er in der Art J. Hašeks die verschiedensten Themen und Anekdotisches aneinanderreiht. In dt. Übersetzung liegen u. a. vor: ›Die Bafler‹ (En., 1964, dt. 1966), ›Tanzstunden für Erwachsene und Fortgeschrittene‹ (E., 1964, dt. 1965), ›Reise nach Sondervorschrift, Zuglauf überwacht‹ (E., 1965, dt. 1968), auch die ›Nymburker Trilogie‹: ›Die Schur‹ (E., 1976, dt. 1983), ›Schöntrauer‹ (En., 1979, dt. 1983), ›Harlekins Millionen‹ (Märchen, 1981, dt. 1984), die u. d. T. ›Das Städtchen am Wasser‹ (1982, dt. 1989) zusammengefaßt ist.
Weitere Werke: Verkaufe Haus, in dem ich nicht mehr wohnen will (R. in 7 En., 1965, dt.

186 Hrabanus Maurus

1994), Ich habe den engl. König bedient (R., erschienen im Untergrund 1971, dt. 1988), Sanfte Barbaren (literar. Collage, 1981, dt. 1987), Leben ohne Smoking (En., 1986, dt. 1993), Die Katze Autitschko (E., 1987, dt. 1992), Hochzeiten im Hause (R., Toronto 1987, dt. 1993), Die Zauberflöte (Prosa, 1990, dt. 1990), Ponorné říčky (= Die unterird. Flüsse, 1991).
Literatur: Hommage à H. Hg. v. S. ROTH. Ffm. 1989.

Hrabanus Maurus (Rhabanus, Rabanus), * Mainz um 780, † ebd. 4. Febr. 856, Theologe und Erzbischof von Mainz (seit 847). – Sehr jung Benediktiner im Kloster Fulda, studierte als Schüler Alkuins in Tours, wurde 804 Lehrer an der Klosterschule in Fulda; ab 822 Abt des Klosters, dessen Schule sich unter seiner Führung zur bedeutendsten der damaligen Zeit entwickelte. H. M. war nicht nur Theologe, sondern auch ausgezeichneter Kenner der antiken christl. Literatur; seine schriftsteller. Tätigkeit umfaßt neben theolog. Werken auch Stellungnahmen zu Problemen aller Disziplinen der Artes liberales; deshalb erhielt er später den Ehrennamen ›[Primus] Praeceptor Germaniae‹. In seinen Bibelkommentaren verarbeitete er die Exegese und Theologie der Väter, er verfaßte dogmat. und homilet. Schriften (z. B. über den allegor. Charakter der Bibeltexte) zur Bildung des Klerus (u. a. ›De institutione clericorum‹); er übersetzte Teile der Bibel; viele religiöse lat. Gedichte (darunter die 28 Figurengedichte ›De laudibus sanctae crucis‹) und Hymnen (u. a. ›Veni creator spiritus‹) werden ihm (wohl nicht immer zu Recht) zugeschrieben. Schüler waren u. a. Otfrid von Weißenburg und Gottschalk von Orbais.
Literatur: RISSEL, M.: Rezeption antiker u. patrist. Wiss. bei H. M. Ffm. u.a. 1975. – H. M. Lehrer, Abt u. Bischof. Hg. v. R. KOTTJE u. H. ZIMMERMANN. Wsb. 1982. – SPELSBERG, H.: H. M. Bibliogr. Fulda 1984.

Hrafnkels saga Freysgoða [...fən...; altnord. = Die Geschichte von Hrafnkel, dem Frey-Priester], altnord. Saga des späten 13. Jh.; spielt in der Diskussion über Tradition und Fiktion in den Isländersagas eine zentrale Rolle. Sie galt einst als exemplar. Beispiel geschichtstreuer, hochentwickelter mündl. Sagakunst, wurde dann jedoch im Anschluß an S. J. Nordals Untersuchungen als

späte Schöpfung und freie Gestaltung eines Dichters angesehen. Neueste Forschungen betonen dagegen wieder verstärkt die Bedeutung mündl. Überlieferung. In der Saga erschlägt Hrafnkel einen Knecht, der ein Verbot übertreten hat. Von seinem Hof vertrieben, gründet er einen neuen Besitz; erst nach Jahren kehrt er auf seinen Hof zurück.
Ausgabe: Die Gesch. vom Freyspriester Hrafnkel. In: Sieben Geschichten v. den Ostland-Familien. Dt. Übers. v. G. NECKEL. Düss. u. a. 1964.
Literatur: NORDAL, S. J.: Hrafnkatla. Reykjavik 1940 (mit dt. Zusammenfassung). – HOFMANN, D.: Hrafnkels u. Hallfreds Traum. Zur Verwendung mündl. Tradition in der H. s. F. In: Skandinavistik 6 (1976), S. 19.

Hranilović, Jovan [serbokroat. ˌhraniˈlɔvitɕ], * Krička (Dalmatien) 18. Dez. 1855, † Novi Sad 5. Aug. 1924, kroat. Schriftsteller. – Griech.-unierter Pfarrer; Redakteur; publizistisch tätig; wandte sich in krit. Abhandlungen oft aggressiv gegen das Prinzip der Kunst um der Kunst willen und schrieb patriot. und soziale Gedichte sowie moralisierende Erzählungen.

Hrčić, Fran [serbokroat. ˈhr̩tʃitɕ], * Samobor 7. Okt. 1876, † ebd. 1. Nov. 1953, kroat. Schriftsteller. – Ausschluß vom Studium in Zagreb; Bankangestellter in Zagreb; unterstützte in Kritiken die künstler. Moderne; schrieb Gedichte, Novellen und realist. Dramen (z. T. mit sozialer Thematik).

Hrebinka, Jewhen Pawlowytsch [ukrain. hrɛˈbinka], russ. Jewgeni Pawlowitsch Grebenka, * Marjanowka (Gebiet Poltawa) 2. Febr. 1812, † Petersburg 15. Dez. 1848, ukrain. und russ. Schriftsteller. – Mit N. W. Gogol und A. S. Puschkin befreundet; schrieb Märchen und gereimte Fabeln sowie lyr. Gedichte, die z. T. zu Volksliedern wurden.
Ausgabe: J. P. H. Tvory. Kiew 1957. 5 Bde.

Hrintschenko (tl.: Hrinčenko), Borys Dmytrowytsch [ukrain. hrinˈtʃɛnkɔ], * Wilchowi Jar (Gebiet Charkow) 9. Dez. 1863, † Ospedaletti (Prov. Imperia, Italien) 6. Mai 1910, ukrain. Schriftsteller. – Verfasser u. a. eines ukrain. Wörterbuch (4 Bde., 1907–09) und literar. Arbeiten im Stil des Realismus; schrieb Gedichte und Erzählungen, in denen er sich mit Problemen des ukrain. Nationalismus und des Sozialismus in der Welt der Bauern auseinandersetzte; auch Dramatiker und bed. Übersetzer (Goethe, Schiller, G. Hauptmann, A. Schnitzler, H. Ibsen). **Werk:** Sonjačnyj promin' (= Sonnenstrahl, R., 1890).

Hristić, Jovan [serbokroat. ˌhri:stitɛ], * Belgrad 26. Aug. 1933, serb. Schriftsteller. – Redakteur; schreibt philosoph. Lyrik, Essays und Dramen. Er verbindet aktuelle Themen mit antiken Motiven. **Werke:** Reine Hände (Schsp., dt. 1962), Savonarola und seine Freunde (Dr., 1965, dt. 1965).

Hronský, Jozef Cíger, slowak. Schriftsteller, ↑ Cíger Hronský, Jozef.

Hrotsvit von Gandersheim (Hrotsvith[a], Roswitha) [ˈroːtsvɪt], dt. Dichterin des 10. Jahrhunderts. – Kanonisse des Stiftes Gandersheim, wohl aus einem sächs. Adelsgeschlecht. Ihre Lebensdaten sind unbekannt. H.s dichter. Schaffen läßt sich auf den Zeitraum 960–973 datieren. Sie verfaßte in mlat. Sprache acht Verslegenden (über Maria, Sankt Gangolf, Theophilus, eine mittelalterl. Fassung des Fauststoffes u. a.), sechs Dramen in Reimprosa (z. B. ›Dulcitius‹, ›Abraham‹) und zwei histor. Dichtungen in leonin. Hexametern (›Carmen de gestis Oddonis I. imperatoris‹, über die Taten Ottos des Großen, und ›De primordiis et fundatoribus coenobii Gandeshemensis‹, eine Gründungsgeschichte ihres Klosters). In ihren Legenden und Dramen steht das Lob der Keuschheit im Mittelpunkt einer Welt der göttl. Wunder, die an Märtyrern und Heiligen offenbar werden. Die Dramen sind die ältesten dramat. Versuche des MA; formal an Terenz orientiert, verfolgen sie ausdrücklich das Ziel, dessen Stücke ihrer heidn. Stoffe wegen als Schullektüre zu verdrängen. Über Aufführungen von H.s Dramen im MA ist nichts bekannt. H.s Werk wurde Ende des 15. Jh. von dem Humanisten K. Celtis in einer Regensburger Handschrift entdeckt, zu der seither noch fünf weitere handschriftl. Zeugnisse kamen. **Ausgaben:** H. v. G. Sämtl. Dichtungen. Bearb. v. O. BAUMHAUER u. a. Mchn. 1966. – Hrotsvitha. Dulcitius. Abraham. 2 Dramen. Übers. v. K. LANGOSCH. Stg. 1967. – Hrotsvithae Opera. Hg. v. H. HOMEYER. Paderborn 1970. – Hrots-

vith v. G. Werke in dt. Übertragung. Hg. v. H. HOMEYER. Paderborn 1973. **Literatur:** NAGEL, B.: H. v. G. Stg. 1965. – Hroswitha v. G. Her life, times, and works, and a comprehensive bibliography. Hg. v. A. L. HAIGHT. New York 1965. – KRONENBERG, K.: Roswitha v. G. u. ihre Zeit. Bad Gandersheim ⁴1978. – WILSON, K. M.: H. of Gandersheim. Leiden 1988.

Hrubín, František [tschech. ˈhrubiːn], * Prag 17. Sept. 1910, † Budweis 1. März 1971, tschech. Schriftsteller. – Begann mit traditioneller, zarter, formvollendeter Liebes- und Naturlyrik; wandte sich dann der sozial engagierten Dichtung zu und behandelte Probleme der Nachkriegszeit; auch philosoph. Gedichte; 1978 erschien dt. die Gedichtauswahl ›Romanze für ein Flügelhorn‹; verfaßte daneben Kinderbücher, Theaterstücke (›An einem Sonntag im August‹, 1958, dt. 1963) und Erzählungen; Übersetzer und Nachdichter aus dem Deutschen und Französischen (H. Heine, P. Verlaine, A. Rimbaud). **Literatur:** STRNADEL, J.: F. H. Prag 1980.

Hrušovský, Ján [slowak. ˈhruʃouski:], * Nové Mesto nad Váhom (Westslowak. Gebiet) 4. Febr. 1892, † Preßburg 7. März 1975, slowak. Schriftsteller. – Redakteur einer polit. Zeitschrift; wandte sich nach Erzählungen mit erot. Motiven dem expressionist. Roman zu; stellte oft Kriegserlebnisse dar.

Hsiao Chien (Xiao Jian) [chin. çiau-dʑiæn], * Peking 17. Dez. 1911, chin. Schriftsteller. – Von der westl. Literatur stark beeinflußt; bekannt durch realist. Erzählungen (›Die Seidenraupen‹, 1944, dt. 1946); bed. Literarhistoriker.

Hsü Chih-mo (Xu Zhimo) [chin. çydʒimɔ], * Haining (Tschekiang) 1896, † bei Tientsin (Hopeh) 19. Okt. 1931, chin. Dichter. – Lehrte nach Studien in Amerika und Europa ab 1922 an chin. Universitäten; Mitbegründer der literar. Neumondgesellschaft. Seine formal und inhaltlich kühnen, oft ekstat. Verse erneuerten die chin. Dichtkunst; z. T. von engl. Lyrik beeinflußt. **Ausgabe:** Twentieth century Chinese poetry. An anthology. Hg. v. KAI-YU HSU. New York 1963. **Literatur:** SCHIRACH, R. VON: Hsü Chih-mo u. die Hsinyüeh Gesellschaft. Diss. Mchn. 1971. – CREMERIUS, R.: Das poet. Frühwerk des Xu Zhimo. Hamb. 1984.

188 Hsün Tzu

Hsün Tzu (Xun Zi) [chin. ɕyndzɨ], Sammlung von Schriften des Hsün K'uang (Xun Kuang) und aus seiner Schultradition. Die Essays des Hsün K'uang (* etwa 300, † etwa 230 v. Chr.) bilden in ihrer Systematik einen Höhepunkt der chin. Philosophie. Eine linkskonfuzian. Tradition begründend, oft gegen andere Philosophien polemisierend, suchen sie eine soziale und staatl. Harmonie, die vom Individuum losgelöst wird. Ansätze wie ›die menschl. Natur ist böse‹ beeinflußten die legist. Philosophie, bes. Han Fei († 233 v. Chr.).
Ausgaben: The complete works of Han Fei Tzu. Engl. Übers. v. W. K. LIAO. London 1939–59. 2 Bde. – Hsün Tzu. Werke. Dt. Übers. v. H. KÖSTER. Kaldenkirchen 1967.

Huai-nan Tzu (Huainan Zi) [chin. xu̯ainandzɨ = Der Meister von Huainan], Sammlung von Schriften des Liu An (* etwa 178, † etwa 122 v. Chr.). Liu An, Titularkönig des Han-Reiches, versammelte an seinem Hof eine Vielzahl taoist. Gelehrter und versuchte, den Taoismus als alle anderen Denktraditionen aufhebende Philosophie darzustellen, um ihn zur Grundlage der staatl. Ordnung zu machen. Das H.-n. T. (21 Essays) ist die älteste taoist. Summa; sie beeinflußte spätere Gesamtdarstellungen des Taoismus, z. B. das ›Pao-p'u Tzu‹ (= Der Meister, der die Schlichtheit bewahrt) des Ko Hung.
Ausgaben: Tao the great luminant. Engl. Teilübers. v. E. MORGAN. London 1935. – Alchemie, medicine, religion in the China of A. D. 320. The Nei P'ien of Ko Hung. Engl. Übers. v. J. R. WARE. Cambridge (Mass.) 1966.
Literatur: ERKES, E.: Das Weltbild des Huainan-tse. In: Ostasiat. Zs. 5 (1917). – KRAFT, E.: Zum Huai-nan-tzu. In: Monumenta Serica 16 u. 17 (1957–58).

Huang T'ing-chien (Huang Tingjian) [chin. xu̯aŋtiŋdzi̯æn], * in der Prov. Kiangsi 1045, † 1105, chin. Literat. – Als Kalligraph einer der ›Vier Meister‹ der Sung-Dynastie und als Literat Inhaber hoher akadem. Ämter, bildete er einen einflußreichen literar. Zirkel, dessen Gedichte v. a. gelehrte Anspielungsfreude und formale Strenge aufweisen. Neben Ou-yang Hsiu, Su Shih u. a. zu den großen Dichtern der Epoche gezählt, nimmt er den Formalismus der späteren Dichtung vorweg.
Literatur: BIEG, L.: Huang T'ing-chien (1045–1105). Leben u. Dichtung. Darmst. 1975.

Huber, Ludwig Ferdinand, * Paris 14. Sept. 1764, † Ulm 24. Dez. 1804, dt. Schriftsteller. – 1798–1803 Schriftleiter von Cottas ›Allgemeiner Zeitung‹; 1804 Oberschulrat in Ulm. Verfasser von politisch-histor. und literarkrit. Schriften, zahlreichen Dramenübersetzungen und -bearbeitungen aus dem Französischen und Englischen, Erzählungen, auch von Dramen. Die 1806–19 von seiner Frau Therese H. herausgegebenen ›Sämtl. Werke seit dem Jahre 1802‹ (4 Bde.) sind z. T. von dieser selbst verfaßt.
Literatur: JORDAN, S. D.: L. F. H. (1764–1804). His life and work. Stg. 1978.

Huber, Therese, * Göttingen 7. Mai 1764, † Augsburg 15. Juni 1829, dt. Schriftstellerin. – Tochter des klass. Philologen Ch. G. Heyne; ab 1785 ∞ mit G. Forster und nach dessen Tod ab 1794 mit Ludwig Ferdinand H.; ab 1807 Mitarbeiterin und 1816–23 Leiterin von Cottas ›Morgenblatt für gebildete Stände‹; ihr umfangreiches schriftsteller. Werk umfaßt v. a. Erzählungen (3 Bde., 1801–02; 6 Bde., hg. 1830–33) und Romane (›Die Ehelosen‹, 2 Bde., 1829).
Literatur: LEITZMANN, A.: Georg u. Therese Forster u. die Brüder Humboldt. Bonn 1936. – ›Alles ... von mir!‹. Th. H. (1764–1829). Bearb. v. A. HAHN u. a. Marbach 1993.

Huc, Philippe [frz. hyk], frz. Lyriker, † Derème, Tristan.

Huch, Friedrich, * Braunschweig 19. Juni 1873, † München 12. Mai 1913, dt. Schriftsteller. – Vetter von Ricarda H.; schrieb Satiren gegen die bürgerl. Dekadenz; ihm gelang auch die zarte, einfühlende Gestaltung des Seelenlebens junger Menschen in teils satirisch-humorist., teils psychologisierenden Romanen.
Werke: Peter Michel (R., 1901), Geschwister (R., 1903), Wandlungen (R., 1905), Mao (R., 1907), Pitt und Fox, die Liebeswege der Brüder Sintrup (R., 1909), Enzio (R., 1911).
Literatur: HULLER, H.: Der Schriftsteller F. H. Diss. Mchn. 1974. – WUCHERPFENNIG, W.: Kindheitskult u. Irrationalismus in der Lit. um 1900. F. H. u. seine Zeit. Mchn. 1980.

Huch, Ricarda, Pseudonym Richard Hugo, * Braunschweig 18. Juli 1864, † Schönberg (Taunus) 17. Nov. 1947, dt. Schriftstellerin. – Studierte Geschichte

Ricarda Huch

und Philosophie in Zürich, promovierte als eine der ersten dt. Frauen; Tätigkeit an der Züricher Stadtbibliothek; dann Lehrerin in Bremen; heiratete 1898 in Wien den italien. Zahnarzt Ermanno Ceconi, nach der Scheidung ihren Vetter Richard H., von dem sie sich 1910 wieder trennte; danach freie Schriftstellerin. Von ihrem Frühwerk voller Phantasie und lyr. Subjektivismus führte der Weg immer mehr zur beschreibenden, ›objektiven‹ Darstellung histor. Gestalten und Ereignisse. Einen Höhepunkt ihres literar. Schaffens dieser Richtung bildet die großartige Schilderung der Schreckenszeit des Dreißigjährigen Krieges (›Der große Krieg in Deutschland‹, 3 Bde., 1912–14, 1937 u. d. T. ›Der Dreißigjährige Krieg‹), aufgelöst in farbige, realistisch gestaltete Bilder und Einzelszenen. Schließlich gelangte sie zu religiösen Themen und versuchte, trotz krit. Haltung zur Institution Kirche, den säkularisierten Menschen der Gegenwart zur Gottnähe zurückzubringen (›Luthers Glaube‹, 1916; ›Entpersönlichung‹, 1921). Eine Sonderstellung nimmt ihr literar- und kulturgeschichtl. Werk ›Die Romantik‹ (1908 zusammengefaßt aus: ›Blütezeit der Romantik‹, 1899, und ›Ausbreitung und Verfall der Romantik‹, 1902) ein, das für die Wiederentdeckung der Romantik und für die Überwindung des Naturalismus von großer Bedeutung war. 1933 trat sie aus Protest gegen die polit. Vereinnahmung durch die Nationalsozialisten aus der Preuß. Akad. der Künste aus; ein Werk über die dt. Widerstandsbewegung 1933–45 (v. a. über den student. Widerstand in München) konnte sie nicht mehr vollenden (›Der lautlose Aufstand‹, bearb. und hg. von G. Weisenborn, 1953).

Weitere Werke: Gedichte (1891), Erinnerungen von Ludolf Ursleu dem Jüngeren (R., 1893), Fra Celeste und andere Erzählungen (1899), Aus der Triumphgasse (Skizzen, 1902), Vita somnium breve (R., 2 Bde., 1903, 1913 u. d. T. Michael Unger), Gottfried Keller (Biogr., 1904), Seifenblasen (En., 1905; darin u. a.: Lebenslauf des hl. Wonnebald Pück), Die Geschichte von Garibaldi (Bd. 1: Die Verteidigung Roms, 1906; Bd. 2: Der Kampf um Rom, 1907), Das Risorgimento (histor. Porträts, 1908, 1918 u. d. T. Menschen und Schicksale aus dem Risorgimento), Das Leben des Grafen Federigo Confalonieri (Biogr., 1910), Der letzte Sommer (E., 1910), Wallenstein. Eine Charakterstudie (1915), Der Fall Deruga (R., 1917), Alte und neue Gedichte (1920), Michael Bakunin und die Anarchie (1923), Der arme Heinrich (E., 1924), Der wiederkehrende Christus (E., 1926), Alte und neue Götter. 1848 (1930, 1948 u. d. T. 1848. Die Revolution des 19. Jh. in Deutschland), Dt. Geschichte (3 Bde., 1934–49), Frühling in der Schweiz (Erinnerungen, 1938), Weiße Nächte (Nov., 1943), Herbstfeuer (Ged., 1944), Urphänomene (Schrift, 1946).

Ausgaben: R. H. Ges. Werke. Hg. v. W. EMRICH. Köln 1966–74. 11 Bde. – R. H. Taschenbuchausg. in Einzel-Bden. Ffm. u. a. 1980. 8 Bde.

Literatur: HOPPE, E.: R. H. Weg, Persönlichkeit, Werk. Stg. ²1950. – BAUM, M.: Leuchtende Spur. Das Leben R. H.s. Tüb. ⁴1964. – R. H. 1864–1947. Ein Bücherverz. Einf. u. Bibliogr. bearb. v. BRIGITTE WEBER. Do. 1964. – BAUMGARTEN, H.: R. H. Von ihrem Leben u. Schaffen. Köln ²1968. – BERNSTEIN, J.: Bewußtwerdung im Romanwerk der R. H. Ffm. u. Bern 1977. – R. H. Studien zu ihrem Leben u. Werk. Hg. v. H.-W. PETER. Brsw. 1985. – VIERECK, S. VON: So weit wie die Welt geht. R. H. Gesch. eines Lebens. Rbk. 1990. – R. H. Bearb. v. J. BENDT u. a. Ausst.-Kat. Marbach 1994.

Huch, Rudolf, Pseudonym A. Schuster, * Pôrto Alegre (Brasilien) 28. Febr. 1862, † Bad Harzburg 12. Jan. 1943, dt. Schriftsteller. – Bruder von Ricarda H.; war nach dem Jurastudium Rechtsanwalt und Notar, 1897–1915 und ab 1920 in Bad Harzburg. Schrieb satir., zeitkrit. Romane, Erzählungen, Lustspiele und kulturkrit. Essays.

Werke: Aus dem Tagebuch eines Höhlenmolches (R., 1896), Mehr Goethe! (Essay, 1899), Hans der Träumer (R., 1903), Der Frauen wunderlich Wesen (R., 1905), Die beiden Ritterhelm (R., 1908), Die Familie Hellmann (R., 1909), Wilhelm Brinkmeyers Abenteuer (R., 1911),

Junker Ottos Romfahrt (R., 1914), Das Lied der Parzen (R., 1920), Humorist. Erzählungen (1936), Mein Weg (Autobiogr., 1937).
Literatur: SANDER, E.: R. H. Brsw. 1922. − ROTH, H.: Das Werk R. H.s. Diss. Jena 1967.

Huchel, Peter, * Berlin 3. April 1903, † Staufen im Breisgau 30. April 1981, dt. Lyriker und Hörspielautor. − Ab 1930 Mitarbeit an der Zeitschrift ›Die literar. Welt‹; 1945−48 Lektor, Chefdramaturg und Sendeleiter des Rundfunks in Berlin (Ost); ab 1949 Chefredakteur der Zeitschrift ›Sinn und Form‹, mußte 1962 von seinem Posten zurücktreten; verließ 1971 die DDR, lebte ab 1972 in der BR Deutschland. Nach der Gedichtsammlung ›Der Knabenteich‹, deren Erscheinen er 1933 verhinderte, schrieb H. während des Dritten Reiches nur einige Hörspiele und Funkkantaten (u.a. die Puppenspieladaption ›Dr. Faustens Teufelspakt und Höllenfahrt‹, Ursendung 1933); nach 1945 verfaßte er zeitbezügl., auch politisch zu lesende Naturgedichte (›Chausseen, Chausseen‹, 1963), die dazu führten, daß man H. gelegentlich auch als realist. Naturlyriker bezeichnete, obwohl sich seine Gedichte gegen eine eindeutige Kategorisierung sperren. Er erhielt 1971 den Österr. Staatspreis für europ. Literatur.
Weitere Werke: Gedichte (1948), Die Sternenreuse. Gedichte 1925−1947 (1967), Gezählte Tage (Ged., 1972), Ausgewählte Gedichte (1973), Die neunte Stunde (Ged., 1977).
Ausgabe: P. H. Ges. Werke. Hg. v. A. VIEREGG. Ffm. 1984. 2 Bde.
Literatur: Über P. H. Hg. v. HANS MAYER. Ffm. 1973. − VIEREGG, A.: Die Lyrik P. H.s.Bln. 1975. − HILTON, I.: P. H. Plough a lonely furrow. Dundee 1986.

Peter Huchel

Hudson, W[illiam] H[enry] [engl. hʌdsn], * Quilmes bei Buenos Aires 4. Aug. 1841, † London 18. Aug. 1922, engl. Schriftsteller. − Bereiste die Umgebung des Rio de la Plata; seine genaue Kenntnis der Lebensbedingungen in den Pampas verwertete er in Romanen und naturwiss. Büchern. Seine Werke zeichnen sich durch die Genauigkeit der Naturschilderung aus.
Werke: Roman in Uruguay (R., 1885, dt. 1930), A crystal age (R., 1887), El ombú (Kurzgeschichte, 1902), Rima (R., 1904, dt. 1958), A shepherd's life (E., 1910), Far away and long ago (Autobiogr., 1918).
Ausgabe: The collected works of W. H. H. London u. New York 1922−23. 24 Bde. Nachdr. New York 1968.
Literatur: HAMILTON, R.: W. H. H. The vision of earth. London 1946. − TOMALIN, R.: W. H. H. London u. New York 1954. Nachdr. 1982. − SHRUBSALL, D.: W. H. H. Tisbury 1978.

Hueffer, Ford Madox [engl. ˈhjuːfə], engl. Schriftsteller, ↑ Ford, Ford Madox.

Huelsenbeck, Richard [ˈhyl...], * Frankenau 23. April 1892, † Muralto (Tessin) 20. April 1974, dt. Schriftsteller. − Studierte Medizin, später Germanistik und Kunstgeschichte; 1916 gehörte er mit H. Arp, H. Ball und T. Tzara zu den Initiatoren des Dadaismus in Zürich, 1917 begründete er mit R. Hausmann den Berliner Dada. Mit den Schriften ›En avant Dada‹, ›Dada siegt‹ und als Hg. des ›Dada-Almanachs‹ (alle 1920) wurde er Wortführer der Dada-Bewegung. 1936 Emigration nach New York, wo er als Psychiater und Psychoanalytiker unter dem Namen Charles R. Hulbeck lebte; 1970 Rückkehr in die Schweiz. Die Gedichte und Novellen H.s sind Sprachexperimente im Sinne des Dadaismus; später schrieb er auch Reiseberichte und Romane.
Weitere Werke: Phantast. Gebete (Ged., 1916), Schalaben, Schalabai, Schalamezomai (Ged., 1916), Verwandlungen (Nov., 1918), Doctor Billig am Ende (R., 1921), Afrika in Sicht (Reisebericht, 1928), Der Sprung nach Osten (Reisebericht, 1928), Der Traum vom großen Glück (R., 1933), Die New Yorker Kantaten (Ged., 1952), Die Antwort der Tiefe (Ged., 1954), Mit Witz, Licht und Grütze (Erinnerungen, 1957), Reise bis ans Ende der Freiheit (autobiograph. Fragmente, hg. 1984).
Literatur: FÜLLNER, K.: R. H. Hdbg. 1983. − NENZEL, R.: Der frühe R. H. ... Sein Leben u.

sein Werk bis 1916 in Darstellung u. Interpretation. Bonn 1994.

Huerta, Vicente García de la, span. Dichter, ↑ García de la Huerta, Vicente.

Huet, Conrad [niederl. hy'ɛt], niederl. Schriftsteller, ↑ Busken Huet, Conrad.

Hufnagl, Max [...gəl], Pseudonym des dt. Schriftstellers Karl ↑ Spindler.

Huğandī, pers. Lyriker und Mystiker, ↑ Kamal Chodschandi.

Huggenberger, Alfred, * Bewangen bei Winterthur 26. Dez. 1867, † Gerlikon bei Frauenfeld 14. Febr. 1960, schweizer. Schriftsteller. – War zeitlebens Bauer; schrieb schlichte Lyrik und Balladen, eine große Zahl von Romanen, Dorfgeschichten, histor. Bühnenstücken und Lustspielen in Mundart. Am stärksten wirken seine Erzählwerke, deren Sprache kräftig und bilderreich ist.
Werke: Lieder und Balladen (1896), Der Heirats-Vermittler (Lsp., 1898), Hinterm Pflug (Ged., 1908), Von den kleinen Leuten (En., 1910), Das Ebenhöch (En., 1912), Die Bauern von Steig (R., 1913), Dorfgenossen (En., 1914), Die heiml. Macht (En., 1919), Die Frauen von Siebenacker (R., 1925), Liebe Frauen (En., 1929), Bauernbrot (En., 1941), Abendwanderung (Ged., 1946), Das freundl. Jahr (En., 1954).
Literatur: KÄGI, H.: A. H. Frauenfeld 1937. – WARTENWEILER, F.: A. H. 1867–1960. Ein Mennbueb wird Bauer, Mensch, Dichter. Elgg 1969.

Hughes, John Ceiriog [engl. hju:z], Pseudonym Ceiriog, * Llanarmon-Dyffryn-Ceiriog (Wales) 25. Sept. 1832, † Caersws (Montgomery) 23. April 1887, walis. Dichter. – Schrieb in kymr. Sprache volkstüml. Natur- und Liebeslyrik, die sich durch schlichte Ursprünglichkeit auszeichnet. Eine engl. Übersetzung erschien 1926.
Werke: Oriau'r hwyr (= Abendstunden, Ged., 1860), Cant o ganeuon (= Hundert Lieder, Ged., 1863), Oriau'r haf (= Sommerstunden, Ged., 1870), Gohebiaethau Syr Meurig Grynswth (= Die Briefe von Syr Meurig Grynswth, Briefe, hg. 1948).

Hughes, [James] Langston [engl. hju:z], * Joplin (Mo.) 1. Febr. 1902, † New York 22. Mai 1967, amerikan. Dichter. – Nach Wanderleben in Mexiko, Europa und der Sowjetunion in New York als Leiter des Harlemer Theaters zur Zeit der › Harlem Renaissance‹. Angeregt und beeinflußt von der Dichtung C. Sandburgs, W. Whitmans und P. L. Dunbars, stellte H. anklagend die Existenzprobleme der schwarzen amerikan. Bevölkerung dar, wobei ihm oft der Dialekt Harlems als sprachl. Medium diente. Die Absicht der literar. Adaption von Jazzelementen, deren melanchol. und eleg. Stimmungen H. nachgestaltete, wird durch einige Buchtitel noch bes. betont, z. B. durch › The weary blues‹ (Ged., 1926) und › Das Buch vom Jazz‹ (1954, dt. 1956). H. war einer der bedeutendsten schwarzen Dichter der USA. Er schrieb auch Romane, Kurzgeschichten, Dramen, Opernlibretti und Musicals, ferner die Autobiographie › Ich werfe meine Netze aus‹ (1940, dt. 1963).
Weitere Werke: Simpel spricht sich aus (Kurzgeschichten, 1950, dt. 1959), Lachen um nicht zu weinen (Kurzgeschichten, 1952, dt. 1959), Trommeln zur Seligkeit (R., 1958, dt. 1959), Gedichte (1959, dt. 1960), Weißgepuderte Gesichter (Kurzgeschichten, dt. Ausw. 1961).
Literatur: MELTZER, M.: L. H. A biography. New York 1968. – L. H. Black genius; a critical evaluation. Hg. v. TH. B. O'DANIEL. New York 1971. – DICKINSON, D. C.: A bio-bibliography of L. H. 1902–1967. Hamden (Conn.) ²1972. – WALKER, A.: L. H., American poet. New York 1974. – HASKINS, J. S.: Always movin' on. The life of L. H. New York 1976. – JEMIE, O.: L. H. An introduction to the poetry. New York 1976. – BARKSDALE, R. K.: L. H. The poet and his critics. Chicago (Ill.) ²1979. – RAMPERSAD, A.: The life of L. H. New York 1986–88. 2 Bde. – GRAVES, R. P.: R. H. A biography. London 1994.

Hughes, Richard Arthur Warren [engl. hju:z], * Weybridge (heute zu Walton and Weybridge) 19. April 1900, † Moredrin (bei Harlech, Wales) 28. April 1976, engl. Schriftsteller. – Verfasser von Gedichtbänden (› Gipsy night‹, 1922; › Confessio juvenis‹, 1926), Dramen (› The sister's tragedy‹, 1922; › A comedy of good and evil‹, 1924) sowie Autor des ersten gesendeten Hörspiels (› Danger‹, 1924); wurde v. a. bekannt durch seinen Roman › Ein Sturmwind auf Jamaika‹ (R., 1929, dt. 1931), eine Abenteuergeschichte um Kinder und Piraten. Von einer geplanten Romantrilogie (› The human predicament‹) über den ital. Faschismus erschienen zwei Bände (› Der Fuchs unterm Dach‹, 1961, dt. 1963; › The wooden shepherdess‹, 1973).

Weitere Werke: A moment of time (En., 1926), Das Walfischheim (En. für Kinder, 1931, dt. 1933), Hurrikan im karib. Meer (R., 1938, dt. 1956, 1938 u. d. T. Von Dienstag bis Dienstag).

Hughes, Ted [engl. hjuːz], eigtl. Edward [James] H., * Mytholmroyd (Yorkshire) 17. Aug. 1930, engl. Schriftsteller. – Studierte in Cambridge, heiratete 1956 die amerikan. Schriftstellerin S. Plath, wurde 1984 ›poet laureate‹ als Nachfolger von J. Betjeman. H. ist einer der stärksten und einflußreichsten neueren engl. Lyriker. Viele seiner Gedichte spüren die Vitalität, die wilde Schönheit und die Grausamkeit der natürl. Welt auf, identifizieren diese oft obsessiv mit Tieren. H. schrieb auch Kindergedichte, Kurzgeschichten, Hör- und Fernsehspiele sowie krit. Essays.

Werke: The hawk in the rain (Ged., 1957), Lupercal (Ged., 1960), Nessie the mannerless monster (Kinderb., 1964), Wodwo (Ged., Kurzgeschichten, Hsp., 1967), Krähe (Ged., 1970, engl. u. dt. 1986), Orghast (Dr., 1971), Cave birds (Ged., 1975), Season songs (Ged., 1975), Gaudete (Ged., 1977), Moortown (Ged., 1979), Selected poems 1957–81 (Ged., 1982), River (Ged., 1983), What is the truth (Kinderb., 1984), Collected poems for children, 1961–1983 (Ged., 1985), Flowers and insects (Ged., 1986), Wolfwatching (Ged., 1989), Shakespeare and the goddess of complete being (Abh., 1992).

Literatur: SAGAR, K.: The art of T. H. New York [2]1978. – GIFFORD, T./ROBERTS, N.: T. H. London u. a. 1981. – WEST, TH.: T. H. New York 1985. – ROBINSON, C.: T. H. as shepherd of being. Basingstoke 1989.

Hughes, Thomas [engl. hjuːz], * Uffington (Berkshire) 20. Okt. 1822, † Brighton 22. März 1896, engl. Schriftsteller. – Studierte Jura in Oxford; war politisch für die Liberalen tätig; 1865–74 im Parlament; setzte sich für christlichsoziale Reformen ein. Sein vielgelesener Roman ›Tom Browns Schuljahre‹ (1856, dt. 1892) setzt sich objektiv mit dem System der engl. Public Schools und mögl. Reformen auseinander; mit der Fortsetzung ›Tom Brown at Oxford‹ (R., 3 Bde., 1861) blieb erfolglos; reizvolle Landschaftsschilderungen zeichnen den Roman ›The scouring of the white horse‹ (1859) aus; bed. sind seine Biographien.

Hugo von Montfort [frz. mõ'fɔːr], * 1357, † 5. April 1423, mhd. Schriftsteller. – Graf Hugo (V.), Herr von Bregenz,

war Hofmeister Herzog Leopolds IV. von Österreich und 1413–15 Landeshauptmann der Steiermark. Seine 28 Gedichte umfassen Liebesdichtung (meist an die Ehefrau), Morallehre und Weltabsage, Sündenbekenntnis und Totenklage. Die Gattungsgrenzen von Reimrede, Lied und Brief sind verwischt durch die freie Verfügbarkeit gattungsspezif. Motive. Seine persönlichste Leistung stellen die Reimreden über Liebe und Dichtung unter dem Aspekt der Weltabsage dar. Die Handschrift der Heidelberger Universitätsbibliothek (Heidelberg, cpg. 329) überliefert zu seinen Liedern auch die von H.s Spielmann Bürk Mangolt dazu komponierten Melodien.

Ausgaben: H. v. M. Mit Abhh. zur Gesch. der dt. Lit., Sprache u. Metrik im 14. u. 15. Jh. (Ältere tirol. Dichter. Hg. v. J. E. WACKENEL. Bd. 3). Innsb. 1881. – H. v. M. Hg. v. E. THURNHER u. G. F. JONES. Göppingen 1978–81. 3 Bde.

Literatur: MOCZYGEMBA, G.: H. v. M. Fürstenfeld 1967. – BRUNNER, H.: Das dt. Liebeslied um 1400. In: Ges. Vorträge der 600-Jahrfeier Oswalds von Wolkenstein. Hg. v. H.-D. MÜCK u. ULRICH MÜLLER. Göppingen 1978. S. 105.

Hugo von Orléans [frz. ɔrle'ã], * Orléans kurz vor 1095, † nach 1160, mittellat. Schriftsteller. – Lehrte lat. Grammatik u. a. in Orléans, Amiens, Reims und Paris; beherrschte meisterlich die antike sowie die mittelalterl. rhythm. Metrik, wurde deswegen von seinen Zeitgenossen ›Primas‹ genannt. Seine rund 50 überlieferten Gelegenheitsgedichte zeugen von seinem unsteten, ärml. Vagantenleben; sein berühmtestes Gedicht ›Dives eram et dilectus‹ betrauert die entschwundene Jugend.

Ausgabe: The Oxford poems of Hugh Primas and the Arundel lyrics. Hg. v. C. J. McDoNOUGH. Toronto 1984 (mit Bibliogr.).

Hugo von Saint-Victor [frz. sẽvik'tɔːr], (H. von Sankt Viktor), * vermutlich in Deutschland Ende des 11. Jh., † Paris 11. Febr. 1141, Scholastiker und Mystiker. – Augustiner-Chorherr in Paris; Leiter der Klosterschule von Sankt Viktor in Paris; vielseitige schriftsteller. Tätigkeit auf nahezu allen Gebieten des [weltl. und geistl.] Wissens seiner Zeit. Zu seinen Hauptwerken gehören die Abhandlungen ›Didascalion‹ (von den Artes liberales und der Theologie) und ›De sacramentis christianae fidei‹. Seine myst.

Schriften waren von nachhaltigem Einfluß auf die mittelalterl. Mystik.
Literatur: SCHLETTE, H. R.: Die Nichtigkeit der Welt. Der philosoph. Horizont des H. v. St. Viktor. Mchn. 1961. – BARON, R.: Études sur Hugues de Saint-Victor. Paris 1963.

Hugo von Trimberg, * Werna (Oberwerrn bei Schweinfurt?) 1. Hälfte des 13. Jh., † nach 1313 wohl in Bamberg, mhd. Schriftsteller. – War über 40 Jahre lang Rektor am Stift Sankt Gangolf in der Bamberger Vorstadt Teuerstadt. Von H.s sieben mhd. Werken ist nur sein Hauptwerk, ›Der Renner‹ (nach eigenen Angaben 1300 vollendet, mit Nachträgen versehen bis 1313), erhalten. Dieses größte mhd. Lehrgedicht (Bußpredigt, Sittenspiegel und Lehrkompendium) mit über 24 500 Versen wurde zu einem moralisch-enzyklopäd. Hausbuch, das ein breites Publikum fand, wie die Wirkungsgeschichte bis ins 16. Jh. mit 64 Handschriften und einem Druck (1549) zeigt. H. verfaßte auch mehrere, v. a. für den Schulunterricht gedachte lat. Werke, die fast alle überliefert sind.
Ausgabe: H. v. T. Der Renner. Hg. v. G. EHRISMANN. Tüb. 1908–11. 4 Bde. Nachdr. mit einem Nachwort u. Ergg. v. G. SCHWEIKLE. Stg. 1970.
Literatur: VOMHOF, F.: Der ›Renner‹ H.s v. T. Diss. Köln 1959. – SOWINSKI, B.: Lehrhafte Dichtung des MA. Stg. 1971. – ROSENPLENTER, L.: Zitat u. Autoritätenberufung im ›Renner‹ H.s v. T. Ffm. u. Bern 1982.

Hugo, Richard, Pseudonym der dt. Schriftstellerin Ricarda † Huch.

Hugo, Victor [Marie] [frz. y'go], * Besançon 26. Febr. 1802, † Paris 22. Mai 1885, frz. Dichter. – Sohn eines napoleon. Generals, war bereits als Kind auf großen Reisen; studierte kurze Zeit an der École polytechnique in Paris, wandte sich dann ganz der Literatur zu; erhielt 1822 ein Dichtergehalt von Ludwig XVIII.; Gründer und Hg. des Organs der frz. Romantik ›La Muse française‹ (1823/24) und 1827/28 des zweiten † Cénacle; 1841 Mitglied der Académie française. Politisch aktiv; trat als demokrat. Abgeordneter der Pariser Kammer für liberale Ideen ein; 1848 Präsidentschaftskandidat; mußte als Gegner des späteren Kaisers Napoleon III. 1851 ins Exil gehen (Brüssel, Jersey und Guernsey); 1870 Rückkehr nach Paris; 1876 Wahl zum Senator; wurde im Pantheon bestattet.

Victor Hugo

Einer der bedeutendsten und populärsten Dichter Frankreichs. Haupt der frz. Romantik, deren Programm er in der Vorrede zu seinem Drama ›Cromwell‹ (1827, dt. 1830) entwickelte. Mit dem Drama ›Hernani, oder die kastilian. Ehre‹ (1830, dt. 1830) beendete er die Zeit der klassizist. Tragödie. Seine durch ungewöhnl. Phantasie, kühne Bilder, Antithesen und Metaphern gekennzeichneten Gedichte, Dramen und Romane in rhetorisch-pathet. Sprache wurden maßgebl. Beispiele romant. Dichtung, v. a. der histor. Roman ›Der Glöckner von Notre Dame‹ (1831, dt. 1948, 1831 u. d. T. ›Die Kirche Notre-Dame zu Paris‹). Hauptthemen seines Werkes waren immer wieder die Entwicklung und Läuterung des Menschen (so in dem von optimist. Fortschrittsglauben erfüllten Epos ›Die Weltlegende‹, 1. Tl. 1859, dt. 1860, 2. und 3. Tl. 1877–83) sowie die Erneuerung der Gesellschaft, die er in den sozialen Romanen der Spätzeit forderte. Als Hauptwerke dieser sozialkrit. Schaffensperiode gelten der philanthrop. Ideenroman ›Die Elenden‹ (1862, dt. 1862, auch u. d. T. ›Die Armen und die Elenden‹), der kulturhistor. Roman ›Der lachende Mann‹ (4 Bde., 1869, dt. 1869, auch u. d. T. ›Die lachende Maske‹) und der Revolutionsroman ›Dreiundneunzig‹ (3 Bde., 1874, dt. 1874).

H.s literar. Schaffen war von reicher zeichner. Produktion begleitet. In Federzeichnungen, im Spätwerk v. a. in breiten Tuschzeichnungen mit unheiml. Hell-Dunkel-Effekten gestaltete er phantast., groteske und anklagende Motive.

194 **Hug Schapler**

Weitere Werke: Odes (1822), Oden und Balladen (1826, dt. 1841), Aus dem Morgenland (Ged., 1829, dt. 1841), Herbstblätter (Ged., 1831, dt. 1841), Der König amüsirt sich (Dr., 1832, dt. 1835), Marion De Lorme (Dr., 1831, dt. 1833), Lukrezia Borgia (Dr., 1833, dt. 1835), Marie Tudor (Dr., 1833), Angelo (Dr., 1835), Dämmerungsgesänge (Ged., 1835, dt. 1841), Innere Stimmen (Ged., 1837, dt. 1842), Ruy Blas (Dr., 1838, dt. 1842), Strahlen und Schatten (Ged., 1840, dt. 1842), Die Burggrafen (Dr., 1843, dt. 1843), Les châtiments (Ged., 1853), Les contemplations (Ged., 2 Bde., 1856), William Shakespeare (Schrift, 1864), Die Arbeiter des Meeres (R., 1866, dt. 1866), Torquemada (Dr., 1882).
Ausgaben: V. H. Sämmtl. Werke. Dt. Übers. Stg. ³1858–62. 21 Bde. – Dessins de V. H. Stiche v. P. CHENAY. Text v. TH. GAUTIER. Paris 1862. – V. H. Œuvres complètes. Hg. v. P. MEURICE u. G. SIMON. Paris 1904–52. 45 Bde. – V. H. Œuvres complètes. Édition chronologique. Hg. v. J. MASSIN. Paris 1967–70. 18 Bde. – V. H. Œuvres complètes. Hg. v. J. SEEBACHER u.a. Paris 1974 ff. Auf 15 Bde. berechnet (bisher 13 Bde. erschienen).
Literatur: BARRÈRE, J.-B.: La fantaisie de V. H. Paris ¹⁻²1949–72. 2 Bde. – MAUROIS, A.: Olympio. V. H. Dt. Übers. Hamb. 1957. – V. H. dessinateur. Texte v. G. PICON. Hg. v. R. CORNAILLE u. G. HERSCHER. Paris 1963. – DÉDÉYAN, CH.: V. H. et l'Allemagne. Paris 1964–65. 2 Bde. – BARRÈRE, J.-B.: H. à l'œuvre. Le poète en exil et en voyage. Paris 1966. – GUILLEMIN, H.: V. H. Paris Neuaufl. 1978. – AREF, M.: La pensée sociale et humaine de V. H. dans son œuvre romanesque. Genf 1979. – ENGLER, W.: V. H. In: Frz. Lit. des 19. Jh. Hg. v. W.-D. LANGE. Bd. 1. Hdbg. 1979. S. 102. – JUIN, H.: V. H. Paris 1980–86. 3 Bde. – DECAUX, A.: V. H. Paris 1984. – BARRÈRE, J.-B.: V. H. L'homme et l'œuvre. Paris ²1984. – CORNUZ, J.-L.: H., l'homme des ›Misérables‹. Lausanne u. Paris 1985. – LÜCKE, TH.: V. H. Eine Biogr. Ffm. 1985. – TIEGHEM, PH. VAN: V. H., un génie sans frontières. Dictionnaire de sa vie et de son œuvre. Paris 1985. – LAMBOTTE, J.: H., la légende de son siècle. Brüssel 1992. – BACKES, M.: Die 95 Figuren der romant. Vision. V. H. als Paradigma. Tü. 1994.

Hug Schapler, Titelheld eines Volksbuches, das den abenteuerreichen Aufstieg des H. Sch., Sohn eines Edelmannes und einer Metzgertochter, zum König von Frankreich erzählt. Die um 1500 erstmals gedruckte Textfassung von C. Heyndorfer basiert auf einem 1437 entstandenen Prosaroman der Gräfin Elisabeth von Nassau-Saarbrücken, der seinerseits auf eine in einer frz. Chanson de geste des 14. Jh. behandelte Ursprungssage der Dynastie der Kapetinger zurückgeht.

Ausgabe: H. Sch. In: Volksbb. vom sterbenden Rittertum. Hg. v. H. KINDERMANN. Weimar u. Lpz. 1928.

Huidobro, Vicente [span. ui'ðoβro], eigtl. V. García H. Fernández, * Santiago de Chile 10. Jan. 1893, † ebd. 2. Jan. 1948, chilen. Dichter. – Entstammte einer Großgrundbesitzerfamilie; kam 1916 zum ersten Mal nach Europa; gab 1917 mit G. Apollinaire und P. Reverdy in Paris die Zeitschrift ›Nord-Sud‹ heraus, 1921/22 in Madrid die Zeitschrift ›Ultra‹; kehrte 1945 endgültig nach Chile zurück. Seine revolutionäre poet. Theorie des Creacionismo, in der er die Gleichsetzung von Poesie und absoluter, nicht an Natur orientierter Schöpfung formuliert, entstand vor 1916 und wurde in zahlreichen Manifesten weiter entwickelt und in einem umfangreichen lyr. Werk, z. T. in frz. Sprache, praktisch umgesetzt. Auch als Prosaschriftsteller und Theaterautor experimentierte er mit neuen literar. Techniken.
Werke: Ecos del alma (Ged., 1911), Adán (Ged., 1916), Horizon carré (Ged., 1917), Poemas árticos (Ged., 1918), Automne régulier (Ged., 1925), Tout à coup (Ged., 1925), Mío Cid Campeador (R., 1929), Altazor (Ged., 1931, dt. 1982), Cagliostro (R., 1934), La próxima (R., 1934), Ver y palpar (Ged., 1941), El ciudadano del olvido (Ged., 1941), Poezie (dt. Ausw. 1966).
Ausgabe: Obras completas de V. H. Hg. v. H. MONTES. Santiago de Chile 1976. 2 Bde.
Literatur: GOIC, C.: La poesía de V. H. Santiago de Chile 1955. – BARY, D.: H. o la vocación poética. Granada 1963. – YÚDICE, G.: V. H. y la motivación del lenguaje. Buenos Aires 1978. – COSTA, R. DE: H. Los oficios de un poeta. Mexiko 1984.

Huitain [frz. ɥi'tɛ̃ = Achtzeiler], in der frz. Verslehre ein einstrophiges Gedicht aus acht gleich gebauten Zeilen.

Hulbeck, Charles R. [engl. 'hʌlbɛk], dt. Schriftsteller, † Huelsenbeck, Richard.

Huldén, Lars [schwed. hʊl'de:n], * Pietarsaari 5. Feb. 1926, schwedischsprachiger finn. Schriftsteller und Literaturwissenschaftler. – Variiert verschiedene lyr. Genres und setzt sich ironisch-kritisch mit der literar. Tradition auseinander. Daneben finden sich regionale und dialektale Einschläge.
Werke: Dräpa näcken (Ged., 1958), Enrönnen (Ged., 1966), Herdedikter (Ged., 1973), Läsning för vandrare (Ged., 1974), Island i december (Ged., 1974), Heim/Hem (Ged., 1977), J. L. Ru-

neberg och hans vänner (Ged., 1978), Hus (E., 1979), Jag blir gammal, kära du (Ged., 1981), Mellan jul och Ragnarök (Ged., 1984), Judas Iskariot samfundets årsbok (1987).

Hulewicz, Jerzy [poln. xu'lɛvitʃ], *Kościanki (Woiwodschaft Poznań) 4. Aug. 1886, †Warschau 1. Juli 1941, poln. Schriftsteller. – Vertrat die Stilprinzipien des Expressionismus, die er auch für die Malerei forderte; bemühte sich um ›schöpfer. Kritik‹; verwirklichte seine Ideen in Dramen (u. a. ›Bolesław Śmiały‹, 1921) und Graphiken.

Hulme, Thomas Ernest [engl. hju:m], *Endon bei Stoke-on-Trent 16. Sept. 1883, ✕ Nieuwport (Belgien) 28. Sept. 1917, engl. Dichter und Philosoph. – Theoret. Begründer des Imagismus, sowohl antiromantisch als auch gegen die überreiche Bildwelt der Symbolisten und die radikale zeitgenöss. Dichtung der Futuristen gerichtet. H. beeinflußte v. a. E. Pound und T. S. Eliot. Ein lakonisch knapper, assoziationsbeladener lyr. Stil ist kennzeichnend für seine Werke.
Ausgaben: Th. E. H. Complete poetical works. In: The New Age (10), 1912. – Th. E. H. Speculations. Hg. v. H. READ. London ²1954. – Th. E. H. Further speculations. Hg. v. S. HYNES. Minneapolis (Minn.) 1955.
Literatur: ROBERTS, M.: Th. E. H. London 1938. Neudr. Manchester 1982. – JONES, A. R.: The life and opinions of Th. E. H. London 1960.

Hülsen, Hans von, *Warlubien (bei Danzig; heute Warlubie, Woiwodschaft Bydgoszcz) 5. April 1890, †Rom 14. April 1968, dt. Schriftsteller. – War Feuilletonredakteur, Zeitungskorrespondent, Mitarbeiter der ›Aktion‹, ab 1933 freier Schriftsteller. Freundschaft mit Th. Mann, M. Halbe, später mit G. Hauptmann (dessen Biograph). Nach 1945 Rundfunkkorrespondent in Rom. Ab 1915 ∞ mit I. Reicke. Er gestaltete in Romanen histor. und biograph. Stoffe; auch Erzählungen, Lyrik und Essays, Übersetzungen.
Werke: Das aufsteigende Leben (R., 1911), Den alten Göttern zu (R., 1918), Der Kelch und die Brüder (R., 1925), Der Schatz im Acker (R., 1929, 1943 u. d. T. Die drei Papen), Ein Haus der Dämonen (R., 1932, 1941 u. d. T. August und Ottilie), Die Wendeltreppe (autobiograph. En., 1941), Zwillings-Seele (Autobiogr., 1947), Freundschaft mit einem Genius. Erinnerungen an Gerhart Hauptmann (1947), Röm. Funde

7*

(Schr., 1962), Zeus, Vater der Götter und Menschen (1966).

Hülsen, Ilse von, dt. Schriftstellerin, ↑Reicke, Ilse.

Humanismus [zu lat. humanus, eigtl. = irdisch, nlat. = menschlich, menschenfreundlich], literarisch-philosoph. Bildungsbewegung, die sich in Wechselwirkung mit der allgemeineren Bewegung der Renaissance ab der 2. Hälfte des 14. Jh. entwickelte und bis ins 16. Jh. von Einfluß war. Sie entstand in Italien, wo Kritik an den polit. Auflösungserscheinungen der norditalien. Staaten und am starken kirchl. Dogmatismus um 1350 zur Rückbesinnung auf die kulturellen Leistungen der röm. Antike führte, z. B. bei Schriftstellern, wie F. Petrarca und G. Boccaccio. Bes. die Schriften Ciceros dienten einer neuen lat. Dichtung als Vorbild. Ab etwa 1400, v. a. aber nach der Zerstörung von Konstantinopel (1453) kam durch den Zustrom vieler byzantin. Gelehrter, die zahlreiche Handschriften antiker Texte mitbrachten, die Beschäftigung mit der griech. Literatur hinzu (G. Pico della Mirandola, M. Ficino). Große Bedeutung erlangte der H. durch sein erfolgreiches Bestreben, die Schriften antiker Autoren aufzuspüren, zu übersetzen und durch krit. Ausgaben wissenschaftlich aufzuarbeiten. Die bewußte Nachahmung antiker Vorbilder, so v. a. im ↑Schuldrama, war typisch für diese Epoche. Die humanist. Bewegung in Italien wurde durch Fürstenhöfe (v. a. durch den Hof der Medici in Florenz) und durch die Päpste gefördert. Wichtigste Vertreter des italien. H. waren u. a. E. S. Piccolomini (später Papst Pius II.), L. Valla, G. Pontano, A. Poliziano. Durch die Konzile von Konstanz (1414–18) und Basel (1431–49) breitete sich die neue Strömung dann auch nach Frankreich (Jacques Lefèvre d'Étaples [* um 1450 oder 1455, †1536 oder 1537]) sowie England (Th. More, R. Asham, J. Colet), Spanien (E. A. de Nebrija, F. Jiménez de Cisneros, J. L. Vives) und Portugal (F. Sá de Miranda, A. Ferreira, D. de Góis) aus. Beziehungen zwischen F. Petrarca und dem Prager Hof Karls IV. sorgten für erste Einflüsse des H. in Deutschland. Die dt. Humanisten bedienten sich sowohl der lat. wie der dt. Sprache. Neulat.

196 Humanistendrama

Dichtungen lyr., ep. und dramat. Art
nahmen einen breiten Raum ein. Städte
und Universitäten wurden zu Zentren
des H., z. B. Prag, Wien, Nürnberg, Bam-
berg, Augsburg, Heidelberg, Straßburg,
Ulm, Basel, Tübingen, Erfurt u. a. Nam-
hafte Vertreter des dt. H. waren K. Celtis,
J. Wimpfeling, J. Reuchlin, W. Pirckhei-
mer, Nikolaus von Kues, U. von Hutten,
Erasmus von Rotterdam, S. Brant, J. Gei-
ler von Kaysersberg. Obwohl die Refor-
mation, bes. bei Ph. Melanchthon und
J. Calvin, unter starkem Einfluß huma-
nist. Ideen stand, löste sie den H. als do-
minierende religiös-geistige Strömung
sehr bald ab.

Der **Neuhumanismus** des 18./19. Jh., der
auf den Gebieten der Literatur, der
Ästhetik und der Pädagogik wieder an-
tike bzw. humanist. Denkansätze auf-
nahm, hat in den Schriftstellern und
Dichtern J. J. Winckelmann, J. G. Her-
der, Goethe, Schiller und W. von Hum-
boldt seine namhaftesten Vertreter.

Literatur: BATAILLON, M.: Études sur le Portu-
gal au temps de l'humanisme. Coimbra 1952. –
RENAUDET, A.: Préreforme et humanisme à Paris
pendant les premières guerres d'Italie (1494 bis
1517). Paris ²1953. – RENAUDET, A.: Humanisme
et renaissance. Genf 1958. – BATAILLON, M.:
Erasmo y España. Estudios sobre la historia
espiritual del siglo XVI. Mexiko u. Buenos Ai-
res ³1967. – FEIST-HIRSCH, E.: Damião de Góis.
The life and thought of a Portugese humanist
(1502–74). Den Haag 1967. – BERNSTEIN, E.: Die
Lit. des dt. Früh-H. Stg. 1978. – BURDACH, K.:
Reformation, Renaissance, H. Darmst. ²1978. –
KRISTELLER, P. O.: H. u. Renaissance. Dt. Übers.
Neuausg. Mchn. 1980. 2 Bde. – CARVALHO,
J. BARRADAS DE: À la recherche de la spécificité
de la renaissance portugaise. Paris 1983. – RÜ-
EGG, W., u. a.: H. In: Lex. des MA. Bd. 5. Mchn.
1991. – Die Grundlegung der modernen Welt.
Hg. v. R. ROMANO u. A. TENENTI. Dt. Übers. Ffm.
108.–109. Tsd. 1993.

Humanistendrama, in lat. Sprache
geschriebenes Drama der Humanisten
des 15. und 16. Jahrhunderts. Literatur-
histor. Voraussetzungen seiner Entste-
hung waren die Rezeption des röm. Dra-
mas der Antike und bes. die Wiederent-
deckung des Terenzkommentars von Do-
natus durch G. Aurispa in Mainz (1433).
Frühe Humanistendramen sind u. a. das
1465 an der Univ. Padua aufgeführte sog.
›Lustspiel dt. Studenten in Padua‹ und
›Stylpho‹ (1494) von J. Wimpfeling. Es

sind Prosadialoge, die lediglich im
sprachl. Duktus und in der Dialogfüh-
rung die röm. Vorbilder erkennen lassen.
Diese Stücke sind entstehungsgeschicht-
lich und durch eine pädagogisch-didakt.
Zielsetzung an den akadem. Rahmen
(Univ., Lateinschulen) gebunden, sie
sind ›Schuldramen‹ im engeren Sinne.
Gegen *Ende des 15 Jh.* kam das Vorbild
des röm. Dramas auch formal zum
Durchbruch: Gliederung der Stücke in
Akte mit Hilfe eingeschobener Chöre,
Szeneneinteilung, Prolog und Epilog; die
Dialoge wurden in Versen, die Chorlie-
der in Strophen abgefaßt; Tragödie und
Komödie wurden, der Renaissancepoe-
tik entsprechend, nach soziolog. Krite-
rien unterschieden; die Zwischenform
der Tragicomoedia oder Comitragoedia
(versöhnl. Lösung eines trag. Konflikts)
wurde neu geschaffen. Neben dem röm.
Drama gewannen auch die italien. Re-
naissancekomödie, allegor. Festspiele
und Maskenzüge (↑Trionfi) an Bedeu-
tung. An die Stelle der frühhumanist. Ge-
sprächsspiele traten die literar. Komödie
(J. Reuchlin), das allegorische Festspiel
(K. Celtis) und die zeitgeschichtl. Staats-
aktion (J. Locher). In der *1. Hälfte des
16. Jh.* trat das H. in den Dienst der
religiösen Auseinandersetzungen und
knüpfte thematisch an das ↑geistliche
Spiel des späten MA an. Hauptvertreter
des prot. lat. Reformationsdramas sind
zunächst niederl. Humanisten (G. Gna-
phaeus, G. Macropedius), später v. a.
Humanisten aus dem oberdt. Raum
(Th. Naogeorgus, S. Birck, N. Frischlin).
Etwas jünger sind die Tendenzstücke im
Dienst der katholischen Kirche; aus ih-
nen entwickelte sich in der *2. Hälfte des
16. Jh.* das lat. ↑Jesuitendrama. Das H.
des ausgehenden 16. Jh. (Zentrum Straß-
burg) orientierte sich wieder stärker an
den antiken Vorbildern. Die histor. Be-
deutung des H.s liegt v. a. darin, daß erst-
mals seit der Antike ein ästhet. Maßstä-
ben genügendes Literaturdrama entwik-
kelt wurde. Die Wirkung des H.s auf das
deutschsprachige Drama blieb freilich
relativ gering, sie machte sich v. a. im
prot. ↑Schuldrama und im Meistersinger-
drama bemerkbar. – Die hier im wesent-
lichen für den dt.-niederländ. Bereich ge-
gebenen Hinweise gelten unter Berück-

sichtigung der jeweiligen nationalliterar. Traditionen und ihrer histor. Entstehungsbedingungen auch für andere europ. Renaissanceliteraturen (z. B. für die Frankreichs [u. a. G. Buchanan, * 1506, † 1582] oder Portugals [u. a. M. Venegas, * 1531, † nach 1567]).

Literatur: LEBÈGUE, R.: La tragédie religieuse en France. Les débuts, 1514–73. Paris 1929. – MAASSEN, J.: Drama u. Theater der Humanistenschulen in Deutschland. Augsburg 1929. – ABBÉ, D. VAN: Drama in renaissance Germany and Switzerland. Melbourne 1961. – FRECHES, C.-H.: Le théatre néo-latin au Portugal (1550–1745). Paris u. Lissabon 1964. – Humanism in France at the end of the middle ages and in the early renaissance. Hg. v. A. H. T. LEVI. Manchester 1970. – STONE, D.: French humanist tragedy. A reassament. Manchester 1974.

Humboldt, [Karl] Wilhelm Freiherr von, * Potsdam 22. Juni 1767, † Tegel (heute zu Berlin) 8. April 1835, dt. Philosoph, Sprachforscher und preuß. Staatsmann. – Bruder des Naturforschers **Alexander Freiherr von H.** (* 1769, † 1859), dessen literar. Bedeutung v. a. in seinen Reiseberichten liegt, in denen er in versuchte, seine naturwiss. und philolog. Beobachtungen einem breiten Publikum verständlich darzustellen. Zunächst Anhänger der Berliner Aufklärung, wenig später Mitglied des romantisch gestimmten ›Tugendbundes‹ um H. J. Herz; 1787–90 rechtswiss. Studium in Frankfurt/Oder und Göttingen; 1790/91 am Berliner Kammergericht; danach widmete er sich seinen philosophisch-ästhet. und sprachwiss. Interessen. Enge wiss., künstler. und teils private Bindungen an verschiedene Zeitgenossen; ausgedehnter Briefwechsel mit dem Reformator der Altphilologie F. A. Wolf, Mitarbeit an Schillers ›Horen‹ und – 1794–97 als Privatgelehrter in Jena – Begegnung mit Goethe, Mitarbeit an dessen ›Propyläen‹; Bekanntschaft mit den Brüdern Schlegel. 1802–08 preuß. Ministerresident in Rom. 1809 Ernennung zum Geheimen Staatsrat und Direktor der Sektion für Kultus und Unterricht im Ministerium des Inneren; 1810 Gründung der Berliner Universität; danach preuß. Gesandter in Wien. Vertreter Preußens auf verschiedenen Kongressen, insbes. dem Wiener Kongreß (1814/15). 1817 Gesandter in London. 1819 Minister für ständ. und kommunale Angelegenheiten im Innenministerium. Sein Drängen auf Einführung der Verfassung und die entschiedene Mißbilligung der Karlsbader Beschlüsse führten zu einer Kabinettskrise und 1819 zu seiner Entlassung. H. setzte auf dem väterl. Schloß Tegel seine unterbrochenen Sprachstudien (u. a. der amerikan. Sprachen, des Sanskrit, des Ägyptischen, Koptischen, Chinesischen und Japanischen) fort und verfaßte 1836–40 das unvollendet gebliebene dreibändige Werk ›Über die Kawi-Sprache auf der Insel Java‹. Die umfangreiche Einleitung hierzu: ›Über die Verschiedenheit des menschl. Sprachbaues und ihren Einfluß auf die geistige Entwicklung des Menschengeschlechts‹ (1836), an der H. von 1830 bis zu seinem Tod arbeitete, stellt die Summe seiner sprachphilosoph. Einsichten dar; in ihr wird H.s Grundthese entfaltet, daß ›in jeder Sprache eine eigenthüml. Weltansicht‹ liegt, die Ausdruck der Individualität einer Sprachgemeinschaft ist und durch die innere Sprachform dargestellt wird. Seine sprachtheoret. Untersuchungen waren Bestandteil einer umfassenden philosoph. Anthropologie, deren Ziel die einheitl. histor. und systemat. Bestimmung des Menschen ist. H. schuf auch Übersetzungen, verfaßte literaturkrit. Arbeiten, auch Sonette; stilistisch meisterhaft ist seine umfangreiche Korrespondenz. Er war der charakterist. Vertreter und Verkünder der klass. Humanitätsidee, er forderte eine Art ›menschl. Selbstvollendung‹ durch universale Bildung und repräsentierte selbst das Ideal des harmonisch gebildeten Menschen.

Ausgaben: W. v. H. Ges. Schrr. Hg. v. der Königl. Preuß. Akad. der Wiss. Berlin. Bln. u. Lpz. 1903–36. 17 Bde. Nachdr. Bln. 1967–68. – W. v. H. Werke in 5 Bden. Hg. v. A. FLITNER u. K. GIEL. Stg. [1-5]1979–82.

Literatur: SPRANGER, E.: W. v. H. u. die Humanitätsidee. Bln. [2]1928. – MENZE, G.: W. v. H.s Lehre u. Bild vom Menschen. Düss. 1965. – MÜLLER-VOLLMER, K.: Poesie u. Einbildungskraft. Zur Dichtungstheorie W. v. H.s. Stg. 1967. – KAWOHL, I.: W. v. H. in der Kritik des 20. Jh. Düss. 1969. – SCURLA, W.: W. v. H. Mchn. 1984. – BORSCHE, T.: W. v. H. Mchn. 1990. – DIPPEL, L.: W. v. H. Ästhetik u. Anthropologie. Wzb. 1990. – BERGLAR, P.: W. v. H. Rbk. 28.–30. Tsd. 1991.

198 Humm

Humm, Rudolf Jakob, *Modena 13. Jan. 1895, †Zürich 27. Jan. 1977, schweizer. Schriftsteller. – Schrieb v. a. Romane und Erzählungen, in denen er u. a. Intellektuelle und Künstler analysiert; daneben auch Essays und Dramen.
Werke: Das Linsengericht (R., 1928), Die Inseln (R., 1936), Carolin (R., 1944), Der Vogel Greif (R., 1953), Kleine Komödie (R., 1958), Die Nelke (R., 1962), Bei uns im Rabenhaus. Literaten, Leute und Literatur im Zürich der 30er Jahre (1963), Der Kreter (R., 1973), Der Wicht (R., 1976), Universität oder Ein Jahr im Leben des Daniel Seul (R., 1977).

Humo, Hamza, *Mostar 30. Dez. 1895, †Sarajevo 19. Jan. 1970, serb. (bosn.) Schriftsteller. – Leiter der Gemäldegalerie in Sarajevo; stellte nach Anfängen als Lyriker in erzählenden und dramat. Werken idealisierend das Leben muslim. Bosnier in kleinbürgerl. Milieu dar. Zentrales Motiv ist meist der Zwiespalt zwischen Islam und Christentum.
Werk: Trunkener Sommer (R., 1927, dt. 1958).

Humor [durch roman.-engl. Vermittlung von lat. (h)umor = Feuchtigkeit], die antike und mittelalterl. Medizin kannte vier Körpersäfte (›humores‹), deren Mischung als ausschlaggebend für Temperament und Charakter eines Menschen angesehen wurde. – Heute bezeichnet der Begriff H. im allgemeinen eine Fähigkeit, die widersprüchl., undurchsichtigen, ungereimten Verhältnisse und Beziehungen zwischen den Menschen aus gelassener Distanz zu betrachten und dies entsprechend auszudrücken. Der H. kann als bes. Schattierung des Komischen charakterisiert werden; im Unterschied zu Parodie, Satire, Witz oder Ironie gehört zum H. eher das Lachen, weniger das Verlachen. Der H. will nicht angreifen, er verteidigt lieber. In der Literatur erscheint Humoristisches oder Humorisierendes in allen Epochen und Gattungen. – Als herausragende Charaktere, die humorisierend gezeichnet sind, können v. a. Shakespeares Sir John Falstaff und M. de Cervantes Saavedras Don Quijote genannt werden. Als Wort findet sich der H. in der ↑Comedy of humours, einem von B. Jonson kreierten Komödientypus des 16. und 17. Jahrhunderts. Erst unter dem Einfluß der engl. Humoristen des 18. Jh. (u. a.

O. Goldsmith, R. B. Sheridan, H. Fielding, L. Sterne) erhielt der H. als Begriff seinen Ort in Literatur und Ästhetik. Eine umfassende Theorie des H.s entwickelte Jean Paul in seiner ›Vorschule der Aesthetik …‹ (3 Bde., 1804). Davon ausgehend, daß ›das Lächerliche‹ in einer ›unendl. Ungereimtheit‹ bestehe, charakterisiert Jean Paul den H. als romant. Form des Komischen. Wesentlich für die Analyse des H.s sind Jean Paul vier Aspekte: 1. die ›humorist. Totalität‹: ›Der Humor hebt keine einzelne Narrheit heraus, sondern er erniedrigt das Große, aber – ungleich der Parodie – um ihm das Kleine, und erhöhet das Kleine, aber – ungleich der Ironie – um ihm das Große an die Seite zu setzen …‹. Hieraus wird der 2. Aspekt, die ›vernichtende oder unendl. Idee‹ des H.s entwickelt. Der 3. Aspekt besteht in der ›humorist. Subjektivität‹: Der Humorist ist ›sein eigener Hofnarr‹, aber auch selber ›Regent‹ und ›Regisseur‹. Die ›humorist. Sinnlichkeit‹ ergibt den 4. Aspekt, da es ohne sie ›überhaupt kein Komisches gibt‹. – Während die Werke und die ästhet. Schriften Schillers die Ebene des H.s negieren bzw. ablehnen, sind zahllose Werke, die zur Weltliteratur zählen, von den verschiedensten Färbungen des H.s und Elementen des Humorisierens geprägt, wobei kaum ein Werk als durchgehend humoristisch bezeichnet werden kann. Die entsprechenden Werke, hpts. der erzählenden wie auch der dramat. Literatur (neben Komödien und Lustspielen bes. die Farce, auch die Posse und Burleske), tendieren in unterschiedl. Weise mehr ins Satirische, Parodistische, Ironische oder Groteske; neben M. de Cervantes Saavedra, Shakespeare und den engl. Humoristen seien für Frankreich exemplarisch F. Rabelais, für die deutschsprachige Literatur außer Jean Paul E. T. A. Hoffmann, L. Tieck sowie W. Raabe, G. Keller, J. N. Nestroy, F. Raimund als Vertreter humorist. Darstellens genannt. Im 20. Jh. manifestieren sich die von Jean Paul beschriebenen Spannungen und Brechungen des H.s u. a. in der Literatur des ↑schwarzen Humors, des Absurden und Grotesken.
Literatur: HEMPEL, W.: Über span. ›humor‹. In: Roman. Forsch. 72 (1960), S. 322. – MEYER,

HERMAN: Wesenszüge des humorist. Romans. Bremen 1966. – KENNER, H.: Das Phänomen der verkehrten Welt in der griech.-röm. Antike. Klagenfurt 1970. – PLESSNER, H.: Lachen u. Weinen. In: Philosoph. Anthropologie. Hg. v. G. DUX. Ffm. 1970. – BERGSON, H.: Das Lachen. Dt. Übers. Neuausg. Zü. 1972. – Das Komische. Hg. v. W. PREISENDANZ u. R. WARNING. Mchn. 1976. – MÜLLER, VOLKER ULRICH: Narrenfreiheit u. Selbstbehauptung. Stg. 1979. – PREISENDANZ, W.: H. als dichter. Einbildungskraft. Mchn. ³1985.

Humoreske [zu Humor gebildet], der Begriff wurde um 1800 in Analogie zu Arabeske, Burleske, Groteske gebildet und auf humorist. Erzählungen angewandt.

Humphrey, William [engl. ˈhʌmfrɪ], *Clarksville (Tex.) 18. Juni 1924, amerikan. Schriftsteller. – Studium an der Southern Methodist University und der University of Texas in Austin. Seine Kurzgeschichten und Romane schildern das sich wandelnde Leben in den amerikan. Südstaaten am Beispiel der mit dem Baumwollanbau verbundenen Probleme im Red-River-County im Nordosten von Texas. ›Die Schuld der Väter‹ (1958, dt. 1960) gilt als sein bester Texas-Roman.
Weitere Werke: The last husband and other stories (En., 1953), Die Ordways (R., 1965, dt. 1967), Zur Zeit von Bonnie und Clyde (En., 1968, dt. 1970), Proud flesh (R., 1973), Farther off from heaven (Autobiogr., 1977), Ah! wilderness. The frontier in American literature (Essays, 1977), The collected stories of W. H. (Kurzgeschichten, 1985), Open season: sporting adventures (Kurzgeschichten, 1986), No resting place (Kurzgeschichten, 1989), September song (1992).
Literatur: LEE, J. W.: W. H. Austin (Tex.) 1967.

Huna, Ludwig, *Wien 18. Jan. 1872, †Sankt Gallen (Steiermark) 28. Nov. 1945, österr. Schriftsteller. – Bis 1906 Offizier in Wien, danach freier Schriftsteller. Begann als Dramatiker, fand dann aber die ihm entsprechende Ausdrucksform in histor. Unterhaltungsroman. Bekannt sind seine Romane der ›Borgia-Trilogie‹ (›Die Stiere von Rom‹, 1920; ›Der Stern des Orsini‹, 1921; ›Das Mädchen von Nettuno‹, 1922) und der ›Christus-Trilogie‹ (›Ein Stern geht auf‹, 1938; ›Das hohe Leuchten‹, 1938; ›Golgotha‹, 1939).

Hunnius, Monika, *Narwa 14. Juli 1858, †Riga 31. Dez. 1934, dt.-balt.

Schriftstellerin. – Gesangslehrerin in Riga; schrieb reizvolle, als Kulturbilder interessante Memoiren und Lebensbilder.
Werke: Bilder aus der Zeit der Bolschewikenherrschaft in Riga (1921), Mein Onkel Hermann (Erinnerungen, 1922), Menschen, die ich erlebte (1922), Meine Weihnachten (E., 1922), Mein Weg zur Kunst (Autobiogr., 1925), Baltische Frauen von einem Stamm (1930), Das Lied von der Heimkehr (1932).

Hunt, [James Henry] Leigh [engl. hʌnt], *Southgate (heute zu London) 19. Okt. 1784, †Putney (heute zu London) 28. Aug. 1859, engl. Schriftsteller. – Gründer, Hg. und Mitarbeiter zahlreicher Zeitschriften; u. a. mit J. Bentham, P. B. Shelley und Ch. Lamb befreundet. Die Freundschaft mit Lord Byron, der ihn nach Pisa einlud, endete nach kurzer gemeinsamer Arbeit an der Zeitschrift ›The Liberal‹ (1822/23). Bed. v. a. als Essayist und Kritiker, der sich für kirchl. und polit. Reformen einsetzte. Erster bed. engl. Theaterkritiker, wichtig als Wegbereiter und Förderer von Shelley und J. Keats.
Ausgaben: The poetical works of L. H. Hg. v. H. S. MILFORD. London 1923. – L. H's dramatic criticism, 1808–1831. Hg. v. L. H. HOUTCHENS u. C. W. HOUTCHENS. New York 1949. – J. H. L. H. Literary criticism. Hg. v. L. H. HOUTCHENS u. C. W. HOUTCHENS. New York 1956. – J. H. L. H. Political and occasional essays. Hg. v. L. H. HOUTCHENS u. C. W. HOUTCHENS. New York 1962.
Literatur: LANDRÉ, L.: L. H. (1784–1859). Contribution à l'histoire du romantisme anglais. Paris 1935–36. 2 Bde. – THOMPSON, J. K.: L. H. Boston (Mass.) 1977. – BLAINEY, A.: Immortal boy. A portrait of L. H. London 1985. – WALTMAN, J. L.: L. H. A comprehensive bibliography. New York 1985.

Huon de Bordeaux [frz. ɥõdbɔrˈdo], anonymes altfrz. Versepos, zwischen 1216 und 1229 in der Picardie verfaßt: H. de B. tötet, ohne es zu wissen, Charlot, den Sohn Karls des Großen, wird zur Strafe von Karl nach Babylon geschickt und erlebt im Orient zahlreiche Abenteuer, beschützt von dem Feenkönig Auberon. Das Werk fand weite Verbreitung, es wurde, um zahlreiche Episoden erweitert, im 15. Jh. in Prosa umgeschrieben und erlebte als Volksbuch eine Reihe von Bearbeitungen. Auf ›H. de B.‹ gehen u. a. Ch. M. Wielands Epos ›Oberon‹ (1780)

und C. M. von Webers gleichnamige Oper (1826) zurück.

Ausgaben: H. de B. Dt. Übers. In: Frz. Volksmärchen. Hg. v. E. TEGETHOFF. Jena 1923. 2 Bde. – H. de B. Hg. v. P. RUELLE. Brüssel u. Paris 1960. **Literatur:** ADLER, A.: Rückzug in ep. Parade. Ffm. 1963. S. 257. – ROSSI, M.: ›H. de B.‹ et l'évolution du genre épique au XIIIᵉ siècle. Paris 1975.

Huovinen, Veikko, *Simo 7. Mai 1927, finn. Schriftsteller. – Von Beruf Förster; seine Werke sind gekennzeichnet durch Humor, beißende Satire, Liebe zu Tier und Mensch, aber auch tiefen Pessimismus um die Zukunft.

Werke: Konsta (R., 1952, dt. 1960), Rauhanpiippu (= Die Friedenspfeife, R., 1956), Hamsterit (= Die Hamster, R., 1957), Talvituristi (= Wintertourist, Nov.n, 1965), Ronttosaurus (= Der Saurier, En., 1975), Lentsu (= Die Grippe, R., 1978), Puukansan tarina (= Die Erzählung von dem Holzvolk, 1984), Kasinomies Tom (= Tom, der Casinomann, Prosa, 1990).

Hurban, Jozef Miloslav, *Beckov 19. März 1817, † Hlboké 21. Febr. 1888, slowak. Schriftsteller. – Ev. Pfarrer; Publizist, trat v. a. für L. Štúrs Reform der Schriftsprache ein; 1848 am Freiheitskampf beteiligt; schrieb polit. Epigramme, patriot. und histor. Gedichte, oft unter Einbeziehung mytholog. Elemente; auch histor. Erzählwerke im Sinne der Romantik; Verfasser der ersten slowak. Literaturgeschichte und Biograph Štúrs; ging erst unter dem Eindruck der Ereignisse von 1848 von der tschech. zur slowak. Sprache über.

Literatur: MRLIAN, O.: J. M. H. Martin 1959.

Hurban Vajanský, Svetozár [slowak. 'vajanski:], *Hlboké 16. Febr. 1847, † Martin 17. Aug. 1916, slowak. Schriftsteller und Publizist. – Sohn von J. M. Hurban; Rechtsanwalt; Redakteur; wegen polit. Aktivität mehrfach inhaftiert. Unter Einfluß des Vaters der Romantik nahestehend, vertrat er stilistisch schon den Realismus nach dem Vorbild I. Turgenjews. Er schrieb patriot. Lyrik, Verserzählungen nach dem Vorbild Lord Byrons sowie Novellen und Romane, bes. mit Stoffen aus dem Bereich des Landadels, ferner Reiseberichte und Studien zur Literatur und Kultur; Literaturkritiker.

Werke: Letiace tiene (= Fliegende Schatten, R., 1883), Suchá ratolest' (= Der dürre Ast, R., 1884), Kotlín (R., 1901). **Ausgabe:** S. H. V. Zobrané diela. Martin 1934–39. 18 Bde. **Literatur:** PETRUS, P.: S. H. V. Preßburg 1978.

Hurewytsch (tl.: Hurevyč), Illja Schljomowytsch [ukrain. hu'rɛvetʃ], ukrain.-sowjet. Schriftsteller, † Perwomaisky, Leonid Solomonowytsch.

Hürnen Seyfried, Lied vom, anonyme Heldendichtung aus dem Stoffkreis des ›Nibelungenliedes‹, 179 Strophen im † Hildebrandston. Im 15 Jh. wohl aus mehreren Vorlagen konzipiert, ohne daß deren stoffl. Widersprüche beseitigt worden wären. So erzählt der kürzere 1. Teil (15 Strophen) die Jugendgeschichte Siegfrieds anders als der 2. Teil. – Im 16. und 17. Jh. wurde das ›L. v. H. S.‹ auch zum ›Volksbuch vom gehörnten Siegfried‹ ausgeweitet (ältester erhaltener Druck 1726).

Ausgabe: Historie v. dem gehörnten Siegfried. In: Dt. Volksbb. Hg. v. K. O. CONRADY. Rbk. 1968.

Hurst, Fannie [engl. hɔ:st], *Hamilton (Ohio) 19. Okt. 1889, † New York 23. Febr. 1968, amerikan. Schriftstellerin. – Studium an der Washington University; begann mit Kurzgeschichten, verfaßte dann zahlreiche Romane, Dramen und Drehbücher, die ihr Interesse am Bühnenleben, an der Musik und an der Rolle der Frau zeigen.

Werke: Every soul hath its song (Kurzgeschichten, 1916), Gaslight sonatas (Kurzgeschichten, 1918), Humoresque (Kurzgeschichten, 1919), Star-dust (R., 1921), Lummox (R., 1923), The man with one head (R., 1953), Anatomy of me (Autobiogr., 1958), God must be sad (R., 1961), Fool, be still (R., 1964).

Hurston, Zora Neale [engl. 'hɔ:stən], *Eatonville (Fla.) 7. Jan. 1903, † Fort Pierce (Fla.) 28. Jan. 1960, amerikan. Schriftstellerin. – Studium der Anthropologie an der Columbia University in New York; ihr Interesse für afroamerikan. Folklore, deren Mythen sie auf karib. Inseln sammelte (›Tell my horse‹, 1938, 1939 u. d. T. ›Voodoo gods. An inquiry into native myths and magic in Jamaica and Haiti‹), bestimmte auch ihre von R. Wright als affirmativ kritisierten Dramen und Romane. Als bed. Mitglied der ›Harlem Renaissance‹ arbeitete sie

Husserl 201

mit L. Hughes und F. Hurst zusammen und beeinflußte u. a. R. W. Ellison und T. Morrison. Der Roman ›Their eyes were watching God‹ (1937), der das glückl. Leben einer schwarzen Frau auf dem Lande schildert, sowie die Autobiographie ›Dust tracks on a road‹ (1942) gelten als ihre besten Werke.

Literatur: TURNER, D. T.: In a minor chord. Three Afro-American writers and their search for identity. Carbondale (Ill.) 1971. – HEMENWAY, R. E.: Z. N. H. A literary biography. Urbana (Ill.) u. London 1977. – HOWARD, L. P.: Z. N. H. Boston (Mass.) 1980. – Z. N. H. Hg. v. H. BLOOM. New York 1986.

Hurtado de Mendoza, Diego [span. ur'taðo ðe men'doθa], *Granada 1503, †Madrid 14. Aug. 1575, span. Dichter. – Geschichtsschreiber und Diplomat; u. a. Gesandter in England, Venedig und Rom, Statthalter in Siena, zeitweise am Madrider Hof und in Brüssel; 1568–74 nach Granada verbannt. Schrieb lyr. Dichtungen (Sonette, Kanzonen, Eklogen und Episteln in italien. Stil, auch Gedichte nach alter Volksweise), das den letzten Aufstand der Morisken (1568–71) behandelnde Geschichtswerk in Prosa ›Geschichte der Empörung der Mauren in Granada‹ (hg. 1627, dt. 1831) u. a. Seine Verfasserschaft des Schelmenromans ›La vida de Lazarillo de Tormes‹ (1554) ist zweifelhaft.

Literatur: GONZÁLEZ PALENCIA, A./MELE, E.: Vida y obras de don D. H. de M. Madrid 1941–43. 3 Bde. – DARST, D. H.: D. H. de M. Boston (Mass.) 1987.

Hus, Jan, dt. Johannes Huß, *Husinec (Südwestböhmen) um 1370, †Konstanz 6. Juli 1415, tschech. Reformator. – 1400 Priester; 1402–12 Prediger; Prof. der Prager Univ. (1409 Rektor); Vertreter der Gedanken J. Wyclifs (Autorität des Gewissens, Kritik am weltl. Kirchenbesitz; Ablehnung des Ablasses); ab 1412 in Bann. Abgesichert durch ein Geleitversprechen des Röm. Königs Sigismund stellte sich H. dem Konstanzer Konzil, das von ihm vertretene Lehre nicht widerrief, als Ketzer verurteilt und verbrannt wurde (Anlaß für die Hussitenkriege ab 1419). Die Ideen von H. sind nicht nur in seinem lat. Hauptwerk ›De ecclesia‹ (1413) niedergelegt, Verbreitung erfuhren sie v. a. durch seine tschech. Predigten und Erbauungsschrif-

ten; auch Kirchenlieder. Von großer Bedeutung ist seine Orthographiereform (›Orthographia Bohemica‹, entst. 1406 oder 1412); Begründer der neutschech. Schriftsprache.

Weitere Werke: Výklad viery ... (= Auslegung des Glaubensbekenntnisses, entst. 1412, gedr. 1520), Postila ... (= Postille, entst. 1413, gedr. 1563, dt. unvollständig 1855).

Ausgaben: J. H. Opera omnia. Hg. v. J. ERŠIL. Prag 1959 ff. (bisher 6 Bde. erschienen). – J. H. Opera omnia. Osnabrück 1966 ff. Neudr. der Erstausg. v. W. FLAJŠHANS u. M. KOMÍNKOVÁ. 1903–08 (bisher 3 Bde. erschienen).

Literatur: BARTOŠ, F. M.: Literární činnost m. J. H.i. Prag 1948. – FRIEDENTHAL, R.: J. H. Mchn. ²1972; Tb.-Ausg. 1984.

Husain (tl.: Ḥusayn), Taha, *Maghagha (Oberägypten) 14. Nov. 1889, †Kairo 28. Okt. 1973, ägypt. Schriftsteller und Literaturwissenschaftler. – Seit seinem 3. Lebensjahr blind, 1934–42 Prof. an der Univ. Kairo; 1950–52 Erziehungsminister. Verfasser zahlreicher Werke: Romane, Übersetzungen aus dem Französischen, Englischen und Griechischen, literaturkrit. Untersuchungen zur altarab., klass. und modernen arab. Literatur. Bes. bekannt sind sein Tagebuch ›Al-Ayyām‹ (= Die Tage, 1929; frz. 1947 u. d. T. ›Le livre des jours‹, Tl. 1 dt. 1957 u. d. T. ›Kindheitstage‹, Tl. 2 dt. 1986 u. d. T. ›Jugendjahre in Kairo‹), in klassisch-einfachem Stil abgefaßt, sowie Untersuchungen zur Echtheit altarab. Literatur.

Literatur: CACHIA, P.: Ṭāhā Ḥusayn. His place in the Egyptian literary renaissance. London 1956. – KHOURY, R. G.: Ṭ. Ḥ. et la France. In: Arabica 22 (1975), S. 225.

Hu Shih (Hu Shi) [chin. xuʃi] (Hu Schi), *Schanghai 17. Dez. 1891, †Taipeh 24. Febr. 1962, chin. Schriftsteller und Literarhistoriker. – Nach Studien in den USA wirkte er ab 1917 als Prof. in Peking und Schanghai; später Diplomat. Wegbereiter der ›Bewegung vom 4. Mai 1919‹ für eine literar. Reform, die volksnähere Ausdrucksformen verlangte; schrieb bed. Werke zur chin. Geistesgeschichte, u. a. ›The development of logical method in ancient China‹ (1917), ›The Chinese renaissance‹ (1933).

Huß, Johannes, tschech. Reformator, † Hus, Jan.

Husserl, Edmund, *Proßnitz (Südmähr. Gebiet) 8. April 1859, †Freiburg im Breisgau 27. April 1938, dt. Philosoph. – 1876–82 Studium der Mathematik, Astronomie, Physik und Philosophie in Leipzig, Berlin und Wien, wo H. mit einer mathemat. Arbeit promovierte. 1883–86 Fortsetzung des Philosophiestudiums in Wien bei F. Brentano, 1886/87 in Halle/Saale; 1901–06 Prof. in Göttingen, 1916–28 in Freiburg im Breisgau, 1933 vorübergehende, 1936 endgültige Aberkennung des Professorentitels aus rass. Gründen. – H. ist der Begründer der Phänomenologie. Diese versucht, durch neue Methoden (›phänomenolog.‹ und ›eidet. Reduktion‹) eine Neubegründung der Philosophie zu leisten. Sie will zu den ›Sachen selbst‹ zurückkehren, sieht aber von deren Tatsächlichkeit ab und versucht statt dessen, ihr Wesen zu erfassen (›Wesensschau‹). H.s frühe Arbeiten (›Log. Untersuchungen‹, 1900–01) galten v. a. Fragen der Logik und Erkenntnistheorie. Grundbegriff der Phänomenologie ist die Intentionalität: Jedes Bewußtsein ist Bewußtsein von etwas. In ungeheuer ausgedehnten Analysen, die oft erst heute durch die Veröffentlichung des Nachlasses bekannt werden, hat H. die verschiedensten Bewußtseinsakte untersucht und klassifiziert. Später hat er sich verstärkt Fragen der Ontologie zugewandt. In seinen Spätwerken (z. B. ›Cartesianische Meditationen‹, 1931) nähert sich H. dem subjektivistischen Idealismus. Die Phänomenologie ist heute eine der wichtigsten philosophischen Strömungen. M. Heidegger und J.-P. Sartre wurden ebenso von H. beeinflußt wie die russischen Formalisten und die französischen Strukturalisten.

Literatur: JANSSEN, P.: E. H. Einf. in seine Phänomenologie Freib. 1976. – SCHUHMANN, K.: H.-Chronik. Denk- u. Lebensweg E. H.s. Den Haag 1977. – KOLAKOWSKI, L.: Die Suche nach der verlorenen Gewißheit. Denk-Wege mit E. H. Dt. Übers. Neuausg. Mchn. u. Zü. 1986. – BELL, D.: H. London 1991. – ↑auch Formalismus, ↑Strukturalismus.

Husson, Jules François Félix [frz. y'sö], frz. Schriftsteller und Kritiker, ↑Champfleury, Jules.

Hutchinson, Alfred [engl. 'hʌtʃɪnsn], * Hectorspruit (östl. Transvaal) im März 1924, †in Nigeria 14. Okt. 1972, südafrikan. Schriftsteller swazi-engl. Herkunft. – Studierte in Fort Hare (Ciskei) und Johannesburg; 1956 wurde er wegen Hochverrats angeklagt und freigesprochen. Nach weiteren Verhaftungen floh er aus Südafrika und ließ sich in England nieder. Lebte ab 1971 in Nigeria. Sein ausdrucksstarker autobiograph. Erstlingsroman ›Der Weg nach Ghana‹ (1960, dt. 1961), der in sieben Sprachen übersetzt wurde, schildert seine Flucht durch Afrika; auch Hörspielautor.

Weiteres Werk: The rainkillers (Dr., 1964).

Hutchinson, Ray Coryton [engl. 'hʌtʃɪnsn], * London 23. Jan. 1907, † Bletchingley (Surrey) 3. Juli 1975, engl. Schriftsteller. – Studium in Oxford, Werbeassistent, ab 1935 freier Schriftsteller. Schrieb christlich orientierte, psychologische Romane, häufig vor historischem Hintergrund, etwa der Zeit nach dem Ersten Weltkrieg in ›Der Unvergessene‹ (R., 1933, dt. 1944), der Russischen Revolution in ›Ein Testament‹ (R., 1939, dt. 1939) oder Unruhen in Südamerika in ›Rising‹ (R., hg. 1976).

Weitere Werke: Der Ruf der Insel (R., 1932, dt. 1963), Die Stiefmutter (R., 1955, dt. 1957), Der neunte März (R., 1957, dt. 1959).

Hutten, Ulrich Reichsritter von, * Burg Steckelberg (Landkreis Schlüchtern) 21. April 1488, † Insel Ufenau im Zürichsee 29. Aug. 1523, dt. Humanist und Publizist. – Zum geistl. Stand bestimmt, floh er aus der Klosterschule Fulda (1505) und führte bis 1511 ein unstetes Wanderleben als Student; 1513 im Dienst Albrechts II., Kurfürst von Mainz, der ihm die Fortsetzung der Studien in Italien ermöglichte. Sein Aufenthalt in Rom (1515) ließ ihn zum entschiedenen Gegner des Papsttums werden. 1517 wieder in Mainzer Diensten, wurde er am 12. Juli 1517 von Kaiser Maximilian I. in Augsburg zum Dichter gekrönt. H. griff in den Reuchlin-Streit als Verfasser des 2. Teils der ↑Epistolae obscurorum virorum ein. Seit der Leipziger Disputation (1519) trat er für M. Luther ein, ohne dessen Lehre anzunehmen. H.s Reichsreformpläne zielten auf ein gegenüber den Fürsten starkes, auf die Reichsritterschaft gestütztes Kaisertum. Nach dem Scheitern dieser ohne Resonanz bleibenden Pläne, und da die Kurie auf seine Verfolgung drängte, mußte er

Ulrich von Hutten (Holzschnitt von Erhard Schön, um 1520)

1520/21 bei Franz von Sickingen auf der Ebernburg Schutz suchen; nach dessen Tod wurde er von U. Zwingli in Zürich aufgenommen, der ihm auf der Insel Ufenau eine Zuflucht verschaffte. H. war ein wortgewaltiger, streitbarer und leidenschaftl. Publizist, der als Parteigänger der Reformation zu allen aktuellen Zeitfragen Stellung nahm und bes. in scharfen Satiren, Epigrammen, Reden und Dialogen in dramat. Sprache und rhetor. Pathos gegen den Papst sowie die reaktionäre kath. Dogmatik und Geistlichkeit auftrat; auch Liederdichter.

Werke: Querelae (Ged., 1510), Exhortatio (Ged., 1512), Nemo (Ged., 1518), Aula (Dialoge, 1518), Gesprächsbüchlein (1521).
Ausgaben: U. v. H. Opera. Hg. v. E. BÖCKING. Lpz. 1859–70. 5 Bde. u. 2 Suppl.-Bde. Nachdr. 1963–66. – U. v. H. Die dt. Dichtungen. Stg. 1890–91. Nachdr. Darmst. 1974. – U. v. H. Dt. Schrr. Hg. v. H. UKENA. Mchn. 1970.
Literatur: QUATTROCCHI, L.: U. v. H. e l'Umanesimo tedesco. Rom 1963. – HOLBORN, H.: U. v. H. Gött. 1968. – GRIMM, H.: U. v. H. Wille u. Schicksal. Gött. 1971. – FLAKE, O.: U. v. H. Ffm. 1985. – BERNSTEIN, E.: U. v. H. Rbk. 1988. – RUEB, F.: Der hinkende Schmiedgott Vulkan. U. v. H. 1488–1523. Zü. 1988. – U. v. H. Ritter, Humanist, Publizist, 1488–1523. Bearb. v. P. LAUB. Hofheim 1988. – U. v. H. in seiner Zeit. Hg. v. J. SCHILLING u. a. Kassel 1988.

Hüttenegger, Bernhard, * Rottenmann (Steiermark) 27. Aug. 1948, österr. Schriftsteller. – Studierte Germanistik und Geschichte in Graz; lebt als freier Schriftsteller in Launsdorf (Kärnten). Die Erzählungen und Romane machen des Autors Befinden zwischen Überdruß und Sehnsucht deutlich, sein unauffälliges Hinaustreten aus dem allgemeinen Treiben, um sich am Rande als Beobachter einzurichten. Dort verzeichnet er scheinbar banale Ereignisse, die durch seine Darstellung ihre Alltäglichkeit verlieren und nicht selten zur Groteske geraten. Schreibt auch Gedichte und Hörspiele.

Werke: Beobachtungen eines Blindläufers (Prosa, 1975), Die sibir. Freundlichkeit (E., 1977), Reise über das Eis (R., 1979), Ein Tag ohne Geschichte (En., 1980), Verfolgung der Traumräuber. Tagesverläufe (1980), Die sanften Wölfe (R., 1982), Der Glaskäfig (E., 1985), Die Tarnfarbe (R., 1991), Der Hundefriedhof von Paris (En., 1994).

Huxley, Aldous [Leonard] [engl. ˈhʌkslɪ], * Godalming bei London 26. Juli 1894, † Los Angeles-Hollywood (Calif.) 22. Nov. 1963, engl. Schriftsteller. – Seine frühen Romane sind Satiren auf den Fortschrittsglauben und die engl. High-Society und enthalten z. T. Karikaturen existierender Personen (›Eine Gesellschaft auf dem Lande‹, 1921, dt. 1977; ›Parallelen der Liebe‹, 1925, dt. 1929; ›Kontrapunkt des Lebens‹, 1928, dt. 1930). Bekannt wurde H. v. a. durch seine Anti-Utopie ›Schöne neue Welt‹ (R., 1932, dt. 1953, 1932 u. d. T. ›Welt – wohin?‹), in der er eindringlich desillusionierende Bilder einer zukünftigen automatisierten, aller natürl. Impulse beraubten Welt malt. 1937 ging er nach Kalifornien, wo er auf der Suche nach neuer geistiger Ausrichtung sich dem Mystizismus und der Parapsychologie zuwandte und zeitweise mit Drogen experimentierte; Ergebnisse waren ›Die Pforten der Wahrnehmung. Meine Erfahrung mit Meskalin‹ (Essay, 1954, dt. 1954) und ›Himmel und Hölle‹ (Essays, 1956, dt. 1957). H. schrieb auch Gedichte (›Selected poems‹, 1925) und Novellen (›Das Lächeln der Gioconda‹, 1922, dt. 1931; ›Meisternovellen‹, 1930, dt. 1951).

Weitere Werke: Texts and pretexts (Essays, 1932), Geblendet in Gaza (R., 1936, dt. 1953), Nach vielen Sommern (R., 1939, dt. 1945), Die graue Eminenz (R., 1941, dt. 1948), Zeit muß enden (R., 1944, dt. 1950), Affe und Wesen (R., 1948, dt. 1951), Die Teufel von Loudun (R., 1952, dt. 1955), Das Genie und die Göttin (R., 1955, dt. 1956), 30 Jahre danach oder Wiedersehen mit der ›wackeren neuen Welt‹ (Essays,

Huydecoper

1958, dt. 1960), Eiland (R., 1962, dt. 1973), Gott ist (Essays, hg. 1992, dt. 1993).
Ausgaben: A. H. Collected short stories. London u. New York 1956. – A. H. Collected works. London 1968–74. 27 Bde. – A. H. Letters. Hg. v. G. SMITH. London 1969. – A. H. Essays. Dt. Übers. Mchn. 1994. 3 Bde.
Literatur: ATKINS, J.: A. H. London 1967. – A. H. zum Gedächtnis. Hg. v. J. HUXLEY. Dt. Übers. Mchn. 1969. – FIETZ, L.: Menschenbild u. Romanstruktur in A. H.s Ideenromanen. Tüb. 1969. – HOLMES, CH. M.: A. H. and the way to reality. Bloomington (Ind.) u. London 1970. – HUXLEY, L. A.: This timeless moment. A personal view of A. H. Neuausg. Millbrae (Calif.) 1975. – BASS, E. E.: A. H. An annotated bibliography of criticism. New York 1981. – GREINACHER, K.: Die frühen satir. Romane A. H.s Ffm. u. a. 1986. – SCHUMACHER, TH.: A. H. Rbk. 9.–11. Tsd. 1992.

Aldous Huxley

Huydecoper, Balthazar [niederl. 'hœÿdəko:pər], *Amsterdam 10. April 1695, †ebd. 23. Sept. 1778, niederl. Gelehrter und Dichter. – Bed. Sprachforscher; erster Hg. mittelniederl. Texte; seine Trauerspiele zeigen französischklassizist. Einfluß; übersetzte Horaz (1737).
Werke: Achilles (Trag., 1719), Arzaces (Trag., 1722), Gedichten (hg. 1788).
Literatur: SCHAIK, C. J. J. VAN: B. H. Assen 1962.

Huygens, Constantijn [niederl. 'hœÿxəns], Heer van Zuylichem, *Den Haag 4. Sept. 1596, †ebd. 28. März 1687, niederl. Schriftsteller. – Vater des Physikers, Mathematikers und Astronomen Christiaan H.; Jurastudium; Englandreise, Bekanntschaft mit F. Bacon; Geheimsekretär der Prinzen von Oranien; befreundet mit R. Descartes, D. Heinsius, G. J. Vossius, P. C. Hooft. Komponist und Renaissancedichter kalvinist. Prägung. In seinen meist epigrammat. Gedichten schildert er moralisierend oder satirisch Leben und Gesellschaft seiner Zeit. Das Leben einfacher Menschen stellt er realistisch in dem Lustspiel ›Trijntje Cornelis‹ (1653) dar.
Weitere Werke: Zedeprenten (Ged., 1623), Daghwerck (Ged., 1637), Oogentroost (Satire, 1647), Cluyswerk (Autobiogr., 1686).

Huysmans, Joris-Karl [niederl. 'hœÿsmɑns, frz. ɥis'mã:s], eigtl. Georges Charles H., *Paris 5. Febr. 1848, †ebd. 12. Mai 1907, frz. Schriftsteller. – Aus niederl. Malerfamilie; lebte in Paris, war 1866–98 Angestellter des Innenministeriums; konvertierte 1892 zum Katholizismus, ab 1899 Laienbruder in einem Benediktinerkloster. Begann als Naturalist (Freundschaft mit É. Zola), wandte sich dann einem symbolistisch inspirierten Schönheitskult zu und gelangte nach einer Phase, die von seinem Interesse für Okkultismus und schwarze Magie bestimmt war, zu einem ästhetisierenden Katholizismus.
Werke: Marthe, Geschichte einer Dirne (R., 1876, dt. 1987), Les sœurs Vatard (R., 1879), Sac au dos (Nov., 1880; Beitrag zu der Novellensammlung Les soirées de Médan), Der Junggeselle (R., 1881, dt. 1905), Stromabwärts (E., 1882, dt. 1925), Gegen den Strich (R., 1884, dt. 1905), Auf Reede (E., 1887, dt. 1984), Da unten (R., 1891, dt. 1903, 1921 u. d. T. Tief unten), Vom Freidenkertum zum Katholizismus (R., 1895, dt. 1914, 1910 u. d. T. Durchs Kloster in die Welt zurück), Die Kathedrale (R., 1898, dt. 1924), Geheimnisse der Gotik (Essay, hg. 1908, dt. 1918).
Ausgabe: Œuvres complètes de J.-K. H. Paris 1928–34. 18 in 23 Bden.
Literatur: ISSACHAROFF, M.: J. K. H. devant la critique en France (1874–1960). Paris 1970. – ZAYED, F.: H., peintre de son époque. Paris 1973. – MAINGON, CH.: L'univers artistique de J. K. H. Paris 1977. – THIELE, R.: Satanismus als Zeitkritik bei J.-K. H. Bern u. a. 1979. – HINTERHÄUSER, H.: J.-K. H. In: Frz. Lit. des 19. Jh. Hg. v. W.-D. LANGE. Bd. 3. Hdbg. 1980. S. 254. – Cahier de l'Herne 47 (1985): Sondernummer J.-K. H. (mit Bibliogr. 1949–84). – VIRCONDELET, A.: J.-K. H. Paris 1990. – BORIE, J.: H. Le diable, le célibataire et Dieu. Paris 1991. – LIVI, F.: J.-K. H. ›À rebours‹ et l'esprit décadent. Paris ³1991.

Hvenische Chronik, dän. Variante des Nibelungenstoffes nach der Volksüberlieferung der Insel Hven (die heutige

Hymne 205

schwed. Insel Ven im Sund); ursprünglich im 16.Jh. lat. abgefaßt, nur in der dän. Übersetzung (1603) erhalten.

Hviezdoslav [slowak. 'hvjɛzdɔslau̯], eigtl. Pavol Országh, Pseudonym Jozef Zbranský, *Vyšný Kubín 2. Febr. 1849, †Dolný Kubín 8. Nov. 1921, slowak. Dichter. – H., der die slowak. Literatur durch Übersetzungen (Goethe, Schiller, Shakespeare u. a.), neue Formen und neu geprägte Wörter bereicherte, ist ein bed. Realist. In Dramen und Verserzählungen wählte er bibl. Stoffe und Themen aus dem Leben des slowak. Volkes. Sein bedeutendstes Werk ist das Epos ›Hájnikova žena‹ (= Die Frau des Hegers, 1886). Gegen den Krieg wandte er sich in ›Krvavé sonety‹ (= Blutige Sonette, Ged., 1919).
Weitere Werke: Ežo Vlkolinský (Epos, 1890), Gábor Vlkolinský (Epos, 1897–99).
Ausgabe: P. Országh H. Spisy. Martin u. Preßburg 1951–57. 12 Bde.
Literatur: ŠMATLÁK, S.: P. Országh H. Prag 1968.

Ḥwāğū-i Kirmānī, Kamālu d-dīn, pers. Dichter, ↑Chadschu-je Kermani.

Hyde, Douglas [engl. haɪd] (Dubhglas de h'Ide), Pseudonym An Craoibhin Aoibhinn, *Frenchpark (Grafschaft Roscommon) 17. Jan 1860, †Dublin 12.Juli 1949, ir. Dichter und Gelehrter. – 1909–32 Prof. in Dublin; seine Bemühungen um die Wiederbelebung der ir. Sprache führten ihn zur Gründung der ›Gaelic League‹ (1893), deren Präsident er bis 1915 war; als Gelehrter und Politiker setzte er sich für die Pflege der modernen ir. Sprache ein; Mitbegründer des Abbey Theatre; 1938–45 erster Präsident der Republik Irland. H. lieferte bed. Beiträge zur ir. Sprach- und Literaturforschung; er schrieb viele Werke in ir. Sprache, übersetzte ir. Dichtungen und machte sie so einem größeren Publikum zugänglich.
Werke: Love songs of Connacht (Übersetzungen, 1893), A literay history of Ireland ... (Abh., 1899), The revival of Irish literature (Abh., 1901), The religious songs of Connacht (Übersetzungen, 1906).
Literatur: DUNLEAVY, J. E./DUNLEAVY, G. W.: D. H., a maker of modern Ireland. Berkeley (Calif.) 1991.

Hyginus, Gaius Iulius, röm. Philologe und Polyhistor z. Z. des Augustus. – Freigelassener des Augustus, vielleicht aus Spanien, leitete nach 28 v.Chr. dessen Bibliothek. H. verfaßte Werke zur Religion, Landwirtschaft und Topographie Italiens, dazu Biographien und philolog. Kommentare (u.a. Vergil). Ihm wurden auch astronom. und mytholog. Handbücher zugewiesen, die in das 2.Jh. n.Chr. gehören.

Hymne [griech.-lat., eigtl. wohl = Fügung] (Hymnos, Hymnus), feierl., meist religiöser Lob- und Preisgesang; findet sich in allen entwickelten Kulturen. Die älteste Form hymn. Dichtung ist aus der ↑sumerischen Literatur bezeugt. Die hebr. H.ndichtung ist in den Psalmen des AT repräsentiert. Die bedeutendste H. der ägypt. Literatur ist der Hymnus auf Aton des Echnaton.
Bei den *Griechen* bezeichnete H. anfangs offenbar den kunstvollen Gesang überhaupt. Doch engte sich die Bedeutung bald auf Preislieder für Götter und Heroen ein, die teils im offiziellen Kult vorgetragen wurden, teils nur literar. Bedeutung haben. Die angeblich ältesten H.ndichter Olen, Pamphos, Orpheus, Musaios u.a. sind bloße Namen. Die älteste erhaltene Sammlung von H.n ist die der ›Homer. Hymnen‹ (ab dem 7.Jh. v.Chr.; in daktyl. Hexametern), z.T. Kurzepen, die u.a. die Taten der betreffenden Götter, die angerufen werden, zu deren Preis besingen; ob sie im Kult Verwendung fanden, ist unklar. H.n in Versmaßen der Chorlyrik (bes. Ausprägungen sind u.a. ↑Dithyrambus, ↑Päan, ↑Prosodion), die von manchen Philologen als die eigtl. Form des Kultliedes betrachtet werden, während andere die hexametrische dafür ansehen, sind im 7.–5.Jh. u.a. für Alkman, Alkaios, Pindar und Bakchylides bezeugt. Erhalten sind H.n dieser Art in den Chorliedern der Tragödien (z.B. Zeushymnos im ›Agamemnon‹ des Aischylos) wie auch der Komödien (Aristophanes). Die hellenist. hexametr. Götter-H.n sind keine Kultlieder: Unter ihnen haben bes. die des Kallimachos (3.Jh. v.Chr.) hohen Rang; ein eindrucksvolles Zeugnis stoischer Theologie ist der Zeushymnos des Kleanthes (*um 331, †233). Dagegen stellen die 87 hexametr. ›Orph. H.n‹ (frühestens 2.Jh. n.Chr.) auf verschiedene Götter wohl echte Kult-H.n einer klein-

206 Hymne

asiat. orph. Gemeinde dar. Z. T. mit den Notationszeichen sind H.n des Mesomedes von Kreta (1. Hälfte des 2. Jh. n. Chr.) überliefert. Zu den spätesten Zeugnissen literar. heidnisch-griech. H.ndichtung gehören die von neuplaton. Frömmigkeit geprägten H.n des Philosophen Proklos (5. Jh. n. Chr.). – Neben H.n auf Gottheiten begegnen auch solche auf bed. Menschen, verstorbene (Hymnos des Aristoteles auf Hermias) wie lebende (H.n u. a. auf Lysander, Antigonos I. Monophthalmos, Demetrios I. Poliorketes), in lyr. Versmaßen abgefaßt.

In der *röm. Literatur* wurden seit dem 1. Jh. v. Chr. Formen und Motive der griech. H.ndichtung übernommen und unter dem Begriff ↑Carmen subsumiert. Aus den verschiedenen frühen Quellen schöpfte auch das Christentum und schuf die Gattung des Hymnus, den Lobgesang der weström. Kirche, wie er sich in der Art der Psalmen schon in der Urgemeinde ausgebildet hatte. Während der Begriff Hymnus im Bereich der byzantin. Liturgie nicht eindeutig definiert ist, versteht die lat. Liturgie darunter im allgemeinen das seit dem 4. Jh. entstandene religiöse, streng metr. bzw. rhythm. Strophenlied, das seinen liturg. Ort im Stundengebet (Offizium) gefunden hat. Der von Hilarius von Poitiers unternommene Versuch einer Einführung des Hymnus in die westl. Liturgien blieb ohne Erfolg. Eigentl. Begründer des lat. Hymnus wurde Ambrosius, von dessen Dichtungen mehrere noch heute im Stundengottesdienst gebraucht werden. Die röm. Kirche widersetzte sich zunächst der Einführung des Hymnus und ließ ihn erst im 13. Jh. offiziell in der Liturgie zu. – Zentren der H.ndichtung waren neben Mailand bes. Spanien (die H.n des Prudentius Clemens im 4. Jh. gehören in ihrer kunstvollen Formbeherrschung zu den bedeutendsten Literaturdenkmälern des lat. Früh-MA; Isidor von Sevilla u. a.), Gallien (Venantius Fortunatus, 6. Jh.) und England (Beda, 7./8. Jh.). Eine Blüte kunstreicher H.ndichtung im Rückgriff auf hellenistisch-byzantin. Formen brachte die Karoling. Renaissance (Paulus Diaconus, Alkuin, Theodulf von Orléans), spätere Zentren im *deutschsprachigen Raum* waren Fulda,

St. Gallen, Reichenau. Im 12. und 13. Jh. sind v. a. Petrus Venerabilis, Bernhard von Clairvaux, P. Abälard, Adam von Sankt Viktor, Julian von Speyer, Thomas von Aquin, Tommaso da Celano und Iacopone da Todi zu nennen. Viele dieser H.ndichter verfaßten auch ↑Sequenzen. Da diese sich im 12. Jh. in der Struktur der Texte (nicht aber in der Form der Melodien) häufig der H.nform anglichen, ist eine klare Unterscheidung nicht möglich. Die lat. H.n sind strophisch gebaut und haben Endreim; damit stellen sie die Vorform zum späteren ↑Lied dar. Im Spät-MA, spätestens jedoch seit dem Humanismus, der noch einmal den Versuch einer Wiederbelebung nach den Vorbildern der Antike unternahm (z. B. Jean Salmon [* 1490, † 1557]), endete die lebendige Entwicklung der lat. Hymnik. Die H. der Neuzeit löste sich aus dem liturg. Bereich. Unter dem Einfluß des Humanismus wurde die H.ndichtung zunächst in Frankreich (P. de Ronsard, ›Hymne de France‹, 1549; J. Du Bellay, ›Hymne chrestien‹, 1552; R. Garnier, ›Hymne de la monarchie‹, 1567 u. a.), dann unter dem dem Pietismus in Deutschland neu belebt. F. G. Klopstock und die Dichter des ↑Göttinger Hains entwickelten einen neuen Stil der H., die in der Folgezeit als Gattung nicht mehr eindeutig von der ↑Ode getrennt werden kann. Aus der Grundhaltung der Begeisterung für das Erhabene und der Vorstellung vom Dichter als Priester und Seher (›poeta vates‹) gestaltete Klopstock in seinen H.n v. a. die Themenbereiche Religion, Vaterland und Freundschaft. Ihren Höhepunkt erreichte die H.ndichtung im ›Sturm und Drang‹ in den großen H.n Goethes (›Wanderers Sturmlied‹, ›Mahomets Gesang‹, ›Prometheus‹, ›Ganymed‹, ›An Schwager Kronos‹, ›Harzreise im Winter‹) neben den H.n u. a. von Ch. F. D. Schubart, F. L. zu Stolberg-Stolberg, J. G. von Herder (zugleich Anreger des neuen H.nstils), Maler Müller (Prosa-H.n) und Schiller (stroph. H.n: ›Triumph der Liebe‹, ›An die Freude‹). – Die klass. Kunstgesinnung stand der H. fern, die Romantik hat u. a. in Novalis' ›H.n an die Nacht‹ (1800), in A. Manzonis ›Inni sacri‹ (1815–22) und in den lyr. Werken A. de

Larmatines und V. Hugos bed. H.ndichtungen aufzuweisen. – Eine Sonderstellung nehmen die H.n J. Ch. F. Hölderlins ein: Unter dem Einfluß der Lyrik des jungen Schiller entstanden die H.n der Tübinger Zeit, die Inhalte sind Freiheit, Unsterblichkeit, Schönheit, Menschheit. Die H.n aus der Zeit zwischen 1800 und 1804 (›Wie wenn am Feiertage‹, ›Der Rhein‹, ›Friedensfeier‹, ›Der Einzige‹, ›Patmos‹) waren Ausdruck einer pantheist. Einigkeitssehnsucht. Charakteristisch ist der Verzicht auf feste Metren zugunsten eigenrhythm. Verse. Hölderlins H.n wirkten auf den ↑ George-Kreis, auf R. M. Rilke, G. Trakl, G. Heym, J. Weinheber. Gelegentlich finden sich H.n auch bei A. von Platen (›Festgesänge‹), F. Nietzsche (›Dionysos-Dithyramben‹, gedr. 1891) und S. George (›H.n‹, 1890; ›Stern des Bundes‹, 1914). Unter dem Einfluß Nietzsches und Walt Whitmans schrieben Autoren des ↑ Expressionismus (A. Mombert, Th. Däubler, F. Werfel, J. R. Becher) H.n; bei G. von Le Fort (›H.n an die Kirche‹, 1924) erfolgte eine Rückkehr zu religiösen Inhalten. Auch in der jüngsten Literatur ist die H.ndichtung noch lebendig (I. Bachmann, ›An die Sonne‹).

Literatur: A dictionary of hymnology. Hg. v. J. JULIAN. London ²1907. Nachdr. New York 1977. 4 Bde. – HELLINGHAUS, O.: Lat. H.n des christl. Altertums u. MA. Münster (Westf.) ³1934. – MESSENGER, R. E.: The medieval Latin hymn. Washington (D.C.) 1953. – SZÖVÉRFFY, J.: Die Annalen der lat. H.ndichtung. Bln. 1964–65. 2 Bde. – THOMKE, H.: Hymn. Dichtung im Expressionismus. Bern u. Mchn. 1972. – LAFEUILLE, G.: Cinq hymnes de Ronsard. Genf 1973. – CÉARD, J.: La nature et les prodiges. Genf 1977.

Hymnenblason, Bez. für ein dem ↑ Blason verwandtes poet. Genre, das in scherzhaftem anzügl. oder satir. Ton v. a. den Mikrokosmos beschreibt. Als sein Schöpfer gilt P. de Ronsard; Beispiele des H. finden sich außerdem bei R. Belleau, J. du Bellay und J. Peletier du Mans.
Literatur ↑ Pléiade.

Hymnus ↑ Hymne.

Hypallage [griech. = Vertauschung], rhetor. Figur;
1. Veränderung der Beziehung zwischen einzelnen Satzteilen, bes. das Setzen eines Adjektivs an Stelle eines Substantivs und umgekehrt.
2. ↑ Enallage.
3. ↑ Metonymie.

Hypatiuschronik (russ. tl.: Ipat'evskaja letopis'), Denkmal der russ. Chronistik aus den 20er Jahren des 15. Jh.; enthält die ↑ Nestorchronik und eine südruss. Fortsetzung bis 1292. – ↑ auch Laurentiuschronik.

Hyperbaton [griech. = Umgestelltes] (Hyperbasis, Trajectio, Transgressio), rhetor. Figur: Trennung (›Sperrung‹) syntaktisch zusammengehörender Wörter durch eingeschobene Satzteile. – ↑ auch Anastrophe, ↑ Inversion, ↑ Tmesis.

Hyperbel [zu griech. hyperbállein = über ein Ziel hinauswerfen; übertreffen, übersteigen], rhetor. Figur; extreme, im wörtl. Sinne oft unglaubwürdige Übertreibung; viele hyperbol. Wendungen, bes. der Bibel (›zahlreich wie Sand am Meer‹, z. B. 1. Mos., 22, 17), sind in die Umgangssprache eingegangen und verflacht.

Hypereides (tl.: Hypereídēs; lat. Hyperides), * Athen 390 oder 389, † Kleonai (Peloponnes) 5. Okt. 322, athen. Rhetor. – H., früh ein bed. Gerichtsredner und zeitlebens ein kompromißloser Vertreter antimakedon. Politik, wurde auf Befehl des makedon. Feldherrn Antipater hingerichtet. Von 77 in der Antike bekannten Reden sind 6 (fragmentarisch) überliefert. Sein Redestil enthält Alltagssprachliches, ist witzig, lebendig und effektvoll; antike Literaturkritik stellte ihn Demosthenes als beinahe gleichbedeutend zur Seite.

hyperkatalektisch [griech.], von antiken Versen auf der Ebene des Versschemas gesagt: am Versschluß um ein Element erweitert (gemessen an einem anderen Vers). – ↑ auch katalektisch, ↑ Hypermeter.

Hypermeter [griech.], in der griechisch-röm. Verslehre ein Vers, dessen letzte, dem Versschema nach überzählige Silbe auf einen Vokal ausgeht, der vor dem vokal. Anlaut des folgenden Verses elidiert wird.

Hypnerotomachia   Poliphili [griech. = Der Liebeskampf im Traum

208 Hypodochmius

des Poliphilus], italien. allegor. Roman, 1499 anonym bei Aldus Manutius in Venedig erschienen. Im Akrostichon der 38 Kapitel ist der Dominikanermönch Francesco Colonna (* 1433, † 1527 [?]) als Verfasser genannt. In die mittelalterl. Form der Traumvision gekleidet, ist der Roman der Versuch, ein im Sinne des Humanismus und Petrarkismus ideales Leben in Schönheit und Reinheit darzustellen. Die Holzschnittillustrationen machen das Buch zu einem der bedeutendsten Zeugnisse der italien. Renaissancegraphik.

Ausgabe: Francesco Colonna. H. P. Krit. Ausg. Hg. v. G. Pozzi u. L. A. Ciapponi. Neuausg. Padua 1980. 2 Bde.
Literatur: Fierz-David, L.: Der Liebestraum des Poliphilo. Ein Beitr. zur Psychologie der Renaissance u. der Moderne. Zü. u. New York 1947. – Casella, M. T./Pozzi, G.: Francesco Colonna. Biografia e opere. Padua 1959. 2 Bde.

Hypodochmius [griech.], antiker Vers[fuß] der Form ‒⏑‒⏑; gilt als Variante des ↑Dochmius, gebildet durch ↑Anaklasis.

Hypomnema [griech.] (Mrz. Hypomnemata), seit Platon belegter Begriff für offizielle und private Aufzeichnungen, z. B. Protokolle und Tagebücher. Seit hellenist. Zeit auch offizielle Amts-, Hof- und Kriegsjournale (↑Ephemeriden); auch Titel für wiss. [Sammel]werke, [auto]biograph. Schriften und philolog. Kommentare.

Hypotaxe [griech. hypótaxis = Unterordnung], syntakt. Unterordnung von Sätzen, im Ggs. zur syntakt. Beiordnung (↑Parataxe). Ein komplexer Gedanke wird durch ein Gefüge von Haupt- und Nebensätzen ausgedrückt, wobei die formalen Kennzeichen der H. Konjunktionen, Pronomina, Konjunktiv, Wortstellung und Intonation sind. Es kann aber auch inhaltl. H. von Sätzen bei formaler Parataxe bestehen. In älteren Sprachstufen und in einfachen Sprachformen stehen vorwiegend Hauptsätze parataktisch nebeneinander.

Hyry, Antti, * Kuivaniemi 20. Okt. 1931, finn. Schriftsteller. – Bed. Vertreter des ›neuen Realismus‹, dessen Themen die unscheinbaren Alltäglichkeiten seiner nordfinn. Heimat sind; sein Stil, ohne jede Attitüde, ist bis zum äußersten vereinfacht.

Werke: Maantieltä hän lähti (= Von der Landstraße aus, Nov.n, 1958), Kevättä ja syksä (= Frühling und Herbst, R., 1958), Daheim (R., 1960, dt. 1980), Erzählungen (1962, dt. 1965), Erzählungen (1966, dt. 1983), Vater und Sohn (R., 1971, dt. 1977), Silta liikun (= Die Brücke bewegt sich, R., 1975), Maatunli (= Der Landwind, R., 1980), Kertomus (= Die Erzählung, Nov.n, 1986).

Hysteron-Proteron [griech. = das Spätere als Früheres] (Hysterologie), rhetor. Figur; Umkehrung der zeitl. oder log. Abfolge einer Aussage, so daß z. B. der zeitlich spätere Vorgang vor dem früheren erwähnt wird; z. B. ›Laßt uns sterben‹ und uns mitten in die Feinde stürzen‹ (Vergil, ›Äneis‹) oder ›Ihr Mann ist tot und läßt sie grüßen‹ (Goethe, ›Faust I‹).

I

Iacopo da Varazze, italien. Dominikaner, † Jacobus a Voragine.

Iacopo dei Benedetti, italien. Dichter, † Iacopone da Todi.

Iacopo della Lana (auch ›il Laneo‹), * Bologna um 1290, † um 1365, italien. Theologe und Schriftsteller. – Lehrte vermutlich in Bologna Theologie; verfaßte zwischen 1328 und 1330 in italienischer Sprache den dritten, aber ersten vollständigen Kommentar zu Dantes ›Divina Commedia‹, der weite Verbreitung fand. I.s als Glossen zum Einzelwort gegebene grammat., histor. und theolog. Erklärungen sind durch die eingeflochtenen Anekdoten kulturhistorisch bedeutsam. Neu gegenüber seinen Vorgängern ist die Voranstellung von zusammenfassenden längeren Einführungen zu den einzelnen Gesängen. Der Kommentar wurde auch ins Lateinische übersetzt und den ersten guten Drucken der ›Divina Commedia‹ beigegeben (Venedig 1477, Mailand 1478).
Ausgabe: Dante Alighieri. La Commedia, col commento di Jacopo d. L. Venedig 1477. Neu hg. v. F. Schmidt-Knatz. Bln. 1939.
Literatur: Rocca, L.: Di alcuni commenti della Divina Commedia composti nei primi vent'anni dopo la morte di Dante. Florenz 1891. – Schröder, H.: Das Problem der Neuherausgabe des Lana-Kommentars. In: Dante-Jb. 17 (1935), S. 77.

Iacopone da Todi, eigtl. Iacopo dei Benedetti, latin. Jacobus Tudertinus oder de Benedictis, * Todi um 1230, † San Lorenzo bei Collazzone (Prov. Perugia) 25. Dez. 1306, italien. Dichter. – Entstammte einer vornehmen und begüterten Familie, lebte als Rechtsanwalt in seiner Vaterstadt; wurde nach dem trag. Tod seiner Frau Franziskaner, nachdem er seinen ganzen Besitz verschenkt hatte. Als Vertreter der Spiritualen im Armutsstreit der Franziskaner Gegner von Papst Bonifatius VIII., der ihn exkommunizierte und 1298 inhaftieren ließ; Papst Benedikt XI. nahm ihn jedoch 1303 wieder in die Kirche auf. Eine der profiliertesten Dichterpersönlichkeiten des 13. Jh.; schrieb bed. Satiren (›Le satire‹, hg. 1914) gegen das weltl. Treiben in der Kirche und von der frz. Mystik geprägte vielgestaltige geistl. Lobgesänge (›Lauden‹, hg. 1490, dt. 1924); eine Grundlage des religiösen Dramas schuf er mit der dialog. Marienklage; unsicher ist seine Verfasserschaft der Sequenz ›Stabat mater dolorosa‹.
Ausgaben: Jacopone da T. Laudi, trattato e detti. Hg. v. F. Ageno. Florenz 1953. – Laudi di Jacopone da T. Hg. v. G. Petrocchi. Rom 1971.
Literatur: Mussini, C.: Jacopone da T. Vita spirituale e poetica. Turin 1950. – Sapegno, N.: Frate Jacopone. Neapel 1969. – Menesto, E.: Le prose latine attribuite a Jacopone da T. Bologna 1979. – Bertelli, I.: Impeto mistico e rappresentazione realistica nella poesia di I. da T. Mailand 1981. – Atti del convegno storico iacoponico in occasione del 750° anniversario della nascita di I. da T. (Todi 29–30 novembre 1980). Hg. v. E. Menesto. Florenz 1981.

Iamblichos (tl.: Iámblichos), griech. Schriftsteller des 2. Jh. n. Chr. aus Syrien. – Schrieb einen durch Auszüge des Photios teilweise erhaltenen Roman ›Babylōniaká‹ um das Liebespaar Sinonis und Rhodanes, der im vorzeitl. Babylon spielt (nach der ›Suda‹ 39 Bücher); geschickte Komposition und eine von der Rhetorik beeinflußte Sprache bestimmen die erhaltenen Fragmente.
Ausgabe: Iamblichi Babyloniacorum reliquiae. Hg. v. E. Habrich. Lpz. 1960.

Ibáñez, Sara [Iglesias] de [span. i'βaɲes], * Tacuarembó 11. Jan. 1909, † Montevideo 14. April 1971, uruguay. Lyrikerin. – Schrieb formstrenge, lexikalisch außergewöhnlich differenzierte Lyrik voll dunkler Metaphorik, in der der gesamte Kanon der spanischsprachigen Li-

210 **Ibáñez**

teratur, von L. de Góngora y Argote bis P. Neruda, präsent ist.
Werke: Canto (Ged., 1940), Canto a Montevideo (Ged., 1941), Hora ciega (Ged., 1943), Pastoral (Ged., 1948), Artigas (Ged., 1952), Las estaciones y otros poemas (Ged., 1957), La batalla (Ged., 1967), Apocalipsis XX (Ged., 1970), Canto póstumo (Ged., hg. 1973).

Ibáñez, Vicente Blasco, span. Schriftsteller, ↑ Blasco Ibáñez, Vicente.

Ibara Saikaku, jap. Schriftsteller, ↑ Ihara Saikaku.

Ibarbourou, Juana de [span. iβar-'βuru], geb. Fernández Morales, * Melo 8. März 1895, † Montevideo 15. Juli 1979, uruguay. Lyrikerin. – Entstammte einer Großgrundbesitzerfamilie; heiratete 1915 einen höheren Offizier. Die spontane, sinnl. Freimütigkeit ihres ersten Gedichtbandes ›Las lenguas de diamante‹ (1919) machte sie berühmt. Ab ›La rosa de los vientos‹ (1930) wird ihre Thematik gedämpfter und komplexer, um im Spätwerk, ab ›Perdida‹ (1950), in Schwermut umzuschlagen. Ihr sonstiges Werk umfaßt lyr. Prosaskizzen (›Loores de nuestra señora‹, 1934, u.a.) sowie Stücke für Kindertheater (›Puck‹, 1953).
Ausgaben: J. de I. Obras completas. Hg. v. D. I. RUSSELL. Madrid ²1960. – J. de I. Verso y prosa. Hg. v. M. H. LACAU. Buenos Aires 1968.
Literatur: PICKENHAYN, J. O.: Vida y obra de J. de I. Buenos Aires 1980.

Ibas von Edessa (Hiba, tl.: Ḥībā), † 28. Okt. 457, syr. Theologe. – Leiter der Schule von Edessa z.Z. des Rabbula, dessen Nachfolger als Bischof er 435 wurde; Teilnehmer des Konzils von Ephesus (431); auf verschiedenen Synoden wegen seiner theolog. Nähe zu Theodor von Mopsuestia der Häresie angeklagt, auf der Räubersynode von Ephesus (449) verurteilt, auf dem Konzil von Chalkedon (451) rehabilitiert und wieder als Bischof eingesetzt. Im Dreikapitelstreit 553 [postum] erneut verurteilt; bekannt als Lehrer und Schriftsteller, auch als ›Übersetzer‹, wie er genannt wird.
Literatur: VÖÖBUS, A.: History of the school of Nisibis. In: CSCO 266. S. 1. Löwen 1965. – ORTIZ DE URBINA, J.: Patrologia syriaca. Rom ²1965. S. 99.

Ibn Abd Rabbih (tl.: Ibn 'Abd Rabbih), Ahmad Ibn Muhammad ['ɪbən 'apt 'rabi], * Córdoba 29. Nov. 860, † ebd.

3. März 940, span.-arab. Dichter. – Schrieb Liebespoesie in der Jugend und asket. Gedichte der Reue im Alter; bekannt v. a. durch sein Prosawerk ›Al-'Iqd al-farīd‹ (= Das einzigartige Halsband), eine Sammlung von Erzählungen, Anekdoten und Abhandlungen über Politik, Gesellschaft, Literatur und Geschichte.
Literatur: Enc. Islam Bd. 3, ²1971, S. 676. – WERKMEISTER, W.: Quellenunterss. zum Kitāb al-'Iqd al-farīd des Andalusiers I. 'A. R. Bln. 1983.

Ibn Al Arabi (tl.: Ibn Al-'Arabī; Ibn Arabi), Muhji Ad Din ['ɪbən al''arabi], * Murcia 7. Aug. 1165, † Damaskus 16. Nov. 1240, span.-arab. Mystiker des Islams. – Studierte in Sevilla, ab 1201 Reisen in den Osten, ließ sich in Damaskus nieder; fruchtbare schriftsteller. Tätigkeit; vertrat eine pantheist. Weltanschauung; in seinen philosoph. Spekulationen stark vom griech. und indl. Denken beeinflußt. Sein Hauptwerk, die ›Al-Futūḥāt al-makkiyya^h‹ (= Mekkan. Offenbarungen), enthält eine systemat. Darstellung der myst. Erkenntnis. Er schrieb auch sinnl., mystisch interpretierte Gedichte (dt. Ausw. 1912).
Literatur: Enc. Islam Bd. 3, ²1971, S. 707.

Ibn Al Chatib (tl.: Ibn Al-Ḥaṭīb), Lisan Ad Din Muhammad ['ɪbən alxa'ti:p], * Loja bei Granada 15. Nov. 1313, † Fes Mai/Juni 1375, span.-arab. Dichter und Geschichtsschreiber. – Studierte in Granada, trat in den span. Staatsdienst und bekleidete hohe Ämter; wurde gefangengesetzt, freigelassen, in einen Religionsprozeß verwickelt und zum Tode verurteilt; im Gefängnis ermordet; Verfasser zahlreicher Schriften aus vielen Wissensgebieten, hpts. histor. Werke; er war einer der gefeiertsten Dichter und Stilisten seiner Zeit.
Literatur: Enc. Islam Bd. 3, ²1971, S. 835.

Ibn Al Farid (tl.: Ibn Al-Fāriḍ), Umar ['ɪbən al'fa:rɪt], * Kairo 12. März 1181, † ebd. 1235, arab. Dichter. – Er gilt als der bedeutendste myst. Dichter arab. Sprache; seine rhetorisch verzierten Gedichte wurden oft bei Versammlungen von Sufis rezitiert und vorgesungen. Von seinem Diwan sind am bekanntesten das Weinlied und die sog. ›Große auf T reimende Ode‹. Eine dt. Ausw. seiner Ge-

Ibrahim 211

dichte von J. von Hammer-Purgstall erschien 1854.
Literatur: Enc. Islam Bd. 3, ²1971, S. 763.

Ibn al-Muqaffa', arab.-pers. Schriftsteller, ↑ Ebn ol-Moghaffa.

Ibn Al Mutass (tl.: Ibn Al-Mu'tazz), Abu Al Abbas Abdallah ['ɪbən almu'tas], *Bagdad 1. Nov. 861, †ebd. Dez. 908, arab. Dichter. – Sohn des Kalifen Al Mutass, widmete sich ganz wiss. und künstler. Neigungen, bis er in den polit. Wirren sich zum Gegenkalifen gegen den 13jährigen Al Muktadir ausrufen ließ und von dessen Anhängern ermordet wurde. Konventionell in der Themenwahl, gelang ihm eine Synthese des Kunstwillens der Alten mit der modernen Richtung des Abu Nuwas; bed. ist ein 450 Doppelverse umfassendes Lobgedicht auf seinen Vetter, den Kalifen Al Mutadid (dt. 1886), ferner ein Werk über die Dichtkunst.
Literatur: Enc. Islam Bd. 3, ²1971, S. 892.

Ibn Ar Rumi (tl.: Ibn Ar-Rūmī), Ali Ibn Al Abbas ['ɪbən a'ru:mi], *Bagdad 21. Juni 836, †ebd. 14. Juni 896, arab. Dichter. – Berühmt durch seinen großen Diwan, eines der am vollständigsten erhaltenen poet. Werke der alten arab. Literatur.
Literatur: Enc. Islam Bd. 3, ²1971, S. 907.

Ibn Burd, Baschschar, arab. Dichter pers. Herkunft, ↑ Baschschar Ibn Burd.

Ibn Chaldun (tl.: Ibn Ḥaldūn), Abd Ar Rahman ['ɪbən xal'du:n], *Tunis 27. Mai 1332, †Kairo 17. März 1406, maghrebin.-arab. Geschichtsschreiber. – Bekleidete hohe Hofämter in Spanien und Nordafrika; schrieb eine Weltgeschichte (›Kitāb Al-'Ibar Wa-Dīwān Al-Mubtada' Wa-la-Ḥabar‹), die bes. Ruf wegen der ausführl. Einleitung genießt, in der aus histor. Ereignissen allgemeine Gesetze über Werden und Vergehen der Völker und Staaten abgeleitet werden (dt. Ausw. 1951).
Literatur: Enc. Islam Bd. 3, ²1971, S. 825.

Ibn Esra, Abraham Ben Meir, span.-jüd. Dichter, ↑ Abraham Ben Meir Ibn Esra.

Ibn Hasm (tl.: Ibn Ḥazm), Ali ['ɪbən 'hazəm], *Córdoba 7. Nov. 994, †bei Niebla (Prov. Huelva) 15. Aug. 1064, span.-arab. Dichter, Theologe und Ge-

lehrter. – Sohn eines Wesirs aus got. oder keltoroman. Familie. Sein berühmtestes Werk ›Das Halsband der Taube‹ (um 1027, dt. 1941) enthält eingefügte Gedichte und Erzählungen mit einer den neuplaton. Ideen nahekommenden Liebesauffassung; ferner religiöse und histor. Abhandlungen.
Ausgabe: Ibn Hazm de Córdoba. El collar de la paloma. Tratado sobre el amor y los amantes. Mit einem Vorwort v. J. ORTEGA Y GASSET. Übers. v. E. GARCÍA GÓMEZ. Neuausg. Madrid 1971 (mit Bibliogr.).
Literatur: Enc. Islam Bd. 3, ²1971, S. 790.

Ibn Kusman (tl.: Ibn Quzmān), Abu Bakr Muhammad ['ɪbən kʊs'ma:n], *um 1078, †Córdoba 2. Okt. 1160, span.-arab. Dichter. – Meister der volkstüml. Dichtung, des sog. Sadchal, der nur im span.-arab. Dialekt geschrieben wurde. Seine Themen waren u. a. Lob, Wein, Bettelei, Zeitgeschichte, Reue des Alters und Erotik.
Ausgabe: A. B. M. I. K. Diwan. Hg. v. A. R. NYKL. Madrid 1933 (z. T. mit span. Übers.).
Literatur: Enc. Islam Bd. 3, ²1971, S. 849.

Ibn Kutaiba (tl.: Ibn Qutaybaʰ), Abu Muhammad Abd Allah Ibn Muslim ['ɪbən ku'taɪba], *Kufa 828, †Bagdad Okt. oder Nov. 889, arab. Schriftsteller. – Verfasser schöngeistiger, philolog. und histor. Schriften und Handbücher (u. a. ›Kitāb Al-Ma'ārif‹ [= Das Buch der histor. Kenntnisse], hg. 1850; ›Kitāb Adab Al-Kātib‹ [= Die schöne Bildung des Sekretärs], hg. 1900) und die im MA richtungweisende Enzyklopädie ›Kitāb 'Uyun Al-Aḫbār‹ [= Buch der Quellen der Geschichte, 9. Jh.).
Literatur: LECOMTE, G.: I. Quataybaʰ. Damaskus 1965. – Enc. Islam Bd. 3, ²1971, S. 844.

Ibn Ruschd, arab. Philosoph, Theologe, Jurist und Mediziner, ↑ Averroes.

Ibn Sina, pers. Philosoph, Gelehrter und Arzt, ↑ Avicenna.

Ibn Thabit, Hassan, arab. Dichter, ↑ Hassan Ibn Thabit.

Ibrahim (tl.: Ibrāhīm), Muhammad Hafis, *Dhahabijja (Oberägypten) 1871, †Kairo 21. Juli 1932, ägypt. Schriftsteller. – Redakteur der Zeitung ›Al Ahram‹, ab 1911 Bibliothekar in der Kairoer Staatsbibliothek. I. erlangte Berühmtheit als nat. Dichter Ägyptens (Beiname ›Dichter des Nils‹). Verfasser eines Di-

İbrahim Şinasi

wans (3 Bde., 1901-37), in dem neben traditionellen auch polit. und gesellschaftl. Themen behandelt werden; daneben Prosa und Übersetzungen (u. a. ›Les misérables‹ von V. Hugo).

Literatur: BROCKELMANN, C.: Gesch. der arab. Litteratur. 3. Suppl.-Bd. Leiden ²1943. S. 57. – Enc. Islam Bd. 3, ²1971, S. 59. – HAYWOOD, J. A.: Modern Arabic literature, 1800-1970. London 1971. – KHOURI, M. A.: Poetry and the making of modern Egypt (1882-1922). Leiden 1971.

İbrahim Şinasi [türk. ibraːˈhim ʃinaːˈsi], türk. Dichter, ↑Şinasi, İbrahim.

Ibsen, Henrik, Pseudonym Brynjolf Bjarme, *Skien 20. März 1828, †Christiania (heute Oslo) 23. Mai 1906, norweg. Dichter. – Nach Verarmung des Vaters Apothekerlehre, Medizinstudium; 1851-62 Theaterdichter und -leiter in Bergen und Christiania; lebte 1864-91 im Ausland (Rom, Dresden, München). Begann mit revolutionären Gedichten und dem Drama ›Catilina‹ (1850, dt. 1896). Die Bühnenwerke der folgenden Jahre entstanden unter dem Einfluß der Nationalromantik, deren konservative Züge I. bekämpfte. Den ersten größeren Erfolg erzielte er mit dem histor. Drama ›Die Kronprätendenten‹ (1864, dt. 1872). Der nächsten Phase gehören die philosophisch-symbol. Ideendramen an (als erstes ›Brand‹, 1866, dt. 1872), die Weltgeltung erlangen sollten. Mit ›Stützen der Gesellschaft‹ (1877, dt. 1878) schuf I. die neue Gattung des ›Gesellschaftsstücks‹, das, mit radikaler Kritik an gesellschaftl. Verhältnissen, den Beginn des modernen Dramas markiert. In diesem Stück und in den nachfolgenden Werken verband er die meisterhafte Technik des frz. Salonstücks mit der analyt. Technik der antiken Tragödie und enthüllte an Stoffen aus dem Alltag die Lebenslüge, d. h. die hinter verdeckter Brüchigkeit zwischenmenschl. Beziehungen. Kennzeichnend sind die hintergründige Symbolik der Leitmotive und die episch-monolog. Form. Obwohl die Dramen Thesenstücke sind, stellt I. lebensvolle Gestalten auf die Bühne. Endgültigen Weltruhm brachte ihm ›Nora oder Ein Puppenheim‹ (Dr., 1879, dt. 1880). In einigen seiner späten symbolist. Dramen nahm er psychoanalyt. Erkenntnisse vorweg, aufgezeigt u. a. an schwierigen Charakteren (›Hedda Gabler‹, Dr., 1890, dt. 1891) und an der Auseinandersetzung mit sich selbst (›Baumeister Solness‹, Dr., 1892, dt. 1893; ›Wenn wir Toten erwachen‹, Dr., 1899, dt. 1900). I. hat nicht nur dem Naturalismus in Deutschland und Skandinavien den Weg bereitet, sondern auch das Drama des Symbolismus durch sein Spätwerk mitbegründet. Sein Einfluß auf die Bühnendichtung der Folgezeit ist kaum absehbar.

Henrik Ibsen

Weitere Werke: Peer Gynt (Dr., 1867, dt. 1881), Kaiser und Galiläer (Dr., 1873, dt. 1888), Gespenster (Dr., 1881, dt. 1884), Ein Volksfeind (Dr., 1882, dt. 1883), Die Wildente (Dr., 1884, dt. 1888), Rosmersholm (Dr., 1886, dt. 1887), Die Frau vom Meere (Dr., 1888, dt. 1889), Klein Eyolf (Dr., 1894, dt. 1899), John Gabriel Borkman (Dr., 1896, dt. 1897).

Ausgaben: H. I. Sämtl. Werke in dt. Sprache. Hg. v. G. BRANDES u. a. Bln. [1-2]1898-1924. 2 Reihen in 14 Bden. – H. I. Samlede verker. Oslo 1928-57. 21 Bde. – H. I. Schauspiele. Dt. Übers. v. H. E. GERLACH. Hamb. 1968. – H. I. Dramen. Hg. v. G. BRANDES u. a. Mchn. 1973. 2 Bde.

Literatur: REICH, E.: H. I.s Dramen. Bln. [13-14]1925. – GRAN, G.: H. I. Dt. Übers. v. G. MORGENSTERN. Lpz. 1928. – MEYEN, F.: I.-Bibliogr. Brsw. 1928. – STUYVER, C.: I.s dramat. Gestalten, Psychologie u. Symbolik. Amsterdam 1952. – TEDFORD, I.: I. bibliography, 1928-1957. Oslo 1961. – MEYER, HANS GEORG: H. I. Velber 1967. – GEORGE, D. E.: H. I. in Deutschland. Gött. 1968. – PAUL, F.: Symbol u. Mythos. Studien zum Spätwerk H. I.s. Mchn. 1969. – BIEN, H.: H. I.s Realismus. Bln. 1970. – I. auf der dt. Bühne. Hg. v. W. FRIESE. Tüb. 1976. – H. I. Hg. v. F. PAUL. Darmst. 1977. – HAAKONSON, D.: H. I. Oslo 1981. – HAMBURGER, K.: I.s Drama in seiner Zeit. Stg. 1989. – RIEGER, G. E.: H. I. Rbk. 20.-22. Tsd. 1993. – Cambridge companion to I. Hg. v. J. McFARLANE. Cambridge 1994.

Ibụse, Masudschi, * Kamo (Hiroschima) 15. Febr. 1898, † Tokio 10. Juli 1993, jap. Romancier. – War wegen seiner humorvollen, gütigen Grundhaltung sowie seiner klaren realist. Schreibweise sehr geschätzt; in dt. Übersetzung liegen u. a. vor: ›Der Karpfen‹ (E., 1927, dt. 1986), ›Der Schwan auf dem Dache‹ (Nov., 1929, dt. 1942), ›Tagebuch eines Dorfpolizisten‹ (R., 1939, dt. 1964), ›Schwarzer Regen‹ (R., 1965/66, dt. 1974), ›Pflaumenblüten in der Nacht‹ (En., dt. Auswahl 1981).

Ibykos (tl.: Íbykos), griech. Dichter des 6. Jh. v. Chr. aus Rhegion (Unteritalien). – Von vornehmer Abstammung, soll an den Hof des Polykrates von Samos (538–522) gegangen sein. Die antike Anekdote von der Ermordung des I. gestaltete Schiller nach einer Vorlage des Plutarch in der Ballade ›Die Kraniche des Ibykus‹ (1797). I. schrieb u. a. chorlyr. Mythenerzählungen in der Art des Stesichoros, wurde aber berühmt durch seine leidenschaftl. erot. Chorlyrik.

Icaza, Francisco Asís de [span. i'kasa], * Mexiko 2. Febr. 1863, † Madrid 28. Mai 1925, mex. Dichter. – Vertrat sein Land als Diplomat in Spanien und Deutschland; schrieb unbeeinflußt von zeitgenöss. Strömungen sprachlich subtile, gelegentlich bissig-iron. Gedichte; übersetzte R. Dehmel, D. von Liliencron, N. Lenau u. a.; verfaßte literaturgeschichtl. Arbeiten über Lope F. de Vega Carpio und M. de Cervantes Saavedra.
Werke: Efímeras (Ged., 1892), Lejanías (Ged., 1899), Las Novelas ejemplares de Cervantes (Abh., 1901), La canción del camino (Ged., 1905), Cancionero de la vida honda y de la emoción fugitiva (Ged., 1922), Lope de Vega, sus amores y sus odios (Abh., 1925).

Icaza Coronel, Jorge [span. i'kasa koro'nel], * Quito 10. Juni 1906, † ebd. 12. Mai 1978, ecuadorian. Schriftsteller. – Aus einfachen Verhältnissen; u. a. 1960–73 Direktor der Nationalbibliothek in Quito; wurde internat. bekannt durch seinen ersten Roman ›Huasipungo‹ (1934, dt. 1952), in dem in Szenen von erschütternder Brutalität sowohl gegen die unmenschl. Unterdrückung der indian. Bevölkerung Ecuadors als auch gegen den Imperialismus der USA Anklage erhoben wird.

Weitere Werke: En las calles (R., 1935), Cholos (R., 1938), Media vida deslumbrados (R., 1942), Huairapamushcas (R., 1948), Caballero im geborgten Frack (R., 1958, dt. 1965), Atrapados (R., 3 Bde., 1972).
Ausgabe: J. I. Obras escogidas. Hg. v. F. FERRÁNDIZ ALBORZ. Mexiko 1961.
Literatur: FERRÁNDIZ ALBORZ, F.: El novelista hispano-americano J. I. Quito 1961. – OJEDA, E.: Cuatro obras de J. I. Quito 1961. – SACKETT, T. A.: El arte en la novelística de J. I. Quito 1974.

Ichform, literar. Darstellungsform (Ich-Roman, Ich-Erzählung) mit einem von sich selbst in der 1. Person Singular sprechenden, aber nicht mit der Person des Autors ident. Ich. Die Erzählperspektive (↑ Perspektive) ist dabei eingeengt, da das Geschehen nur von einem Standpunkt aus betrachtet wird. Andererseits bewirkt die I. eine gewisse Unmittelbarkeit der literar. Kommunikation: sie erhöht auf Grund des scheinbar wahrheitsgetreuen Berichtes die Bereitschaft des Lesers, der literar. Fiktion zu folgen.

I-ching (Yijing) [chin. idziŋ = Buch der Wandlungen], eines der fünf ›klass.‹ Werke des Konfuzianismus, dessen im Kern stehende 64 Hexagramme des Schafgarbenorakels in myth. Vorzeit entstanden. Sie werden durch verschiedene Zusätze (1. Hälfte des 1. Jt. v. Chr.) gedeutet und durch 10 ›Flügel‹, die Konfuzius zugeschrieben wurden, erklärt. Den Deutungen liegt die Vorstellung von den Urkräften Yin und Yang zugrunde, die alles kosm. und ird. Geschehen in wechselseitiger Durchdringung bestimmen. Zum I-ching sind weit über 1 000 Kommentare entstanden; das Werk prägte als Orakelbuch auch das chin. Volksleben.
Ausgaben: I-ging. Das Buch der Wandlungen. Hg. v. R. WILHELM. Mchn. ²¹1993. – I-ging. Text u. Materialien. Übers. v. R. WILHELM. Mchn. ¹⁸1993.
Literatur: WILHELM, H.: Die Wandlung, acht Vortrr. zum I-ging. Peking 1944. – WILHELM, R.: Wandlung u. Dauer. Die Weisheit des I-ging. Düss. u. Darmst. 1956. – SHCHUTSKII, I. K.: Researches on the I ching. Engl. Übers. London 1980.

Ictus ↑ Iktus.

Ideenballade, Sonderform der neuzeitl. dt. Kunstballade, formal und inhaltlich deutl. Unterschied zur Volksballade (↑ Ballade), von Goethe und Schiller

214 Ideendrama

im ›Balladenjahr‹ (1797) entwickelt. Die I. folgt der Intention der klass. Ästhetik, das Individuelle zur überzeitl., ›idealischen Allgemeinheit‹ (Schiller) und zu einer ›reineren Form‹ (Goethe) zu läutern. Goethes I.n (›Der Schatzgräber‹, ›Legende‹, ›Die Braut von Korinth‹, ›Der Zauberlehrling‹, ›Der Gott und die Bajadere‹) stellen den Menschen in naturmag. Bezüge. Schillers I.n (›Der Ring des Polykrates‹, ›Der Handschuh‹, ›Der Taucher‹, ›Die Kraniche des Ibykus‹, ›Die Bürgschaft‹) verkörpern den Typus in reiner Form.

Ideendrama, Drama, in dem Handlung, Charaktere, Stoff und Sprache auf eine Idee oder Weltanschauung bezogen sind, die Allgemeingültigkeit ausdrücken soll, z. B. G. E. Lessings Versdrama ›Nathan der Weise‹ (1779; Idee der Toleranz), Goethes Schauspiel ›Iphigenie auf Tauris‹ (1787; Idee der Humanität). Die Stoffe des I.s stammen meist aus der Mythologie oder aus der Geschichte. Hervorgetreten ist das I. v. a. in der frz. Klassik (P. Corneille, J. Racine, Voltaire), bei Lessing und in der ↑ Weimarer Klassik (Goethe, Schiller), erneut problematisiert dann im 19. Jh. (F. Grillparzer, F. Hebbel). Auch Dramen mit philosoph. Tendenz gelten als Ideendramen, z. B. H. von Hofmannsthals ›Jedermann‹ (1911) und ›Der Turm‹ (1925), ferner die meisten Stücke von G. B. Shaw, T. S. Eliot, J.-P. Sartre und A. Camus.

Ideenlyrik, svw. ↑ Gedankenlyrik.

Ideogramm [zu griech. idéa = Begriff, Idee, Vorstellung (in Zusammensetzungen) und griech. grámma = Geschriebenes, Buchstabe, Schrift], Schriftzeichen, das nicht eine bestimmte Lautung, sondern einen Begriff vertritt, z. B. die sumer. Bildzeichen. – ↑ auch Bilderschrift.

Idris (tl.: Idrīs), Jusuf, * Al Birum (Prov. Scharkijja) 19. Mai 1927, † London 1. Aug. 1991 (Unfall), ägypt. Schriftsteller. – Sein Interesse galt hpts. sozialen Problemen der Unterschicht des Landes (u. a. ›Qiṣṣaᵗ ḥubb‹ [= Eine Liebesgeschichte], E., 1956; ›Al-Baṭal‹ [= Der Held], E., 1956) und Fragen der Moral des einzelnen und der Gemeinschaft im modernen Ägypten (u. a. ›Al-Ḥarām‹

[= Die Sünde], R., 1959, engl. 1984 u. d. T. ›The sinners‹; ›Al-'Ayb‹ [= Die Schande], R., 1962). Als sein dramat. Meisterwerk gilt ›Al-Farāfīr‹ (1964), das die Entwicklung des Menschengeschlechts seit der Schöpfung an zwei Protagonisten darstellt.

Idrus [indones. 'ɪdrʊs], * Padang (Sumatra) 21. Sept. 1921, † Jakarta (?) 18. Mai 1978, indones. Schriftsteller. – Durch seine Abkehr vom romant. Stil der Novellistik der Vorkriegszeit und Hinwendung zum ›offensiven‹ Realismus entwickelte I. einen neuen, alle Möglichkeiten der Alltagssprache ausschöpfenden Prosastil.
Literatur: TEEUW, A.: Modern Indonesian literature. Den Haag 1967. S. 159.

Idylle [von griech. eidýllion = Hirtengedicht], zwischen Lyrik und Epik schwankende literar. Gattung in der Nachfolge der Gedichte Theokrits. Nach dessen berühmtesten Beispielen und im Anschluß an Vergils ›Bucolica‹ wurde der Begriff I. seit der Renaissance synonym mit dem Begriff Hirtendichtung (↑ bukolische Dichtung), ↑ Ekloge oder Schäferdichtung gebraucht. In der Neuzeit erfuhr die Gattung immer wieder themat. Erweiterungen (z. B. J. Vauquelin de La Fresnaye, ›Les Diverses poésies ...‹, 1605 in Frankreich). Quellen der dt. I.ndichtung waren zunächst neben Theokrit und Vergil v. a. Horaz und Ovid, auch der bibl. Mythos vom Paradies, die Patriarchengeschichten und die Verheißungen des Jesaja mit ihrer Nähe zum griechisch-röm. Mythos vom Goldenen Zeitalter, schließlich die Schäferdichtung der neulat. Humanisten. Die Dichter des Barock (z. B. M. Opitz, G. R. Weckherlin, D. Czepko und die Dichter des ↑ Nürnberger Dichterkreises) schufen eine gesellschaftl. und religiöse Schäferdichtung. Während die geistl. Hirtendichtung (F. Spee von Langenfeld) mit dem Barock zu Ende ging, wurden die schäferl. Gelegenheitsdichtung und die erot. Hirtendichtung im 18. Jh. fortgesetzt (Ch. Wernicke, J. Ch. Gottsched). Sie führten zur galanten und anakreont. I. des Rokoko und weiter zu F. von Hagedorn, Ch. F. Gellert und dem jungen Goethe (›Die Laune des Verliebten‹, entst. 1767/68, gedr. 1806). Eine zweite Linie der I. wurde seit dem Ende des Barock (F. R. L. von Canitz) durch eine Land- und Naturdichtung bestimmt, die mehr und mehr die Erkenntnis Gottes aus der Natur zum zentralen Motiv erhob. Wichtigste Vertreter dieser Richtung: B. H. Brockes, J. F. W. Zachariae, A. von Haller, E. Ch. von Kleist. Sie beeinflußten S. Geßner (›Idyllen‹, 1756), den berühmtesten I.ndichter der † Empfindsamkeit. Goethe gestaltete die I. zunehmend als Ausdruck notwendiger Entsagung angesichts der bedrohl. Zerrissenheit der Geschichte (›Hermann und Dorothea‹, 1797). Schiller (›Das Ideal und das Leben‹, 1795) postulierte das Idyllische als Darstellung einer mündigen, mit der Kultur wie mit der Natur versöhnten Menschheit der Zukunft. Demgegenüber führte die Betonung gegenwärtiger Wirklichkeit bei Maler Müller (›Die Schafschur‹, 1775; ›Das Nußkernen‹, 1811) zu bewußter Irrationalisierung der Natur, bei J. H. Voß zur sozialkrit. Anti-I. (›Luise‹, 1795) und bei J. P. Hebel zur ironisch moralisierenden ›Verbauerung‹. In der Romantik lebte die I. nur vereinzelt fort, häufig in grotesker (E. T. A. Hoffmann) oder märchenhafter (L. Tieck) Gestaltung. Bei E. Mörike näherte sich die I. (›Idylle vom Bodensee‹, 1846) dem Dinggedicht. A. Tennyson evozierte in dieser Form König Artus und die Gestalten seines Hofes als Symbole von Vergänglichkeit und Desillusionierung (›Königsidyllen‹, 1859–85, dt. teilweise 1867), deren Möglichkeiten und Grenzen im 20. Jh. Th. Manns selbstparodist. I.n (›Herr und Hund‹, 1919; ›Gesang vom Kindchen‹, 1919) zeigen.

Literatur: BÖSCHENSTEIN-SCHÄFER, R.: I. Stg. [2]1977. – HÄMMERLING, G.: Die I. von Geßner bis Voß. Ffm. 1981. – † auch arkadische Poesie.

Iffland, August Wilhelm, * Hannover 19. April 1759, † Berlin 22. Sept. 1814, dt. Schauspieler, Dramatiker und Theaterleiter. – Begann 1777 als Schauspieler am Gothaer Hoftheater, kam 1779 ans Mannheimer Nationaltheater, wo er seinen ersten großen Erfolg als Franz Moor in der Uraufführung von Schillers ›Räubern‹ (1782) hatte. 1796 Direktor des Berliner Nationaltheaters und 1811 Generaldirektor der Königl. Schauspiele.

Die von ihm verfaßten über 60 Theaterstücke – effektsichere bürgerl. Komödien und Trauerspiele – zählten zu den meistgespielten seiner Zeit, z. B. ›Verbrechen aus Ehrsucht‹ (1784), ›Die Hagestolzen‹ (1793). Unter seiner Direktion entwickelte sich Berlin zur führenden Theaterstadt. Im Gegensatz zu Goethes Weimarer Stil standen bei I. farbenprächtige Dekorationen, Kostüme und Massenszenen im Vordergrund. Anstelle statuar. Deklamation propagierte er durch lebhafte Gesten unterstrichenes Spiel und die Prosaauflösung der Versform. Von theaterhistor. Bedeutung ist I.s Erstaufführung der Schlegelschen Übersetzung des ›Hamlet‹ (1799).

Weitere Werke: Die Jäger (Dr., 1785), Die Mündel (Dr., 1785), Figaro in Deutschland (Lsp., 1790), Die Verbrüderung (Schsp., 1793), Meine theatral. Laufbahn (1798), Der Spieler (Schsp., 1798), Almanach fürs Theater (5 Bde., 1807–12; Bd. 1 und 2 hg. 1815 u. d. T. Theorie der Schauspielkunst für ausübende Schauspieler und Kunstfreunde), Beiträge für die dt. Schaubühne (4 Bde., 1807–12).

Ausgabe: A. W. I. Theater. Mit Biogr. des Verfassers. Wien 1843. 24 Bde.

Literatur: KLIEWER, E.: A. W. I. Ein Wegbereiter in der dt. Schauspielkunst. Bln. 1937. – HERRMANN, W.: Thaliens liebster Sohn. I. u. Mannheim. Mhm. 1960. – KLINGENBERG, K.-H.: I. u. Kotzebue als Dramatiker. Weimar 1962. – SALEHI, S.: A. W. I.s dramat. Werk. Versuch einer Neubewertung. Ffm. u. a. 1990.

Iglesias (Iglesies), Ignacio (Ignasi) [span. iˈɣlesi̯as, katalan. iˈɣlɛzi̯əs], * San Andrés de Palomar (Barcelona) 7. Aug. 1871, † Barcelona 9. Okt. 1928, katalan. Dramatiker. – Arbeitersohn; Gymnasium in Lérida; von H. Ibsen beeinflußt, behandelte er in realist., vielfach pessimist. Darstellung und in geschicktem Aufbau meist soziale Probleme der arbeitenden Schichten: ›poeta dels humils‹ (= Dichter der Erniedrigten).

Werke: Fructidor (Dr., 1897), El cor del poble (Dr., 1897), La mare eterna (Dr., 1902), Els vells (R., 1903), Les garces (Dr., 1905), Foc nou (Dr., 1909).

Ignatow, David [engl. ɪgˈnɑːtoʊ], * Brooklyn (N.Y.) 7. Febr. 1914, amerikan. Lyriker. – Sohn von Einwanderern; macht das Schicksal in der Depressionszeit zum Thema seiner in umgangssprachlich-familiärem Ton geschriebenen Lyrik. Formal zugleich dem Realismus W. C. Williams' verwandt und surrealist. Experimenten zuneigend, ist seine Dichtung von einer trag. Vision erfüllt (›Poems‹, 1948; ›The gentle weight lifter‹, 1955), die nur in einigen späten Gedichten ab 1977 einem das Leben affirmierenden, hoffnungsvolleren Ton weicht (›Tread the dark‹, 1978).

Weitere Werke: Say pardon (Ged., 1962), Figures of the human (Ged., 1964), Earth hard (Ged., 1968), Rescue the dead (Ged., 1968), Facing the tree (Ged., 1975), Open between us (Prosa, 1980), Whisper to the earth (Ged., 1981), Leaving the door open (Ged., 1984), New and collected poems 1970–1985 (Ged., 1986), The one in the many: a poet's memoirs (Erinnerungen, 1988), Despite the plainness of the day. Love poems (Ged?, 1991), Shadowing the ground (Ged., 1991).
Ausgaben: D. I. Selected poems. Hg. v. R. BLY. New York 1975. – D. I. Poems 1934–69. New York 1979. – The notebooks of D. I. Hg. v. R. J. MILLS. New York 1981.

Ignjatović, Jakov (Jaša) [serbokroat. i̯gnjaːtɔvitɕ], *Szentendre (Ungarn) 12. Dez. 1824, †Novi Sad 4. Aug. 1889, serb. Schriftsteller. – Schrieb Novellen und histor. Romane nach romant. Vorbildern, wandte sich dann dem Realismus zu und stellte in seinen abenteuerl. und sozialen Romanen den Niedergang des herrschenden Bürgertums dar.

Weitere Werke: Večiti mladoženja (= Der ewige Bräutigam, R., 1878), Stari i novi majstori (= Alte und neue Meister, R., 1883), Patnica (= Die Dulderin, R., 1888).
Ausgabe: J. I. Odabrana dela. Novi Sad 1948–53. 8 Bde.

Ignotus, eigtl. Hugó Veigelsberg, *Pest (heute Budapest) 2. Nov. 1869, †Budapest 3. Aug. 1949, ungar. Schriftsteller. – Studierte Jura; 1908 Chefredakteur der einflußreichsten ungar. Literaturzeitschrift ›Nyugat‹, förderte Vertreter der modernen Literatur; seine eigenen Werke, v. a. impressionist. Gedichte und Novellen, sind sehr persönlich gehalten.
Ausgabe: I. Válogatott írásai. Budapest 1969.

Ignotus, Pseudonym des österr. Schriftstellers Adam ↑Müller-Guttenbrunn.

Igorlied (russ. tl.: Slovo o polku Igoreve), wahrscheinlich um 1185–87 von einem unbekannten Verfasser geschriebenes Heldenepos, das den Feldzug des Fürsten (seit 1178) Igor Swjatoslawitsch von Nowgorod (*1150, †1202) 1185 gegen die Steppennomaden, die Polowzer, besingt. Von Igors anfängl. Sieg, seiner schließl. Niederlage, Gefangenschaft und Flucht wird in teils ep., teils lyr. Form erzählt. Das I. ist das bedeutendste Denkmal altruss. Literatur (erst 1795 in einer Kopie aus dem 15./16. Jh. in einem Sammelkodex entdeckt, 1800 gedr.; die Handschrift verbrannte 1812 in Moskau; erstmals dt. 1803, dt. u. a. auch von R. M. Rilke, entst. 1904, gedr. 1953). Der Verfasser gibt ein buntes Bild vom russ. Leben im 11./12. Jh.; die Sprache der ep. Erzählung besitzt volksliedhafte Elemente; byzantin. und nord. Einflüsse sind festzustellen. Die von A. Mazon und A. A. Simin erhobenen Zweifel an der Echtheit des I.s wurden u. a. von R. Jakobson und D. S. Lichatschow zurückgewiesen.

Ausgaben: La geste du prince Igor. Hg. v. R. JAKOBSON u. a. New York 1948. – Slovo o polku Igoreve. Hg. v. D. S. LICHAČEV u. a. Leningrad 1967. – Das I. u. die Berr. der Hypatius- u. der Laurentiuschronik über den Feldzug Igors gegen die Kumanen im Jahre 1185. Übers. v. LUDOLF MÜLLER. Tüb. 1974. – Das Igor-Lied. Dt. Übers. v. R. M. RILKE. Ffm. ⁴1989.
Literatur: KLEIN, J.: Zur Struktur des I.s. Mchn. 1972. – COOPER, H. R.: The Igor tale (Bibliogr.). White Plains (N. Y.) 1978. – LICHAČEV, D. S.: Slovo o polku Igoreve i kul'tura ego vremeni. Leningrad 1978.

Iguvinische Tafeln, sieben Bronzetafeln verschiedener Größe, die 1444 in der umbr. Stadt Gubbio (lat. *Iguvium;* im MA *Eugubium* genannt, weshalb die I. T. gelegentlich auch *Eugubinische Tafeln* heißen) nahe den Resten eines röm. Theaters gefunden wurden und heute im Palazzo dei Consoli dieser Stadt aufbewahrt werden. Von ursprünglich neun Tafeln sind zwei seit dem 17. Jh. wieder verloren. Die Tafeln sind teilweise in umbrischer Schrift, der Rest in lateinischer Schrift beschrieben; der Schriftunterschied weist auf die verschiedene Entstehungszeit hin (3./2. Jh. bzw. 1. Hälfte des 1. Jh. v. Chr.). Die I. T. stellen das Hauptdenkmal der umbrischen Sprache dar (über 4000 Wörter); sie enthalten u. a. Vorschriften für Zeremonien, Opferhandlungen und Auspizien.

Literatur: ERNOUT, A.: Le dialecte ombrien. Lexique du vocabulaire des ›Tables eugubines‹ et des inscriptions. Paris 1961. – Tabulae Iguvinae. Hg. v. I. Devoto. Rom ³1962. – Pfiffig, A. J.: Religio Iguvina. Philolog. u. religionsgeschichtl. Studien zu den Tabulae Iguvinae. Wien u. a. 1964. – Prosdocimi, A. L.: Le tavole Iguvine. Bd. 1. Florenz 1984.

Ihara Saikaku (Ibara Saikaku), eigtl. Hirajama Togo, *Osaka 1642, †ebd. 9. Sept. 1693, jap. Schriftsteller. – Entstammte einer wohlhabenden Kaufmannsfamilie; schrieb zunächst nur Gedichte (Haiku); 1682 erschien sein erstes Prosawerk, ›Yonosuke, der dreitausendfache Liebhaber‹ (dt. 1965), dem er noch sechs weitere erot. Erzählungen folgen ließ. Neben diesen erot. ›kōshokumono‹ schrieb I. S. Erzählungen aus dem Kaufmannsmilieu. Seine spannenden Schilderungen sind wichtig als sozialhistor. Quellen, die das damals neue bürgerl. Lebensgefühl deutlich spiegeln. In dt. Übersetzung liegen außerdem vor: ›Fünf Geschichten von liebenden Frauen‹ (1686, dt. 1960) und ›Kōshokumono. Jap. Kurtisanengeschichten aus dem 17. Jh.‹ (1686, dt. 1957).
Literatur: Lane, R.: S. and the Japanese novel of realism. In: Japan Quarterly 4 (1957).

Ihlenfeld, Kurt, *Colmar 26. Mai 1901, † Berlin 25. Aug. 1972, dt. Schriftsteller. – War 1925–45 prot. Pfarrer; 1933–43 Herausgeber der Literaturzeitschrift ›Eckart‹; begründete als geistiges Widerstandszentrum jener Zeit den Eckart-Kreis junger christl. Autoren. I. bemühte sich als Erzähler, Lyriker und Essayist um die Gestaltung zeitnaher Themen aus protestantisch-christlicher Sicht.
Werke: Der Schmerzensmann ... (E., 1949), Wintergewitter (R., 1951), Kommt wieder, Menschenkinder (R., 1954), Der Kandidat (R., 1959), Gregors vergebl. Reise (R., 1962), Stadtmitte. Krit. Gänge in Berlin (1964), Noch spricht das Land. Eine ostdt. Besinnung (1966), Das Fest der Frauen. Sieben Berliner Miniaturen (1971), Aber die Kinder, die Kinder (E., 1972).

Ikor, Roger [frz. i'kɔːr], *Paris 28. Mai 1912, †ebd. 17. Nov. 1986, frz. Schriftsteller. – Sohn russ. Emigranten; Gymnasiallehrer; fünf Jahre Kriegsgefangenschaft in Deutschland; lehrte ab 1969 an der Univ. Paris; Mitarbeiter von ›Le Figaro‹ und ›Les Lettres françaises‹; sein Roman ›Die Söhne Abrahams‹ (2 Bde., 1955, dt. 1957; Prix Goncourt 1955)

zeichnet das Schicksal einer jüd. Emigrantenfamilie im Frankreich des 20. Jh. nach. Schrieb neben weiteren Romanen auch Essays und Dramen; wandte sich in den letzten Jahren v. a. gegen das Sektenwesen.
Weitere Werke: Wenn die Zeit ... (R.-Zyklus, 6 Bde., Bd. 1: Das Dorf ohne Geld, 1960, dt. 1963; Bd. 2: Der flüsternde Krieg, 1961, dt. 1964; Bd. 3: Regen über dem Meer, 1962, dt. 1969; Bd. 4: Glück ohne Wiederkehr, 1964, dt. 1970; Bd. 5: Les poulains, 1966; Bd. 6: Frères humains, 1969), Das Glücksrad der Unschuldigen (R., 1972, dt. 1974), Pour une fois, écoute, mon enfant (Essay, 1975), Lettre ouverte à de gentils terroristes (Essay, 1976), Molière doublé (Studie, 1977), Le cœur à rire (R., 1978), La Kahina, reine de Kabylie (R., 1979), Sans haine et sans colère (Essay, 1979), L'éternité derrière (R., 1980), Je porte plainte (Essay, 1981).
Literatur: Cogny, P.: Sept romanciers au-delà du roman. Paris 1963.

Iktus (Ictus) [lat. = Wurf, Stoß, Schlag, auch: Taktschlag], durch verstärkten Druckakzent ausgezeichnete Hebung in den nach dem ↑ akzentuierenden Versprinzip gebauten Versen, z. B. des Deutschen, Englischen usw.; fällt bei Versen mit Füllungsfreiheit mit der sprachl. Betonung zusammen; bei alternierenden Versmaßen kommt es zu Verschiebungen zwischen den Ikten des metrischen Schemas und den natürlichen Wortakzenten.

Ilarion (Hilarion von Kiew), russ. Metropolit und Prediger des 11. Jahrhunderts. – 1051–54 erster russ. Metropolit von Kiew. Bed. für den späteren russ. Predigtstil ist sein Hauptwerk, die zwischen 1037 und 1050 gehaltene Festrede über Gesetz und Gnade (›Slovo o zakone i blagodati‹), ein Lobpreis der Christianisierung Rußlands.
Ausgabe: Die Werke des Metropoliten I. Hg. v. Ludolf Müller. Mchn. 1971.

İleri, Selim [türk. ilɛ'ri], *Istanbul 1949, türk. Erzähler. – Veröffentlichte seit 1968 vier Erzählbände und sieben Romane; in ihnen werden – vor einem nur als Kulisse angedeuteten gesellschaftl. Bezugsrahmen – die Probleme einer jungen türk. Generation skizziert, die zwischen Lebensangst und -überdruß, Ekel und Lebensgier, Enttäuschung und dem Unvermögen zu dauernder menschl. Bindung angesiedelt sind.

Werke: Cumartesi yalnızlığı (= Samstagseinsamkeit, En., 1968), Ölüm ilişkileri (= Todesbeziehungen, R., 1979).

Ilf (tl.: Il'f), Ilja [russ. iljf], eigtl. Ilja Arnoldowitsch Fainsilberg, * Odessa 15. Okt. 1897, † Moskau 13. April 1937, russ.-sowjet. Schriftsteller. – Sein Hauptwerk ist der mit J. Petrow verfaßte Schelmenroman ›Zwölf Stühle‹ (1928, dt. 1930), der den sowjet. Alltag und v. a. die Reste bürgerl. Anschauungen satirisch darstellt; ernster und bitterer wird die Satire in der Fortsetzung ›Ein Millionär in Sowjetrußland‹ (1931, dt. 1932, 1946 u. d. T. ›Das goldene Kalb‹).
Ausgabe: I. Il'f/E. Petrov. Sobranie sočinenij. Moskau 1961. 5 Bde.
Literatur: ZEHRER, U. M.: ›Dvenadcat' stul'ev‹ u. ›Zolotoj telenok‹ v. I. Il'f u. E. Petrov. Gießen 1975.

Ilg, Paul, * Salenstein (Thurgau) 14. März 1875, † Romanshorn 15. Juni 1957, schweizer. Schriftsteller. – War zunächst Kaufmann, 1900–02 Zeitschriftenredakteur in Berlin, lebte danach als freier Schriftsteller in der Schweiz. Schrieb volksliedhafte Gedichte, realist., gesellschaftskrit. Romane, auch Dramen.
Werke: Skizzen und Gedichte (1902), Lebensdrang (R., 1906), Der Landstörtzer (R., 1909), Die Brüder Moor (E., 1912), Das Menschlein Matthias (E., 1913; alle vier überarbeitet und zusammengefaßt u. d. T. Das Menschlein Matthias, R., 4 Bde., 1941/42), Der starke Mann (R., 1917), Der Führer (Dr., 1919), Probus (R., 1922), Grausames Leben (R., 1944), Der Hecht in der Wasserhose (En., 1953).

Ilgaz, Rıfat [türk. il'gɑz], * Cide (Anatolien) 1911, türk. Schriftsteller. – Lehrer in verschiedenen Städten der Türkei; aus polit. Gründen (wegen eines krit. Gedichtbandes) 1944 inhaftiert; seit 1948 u. a. Mit-Hg. einer der einflußreichsten, immer wieder verbotenen und unter neuem Namen erscheinenden satir. Zeitschrift ›Marko Paşa‹; auch in dieser Tätigkeit mehrfach wegen krit. Veröffentlichungen im Gefängnis.
Werke: Sınıf (= Die Klasse, Ged., 1944), Sarı yama (= Das gelbe Kopftuch, R., 1976).

Ilhan, Attila [türk. il'han], * Menemen (Westanatolien) 15. Juni 1925, türk. Erzähler und Lyriker. – Wendet sich sprachlich und thematisch dem zu Ende gehenden Osman. Reich zu, dessen heute hermetisch wirkender literar. Kanon an Formen und Sujets kopiert und damit bewußt nur einer begrenzten Zahl von türk. Lesern zugänglich gemacht wird.
Werke: Duvar (= Die Mauer, Ged., 1948), Dersaadette sabah ezanları (= Morgendl. Gebetsrufe an der Pforte der Glückseligkeit, R., 1982).

Ilić, Vojislav [serbokroat. ‚ili:tɕ], * Belgrad 4. April 1860, † ebd. 21. Jan. 1894, serb. Lyriker. – Als Kritiker und durch seine Gedichtsammlungen (1887, 1889 und 1892) von bed. Einfluß auf die moderne serb. Literatur; weltoffen, kosmopolit. Grundhaltung.
Ausgabe: V. I. Sabrana dela. Belgrad 1961. 2 Bde.
Literatur: FELBER, R.: V. I. Mchn. 1965.

Iljin (tl.: Il'in), M. [russ. ilj'jin], eigtl. Ilja Jakowlewitsch Marschak, * Bachmut (Artjomowsk) 10. Jan. 1896, † Moskau 15. Nov. 1953, russ.-sowjet. Schriftsteller. – Bruder von S. J. Marschak; Ingenieur; schrieb mit viel Erfolg für Kinder und Erwachsene über naturwissenschaftlich-techn. Fragen (›Fünf Jahre, die die Welt verändern‹, E., 1930, dt. 1932; ›Berge und Menschen‹, E., 1935, dt. 1946).

Iljin (tl.: Il'in), Michail Andrejewitsch [russ. ilj'jin], russ. Schriftsteller, ↑ Ossorgin, Michail Andrejewitsch.

Iłłakowiczówna, Kazimiera [poln. iuuakɔvi'tʃuvna], * Wilna 6. Aug. 1892, † Posen 16. Febr. 1983, poln. Schriftstellerin. – Neigung zu sozialist. Ideen; in polit. Ämtern tätig; galt Ende der 20er Jahre als bedeutendste poln. Lyrikerin mit sozialer Lyrik, Natur- und Liebesgedichten sowie hervorragenden heroischen Balladen (dt. Ausw. 1964 u. d. T. ›Meine bunte Welt‹); übersetzte u. a. Goethe, Schiller, G. Büchner, H. Böll.

Illujanka-Mythos, altanatol. Mythos vom Kampf des Wettergotts gegen den Schlangendrachen (hethit. Illujanka), in zwei hethit. Fassungen im Zusammenhang mit einem Frühlingsfestritual überliefert: In der einen Fassung kann der von Illujanka besiegte Wettergott nur mit Hilfe einer List und eines Sterblichen, dem die Göttin Inara dafür zu Willen ist, Illujanka doch bezwingen; in der anderen (jüngeren?) verliert der Wettergott bei der Niederlage Herz und Augen, die erst der mit einer armen Frau gezeugte sterbl. Sohn des Wet-

tergotts durch Einheirat in die Familie Illujankas wieder beschaffen kann, der sich aber beim Kampf gegen seinen Vater stellt und mit Illujanka umkommt.
Literatur: BECKMANN, G.: The Anatolian myth of Illuyanka. In: J. of the Ancient Near Eastern Society of Columbia University 14 (1982, erschienen 1984), S. 11.

Illusionsbühne, Typus der neuzeitl. Dekorationsbühne. Die I. versucht, die fiktionale räuml. Wirklichkeit des Dramas bei der szen. Aufführung mit den Mitteln der Architektur, der Malerei und mit Requisiten in illusionist. Weise zu vergegenwärtigen. Gegenstück zur I. ist die ↑ Stilbühne. – ↑ auch Bühne.

Illustriertenroman, teils abgeschlossener, teils regelmäßig in Fortsetzungen in illustrierten Zeitschriften erscheinender Unterhaltungsroman. – ↑ auch Trivialliteratur.

Illyés, Gyula [ungar. 'ijje:ʃ], * Rácegrespuszta 2. Nov. 1902, † Budapest 15. April 1983, ungar. Schriftsteller. – Bäuerl. Herkunft, studierte 1921–26 in Paris; befreundet u. a. mit L. Aragon, P. Éluard, A. Breton und T. Tzara; 1926 Rückkehr. Seine Lyrik, die ihre Themen meist der bäuerl. Welt entnimmt, ist in ihren Anfängen von der westeurop., v. a. der frz. Moderne geprägt und findet dann zu einer Art von ›lyr. Realismus‹; dt. erschien ›Poesie‹ (1968). In den 30er Jahren schloß I. sich den ›Volkstümlern‹ an, zu deren bedeutendsten Vertretern er mit seinem soziograph. Prosawerk ›Pußtavolk‹ (1936, dt. 1948, 1985 u. d. T. ›Die Puszta‹) gehört. Auch erfolgreicher Dramatiker, Essayist und Übersetzer.

Gyula Illyés

Imagismus 219

Weitere Werke: Sándor Petőfi. Ein Lebensbild (1937, dt. 1971), Koratavasz (= Vorfrühling, R., 1941), Fackel (Dr., 1953, dt. 1968), Dózsa György (Dr., 1956), A kegyenc (= Der Günstling, Dr., 1961), Mittagessen im Schloß (R., 1962, dt. 1969), Die schönen alten Jahre. Im Boot des Charon (Essay, 1969, dt. 1975, 1983 u. d. T. In Charons Nachen oder Altwerden in Würde), Mein Fisch und mein Netz (Ged., dt. Ausw. 1973), Brennglas (Ged., dt. Ausw. 1978), Menet közben (= Unterwegs, Ged., hg. 1986).
Literatur: G. I. Hg. v. L. ILLÉS. Budapest 1972.

Illyrismus, kroat. Bewegung zwischen 1830 und 1850; versuchte unter L. Gaj als Wortführer eine südslaw. Einigungsbewegung zu schaffen; im Vordergrund standen polit., kulturelle und sprachreformer. Ziele; blieb auf den kroat. Raum beschränkt; 1843 verboten. Der I. begünstigte die von V. S. Karadžić verfochtene Sprachreform im Sinne der Bildung einer gemeinsamen Schriftsprache der Kroaten und Serben.
Literatur: KESSLER, W.: Politik, Kultur u. Gesellschaft in Kroatien und Slawonien in der ersten Hälfte des 19. Jh. Mchn. 1981.

Imaginisten [zu lat. imago = Bildnis, Trugbild, Vorstellung], russ. Dichterkreis in Moskau, bestand etwa von 1919 bis 1924; trat, z. T. im Gefolge des späten russ. ↑ Symbolismus, v. a. für die Konzentration der poet. Aussage auf das Bild als wesentlichstes Element der Dichtung ein; bedeutendster Vertreter war S. A. Jessenin.

Imagismus (Imagism) [engl., zu lat. imago = Bild(nis), Trugbild, Vorstellung], angloamerikan. literar. Bewegung von etwa 1912 bis 1917; sie markierte den Beginn der modernen engl. Lyrik. Führende Vertreter waren E. Pound, später A. Lowell, daneben v. a. F. S. Flint, H. Doolittle, R. Aldington, die sich gegen eine im Konventionellen erstarrte lyr. Tradition (v. a. die ↑ Georgian poetry und den ↑ Symbolismus) wandten. Charakteristisch waren u. a. Konzentration auf ein Bild, Verzicht auf erzählende und reflektierende Elemente, Kürze und Präzision des Ausdrucks, Rückgriff auf die Umgangssprache.
Literatur: HUGHES, G.: Imagism and imagists. New York 1972. – BISCHOFF, V.: Amerikan. Lyrik zw. 1912 u. 1922. Unterss. zur Theorie, Praxis u. Wirkungsgesch. der ›New Poetry‹. Hdbg. 1983. – Homage to imagism. Hg. v. W. PRATT u. R. RICHARDSON. New York 1992.

220 Imitation

Imitation [lat. = Nachahmung], Nachbildung literar. Muster, im Unterschied zur Naturnachahmung (›imitatio naturae‹, ↑ Mimesis). – Im engeren Sinne bezeichnet I. die Grundlage der Neuorientierung einzelner europ. Nationalliteraturen im 16. Jh. (z. B. ↑ Pléiade). – Im weiteren Sinn kann man I. jedoch als Grundprinzip von Textentstehung und -erzeugung überhaupt ansehen, so daß sich der Begriffsinhalt strukturell dem von ↑ Intertextualität annähert. So verwandt finden sich Formen von I. ebenso in der röm. wie in der byzantin. oder mittellat. Literatur, in den kelt., german. und roman. Literaturen des MA ebenso wie in den Kolonialliteraturen Nord- und Südamerikas vom 16. bis zum 19. Jh. oder in den Ergebnissen der regionalliterar. Erneuerungsbewegungen in der Provence, in Katalonien oder Galizien im 19. Jh. In welchem Umfang I. damit zu einem Indiz für die Auslieferung an kulturelle Muster, für die Abhängigkeit und obsessive Prägung durch die als Übermacht erlittene Fremdkultur werden kann, erweist sich z. B. noch an den Formen der Identitätssuche im Rahmen nachkolonialer Literaturen im 20. Jh. (z. B. afrikanische Literatur; Négritude).

Literatur: GMELIN, H.: Das Prinzip der I. in den roman. Lit.en der Renaissance. In: Roman. Forsch. 46 (1932), S. 83. – WELSLAU, E.: I. und Plagiat in der frz. Lit. von der Renaissance bis zur Revolution. Güt. 1977. – RIFFATERRE, M.: La production du texte. Paris 1979. – GOYET, F.: I. ou intertextualité? In: Poétique 71 (1987), S. 313.

Immanuel Ben Salomo, genannt Manoello Giudeo oder Immanuel Romano, * Rom um 1270, † Fermo um 1330, italien. Dichter jüd. Abkunft. – Verfaßte in hebr. Sprache Gebete, Bibelkommentare, u. a. zu den Psalmen und zum Hohenlied; er schrieb im Stil der zeitgenöss. italien. Scherzdichtung und nach dem Vorbild der arab. Makamen hebr. Scherz- und Spottgedichte (›Machberot‹, hg. 1491), in italien. Sprache vier burleske Sonette und die Frottola ›Bisbidis‹.

Ausgabe: I. B. S. Sonetti burleschi e realistici dei primi due secoli. Hg. v. A. F. MASSERA. Bari 1920. 2 Bde.

Immermann, Karl Leberecht, * Magdeburg 24. April 1796, † Düsseldorf 25. Aug. 1840, dt. Schriftsteller. – Entstammte einer alten preuß. Beamtenfamilie, studierte Jura, nahm an den Befreiungskriegen teil; ab 1817 war er im preuß. Staatsdienst tätig, 1827 wurde er Landgerichtsrat in Düsseldorf, wo er einen Theaterverein gründete und 1835–37 Leiter des Theaters war. I. stand als Dichter am Übergang vom Idealismus zum Realismus des 19. Jh.; in seinem Werk finden die gegensätzl. Tendenzen und Richtungen dieses Jh. ihren besonderen Ausdruck; I., der sich selbst als Epigone der Klassik und Romantik empfand, war bemüht, das Aufeinandertreffen überkommener idealist. Vorstellungen und neuer Erfahrungen dichterisch zu gestalten; mit scharfer Beobachtung und Humor gelang es ihm, die Menschen zu charakterisieren. Von Bedeutung ist v. a. der zeitkritisch-satirische Roman ›Münchhausen‹ (4 Bde., 1838/39) mit der später auch selbständig erschienen realist. Dorfidylle ›Der Oberhof‹; die Auflösung der alten Gesellschaftsordnung wird in dem Zeitroman ›Die Epigonen‹ (3 Bde., 1836) dargestellt. Als Dramatiker war er dagegen weniger erfolgreich.

Weitere Werke: Gedichte (1822), Das Auge der Liebe (Lsp., 1824), Cardenio und Celinde (Trag., 1826), Das Trauerspiel in Tirol (Dr., 1827, 1834 u. d. T. Andreas Hofer), Der im Irrgarten der Metrik umhertaumelnde Cavalier (Satire, 1829), Tulifäntchen (Epos, 1830), Alexis (Dramentrilogie, 1832), Merlin (Dr., 1832), Gedichte (1835), Memorabilien (Autobiogr., 3 Bde., 1840–43), Tristan und Isolde (Ged., hg. 1841).

Ausgaben: K. L. I. Werke. Mit der Biogr. des Dichters u. Einl. v. R. BOXBERGER. Bln. 1883. 20 Tle. in 8 Bden. – K. L. I. Werke in 5 Bden. Hg. v. B. VON WIESE. Wsb. 1971–77. – K. L. I. Briefe. Textkrit. Gesamtausg. Hg. v. P. HASUBEK. Mchn. 1978–87. 3 Tle. in 4 Bden. – K. L. I. Zw. Poesie u. Wirklichkeit. Tagebücher 1831–1840. Hg. v. P. HASUBEK. Mchn. 1984.

Literatur: MAYNC, H.: I. Der Mann u. sein Werk im Rahmen der Zeit- u. Literaturgesch. Mchn. 1921. – WINDFUHR, M.: I.s erzähler. Werk. Gießen 1957. – WIESE, B. VON: K. I. Sein Werk u. sein Leben. Wsb. 1969. – MORGENTHALER, W.: Bedrängte Positivität. Zu Romanen von I., Keller, Fontane. Bonn 1979. – SCHWERING, M.: Epochenwandel im spätromant. Roman. Unterss. zu Eichendorff, Tieck u. I. Köln 1985. – HERRICHT, H.: Beitr. zu einer I.-Bibliogr. Halle/Saale 1990. – ›Widerspruch, du Herr der Welt‹. Neue Studien zu K. I. Hg. v. P. HASUBEK. Bielefeld 1990.

Immram Curaig Máile Dúin [engl.
'ımrəm 'kʊri: 'ma:lı 'du:n = Die Seefahrt
des Bootes des M. D.], die berühmteste
der drei Immrama (= Seefahrten), die
von den sieben in den mittelir. Sagen-
listen erwähnten überliefert sind. Frag-
mente der phantastisch-abenteuerl. See-
fahrergeschichte sind v. a. in den Hand-
schriften ›Lebor na h-Uidre‹ (datiert vor
1106), ›The yellow book of Lecan‹ (14./
15. Jh.) und ›Egerton 1782‹ (frühes
15. Jh.) überliefert. Nach Heinrich Zim-
mer diente eine ältere Kopie der Ge-
schichte als Quelle für die im MA be-
rühmte und einflußreiche ›Navigatio
Brendani‹ (↑Brandanlegende) aus dem
10. Jahrhundert.

Ausgabe: Immrama. Hg. v. A. G. v. HAMEL.
Dublin 1941.
Literatur: GREGORY, I. A.: The voyages of St.
Brendan the Navigator and stories of the saints
of Ireland forming a book of saints and won-
ders put down here. London 1907. – DIL-
LON, M.: Early Irish literature. Chicago (Ill.)
1972.

Imperial, Micer Francisco, * Genua
um 1360, † 1. Hälfte des 15. Jh., span.
Dichter. – Vertreter der kastil. Hofdich-
tung um 1400; wird als Vermittler der ita-
lien. Literatur des Trecento nach Spanien
vielfach überschätzt. I. ist bekannt durch
seine Dichtung ›Dezir a las syete virtu-
des‹.

Literatur: PLACE, E. B.: The exaggerated reputa-
tion of F. I. In: Speculum 21 (1946), S. 455. –
WOODFORD, A.: F. I.'s dantesque ›Dezir a las
syete virtudes‹. A study of certain aspects of the
poem. In: Italica 27 (1950), S. 88. – FRAKER,
CH.: Studies on the ›Cancionero de Baena‹.
Chapel Hill 1966. – LANGE, W.-D.: El fraile tro-
bador. Zeit, Leben und Werk des Diego de Va-
lencia de León. Ffm. 1971.

Imprese [italien.], Sinn- oder Wahl-
spruch (↑Devise, ↑Motto), dessen oft el-
liptisch verkürzte oder (als ↑Concetto)
verschlüsselte Textfassung mit einem
Bild kombiniert ist, das diese illustriert
oder erst erschließt.

Impressionismus [frz., zu lat. im-
pressio = Abdruck; Eindruck], um 1870
entstandene Stilrichtung der frz. Malerei.
Der Begriff wurde auf entsprechende
Strömungen der Literatur von 1890 bis
1910 übertragen. Er ist dabei inhaltlich
teilweise deckungsgleich mit ↑Symbolis-
mus. Ausgangspunkt war die Abkehr

vom ↑Naturalismus, wobei der subjek-
tive Blickwinkel, der einmalige, unver-
wechselbare Augenblick, der mit detail-
lierter Genauigkeit und Eindringlichkeit
wiedergegeben werden sollte, ins Zen-
trum rückte. Die Isolierung der subjekti-
ven, nicht begrifflich analysierten Emp-
findung führte zur Entmaterialisierung
der nur noch in Stimmungen wahrnehm-
baren Welt. Typisch für diese Literatur
war das Zurücktreten der äußeren Hand-
lung zugunsten einer betont lautmaler.
Sprache. Bevorzugt wurden kurze und
konzentrierte Dichtungstypen: Skizze
und Novelle, später, wenn auch seltener,
längere Romane, ferner (lyr.) Einakter,
bes. aber Lyrik. Als Vorläufer des I. in
Frankreich gelten Ch. Baudelaire, P. Ver-
laine, die Brüder E. und J. de Goncourt.
Der frz. Einfluß wirkte in der Folgezeit
auf die gesamte europ. Literatur. Haupt-
vertreter in Frankreich waren A. France,
M. Proust, in Belgien M. Maeterlinck, in
Italien G. D'Annunzio, in England
J. Conrad, V. Woolf, in Dänemark J. P.
Jacobsen, H. J. Bang, in Norwegen
K. Hamsun, in Rußland A. P. Tsche-
chow, in Deutschland die Lyriker D. von
Liliencron, M. Dauthendey, R. Dehmel,
mit Einschränkung A. Holz, der frühe
R. M. Rilke, der frühe H. von Hofmanns-
thal (auch als Dramatiker), ebenso
wie A. Schnitzler, O. E. Hartleben, die
Romanschriftsteller E. von Keyser-
ling, R. Beer-Hofmann, z. T. H. und
Th. Mann; impressionist. Skizzen stam-
men von P. Altenberg und P. Hille.

Literatur: SOMMERHALDER, H.: Zum Begriff des
literar. I. Zü. 1961. – KRONEGGER, M. E.: Liter-
ary impressionism. New Haven (Conn.) 1973.

Impressum [lat. = das Eingedruckte,
Aufgedruckte] (Druckvermerk), presse-
gesetzlich vorgeschriebener Vermerk (bei
Büchern meist auf der Rückseite des Ti-
telblattes) über Verleger, Verfasser bzw.
Herausgeber, Drucker, Buchbinder, Er-
scheinungsjahr, Copyrightvermerk, Auf-
lage, bei Zeitungen und Zeitschriften
auch über (mindestens) einen verant-
wortl. Redakteur. – ↑Kolophon.

Imprimatur [lat. = es werde ge-
druckt] (Abk. impr., imp.), vom Autor
oder Verleger oder seinem Beauftragten
nach Durchsicht der letzten Korrektur-
abzüge erteilte Genehmigung zum

222 Improvisation

Druckbeginn. Im *kath. Kirchenrecht* die erforderl. bischöfl. Druckerlaubnis für Bibelausgaben sowie Schriften religiösen und theolog. Inhalts.

Improvisation [italien., zu lat. improvisus = unvorhergesehen, unerwartet], in einer bestimmten Situation geborener Einfall, der in Handlung umgesetzt wird, insbes. dessen künstler. Gestaltung in den Bereichen Literatur, Musik und Tanz. Diese spielt sich meist auf der Grundlage vorgegebener Themen oder Modelle ab. In der aus der italien. Stegreifdichtung (↑ Stegreif) der Renaissance hervorgegangenen ↑ Commedia dell'arte (zu ihrer Blütezeit auch ›Commedia all'improviso‹ genannt) sind es feststehende und in ihren Charaktereigenschaften Spielern und Publikum bekannte Typen die, ohne ausgearbeiteten Text, in immer neuen Kombinationen und Situationen symbolisch dargestellt wurden. Der Dialog blieb, ebenso wie die Darstellung selbst der Phantasie, Spontaneität und den literar. Kenntnissen der Schauspieler überlassen. Die I.kunst der Commedia dell'arte ist für das Theater (bes. im Straßen-, Agitations- und Kindertheater, in den verschiedensten Formen des Off-Off-Theaters u. a.) bis heute produktiv (v. a. auch bei D. Fo, A. Mnouchkine, G. Strehler). – Erzählende und vielfach mit Musik verbundene I. ist im Orient auch heute noch allgemein verbreitet.

Imru Al Kais, altarab. Dichter, ↑ Umru Al Kais.

Inber, Wera Michailowna [russ. 'imbir], *Odessa 10. Juli 1890, † Moskau 11. Nov. 1972, russ.-sowjet. Schriftstellerin. – Ihr lyr. Frühwerk stand unter dem Einfluß von A. A. Achmatowa. Danach wandte sie sich den Konstruktivisten zu. Sie wurde v. a. durch die autobiograph. Erzählung ›Der Platz an der Sonne‹ (1928, dt. 1929), das Poem ›Pulkovskij meridian‹ (= Der Meridian von Pulkowo, 1943) und durch ihren patriot. Tagebuchbericht aus dem belagerten Leningrad ›Fast drei Jahre‹ (1946, dt. 1946) bekannt.
Ausgabe: V. M. I. Sobranie sočinenij. Moskau 1965–66. 4 Bde.
Literatur: GRINBERG, I. L.: V. I. Moskau 1961.

Inca, El [span. e'liŋka], peruan. Schriftsteller, † Garcilaso de la Vega.

Inchbald, Elizabeth [engl. 'ɪntʃbɔ:ld], geb. Simpson, * bei Bury Saint Edmunds (Suffolk) 15. Okt. 1753, † London 1. Aug. 1821, engl. Schriftstellerin. – Tochter eines Landwirts; Schauspielerin in London; schrieb sentimental-lehrhafte Komödien (u. a. ›I'll tell you what‹, 1785; ›Everyone has his fault‹, 1793; ›Wives as they were and maids as they are‹, 1797) und gab die Dramensammlung ›The modern theatre‹ (10 Bde., 1811) heraus; bekannt wurden auch ihre Romane ›Eine einfache Geschichte‹ (1791, dt. 1792) und ›Natur und Kunst‹ (1796, dt. 1797).

Index [lat. index = Anzeiger, Register, Verzeichnis] (Mrz. Indexe oder Indizes), alphabet. [Stichwort]verzeichnis (Namen-, Titel-, Schlagwortregister), v. a. bei Büchern.

Index librorum prohibitorum [lat.], amtl. Verzeichnis der vom Apostol. Stuhl verbotenen Bücher; als Maßnahme der zum kirchl. Lehramt gehörenden Überwachung des Schrifttums von Paul IV. 1559 zum erstenmal förmlich, dann grundlegend nach dem Tridentinum 1564 erlassen. Außer den ausdrücklich auf den I. l. p. gesetzten Büchern (u. a. von F. Nietzsche, J.-P. Sartre) waren zwölf Kategorien von Büchern verboten, u. a. Bücher, die ›Irrlehre‹ und ›Abspaltung‹ von kirchl. Einheit verteidigen, die Freimaurerei u. ä. als ungefährlich hinstellen, Bücher mit ›obszöner Zielsetzung‹ sowie von Nichtkatholiken veranstaltete Ausgaben des Bibeltextes. Bestimmte kirchl. Amtsträger waren kraft Gesetzes vom Bücherverbot ausgenommen, andere Kirchenangehörige konnten auf begründeten Antrag befreit werden (unrichtig *Indexerlaubnis* genannt). – Mit Wirkung vom 29. März 1967 wurden der Index, das gesetzl. Bücherverbot und die Strafgesetze außer Kraft gesetzt.
Ausgaben: I. l. p. Ss.mi. D. N. Pii Pp. XII iussu editus. Vatikanstadt 1948. – SLEUMER, A.: Index Romanus. Osnabrück ¹¹1956.
Literatur: MAY, G.: Die Aufhebung der kirchl. Bücherverbote. In: Ecclesia et Ius. Hg. v. K. SIEPEN u. a. Paderborn 1968. S. 547.

Indianerliteratur, Bez. sowohl für die von Weißen verfaßte Literatur über

Indianerliteratur 223

die Indianer wie auch für die Literatur der Indianer selbst, d. h. der Ureinwohner Nordamerikas.

Die Leben und Gebräuche der Indianer darstellende **Indianerliteratur von Nichtindianern** hat seit den ersten Berichten von Kolumbus über die Neue Welt und ihre irrtümlich Indianer genannten Bewohner bis heute die Vorstellungen der Weißen vom Indianer maßgeblich geprägt. Die darin geschaffenen Images, im wesentl. reduzierbar auf die Klischees vom edlen Wilden und vom barbar. Wilden, fanden zunächst in Reise- und Missionarberichten, histor. und philosoph. Schriften, dann auch in Epik, Lyrik und Drama ihre Verbreitung. Während das Klischee des Indianers als ›noble savage‹, der als zwar heidn., aber ›unschuldiger‹ edler Naturmensch ein Leben der Freiheit und Einfachheit führt, seit dem 16. Jh. in Europa populär war und v. a. im Frankreich des 18. Jh. von den Philosophen der Aufklärung als Argument für ihre Zivilisationskritik verwendet wurde (J.-J. Rousseau, D. Diderot), dominierte in Amerika lange Zeit das den weißen Eroberern als Rechtfertigung dienende Negativ-Image des ›ignoble savage‹, der in den historisch-theolog. Schriften der Puritaner und in den populären ›captivity narratives‹ (Berichten von weißen Siedlern über ihre Gefangenschaft bei den Indianern) des 17. und 18. Jh. als blutrünstiger, gottloser roter Teufel auftrat. Erst im 19. Jh. wurde der Indianer auch in Amerika von den Romantikern als edler Wilder, der jedoch durch das unaufhaltsame Vorrücken der Zivilisation zum Aussterben verurteilt ist, in Gedichten, Dramen und in der erzählenden Prosa verherrlicht, am eindrucksvollsten in J. F. Coopers ›Lederstrumpf‹-Romanen (1823–41, dt. 1824–41). In der Nachfolge Coopers erschienen im 19. Jh. in Deutschland populäre, humanitär für die Indianer eintretende Indianerromane (Ch. Sealsfield, F. Gerstäcker, B. Möllhausen), die jedoch immer mehr zur Unterhaltungsliteratur tendierten, wie K. Mays Abenteuerromane um den ›roten Gentleman‹ Winnetou (›Winnetou‹, 1893–1910), die das dt. Indianerbild am nachhaltigsten beeinflußt haben. In Amerika wurde seit

der 2. Hälfte des 19. Jh. v. a. in der ›popular culture‹ wieder das Indianerklischee des barbar. Wilden verbreitet, das die Vorstellungen der Amerikaner bis heute entscheidend geprägt hat. Daneben suchte eine ethnologisch detailgetreue I. ein verständnisvolleres, realistischeres Bild indian. Lebens zu zeichnen, wie der Roman ›Der große Nachtgesang‹ (1929, dt. 1949; Pulitzerpreis 1930) des Ethnologen O. La Farge. In den 60er Jahren schließlich kehrte der schon im 19. Jh. totgesagte Indianer, jetzt als positive Identifikationsfigur der Gegenkultur, zurück und diente als Mittel der Zivilisationskritik nicht nur in der eigenen indian. Literatur, sondern auch im anspruchsvollen Film (›Erwachsenen-Western‹) und in der Hochliteratur der Weißen, z. B. in den Romanen ›Einer flog über das Kuckucksnest‹ (1962, dt. 1972) von K. E. Kesey und ›Der letzte Held‹ (1964, dt. 1970) von Th. Berger oder in A. L. Kopits Drama ›Indianer‹ (1969, dt. 1970). I. als **Literatur der indian. Bevölkerung** Nordamerikas, bes. der USA, umfaßt in einem erweiterten Sinne von Literatur die jahrtausendealten, häufig auch heute noch lebendigen, in den jeweiligen Stammessprachen mündlich überlieferten Literaturen der verschiedenen Indianerkulturen, in deren Mythen, Erzählungen, rituellen Dramen und Gesängen das kult. Wissen des Stammes gespeichert ist und die tradierten Glaubens- und Wertvorstellungen von Generation zu Generation weitergegeben werden; z. T. von weißen Ethnologen seit Ende des 19. Jh. aufgezeichnet und übersetzt (Franz Boas [* 1858, † 1924], Alfred Louis Kroeber [* 1876, † 1960], Washington Matthews [* 1843, † 1905]). – Im Wortsinn des schriftlich Niedergelegten bezeichnet I. die von den Indianern in engl. Sprache schriftlich verfaßte Literatur, die sich erst nach dem Kulturkontakt mit den Weißen entwickelte. Nach Anfängen im späten 18. Jh. entstanden die ersten bedeutenderen Werke dieser modernen englischsprachigen I. in der 1. Hälfte des 19. Jh. und vermehrt nach Beendigung der Indianerkriege und Einweisung der Urbevölkerung in Reservate um die Jahrhundertwende und in den ersten Jahrzehnten des 20. Jh., u. a. von den Sioux-

224 Indianerliteratur

Indianern Charles Alexander Eastman (* 1858, † 1939) und Luther Standing Bear (* 1868, † 1939). Es waren dies v. a. ethnograph. Schriften sowie Autobiographien, die persönl. Erinnerung und Stammeskultur verbanden und z. T. mit Hilfe weißer Koautoren aufgezeichnet wurden (z. B. die Autobiographie des Siouxmedizinmannes Black Elk [* 1863, † 1950], ›Schwarzer Hirsch. Ich rufe mein Volk‹, 1932, dt. 1955). Neben diesen noch heute beliebten Genres erschienen auch erste Werke in der Lyrik und der erzählenden Prosa. In den 30er Jahren setzte im Gefolge einer indianerfreundlicheren Politik eine Renaissance indian. Kultur ein, in der Literatur mit den Romanen, Autobiographien und stammeskundl. Schriften von John Milton Oskison (Cherokee [* 1874, † 1947]), John Joseph Mathews (Osage [* 1894, † 1979]) und D'Arcy McNickle (Flathead [* 1904, † 1977], ›The surrounded‹, R., 1936). Erst in den 60er Jahren aber, parallel zu den sozio-polit. und kulturellen Befreiungsbewegungen der Indianer mit ihren Forderungen nach Gleichberechtigung und Selbstbestimmung, gelang der bis dahin unbeachteten I. der Durchbruch und die Anerkennung von der für Alternativen sensibilisierten Majorität mit dem Roman ›Haus aus Dämmerung‹ (1968, dt. 1978; Pulitzerpreis 1969) des Kiowas N. S. Momaday, während das neu erwachte indian. Selbstbewußtsein seinen expliziten Ausdruck in dem erfolgreichen ›indian. Manifest‹ ›Custer died for your sins‹ (1969) des Sioux Vine Deloria Jr. (* 1933) fand, der damit zum Sprecher der neuen Indianerbewegung avancierte. Angeregt durch diese Erfolge, erlebte die moderne I. seitdem einen Boom v. a. in den erzählenden Gattungen (Roman, Kurzgeschichte, Autobiographie) und in der Lyrik; zu ihren bekanntesten Vertretern gehören neben Momaday die Laguna-Pueblo-Indianerin L. M. Silko und der Blackfoot J. Welch, außerdem der Acoma-Pueblo-Indianer S. Ortiz und der Ojibwa G. R. Vizenor. Die indian. Schriftsteller bringen zum einen den Hintergrund der eigenen indian. Kultur und deren myth., naturgebundenes Welt- und Wirklichkeitsverständnis in ihr Werk ein und versuchen, an die mündl.

Überlieferung anzuknüpfen, sie in die modernen Texte einzugliedern und dadurch die Tradition des Erzählens fortzusetzen, zum anderen sind sie aufgrund ihrer hohen Bildung nach westl. Muster durch die euroamerikan. Literatur und Kultur beeinflußt, was sich in Form, Stil und Technik ihrer Werke, aber auch in der Verarbeitung der modernen Erfahrung der Identitätskrise und in der Auseinandersetzung mit dem in der westl. Literatur geschaffenen Indianerbild niederschlägt. Zentrale Themen sind neben der Darstellung indian. Lebens in der Vergangenheit und der indianisch-weißen Kontaktgeschichte aus indian. Sicht die Gegenwartsprobleme der im Reservat oder in der Stadt lebenden Indianer, der Konflikt zwischen der traditionellen indian. Seinsweise und dem modernen Leben der Industrie- und Konsumgesellschaft, die Auswirkungen des Kulturzusammenpralls in Form von sozialer und kultureller Desintegration, die Identitätssuche und -findung eines entwurzelten Indianers durch die Rückbesinnung auf indian. Werte, aber auch deren Scheitern, die Wichtigkeit der Stammesgemeinschaft und -kultur, der Landschaft und der Natur sowie der Fortsetzung der Tradition des Geschichtenzählens für die Bewahrung indian. Identität.

Literatur: FIEDLER, L. A.: The return of the vanishing American. New York ²1968. – Literature of the American Indian. Hg. v. T. E. SANDERS u. W. W. PEEK. Beverly Hills (Calif.) 1973. – The man to send rain clouds. Contemporary stories by American Indians. Hg. v. K. ROSEN. New York 1975. – Carriers of the dream wheel. Contemporary native American poetry. Hg. v. D. NIATUM. New York 1975. – American Indian authors. Hg. v. N. S. MOMADAY. Boston (Mass.) u. a. 1976. – DELORIA, V., JR.: Custer died for your sins. An Indian manifesto. New York ¹⁰1977. – LARSON, CH. R.: American Indian fiction. Albuquerque (N. Mex.) 1978. – VELIE, A. R.: Four American Indian literary masters. N. Scott Momaday, James Welch, Leslie Marmon Silko, and Gerald Vizenor. Norman (Okla.) 1982. – Studies in American Indian literature. Critical essays and course designs. Hg. v. P. G. ALLEN. New York 1983. – LINCOLN, K.: Native American renaissance. Berkeley (Calif.) u. a. 1983. – Critical essays on native American literature. Hg. v. A. O. WIGET. Boston (Mass.) 1985. – WIGET, A. O.: Native American literature. Boston (Mass.) 1985. – WALSH, W.: Indian literature in English. London 1990.

indische Literaturen 225

indirekte Rede (Oratio obliqua), mittelbare, berichtende, nicht wörtl. Wiedergabe von Aussagen und Gedanken, z. B.: ›Er sagte, er komme morgen.‹ Die i. R. ist im allgemeinen abhängig von einem Ausdruck des Sagens, Denkens, Fragens u. a.; das Gesagte wird im Deutschen durch einen Gliedsatz ausgedrückt, dessen Verb meist im Konjunktiv steht.

indische Literaturen, sie lassen sich je nach der verwendeten Sprache zeitlich und lokal eingrenzen. Neben Literaturen in einigen isolierten, weniger bedeutenden Sprachen findet man drei Großgruppen: **Das Indoarische** beginnt in Indien etwa um 1500 v. Chr. als das Vedische, die Sprache des ›Veda‹. Ab etwa 800 v. Chr. lassen sich zwei Nachfolger feststellen, einmal das Sanskrit, das die Flexion des Vedischen vereinfacht, ansonsten aber Lautbestand und Vokabular weitgehend beibehält, und zum andern die mittelind. Sprachen, die unter dem Begriff **Prākrit** (= Volkssprache) zusammengefaßt werden. Während das Sanskrit bis auf den heutigen Tag für gewisse Kreise als Literatur- und Familiensprache weiter gepflegt wird, erfuhren die Prākrit-Dialekte im Laufe der Zeit eine weitreichende Umgestaltung. Der Apabhraṁśa (Sprachzustand zwischen dem Prākrit und den neuindischen Sprachen) bildet den Übergang zu den neuind. Sprachen, die seit dem 11. Jh. belegt sind. Eroberer aus dem Westen sowie die Kolonialmacht brachten mit dem Persischen und Englischen zwei weitere indoar. Literatursprachen nach Indien.
Die drawidischen Sprachen, literarisch fixiert seit dem 2. Jh., sind mit einer Ausnahme alle auf den Süden des Landes beschränkt. Lehnwörter aus dem Sanskrit sind zahlreich, die Literaturformen gehen mit denen der zeitgenöss. arischen Sprachen parallel.
Eine dritte Großgruppe bilden **die Munda-Sprachen,** die zu den austroasiat. Sprachen gehören und von verschiedenen Stämmen v. a. im Nordosten Indiens gesprochen werden. Es gibt zwar moderne Aufzeichnungen oraler Literatur, doch hat diese keinerlei Ausstrahlung

auf das kulturelle Leben im heutigen Indien.
Die Darstellung der einzelnen Literaturen folgt der Klassifikation der Sprachen.
Vedische Literatur: Gedichte und Sprüche, die bei rituellen Anlässen von vier Arten von Priestern vorgetragen werden, sind in der ›Ṛgvedasaṃhitā‹ (= Sammlung von hl. Versen), in vier Sammlungen des ›Yajurveda‹ (= Wissen vom Opferspruch), in zwei Sammlungen des ›Atharvaveda‹ (= Wissen der Atharvan-Priester) und in zweien des ›Sāmaveda‹ (= Wissen von der Melodie) enthalten. Der größte Teil der ›Ṛgvedasaṃhitā‹ ist wohl vor 1000 v. Chr. entstanden, alle anderen Saṃhitās sind jüngeren Datums. Alle Sammlungen wurden bis in die nachchristl. Zeit hinein mündlich tradiert. Der ›Ṛksaṃhitā‹ und dem ›Sāmaveda‹ hat dies nicht geschadet, die Texte der beiden anderen Schulen sind jedoch z. T. grob entstellt worden. Auch heute noch gibt es in Zentral- und Südindien Vedaschulen, in denen junge Brahmanen in jahrelanger Arbeit ihre Saṃhitā auswendig lernen. Auch einige ›Brāhmaṇas‹ und ›Āraṇyakas‹ können ein hohes Alter beanspruchen. Die ältesten ›Upaniṣaden‹ gehören in die Übergangszeit zum Sanskrit.
Ältere Sanskrit-Literatur: Als Hilfstexte zu jenen Opferfeiern, bei denen aus den ›Saṃhitās‹ rezitiert wurde, entstanden die sog. ›Vedāṅgas‹ (= Glieder der Veda). Hierzu gehören Lehrbücher zur Metrik, Astronomie, Geometrie, Opferkunde und Ethik. Fast alle diese Texte sind im oder nach dem 5. Jh. v. Chr. entstanden. Zwei Epen, das ›Mahābhārata‹ des Vyāsa und das ›Rāmāyaṇa‹ von Vālmīki gehören in ihrem ältesten Bestand ebenfalls in diese Zeit. Beide verstehen sich als Lehrtexte der Ethik.
Klassische Sanskrit-Literatur: Etwa ab dem 2. Jh. n. Chr. verdrängte das Sanskrit als Kunstsprache in Inschriften die gesprochenen Volkssprachen. Mit der Gupta-Dynastie (312–497) ist ein allgemeiner Aufschwung der Literatur verbunden. Aus älteren kurzen Lehrtexten entstanden nun Enzyklopädien zu den drei Lebenszielen: Das Rechtslehrbuch des Manu (›Manusmṛti‹) faßt zu Zivil-,

8 MTL Lit. 4

226 indische Literaturen

Strafrecht und Ethik (›dharma‹) alles nur erdenkl. Material zusammen. Ebenso verfuhr Viṣṇugupta mit dem Staatslehrbuch des Kauṭilya, das nun ganz allgemein dem ›materiellen Gewinn‹ (›artha‹) dienen sollte. An Viṣṇugupta orientierte sich Vātsyāyana mit seiner Abhandlung über das Liebesleben (›Kāmasūtra‹). Einem Bharata zugeschrieben wird das ›Nāṭyaśāstra‹, das als Enzyklopädie der Schauspielkunst konzipiert ist und die vorzutragende Dichtung, den Tanz und die begleitende Musik ebenso behandelt wie den Aufbau der Dramaturgie. Die beiden herausragenden Gattungen der klass. Literatur sind Kunstgedicht (›kāvya‹) und Schauspiel (›nāṭaka‹). Beide wurden nach einer strengen Theorie entworfen, deren Regeln in bes. Lehrbüchern festgelegt und entwickelt sind. Die ältesten Schriften zur altind. Poetik (›alaṃkāraśāstra‹) stammen von Bhāmaha (7. Jh. n. Chr.?). Ein † Kāvya, das in Versen (›padya‹), deren metr. Struktur im klass. Lehrbuch des Piṅgala (2. Jh. v. Chr.?) beschrieben wird, in Prosa (›gadya‹) oder in einer Mischung von beiden (›campū‹) abgefaßt sein kann, hat in der Regel ein Thema aus der Mythologie zum Vorbild, nur selten und unter bestimmten Voraussetzungen dürfen erfundene Stoffe verwertet werden.

Zur ältesten erhaltenen *Kunstdichtung* zählen die ›Buddhastotra‹ (= Preisungen des Buddha) des Mātr̥ceta, eines wohl jüngeren Zeitgenossen des Aśvaghoṣa, und die ›Jātakamālā‹ (= Kranz der Wiedergeburtsgeschichten) des Āryaśūra (4. Jh. n. Chr.?). Den klass. Höhepunkt erreichte die Kunstdichtung im Schaffen des Kālidāsa. Nach Kālidāsa begann die Kunstdichtung zunehmend in gekünstelter Sprache und gesuchten Bildern zu erstarren. Bhāravi (6. Jh. n. Chr.) und Māgha (7. Jh.) gelten in Indien als bedeutendste Vertreter des schwierigen Kāvyastils, der seinen abschließenden Höhepunkt im Schaffen des Śrīharṣa im 12. Jh. fand, der im ›Naiṣadhīyacarita‹ (= Leben des Naiṣadha) die Erzählung von Nala und Damayantī aus dem ›Mahābhārata‹ behandelte. Ebenfalls in das 12. Jh. gehört das lyr. Kunstgedicht ›Gītagovinda‹ des Jayadeva.

In die Tradition des Kunstgedichts wurde mit der ›Rājataraṅginī‹ das Kalhaṇa (12. Jh.) das *histor.* Kāvya eingeführt. Weitere Vertreter dieser Gattung waren Bilhaṇa (11. Jh.) mit seinem ›Vikramāṅkadevacarita‹ (= Leben des Königs Vikramāṅka) und Nayacandrasūri (15. Jh.) mit seinem ›Hammīramahākāvya‹ (= Großes Kunstgedicht über Hammīra), das den Kampf des Hindufürsten Hammīra gegen den Sultan von Delhi im frühen 14. Jh. schildert.

Neben den Kāvyas stand eine reiche *Spruchdichtung.* Von Amaru (7. oder 8. Jh.) ist eine Sammlung 100 erot., lyr. Sprüche (›Amaruśataka‹) bekannt. Lehrhaft sind die Verssammlungen des Bhartr̥hari (7. Jh.), der je eine ›Sammlung von 100 Versen‹ (›śataka‹) über die Lebensklugheit (›nīti‹), Liebe (›śr̥ṅgāra‹) und die Entsagung (›vairāgya‹) verfaßte. Ebenfalls zur Kategorie des Kāvya werden von den Indern die *Kunstromane* des Daṇḍin (7. oder 8. Jh.), der das ›Daśakumāracarita‹ (= Leben der 10 Prinzen) schrieb, des Subandhu (7. Jh.?), dessen Märchenroman nach seiner Heldin ›Vāsavadattā‹ benannt ist, und die Werke des Bāṇa (7. Jh.) gezählt.

In der *dramatischen Kunst* folgten auf das Schaffen Aśvaghoṣas die Dramen des Bhāsa (4. oder 5. Jh.). Śūdraka (3. oder 4. Jh.) nahm in seinem ›Mr̥cchakaṭikā‹ (= Irdenes Wägelchen) einen bereits von Bhāsa behandelten Stoff auf. Von Kālidāsa sind drei Dramen bekannt, darunter die ›Śakuntalā‹. Die klass. Zeit des Schauspiels wurde mit den Werken des Bhavabhūti (7. oder 8. Jh.) abgeschlossen. In späterer Zeit entstanden auch lehrhafte Schauspiele, wie Kr̥ṣṇamiśras ›Prabodhacandrodaya‹ (= Mondaufgang der Erkenntnis) aus dem 11. Jahrhundert.

Befruchtend auf die Weltliteratur wirkte bes. die *Erzählliteratur* der Inder. Themen aus Guṇāḍhyas verlorener ›Br̥hatkathā‹, die v. a. aus der Sanskritfassung von Somadevas (12. Jh.) ›Kathāsaritsāgara‹ (= Strom der Erzählungen) bekannt sind, wurden in Indien selbst oft aufgegriffen und erschienen in ›Tausendundeiner Nacht‹. Das ›Pañcatantra‹ liegt in mehreren ind. Fassungen wie ›Hitopadeśa‹ oder ›Tantrākhyāyika‹ vor

indische Literaturen 227

und wurde in zahlreiche Weltsprachen übersetzt.

Neben der belletrist. bestand in Sanskrit eine reiche *religiöse Literatur* der Hindus wie die Purāṇas, Stotras (Preisgedichte für bestimmte Götter), die Āgamas der Wischnuiten und die Samhitās der Śchiwaiten sowie die Tantras. Bestimmte Schulen des Buddhismus bedienten sich für ihre religiösen und philosoph. Schriften ebenso des Sanskrits wie die Jainas in einer späteren Phase ihrer Entwicklung. Auch die *wissenschaftliche Literatur* der Inder verwendet bis in die jüngste Vergangenheit Sanskrit. Sie umfaßt Wissenszweige wie Grammatik, Philosophie, Astronomie, Mathematik, Architektur, Medizin, bis hin zu Recht, Politik und Erotik. Mit dem Beginn der Literatur in neuind. Sprachen seit dem Anfang des 2. Jt. verlor das Sanskrit allmählich als Literatursprache an Boden, ohne bisher gänzlich verdrängt zu werden. In der wiss. Literatur setzte diese Entwicklung erst mit dem wachsenden Einfluß der europ. Kultur im 19. Jh. ein. Seit der Unabhängigkeit Indiens gibt es immer wieder Versuche, die Sanskrit-Literatur neu zu beleben.

Prākrit-Literatur: Die älteste erhaltene Sprachform des Mittelindischen ist das sog. Pāli, dessen Wurzeln im westl. Indien des 3. Jh. v. Chr. zu suchen sind. Die älteste Überlieferung liegt im Pāli-Kanon der Buddhisten vor. Daran schlossen sich die aus dem Alt-Singhalesischen etwa im 5./6. Jh. übersetzten Kommentare (›aṭṭhakathā‹), die meist Buddhaghosa zugeschrieben werden, und die Subkommentare (›ṭīkā‹), die bes. im 12. Jh. in Ceylon entstanden, an. Zu den parakanon. Schriften gehört der ›Milindapañha‹. Die histor. Werke ›Dīpavaṁsa‹ (= Inselchronik) und ›Mahāvaṁsa‹ (= Große Chronik) enthalten die Geschichte Ceylons. Das bedeutendste Werk der grammat. Literatur ist die ›Saddaniti‹ des Aggavaṁsa (12. Jh.). Nur selten wurde Pāli für weltl. Literatur verwendet. Heute nimmt es in den Ländern des Theravāda-Buddhismus unter den Mönchen die Stellung einer Lingua franca ein.

Die Sekte der Jainas überlieferte ihren Kanon in der sog. Ardhamāgadhī, die ursprünglich aus Bihār stammte, im Laufe der Überlieferung jedoch wesentl. Veränderungen erfuhr. Zeitlich sind die kanon. Texte zwischen dem 3. Jh. v. Chr. und dem 4. Jh. n. Chr. anzusiedeln. Sie bestehen aus 12 Gliedern (›aṅga‹), die Lehre, Ethik und Ordensverwaltung betreffend. Bis zum 8. Jh. benutzten die Jainas für ihre nachkanon. Lehrtexte ein spezif. Maharashtri-Idiom; danach gingen sie mehr und mehr zum Sanskrit über.

Apabhraṁśa-Literatur: Einige, v. a. jainist. Autoren schlossen sich dem allgemeinen Trend nicht an und verwendeten statt des Sanskrit lieber die Volkssprache, deren Zustand vom 6. bis zum 13. Jh. als Apabhraṁśa (= das [vom alten Prākrit] Abweichende) bezeichnet wurde. Haribhadra verfaßte 1159 das ›Nemināciariu‹, ein Kunstgedicht (›kāvya‹) über den Jaina-Heiligen Neminātha.

Literatur in neuindischen Sprachen: Etwa seit 1000 n. Chr. kann man von neuind. Sprachen sprechen. Sie zerfallen in sechs Regionalgruppen, die hier in alphabet. Anordnung folgen.

Assamesische Literatur: Die Literatur in assames. Sprache teilt man in drei Epochen ein: 1. 14.–16. Jh.: Übersetzung von Sanskritwerken. Als Vater der assames. Literatur kann Śaṅkara Deva (†1569), der Begründer einer Wischnusekte, gelten. 2. 17.–18. Jh.: Periode der Chroniken (›buranji‹). 3. Mit dem 19. Jh. beginnt die neuassames. Periode. Die Sprachentwicklung wurde von Missionaren gefördert. Unter westl. Einfluß entwickelte sich eine Literatur, deren Hauptvertreter Lakṣmīnāth Bezbaruā (* 1868, † 1938) ist. Nach der Unabhängigkeit Indiens treten sozialkrit. Themen in den Vordergrund. Die Identitätsfrage Assams wird heute bes. in der Lyrik Hiren Bhaṭṭāchāryas (* 1932) und Nīlmaṇi Phukans (* 1933) behandelt.

Bengalische Literatur: Die Literatur in bengal. Sprache zählt zu den umfangreichsten neuind. Literaturen. Sie nimmt ihren Anfang mit der buddhist. Liedersammlung ›Caryāgīti‹ (entst. zwischen 1000 und 1200). Die klass. Dichtung, die zeitlich mit dem Mittelbengalischen zusammenfällt, setzte mit dem erotisch-religiösen Werk des Caṇḍīdās (um 1400) ein. Ebenfalls zur wischnuit. religiösen Lite-

228 indische Literaturen

ratur zählen die Lebensbeschreibungen des Heiligen Kṛṣṇa Caitanya Deva (* 1485, † 1533). Bed. Dichter des späten Mittelbengalischen sind Bhāratcandra Rāy (* 1712, † 1760) und Rāmprasād Sen (* 1718, † 1755), die dem Schiwakult anhingen. Unter der engl. Herrschaft begann sich die neubengal. Prosa zu entwickeln, deren erster bed. Vertreter Rāmmohan Rāy (* 1772, † 1833), der Gründer des Brahmasamāj war. Die Epik erfuhr durch den ebenfalls westlich gebildeten und vielfach westl. Vorbilder nachahmenden M. M. Datta neue Belebung. Unter dem Einfluß W. Scotts entstanden die Arbeiten des ›Vaters des bengal. Romans‹, B. Chatterji. Seit der Mitte des 19. Jh. erwachte das bengal. Theater erneut und wandte sich sozialkrit. Themen zu. Der bekannteste Autor der neueren Zeit ist R. Thakur (anglisiert und allgemein bekannt unter dem Namen Tagore). Manik Bandyopadhyay (* 1908, † 1956), dessen Werk ›Putulnachen Hikatha‹ (1936) in viele Sprachen übersetzt wurde, stand der politisch engagierten Literatur der progressist. Bewegung nahe, deren Anhänger sich 1936 in der ›Progressive Writers' Association‹ zusammenfanden. Zur selben Zeit erlangten die unpolit. Romanciers Bibhutibhusan Bandyopadhyay (* 1894, † 1950) und Tarashankar Bandyopadhyay (* 1898, † 1971) sowie der Erzähler Banaphul (* 1899, † 1979) überregionalen Ruhm. Die moderne bengal. Lyrik wird u. a. von Jibanananda Das (* 1899, † 1954), Buddhadev Bose (* 1908, † 1974), Bishnu De (* 1909, † 1982), Sankha Ghosh (* 1932), Alokeranjan Dasgupta (* 1933), Shakti Chattopadhyay (* 1933) und Sunil Gangopadhyay (* 1934) vertreten (z. T. dt. Übersetzung). Auch die Schriftstellerinnen Mahasveta Devi (* 1926) und Kabita Sinha (* 1931) benutzen v. a. Bengali als Literatursprache. Eine bed. Rolle im literar. Leben der Gegenwart spielen literar. Gesellschaften (›Maṇḍala‹), die in Zeitschriften junge Autoren vorstellen. Nach der Teilung Indiens entwickelte sich in Ost-Pakistan (dem heutigen Bangladesh) eine islamisch-bengal. Literatur.

Bihārī-Literatur: Im Bundesstaat Bihār werden drei neuindoar. Dialekte gesprochen, von denen nur das Maithilī eine bis in das 15. Jh. zurückgehende Literatur besitzt.

Gujarātī-Literatur: Die Gujarātī-Sprache, die bes. von den Parsen in Gujarāt und Bombay gepflegt wird, kennt kaum Dialekte. Die älteste Literatur setzte mit den Werken von Jainamönchen im 14. Jh. ein. Der Übergang von der alten zur mittleren Periode vollzog sich mit dem Werk von Narasimha Metha (* 1415, † 1481), der in zahllosen Liedern Krischna besang. Nach einem Niedergang im 16. Jh. begann eine neue Blüte mit dem Werk von Premānand, der als bedeutendster Gujarātī-Autor gilt. Er erreichte sein Ziel, die Gujarātī-Literatur den übrigen Literaturen Indiens ebenbürtig zu machen. Die Moderne begann um 1800 unter dem Einfluß der europ., bes. der engl. Literatur, der zur Entstehung eines umfangreichen Prosaschrifttums führte. Am Anfang stand Narmadaśaṅkar (* 1833, † 1886). Sein Zeitgenosse Dalpatram (* 1820, † 1898) verfaßte das erste moderne Gujarātī-Drama. Unter den Romanciers ist v. a. Govardhanrām Tripāṭhi (* 1855, † 1907) zu nennen, dessen sozialkrit. Roman ›Sarasvaticandra‹ (4 Bde., 1887–1901) auch in andere ind. Sprachen übersetzt wurde. In neuerer Zeit haben v. a. die Schriften von Mohandās Karamcand Gāndhī (* 1869, † 1948), z. B. seine Autobiographie von 1927, die Gujarātī-Literatur weithin bekannt gemacht. Bed. Lyriker sind z. Z. Vipin Parikh (* 1932) und Sitamśu Yaśascandra (* 1941).

Hindī-Literatur: Sie setzte mit dem Heldenepos ›Prithvirāja Rāsau‹ (= Abenteuer des Prithvirāja) von Caṇḍa Baradāī ein. Neben die Heldendichtung traten im 15. Jh. religiöse Werke aus dem Kreise der Krischna-Rādhā-Verehrung, v. a. die Werke von Vidyāpati Ṭhākur (15. Jh.) aus Bihār, und der Prinzessin Mīrābāī (15. Jh.) aus Jodhpur und der Surdās. Zusammen mit den Versen des Webers Kabīr, der Hinduismus und Islam zu versöhnen suchte, ist heute noch das Hauptwerk des Tulsīdās, der ›Rāmcaritmānas‹ (= See des Lebenslaufs des Rāma), eine Adaptation des ›Rāmāyaṇa‹, weithin beliebt. Die Moderne begann mit der Förderung der Hindī-Prosa im College Fort William in Kalkutta unter Leitung von John Gil-

indische Literaturen 229

christ (* 1759, † 1841). Auf seine Anregung bearbeitete Lallūjī Lāl (* 1763, † 1835) verschiedene Sanskritwerke in Hindī. Durch das vielseitige Werk des Bharatendu Hariścandra (* 1850, † 1885) erfuhr die Prosa weitere Bereicherung. Als einer der bedeutendsten Schriftsteller der Neuzeit gilt Premcand, der u. a. sozialkrit. Themen aufgriff. Zu den bekanntesten Autoren der Gegenwart zählen der Romancier Jainendra Kumār (* 1905, † 1988), die Kurzgeschichtenautoren Yaśpāl (* 1903) und Phaṇiśvarnātha, gen. Reṇu, sowie die Lyriker Sumitrānand Pant (* 1900), Sūryakānta Tripāṭhī Nirālā (* 1898) und Raghuvīrsahāy (* 1929). Mit Erzählungen, Essays und Gedichten ist Ajñeya (d. i. S. H. Vātsyāyaṇ, * 1911, † 1987), mit Gedichten sind Raghuvir Sahay (* 1929) und Vishnu Khare (* 1940) hervorgetreten.

Marāṭhī-Literatur: Die Sprache des heutigen Unionsstaates Maharashtra begann ihre literar. Geschichte im 12. Jh. v. a. mit religiösen Themen. Grundlegend für die Entwicklung war der Kommentar des Jñāneśvar (um 1290) zur ›Bhagavadgītā‹. Nāmdev (* um 1270, † um 1350), Bhānudās (* 1448, † 1513), Eknāth (* 1548, † um 1599) und der größte Dichter Maharashtras, Tukarām, verfaßten wischnuit. religiöse Lyrik. Die moderne Literatur begann mit Viṣṇuśāstrī Chiplunkar (* 1850, † 1882) und Hari Nārāyaṇ Āpṭe (* 1850, † 1882). Zu den bekannten Autoren der Gegenwart gehören der Dramatiker Vijay D. Tendulkar (* 1928) und der Erzähler Daya Pawar (* 1935). Gedichte schreiben Aruṇ Kolatkar (* 1933) und Dīlip Chitre (* 1938).

Oriyā-Literatur: Im Bundesstaat Orissa begann die Oriyā-Literatur mit den Liedern des Mārkaṇḍadāsa im 14. Jahrhundert. Es folgten Bearbeitungen und Übersetzungen der Sanskritepen ›Mahābhārata‹ und ›Rāmāyaṇa‹ und von Purāṇas, wobei die Legende Krischnas im Vordergrund steht. Mit dem Schaffen Upendrabhañjas (* 1670, † 1720) erreichte die Oriyā-Literatur einen Höhepunkt. Die Moderne wurde durch die Prosaisten Madhusūdan Rāo (* 1853, † 1912), Phakirmohan Senāpati (* 1843, † 1918) und Rādhānāthan Rāy (* 1848, † 1909) eingeleitet. Mit seinen Liedern,

die die Größe Orissas verherrlichen, stellte sich Gopabandhu Dās (* 1877, † 1928) an die Spitze des Nationalismus. Die Gedichte von Sitakant Mahāpatra (* 1937) spiegeln ein neues Kunstbewußtsein wider.

Pañjābī-Literatur: Die Pañjābī-Literatur des ind. Nordwestens und Pakistans läßt sich zwar bis ins 11. Jh. zurückverfolgen, als älteste bed. Werke gelten jedoch erst die in Pañjābī verfaßten Teile des um 1604 zusammengestellten ›Ādigranthaʻ. Die muslim. Literatur begann mit dem Wirken von ʻAbdullāh ʻAṣī im 17. Jh.; die von Wāriṣ Šāh (* 1735, † 1784) 1765 verfaßte Version der Liebesgeschichte ›Hīr Rāñjhā‹, von der insgesamt etwa 25 Fassungen überliefert sind, gilt als das Werk im reinsten Pañjābī; die moderne Prosa begann mit dem Schaffen von Vīr Singh (* 1872, † 1957). Zu den Begründern der Moderne zählen ferner der Dichter Dhanī Rām Cātrik (* 1876, † 1954) und der Satiriker Caraṇ Singh Sahīd (* 1891, † 1936). Bis in die heutige Zeit wirken die Lyrikerin und Erzählerin Amritā Pritam (* 1919) und der Lyriker Harbhajan Singh (* 1920).

Rājasthānī-Literatur: Die Sprache des westl. Bundesstaates Rājasthān entwikkelte sich im 16. Jh. aus dem Gujarātī. Das Land besitzt eine alte, vorwiegend aus mündlich tradierten Heldenliedern bestehende Literatur. Bereits früh bedienten sich Rājasthānī sprechende Dichter, wie die Dichterin Mīrābāī, verschiedener Hindī-Dialekte für ihre Werke.

Sindhī-Literatur: Die literar. Überlieferung im südl. Grenzland von Indien und Pakistan setzte mit dem 14. Jh. ein. Bis in das 19. Jh., als unter westl. Einfluß eine Prosaliteratur entstand, ist v. a. religiöse Lyrik überliefert, deren bedeutendste Vertreter Sayyid ʻAbdul Karim (* 1536, † 1623), der Mystiker Schah ʻAbdul Laṭīf (* 1689, † 1752) und ʻAbdul Wahhāb Saçal Sarmast (* 1739, † 1826) sind. Als ›Vater der Sindhī-Prosa‹ gilt Dīwān Korumal Čandāṇī (* 1844, † 1916), der in dem vielseitigen Mīrzā Qalič Beg (* 1853, † 1929) einen Nachfolger fand.

Singhalesische Literatur: Das älteste dem Namen nach bekannte Literaturwerk der Insel Ceylon, die ›Sīhalaṭṭhakathā‹, ein

230 indische Literaturen

Kommentarwerk zum buddhist. Kanon (›Tripiṭaka‹) mit histor. Einleitung (etwa 2. Jh. v. Chr. bis 2. Jh. n. Chr.), ist verloren, inhaltlich aber durch Neubearbeitungen des Stoffes in Pāli (Kommentarwerke von Buddhaghosa u. a. sowie die Chroniken ›Dīpavaṁsa‹ und ›Mahāvaṁsa‹) bekannt. Altsinghales. Gedichte (6. – 10. Jh.) sind als Felsritzungen erhalten. Die Werke der klass. Epoche (Blütezeit 12. – 15. Jh.) sind meist buddhist. Themen gewidmet; die Dichtung ist formal stark von der Sanskritliteratur beeinflußt. Mitte des 19. Jh. setzte eine moderne Literatur ein, die einige bed. Prosawerke hervorbrachte. Ihr Hauptthema ist die Auseinandersetzung der nat. Kulturtradition mit dem Einfluß der westl. Zivilisation.

Urdu-Literatur: Bis in die Moderne steht die Urdu-Literatur Pakistans, aber auch Indiens, unter dem Einfluß der pers. Dichtung. Als ihr erster Dichter gilt Amīr Ḥusraw Dihlawī. Im 17. Jh. wurde das Urdu von den Sultanaten des Dekhan, v. a. in Golconda, gefördert. Größter Dichter dieser Zeit war Walī (* 1668, † 1744). Er brachte seine myst. Lyrik und seine Liebesgedichte nach Delhi, wo ein neues, bis in die Mitte des 19. Jh. blühendes Zentrum der Urdu-Literatur entstand. Auf Sauda (* 1713, † 1780) und Muhammad Taqī Mīr (* 1722, † 1810) folgte der noch heute als bed. Dichter gefeierte Mīrzā Asadullāḥ Ḥān Ġalib. Daneben bestanden seit der Mitte des 18. Jh. in Lucknow und seit dem Aufstand von 1857/58 in Hyderabad bed. literar. Zentren. M. Iqbāl gilt als hervorragender Vertreter der modernen Lyrik. Die Prosa erhielt am Anfang des 19. Jh. unter brit. Einfluß wesentl. Anstöße und wurde durch muslim. Reformbewegungen gefördert. Die Novelle begründete Ratan Nāth Saršār (* 1845, † 1903); wichtige Vertreter der Kurzgeschichte sind K. A. Abbas, Rajinder Singh Bedi (* 1915) und Sādāt Ḥasan Manto (* 1912, † 1955), der wie Upendranāth Aśk (* 1910; auch Hindi-Autor) Dramen verfaßte. – ↑ auch pakistanische Literaturen.

Persische Literatur Indiens: Die Literatur in pers. Sprache, die ab 1000 n. Chr. 900 Jahre lang in Indien bestand, ist umfangreicher als jene aus dem mittelalterl. Per-

sien selbst. Außer myst. Lyrik entstanden Biographien – meist von Herrschern – und wiss. Werke aller Art. Allein Amīr Ḥusraw Dihlawī soll 92 Bücher verfaßt haben.

Englische Literatur: Neben einer angloind. Kolonialliteratur, als deren bedeutendste Vertreter W. B. Hockley (* 1792, † 1860), R. Kipling, E. M. Forster und G. Orwell gelten, entstand schon früh eine indo-engl. Literatur, die neben der Sprache die westl. Ausdrucksformen und Problemstellungen von brit. Autoren übernahm. Die Gedichte und Schauspiele von R. Tagore wurden weit über Indien hinaus bekannt. Unter den Lyrikern sind Dom Moraes (* 1938), Attipat Krishnaswami Ramanujan (* 1929), A. Kolatkar und N. Ezekiel zu nennen. Romane und Kurzgeschichten von internat. Rang verfaßten K. A. Abbas, M. R. Anand, R. P. Jhabvala, S. Rushdie, A. Desai u. a. – ↑ auch englische Literatur.

Drawidische Literaturen: Auf den Süden Indiens beschränkt sind die vier Hauptvertreter der drawid. Sprachgruppe, Kannaresisch (Kannaḍa) in Karnataka, Malayalam in Kerala, Tamil in Tamilnadu und Telugu in Andhra Pradesh. Eine alte literar. Tradition haben nur die beiden letztgenannten.

Die *Tamil-Literatur:* Von alters her streng stilisiert, ist die tamil. die erste unter den ind. Literaturen, die unabhängig vom Vorbild des Sanskrit entstanden ist. Die Grammatik ↑›Tolkappiyam‹ (1. Jh. v. Chr.) bezeugt das Streben nach Normierung von Sprache und Poetik. Es soll aus ›Akademien‹ erwachsen sein, denen die metr. Bardendichtung der Sangam-Literatur zugeschrieben wird. Entstanden zwischen 150 v. Chr. und 250 n. Chr., rechnen zur Sangam-Literatur 2 381 Gedichte von 473 Autoren, die in zwei Sammlungen, ›Eṭṭuttokai‹ (= Acht Anthologien) und ›Pattuppāṭṭu‹ (= Zehn Lieder), überliefert sind. Der Anteil der einzelnen Dichter, die die Tradition nennt, ist wegen der formalisierten Bildersprache z. Z. noch schwierig zu bestimmen. Einer detaillierten Poetik zufolge sind in der Sangam-Literatur zwei Genres zu unterscheiden: das inneren Prozessen, speziell der Liebe, gewidmete ›akam‹ und das heroische ›puram‹.

indische Literaturen 231

Landschaftstypen stehen als Chiffre für innere oder äußere Zustände. Trotz der Standardisierung gelingen oft eindringl., bis heute zitierte Formulierungen von großem Wohllaut.

In der Folgezeit entstanden Kunstepen (›Cilappatikāram‹, ›Maṇimēkhalai‹) und Spruchsammlungen (bed. v. a. ›Tiruwalluwar‹). Ab dem 7. Jh. begegnet die von tiefer Frömmigkeit geprägte Dichtung der Anhänger Schiwas (↑›Tirumurai‹) und Wischnus, ab dem 11. Jh. fand eine intensive Rezeption des Sanskrit statt (Epik, wiss. Literatur). Ab dem 18. Jh. entstanden Genres im Volksgeschmack (Hymnen, Dramen, Texte zu Balletten u. a.) mit niedrigkastigen Akteuren, ferner Gesänge. Der Durchbruch der Volkssprache geschah mit Subrahmanya Bharati; seitdem gibt es eine reiche Literatur auch nach westl. Vorbildern. Repräsentant des sozialkrit. Romans ist D. Jeyakanthan (* 1934). Herausragende Dichterpersönlichkeit ist auch der Erzähler K. N. Subramanyam (* 1912, † 1989).

Die *Telugu-Literatur:* Die alte Literatur, überwiegend mit religiöser Thematik, entnahm ihre Stoffe meist der Legende und damit der Sanskritliteratur; die Erzählweise bewahrte jedoch drawid. Tradition. Am Anfang standen Nannecoda (10. Jh.) und Nannayas ›Bhārata‹ (11. Jh.), das Tikkanma im 14. Jh. fortführte. Zahlreiche schiwait. Texte (u. a. von Śriṇāta [* 1365, † 1440]) entstanden. Eine Blüte fand sich im 16. Jh. am Hof von Vijayanagar, gefolgt von einer Zeit der Stagnation. Mit K. Viresalingam Pantulu (* 1848, † 1919) setzte ein Neubeginn ein, der im 20. Jh. zu einer vielfältigen, vom Staat geförderten literar. Produktion führte. In der Dichtung von Śri Śri (* 1910, † 1983) trat eine kompromißlos progressive Haltung zutage.

Literatur: **Ältere Sanskrit-Literatur:** THOMAS, P.: Epics, myths and legends of India. Bombay [11]1958. – DERRETT, J. D. M.: Dharmaśāstra and juridical literature. Wsb. 1973. – GONDA, J.: The ritual Sūtras. Wsb. 1977. – **Apabhraṁśa-Literatur:** PISCHEL, R.: Materialien zur Kenntnis des Apabhraṁśa. Bln. 1902. – ALSDORF, L.: Apabhraṁśa-Studien. Lpz. 1937. – **Assamesische Literatur:** BARUA, B. K.: History of Assamese literature. Neu-Delhi 1964 u. Honolulu 1965. – SARMA, S. N.: Assamese literature. Wsb. 1976. – **Bengalische Literatur:** WAGNER, REIN-

HARD: Bengal. Erzähler. Bln. 1927. – SEN, S.: History of Bengali literature. Neu-Delhi 1960. – ZBAVITEL, D.: Bengali literature. Wsb. 1976. – Bengal. Erzählungen. Hg. v. M. FELDSIEPER. Stg. 1980. – **Bihāri-Literatur:** MISHRA, J.: A history of Maithili literature. Allahabad 1949–50. 2 Bde. – **Englische Literatur:** RUBEN, W.: Ind. Romane. Bln. 1964–67. 3 Bde. – Tales from modern India. Hg. v. K. NATWAR-SINGH. New York 1973. – STILZ, G.: Grundll. zur Lit. in engl. Sprache: Indien. Mchn. 1982. – WALSH, W.: Indian literature in English. London 1990. – **Gujarāti-Literatur:** DIVATIA, N. B.: Gujarati language and literature. Bombay 1921–32. 2 Bde. – MUNSHI, K. M.: Gujarati and its literature. Bombay 1935. – **Hindi-Literatur:** Chrestomathie der Hindi-Prosa des 20. Jh. Bearb. u. hg. v. D. ANSARI. Lpz. 1967. – McGREGOR, R. S.: Hindi literature of the nineteenth and early twentieth centuries. Wsb. 1974. – Hindi-Kurzgeschichten der Gegenwart. Hg. u. Übers. v. L. LUTZE. Stg. 1975. – GAEFFKE, P.: Hindi literature in the twentieth century. Wsb. 1978. – Der Ochsenkarren. Hindilyrik der 70er und 80er Jahre. Zusammengestellt von V. KHARE u. L. LUTZE. Freib. 1983. – McGREGOR, R. S.: Hindi literature from its beginnings to the nineteenth century. Wsb. 1984. – **Klassische Sanskrit-Literatur:** WINTERNITZ, M.: Gesch. der ind. Lit. Lpz. 1909–22. Nachdr. Stg. 1968. 3 Bde. – GLASENAPP, H. VON: Die Literaturen Indiens. Stg. 1961. – WARDER, A. K.: Indian kāvya literature. Delhi 1972 ff. (bisher 4 Bde. ersch.). – A history of Indian literature. Hg. v. J. GONDA. Wsb. 1973 ff. Auf 10 Bde. berechnet (bisher 9 Bde. ersch.). – MYLIUS, K.: Gesch. der Lit. im alten Indien. Lpz. 1983. – **Marāṭhi-Literatur:** GADGIL, G.: Der müde Mond u. a. Marathi-Erzählungen. Übers. v. R. PARANJPE u. G. BUDDRUSS. Stg. 1969. – TULPULE, SH. G.: Classical Marāṭhi literature. Wsb. 1979. – **Oriyā-Literatur:** MANSINHA, M.: History of Oriya literature. Neu-Delhi 1962. – **Pañjābi-Literatur:** SEREBRJAKOV, I. D.: Punjabi literature. Engl. Übers. Moskau 1968. – SCHIMMEL, A.: Islamic literatures of India. Wsb. 1973. – **Persische Literatur Indiens:** GHANI, M. A.: A history of Persian language and literature of the Mughal court. Allahabad u. Farnborough [2]1972. 3 Tle. in 2 Bden. – **Prākrit-Literatur:** Das Kalpa-sūtra. Hg. v. W. SCHUBRING. Lpz. 1905. – GEIGER, W.: Pāli. Lit. u. Sprache. Bln. 1916. – SCHUBRING, W.: Worte Mahaviras. Gött. 1927. – Drei Chedasūtras des Jaina-Kanons. Bearb. v. W. SCHUBRING. Hamb. 1966. – NORMAN, K. R.: Pāli literature. Wsb. 1983. – BODDHA, G.: Die vier edlen Wahrheiten. Mchn. 1985. – **Sindhi-Literatur:** AJWANI, L. H.: History of Sindhi literature. Neu-Delhi 1970. – SCHIMMEL, A.: Sindhi literature. Wsb. 1974. – **Singhalesische Literatur:** GODAKUMBURA, C. E.: Sinhalese literature. Colombo 1956. – An anthology of Sinhalese literature up to 1815. Hg. v. C. H. B. REYNOLDS. London 1978. – **Tamil-Lite-**

232 indisches Theater

ratur: KAILASAPATHY, K.: Tamil heroic poetry. Oxford 1968. – ZVELEBIL, K. V.: Tamil literature. Wsb. 1974. – HART, G. L.: The relation between Tamil and classical Sanskrit literature. Wsb. 1976. – NIKLAS, U.: A system for Tamil literature. Bonn 1990. 2 Tle. – **Telugu-Literatur:** CHEÑCHAYYA, P./BHUJANGA RĀU: A history of Telugu literature. Kalkutta u. London 1928. – RAJU, P. T.: Telugu literature (Andhra literature). Bombay 1944. – **Urdu-Literatur:** SADIQ, M.: A history of Urdu literature. London 1964. – SCHIMMEL, A.: Classical Urdu literature from the beginning to Iqbāl. Wsb. 1975. – ANSARI, M. A./ANSARI, D.: Chrestomathie der Urdu-Prosa des 19. u. 20. Jh. Lpz. ²1977. – **Vedische Literatur:** GONDA, J.: Vedic literature. Wsb. 1975. – Älteste ind. Dichtung u. Prosa. Hg. v. K. MYLIUS. Wsb. 1981. – The Rig Veda. An anthology. Hg. v. W. D. O'FLAHERTY. Harmondsworth 1982.

indisches Theater, schon früh haben sich in Indien Dichtung, Musik und Gesang sowie Elemente des Kunsttanzes, des Schattenspiels und der pantomim. Darstellung zu einem ›Gesamtkunstwerk‹ verbunden. Dieses klass. i. Th., dessen Sprache das Sanskrit ist, blieb bis in die Gegenwart in der Aufführung älterer Stücke lebendig. Die volkstüml. Bühnendarstellungen und das moderne europäisch beeinflußte Theater in den neuind. Sprachen sind dagegen regional sehr verschieden.

Die früheste Quelle zum i. Th., das Bharata zugeschriebene ›Handbuch der Schauspielkunst‹ ›Nāṭyaśāstra‹, setzt eine längere Entwicklung der Schauspielpraxis voraus, ist jedoch (im Kern aus dem 1. Jh. n. Chr. stammend) älter als alle erhaltenen Schauspieltexte. Es behandelt alle Aspekte des Theaters. Dabei lassen sich verschiedene Wurzeln des i. Th.s entdecken. Aus dem ind. Tanz wurde die symbol. Gestensprache zur Verdeutlichung von Handlungen und Gefühlen übernommen, aus dem Schattenspiel manche dramaturg. Elemente sowie die Bez. des Schauspieldirektors als ›Fadenhalter‹ (›sūtradhāra‹). Diesen beiden Vorläufern gemeinsam waren die Stoffe der ind. Epik, während der Mimus das Repertoire des i. Th.s um volkstüml. Stoffzyklen erweitert hat; auf ihn gehen auch eine realistischere Darstellungstechnik, die für das Sanskrit-Schauspiel charakterist. Dialektmischung und andere Eigenheiten der Aufführung zurück.

Diese Elemente vermischen sich in den verschiedenen Typen des ind. Schauspiels in unterschiedl. Weise: das ›Nāṭaka‹ (= Tanzspiel) bevorzugt ep. Stoffe, während das ›Prakaraṇa‹ nichttraditionelle Stoffe darstellt; bei beiden handelt es sich um ›Komödien‹ im Sinn des älteren europ. Theaters. Typisch sind auch ›Prahāsana‹ (Posse) und ›Bhāṇa‹ (kom. Monologstück).

Den Anfang der erhaltenen Sanskrit-Theaterdichtung stellen die Fragmente von drei Schauspielen des buddhist. Dichters Aśvaghoṣa (um 100 n. Chr.) dar; etwas jünger sind die Bhāsa (4. oder 5. Jh.) zugeschriebenen 13 sog. ›Trivandrum plays‹. Diese, ebenso wie das ›Mṛcchakaṭikā‹ (= Irdenes Wägelchen), das einem König Śūdraka zugeschrieben wird, sind reicher an Handlung und Konflikten als die späteren höf. Stücke. Als Höhepunkt des i. Th.s wird meist Kālidāsa (5. Jh.) gewertet; eines seiner Schauspiele, ›Abhijñānaśakuntalā‹ (kurz ›Śakuntalā‹, dt. 1790 u. d. T. ›Sakontala oder der verhängnisvolle Ring‹), ist das erste in Europa bekannt gewordene ind. Schauspiel. Von der großen Zahl der übrigen Schauspieldichter sind v. a. der Buddhist Candragomin (um 600), König Harṣavardhana (606–647) sowie Bhavabhūti (7. oder 8. Jh.), mit dem die hochklass. Epoche zu Ende geht, zu nennen. **Literatur:** GARGI, B.: Folk theater of India. Seattle (Wash.) 1966. – THIEME, P.: Das ind. Th. In: Fernöstl. Theater. Hg. v. H. KINDERMANN. Stg. 1966 (mit Bibliogr.).

Individualstil, im Unterschied zum Epochenstil eine an die Persönlichkeit des einzelnen Schriftstellers gebundene, durch typ. Merkmale gekennzeichnete, unverwechselbare Schreibweise.

Indologie, Wiss. von der Archäologie, Kunstgeschichte, Kultur, Philologie und Religion Indiens. Die wiss. I. begann mit Gründung der Asiatic Society 1784 durch W. Jones in Kalkutta. – Den ersten Lehrstuhl für Sanskrit in Europa hatte in Paris A. L. de Chézy ab 1815, in Bonn folgte A. W. von Schlegel 1818. Schwerpunkt der Forschung war in Deutschland zunächst der ›Veda‹ (Albrecht Weber, Th. Aufrecht, H. Oldenberg, H. Lüders), später Buddhismus, Epigraphik (u. a. E. Hultzsch, H. Lüders), Philosophie

indonesische Literatur 233

(H. Jacobi, R. von Garbe) und Jainismus (H. Jacobi, E. Leumann, W. Schubring). In Großbritannien erforschten G. A. Grierson und R. L. Turner die neuind. Sprachen, J. Prinsep, A. Cunningham und J. H. Marshall die Archäologie. In Rußland untersuchten v. a. S. F. Oldenburg, und F. I. Schtscherbatskoi den nördlichen Buddhismus. Im frz. Sprachraum stehen Buddhismus (É. Senart, S. Lévi, L. de La Vallée Poussin) und ›Veda‹ im Mittelpunkt (u. a. L. Renou). In den USA wurden in neuerer Zeit die neuindischen Sprachen und Literaturen erforscht.

indonesische Literatur, sie umfaßt im engeren Sinne die schriftlich fixierten Literaturen der indones. Hochkulturen, im weiteren Sinne die fast ausschließlich mündlich überlieferte Volksliteratur jener Völker und Stämme (Minangkabau, Batak, Atjeh usw.), die ihre überkommene Lebensform mehr oder minder bewahrt haben. Den zu verschiedenen Zeiten nach Indonesien (und der Malaiischen Halbinsel) einströmenden kulturschöpfer. Impulsen des Hinduismus und Buddhismus Indiens, des Islams und des Abendlandes entsprechen **drei** sich ablösende **literar. Epochen:** die hinduistisch-javanische, die islamisch-malaiische und die moderne indonesische Literatur.

Die hinduistisch-javan. Literatur: Die Herrscherhäuser indisierter Königreiche auf indones. Boden vom 8.–16. Jh. förderten das literar. Schaffen geistl. und weltl. Würdenträger. Die eigtl. *altjavan.* Literatur begann unter der Regierung des Mpu Sindok (928–950) und erreichte ihre höchste Blüte zur Zeit der Königreiche Kediri und Majapahit (1293–1520). Auch *Kawiliteratur* benannt, hat sie Nachschöpfungen (›kakawin‹) der großen ind. Epen ›Mahābhārata‹ und ›Rāmāyaṇa‹ zum Inhalt, wie das ›Ardjunawiwaha‹ (1035) und das ›Bhāratayuddha‹ (1157 begonnen). In der Übergangszeit von der alt- zur *neujavan.* Literatur entstand 1365 das ›Nāgara-Kĕrtāgama‹ des Rakawi Prapañca, ein Lobgedicht auf König Hajam Wuruk (1350–1389) von Majapahit. Das erstarkende Nationalbewußtsein fand seinen Ausdruck in einer neuen literar. Gattung, der *Kidung*-

Dichtung, die ihre Stoffe den auf heim. Boden spielenden Sagenkreisen oder romanzenhaften Episoden aus der Geschichte von Singhasari und Majapahit entnahm.

Die islamisch-malaiische Literatur: Durch den Islam wurde der Archipel mit der Märchen-, Sagen- und Fabelliteratur des arabisch-pers. Kulturkreises bekanntgemacht (malaiische Bearbeitungen des ›Pañcatantra‹, ›Śukasaptati‹ usw.). Zahlreich sind die religiösen Schriften, die meist legendär über das Leben Mohammeds und seiner Gefolgsleute berichten. Eine fruchtbare literar. Tätigkeit entfaltete sich in den theolog. Studienzentren und Herrscherhöfen Malayas und Sumatras. Ihren Höhepunkt erreichte die malaiische Prosa mit der Geschichtsschreibung und dem histor. Roman. Mit der Autobiographie ›Hikayat Abdull‹ (1849) von M. Abdullah bin Abdulka Kadir begann eine neue Phase der malaiischen Literatur, die bewußt mit den Traditionen des klass. Schrifttums brach. Die in ihren Ursprüngen auf mag. Beschwörungen zurückgehende malaiische Dichtung kannte zwei Gedichtformen, das ›syair‹ und das ›pantun‹. Im Versmaß des ›syair‹, bei dem sich je vier aufeinanderfolgende Zeilen reimen, sind lyrisch-romant. Dichtungen, aber auch religiöse Lehrgedichte und Weisheitssprüche abgefaßt, im ›pantun‹, bei dem die erste und dritte sowie die zweite und vierte Verszeile reimen, werden allgemein menschl. Probleme behandelt.

Die moderne indones. Literatur: Die moderne i. L. führte die malaiische Literatur fort, da mit der Proklamation der Republik Indonesien (1945) das Malaiische zur offiziellen Nationalsprache (Bahasa Indonésia) erhoben wurde. Das vordringl. Anliegen der modernen indones. Schriftsteller, das in den Beiträgen der 1933 gegründeten Zeitschrift ›Pudjangga Baru‹ (= Neuer Dichter) Ausdruck fand, galt der Erneuerung der Literatur. Im sozialen Bereich forderten sie in ihren Romanen (Marah Rusli [* 1889, † 1968], ›Sitti Nurbaya‹, 1922; Abdul Muis, ›Salah Asuhan‹ [= Falsche Erziehung], 1928; A. Kartamihardja, ›Atheïs‹ [= Der Atheist], 1949) die Befreiung des Indivi-

234 Industrieliteratur

duums aus den Banden überalterten Brauchtums (›Adat‹). Hierfür sahen die einen das alleinige Mittel in der bedingungslosen Übernahme westl. Ideologien (S. T. Alisjahbana), andere, wie A. Hamzah und Armijn Pané (* 1908), verteidigten die traditionellen Werte der autochthonen Kultur. Einen ungebundenen revolutionären Stil vertrat die Literatengruppe ›Angkatan 45‹ (= Die Generation von 1945), zu deren führenden Köpfen Ch. Anwar zählte. Ihr folgte die ›Angkatan 66‹ (= Die Generation von 1966), eine Vereinigung junger Intellektueller mit ihrem Kampf gegen die von Präsident A. Sukarno gebilligte Unterdrückung der Menschenrechte. Inspiriert von Ch. Anwar waren die Gedichte von Männern wie Taufiq Ismail (* 1937) u. a., die an den Studentendemonstrationen gegen das Regime teilgenommen hatten, ideolog. Kampfmittel und Protest, um der Staatsmaxime von den ›fünf leitenden Prinzipien‹ (Pancasila) der Republik Indonesien wieder zur Anerkennung durch die herrschende Schicht zu verhelfen. Die Periode der sozialistisch und politisch ausgerichteten Dichtung endete zwischen 1967 und 1968. Sie wurde durch eine experimentierfreudige abgelöst, die sich wieder auf das Individuum und seine Würde besann und über das menschl. Geworfensein in der inhumanen Welt der Großstädte kritisch reflektierte. Zu den gegenwärtig führenden Persönlichkeiten der modernen i. L. gehören u. a. Gunawan Muhamad, Supardi Joko Damono (* 1940), Damanto (* 1942), Sutardji Calzoum Bahri (* 1942), Abdul Hadi W. M. (* 1946) und die einzige indones. Dichterin von Rang Tuti Heraty (* 1933). Als unbestritten bedeutendster, im In- und Ausland gleicherweise geschätzter Dichter gilt Rendra (= R. M. Willibrordus Surendra; * 1935). Sein poet. Werk ist weit gefächert. Er nimmt sich nicht nur der auf der Schattenseite des Lebens vegetierenden, von der Gesellschaft ausgestoßenen Menschen wie Asozialen, Prostituierten und Kriminellen an, sondern sucht auch das in ihren von Leid und Schuld beladenen Schicksalen sich manifestierende Göttliche aufzudecken. Neben Rendra gehört Pramoedya Ananta Toer (* 1925)

zu den bekanntesten Autoren der Gegenwart.

Literatur: HOOYKAAS, C.: Proza en poëzie van Oud-Java. Groningen 1933. – HOOYKAAS, C.: Over Maleise literatuur. Leiden ²1947. – BEZEMER, T. J.: Proza en poëzie van Oud-en-Nieuw Jawa. Deventer 1952. – BEZEMER, T. J.: Volksdichtung aus Indonesien. Deventer 1952. – HOOYKAAS, C.: Literatuur in Maleis en Indonesisch. Groningen 1952. – BRAASEM, W. A.: Moderne Indonesische literatuur. Amsterdam 1954. – SLAMETMULJANA, B. R.: Poëzie in Indonesia. Löwen 1954. – TEEUW, A.: Modern Indonesian literature. Den Haag 1967–79. 2 Bde. – WINSTEDT, R. O.: A history of classical Malay literature. Kuala Lumpur u. a. 1969. – BALFAS, M.: Modern Indonesian literature in brief. In: Hdb. der Orientalistik. Hg. v. B. SPULER. Abt. 3, Bd. 3. Leiden u. Köln 1976. S. 88.

Industrieliteratur, Spielart der † Arbeiterliteratur, in der das Verhältnis Mensch und Maschine im Mittelpunkt steht. In neuerer Zeit hat die I. eine mehr sozialkrit. Intention, sie versucht, den Standort des Arbeitnehmers in der modernen Industriegesellschaft zu bestimmen, z. B.: G. Wallraff, ›Wir brauchen Dich‹ (1966, 1970 u. d. T. ›Industriereportagen‹), E. Runge, ›Bottroper Protokolle‹ (1968) u. a. Schriftsteller der † Gruppe 61.

Infantes de Lara [span. in'fantez ðe 'lara] (Los siete infantes de Lara), anonymes altspan. Epos, das wohl um 1000 in seiner ursprüngl. Form entstand und von R. Menéndez Pidal auf der Grundlage von altspan. Chroniken des 13. und 14. Jh., in die Textteile des verlorenen Epos integriert sind, rekonstruiert werden konnte. Es ist als düsterer Gesang der Rache in die Geschichte der Dichtung eingegangen. Welche Episoden wirkl. Vorgänge enthalten, bleibt offen. Eine Phantasiegestalt ist zumindest Mudarra, der die heimtück. Ermordung seiner sieben Halbbrüder, der Infanten, rächt, während Teile des Familienzwists auf tatsächl. Begebenheiten zu beruhen scheinen. Der Stoff wurde u. a. in Romanzen und im Theater des Goldenen Zeitalters (J. de la Cueva, L. F. de Vega Carpio) sowie in der Literatur der Romantik (V. Hugo, Herzog von Rivas) bearbeitet.

Literatur: PARIS, G.: La légende des Infants de L. Paris 1898. – DEYERMOND, A. D.: A literary history of Spain. The middle ages. London u.

New York 1971. S. 38. – LANGE, W.-D.: Die altspan. Lit. In: Neues Hdb. der Lit.wiss. Bd. 6: Europ. Früh-MA. Hg. v. K. VON SEE. Wsb. 1985. S. 377.

Ingarden, Roman, * Krakau 5. Febr. 1893, † ebd. 14. Juni 1970, poln. Philosoph. – 1945–63 Prof. in Krakau, 1950–56 suspendiert. I. verwirft in seiner Phänomenologie den transzendentalen Idealismus seines Lehrers E. Husserl und entwirft eine realist. Ontologie. Seine in Werken zur Ästhetik entwickelte Konzeption einer Schichtenontologie der Kunst, bes. der Literatur, beschränkt I., von den psycholog. und sozialen Bedingungen des Kunstwerks absehend, auf die Analyse seiner Schichten und Strukturen.
Werke: Das literar. Kunstwerk (dt. 1931, poln. 1960), Vom Erkennen des literar. Kunstwerks (1936, dt. 1968).
Literatur: FALK, E. H.: The poetics of R. I. Chapel Hill (N. C.) 1981.

Inge, William [Motter] [engl. ɪŋ], * Independence (Kans.) 3. Mai 1913, † Los Angeles-Hollywood 10. Juni 1973, amerikan. Schriftsteller. – Schrieb mit feinem psycholog. Einfühlungsvermögen erfolgreiche Dramen, später auch Romane aus der Welt der amerikan. Mittelklasse.
Werke: Komm wieder, kleine Sheba (Dr., 1950, dt. 1955), Picnic (Dr., 1953, dt. 1954; Pulitzerpreis 1953), Bus stop (Dr., 1955, dt. 1955), Das Dunkel am Ende der Treppe (Dr., 1957, dt. 1958), A loss of roses (Dr., 1959), Viel Glück, Miss Wyckoff (R., 1970, dt. 1971), Mein Sohn fährt so fabelhaft Auto (R., 1971, dt. 1972).
Literatur: SHUMAN, R. B.: W. I. New York 1965. – MCCLURE, A. F.: W. I. A bibliography. New York 1982. – VOSS, R. F.: A life of W. I. Lawrence (Kans.) 1989.

Ingeborg-Bachmann-Preis, von der Stadt Klagenfurt (Geburtsstadt I. Bachmanns) und dem Österr. Rundfunk gestifteter Literaturpreis, der seit 1977 jährlich verliehen wird und der heute mit 200 000 Schilling dotiert ist; bisherige Preisträger: G. F. Jonke (1977), U. Plenzdorf (1978), G. Hofmann (1979), S. Nadolny (1980), U. Jaeggi (1981), J. Amann (1982), F. Roth (1983), E. Pedretti (1984), H. Burger (1985), K. Lange-Müller (1986), U. Saeger (1987), A. Krauss (1988), W. Hilbig (1989), B. Vanderbeke (1990), E. S. Özdamar (1991), A. Walser (1992), K. Drawert (1993), R. Hänny (1994).

Ingelow, Jean [engl. 'ɪndʒɪloʊ], * Boston (Lincoln) 17. März 1820, † London 20. Juli 1897, engl. Schriftstellerin. – Aus wohlhabender Familie, Freundschaft mit J. Ruskin. Schrieb Lyrik, Romane und eine Reihe vielgelesener Kinderbücher; zu ihren Hauptwerken gehören Gedichte mit Motiven aus ihrer Heimat, der Roman ›Sarah de Berenger‹ (1879) und das Kinderbuch ›Mopsa the fairy‹ (1869).

Ingemann, Bernhard Severin [dän. 'eŋəman], * Torkilstrup (Falster) 28. Mai 1789, † Sorø 24. Febr. 1862, dän. Schriftsteller. – Schrieb, ursprünglich unter dem Eindruck der dt. Romantik, sentimentale Gedichte. Es folgten histor. Romane in der Art W. Scotts. In seinem Spätwerk überwiegt tief religiöse und nat. Lyrik.
Werke: Blanca (Trag., 1816), Abenteuer und Erzählungen (En., 1820, dt. 1826), Waldemar der Sieger (R., 4 Bde., 1826, dt. 1827), Die erste Jugend Erik Menveds (R., 1828, dt. 1829), König Erik und die Geächteten (R., 2 Bde., 1833, dt. 1834), Königin Margarethe (Vers-R., 1836, dt. 1846), Holger Danske (Ged., 1837).
Ausgaben: B. S. I. Samlede skrifter. Kopenhagen 1843–52. 41 Bde. – B. S. I. Historiske romaner. Kopenhagen 1911–12. 4 Bde.
Literatur: LANGBALLE, C.: B. S. I. Kopenhagen 1949. – MØLLER KRISTENSEN, S.: Den dobbelte eros. Kopenhagen 1966. S. 74.

Inglin, Meinrad ['ɪŋliːn], * Schwyz 28. Juli 1893, † ebd. 4. Dez. 1971, schweizer. Schriftsteller. – War Uhrmacher, Kellner, danach Abitur und Studium, Zeitungsredaktor, ab 1923 freier Schriftsteller. Verfasser wirklichkeitsnaher, zugleich hintergründiger Romane und Erzählungen aus dem Volksleben seiner Heimat in der Tradition des schweizer. Realismus. Sein Hauptwerk, der Roman ›Schweizerspiegel‹ (1938, überarbeitet 1955), schildert die Geschichte der Schweiz zwischen 1912 und 1918 am Beispiel einer großbürgerl. Familie in Zürich.
Weitere Werke: Die Welt in Ingoldau (R., 1922, überarbeitet 1943 u. 1964), Grand Hotel Excelsior (R., 1928), Jugend eines Volkes (En., 1933, überarbeitet 1948), Die graue March (R., 1935, überarbeitet 1956), Die Lawine (En., 1947), Werner Amberg (autobiograph. R., 1949), Ehrenhafter Untergang (E., 1952), Urwang (R., 1954), Verhexte Welt (En., 1958), Erlenbüel (R., 1965), Notizen des Jägers. Aufsätze und Aufzeichnungen (hg. 1973).

236 Ingold

Ausgaben: M. I. Werkausg. in 8 Bden. Hg. v. B. VON MATT-ALBRECHT. Zü. u. Freib. 1981. – M. I. Der schwarze Tanner. Erzählungen. Hg. v. TH. HÜRLIMANN. Zü. 1985. **Literatur:** WILHELM, E.: M. I. Weite u. Begrenzung. Roman u. Novelle im Werk des Schwyzer Dichters. Zü. u. Freib. 1957. – MATT, B. VON: M. I. Eine Biogr. Zü. u. Freib. 1976. – SCHOECK-GRÜEBLER, E.: M. I. Schwyz 1993.

Ingold, Felix Philipp, * Basel 25. Juli 1942, schweizer. Schriftsteller. – Dozent für Slawistik, Herausgeber und Übersetzer v. a. aus dem Russischen, Literaturkritiker. Der bildhaft-aneinanderreihende, nichtchronolog., zufällige Stil seiner Gedichte und Prosa folgt dem Fluß der Assoziationen und will diese beim Leser auslösen. In ›Haupts Werk. Das Leben‹ (1984) wird der Leser in ein dichtes Beziehungsgeflecht aufeinander verweisender Ebenen, Motive, Themen geschickt, bestehend aus Gedichten, Erzählungen, Essays, Kommentaren, Reflexionen; I. versucht, die Rollen von Autor, Text und Leser neu und zeitgemäß zu definieren und auszufüllen.
Weitere Werke: Schwarz auf Schnee (Ged., 1967), Spleen und überhaupt (Ged., 1969), Literatur und Aviatik (Abh., 1978), Leben Lamberts (Prosa, 1980), Unzeit (Ged., 1981), Fremdsprache. Gedichte aus dem Deutschen (1985), Schriebsal (Prosa, 1985), Mit andern Worten (Prosa, 1986), Letzte Liebe (R., 1987), Autorschaft und Management. Eine poetolog. Skizze (1993), Restnatur. Späte Gedichte (1994).

Ingolič, Anton [slowen. 'iːŋɡɔlitʃ], * Spodnja Polskava bei Pragersko (Slowenien) 5. Jan. 1907, slowen. Schriftsteller. – Dem Realismus verbunden, näherte er sich nach 1945 dem sozialist. Realismus; schrieb Romane, Erzählungen und Dramen.
Werke: Die Drauflößer (R., 1940, dt. 1943), Durst (R., 1947, dt. 1948), Kje ste Lamutovi? (= Wo seid ihr Lamuts?, R., 1958), Die Gymnasiastin (R., 1966, dt. 1970), Obračun (= Die Abrechnung, R., 1982), Leta dozorevanja (= Jahre des Reifens, Autobiogr., 1987).
Ausgabe: A. I. Izbrani spisi. Maribor 1963–67. 10 Bde.

Ingorokwa, (tl.: Ingorokva), Egnate Fomitsch, georg. Schriftsteller, ↑ Ninoschwili, Egnate Fomitsch.

Ingrisch, Lotte, * Wien 20. Juli 1930, österr. Schriftstellerin. – ∞ mit dem Komponisten Gottfried von Einem. Veröffentlichte Romane, Theaterstücke und Opernlibretti, die von ihrem Mann vertont wurden. Erregte mit dem Libretto ›Jesu Hochzeit‹ (1979) wegen der gewagten, heute nicht mehr verstandenen urchristl. Symbolik in konservativen kath. Kreisen starkes Mißfallen.
Weitere Werke: Verliebter September (R., 1958), Das Engelfernrohr (R., 1960), Das Fest der hungrigen Geister (R., 1961), Die Wirklichkeit und was man dagegen tut (Stück, UA 1968), Wiener Totentanz (Stück, 1972), Damenbekanntschaften (4 Einakter, 1973), Geisterstunde oder Vorleben mit Nachteilen (Stück, 1974), Der rote Bräutigam (Lsp., 1974), Kybernet. Hochzeit (Stück, 1977), Reiseführer ins Jenseits. Vom Sterben, von Tod und Wiedergeburt (1980), Amour Noir (R., 1985), Nächtebuch (Prosa, 1986), Das Donnerstagebuch (1988; mit J. Manthe), Der Engel des Alters oder Methusalem im Wunderland (Essay, 1993).

Inklings, The [engl. ðɪ 'ɪŋklɪŋz], lockere Vereinigung Oxforder Schriftsteller, die von den 30er bis in die 60er Jahre des 20. Jh. v. a. phantast. Literatur pflegten, darunter C. S. Lewis, J. R. R. Tolkien, O. Barfield u. a.

Inkonzinnität [lat.], in der Rhetorik: Unebenheit im Satzbau, Mangel an ↑ Konzinnität.

Inkunabeln [lat. = Windeln, Wiege (so benannt, weil der Buchdruck zu jener Zeit sozusagen noch in den Windeln bzw. der Wiege lag)] (Wiegendrucke), die ältesten (von etwa 1450 bis 1500) mit metallenen Einzellettern gedruckten Bücher und Einblattdrucke. Die Drucke von etwa 1500 bis 1520 werden als **Post-I.** bezeichnet. Hauptmerkmal von Inkunabeldrucken ist die typograph. Nachahmung handschriftl. Vorbilder; sie weisen daher oft beträchtl. schriftkünstler. Schönheit auf. Die Auflagenhöhe betrug meist einige hundert Exemplare; neueren Forschungen zufolge geht man nicht mehr von bislang vermuteten 40 000, sondern nur noch von rund 27 000 verschiedenen Inkunabelausgaben aus.
Literatur: HAEBLER, K.: Hdb. der Inkunabelkunde. Lpz. 1925. 2. Nachdr. Stg. 1979. – GELDNER, F.: Die dt. Inkunabeldrucker. Stg. 1968–70. 2 Bde. – GELDNER, F.: Inkunabelkunde. Wsb. 1978.

innere Emigration, von F. Thieß 1933 geprägter Begriff für die politischgeistige Haltung derjenigen Schriftsteller, die während des Dritten Reiches in

Deutschland geblieben sind und mit den ihnen verbliebenen literar. Möglichkeiten gegen den Nationalsozialismus Widerstand leisteten. Die innere Emigration wählten u.a. W. Bergengruen, Reinhold Schneider, F. Thieß, J. Klepper, ferner R. A. Schröder, R. Hagelstange und D. Bonhoeffer. – ↑auch Exilliteratur.

innerer Monolog, Erzähltechnik bes. des modernen Romans, durch die eine Romanfigur im stummen, rein gedankl. Gespräch mit sich selbst vorgeführt wird; der i. M. gibt die spontanen, sprunghaft-assoziativen Gedanken und durch keine äußeren Zwänge und Normen reglementierten Gefühle der Romanfigur in ihrer ganzen Unmittelbarkeit wieder und versucht so, Dimensionen, Schichten und Bewegungen menschl. Bewußtseins (Unbewußtes, Tabuisiertes o.ä.) darzustellen, die in dieser Weise nicht in bewußter, nach außen gewandter Rede zum Ausdruck gebracht werden. Der i. M. findet sich u.a. schon bei A. S. Puschkin (›Der Mohr Peters des Großen‹, Romanfragment, gedr. 1837, dt. 1952, erstmals 1837), häufiger dann gegen Ende des 19.Jh. (W. M. Garschin, ›Vier Tage‹, 1877, dt. 1878; É. Dujardin, ›Geschnittener Lorbeer‹, 1888, dt. 1966; H. Conradi, ›Adam Mensch‹, 1889; A. Schnitzler ›Lieutenant Gustl‹, 1901); als Gesamtstruktur wurde der i. M. in den großen Romanen von J. Joyce (›Ulysses‹, 1922, dt. 1927; ›Finnegans wake‹, 1939, Teilausg. dt. 1970 u.d.T. ›Anna Livia Plurabelle‹) und M. Proust (›Auf der Suche nach der verlorenen Zeit‹, 1913–27, dt. 1953–57, erstmals dt. 1926–30) entwickelt. Der i. M. ist seitdem in verschiedensten Varianten wesentlicher Bestandteil der Technik des ↑Stream of consciousness, durch welche die Erzählliteratur des 20.Jh. ihre entscheidende Bereicherung erfahren hat. Seit Mitte des 20.Jh. nutzt v.a. auch das ↑Hörspiel die Möglichkeiten des inneren Monologs.

Literatur: DUJARDIN, É.: Le monologue intérieur. Paris 1931. – HÖHNISCH, E.: Das gefangene Ich. Studien zum i. M. in modernen frz. Romanen. Hdbg. 1967. – FISCHER, TH.: Bewußtseinsdarst. im Werk von James Joyce. Ffm. 1973. – ZENKE, J.: Die dt. Monologerzählung im 20.Jh. Köln 1977.

Innerhofer, Franz, *Krimml 2. Mai 1944, österr. Schriftsteller. – Sohn einer Landarbeiterin, wuchs auf dem Bauernhof seines Vaters auf, Schmiedelehre, Besuch des Gymnasiums für Berufstätige, schließlich Studium der Germanistik und Anglistik, das er 1973 abbrach. In seiner autobiographisch gehaltenen Romantrilogie ›Schöne Tage‹ (1974), ›Schattseite‹ (1975) und ›Die großen Wörter‹ (1977) stellt I. den Emanzipationsprozeß, den der junge Franz Holl durchmacht, dar. Der soziale Aufstieg des ›Sprachlosen‹ Holl erweist sich aber als ein nur scheinbarer. Dieser wird zwar beschreibbar, aber Holl entfremdet sich immer mehr seinem neuen Milieu, indem er erkennt, daß durch die Aneignung der Sprache nichts an den Herrschaftsverhältnissen geändert wird.

Weitere Werke: Der Emporkömmling (E., 1982), Um die Wette leben (R., 1993).

Innes, [Ralph] Hammond [engl. 'ɪnɪs], *Horsham 15. Juli 1913, engl. Schriftsteller. – Journalist; dann freier Schriftsteller; zahlreiche Weltreisen; schreibt spannungsreiche, auch verfilmte Abenteuerromane, in denen die Charaktere und Grundsituationen geschickt dargestellt werden, u.a. ›Die Todesmine‹ (1947, dt. 1970), ›Das Schiff im Felsen‹ (1948, dt. 1955), ›Der weiße Süden‹ (1949, dt. 1952), ›Es begann in Tanger‹ (1954, dt. 1958), ›Die weißen Wasser‹ (1965, dt. 1966), ›Tod auf Leukas‹ (1971, dt. 1972), ›Das Gold der Wüste‹ (1973, dt. 1973), ›Nordstern‹ (1974, dt. 1975), ›Captain Cooks letzte Reise‹ (1979, dt. 1979), ›Solomon's seal‹ (R., 1980, dt. 1987 u.d.T. ›Zwei Penny für ein tolles Leben‹), ›Die schwarze Flut‹ (1984, dt. 1984), ›Die Yukon-Affäre‹ (R., 1985, dt. 1987), ›Medusa‹ (R., 1988, dt. 1992).

Innes, Michael [engl. 'ɪnɪs], Pseudonym des engl. Schriftstellers John Innes M[ackintosh] ↑Stewart.

Inoue, Jasuschi, *Kamigawa (Hokkaido) 6. Mai 1907, †Tokio 29. Jan. 1991, jap. Schriftsteller. – Erhielt 1950 für den Roman ›Das Jagdgewehr‹ (1949, dt. 1964) den hochbegehrten Akutagawa-Preis. Seither veröffentlichte er zahlreiche Romane, Kurzgeschichten und Erzählungen, in deren Mittelpunkt oft Per-

238 Inschriftenkunde

sonen stehen, die versuchen, durch leidenschaftl. Hingabe an ein Werk, eine Tätigkeit, eine Idee ihrem tiefen Gefühl von Einsamkeit, Leere oder Absurdität zu entgehen.

Weitere Werke: Der Stierkampf (R., 1949, dt. 1971), Die Berg-Azaleen auf dem Hira-Gipfel (En., 1950, dt. 1981), Die Eiswand (R., 1957, dt. 1968), Das Tempeldach (R., 1958, dt. 1981), Die Höhlen von Dun-Huang (R., 1960, dt. 1986), Eroberungszüge (Ged., dt. Ausw. 1979), Meine Mutter (En., 1975, dt. 1987).

Inschriftenkunde ↑ Epigraphik.

Insel, Die, literar. Monatszeitschrift, drei Jahrgänge von Okt. 1899 bis Sept. 1902; 1. und 2. Jahrgang hg. von O. J. Bierbaum, A. W. Heymel und R. A. Schröder, 3. Jahrgang von O. J. Bierbaum. Die I. enthält Originalbeiträge aller literar. Richtungen auf unterschiedlichstem Niveau, wobei die der namhaften Vertreter (u. a. R. Borchardt, M. Dauthendey, R. Dehmel, H. von Hofmannsthal, R. M. Rilke, P. Ernst, F. Wedekind) unterrepräsentiert sind; auch Aufsätze über literar. Themen (u. a. von F. Blei, M. Maeterlinck, A. Strindberg), im letzten Jahrgang auch Rezensionen.

Inszenierung [zu lat. in-, Präfix mit der Bedeutung ›ein-, hinein‹, und griech. skēné, eigtl. = Zelt, Hütte], Gesamtheit der Tätigkeiten und Mittel, die erforderlich sind, um ein dramat. Werk auf der ↑ Bühne (auch im Film, Fernsehen) in Szene zu setzen; koordiniert durch die ↑ Regie, umfaßt die I. die Analyse und Interpretation des Werkes, die Besetzung der Rollen, die Arbeit mit den Schauspielern, die Konzeption des Bühnenbildes und der Kostüme sowie die Technik und gegebenenfalls die Musik.

Intelligenzblätter [zu engl. intelligence = Nachricht, Auskunft], ursprünglich wöchentlich erscheinende Periodika mit den von (anfangs privaten) Anzeigenkontoren zusammengestellten Listen der Verkaufs- und Kaufangebote. In der 1. Hälfte des 18.Jh. nach frz. Vorbild in Deutschland begründet, gerieten die I. rasch unter staatl. Einfluß. Sie dienten den Zielen kameralist. Wirtschaftspolitik und wurden durch Insertionszwang (›Intelligenzzwang‹) bes. privilegiert (andere Periodika durften keine Anzeigen aufnehmen). Als amtl. Bekanntma-

chungsorgane waren die I. Vorläufer der Amtsblätter. Nach 1848 wurden sie abgeschafft oder als freie Anzeigenblätter oder Tageszeitungen weitergeführt.

Intendant [frz. = Aufseher, Verwalter (zu lat. intendere = sein Streben auf etwas richten)], Leiter eines städt. oder staatl. Theaters (auch einer Fernseh- oder Rundfunkanstalt), der außer für die künstler. Gesamtplanung bes. auch für die geschäftl. Ressorts zuständig ist.

Interlinearversion [lat.], zwischen die Zeilen eines fremdsprachigen Textes geschriebene Wort-für-Wort-Übersetzung ohne Rücksicht auf grammat. oder idiomat. Unterschiede zwischen dem Grundtext und der Übersetzung. In ahd. Zeit (8.–10. Jh.) ist die I. erste und älteste Stufe der Übersetzung und Aneignung lat. Texte in der Volkssprache. Man unterscheidet unzusammenhängende Teil-I.en, durchgehende Prosa-I.en und dichter. I.en mit stilistisch-rhythm. Gestaltung (z. B. Murbacher Hymnen, 9.Jh.).

Interlude [engl. 'ɪntəlju:d] (Zwischenspiel), engl. Dramenform Ende des 15.Jh. und im 16.Jh.; bezeichnet meist kurze, allegorisch-lehrhafte, satir. und komisch-burleske Stücke; von gewissem Einfluß auf das ↑ elisabethanische Theater.

Literatur: CRAIK, TH. W.: The Tudor interlude. Leicester ²1962.

Intermezzo [italien., zu lat. intermedius = in der Mitte befindlich] (Intermedium), ein im 15.Jh. in Italien aufgekommenes Zwischenspiel als Einlage in einem Bühnenwerk zur Unterhaltung der Zuschauer in den Pausen von Schauspielen und Opern, meist ohne Bezug zu deren Handlung. Bevorzugt wurden Maskeraden, Pantomimen, Ballette, heitere Singspiele, burleske Stücke aus dem Volksleben. Sie bildeten oft das kom. Gegenstück zum Inhalt der dramat. Hauptwerke. Später verselbständigt, entwickelte sich das I. zur Opera buffa.

Interpolation [lat.; zu lat. interpolare = zurichten, zustutzen], Einfügung oder Änderung, die in Texten von fremder Hand vorgenommen und nicht als solche kenntlich gemacht ist. – Die *I.sforschung* entstand mit der Textkritik im 16./17. Jahrhundert.

Interpretation [lat. = Erklärung, Auslegung], Akt und Ergebnis des Verstehens, in weitester Bedeutung aller sinnhaltigen Strukturen, hier speziell von literar. Kunstwerken.

In der Literaturwiss. ändern sich Rang und Bedeutung der Fragestellungen der I. je nach dem intendierten Erkenntnisgegenstand. Dieser kann 1. außerhalb des engeren Gebietes der Literaturwiss. liegen, d. h., Dichtung wird dann als histor., soziolog. usw. Quelle benutzt; es können 2. anthropolog. Konstanten (z. B. Weltanschauungstypen) oder umfassende Prinzipien wie Gattung, Stil, Idee, Geist eines zeitlich und räumlich begrenzten Kollektivs (Epoche, Nation) sein, aber auch 3. der Autor und 4. das einzelne Werk. Die I. kann sich auf das Einzelwerk beschränken, sie kann auch method. Ausgangspunkt zu umfassenderer Synthese sein; beide Formen ergänzen und bedingen sich gegenseitig. Aus der unterschiedl. Auffassung der einzelnen Faktoren und ihrer Beziehungen in den verschiedenen Richtungen der Literaturwiss. resultieren die jeweiligen ästhet. und poetolog. Postulate, die wiederum Gegenstand, Methode und Resultat der I. bestimmen. In scharfer Abgrenzung von allen deterministisch und ideengeschichtlich orientierten Richtungen der I. versucht die ›immanente I.‹, die weitestgehend voraussetzungsfreie, nicht über den Text hinausgehende I. des einzelnen Werks in den Mittelpunkt der literaturwiss. Tätigkeit zu stellen. Ziel der immanenten I. ist die Darstellung der strukturellen Elemente der Dichtung in ihrer funktionalen Bezogenheit aufeinander, die Erhellung des Sinns und seiner spezif. dichter. Erscheinungsweise. Als Reaktion auf diese in der Zeit nach dem 2. Weltkrieg dominierende und als einseitig, methodisch unzulänglich kritisierte Position entstanden stark inhaltlich orientierte, oft marxistisch beeinflußte soziolog. Richtungen sowie der Methodenpluralismus, der das Werk unter verschiedenen Perspektiven mit jeweils verschiedenen Methoden interpretiert, um ihm gerecht zu werden. Formalistisch inspirierte strukturalist. Interpretationsansätze der 1960er und 1970er Jahre waren ebenfalls der Gefahr ahistor.

Argumentierens ausgesetzt; auf sie reagierte u. a. der ›genet. Strukturalismus‹ L. Goldmanns oder die Geschichtsdeutung M. Foucaults.

Literatur: Frz. Lit.kritik der Gegenwart. Hg. v. W.-D. LANGE. Stg. 1975. – SPITZER, L.: Eine Methode, Lit. zu interpretieren. Übers. v. G. WAGNER. Bln. 1975. – MEGGLE, G./BEETZ, M.: I.stheorie u. I.spraxis. Ffm. 1976. – HAAS, R.: Theorie u. Praxis der I. Bln. 1977. – Die Werk-I. Hg. v. H. ENDERS. Darmst. ²1978. – LEIBFRIED, E.: Literar. Hermeneutik. Tüb. 1980. – THIEL, M.: I. Hdbg. 1980. – STAIGER, E.: Die Kunst der I. Zü. u. Mchn. ⁵1982. – WELLEK, R./WARREN, A.: Theorie der Lit. Königstein i. Ts. Neuaufl. 1985. – SCHÜTTE, J.: Einf. in die Lit.-I. Stg. ³1993. – ↑auch Literaturkritik.

Intertextualität, der Begriff I. bezeichnet ursprünglich in der strukturalen frz. Textpoetik der Tel Quel-Gruppe spezif. Referenzbeziehungen zwischen einem konkreten literar. Text als sog. Phäno-Text und ihm zugrundeliegenden sog. Geno-Texten: J. Kristeva propagiert den Begriff im Kontext einer generativ-transformationalen Texttheorie (›Seméiotikè‹, 1969; ›Le texte du roman. Approche sémiologique d'une structure transformationnelle‹, 1970), in der sie Ansätze des russ. Formalisten M. Bachtin (›Probleme der Poetik Dostoevskijs‹, 1929, dt. 1971) fortführt. – I. meint ein konstitutives Struktur- und Wirkungsprinzip poet. Texte, nach dem jeder literar. Text als das Ergebnis von Transformationen einer Vielzahl zugrundeliegender Texte bzw. Textstrukturen, i. h. semiot. Kodes und kultureller Zeichensysteme, anzusehen ist und somit implizit oder explizit (z. B. durch Zitate) immer auf vorhergehende Texte verweist und diese als Mitkonstituenten seiner eigenen Struktur voraussetzt. Die I. fungiert in den Phasen der Produktion und Lektüre als Wirkungsmoment der ›Poetizität‹ des als mehrdimensionales, polyvalentes und offenes Textzeichen konzipierten poet. Diskurses. U. Eco hat mit seinem Roman ›Der Name der Rose‹ (1980, dt. 1982) ein vieldiskutiertes Beispiel der literar. Verwendung der I. geliefert.

Literatur: RIFFATERRE, M.: La production du texte. Paris 1979. – SCHICK, U.: I. Ecos ›Il nome della rosa‹. In: Poetica 16 (1984), S. 138. – I. Formen, Funktionen, anglist. Fallstudien. Hg. v. U. BROICH u. M. PFISTER. Tüb. 1985. – Intertextuality. Hg. v. H. F. PLETT. Bln. 1991. – Inter-

240 Intrige

textuality. Theories and practices. Hg. v. M. WORTON u. a. Manchester 1991. Nachdr. 1993. – ↑ auch Imitation.

Intrige [frz.; zu italien. intrigare (lat. intricare) = verwickeln, verwirren], im Drama das eine Handlung begründende Komplott, mit dem sich ein Teil der Dramenfiguren zur Durchsetzung seiner Ziele gegen andere verschwört. Als reine I.ndramen gelten v. a. die spanischen ↑ Mantel-und-Degen-Stücke, während die I.nkomödien seit Molière oft zur ↑ Charakterkomödie tendieren.

in usum Delphini [lat.], svw. ↑ ad usum Delphini.

Inversion [lat. = Umkehrung, Versetzung], als Stilmittel Veränderung der übl. Wortfolge, bes. des Subjekts, am Satzeingang, so daß das zu betonende Wort an die erste (oder letzte) Stelle kommt: › *Unendlich* ist die jugendl. Trauer ...‹ (Novalis, ›Heinrich von Ofterdingen‹).

Invokation (lat. invocatio), Anrufung Gottes, der Götter, Heiligen oder der Musen als Eingangsformel bei Urkunden (›In nomine sanctae trinitatis‹) und als Einleitung oder an bes. herausgehobenen Stellen in philosoph. und dichter. Werken. – ↑ auch Apostrophe.

Inzision [lat. = Einschnitt, Abschnitt], in der Verslehre ein Verseinschnitt, ↑ Diärese, ↑ Zäsur.

Ioannes Philoponos (tl.: Iōánnēs Philóponos; Johannes Grammatikos), alexandrin. Theologe des 6. Jahrhunderts. – I. Ph. versuchte die kirchl. Lehre mit der aristotel. Philosophie in Einklang zu bringen; in seinen nur z. T. erhaltenen Werken vertrat er eine monophysit. Trinitätslehre und setzte sich mit Fragen der Auferstehung und der Ideenlehre auseinander.

Ioannes von Damaskus (tl.: Iōánnēs), latinisiert Johannes Damascenus, * Damaskus zwischen 650 und 670, † Kloster Saba bei Jerusalem um 750, griech. Kirchenvater. – Erhielt eine umfangreiche und solide Bildung; zunächst im Dienst der muslim. Kalifen von Damaskus, wurde um 700 Mönch und entfaltete eine rege literar. Tätigkeit; sein bekanntestes Werk, ›Pēgē gnōseōs‹ (›Die Quelle der Erkenntnis‹; dt. 1923), wurde zur Sammlung der dogmat. und theolog. Lehre der

orthodoxen Kirche; neben weiteren theolog. Schriften, zahlreichen Reden und vielleicht auch dem erbaul. Roman ↑ ›Barlaam und Josaphat‹ verdienen bes. die kunstvoll gestalteten Hymnen und Kanones Erwähnung, die geschickt das Prinzip der antiken quantitierenden Metrik mit dem der byzantin. akzentuierenden verbinden.

Literatur: Studia Orientalia Christiana periodica (17) 1951. – DÖLGER, F.: Der griech. Barlaam-Roman. Ein Werk des hl. Johann v. Damaskos. Ettal 1953. – RICHTER, G.: Die Dialektik des Johannes v. Damaskos. Ettal 1964.

Ioannes Chrysostomos (tl.: Iōánnēs Chrysóstomos; Johannes Chrysostomos) [çry...], * Antiochia zwischen 344 und 354, † bei Komana (beim heutigen Kayseri, Türkei) 14. Sept. 407, griech. Kirchenvater. – Schüler des Rhetors Libanios, erhielt seiner Beredsamkeit wegen den Namen Ch. (= Goldmund); einer der bedeutendsten Prediger der griech. Kirche; wurde 398 Patriarch von Konstantinopel, 404 wegen seiner strengen Haltung verbannt. Seine Predigten sind nicht nur inhaltlich und sprachlich bedeutend – I. Ch. war einer der Klassiker der griech. Sprache und Literatur in ihrer Nachblüte –, sie sind auch als Zeugnisse des kirchl. und kulturellen Lebens seiner Zeit von großem Interesse. Von seinen Gelegenheitsreden sind am bekanntesten die 21 Predigten ›De statuis‹ (= Säulenreden) aus dem Jahr 387. I. Ch. hat nachhaltigen Einfluß ausgeübt. Hunderte von Homilien sind erhalten.

Literatur: BAUR, J. CH.: S. Jean Chrysostome et ses œuvres dans l'histoire littéraire. Löwen 1907. – BAUR, J. CH.: Der heilige Johannes Ch. u. seine Zeit. Mchn. 1929. 2 Bde.

Ioannes Kyriotes (tl.: Iōánnēs Kyriótēs; Johannes Kyriotes), byzantin. Schriftsteller des 10. Jahrhunderts. – Neben zahlreichen Epigrammen, Lobgedichten auf Maria und anderen Gedichten schrieb er ein panegyr. Lobgedicht auf den hl. Panteleemon; auch Prosaschriftsteller.

Ioannes Moschos (tl.: Iōánnēs Móschos; Johannes Moschos) ['mɔsçɔs], * um 550, † Rom 619, oriental. christl. Asket, Mönch und Schriftsteller. – Als Einsiedler oft in Begleitung des späteren Patriarchen Sophronios; kam 614 nach Rom; schrieb mehrere Heiligenbiographien; sein Hauptwerk ist die ›Geistliche Wiese‹ (›Leimón‹, lat. ›Pratum spirituale‹), eine Sammlung erbaul. Mönchsgeschichten, die in griech., lat. und slaw. Sprache weit verbreitet war.

Ioannes Tzetzes (tl.: Iōánnēs Tzétzēs), * Konstantinopel (heute Istanbul) um 1110, † um 1180, byzantin. Dichter. – Sein umfangreiches Werk enthält Kommentare und Scholien in Versen zu Homer, Hesiod, Aristophanes u. a., eine Reihe kleinerer Gedichte und die ›Chiliádes‹, ein mytholog., politisch-histor. und literarhistor. Lehrgedicht in fast 13 000 Versen (jamb. Fünfzehnsilbler).

Ioannidis (tl.: Iōannidēs), Andreas [neugriech. iɔa'niðis], neugriech. Schriftsteller, ↑ Kalvos, Andreas.

Ion von Chios (tl.: Íōn), * Chios um 490, † um 422, griech. Schriftsteller. – Kam früh nach Athen, wo er u. a. mit Kimon, Aischylos und Sophokles bekannt wurde; seine vielseitige literar. Tätigkeit erstreckte sich – vom Epos abgesehen – auf alle Dichtungsgattungen; bes. erfolgreich war er als Tragiker; das umfangreiche Werk ist nur bruchstückhaft erhalten.

Ionesco, Eugène [frz. jɔnɛs'ko] (rumän. Eugen Ionescu), * Slatina (Kreis Olt) 26. Nov. 1909, † Paris 28. März 1994, frz. Dramatiker rumän. Herkunft. – Sohn eines Rumänen und einer Französin; verbrachte seine Kindheit (1912–25) in Frankreich; studierte dann in Bukarest Philologie; Gymnasiallehrer; Veröffentlichung erster Gedichte und Essays; ab 1938 wieder in Frankreich. Einer der Hauptvertreter des absurden Theaters. Wollte durch die Absurdität seiner surrealistisch-grotesken Stücke ›die ontolog. Leere‹ deutlich machen und – unter Verzicht auf herkömml. szen. und sprachl. Formen (bis zur Auflösung der Sprache in rhythm. Lautgebilde) – mit der Provokation des Antitheaters das gedanken- und seelenlose kleinbürgerl. Leben durch Karikatur entlarven, v. a. in den frühen, bedeutenderen Stücken ›Die kahle Sängerin‹ (UA 1950, erschienen 1953, dt. 1959), ›Die Unterrichtsstunde‹ (1954, dt. 1959) und ›Die Stühle‹ (1954,

Eugène Ionesco

dt. 1960). In dem Stück ›Die Nashörner‹ (1959, dt. 1960) schockierte er durch eine fiktive Welt, die in ihrer scheinbaren Ernsthaftigkeit eine mögl. Realität spiegelt. Hauptthemen der späteren Stücke sind Vergänglichkeit, Einsamkeit, Tod, Verfolgung und Unterdrückung. I. schrieb auch Erzählungen, Essays, Theaterkritiken, Kinderbücher und den Roman ›Der Einzelgänger‹ (1973, dt. 1974, dramatisiert 1973 u. d. T. ›Ce formidable bordel‹, dt. 1974 u. d. T. ›Welch gigant. Schwindel!‹). Seit 1970 war er Mitglied der Académie française.

Weitere Werke: Nu (Essay, rumän. 1934, frz. 1986 u. d. T. Non), Das groteske und trag. Leben des Victor Hugo (Abh., rumän. 1935, frz. 1982, dt. 1987), Der neue Mieter (Dr., 1953, dt. 1960), Amédée oder Wie wird man ihn los? (Dr., 1954, dt. 1959), Fußgänger der Luft (Dr., 1963, dt. 1964), Der König stirbt (Dr., 1963, dt. 1964), Hunger und Durst (Dr., dt. 1964, frz. 1966), Tagebuch (1967, dt. 1968), Heute und gestern, gestern und heute (Tageb., 1968, dt. 1969), Das große Massakerspiel (Dr., 1970, dt. 1971, auch u. d. T. Der Triumph des Todes oder ...), Macbett (Stück nach Shakespeare, 1972, dt. 1973), Der Mann mit dem Koffer (Dr., 1975, dt. 1976), Gegengifte (Art.-Slg., 1977, dt. 1979), Un homme en question (Artikel und Interviews, 1979), Reisen zu den Toten. Themen und Variationen (Dr., 1981, dt. 1982), An Bord des Narrenschiffs. Schriften 1961–1978 (dt. Ausw. 1983), Erinnerungen, letzte Begegnungen, Zeichnungen (dt. Ausw. 1988), La quête intermittente (Tageb., 1988).

Ausgaben: E. I. Théâtre. Paris 1954–81. 6 Bde. – E. I. Werke. Hg. v. F. BONDY u. I. KUHN. Dt. Übers. Ffm. 1985. 6 Bde. – E. I. Théâtre complet. Hg. v. E. JACQUART. Paris 1990.

Literatur: DONNARD, J.-H.: I. dramaturge ou l'artisan et le démon. Paris 1966. – RONGE, P.: Polemik, Parodie u. Satire bei I. Elemente einer

242 Ionicus

Theatertheorie u. Formen des Theaters über das Theater. Bad Homburg v. d. H. 1967. – WENDT, E.: E. I. Velber 1967. – ABASTADO, C.: E. I. Paris 1971. Neuaufl. 1978. – PETERSEN, C.: E. I. Bln. 1976. – SCHIRMER, L.: Avantgardist. u. traditionelle Aspekte im Theater von E. I. Ffm. u. a. 1977. – BESSEN, J.: I. u. die Farce. Wsb. 1978. – STUBBE, E.: Das Wunder der Alltäglichkeit. Studien zum Aufbau des dichter. Werks von I. Wien 1980. – Modernes frz. Theater. Adamov – Beckett – I. Hg. v. K. BLÜHER. Darmst. 1982. – PLOCHER, H.: E. I. In: Krit. Lex. der roman. Gegenwartsliteraturen. Hg. v. W.-D. LANGE. Losebl. Tüb. 1984 ff. – FLOECK, W.: E. I. In: Frz. Lit. des 20. Jh. Tendenzen u. Gestalten. Hg. v. W.-D. LANGE. Bonn 1986. S. 309. – HUBERT, M.-C.: E. I. Paris 1990. – BONDY, F.: E. I. Rbk. 19.–21. Tsd. 1991. – VERNOIS, P.: La dynamique théâtrale d'E. I. Paris ²1991. – KAMYABI MASK, A.: I. et son théâtre. Paris ²1992. – CLEYNEN-SERGHIEV, E.: La jeunesse littéraire d'E. I. Paris 1993. – ↑ auch Tardieu, Jean.

Ionicus [griech.], antiker Versfuß der Form ◡◡– –; nach den Ioniern, die ihn in Kultliedern zu Ehren der Kybele zuerst gebraucht haben sollen, benannt; ausschließlich daraus gebaute Verse sind seit ↑ Alkman belegt. Der I. wird auch als *I. a minore* bezeichnet und vom sog. *I. a maiore* (– –◡◡) unterschieden.

Iosif, Ştefan Octavian, * Kronstadt 11. Okt. 1875, † Bukarest 22. Juni 1913, rumän. Lyriker. – Studierte in Kronstadt, Hermannstadt und Bukarest; Mitarbeiter verschiedener Zeitschriften, u. a. 1906–08 von ›Semănătorul‹; seine Gedichte (u. a. ›Versuri‹, 1897; ›Pătrarhale‹, 1901; ›Poezii‹, 1901 und 1908), in denen er der Sehnsucht nach einer patriarchalischen Urheimat Ausdruck gibt, sind von idyllischer, melancholischer Grundstimmung; arbeitete teilweise mit seinem Freund D. Anghel zusammen; ausgezeichneter Übersetzer (Shakespeare, Schiller, Goethe, G. A. Bürger, N. Lenau, L. Uhland, J. Ch. F. Hölderlin, S. Petőfi und v. a. H. Heine), zusammen mit D. Anghel übersetzte er P. Verlaine und H. Ibsen.

Ausgaben: S. O. I. Poezii. Antologie, postfaţă şi bibliografie. Bukarest 1975. – DIMITRIE ANGHEL şi S. O. I. Scrieri. Hg. v. J. ROMAN. Bukarest 1982. 2 Bde.
Literatur: VAIDA, M.: Introducere in opera lui S. O. I. Bukarest 1977.

Iparragirre, José María [bask. iparraɣirrɛ], * Villarreal de Urretxu (Guipúzcoa) 12. Aug. 1820, † Itsaso (Guipúzcoa)

6. April 1881, bask. Dichter. – Einer der populärsten Dichter bask. Sprache, u. a. Autor von ›Gernikako Arbola‹ (= Der Baum von Gernika), das als bask. Hymne angesehen wird.
Literatur: JAKA LEGORBURU, A. C. DE: I. en el centenario de su muerte. San Sebastián 1981.

Ipsen, Henning [dän. 'ibsən], * Hasle (Bornholm) 16. April 1930, † ebd. 26. März 1984, dän. Schriftsteller. – Debütierte 1956 mit der Novellensammlung ›De tavse huse‹, die ein düsteres Bild seiner Heimatinsel Bornholm zeichnet. In seinen Romanen schildert er mit Humor und Feingefühl u. a. die Gefährlichkeit eines engen provinziellen Milieus und die Abgründe hinter anständigen Fassaden.

Weitere Werke: Der Fremde ging zuerst an Land (R., 1969, dt. 1972), En sang blot to trapperne (R., 1976), Sande venner (R., 1978), Vejen til Rom (R., 1981), Jødernes hus (R., 1982), Omvejen (R., 1983), Gravskrift (R., 1984).

Iqbāl, Sir (seit 1922) Mohammed [engl. ɪk'bɑːl] (arab. Ikbal, tl.: Iqbāl), * Sialkot 22. Febr. 1873, † Lahore 21. April 1938, ind. Philosoph und Dichter. – Studierte in Großbritannien und Deutschland Philosophie und Jura; sprach sich 1930 erstmals für die Schaffung eines selbständigen, islamisch ausgerichteten Staates aus, darum ›geistiger Vater‹ Pakistans genannt. Sein dichter. Werk gestaltete er in Urdu, ab 1912 in pers. Sprache, um seine Verbreitung in der islam. Welt zu fördern. Es war sein Hauptanliegen, den Islam in seiner Glanzzeit zu preisen und seinen Wiederaufstieg zu einstiger Größe zu propagieren. In dt. Sprache erschienen ›Das Buch der Ewigkeit‹ (Ged., 1957), ›Botschaft des Ostens‹ (1963) und ›Pers. Psalter‹ (1968).

Ausgabe: Sir M. I. Botschaft des Ostens. Übers. u. eingel. v. A. SCHIMMEL. Wsb. 1963.
Literatur: SUD, K. N.: I. and his poems. Neu-Delhi 1969. – SCHIMMEL, A.: Classical Urdu literature from the beginning to Iqbāl. Wsb. 1975.

iranische Literatur ↑ altpersische Literatur, ↑ mittelpersische Literatur, ↑ persische Literatur.

Iranistik, Wiss. von den Sprachen und Literaturen, Kulturen und Religionen sowie der Geschichte und Geographie des von den Iraniern besiedelten Raumes in vorislam. und islam. Zeit

irische Literatur 243

(↑ auch Islamkunde). Die Geschichte der I. in Europa setzte mit Bekanntwerden des Awesta (↑ Anquetil-Duperron, A. H.) im 18. Jh. ein. Die Erschließung des Awesta und der altpers. Keilinschriften (Entzifferung durch G. F. Grotefend) gehört ins 19. Jh.; 1904 erschien Ch. Bartholomaes ›Altiran. Wörterbuch‹ (2. Nachdr. 1979), der von W. Geiger und E. Kuhn hg. ›Grundriß der iran. Philologie‹ (2 Bde., 1895–1904, Nachdr. 1974) wurde abgeschlossen. Friedrich Wilhelm Karl Müller war Hg. der ersten Texte aus den Turfanfunden. In der Folge wurde neues Material entdeckt: in den Oasen Turkestans (v. a. ›mitteliran.‹ Texte) und im eigtl. Iran (Ausgrabungen in Persepolis, Susa usw.), wo v. a. die archäolog. Erforschung durch E. Herzfeld, Erich F. Schmidt u. a. gefördert wurde. 1955 begründete W. B. Henning das ›Corpus Inscriptionum Iranicarum‹. Heute versteht man darüber hinaus die sprach-, kultur- und gesellschaftswissenschaftl. Forschung über iran. Völker und Kulturräume bis zur Gegenwart. 1983 wurde in Rom die ›Societas Iranologica Europaea‹ gegr., die diesen Sachverhalt einhellig bestätigte.

Iredyński, Ireneusz [poln. irɛˈdi͡iski], * Stanislaw (Iwano-Frankowsk) 4. Juni 1939, † Warschau 9. Dez. 1985, poln. Schriftsteller. – Schrieb krit., provozierende Verse und Romane, negierte traditionelle Werte (›Dzień oszusta‹ [= Der Tag eines Betrügers], E., 1962; ›Versteckt in der Sonne‹, R., 1963, dt. 1971); in den Dramen stellte er Grenzsituationen und Analyse von Terror und Macht dar (›Krippenspiel modern‹, 1962, dt. 1974; ›Leb wohl Judas‹, 1965, dt. 1967).
Weitere Werke: Manipulation (R., 1975, dt. 1978), Terroristen (Stück, UA 1984, dt. EA 1985).

Ireland, William Henry [engl. ˈaɪələnd], * London 1777, † ebd. 17. April 1835, engl. Schriftsteller. – Wurde bekannt als Fälscher von Shakespeare-Texten; von E. Malone entlarvt.

Iriarte, Tomás de, *La Orotava (Teneriffa) 18. Sept. 1750, †Madrid 17. Sept. 1791, span. Dichter. – Bekannt durch das Lehrgedicht ›La música‹ (1779), seine ›Literar. Fabeln‹ (1782, dt. 1884), eine

Übersetzung der Horazschen ›Ars poetica‹ (1777) und verschiedene Komödien.
Ausgabe: T. de I. Colección de obras en verso y prosa. Madrid 1805. 8 Bde.
Literatur: COTARELO Y MORI, E.: I. y su época. Madrid 1897. – SUBIRÁ, J.: El compositor. I. y el cultivo español del melólogo. Barcelona 1950. 2 Bde. – COX, R. M.: T. de I. New York 1972.

irische Literatur (irisch-gälische Literatur), die älteste einheim. Literatur West- und Nordeuropas.
Archaische Epoche (400–600): Aus dieser Zeit gibt es nur einige hundert Inschriften in Ogham-Schrift, die nur aus wenigen Worten, meist Namen, bestehen. Die *Ogham-Schrift* ist eine spezielle Buchstabenschrift der ältesten Denkmäler in ir. Sprache. Möglicherweise handelt es sich um mnemotechn. Zeichen, denen später Lautwerte des lat. Alphabets zugeordnet wurden. Einige Forscher nehmen Beziehungen zur german. Runenschrift an. Bis zur Einführung der Lateinschrift durch das Christentum (6. Jh.) gab es nur eine mündl. Überlieferung, die neben der schriftl. bis ins 20. Jh. fortdauerte.
Frühe Epoche (600–1200): Die Repräsentanten der Literatur dieser Epoche waren in erster Linie die ›filid‹, daneben Geistliche, die in den Klöstern für die Niederschrift und Aufbewahrung sorgten. Die ›filid‹ waren professionelle Dichter im Dienste des Königs. Sie verfaßten Preis- und Klagelieder auf ihre Schutzherren, Schmählieder auf deren Feinde. Daneben fungierten sie als Überlieferer der Stammestraditionen, als Genealogen, Historiker und Richter. Sie nahmen eine sehr hohe gesellschaftl. Stellung ein. Die i. L. dieser Epoche wandte sich an ein aristokrat. Publikum. Die Sprache war streng reglementiert und wies keinerlei Dialektunterschiede auf. Das älteste datierbare Werk der i. L. ist ›Amra Choluimb chille‹ (= Lobgedicht auf Columba) von Dallán Forgaill (†597). Die Hauptwerke der frühen i. L. sind die *Heldensagen.* Obwohl erst in Handschriften aus dem 12. und 13. Jh. überliefert, haben sie doch eine um Jahrhunderte ältere Sprachform und repräsentieren eine vom Christentum noch gänzlich unberührte heidn. Welt. Die ältesten Handschriften sind: ›Lebor na h-Uidre‹ (= Buch der dunklen Kuh, um

244 irische Literatur

1100), das Buch von Leinster (um 1150) und Rawlinson B 502 (12. Jh.). Die Form der ir. Heldensage ist das Prosaepos mit eingeschobenen lyr. Gedichten. Die heute übl. Einteilung in Zyklen entspricht nicht der Einteilung in der alten i. L. selbst. Diese klassifizierte die Stoffe nach Themen: Abenteuer, Belagerungen, Plünderungen, Viehdiebstähle, Seereisen, Brautwerbungen, Entführungen, Gastmähler u. a. Die heutige Einteilung umfaßt folgende Zyklen: *1. Ulsterzyklus:* seine Hauptfiguren sind der jugendl. Held Cúchulainn, König Conchobar von Ulster und dessen Erbfeinde, König Ailill und seine Frau Medb von Connacht. Die zentrale Erzählung ist ›Táin bó Cuailnge‹ (= Der Raub der Rinder von Cuailnge). Weiterhin gehören zu diesem Zyklus ›Scél muicce Maicc Da Thó‹ (= Die Geschichte vom Schwein des Mac Da Thó), ›Fled Bricrenn‹ (= Bricrius Fest), ›Tochmarc Émire‹ (= Das Werben um Émer), ›Serglige Conculainn‹ (= Cúchulainns Krankenlager) und die Erzählung um die trag. Liebende Deirdre ›Longas Mac nUislenn‹ (= Die Verbannung der Söhne Uislius). Der Ulsterzyklus weist bes. archaische Elemente auf, z. B. den Kampf mit Streitwagen, den Kopf des Feindes als Siegestrophäe und das übernatürl. Wirken von Tabus (›gessa‹). *2. Mytholog. Zyklus:* er schildert den Kampf eines Geschlechts übernatürl. Wesen, der Tuatha Dé Danann (vielleicht die Ureinwohner Irlands) und ihres Königs Dagdá mit einem Geschlecht von Dämonen, den Fomoriern. Dazu gehören u. a. die Erzählungen ›Tochmarc Étaíne‹ (= Das Werben um Étaín) und ›Cath Maige Tuired‹ (= Die Schlacht von Mag Tuired). *3. Königszyklus* (auch Histor. Zyklus): in ihm sind Sagen und Erzählungen um je einen histor. oder prähistor. König gruppiert, z. B. ›Cath Almain‹ (= Die Schlacht von Allen), ›Buile Suibhne‹ (= Suibhnes Wahnsinn).
Die *Lyrik* der frühen Epoche ist nur in Bruchstücken erhalten. Bes. bemerkenswert ist die empfindsame Naturlyrik. Die professionellen Gedichte der ›filid‹ bestanden in den erwähnten Lob-, Klage- und Schmählern. Daneben gibt es religiöse Gedichte, z. B. ›Félire‹ (= Heili-

genkalender, um 800) von Oengus Céle Dé, ›Saltair na rann‹ (= Strophenpsalter, 10. Jh.) und histor. Gedichte, z. B. ›Fianna bátar i nEmain‹ (= Die Krieger, die in Emain waren) von Cináed Ua Artacáin (†975). Die ältesten Gedichte sind in einer Art rhythm. alliterierender Prosa verfaßt. Unter dem Einfluß lat. Hymnen kommen im 8. Jh. Endreim und silbenzählende Metren auf. Schließlich gibt es religiöse (v. a. Heiligenleben und Visionen) und wiss. *Prosa:* medizin. und jurist. Traktate wie ›Senchas már‹ (= Großes altes Gesetzbuch), grammat. Abhandlungen mit einer ausgebildeten grammat. Terminologie, ›Sanas Cormaic‹ (= Cormacs Glossar), die ›Dindshenchas‹, eine Art nat. Topographie, worin die Namen bekannter Orte durch je eine Geschichte oder Legende gedeutet werden, das ›Lebor gabála‹ (= Buch der Eroberungen), das eine spekulative Beschreibung der vorchristl. Geschichte Irlands enthält, und verschiedene Genealogien und Annalen.
Mittlere Epoche (1200–1650): Die anglonormann. Invasion (1175) markierte das Ende der polit. und kulturellen Selbständigkeit Irlands. An die Stelle des Königtums traten eine Anzahl kleiner Fürstentümer. Mit dem Königtum starb auch das Amt der ›filid‹ aus. Die Dichtung lag vor nun an in den Händen der Barden, die den ›filid‹ ursprünglich untergeordnet waren. Die Barden standen im Dienste der kleinen Fürsten, in deren Auftrag sie Preis- und Spottlieder verfaßten. Besonderes Kennzeichen der ir. Bardendichtung ist die ungeheuer komplizierte metr. Technik (›dán díreach‹). Die formale Strenge führte dazu, daß der Inhalt hinter der Form zurücktrat und manchmal sogar unverständlich wurde. Herausragende Bardenpersönlichkeiten waren Tadhg Dall O hUiginn (*1550, †1591) und mehrere Angehörige der Familie O Dálaigh, bes. Muireadhach Albanach O Dálaigh (1. Hälfte des 13. Jh.). Der Großteil der Prosaliteratur dieser Epoche gehört dem *Finn-Zyklus,* dem 4. großen ir. Sagenzyklus, an. Seine märchenhaften, mit folklorist. Elementen durchsetzten Stoffe wurden vor ihrer schriftl. Fixierung wohl schon seit Jahrhunderten vom Volk tradiert. Neben Prosa findet sich

schon bald die Form der *Ballade* mit gegenüber der Bardendichtung wesentlich vereinfachten Versformen. Diese Balladen werden als Beginn einer volkstüml. i. L. angesehen. Hauptwerk des Finn-Zyklus ist die Erzählung ›Acallam na senórach‹ (= Das Gespräch der Alten, Ende des 12. Jh.). Zu diesem Zyklus gehören auch die Erzählungen um das trag. Liebespaar Diarmaid und Gráinne. Erwähnt sei noch die Prosaerzählung ›Echtra Fergusa Maic Léti‹ (= Das Abenteuer des Fergus Mac Léti, 14. Jh.) mit einer Beschreibung des Landes der Zwerge.

Späte Epoche (1650–1850): sie ist durch die totale Unterdückung der ir. Sprache durch die Engländer gekennzeichnet. Enteignung und Vertreibung des einheim. Adels führten zum Aussterben des Bardenstandes. Die bis dahin genormte Literatursprache zerfiel in Dialekte. Die Engländer verboten den Druck irischsprachiger Bücher. Die i. L. zirkulierte nur in Manuskripten, was eine weite Verbreitung unter dem Volk verhinderte. Der bedeutendste Lyriker dieser Epoche war Dáibhidh Ó Bruadair (* 1630, † 1698), der z. T. noch in der Bardentradition stand. Anstelle der professionellen Bardendichtung entfaltete sich im 17./ 18. Jh., bes. in der Provinz Munster (Südirland), eine von Bauern, Handwerkern, Lehrern usw. getragene Volksdichtung. An die Stelle der strengen Metren der Bardendichtung traten volkstüml. Balladenverse (›amhráin‹). Das bedeutendste Werk der Munster-Dichtung ist ›Cúirt an mhéanoíche‹ (= Mitternächtl. Gerichtshof) von Brian Merriman (* 1740, † 1808). Zu den Prosawerken des 17. Jh. gehören geschichtl. und altertumskundl. Sammlungen von hohem histor. Quellenwert: ›Annála Rioghachta Éireann‹ (= Annalen der Vier Meister) von Micheál Ó Cléirigh (* etwa 1590, † 1643) und ›Foras Feasa ar Éirinn‹ (= Geschichte Irlands) von Geoffrey Keating (* 1570, † 1646). Unter dem Druck der Engländer (weiterhin Druckverbot für ir. Bücher) und den Auswirkungen der großen Hungersnot (1846/47) erstarb im Laufe die 19. Jh. jegl. literar. Aktivität.

Moderne Epoche (Ende des 19. Jh. bis heute): Eine Erneuerung der ir. Sprache und Literatur begann mit der Gründung der *Gaelic League* (1893) durch D. Hyde. Die Schwierigkeiten waren groß, da die literar. Tradition seit 100 Jahren abgerissen, die ehemalige Standardsprache inzwischen in Dialekte aufgesplittert und die Zahl der Sprecher drastisch zurückgegangen war. Die Kurzgeschichte wurde zur bevorzugten Gattung. Ihre ersten bed. Vertreter waren Peter O'Leary (Peadar Ua Laoghaire, * 1839, † 1920), Pádraic Ó Conaire (* 1883, † 1928), D. Hyde und P. H. Pearse (Pádraic Mac Piarais). Autobiographien schrieben T. Ó Crohan (›An t-oileánach‹ = Der Inselbewohner, 1929) und M. Ó Sullivan (›Inselheimat‹, 1933, dt. 1956). Von Bedeutung sind weiterhin die Prosaisten Séamus Ó Grianna (* 1891, † 1969; Pseudonym Máire), sein Bruder Seosamh Mac Grianna (* 1900), L. O'Flaherty (Ó Floinn), die Lyriker Seán Ó Riordáin (* 1917, † 1977), Máirtín Ó Direáin (* 1910, † 1988), Máire Mhac an t-Saoi (* 1922), Seán Ó h-Éigeartaigh und der Dramatiker Micheál Mac Liammóir (* 1899, † 1978). Bed. Autor von Kurzgeschichten ist Breandán Ó h-Eithir.

Zur *Literatur Irlands in engl. Sprache* ↑ englische Literatur.

Literatur: Bruchstücke der älteren Lyrik Irlands. Hg. v. KUNO MEYER. Bln. 1919. – THURNEYSEN, R.: Die ir. Helden- u. Königssagen bis zum 17. Jh. Halle/Saale 1921. Nachdr. Hildesheim 1979. – BLÁCAM, A. DE: Gaelic literature surveyed. Dublin ²1933. – CROSS, T. P.: Motif-index of early Irish literature. Bloomington (Ind.) 1952. Nachdr. New York 1969. – KNOTT, E.: Irish classical poetry. Dublin ²1960. – KNOTT, E./MURPHY, G.: Early Irish literature. London ²1967. – DILLON, M.: Irish sagas. Cork 1968. – POWER, P. C.: Literary history of Ireland. Cork 1969. – MURPHY, G.: Early Irish lyrics. Nachdr. Oxford 1970. – A Celtic miscellany. Ausgew. u. Übers. v. K. H. JACKSON. Harmondsworth ²1971. – MEID, W.: Dichter u. Dichtkunst im alten Irland. Innsb. 1971. – DILLON, M.: Early Irish literature. Chicago (Ill.) ⁵1972. – HYDE, D.: A literary history of Ireland from earliest time to present day. New York 1980. – LAMBERT, P.-Y.: Les littératures celtiques. Paris 1981.

irisch-keltische Renaissance
↑ keltische Renaissance.

Iron, Ralph [engl. 'aɪən], Pseudonym der südafrikan. Schriftstellerin Olive ↑ Schreiner.

246 Ironie

Ironie [lat. ironia, von griech. eirōneía = erheuchelte Unwissenheit, Verstellung], die I. bewegt sich, ebenso wie der Humor oder das Groteske, im Spannungsfeld des Komischen. Während Humor und Groteske jedoch v. a. bestimmte Bewußtseinshaltungen ausdrükken, versteht man unter I. im engeren Sinn eine Denkweise, die an einen bestimmten Stil gebunden ist, als Technik der bewußten Verkehrung des Gesagten und des Gemeinten. In diesem Sinne bezeichnet der Begriff I. eine Figur der Rhetorik; bekanntes Beispiel dafür ist die stehende Wendung in der Rede des Marcus Antonius ›Und Brutus ist ein ehrenwerter Mann‹ anläßlich der Ermordung Julius Cäsars (u. a. durch Brutus) in Shakespeares Drama ›Julius Caesar‹ (entst. um 1599, gedr. 1623, dt. 1741). Dieses Urteil hat die Absicht, den so Gerühmten zu demaskieren. Aggressivität gehört zum Wesen der I.; im Unterschied zum Humor, der eher verteidigt, greift oder klagt die I. an. Sie zielt weniger auf das Lachen als auf das Verlachen. In diesem Sinne wird sie auch in Parodie, Satire und Travestie eingesetzt. Mit der rhetor. Ironie verwandt ist die von Sokrates als Methode der Erkenntnisförderung angewandte und nach ihm benannte ›sokrat. I.‹, mit der Sokrates, indem er sich selbst unwissend stellte oder log. Fehlschlüsse zog, seine Schüler zum krit. philosoph. Denken herausfordern wollte. So gesehen ist I. im weiteren Sinne eine Möglichkeit pädagog. Kommunikation, aber auch eine grundsätzl. Lebenshaltung, die beispielsweise F. Nietzsche als fragwürdig charakterisierte. – In der Literatur findet sich das Ironische v. a. in den erzählenden Gattungen, meist als mehr oder weniger stark ausgeprägtes Element des Satirischen, Humoristischen oder Grotesken, u. a. bes. in den Werken J. Swifts, den Bildungsromanen von Ch. M. Wieland (›Geschichte des Agathon‹, 1766/67, endgültige Ausg. 1794), Goethes ›Wilhelm Meisters Lehrjahre‹ (1795/96) und ›Wilhelm Meisters Wanderjahre oder Die Entsagenden‹ (1821, erweitert 1829) sowie in der romant. Lit. u. a. in den Werken von L. Tieck, E. T. A. Hoffmann, C. Brentano oder A. de Musset. – Gegenstand literarisch-theoret. Auseinandersetzungen wurde die I. insbes. in den ästhet. Schriften von Jean Paul sowie von F. und A. W. Schlegel. Bei Jean Paul ist I. Bestandteil der ›romant. Komik‹, er unterstreicht den ›Ernst‹ der I. als Ausdruck der ›kom. Objektivität‹ im Unterschied zum ›subjektiven Kontrast‹. F. Schlegel spricht in Unterscheidung zur ›sokrat. I.‹ von der ›romant. I.‹ als dem ›Gefühl von dem unauflösl. Widerstreit des Unbedingten und des Bedingten‹ und beschreibt die I. in diesem Sinne auch als ›überwundene Selbstpolemik‹. Demgegenüber versuchte K. W. F. Solger die I. als den Untergang der unendl. Idee in der Endlichkeit des Kunstwerks zu bestimmen, was für ihn die I. zur Tragik tendieren läßt. – Als satir. Zerstörung der Empfindungen erscheint I. bei H. Heine und in ähnl. Weise als bewußter Effekt der Illusionszerstörung u. a. bei Th. Fontane. I. als Mittel der existentiellen Distanz prägt im 20. Jh. in der deutschsprachigen Literatur v. a. die Werke von Th. Mann und R. Musil.

Literatur: BEHLER, E.: Klass. I., romant. I., trag. I. Zum Ursprung dieser Begriffe. Darmst. 1972. – I. als literar. Phänomen. Hg. v. H. E. HASS u. G.-A. MOHRLÜDER. Köln 1973. – KIERKEGAARD, S.: Über den Begriff der I. mit ständiger Rücksicht auf Sokrates. Übers. v. E. HIRSCH Ffm. 1976. – PRANG, H.: Die Romant. I. Darmst. ²1980. – WALSER, M.: Frankfurter Vorlesungen über Selbstbewußtsein u. I. Ffm. 1981. – MUECKE, D. C.: Irony and the ironic. London ²1982. – JAPP, U.: Theorie der I. Ffm. 1983.

Irving, John [Winslow] [engl. 'ə:vıŋ], * Exeter (N. H.), 2. März 1942, amerikan. Schriftsteller. – Seine komisch-grotesken Romane geben ein Bild der amerikan. Gegenwartsgesellschaft, deren harmon. Interaktion in Familie und Beruf durch Sexualität, Gewalt und exzentr. Verhalten gefährdet ist. In ›Garp und wie er die Welt sah‹ (1978, dt. 1979), seinem besten und erfolgreichsten Roman, thematisiert I. zudem die Situation des Gegenwartsschriftstellers als Bindeglied zwischen Kunst und Leben.

Weitere Werke: Laßt die Bären los! (R., 1968, dt. 1985), Die wilde Geschichte vom Wassertrinker (R., 1972, dt. 1989), Eine Mittelgewichtsehe (R., 1974, dt. 1986), Das Hotel New Hampshire (R., 1981, dt. 1982), Gottes Werk und Teufels Beitrag (R., 1985, dt. 1988), Owen

Meany (R., 1989, dt. 1989), Son of the circus (R., 1994).
Literatur: MILLER, G.: J. I. New York 1982. – HARTER, C./THOMPSON, J. R.: J. I. Boston (Mass.) 1986.

Irving, Washington [engl. 'ə:vɪŋ], Pseudonyme Geoffrey Crayon, Diedrich Knickerbocker, *New York 3. April 1783, †bei Tarrytown (N. Y.) 28. Nov. 1859, amerikan. Schriftsteller. – Studierte Jura, lebte 1804–06, 1815–32 und 1842–45 in Europa (u. a. als Gesandtschaftsattaché in London und als Botschafter in Spanien); 1832 Reise in den Westen der USA; lebte ab 1836 in ›Sunnyside‹ über dem Hudson River. Berühmt machte ihn ›Die Handschrift Diedrich Knickerbockers des Jüngeren‹ (1809, dt. 1825, 1829 u. d. T. ›Humorist. Geschichte von New York‹), eine parodist. Chronik der holländ. Blütezeit in New York, in der er gegen Th. Jefferson gerichtete satir. Elemente mit solchen des kom. Epos mischte. Sein bestes Werk ist ›Gottfried Crayon's Skizzenbuch‹ (7 Bde., 1819/20, dt. 2 Bde., 1825), W. Scott gewidmet, das neben eleg., das Leben in England beschreibenden Prosaskizzen umgeformte, ins amerikan. Milieu transponierte dt. Sagenstoffe umfaßt. Von ihnen gelten ›Rip Van Winkle‹ und ›Die Sage von der schläfrigen Schlucht‹ als frühe Muster der Kurzgeschichte. Bes. von Spanien beeinflußt, schrieb I. ›Die Geschichte des Lebens und der Reisen Christoph Columbus‹ (1828, dt. 1828), die histor. Darstellung ›Die Eroberung Granada's‹ (1829, dt. 1830) und die Sammlung spanischer Legenden ›Die Alhambra, oder das neue Skizzenbuch‹ (2 Bde., 1832, dt. 1832), daneben auch Biographien (über O. Goldsmith, 1840, dt. 1858, und G. Washington, 5 Bde., 1855–59, dt. 5 Bde., 1856–59).
Weitere Werke: Salmagundi (Essays und Ged., 1807/08, dt. 1827; mit William Irving und J. K. Paulding), Bracebridge Hall, oder die Charaktere (Essays, 1822, dt. 1826), Erzählungen eines Reisenden (1824, dt. 1825).
Ausgaben: W. I. Sämtl. Werke. Dt. Übers. Ffm. 1826–37. 74 Bde. – W. I. The works. New York 1897–1903. 40 Bde. – W. I. Representative selections. Hg. v. H. A. POCHMANN. New York u. a. 1934 (mit Bibliogr.). – The complete works of W. I. Hg. v. H. A. POCHMANN. Boston (Mass.) u. a. 1969 ff. (bisher 30 Bde. erschienen).

Washington Irving (Kupferstich von Samuel Hollyer um 1850 nach einem zeitgenössischen Gemälde)

Literatur: HELLMAN, G. S.: W. I. London 1925. – WILLIAMS, S. T.: The life of W. I. New York 1935. 2 Bde. – REICHART, W. A.: W. I. and Germany. Ann Arbor (Mich.) 1957. Nachdr. Westport (Conn.) 1972. – WAGENKNECHT, E.: W. I. Moderation displayed. New York 1962. – LEARY, L.: W. I. Minneapolis (Minn.) 1963. – HEDGES, W. L.: W. I. Baltimore (Md) 1965. – BREINIG, H.: I.s Kurzprosa. Kunst und Kunstproblematik im erzähler. und essayist. Werk. Bern u. Ffm. 1972. – A century of commentary on the works of W. I., 1860–1974. Hg. v. A. B. MYERS. Tarrytown (N. Y.) 1976. – SPRINGER, H.: W. I. A reference guide. Boston (Mass.) 1976. – BOWDEN, M. W.: W. I. Boston (Mass.) 1981.

Irzykowski, Karol [poln. iʒɨ'kɔfski], *Błaszkowa bei Jasło 25. Jan. 1873, †Żyrardów 2. Nov. 1944, poln. Literaturkritiker und Schriftsteller. – Verfaßte psychoanalytisch orientierte Romane und Erzählungen; bedeutender und bekannter als Kritiker der zeitgenöss. literar. Strömungen (S. I. Witkiewicz) in Polen; auch Lyrik und Aphorismen; Übersetzer F. Hebbels.
Werke: Pałuba (R., 1903), Nowele (Nov.n, 1906), Walka o treść (= Kampf um den Inhalt, Studie, 1929), Słoń wśród porcelany (= Der Elefant im Porzellan, Studie, 1934).
Ausgabe: K. I. Wybór pism krytycznoliterackich. Breslau 1975.

Isaacs, Jorge [span. isa'aks], *Cali 10. April 1837, †Ibagué (Tolima) 17. April 1895, kolumbian. Schriftsteller. – Als Journalist, Diplomat und Politiker tätig; 1880 Anführer eines gescheiterten Staatsstreichs; schrieb Gedichte (›Poesías‹, 1864), deren Musikalität und Metaphorik den Modernismo ankündigen; sein Hauptwerk ist der unter dem Einfluß der frz. Romantik (F. R. de

248 Issak

Chateaubriand) entstandene idyll., teils autobiograph. Roman aus dem heimatl. Caucatal ›María‹ (1867), der bald in ganz Lateinamerika Verbreitung fand.
Ausgabe: Obras completas de J. I. Medellín 1966. **Literatur:** CARVAJAL, M.: Vida y pasión de J. I. Santiago de Chile 1937. – VELASCO MADRIÑÁN, L. C.: J. I., el caballero de las lágrimas. Cali 1942. – MEJÍA DUQUE, J.: I. y María. El hombre y su novela. Bogotá 1979.

Isaak von Ninive, * Bet Katraja (am Pers. Golf), † Ende des 7. Jh., syr. christl. Asket. – Verzichtete 661 nach fünf Monaten auf das Bischofsamt in Ninive und wurde Einsiedler. Obwohl Nestorianer, war die Wirkung seiner asket. und myst. Schriften sehr groß, wie u. a. die Übersetzung seiner Werke in die arab., griech. und lat. Sprache zeigt.
Literatur: BAUMSTARK, A.: Gesch. der syr. Lit. mit Ausschluß der christl.-palästinens. Texte. Bonn 1922. Nachdr. Bln. 1968. S. 223. – ORTIZ DE URBINA, J.: Patrologia syriaca. Rom ²1965. S. 145.

Isaak Ben Abraham Troki, litauischer karäischer Schriftsteller, † Troki, Isaak Ben Abraham.

Isaak Ben Jehuda Ibn Gajjat (tl.: Yizhaq Ben Yĕhûdā Ibn Ḡayyāt), *Lucena 1038, † ebd. 1089, jüd. Gelehrter und Dichter. – Schrieb Werke zur Halacha, Kommentare zum Talmud und zum Prediger Salomo, den er auch ins Arabische übersetzte. Seine Dichtung nimmt ihren Stoff oft aus den Naturwissenschaften und der griech. Philosophie.
Literatur: ELBOGEN, I.: Der jüd. Gottesdienst in seiner geschichtl. Entwicklung. Ffm. ³1931. Nachdr. Hildesheim 1967.

Isaev, Mladen Mladenov, bulgar. Lyriker, † Issaew, Mladen Mladenow.

Isahakjan, Awetik, *Alexandropol 31. Okt. 1875, † Jerewan 17. Okt. 1957, armen. Lyriker. – Lebte nach dem Studium in Edschmiadsin, 1893–96 in Leipzig; Haft in Rußland und Flucht nach Westeuropa, 1923–26 in Paris; 1926 Rückkehr nach Armenien; volkstüml. Lyriker; erfüllt von Trauer über das enttäuschende Leben, das er als Minnesänger zu schildern versucht; beklagt die im Leiden umgekommenen Patrioten.
Literatur: INGLISIAN, V.: Die armen. Lit. In: Hdb. der Orientalistik. Abt. 1, Bd. 7. Leiden 1963. S. 247.

Isaios (tl.: Isaĩos), griech. Redner des 5./4. Jh. wohl aus Chalkis (Euböa). – War in Athen tätig. Wohl Schüler des Isokrates und Lehrer des Demosthenes. Bekannt sind 56 Titel; erhalten sind ein größeres Fragment sowie kleinere Fragmente, dazu elf Reden, die Erbschaftsprozesse betreffen.
Literatur: Kleinere att. Redner. Hg. v. A. ANASTASSIOU u. D. IRMER. Darmst. 1977.

Isaković, Antonije [serbokroat. 'isa:kɔvitɕ], *Belgrad 6. Nov. 1923, serb. Schriftsteller. – Verlagsdirektor; moderner serb. Erzähler, dessen Kurzgeschichten sich durch Bildhaftigkeit, Spannung sowie Menschlichkeit auszeichnen.
Werke: Velika deca (= Große Kinder, En., 1953), Prazni bregovi (= Leere Hügel, En., 1969), Tren 1 (= Der Augenblick 1, R., 1976), Tren 2 (R., 1982).

Isakovskij, Michail Vasil'evič, russ.-sowjet. Lyriker, † Issakowski, Michail Wassiljewitsch.

Isaksson, Folke [schwed. ,i:saksɔn], *Kalix (Norrbotten) 9. Okt. 1927, schwed. Schriftsteller und Kulturkritiker. – Seine lyr. Produktion, die fest mit der europ. Tradition verbunden ist, trat zu Beginn der 60er Jahre zugunsten von Dokumentarliteratur zurück und wurde um 1981 mit dem Gedichtband ›Tecken och under‹ wieder aufgenommen.
Weitere Werke: Vinterresa (Ged., 1951), Det gröna året (Ged., 1954), Blått och svart (Ged., 1957), Teckenspråk (Ged., 1959), Terra magica (Ged., 1963), Gnistor under himlavarvet. 25 kapitel om poesi (Essays, 1982), Levande bilder (Essays, 1983), Från mörker till ljus (Ged., 1985), Vingslag (Ged., 1986), Vindens hand (Ged., 1988).

Isaksson, Ulla [schwed. ,i:saksɔn], *Stockholm 12. Juni 1916, schwed. Schriftstellerin. – Themen ihrer Romane waren religiöse und moral. Gemeinschaftskonflikte, bevor sie sich stärker der Darstellung von persönl. Entwicklungsfragen, histor. Motiven, Frauenfragen sowie dem problemat. Verhältnis zwischen Wohlfahrtsstaat und Entwicklungsländern zuwandte. Gemeinsam mit ihrem Mann Erik Hjalmar Linder (*1906) Verfasserin einer zweiteiligen Biographie (›Elin Wägner‹, 1977–80); schrieb auch Drehbücher, u. a. für Ingmar Bergman.

Ischtars Höllenfahrt 249

Weitere Werke: Trädet (R., 1940), Ytterst i havet (R., 1950), Das Haus der Frauen (R., 1952, dt. 1953), Dödens faster (Nov., 1954), Dit du icke vill (R., 1956), Klänningen (R., 1959), Klockan (R., 1966), Amanda eller Den blå spårvagnen (R., 1969), Paradistorg (R., 1973), De två saliga (R., 1985), Födelsedagen (R., 1988).

ISBN, Abk. für: Internationale Standardbuchnummer, für jedes Buch unverwechselbar in aller Welt als kurzes und eindeutiges Identifikationsmerkmal. Die ISBN begleitet das Buch von seiner Herstellung an und ist damit ein wesentl. Rationalisierungsinstrument zur Erleichterung des Bestell- und Rechnungswesens im Buchhandel. Eine gleich wichtige Funktion hat die ISBN auch für Bibliotheken und in der interbibliothekar. Zusammenarbeit. Grundlage des ISBN-Systems ist die von Prof. Foster (Irland) entwickelte Standard-Buchnummer, die seit 1967 in Großbritannien und seit 1968 in den USA verwendet wird. Im Nov. 1971 wurde das Internat. Standardbuchnummernsystem zur Dt. Norm (DIN 1462) erklärt. Nicht als Bücher im Sinne des ISBN-Systems gelten Zeitungen, Zeitschriften und andere Periodika (↑ISSN), Noten, Kunstmappen, allgemeine Taschenkalender, Sonderdrucke aus Festschriften, Lehr- und Arbeitspläne von Volkshochschulen. Zeitschriftenartige Reihen (z. B. Jahresberichte) erhalten als Gesamtheit ebenfalls keine ISBN, es können aber, sofern sie einzeln beziehbar sind, auch einzelne Stücke solcher Reihen eine ISBN erhalten. Erscheint in einem Verlag bei sonst gleichem Inhalt ein Werk mit verschiedenen qualitativen oder formalen Merkmalen, so erhält jede dieser Ausgaben eine eigene ISBN.

Die ISBN besteht aus vier durch Bindestrich oder Zwischenräume getrennten Teilen mit insgesamt 10 Stellen und den vorangestellten Buchstaben ISBN, deren 1. Teil die Gruppennummer für nat., geograph. oder Sprachgruppen ist, Teil 2 die Verlagsnummer, Teil 3 die Titelnummer, Teil 4 die Computer-Prüfziffer.

Ischihara (tl.: Ishihara), Schintaro, * Kobe 30. Sept. 1932, jap. Schriftsteller. – Zentralthema seiner Werke ist die Umkehrung gesellschaftl. Werte in der Nachkriegszeit sowie das anarchist. und nihilist. Verhalten der Jugend, ihre Ablehnung von Staat und Gesellschaft. Beeinflußt von Jukio Mischima, vertritt er seit Mitte der 60er Jahre nationalist. Tendenzen.
Werke: Taiyō no kisetsu (= Saison der Sonne, R., 1955, engl. 1966 u. d. T. Season of violence), Seinen no ki (= Baum der Jugend, R., 1958), Shi no hakubutsushi (= Die Natur der Toten, Nov., 1963), Amai doku (= Süßes Gift, R., 1973), Hikari yori hayaki warera (= Wir, die wir schneller sind als das Licht, R., 1975), Nihon no dōgi (= Japans Moral, Abh., 1976).

Ischikawa (tl.: Ishikawa), Takuboku, * Hinoto (Iwate) 20. Febr. 1886, † Tokio 13. April 1912, jap. Lyriker und Erzähler. – Seine Dichtung ist gekennzeichnet durch einen melanchol. Grundton, in dem sich sein von Sorge und Krankheit geprägtes, trag. Lebensgefühl Ausdruck verschafft. Seine frühen Gedichte lassen sich der jap. Romantik zuordnen, später herrschen naturalist. Elemente vor. In seinen letzten Jahren näherte er sich der sog. proletar. Literatur an. I. leistete einen wesentl. Beitrag zur Einführung der modernen Umgangssprache in die jap. Versdichtung.
Werke: Akogare (= Sehnsucht, Ged., 1905), Kumo wa tenzai de aru (= Die Wolken sind Genies, E., 1906), Kuubeki shi (= Gedichte zum Essen, Essay, 1909, engl. 1966 u. d. T. Poems to eat), Ichiaku no suna (= Eine Handvoll Sand, Ged., 1910, engl. 1934 u. d. T. A handful of sand), Trauriges Spielzeug (Ged. u. Prosa, 1912, dt. 1994).

Ischtars Höllenfahrt (Inannas/Ischtars Gang zur Unterwelt), altoriental. Mythos, der in sumer. und akkad. Fassung nicht ganz vollständig überliefert ist: Die Göttin Inanna (sumerisch) bzw. Ischtar (akkadisch) geht in die Unterwelt, wohl um deren Herrin Ereschkigal die Herrschaft dort zu nehmen; an den sieben Unterweltstoren wird sie jeweils einer ihrer sieben göttl. Kräfte beraubt und ist dem Tode verfallen, so daß alle Fortpflanzung auf Erden aufhört. Mit Hilfe ihres Vaters Sin und des Ea gelingt ihre Wiederbelebung und ihre Rückkehr in die Oberwelt, jedoch nur unter Stellung eines Ersatzes, nämlich ihres geliebten Dumuzi (bzw. Tammuz) und seiner Schwester, die von diesem Zeitpunkt an je ein halbes Jahr in der Unterwelt zubringen müssen.

Literatur: FALKENSTEIN, A.: Der sumer. und der akkad. Mythos von Inannas Gang zur Unterwelt. In: Festschrift für Werner Caskel. Hg. v. E. GRÄF. Leiden 1968. S. 97.

Ise-monogaṭari [jap. = Erzählungen aus Ise], Verserzählung (uta-monogatari) eines unbekannten Autors wohl aus der 1. Hälfte des 10. Jahrhunderts. Das Werk, eines der höchstgeschätzten und meistgelesenen der klass. jap. Literatur, schildert die [Liebes]erlebnisse eines jungen Höflings.

Isherwood, Christopher, eigtl. Ch. William Bradshaw-I. [engl. 'ɪʃəwʊd], * Disley (Cheshire) 26. Aug. 1904, † Santa Monica (Calif.) 4. Jan. 1986, anglo-amerikan. Schriftsteller. – Studierte Medizin; war u. a. ab 1929 in Berlin als Lehrer tätig, verließ Deutschland 1933; unternahm ausgedehnte Reisen durch Europa; lebte dann in London. In Zusammenarbeit mit W. H. Auden, mit dem ihn linksradikale Ideen verbanden, entstanden expressionist. Versdramen (u. a. ›The ascent of F 6‹, 1936); 1938 Chinareise mit Auden (›Journey to a war‹, 1939; mit Auden); 1939 Emigration nach den USA; 1946 amerikan. Staatsbürger. Filmarbeiten in Hollywood; Mitglied der ›Vedanta-Gesellschaft‹, die oriental. Religionsphilosophie vertrat; Übersetzer religiöser Literatur Indiens. I.s scharf beobachtende, gelegentlich sarkast. Erzählprosa ist zumeist autobiographisch bestimmt. Seine Berlin-Erfahrungen der Zeit vor 1933 schlugen sich bes. in ›Mr. Norris steigt um‹ (R., 1935, dt. 1983) und in der Skizzensammlung ›Leb' wohl, Berlin‹ (1939, dt. 1949) nieder; Teile aus letzterem Werk wurden von J. W. Van Druten für die Bühne bearbeitet (u. d. T. ›Ich bin eine Kamera‹, 1951, dt. 1953) und 1968 als Musical (u. d. T. ›Cabaret‹) präsentiert. Auch I.s spätere Romane verarbeiten rückschauend eigene Lebenserfahrungen.

Weitere Werke: The dog beneath the skin (Dr., 1935; mit W. A. Auden), Lions and shadows (R., 1938), Praterveilchen (R., 1945, dt. 1953), Tage ohne morgen (R., 1962, dt. 1965), Der Einzelgänger (R., 1964, dt. 1965), Exhumations (Prosa u. Ged., 1966), Treffen am Fluß (R., 1967, dt. 1980), Kathleen and Frank (Autobiogr., 1971), Christopher and his kind (Autobiogr., 1976), My guru and his disciple (Autobiogr., 1980), Bekannte Gesichter (1982, dt. 1983; mit S. Mangeot).

Literatur: WILDE, A.: Ch. I. New York 1971. – KING, F. H.: Ch. I. Harlow 1976. – PIAZZA, P.: Ch. I. Myth and anti-myth. New York 1978. – FINNEY, B.: Ch. I. London 1979. – SUMMERS, C. J.: Ch. I. New York 1980. – SCHWERDT, L. M.: I.'s fiction. Basingstoke 1989.

Ishiguro, Kazuo [engl. ɪʃɪ'gʊːroʊ], * Nagasaki 8. Nov. 1954, engl. Schriftsteller jap. Herkunft. – Lebt seit 1960 in England. Seine ersten Romane (›A pale view of hills‹, 1982, dt. 1989 u. d. T. ›Damals in Nagasaki‹; ›Der Maler in der fließenden Welt‹, 1986, dt. 1988) setzen sich prägnant, evokativ und ironisch mit der Begegnung der jap. Nachkriegsgesellschaft mit westl. Kultur auseinander. Der Roman ›Was vom Tage übrigblieb‹ (1989, dt. 1990; Booker-Preis 1989) offenbart im Protokoll eines Butlers Mechanismen der Verdrängung von Emotionen und Erinnerung. Auch Kurzprosa und Filmskripte.

Ishihara, Shintarō, jap. Schriftsteller, ↑ Ischihara Schintaro.

Ishikawa, Takuboku, jap. Schriftsteller, ↑ Ischikawa, Takuboku.

Isidor von Sevilla [...'vɪlja], * Cartagena um 560, † Sevilla 4. April 636, lat. Kirchenlehrer und Schriftsteller. – Wurde um 600 Erzbischof von Sevilla; als letzter bed. Autor der Spätantike verfaßte er zahlreiche Schriften, mit denen er dem frühen MA eine Auswahl des antiken Bildungsguts vermittelte; sein Hauptwerk in dieser Hinsicht sind die 20 Bücher ›Etymologiae‹ (auch ›Origines‹ genannt), in denen eine umfassende, mit Worterklärungen versehene Enzyklopädie zusammengestellt wurde; als Histori-

Christopher Isherwood

isländische Literatur 251

ker schrieb er eine ›Historia Gothorum‹ und eine Geschichte seiner Zeit, die ›Chronica maiora‹; sein theolog. Hauptwerk, die ›Sententiae‹, sind v. a. Augustinus und Gregor dem Großen verpflichtet. I. ist auch Fortsetzer der Literaturgeschichte des Hieronymus (›De viris illustribus‹). Außerdem schrieb er theolog. Werke, z. B. die ›Sententiarum libri tres‹, ein Lehrbuch der Dogmatik und Ethik in Form von Sentenzen (Thesen).
Ausgabe: Isidori Hispalensis episcopi, etymologiarum sive originum libri XX. Hg. v. W. M. LINDSAY. Oxford 1911. 2 Bde.
Literatur: PÉREZ DE URBEL, J.: I. v. S. Sein Leben, sein Werk u. seine Zeit. Dt. Übers. Köln 1962. – FONTAINE, J.: I. de S. et la culture classique dans l'Espagne wisigothique. Neuausg. Paris 1983. 3 Bde. – FONTAINE, J.: I. v. S. In: Lex. des MA. Bd. 5. Mchn. u. Zü. 1991. S. 677.

Isidorus Orientalis, Pseudonym des dt. Schriftstellers Otto Heinrich Graf von ↑ Loeben.

Iskander, Pseudonym des russ. Schriftstellers und Publizisten Alexander Iwanowitsch ↑ Herzen.

Iskander, Fasil Abdulowitsch [russ. iskan'djɛr], * Suchumi 6. März 1929, russ. Schriftsteller abchas. Abstammung. – Erste Lyrikbände waren ›Gornye tropy‹ (= Bergpfade, 1957) und ›Dobrota zemli‹ (= Güte der Erde, 1959). Berühmt wurde I. durch seine satir. Prosa.
Weitere Werke: Das Sternbild des Ziegentur (Nov., 1966, dt. 1968), Tschiks Tag (E., 1971, dt. 1976), Onkel Sandro aus Tschegem (R., erstmals 1973, selbständig 1977, vollständige Ausg. Ann Arbor [Mich.] 1979 und 1981, vollständige Ausg. in der Sowjetunion, 3 Bde., 1989; dt. 1976, dt. Neuausg. in 3 Bden.: Belsazars Feste [1987], Der Hüter der Berge [1988], Sandro von Tschegem. Die frühen Episoden [1989]), O Marat (Nov., Ann Arbor 1979, in der Sowjetunion 1988, dt. 1990), Kroliki i udavy (= Kaninchen und Riesenschlangen, E., in der Sowjetunion 1982, in der Sowjetunion 1987), Put' (= Der Weg, Ged., 1987), Tschegemer Carmen (R., 1988, dt. 1993), Stojanka čeloveka (= Der Standort des Menschen, Nov., 1990).

Isla de la Torre y Rojo, José Francisco [span. 'izla ðe la 'tɔrre i 'rrɔxo], span. Schriftsteller, ↑ Isla y Rojo, José Francisco de.

Islamkunde (Islamwiss.), Teilgebiet der Orientalistik, das die Erforschung der Kultur der islam. Völker in ihrer Geschichte, Religion, Wirtschaft sowie in ihren Sprachen, Literaturen und sozialen Verhältnissen umfaßt. Sie wird und wurde häufig zusammen mit der Semitistik betrieben, hat sich aber seit dem Ende des 19. Jh. als eigene Disziplin verselbständigt. Die I. baut auf der philolog. Beschäftigung mit den Originalwerken der histor., religiösen, philosoph. und wiss. Literatur und Dichtung der islam. Völker auf. Entsprechend deren Anteil an der gemeinsamen islam. Kultur steht die ↑ Arabistik im Zentrum; ebenso wichtig für die späteren Perioden der islam. Geschichte sind Iranistik, soweit sie das Neupersische betrifft, und Turkologie, die den Zugang zu osmanisch-türk. und osttürk. Quellen vermittelt. Die Urdu-Literatur hat für die Erforschung des Islams in Indien Bedeutung. Die Beschäftigung mit dem Islam in Afrika, wobei v. a. Dokumente in Suaheli und Hausa in Betracht kommen, steht am Rande und erfolgt vielfach im Rahmen der Afrikanistik. Der I. ist es gelungen, das ehemals polemisch bestimmte Bild zu verändern und mehr und mehr die kulturelle Eigenständigkeit der islam. Welt und deren historor. Bedingtheit aufzuzeigen. An den meisten dt. Universitäten ist die I. in Lehre und Forschung durch Lehrstühle vertreten.

isländische Literatur, nach der Blütezeit der altisländ. Literatur im 13. Jh. (↑ altnordische Literatur) lebten manche ihrer Stoffe und Formen auch in der Folgezeit weiter.
Im **14. Jahrhundert** entstanden große Kompilationen und Sammelhandschriften wie die ›Hauksbók‹ (um 1330), ›Möðruvallabók‹ (zw. 1316 und 1350) und ↑ ›Flateyjarbók‹ (zw. 1387 und 1395). Aus den jüngeren ↑ ›Fornaldar sögur‹ und den übersetzten ›Riddarasögur‹ entwickelten sich unter Verwendung internat. Volkserzählstoffe die ›Lygisögur‹ (= Lügensagas), die noch jahrhundertelang populär blieben. Ebenfalls seit dem 14. Jh. wurden zahlreiche Stoffe, insbes. Sagas, unter Verwendung von Kunstmitteln der ↑ Skaldendichtung in erzählende Lieder, ↑ Rímur, umgedichtet; durch sie sind alte literar. Stoffe fast bis in unsere Zeit erhalten geblieben. In den ersten Jahrhunderten nach der altisländ. Blüte-

252 isländische Literatur

zeit konzentrierte sich die i. L. v.a. auf die *geistl. Dichtung;* Höhepunkte sind das 100 Strophen umfassende Mariengedicht ›Lilja‹ (= Lilie) von Eysteinn (Mitte des 14.Jh.), die Werke des letzten kath. Bischofs auf Island, Jón Arason (* 1484, † 1550), und v.a. die ›Passiusálmar‹ von Hallgrímur Pétursson. Der bedeutendste weltl. Dichter der Zeit ist der vielseitige und umfassend gebildete Stefán Ólafsson.
Nach der Reformation entwickelte sich eine reiche theolog. Gebrauchsliteratur; bed. ist die vollständige Bibelübersetzung von Guðbrandur Thorláksson. Das zunehmende *wiss. Interesse* führte zu einer isländ. Renaissance mit Arngrímur Jónsson (* 1568, † 1648) als Hauptvertreter. Es entstanden die ersten isländische Reisebeschreibungen, so die ›Æfisaga‹ (= Lebensbeschreibung) von Jón Ólafsson (* 1593, † 1679), genannt Indiafari (= Indienfahrer). Angeregt durch das neue Interesse an der eigenen Geschichte in Dänemark und Schweden, widmete man den altisländ. Quellen starke Aufmerksamkeit und nach der Auffindung des ›Codex regius‹ der Lieder-Edda (↑Edda) 1643 begann eine systemat. *Sammeltätigkeit.* Bedeutendster Sammler und Bearbeiter isländ. Handschriften war Árni Magnússon (* 1663, † 1730), in ähnl. Weise wirkte auch der Historiker Þormóður Torfason (* 1636, † 1719), genannt Torfaeus.
Im 18. und im frühen 19. Jahrhundert wurden zugleich mit dem Eindringen aufklärerische Ideen diese isländ. Studien ausgeweitet. Bischof Finnur Jónsson (* 1704, † 1789) schrieb eine grundlegende Kirchengeschichte Islands. Der aufklärerische Dichter Eggert Ólafsson (* 1726, † 1768) verfaßte u.a. zusammen mit dem Arzt Bjarni Pálsson die erste umfassende Beschreibung Islands (1772). In pietist. Tradition schrieb der Geistliche Jón Steingrímsson (* 1728, † 1791), dessen Autobiographie eine wichtige Quelle für die Kultur- und Sozialgeschichte der Zeit darstellt. Der v.a. als Verfasser von Komödien in der Tradition L. von Holbergs tätige Autor Sigurður Pétursson (* 1759, † 1827) begründete die Anfänge des öffentl. Theaters in Island. Seit der 2. Hälfte des 18.Jh. wurde

auch die *Übersetzertätigkeit* intensiviert; so übersetzte Jón Þorláksson (* 1744, † 1819) u.a. A. Pope, J. Milton und F. G. Klopstock, Sveinbjörn Egilsson (* 1791, † 1852) übertrug Homer. Der internat. orientierte Hauptvertreter der Aufklärung in Island, Magnús Stephensen (* 1762, † 1833) versuchte, durch Übersetzungen und lehrhafte Abhandlungen das Wissen und den Geschmack des Volkes zu heben.
Der Beginn der **Romantik** in Island wird markiert durch die Gründung der Zeitschrift ›Fjölnir‹ (erschienen 1835–47), unter deren Herausgebern v.a. der Lyriker Jónas Hallgrímsson die Dichtung der folgenden Jahrzehnte beeinflußte. V.a. als Lyriker sind von Bedeutung Bjarni V. Thórarensen, Grímur Þ. Thomsen, Benedikt S. Gröndal, Steingrímur Thorsteinsson und Matthías Jochumsson. Die Rímurdichtung erreichte mit Sigurður Breiðfjörð (* 1798, † 1846) und durch ihn auch als Lyriker bed. Hjálmar Jónsson einen letzten Höhepunkt. Die isländ. Romantik war – wie in vielen anderen Ländern – verbunden mit einem Erstarken des Nationalbewußtseins; der Führer dieser Bewegung war Jón Sigurðsson. Dem Einfluß des mit ihm befreundeten dt. Rechtshistorikers Konrad Maurer ist die grundlegende Sammlung isländ. Volkssagen und Märchen ›Íslenzkar Þjóðsögur og ævintýri‹ (2 Bde., 1862–64) von Jón Arnason (* 1819, † 1888) zu verdanken.
Vorläufer einer neueren isländ. *Prosa* waren u.a. die sehr populären ›Íslands árbækur í sögu-formi 1262–1832‹ (= Islands Jahrbücher in Geschichtsform, 12 Bde., hg. 1821–1855) von Jón [Jónsson] Espólín (* 1769, † 1836); den ersten neuen isländ. Roman schrieb Jon P. Thoroddsen. Vorläufer eines isländ. *Dramas* fanden sich seit dem 18.Jh. in Schulspielen; Bedeutung erlangte es erst seit der 2. Hälfte des 19.Jh. mit Stücken von Matthias Jochumsson, Indriði Einarsson (* 1851, † 1939) und v.a. Jóhann Sigurjónsson.
19./20. Jahrhundert: Die Gewährung einer teilweisen (polit. und finanziellen) Autonomie im Jahre 1874 erfolgte zu einer Zeit schwerer wirtschaftl. Not. Industrie gab es in Island kaum, die Entwick-

isländische Literatur 253

lung neuer Wirtschaftsformen hatte zahlreiche soziale Konsequenzen, die sich v. a. in der Prosa widerspiegeln. Mehrere Autoren begannen als Realisten, wurden aber später stärker von der Neuromantik beeinflußt. Zu nennen sind v. a. Einar Benediktsson, Þorsteinn Erlingsson, Gestur Pálsson, Hannes P. Hafstein, Jón Stefánsson, Guðmundur Friðjonsson, Einar Hjörleiffson Kvaran, der Lyriker und Dramatiker D. Stefánsson frá Fagraskógi, der seit 1938 in Deutschland lebende Kinderbuchautor Jón Svensson, der unter dem Pseudonym J. Trausti schreibende Guðmundur Magnússon, Guðmundur Kamban, Gunnar Gunnarsson, Stefán Sigurdsson frá Hvítadal, der früh nach Amerika ausgewanderte Stephan G. Stephansson sowie Tómas Guðmundsson, mit dessen volkstüml. Gedichten die island. Neuromantik einen späten Höhepunkt erreichte.

Die Zeit nach dem 1. Weltkrieg zeigte einerseits eine Weiterführung der neuromant., national-konservativen und dem Traditionalismus verhafteten Literatur mit Autoren wie Kristmann Guðmundsson und Guðmundur Hagalin, andererseits eine bewußte Abkehr davon und eine Hinwendung zu sozialist. Vorstellungen. Als Forum diente dieser Bewegung die 1935 gegründete Zeitschrift ›Rauðir pennar‹, später ›Tímarit Máls og menningar‹. Hauptvertreter waren Þórbergur Þórðarson und Halldór Stefánsson (* 1892, † 1979). Diesem Kreis gehörte auch Halldór Kiljan Laxness an, der spätere Literaturnobelpreisträger und bedeutendste Schriftsteller des modernen Islands. Der Gruppe stand in jungen Jahren Ó. J. Sigurðsson nahe, einer der wichtigsten Autoren der Zwischenkriegszeit. An Lyrikern, die durch diese Krisenjahre geprägt wurden, sind Jóhannes Jónasson úr Kötlum, Stein Steinarr, Guðmundur Böðvarsson (* 1904, † 1974), Snorri Hjartarson sowie Jón úr Vör (* 1917) zu nennen.

Die Zeit nach dem 2. Weltkrieg ist einerseits geprägt durch den wirtschaftl. Aufschwung, den Island erlebte, seit dem Land aufgrund der militär. Besetzung durch Briten und später Amerikaner ausländ. Geld in größerem Umfang zufloß, auf der anderen Seite durch die daraus resultierenden Probleme, wie hohe Inflation, Landflucht und die Errichtung einer Militärbasis. Im ersten Nachkriegsjahrzehnt erweckte v. a. die Gruppe der sog. ›Atómskáld‹ (= Atomdichter) großes Interesse und Aufsehen, junge Lyriker, die entweder freie Rhythmen anwenden oder einer komplizierten Metaphorik zuneigen. Dazu gehören Hannes Sigfússon (* 1922), Sigfúss Daðason (* 1928), Jón Óskar (* 1921) und Stefán H. Grímsson (* 1919). Mehr an traditioneller Lyrik orientiert ist dagegen der Literaturwissenschaftler Hannes Pétursson. Bed. Prosaschriftsteller der 50er Jahre: Indriði Þorsteinsson und Thor Vilhjálmsson. Wesentl. Anteil an einer Neubelebung des Romans haben seit den 60er Jahren der vom Nouveau roman beeinflußte Guðbergur Bergsson sowie die beiden Autorinnen Jakobína Sigurðardóttir und Svava Jakobsdóttir.

Philologen und Sprachwissenschaftler haben öfter auf die i. L. eingewirkt, mehrere, wie Sigurður Nordal (* 1886, † 1974) und Einar Ólafur Sveinsson (* 1899, † 1984), waren auch Dichter. Darüber hinaus sind zu nennen Konráð Gíslason (* 1808, † 1891), Guðbrandur Vigfússon (* 1827, † 1889), Björn Magnússon Ólsen (* 1850, † 1919), Finnur Jónsson (* 1858, † 1934) und Jón Helgason.

Literatur: POESTION, J. C.: Island. Dichter der Neuzeit. Lpz. 1897. – NORDAL, S. J.: Utsikt over Islands litteratur i det 19. og 20. århundre. Oslo 1927. – PORSTEINSSON, S. J.: Upphaf leikritunar á Íslandi. Reykjavik 1943. – EINARSSON, S.: History of Icelandic prose writers, 1800–1940. Ithaca (N. Y.) 1948. – ANDRÉSSON, K. E.: Íslenzkar nútímabókmenntir 1918–1948. Reykjavík 1949. – GÍSLASON, B. M.: Islands litteratur efter sagatiden ca. 1400–1948. Kopenhagen 1949. – BECK, R.: History of Icelandic poets, 1800–1940. Ithaca (N. Y.) 1950. – EINARSSON, S.: A history of Icelandic literature. New York 1957. – Catalogue of the Icelandic collection bequeathed by W. FISKE. Hg. v. H. HERMANNSSON. Ithaca (N. Y.) Neuaufl. 1960. Haupt-Bd., 2 Suppl.-Bde. – FRIESE, W.: Nord. Literaturen im 20. Jh. Stg. 1971. – PÉTURSSON, H./SÆMUNDSSON, H.: Íslenzkt skáldatal. Reykjavík 1973–76. 2 Bde. – PÁLSSON, H.: Straumar og stefnur í islenskum bókmenntum frá 1550. Reykjavík 1978. – Grundzüge der neueren skand. Lit. Hg. v. F. PAUL. Darmst. 1982. – Nord. Literaturgeschichte. Hg. v. M. BRØNSTEDT u. a. Dt. Übers. Mchn. 1982–84. 2 Bde.

254 Isla y Rojo

Isla y Rojo, José Francisco de [span. 'izla i 'rrɔxo], eigtl. J. F. de Isla de la Torre y Rojo, Pseudonym F. Lobón de Salazar, *Vidanes (León) 25. April 1703, †Bologna 2. Nov. 1781, span. Schriftsteller. – Jesuit; 1767 mit dem Orden aus Spanien vertrieben; wurde bekannt durch seinen Roman ›Geschichte des berühmten Predigers Bruder Gerundio von Campazas, sonst Gerundio Zotes‹ (4 Bde., 1758–70, dt. 2 Bde., 1773), in dem er sich gegen klerikale Selbstgefälligkeit und Korruption sowie gegen den literar. Schwulst wendet. Entfachte eine heftige Polemik durch seine ›Rückübersetzung‹ (4 Bde., 1787/88) des Romans ›Gil Blas de Santillane‹ von A. R. Lesage, den er des Plagiats und der Spanienfeindlichkeit bezichtigte.
Literatur: SMITH, G.: El padre I., su vida, su obra, su tiempo. León 1983.

Ismailow (tl.: Izmajlov), Alexandr Jefimowitsch [russ. iz'majlɐf], *im Gouv. Wladimir 25. April 1779, †Petersburg 28. Jan. 1831, russ. Schriftsteller. – Adliger, Ministerialbeamter, zeitweilig Vizegouverneur; Hg. und Redakteur von Zeitschriften; als Fabeldichter Vorläufer I. A. Krylows; v. a. bekannt als Verfasser des Erziehungsromans ›Evgenij‹ (1799–1801), der, unter dem Einfluß J.-J. Rousseaus und P. Scarrons, moralischsatir. Elemente enthält.

Isokolon [griech. = Gleichgliedrigkeit], rhetor. Figur: in einer ↑Periode Folge mindestens zweier in bezug auf Konstruktion, Wort- und Silbenzahl gleicher oder ähnl. Kola (↑Kolon).

Isokrates (tl.: Isokrátēs), *Athen 436, †ebd. 338, griech. Rhetor und Schriftsteller. – Sohn eines wohlhabenden Handwerkers; erhielt eine sehr sorgfältige Ausbildung; entscheidend war, daß Gorgias von Leontinoi zu seinen Lehrern gehörte; infolge wirtschaftl. Not in den Kriegswirren sah I. sich gezwungen, als rhetorischer Logograph seinen Lebensunterhalt zu verdienen. Das Programm der sophist. Wanderprediger vollendend, gründete er um 390 eine Rhetorenschule, die die meistbesuchte und bedeutendste in Athen wurde. Erhalten sind 21 Schul-, Gerichts- und polit. Reden und neun jedoch nur z. T. echte Briefe. I. galten ausgefeilte, vollendete sprachl. Formkunst, Schönheit des Stils, Wohllaut, rhythm. Durchgestaltung der Rede mehr als gedankl. Tiefe. Die größte Wirkung übte er deshalb auf die Vollendung der att. Kunstprosa aus. Als polit. Schriftsteller formulierte er den panhellen. Gedanken und trat im Gegensatz zu Demosthenes für eine Einigung mit Philipp II. von Makedonien und den Kampf der Griechen gegen das Perserreich unter makedon. Führung ein.
Ausgabe: Isocrate. Discours. Griech.-frz. Hg. v. G. MATHIEU u. E. BRÉMOND. Paris ³⁻⁴1960–63. 4 Bde. in 2 Bden.
Literatur: MIKKOLA, E.: I. Seine Anschauungen im Lichte seiner Schrr. Übers. v. B. ASSMUTH u. J. SCHNEIDER. Helsinki 1954. – BUCHNER, E.: Der Panegyrikos des I. Wsb. 1958. – BRINGMANN, K.: Studien zu den polit. Ideen des I. Gött. 1965. – DOBESCH, G.: Der panhellen. Gedanke im 4. Jh. v. Chr. u. der ›Philippos‹ des I. Wien 1968. – I. Hg. v. F. SECK. Darmst. 1976. – EUCKEN, CH.: I. Seine Position in der Auseinandersetzung mit den zeitgenöss. Philosophen. Hg. v. W. BÜHLER u. a. Bln. 1983.

Isometrie [griech. isometría = gleiches Maß], in der Verslehre metr. Übereinstimmung eines Verspaares oder der einzelnen Verse einer Strophe (gleiche Silbenzahl, gleiche Hebungen und Senkungen).

Ispirescu, Petre, *Bukarest 1830, †ebd. 21. Nov. 1887, rumän. Schriftsteller. – Begann als einfacher Setzer, arbeitete sich zum Druckereibesitzer empor, 1868 Direktor der Staatsdruckerei. Sein Interesse an der Volksliteratur veranlaßte ihn zur ersten rumän. Sammlung von Märchen und Sagen auf breiter Grundlage, wobei er manche Texte selbst aufgenommen hatte. Sowohl der dabei entwickelte, dem Duktus der Umgangssprache nahestehende Erzählstil, der für spätere rumän. Sammlungen beispielhaft wurde, wie die textl. Fassung der Sinnzusammenhänge typ. Märchenmotive machte seine Sammlung populär, so daß sie häufig nachgedruckt wurde.
Werke: Legende sau basmele Românilor (= Legenden und Märchen der Rumänen, 2 Bde., 1872–76), Snoave (= Schwänke, 1879).
Ausgabe: Zina zinelor; basme, legende, snoave. Hg. v. R. ALBALA. Bukarest 1966.

Israel Ben Elieser, Begründer des Chassidismus, ↑Baal Schem Tov.

Issa Kobajaschi (tl.: Issa Kobayashi), eigtl. Kobajaschi Nobujuki, * Kaschiwabara 15. Juni 1763, † ebd. 5. Jan. 1827, jap. Dichter. – Neben Bascho und Josa (no) Buson bedeutendster Vertreter des Haiku. Sein wichtigstes Spätwerk, ›Ora ga haru‹ (= Mein Frühling, entst. 1819, hg. 1852), ist eine Art Haiku-Tagebuch über das Jahr 1819.
Ausgabe: I. Mein Frühling. Zü. 1983.

Issaew (tl.: Isaev), Mladen Mladenow [bulgar. i'saɛf], * Baljuwiza bei Michailowgrad 7. Juni 1907, bulgar. Lyriker. – Redakteur und Mitarbeiter an Zeitungen und Zeitschriften; gehörte zu den Verfechtern einer sozialist. Literatur, verfaßte romant. Lyrik; bed. Kinder- und Jugendschriftsteller.
Ausgabe: M. Isaev. Izbrana poezija. Sofia 1977. 2 Bde.

Issakowski (tl.: Isakovskij), Michail Wassiljewitsch [russ. isa'kɔfskij], * Glotowka (Gebiet Smolensk) 19. Jan. 1900, † Moskau 20. Juli 1973, russ.-sowjet. Lyriker. – Gestaltete v. a. das neue Leben und die Umwandlungen auf dem Dorf in sowjet. Zeit; setzte sich von der eleg. Dorfdichtung S. A. Jessenins ab. Seine Gedichte sind von liedhafter Musikalität, bed. Liederdichter; auch Verfasser von Aufsätzen über Dichtung; Übersetzer aus dem Weißrussischen und Ukrainischen.
Ausgabe: M. V. Isakovskij. Sobranie sočinenij. Moskau 1981 ff. 5 Bde.
Literatur: TVARDOVSKIJ, A. T.: Poèzija M. Isakovskogo. Moskau 1978.

ISSN [Abk. für: International Standard Serial Number], seit 1975 internat. eingeführte Identifikationsnummer für fortlaufende Sammelwerke (wie Zeitschriften, zeitschriftenartige Reihen, Schriftenreihen u. ä.) sowie Zeitungen. Ihr liegt die gleiche Zielsetzung zugrunde wie der ↑ISBN: eindeutige Kennzeichnung eines Titels, Vereinfachung von Bestell- und Rechnungswesen. Die ISSN ist stets achtstellig mit zwei Teilen zu je vier Ziffern, dazwischen ein Bindestrich oder eine Leerstelle. Sitz der internat. ISSN-Zentrale ist Paris.

Istrati, Panait, * Brăila 10. Aug. 1884, † Bukarest 16. April 1935, rumän. Schriftsteller. – Sohn eines Griechen und einer Rumänin; führte rund 20 Jahre lang ein Wanderleben im Nahen Osten und in den Mittelmeerländern; zahlreiche Berufe. Wurde nach der Oktoberrevolution Kommunist; nach einer Reise in die Sowjetunion (1927–29) entschiedener Gegner des Kommunismus. 1921 von R. Rolland entdeckt; schrieb in frz. Sprache und gewann daher mit seinen realist. Romanen über das Leben in den Balkanländern leichter Zugang zum westeurop. Publikum.
Werke: Kyra Kyralina (R., 1924, dt. 1926), Onkel Angiel (R., 1924, dt. 1927), Die Haiduken (R., 1925, dt. 1929), Kodin (R., 1926, dt. 1930), Nerrantsoula (R., 1927, dt. 1927), Die Disteln des Baragan (R., 1928, dt. 1928), Rußland nackt (Ber., 1929, dt. 1930), Freundschaft oder ein Tabakladen (R., 1930, dt. 1932).
Ausgabe: P. I. Opere alese. Œuvres choisies. Bukarest 1966–70. 5 Bde.
Literatur: JUTRIN-KLENER, M.: P. I. Un chardon déraciné. Écrivain français, conteur roumain. Paris 1970. – OPREA, A.: P. I., un chevalier errant moderne. Bukarest 1973. – PINTEA, G.-M.: P. I. Bukarest 1975. – STIEHLER, H.: P. I. Von der Schwierigkeit, Leben zu erzählen. Ffm. 1990.

Italiaander, Rolf [itali'andər], * Leipzig 20. Febr. 1913, † Hamburg 3. Sept. 1991, niederl.-dt. Schriftsteller. – Seit 1933 zahlreiche ausgedehnte Studienreisen durch Afrika, Asien und Südamerika; lebte während des Zweiten Weltkriegs z. T. versteckt in den Niederlanden und in Italien; ab 1947 v. a. in Hamburg; veröffentlichte neben Reiseberichten u. a. Werke über Probleme Afrikas (›Der ruhelose Kontinent‹, 1958; ›Die neuen Männer Afrikas‹, 1960), Asiens, Europas und Lateinamerikas, ferner Essays über Kunst, Monographien, Jugendbücher, Lyrik und Dramatik; Übersetzer afrikan. sowie frz., engl. und niederl. Literatur.
Weitere Werke: Die neuen Männer Asiens (1964), Terra dolorosa. Wandlungen in Lateinamerika (1969), Bücherrevision. Zwischen Erfolgen und Niederlagen (1977), Akzente eines Lebens. Begegnungen mit bed. Zeitgenossen (1980), Hugo Eckener (Biogr., 1981), Ein Mann kämpft für den Frieden. Nikkyo Niwano (1982), Schwarze Magie (1983), Lichter im Norden. Erinnertes und Bedachtes (1983), Geh hin zu den Menschen (Lesebuch, 1983), Vielvölkerstadt. Hamburg und seine Nationalitäten (1986), Bewußtseins-Notstand (1990; Hg.).
Literatur: KIRCHHOF, R.: R. I. Hamb. 1977.

Italicus, röm. Epiker, ↑ Silius Italicus, Tiberius Catius Asconius.

256 italienische Literatur

italienische Literatur, obwohl die Eigenständigkeit des Italienischen gegenüber dem Lateinischen zumindest seit dem 10. Jh. allgemein bekannt ist, bildeten sich **die Anfänge (Le origini)** einer selbständigen i. L. erst mit großer Verspätung im Verhältnis zu den übrigen roman. Literaturen heraus. Zwei Gründe mögen dafür ausschlaggebend sein: Zum einen existierte ein umfangreiches mittellat. Schrifttum auf der Apenninenhalbinsel, dem man etwa in den Klöstern Bobbio und Monte Cassino bes. Pflege angedeihen ließ; durch die gleichwohl zu beobachtende Nähe des Italienischen zum Lateinischen konnten vorhandene intellektuelle Bedürfnisse auf der Basis dieser Literatur befriedigt werden; zum anderen war Italien jahrhundertelang Invasionen ausgesetzt, die die Entwicklung einer zentralistisch orientierten Sozialstruktur, wie sie sich z. B. in Frankreich ausbildete, verhinderten. Dies begünstigte zwar die Entstehung der italien. Stadtstaaten, benachteiligte die bes. Pflege der nat. Literatur zunächst jedoch erheblich.

So finden wir erste schriftlich überlieferte Zeugnisse der literar. Verwendung italien. Dialekte in dem ›Ritmo laurenziano‹, einer Spielmannsbitte aus dem 12. Jh., und bei dem provenzal. Troubadour Raimbaut de Vaqueiras (* Ende des 12. Jh., † Anfang des 13. Jh.), der als einer der ersten seiner Zunftgenossen ein italien. Publikum mit seinen Dichtungen unterhielt. Auch durch ihn wurde das Provenzalische z. B. in den Dichtungen Rambertino Buvalellis (* Mitte des 12. Jh., † 1221), Lanfranco Cigalas († vor 1258), Sordellos u. a. in der ersten Hälfte des 13. Jh. zur Literatursprache in Italien. Seiner Vorherrschaft bereiteten die thematisch von der südfranzösischen Liebeslyrik beeinflußte *Sizilianische Dichterschule* am Hofe Kaiser Friedrichs II. (Hauptvertreter: Pier della Vigna [* um 1170, † um 1249]; Giacomo da Lentini, ihm wird die ›Erfindung‹ des Sonetts zugeschrieben) und die von der franziskan. Bewegung inspirierte *umbrische Laudendichtung* (der ›Sonnengesang‹, um 1224, des Franz von Assisi; auch die dialogischen ›Lauden‹, hg. 1490, dt. 1924, des Iacopone da Todi, die die Mysterien-

spiele [›sacra rappresentazione‹] vorbereiteten) ein Ende.

Dieser einerseits imitatorisch und andererseits volkstümlich geprägten Dichtung gesellten sich etwa von 1250 an weitere Stimmen zu, so die des Guittone d'Arezzo und die seiner Schüler, des Florentiners Ch. Davanzati und die des Bolognesers G. Guinizelli, der, nachdem er sich von den provenzal. und sizilian. Modellen befreit hatte, jene Spiritualisierung der Frau initiierte, die den sog. *Dolce stil nuovo*, den ›süßen neuen Stil‹, charakterisiert. Seinen Entwurf einer vergeistigten Liebe übernahmen Cino da Pistoia, D. Frescobaldi und in Florenz G. Cavalcanti, dem Dante sich in Bewunderung verpflichtet wußte. Ihr Zeitgenosse C. Angiolieri verkehrte den hohen Ton der Minnelyrik in Spott und Satire. Noch aber war die Stellung des Italienischen als Literatur- und Wissenschaftssprache nicht endgültig gesichert. B. Latini schrieb seine Laienenzyklopädie ›Li livres dou trésor‹ (entst. etwa 1265) in altfrz. Sprache, Rusticiano (auch Rustichello) da Pisa (* 2. Hälfte 13. Jh., † Anfang 14. Jh.) verfaßte 1298/99 den Reisebericht Marco Polos ›Il milione‹ in franko-italien. Mundart (dt. 1477), und in Oberitalien trugen Spielleute altfrz. Epen aus dem Karoling. Zyklus (Karlsgeste) in franko-italien. Mischsprache vor (u. a. ›Berta da li pe grandi‹, ›Karleto‹, die ›Entrée d'Espagne‹), in denen die aristokrat. Elemente der Originale einer bürgerl. Lebenswelt angepaßt wurden.

Das 14. Jahrhundert (Trecento): *Dante, Petrarca, Boccaccio:* Diesen zögernden, noch unsicheren Versuchen der Gestaltung einer Literatur in italien. Sprache folgte, mit ihnen verbunden und zugleich – wie aus dem Nichts gestaltend und sie überwindend – Dante Alighieri, der seine an eine ideale Beatrice gerichteten Minnelieder und Sonette in der allegor. Erzählung ›La vita nuova‹ (entst. zw. 1292 und 1295, gedr. 1576, dt. 1824 u. d. T. ›Das neue Leben‹) zusammenfaßte. Seine techn. Meisterschaft erreichte er in den mit provenzal. Kunstfertigkeit wetteifernden leidenschaftl. Minneliedern des ›Canzoniere‹ (dt. 1827 u. d. T. ›Lyr. Gedichte‹) und in den mit

italienische Literatur 257

einem philosoph. Kommentar versehenen, zu einem Traktat (›Il convivio‹, entst. zw. 1303 und 1308, gedr. 1490, dt. 1845 u. d. T. ›Das Gastmahl‹) zusammengefaßten Kanzonen. Seine polit. Ideen über die Universalmonarchie legte er in dem lat. Werk ›De monarchia‹ (entst. um 1310, gedr. 1559, dt. 1559, 1845 u. d. T. ›Über die Monarchie‹) nieder. Sein Hauptwerk ›La Divina Commedia‹ (vollendet 1321, gedr. 1472, dt. 1767–69, 1814–21 u. d. T. ›Die Göttl. Komödie‹), mit dessen Komposition und Niederschrift er nach seiner Verbannung aus Florenz (1301) begann, liefert nicht nur eine umfassende Deutung der Stellung von Individuum und Gesellschaft, privater Passion und öffentl. Engagement im geistigen Kosmos des MA, sondern stellt auch eines der Monumente der Weltliteratur dar. In seinem Traktat ›De vulgari eloquentia‹ (entst. um 1304, gedr. 1529, dt. 1845 u. d. T. ›Über die Volkssprache‹) nennt Dante die Konstituenten einer literar. Hochsprache, deren Würde und Kraft bei entsprechender Behandlung die dialektal geeignetste Form der Volkssprache, für Dante das Toskanische, ebenfalls erreichen kann.

Obwohl damit auch theoretisch eine sichere Basis für die Verwendung der Volkssprache in der Literatur gegeben war, erwachte zu Beginn dieses Jh. ein neues *Interesse an der antiken Dichtung,* gefolgt von dem Bestreben, die lat. Dichtung neu erstehen zu lassen. In Padua verfaßte A. Mussato eine lat. Tragödie in der Art Senecas d. J., ›Ecerinis‹ (hg. 1636). Der paduan. Humanismus fand seine Fortsetzung im Werk der beiden bedeutendsten Dichter des 14. Jh., Petrarca und Boccaccio. Obwohl beide noch in vielem dem mittelalterl. Denken verhaftet waren, leiteten sie dennoch eine neue Epoche ein. F. Petrarca schuf die Grundlagen zu einer philolog. Erforschung der Antike. Systematisch sammelte er antike Handschriften und sorgte durch Abschriften für ihre Verbreitung. Die Begeisterung für das Altertum teilte er in zahlreichen lat. Prosabriefen und metr. Episteln einem großen europ. Freundeskreis mit. Sein Ruhm bei der Nachwelt beruht v. a. auf seiner Liebesdichtung in italien. Sprache, Kanzonen

und Sonette an eine ideale Geliebte, Laura, die er in einem Liederbuch (›Il canzoniere‹, hg. 1470, dt. 1818/19 u. d. T. ›Italien. Gedichte‹) zusammenfaßte. Auf der Tradition des provenzal. Minnesangs und des Dolce stil nuovo fußend, führte er die italien. Lyrik zu einem einzigartigen Höhepunkt. Petrarca gelang es hier, die asket. Strenge der Stilnovisten mit der Dramatik individueller Leidenschaft und humaner Empfindung zu verbinden und damit einen lyr. Ton anzustimmen, der die Dichtung der folgenden Jahrhunderte unverwechselbar prägen sollte. Allegorisch-belehrend ist seine Dichtung in Terzinen ›Die Triumphe‹ (hg. 1470, dt. 1578). Der mittelalterl. Erbauungsliteratur stehen seine lat. Schriften nahe, seine allegor. Eklogen, sein Lob der mönch. Askese.

G. Boccaccio gehört ebenfalls zu den italien. Frühhumanisten, allerdings weniger durch seine allegor. Eklogen und seine moral., in der mittelalterl. Erbauungsliteratur wurzelnden Lebensbeschreibungen berühmter Männer und Frauen als durch zwei gelehrte Werke, ein Handbuch der antiken Mythologie (›Genealogie deorum gentilium‹, entst. zw. 1347 und 1360, gedr. 1472) und eine geographisch-histor. Realienkunde (›De montibus, silvis, fontibus ...‹, entst. etwa 1362–66, gedr. 1473). Sein Hauptwerk jedoch, das ›Decamerone‹ (entst. 1348–53, gedr. 1470, dt. 1472/73), das auf der Tradition der didaktisch-exemplar. und burlesken Kurzerzählungen des lat. und des volkssprachl. europ. MA aufbaut, zeichnet in der Form einzelner Novellen und ihres Rahmens die Vielfalt menschl. Beziehungen in ihren spezif. sozialen Kontexten auf und erobert in stilist. Anlehnung an Cicero der einfachen Erzählung öffentl. Bereiche, die zuvor allein theologisch-didakt. oder lyrisch-kasuist. Reflexionen offenstanden. Das ›Decamerone‹ bereitete den Weg der Kurzerzählung nicht nur in Italien, sondern in allen westeurop. Literaturen, denen es zugleich ein unerschöpfl. Stoffreservoir wurde. Ahistorisch orientierte Forschung hat in ihm daher sogar den Beginn der Novellistik überhaupt gesehen.

Die *übrige Literatur des 14. Jh.* stand in der Lyrik und der allegor. Dichtung un-

9 MTL Lit. 4

258 italienische Literatur

ter dem Einfluß Dantes, später Petrarcas. Im Vordergrund stand die lehrhafte Dichtung (Cecco d'Ascoli [* 1269, † 1327], F. degli Uberti). Lehrbücher höf. Anstands verfaßte Francesco da Barberino. Mit Dino Compagnis (* vor 1290, † 1324) Chronik von Florenz und der Weltchronik von Giovanni Villani (* um 1280, † 1348) setzte die Geschichtsschreibung ein. Unter dem Einfluß Boccaccios stand die Novellendichtung eines F. Sacchetti. Die bedeutendsten Werke der religiösen Lehrdichtung verfaßten die Dominikaner I. Passavanti (›Specchio di vera penitenza‹, hg. 1495) und Domenico Cavalca (* um 1270, † 1342). Unterdessen wurden und in Oberitalien in franko-italien. Mischsprache verbreiteten Karls- und Artusepen ins Toskanische übertragen, teils in Prosa, teils in Oktaven. Neben der höf. Minnedichtung gewann eine satir. bürgerl. Dichtung (A. Pucci u. a.) immer stärker an Beliebtheit.

Das 15. und 16. Jahrhundert (Quattrocento und Cinquecento): *Humanismus und Renaissance:* In dem Jh. nach Petrarcas Tod (rund 1375–1475) wurde die italien. Dichtung durch die *Beschäftigung mit der Antike* in den Hintergrund gedrängt. Dies führte zum Ausdruck eines neuen Lebensgefühls, einer neuen Auffassung von der Welt und dem Menschen, das als Wiedergeburt (›rinascita‹, Renaissance) empfunden wurde. Um 1400 erschienen Petrarca und Boccaccio fast überholt. C. Salutati forderte die korrekte Handhabung des Lateins; L. Valla erhob Cicero zum Muster. Die Suche nach Handschriften antiker Autoren ging weiter; sie wurden nun auch ins Italienische übersetzt (von L. Bruni, G. F. Poggio Bracciolini, F. Filelfo). Das Bild der Antike wurde erweitert durch das nach dem Fall Konstantinopels (1453) mögl. Studium der griech. Sprache und der griech. Autoren; griech. Manuskripte wurden aus Byzanz geholt (Giovanni Aurispa [* um 1369, † 1459], Cyriacus von Ancona [* 1391, † 1452]). Griechisch wurde gelehrt in Florenz (Manuel Chrysoloras [* um 1350, † 1415]), Rom (Johannes Argyropulos [* um 1415, † 1487]), Neapel (Konstantinos Laskaris [* 1434, † 1501]); griech. Autoren wurden ins Lateinische übersetzt (Aristoteles durch J. Argyropu-

los). Das neue Studium der Antike wurde in den Schulunterricht eingeführt durch den Pädagogen Vittorino da Feltre (* 1378, † 1446) in Verona, in Ferrara durch Guarino Veronese (* 1374, † 1460). Zum Studium der Antike wurden gelehrte Gesellschaften (Akademien) gegründet, in Rom vom Pomponius Laetus (* 1428, † 1497), in Neapel von A. Beccadelli, genannt ›il Panormita‹, und G. Pontano. Die Versöhnung von Platonischer Philosophie und christl. Heilslehre erstrebten die florentin. Neuplatoniker M. Ficino, C. Landino und G. Pico della Mirandola. Das Lateinische rückte zunächst zur bevorzugten, einzig als würdig angesehenen Schriftsprache auf; ihrer bediente man sich für die Memoirenliteratur (Papst Pius II., ›Commentarii‹, hg. 1584), für Geschichtswerke (L. Bruni, Flavio Biondo [* 1392, † 1463], L. Valla), für enkomiast. Epen (›Sphortias‹, hg. 1892, von F. Filelfo), für Epigramme und Schwänke (A. Beccadelli), v. a. aber für die Lyrik.

Gegen die *Mitte des 15. Jh.* (Quattrocento) entdeckten jedoch gerade die Humanisten wieder Wert und Würde der Volkssprache, des Volgare, d. h. des *Italienischen.* L. Bruni schrieb ein Leben Dantes (1436); zugleich versuchte man die Nachahmung der antiken Dichtung in italien. Sprache, auch in der Nachbildung antiker Metren. Dies war das Programm des von L. B. Alberti angesetzten Dichterwettstreits in Florenz im Jahre 1441. Alberti, der außerdem das humanistische Erziehungsideal in italienisch geschriebenen Traktaten verkündete (›Über das Hauswesen‹, entst. 1437–41, hg. 1844, dt. 1962), wurde damit zum Begründer des Humanismus in italien. Sprache (›umanesimo volgare‹), während er seine gelehrten Werke in lat. Sprache schrieb.

Mit dem *letzten Drittel des 15. Jh.* begann die *Renaissance,* die für Italien nicht allein die Wiedergeburt der Antike bedeutete, sondern auch mit der Wiederkehr der Dichtung in italien. Sprache einherging. Fast alle großen Dichter schrieben ihre Werke teils Lateinisch, teils Italienisch. Die Dichtung dieser Neulateiner wurde mit Motiven aus der italien. Dichtung durchsetzt, während die italien.

italienische Literatur 259

Dichtung antikes Gedankengut und nach Möglichkeit auch antike Formen übernahm. Im Verlauf des Cinquecento werden alle literar. Gattungen der antiken Poetik eine Entsprechung in italien. Sprache finden. Sowohl die italien. wie die lat. Dichtung wurden auch außerhalb der Toskana gepflegt; neben Florenz traten als Mittelpunkte geistigen Lebens im 15. Jh. Neapel und Ferrara, im 16. Jh. u. a. Rom, Venedig, Urbino hervor. In *Florenz* rief Lorenzo I de' Medici, genannt ›il Magnifico‹, zur Erneuerung der italien. Dichtung auf. An seinem Hof verfaßte A. Poliziano lat. Elegien, auf Italienisch volkstüml. Ballate und formal vollendete diesseitsbejahende Stanzen, während gleichzeitig der Humanist M. Ficino Dante im Geiste der neuplaton. Philosophie auslegte. In *Neapel* pries Pontano in seiner lat. Dichtung die landschaftl. Schönheiten seiner Heimat, verherrlichte in seinen lat. Elegien und Wiegenliedern (›Neniae‹) das Glück des Familienlebens. I. Sannazaro schuf mit seinem italien. Roman ›Arcadia‹ (1502, vollständig 1504) die Grundlage der europ. Schäferdichtung. Die von Frankreich überkommene oberitalien. Karlsepik wurde in Florenz durch Übernahme kom. Züge und einheim. Sagengutes vollends eingebürgert im Epos vom Riesen Morgante (›Il Morgante maggiore‹, endgültige Fassung 1483, dt. 1890 u. d. T. ›Morgant, der Riese‹) des L. Pulci. Aus dem gleichen Themenkreis schöpfte M. M. Boiardo in Ferrara den Stoff für sein romant. Epos ›Orlando innamorato‹ (entst. 1476–94, erster vollständiger Druck 1495, dt. 1819/20 u. d. T. ›Rolands Abentheuer‹). An den *Höfen Oberitaliens* wurde nach dem Beispiel des Neapolitaners B. Gareth, genannt ›il Cariteo‹, eine verspielte Nachahmung Petrarcas Mode. Zu *Beginn des 16. Jh.* erlangte das Italienische die volle Gleichberechtigung mit dem Lateinischen, nachdem der Venezianer P. Bembo für die italien. Lyrik die Sprache Petrarcas, für die Prosa die Boccaccios als sprachl. und stilist. Muster vorgeschrieben hatte (›Prose della volgar lingua‹, 1525). Das im 15. Jh. noch mundartlich gefärbte Altitalienisch erhielt dadurch auch außerhalb der Toskana eine den antiken Sprachen ebenbürtige Einheitlichkeit. Die *Poetiken* von G. G. Trissino, A. Minturno und L. Castelvetro setzten, sich auf die Poetik des Aristoteles stützend, nach festen Regeln abgegrenzte Dichtungsgattungen als Ziel. Die große Anzahl bed. Dichter aus allen Teilen Italiens verlieh dem 16. Jh. Glanz. In der *Lyrik* herrschte nach dem Vorbild Bembos die platonisierende Dichtung im Stil Petrarcas (L. Ariosto, A. Caro, B. Tasso, G. Della Casa, V. Gambara, G. Stampa, V. Colonna, Veronica Franco [* 1546, † 1591] u. a.). Origineller waren die um die Mitte des Jh. in Neapel wirkenden *Manieristen* L. Tansillo, A. di Costanzo; abseits der mod. Form stand Michelangelo.

Den Petrarkismus parodierte F. Berni. Bedeutender und von ebenso weitreichender europ. Wirkung wie die italien. dichtenden Petrarkisten waren die Neulateiner, Lyriker und Epiker: Andrea Navagero (* 1483, † 1529), Giovanni Cotta (* um 1480, † 1510), Marcantonio Flaminio (* 1498, † 1550), G. Fracastoro, M. G. Vida. Die glanzvollsten Leistungen wurden neben Dramatik und Geschichtsschreibung auf dem Gebiet der *Epik* vollbracht. L. Ariosto schrieb, Boiardo fortsetzend, das Epos ›Orlando furioso‹ (1516, dt. 1631–36 u. d. T. ›Die Historie vom rasenden Roland‹). Nicht minder zeittypisch ist das die ritterl. Phantasiewelt der Rolandsepen und die Formstrenge der Neulateiner wie der Petrarkisten parodierende lat. Epos ›Baldus‹ (4 Fassungen, 1517–52) des T. Folengo. Das erste streng nach den Regeln der antiken Poetik gebaute italien. Epos verfaßte G. G. Trissino (›La Italia liberata da Gotthi‹, 1547/48), das dichterisch weit übertroffen wird von dem christl. Epos T. Tassos, ›Das befreite Jerusalem‹ (1581, dt. 1781–83, unter anderem Titel 1626). – *Theater:* Die erste nach den aristotel. Regeln gebaute Komödie schrieb L. Ariosto (›Die Kastenkomödie‹, UA 1508, dt. 1909). Meisterwerke realist. Wiedergabe italien. Gegenwartslebens sind das Lustspiel ›Mandragola‹ (erschienen zw. 1518 und 1520, dt. 1838) von N. Machiavelli und die anonyme venezian. Komödie ›La Venexiana‹. Diesen Beispielen folgten A. Beolco, genannt ›il Ruzzante‹, und Andrea Calmo (* 1510?, † 1571), die

9*

260 italienische Literatur

durch die Verwendung der Mundarten den Grund legten zu dem um die Jahrhundertmitte aufkommenden Stegreifspiel der Berufsschauspieler, der Commedia dell'arte, die bis tief ins 18. Jh. ganz Europa begeistern sollte; auch Molière ist ohne sie nicht denkbar. Die erste den Regeln der klass. Poetik entsprechende Tragödie verfaßte G. G. Trissino (›Sophonisbe‹, 1524, dt. 1888) nach griech. Vorlage; dem Zeitgeschmack entsprachen besser die blutrünstigen, moralisierenden, sich an Tragödien Senecas d. J. anlehnenden Schauerstücke von G. Giraldi, genannt Cinzio, ›Orbecche‹ (1543) u. a. In der Nachfolge Boccaccios, jedoch wirklichkeitsnäher, schilderten die zeitgenöss. Gesellschaft die *Novellisten*, allen voran M. Bandello, G. Straparola, A. Firenzuola u. a. Vielbewunderte, heute vergessene *Lehrdichtungen* schrieben G. Rucellai, L. Alamanni, in lat. Sprache G. Fracastoro. Als *Geschichtsschreiber* trat N. Machiavelli hervor, der aus humanist. Geist den ersten theoret. Traktat über das Wesen der Politik verfaßte (›Der Fürst‹, entst. 1513, veröffentlicht 1532, dt. 1804). Seine ›Historien von Florenz‹ (entst. 1520–25, gedr. 1531, dt. 1788) wurden jedoch durch den größeren polit. Scharfblick der Geschichtswerke (›Storia d'Italia‹, entst. 1537–40, hg. 1561–64) seines Landsmannes Francesco Guicciardini (* 1483, † 1540) übertroffen. Die humanist. Gattung des Kunstbriefes übertrug der als Kritiker gefürchtete P. Aretino in die italien. Literatur. Seine ›Lettere‹ (1537–57) bieten einen Querschnitt durch das geistige und polit. Leben der Zeit. In der Gattung der *Autobiographie* ragte die von Goethe 1803 übersetzte ›Vita‹ (hg. 1728) des Goldschmiedes B. Cellini hervor. Erst gegen Ende des Jh. entwickelte sich aus der dialog. vergilischen Ekloge und dem Phantasiearkadien Sannazaros eine neue, der Antike unbekannte Gattung, das *Schäferstück*. Nach den ersten Versuchen von B. Castiglione, Agostino de' Beccari (* 1510, † 1590), G. Giraldi in der 1. Jahrhunderthälfte schufen T. Tasso mit dem Schäferspiel ›Aminta‹ (UA 1573, erschienen 1580, dt. 1742) und G. B. Guarini mit dem Spiel ›Der treue Schäfer‹ (1590, dt. 1619) Meisterwerke, die bald in ganz Europa Nachahmer fanden. – Am Ende dieses Jh. versuchte die Accademia della Crusca (gegr. 1582) der Sprache feste Normen zu geben.

Das 17. Jahrhundert (Seicento): *Barock und Manierismus:* Der glanzvollen Renaissance folgte nach ihrer barocken Wendung im Werk Tassos und G. Marinos ein Jh., das der politisch-sozialen Situation entsprechend als das dunkelste in der Geschichte der i. L. anzusehen ist. Versuchte Marino noch, der manierist. Versuchung des Barock folgend, der Dichtung neue phantast. Inhaltswelten zu eröffnen, die eine ›staunenerregende‹ (›stupore‹) Verwandlung der Sprache anstrebten (›Adone‹, Epos, 1623), so kannte das übrige Jh. nur blasse Imitatoren Marinos, deren ständige Suche nach ›concetti‹ nachgerade wahnhafte Züge annahm (z. B. G. Chiabrera). Gleichwohl erhielten sie mit Emmanuele Tesauros (* 1591, † 1675) ›Canocchiale aristotelico‹ (1655) die Theorie der Metapher, der sie ständig bedurften. Zugleich erlebte dieses Jh. den Aufstieg einer neuen Gattung, der Oper, die die gesamte gebildete Welt erobern sollte. Mundartdichtung – dazu gehört auch G. Basiles Sammlung neapolitan. Volksmärchen (1634–36 u. d. T. ›Lo cunto de li cunti‹, 1674 als ›Pentamerone‹, dt. 1846) – auf der einen und heroisch-kom. Epik – wie z. B. A. Tassonis Epos ›Der geraubte Eimer‹ (1622, dt. 1781) – auf der anderen Seite bezeugen des weiteren, welche Auswege man literarisch suchte. – Den Primat des Lateinischen in der wissenschaftl. Literatur brach G. Galilei. Philosophen von Rang waren v. a. G. Bruno, T. Campanella, als Historiker ragte bes. Paolo Sarpi (* 1552, † 1623) hervor.

Das 18. Jahrhundert (Settecento): *Klassizismus und Aufklärung:* Auf die Auswüchse manierist. Metaphorik bei Marino und seinen Nachfolgern reagierte die 1690 in Rom begründete Accademia dell'Arcadia. Sie wollte zurück zu einer einfachen Sprache, die italien. Dichtung von vergangener ›Barbarei‹ befreien. Denkansatz und Verwirklichung waren jedoch zu schlicht, um erneuernd wirken zu können. Ihre Poetik schrieb G. V. Gravina, der die erste italien. Literaturgeschichte (1698) des G. M. Crescimbeni

italienische Literatur 261

förderte. Die durch die Arcadia hervorgerufene Wendung führte zu der Rokokolyrik eines C. I. Frugoni. Der v. a. als Librettist bekannte P. Metastasio gilt als einer ihrer bedeutensten Autoren. Trotz der Komödien C. Goldonis, der ›Fiabe‹ (1772) C. Gozzis, der klassizist. Tragödien V. Alfieris und der formal vergleichbar orientierten sozialkrit. Texte G. Parinis lag der Schwerpunkt des Jh. weniger im Bereich der Literatur als vielmehr in demjenigen von Philosophie und Kritik. G. B. Vicos Geschichtstheorie entwarf ein Bild von der relativen Wirksamkeit der Historie, das weite Bereiche von Literatur und Wiss. der Folgezeit in Deutschland und Frankreich beeinflußte und mit zu jenem ›Paradigmawechsel‹ beitrug, der die Entwicklung der europ. Romantik begünstigte. Zahlreiche Zeitschriften wie die ›Gazzetta veneta‹ (1760/61), der ›Osservatore veneto‹ (1761/62), die ›Frusta letteraria‹ (1763–65) und ›Il Caffè‹ (1764–66) verbreiteten das Gedankengut der Aufklärung, die in Italien herausragende Vertreter fand: die Brüder P. Verri (* 1728, † 1787) und A. Verri (* 1741, † 1816), den Rechtsreformer Cesare Bonesana von Beccaria (* 1738, † 1794), den ökonomisch interessierten Abbé F. Galiani. Ein geistig-literar. Risorgimento fand in diesem Jh. statt, das Vorspiel auch der polit. Bewegung der folgenden Jh. war.

Das 19. Jahrhundert (Ottocento): *Romantik, Risorgimento, Verismus und Symbolismus:* Die *Romantik* in Italien war vielleicht noch enger als in anderen europ. Ländern mit polit. Zielen durchsetzt und von ihnen inspiriert. Ihren Beginn markierte ein Artikel der Madame de Staël 1816, der den Italienern nahelegte, fremde Literaturen durch Übersetzungen kennenzulernen, pedant. Gelehrsamkeit, Mythologie und Rhetorik aus der Dichtung zu verbannen. Aus der sich anschließenden Polemik ergab sich ein Grundthema: die Kunst ist autonom. Dies aber kann sie nur in einer freien Gesellschaft sein. Erste polit. Erhebungen 1821 kündeten den Wechsel an. 1823 nahm A. Manzoni in dem Streit abgewogen Stellung. Sein künstler. Credo, das Wahre zum Nutzen aller darzustellen, fand in dem histor. Roman ›Die Verlob-

ten‹ (1. Fassung 1827, endgültige Fassung 1840–42, dt. 1827) seinen genialsten Ausdruck. Neben ihn trat als zweiter Großer in der i. L. des beginnenden 19. Jh. der humanistisch gebildete Lyriker G. Leopardi, dessen Lieder individuelles Leiden, Verzweiflung, Todesahnung und Pessimismus, aber auch patriot. Engagement reflektieren. Dem romant. Ideal einer volksnahen, politisch engagierten Dichtung kam der Mailänder Mundartdichter C. Porta am nächsten. Porta führte die für Italien kennzeichnende Tradition der Mundartdichtung fort; ihm folgten der gänzlich unpolit. Römer G. G. Belli und der Neapolitaner S. Di Giacomo. Eine zweite romant. Generation versuchte, nach dem Fehlschlag der revolutionären Bewegungen des Jahres 1848 die Intentionen der ersten neu zu fassen, zu intensivieren. Die Mailänder Gruppe Scapigliatura nahm dazu Anregungen Ch. Baudelaires auf; zu ihr, der sich auch Maler und Musiker anschlossen, gehörten die Lyriker E. Praga, Igino Ugo Tarchetti (* 1841, † 1869), Giovanni Camerana (* 1845, † 1905), der Verdi-Librettist A. Boito, die Romanciers C. Dossi und A. Oriani, die Verfasser realist. histor. Zyklenromane G. Rovani und I. Nievo. Die Entwicklungen in der frz. Literatur prägten die Literatur Italiens auch gegen *Ende des 19. Jh.*: G. Verga verarbeitete Elemente von Realismus (H. de Balzac) und Naturalismus (É. Zola) zum Entwurf seiner verist. Novellen und Romane, L. Capuana schloß sich dagegen stärker dem Naturalismus Zolas an. Durch den Verismus gelangte die bis dahin in Italien wenig entwickelte Gattung des *Romans* zur Blüte mit den Werken von M. Serao, G. Deledda, S. Di Giacomo und G. D'Annunzio, der sich Anregungen von R. Wagner, den Parnassiens und den Symbolisten, sowie von F. Nietzsches Übermenschideologie holte, die seinen literar. (und seinen polit.) Weg im wesentl. festlegten (›Le laudi‹, Ged., 1903–33; ›La figlia di Iorio‹, Dr., 1904; ›Lust‹, R., 1889, dt. 1898). Den bürgerl. Zeitgeist brachte am treffendsten der Journalist E. De Amicis mit dem erfolgreichen Schülerroman ›Herz‹ (1886, dt. 1889) zum Ausdruck. In den 80er Jahren

262 italienische Literatur

wurde der verist. Roman zurückgedrängt durch die psycholog. Romane eines A. Fogazzaro (›Malombra‹, 1881, dt. 1889; ›Die Kleinwelt unserer Väter‹, 1895, dt. 1903). In der *Lyrik* drückte sich nach 1860 der Verismus aus durch die Abwendung von der traditionellen Dichtersprache und Verwendung der Alltagssprache bei V. Betteloni und O. Guerrini; verist. Mundartdichter waren S. Di Giacomo in Neapel und C. Pascarella in Rom. Der realist. Tendenz verschloß sich mit seiner klassizist. Sprache und seiner Wiederaufnahme antiker Dichtungsformen (›Odi barbare‹, 1877–89, dt. 1913) G. Carducci, bei dem sich der polit. Idealismus des Risorgimento mit dem laizist. Vitalismus verbindet. Von der traditionellen Literatursprache wendete sich der vom Sozialismus mitgeprägte Lyriker G. Pascoli ab, der die Liebe zur Kleinwelt der Natur und die Vorstellungswelt des Kindes wiedergab, der aber auch die Alltagswelt zu eindrucksvoller Symbolik erhob (›Canti di Castelvecchio‹, 1903). – Dem nat. Engagement entsprach die idealist. *Literaturkritik* F. De Sanctis', dessen Gedanken mit Neigung zu rigoroser Ablehnung einer jegl. außerästhet. Bestimmung und Beziehung der Literatur B. Croce im 20. Jh. fortführte. Als Historiker, Literaturkritiker und Philosoph hat Croce durch seine Zeitschrift ›La Critica‹ (1903–44) das italien. Geistesleben bis zur Mitte des 20. Jh. entscheidend geprägt.

Das 20. Jahrhundert (Novecento): *Futurismus, Moderne und Gegenwart:* Eine Absage an den histor. Positivismus, den literar. Verismus, den philosoph. Materialismus erteilten gleichzeitig die florentinischen Zeitschriften ›Leonardo‹ (1903–07) und ›La Voce‹ (1908–14), beide von G. Prezzolini und G. Papini gegründet, sowie die Zeitschrift ›Lacerba‹ (1913–15). *Nach dem 1. Weltkrieg* verwarf die röm. Zeitschrift ›La Ronda‹ (1919–23) die Rhetorik D'Annunzios und forderte die Rückkehr zur Tradition. In der *Lyrik* lösten sich von dieser Rhetorik die in der Nachfolge Pascolis stehenden, am frz. Symbolismus orientierten Crepuscolari (S. Corazzini, G. Gozzano u. a.). Rhetorik und Bombast vergangener literar. Epochen, sowie techn. und damit einhergehende soziale Veränderungen von zuvor nicht gekannten Ausmaßen forderten jedoch eine neue künstler. Antwort. Sie kam von F. T. Marinetti, der eine der bedeutendsten europ. Avantgarde-Bewegungen dieses Jh., die des literar. Futurismus, begründete. Die angestrebte Integration der neuen Zeit in die futurist. Literatur und ihre Theorie führte Marinetti konsequent zum Faschismus: 1924 erschien seine Prosaschrift ›Futurismo e fascismo‹. Dem polit. Umbruch und Engagement sowie dem Schwulst D'Annunzios antwortete die Lyrik hermetisch, ›rein‹ (›poesia pura‹); die Dichtungen A. Onofris, G. Ungarettis, E. Montales und S. Quasimodos mit ihren ständigen Objektmetamorphosen können dies beweisen. Abseits vom Avantgardismus stand die schlichte Dichtung des Triestiners U. Saba. Die vorherrschende Literaturgattung der Zeit vor dem 1. Weltkrieg war der *Roman*, der zunächst bei den aus dem Kreise von ›La Voce‹ hervorgegangenen Schriftstellern stark autobiographisch ist, bei G. Papini (›Ein fertiger Mensch‹, 1912, dt. 1925) sowie in den Kriegsromanen von Scipio Slataper (* 1888, † 1915) und P. Jahier sowie bei A. Panzini. Im Werk des Triesters I. Svevo tauchten bereits mit ›Zeno Cosini‹ (R., 1923, dt. 1928), wie gleichzeitig bei M. Proust und J. Joyce, Elemente der Psychoanalyse auf. Im Zweifel an der Erfaßbarkeit des Wirklichen und der Konsistenz der Persönlichkeit traf sich Svevo mit dem vom Realismus herkommenden L. Pirandello. R. Bacchelli gab in der Romantrilogie ›Die Mühle am Po‹ (1938–40, dt. 1952) ein großes Zeitgemälde aus dem Italien des 19. Jahrhunderts. Ebenfalls eine Rückschau auf das Sizilien des ausgehenden 19. Jh. brachte G. Tomasi di Lampedusa in dem Roman ›Der Leopard‹ (hg. 1958, dt. 1959). Schon vor dem 2. Weltkrieg trat A. Moravia mit sozialkrit. Romanen hervor. Er gab mit seinem Roman ›Die Gleichgültigen‹ (1929, dt. 1956) den Auftakt zum *Neorealismus*. Dieser setzte sich zunächst nach dem 2. Weltkrieg durch. In seinem dramat. und erzähler. Werk verarbeitete L. Pirandello individuelle Erfahrungen mit psych. Grenzsituationen und de-

italienische Literatur 263

ren psychoanalyt. Durchdringung; das Theater des 20. Jh. ist ohne ihn nicht denkbar. Andere literarische Gruppierungen, klassizistisch oder antiklassizistisch orientiert, bestimmten das Bild der i. L. bis zum *Ende des Faschismus.* Die neue i. L., die im Anschluß daran entstand, war bemüht, sich von dem Ruch des Provinziellen zu befreien, in dem sie immer wieder stand. Bes. Einflüsse aus Frankreich und den USA wurden nun begierig verarbeitet. E. Vittorini und C. Pavese schienen die innere Stimmung des neuen Italien am authentischsten auszudrücken. Auf die Poetik sozialer Wirklichkeit jedoch, die in Romanen V. Pratolinis, C. Levis, P. P. Pasolinis und I. Silones Gestalt gewann, psychologisch thematisiert bei C. E. Gadda, folgte Introversion und Melancholie, am deutlichsten sichtbar bei G. Piovene, oder Experiment, Allegorie und Zerstörung vertrauter Romanstrukturen wie bei D. Buzzati und I. Calvino. Auch Lyrik und Drama der Gegenwart (U. Betti, D. Fabbri) bewegen sich zwischen diesen Extremen, denen die Literaturkritik folgte. Die zeitgenöss. italien. *Lyrik* kennzeichnet die Tendenz, Ich und Individualität aus dem Einzeltext (im Gegensatz etwa zu G. Ungaretti) herauszunehmen und von daher zu einer abstrakteren, strukturell erneuerten Form der Dichtung zu gelangen. Eine mögl. hermetisch-gelehrte Lösung findet sich im Werk E. Sanguinetis, eine schlichte und offene bei Elio Pagliarini (* 1927), eine intellektuell-metamorphot. bei Vittorio Sereni (* 1913, † 1983). Im übrigen spielt die Lyrik – von einigen lokalen Initiativen zu ihrer Verbreitung abgesehen – eine geringe Rolle. Entscheidenden Einfluß auf die *Erzählliteratur* übte der Gruppo '63 aus, der aus Frankreich (Tel-Quel-Gruppe) kommende theoret. und prakt. Anregungen rezipiert hat. Aus der Forderung nach einer Kunst, die sich unabhängig von Normen entfalten muß, ergab sich dabei der bewußt vollzogene Abbau strukturierten Erzählens und die Infragestellung von Bildungssprache als Mittel der Erkenntnissicherung. Neben die philosoph. Lehrmeister Th. W. Adorno, W. Benjamin, G. W. F. Hegel und K. Marx trat als

hervorragender Vertreter des Nouveau roman A. Robbe-Grillet, wie z. B. das Werk Germano Lombardis (* 1925) zeigt. – Im Zusammenhang mit der polit. und sozialen Situation der Zeit nimmt die Darstellung von Arbeiterschicksalen einen nicht unbedeutenden Platz ein (Nanni Balestrini [* 1935], C. Bernari, Ottiero Ottieri [* 1924], Saverio Strati [* 1924], P. Volponi). Daneben tritt die Auseinandersetzung mit der faschist. Vergangenheit (G. Bassani, Paolo Levi, Primo Levi), verbunden mit der Suche nach Identität (A. Moravia), sowie die Spiegelung der Gegenwart und ihre Kritik (P. V. Tondelli, Sebastiano Vasalli [* 1941], A. De Carlo). Auffällig ist die Renaissance histor. Erzählens (Biographien, Romane), das als Medium individueller Gegenwartsdeutungen verwandt wird (Elio Bartolini [* 1922], C. Cassola, Ferruccio Ulivi [* 1912]); mehrfach gibt dabei das MA den geschichtl. Hintergrund ab (Italo Alighieri Chiusano [* 1926], U. Eco, Laura Mancinelli). Im Gegensatz zu Lyrik und Erzählliteratur blieb das zeitgenöss. italien. *Theater* – nicht unbeeinflußt von dem Umstand, daß die großen dramat. Talente des Landes sich lieber dem Film zuwandten (Michelangelo Antonioni, Bernardo Bertolucci, Federico Fellini, P. P. Pasolini) – weitgehend in jenem Provinzialismus befangen, der für die Entwicklung dieser Gattung in der Nachkriegszeit typisch war. Die Lücke wird auch durch entsprechende Versuche N. Balestrinis, Francesco Leonettis (* 1924), G. Lombardis und E. Sanguinetis nicht geschlossen. Den Spielplan beherrschen u. a. Dramatiker wie A. Artaud, B. Brecht, E. Ionesco oder L. Pirandello, abgesehen von den klass. Autoren der Vergangenheit.
Seinen eigenständigen Beitrag im Bereich der Literatur liefert Italien zweifellos durch die außergewöhnl. Erweiterung der Methodologie der *literar. Kritik,* die ebenfalls wichtige Impulse aus Frankreich empfing (z. B. U. Eco, Gianfranco Contini [* 1912, † 1990], Maria Corti [* 1915], Cesare Segre [* 1928]). Seit 1977 ist darüber hinaus die Aufnahme der Neuen Philosophen Frankreichs (J.-M. Benoist [* 1942], J.-P. Dollé [* 1939] u. a.) in Italien zu beobachten. Ihr Neo-

264 italienische Literatur

konservativismus war bisher allerdings nicht in vergleichbarer Weise folgenreich für die literar. und philosoph. Essayistik wie die Thesen der frz. Strukturalisten, durch die die italien. Literaturkritik auch zu einer Ausweitung des Literaturbegriffs gelangte, der Literarisches als Demonstration aller Zusammenhänge zwischen Schreiben und Wirklichkeit auf der Basis einer spezifisch sprachlichrhetor. Durchformung auffaßt. Auf der Ebene der Sprache wird damit der Gegensatz von Form und Inhalt aufgehoben, und das literar. Kunstwerk, das das Element des Spielerischen miteinbezieht, wird zum ›Sprachabenteuer‹, zum ›lexikograph. Artefakt‹ (A. Guglielmi), verschmolzen mit Darstellungstechnik und ideolog. Vision.

Literatur: Literaturgeschichtl. Darstellungen: GASPARY, A.: Gesch. der i. L. Bln. 1885–88. 2 Bde. – WIESE, B./PERCOPO, E.: Gesch. der italien. Litteratur von den ältesten Zeiten bis zur Gegenwart. Lpz. 1899. – VOSSLER, K.: Italien. Literaturgesch. Bln. ⁴1948. – FRIEDRICH, H.: Epochen der italien. Lyrik. Ffm. 1964. – Italien. Lyrik aus fünf Jh. Italien. u. dt. Hg. v. H. FRIEDRICH. Ffm. 1964. – SAPEGNO, N.: Compendio di storia della letteratura italiana. Florenz 1964–65. 3 Bde. Neuausg. 1983. – Storia della letteratura italiana. Hg. v. E. CECCHI u. N. SAPEGNO. 9 Bde. Mailand 1965. Nachdr. 1976. – CAPPUCCIO, C.: Storia della letteratura italiana. Florenz ⁴1967. – CARSANIGA, G.: Gesch. der italien. Lit. Von der Renaissance bis zur Gegenwart. Dt. Übers. Stg. u. a. 1970. – La letteratura italiana. Storia e testi. Hg. v. C. MUSCETTA. Bari ²1970 ff. Auf zahlr. Bde. berechnet. – MONTANARI, F./PUPPO, M.: Storia della letteratura italiana. Turin 1972. – Aspekte objektiver Literaturwiss. Die italien. Literaturwiss. zw. Formalismus, Strukturalismus u. Semiotik. Hg. v. V. KAPP. Hdbg. 1973. – Storia e antologia della letteratura italiana. Hg. v. A. ASOR ROSA. Florenz 1973 ff. Auf 23 Bde. berechnet. – Italien. Lit. der Gegenwart in Einzeldarstt. Hg. v. J. HOESLE u. W. EITEL. Stg. 1974. – CONTINI, G.: Letteratura dell'Italia unita 1861–1968. Neuausg. Florenz 1975. – PARATORE, E.: Dal Petrarca all'Alfieri. Saggi di letteratura comparata. Florenz 1975. – CARETTI, L.: Antichi e moderni. Studi di letteratura italiana. Turin 1976. – CAIRNS, C.: Italian literature. The dominant themes. New Abbot 1977. – HOEGES, D.: Aufklärung u. die List der Form. Zur Zs. ›Il Caffè‹ u. zur Strategie italien. u. frz. Aufklärung. Krefeld 1978. – Letteratura e storia della letteratura. Hg. v. M. PAZZAGLIA. Bologna 1978. – BALDUINO, A.: Manuale di filologia italiana. Florenz 1979. – FOSCOLO, U.: Storia della letteratura italiana per saggi. Turin

1979. – Letteratura di massa. Letteratura di consumo. Guida storica e critica. Hg. v. G. PETRONIO. Bari 1979. – Letteratura italiana contemporanea. Hg. v. G. MARIANI u. M. PETRUCCIONI. Rom 1979 ff. Auf 5 Bde. berechnet. – ELWERT, W. T.: Die italien. Lit. des MA. Dante, Petrarca, Boccaccio. Mchn. 1980. – MOMIGLIANO, A.: Storia della letteratura dalle origini ai nostri giorni. Neuausg. Mailand ⁸1980. – GAREFFI, A.: Le voci dipinte. Figura e parola nel Manierismo italiano. Rom 1981. – MANACORDA, G.: Storia della letteratura italiana contemporanea (1940–75). Rom ⁴1981. – Il piacere della letteratura. Prosa italiana dagli anni 70 a oggi. Hg. v. A. GUGLIELMI. Mailand 1981. – Teorie e realtà della storiografia letteraria. Hg. v. G. PETRONIO. Rom u. Bari 1981. – BONORA, E.: Parini e altro Settecento. Fra classicismo e illuminismo. Mailand 1982. – COSTA-ZALESSOW, N.: Scrittrici italiane dal XIII al XX secolo. Testi e critica. Ravenna 1982. – Letteratura e cultura popolare. Hg. v. E. CASALI. Bologna 1982. – Letteratura italiana. Hg. v. A. ASOR ROSA. Turin 1982–93. 9 Bde. in 15 Tl.-Bden. – ORLANDO, F.: Illuminismo e retorica freudiana. Turin 1982. – Précis de littérature italienne. Hg. v. C. BEC. Paris 1982. – BARBUTO, A.: Le fedeltà precarie. Argomenti di letteratura contemporanea. Rom 1983. – RUSSI, A.: La narrativa italiana dal neosperimentalismo alla neoavanguardia (1950–83). Rom 1983. – Pubblico 1983. Produzione letteraria e mercato culturale. Hg. v. V. SPINAZZOLA. Mailand 1983. – UNFER, D.: Le avventure della letteratura 1982. Odense 1983. – Storia della civiltà letteraria italiana. Hg. v. G. BARBERI SQUAROTTI u. a. Turin 1990 ff. Bisher 6 Bde. erschienen. – HINTERHÄUSER, H.: Italien. Lyrik im 20. Jh. Essays. Mchn. 1990. – HÖSLE, J.: I. L. des 19. u. 20. Jh. in Grundzügen. Darmst. ²1990. – I. L. in dt. Sprache. Bilanz u. Perspektiven. Hg. v. R. KLESCZEWSKI u. a. Tüb. 1990. – Italien. Literaturgesch. Hg. v. V. KAPP. Stg. 1992. – PETRONIO, G.: Gesch. der i. L. Dt. Übers. Tüb. u. Basel. 1992–93. 3 Bde. – LENTZEN, M.: Italien. Lyrik des 20. Jh. Ffm. 1994. – **Nachschlagewerke:** Dizionario enciclopedico della letteratura italiana. Hg. v. G. PETRONIO. Bari u. Rom 1966–70. 6 Bde. – Dizionario critico della letteratura italiana. Hg. v. V. BRANCA. Turin 1974. 3 Bde. – Dizionario della letteratura italiana. Hg. v. E. BONORA. Mailand 1977. 2 Bde. – CONTINI, G.: Schedario di scrittori italiani moderni e contemporanei. Florenz 1978. – BALDUINO, A.: Manuale di filologia italiana. Florenz 1979. – A Dictionary of Italian literature. Hg. v. P. E. u. J. C. BONDANELLA. Westport (Conn.) 1979. – Dizionario Motta della letteratura contemporanea. Hg. v. E. BAZZARELLI. Neuausg. Mailand 1982. 4 Bde. – A concise encyclopedia of the Italian Renaissance. Hg. v. J. R. HALE. London 1983. – PARENTE, G./MASSARELLI, G.: Dizionario critico. I premiati nelle arti, lettere, scienze, musica e attività sociali degli italiani nel mondo. Campobasso 1983. – STUSSI, A.: Avviamento agli studi di filologia italiana. Bologna 1983. – **Bibliographien:** PREZZOLINI, G.: Repertorio bibliografico della storia e della critica della letteratura italiana. Rom 1937–48. 4 Bde. – Repertorio bibliografico della letteratura italiana. Hg. v. U. BOSCO. Florenz 1953–69. 3 Bde. – MAZZAMUTO, P.: Rassegna bibliografico-critica della letteratura italiana. Florenz ³1970. – D'AMBROSIO, M.: Bibliografia della poesia italiana d'avanguardia. Poesia visiva, visuale, concreta e fonetica. Rom 1977. – MANZONI, C.: Biografia italica. Saggio bibliografico di opere italiane a stampa per servire alla biografia degli italiani. Osnabrück 1981. – PUPPO, M.: Manuale critico-bibliografico per lo studio della letteratura italiana. Turin ¹⁴1987. – WITTSCHIER, H. W.: Die i. L. Einf. u. Studienführer von den Anfängen bis zur Gegenwart. Tüb. ³1985. – Bibliografia generale della lingua e della letteratura italiana. Hg. v. E. MALATO. Rom 1994ff. Auf mehrere Bde. berechnet. – **Verslehre:** PAZZAGLIA, M.: Teoria e analisi metrica. Bologna 1974. – DI GIROLAMO, C.: Teoria e prassi della versificazione. Bologna 1976. – VALERI, C.: Metrica e retorica. Florenz 1977. – CASTELNUOVO, L.: La metrica italiana. Mailand 1979. – MEMMO, F. P.: Dizionario di metrica italiana. Rom 1983. – ELWERT, W. T.: Italien. Metrik. Wsb. ²1984.

Ithyphallikus [griech.], antike Versform (–◡–◡–◡–), deren Name (= aufgerichteter Phallus) auf die Verwendung in den Kultliedern zu Ehren des Dionysos hinweist.

Iulianus Apostata (Julian A.), eigtl. Flavius Claudius Iulianus, * Konstantinopel (heute Istanbul) 331, † Maranga am Tigris 26. Juni 363, röm. Kaiser (seit 361). – Ursprünglich im christl. Sinn erzogen, geriet I. A. bald durch Einfluß nichtchristl. Lehrer (u. a. Maximos und Libanios) in den Bann des Neuplatonismus und Kynismus (deshalb von den Christen ›Apostata‹ [= der Abtrünnige] genannt). Wurde am 6. Nov. 355 zum Caesar ernannt und bemühte sich in den folgenden Jahren in Gallien erfolgreich um die Konsolidierung der durch Germaneneinfälle gefährdeten Grenze. Seine Ausrufung zum Augustus (360) bedeutete zugleich den Bruch mit Konstantius II. Als dessen Nachfolger führte I. A. 363 den Perserkrieg fort, in dessen Verlauf er letztlich scheiterte und auf dem Rückzug fiel. – Seine geistige, religiöse und philosoph. Einstellung kommt in der literar. Hinterlassenschaft zum Ausdruck, deren eigtl. Bedeutung aber im hi-

stor. Quellenwert für jene Epoche liegt. Der Großteil seines Werkes in Form von Briefen, Reden und Pamphleten in griech. Sprache fällt in die Spätzeit seines Lebens: Reden auf Kaiser Konstantius II. und Eusebia; Geleitgedicht für seinen Freund Sallustius; gegen die sog. ›ungebildeten Hunde‹ für Diogenes den Kyniker; die Satiren ›Sympósion é̄ Krónia‹ und ›Antióchikos é̄ misopṓgōn‹ sowie zahlreiche (teils unechte) Briefe. Verloren ist, wie vieles andere, auch eine Streitschrift gegen die Galiläer (›Katà Galilaíōn‹), ein dem Christentum gegenüber krit. Werk, dessen Inhalt jedoch aus der Gegenschrift des Bischofs Kyrillos von Alexandria verständlich wird.

In der mittelalterl. Literatur erschien der mit legendären Zügen ausgestattete I. A. (nach der Basiliuslegende erkannte er sterbend den Sieg der christlichen Religion an) als tyrannischer Abtrünniger. Erst seit der Renaissance wurde ihm eine gerechtere Beurteilung zuteil.

Ausgabe: The works of the emperor Julian. Griech. u. engl. Hg. v. W. C. WRIGHT. London 1913–23. 3 Bde. Nachdr. Cambridge (Mass.) 1959–62.
Literatur: BROWNING, R.: Julian. Der abtrünnige Kaiser. Biogr. Übers. Mchn. 1977. – BOWERSOCK, G. W.: Julian the Apostate. London 1978. – Julian A. Hg. v. R. KLEIN. Darmst. 1978. – ATHANASSIADI-FOWDEN, P.: Julian and Hellenism. An intellectual biography. Oxford 1981.

Iulius Valerius, röm. Schriftsteller des 3./4. Jahrhunderts. – Verfasser eines Alexanderromans (›Res gestae Alexandri Macedonis‹; nach 300), einer lateinischen Bearbeitung des griech. Alexanderromans des Pseudo-Kallisthenes; eine der Quellen der mittelalterl. Alexanderdichtung.

Iustinus, Marcus Iunianus, röm. Schriftsteller des 2. oder 3. Jh. n. Chr. – Bekannt durch einen sehr knappen Auszug des Geschichtswerks ›Historiae Philippicae‹ des Pompeius Trogus.

Iuvenalis, Decimus Iunius, röm. Satiriker, † Juvenal.

Iuvencus, Gaius Vettius Aquilinus, span. Presbyter und lat. Schriftsteller des 4. Jahrhunderts. – Schuf um 330 eine Evangelienharmonie (›Evangeliorum libri IV‹; fast nur auf Matthäus beruhend) in lat. Hexametern, um die heidn. Epen

266 Ivanauskaitė-Lastauskienė

Homers und Vergils aus dem Bewußtsein des Volkes zu verdrängen.

Ivanauskaitė-Lastauskienė, Marija, litauische Schriftstellerin, ↑ Lazdynų, Peleda.

Ivanauskaitė-Pšibiliauskienė, Sofija, litauische Schriftstellerin, ↑ Lazdynų, Peleda.

Ivo, Ledo [brasilian. 'ivu], * Maceió 18. Febr. 1924, brasilian. Schriftsteller. – Mitherausgeber der Zeitschrift ›Orfeu‹; gilt als einer der Hauptvertreter des Neomodernismo; verbindet in seiner formstrengen Lyrik Universalität und humanitäres Engagement; schrieb auch Romane, Erzählungen und literaturkrit. Abhandlungen.

Werke: As imaginações (Ged., 1944), Ode e elegia (Ged., 1945), As alianças (R., 1947), O caminho sem aventura (R., 1948), Ode ao crepúsculo (Ged., 1948), Cântico (Ged., 1949), Linguagem (Ged., 1951), Um brasileiro em Paris (Ged., 1951), Magias (Ged, 1960), Use a passagem subterrânea (En., 1961), Estação central (Ged., 1964), Finisterra (Ged., 1972), Modernismo e modernidade (Essay, 1972), Ninho de Cobras (R., 1973), O sinal semafórico (Ged., 1976), Teoria e celebração (Essay, 1976), O soldado raso (Ged., 1980), A morte do Brasil (R., 1981), Calabar (Ged., 1985).

Iwanow (tl.: Ivanov), Georgi Wladimirowitsch [russ. i'vanɐf], * Kowno 10. Nov. 1894, † Hyères (Südfrankreich) 26. Aug. 1958, russ. Schriftsteller. – 1922 Heirat mit I. Odojewzewa und Emigration; bed. Lyriker unter zunehmendem Einfluß A. A. Bloks; betonte die musikal., euphon. Elemente der lyr. Sprache; seine späteren Werke sind duch eine wachsende Tendenz zu Nihilismus und Desillusionierung gekennzeichnet.

Werke: Veresk (= Heidekraut, Ged., 1916), Tretij Rim (= Das dritte Rom, R.-Fragment, 1929), Stichotvorenija/Gedichte (russ. und dt., hg. 1990).

Iwanow (tl.: Ivanov), Wjatscheslaw Iwanowitsch [russ. i'vanɐf], * Moskau 28. Febr. 1866, † Rom 16. Juli 1949, russ. Schriftsteller. – Studierte u. a. bei Th. Mommsen; Mittelpunkt eines Kreises von Künstlern, Dichtern und Gelehrten; emigrierte 1924 nach Italien, wo er zur kath. Kirche übertrat; Theoretiker der 2. Generation der russ. Symbolisten und neben A. A. Blok und A. Bely deren be-

deutendster Vertreter; bed. auch seine literatur- und kulturgeschichtl. Abhandlungen.

Werke: Ëllinskaja religija stradajuščego boga (= Die hellen. Religion des leidenden Gottes, Essay, 1904), Prozračnost' (= Durchsichtigkeit, Ged., 1904), Tantalos (Trag., 1905, dt. 1940), Ēros (Ged., 1907), Dve stichii v sovremennom simvolizme (= Zwei Elemente im zeitgenöss. Symbolismus, Essay, 1909), Cor ardens (Ged., 2 Bde., 1911), Prometej (Trag., 1919), Briefwechsel zwischen zwei Zimmerwinkeln (Essay, 1921, dt. 1946; mit M. O. Gerschenson). **Ausgabe:** V. I. Ivanov. Sobranie sočinenij. Brüssel 1971 ff. (bisher 4 Bde. erschienen). **Literatur:** Tschöpl, C.: V. Ivanov. Mchn. 1968. – V. Ivanov, russ. Dichter – europ. Kulturphilosoph. Hdg. v. W. Potthoff. Hdbg. 1993.

Iwanow (tl.: Ivanov), Wsewolod Wjatscheslawowitsch [russ. i'vanɐf], * Lebjaschje (Gebiet Pawlodar) 24. Febr. 1895, † Moskau 15. Aug. 1963, russ.-sowjet. Schriftsteller. – Ging verschiedene Beschäftigungen nach; kämpfte im Bürgerkrieg auf seiten der Revolutionäre; wurde von M. Gorki unterstützt, schloß sich den Serapionsbrüdern an; Vorwürfe der sowjet. Kritik führten ihn zum sozialist. Realismus; Epiker des Bürgerkriegs, den er in Erzählungen darstellte; Ursprünglichkeit der künstler. Gestaltung, von Elementen der Volksdichtung bestimmte bildhafte, kräftige und ornamentale Sprache; kein gleichmäßiger Ablauf der Handlung, die Fabel wird auf verschiedenen Ebenen gleichzeitig gestaltet; neben ursprüngl. Lebensfreude steht Pessimismus.

Werke: Partisanen (E., 1921, dt. 1922), Panzerzug 14–69 (R., 1922, dt. 1955), Golubye peski (= Blauer Sand, E., 1923), Die Rückkehr des Buddha (E., 1923, dt. 1962), Das Kind (E., 1924, dt. 1925), Abenteuer eines Fakirs (R., 1934/35, dt. 1937), Alexander Parchomenko (R., 1939, dt. 1955). **Ausgabe:** V. V. Ivanov. Sobranie sočinenij. Moskau 1973–78. 8 Bde. **Literatur:** Snyder, F. S. F.: The ornamental prose of V. Ivanov. Diss. University of Michigan 1979. – Krasnoščekova, E. A.: Chudožestvennyj mir V. Ivanova. Moskau 1980.

Iwaszkiewicz, Jarosław [poln. ivaʃ-'kjɛvitʃ], Pseudonym Eleuter, * Kalnik (Gebiet Winniza) 20. Febr. 1894, † Warschau 2. März 1980, poln. Schriftsteller. – Mitbegründer der Dichtergruppe Skamander; Diplomat in Dänemark und Belgien; Präsident des poln. Schriftstel-

Jarosław Iwaszkiewicz

lerverbandes, ab 1955 Hauptredakteur der Zeitschrift ›Twórczość‹ (= Schaffen); Sejmabgeordneter; begann mit Lyrik, die sich durch suggestive Klangwirkungen auszeichnet; später Hinwendung zur Erzählung und zum [histor.] Roman. I. übersetzte u. a. Goethe, S. George, A. Rimbaud, L. N. Tolstoi; verfaßte Monographien über J. S. Bach, F. Chopin und K. Szymanowski.

Werke: Oktostychy (= Achtzeiler, Ged., 1919), Die Mädchen vom Wilkohof (E., 1933, dt. 1956), Die roten Schilde (R., 1934, dt. 1954), Chopin (Schsp., 1937, dt. 1958), Mutter Joanna von den Engeln (E., 1946, dt. 1970), Kongreß in Florenz (R., 1947, dt. 1958), Ruhm und Ehre (R., 3 Bde., 1956–62, dt. 1960–66), Die Liebenden von Marona (E., 1961, dt. 1962), Das Birkenwäldchen (En., dt. Auswahl 1982).
Ausgabe: J. I. Dzieła. Warschau 1958–59. 10 Bde.
Literatur: ROHOZIŃSKI, J.: J. I. Warschau 1968. – WERWES, H.: J. I. Warschau 1979.

Izmajlov, Aleksandr Efimovič, russ. Schriftsteller, ↑Ismailow, Alexandr Jefimowitsch.

J

Ja'ari (tl.: Ya'ărî), Jehuda [hebr. ja'a'ri:], * in Galizien 21. Nov. 1900, † Jerusalem 6. Nov. 1982, israel. Schriftsteller. – Emigrierte 1920 nach Palästina; beschreibt in seinen Romanen und Novellen die ihm aus eigenem Erleben bekannten Freuden und Leiden der Einwanderer nach dem Ersten Weltkrieg, v. a. den Pioniergeist der Chaluzim.
Werke: Ka-ôr yahel (= Als die Kerzen brannten, R., 1932), Šôreš 'alê mayim (= Wurzel am Wasser, R., 1950).
Literatur: Enc. Jud. Bd. 16, 1972. S. 681.

Jabès, Edmond [frz. ʒa'bɛs], * Kairo 16. April 1912, † Paris 2. Jan. 1991, frz. Lyriker. – J., der Ägypten erst 1957 aufgrund polit. Druckes verließ (ab 1967 frz. Staatsbürger), ist in seinem bis dahin entstandenen Werk (›Je bâtis ma demeure‹, 1959) von M. Jacob beeinflußt, dessen Dichtungen er während seiner Studienzeit kennengelernt hatte. Der 1963 mit ›Das Buch der Fragen‹ (dt. 1979) einsetzende siebenbändige Zyklus (abgeschlossen 1973 mit ›El, ou le dernier livre‹), der sich jeder gattungsmäßigen Definition entzieht, entwirft in der Folge S. Mallarmés eine Variante des ›absoluten Buches‹, das die Themen von Exilerfahrung, Fremdheit und Angst, sowie von Schreiben vor dem Hintergrund jüd. Geschichte, Gegenwart und Identität umkreist. Hier, wie in der dreibändigen Sammlung ›Le livre des ressemblances‹, ›Le soupçon, le désert‹ und ›L'ineffaçable, l'inaperçu‹ (1976–80) verwandeln sich Wortsuche und Reflexion über Schreiben und Stile in Ausgestaltungen von Wesens- und Seinsentwürfen. Sein Einfluß auf die zeitgenöss. Lyrik und Philosophie in Frankreich, aber auch in den USA, ist beträchtlich. Er erhielt u. a. den Grand prix national de poésie 1987.
Weitere Werke: Es nimmt seinen Lauf (1975, dt. 1981), Das kleine unverdächtige Buch der Sub-version (1982, dt. 1985), Der vorbestimmte Weg (1985, dt. 1993), Le livre du partage (1987), Ein Fremder mit einem kleinen Buch unterm Arm (1989, dt. 1993), Die Schrift der Wüste. Gedanken, Gespräche, Gedichte (dt. Ausw. 1989), Le livre de l'hospitalité (hg. 1991).
Literatur: BOUNOURE, G.: E. J., la demeure et le livre. Paris 1984. – DRÖGE, CH.: E. J. In: Krit. Lex. der roman. Gegenwartsliteraturen. Hg. v. W.-D. LANGE. Losebl. Tüb. 1984 ff. – DERRIDA, J.: E. J. u. die Frage nach dem Buch. In: DERRIDA: Die Schrift u. die Differenz. Dt. Übers. Ffm. ²1985. S. 102. – LAIFER, M.: E. J. New York u. a. 1986. – CAHEN, D.: E. J. Paris 1991.

Jablonský, Boleslav [tschech. 'jablɔnski:], eigtl. Karel Eugen Tupý, * Kardašova Řečice (Südböhm. Gebiet) 14. Jan. 1813, † Krakau 27. Febr. 1881, tschech. Lyriker. – Prämonstratenser, später Pfarrer bei Krakau. Ein Jugenderlebnis gab ihm das Motiv für seine reizvolle Liebeslyrik; wandte sich später der lehrhaften, religiös orientierten Dichtung zu.

Jaccottet, Philippe [Henri] [frz. ʒakɔ'tɛ], * Moudon (Waadt) 30. Juni 1925, schweizer. Schriftsteller. – Philosophiestudium in Lausanne; lebt seit 1953 in Grignan (Drôme). Mitarbeiter der ›Nouvelle Revue Française‹. Drückt bes. in seiner lyr. Prosa Relikte einer Erfahrung des Unzerstörbaren aus, die er in schwermütigen [Natur]bildern einzufangen sucht. Machte sich auch als Essayist und Übersetzer (u. a. J. Ch. F. Hölderlin, R. Musil) einen Namen. Er erhielt u. a. 1966 den Übersetzerpreis der Dt. Akademie für Sprache und Dichtung, 1988 den Petrarca-Preis.
Werke: Pour les ombres (Ged., 1944), Trois poèmes aux démons (Ged., 1945), Requiem (Ged., 1947), L'effraie (Ged., 1953), Der Spaziergang unter den Bäumen (Essays, 1957, dt. 1981), L'ignorant (Ged., 1957), Elemente eines Traumes (Essays, 1961, dt. 1988), L'obscurité (Bericht, 1961), L'entretien des muses (Essay, 1968), Landschaften mit abwesenden Figuren

Jacob 269

(Prosastücke, 1970, dt. 1992), Rilke par lui-même (Essay, 1970), Poésie, 1946–1967 (1971), Chants d'en-bas (Ged., 1974), À travers un verger (Ged., 1975), À la lumière d'hiver (Ged., 1977), Beauregard (Essays, 1981), Pensées sous les nuages (Ged., 1983), La semaison. Carnets 1954–1979 (1984), Gedichte (frz. u. dt. Ausw. 1985), Cahier de verdure (Ged., 1990), Libretto (Prosa, 1990), Cristal et fumée (Ged., 1993).
Literatur: CLERVAL, A.: J. Paris 1976. – Sondernummer Ph. J. der Zeitschrift ›Sud‹ 32/33 (1980). – HAMMER, A.-M.: Ph. J. ou l'approche de l'insaisissable. Genf 1982. – Ph. J. poète et traducteur. Pau 1985. – La poésie de Ph. J. Hg. v. M.-C. DUMAS u. A. LACAUX. Genf 1986. – CADY, A.: Measuring the visible. The verse and prose of Ph. J. Amsterdam 1992. – ONIMUS, J.: Ph. J. Neuausg. Seyssel 1993.

Jackson, Helen [Maria Fiske] Hunt [engl. dʒæksn], *Amherst (Mass.) 15. Okt. 1830, †San Francisco (Calif.) 12. Aug. 1885, amerikan. Schriftstellerin. – Jugendfreundin E. Dickinsons, deren Leben sie vermutlich in ›Mercy Philbrick's choice‹ (R., 1876) verarbeitet hat; begann mit Lyrik, erste Erzählungen unter dem Pseudonym Saxe Holm, später unter ›H.‹; bekannt durch die krit. Studie ›A century of dishonor‹ (1881) über das den Indianern angetane Unrecht und durch den vielgelesenen sentimentalen Anklageroman ›Ramona‹ (1884, dt. 1886).
Literatur: ODELL, R.: H. H. J. New York 1939. – BANNING, E. I.: H. H. J. New York 1973.

Jackson, Laura [Riding] [engl. dʒæksn], amerikan. Lyrikerin, † Riding, Laura.

Jackson, Shirley [engl. dʒæksn], *San Francisco (Calif.) 14. Dez. 1919, † North Bennington (Vt.) 8. Aug. 1965, amerikan. Schriftstellerin. – Studium der Anthropologie an der Syracuse University (N. Y.); ihre Vorliebe für bizarre und groteske Begebenheiten des Alltagslebens zeigt sich in der Schilderung von jugendl. Psychen (›The road through the wall‹, R., 1948; ›Hangsaman‹, R., 1951; ›The bird's nest‹, R., 1954), Aberglauben und Massenpsychosen (›The sundial‹, R., 1958; ›Spuk in Hill House‹, R., 1959, dt. 1993); bes. ›The lottery‹ (En., 1949); schrieb auch Kinderbücher.
Weitere Werke: Nicht von schlechten Eltern (Autobiogr., 1953, dt. 1954), The witchcraft of Salem village (Kinderb., 1956), Raising demons

(Autobiogr., 1957), Wir haben schon immer im Schloß gelebt (R., 1962, dt. 1988).
Literatur: FRIEDMAN, L.: Sh. J. Boston (Mass.) 1975.

Jacob, Heinrich Eduard, *Berlin 7. Okt. 1889, † Salzburg 25. Okt. 1967, dt. Schriftsteller. – Freund G. Heyms; zeitweilig Korrespondent des ›Berliner Tageblatts‹ in Wien; nach einem Jahr Internierung emigrierte er 1939 in die USA. Setzte sich in seinen frühen Romanen und Novellen mit Problemen der Jugend und zeitkrit. Themen auseinander; bes. erfolgreich wurden kulturgeschichtl. Darstellungen, frühe Sachbücher (›Sage und Siegeszug des Kaffees‹, 1934; ›Sechstausend Jahre Brot‹, engl. 1944, dt. 1954) und seine Musikerbiographien; auch Dramen und Lyrik.
Weitere Werke: Der Zwanzigjährige (R., 1918), Beaumarchais und Sonnenfels (Dr., 1919), Jacqueline und die Japaner (R., 1928), Blut und Zelluloid (R., 1930), Joseph Haydn, seine Kunst, seine Zeit, sein Ruhm (Biogr., engl. 1950, dt. 1952), Mozart oder Geist, Musik und Schicksal (Biogr., 1955), Felix Mendelssohn und seine Zeit (Biogr., 1959).

Jacob, Johan, schwedischsprachiger finn. Schriftsteller, † Ahrenberg, Jac[ob].

Jacob, Max [frz. ʒa'kɔb], *Quimper 11. Juli 1876, †KZ Drancy bei Paris 5. März 1944, frz. Dichter und Maler. – In verschiedenen Berufen tätig; befreundet u. a. mit P. Picasso und G. Apollinaire; trat 1915 zur kath. Kirche über und zog sich 1921 ins Kloster Saint-Benoît-sur-Loire zurück; wurde 1944 als Jude verhaftet und ins KZ gebracht, wo er an einer Lungenentzündung starb. Sein umfangreiches und sehr vielseitiges Werk ist nur z. T. veröffentlicht. J. gilt als einer der Wegbereiter der surrealist. Lyrik. Er wurde berühmt durch die Sammlung von Prosagedichten ›Le cornet à dés‹ (1917, 2. Tl. hg. 1955, dt. Ausw. 1968 u. d. T. ›Der Würfelbecher‹) und ›Le laboratoire central‹ (Ged., 1921), aufrüttelnde Experimente der Befreiung dichter. Rede. Sein Leben und Werk haben nachhaltigen Einfluß auf die frz. Dichtung ausgeübt. J. verbindet Phantasie, Naivität, Zartheit, Anmut und religiöse Leidenschaft mit Spott, Skepsis, Spitzfindigkeit und Affektiertheit. Er bevorzugt visionäre Tagträume und apokalypt. Halluzinationen.

270 Jacobi

Weitere Werke: Saint Matorel (R., 1909), Les œuvres mystiques et burlesques de frère Matorel (Ged., 1911), Le siège de Jérusalem, drame céleste (Ged., 1914), La défense de Tartuffe (Ged. und Prosa, 1919), Art poétique (Essays, 1922), Filibuth ou la montre en or (R., 1923), Isabella und Pantalon (Kom., 1923, dt. 1926), Le terrain Bouchaballe (R., 1923), Höllenvisionen (Ged., 1924, frz. u. dt. 1985), Méditations religieuses (Ged., hg. 1945), Ratschläge für einen jungen Dichter (hg. 1945, dt. 1969), Méditations (Texte, hg. 1972). **Ausgabe:** M. J. Lettres 1920–1941. Hg. v. S. J. COLLIER. Oxford 1966. **Literatur:** Cahiers M. J. Paris 1951 ff. – BILLY, A.: M. J., une étude. Paris 1956. Neuaufl. 1969. – PLANTIER, R.: L'univers poétique de M. J. Paris 1976. – LACHGAR, L.: M. J. Paris 1981. – ANDREU, P.: Vie et mort de M. J. Paris 1982. – ROGGERANDREUCCI, CH. VAN: M. J. et l'interprétation symbolique des écritures. Diss. Paris-IV 1983. – Sondernummer M. J. Les Cahiers de l'Iroise 32 (1985). – HENRY, H./RODA, J.-C.: M. J. à la Bibliothèque municipale d'Orléans. Orléans 1986 (Manuskriptverz. u. Bibliogr.). – ROUSSELOT, J.: M. J. au sérieux. Rodez 1994.

Jacobi, Friedrich Heinrich, * Düsseldorf 25. Jan. 1743, † München 10. März 1819, dt. Schriftsteller und Philosoph. – Zunächst Kaufmann, dann Beamter, schließlich Prof. der Philosophie und 1807–12 Präsident der Bayer. Akad. der Wiss. in München. Wichtiger Vertreter des Sturm und Drangs; persönl. Bekanntschaft u.a. zu Ch. M. Wieland (ab 1771), J. G. Herder, J. G. Hamann und Goethe (ab 1774). Wurde bekannt v.a. durch den sog. Pantheismusstreit mit M. Mendelssohn. Gegen I. Kant und auch J. G. Fichte vertrat J. einen antiidealist. und gegen die systemat. Philosophie gerichteten Realismus, den er erkenntnistheoretisch auf das unmittelbare Gefühl, das die Erkenntnis ermögliche, und die Gewißheit des Glaubens, die ›Vernunft‹ in J.s Terminologie, gründete. Mit dieser gegen den Rationalismus der Aufklärung gerichteten Gefühls- und Glaubensphilosophie antizipierte J. Momente, die in der Philosophie S. Kierkegaards, F. Nietzsches und der Existenzphilosophie wichtig wurden. – Von literaturwiss. Interesse sind seine beiden Briefromane ›Aus Eduard Allwills Papieren‹ (Fragmente erschienen 1775 in der Zeitschrift ›Iris‹, 1776 in ›Der Teutsche Merkur‹; vollständig erstmals 1781 u.d.T. ›Eduard Allwills Papiere‹, in:

›Vermischte Schriften‹) und ›Woldemar‹ (1779, überarbeitet 2 Bde., 1794). **Ausgaben:** F. H. J. Werke. Hg. v. F. ROTH u. F. KÖPPEN. Lpz. 1812–25. 6 Bde. Nachdr. Darmst. 1980. 6 Tle. in 7 Bden. – F. H. J. Briefwechsel. Hg. v. M. BRÜGGEN u.a. Stg. 1981 ff. Auf 15 Bde. berechnet (bisher 4 Bde. erschienen). **Literatur:** SCHWARTZ, H.: F. H. J.s ›Allwill‹. Halle/Saale 1911. Nachdr. Walluf 1973. – VERRA, V.: F. H. J. Turin 1963. – NICOLAI, H.: Goethe u. J. Stg. 1965. – HAMMACHER, K.: Die Philosophie F. H. J.s. Mchn. 1969. – F. H. J. Philosoph u. Literat der Goethezeit. Hg. v. K. HAMMACHER. Ffm. 1971. – HAMMACHER, K./CHRIST, K.: F. H. J. (1743–1819). Düss. 1985. – ROSE, U.: F. H. J. Eine Bibliogr. Stg. 1993.

Jacobi, Johann Georg, * Düsseldorf 2. Sept. 1740, † Freiburg im Breisgau 4. Jan. 1814, dt. Schriftsteller. – Bruder von Friedrich Heinrich J.; 1766 Prof. für Philosophie in Halle/Saale; seit 1769 Kanonikus in Halberstadt; 1774–77 Herausgeber der Zeitschrift ›für Frauenzimmer‹ ›Iris‹ (8 Bde.), 1795–1813 der ›Taschenbücher‹ (ab 1803 u.d.T. ›Iris‹), 1784 Prof. für Ästhetik in Freiburg im Breisgau; konvertierte zum Katholizismus. Ein Spiegel des Zeitalters der Empfindsamkeit ist sein Briefwechsel mit J. W. L. Gleim. J. stand unter dem Einfluß engl. und frz. Vorbilder und dichtete bes. im Stil der Anakreontik; im Sturm und Drang wurde er verspottet. **Werke:** Poet. Versuche (1764), Abschied an den Amor (Ged., 1769), Die Winterreise (Ged., 1769), Die Sommerreise (Ged., 1770), Theatral. Schriften (1792). **Literatur:** SCHOBER, U.: J. G. J.s dichter. Entwicklung. Breslau 1938.

Jacobs, William Wymark [engl. 'dʒeɪkəbz], * London 8. Sept. 1863, † ebd. 1. Sept. 1943, engl. Schriftsteller. – Schrieb humorist. Kurzgeschichten und Skizzen, meist aus dem Milieu der Matrosen und Hafenarbeiter, deren seltsame und kom. Erlebnisse er naturalistisch schildert. Zu seinen bedeutendsten Werken gehört die klass. Gruselgeschichte ›The monkey's paw‹, die 1902 in der Sammlung ›The lady of the barge‹ erschien; auch Dramatiker. **Weitere Werke:** Many cargoes (Kurzgeschichten, 1896), At Sunwich port (Kurzgeschichten, 1902), Dialstone lane (Kurzgeschichten, 1904), Ein voreiliges Experiment. Der schwarze Kater (Kurzgeschichten, dt. Ausw. 1905).

Jacobsen, Hans Jacob [dän. 'jakɔb-sən], färöischer Schriftsteller, ↑Brú, Heðin.

Jacobsen, Jens Peter [dän. 'jakɔb-sən], *Thisted 7. April 1847, †ebd. 30. April 1885, dän. Dichter. – Studierte Botanik, Anhänger Ch. R. Darwins, dessen Ideen er in Dänemark populär machte; Beziehungen zu den Brüdern E. und G. Brandes; 1873 Italienreise; schwere Erkrankung, von der er sich nicht mehr erholte. Obwohl sein Gesamtwerk nur geringen Umfang hat – zwei Romane, einige Novellen und Gedichte –, gehört J. zu den bedeutendsten europ. Dichtern seiner Epoche. Er war Naturalist, verzichtete jedoch ganz auf die soziale Tendenz und zeichnete in meisterhaften Farben impressionist. Bilder, die feinste Seelenregungen und Naturstimmungen geschickt erfassen. Bed. Wirkung in Deutschland, u. a. auf R. M. Rilke.
Werke: En cactus springer ud (Ged., 1869), Mogens (Nov., 1872, dt. 1891), Frau Marie Grubbe (R., 1876, dt. 1878), Niels Lyhne (R., 1880, dt. 1889), Pesten i Bergamo (Nov., 1881).
Ausgaben: J. P. J. Ges. Werke. Dt. Übers. v. J. SANDMEIER. Mchn. 1927. 3 Bde. (mit Biogr.). – J. P. J. Sämtl. Werke. Dt. Übers. Zü. 1947. 3 Bde. – J. P. J. Samlede værker. Hg. v. F. NIELSEN u. V. ROSENKILDE. Kopenhagen 1972–74. 6 Bde. – J. P. J. Das erzähler. Werk. Dt. Übers. v. A. O. SCHWEDE. Stg. 1978.
Literatur: KNUDSEN, A.: J. P. J. Hans digtning. Kopenhagen 1950. – NIELSEN, F.: J. P. J. Kopenhagen 1953. – NÄGELE, H.: J. P. J. Stg. 1973. – MADSEN, S. O.: J. P. J., virkelighed og kunst. Kopenhagen 1974. – GLIENKE, B.: J. P. J.s lyr. Dichtung. Neumünster 1975.

Jacobsen, Jørgen-Frantz [dän. 'jakɔbsən], *Tórshavn (Färöer) 29. Nov. 1900, †Vejlefjord 24. März 1938, dän.-färöischer Schriftsteller. – Bekannt durch den erst nach seinem frühen Tod veröffentlichten unvollendeten Roman ›Barbara‹ (hier die Männer‹ (1939, dt. 1940), ein faszinierend gezeichnetes, realist. Porträt einer außerhalb jeder Moral stehenden Frau.

Jacobsen, Rolf, *Christiania (heute Oslo) 8. März 1907, norweg. Lyriker. – Erschließt in seinen Gedichtsammlungen den Kontrast zwischen naturhaftem Leben und moderner Zivilisation.
Werke: Jord og jern (Ged., 1933), Vrimmel (Ged., 1935), Fjerntog (Ged., 1951), Brev til ly-

set (Ged., 1960), Stillheten efterpå (Ged., 1965), Headlines (Ged., 1969), Pass for dørene-dørene Lukkes (Ged., 1972), Tenk på noe annet (Ged., 1979), Nattåpent (Ged., 1985).

Jacobsohn, Siegfried, *Berlin 28. Jan. 1881, †ebd. 3. Dez. 1926, dt. Journalist. – War Theaterkritiker, gründete 1905 die für das dt. Theaterleben wichtige Zeitschrift ›Die Schaubühne‹ (ab 1918, nach Erweiterung der Themenkreise, ›Die Weltbühne‹). Schrieb u. a. ›Das Theater der Reichshauptstadt‹ (1904), ›Max Reinhardt‹ (1910), ›Das Jahr der Bühne‹ (10 Bde., 1911–21), ›Der Fall Jacobsohn‹ (1913), ›Die ersten Tage‹ (1917).
Literatur: STEINKE, W.: Der Publizist S. J. als Theaterkritiker. Diss. FU Bln. 1960.

Jacobson, Dan [engl. 'dʒeɪkəbsn], *Johannesburg 7. März 1929, südafrikan. Kritiker und Erzähler. – Lebt seit 1954 in England, seit 1974 Dozent an der Univ. in London; als nicht praktizierender Jude befaßt er sich, neben der typisch südafrikan. Thematik, oft ironisch mit den kontroversen Aspekten seines religiösen und kulturellen Erbes.
Werke: Tanz in der Sonne (R., 1956, dt. 1959), The price of diamonds (R., 1957), The Zulu and the Zeide (Kurzgeschichten, 1959), Zu schwarz für Afrika (R., 1960, dt. 1963), The beginners (autobiogr. R., 1965), Beggar my neighbor (Kurzgeschichten, 1964), Das Buch Thamar (R., 1970, dt. 1973), Inklings (Kurzgeschichten, 1973), The confessions of Joseph Baisz (R., 1977), The story of the stories. The chosen people and its god (R., 1982), Time and time again (Autobiogr., 1985), Her story (R., 1987), The God-fearer (R., 1992).

Jacobus a Voragine [vo'ra:gine] (J. a [bzw. de] Varagine, Jakob von Voragine, Iacopo da Varazze), sel., *Viraggio (heute Varazze) bei Genua zwischen 1228 und 1230, †Genua 14. Juli 1298, italien. geistl. Schriftsteller. – Dominikaner (seit 1244), Prediger, Prof. für Theologie, 1292 Erzbischof von Genua. Nachhaltigen Ruhm erlangte er durch die 176 Kapitel umfassende Legendensammlung ↑›Legenda aurea‹, die bekannteste Legendensammlung des MA (entst. vor 1264, gedr. um 1470, dt. 1885/1886), eine in ganz Europa beliebt gewordene Zusammenstellung von Heiligenviten.
Weitere Werke: Chronicon ianuense (entst. 1297, hg. 1941), Sermones de sanctis de tempore (hg. 1484).

272 Jacobus de Benedictis

Literatur: WARESQUIEL, M. DE: Le bienheureux Jacques de V., auteur de la Légende dorée. Paris 1902. – PAGANO, A.: La virtù di narratore di J. da Varazze. Neapel 1937. – BOUREAU, A.: ›La légende dorée‹. Le système narratif de Jacques de V. Paris 1984.

Jacobus de Benedictis, italien. Dichter, ↑ Iacopone da Todi.

Jacques, Norbert [ʒak], * Luxemburg 6. Juni 1880, † Koblenz 16. Mai 1954, dt. Schriftsteller. – Schrieb nach ausgedehnten Weltreisen als Journalist umfangreiche Reiseberichte und spannende Reiseromane sowie historisch-biograph. Romane und Filmdrehbücher.
Werke: Funchal (R., 1909), Der Hafen (R., 1910), Heiße Städte (Reisebericht, 1911), Piraths Insel (R., 1917), Dr. Mabuse der Spieler (R., 1921), Das Tigerschiff (R., 1929), Bundschuhhauptmann Joss (R., 1936), Leidenschaft. Schiller-Roman (1939), Mit Lust gelebt (Autobiogr., 1950).

Jaeckle, Erwin ['jɛklə], * Zürich 12. Aug. 1909, schweizer. Schriftsteller und Literaturkritiker. – 1943–77 Mitarbeiter, bis 1971 Chefredakteur der Zeitung ›Die Tat‹; behutsamer Erneuerer der modernen Lyrik; neben zahlreichen Gedichtbänden Essays zur modernen Lyrik und zur schweizer. Literatur, zur Kultur- und Religionsgeschichte und zur Philosophie.
Werke: Die Trilogie Pan (Ged., 1934), Die Kelter des Herzens (Ged., 1943), Gedichte aus allen Winden (1956), Das himml. Gelächter (Ged., 1962), Der Ochsenritt (Ged., 1967), Zirkelschlag der Lyrik (Essays, 1967), Signatur der Herrlichkeit. Sechs Vorträge zur Natur im Gedicht (1970), Eineckgedichte (1974), Baumeister der Unsichtbaren Kirche. Lessing, Adam Müller, Carus (Essays, 1977), Niemandsland der Dreißigerjahre. Meine Erinnerungen 1933–42 (1979), Vom sichtbaren Geist. Naturphilosophie (1984), Die Siebensilber. Gesammelte Gedichte (3 Bde., 1994).

Jæger, Frank [dän. 'je:yər], * Fredriksberg 19. Juni 1926, † Helsingør 4. Juli 1977, dän. Schriftsteller. – Seine künstler. Begabung zeigt sich v. a. in der Lyrik, die sprachlich vorzüglich und von heiterer Ironie ist und sowohl auf philosoph. Gedankengänge als auch auf moderne Abstraktion verzichtet; auch Romane, Novellen, Dramen, Hörspiele, Essays.
Werke: Iners (R., 1950), Hverdagshistorier (Nov.n, 1951), Tyren (Ged., 1953), Didrik

(Schsp., 1955), Jomfruen fra Orléans (R., 1955), Kapellanen og andre fortællinger (En., 1957), Cinna (Ged., 1959), Pastorale (Hsp., 1963), Drømmen om en sommerdag (Essays, 1965), Tod im Wald (Nov.n, 1970, dt. 1983), Provinser (Nov.n, 1972).
Literatur: HARVIG, S.: F. J. Kopenhagen 1974. – NIELSEN BROVST, B.: F. J.s forfatterskab. Kopenhagen 1977.

Jæger, Hans [norweg. 'je:gər], * Drammen 2. Sept. 1854, † Christiania (heute Oslo) 8. Febr. 1910, norweg. Schriftsteller. – Wurde zum Fürsprecher für die freie Liebe und erweckte einen Sturm im norweg. Kulturleben mit dem naturalist. Sensationsroman ›Kristiania-Bohême‹ (2 Bde., 1885, dt. 1902).
Weitere Werke: Olga (Schsp., 1883, dt. 1920), Kranke Liebe (R., 1893, dt. 1920), Bekenntnisse (R., 1902, dt. 1920).
Literatur: STORSTEIN, O.: H. J. Oslo 1935.

Jaeger, Henry, früher Karl-Heinz J., * Frankfurt am Main 29. Juni 1927, dt. Schriftsteller. – Wurde 15jährig zum Kriegsdienst eingezogen, engl. Gefangenschaft, dann verschiedene Berufe; als Chef einer Bande (Raubüberfälle, Einbrüche) 1956 zu 12 Jahren Zuchthaus verurteilt, 1963 begnadigt; lebt als freier Schriftsteller in Ascona. Schreibt v. a. gesellschaftskrit. Zeitromane, auch Gedichte. Sein erster Roman ›Die Festung‹ (1962), während der Haft entstanden, und der Roman ›Die bestrafte Zeit‹ (1964) sind Anklagen gegen den dt. Strafvollzug.
Weitere Werke: Die Rebellion der Verlorenen (R., 1963), Das Freudenhaus (R., 1966), Jeden Tag Geburtstag (Nov.n, 1966), Der Club (R., 1969), Jakob auf der Leiter (R., 1973), Der Tod eines Boxers (R., 1978), Ein Mann für eine Stunde (R., 1979), Amoklauf (R., 1982), Kein Erbarmen mit den Männern (R., 1986), Glückauf, Kumpel, oder der große Beschiß (R. 1988).

Jaeggi, Urs ['jɛgi], * Solothurn 23. Juni 1931, dt.-schweizer. Soziologe und Schriftsteller. – 1966 Prof. in Bochum, seit 1972 in Berlin; wiss. Veröffentlichungen v. a. über gegenwärtige Strukturprobleme der Industriegesellschaft (›Macht und Herrschaft in der Bundesrepublik‹, 1969, 1973 u. d. T. ›Kapital und Arbeit in der Bundesrepublik‹; ›Sozialstruktur und polit. Systeme‹, 1976). Während J. in den Erzählungen und den Romanen wie ›Die Komplicen‹ (1964) und ›Ein Mann geht vor-

Urs Jaeggi

bei‹ (1968) noch die Wirklichkeit ästhetisierend auf anderer Bedeutungsebene darstellt, sind der polit. Schlüsselroman ›Brandeis‹ (1978) und der Roman ›Grundrisse‹ (1981) unmittelbare Beschreibungen gesellschaftl. Vorgänge, insbes. der Studentenrevolte 1968 und deren Folgen, kritisch-satir. Auseinandersetzungen mit konservativ-restaurativen Tendenzen in der BR Deutschland.

Weitere Werke: Die Wohltaten des Mondes (En., 1963), Literatur und Politik (Essay, 1972), Versuch über den Verrat (1984), Fazil und Johanna (En., 1985), Soulthorn (R., 1990).
Literatur: Avanti Dilettanti ... U. J. zum 60. Geburtstag. Hg. v. G. ALTHAUS. Bln. 1992. – HUNT, I. E., u. a.: U. J. Eine Werkbiogr. New York u. a. 1993.

Jäger, Johannes, dt. Humanist, † Crotus Rubianus.

Jägersberg, [Horst] Otto, * Hiltrup (heute zu Münster) 19. Mai 1942, dt. Schriftsteller. – Schildert in seinen krit. Heimaterzählungen realistisch-satirisch die Provinz der BR Deutschland; auch Gedichte, Dramen, Hörspiele, engagierte Reportagen als Fernsehredakteur sowie Kinderbücher (›Das Kindergasthaus‹, 1978). Schrieb von 1971 bis 1983 fast ausschließlich Fernsehfilme und -spiele (u. a. ›Die Pawlaks‹, 13 Teile, 1982).

Weitere Werke: Weihrauch und Pumpernickel. Ein westfälisches Sittenbild (R., 1964), Nette Leute (R., 1967), Cosa Nostra. Drei Stücke aus dem bürgerl. Heldenleben (Dramen, 1971), Der letzte Biß (En., 1977), Empörte Frauen (Prosa, 1980), Der Herr der Regeln (R., 1983), Vom Handeln mit Ideen (En., 1984), Wein, Liebe, Vaterland (Ged., 1985).

Jahier, Piero [frz. ʒa'je], * Genua 11. April 1884, † Florenz 19. Nov. 1966, italien. Schriftsteller. – Mußte nach dem Tod des Vaters sein in Florenz bei den Waldensern begonnenes Theologiestudium abbrechen, später Jurastudium; Mitarbeiter der Zeitschrift ›La Voce‹; seine frühen Erzählwerke ›Resultanze in merito alla vita e al carattere di Gino Bianchi‹ (1915) und ›Ragazzo‹ (1919) tragen autobiograph. Züge. Seine Erlebnisse als Kriegsfreiwilliger prägten sein dichterisch und menschlich bemerkenswertestes Werk ›Con me e con gli Alpini‹ (1919); gab auch eine Sammlung von Soldatenliedern (›Canti di soldati‹, 1919) heraus. Beeinflußt von P. Claudel und Ch. Péguy, die er übersetzte.

Ausgabe: P. J. Poesie in versi e in prosa. Hg. v. P. BRIGANTI. Turin 1981.
Literatur: TESTA, A.: P. J. Mailand 1970. – KAEMPER, K.: P. J. (1884–1966). Ein patriarchal. Avantgardist. Nbg. 1974. – BRIGANTI, P.: J. Florenz 1976.

Jahn, Janheinz, * Frankfurt am Main 23. Juli 1918, † Messel 20. Okt. 1973, dt. Schriftsteller. – Erwarb sich mit zahlreichen Nachdichtungen und Übersetzungen sowie mit Anthologien und literaturgeschichtl. Studien große Verdienste um die Erschließung der modernen afrikan. Literatur. 1957–60 war J. Hg. der Zeitschrift ›Black Orpheus, a Journal of African and Afro-American Literature‹ (mit Ulli Beier), 1968–70 hatte er einen Lehrauftrag für neoafrikan. Literatur an der Univ. Frankfurt am Main.

Werke: Schwarzer Orpheus. Moderne Dichtung afrikan. Völker beider Hemisphären (1954; Hg.), Rumba Macumba. Afrocuban. Lyrik (1957; Hg.), Muntu – Umrisse der neoafrikan. Kultur (1958), Die neoafrikan. Literatur. Gesamtbibliographie (1965), Geschichte der neoafrikan. Literatur (1966), Bibliography of creative African writing (1971), Who's who in African literature (1972; mit Ulla Schild und Almut Nordmann).

Jahn, Moritz, * Lilienthal (Landkreis Osterholz) 27. März 1884, † Göttingen 19. Febr. 1979, niederdt. Schriftsteller. – Schrieb hpts. in niederdt. Mundart Gedichte, Balladen, Märchen und Geschichtserzählungen.

Werke: Unkepunz. Ein dt. Gesicht (Ged., 1931; veränderte Neuaufl. 1941), Frangula oder Die himml. Weiber im Wald (E., 1933; veränderte Neuaufl. 1953), Ulenspegel un Jan Dood (Ged. u. Balladen, 1933), Im weiten Land (En., 1938), De Moorfro (Nov., 1950), Luzifer (E., 1956).

Ausgabe: M. J. Ges. Werke. Hg. v. H. BLOME. Gött. 1963–64. 3 Bde.

Jahnn, Hans Henny, *Stellingen (heute zu Hamburg) 17. Dez. 1894, † Hamburg 29. Nov. 1959, dt. Schriftsteller und Orgelbauer. – 1915–18 als Pazifist im Exil in Norwegen; einer der führenden Vertreter der dt. Orgelbewegung (restaurierte 1919 die Arp-Schnitger-Orgel von Sankt Jacobi in Hamburg), Musikverleger (seit 1921); nach 1933 in der Emigration auf Bornholm, wo er als Pferdezüchter und Hormonforscher tätig war; 1950 wieder in Hamburg. Nach frühen erfolglosen dichter. Versuchen gelang ihm 1919 mit dem Drama ›Pastor Ephraim Magnus‹ der Durchbruch (Kleist-Preis 1920). Sein Werk, z.T. schwer deutbar, war heftig umstritten. Psychoanalyse, Expressionismus und Naturalismus haben seine Thematik beeinflußt. Aus Protest gegen Zivilisation, Konvention, mechanist. Denken propagierte er einen heidn. Vitalismus und entwarf als Stifter der ›Glaubensgemeinde Ugrino‹ (1920) die Utopie eines neuheidn. Reiches. Unter seinen Dramen ragt ›Armut, Reichtum, Mensch und Tier‹ (1948) bes. hervor. Sein Hauptwerk ist die Romantrilogie ›Fluß ohne Ufer‹ (3 Tle. in 4 Bden., Teil 1 und 2 1949–50, Teil 3 hg. 1961), die die Stellung des modernen, aus den überkommenen Konventionen herausgelösten Menschen und seine verzweifelte Suche nach Sinn zeigt. J. warnte früh vor der Bedrohung durch die naturwiss. und techn. ›Errungenschaften‹ und engagierte sich bei den Protesten gegen die Wiederbewaffnung der BR Deutschland.

Hanns Henny Jahnn

Weitere Werke: Die Krönung Richards III. (Trag., 1921), Der Arzt, sein Weib, sein Sohn (Dr., 1922), Der gestohlene Gott (Trag., 1924), Medea (Trag., 1926, 2. Fassung 1959), Perrudja (R.fragment, 2 Bde., 1929; Perrudja II, hg. 1968), Neuer Lübecker Totentanz (Spiel, 1931, in: Die Neue Rundschau), Spur des dunklen Engels (Dr., 1952), Thomas Chatterton (Trag., 1955), Die Nacht aus Blei (R., 1956), Die Trümmer des Gewissens (Dr., hg. 1961; UA 1961 u.d.T. Der staubige Regenbogen), Jeden ereilt es (R.fragment, hg. 1968), Ugrino und Ingrabanien (R.fragment, hg. 1968).
Ausgaben: H. H. J. Dramen. Nachwort v. W. MUSCHG. Ffm. 1963–65. 2 Bde. – H. H. J. Werke u. Tagebb. Hg. v. TH. FREEMANN u. TH. SCHEUFFELEN. Hamb. 1974. 7 Bde. – H. H. J. Werke in Einzel-Bden. Hg. v. U. SCHWEIKERT. Hamb. 1985–94. 11 Bde. – H. H. J. Jubiläumsausg. Hg. v. U. BITZ u. U. SCHWEIKERT. Hamb. 1994. 8 Bde.
Literatur: WOLFFHEIM, H.: H. H. J. Der Tragiker der Schöpfung. Ffm. 1966. – EMRICH, W.: Das Problem der Form in H. H. J.s Dichtungen. Mainz 1968. – H. H. J. Schriftsteller, Orgelbauer 1894–1959. Ausst.-Kat. Hg. v. B. GOLDMANN. Wsb. 1973. – KOBBE, P.: Mythos u. Modernität. Eine poetolog. u. methodenkrit. Studie zum Werk. H. H. J.s. Stg. 1973. – H. H. J. Hg. v. H. L. ARNOLD. Mchn. ³1980. – MAURENBRECHER, M.: Subjekt u. Körper. Eine Studie zur Kulturkritik im Aufbau der Werke H. H. J.s. Ffm. u.a. 1983. – FREEMAN, TH.: H. H. J. Dt. Übers. Hamb. 1986. – WAGNER, R.: H. H. J. – der Revolutionär der Umkehr. Murrhardt 1989. – WOLFFHEIM, E.: H. H. J. Rbk. 1989. – Weiberjahnn. Eine Polemik zu H. H. J. Hg. v. F. HAMANN u.a. Hamb. 1994.

Jahrmarktsspiel, Bez. für das seit dem MA auf öffentl. Plätzen gepflegte ↑Puppenspiel, ↑Kasperltheater, ↑Marionettentheater sowie auch für Vorstellungen wandernder Schauspielertruppen zur Belustigung der Besucher. Eine Erneuerung wurde im modernen ↑Kinder- und Jugendtheater sowie im ↑Straßentheater versucht.

Jaimes Freyre, Ricardo [span. 'xaimes 'freire], *Tacna (Peru) 12. Mai 1868, † Buenos Aires 24. April 1933, bolivian. Dichter. – Aus Schriftsteller- und Diplomatenfamilie; 1900–20 Prof. an der Univ. Tucumán; danach u.a. bolivian. Erziehungsminister; mit R. Darío Begründer der ›Revista de América‹ (1894); gilt neben Darío und L. Lugones Argüello als bedeutendster Lyriker des frühen Modernismo; greift in seinen formvollendeten Dichtungen z.T. auf die skand.

Jakowlew 275

Mythologie zurück; schrieb auch Theaterstücke sowie wiss. Abhandlungen über Metrik, span. Literatur und die Geschichte Tucumáns.

Werke: Castalia bárbara (Ged., 1899), Leyes de la versificación castellana (Studie, 1912), Historia del descubrimiento de Tucumán (Studie, 1916), Los sueños son vida (Ged., 1917).
Ausgabe: R. J. F. Poesías completas. Buenos Aires 1944.
Literatur: CARILLA, E.: R. J. F. Buenos Aires 1962.

Jakimow (tl.: Jakimov), Alexandr Wassiljewitsch [russ. jɪˈkiməf], russ. Schriftsteller, ↑ Grin, Elmar.

Jakob I. (James I), * Dunfermline im Juli 1394, † Perth 20. oder 21. Febr. 1437, König von Schottland. – Geriet 1406 in engl. Gefangenschaft, wurde 18 Jahre, meist im Tower, in ehrenvoller Haft gehalten; dabei hervorragende Ausbildung; durch Lösegeld befreit, bestieg er 1424 den Thron; reformierte das Wirtschaftsleben Schottlands; von unbotmäßigen Adligen ermordet. Die ihm zugeschriebene Stanzendichtung ›The kingis quair‹ (= Des Königs Buch, 1423/24, hg. 1884), in der er in allegor. Form nicht höf., sondern ehel. Liebe besingt, steht in der Chaucer-Tradition und gilt als eine der schönsten engl. Liebesdichtungen. J.s Verfasserschaft bei anderen Werken ist umstritten.

Jakob von Edessa, * bei Antiochia um 633, † Kloster Teleda 708, syr. Theologe und Kirchenschriftsteller. – Bed. Vertreter jakobit. Theologie; 684 Bischof von Edessa; unzufrieden mit der mangelhaften Disziplin des Klerus dankte er nach vier Jahren ab; verbrachte den Rest seines Lebens mit kurzer Unterbrechung in Klöstern; übersetzte Severus von Antiochia ins Syrische.

Ausgabe: Iacobi Edesseni Haxaemeron. Seu, in opus creationis libri septem. Hg. v. J. B. CHABOT, übers. v. A. VASCHALDE. Paris 1928–32. 2 Bde. Neuaufl. Löwen 1953. 2 Bde.
Literatur: ORTIZ DE URBINA, J.: Patrologia syriaca. Rom ²1965. S. 177.

Jakob von Sarug (Sarudj), * Kurtam am Euphrat um 451, † Batna[n] 29 (?) Nov. 521, syr. Kirchenschriftsteller. – Dem Monophysitismus nahestehend; 518/519 Bischof von Batna[n]; verfaßte theolog. und liturg. Schriften und Dichtungen.

Ausgaben: Mar Jacobus Sarugensis. Homiliae selectae. Hg. v. P. BEDJAN. Paris u. Lpz. 1905–10. 5 Bde. – Ausgew. Schrr. der syr. Dichter Cyrillonas, Baläus, Issak v. Antiochien u. J. v. S. Übers. v. S. LANDERSDORFER. Kempten 1913.
Literatur: ORTIZ DE URBINA, J.: Patrologia syriaca. Rom ²1965, S. 104.

Jakobs, Karl-Heinz, * Kiauken (Ostpreußen) 20. April 1929, dt. Schriftsteller. – War u.a. Journalist und Wirtschaftsfunktionär in der DDR; seit 1958 freier Journalist und Schriftsteller; schreibt Lyrik, Romane und Erzählungen, Reportagen für Funk und Fernsehen; befaßt sich in seinen Werken mit dem Verhalten des Menschen im Sozialismus und in der Industriegesellschaft; 1979 aus dem Schriftstellerverband der DDR ausgeschlossen, lebt seit 1981 in der BR Deutschland.

Werke: Guten Morgen, Vaterlandsverräter (Ged., 1959), Die Welt vor meinem Fenster (En., 1960), Beschreibung eines Sommers (R., 1962), Merkwürdige Landschaften (En., 1964), Eine Pyramide für mich (R., 1971), Die Interviewer (R., 1973), Heimatländ. Kolportagen (Essays u. a., 1975), Tanja, Tschaka und so weiter. Reiseroman (1975), Fata Morgana. Phantast. Geschichten (1977), Wilhelmsburg (R., 1979), Die Frau im Strom (R., 1982), Das endlose Jahr. Begegnungen mit Mäd (E., 1983), Landschaften der DDR (1990; mit anderen).

Jakobsdóttir, Svava [isländ. ˈjaːkɔbsdɔuhtɪr], * Neskaupstaður 4. Okt. 1930, isländ. Schriftstellerin. – Debütierte 1965 mit der Novellensammlung ›Tólf konur‹ (= Zwölf Frauen); in diesem, wie in ihren weiteren Werken setzt sie sich kritisch mit der materialistisch orientierten Gegenwart auseinander und betrachtet deren gesellschaftl. Probleme aus der Perspektive der Frau. Ihr Stil ist geprägt von einem ständigen Wechsel der narrativen Ebenen: realist. Situationen werden durch eingeschobene absurde Momente verfremdet.

Werke: Veizla undir grjótvegg (= Fest an der Steilwand, Nov., 1967), Leigjandinn (= Der Mieter, R., 1969), Hvað er í blýhólkunum? (= Was ist in der Bleiröhre?, Dr., 1970), Friðsæl (= Friedliche Welt, Dr., 1974), Gefið hvort öðru (= Gebet einander, Nov., 1982), Lokaæfing (= Generalprobe, Dr., 1983).

Jakowlew (tl.: Jakovlev), Alexandr Iwanowitsch [russ. ˈjakəvlɪf], russ. Schriftsteller und Publizist, ↑ Herzen, Alexander Iwanowitsch.

276 Jakowlew

Jakowlew (tl.: Jakovlev), Alexandr Stepanowitsch [russ. 'jakɐvlɪf], *Wolsk (Gebiet Saratow) 5. Dez. 1886, † Moskau 11. April 1953, russ.-sowjet. Schriftsteller. – In seinen z. T. autobiograph. Erzählwerken spiegelt sich die Zeit vor, während und nach der Revolution; schrieb auch für Kinder.
Werke: Povol'niki (= Freischärler, E., 1922), Der Mensch und die Steppe (R., 2 Bde., 1929, dt. 1936).

Jakšić, Đura [serbokroat. 'jakʃitɕ], *Srpska Crnja (Wojwodina) 27. Juli 1832, † Belgrad 16. Nov. 1878, serb. Schriftsteller und Maler. – Ikonen- und Porträtmaler; schrieb histor. Dramen (›Jelisaveta, kneginja crnogorska‹ [= Jelisaveta, die Fürstin von Montenegro], 1868) und Novellen im Sinne der Romantik mit nat. Tendenz; später zum Realismus neigend; auch Lyrik.
Ausgaben: Đ. J. Celokupna dela. Belgrad 1928–32. 4 Bde. – Đ. J. Odabrana dela Belgrad 1951. 4 Bde.
Literatur: ĐURIĆ, S.: Bibliografija. Đ. J. Belgrad 1984.

Jakubowitsch (tl.: Jakubovič), Pjotr Filippowitsch [russ. jɪku'bovitʃ], *Issajewo (Gouv. Nowgorod) 3. Nov. 1860, † Petersburg 30. März 1911, russ. Schriftsteller. – Aus altem Adel; wegen revolutionärer Tätigkeit zu Zwangsarbeit verurteilt. Seine Lyrik hat nach dem Vorbild N. A. Nekrassows oft soziale Motive; das skizzenhafte Erinnerungsbuch ›In der Welt der Verstoßenen‹ (1895–98, dt. 1903) schildert das Leben der Deportierten in Sibirien; auch krit. Essays; erste russ. Übersetzung der ›Fleurs du mal‹ von Ch. Baudelaire.

jakutische Literatur, Literatur in jakut. Sprache, einer Turksprache, die von den Jakuten und Dolganen in Nordsibirien gesprochen wird. Grundlage ist eine reichhaltige Volksdichtung. Eine bes. Rolle spielt der heroische Epenzyklus (›olonxo‹), dessen Varianten in bis zu 20000 Versen Leben und Taten legendärer Helden schildern. Seine Einzelwerke tragen durchweg die Namen der Hauptfiguren. Wie in der alttürk. Dichtung kommt dem Stabreim große Bedeutung zu. Eine moderne Literatur entwickelte sich unter dem Einfluß des russ. Aufklärungsdenkens des 19. Jh., aber auch mit

Hilfe von Missionaren. Schauspiel und erzählende Prosa bildeten sich bereits vor der Revolution von 1917 als neue Formen heraus. Entscheidenden Anteil an der Entwicklung der Kunstliteratur hatten Alexei Jelissejewitsch Kulakowski (*1877, †1926), Anempodist Iwanowitsch Sofronow (*1886, †1935) und Nikolai Denissowitsch Neustrojew (*1895, †1929). Unter den zeitgenöss. Autoren hat der Romancier Nikolai Jegorowitsch Mordinow (Pseudonym Amma Atschtschygyja, *1906) größere Bekanntheit erlangt.
Literatur: KAŁUŻYŃSKI, S.: Die j. L. In: Philologiae Turcicae fundamenta. Hg. v. J. DENY u. a. Wsb. 1965. – ZELINSKIJ, K. L.: Očerk istorii jakutskoj sovetskoj literatury. Moskau 1970.

Jaloux, Edmond [frz. ʒa'lu], *Marseille 19. Juni 1878, † Lausanne 22. Aug. 1949, frz. Schriftsteller und Kritiker. – Wurde bekannt mit Literaturkritiken, v. a. in den ›Nouvelles Littéraires‹ (1922–40); schrieb auch phantasievolle, z. T. surrealist. Romane sowie Biographien R. M. Rilkes (1927) und Goethes (1933). Seit 1936 Mitglied der Académie française.
Weitere Werke: Le reste est silence (R., 1909), Fumées dans la campagne (R., 1918), Die Tiefen des Meeres (R., 1922, dt. 1928), Dich hätte ich geliebt (R., 1927, dt. 1928), La balance faussée (R., 1932), Essences (Essays, 1944), Introduction à l'histoire de la littérature française (2 Bde., 1949/50), Visages français (Essays, hg. 1954).
Literatur: DELÉTANG-TARDIF, Y.: E. J. Paris 1947. – KOLBERT, J.: E. J. et sa critique littéraire. Genf u. Paris 1962. – ROSENFELD, M.: E. J. New York 1972.

Jamamoto (tl.: Yamamoto), Juso, *in der Präfektur Totschigi 27. Juli 1887, † Schisuoka 11. Jan. 1974, jap. Schriftsteller. – Das Hauptthema seiner Arbeiten liegt im Spannungsfeld zwischen Idealismus und Realismus. Auch Übersetzer (A. Schnitzler, A. Strindberg). Schrieb u. a. ›Die Kindsmörderin‹ (Dr., 1920, dt. 1960), ›Umihiko Jamahiko‹ (Dr., 1923, dt. in: ›Das junge Japan‹ 1924), ›Wellen‹ (R., 1928, dt. 1938), ›Der rechte Weg‹ (R., 1935/36, dt. 1960).

Jambendichtung, monodisch-lyr. Gattung der antiken Dichtung, vorwiegend Schmäh- und Spottgedichte (meist in jamb. Versmaßen [†Jambus]). Erste

Blütezeit im 7./6. Jh.; bedeutendste Vertreter waren Archilochos von Paros, Semonides und Hipponax von Ephesus. Solon schrieb Gedichte gegen seine polit. Gegner. Zu einer zweiten Blüte der J. kam es in hellenist. Zeit: Vertreter waren Herodas von Kos, Phoinix von Kolophon, Kerkidas von Megalopolis, Kallimachos. Letzter bed. Vertreter ist Babrios (2./3. Jh.?). – In der röm. Dichtung findet sich J. u. a. bei Catull, Furius Bibaculus, Calvus, Cinna, Matius und bei Horaz (↑ Epoden).

Jambenkürzung, Erscheinung der gesprochenen lat. Umgangssprache: Kürzung der Auslautlänge in Wörtern der Silbenstruktur ⌣– zu ⌣⌣, z. B. bene ›gut‹ aus der erschlossenen Form *benē*; in der altlat. Dichtung als prosod. Lizenz verwendet.
Literatur: DREXLER, H.: Die Iambenkürzung. Hildesheim 1969.

Jamblichos, griech. Schriftsteller, ↑ Iamblichos.

Jambus [griech.], antiker Versfuß der Form ⌣–; als metr. Einheit gilt in der griech. Dichtung jedoch nicht der einzelne Versfuß, sondern das Metrum (↑ auch Dipodie) ⌣–⌣– mit Auflösungen ⌢⌢–⌣–⌢⌢. Je nach der Zahl der Wiederholung dieser Einheit entstehen jamb. Dimeter, Trimeter usw. – Wichtigste jamb. Verse der neueren dt. Dichtung sind der ↑ Alexandriner und der ↑ Blankvers.

James I [engl. dʒɛɪmz], schott. König, ↑ Jakob I.

James, George Payne Rainsford [engl. dʒɛɪmz], * London 9. Aug. 1799 (1801?), † Venedig 9. Mai 1860, engl. Schriftsteller. – Verfasser zahlreicher und vielgelesener biograph. Romane um histor. Gestalten, in denen er jedoch nie das literar. Niveau seines Vorbilds W. Scott erreichte.
Werke: Richelieu (Biogr., 1829), Darnley (R., 1830), Philip Augustus (R., 1831), Mary of Burgundy (R., 1833), The robber (R., 1838), The king's highway (R., 1840).
Ausgabe: G. P. R. J. The works. London 1844–49. 21 Bde.

James, Henry [engl. dʒɛɪmz], * New York 15. April 1843, † Chelsea (heute zu London) 28. Febr. 1916, amerikan. Schriftsteller. – Entstammte einer Schriftsteller- und Gelehrtenfamilie; Privaterziehung in den USA und in Europa; jurist. Studien an der Harvard University; ausgedehnte Europaaufenthalte; in Paris Bekanntschaft mit G. Flaubert und I. Turgenjew; 1882 endgültige, durch einen vorübergehenden Amerikaaufenthalt unterbrochene Ansiedlung in England; 1915 brit. Staatsbürgerschaft. Kosmopolitisch denkender, den naturalist. Tendenzen in der Literatur seiner Zeit skeptisch oder ablehnend gegenüberstehender Verfasser von psychologisch-realist. Romanen und Erzählungen, die häufig die problemat. Begegnungen unbefangener Amerikaner mit der etablierten europ. Gesellschaft zum Thema haben. Die Struktur seiner Romane wird von der Benutzung der ›Standpunkttechnik‹ bestimmt, die den Leser das Geschehen aus dem Blickwinkel einer der Romanfiguren erleben läßt; Verwendung des inneren Monologs und des von seinem Bruder William (* 1842, † 1910) zuerst beschriebenen Bewußtseinsstroms (↑ Stream of consciousness). Die subtilen Situationsanalysen und feinen Nuancierungen psycholog. Vorgänge beeinflußten die Entwicklung des modernen psycholog. Romans; bes. Einfluß auf J. Conrad. Auch Dramen, Reiseberichte, literar. Essays und die für die Romantheorie bed. ›Prefaces‹ zur New-York-Edition seines Erzählwerkes.

Henry James

Werke: Der Amerikaner (R., 1877, dt. 1877), Eine transatlant. Episode (E., 1878, dt. 1993), Daisy Miller (Nov., 1879, dt. 1959), Die Erbin vom Washington Square (R., 1880, dt. 1956), Bildnis einer Dame (R., 1881, dt. 1950), Prinzes-

James

sin Casamassima (R., 1886, dt. 1954), Die Damen aus Boston (R., 3 Bde., 1886, dt. 1954), Maisie (R., 1897, dt. 1955), Im Käfig (E., 1898, dt. 1991), Die sündigen Engel (E., 1898, dt. 1954, 1953 u. d. T. Die Drehung der Schraube), Die Flügel der Taube (R., 1902, dt. 1962), Die Gesandten (R., 1903, dt. 1956), Die goldene Schale (R., 1904, dt. 1963), Tagebuch eines Schriftstellers. Notebooks (hg. 1947, dt. 1965), The art of fiction (Studie, hg. 1948).

Ausgaben: H. J. The novels and tales. New York edition. London 1907–09. 26 Bde. Neuaufl. New York 1970–71. – H. J. The novels and stories. London 1921–23. 35 Bde. – H. J. The complete plays. Hg. v. L. EDEL. New York u. Philadelphia (Pa.) 1949. – H. J. Letters. Hg. v. L. EDEL. London 1974–84. 4 Bde.

Literatur: STEVENSON, E.: The crooked corridor. A study of H. J. New York 1949. Nachdr. 1980. – EDEL, L.: H. J. London 1953–75. 5 Bde. – PUTT, S. G.: H. J. A reader's guide to H. J. London 1966. – KROOK, D.: The ordeal of consciousness in H. J. Neuausg. New York 1967. – WEST, R.: H. J. Port Washington (N. Y.) 1968. – BUITENHUIS, P.: The grasping imagination. The American writings of H. J. Toronto u. Buffalo (N. Y.) 1970. – TANNER, T.: H. J. Harlow 1979–81. 3 Bde. – FOGEL, D.: H. J. and the structure of the romantic imagination. Baton Rouge (La.) 1981. – EDEL, L./LAURENCE, D. H.: A bibliography of H. J. Oxford ³1982. – BUDD, J.: H. J. A bibliography of criticism, 1975–1981. Westport (Conn.) 1983. – WAGENKNECHT, E.: The novels of H. J. New York 1983. – ALLEN, E.: Woman's place in the novels of H. J. London 1984. – KASTON, C.: Imagination and desire in the novels of H. J. New Brunswick (N. J.) 1984. – ROWE, J. C.: The theoretical dimensions of H. J. Madison (Wis.) 1984. – The art of criticism. H. J. on the theory and the practice of fiction. Hg. v. W. FEEDER u. S. M. GRIFFIN. Chicago (Ill.) 1986. – KAPLAN, F.: H. J., the imagination of genius. A biography. London 1992. – BOTTA, G.: H. J.' Heldinnen. Wzb. 1993.

James, P[hyllis] D[orothy] [engl. dʒɛɪmz] (seit 1991 Baroness J. of Holland Park), * Oxford 3. Aug. 1920, engl. Schriftstellerin. – War im Gesundheits- und Polizeiwesen tätig; Verfasserin niveauvoller Kriminalromane (u. a. um den Scotland-Yard-Inspektor Dalgliesh), in denen ausgefeilte Handlungsverknüpfung, psychologisch genaue Charakterdarstellung und exakte Wiedergabe der zeitgenöss. Realität eine brillante Verbindung eingehen. Schreibt neuerdings auch Science-fiction.

Werke: Ein Spiel zuviel (R., 1962, dt. 1980), Eine Seele von Mörder (R., 1963, dt. 1976), Ein unverhofftes Geständnis (R., 1967, dt. 1983), Kein Job für eine Dame (R., 1972, dt. 1973, 1981 u. d. T. Ein reizender Job für eine Frau), Der schwarze Turm (R., 1975, dt. 1982), Tod eines Sachverständigen (R., 1977, dt. 1979), Ihres Vaters Haus (R., 1980, dt. 1982), Ende einer Karriere (R., 1982, dt. 1984), Der Beigeschmack des Todes (R., 1986, dt. 1988), Vorsatz und Begierde (R., 1990, dt. 1990), The children of men (R., 1992).

Literatur: SIEBENHELLER, N.: P. D. J. New York 1982.

Jammes, Francis [frz. ʒam(s)], * Tournay (Hautes-Pyrénées) 2. Dez. 1868, † Hasparren (Pyrénées-Atlantiques) 1. Nov. 1938, frz. Schriftsteller. – Außerhalb der literar. und polit. Strömung seiner Zeit stehender Lyriker und Erzähler, dessen dichter. Schaffen von antiker Weltfröhlichkeit und einer franziskan. Liebe zu aller Kreatur bestimmt ist. Seit der Hinwendung zur kath. Kirche (1905, unter Einfluß von P. Claudel) setzte sich das religiöse Element in seiner Dichtung stärker durch.

Werke: De l'angélus de l'aube à l'angélus du soir (Ged., 1898), Klara oder ... (Nov., 1899, dt. 1921), Almaide oder ... (Nov., 1901, dt. 1919), Der Hasenroman (R., 1903, dt. 1916), Röslein oder ... (Nov., 1904, dt. 1920), Die Gebete der Demut (Ged., 3 Bde., 1911/12, dt. 1913), Rosenkranzroman (R., 1916, dt. 1929), Der Pfarrherr von Ozeron (R., 1918, dt. 1921), Quatrains (Ged., 4 Bde., 1923–25), Der baskische Himmel (R., 1924, dt. 1926, 1934 u. d. T. Hochzeitsglocken oder Der bask. Himmel und Marie), De tout temps à jamais (Ged., 1935).

Ausgabe: F. J. Œuvres. Paris 1913–26. 5 Bde.

Literatur: MALLET, R.: F. J. Sa vie, son œuvre. 1868–1938. Paris 1961. – VANDER BURGHT, R./VANDER BURGHT, L.: F. J., le faune chrétien. Paris 1961. – GROVES, M.: Nature in the works of F. J. Diss. Birmingham 1962–63. – INDA, J.-P.: F. J. Paris 1975.

Jan, Wassili Grigorjewitsch, eigtl. W. G. Jantschewezki, * Kiew 4. Jan. 1875, † Swenigorod 5. Aug. 1954, russ.-sowjet. Schriftsteller. – Verfaßte insbes. historische Prosa; bed. ist seine auf Quellenstudien beruhende Romantrilogie über den Mongoleneinfall ›Dschingis-Khan‹ (1939, dt. 1961), ›Batu-Khan‹ (1942, dt. 1961) und ›Zum letzten Meer‹ (hg. 1955, dt. 1961).

Weiteres Werk: Das Schiff aus Phönizien (Kinder-E., 1931, dt. 1950).

Ausgabe: V. G. J. Izbrannye proizvedenija. Moskau 1979. 2 Bde.

Jan de Clerc, fläm. Dichter, † Boendale, Jan van.

Jändel, Ragnar, *Jämjö (Blekinge) 13. April 1895, †Ronneby 6. Mai 1939, schwed. Schriftsteller. – Mitbegründer der radikalsozialistisch orientierten schwed. Arbeiterdichtung um 1917; schrieb später vornehmlich Naturgedichte und religiöse Problemlyrik; stilbildend für die Entwicklung der Arbeiterliteratur in Schweden war v.a. J.s autobiograph. Roman ›Den trånga porten‹ (1924).
Weitere Werke: Till kärleken och hatet (Ged., 1917), Det stilla året (Tagebuch, 1923), Heden och havet (Ged., 1925), Kämpande tro (Ged., 1928), Malört (Ged., 1933), Stenarna blomma (Ged., 1938).
Ausgabe: R. J. Samlade skrifter. Stockholm 1940. 5 Bde.
Literatur: ÅKESON, Å.: Hjärtat och facklan. R. J.s liv och diktning. Stockholm 1978.

Jandl, Ernst, *Wien 1. Aug. 1925, österr. Schriftsteller. – Nach dem Studium der Anglistik und Germanistik Gymnasiallehrer. Lebt vorwiegend in Wien. Beginn mit traditionellen Gedichten (›Andere Augen‹, 1956); im Umfeld der ›Wiener Gruppe‹ und angeregt v.a. durch Lautgedichte von G. Rühm wandte er sich dann dem experimentellen Gedicht zu (u.a. ›Laut und Luise‹, 1966), insbes. dessen akust. und visuellen Möglichkeiten. Zusammen mit F. Mayröcker entwickelte er eine neue Form des Hörspiels (›Fünf Mann Menschen‹, 1971) und machte einen Film (›Traube‹, mit H. von Cramer, 1971); zugleich betätigte er sich als Übersetzer und Graphiker. Durch das Ausloten der Sprache zeigt er deren Vieldimensionalität auf, bereichert sie, hält sie als geistigen Freiraum offen. Wenngleich die Sprache und das Experimentieren mit ihr meist im Mittelpunkt stehen, legen J.s Gedichte Zeugnis ab vom Engagement des Dichters in seiner Zeit, sind immer auch polit. Gedichte, Liebesgedichte, Gedichte von der Natur. Sein Sprachwitz – mitunter als Ausdruck trotziger Heiterkeit des Verzweifelten deutbar – sowie seine besondere Fähigkeit des Vortragens (er besprach mehrere Schallplatten) verschafften ihm einen hohen Bekanntheitsgrad. J. gilt heute als einer der führenden Vertreter der experimentellen Literatur und der Literatur Österreichs überhaupt. 1984 erhielt er den Großen Österr. Staatspreis und den Georg-Büchner-Preis, 1993 den Kleist-Preis.
Weitere Werke: sprechblasen (Ged., 1966), der künstl. baum (Ged., 1970), dingfest (Ged., 1973), serienfuß (Ged., 1974), für alle (Ged., Prosa, Dr., Essay, 1974), die schöne kunst des schreibens (1976, erweitert 1983), die bearbeitung der mütze (Ged., 1978), der gelbe hund (Ged., 1980), Aus der Fremde. Sprechoper in 7 Szenen (1980), falamaleikum (Ged. und Bilder, 1983; mit J. Spohn), Das Öffnen und Schließen des Mundes. Frankfurter Poetik-Vorlesungen (1985), Idyllen (Ged., 1989), Stanzen (Ged., 1992).
Ausgabe: E. J. Ges. Werke. Gedichte, Stücke, Prosa. Hg. v. K. SIBLEWSKI. Nw. 1985. 3 Bde.
Literatur: WULFF, M.: Konkrete Poesie u. sprachimmanente Lüge. Von E. J. zu Ansätzen einer Sprachästhetik. Stg. 1978. – E. J. Materialienbuch. Hg. v. W. SCHMIDT-DENGLER. Nw. 1982. – E. J. Texte, Daten, Bilder. Hg. v. K. SIBLEWSKI. Ffm. 1990.

Ernst Jandl

Janevski, Slavko, *Skopje 11. Jan. 1920, makedon. Schriftsteller. – Bed. moderner Schriftsteller Makedoniens; schrieb Lyrik (›Pesni‹ [= Lieder], 1974) mit Motiven aus dem Alltagsleben, Erzählungen (›Omarnini‹, 1972) und den ersten makedon. Roman mit einem Stoff aus dem Dorfleben (›Selo zad sedumte jaseni‹ [= Das Dorf hinter den sieben Eschen], 1952).
Weitere Werke: Tvrdoglavi (= Die Dickschädel, R., 1969), Mirakuli na grozomorata (= Mirakel des Grauens, R., 1987), Rulet so sedum brojki (= Roulette mit sieben Zahlen, R., 1989).

Janicki, Klemens [poln. ja'nitski], latin. Janicius, *Januszkowo 17. Nov. 1516, †Krakau(?) Ende 1542 oder Anfang 1543, poln. Dichter. – Studierte und promovierte in Padua; von Papst

Janin

Paul III. als erster Pole zum Dichter gekrönt; hervorragendster lat. Dichter der poln. Literatur; schrieb v. a. Elegien, ferner Versviten geistl. und weltl. Würdenträger Polens.

Ausgabe: K. J. Carmina. Breslau 1966.

Janin, Jules Gabriel [frz. ʒaˈnɛ̃], *Saint-Étienne 16. Febr. 1804, † Passy (heute zu Paris) 20. Juni 1874, frz. Schriftsteller. – Journalist und langjähriger Theaterkritiker bekannter Blätter; gab seine besten Artikel u. d. T. ›Histoire de la littérature dramatique‹ (6 Bde., 1853–58) heraus; daneben Romane und Erzählungen (›Phantasiestücke‹, 1832, dt. 1835). 1870 Mitglied der Académie française.

Ausgabe: J. G. J. Œuvres diverses. Hg. v. A. DE LA FIZELIÈRE. Paris 1876–83. 12 Bde. **Literatur:** LANDRIN, J.: J., conteur et romancier. Paris 1978.

Janker, Josef W[ilhelm], *Wolfegg 7. Aug. 1922, dt. Schriftsteller. – War nach einer Zimmermannslehre Soldat; danach mehrere Jahre in Sanatorien; lebt in Ravensburg. In seiner stark durch die eigenen Kriegserlebnisse geprägten Prosa wird die Darstellung des Außenseiters der Gesellschaft, der sich zurechtfinden muß, mit psychologisch differenziertem Realismus zum humanen Appell.

Werke: Zwischen zwei Feuern (R., 1960, erweiterte Neufassung 1986), Mit dem Rücken zur Wand (En., 1964), Aufenthalte. Sechs Berichte (1967), Ravensburg. Portrait einer oberschwäb. Landschaft (1971), Der Umschuler (Bericht, 1971), Das Telegramm (E., 1977), Ein willkommener Auftrag. Tagebuch einer Namibiareise (1991).

Janković, Emanuilo [serbokroat. ˈjaːŋkɔvitɕ], *Novi Sad 1758, † Subotica 23. Sept. 1791, serb. Drucker und Schriftsteller. – Unterstützte die Bemühungen von D. Obradović um die Übernahme der Volkssprache in die serb. Literatur; förderte das Theaterleben durch Übersetzungen dt. und italien. Dramatiker (C. Goldoni).

Jannsen, Lydia Emilie Florentine, estn. Dichterin, † Koidula, Lydia.

Janosch, eigtl. Horst Eckert, *Hindenburg O. S. 11. März 1931, dt. Schriftsteller und Maler. – Wurde v. a. bekannt als Autor einer großen Zahl von Kinder- und Jugendbüchern, die er selbst illustrierte. Schreibt auch Erzählungen für Kinder, Märchen, Romane. Für sein Kinderbuch ›Oh wie schön ist Panama‹ (1978) erhielt er 1979 den Dt. Jugendbuchpreis.

Weitere Werke: Das Auto hier heißt Ferdinand (Kinderb., 1964), Lukas Kümmel, Zauberkünstler (Kinderb., 1968), Ach lieber Schneemann (Kinderb., 1969), Der Mäusesheriff (Kinderb., 1969), Cholonek oder Der liebe Gott aus Lehm (R., 1970), Sacharin im Salat (R., 1975), Das große J.-Buch. Geschichten und Bilder (1976), Die Maus hat rote Strümpfe an. J.s bunte Bilderwelt (1978), Komm, wir finden einen Schatz (Kinderb., 1979), Sandstrand (R., 1979), Kasperglück und Löwenreise ... (En., 1980), Post für den Tiger (Kinderb., 1980), Das Leben der Thiere ... (1981), Ach, du liebes Hasenbüchlein (Kinderb., 1982), Ich mach dich gesund, sagte der Bär (Kinderb., 1985), Hallo Schiff Pyjamahose (Kinderb., 1986), Tiger und Bär im Straßenverkehr (Kinderb., 1990), Polski Blues (R., 1991), Mutter sag, wer macht die Kinder? (Kinderb., 1992), Von dem Glück, Hrdlak gekannt zu haben (R., 1994).

Janovskis, Gunars [lett. ˈjanɔfskɪs], *Helsinki 8. Febr. 1916, lett. Erzähler. – Flüchtete 1944 nach Deutschland, lebt seit 1947 in Großbritannien. In seinen zahlreichen Romanen und Erzählungen schildert J. mit psycholog. Einfühlungsvermögen und gelegentlich herbem Humor Schicksale von Emigranten, so in der Romantrilogie ›Sola‹ (1963), ›Par Trentu kāpj miglas‹ (= Über dem Trent steigt Nebel auf, 1966) und ›Balsis aiz tumsas‹ (= Stimmen aus dem Dunkel, 1972), die mit ›Kur gaiļi nedzied‹ (= Wo die Hähne nicht krähen, R., 1974) und ›Un kas par to?‹ (= Und was soll's?, R., 1978) fortgesetzt wurde. ›Pie Tornas‹ (= Bei Thorn, R., 1966) behandelt das Erleben lett. Freiwilliger in der dt. Wehrmacht, ›Uz neatgriešanos‹ (= Auf Nimmerwiedersehen, R., 1973) die Umsiedlung der Baltendeutschen.

Janovs'kyj, Jurij Ivanovyč, ukrain.-sowjet. Schriftsteller, † Janowsky, Juri Iwanowytsch.

Janowsky (tl.: Janovs'kyj), Juri Iwanowytsch [ukrain. jaˈnɔusjkej], *Jelisawetgrad (Kirowograd) 27. Aug. 1902, † Kiew 25. Febr. 1954, ukrain.-sowjet. Schriftsteller. – Schrieb Gedichte, Erzählungen, Romane und Dramen mit nat.-ukrain. Tendenz.

japanische Literatur 281

Werke: Majster korablja (= Der Schiffsmeister, R., 1928), Veršnyky (= Die Reiter, R., 1935).
Ausgabe: J. I. Janovs'kyj. Tvory. Kiew 1958–59. 5 Bde.

Jạns, Jạnsen Ẹnikel (d. h. Jans [gekürzt aus Johannes], der Enkel eines oder einer Familie Jans), * um 1230/40, † Wien um 1290, mhd. Schriftsteller. – Wiener Bürger; Verfasser einer weitläufigen ›Weltchronik‹, zur Hauptsache aus in einen histor. Rahmen eingeschobenen Geschichten bestehend, und des ›Fürstenbuches von Österreich‹ (4258 Verse), das eine ähnl. Struktur aufweist.
Ausgabe: J. E. Werke. Hg. v. PH. STRAUCH. Bln. 1891–1900. Nachdr. Dublin u. Zü. 1972. In: Monumenta Germaniae Historica. Scriptores 8. Dt. Chroniken. Bd. 3.

Janševskis, Jēkabs [lett. 'janʃefskıs], * Nigranden 16. Febr. 1865, † Riga 21. Dez. 1931, lett. Schriftsteller. – Verfasser breitangelegter, von vitaler Lebensfreude erfüllter realist. Romane mit humorvoll gezeichneten Personen aller Stände und Nationalitäten, frei von nationalist. Enge.
Werke: Dzimtene (= Heimat, R., 1924 f.), Bandavā (= In Bandava, Dr., 1928), Mežvidus ļaudis (= Waldleute, R., 1929), Līgava (= Die Braut, R., 1931), Laimes bērns (= Glückskind, R., hg. 1932).
Ausgabe: J. J. Kopoti raksti. Riga 1933. 12 Bde. in 6 Bden.

Jạnson, Kristofer, * Bergen 5. Mai 1841, † Kopenhagen 17. Nov. 1917, norweg. Schriftsteller. – 1881–93 unitar. Geistlicher in den USA; gründete 1895 eine unitarische Gemeinde in Norwegen. J. sah in Bjørnsons Bauernerzählungen sein dichterisches Vorbild; schrieb in Nynorsk.
Werke: Fraa Bygdom (R., 1865), Er und Sie (R., 1868, dt. 1886), Vore Bedsteforældre (R., 1882), Nordmænd i Amerika (E., 1887), Digte (Ged., 1911), Hvad jeg har oplevet (Autobiogr., 1914).

Jạnsson, Tove Marika, * Helsinki 9. Aug. 1914, finn. Schriftstellerin schwed. Sprache. – Autorin der weltberühmten Muminbücher, die sie selbst illustriert hat. Darin zeichnet sie das Bild einer Welt voller Schrecken und Katastrophen, der das Mumintal mit seiner Phantasiefauna als fried. Idylle gegenübergestellt ist. Der Held der Erzählungen, Ritter Mumin, verläßt diese Stätte der menschl. Geborgenheit und Wärme,

um nach bestandenen Abenteuern dorthin zurückzukehren; später auch Bücher für Erwachsene.
Werke: Småtrollen och den stora översvämningen (1945), Komet im Mumintal (1946, dt. 1961), Eine drollige Geschichte (1948, dt. 1954), Muminvaters wildbewegte Jugend (1950, dt. 1963), Sturm im Mumintal (1954, dt. 1955), Winter im Mumintal (1957, dt. 1968), Mumins Inselabenteuer (1965, dt. 1970), Bildhuggarens dotter (Autobiogr., 1968), Herbst im Mumintal (1970, dt. 1971), Lyssnerskan (Nov., 1971), Solstaden (R., 1974), Dockskåpet (Nov., 1978), Die ehrl. Betrügerin. Ein Märchen für Erwachsene (1982, dt. 1986), Stenåkern (R., 1984).

Januš, Gustav [slowen. 'ja:nuʃ], auch G. Janusch, * Zell Pfarre (Kärnten) 19. Sept. 1939, österr. Lyriker slowen. Sprache und Maler. – Bed. Dichter. der slowen. Minderheit in Südkärnten, dessen Dichtungen eine Synthese von brillanten Wortspielen, in die Literatur übertragenen naiven Maltechniken und hintergründigen Aussagen sind (›Gedichte‹, dt. Auswahl 1983). 1984 erhielt er den Petrarca-Preis.
Weitere Werke: Wenn ich das Wort überschreite (Ged., slowen. u. dt. 1988), Mitten im Satz (Ged., slowen. u. dt. 1991).

Jạnus Pannọnius, eigtl. János Cszezmiczey, * Csezmicze (heute Česmice, Slawonien) 29. Aug. 1434, † Medvevára (heute Medvedgrad) bei Zagreb 27. März 1472, ungar. Humanist. – Mehrjährige Studien in Italien, Bischof von Fünfkirchen; 1471 in eine Verschwörung verwickelt, starb auf der Flucht. Bedeutendster humanist. Dichter in Ungarn; verfaßte weltl. Lyrik, zunächst Epigramme und Panegyriken, später Eklogen, Elegien und Hymnen in lat. Sprache.
Ausgaben: J. P. Munkái latinul és magyarul. Budapest 1972. – J. P. Gedichte. Hg. v. G. ENGL u. J. KERÉKGYÁRTÓ. Budapest 1984.

Jạnus Secụndus, niederl. Dichter, † Johannes Secundus.

Janville, Sibylle Gabrielle Marie-Antoinette Gräfin von Martel de [frz. ʒã-'vil], frz. Schriftstellerin, † Gyp.

japạnische Literatụr, in *schriftloser Zeit* wurde Literatur mündlich überliefert: u. a. Mythen, Sagen, Genealogien, Ritualgebete (Norito), z. T. in gebundener Rede; sie sind durch spätere Aufzeichnungen in beträchtl. Umfang erhalten, z. B. in den Chroniken usw. des

282 japanische Literatur

frühen 8. Jh. (↑›Kodschiki‹, ›Nihongi‹ [= Annalen von Japan], ›Fudoki‹ [= Topographien]).

Die ältesten literar. Denkmäler sind überwiegend chinesisch geschrieben, wie die Gebildeten zunächst überhaupt ausschließlich in dieser Sprache nicht nur offizielle Texte und wiss. Traktate, sondern auch belletrist. Schriften niederlegten. Die chinesisch geschriebene j. L. (›kambun‹) war selbst dann noch umfangreich, wenn auch schließlich meist auf bestimmte Gattungen beschränkt, als das Japanische die eigtl. Sprache der j. L. wurde. Als älteste erhaltene Werke in chin. Sprache sind lyr. Anthologien zu nennen: ›Kaifū-sō‹ (= Sammlung von Gedichten zur Besinnung auf die Tradition, 751), ›Ryōun-shū‹ (= Neue Sammlung hervorragender Gedichte, 814), ›Bunka shūrei-shū‹ (= Sammlung erlesener Schönheiten der dichter. Hochblüte, 818) u. a.; seit dem 11. Jahrhundert trat das ›kambun‹ in der Belletristik gegenüber dem japanisch Geschriebenen weitgehend zurück, hielt sich jedoch in Sach- und Fachtexten sowie in zen-buddhist. Lyrik. Wenn sich auch der allgemeine kulturelle Einfluß des Chinesischen in Sammlungen des genannten Typs bes. deutlich zeigt und auch nachher fortbestand, so wäre es doch falsch, eine grundsätzl. ›Abhängigkeit‹ der j. L. von der chin. Literatur abzuleiten; der (zudem später modifizierte) Gebrauch der chin. Schrift formte nur das äußere Bild.

Lyrik: In den Chroniken des frühen 8. Jh. finden sich zwar schon jap. Gedichte (↑Waka), die früheste Gedichtsammlung ist jedoch das ↑›Manioschu‹ aus der 2. Hälfte des 8. Jh.; sie enthält auch Gedichte, die mehr als 100 Jahre vor ihrer Zusammenstellung entstanden. Bereits hier zeigt sich eine ausgeprägte Vorliebe für die kleine Form: Die Mehrzahl der Gedichte sind Tanka, d. h. Kurzgedichte, die in ihrer regelmäßigen Gestalt fünf Zeilen mit 5, 7, 5/7, 7 Silben umfassen und in eine Ober- (5, 7, 5 Silben) und eine Unterstrophe zu teilen sind; der Reim ist unbekannt. Die Blütezeit des Tanka war die Heianperiode (794–1185). Die Tanka bildeten den Hauptbestandteil in den auf kaiserl. Befehl kompilierten offiziellen Anthologien (↑›Tschokusenwakaschu‹),

deren älteste, das ›Kokin wakashū‹ (Kurzform: ›Kokin-shū‹; etwa 913/914), zugleich als die beste gilt; Ki no Tsurajuki war an ihrem Zustandekommen wesentlich beteiligt. Eine Eigenart der jap. Dichtkunst ist der gezielte Einsatz von semantisch differierenden Homonymen, von mehrdeutigen Silbenverbindungen zur Erzeugung von Assoziationsreihen, zur Verbindung oder Überlagerung mehrerer Bilder; doppelsinnig benutzte Wörter (›kake-kotoba‹) ermöglichen inhaltlich eine noch stärkere Verdichtung auf kleinstem Raum. Solche Wortspiele erschweren die Wiedergabe in anderen Sprachen erheblich, erfordern mitunter zwei (richtige) Übersetzungen oder stark interpretierende Fassungen, wodurch die typ. Geschlossenheit jap. Dichtung notwendigerweise zerstört wird.

Die Kunst des Tanka-Dichtens wird heute noch, hpts. in sog. Tanka-Klubs, gepflegt. Aus dieser Gedichtform entwickeln sich verwandte Formen, was durch die Zweigliedrigkeit noch gefördert wird. Einerseits können viele solcher Glieder aneinandergereiht werden zu einem sog. Kettengedicht (↑Renga), es florierte in der Kamakurazeit (1192–1333) und Muromatschizeit (1338–1573). Andererseits kann das 1. Glied für sich allein stehen, wie es bei den ↑Haiku der Fall ist, die durch die Verselbständigung der 17silbigen Anfangsstrophen (›hokku‹) eines Renga-Kettengedichts entstanden. In der Tokugawazeit (1603–1867) führte Bascho das Haiku zur höchsten Vollendung. Er benutzte diese Form zur Gestaltung v. a. schlichter und nicht mehr komisch-possenhafter Themen und Stoffe, wie es bis dahin überwiegend und später z. B. im Spottvers (›senriu‹) auch weiterhin geschah. Die Beschränkung auf nur drei Zeilen erfordert eine Prägnanz im Ausdruck, die Bascho meisterlich beherrschte. Die Schwierigkeiten der Übertragung von Haiku sind nicht weniger groß als die bei den Tanka auftretenden, weil hier oft ein bes. starkes Einfühlungsvermögen, die Fähigkeit, Unausgesprochenes zu ergänzen, vorausgesetzt wird. Das Haiku ist bis heute die bevorzugte Form jap. Dichter geblieben, obwohl z. B. auch gegenwärtig chin. Gedichte (›kan-schi‹) geschrieben werden

japanische Literatur 283

und sich westl. Einflüsse auf dem Gebiet der Poesie bisweilen mehr oder minder stark auswirken. Manche westl. Dichter (z. B. die Imagisten) wiederum zog die Eigenart dieser kurzen Verse so an, daß sie ihnen zum Vorbild wurden.

Prosa: Sieht man von den Mythen usw. der ältesten Zeit ab, so ist das *Monogatari* die literar. Gattung aus dem Bereich der Prosa, für die die ältesten Zeugnisse in jap. Sprache erhalten sind. Mit dem Terminus ›Monogatari‹ wird eine nach Art, Thematik und Länge sehr unterschiedl. Gruppe von meist belletrist. Werken bezeichnet. Der Zeit um 900 gehören sowohl das ↑›Taketori-monogatari‹ als auch das ↑›Ise-monogatari‹ an, ersteres vom Typ der märchenhaften Erzählung (›denkiteki-monogatari‹), das zweite eine Gedicht-Erzählung, d. h., um die den Kern darstellenden Gedichte (›uta‹) sind kurze, wohl erst später hinzugefügte Geschichten gerankt. Die realist. Erzählung (›schadschitsuteki-monogatari‹) trat später auf, für sie gilt das 100 Jahre jüngere ›Gendschi-monogatari‹ der Hofdame Murasaki Schikibu als typisch; es hat die Länge eines umfangreichen Romans. Im Laufe der weiteren Entwicklung entstanden histor. Erzählungen (›rekischi-monogatari‹), die offizielle Geschichtsschreibung inoffiziell in jap. Sprache fortsetzend. Sie schildern zwar tatsächliche histor. Geschehnisse, aber oft sehr frei; hier ist als Beispiel das ↑›Okagami‹ zu nennen. Dem letzten Typ sehr nahe verwandt, im wesentlichen nur durch die in ihrer Benennung ausgedrückte themat. Einengung von ihnen verschieden, sind die Kriegserzählungen (›gunki-monogatari‹), die in der Zeit des Erstarkens und der Machtfülle des Kriegerstandes (bes. im 13. Jh.) sehr beliebt waren; kennzeichnend für diese Gruppe ist das ↑›Heike-monogatari‹. Die ›setsuwa-monogatari‹ sind nicht durchweg klar einzugrenzen, sie gliedern sich in buddhist. und profane, sind in Ton und Inhalt volkstümlicher gehalten als die übrigen. Es sind Geschichtensammlungen, wie das ↑›Kondschaku-monogatari‹ (mit 1 040 erhaltenen Erzählungen), die nicht nur für höf. Leser bestimmt waren. Entnahmen die jüngeren Stückeschreiber den Monogatari allgemein zahlreiche Episoden zur dramat. Gestaltung, so war die Setsuwaliteratur zudem Ausgangspunkt für die Entwicklung der volkstüml. Unterhaltungsliteratur späterer Epochen (›otogisoschi‹ der Muromatschi-, ›ukijososchi‹ der Tokugawazeit). Nicht den Monogatari zuzurechnen sind z. B. Werke der Tokugawazeit, wenn sie auch, wie u. a. das ›Ugetsu-monogatari‹, das Wort im Titel führen: Diese Sammlung des Ueda Akinari gehört zur Gattung der ›jomihon‹ (Lesebücher).

Etwa um die gleiche Zeit wie die frühen Monogatari entstand das erste erhaltene *Tagebuch* (›nikki‹), das allerdings eine gewisse Sonderstellung einnimmt: Das japanisch geschriebene ›Tosa-nikki‹ wurde von einem Mann (Ki no Tsurajuki) verfaßt (um 935), obwohl die Männer damals gewöhnlich chinesisch schrieben (eine Tradition, die sich gerade bei den Journalen und Memoiren bis in die Neuzeit hält), ferner ist es als Beschreibung einer Reise zugleich der Gruppe der *Reiseberichte* (›kiko‹) zuzurechnen. Das später entstandene ↑›Kagero-nikki‹ (ab 975) ist jedoch für diese Gattung eher typisch, da es von einer Autorin stammt und reich an Gefühlsschilderungen ist. Diese Tagebücher, von denen v. a. noch ›Murasaki-Shikibu-nikki‹ (um 1010) und ›Izumi-Shikibu-nikki‹ (um 1000) zu nennen wären, wurden von Hofdamen geschrieben und enthielten oft zahlreiche Gedichte. Sie erinnern so an die ›Uta-monogatari‹, zuweilen aber auch an die Miszellenliteratur (›suihitsu‹; wörtlich etwa: ›dem Pinsel folgend‹), deren frühestes Werk, das ›Makura no sōshi‹ (= Kopfkissenbuch, um 1000), ebenfalls eine Hofdame schrieb, Sei Schonagon. Solche ›*suihitsu*‹-*Schriften* sind Sammlungen skizzenhafter, essayist. Abhandlungen und Überlegungen; da sie auch auf Tagesereignisse eingehen, ähneln sie passagenweise den ›nikki‹. Die literar. Gattung ›suihitsu‹ erhielt zwar im Laufe der Jahrhunderte wechselnde Akzente unterschiedl. Art, wird aber bis heute gepflegt, später von Männern: hier ragten Joschida Kenko und Santo Kioden hervor. – Die klass. jap. Prosa der Heianzeit ist ohne die Arbeiten der Damen des höf. Adels undenkbar; das hohe literar. Niveau dieser

284 japanische Literatur

Epoche geht auf sie zurück, damit auch ein wesentl. Teil der Grundlagen für die jap. Schriftsprache. Abgesehen vom ›Tosa-nikki‹ wurden auch die frühen ›kiko‹ von Frauen verfaßt: Das gilt sowohl für das ›Sarashina-nikki‹ (um 1060) als auch für das ›Izayoi-nikki‹ (um 1280), wenngleich bes. im ersteren das Tagebuchartige im engeren Sinn überwiegt. ›Kiko‹ sind Reisebeschreibungen, Reisetagebücher, inhaltlich wie formal zu ›nikki‹ und ›suihitsu‹ neigend. Zu dieser Gattung, die es ebenfalls noch heute gibt, gehören z. B. auch die humorist. Erzählungen (›kokkeibon‹) des ›Tōkai-dōchūhizakurige‹ (= Unterwegs auf Schusters Rappen über die Ostmeerstraße, 1802 bis 1822) von Dschippenscha Ikku und das poet. Reisejournal ›Auf schmalen Pfaden durchs Hinterland‹ (1702, dt. 1986) von Bascho. Die polit. und gesellschaftl. Veränderungen des 12./13. Jh. spiegelten sich in der j. L. nicht nur thematisch (z. B. ›gunki-monogatari‹), sondern auch in Form und Sprache. Die volkstümlich gehaltenen Varianten des Monogatari wurden modifiziert, Schriften mit didakt. Zielen (buddhist. und konfuzianist.) kamen hinzu, z. B. das ›Jikkinshō‹ (1252). In der Muromatschizeit entstanden auf diesen Fundamenten die ›otogisoschi‹: populäre Erzählungen unbekannter Autoren, die zunächst wohl zum Vorlesen gedacht waren; der Name dieser Gattung wurde von der gleichbenannten Geschichtensammlung aus dem 18. Jh. übernommen. Wohl auch populäre Unterhaltungsliteratur, aber weniger naiv und stärker belehrend waren die wegen ihrer Schreibweise (meist Kana-Silbenschrift) als ›kanasoschi‹ bezeichneten Werke v. a. des 17. Jh.; auch hier sind kaum Autoren bekannt, aber nach Art und weitgespannter Thematik kündete sich mit ihnen die folgende, vom Bürgertum geprägte literarhistor. Epoche an, in der zunächst das Ukijososchi auftritt. ›Ukijo‹ (= flüchtige Welt), vordem etwa im Sinne von ›Jammertal‹ verstanden, wird nun aufgefaßt als etwas, das im Unbeständigen Möglichkeiten zum Genießen bietet, als ›Welt der Sinnenfreuden‹. Die sog. Lesehefte (›soschi‹) der Gattung ›ukijososchi‹ preisen das Glück des Tages; ihre Autoren verletzten dabei oft die Grenzen des

Schicklichen, so daß es zu Verboten kam. Mit dem großen Novellisten Ihara Saikaku, der 1682 seinen Roman ›Yonosuke, der dreitausendfache Liebhaber‹ (dt. 1965) veröffentlichte, begann diese literar. Richtung, die nach ihm keinen Autor gleichen stilistisch-sprachl. Könnens mehr fand. Aber Ihara Saikakus Impulse wirkten fort, sowohl in den ›scharehon‹, deren Thema das Treiben in den Freudenvierteln war, als auch in den humorist. Geschichten der späteren ›kokkeibon‹, die realistisch in zeitgenöss. Umgangssprache geschrieben sind; die bedeutendsten Schriftsteller dieser und ähnl. Genres waren Santo Kioden, Dschippenscha Ikku und Schikitei Samba.

Ernsteren Themen zugewandt und von der chin. Literatur beeinflußt waren die ›jomihon‹, Lese-, Vorlesebücher; durch diese Bez. wurden sie abgegrenzt gegen Schriften, bei denen die Illustrationen Vorrang vor den Texten hatten (›esoschi‹). Ihre romantisierend dargebotenen Stoffe wurden der jap. und chin. Geschichte und Belletristik entnommen; Abenteuer, Geistererscheinungen u. a. wurden darin zu spannenden Erzählungen verarbeitet, die stilistisch wie hinsichtlich der Bildung des Lesers höhere Ansprüche stellten. Das erste Buch dieser Art erschien 1749; 1776 veröffentlichte Ueda Akinari, Philologe und Mediziner, mit dem ›Ugetsu-monogatari‹ eines der besten und bekanntesten Werke dieser Gattung. Unter den Autoren von ›jomihon‹ ist abermals Santo Kioden zu nennen, ebenso der berühmteste Romancier der ausgehenden Tokugawazeit, Takisawa Bakin aus Edo (heute Tokio).

Die *neuere j. L.* wurde zunächst geprägt von dem bis dahin weitgehend Unbekannten, das seit *der Mitte des 19. Jahrhunderts* als Folge der damals neu aufgenommenen Verbindungen zum westl. Ausland in Japan weiteren Kreisen zugänglich wurde. Wohl war, auf eine von portugies. Jesuiten Ende des 16. Jh. initiierte erste jap. Fassung, schon 1659 eine Übertragung von 96 Fabeln Äsops als Buch erschienen, aber erst seit etwa 1860 nahm die Zahl der Übersetzungen und damit die Kenntnis westl. Literatur stark zu. Nachdem der spätere Shakespeare-

japanische Literatur 285

übersetzer Tsuboutschi Schoju 1885/ 1886 sein Werk über das Wesen des Romans (›Shōsetsu‹) veröffentlicht hatte, setzte eine allgemeinere Neuorientierung japanischen Literaturverständnisses ein, wofür der Roman ›Ukigumo‹ (3 Teile, 1887–89) von Futabatei Schimei frühestes und wichtigstes Zeugnis ist. Zwar wurde auch die traditionelle j. L. weiterhin gepflegt, jedoch war die in Fluß gekommene Umwertung der bisherigen literaturkrit. Maßstäbe nicht aufzuhalten; das Neue setzte sich durch. Über Natsume Soseki und Tanisaki Dschunitschiro führt der Weg zur zeitgenöss. j. L. Jahr ihren vielfältigen Strömungen; zu ihren meistgelesenen Autoren zählen der Nobelpreisträger Kawabata Jasunari und der auch als Dramatiker bekannte Vertreter einer ›verlorenen Generation‹ Mischima Jukio.

Drama: Die dramat. j. L. läßt sich nicht so weit zurückverfolgen wie Poesie und erzählende Prosa. Das Theater oder seine Vorformen waren schon in älterer Zeit bekannt, jedoch sind längere zusammenhängende Texte erst aus dem *14. Jahrhundert* erhalten, d. h. No-Stücke (↑ No-Spiel) von Kanami (* 1333, † 1384) und seinem Sohn Seami Motokijo, die als Meister dieser Gattung gelten und ein umfangreiches Werk hinterlassen haben. Die einzelnen Stücke sind meist kürzer als ein normaler Akt einer westl. Tragödie, aber in einer Vorstellung werden jeweils fünf No-Stücke aufgeführt, zwischen denen man Schwänke, Possen (›kiogen‹) darbietet und so die vom No erzeugte ernste Stimmung auflockert. Die Sprache des No ist partienweise mit sinojap. Wörtern durchsetzt, Prosa, in kurzen Sätzen, und metrisch gegliederte Passagen, die an Höhepunkten in Zeilen zu 5 und 7 Silben übergehen, wechseln. Die Stoffe sind Sagen, Legenden, der Geschichte, der Literatur, aber auch dem tägl. Leben entnommen; oft werden die Spuren des Zen-Buddhismus in Text und Handlung deutlich. Das klass. No-Repertoire war bis zum Ende des 16. Jh. entstanden. Spätere Werke sind nicht sehr geschätzt; aus neuerer Zeit ist Mischima Jukio als Autor zu nennen (›Sechs moderne No-Spiele‹, 1956, dt. 1962). Mischima schrieb auch für eine andere Art

des jap. Theaters, für das ↑ Kabuki. Dessen Bühne erfuhr in der mittleren Tokugawazeit durch die Dramen des Tschikamatsu Monsaemon, der seine histor. und bürgerl. Schauspiele auch für das ↑ Bunraku schrieb, eine entscheidende Bereicherung. Gegen 1800 begann nach einer längeren Krise mit den Stücken u. a. des Namiki Gohei (* 1747, † 1808) eine abermalige Blüte des Kabuki, wie sie hernach nicht mehr zu verzeichnen war und auch von den modernen Theaterformen nicht erreicht wird.

Die j. L. der Zeit *nach dem 2. Weltkrieg* knüpft an die Strömungen der Taischozeit (1912–26) und der beginnenden Schowazeit (ab 1926; Naturalismus, Humanismus, proletar. Literatur) an, zusätzlich wird sie angeregt u. a. von B. Brecht, S. Freud, M. Heidegger, F. Kafka, J. Joyce und J.-P. Sartre. Nach 1945 bestimmen die etablierten Schriftsteller Nagai Kafu, Tanisaki Dschunitschiro, Schiga Naoja (* 1883, † 1971), Kawabata Jasunari u. a. das literar. Leben. Ihre Themen rangieren von der Idylle vergangener Zeiten bis zur Auseinandersetzung mit der jüngsten Vergangenheit. Die zweite Nachkriegsgeneration, in der Mischima Jukio, Inoue Jasuschi, Noma Hiroschi und Ooka Schohei den Ton angeben, steht unter dem Einfluß moderner westl. Philosophie und Psychologie. Im Ringen um neue literar. Ausdrucksformen analysieren sie die Entfremdung des Menschen in einer feindl. Umgebung oder stellen die Änderungen gesellschaftl. Werte in der Nachkriegszeit dar. Die bedeutendsten Schriftsteller der Gegenwart, Abe Kobo, Endo Schusaku, Ischihara Schintaro, Oe Kensaburo und Kaiko Ken (* 1930) behandeln international gültige menschl. Probleme in industriellen Massengesellschaften, wie Vereinsamung, Generationenkonflikte und Nihilismus. Der Erzähler und Essayist Oda Makoto (* 1932), ehemals aktiv in der jap. Bewegung gegen den Vietnamkrieg, versucht mit den Mitteln der Literatur gegen Kernwaffenrüstung und jegl. Unterdrückung der Demokratie (z. B. in Korea) zu kämpfen. Avantgardistisch-experimentell arbeiten Autoren wie Tanikawa Schuntaro (* 1931), der auch als Dramatiker bekannt gewordene Terajama Schudschi (* 1935, † 1983), v. a. aber Ooka Makoto (* 1931). Bei den Jüngeren findet sich die Tendenz zur Unbekümmertheit im Formalen sowie eine Vorliebe (Vollzug der ›Postmoderne‹ – und Auflehnung gegen sie) für Archaisches, etwa bei Nakagami Kendschi (* 1946). Die Frauen haben sich seit etwa der Mitte der 60er Jahre ihre bed. Rolle innerhalb der j. L. zurückerobert mit Namen wie Kono Taeko (*1926), Oba Minako (* 1930) und Tsuschima Yuko (*1947), wobei sie an die durch Namen wie Mijamoto Juriko (* 1889, † 1951), Sata Ineko (* 1904), Hirabajaschi Taiko (*1905, † 1972), Endschi Fumiko (* 1905, † 1986) und Setoudschi Harumi (* 1922) repräsentierte Tradition anknüpfen konnten. Eine jap. Variante einer ›Neuen Innerlichkeit‹ vertrat zu Beginn der 70er Jahre die ›Introvertierte Generation‹; ihre bekanntesten Vertreter sind Furui Joschikitschi (* 1937) und Ogawa Kunio (* 1927). Ebenfalls eine eher unpolit. Haltung nehmen die Autoren der darauffolgenden ›Generation der Leere‹ ein, zu denen v. a. Murakami Riu (* 1952) und Tanaka Jasuo (* 1956) gehören. Sie zeichnen das Bild einer Jugend, die die Annehmlichkeiten eines konsumorientierten Lebens über eine Ausrichtung an hohen Idealen stellt. In der Lyrik sind die alten Versformen, häufig mit neuer Themenstellung (polit. Lyrik) weiterhin populär, jedoch hat auch die Dichtung in ungebundener Form (›schintaischi‹) stark an Raum gewonnen. Ihre Stoffe reichen von typisch jap. Themen bis zu Antiatombewegung und Umweltschutz. In der Theaterwelt finden neben No-Spiel, Kabuki, Bunraku und den seit der Meidschizeit vorhandenen ›neuen Theatern‹ (›schimpa‹, ›schingeki‹) auch avantgardist. Experimentierbühnen (›angura‹) und Underground-Theater Beachtung. Die moderne, u. a. von Kobajaschi Hideo (* 1902, † 1983) begründete Literaturkritik hat als eigenständige literar. Gattung einen hohen Stellenwert.

Ausgaben: BLYTH, R. H.: Haiku. Tokio 1954–56. 4 Bde. – Modern Japanese literature. An anthology. Hg. v. D. KEENE. New York 1956. – Anthology of Japanese literature from the earliest era to midnineteenth century. Hg. v. D. KEENE. New York 1956. – GUNDERT, W., u. a.: Lyrik des Ostens. Mchn. ³1957. – WEBER-SCHÄFER, P.: Vierundzwanzig Nō-Spiele. Dt. Übers. Ffm. 1961. – Japanese poetic diaries. Engl. Übers. u. eingel. v. E. R. MINER. Berkeley (Calif.) 1969. – Die Zauberschale. Dt. Übers. v. N. NAUMANN u. W. NAUMANN. Mchn. 1973. – Der Kirschblütenzweig. Jap. Liebesgeschichten aus tausend Jahren. Hg. v. O. BENL. Mchn. 1982. – Als wär's des Mondes Licht am frühen Morgen. Hundert Gedichte von hundert Dichtern aus Japan. Hg. u. übertragen v. J. BERNDT. Ffm. 1987.
Literatur: Gesamtdarstellungen: FLORENZ, K.: Gesch. der j. L. Lpz. ²1909. – GUNDERT, W.: Die j. L. Wildpark-Potsdam 1930. – Jap. Geisteswelt. Vom Mythus zur Gegenwart. Texte, ausgew. u. eingel. v. O. BENL u. H. HAMMITZSCH. Baden-Baden 1956. – SIEFFERT, R.: La littérature japonaise. Paris 1961. – KEENE, D.: J. L. Dt. Übers. Zü. 1962. – PUTZAR, E.: Japanese literature. Tuscon (Ariz.) 1973. – Biographical dictionary of Japanese literature. Hg. v. S. HISAMATSU. Tokio 1976. – J. L. In: Ostasiat. Literaturen (= Neues Hdb. der Literaturwiss. Bd. 23: Japan). Hg. v. G. DEBON. Wsb. 1984. – KATO, SH.: Gesch. der j. L. Dt. Übers. Mchn. u. a. 1990. – **Einzelgebiete:** BENL, O.: Die Entwicklung der jap. Poetik bis zum 16. Jh. Hamb. 1951. – OKAZAKI, Y.: Japanese literature in the Meiji era. Engl. Übers. Tokio 1955. – WEBER-SCHÄFER, P.: Ono no Komachi. Gestalt u. Legende im Nô-Spiel. Wsb. 1960. – HISAMATSU, S.: The vocabulary of Japanese literary aesthetics. Tokio 1963. – UEDA, M.: Literary and art theories in Japan. Cleveland (Ohio) 1967. – MINER, E. R.: An introduction to Japanese court poetry. Stanford (Calif.) 1968. – Japanese poetic diaries. Ausgew. u. engl. Übers. v. E. R. MINER. Berkeley (Calif.) 1969. – BARTH, J.: Japans Schaukunst im Wandel der Zeiten. Wsb. 1973. – KIJIMA, H.: The poetry of postwar Japan. Engl. Übers. Iowa City (Iowa) 1975. – Haiku. Bedingungen einer lyr. Gattung. Dt. Übers. Stg. ⁴1982. – UEDA, M.: Modern Japanese poets and the nature of literature. Stanford (Calif.) 1983. – Japan-Hdb. Hg. v. H. HAMMITZSCH. Wsb. ²1984. – **Bibliographische Hilfsmittel:** YAMAGIWA, J. K.: Japanese literature of the Showa period. Ann Arbor (Mich.) 1959. – Japanese P. E. N. Club. Japanese literature in European languages. A bibliography. Tokio ²1961. – FUJINO, Y.: Modern Japanese literature in Western translations. A bibliography. Tokio 1972. – Dictionary of Oriental literature. Hg. v. J. PRŮŠEK u. Z. SLUPSKI. Bd. 1: East Asia. London 1974.

japanisches Theater und japanischer Tanz, als einheim. Urformen werden die in den Chroniken des frühen 8. Jh. erwähnten Einzel- und Gruppentänze betrachtet, von denen das Kagura (= Götterspiel) abstammen soll, das seit dem 9. Jh. als Bestandteil höf. Kulthandlungen nachgewiesen ist und um 1000 als selbständige Zeremonie mit festem Repertoire aus Gesängen und Tänzen institutionalisiert wurde. Aber auch das Kagura ist von den Traditionen des asiat. Festlandes geprägt, als deren Hauptlinien in Japan die höf. Zeremonialmusik (›bugaku‹, ›Tanzmusik‹) und die populäre, aus possenhaften oder akrobat. Darstellungen bestehende ›sangaku‹, später japanisiert zu ›sarugaku‹ (›Affenmusik‹) anzusehen sind. Im Rahmen der letzteren entstand das älteste jap. Worttheater (Texte sind nicht überliefert). – Auch zur Entstehung des ↑ No-Spiels haben ›bugaku‹ und ›sarugaku‹ beigetragen. Als No-Vorläufer sind die bei buddhist. Tempelfesten getanzten ›ennen‹, die aus pantomim. Tänzen im Zusammenhang mit dem Reisanbau hervorgegangenen ›dengaku‹ und die in Verbindung mit Prosarezitationen vorgetragenen ›kusemai‹ zu nennen. Die kom. No-Zwischenspiele (›kiogen‹), die als Worttheater (ohne Tanz) aufgeführt werden, scheinen aus den Vorläufern der ›sarugaku‹ hervorgegangen zu sein. Die Blütezeit des No-Spiels ging mit dem 16. Jh. zu Ende, wenngleich die Tradition bis heute ungebrochen weiterlebt. Das aufstrebende Bürgertum des 17. Jh. begeisterte sich für das neue ↑ Kabuki, das als eine Weiterentwicklung von No-Spiel und ›kiogen‹ angesehen wird. Seine Tänze sind von volkstüml. Gruppentänzen abgeleitet. Das Dschoruri, später ↑ Bunraku genannt, entwickelte sich parallel zum Kabuki und konnte dieses in der 1. Hälfte des 18. Jh. künstlerisch überflügeln. Tschikamatsu Monsaemon, dessen Ruhm mit Kabukistücken begann, schrieb seine bedeutendsten Werke alle für das Dschoruri. – Nachdem um 1890 erstmals ein Schauspiel im westl. Stil aufgeführt worden war und immer mehr Stücke der ›neuen Richtung‹ (›schimpa‹) folgten, etablierte sich das ›Neue Drama‹ (›schingeki‹). – ↑ auch japanische Literatur.

Literatur: BLAU, H.: Sarugaku u. Shushi. Wsb. 1966. – BARTH, J.: Japans Schaukunst im Wandel der Zeiten. Wsb. 1973. – ↑ auch japanische Literatur.

Japanologie, kulturwiss. Fach, dessen Gegenstand die ›Kultur *in* Japan‹ in ihren materiellen und geistigen Ausprägungen, in ihren Beziehungen zur Gesellschaft sowie in ihrer histor. Entwicklung und ihrer Gegenwart ist. Objektkonstitution und method. Instrumentarium unterscheiden sich teilweise in den geistesund sozialwiss. Einzeldisziplinen der J.; gemeinsame Grundlage und Voraussetzung japanolog. Arbeit sind die Kenntnis der jap. Sprache und Schrift. Wiss. Beschäftigung mit Japan begann mit den sprachwiss. Arbeiten der europ. Japanmissionare (z. B. J. Rodrigues Girão, D. Collado) im 16./17. Jh., wurde von E. Kämpfer, C. P. Thunberg, Ph. F. von Siebold und A. Pfizmaier sowie im letzten Drittel des 19. Jh. durch westl. Gelehrte in Japan (u. a. W. G. Aston, E. Satow, B. H. Chamberlain) fortgeführt. Mit der Berufung von K. Florenz auf den ersten dt. japanolog. Lehrstuhl in Hamburg (1914) wurde die J. als akadem. Fach etabliert, das heute an zahlreichen dt. Universitäten gelehrt wird.

Japiks, Gysbert, * Bolsward bei Leeuwarden 1603, † ebd. Sept. 1666, westfries. Dichter. – Weitaus bedeutendster Vertreter der frühen westfries. Literatur. Sein Lebenswerk ›Friesche Rymlerye‹ (1668), mit erot., religiösen und moralisierenden Gedichten und Übersetzungen von 50 Psalmen, nach seinem Tod erschienen, zeigt einen genialen und von der Renaissance geprägten Sprachkünstler. Sein Werk wurde 1966 von J. H. Brouwer erneut veröffentlicht und mit einem Kommentar versehen.

Literatur: KALMA, J. J.: G. J. Leeuwarden 1956.

Jarcha [span. 'xartʃa] ↑ Chardscha.

Jardiel Poncela, Enrique [span. xar-'ðiɛl pon'θela], * Madrid 15. Okt. 1901, † ebd. 18. Febr. 1952, span. Schriftsteller. – Schrieb zunächst humoristischiron. Romane, dann v. a. witzige Komödien; bes. bekannt wurden die Stücke ›Margarita, Armando y su padre‹ (1931), ›Angelina o el honor de un brigadier (un drama en 1880)‹ (1934), ›Eloísa está debajo de un almendro‹ (1940) und ›Los tigres escondidos en la alcoba‹ (1949); auch Erzählungen und Aphorismen.

Ausgabe: E. J. P. Obras completas. Barcelona ⁴1965–67. 5 Bde.
Literatur: MARQUERIE, A.: El teatro de J. P. Bilbao 1945.

288 Jared

Jared (tl.: Yarēd) [amhar. jared], äthiop. Heiliger des 6. Jahrhunderts. – Wirkte an der Kathedrale von Aksum, zog sich später in die Einöde zurück. Soll nach äthiop. Überlieferung das Notensystem, dessen drei bes. Tonarten er in einer Ekstase vom Himmel empfangen haben soll, und das ↑›Deggwa‹ geschaffen haben. Trotz spärl. Nachrichten über ihn ist an seiner Geschichtlichkeit nicht zu zweifeln.
Literatur: ULLENDORFF, E.: Ethiopia and the Bible. London 1968. S. 95.

Järnefelt, Arvid, Pseudonym Hilja Kahila, * Pulkowa 16. Nov. 1861, † Helsinki 27. Dez. 1932, finn. Schriftsteller. – Schrieb Romane und Dramen, in denen er als Verkünder revolutionärer sozialer, eth. und religiöser Vorstellungen und Ideale wirkte, anfangs unter dem Einfluß des ihm persönlich bekannten L. N. Tolstoi. Künstlerisch am bedeutendsten ist das Spätwerk; literarhistorisch im Bereich des finn. psycholog. Realismus ein Außenseiter.
Werke: Isänmaa (= Vaterland, R., 1893), Die Lehre der Sklaven (Dr., 1902, dt. 1910), Maaemon lapsia (= Kinder der Mutter Erde, R., 1905), Greeta ja hänen herransa (= Greta und ihr Herr, R., 1925), Vanhempieni romaani (= Der Roman meiner Eltern, 3 Bde., 1928–30).

Jarnés Millán, Benjamín [span. xar'nez mi'ʎan], * Codo (Prov. Zaragoza) 7. Okt. 1888, † Madrid 11. Aug. 1949, span. Schriftsteller. – Lebte nach dem Ende des Span. Bürgerkriegs in Mexiko, kehrte 1948 nach Spanien zurück; machte sich v. a. durch sein umfangreiches essayist., biograph., literaturkrit. und übersetzer. Werk (B. Jonson) einen Namen; von seinen eher lyr. Romanen sind hervorzuheben ›El profesor inútil‹ (1926), ›El convidado de papel‹ (1928) und ›Teoría del zumbel‹ (1930).
Literatur: ZULETA, E. DE: Arte y vida en la obra de B. J. Madrid 1977. – MARTÍNEZ LATRE, M. P.: La novela intelectual de B. J. Zaragoza 1979.

Jaroš, Peter [slowak. 'jarɔʃ], * Hybe 22. Jan. 1940, slowak. Schriftsteller. – Autor von Hörspielen und Drehbüchern sowie von Erzählungen und Romanen (›Tisícročná včela‹ [= Die tausendjährige Biene], 1979).
Weiteres Werk: Popoludnie na terase (= Nachmittag auf der Terrasse, Nov., 1963).

Jarrell, Randall [engl. 'dʒærəl], * Nashville (Tenn.) 6. Mai 1914, † 14. Okt. 1965 (Verkehrsunfall), amerikan. Lyriker und Kritiker. – Schrieb pathet. Gedichte, die die Sinnlosigkeit gesellschaftl. Lebens und des Krieges darstellen, einen satir. Roman und bed. Kritiken; auch als Übersetzer, u. a. von Werken Goethes, tätig.
Werke: Little friend, little friend (Ged., 1945), Losses (Ged., 1948), Poetry and the age (Essays, 1953), Pictures from an institution (R., 1954), The woman at the Washington zoo (Ged., 1960), A sad heart at the supermarket (Essays, 1962), The lost world (Ged., 1965).
Ausgaben: R. J. The complete poems. New York 1969. – R. J.'s letters. An autobiographical and literary selection. Hg. v. M. JARREL. Boston (Mass.) 1985.
Literatur: R. J., 1914–1965. Hg. v. R. LOWELL u. a. New York 1967. – FERGUSON, S.: The poetry of R. J. Baton Rouge (La.) 1971. – QUINN, B.: R. J. Boston (Mass.) 1981. – WRIGHT, S.: R. J. A descriptive bibliography 1929–1983. Charlottesville (Va.) 1986.

Jarry, Alfred [frz. ʒa'ri], * Laval (Bretagne) 8. Sept. 1873, † Paris 1. Nov. 1907, frz. Schriftsteller. – Führte in Paris ein Bohemeleben; hatte nach ersten Veröffentlichungen (symbolist. Gedichte und Prosa) 1896 einen Skandalerfolg mit dem Theaterstück ›König Ubu‹ (erschienen 1896, dt. 1959), in dem er derb und mit beißender Ironie die bürgerl. Scheinmoral angriff; die Titelfigur wurde zum Inbegriff des bornierten, opportunist. Bürgers und der Fragwürdigkeit polit. und sozialer Macht. J. gilt heute als Vorläufer des absurden Theaters. Surrealist. Züge zeigen seine Romane, v. a. ›Der Supermann‹ (1902, dt. 1969).
Weitere Werke: Les minutes de sable mémorial (Ged. u. Prosa, 1894), César Antéchrist (Dr., 1895), Tage und Nächte. Roman eines Deserteurs (1897, dt. 1985), Die absolute Liebe (R., 1899, dt. 1985), Ubu in Ketten (Dr., 1900, dt. 1970), Messalina (R., 1901, dt. 1971), La papesse Jeanne (R., 1908), Heldentaten und Ansichten des Dr. Faustroll, Pataphysiker (R., hg. 1911, dt. 1969), Ubu Hahnrei (Dr., hg. 1944, dt. 1970), Der Alte vom Berge (Ged., Dramen, Prosa, dt. Ausw. 1972), Le manoir enchanté et quatre autres œuvres inédites (hg. 1974).
Ausgaben: A. J. Œuvres complètes. Monte Carlo u. Lausanne 1948. 8 Bde. Nachdr. Genf 1975. – A. J. Œuvres complètes. Hg. v. M. ARRIVÉ. Paris 1972 ff. (bisher 3 Bde. erschienen). – A. J. Ges. Werke. Hg. v. K. VÖLKER. Dt. Übers. Ffm. 1987–93. 11 Bde.

Jassenow 289

Literatur: GIEDION-WELCKER, C.: A. J. Zü. 1960. – ARRIVÉ, M.: Les langages de J. Paris 1972. – CARADEC, F.: À la recherche de J. Paris 1974. – BÉHAR, H.: J. dramaturge. Paris 1980. – SCHEERER, TH. M.: A. J. In: Frz. Lit. des 19. Jh. Hg. v. W.-D. LANGE. Bd. 3. Hdbg. 1980. S. 290. – Zs. ›Europe‹. Sondernr. A. J. (März/April 1981). – SCHEERER, TH. M.: Phantasielösungen. Kleines Lehrb. der Pataphysik. Rheinbach-Merzbach 1982. – STILLMAN, L. K.: A. J. Boston (Mass.) 1983. – BEAUMONT, K. S.: A. J. A critical and biographical study. Leicester 1984. – POL-LAK, I.: Pataphysik, Symbolismus u. Anarchismus bei A. J. Wien u. Köln 1984. – A. J. Hg. v. H. BORDILLON. Colloque de Cérisy-la-Salle. Paris 1985. – Zs. ›Revue des Sciences Humaines‹ 203 (1986). Sondernr. A. J. Hg. v. CH. GRIVEL. – FISHER, B.: A. J. and his literary context. Diss. University of Wales 1989.

Jasenov, Christo, bulgar. Lyriker und Feuilletonist, ↑ Jassenow, Christo.

Jasenskij, Bruno, poln. und russ.-sowjet. Schriftsteller, ↑ Jasieński, Bruno.

Jąsidschi, Al (tl.: Al-Yaziǧī), Ibrahim, * Beirut 2. März 1847, † Kairo 28. Dez. 1906, libanes. Schriftsteller und Linguist. – Sohn von Nasif Al J.; neunjährige Zusammenarbeit mit den Jesuiten in Beirut, v. a. bei der Korrektur der Bibelübersetzung (↑ christlich-arabische Literatur); Verfasser zahlreicher, v. a. philolog. Untersuchungen, die maßgebend waren für die Entwicklung und Normierung der modernen arab. Sprache im 19. Jahrhundert.
Literatur: BROCKELMANN, C.: Gesch. der arab. Litteratur. Suppl.-Bd. 2. Leiden 1938. S. 766.

Jąsidschi, Al (tl.: Al-Yaziǧī), Nasif, * Kfarschima 25. März 1800, † Beirut 8. Febr. 1871, libanes. Schriftsteller und Linguist. – Vater von Ibrahim Al J.; arbeitete mit den amerikan. Missionaren in Beirut bei der Korrektur ihrer Bibelübersetzung (↑ christlich-arabische Literatur) zusammen; seine philolog. Untersuchungen waren für die sprachl. Entwicklung der arab. Moderne von bes. Bedeutung.
Literatur: BROCKELMANN, C.: Gesch. der arab. Litteratur. Suppl.-Bd. 2. Leiden 1938. S. 765.

Jasieński, Bruno [poln. ja'cɛiski], eigtl. Artur Zysman, russ. B. (Wiktor Jakowlewitsch) Jassenski, * Klimontow (Gouv. Radom; heute in Polen) 17. Juli 1901, † bei Wladiwostok 16. Dez. 1939 oder 20. Okt. 1941 (?; in Haft), poln. und russ.-sowjet. Schriftsteller. – Mitwirkung

am literar. Leben der poln. Futuristen; in frühen Gedichten Einfluß von I. Sewerjanin und W. W. Majakowski; 1925–29 in Paris; Entstehung des grotesken, antiutop. [Katastrophen]romans ›Pest über Paris‹ (frz. 1928, poln. 1929, dt. 1984); ab 1929 in der Sowjetunion; Hinwendung zum sozialist. Realismus; wurde 1936 verhaftet, 1956 jedoch rehabilitiert; auch Dramatiker.
Weitere Werke: Čelovek menjaet kožu (= Ein Mensch wechselt die Haut, R., russ. 2 Tle., 1932/33, poln. 1934), Zagovor ravnodušnych (= Die Verschwörung der Gleichgültigen, unvollendeter R., russ. hg. 1956).
Ausgaben: B. Jasenskij. Izbrannye proizvedenija. Moskau 1968. 2 Bde. – B. J. Utwory poetyckie, manifesty, szkice. Krakau 1972.
Literatur: STERN, A.: B. J. Warschau 1969. – DZIARNOWSKA, J.: Słowo o B. J.m. Warschau 1978.

Jašík, Rudolf [slowak. 'jaʃi:k], * Turzovka (Mittelslowak. Gebiet) 2. Dez. 1919, † Preßburg 30. Juli 1960, slowak. Schriftsteller. – Schilderte in Romanen und Erzählungen Ereignisse des 2. Weltkriegs in der Slowakei.
Werke: Die Liebenden vom St.-Elisabeth-Platz (R., 1958, dt. 1961), Die Toten singen nicht (R., hg. 1961, dt. 1965).
Ausgabe: R. J. Dielo. Preßburg 1979. 2 Bde.

Jasmin [frz. ʒas'mẽ], eigtl. Jacques Boé, * Agen 6. März 1798, † ebd. 4. Okt. 1864, gascogn. Mundartdichter. – Ursprünglich Perückenmacher; schrieb Dichtungen in gascogn. Dialekt, bes. volkstüml. Verserzählungen, die er selbst vortrug.
Ausgabe: J. Œuvres complètes. Paris 1889. 4 Bde.
Literatur: SICARD, P.: J., galant homme. In: Revue de l'Agenais, 1973, S. 245.

Jasnaja Poljana [russ. 'jasnɐjɐ pa-'ljanɐ], Landgut des russ. Schriftstellers L. N. ↑ Tolstoi, der hier geboren wurde und etwa 60 Jahre lebte; in der Nähe von Tula, Rußland; heute Gedächtnisstätte und Museum in dem in ursprüngl. Zustand erhaltenen Haus.

Jasnorzęwska-Pawlikowska, Maria, poln. Schriftstellerin, ↑ Pawlikowska-Jasnorzewska, Maria.

Jassenow (tl.: Jasenov), Christo [bulgar. 'jasɛnof], eigtl. Ch. Pawlow Tudscharow, * Etropole 24. Dez. 1889, † Sofia April 1925 (in Haft), bulgar. Lyriker und

10 MTL Lit. 4

Feuilletonist. – Wegen Teilnahme am kommunist. Aufstand von 1923 verhaftet; vom Symbolismus bestimmte lyrisch-romant., z. T. auch revolutionäre Gedichte (›Ricarski zamäk‹ [= Die Ritterburg], 1921).

Ausgabe: Ch. Jasenov. Säčinenija. Sofia 1965.

Jassenski (tl.: Jasenskij), Bruno [russ. jı'sjɛnskij], poln. und russ.-sowjet. Schriftsteller, † Jasieński, Bruno.

Jassin, H[ans] B[ague], *Gorontalo (Celebes) 31. Juli 1917, indones. Literaturkritiker und Essayist. – Seit 1947 Hg. und Mitarbeiter verschiedener Zeitschriften (u. a. ›Kisah‹, ›Seni‹, ›Sastra‹); gab der indones. Literatur der Gegenwart richtungweisende Impulse und legte zugleich eine wissenschaftlich erschöpfende Dokumentation (4 Bde., 1954–67) ihrer Geschichte vor.

Literatur: TEEUW, A.: Modern Indonesian literature. Den Haag 1967. S. 120.

Jastrun, Mieczysław, *Korolówka bei Tarnopol 29. Okt. 1903, † Warschau 23. Febr. 1983, poln. Schriftsteller. – Mittler zwischen poln. Moderne und antiker und christl. Tradition. Das anklagende Element in seiner Dichtung z. Z. des Krieges wich nach Kriegsende metaphys. und geschichtl. Fragen; verfaßte u. a. den Gedichtzyklus ›Poemat o mowie polskiej‹ (= Poem über die poln. Sprache, 1952); auch wertvolle biograph. Romane, u. a. über A. Mickiewicz (1949, dt. 1953), J. Słowacki (1951) und J. Kochanowski (1954, dt. 1957 u. d. T. ›Poet und Hofmann‹); bed. Essayist und Übersetzer aus dem Französischen, Russischen (B. L. Pasternak) und Deutschen (J. Ch. F. Hölderlin, R. M. Rilke).

Ausgabe: M. J. Poezje zebrane. Warschau 1975.

Jasykow (tl.: Jazykov), Nikolai Michailowitsch [russ. jı'zıkɐf], *Simbirsk 16. März 1803, † Moskau 7. Jan. 1847, russ. Lyriker. – Stand dem Dichterkreis um A. S. Puschkin nahe; seine frühen anakreont. Gedichte überzeugen v. a. durch die Form; später religiöse Lyrik und eleg. Dichtung; darin orthodox-slawophiles Gedankengut; bed. rhythm. und formale Neuerungen in seiner Balladendichtung. Das Sujet seines dramat. Märchens ›Žar-Ptica‹ (= Der Feuervogel, 1836) verwendete I. Strawinski.

Ausgabe: N. M. Jazykov. Polnoe sobranie stichotvorenij. Moskau u. Leningrad 1964.
Literatur: LILLY, I. K.: The lyric poetry of N. M. Jazykov. Diss. University of Washington Seattle 1978.

Jātaka ['dʒaːtaka; Pāli = Wiedergeburtsgeschichte], Sammlung von mehr als 500 in Pāli abgefaßten Erzählungen über die früheren Leben Buddhas. Die J. bestehen aus alten, kanon. Leitversen. Darum herum wird in einer ›Vergangenheitsgeschichte‹ die Handlung entwickelt. Eingerahmt ist diese ihrerseits von einer ›Gegenwartsgeschichte‹, die erklärt, bei welcher Gelegenheit Buddha die Begebenheiten aus seinem früheren Leben erzählte. Teilweise älter als die Prosa ist ein grammatikal. Zusatz, der den Wortlaut der Verse kommentiert. Die abschließende Redaktion fand in der ersten Hälfte des 5. Jh. n. Chr. in Ceylon statt. Die Fabeln und Legenden, die das Thema der Sammlung bilden, wurden aber schon ab dem 1. Jh. v. Chr. an buddhist. Heiligtümern in Indien plastisch und graphisch dargestellt. Neben dem J.buch in Pāli gibt es auch eine J.sammlung (›Jātakamālā‹) in Sanskrit von Āryaśūra sowie tibet. und chin. Übersetzungen.

Ausgaben: The J., together with its commentary. Hg. v. V. FAUSBØLL. London 1875–97. 7 Bde. Nachdr. 1963–64. – Jatakam. Das Buch der Erzählungen aus früheren Existenzen Buddhas. Dt. Übers. hg. v. J. DUTOIT. Lpz. 1907–21. 7 Bde. – The Jataka-Mala by ĀRYA-ÇŪRA. Hg. v. H. KERN. Cambridge (Mass.) 1943.
Literatur: LÜDERS, H.: Bhārhut u. die buddhist. Lit. Lpz. 1941. – Buddhist. Märchen aus dem alten Indien. Hg. v. E. LÜDERS. Köln 40. Tsd. 1979. – NORMAN, K. R.: Pāli literature. Wsb. 1983.

Jaufré Rudel [frz. ʒofreʏ'dɛl] (Geoffroi R.), Seigneur de Blaye, *um 1120, † um 1147, provenzal. Troubadour aus Blaye (Gironde). – Nach seiner Vida soll sich J. R. (nach Erzählungen von Pilgern, die aus Antiochien kamen) in die Gräfin von Tripoli verliebt haben, ohne sie je gesehen zu haben. Für sie schrieb er Texte und Melodien, die wegen des Motivs des ›amor de lonh‹, der ›Fernliebe‹, zu einer idealen Frau von seinen Zeitgenossen geschätzt wurden. Nach der legendar. Überlieferung der Vida soll er kurz nach der Ankunft bei seiner fernen Geliebten gestorben sein. Der Stoff wurde dichterisch u. a. von L. Uhland, R. Browning, H. Heine, G. Carducci, A. Ch. Swinburne und E. Rostand behandelt. Die literar. Hinterlassenschaft J. R.s ist nicht sehr umfangreich: 11 Stücke sind überliefert, davon sieben mit sicherer Zuschreibung; die vier erhaltenen Melodien kennzeichnet im zeitgenöss. Kontext erstaunl. Weichheit und Sensibilität.

Ausgabe: The songs of J. R. Hg. v. R. T. PICKENS. Toronto 1978.
Literatur: ZADE, L.: Der Troubadour J. R. u. das Motiv der Fernliebe in der Weltliteratur. Diss. Greifswald 1920. – WILHELM, J. J.: Seven troubadours. The creators of modern verse. University Park (Pa.) 1970. – ALLEGRETTO, M.: Il luogo dell'amore. Studie zu J. R. Florenz 1979. – LEJEUNE, R.: La chanson de l'›amour de loin‹ de J. R. In: LEJEUNE: Littérature et société occitane au moyen âge. Lüttich 1979. S. 185.

Jaunsudrabiņš, Jānis [lett. 'jaʊnsʊdrabɪnjʃ], * Nereta (Semgallen) 25. Aug. 1877, † Soest 28. Aug. 1962, lett. Schriftsteller. – Lebte ab 1944 in Deutschland im Exil; seine Romane, Erzählungen und Jugendbücher zeichnen sich v. a. durch meisterhafte Sprachgestaltung und feines psycholog. Gespür aus.

Werke: Rasma und Spodris (E., 1907, dt. 1947), Aija (E., 1911, dt. 1922), Atbalss (= Der Widerhall, E., 1920), Jaunsaimnieks un velns (= Der Bauer und der Teufel, R., 1933), Nauda (= Das Geld, R., 1943), Zaļā grāmata (= Das grüne Buch, En., 1948).

Javorskij, Stefan, Patriarchatsstellvertreter und Dichter, ↑ Jaworski, Stefan.

Jaworow (tl.: Javorov), Pejo Kratscholow [bulgar. 'javorof], eigtl. P. Kratscholow, * Tschirpan (bei Stara Sagora) 13. Jan. 1877, † Sofia 29. Okt. 1914 (Selbstmord), bulgar. Lyriker und Dramatiker. – 1908–13 Dramaturg am Nationaltheater; begann mit pathet. Revolutionsdichtung, wandte sich dann unter dem Eindruck einer Frankreichreise (1906/07) dem Symbolismus zu. Sein widersprüchl. Charakter erweckt in seiner Dichtung oft den Eindruck des Dämonischen; Neigung zum Elegischen; auch autobiograph. und gesellschaftskrit. Dramen unter H. Ibsens und A. Strindbergs Einfluß. Sein Erinnerungsbuch ›Gotze Deltschew‹ (1904, dt. 1925) stellt Erlebnisse während des makedon. Aufstandes gegen die Türken (1902) dar.

Weitere Werke: Chajduški pesni (= Heidukenlieder, 1906), V polite na Vitoša (= Am Fuße des Witoscha, Trag., 1911).
Ausgabe: P. K. Javorov. Săčinenija. Sofia 1970–71. 3 Bde.
Literatur: P. K. Javorov. Biobibliografija. Sofia 1978.

Jaworski, Roman, * Klicko (Kreis Sanok) 21. Juni 1883, † Góra Kalwaria (bei Warschau) im Herbst 1944 (?), poln. Schriftsteller. – Kontakte zur poln. Avantgarde (u. a. S. I. Witkiewicz); schrieb phantastisch-groteske Erzählungen (›Historie maniaków‹ [= Geschichten der Besessenen], 1910) sowie den Roman ›Wesele hrabiego Orgaza‹ (= Die Hochzeit des Grafen Orgaz, 1925) mit dem Grundton der Katastrophe; starb während der dt. Okkupation in einem Heim für unheilbar Kranke.

Jaworski (tl.: Javorskij), Stefan [russ. jɪ'vorskij], eigtl. Simeon Iwanowitsch J., ukrain. S. (Semen) Jaworsky, * Jaworow (Gebiet Lemberg) 1658, † Moskau 8. Dez. 1722, Patriarchatsstellvertreter (ab 1702) und Dichter. – Zunächst orthodox; nach 1684 katholisch; ab 1689 orthodoxer Mönch; Lehrer an der Kiewer Geistl. Akademie. Als Peter I. 1721 die russ. Kirche dem Staat unterordnete, wurde J. erster Präsident des Heiligen Synod; schrieb poln. und lat. Panegyrika, bed. russisch-kirchenslaw. Barockpredigten, die Streitschrift gegen die Lutheraner ›Kamen' very‹ (= Felsen des Glaubens, hg. 1728) sowie ein lat. Lehrbuch der Rhetorik.

Jayadeva [dʒaja...], nordind. Dichter des 12. Jahrhunderts. – Hofdichter des bengal. Königs Lakṣmaṇasena; erzählt in seiner kunstvollen, in Sanskrit geschriebenen religiös-erot. Dichtung ›Gītagovinda‹ in 12 Gesängen von der Liebe Krischnas zu der Hirtin Rādhā. Das Werk mit verteilten Rollen gesungen wurde mit verteilten Rollen gesungen und getanzt.

Ausgaben: J.s Gītagovinda. Übers. v. F. RÜCKERT. In: Zs. der dt. Morgenländ. Gesellschaft 1 (1847). – J.s Gītagovinda. Love song of the dark lord. Hg. u. Übers. v. B. STOLER MILLER. New York 1977.

Jazykov, Nikolaj Michajlovič, russ. Lyriker, ↑ Jasykow, Nikolai Michailowitsch.

292 Jazz poetry

Jazz poetry [engl. 'dʒæz 'poʊətrɪ], literar. Rezeption des Jazz, v. a. das Vortragen von freier, experimenteller (dem Rhythmus des Jazz entsprechender) Lyrik in Kombination mit Jazzmusik; als Vorläufer gelten in den USA V. Lindsay und L. Hughes; seit den 1950er Jahren dann v. a. entwickelt und vertreten von K. Patchen, K. Rexroth, L. Jones (I. A. Baraka), Ted Jones (* 1928) und v. a. den Lyrikern der ↑ Beat generation, in England sind u. a. Roy Fisher (* 1930), Michael Horovitz (* 1935), Pete Brown (* 1940) und Spike Hawkins (* 1942) zu nennen. – In der deutschsprachigen Lyrik ist J. p. nicht entwickelt, aus jüngster Zeit könnte jedoch Sascha Anderson (* 1951) genannt werden. Für das Vortragen von eigener Lyrik zu Jazzmusik steht v. a. P. Rühmkorf. Daneben gibt es auch Rezitationen lyr. Texte von F. Villon bis H. Heine durch verschiedene Sprecher (u. a. Gert Westphal [* 1920], H. Qualtinger).

Jean d'Arras [frz. ʒada'rɑːs], * vor 1350, † nach 1394, frz. Schriftsteller. – Führte mit seinem Prosaroman ›Mélusine‹ (um 1390) den gleichnamigen Stoff in die abendländ. Literatur ein.
Ausgabe: J. d'A. Mélusine. Hg. v. L. STOUFF. Dijon 1932.
Literatur: STOUFF, L.: Essai sur ›Mélusine‹, roman du XIVᵉ siècle, par J. d'A. Paris 1930. – HARF-LANCNER, L.: Les fées au moyen âge. Morgane et Mélusine. Genf 1984.

Jean de Meung [frz. ʒãd'mœ], frz. Dichter, ↑ Rosenroman.

Jean Paul [ʒã'paʊl], eigtl. Johann Paul Friedrich Richter (nannte sich ab 1792 J. P.), * Wunsiedel 21. März 1763, † Bayreuth 14. Nov. 1825, dt. Schriftsteller. – Studierte nach entbehrungsreicher Jugend Theologie und Philosophie, brach aus finanziellen Gründen das Studium ab; Hauslehrer auf Schloß Töpen bei Hof; 1790–94 Erzieher in Schwarzenbach; lebte dann bis zum Tod seiner Mutter in Hof, 1797 in Leipzig, auf Veranlassung Charlotte von Kalbs 1798–1800 in Weimar; dort Freundschaft mit J. G. Herder, während Goethe und Schiller ihm reserviert begegneten; 1799 erhielt er den Titel eines Legationsrats des Herzogs von Sachsen-Hildburghausen; 1800/01 in Berlin; mehrere vor-

übergehende Verlöbnisse, 1801 Heirat mit Karoline Mayer. 1801–03 in Meiningen, später in Coburg und ab 1804 in Bayreuth; er erhielt ab 1809 eine Jahrespension vom Fürstprimas des Rheinbundes, Karl Theodor von Dalberg, danach vom König von Bayern. J. P. begann sein schriftsteller. Werk als Satiriker im Geiste der Aufklärung und des Rationalismus unter dem Einfluß J. Swifts, A. Popes und J.-J. Rousseaus. In der Erzählung ›Leben des vergnügten Schulmeisterlein Maria Wuz in Auenthal. Eine Art Idylle‹ (erschienen 1793 als Anhang zu ›Die unsichtbare Loge‹) nimmt die Idylle auf einer höheren Stufe die Thematik der Satire wieder auf, zeigt die kleinbürgerl. Welt in ihrer Beschränkung, den Rückzug in die Innerlichkeit. Das Romanfragment ›Die unsichtbare Loge. Eine Biographie‹ (2 Bde., 1793) begründete in der Nachfolge von L. Sterne und H. Fielding J. P.s eigentüml. humorist. Erzählstil, der sich empfindsame Elemente mit satir. Entlarvung der Wirklichkeit verbinden. Der humorist. Roman ›Blumen- Frucht- und Dornenstükke oder Ehestand, Tod und Hochzeit des Armenadvokaten F. S. Siebenkäs im Reichsmarktflecken Kuhschnappel‹ (3 Bde., 1796/97; enthält u. a. die ›Rede des todten Christus vom Weltgebäude herab, daß kein Gott sei‹) wurde in der von der Empfindsamkeit geprägten Gefühlskultur ein großer literar. Erfolg. In dem Roman ›Titan‹ (4 Bde., 1800–03), einem Bildungsroman in der Nachfolge von Goethes ›Wilhelm Meister‹, setzte J. P. sich kritisch mit dem bürgerl. Genie und der höf. Bildung der Weimarer Klassik auseinander, ohne sich selbst jedoch ganz von ihr zu lösen. Mit dem Romanfragment ›Flegeljahre. Eine Biographie‹ (4 Bde., 1804/05) versuchte er eine Vermittlung von Poesie und Wirklichkeit. Diese Synthese wurde Thema des Spätwerks der Bayreuther Zeit. Das Romanfragment ›Der Komet, oder Nikolaus Marggraf. Eine komische Geschichte‹ (3 Bde., 1820–22) beschreibt die Gefahren künstler. Einbildungskraft und ist erfüllt von einer tiefen Skepsis gegen die Dichtkunst. Eine Theorie des Humors und des humorist. Erzählens entwickelte J. P. in seiner ›Vorschule der Aesthetik ...‹

(3 Bde., 1804), während er in ›Levana, oder Erziehungslehre‹ (2 Bde., 1806) seine Überlegungen zu einer Pädagogik der Selbständigkeit niederlegte. J. P.s Werk beschränkt sich auf Prosa, seine bevorzugte Form ist die des Aufklärungsromans. Charakteristisch sind die vielen einander sich ergänzenden wie sich widersprechenden Erzählelemente, die den linearen Erzählvorgang brechen. Aus dieser Form der Abschweifungen rührt auch z. T. der Fragmentcharakter seines Werks. Der Sprach- und Metaphernfundus J. P.s ist pietistisch geprägt; im Mittelpunkt seiner Poetik steht der Humor als Synthese aus empfindsamem Gefühl, visionärer Kraft und satir. Witz; diese Poetik gehört zu den bedeutenden Darstellungen der neueren Ästhetik.

Weitere Werke: Grönländ. Prozesse, oder Satir. Skizzen (2 Bde., 1783/84), Auswahl aus des Teufels Papieren ... (R., 1789), Hesperus, oder 45 Hundposttage. Eine Lebensbeschreibung (R., 1795), Leben des Quintus Fixlein ... (R., 1796), Clavis Fichtiana seu Leibgeberiana (1800), Kom. Anhang zum Titan (2 Bde., 1800–01), D. Katzenbergers Badereise ... (R., 2 Bde., 1809), Des Feldpredigers Schmelzle Reise nach Flätz ... (E., 1809), Leben Fibels, des Verfassers der Bienrodischen Fibel (1811), Polit. Fastenpredigten ... (1817).

Ausgaben: J. P.s sämtl. Werke. Histor.-krit. Ausg. Hg. v. E. BEREND. Bln. 1927–44. 24 Bde. in 2 Abteilungen. Abt. 3: Briefe. Bln. 1956–64. 9 Bde. – J. P. Sämtl. Werke. Hg. v. N. MILLER. Mchn. ¹⁻⁴1971–81. 10 Bde. – J. P. Hg. v. U. SCHWEIKERT. Darmst. 1974.

Literatur: SPAUIER, R. O.: J. P. Friedrich Richter. Ein biograph. Commentar zu dessen Werken. Lpz. 1833. 5 Bde. – BEREND, E.: J. P.s Ästhetik. Bln. 1909. Nachdr. Hildesheim 1978. – BEREND, E.: J.-P.-Bibliogr. Stg. ²1963. – FUHRMANN, M.: J. P. Bibliogr. 1963–65. In: Jb. der J.-P.-Gesellschaft 1 (1966). – Jb. der J.-P.-Gesellschaft 1 (1966 ff.; früher unter anderen Titeln). – KROGOLL, J.: Probleme u. Problematik der J.-P.-Forsch. (1936–67). Ein Ber. In: Jb. des Freien Dt. Hochstifts 1968. – PROFITLICH, U.: Der seelige Leser. Unterss. zur Dichtungstheorie J. P.s. Bonn 1969. – MEHRWALD, R.: J. P. Bibliogr. 1966–69. In: Jb. der J.-P.-Gesellschaft 5 (1970). – BOSSE, H.: Theorie u. Praxis bei J. P. Bonn 1970. – SCHWEIKERT, U.: J. P. Stg. 1970. – SCHWEIKERT, U.: J. P.s ›komet.‹ Selbstparodie der Kunst. Stg. 1971. – SCHOLZ, R.: Welt u. Form des Romans bei J. P. Bern u. Mchn. 1973. – HARICH, W.: J. P.s Revolutionsdichtung. Rbk. 1974. – KOMMERELL, M.: J. P. Ffm. ⁵1977. – WIETHÖLTER, W.: Witzige Illumination. Studien zur Ästhetik J. P.s. Tüb. 1979. –

J. P. Hg. v. H. L. ARNOLD. Mchn. ³1983. – BRUYN, G. DE: Das Leben des J. P. Friedrich Richter. Neuausg. Ffm. 1991. – ORTHEIL, H.-J.: J. P. Rbk. 13.–15. Tsd. 1991. – HOLDENER, E.: J. P. u. die Frühromantik. Zü. 1993. – UEDING, G.: J. P. Mchn. 1993. – MÜLLER, GÖTZ: J. P. im Kontext. Wzb. 1994.

Jean Potage [frz. ʒɑ̃poˈtaːʒ = Hans Suppe], kom. Person (Hanswurst) der frz. Bühne.

Jebavý, Václav [tschech. 'jɛbaviː], tschech. Lyriker, † Březina, Otokar.

Jędermann, Spiel vom reichen Mann, an den plötzlich der Tod herantritt. Freunde und Reichtum verlassen ihn, nur der Glaube und die guten Werke begleiten ihn vor Gottes Richterstuhl. Die ältesten Fassungen des Stoffes, deren Abhängigkeitsverhältnis nicht zweifelsfrei geklärt ist, sind der niederl. ›Elckerlijc‹ (Druck 1495; † Dorlandus, Petrus) und der engl. ›Everyman‹ (Druck 1509). Nlat. Bearbeitungen des ›Elckerlijc‹ aus den Niederlanden stammen von Christianus Ischyrius (›Homulus‹, 1536) und G. Macropedius (›Hecastus‹, 1539, dt. 1549). Zu den im dt. Raum entstandenen Fassungen zählen u. a. Th. Naogeorgus' ›Mercator‹ (nlat. 1540, dt. 1546), H. Sachs' ›Comedi von dem reichen sterbenden Menschen‹ (1560) und J. Strikkers ›De düdesche Schlömer‹ (1584). H. von Hofmannsthals Neufassung ›J.‹ (1911) bildet seit 1920 einen festen Programmpunkt der Salzburger Festspiele.

Ausgabe: Vom Sterben des reichen Mannes. Die Dramen von Everyman, Homulus, Hecastus u. dem Kauffmann. Nach Drucken des 16.Jh. hg. u. eingel. v. H. WIEMKEN. Bremen u. a. 1965.

Jedlička, Josef [tschech. 'jɛdlitʃka], * Prag 16. März 1927, tschech. Schriftsteller. – Auch Philosoph und Historiker; seit 1968 in München; Rundfunkarbeit; veröffentlichte Erzählprosa (›Unterwegs‹, 1966, dt. 1969).

Jefferies [John] Richard [engl. 'dʒɛfriz], * Coate (Wiltshire) 6. Nov. 1848, † Worthing (Sussex) 14. Aug. 1887, engl. Schriftsteller. – Bauernsohn; aus seiner journalist. Tätigkeit gingen die einfühlend und genau beobachtenden Naturskizzen hervor, durch die er bekannt wurde (gesammelt als ›The gamekeeper at home‹, 1878; ›Wild life in a southern

Jeffers

country‹, 1879; ›The amateur poacher‹, 1879). Seine eigenwillige, zum Mystischen neigende Naturphilosophie entwickelte er bes. in ›Wood magic‹ (R., 2 Bde., 1881), ›Bevis, the story of a boy‹ (R., 3 Bde., 1882) und in dem autobiograph. Roman ›Die Geschichte meines Herzens‹ (1883, dt. 1906). J. gilt als einer der stilistisch hervorragendsten Naturschilderer in der engl. Literatur.

Weitere Werke: Green Ferne farm (R., 1880), After London, or wild England (R., 2 Bde., 1881), Amaryllis at the fair (R., 1887). **Ausgabe:** R. J. Works. Uniform edition. Hg. v. H. C. WARREN. London 1948–49. 6 Bde. **Literatur:** LOOKER, S. J./PORTEOUS, C.: R. J., man of the fields. London 1965. – MANNING, E.: R. J. A modern appraisal. Windsor 1984. – MILLER, G./MATTEWS, H.: R. J., a bibliographical study. Aldershot (Hampshire) 1993.

Jeffers, [John] Robinson [engl. 'dʒɛfəz], *Pittsburgh (Pa.) 10. Jan. 1887, †Carmel (Calif.) 20.Jan. 1962, amerikan. Lyriker und Dramatiker. – Wuchs in Europa auf, Studium in Zürich und in den USA. J. wurde mit dem Gedichtband ›Roan stallion, Tamar, and other poems‹ (1925; Erweiterung der früheren Fassung von 1924) berühmt. Thema seiner philosoph., auf Bibel und klass. Mythologie zurückgreifenden Dichtungen und Versdramen (›Die Quelle‹, 1924, dt. 1960) ist das absurde Dasein in einer dem Menschen feindl. Welt. Unter dem Einfluß von F. Nietzsche und S. Freud steht er der menschl. Zivilisation negativ gegenüber und versucht, die Natur in ihrer Reinheit wiederherzustellen. Sein naturalist. Materialismus und seine trag. Konzeption des Lebens stießen nach dem 2. Weltkrieg zunehmend auf Kritik und Ablehnung.

Weitere Werke: Californians (Ged., 1916), The women at Point Sur (Ged., 1927), Dear Judas and other poems (Ged., 1929), Descent to the dead (Ged., 1931), Solstice (Ged., 1935), Selected poetry (Ged., 1938), Medea (Dr., 1946, dt. 1960), The double axe (Ged., 1948), Hungerfield (Ged., 1954; enthält auch das Drama Die Frau aus Kreta, dt. 1960). **Ausgaben:** R. J. Dramen. Dt. Übers. Rbk. 1960. – The collected poetry of R. J. (1920–28). Hg. v. T. HUNT. Stanford (Calif.) 1988 ff. Auf mehrere Bde. berechnet. **Literatur:** POWELL, L. C.: R. J. New York 1934. Nachdr. 1970. – CARPENTER, F. I.: R. J. New York 1962. – BENETT, M. B.: Stone mason of Tor House. The life and work of R. J. Los Angeles

(Calif.) 1966. – VARDAMIS, A. A.: The critical reputation of R. J. A bibliographical study. Hamden (Conn.) 1972. – BROPHY, R. J.: R. J. Myth, ritual, and symbol in his narrative poems. Cleveland (Ohio) 1973. – BROPHY, R. J.: R. J. Hamden (Conn.) 1976. – SHEBL, J. M.: In this wild water. The suppressed poems of R. J. Pasadena (Calif.) 1976. – NOLTE, W. H.: Rock and hawk. R. J. and the romantic agony. Athens (Ga.) 1978. – ZALLER, R.: The cliffs of solitude. A reading of R. J. Cambridge 1983.

Jégé [slowak. 'jɛːgɛː], eigtl. Ladislav Nádaši, *Dolný Kubín 12. Febr. 1866, †ebd. 2. Juli 1940, slowak. Schriftsteller. – Arzt; Vertreter des Realismus; schrieb histor. Erzählungen und Romane; auch Gesellschaftskritiker.

Werke: Wieniawského legenda (= Die Wieniawski-Legende, Nov., 1927), Svätopluk (R., 1928), Cesta životom (= Der Weg durchs Leben, R., 1930). **Ausgabe:** J. Spisy. Preßburg 1956–60. 6 Bde.

Jegerlehner, Johannes, *Thun 9. April 1871, †Grindelwald 17. März 1937, schweizer. Schriftsteller. – Schrieb Romane und Erzählungen, die oft im Wallis oder im Berner Oberland spielen; kraft- und gemütvoller Darsteller des schweizer. Volkslebens.

Werke: Was die Sennen erzählen. Märchen aus dem Wallis (1907), Aroleid (R., 1909), An den Gletscherbächen (En., 1911), Marignano (E., 1911), Petronella (R., 1912), Sagen und Märchen aus dem Oberwallis (1913), Unter der roten Fluh (R., 1923), Bergführer Melchior (R., 1929), Das Haus in der Wilde (R., 1936).

Jehan Chopinel [frz. ʒãʃɔpi'nɛl], frz. Dichter, ↑ Rosenroman.

Jehan Clopinel [frz. ʒãklɔpi'nɛl], frz. Dichter, ↑ Rosenroman.

Jehoasch, eigtl. Solomon Bloomgarden (jidd. Schloime Blumgortn), *Wirballen (Litauen) 16. Sept. 1872, †New York 10. Jan. 1927, jidd. Schriftsteller. – Wanderte 1890 in die USA aus, hielt sich 1914–17 in Palästina auf (›Fun Nju Jork bis Rechovos un zurik‹, 3 Bde., 1917/18); Hautpwerk ist seine auf umfangreiche Sprachstudien gestützte Übersetzung der hebr. Bibel (1910, 1922 ff.).

Jehoschua (tl.: Yĕhôšûaʽ), Abraham B. [hebr. jəhɔ'ʃuaͅ], *Jerusalem 9. Dez. 1936, israel. Schriftsteller. – Verfasser von Novellen, die, zuweilen an F. Kafka erinnernd, den Mensch in seiner Lebensangst, seiner Unentschlossenheit und in seinen Widersprüchen beschreiben: u. a.

›Môṯ hazâkên‹ (= Der Tod des Alten, 1962), ›Angesichts der Wälder‹ (1968, dt. 1982), ›Tis'â sippûrîm‹ (= Neun Erzählungen, 1970). Vom Realismus geprägt sind seine Romane ›Der Liebhaber‹ (1977, dt. 1980) und ›Späte Scheidung‹ (1982, dt. 1986).
Weitere Werke: Exil der Juden. Eine neurot. Lösung? (Essays, 1980, dt. 1986), Die fünf Jahreszeiten des Molcho (R., 1987, dt. 1989), Die Manis (R., 1990, dt. 1993).
Literatur: Enc. Jud. Bd. 16, 1972, S. 740. – Enc. Jud. Decennial book, 1982, S. 296.

Jehuda Al Charisi Ben Salomo, span.-jüd. Dichter und Übersetzer, ↑Juda Al Charisi Ben Salomo.

Jehuda Halevi, span.-jüd. Dichter und Philosoph, ↑Juda Halevi.

Jekaterina II Alexejewna (tl.: Ekaterina II Alekseevna) [russ. jıkətɪ'rinɛ], russ. Kaiserin und Schriftstellerin, ↑Katharina II., die Große.

Jelakowitsch, Iwan, Pseudonym des niederl. Schriftstellers Herman ↑Heijermans.

Jelinek, Elfriede, * Mürzzuschlag 20. Okt. 1946, österr. Schriftstellerin. – Studierte Kunstgeschichte, Theater- und Musikwiss. in Wien, wo sie, nach längeren Aufenthalten in Berlin und Rom, heute als freie Schriftstellerin lebt. Sie begreift sich als marxistisch orientierte Feministin; das Thema der gesellschaftl. und wirtschaftl. Unterdrückung der Frau durchzieht v.a. ihre jüngeren Werke, z.B. den Roman ›Die Liebhaberinnen‹ (1975), in dem die extreme Gebundenheit der Frauen an den sozialen Status des jeweiligen männl. Partners aufgezeigt wird. Frühere Werke setzen sich satirisch mit dem medienbestimmten Alltag auseinander, wobei durch die Übernahme authent. Bruchstücke aus der Sprache der Medienhelden grotesk-verfremdende Effekte erzielt werden (›Michael. Ein Jugendbuch für die Infantilgesellschaft‹, 1972). J. schreibt außerdem Gedichte, Hörspiele und Dramen, sie erregte mit der Farce ›Burgtheater‹ (1984) einen Theaterskandal.
Weitere Werke: Lisas Schatten (Ged., 1967), wir sind lockvögel, baby! (R., 1970), Was geschah, nachdem Nora ihren Mann verlassen hatte oder Stützen der Gesellschaft (Dr., 1977), ende (Ged., 1980), Die Ausgesperrten (R., 1980), Die endlose Unschuldigkeit. Prosa. Hörspiel. Essay (1981), Die Klavierspielerin (R., 1983), Oh Wildnis, oh Schutz vor ihr (R., 1986), Lust (R., 1989), Totenauberg (Stück, 1991), Die Raststätte oder Sie machen's alle (Stück, UA 1994).
Literatur: SPANLANG, E.: E. J. Studien zum Frühwerk. Wien 1992. – E. J. Hg. v. H. L. ARNOLD. Mchn. 1993. – FIDDLER, A.: Rewriting reality. An introduction to E. J. Oxford 1994. – MEYER, ANJA: E. J. in der Geschlechterpresse. Hildesheim u.a. 1994.

Elfriede Jelinek

Jellicoe, [Patricia] Ann [engl. 'dʒɛlɪkoʊ], * Middlesbrough (heute zu Teesside) 15. Juli 1927, engl. Dramatikerin. – War Schauspielerin, Regisseurin und Theaterleiterin in London; gründete 1951 das Cockpit Theatre; schrieb witzig-experimentelle Stücke, wie das anti-intellektuelle, auf Musik, Rhythmus und Gestik beruhende Drama ›Meine Mutter macht Mist mit mir‹ (1957, dt. etwa 1970), die Komödie ›The knack‹ (1962) sowie die mit ungeheurem Personenaufgebot inszenierten Stücke ›The rising generation‹ (Dr., 1969) und ›The reckoning‹ (Dr., 1978); seit 1978 macht sie kommunales Theater mit Stücken über die Lokalgeschichte Dorsets.
Weitere Werke: Shelley (Dr., 1966), The giveaway (Farce, 1970), You'll never guess (Dr., 1975), Flora and the bandits (Dr., 1976), The bargain (Dr., UA 1979), The western women (Dr., UA 1984).

Jelinek, Oskar, * Brünn 22. Jan. 1886, † Los Angeles (Calif.) 12. Okt. 1949, österr. Schriftsteller. – Von Beruf Richter, ab 1919 freier Schriftsteller; emigrierte 1938 (Tschechoslowakei, Paris, USA). Schrieb neben Dramen und Gedichten formstrenge Novellen, in denen

296 Jelusich

er das Schicksal mähr. Dorfbewohner schildert.

Werke: Der Bauernrichter (Nov., 1925), Die Mutter der Neun (Nov., 1926), Der Sohn (E., 1928), Das ganze Dorf war in Aufruhr (Nov.n, 1930), Die Seherin von Daroschitz (Nov., 1933). **Ausgabe:** O. J.: Hankas Hochzeit. Novellen u. Erzählungen. Bln. 1980. **Literatur:** KREJČI, K.: O. J.: Leben u. Werk. Brünn 1967.

Jelusich, Mirko ['jɛluzɪtʃ], * Podmoklice (Ostböhm. Gebiet) 12. Dez. 1886, † Wien 22. Juni 1969, österr. Schriftsteller kroat.-sudetendt. Herkunft. – War nach dem 1. Weltkrieg u. a. Bankbeamter, dann Journalist in Wien, gründete einen ›Kampfbund für dt. Kultur‹; 1938 nach dem Anschluß Österreichs kurze Zeit kommissar. Leiter des Burgtheaters; nach 1945 mehrmals in Haft, 1949 wegen Krankheit endgültig entlassen. Nach Versuchen mit lyr. Gedichten und Balladen sowie nach einigen expressionist. Dramen hatte J. mit historisch-biograph. Romanen Erfolg (v. a. ›Caesar‹, 1929), in denen er Ereignisse und Persönlichkeiten der Geschichte im Geiste nationalist., später nationalsozialist. Ideen – oft auf Kosten der histor. Treue – neu erstehen ließ.

Weitere Werke: Der gläserne Berg (Dr., 1917), Die schöne Dame ohne Dank (Kom., 1921), Don Juan (R., 1931), Cromwell (R., 1933), Hannibal (R., 1934), Der Ritter (R., 1937), Der Soldat (R., 1939), Der Traum vom Reich (R., 1941), Die Wahrheit und das Leben (R., 1949), Talleyrand (R., 1954). **Literatur:** SACHSLEHNER, J.: Führerwort u. Führerblick. M. J. Zur Strategie eines Bestsellerautors in den Dreißiger Jahren. Meisenheim 1985.

Jemehr, T. S., Pseudonym des dt. Schriftstellers Johann Timotheus † Hermes.

Jenaer Liederhandschrift, Handschriften-Sigle: J, älteste der mhd. Liederhandschriften, die zum Text meist auch Melodien überliefert; wichtigste Quelle für mhd. Lyrik v. a. des 13. Jh.; entstanden Mitte des 14. Jh.; der Auftraggeber wird in einem der mittel- oder niederdt. Fürstenhäuser vermutet. Enthält vorwiegend Spruchdichtung von 29 Autoren (v. a. mittel- und niederdt. Fahrender, auch von Konrad von Würzburg und Frauenlob) in 102 Tönen (mit über 940 Strophen) und 91 Melodien. Die J. L.

kam durch Schenkung aus dem Besitz des kursächs. Hauses 1584 an die Univ. Jena.

Ausgaben: Die J. L. Hg. v. G. HOLZ u. a. Lpz. 1901. Nachdr. Hildesheim 1966. 2 Bde. – Die J. L. Hg. v. H. TERVOOREN u. ULRICH MÜLLER. Göppingen 1972.

Jendryschik, Manfred, * Dessau 28. Jan. 1943, dt. Schriftsteller. – Lebt in Halle/Saale; 1967 Verlagslektor. In seinen Gedichten, seiner Kurzprosa und seinem bis jetzt einzigen Roman (›Johanna oder Die Wege des Dr. Kanuga‹, 1972) bemüht sich J. um die Standortbestimmung des Individuums in der sozialist. Gesellschaft, wobei Experimente mit sprachlichen Ausdrucksmöglichkeiten im Rahmen erzählender Literatur charakteristisch sind. Herausgeber von Lyrik- und Prosaanthologien.

Weitere Werke: Glas und Ahorn (En., 1967), Die Fackel und der Bart (En., 1971), Jo, mitten im Paradies. Geschichten einer Kindheit (1974), Die Ebene (Ged., 1980), Der feurige Gaukler auf dem Eis. Miniaturen (1981), Straßentage. Tagebuch-Seiten (1992).

Jenko, Simon, * Podreča (Oberkrain) 27. Okt. 1835, † Kranj 18. Okt. 1869, slowen. Schriftsteller. – Seine Lyrik zeigt v. a. Einflüsse des Volksliedes; schrieb patriot. Gedichte und musikal. Erlebnislyrik; auch Erzählungen (›Jeperški učitelj‹ [= Der Lehrer von Jeperca], 1858). **Ausgabe:** S. J. Zbrano delo. Ljubljana 1964–65. 2 Bde. **Literatur:** BERNIK, F.: Lirika S. Jenka. Ljubljana 1962.

Jenni, Adolfo, * Modena 3. Mai 1911, schweizer. Schriftsteller und Literarhistoriker. – Seit 1945 Prof. für italien. Sprache und Literatur in Bern; schrieb u. a. Gedichte (›Le bandiere di carta‹, 1943; ›Addio alla poesia‹, 1959; ›Poesie e quasi poesie‹, 1987), Erzählungen (›Regina‹, 1939; ›Quaderni di Saverio Adami‹, 1967) und literarhistor. Abhandlungen (›La sestina lirica‹, 1945; ›Dante e Manzoni‹, 1973).

Jennings, Elizabeth [Joan] [engl. 'dʒenɪŋz], * Boston (Lincoln) 18. Juli 1926, engl. Lyrikerin. – Bibliothekarin und Verlagslektorin; seit 1961 freie Schriftstellerin; schreibt kühl-zurückhaltende Bekenntnislyrik mit z. T. religiöser Thematik; in den späteren Gedichten Experimente mit freien Formen.

Werke: Collected poems (Ged., 1967), Lucidities (Ged., 1970), Relationships (Ged., 1972), Growing-points (Ged., 1975), Seven men of vision (Essay, 1976), Consequently I rejoice (Ged., 1977), Selected poems (Ged., 1979), Moments of grace (Ged., 1980), Celebrations and elegies (Ged., 1982), Extending the territory (Ged., 1985), Collected poems 1953–1985 (Ged., 1986), Tributes (Ged., 1989).

Jens, Walter, Pseudonyme W. Freiburger, Momos, * Hamburg 8. März 1923, dt. Schriftsteller, Kritiker und Literaturwissenschaftler. – 1956 Prof. für klass. Philologie, 1963–88 für Rhetorik in Tübingen; gehörte zur Gruppe 47. J. veröffentlichte zwischen 1947 und 1955 antifaschist. Literatur gegen restaurative Tendenzen in Westdeutschland; nach 1955 deutlicher werdende Akzentuierung einer demokratisch-sozialist. Alternative; J. drängt auf die Erfüllung der Forderungen der Aufklärung, auf ein krit. Sehen der Gegenwart. Typisch für sein literar. Werk ist die Problematisierung der Erzählformen, der Rückgriff auf antike Stoffe, die medienübergreifende Orientierung; neben Erzählungen und Romanen schrieb er Hör- und Fernsehspiele, Fernsehkritiken, ein Libretto (›Der Ausbruch‹, 1974) sowie Zwischentexte zu Beethovens ›Fidelio‹ (›Roccos Erzählung‹, 1985). Außerdem literaturwiss. Arbeiten und Essays, Übersetzungen griech. Klassiker und des Matthäus-Evangeliums (›Am Anfang der Stall – am Ende der Galgen‹, 1972). 1976–82 war er Präsident des P.E.N.-Zentrums BR Deutschland, seit 1989 Präsident der Berliner Akademie der Künste. Erhielt 1968 den Lessing-Preis.

Weitere Werke: Nein. Die Welt der Angeklagten (R., 1950), Der Blinde (E., 1951), Der Mann, der nicht alt werden wollte (R., 1955), Statt einer Literaturgeschichte (Essays, 1957), Das Testament des Odysseus (E., 1957), Die Götter sind sterblich (Reisetagebuch, 1959), Herr Meister. Dialog über einen Roman (R., 1963), Die rote Rosa (Fsp., 1966), Von deutscher Rede (Essays, 1969; erweiterte Neuausgabe 1983), Fernsehen – Themen und Tabus (Kritiken, 1973), Republikan. Reden (1976), Eine dt. Universität. 500 Jahre Tübinger Gelehrtenrepublik (1977), Zur Antike (Essays, Reiseberichte, Fsp., 1978), Ort der Handlung ist Deutschland (Reden, 1981), Der Untergang. Nach den Troerinnen des Euripides (Dr., 1982), In Sachen Lessing (Reden, Essays, 1983), Kanzel und Katheder (Reden, 1984), Momos am Bildschirm 1973–83 (Kritiken, 1984), Dichtung und Religion (Essays, 1985; mit H. Küng), Die Friedensfrau. Nach der Lysistrate des Aristophanes (Dr., 1986), Einspruch. Reden gegen Vorurteile (1992), Ein Jud aus Hechingen (Stück, 1992), Zeichen des Kreuzes. Vier Monologe (1994).

Literatur: KRAFT, H.: Das literar. Werk v. W. J. Tüb. 1974. – LAUFFS, M.: W. J. Mchn. 1980. – BERLS, U.: W. J. als polit. Schriftsteller u. Rhetor. Tüb. 1984. – W. J. Un homme de lettres. Zum 70. Geburtstag. Hg. v. W. HINCK. Mchn. 1993.

Jensen, Axel, * Drontheim 12. Febr. 1932, norweg. Schriftsteller. – In seinen Romanen ›Ikaros, junger Mann in der Sahara‹ (1957, dt. 1959), ›Und da kam Line‹ (1959, dt. 1960) und ›Joachim‹ (1961, dt. 1966) artikuliert J. das Unbehagen an der modernen Zivilisation; in der Erzählung ›Epp‹ (1965, dt. 1967) gibt er die Schreckensvision einer künftigen Welt.

Weitere Werke: Junior eller drømmen om pølsefabrikken som bibliotek (Autobiogr., 1978), Senior (Schrr., 1979).

Jensen, Johannes Vilhelm, * Farsø 20. Jan. 1873, † Kopenhagen 25. Nov. 1950, dän. Dichter. – Studierte Medizin, lebte in den USA, dann als Zeitungskorrespondent in Frankreich, Spanien und im Fernen Osten. J. begann mit dem dekadent-symbolist. Roman ›Danskere‹ (1896), fand jedoch bald, gebunden an Volkstum und Heimat, zu einem eigenen Stil, der, geprägt durch J.s optimist. Lebensbild und seine Diesseitsbezogenheit, für die moderne dän. Literatur von großem Einfluß wurde. Niederschlag seines Studiums in Essays und Romanen über

Walter Jens

die Evolutionstheorie. Die sechsteilige Romanfolge ›Die lange Reise‹ (1908–22, dt. 1911–26) schildert die Entwicklung des nord. Menschen bis ins 15. Jahrhundert. In seinen unter dem Einfluß W. Whitmans und R. Kiplings stehenden Gedichten gibt J. sein zwiespältiges Gefühl des Fern- und Heimwehs eindrucksvoll wieder. Seine zahlreichen ›Myter‹ (9 Bde., 1907–44, dt. Ausw. 1911 u. d. T. ›Mythen und Jagden‹) sind meisterhaft gestaltete Novellen, Skizzen und Erzählungen; 1944 erhielt J. den Nobelpreis für Literatur.

Johannes Vilhelm Jensen

Weitere Werke: Himmerlandshistorier (En., 3 Bde., 1898–1910, dt. Ausw. 1905 u. d. T. Himmerlandgeschichten), Des Königs Fall (R., 3 Teile, 1900/01, dt. 1912), Exot. Novellen (3 Bde., 1907–15, dt. 1925), Evolution und Moral (Essay, 1925, dt. 1925), Die Stadien des Geistes (Essay, 1928, dt. 1929).
Literatur: WAMBERG, N. B.: J. V. J. Kopenhagen 1961. – ELBEK, J.: J. V. J. Kopenhagen 1966. – NEDERGAARD, L.: J. V. J. Kopenhagen 1968. – WIVEL, H.: Den titanske eros. Drifts- og karakterfortolkning i J. V. J.s forfatterskab. Kopenhagen 1982. – ANDERSEN, H.: Afhandlinger om J. V. J. Rødrove 1982.

Jensen, Thit, * Farsø Himmerland 19. Jan. 1876, † Kopenhagen 14. Mai 1957, dän. Schriftstellerin. – Schwester von Johannes Vilhelm J.; kämpfte für eine Verbesserung der Stellung der Frau; trat für sexuelle Aufklärung ein; schrieb auch histor. Romane.
Werke: Die Erde (R., 1915, dt. 1922), Den erotiske hamster (R., 1919), Jörgen Lykke, der letzte Ritter Dänemarks (R., 1931, dt. 1937), Stygge Krumpen (R., 1936), Kong Valdemar Atterdag og Dronning Helvig (R., 4 Bde., 1940–53).

Ausgabe: Th. J. Jubilæumsudgave af romaner og fortællinger. Kopenhagen 1928. 6 Bde.
Literatur: WOEL, C. M.: Th. J. Kopenhagen 1954. – BORGEN, B.: Th. J.s samfundsengagement. Kopenhagen 1976. – MØLLER JENSEN, L.: Roser og laurbær. Om grundstrukturen i Th. J.s kvindepolitiske forfatterskab. Kopenhagen 1978.

Jensen, Wilhelm, * Heiligenhafen 15. Febr. 1837, † Thalkirchen (heute zu München) 24. Nov. 1911, dt. Schriftsteller. – Befreundet mit W. Raabe; schrieb v. a. histor. Romane und Erzählungen mit guten Natur- und Stimmungsbildern, die z. T. in seiner holstein. Heimat spielen; war ein fruchtbarer und seinerzeit äußerst erfolgreicher Autor.
Werke: Westwardhome (Nov., 1866), Die Juden von Cölln (Nov., 1869), Nordlicht (Nov.n, 3 Bde., 1872), Um den Kaiserstuhl (R., 2 Bde., 1878), Über die Wolken (R., 1882), Runensteine (R., 1888), Heimkunft (R., 2 Bde., 1894), Der Schleier der Maja (R., 1902), Fremdlinge unter den Menschen (R., 2 Bde., 1911), Ausgewählte Gedichte (hg. 1912).

Jensma, Wopko Pieter [afrikaans 'jɛnsma:], * Ventersdorp (Transvaal) 1939, südafrikan. Lyriker, Bildhauer und Graphiker. – J. integriert in sein Werk verschiedene soziokulturelle Erfahrungen und Ausdrucksweisen seines Landes; experimentiert mit Collagen, freier Vers- und Strophenstruktur, graphischer Untermalung der Aussage der Gedichte und v. a. mit kreolisierten Sprachformen mehrerer südafrikanischer Soziolekte.
Werke: Sing for our execution (Ged., 1973), Where white is the colour where black is the number (Ged., 1974), I must show you my clippings (Ged., 1977).

Jentzsch, Bernd, * Plauen 27. Jan. 1940, dt. Schriftsteller. – 1965–74 Verlagslektor und Übersetzer in Berlin (Ost); begann mit Gedichten (›Alphabet des Morgens‹, 1961), in denen er unter symbol. Verwendung von Naturmotiven gegenwärtige Gefährdungen des Menschen darstellt; 1976–86 in der Schweiz, seitdem in der BR Deutschland; 1978–81 Mit-Hg. der Zeitschrift ›Hermannstraße 14‹. Seit 1992 [Gründungs]direktor des ›Dt. Literaturinstituts Leipzig‹, der Nachfolgeeinrichtung des ›Instituts für Literatur Johannes R. Becher‹.
Weitere Werke: Jungfer im Grünen (En., 1973), Ratsch und ade! (En., 1975), Quartiermachen (Ged., 1978), Vorgestern hat unser Hahn gewal-

zert (Kinderb., 1978), Irrwisch (Ged., 1981), Schreiben als strafbare Handlung (Essays, 1985), Die alte Lust, sich aufzubäumen. Lesebuch (1992), Flöze. Schriften und Archive 1954–1992 (1993).

Jeppesen, Einar Otto [dän. 'jɛbəsən], dän. Lyriker, ↑ Gelsted, Einar Otto.

Jepsen, Hans Lyngby [dän. 'jɛbsən], dän. Schriftsteller, ↑ Lyngby-Jepsen, Hans.

Jeřábek, Čestmír [tschech. 'jɛrʒa:-bɛk], * Litomyšl 18. Aug. 1893, † Brünn 15. Okt. 1981, tschech. Dramatiker und Erzähler. – Beamter; zunächst Expressionist; stand unter dem Einfluß K. Čapeks; Schilderer des jüngsten polit. Geschehens und des gesellschaftl. Lebens; schrieb psycholog. sowie histor. Romane; Erinnerungen.
Werke: Legenda ztraceného věku (= Legende eines verlorenen Zeitalters, R.-Trilogie, 1938/39), Někomu život, někomu smrt (= Dem einen das Leben, dem anderen der Tod, Nov., 1957).

Jeřábek, František Věnceslav [tschech. 'jɛrʒa:bɛk], * Sobotka 25. Jan. 1836, † Prag 31. März 1893, tschech. Dramatiker. – Gymnasiallehrer; später politisch tätig; verfaßte beliebte realist. Lustspiele, histor. Tragödien und behandelte in dem sozialen Drama ›Služebník svého pána‹ (= Der Diener seines Herrn, 1871) den Klassenkonflikt im Sinne eines humanitären, um Ausgleich bemühten Liberalismus.
Ausgabe: F. V. J. Dramatické spisy. Sobotka 1923–28. 11 Bde.

Jerofejew (tl.: Erofeev), Wenedikt Wassiljewitsch [russ. jɪra'fjejɪf], * Tschupa (Karelien) 24. Okt. 1938, † Moskau 11. Mai 1990, russ.-sowjet. Schriftsteller. – Seine an Reflexionen reiche, surrealist. Prosa ist von Verzweiflung an der sowjet. Wirklichkeit geprägt.
Werke: Die Reise nach Petuschki. Ein Poem (R., 1973, dt. 1978), Vasilij Rozanov mit den Augen eines Exzentrikers (E., russ. u. dt. 1978), Die Walpurgisnacht oder die Schritte des Komandors (Dr., 1985, dt. 1990), Moja malen'kaja Leniniana (= Meine kleine Leniniana, Zitatenauswahl, 1988).

Jerofejew (tl.: Erofeev), Wiktor Wladimirowitsch [russ. jɪra'fjejɪf], * Moskau 19. Sept. 1947, russ. Schriftsteller und Literaturkritiker. – Seine Beteiligung an der Herausgabe des Almanachs ›Metropol'‹ (1979) brachte ihm Publikationsver-

bot bis 1989 ein. J. schreibt Prosa und Essays.
Werke: Die Moskauer Schönheit (R., 1990, dt. 1990), Im Labyrinth der verfluchten Fragen (Essays, 1990, dt. 1993), Leben mit einem Idioten (En., 1991, dt. 1991).

Jerome, Jerome K[lapka] [engl. 'dʒɛroʊm], * Walsall (Staffordshire) 2. Mai 1859, † Northampton 14. Juni 1927, engl. Schriftsteller. – Schrieb humorvolle Essays (›Idle thoughts of an idle fellow‹, 1886) und Erzählungen, u. a. ›Drei Mann in einem Boot‹ (E., 1889, dt. 1897) und ›Drei Männer auf dem Bummel‹ (E., 1900, dt. 1905), den autobiograph. Roman ›Paul Klever‹ (1902) sowie Dramen (›Der Fremde‹, 1905, dt. 1912). J. war Mitbegründer der Zeitschrift ›The idler‹ (1892), die u. a. Beiträge der amerikan. Schriftsteller Bret Harte und Mark Twain veröffentlichte.
Literatur: WOLFENSBERGER, M. A.: J. K. J. Sein literar. Werk. Zü. 1953. – CONNOLLY, J.: J. K. J. London 1982. – MARKGRAF, C.: J. K. J. An annotated bibliography of writings about him. In: English literature in transition 26 (1983), S. 83.

Jeroschin, Nikolaus von, preuß. Chronist, ↑ Nikolaus von Jeroschin.

Jerrold, Douglas William [engl. 'dʒɛrəld], * London 3. Jan. 1803, † ebd. 8. Juni 1857, engl. Dramatiker. – Sohn eines Schauspielers; war mit Ch. Dickens befreundet. Schrieb Stücke im Auftrag Londoner Theater; sein Melodrama ›Black-eyed Susan‹ (1829) wurde ein nachhaltiger Publikumserfolg. Für seinen Witz berühmt, verfaßte er Beiträge für zahlreiche Zeitschriften, u. a. für ›Punch‹, sowie auch Romane.
Weitere Werke: Bubbles of the day (Dr., 1842), Retired from business (Dr., 1851), The heart of gold (Dr., 1854).

Jerschow (tl.: Eršov), Pjotr Pawlowitsch [russ. jɪr'ʃɔf], * Besrukowo (Westsibirien) 6. März 1815, † Tobolsk 30. Aug. 1869, russ. Märchendichter. – Lehrer; Gymnasialdirektor in Tobolsk; fand bes. mit dem Versmärchen ›Gorbunok, das Wunderpferdchen‹ (1834, vollständig 1856, dt. 1953) mit Motiven des Volksmärchens A. S. Puschkins Beifall und wurde bekannt; verwendete in seinem Werk, das sich durch volkstüml. Humor und satir. Elemente auszeichnet, die Volkssprache; auch Erzählungen und Lyrik.

Jersild, Per Christian [schwed. ˌjærsild], * Katrineholm 14. März 1935, schwed. Schriftsteller. – Obwohl schon in den 60er Jahren literarisch aktiv, hatte er seinen großen Durchbruch beim Publikum erst in den 70er Jahren, als er zu einem der erfolgreichsten schwed. Schriftsteller der Gegenwart aufstieg. In seinen Romanen kritisiert er, oft mit satir. Schärfe, die furchteinflößenden Aspekte der modernen Gesellschaft, v. a. ihrer Bürokratie. Er verwendet gerne Mittel der phantast. Literatur, wie z. B. des utop. oder des Schauerromans. Einige seiner Werke wurden auch verfilmt.

Werke: Till varmare länder (R., 1961), Freier Samstag (R., 1963, dt.1965), Calvinols Reise durch die Welt (R.,1965, dt.1970), Grisjakten (R., 1968), Vi ses i song my (R., 1970), Die Tierärztin (R., 1973, dt. 1975), Die Insel der Kinder (R., 1976, dt. 1978), Das Haus zu Babel (R., 1978, dt. 1980), Das Stielauge (R., 1980, dt. 1985), Efter floden (R., 1982), Den femtionde frälsaren (R., 1984), Geniernas återkomst (R., 1987), Fem hjärtan i en tändsticksask (E., 1989).

Jerusalem-Preis, internat. Literaturpreis, der 1963 von der Stadtverwaltung Jerusalem gestiftet wurde. Er wird seitdem alle zwei Jahre während der internat. Jerusalemer Buchmesse an Schriftsteller für ihre Verdienste um die Freiheit des Individuums in der Gesellschaft vergeben. Bisherige Preisträger: B. Russell (1963), M. Frisch (1965), A. Schwarz-Bart (1967), I. Silone (1969), J. L. Borges (1971), E. Ionesco (1973), S. de Beauvoir (1975), O. Paz (1977), Sir I. Berlin (1979), G. Greene (1981), V. S. Naipaul (1983), M. Kundera (1985), J. M. Coetzee (1987), E. Sábato (1989), Z. Herbert (1991), S. Heym (1993), M. Vargas Llosa (1995).

Jesenská, Milena [tschech. ˈjɛsɛnska:], * Prag 10. Aug. 1896, † KZ Ravensbrück 17. Mai 1944, tschech. Journalistin. – Heiratete 1918 Ernst Pollak; Beziehung zu F. ↑ Kafka (zwischen 1920 und 1923 Korrespondenz); heiratete 1927 den Architekten Jaromír Krejcar; 1930–36 Mitglied der KP; ab 1939 im KZ. Eine Auswahl ihrer Feuilletons und Reportagen (1919–39) erschien dt. 1984 u. d. T. ›Alles ist Leben‹.

Literatur: ČERNÁ, J.: M. J. Dt. Übers. Ffm. 1985. – BUBER-NEUMANN, M.: M. Kafkas Freundin. Neuausg. Ffm. u. a. ⁴1994.

Jesenský, Janko [slowak. ˈjɛsɛnski:], * Martin 30. Dez. 1874, † Preßburg 27. Dez. 1945, slowak. Schriftsteller. – Schrieb subjektive Gedankenlyrik mit pessimist. Grundstimmung und Neigung zum Sarkasmus; als zeitkrit. Erzähler ist J., der v. a. Motive aus dem Kleinstadtleben bevorzugte, der Tradition des Realismus verpflichtet.

Werke: Verše (Ged., 1905), Verše II (Ged., 1923), Demokrati (R., 2 Bde., 1934–38), Tausch der Ehepartner u. a. Humoresken (dt. Auswahl 1974).

Ausgabe: J. J. Sobrané spisy. Liptovský Mikuláš 1944–48. 21 Bde.

Jessenin (tl.: Esenin), Sergei Alexandrowitsch [russ. jıˈsjenin], * Konstantinowo (Jessenino, Gebiet Rjasan) 3. Okt. 1895, † Leningrad (heute Petersburg) 28. Dez. 1925 (Selbstmord), russ.-sowjet. Lyriker. – Aus bäuerl., altgläubiger Familie; Bekanntschaft mit A. A. Blok; Teilnahme an den Zusammenkünften der Symbolisten; Mittelpunkt des Kreises der Imaginisten; Reisen, u. a. in die USA. Beeinflußt von A. Bely, Blok und N. A. Kljujew, wurde er zum Bauerndichter der russ. Literatur; mit naiver Frömmigkeit, Frische, in bildhafter, volkstüml. Sprache pries er die Schönheit des naturverbundenen Lebens; Melancholie und vitale Kraft bestimmen seine Lyrik. Dt. Auswahlen: ›Liebstes Land, das Herz träumt leise‹ (dt. 1958; darin ›Sowjetrußj‹, 1925), ›Gedichte‹ (dt. 1961; übersetzt von P. Celan; darin ›Inonien‹, 1918), ›Trauer der Felder‹ (dt. 1970), ›Oh, mein Rußland‹ (russ. u. dt. 1982; mit autobiograph. Texten).

Weiteres Werk: Moskva kabackaja (= Das Moskau der Schenken, Ged., 1924).

Ausgabe: S. A. Esenin. Sobranie sočinenij. Moskau 1977–80. 6 Bde.

Literatur: McVAY, G.: Esenin. Ann Arbor (Mich.) 1976. – PONOMAREFF, C. V.: S. Esenin. Boston (Mass.) 1978. – VISSON, L.: S. Esenin, poet of the crossroads. Wzb. 1980. – Esenin. Hg. v. J. DAVIES. Ann Arbor (Mich.) 1981. – MIERAU, F.: S. J. Lpz. 1992.

Jesuitendichtung, von Jesuiten bes. während der Blütezeit des Ordens (16.–18. Jh.) in lat. Sprache verfaßte, meist dogmatisch-religiöse Zweckdichtung im Dienst der Ordensaufgaben; v. a. das ↑ Jesuitendrama gewann größte Wirksamkeit. Literaturgeschichtlich bedeutsam sind die Gedichte J. Baldes und die deutschsprachigen, 1649 postum veröffentlichten Gedichtsammlungen von F. Spee von Langenfeld (›Güldenes Tugend-Buch‹ und ›Trutz-Nachtigall‹).

Jesuitendrama, das lat. Drama der Jesuiten, Blütezeit etwa 1550–1650. Es lehnte sich zunächst an das ↑ Humanistendrama an, in dessen Nachfolge es formal stand, von dem es sich jedoch im letzten Drittel des 16.Jh. löste. Als ein Mittel der Gegenreformation hatte es die Stärkung und Festigung des kath. Glaubens zum Ziel. Von geistl. Lehrern an den Jesuitenschulen verfaßt, wurde es meist von den Schülern in der Schulaula aufgeführt. Das J. war in erster Linie Bildkunst, nicht Wortkunst. Da der lat. Text für die meisten Zuschauer nicht verständlich war, lag der Hauptakzent auf der szen. Darstellung, in der der Triumph der Kirche über ihre Feinde gestaltet wurde. Die Stoffe stammten meist aus der Bibel, Kirchengeschichte, aus Heiligen- und Märtyrerlegenden, später auch aus der antiken Geschichte. Hauptvertreter waren J. Pontanus, der auch die theoret. Grundlage schuf, N. Avancini (›Pietas victrix‹, UA 1659) und v.a. J. Bidermann (›Cenodoxus‹, UA 1602, hg. 1666, dt. 1635; ›Belisar‹, UA 1607, hg. 1666). Das J. ist auch durch seine Wirkung auf das dramat. Schaffen von A. Gryphius und D. C. von Lohenstein von Bedeutung.

Literatur: MÜLLER, JOHANNES: Das J. in den Ländern dt. Zunge vom Anfang (1555) bis zum Hochbarock (1665). Augsburg 1930. 2 Bde. – GRIFFIN, N.: Jesuit school drama. London 1976. – DAINVILLE, F. DE: L'éducation des jésuites. Paris 1978 (mit Bibliogr.). – VALENTIN, J.-M.: Le théâtre des Jésuites dans les pays de langue allemande. Neuausg. Stg. 1983–84. 2 Bde. – ↑ auch Humanistendrama.

Jeu d'Adam [frz. ʒøda'dã], frz. geistl. Drama, ↑ Adamsspiel.

Jeu parti [frz. ʒøpar'ti, Lehnübers. von Joc partit, zu provenzal. partir un joc = zur Wahl stellen; provenzal. auch partimen], Liedgattung der Troubadours und Trouvères im 12. und 13.Jahrhundert. Das J. p. war ein Streitlied zwischen zwei Sängern: Der erste Sänger trägt eine (meist der Thematik der höf. Liebe entnommene) Frage oder Behauptung vor,

der zweite Sänger entgegnet, worauf der erste Sänger mit Gegenargumenten antwortet; dabei werden Strophenform und (die zumeist entliehene) Melodie der ersten Strophe wiederholt. Zum Schluß können in zwei kürzeren Geleitstrophen (envoi) Unbeteiligte den Streitgesang entscheiden. Die J. p.s, von denen etwa 180 erhalten sind, wurden v.a. in den bürgerl. Sängerwettstreiten der nordfrz. Bürgervereinigungen, der sog. Puys, gepflegt.

Ausgabe: Recueil géneral des jeux-partis. Hg. v. A. LÅNGFORS u.a. Paris. 1926.
Literatur: NEUMEISTER, S.: Das Spiel mit der höf. Liebe. Mchn. 1969. – ZUMTHOR, P.: Essai de poétique médiévale. Paris 1972.

Jeux floraux [frz. ʒøflɔ'ro] ↑ Blumenspiele.

Jewdoschwili (tl.: Evdošvili), Irodion Issakijewitsch, eigtl. I. I. Chossitaschwili, * Bodbischewi 19. Mai 1873, † Tiflis 15. Mai 1916, georg. Dichter. – 1896 Mitglied der marxist. Mesame dasi (= Die dritte Gruppe); Teilnehmer der Revolution 1905–07 in Georgien, 1910 verbannt; schrieb Gedichte und Lieder mit sozialrevolutionären Motiven.

Jewett, Sarah Orne [engl. 'dʒuːɪt], * South Berwick (Maine) 3. Sept. 1849, † ebd. 24. Juni 1909, amerikan. Schriftstellerin. – Enge Bindung an den Vater und ihren Heimatstaat Maine, die sie in ihren Kurzgeschichten, Romanen und Gedichten zum Ausgangspunkt für die Beschreibung des im Verfall begriffenen neuengl. Lokalkolorits machte; stand mit den literar. Kreisen Bostons (W. D. Howells, J. R. Lowell) in Verbindung und wirkte mit ihrer Konzeption der Regionalliteratur auf W. Cather. ›Das Land der spitzen Tannen‹ (En., 1896, dt. 1961) und ›Der weiße Reiher‹ (En., 1886, dt. 1966) gelten als ihre bedeutendsten Werke.

Weitere Werke: Deephaven (En., 1877), A country doctor (R., 1884), A marsh island (R., 1885), The tory lover (R., 1901), Verses (Ged., 1916).
Ausgabe: S. O. J. Collected works. Hg. v. K. S. LYNN. New York 1881–1901. 14 Bde. Nachdr. 1970.
Literatur: CARY, R.: S. O. J. New York 1962. – MATTHIESSEN, F. O.: S. O. J. Gloucester (Mass.) Neuaufl. 1965. – THORP, M. F.: S. O. J. Minneapolis (Minn.) 1966. – DONOVAN, J. L.: S. O. J. New York 1980. – RENZA, L. A.: A ›White

heron‹ & the question of minor literature. Madison (Wis.) 1984.

Jewreinow (tl.: Evreinov), Nikolai Nikolajewitsch [russ. jɪv'rjejnɐf], * Moskau 26. Febr. 1879, † Paris 7. Febr. 1953, russ. Regisseur und Dramatiker. – Gab die Beamtenlaufbahn auf; Theaterdirektor in Petersburg; emigrierte Anfang der 20er Jahre nach Frankreich; forderte ein autonomes Theater, das dem Anspruch des Theatralischen, Ausgangspunkt aller schöpfer. Impulse im Leben zu sein, gerecht werde; Vorbild war ihm v. a. L. N. Andrejew; theoret. Arbeiten zu Theaterfragen.
Werke: Die Hauptsache (Schsp., 1921, dt. 1924), Histoire du théâtre russe (1947).

Jewtuschenko (tl.: Evtušenko), Jewgeni Alexandrowitsch [russ. jɪftu-'ʃɛnkɐ], * Station Sima (Gebiet Irkutsk) 18. Juli 1933, russ. Lyriker. – Seine v. a. anfangs pathet. Lyrik ist formal an W. W. Majakowski geschult. J. machte sich durch Individualismus und Auflehnung gegen Parteidogmen zeitweilig der offiziellen Kritik mißliebig; seine autobiograph. Versdichtung ›Stancija Zima‹ (= Station Sima, 1956) führte 1957 zu vorübergehendem Ausschluß aus dem Komsomol. Von seinen Dichtungen wurden v. a. ›Babij Jar‹ (1961), ›Nasledniki Stalina‹ (= Stalins Erben, 1962) und ›Bratskaja GĖS‹ (= Das Wasserkraftwerk von Bratsk, 1965) berühmt. Dt. erschienen u. a. ›Mit mir ist folgendes geschehen ...‹ (Ged.-Auswahl, russ. und dt. 1962), ›Unter der Haut der Freiheitsstatue/Die Univ. von Kasan‹ (2 Dichtungen, dt. Auswahl 1973), ›Bürger, wenn ihr hören könnt‹ (Ged.-Auswahl, russ. und

Jewgeni Alexandrowitsch Jewtuschenko

dt. 1978), ›Mutter und die Neutronenbombe‹ (Poem, 1982, dt. 1983); ferner ›Der Hühnergott‹ (En., 1963, dt. 1966), ›Wo die Beeren reifen‹ (R., 1981, dt. 1982) und ›Pearl Harbor‹ (Prosa, dt. Auswahl 1984); Regisseur der Filme ›Detskij sad‹ (= Kindergarten, 1983) und ›Stalins Begräbnis‹ (1990).
Weitere Werke: Fuku (Poem, 1985, dt. 1987), Stirb nicht vor deiner Zeit (R., 1993, dt. 1994).
Ausgaben: J. J. Lyrik, Prosa, Dokumente. Dt. Übers. Mchn. 1972. – E. A. Evtušenko. Sobranie sočinenij. Moskau 1984. 3 Bde. – J. J. Die Gedichte. Eine Ausw. des Autors. Mchn. 1993.
Literatur: CONDEE, N. P.: The metapoetry of Evtušenko, Axmadulina and Voznesenskij. Diss. Yale University New Haven (Conn.) 1978.

Jeż, Teodor Tomasz [poln. jɛʃ], eigtl. Zygmunt Miłkowski, * Saraceja (Podolien) 23. März 1824, † Lausanne 11. Jan. 1915, poln. Schriftsteller. – Abenteuerl. Leben. Seine Romane haben patriot. Färbung, zeigen J. als Kämpfer für Freiheit und Demokratie; Stoffe aus den südslaw. Freiheitskämpfen gestaltete er u. a. in dem Roman ›Die Uskoken‹ (1870, dt. 1891).
Ausgabe: T. T. J. Wybór dzieł. Warschau 1930–31. 40 Bde.

Jezira (Sefer Jezira, tl.: seᶠer yĕẓīrā) [hebr. = Buch der Schöpfung], kabbalist. Text mit mystisch-spekulativem Inhalt. In dem wahrscheinlich zwischen dem 3. und 6 Jh. in Palästina entstandenen Werk geht aus Spekulationen um die 22 Buchstaben und um die 10 Urzahlen in geheimnisvollen Kombinationen das Schöpfungswerk hervor. Erstdruck 1562 in Mantua; zahlreiche Übersetzungen.

Jhabvala, Ruth Prawer [engl. dʒɑ:b'vɑ:lə], * Köln 7. Mai 1927, engl. Schriftstellerin poln. Abstammung. – Kam 1939 nach England; lebte 1951–75 in Indien, heute in den USA; gibt in ihren Romanen und Kurzgeschichten hervorragende Darstellungen der Menschen im heutigen Indien; erhielt für ihren Roman ›Hitze und Staub‹ (1975, dt. 1985) den Booker-Preis 1975; schreibt auch Filmdrehbücher.
Weitere Werke: Amrita und Hari (R., 1955, dt. 1956, 1990 u. d. T. Die Liebesheirat), The nature of passion (R., 1956), The householder (R., 1960), A new dominion (R., 1972), Travellers (R., 1973), How I became a holy mother and other stories (En., 1976), In search of love and

jiddische Literatur 303

beauty (R., 1983), Three continents (R., 1987), Eine Witwe mit Geld. Erzählungen aus Indien (dt. Ausw. 1989), Poet and dancer (R., 1993). Literatur: CRANE, R. J.: R. P. J. New York 1992.

jiddische Literatur, die Literatur in jiddischer Sprache, durchweg aufgezeichnet in hebräischer Schrift.
Ältere jiddische Literatur: Nach äußerst spärl. Frühzeugnissen setzte die dezimierte Überlieferung mit der auf 1382/83 datierten, bei Kairo gefundenen Cambridger Handschrift (T-S. 10. K. 22) ein, vielleicht dem Repertoirebuch eines Vortragenden. Die Textsammlung zeigt bereits die auch für die jidd. Sprache kennzeichnende Verschmelzung jüd. und außerjüd. Traditionskomponenten. Hörer bzw. Leser dieser Literatur waren v. a. Juden ohne ausreichende sprachl. Voraussetzungen für den Umgang mit der herkömml. hebr. Bildungsliteratur, also bes. Frauen. In Stoff, Form und Stil berühren sich ↑›Dukus Horant‹ (aus dem Umkreis der ›Kudrun‹), ›Hildebrant‹, ›Sigenot‹ und die mhd. Heldenepik, während die z. T. ähnl., vorzugsweise in der Strophe des Hildebrandstons abgefaßten Epen des 15./16.Jh. wie ›Schmuelbuch‹ (Geschichte Davids), ›Melochimbuch‹ (Salomo und Nachfolger), mehrere ›Esther‹-Versionen oder ›Doniel‹ auf nachbibl. hebr. Quellen (Midraschim) beruhen. Gleichzeitig wurden Elemente des höf. Romans im ›Widuwilt‹ (auch ›Kenig Artus hof‹) rezipiert, dem im 16.Jh. E. Levitas Ritterromane ›Bowe Dantona‹ (oder ›Bowebuch‹) und ›Paris un Wiene‹, beide in Stanzenform wie eine der Bearbeitungen des ›Artushofs‹, folgten. Das noch im 15.Jh. aus dem Hebräischen übersetzte ›Ssefer Ben ha-melech weha-nosir‹ (= Prinz und Derwisch, die oriental. Variante von ›Barlaam und Josaphat‹) zeigt sich demgegenüber von keiner der immerhin drei mhd. Bearbeitungen des gleichen Stoffs beeinflußt. Die Intention dieses Werks weist auf die Erbauungsliteratur des 16. bis 18.Jh. voraus: ›Ssefer mides‹ (= Sittenbuch, 1542), ›Brantspigl‹ (1602), ›Lew tow‹ (= Gutes Herz, 1620), ›Ssimches ha-nefesch‹ (= Seelenfreude, 1707). Daneben verbreiteten sich Fabelliteratur (›Der alte Löwe‹, bereits in der Hs. von 1382/83; ›Fuchsfabeln‹, um 1580; ›Kuhbuch‹,

1595; ›Ssefer mescholim‹, 1697) und lehrhafte Kleinepik histor., legendar., anekdot. Inhalts (›Maassebuch‹, 1602). Hinzu kamen im 16./17.Jh. Bearbeitungen dt. Volksbücher wie ›Oktavian‹, ›Eulenspiegel‹, ›Magelone‹, ›Sieben weise Meister‹, ›Fortunatus‹. Die größte Verbreitung fand aber die genuin jüd. Bibelparaphrase ›Zene-rene‹ (↑Aschkenasi, Jakob ben Jizchak). Im 17.Jh. entstanden, vielleicht angeregt durch dt. ↑Fastnachtspiele, mit den Purimspielen erste jidd. Dramen, meist nach bibl. Themen und Motiven. Um dieselbe Zeit begannen Gesellschafts- und Zeitlieder (z. B. ›Megiles Winz‹ [= Vinzenz-Rolle], bezieht sich auf die Frankfurter Fettmilch-Revolte 1612–16), oft als Kontrafakturen dt. Muster, zu entstehen. Um die Wende vom 17. zum 18.Jh. bezeugen die privaten Memoiren der ↑Glückel [von] Hameln Einflüsse der älteren jidd. Literatur.
Moderne jiddische Literatur: Die Haskala (jüd. Aufklärung) bereitete *Ende des 18.Jh.* das Aufkommen einer sprachlich und inhaltlich zeitnahen Literatur vor, die nicht mehr nur für ein beschränktes Publikum bestimmt war und die schließlich zu einer der bedeutendsten Manifestationen jüd. Kultur in Osteuropa und später v. a. in Nordamerika wurde. Mit sozialpädagog. Intention bekämpften die Aufklärer bes. die mystisch gefärbte Volksfrömmigkeit (Chassidismus) bzw. die daraus hervorgegangene legendar. und hagiograph. Literatur über Charismatiker wie Baal Schem Tov oder Nachmanides Bratzlawer (eigtl. Rabbi Mose Ben Nachman). Die Kritik bediente sich bes. satir. und grotesker Mittel (Israel Axenfeld [* 1787, † 1866], Jizchak Joel Linezki [* 1839, † 1916]), auch in der Komödie (Salomon Ettinger [* um 1800, † 1856]). E. M. Dicks didakt. Prosa leitete von der traditionellen moralisierenden Literatur zur aufklärer. über; ähnlich verband A. Goldfaden in seinen Volksstücken überkommene Elemente mit rationalist. Lehrhaftigkeit. Im sozialen Drama und v. a. mit seinen Romanen gelang dann Mendele Moicher Sforim eine realist. und krit. Darstellung des ostjüd. Alltags. Weniger satirisch als humoristisch knüpfte hieran Scholem Aleichem

304 Jilemnický

an; er steigerte die Breitenwirkung der
j. L. v.a. mit seiner 1888 gegründeten
Reihe ›Jidische Folksbibliotek‹, in der
u.a. J. L. Perez erstmals jiddisch publi-
zierte. Die Vielschichtigkeit seiner Werke
(Novelle, Lyrik, Drama) und seine ambi-
valente Einstellung zu Tradition und
Moderne beeinflußten viele jüngere Au-
toren (u.a. Ch. N. Bialik und S.J. Agnon,
die allerdings hpts. hebr. schrieben).
Zwar gewann die j. L. *nach dem 1. Welt-
krieg* an Vielfalt und Verbreitung, doch
sprengte die Auseinandersetzung mit
neuen sozialen und ökonom. Lebensum-
ständen in Europa wie in Amerika den
bisherigen Rahmen. Teils wurde die so-
zialkrit. Richtung (M. Rosenfeld, D. Pin-
ski) fortgesetzt, teils formal der Anschluß
an internat. Strömungen gesucht (z. B.
D. Bergelson, Der Nister [Pseudonym für
Pinchas Kahanowitsch, * 1884, † 1950],
Sch. Asch). Gleichzeitig nahm die Nei-
gung zur Retrospektive (A. Suzkever) zu,
die bis heute einen Grundzug der neue-
ren j. L. ausmacht. Verfolgung und Aus-
rottung durch die Nationalsozialisten
spiegeln sich in der teils kämpfer., teils
eleg. Gettoliteratur (Hirsch Glik [* 1922,
† 1944], Binem Heler [* 1908], J. Kazenel-
son).
In der *Sowjetunion* fanden 1936/37 und
bes. 1948–52 viele jidd. Autoren in ›Säu-
berungen‹ den Tod. Die seit 1961 er-
scheinende Literaturzeitschrift ›Sowe-
tisch hejmland‹ dokumentiert, daß es bis
heute an Nachwuchs mangelt. Demge-
genüber sind bes. in Nordamerika, aber
auch in Israel (seit 1949 erscheint die Li-
teraturzeitschrift ›Di goldene kejt‹) zahl-
reiche Schriftsteller tätig (1978 Nobel-
preis für Literatur an den 1934 in die
USA gekommenen I. B. Singer), v.a. auf
den Gebieten der Epik und Lyrik.

Literatur: PINES, M.: Die Geschichte der jüd.-
dt. Lit. Übers. u. bearb. v. G. HECHT. Lpz.
²1922. – ERIK, M. (= Z. MERKIN): Die ge-
schichte fun der jidischer literatur bis der has-
kole-tkufe. Ferznterachznter jorhundert. War-
schau 1928. – REISEN, S.: Leksikon fun der najer
jidischer literatur. New York 1956–68. 7 Bde. –
WAXMAN, M.: A history of Jewish literature.
New York 1960. – DINSE, H.: Die Entwicklung
des jidd. Schrifttums im dt. Sprachgebiet. Stg.
1974. – DINSE, H./LIPTZIN, S.: Einf. in die j. L.
Stg. 1978. – BEST, O. F.: Mameloschen. Jiddisch.
Eine Sprache u. ihre Lit. Ffm. ²1988. – Zs. f.

dt. Philologie 100 (1981), Sonderheft ›Jid-
disch‹.

Jilemnický, Peter [slowak. 'jil-
jɛmnjitski:], * Letohrad (Ostböhm. Ge-
biet) 18. März 1901, † Moskau 19. Mai
1949, slowak. Schriftsteller. – Lehrer und
Journalist; realist. Romancier, der das
slowak. Volksleben darstellte und leben-
dige Reportagen über die Sowjetunion
verfaßte; Vertreter des sozialist. Realis-
mus.

Werke: Vít'azný pád (= Siegreiche Niederlage,
R., 1929), Zuniaci krok (= Der hallende Schritt,
R., 1930), Brachland (R., 1932, dt. 1935), Ein
Stück Zucker (R., 1934, dt. 1952), Der Wind
dreht sich (R., 1947, dt. 1951).
Ausgabe: P. J. Spisy. Preßburg 1976 ff. (bis 1984
12 Bde erschienen).
Literatur: KATUŠČÁK, D.: P. J. 1901–49. Martin
1979 (Bibliogr.).

Jiménez, Juan Ramón [span. xi'me-
nɛθ], * Moguer (Prov. Huelva) 24. Dez.
1881, † San Juan (Puerto Rico) 29. Mai
1958, span. Lyriker. – Befreundet u.a.
mit R. Darío und R. Gómez de la Serna;
lebte während des Span. Bürgerkriegs in
Kuba und in den USA, übersiedelte 1951
nach Puerto Rico. Bedeutendster Vertre-
ter und zugleich Überwinder des Moder-
nismo; zu Beginn der 20er Jahre der füh-
rende Dichter Spaniens. Von wesentl.
Einfluß auf span. (u.a. F. García Lorca,
R. Alberti, P. Salinas, J. Guillén) und la-
teinamerikan. Lyriker. Sein frühes Schaf-
fen ist gekennzeichnet durch Musikalität
der Verse, melanchol., träumer. und
idyll. Stimmungsbilder, zarte Schlicht-
heit sowie andalus. Landschaftsmotive.
Später wandte er sich einer schlichteren
Form der ›poésie pure‹ zu. 1956 erhielt er
den Nobelpreis für Literatur.

Werke: Almas de violeta (Ged., 1900), Arias tri-
stes (Ged., 1903), Jardines lejanos (Ged., 1904),
Pastorales (Ged., 1905), Elegías puras (Ged.,
1908), Melancolía (Ged., 1912), Platero und ich
(Prosa, 1914, vollständig 1917, dt. Ausw. 1953,
vollständig 1985), Sonetos espirituales (Ged.,
1917), Diario de un poeta recién casado (Ged.,
1917), Eternidades (Ged., 1918), Stein und Him-
mel (Ged., 1919, span. und dt. 1982), Animal de
fondo (Ged., 1949, dt. Ausw. 1963 u. d. T. Wesen
der Tiefe), Poesías completas (Ged., 1957, span.
und dt. Ausw. 1958 u.d.T. Herz, stirb oder
singe), Por el cristal amarillo (En., hg. 1961), La
corriente infinita (Prosa, hg. 1961), Falter aus
Licht (Ged., dt. Ausw. 1979).
Ausgaben: J. R. J. Primeros prosas. Madrid
1962. – J. R. J. Libros inéditos de poesía. Hg. v.

F. GARFIAS. Madrid 1964–67. 2 Bde. – J. R. J. Libros de poesía. Madrid ³1972. – J. R. J. Primeros libros de poesía. Hg. v. F. GARFIAS. Madrid ³1973.
Literatur: NEDDERMANN, E.: Die symbolist. Stilelemente im Werke v. J. R. J. Hamb. 1935. – SCHONBERG, J.-L.: J. R. J. ou Le chant d'Orphée. Neuenburg 1961. – OLSON, P. R.: Circle of paradox. Time and essence in the poetry of J. R. J. Baltimore (Md.) 1967. – PALAU NEMES, G.: Vida y obra de J. R. J. Madrid ²1974. – CARDWELL, R. A.: J. R. J. The modernist apprenticeship 1895–1900. Bln. 1977. – J. R. J. El escritor y la crítica. Hg. v. A. DE ALBORNOZ. Madrid 1980. – AZAM, G.: L'œuvre de Don J. R. J. Continuité et renouveau de la poésie lyrique espagnole. Paris 1980 (span. u. d. T. La obra de J. R. J. Madrid 1983). – BLASCO PASCUAL, F. J.: La poética de J. R. J. Desarrollo, contexto y sistema. Salamanca 1981. – Bibliografía general de J. R. J. Hg. v. A. CAMPOAMOR GONZÁLEZ. Madrid 1983. – J. R. J. Actas del congreso internacional conmemorativo del centenario de J. R. J. Huelva 1983. – JULIÁ, M.: El universo de J. R. J. Madrid 1989.

Jinakirti [dʒina'ki:rti], * Gujarat um 1400, † 1450, ind. Dichter. – Als jainistischer Mönch schrieb er die beiden Erzählwerke ›Campakaśreṣṭhikathānaka‹ (= Geschichte vom Kaufmann Campaka) und ›Pālagopālakathānaka‹ (= Geschichte von Pāla und Gopāla) in einfachem, gefälligem Stil, was J. zu einem bed. Vertreter der populären Erzählliteratur machte.
Ausgabe: Die Erzählung vom Kaufmann Campaka. Übers. v. J. HERTEL. In: Zs. der Dt. Morgenländ. Gesellschaft 65 (1911), S. 425.
Literatur: HERTEL, J.: J.s Gesch. von Pāla u. Gopāla. Lpz. 1917.

Jingu qiguan, chin. Sammlung von Erzählungen, ↑ Chin-ku ch'i-kuan.

Jinpingmei, chin. Roman, ↑ Chin-p'ing-mei.

Jirásek, Alois [tschech. 'jira:sɛk], * Hronov (Ostböhm. Gebiet) 23. Aug. 1851, † Prag 12. März 1930, tschech. Schriftsteller. – Gab im Stil des Realismus u mit zyklisch angelegten Romanen kulturhistor. und folklorist. Darstellungen der tschech. Vergangenheit (bes. aus der Zeit der Hussiten), deren inhaltl. Wert psycholog. u. a. Mängel überdeckt.
Werke: Chodische Freiheitskämpfer (R., 1886, dt. 1904, 1952 u. d. T. Die Hundsköpfe), Mezi proudy (= Zwischen den Strömen, R.-Trilogie, 1886–90), F. L. Věk (R., 5 Bde., 1888–1906), Wider alle Welt (R.-Trilogie, 1893, dt. 1911),

Bratrstvo (= Die Brüderschaft, R.-Trilogie, 1899–1908), Jan Žižka (Dr., 1903), Jan Hus (Dr., 1911), Temno (= Finsternis, R., 1915).
Ausgabe: A. J. Sebrané spisy. Prag 1890–1933. 46 Bde.
Literatur: KUNC, J.: Soupis díla A. Jiráska a literatura o něm. Prag 1952.

Jirgal, Ernst, * Stockerau bei Wien 18. Jan. 1905, † Wien 17. Aug. 1956, österr. Schriftsteller. – In seinen zeitkrit., nicht leicht zugängl. Gedichten und Prosaschriften greifen zeitbezogene und surreale Elemente ineinander. Starke Gedanklichkeit, Innerlichkeit und ein herber, konzentrierter Stil kennzeichnen sein Werk; auch Dramatiker, Essayist und Kritiker.
Werke: Landschaften (Ged., 1937), Tantalos (Dr., 1946), Erinnertes Jahr (E., 1947), Sonette an die Zeit (1947), Schlichte Kreise (Ged., 1955).

Jishar (tl.: Yizhar), S. [hebr. jiz'har], eigtl. J. Smilansky, * Rehovot 27. Sept. 1916, israel. Schriftsteller. – 1948–67 Mitglied der Knesset (Mapaipartei); in vielen Schriften (Romane und Novellen) dreht sich das Geschehen ausschließlich um den (vom Autor als Soldat miterlebten) Unabhängigkeitskrieg 1948 und die seel. Wirkung des Krieges auf die Soldaten, deren Ideal vom friedl. Aufbau des Landes durch die grausame Wirklichkeit des Krieges zerstört wird. In seinem Hauptwerk, dem Roman ›Yěmê Ẕiqlag‹ (= Die Tage von Ziklag, 2 Bde., 1958), finden sich lange Monologe von Soldaten zu diesem Thema. Dieser Roman, wie auch die anderen Schriften des Autors, sind literarhistorisch insofern bedeutsam, als J. als erster israel. Schriftsteller die Landschaft des Hl. Landes beschreibt und auch in das Geschehen mit einbezieht. Die Erzählung ›Der alte Abramowitsch‹ erschien in dt. Übersetzung in der Sammlung ›Hebr. Erzähler der Gegenwart‹ (1964).

Joan Eksarch (tl.: Ekzarch) [bulgar. 'ɛgzarx] (Johannes der Exarch), * um 860, † um 920, altbulgarischer Theologe und Schriftsteller. – Umfassend gebildeter Kirchenfürst; v. a. Übersetzer. Sein Hauptwerk ist ›Šestodnev‹ (= Sechstagewerk), eine theologisch-philosoph. Interpretation des ›Hexaemeron‹ von Basileios dem Großen.

Joasaph (Josaphat), mittelalterl. Sagengestalt, ↑ Barlaam und Josaphat.

Jochumsson, Matthías [isländ. 'jɔkʏmsɔn], *Skógar (Þorskafjörður) 11. Nov. 1835, †Akureyri 18. Nov. 1920, isländ. Dichter. – Pfarrer, dann journalist. Tätigkeit. Neben religiösen und patriotisch-histor. Liedern schrieb er zur Mystik neigende Gedankenlyrik und Dramen, u.a. auch den Text der isländ. Nationalhymne.
Werke: Útilegumennirnir (= Die Geächteten, Dr., 1864), Ljóðmæli (= Gedichte, 1884), Grettisljóð (= Lied von Grettir, Epos, 1897), Jón Arason (Dr., 1900).

Joc partit [ʒɔkpar'tiːt; provenzal.] ↑ Jeu parti.

Jodelle, Étienne [frz. ʒɔ'dɛl], Sieur de Lymodin, *Paris 1532, †ebd. im Juli 1573, frz. Dichter. – Anhänger P. de Ronsards und Mitglied der Pléiade; bereits 17jährig als Dichter bekannt; hatte großen Erfolg bei Hof mit der ersten frz. Renaissancetragödie, ›Cléopâtre captive‹ (UA 1552, hg. 1574), die die klass. Tragödie vorbereitete (Verwendung eines klass. Stoffes, Einhaltung der drei Einheiten, Abfassung z.T. in Alexandrinern sowie Einteilung in fünf Akte); verfaßte auch Sonette.
Weitere Werke: Eugène (Kom., UA 1552, gedr. 1574), Didon se sacrifiant (Trag., um 1555).
Ausgabe: É.J. Œuvres complètes. Hg. v. E. BALMAS. Paris 1965–68. 2 Bde.
Literatur: CHAMARD, H.: Histoire de la Pléiade. Bd. 4. Paris ²1940. – BALMAS, E.: Un poeta del Rinascimento francese, É.J. Florenz 1962.

Jodok, Pseudonym des dt. Dramatikers Hanns Frhr. von ↑ Gumppenberg.

Joenpelto, Eeva [finn. 'jɔɛmpɛltɔ], *Sammatti 17. Juni 1921, finn. Schriftstellerin. – 1964–72 Vorsitzende des finn. PEN-Clubs; ihr Werk ist durch eine distanzierte, maßvoll realist. Erzählweise und ein reizvolles Lokalkolorit ihrer südfinn. Heimat sowohl im Sprachgebrauch als auch in der Handlungsweise ihrer Personen gekennzeichnet; stellt in Romanfolgen geschichtl. und individuelle Entwicklungen ganzer Familien und Dorfgemeinschaften, eingebettet in das jeweilige reale Tagesgeschehen, dar.
Werke: Kaakerholman kaupunki (= Die Stadt Kaakerholman, R., 1950), Johannes vain (= Johannes nur, R., 1952), Neito kulkee vetten päällä (= Jungfrau auf dem Wasser gehend, R.,

1955), Kipinöivät vuodet (= Funkenstiebende Jahre, R., 1961), Romantrilogie: Vetää kaikista ovista (= Es zieht aus allen Türen, 1974), Kuin kekäle kädessä (= Wie ein brennendes Holzscheit, 1976), Eteisiin ja kynnyksille (= In die Fluren, auf die Schwellen, 1980), Elämän rouva, rouva Glad (= Frau des Lebens, Frau Glad, R., 1982).

Joenpolvi, Martti [finn. 'jɔɛmpɔlvi], *Käkisalmi 19. April 1936, finn. Schriftsteller. – Typ. Vertreter der angelsächs. Short-story-Tradition in Finnland; ironisch, psychologisch gekonnt und erzählerisch virtuos schildert er bes. die Angehörigen der Mittelklasse von heute mit ihren Problemen (Konkurrenzkampf, Konsumterror, protestierende Jugendliche und frustrierte Hausfrauen).
Werke: Kevään kuusi päivää (= Die sechs Frühlingstage, R., 1959), Kuparirahaa (= Kupfergeld, Nov.n, 1969), Kaikki alennuksella (= Alles auf Rabatt, R., 1973), Kauan kukkineet omenapuut (= Lange Apfelblüte, Nov.n, 1982), Haastemies (= Gerichtsvollzieher, Nov.n, 1984), Kootut novellit (= Gesammelte Novellen, 1986), Terveessä ruumiissa (= In corpore sano, Prosa, 1990).

Jofriet, Jan Gerardus [niederl. 'jɔfriːt], niederl. Schriftsteller, ↑ Brabander, Gerard den.

Johann von Salzburg, mhd. Liederdichter, ↑ Mönch von Salzburg.

Johann von Soest [zoːst] (auch J. Steinwert von Soest oder J. Grummelkut), *Unna 1448, †Frankfurt am Main 2. Mai 1506, dt. Musiker, Schriftsteller und Arzt. – Sohn eines Steinmetzmeisters; Leiter der Hofkapelle des Pfalzgrafen Friedrich I. in Heidelberg; später Arzt in Worms, Oppenheim und Frankfurt am Main. Er schuf 1480 eine Versübertragung (25 000 Verse) des dem Niederländer Hein van Aken zugeschriebenen Ritterromans ›Van Heinrich en Margriete van Limborch‹. Kulturgeschichtlich interessant ist seine Autobiographie (1504).
Ausgabe: Johannes v. S. Die Kinder von Limburg. Hg. v. M. KLETT. Wien 1975.

Johann von Würzburg, mhd. Dichter um 1300. – Vollendete 1314 einen abenteuerreichen Versroman ›Wilhelm von Österreich‹, der mit histor. Motiven aus der Zeit des 3. Kreuzzuges durchsetzt ist und bekannte Motive der höfischen Epik um das Zentralthema der Kinderminne gruppiert. Seine breite Wirkung verraten Wandgemälde auf Schloß Runkelstein (bei Bozen, 15 Jh.) und eine Prosaauflösung, die 1481 gedruckt wurde.

Ausgabe: J. v. W. Wilhelm von Österreich. Hg. v. E. REGEL. Bln. 1906. Neudr. Zü. 1970.

Johann, A. E., eigtl. Alfred Ernst Johann Wollschläger, * Bromberg 3. Sept. 1901, dt. Schriftsteller. – Verfasser zahlreicher Romane, Erzählungen und Essays; wurde v. a. bekannt als Reiseschriftsteller, der kulturgeographisches Wissen spannend vermittelt.

Werke: Groß ist Afrika (Reiseb., 1939), Weiße Sonne (R., 1951), Der große Traum Amerika (Reiseb., 1965), Die Schaukel der sieben Jahrzehnte (R.-Trilogie, Bd. 1: Im Strom, 1969; Bd. 2: Das Ahornblatt, 1970; Bd. 3: Aus dem Dornbusch, 1972), Am Ende ein Anfang (R., 1978), Das Glück des Reisens. Ein Leben unterwegs (1982), Dies wilde Jahrhundert (Erinnerungen, 1989).

Johannes Philoponos, alexandrin. Philosoph, ↑ Ioannes Philoponos.

Johannes von Damaskus, griech. Kirchenvater, ↑ Ioannes von Damaskus.

Johannes von Neumarkt (Johann von Neumarkt), * Hohenmauth (heute Vysoké Mýto, Ostböhm. Gebiet) Anfang des 14. Jh., † Leitomischl (heute Litomyšl) 24. Dez. 1380, dt. Humanist. – Stammte aus dt. Bürgerfamilie; 1344 Pfarrer von Neumarkt bei Breslau, trat 1346 in den Dienst der Prager Hofkanzlei, 1352 Bischof von Naumburg und 1353 von Leitomischl, 1353 Hofkanzler, 1364 Bischof von Olmütz. Unternahm mehrere Reisen nach Italien, trat in Beziehung zu Cola di Rienzo und F. Petrarca und wurde zu einem maßgebl. Mittler zwischen der italien. Renaissance und dem dt. Frühhumanismus. Verfaßte u. a. Formelbücher (›Cancellaria‹, ›Summa cancellariae Caroli IV‹ u. a.), die eine der Grundlagen für eine einheitl. ostdt. Kanzleisprache wurden, übersetzte für Karl IV. die ›Soliloquia ad deum‹ (›Buch der Liebkosungen‹, 1356) und für die Markgräfin Elisabeth von Mähren eine Vita des Hieronymus (1368).

Ausgaben: Johann v. N. Schrr. Hg. v. J. KLAPPER. Bln. 1930–39. 4 Bde. – Johann v. N. Briefe. Hg. v. P. PIUR. Bln. 1937.
Literatur: KLAPPER, J.: Johann v. N., Bischof u. Hofkanzler. Lpz. 1964.

Johannes von Tepl (J. von Saaz), * Sitbor oder Tepl (heute Teplá, Westböhm. Gebiet) Mitte des 14. Jh., † Prag 1414, dt. Schriftsteller. – Nannte sich nach seinem Vater Henslinus auch J. (Henslini) de Sitbor. Er besuchte zwischen 1360 und 1370 die Klosterschule in Tepl, war 1378–1411 Stadtschreiber in Saaz (heute Žatec), seit 1383 auch Schulrektor, und kam 1411 als Stadtschreiber (Protonotar) in die Prager Neustadt. Umstritten ist die Beziehung zwischen seiner Biographie und seinem Werk, dem berühmten Streitgespräch zwischen dem personifizierten Tod und dem Ackermann, ›Der Ackermann aus Böhmen‹, der bedeutendsten dt. Prosadichtung des Spätmittelalters. Als persönl. Anlaß erscheint der Sterbetag seiner Frau Margret am 1. Aug. 1400, er wird in der Form einer scholast. Disputation zur allg. Sinnproblematik ausgeweitet. Die Kunstmittel der lat. Rhetorik, die Traditionen der mittelalterl. Streitgespräche und der von ↑ Johannes von Neumarkt geschaffene Stil einer dt. Kunstprosa bilden die Grundlage des Werk, dessen Deutung bis heute umstritten ist: sowohl in der geistesgeschichtl. Orientierung (italien. Frühhumanismus gegen lebensfeindl. MA oder Entfaltung mittelalterl. theolog. Motive) wie in der Intention: Stilübung, Musterprozeß oder weltanschaul. Erkenntnis. Der ›Ackermann‹ ist in 16 Handschriften und 17 Drucken (1460–1547) überliefert, ein tschech. Gegenstück ›Tkadleček‹ (= Das Weberlein) stammt vielleicht von J. v. T. selbst. Erhalten ist das lat. Widmungsschreiben zum ›Ackermann‹ (an einen Jugendfreund).

Ausgaben: J. v. T. Der Ackermann aus Böhmen. Hg. v. G. JUNGBLUTH u. R. ZÄCK. Hdbg. 1969–83. 2 Bde. – J. v. T. Der Ackermann. Hg. v. W. KROGMANN. Wsb. ⁴1978. – J. (v. T.). Der Ackermann aus Böhmen (mhd. u. nhd.). Übertragung. Nachwort u. Anmerkungen v. F. GENZMER. Neuausg. Stg. 1991.
Literatur BURDACH, K.: Der Dichter des Ackermann aus Böhmen u. seine Zeit. Bln. 1926–32. 2 Tle. – HAHN, G.: Johannes von Saaz. Die Einheit des ›Ackermann aus Böhmen‹. Mchn. 1963. – HRUBÝ, A.: Der ›Ackermann‹ u. seine Vorlage. Mchn. 1971. – NATT, R.: Der ›Ackermann aus Böhmen‹ des J. v. T. Göppingen 1978. – HAHN, G.: Der Ackermann aus Böhmen des J. v. T. Darmst. 1984.

308 Johannes Chrysostomos

Johannes Chrysostomos [çry...], griech. Kirchenvater, ↑Ioannes Chrysostomos.

Johannes der Exarch, altbulgar. Theologe und Schriftsteller, ↑Joan Eksarch.

Johannesen, Georg [norweg. juˈhanəsən], * Bergen 22. Febr. 1931, norweg. Schriftsteller. – Beherrscht als markantester polit. Dichter seiner Generation wie sein Vorbild B. Brecht, den er auch übersetzte, souverän die verschiedenen Gattungen der Lyrik, des Romans und der polit. Revue. Sein Engagement gilt den Unterdrückten der bürgerlich-kapitalist. Gesellschaft.
Werke: Høst i mars (R., 1958), Dikt (Ged., 1959), Ars moriendi; eller De syv dødsmåter (Ged., 1965), Nye dikt (Ged., 1966), Kassandra (Dr., 1967), Om don norske tenkemåten (Essays, 1975), Johannes' bok (Texte, 1978), Tredje kongebok (Texte, 1978), Simons bok (Texte, 1981).

Johannes Kyriotes, byzantin. Schriftsteller, ↑Ioannes Kyriotes.

Johannes Moschos [ˈmɔsçɔs], oriental. christl. Asket, Mönch und Schriftsteller, ↑Ioannes Moschos.

Johannes Secundus (Janus Secundus), eigtl. Jan Nicolaas Everaerts, * Den Haag 23. Nov. 1511, † Abtei Saint-Amand bei Tournai 3. Okt. 1536, niederl. Dichter. – Studierte die Rechte in Mecheln und Bourges, wurde Sekretär des Kardinalerzbischofs von Toledo und Karls V.; nlat. Lyriker unter dem Einfluß v. a. von Catull und Tibull; schrieb Elegien, Liebesgedichte, Epigramme und Oden; am bekanntesten ist die Sammlung von 19 Liebesgedichten, ›Basia‹ (1539, dt. 1798 u. d. T. ›Die Küsse in drei Sprachen‹, später noch mehrmals übersetzt).
Ausgaben: J. S. Opera. Utrecht 1541. Nachdr. Nieuwkoop. 1969. – Joannes Nicolaus S. Opera omnia. Hg. v. P. BOSSCHA. Leiden 1821. 2 Bde.

Johannes Tzetzes, byzantin. Dichter, ↑Ioannes Tzetzes.

Johannes vom Kreuz, span. Mystiker, Kirchenlehrer und Dichter, ↑Juan de la Cruz.

Johannes von Ersnkạ (tl.: Hovhannes Erznkacï), es ist umstritten, ob ein oder zwei armen. Theologen diesen Namen führen. Eine Differenzierung kann mit verschiedenen Beinamen begründet werden. 1. **J. von E. Plụs** (plowz = blauäugig oder von kleinem Wuchs), * etwa 1230 im Bereich von Ersnka, † etwa 1293; Reisen ins Hl. Land, nach Kilikien, Großarmenien, Georgien (Tiflis); lebte ab 1291 im Kloster des hl. Menas; sein Werk zeichnet sich durch poet. Kraft aus. Nach dem Vorwort zu dem Werk ›Über die Himmelsbewegungen‹ wollte er durch Benutzung des volkstüml. Sprachidioms (mittelarmenisch) eine breitere Massenwirkung erzielen. 2. **J. von E. Zorzorecï** (corcorecï; der Beiname stammt vielleicht von seiner Tätigkeit im Kloster Zorzor des hl. Thaddäus her); freundschaftl. Verbindung zu den Unitoren. Diese Verbindungen liegen später als das Leben des J. von E. Plus (erst im 14. Jh.). Seine Beschäftigung mit westl. Theologie hatte ihn die lat. Sprache lernen lassen, so daß er aus der ›Summa theologiae‹ des Thomas von Aquin Übersetzungen ins Armenische vorlegte; auch exeget. Werke, befaßte sich mit einer Erklärung der Grammatik des Dionysios Thrax (2. Jh. v. Chr.).
Literatur: INGLISIAN, V.: Die armen. Lit. In: Hdb. der Orientalistik. Abt. 1, Bd. 7. Leiden 1963. S. 203.

Johạnnimloh, Norbert, * Verl (Kreis Gütersloh) 21. Jan. 1930, dt. Schriftsteller. – Studium der Germanistik, Altphilologie und Kunstgeschichte; wurde 1972 Dozent an der Pädagog. Hochschule, 1980 an der Univ. Münster. Gehört zu den Wegbereitern einer modernen, auf Gegenwartsprobleme bezogenen niederdt. Dichtung (Lyrik und Hörspiele); auch Abhandlungen zur Didaktik des Deutschunterrichts.
Werke: En Handvöll Rägen (Ged., 1963), Wir haben seit unbekommenen Mond (Ged., 1969), Appelbaumchaussee. Geschichten vom Großundstarkwerden (1983).

Johạnnsdorf (Johansdorf), Albrecht von, mhd. Dichter, ↑Albrecht von Johan[n]sdorf.

Johạnsen, Hanna, geb. Meyer, * Bremen 17. Juni 1939, dt. Schriftstellerin. – Studierte Germanistik, Altphilologie und Pädagogik; ∞ mit A. Muschg, lebt in Kilchberg bei Zürich. In ihren Erzählungen und Romanen gelingt es ihr, in lakon. und präziser Sprache über Gefühle und Liebe zu schreiben, ohne in die Nähe der Sentimentalität zu geraten. Der Roman ›Zurück nach Oraibi‹ (1986) fußt auf dem Lebensbericht einer Hopi-Indianerin, die beschreibt, wie sie zwischen zwei Welten, der indian. und der christl. Kultur, beinahe aufgerieben worden wäre. J. schreibt auch Kinderbücher (unter dem Namen H. Muschg) und Übersetzungen.

Weitere Werke: Die stehende Uhr (R., 1978), Trocadero (R., 1980), Die Analphabetin (E., 1982), Bruder Bär und Schwester Bär (Kinderb., 1983), Siebenschläfergeschichten (Kinderb., 1985), Über den Wunsch, sich wohlzufühlen (En., 1985), Ein Mann vor der Tür (R., 1988), Über dem Himmel. Märchen und Klagen (1993), Kurnovelle (1994).

Johanson, Klara Elisabeth [schwed. ‚ju:hansɔn], * Halmstad 6. Okt. 1875, † Stockholm 8. Okt. 1948, schwed. Schriftstellerin. – Vermittelte in ihren geistreichen Literaturkritiken, u. a. in ›Stockholms Dagbladet‹ (1900–10), zwischen Symbolismus und Modernismus; schrieb zahlreiche literaturkrit. Essays sowie unter dem Pseudonym Huck Leber viele Humoresken und Satiren.

Werke: Det speglade livet (Essays, 1926), En recensents baktankar (Essays, 1928), Det rika stärbhuset (Essays, 1946).

Ausgabe: K. E. J. Skrifter. Stockholm 1951–57. 5 Bde.

Johansson, Lars (Lasse) [schwed. ‚ju:hansɔn], Pseudonym Lucidor, ≈ Stockholm 18. Okt. 1638, † ebd. 13. Aug. 1674, schwed. Dichter. – In Pommern aufgewachsen, Studium in Deutschland, bereiste England, Frankreich und Italien; Sprachlehrer, Übersetzer und Gelegenheitsdichter. J. schrieb frische, humorvolle, religiös-ernste, auch melanchol. Liebes- und Trinklieder, Hochzeits- und Totengedichte. In seinen Gedichten, die im wesentlichen Gelegenheitsgedichte sind, erfaßt er alle Stimmungen des Barock, geht aber weit über die Epoche hinaus durch seine sehr persönlich bestimmte Haltung. Er schrieb in mehreren Sprachen.

Werke: Lucida intervalla (Ged., hg. 1685), Helicons blomster (Ged., hg. 1689).

Ausgabe: Samlede dikter av Lucidor. Hg. v. F. SANDWALL. Stockholm 1914–30. 2 Bde.

Literatur: KARLFELDT, E. A.: Skalden Lucidor. Stockholm 1914. – FRIESE, W.: Nord. Barockdichtung. Mchn. 1968.

Johansson, Majken Emma Lillemor [schwed. ‚ju:hansɔn], * Malmö 7. Aug. 1930, schwed. Lyrikerin. – Schreibt eine ausgeprägt intellektuelle, ironisch-distanzierte und gleichzeitig einfache Lyrik, die vielfach religiöse Bezüge aufweist.

Werke: Buskteater (Ged., 1952), I grund och botten (Ged., 1956), Andens undanflykt (Ged., 1958), Liksom överlämnad (Ged., 1965), Omtal (Ged., 1969), Från Magdala. Fragment ur en självbiografi (Ged., 1972), Söndagstankar (Ged., 1978).

John, Eugenie, dt. Schriftstellerin, † Marlitt, E[ugenie].

Johnson, B[ryan] S[tanley] [engl. dʒɔnsn], * London 5. Febr. 1933, † ebd. 13. Nov. 1973, engl. Schriftsteller. – Autor experimenteller Werke, in denen der künstler. Schaffensprozeß durch den Abbau der konventionellen Bauformen des Romans, durch Montage verschiedener Stilarten und Perspektiven sowie durch typograph. Spielereien problematisiert wird. Dem dabei relevanten Bezug zwischen Fiktion und Autobiographie geht der Verfasser in ›Die Unglücksraben‹ (R., 1969, dt. 1993) durch die Einführung der Erzählerfigur B. S. J. nach. In dem als ersten Teil einer Trilogie geplanten Roman ›Laß die alte Dame anständig‹ (hg. 1975, dt. 1993) stellt er das Schicksal seiner Mutter bis zu seiner Geburt dar; schrieb auch Gedichte (›Poems‹, 1964; ›Poems two‹, 1972) sowie Stücke für Bühne, Film, Fernsehen und Hörfunk.

Weitere Werke: Travelling people (R., 1963), Albert Angelo (R., 1964, dt. 1991), Schleppnetz (R., 1966, dt. 1992), Lebensabend. Eine geriatr. Komödie (R., 1971, dt. 1992), Christie Malrys doppelte Buchführung (R., 1973, dt. 1989).

Ausgabe: B. S. J. Werkausgabe. In sieben Bden. Hg. v. M. WALTER u. H. CH. ROHR. Dt. Übers. Mchn. 1991–93.

Johnson, Eyvind [Olof Verner] [schwed. ‚junsɔn], * Svartbjörnsbyn (Norbotten) 29. Juli 1900, † Stockholm 25. Aug. 1976, schwed. Schriftsteller. – Stammt aus dem Arbeitermilieu, verließ früh das Elternhaus, bekam Kontakt mit Arbeiterdichtern; erwarb sich als Autodidakt umfassende Kenntnisse der europ. Kulturen; Mitglied der Schwed. Akademie; erhielt 1974 (zusammen mit H. Martinson) den Nobelpreis für Literatur. J., der sich einen geschärften Blick

Eyvind Johnson

für soziale und polit. Probleme erworben hatte, verband seine Faschismuskritik mit einem persönl. humanist. Engagement; verarbeitete in seinen Erzählwerken auch persönl. Erfahrungen. Er wandte sich, teils unter dem Einfluß von M. Proust und J. Joyce, immer stärker modernen Romantechniken zu (verschiedene Perspektiven, Rückblenden, eingeschobene Berichte und innere Monologe).

Werke: De fyra främlingarna (Nov., 1924), Die Nacht ist hier (Nov., 1932, dt. 1985), Hier hast du dein Leben (R., 4 Bde., 1934–37, dt. 1951), Krilon-Trilogie (R., 1941–43), Die Heimkehr des Odysseus (R., 1946, dt. 1948), Träume von Rosen und Feuer (R., 1949, dt. 1952), Fort mit der Sonne! (R., 1951, dt. 1953), Wolken über Metapont (R., 1957, dt. 1964), Eine große Zeit (R., 1960, dt. 1966), Reise ins Schweigen. Ein Roman über Gefangene (1973, dt. 1975), Erzählungen (dt. Ausw., 1974), Olibrius och gestalterna (En., hg. 1986).
Literatur: CLAUDI, J.: E. J. Kopenhagen 1947. – ORTON, G.: E. J. New York 1972. – MEYER, O.: E. J.s historiska romaner. Kopenhagen 1976. – BUTT, W.: Mobilmachung des Elfenbeinturms. Neumünster 1977. – STENSTRÖM, TH.: Romantikern E. J. Lund 1978. – KEJZLAR, R.: Lit. u. Neutralität. Zur schwed. Lit. der Kriegs- u. Nachkriegszeit. Basel 1984.

Johnson, James Weldon [engl. dʒɔnsn], *Jacksonville (Fla.) 17. Juni 1871, †bei Wiscasset (Maine) (Autounfall) 26. Juni 1938, amerikan. Schriftsteller. – Lebte ab 1901 in New York, später als Diplomat in Südamerika (1906–12), ab 1930 Dozent an der Fisk University in Nashville. Trat als einer der führenden Schriftsteller der Harlem Renaissance für die Emanzipation der schwarzen Amerikaner ein; gab zus. mit seinem Bruder John Rosamond J. (* 1873, †1954) eine wertvolle Ausgabe amerikan. Negro Spirituals (2 Bde., 1925/26) heraus, komponierte mit ihm Lieder für Sing- und Tanzspiele (u. a. ›Under the bamboo tree‹) für die musikal. Komödie ›The shoo fly regiment‹ (1907) und verfaßte mit ihm das als schwarze Nationalhymne bekannte Lied ›Lift every voice and sing‹. Ein bed. Beitrag zur Selbstdarstellung des modernen Afroamerikaners war sein Roman ›Der weiße Neger‹ (1912, dt. 1928); schrieb auch Gedichte (›Selected poems‹, 1935) und stellte eine Anthologie schwarzer Lyrik zusammen (›The book of American negro poetry‹, 1922, erweitert 1931).

Weitere Werke: Gib mein Volk frei (Ged., 1927, dt. 1960), Black Manhattan (histor. Studie, 1930), Along this way (Autobiogr., 1933).
Literatur: LEVY, E.: J. W. J. Black leader, black voice. Chicago (Ill.) 1973. – EGYPT, O. S.: J. W. J. New York 1974. – FLEMING, R. E.: J. W. J. and Arna Wendell Bontemps. A reference guide. Boston (Mass.) 1978.

Johnson, Lionel Pigot [engl. dʒɔnsn], *Broadstairs (Kent) 15. März 1867, †London 4. Okt. 1902, engl. Schriftsteller. – Trat 1891 zum Katholizismus über. In seiner Dichtung verbinden sich Einflüsse von W. H. Pater mit Anregungen durch die kelt. Überlieferung; J. nahm regen Anteil an der ir. Renaissance; schrieb vorwiegend eleg. Lyrik, auch bed. literaturkrit. Essays.

Werke: The art of Thomas Hardy (Essay, 1894), Poems (Ged., 1895), Ireland and other poems (Ged., 1897), Essays and critical papers (hg. 1911), Post liminum (Essays, hg. 1911).
Ausgaben: The poetical works of L. J. London 1915. Nachdr. New York 1979. – L. P. J. Complete poems. Hg. v. I. FLETCHER. London 1953.

Johnson, Pamela Hansford [engl. dʒɔnsn], *London 29. Mai 1912, †ebd. 18. Juni 1981, engl. Schriftstellerin. – Ab 1950 ⚭ mit Ch. P. Snow; schrieb konventionelle, psychologisch genaue Romane, meist um Irrungen der Liebe, u. a. ›This bed thy centre‹ (1935), die ›Helena‹-Trilogie (›Too dear for my possessing‹, 1940; ›An avenue of stone‹, 1947; ›A summer to decide‹, 1948) sowie die autobiographisch gefärbten Romane ›Eine unmögl. Heirat‹ (1954, dt. 1958), ›The last resort‹ (1956) und ›The survival of

the fittest‹ (1968). Eine satir. Sicht bestimmt die ›Dorothy Merlin‹-Trilogie über die literar. Welt (›The unspeakable Skipton‹, 1959; ›Night and silence, who is here?‹, 1963; ›Cork street, next to Hatter's‹, 1965). In den 70er Jahren fand eine dunklere Note Eingang in ihr Werk (›The holiday friend‹, 1972; ›The good husband‹, 1978; ›A bonfire‹, 1981).
Literatur: QUIGLY, I.: P. H. J. London 1968. – LINDBLAD, I.: P. H. J. Boston (Mass.) 1982.

Johnson, Samuel [engl. dʒɔnsn], *Lichfield 18. Sept. 1709, †London 13. Dez. 1784, engl. Schriftsteller. – Brach aus Geldnot das Studium in Oxford ab; wurde zunächst Lehrer; ließ sich 1737 in London nieder, wo er, nach Tätigkeiten als Gelegenheitsschriftsteller, Parlamentsreporter u.a., in der literar. Welt als Dichter, Gelehrter und Kritiker zu herausragendem Ansehen gelangte und einen Kreis bed. Persönlichkeiten um sich versammelte (u.a. Edmund Burke [* 1729, † 1797], D. Garrick, O. Goldsmith und J. Boswell, der J.s Biographie schrieb). Mit seinen Aktivitäten und seinem Werk repräsentiert er im Sinne der Aufklärung normsetzend die geistigen und moral. Strömungen seiner Zeit. Von J.s Dichtungen sind bes. die Juvenal nachgeahmten Verssatiren bedeutsam (›London‹, 1738; ›The vanity of human wishes‹, 1749). Sein gelehrtes Lebenswerk ist das ›Dictionary of the English language‹ (2 Bde., 1755), das über ein Jahrhundert lang das engl. Standardlexikon blieb. Daneben betreute er die Zeitschriften ›The Rambler‹ (1750–52) und ›The Idler‹ (1758–60) und veranstaltete eine Ausgabe der Werke Shakespeares (8 Bde., 1765). J.s krit. Hauptwerk sind die ›Biograph. und krit. Nachrichten von engl. Dichtern‹ (10 Bde., 1779–81, dt. 2 Teile, 1781–83), die in ihrer Verbindung von Autorenporträts und Werkanalyse ungeachtet des rationalist. Standpunkts für die künftige Literaturgeschichtsschreibung vorbildlich wurden.
Weitere Werke: Irene (Trag., 1749), Der Prinz von Abyssinien (R., 1759, dt. 1785), Reisen nach den westl. Inseln von Schottland (Reisebericht, 1775, dt. 1775).
Ausgaben: The Yale Edition of the works of S. J. Hg. v. E. L. MACADAM u. A. T. HAZEN. New Haven (Conn.) 1958 ff. Bisher 13 Bde. erschienen. – The letters of S. J. Hg. v. B. REDFORD. Oxford u.a. 1992. 3 Bde.
Literatur: CLIFFORD, J. L.: Young S. J. New York u. London 1955. – SLEDD, J. H./KOLB, G. J.: Dr. Johnson's dictionary. Chicago (Ill.) 1955. – ALKON, P. K.: S. J. and moral discipline. Evanston (Ill.) 1967. – CLIFFORD, J. L./GREEN, D. J.: S. J. A survey and bibliography of critical studies. Minneapolis (Minn.) 1970. – WAIN, J.: S. J. London 1974. – DAMROSCH, L.: The uses of J.'s criticism. Charlottesville (Va.) 1976. – BATE, W. J.: S. J. London 1978. – HARDY, J. P.: S. J. London 1979. – BOSWELL, J.: Das Leben S. J.s und das Tagebuch einer Reise nach den Hebriden. Dt. Übers. Lpz. 1984. – GRUNDY, J.: S. J. and the scale of greatness. Leicester 1986. – HUDSON, N.: S. J. and eighteenth-century thought. Oxford 1988.

Uwe Johnson

Johnson, Uwe, *Cammin i. Pom. 20. Juli 1934, †Sheerness-on-Sea 23. Febr. 1984 (am 12. März tot aufgefunden), dt. Schriftsteller. – Studium der Germanistik in Rostock und Leipzig; seit 1959 in Berlin (West), Reisen in die USA und nach Italien; lebte ab 1974 in Großbritannien. Bes. in seinem Hauptwerk, dem Roman ›Jahrestage. Aus dem Leben von Gesine Cresspahl‹ (4 Bde., 1970–83; Registerband: ›Kleines Adreßbuch für Jericho und New York‹, hg. 1983), wird deutlich, daß es für ihn hinter den Problemen der Teilung Deutschlands, dem zentralen Thema seiner früheren Romane, eine tiefergehende Thematik gibt: die Frage, wie ein wahrhaftiges Leben innerhalb dieser Welt mit ihren Systemzwängen und gegensätzlichen Ideologien möglich ist. Die Unsicherheit dieser Situation versucht J., beeinflußt von J. Joyce und W. Faulkner, u.a. im Aufbau

Johnson of Boone

und in der Sprache seiner Werke realistisch nahezubringen. Er erhielt 1971 den Georg-Büchner-Preis.

Weitere Werke: Ingrid Babendererde. Reifeprüfung 1953 (R., entst. 1953/1954, gedr. 1985), Mutmaßungen über Jakob (R., 1959), Das dritte Buch über Achim (R., 1961), Karsch und andere Prosa (1964), Zwei Ansichten (R., 1965), Eine Reise nach Klagenfurt (Bericht, 1974), Berliner Sachen (Aufsätze, 1975), Begleitumstände. Frankfurter Vorlesungen (1980), Skizze eines Verunglückten (E., 1982).

Literatur: SCHWARZ, W. J.: Der Erzähler U. J. Bern u. Mchn. ²1973. – NEUMANN, B.: Utopie u. Mimesis. Zum Verhältnis von Ästhetik, Gesellschaftsphilosophie u. Politik in den Romanen U. J.s. Königstein i. Ts. 1978. – RIEDEL, N.: U. J. Bibliogr. 1959–1980. Bonn ¹⁻²1978–81. 2 Bde. – Über U. J. Hg. v. R. BAUMGART. Neuausg. Ffm. 1979. – U. J. Hg. v. H. L. ARNOLD. Mchn. 1980. – SCHMITZ, W.: U. J. Mchn. 1984. – Über U. J. Hg. v. R. FELLINGER. Ffm. 1992. – Erinnerungen an U. J. Hg. v. S. UNSELD. Ffm. 1994. – GOLISCH, S.: U. J. zur Einf. Hamb. 1994. – NEUMANN, B. J.: U. J. Hamb. 1994. – U. J. Hg. v. E. FAHLKE. Ffm. 1994. – ›Wo ich her bin ...‹. U. J. in der DDR. Hg. v. R. BERBIG u. a. Bln. ²1994.

Johnson of Boone, Benj. F. ['dʒɔnsn ɔv 'buːn], Pseudonym des amerikan. Schriftstellers James Whitcomb ↑ Riley.

Johnston, [William] Denis [engl. dʒɔnstn], * Dublin 18. Juni 1901, † ebd. 8. Aug. 1984, ir. Dramatiker. – Leitete 1931–36 das experimentierfreudige Gate Theatre in Dublin, arbeitete danach für Funk und Fernsehen bei der BBC in London; ab 1952 Lehrtätigkeit in den USA. Blieb v. a. durch seine komplexen, von S. O'Casey beeinflußten Dramen bekannt, die realist. und expressionist. Stilarten verbinden, und von denen sich ›The old lady says No!‹' (1932), ›The moon in the yellow river‹ (1932), und ›The scythe and the sunset‹ (1960) mit Themen des ir. Freiheitskampfes befassen. Schrieb auch Hör- und Fernsehspiele sowie eine literaturkritisch-philosoph. Studie über J. Swift (›In search of Swift‹, 1959).

Weitere Werke: A bride for the unicorn (Dr., UA, 1933, gedr. 1965), Blind man's buff (Dr., 1938; Adaptation von E. Tollers Die blinde Göttin), The brazen horn (Abh., 1976).

Ausgaben: D. J. Dramatic works. Gerrards Cross 1977–79. 2 Bde. – D. J. Selected plays. Gerrards Cross 1983.

Literatur: SPINNER, K.: Die alte Dame sagt: Nein! 3 ir. Dramatiker; C. Robinson, S. O'Casey, D. J. Bern 1961 (mit Bibliogr.). – FERRAR, H.: D. J.'s Irish theatre. Dublin 1973. – BARNETT, G. A.: D. J. Boston (Mass.) 1978. – RONSLEY, J.: D. J. A retrospective. Gerrads Cross 1981.

Johnston, Jennifer [Prudence] [engl. dʒɔnstn], * Dublin 12. Jan. 1930, ir. Schriftstellerin. – Tochter von [William] Denis J.; beschreibt in ihren Romanen Probleme Irlands, oft in Zusammenhang mit der schwierigen Beziehung zwischen Jugend und Erwachsenenwelt oder Alter.

Werke: The captains and the kings (R., 1972), The gates (R., 1973), Er ging an meiner Seite (R., 1974, dt. 1975), Shadows on our skin (R., 1977), The old jest (R., 1979), The nightingale and not the lark (Dr., 1980), The christmas tree (R., 1981), The railway station man (R., 1984), Indian summer (Dr., 1984), Fool's sanctuary (R., 1987), The invisible worm (R., 1991).

Johnstone-Wilson, Angus Frank [engl. 'dʒɔnstn 'wɪlsn], engl. Schriftsteller, ↑ Wilson, Angus.

Joho, Wolfgang, * Karlsruhe 6. März 1908, † Teltow (bei Potsdam) 13. Febr. 1991, dt. Schriftsteller. – Wurde 1929 Mitglied der KP; zunächst Journalist, ab 1954 freier Schriftsteller. Sein Roman ›Die Wendemarke‹ (1957) beschreibt den Wandlungsprozeß bürgerl. Intellektueller, die zu Parteigängern der Arbeiterbewegung werden; ›Aufstand der Träumer‹ (1966) ist ein histor. Roman über den Dekabristenaufstand 1825.

Weitere Werke: Die Hirtenflöte (E., 1948), Jeanne Peyrouton (R., 1949), Der Weg aus der Einsamkeit (R., 1953), Das Klassentreffen (E., 1968), Die Kastanie (R., 1970), Abschied von Parler (E., 1972), Der Sohn (E., 1974).

Johst, Hanns, * Seerhausen bei Riesa 8. Juli 1890, † Ruhpolding (Landkreis Traunstein) 23. Nov. 1978, dt. Schriftsteller. – 1935–45 Präsident der Reichsschrifttumskammer; Mitglied der SS im Rang eines Brigadeführers; 1949 wurde er als Hauptschuldiger eingestuft und u. a. zu Berufsbeschränkung und Arbeitslager verurteilt. Gilt als literarisch bedeutendster Parteidichter der NSDAP. Begann als Expressionist v. a. mit Dramen (›Die Stunde der Sterbenden‹, 1914; ›Der junge Mensch‹, 1916; ›Der Einsame‹, 1917); in seinen späteren Werken zunehmende Betonung des Völkisch-Nationalistischen (›Der König‹, Dr., 1920; ›Thomas Paine‹, Dr., 1927; ›Schlageter‹, Schsp., 1933); auch Lyriker und Erzähler.

Weitere Werke: Wegwärts (Ged., 1916), Der Anfang (R., 1917), Kreuzweg (R., 1922), Gesegnete Vergänglichkeit (R., 1955).
Literatur: PFANNER, H. F.: H. J. Vom Expressionismus zum Nationalsozialismus. Den Haag u. Paris 1970.

Joinville, Jean Sire de [frz. ʒwɛ̃'vil], *1225, †24. Dez. 1317, Seneschall der Champagne (seit 1254), frz. Geschichtsschreiber. – Machte im Gefolge König Ludwigs IX. dessen Kreuzzug nach Ägypten mit (1248–54); sein berühmtes, zwischen 1305 und 1309 entstandenes Alterswerk ›Geschichte König Ludwigs des Heiligen‹ (dt. 1853), das eine anschaul. und sachgetreue Chronik des 6. Kreuzzuges sowie persönl. Erinnerungen aus dem Umgang mit dem König enthält, ist ein früher bed. Text der frz. Prosa und zugleich ein Vorläufer neuzeitl. Memoirenliteratur.

Jókai, Mór [ungar. 'jo:kɔi], *Komárom 18. Febr. 1825, †Budapest 5. Mai 1904, ungar. Schriftsteller. – Aus einer Adelsfamilie; Verbindung zu S. Petőfi; 1848 einer der Führer der revolutionären Jugend; bedeutendster und populärster Erzähler der ungar. Literatur; stand unter dem Einfluß der frz. Romantik; ausgezeichnete Beobachtungsgabe, lebendige und natürl. Sprache, Fabulierkunst und Humor kennzeichnen sein Werk, für das er die Stoffe aus der ungar. Geschichte, v. a. aus der Zeit des Freiheitskampfes, wählte.

Werke: Türkenwelt in Ungarn (R., 1853, dt. 1855), Ein ungar. Nabob (R., 4 Bde., 1854, dt. 1858), Der neue Gutsherr (R., 3 Bde., 1863, dt. 1876), Der Mann mit dem steinernen Herzen (R., 1869, dt. 4 Bde., 1874), Schwarze Diamanten (R., 1870, dt. 5 Bde., 1871), Ein Goldmensch (R., 5 Bde., 1872, dt. 1873, 1957 u. d. T. Vom Golde verfolgt), Die weiße Frau von Löcse (R., 1884, dt. 1985), Die gelbe Rose (R., 1893, dt. 1895), Der unglückl. Wetterhahn (En., dt. Ausw. 1985).
Literatur: SÖTER, I.: J. M. Budapest 1941. – LENGYEL, D.: J. M. Budapest ²1970.

Jokomitsu (tl.: Yokomitsu), Riitschi, *in der Präfektur Fukuschima 17. März 1898, †Tokio 30. Dez. 1947, jap. Romancier. – Schrieb zunächst naturalistischrealistisch, stand später im Mittelpunkt der sog. ›shinkankaku-ha‹ (Neoperzep-

tionismus) und genoß großes Ansehen. Sein Hauptwerk ist der Roman ›Ryoshū‹ (= Reiseeinsamkeit, 1946); dt. liegen die Erzählungen ›Der Herbst‹ (dt. 1951) und ›Mechanik‹ (dt. 1965) vor.
Literatur: KEENE, D.: Yokomitsu Riichi. Modernist. New York 1980.

Jokǫstra, Peter, *Dresden 5. Mai 1912, dt. Schriftsteller. – War Kreisschulrat und Lektor in der DDR; ging 1958 nach Südfrankreich; heute freier Schriftsteller in Linz am Rhein. Schreibt Lyrik, Romane, Essays, Literaturkritiken, Reise- und Sachbücher.

Werke: An der besonnten Mauer (Ged., 1958), Herzinfarkt (R., 1961), Hinab zu den Sternen (Ged., 1961), Bobrowski und andere. Die Chronik des P. J. (1967), Die gewendete Haut (Ged., 1967), Das große Gelächter (R., 1974), Feuerzonen (Ged., 1976), Südfrankreich für Kenner (Reiseb., 1979), Heimweh nach Masuren. Jugendjahre in Ostpreußen (1982).

Jolo [schwed. 'ju:lu], Pseudonym des schwed. Schriftstellers Jan Olof †Olsson.

Jølsen, Ragnhild [norweg. 'jœlsən], *Enebakk 28. März 1875, †ebd. 28. Jan. 1908, norweg. Schriftstellerin. – Gute Beobachtungsgabe, feinsinnige psycholog. Gestaltung ihre teils realist., teils schwärmer. Romane (u. a. ›Rikka Gan‹, 1904, dt. 1905), die aus tiefer Verbundenheit mit ihrer ostnorweg. Heimat entstanden sind.
Weitere Werke: Hollases krønike (R., 1906), Brukshistorier (En., 1907).
Ausgabe: R. J. Samlede skrifter. Christiania 1923. 2 Bde.

Jonas, Anna, *Essen 8. Juni 1944, dt. Schriftstellerin. – Nach längeren Aufenthalten in Spanien ließ sie sich in Berlin (West) nieder. Sie schreibt Gedichte, in denen sie auch formal experimentiert, und Prosa; ihre Sprache ist schnörkellos, klar, distanziert; auch Übersetzerin.
Werke: Nichts mehr an seinem Platz (Ged., 1981), Sophie und andere Pausen (Ged., 1984), Das Frettchen. Eine Biographie (Prosa, 1985), Berlin und zugenäht (Essay, 1987).

Jónasson, Jóhannes (úr Kötlum) [isländ. 'jounasɔn], *Goddastaðir í Dölum 4. Nov. 1899, †Reykjavík 27. April 1972, isländ. Dichter. – Begann mit der in nationalromant. Tradition stehenden Gedichtsammlung ›Bí bí og blaka‹ (= Schlaf, Kindchen, schlaf, 1926); zu

314 Jonckheere

Beginn der 30er Jahre radikale Hinwendung zum Sozialismus, Mitbegründer der sozialist. Literaturzeitung ›Rauðir pennar‹ (= Rote Federn, 1935). Nach dem 2. Weltkrieg löste er sich von dieser extremen Position. Seine Lyrik, nun weniger politisch, sondern mehr den allgemeinen Problemen und Fragen der Zeit verpflichtet, öffnete sich in starkem Maße neuen literar. Strömungen und Formtendenzen; Höhepunkt und vollendetster Ausdruck dieser Entwicklung ist die Gedichtsammlung ›Sjödegra‹ (= Eine Strecke von sieben Tagen, 1955).

Weitere Werke: Hrímhvíta móðir (= Rauhreifweiße Mutter, Ged., 1937), Hart er í heimi (= Hart ist es auf der Welt, Ged., 1939), Sól tér sortna (= Die Sonne verfinstert sich, Ged., 1945), Sóleyjarkvæði (= Gedicht der Sóley, Ged., 1952), Öljóð (= Ungedichte, Ged., 1962), Tregaslagur (= Von Kummer geschlagen, Ged., 1964), Ný og nið (= Zunehmender und abnehmender Mond, Ged., 1970).
Ausgabe: J. J. Ljóðasafn. Reykjavík 1972–74. 2 Bde.

Jonckheere, Karel [niederl. 'jɔŋkhe:rə], * Ostende 9. April 1906, † Rijmenam (bei Mecheln) 13. Dez. 1993, fläm. Schriftsteller. – Behandelte traditionelle Themen in skept. und ironisierender Weise, u. a. in ›Spiegel der zee‹ (Ged., 1946), ›De hondenwacht‹ (Ged., 1951), ›Van zee tot schelp‹ (Ged., 1955), ›Ogentroost‹ (Ged., 1961); schrieb auch Erzählungen, u. a. ›Steekspel met dubbelgangers‹ (1955), ›Met Elisabeth naar de galg‹ (1971); auch Essayist und Kritiker.
Weiteres Werk: De overkant is hier (Ged., 1981).
Literatur: GYSEN, M.: K. J. Brüssel 1964. – ROEMANS, R./ASSCHE, H. VAN: Bibliografie van K. J. Hasselt 1967.

Jones, Arthur Llewellyn [engl. dʒoʊnz], walis. Schriftsteller, † Machen, Arthur.

Jones, David [engl. dʒoʊnz], * Brockley (Kent) 1. Nov. 1895, † London 28. Okt. 1974, engl. Lyriker. – Konvertierte 1921 zum Katholizismus; Einfluß der kath. Liturgie auf sein lyr. Werk, das auch den Alltagssprache, dem Soldatenidiom und der kelt. Überlieferung Anregungen für neue Ausdrucksmöglichkeiten verdankt; J.' erste Gedichtsammlung ›In parenthesis‹ (1937) enthält Kriegslyrik, der 2. Band, ›Anathemata. Frag-

mente eines Schreibversuchs‹ (1952, dt. 1988), ist der Versuch einer lyr. Autobiographie; schuf auch Aquarelle und Illustrationen (Holzschnitte).
Weitere Werke: The wall (Ged., 1955), Epoch and artist (Essays, 1959).
Literatur: BLAMIRES, D. M.: D. J. Manchester 1971. – BLISSETT, W.: The long conversation. A memoir of D. J. New York 1981. – WARD, E.: D. J. Mythmaker. Manchester 1983.

Jones, Henry Arthur [engl. dʒoʊnz], * Grandborough 20. Sept. 1851, † London 7. Jan. 1929, engl. Dramatiker. – War Ende des 19. Jh. der in Großbritannien meistgespielte Dramatiker. Seinen Erfolg begründete das Melodrama ›The silver king‹ (1882; mit Henry Herman). Danach schrieb er zahlreiche Problemdramen über gesellschaftl. Heuchelei v. a. bei der Religionsausübung (z. B. ›Saints and sinners‹, 1891; ›Judah‹, 1894; ›Michael and his lost angel‹, 1896; ›The hypocrites‹, 1907) sowie Intrigenkomödien (z. B. ›The liars‹, 1897; ›Mrs. Dane's defence‹, 1900). In Aufsätzen setzte er sich für eine literar. Erneuerung des Theaters ein.
Ausgaben: H. A. J. Representative plays. Hg. v. C. HAMILTON. Boston (Mass.) 1925. 4 Bde. – H. A. J. Plays. Hg. v. R. JACKSON. Cambridge u. a. 1982.
Literatur: JONES, D. A.: The life and letters of H. A. J. London 1930. Nachdr. 1971. – CORDELL, R. A.: H. A. J. and the modern drama. New York 1932. Nachdr. Port Washington 1968.

Jones, James [engl. dʒoʊnz], * Robinson (Ill.) 6. Nov. 1921, † Southampton (N. Y.) 9. Mai 1977, amerikan. Schriftsteller. – Nahm 1939–44 am Krieg im Pazifik teil; wurde schlagartig bekannt mit seinem auch verfilmten Roman ›Verdammt in alle Ewigkeit‹ (1951, dt. 1951), einer ungeschminkten Darstellung des Soldatenlebens in einem Ausbildungslager auf Hawaii kurz vor dem jap. Überfall auf Pearl Harbor. J. lebte von 1958 bis 1975 in Paris, wo er weitere Romane über die Problematik des Krieges und seiner Auswirkungen auf die Soldaten und die Zivilbevölkerung in den USA sowie über seine Eindrücke in Paris schrieb; diese Erzählungen konnten allerdings nicht den Erstlingserfolg wiederholen.
Weitere Werke: Die Entwurzelten (R., 1958, dt. 1959), Die Pistole (R., 1958, dt. 1959), Der tan-

Jong 315

zende Elefant (R., 1962, dt. 1963, 1979 u. d. T. Insel der Verdammten), Kraftproben (R., 1967, dt. 1968), Das Messer (En., 1968, dt. 1971), Mai in Paris (R., 1970, dt. 1971), Viet journal (1974), Im Zweiten Weltkrieg. Erlebnisse und Eindrücke (1975, dt. 1977), Heimkehr der Verdammten (R., hg. 1978, dt. 1979).
Literatur: J. J. A checklist. Hg. v. J. R. HOPKINS. Detroit (Mich.) 1974. – JONES, P. G.: War and the novelist. Columbia (Mo.) 1976. – MORRIS, W.: J. J. A friendship. Garden City (N.Y.) 1978. – GILES, J. R.: J. J. Boston (Mass.) 1981. – GARRETT, G.: J. J. New York 1984.

Jones, LeRoi [engl. dʒoʊnz] (seit 1966 Imamu Amiri Baraka), * Newark (N. J.) 7. Okt. 1934, amerikan. Schriftsteller. – Studium an der Howard und Columbia University; Lehrtätigkeit an verschiedenen Universitäten; nach Kuba-Besuch (1960) und der Ermordung von Malcolm X (1965) Bruch mit weißen Freunden und der Avantgardeliteratur; gründete das ›Black Arts Repertory Theatre‹ in Harlem (1965), dann Umzug in das ›Spirit House‹ in einem schwarzen Slumviertel von Newark (N. J.). In seinem Werk spiegelt sich die Entwicklung vom literar. Bohemien über die militante ›Black-Nationalist‹-Bewegung zum internat. Marxisten. Veröffentlicht seit 1961 Gedichte (›The dead lecturer‹, 1964; ›Black art‹, 1966; ›Head facts‹, 1976), Theaterstücke (›Dutchman‹, 1964; ›The slave‹, 1964), Romane (›Dantes System der Hölle‹, 1965, dt. 1966), Erzählungen und Essays (›Ausweg in den Haß‹, 1966, dt. 1967), in denen er sich kritisch mit der Situation der schwarzen Amerikaner und der afroamerikan. Kunst auseinandersetzt (›Schwarze und ihre Musik im weißen Amerika‹, 1963, dt. 1969; ›Schwarze Musik‹, 1967, dt. 1970; ›The autobiography of L. J./Amiri Baraka‹, 1984).
Ausgaben: L. J. Four black revolutionary plays. Indianapolis (Ind.) 1969. – Selected poems of Amiri Baraka/L. J. New York 1979.
Literatur: HUDSON, TH. R.: From L. J. to Amiri Baraka. The literary works. Durham (N.C.) 1973. – BENSTON, K. W.: Baraka. The renegade and the mask. New Haven (Conn.) u. London 1976. – SOLLORS, W.: Amiri Baraka/L. J. The quest for a populist modernism. New York 1978.

Jones, Thomas Gwynn [engl. dʒoʊnz], Pseudonym Rhufaw, * Betwsyn-Rhos (Denbigh) 10. Okt. 1871, † Aberyst-

wyth 7. März 1949, walis. Schriftsteller. – Ab 1919 Prof. für walis. Literatur in Aberystwyth; schrieb Romane und v. a. formal meisterhafte Gedichte; Neigung zur Gestaltung des Phantastischen und Märchenhaften; auch krit. biograph. Abhandlungen.
Werke: Eglwys y Dyn Tlawd (= Die Kirche des armen Mannes, Dr., 1892), Gwlad y Gân (= Land des Liedes, Ged., 1902), John' Homer (R., 1923), Lona (R., 1923).
Literatur: JENKINS, D.: Th. G. J., confiant. Dinbuch 1973. – Llyfryddiaeth Th. G. J. Hg. v. D. ROBERTS u. E. HYWEL. Cardiff 1981. – JENKINS, D.: Th. G. J. 1871–1949. Cardiff 1984.

Jong, Adrianus Michael de, * Nieuw-Vossemeer 29. März 1888, † Blaricum 18. Okt. 1943 (von niederl. SS ermordet), niederl. Schriftsteller. – Aus kath. Arbeiterfamilie, zuerst Lehrer; vertrat in seinen Romanen, die hervorragende Charakterzeichnungen enthalten, sozialist. Ideen und eine antireligiöse Einstellung; auch Kinderbücher und Reisebeschreibungen.
Werke: Untergang (R., 1916, dt. 1921), Mereyntje Geysens Kindheit (R., 4 Bde., 1925–28, dt. 1929/30, 1955 u. d. T. Herz in der Brandung), Frank van Wezels roemruchte jaren (R., 1928), Naar zonnige landen in donker getij (Reisebericht, 1929), Der krumme Lindert (R., 1930, dt. 1949), Der Tod des Patriarchen (Nov., 1932, dt. 1936), Heller Klang aus dunkler Flöte (R., 4 Bde., 1935–38, dt. 1959).

Jong, Erica [Mann] [engl. dʒɔŋ], * New York 26. März 1942, amerikan. Schriftstellerin. – Studien u. a. am Barnard College in New York; Lehrtätigkeit u. a. an der University of Maryland in Heidelberg (1966–69); wurde durch den Roman ›Angst vorm Fliegen‹ (1973, dt. 1976) schlagartig berühmt, in dem sie die oft beanstandete sexuelle Offenheit als Mittel der Frauenemanzipation einsetzt; die Fortsetzung des Romans, ›Rette sich wer kann‹ (1977, dt. 1978), sowie die Parodie auf den pikaresken Roman des 18. Jh. (›Fanny‹, 1980, dt. 1980) waren weniger erfolgreich; schreibt auch anspruchsvolle Gedichte über Erfahrungen mit Sexualität und Psychoanalyse.
Weitere Werke: Fruits and vegetables (Ged., 1971), Half-lives (Ged., 1973), Loveroot (Ged., 1975), At the edge of the body (Ged., 1979), Witches (Ged., 1981), Ordinary miracles (Ged., 1983), Fallschirme und Küsse (R., 1984, dt. 1985), Serenissima (R., 1987, dt. 1988), Der

letzte Blues (R., 1990, dt. 1990), Becoming light. Poems, new and selected (Ged., 1991), Keine Angst vor fünfzig (Memoiren, 1994, dt. 1994).

Jonikus ↑ Ionikus.

Jonke, Gert Friedrich, * Klagenfurt 8. Febr. 1946, österr. Schriftsteller. – Studium der Germanistik, Geschichte und Philosophie; lebt, nach zahlreichen Reisen und längeren Auslandsaufenthalten, als freier Schriftsteller in Wien. Setzt sich, z. B. in seiner Erzähltrilogie ›Schule der Geläufigkeit‹ (1977, erweiterte Neufassung 1985), ›Der ferne Klang‹ (1979) und ›Erwachen zum großen Schlafkrieg‹ (1982) kritisch-ironisch mit der österr. Wirklichkeit auseinander. Vorzugsweise nachts arbeitend, entwickelte er eine Art Poetik des Schlafs, die sich stilistisch durch Reihung, verschiedene, ineinander verschachtelte, oft abrupt aufeinanderfolgende Erzählstränge darstellt, inhaltlich zwischen Gegensätzen wie Traum – Schein – Utopie und Wirklichkeit, Stillstand und Bewegung, Betroffenheit und Unerreichbarkeit eine Annäherung sucht.

Weitere Werke: Geometr. Heimatroman (R., 1969), Glashausbesichtigung (R., 1970), Die Vermehrung der Leuchttürme (En., 1971), Die Hinterhältigkeit der Windmaschinen (Dr., 1972), Die erste Reise zum unerforschten Grund des stillen Horizonts (frühe Prosa, 1980), Entflieht auf leichten Kähnen (R., 1983), Sanftwut oder Der Ohrenmaschinist. Eine Theatersonate (1990), Opus 111. Ein Klavierstück (1993).

Jonker, Ingrid [afrikaans 'jɔŋkər], * Douglas 19. Sept. 1933, † Kapstadt 19. Juli 1965, südafrikan. Lyrikerin. – Wurde vom Surrealismus (P. Éluard) und den literar. Tendenzen der 50er Jahre in den Niederlanden beeinflußt; schrieb in ihrer Jugend eigenwillige Gefühls- und Liebeslyrik, die die Grundmotive ihrer Dichtung (der abwesende Geliebte, das falsche Spiel, der letztendl. Verlust menschl. Illusionen) bereits andeuten.

Werke: Ontvlugting (Ged., 1956), Rook en oker (Ged., 1963), Kantelson (Ged., 1966), Selected poems (Ged., hg. 1968), Versamelde werke (Ged. u. Prosa, hg. 1975).

Jonson, Ben (auch Benjamin) [engl. dʒɔnsn], * Westminster(?) 11. Juni 1572, † ebd. 6. Aug. 1637, engl. Dichter. – Diente als Soldat im Krieg gegen Spanien in den Niederlanden; wurde dann in London Schauspieler und Dramatiker; 1598 wegen eines Duells vorübergehend in Haft; begleitete den Sohn von Sir Walter Raleigh auf einer Reise nach Frankreich; wurde 1616 ›poet laureate‹ und 1618 in Oxford Magister artium ehrenhalber. Mit dem Drama ›Everyman in his humour‹ (1600) begründete er den neuen Komödientypus der ↑ Comedy of humours, der an den Charakteren jeweils einzelne dominante Charakterzüge hervorkehrt und Laster kraß bloßstellt. In betontem Gegensatz zu den ›romant.‹ Komödien Shakespeares verzichten J.s Komödien zunehmend auf Handlungsdramatik zugunsten der Gestaltung satir. Panoramen; Meisterwerke dieser Art sind ›Volpone oder der Fuchs‹ (1607, dt. 1912, erstmals dt. 1798), ›Der Alchemist‹ (1612, dt. 1836) und das Antipuritanerstück ›Bartholomäusmarkt‹ (UA 1614, erschienen 1631, dt. 1912). J.s Versuche, die klass. Tragödie zu erneuern (›Der Sturz des Sejanus‹, EA 1603, gedr. 1605, dt. 1912; ›Catiline his conspiracy‹, 1611) waren weniger erfolgreich. Dagegen gehören seine (z. T. in Verbindung mit Inigo Jones gestalteten) höf. Maskenspiele zu den poetischsten dieser Gattung. J.s lyr. und epigrammat. Werk wurde für die Kavaliersdichter des 17. Jh. zum Vorbild.

Weitere Werke: Everyman out of his humour (Kom., UA 1599, gedr. 1600), Poetaster, or the arraignment (Kom., UA 1601, gedr. 1602), Cynthia's revels, or the fountain of self-love (Dr., 1601), The masque of queens (Maskenspiel, 1609), Epicoene, or the silent woman (Kom., UA 1609, gedr. 1616, dt. 1799 u. d. T. Epicoene oder das stille Frauenzimmer; dt. Text von S. Zweig für die Oper Die schweigsame Frau

Ben Jonson (Stahlstich nach einer zeitgenössischen Vorlage)

Jorge 317

von R. Strauss, 1935), Der dumme Teufel (1616, dt. 1836).
Ausgaben: B. J. Works. Hg. v. C. H. HERFORD u. P. SIMPSON. Oxford 1925–52. 11 Bde. Nachdr. 1954–63. – The Yale B. J. New Haven (Conn.) 1962 ff. Auf mehrere Bde. berechnet (bisher 8 Bde. erschienen).
Literatur: PARTRIDGE, E. B.: The broken compass. A study of the major comedies of B. J. London u. New York 1958. Nachdr. Westport (Conn.) 1976. – ORGEL, S.: The Jonsonian masque. Cambridge (Mass.) 1965. Nachdr. New York 1981. – GARDINER, J. K.: Craftsmanship in context. The development of B. J.'s poetry. Den Haag u. Paris 1975. – PARFITT, G.: B. J. London 1976. – PLATZ-WAURY, E.: J.s kom. Charaktere. Nbg. 1976. – LEGGATT, A.: B. J. London u. a. 1981. – BARTON, A.: B. J., dramatist. Cambridge 1984. – SWEENEY, J. G.: J. and the psychology of the public theatre. Princeton (N. J.) 1985. – MILES, R.: B. J., his life and work. London u. a. 1986. – RIGGS, D.: B. J., a life. Cambridge (Mass.) 1989.

Jonsson, Thorsten [schwed. 'junsɔn], Hörnsjö (Västerbotten) 25. April 1910, † Stockholm 7. Aug. 1950, schwed. Schriftsteller. – Studium in Stockholm, Journalist, zeitweise in New York. J. bevorzugt die harte Schilderung grauenhafter Vorgänge und patholog. Verbrechertypen in der Art des Thrillers; pflegt den realist. Dokumentationsroman der 30er Jahre, verbindet seine knappe, lakonisch konzentrierte, u. a. von E. Hemingway, J. Steinbeck und W. Faulkner beeinflußte Erzählweise mit surrealist. Elementen. Durch seine Essays zur nordamerikan. Literatur und seine Übersetzungen (u. a. Hemingway und Steinbeck) wichtiger kultureller Vermittler zwischen Schweden und den USA.
Werke: Som det brukar vara (Nov., 1939), Fly till vatten och morgon (Nov., 1941), Menschen im Konvoi (R., 1947, dt. 1951), Dimman från havet (Nov., hg. 1950).

Jonsson, Tor [norweg. 'junsɔn], *Lom (Oppland) 14. Mai 1916, † Oslo 14. Jan. 1951, norweg. Schriftsteller. – Wuchs als Häuslersohn auf und beschrieb in heimatverbundener Lyrik das norweg. Bauernleben; trat für die Interessen des Landproletariats ein; u. a. ›Mogning i mørkret‹ (Ged., 1943), ›Berg ved blått vatn‹ (Ged., 1946), ›Jarnnetter‹ (Ged., 1948).
Weitere Werke: Nesler (Essays, 2 Bde., 1950–52), Ei dagbok for mitt hjarte (Ged., 1951).

Ausgaben: T. J. Dikt i samling. Oslo 1956. – T. J. Prosa i samling. Oslo 1960.

Jónsson, Hjálmar [isländ. 'jounsɔn], genannt Bólu-Hjálmar, *Halland (Eyjafjörður) 6. Febr. oder 29. Sept. 1796, † Brekkuhuis (Skagafjörður) 25. Juli oder 5. Aug. 1875, isländ. Dichter. – Neigte zu einem antiromant. Realismus, schrieb sprachlich und formal ungewöhnlich anspruchsvolle lyr. Gedichte, satir. und Schmähgedichte, Rímur und Prosastücke. Er ist Gegenstand mehrerer Volkssagen.
Ausgabe: H. J. Ritsafn. Reykjavík 1949–60. 6 Bde.
Literatur: RUMBKE, E.: H. J. í Bólu. Diss. Gött. 1970.

Jǫntza, Georg, Pseudonym des dt. Schriftstellers Karl Emerich † Krämer.

Joostens, Renaat Antoon, fläm. Schriftsteller, † Albe.

Jǫrdan, Wilhelm, *Insterburg 8. Febr. 1819, † Frankfurt am Main 25. Juni 1904, dt. Schriftsteller. – Mitglied der Frankfurter Nationalversammlung. J. reiste durch Europa und Amerika und trug eigene Dichtungen vor. Typ. Vertreter des selbstbewußten Bürgertums der Bismarckzeit. Wollte mit seinem Hauptwerk, dem Stabreimepos ›Nibelunge‹ (2 Tle. in 4 Bden., 1867–74; Suppl.-Bd.: ›Der ep. Vers der Germanen und sein Stabreim‹, 1867), das dt. Nationalepos erneuern. Neben Romanen und Bühnenstücken von geringerer literar. Qualität auch theoret. Schriften u. Übersetzungen (Shakespeare, Homer).
Weitere Werke: Glocke und Kanone (Ged., 1841), Ird. Phantasien (Ged., 1842), Demiurgos. Ein Mysterium (Epos, 3 Tle., 1852–54), Durchs Ohr (Lsp., 1870), Die Sebalds (R., 2 Bde., 1885), Zwei Wiegen (R., 2 Bde., 1887).

Jorge, Lídia [portugies. 'ʒɔrʒə], *Boliqueime (Distrikt Faro) 18. Juni 1946, portugies. Schriftstellerin. – Prof. für Literaturtheorie an der Univ. Lissabon; eine der bedeutendsten portugies. Schriftstellerinnen der Zeit nach 1974. Ihr Erstlingsroman ›Der Tag der Wunder‹ (1980, dt. 1989) verbindet eine komplexe Ästhetik mit oralen Erzählformen. Aus den 25 Perspektiven der Bewohner eines Dorfes z. Z. der Revolution 1974 entwickeln sich – mit den Mitteln des Stream of consciousness, simultaner Darstellung

318 **Jørgensen**

u. a. – Themenstränge wie Auflösung traditioneller Lebensformen, Spannungen zw. den Geschlechtern, phantast. und reale Wirklichkeit, Warten auf ein Wunder, die auch in den Folgeromanen fortgesetzt und ausgebaut werden.
Weitere Werke: O cais das merendas (R., 1982), Nachricht von der anderen Seite der Straße (R., 1984, dt. 1990), Die Küste des Raunens (R., 1988, dt. 1993).
Literatur: BRAUER-FIGUEIREDO, M. F.: L. J. u. ihre Romane. In: Lusorama 4 (1988), S. 26.

Jørgensen, Johannes [dän. 'jœrn-'sən], eigtl. Jens J., *Svendborg (Fünen) 6. Nov. 1866, †ebd. 29. Mai 1956, dän. Dichter. – Journalist, durch Vermittlung von G. Brandes Mitarbeiter an ›Kjøbenhavns Børstidende‹; Redakteur der Zeitschrift ›Katholiken‹, später Korrespondent von ›Nationaltidende‹; trat 1896 zum Katholizismus über; lebte meist im Ausland. War 1913/14 Prof. für Ästhetik in Löwen, während des 2. Weltkrieges hielt er sich in Schweden auf. J. begann mit stimmungsvoller Lyrik und wurde zum Führer des symbolist. Kreises um die von ihm herausgegebene Zeitschrift ›Tårnet‹ (1893–95). Seine späten Gedichte und Erzählungen sind erfüllt von tiefer Religiosität.
Werke: Bekenntnis (Ged., 1894, dt. 1917), Das Reisebuch (1895, dt. 1898), Parabeln (1898, dt. 1899), Unsere Liebe Frau von Dänemark (R., 1900, dt. 1908), Röm. Heiligenbilder (1902, dt. 1906), Das Pilgerbuch (1903, dt. 1905), Franz von Assisi (Biogr., 1907, dt. 1911), Lieblichste Rose (R., 1907, dt. 1909), Birgitta af Vadstena (Biogr., 2 Bde., 1941–43), Digte i Danmark (1943).
Ausgabe: J. J.: Udvalgte værker. Kopenhagen 1915. 7 Bde.
Literatur: FREDERIKSEN, E.: J. J.s ungdom. Kopenhagen 1946. – JONES, W. G.: J. J.s modne år. Kopenhagen 1963. – JONES, W. G.: J. Jørgensen. New York 1969. – NIELSEN, BO: J. J. og symbolismen. Kopenhagen 1975.

Jōruri ↑ Dschoruri.

Josa Buson (Josa no Buson) (tl.: Yosa [no] Buson), *1716, †1783, jap. Dichter. – Schrieb Haikus in der künstler. Nachfolge von Bascho. Seine Gedichte in leichter Sprache und von großer Eleganz kennzeichnen einen zweiten Höhepunkt der Haiku-Dichtung.
Literatur: DOMBRADY, G. S.: Zwei Dichtungen des Yosa Buson aus dem Yahanranku. In: Oriens Extremus 5 (1958), S. 81.

Josano (tl.: Yosano), Akiko [jap. 'jo-,sano], eigtl. Otori Akiko, *Sakai (Osaka) 7. Dez. 1878, †Tokio 29. Mai 1942, jap. Dichterin. – Schrieb u. a. unter dem Einfluß von Ch. Baudelaire und P. Verlaine Liebesgedichte; darüber hinaus nahm sie zu zahlreichen Zeitfragen kritisch Stellung (u. a. mit dem Antikriegsgedicht ›Du darfst mir nicht sterben!‹) und schrieb Kommentare zur klass. jap. Literatur; am bekanntesten ist der Gedichtband ›Midaregami‹ (1901, engl. 1935 u. d. T. ›Tangled hair‹).
Literatur: HONDA, H.: The poetry of Yosano Akiko. Tokio 1957.

Josano (tl.: Yosano), Tekkan [jap. 'jo-,sano], eigtl. Josano Hiroschi, *Kioto 26. Febr. 1873, †Tokio 26. März 1935, jap. Dichter. – Beschäftigte sich mit jap. und chin. Literatur (1920 Prof. für Literatur in Tokio); einer der Schöpfer der neuen jap. Lyrik im klass. Stil; Gründer der Autorengemeinschaft Tokioschinschischa (1900).
Literatur: Masterpieces of Japanese poetry, ancient and modern. Hg. v. A. MIYAMORI. New York 1970. S. 635.

Josaphat (Joasaph), mittelalterl. Sagengestalt, ↑ Barlaam und Josaphat.

Joschida Kenko (tl.: Yoshida Kenkō), eigtl. Urabe Kanejoschi, auch Kenko Hoschi, *Kioto 1282 oder 1283, †in der Provinz Iga (heute zur Präfektur Mie) 1350, jap. Schriftsteller. – Aus einem Priestergeschlecht; Hofbeamter, dann buddhist. Laienmönch; bekannt durch seine gelegentlich krit., ironisch gefärbten Aufzeichnungen ›Tsurezuregusa‹ (um 1333, dt. 1940 u. d. T. ›Tsurezuregusa oder Aufzeichnungen aus Mußestunden‹), das berühmteste Werk der ›suihitsu‹-Literatur (↑ japanische Literatur).

Jose Ben Jose (tl.: Yosê Ben Yosê), jüd. religiöser Dichter des 4./5. Jh. in Palästina. – Erster namentlich bekannter Vertreter des ↑ Pijut. Seine weitverbreiteten Schöpfungen in hebr. Sprache beziehen sich auf den Neujahrstag und Jom Kippur; von seinem Leben ist nichts bekannt.
Literatur: Enc. Jud. Bd. 16, 1972, S. 856.

Josef Ben Isaak Ibn Abitur (tl.: Yôsef Ben Yizḥaq Aven Ävîtûr), *Mérida

10. Jh., † Damaskus 11. Jh., jüd. Gelehrter und Dichter. – Nach Studium in Córdoba wegen Auseinandersetzungen innerhalb der span. Judenheit zum Verlassen des Landes gezwungen; hielt sich in Babylonien, Syrien und Palästina auf, ohne eine neue Heimat zu finden. Verfaßte Gutachten zur Halacha (der gesetzl. Teil der jüd. Überlieferung), einen z. T. erhaltenen Psalmenkommentar sowie für den † Pijut wegweisende Dichtungen.

Josephson, Ragnar [schwed. ˌjuːsɛfsɔn], * Stockholm 8. März 1891, † Lund 27. März 1966, schwed. Schriftsteller und Kunsthistoriker. – 1929–57 Prof. in Lund; Mitglied der Schwed. Akademie; verfaßte neben kunsthistor. Arbeiten u. a. Dramen; gab auch Anthologien jüd. Dichter heraus.
Werke: Kedjan (Ged., 1912), Judiska dikter (Ged., 1916), Imperfektum (R., 1920), Nyckelromanen (Dr., 1931), Kanske en diktare (Dr., 1932), Leopold luftkonstnär (Dr., 1934), Sista satsen (Dr., 1945), C. A. Ehrensvärd (Biogr., 1963).

Josephus, Flavius, * Jerusalem 37 oder 38, † Rom um 100, jüd. Geschichtsschreiber. – Einer Priesterfamilie angehörend und priesterl. Traditionen verpflichtet, schloß sich J. als junger Mann den Pharisäern an. Im jüd. Aufstand (66/70), den er an führender Stelle mitmachte, ging er zu den Römern über. Durch kaiserl. Gunst gefördert, schrieb er in Rom in griech. Sprache den ›Jüd. Krieg‹, die ›Jüd. Archäologie‹ (lat. ›Antiquitates‹; ein Anhang dazu ist seine Autobiographie) und ›Über das hohe Alter des jüd. Volkes‹ (Schrift gegen den Grammatiker Apion). – Wie die Septuaginta und Philon von Alexandria blieb J. fast ohne Nachwirkung auf das spätere Judentum, obwohl er als erster die Konzeption einer Geschichte des jüd. Volkes von der Erschaffung der Welt bis hin zu seiner Zeit entwickelte. Tradiert wurden seine Werke ausschließlich in christl. Kreisen, die J. z. T. fast wie einen Kirchenvater schätzten, seine Schriften z. T. aber auch entstellten, wie bes. das später in die ›Archäologie‹ eingeschobene oder doch bis zur Unkenntlichkeit entstellte sog. Christuszeugnis (›Testimonium Flavianum‹) zeigt.

Ausgaben: J. Hg. v. H. S. J. THACKERAY u. a. Griech. u. engl. London u. New York 1926–65. 9 Bde. – F. J. Opera. Hg. v. B. NIESE. Bln. ²1955. 7 Bde. – F. J. Der jüd. Krieg. Übers. u. eingel. v. H. ENDRÖS. Mchn. 1965–66. 2 Bde.
Literatur: SCHRECKENBERG, H.: Die Flavius-J.-Tradition in Antike u. MA. Leiden 1972.

Jósika, Miklós [ungar. ˈjoːʃikɔ], * Torda 28. April 1794, † Dresden 27. Febr. 1865, ungar. Schriftsteller. – Beeinflußt von W. Scott, war J. Schöpfer des ungar. Geschichtsromans; er schrieb auch Gesellschaftsromane, teilweise mit polit. und moral. Tendenz; den größten Erfolg hatte er mit seinem ersten Roman ›Abafi‹ (1836, dt. 1838).
Weitere Werke: Die Familie Mailly (R., 2 Bde., 1850), Die Hexen von Szegedin (R., 1854, dt. 3 Bde., 1863), Franz Rákóczi II. (R., 1861, dt. 1862).
Literatur: DÉZSI, L.: Báró J. M. Budapest 1916.

Jotuni, Maria, eigtl. Maria Tarkiainen, geb. Haggrén, * Kuopio 9. April 1880, † Helsinki 30. Sept. 1943, finn. Schriftstellerin. – Schrieb Tragödien, Komödien, Romane und Novellen aus dem Alltag des Volkes und dem Milieu des Kleinbürgertums. Ihre literar. Vorbilder waren G. de Maupassant, K. Hamsun und H. Ibsen; durch sie fanden Spätnaturalismus und Impressionismus auf der finn. Bühne Eingang; das gewichtige, z. T. postum herausgegebene Spätwerk ist weltanschaulich geprägt.
Werke: Alltagsleben (En., 1909, dt. 1923), Miehen kylkiluu (= Des Mannes Rippe, Dr., 1914), Tyttö ruusutarhassa (= Das Mädchen im Rosengarten, Nov.n, 1927), Klaus, Louhikon herra (= Klaus, Herr von Louhikko, Dr., hg. 1946), Huojuva talo (= Ein Hof verfällt, R., hg. 1963).

Joubert, Elsa Antoinette [afrikaans juˈbɛːr], * Paarl (Kapprovinz) 19. Okt. 1922, südafrikan. Schriftstellerin. – Verfaßte zunächst Berichte über ihre Afrika- und Europareisen, dann Kurzgeschichten, die für die Verständigung zwischen den Völkern Afrikas werben. Der internat. Durchbruch gelang ihr mit dem Roman ›Der lange Weg der Poppie Nongena‹ (1978, dt. 1983), einer bewegenden Reportage über eine vierzig Jahre dauernde Apartheid-Odyssee.
Weitere Werke: Suid van die wind (Reisebericht, 1962), Ons wag op die kaptein (R., 1963), Bonga (R., 1971), Die nuwe Afrikaan (Reisebericht, 1974), Melk (Kurzgeschichten, 1980), Die laatste sondag (Nov., 1983).

Joubert, Joseph [frz. ʒu'bɛ:r], * Montignac (Dordogne) 7. Mai 1754, † Villeneuve-sur-Yonne 4. Mai 1824, frz. Schriftsteller. – Lehrer an einem christl. Collège in Toulouse; ging 1778 nach Paris, wo er u.a. mit D. Diderot, J. F. de Marmontel, F. R. de Chateaubriand verkehrte und von L. de Fontanes (* 1757, † 1821) zum Generalinspektor des Hochschulwesens ernannt wurde. Sein Nachruhm knüpft sich an ein ursprünglich nicht zur Veröffentlichung bestimmtes ›Journal intime‹ aus den Jahren 1786–1824 (1838 in Ausw. postum hg. von Chateaubriand u.d.T. ›Recueil et pensées‹, 1842 erweitert, dt. 1851 u.d.T. ›Gedanken, Versuche und Maximen‹).
Ausgabe: J. J. Les carnets. Hg. v. R. TESSONNEAU. Paris 1983.
Literatur: PERCHE, L.: J. parmi nous. Vorwort v. A. MAUROIS. Limoges 1954. – BILLY, A.: J. énigmatique et délicieux. Paris 1969. – WARD, P. A.: J. J. and the critical tradition. Genf 1980.

Jouhandeau, Marcel [frz. ʒuã'do], eigtl. M. Provence, * Guéret (Creuse) 26. Juli 1888, † Rueil-Malmaison 7. April 1979, frz. Schriftsteller. – Bed. frz. Prosaschriftsteller, in dessen Werk sich mystisch-satan. und kleinbürgerlichmesquine Elemente zu einem narzißt. Konzert verbinden. Antisemitismus und pro-dt. Äußerungen in der Zeit der dt. Besetzung haben seine literar. Wirkung zu Recht eingeschränkt. J. schildert hauptsächlich die Welt, in der er lebte, die Provinz mit ihren Menschen, die J. als iron. Beobachter, gleichzeitig realistisch und phantastisch, darstellt; seine Personen suchen wie er nach einem Absoluten und ringen um Erlösung.
Werke: Der junge Theophil (R., 1921, dt. 1957), Die Pincengrains (R., 1924, dt. 1966), Herr Godeau (R., 1926, dt. 1966), Herr Godeau heiratet (R., 1933, dt. 1968), Chaminadour (En., 3 Bde., 1934–41, dt. Ausw. 1964), Das anmutige Ungeheuer (R., 2 Bde., 1938–43, dt. 1956), Essai sur moi-même (1947), Mémorial (Erinnerungen, 7 Bde., 1948–72), Bausteine. Elemente einer Ethik (1955, dt. 1958), Journaliers (Erinnerungen, 28 Bde., 1961–82), Journal sous l'Occupation, suivi de La courbe de nos angoisses (Erinnerungen, hg. 1980).
Ausgabe: M. J. Ges. Werke in Einzelausgg. Dt. Übers. Rbk. 1964–77. 5 Bde.
Literatur: CABANIS, J.: J. Paris 1959. – GAULMIER, J.: L'univers de M. J. Paris 1959. – RODE, J.: J., son œuvre, ses personnages. Paris 1973.

Journal [ʒʊr...; frz. journal (z. T. unter dem Einfluß von entsprechend italien. giornale), eigtl. = jeden einzelnen Tag betreffend (zu lat. diurnus = täglich)],
1. *veraltet:* Zeitung;
2. *veraltend:* bebilderte Zeitschrift unterhaltenden oder informierenden Inhalts (z. B. Mode-J.);
3. *veraltend:* Tagebuch für dienstl. oder private Eintragungen.

Jouve, Pierre-Jean [frz. ʒu:v], * Arras 11. Okt. 1887, † Paris 8. Jan. 1976, frz. Schriftsteller. – 1924 Übertritt zum Katholizismus; anfangs von den Unanimisten beeinflußt, später Anhänger S. Freuds und der Psychoanalyse. Bed. Lyriker, Literatur- und Musikkritiker. Hauptthema seiner spröden, schwer verständl. Lyrik ist das Spannungsverhältnis zwischen weltzugewandter Sinnlichkeit und einer myst. Geistigkeit sowie Sehnsucht nach Erlösung. Bekannt wurde er mit Gedichten, die im 1. Weltkrieg entstanden. Bed. Einfluß auf die junge Dichtergeneration; auch Übersetzer.
Werke: Ihr seid Menschen (Ged., 1915, dt. 1918), Les mystérieuses noces (Ged., 1925), Paulina 1880 (R., 1925, dt. 1964), Hécate (R., 1928), Vagadu (R., 1931), Sueur de sang (Ged., 1935, dt. Ausw. 1957 u. d. T. Gedichte), Matière céleste (Ged., 1937), Kyrie (Ged., 1938), Hymne (Ged., 1947), Inventions (Ged., 1958), Ténèbres (Ged., 1964).
Ausgabe: P.-J. J. Œuvres poétiques. Paris 1964–65. 6 in 2 Bden. – P.-J. J. Œuvre. Hg. v. J. STAROBINSKI u. a. Paris 1987. 2 Bde.
Literatur: MICHA, R.: P.-J. J. Paris 1963. Neuausg. 1971. – Cahier P.-J. J. Hg. v. R. KOOP u. D. DE ROUX. Paris 1972. – BRODA, M.: J. Lausanne 1981. – LEUWERS, D.: J. avant J. ou la naissance d'un poète (1906–1928). Paris 1984. – SCHÄRER, K.: Thématique et poétique du mal dans l'œuvre de P.-J. J. Paris 1984.

Jouy, Victor-Joseph Étienne de [frz. ʒwi], eigtl. Victor-Joseph Étienne, * Jouy-en-Josas bei Paris 12. Sept. 1764, † Saint-Germain-en-Laye 4. Sept. 1846, frz. Schriftsteller. – War u. a. Konservator am Louvre; 1815 Mitglied der Académie française; schrieb Novellen und Sittenbilder (›Sittengemälde von Paris zu Anfange des 19. Jh.‹, 1812–14, dt. 2 Bde., 1826), streng klassizist. Tragödien (›Sylla‹, 1822), ferner Lustspiele, Vaudevilles und Operntexte (u. a. ›Wilhelm Tell‹, 1829, Musik von G. Rossini).

Jovanović, Jovan [serbokroat. jɔ,va-nɔvitɕ], Pseudonym Zmaj, * Novi Sad 24. Nov. 1833, † Kamenica 3. Juni 1904, serb. Lyriker. – Schrieb zarte, gelegentlich eleg. Liebeslyrik, patriot. Lieder und polit. Gedichte; nahm polemisch und satirisch zu aktuellen Fragen Stellung; beliebt sind seine Gedichte für Kinder; Übersetzer (u. a. Goethe, M. J. Lermontow, S. Petőfi).
Werke: Ðulići (= Gartenrosen, Ged., 1864), Ðulići uveoci (= Verwelkte Gartenrosen, Ged., 1882).
Ausgabe: Zmaj J. J. Sabrana dela. Belgrad 1933–37. 16 Bde.

Jovellanos y Ramírez, Gaspar Melchor de [span. xoβe'ʎanos i rra'mirɛθ], * Gijón (Prov. Oviedo) 5. Jan. 1744, † Vega bei Gijón 27. Nov. 1811, span. Dichter und Politiker. – 1797 Justizminister; 1801–08 von M. de Godoy verbannt; für Asturien Mitglied der Junta Suprema Central nach den Franzoseneinfällen. Beziehung zur Dichterschule von Salamanca. Als Vertreter der span. Aufklärung setzte er sich für die Entwicklung der span. Wirtschaft und Kultur ein. Verfasser von histor. Schriften, Essays, Schauspielen, Oden, Satiren; schrieb eines der hervorragendsten Tagebücher der span. Literatur (›Diarios‹, hg. 1915).
Weitere Werke: Pelayo (Dr., 1769), Der edle Verbrecher (Kom., UA 1774, erschienen um 1782, dt. 1796).
Ausgaben: G. M. de J. y R. Obras publicadas e inéditas. Hg. v. C. NOCEDAL u. M. ARTOLA. Madrid 1949–56. 5 Bde. – G. M. de J. y R. Diario. Hg. v. J. SOMOZA. Oviedo 1953–56. 3 Bde.
Literatur: GALINDO GARCÍA, F.: El espíritu del siglo 18 y la personalidad de J. Oviedo 1971. – RICK, L.: Bibliografía crítica de J. (1901–1976). Oviedo 1977. – VARELA, J.: J. Madrid 1988. – FLECHA ANDRÉS, F.: Antropología y educación en el pensamiento y la obra de J. Léon 1989.

Jovine, Francesco [italien. 'jo:vine], * Guardialfiera (Prov. Campobasso) 9. Okt. 1902, † Rom 30. April 1950, italien. Schriftsteller. – Setzte sich in seinen Romanen und Erzählungen aus dem Mezzogiorno als Vertreter eines sozialistisch orientierten Neoverismus bes. für die sozial Entrechteten ein.
Werke: Signora Ava (R., 1942), L'impero in provincia (E., 1945), Tutti i miei peccati (En., 1948), Die Äcker des Herrn (R., 1950, dt. 1952), Racconti (En., hg. 1960).

Literatur: GRILLANDI, M.: F. J. Mailand 1971. – CARDUCCI, N.: Invito alla lettura di J. Mailand 1977. – PROCACCINI, A.: F. J. New York u. a. 1986.

Jowkow (tl.: Jovkov), Jordan Stefanow [bulgar. 'jɔfkof], * Scherawna bei Kotel 9. Nov. 1880, † Plowdiw 15. Okt. 1937, bulgar. Schriftsteller. – Dorfschullehrer in der Dobrudscha; 1921–27 Sekretär und Dolmetscher der bulgar. Gesandtschaft in Bukarest; danach im Außenministerium; bed. moderner bulgar. Erzähler; realist. Stil mit romant. Elementen; Betonung des Nationalen in der Darstellung des patriarchal. Dorflebens in der Dobrudscha; auch histor. Stoffe; ferner Tiergeschichten und Dramen.
Werke: Der Schnitter (E., 1920, dt. 1941), Balkanlegenden (1927, dt. 1959), Im Gasthof zu Antimovo (En., 1928, dt. 1942), Die Prinzessin von Alfatar (Kom., 1932, dt. 1943), Das Gut an der Grenze (R., 1933/34, dt. 1939).
Ausgaben: J. Jovkov. Ausgew. Erzählungen. Dt. Übers. Sofia 1965. – J. Jovkov. Săbrani săčinenija. Sofia 1976–81. 6 Bde.
Literatur: ECKHARDT, TH.: Die Technik der Erzählung bei J. Jovkov. Diss. Wien 1951 [Masch.]. – VASILEV, M.: J. Jovkov – majstor na razkaza. Sofia 1968.

Joyce, James [engl. dʒɔis], * Rathgar (heute Rathmines and Rathgar) 2. Febr. 1882, † Zürich 13. Jan. 1941, ir. Schriftsteller. – Wuchs im Irland gärender nat. Hoffnungen auf, die seinen Widerstand gegen engl. Herrschaft, kirchl. Autorität, Kulturprovinzialismus und familiäre Enge förderten. Als ältester Sohn einer kinderreichen Bürgerfamilie durchlief er zwei Jesuitenschulen und studierte dann am University College, Dublin, Philosophie und Sprachen. Am Beginn seines von phonet. Eindrücken wesentlich bestimmten Werkes stand zarte Lyrik (›Kammermusik‹, 1907, dt. 1958), der die ausdrucksstarken Skizzen ›Dublin‹ (1914, dt. 1928, 1967 u. d. T. ›Dubliner‹) folgten. Die Absage an die herrschenden Mächte bildet den Schluß von ›Portrait of the artist as a young man‹ (R., 1916, dt. 1926 u. d. T. ›Jugendbildnis‹), in dem sich der auf den inneren Monolog gerichtete Stilwille und die radikale Bewußtseinserforschung zeigen (eine frühe Teilfassung: ›Stephen Hero‹, hg. 1944, dt. 1958 u. d. T. ›Stephen Daedalus‹, 1972 u. d. T. ›Stephen der Held‹; eine dramatisierte

James Joyce

Version: ›Stephen D.‹, hg. 1961). 1902 ging J. nach Paris. Ans Sterbebett seiner Mutter gerufen, kehrte er 1903 nach Irland zurück. 1904 emigrierte er – diesmal mit seiner Lebensgefährtin Nora Barnacle – für immer. Er lebte als Journalist und Sprachlehrer in Paris, Triest und Zürich und arbeitete hier unter finanziellen und gesundheitl. Schwierigkeiten – im Lauf des Lebens erblindete er nahezu – an seinen großen ep. Werken, dem Tagbuch ›Ulysses‹ (1922, dt. 1927) und dem Nachtbuch ›Finnegans wake‹ (1939, dt. 1993 u. d. T. ›Finnegans Wehg‹, Teilausg. dt. 1970 u. d. T. ›Anna Livia Plurabelle‹). Während im ›Ulysses‹ die Bewußtseinsinhalte und -vorgänge eines Durchschnittsmenschen und zweier ihm nahestehender Personen – autobiograph. Züge bei Stephen Daedalus – an einem einzigen Tag in akausaler, synchroner Vielschichtigkeit mit ordnendem Bezug auf Episoden und Motive der ›Odyssee‹ dargestellt sind, wurde das bisher nur ungenügend entschlüsselte experimentelle Werk ›Finnegans wake‹ zu einer myth. Universallegende der Welt im träumenden Bewußtsein eines aus der ir. Volksballade stammenden, bei J. proteushaft entgrenzten Helden und seiner Familie. Dieses archetyp. Muster menschl. Konstellationen wird in einem riesigen Prozeß des gedankl. und sprachl. Anreicherns, Spaltens und Wucherns zum komplexen, polyglotten Wortspiel. J. hat nach eigener Ansicht mit seinen drei Romanen zugleich den lyrisch-episch-dramat. Dreischritt getan, formal dramat. Gestalt jedoch hat nur das aus dem Erlebnis der Emigration geborene Schauspiel ›Verbannte‹ (1918, dt. 1919) erhalten. Seine autobiograph. Aufzeichnungen ›Giacomo Joyce‹ (entst. 1914, hg. 1968) wurden 1968 ins Deutsche übersetzt.

Ausgaben: J. J. Werke. Frankfurter Ausg. Dt. Übers. Hg. v. K. REICHERT u. F. SENN. Ffm. 1969–74. 7 Bde. – J. J. Ulysses. Hg. v. C. HART u. D. HAYMAN. Berkeley (Calif.) 1974. – J. J. Ulysses. Hg. v. H. W. GABLER u. a. New York 1984. 3 Bde.

Literatur: PARIS, J.: J. J. Dt. Übers. Hdbg. 1960. – RECKLINGHAUSEN, D. VON: J. J. Chronik v. Leben u. Werk. Ffm. 1968. – TINDALL, W. Y.: A reader's guide to Finnegan's wake. New York 1969. – MULTHAUP, U.: J. J. Darmst. 1980. – BOLT, S.: A preface to J. J. London u. a. 1981. – LAWRENCE, K.: The odyssey of style in Ulysses. Princeton (N. J.) 1981. – BUDGEN, F.: J. J. und die Entstehung des ›Ulysses‹. Dt. Übers. Ffm. ²1982. – KENNER, H.: Ulysses. Dt. Übers. Ffm. 1982. – GILBERT, S.: Das Rätsel Ulysses. Dt. Übers. Ffm. Neuausg. 1983. – A companion to J. studies. Hg. v. Z. R. BOWEN u. J. F. CARENS. Westport (Conn.) u. a. 1984. – PARRINDER, P.: J. J. Cambridge u. a. 1984. – Poststructuralist J. Hg. v. D. ATTRIDGE u. D. FERRER. Cambridge 1985. – The Cambridge Companion to J. J. Hg. v. D. ATTRIDGE. Cambridge 1990. – BEJA, M.: J. J., a literary life. London 1992. – PARIS, J.: J. J. Dt. Übers. Rbk. 78.–80. Tsd. 1993. – ELLMANN, R.: J. J. Dt. Übers. Neuausg. Ffm. 1994.

József, Attila [ungar. 'joːʒɛf], * Budapest 11. April 1905, † Balatonszárszó 3. Dez. 1937, ungar. Dichter. – Aus dem Arbeitermilieu stammend; studierte in Szegedin, Wien und Paris; schloß sich der Arbeiterbewegung an; sozial-revolutionärer Dichter der Großstadt; Bitterkeit und Liebe, Rebellion und Resignation beherrschen seine Gedichte, von denen 1960 eine dt. Auswahl erschien (›Gedichte‹; 1963 u. d. T. ›Am Rande der Stadt‹); bed. Einfluß auf die ungar. Lyrik seit 1945.

Literatur: SZABOLCSI, M.: A. J. Übers. v. P. KÁRPÁTI. Bln. 1981.

Juana Inés de la Cruz, Sor [span. 'xu̯ana i'nez ðe la 'kruχ], eigtl. J. I. de Asbaje y Ramírez de Santillana, * San Miguel de Nepantla 12. Nov. 1651, † Mexiko 17. April 1695, mex. Dichterin. – Aus span.-kreol. Adelsfamilie; ging mit 16 Jahren ins Kloster, wo sie sich der Wissenschaft und Dichtung widmete, bis sie 1691 ihre literar. Arbeit aufgab. Weltl. und myst. Liebe, aber auch Zeitkritik und

Juda Al Charisi 323

Moralvorstellungen sind die Themen ihrer Dichtung, die v. a. dem Culteranismo von L. de Góngora y Argote verpflichtet ist. Ihr Hauptwerk ist das philosoph. Lehrgedicht ›Die Welt im Traum‹ (1692, dt. 1941). Außerdem verfaßte sie religiöse (Autos sacramentales) und weltliche Theaterstücke (›El divino Narciso‹, 1690, u. a.).

Ausgabe: Sor J. I. de la C. Obras completas. Hg. v. A. MÉNDEZ PLANCARTE. Mexiko 1951–57. 4 Bde.
Literatur: PFANDL, L.: J. I. de la C. Ihr Leben, ihre Dichtung, ihre Psyche. Die zehnte Muse v. Mexiko. Mchn. 1946. – JIMÉNEZ RUEDA, J.: Sor J. I. de la C. en su época. Mexiko 1951. – PÉREZ, M. E.: Lo americano en el teatro de Sor J. I. de la C. New York 1975. – BÉNASSY-BERLING, M. C.: Humanisme et religion chez Sor J. I. de la C. Paris 1982. – PAZ, O.: Sor J. I. de la C. oder die Fallstricke des Glaubens. Dt. Übers. Ffm. 1994.

Juan Arbó, Sebastián (Sebastià), katalan.-span. Schriftsteller, ↑ Arbó, Sebastián Juan.

Juan de la Cruz [span. 'xu̯an de la 'kruθ] (Johannes vom Kreuz), hl., eigtl. Juan de Yepes [y] Álvarez, * Fontiveros (Prov. Ávila) 24. Juni 1542, † Úbeda (Prov. Jaén) 14. Dez. 1591, span. Mystiker, Kirchenlehrer und Dichter. – Ab 1563 Karmelit; schloß sich unter dem Einfluß Theresias von Ávila bald der strengen Richtung des Ordens an (›unbeschuhte Karmeliten‹). Seine zahlreichen Schriften folgen der Mystik der abendländ. Tradition (auch Einflüsse arab. Mystik). Sie stellen das bedeutendste System myst. Theologie der Neuzeit dar. Verbindet in seinen Dichtungen (›Cántico espiritual‹, entst. 1576–78, erschienen 1622) religiös-myst. Ekstase mit poet. Empfindung.

Weitere Werke: Noche oscura del alma (Ged., hg. 1618), Llama de amor viva (Ged. und Prosa, hg. 1618), Subida del Monte Carmelo (Prosa, hg. 1618).
Ausgaben: J. de la C. Poesías completas. Hg. v. D. ALONSO u. E. GALVARRIATO. Madrid 1946. – Des hl. Johannes vom Kreuz sämtl. Werke. Neue dt. Ausg. v. ALOYSIUS AB IMMACULATA CONCEPTIONE u. AMBROSIUS A SANCTA THERESIA. Mchn. ⁴⁻⁷1967–79. 5 Bde. – J. de la C. Obra completa. Hg. v. L. LÓPEZ-BARALT u. E. PACHO. Madrid 1991.
Literatur: WAACH, H.: Johannes vom Kreuz. Wien u. Mchn. 1954. – OROZCO DÍAZ, E.: Poesía y mística. Introducción a la lírica de San J. de la

C. Madrid 1959. – TRESMONTANT, C.: Der Weg nach innen. Dt. Übers. Graz u. a. 1980.

Juan Manuel, Infante Don [span. 'xu̯an ma'nu̯el], * Escalona (Prov. Toledo) 5. Mai 1282, † Córdoba 13. Juni 1348, span. Schriftsteller. – Neffe von König Alfons X. von Kastilien; nahm an den Kämpfen gegen die Mauren teil; umfassende Ausbildung in Sprachen, Recht und Theologie; vielseitiger Schriftsteller, der neben Gedichten, Erzählungen und Novellen auch Fachbücher didakt. und histor. Inhalts verfaßte; bed. für die Ausbildung und Formung der span. Prosasprache, daren natürl. Schlichtheit exemplar. Charakter gewinnen sollte. Sein Werk ist reich an krit. Informationen über Sitten und Gebräuche seiner Zeit, ebenso an philosoph. Gedankengut. Hauptwerk ist ›Der Graf von Lucanor‹ (entst. 1335, hg. 1575, dt. von J. von Eichendorff, 1840), das, je nach Ausgabe, 50 bzw. 52 Erzählungen (10 Märchen, 10 Sagen, 10 Fabeln, sieben Schwänke, sechs Exempel, fünf Novellen, drei Anekdoten, eine Legende), eingebettet in eine Rahmenhandlung, enthält. Verwertet sind antike und oriental. Quellen sowie Episoden der span. Geschichte; starker Einfluß auf die spätere europ. Novellistik.

Weitere Werke: Libro de los estados (entst. um 1330, hg. 1860), Libro del caballero y del escudero (hg. 1893), Libro de las armas (entst. 1332, hg. 1931), Libro de la caza (hg. 1948).
Ausgaben: Don J. M. Obras. Hg. v. J. M. CASTRO Y CALVO u. M. MARTÍN RIQUER. Barcelona 1955. – Don J. M. Obras completas. Hg. v. J. M. BLECUA. Madrid 1982–83. 2 Bde.
Literatur: HUERTA TEJADAS, F.: Vocabulario de las obras de Don J. M. (1282–1348). Madrid 1956. – J. M. Studies. Hg. v. J. MACPHERSON. London 1977 (mit Bibliogr.). – GIER, A./KELLER, J. E.: Les formes narratives brèves en Espagne et au Portugal. In: Grundr. der vorroman. Lit.en des MA. Bd. 5, Teilbd. 1/2, Lfg. 2. Hg. v. W.-D. LANGE. Hdbg. 1985. S. 137.

Juda Al Charisi Ben Salomo (tl.: Yĕhûḍā 'Al-Ḥarîzî; Jehuda), span.-jüd. Dichter und Übersetzer der 1. Hälfte des 13. Jahrhunderts. – Übersetzte neben Werken des Maimonides die Makamen des Al Hariri aus dem Arabischen ins Hebräische. Er verfaßte die Sammlung von 50 Makamen ›Sefer Taḥkĕmonî‹ (= Buch der Weisheit, dt. 1858 u. d. T. ›Die ersten Makamen des Charisi‹).

324 Juda Halevi

Literatur: WAXMAN, M.: A history of Jewish literature. New York 1960. S. 235 u. 462.

Juda Halevi (Jehuda Halevi, tl.: Yĕhûdā Hal-Lewī; arab. Abul Hasan), * Tudela um 1075, † in Ägypten 1141, span.-jüd. Dichter und Philosoph. – Nach Wanderjahren und Aufenthalten in Granada und Toledo, wo er als Arzt arbeitete, ging er 1140 nach Ägypten, um von dort nach dem Land Israel weiterzureisen. Nach der Legende erreichte er Jerusalem und wurde dort getötet. Er starb jedoch einige Monate nach seiner Ankunft in Ägypten. J. H. gilt als der größte hebr. Dichter des MA. Von ihm sind etwa 800 Gedichte bekannt, die Themen aus dem profanen (v. a. Liebesdichtung) und religiösen Bereich (viele davon sind in die Gebetbücher aufgenommen worden) behandeln. Sein religionsphilosoph. ›Sefer hakuzzarî‹ (= Buch der Chasaren) ist in arab. Sprache geschrieben und in der 2. Hälfte des 12. Jh. von Jehuda Ibn Tibbon ins Hebräische übertragen worden (Erstdruck 1506). Die religiöse Wahrheit gründet sich für J. H. auf die bibl. Offenbarung und sichert Israel die Sonderstellung unter den Völkern dieser Welt.

Ausgaben: Das Buch Al-Chazarî des Abû-l-Hasan Jehuda Hallewi im arab. Urtext, sowie in der hebr. Übers. des Jehuda ibn Tibbon. Hg. v. H. HIRSCHFELD. Lpz. 1887. – Jehuda H. Sechzig Hymnen u. Gedichte. Dt. Übers. Hg. v. F. ROSENZWEIG. Konstanz 1924. – Jehuda H. Zweiundneunzig Hymnen u. Gedichte. Dt. Übers. Hg. v. F. ROSENZWEIG. Bln. 1926. – Abu-l-Hasân, Jehuda ha-Levi. Zionslieder. Hebr. u. dt. Hg. v. F. ROSENZWEIG. Bln. 1933.
Literatur: GUTTMANN, J.: Die Philosophie des Judentums. Mchn. 1933. S. 138. – STRAUSS, L.: The law of reason in the Kuzari. In: Proceedings of the American Academy for Jewish Research 13 (1943), 47. – MILLÁS-VALLICROSA, J. M.: Yehudá ha-Leví como poeta y apologista. Madrid 1947.

Judaika, zusammenfassende Bez. für jüd. Schriften, auch für Bücher über das Judentum.

Judaistik ↑ Wissenschaft des Judentums.

Judenburg, Gundacker von, mhd. Dichter, ↑ Gundacker von Judenburg.

jüdische Literatur, die literar. Werke, die von einem jüd. Autor – soweit er bekannt ist – stammen und deren Thematik jüdisch ist bzw. in jüd. Tradition steht. Demnach ist der Begriff ›j. L.‹ umfassender als ↑ hebräische Literatur, da auch Werke, die nicht in hebr. Sprache abgefaßt sind, einbezogen werden. In ihnen herrscht das religiöse Grundelement vor. Man gliedert die j. L. heute chronologisch: AT und apokryphe Werke, hellenistisch-jüd. Literatur, rabbin. Literatur, liturg. Dichtung, mittelalterl. Literatur, jidd. Literatur und moderne Literatur.
AT und apokryphe Werke: Grundlage des jüd. Schrifttums sind die 24 bzw. 39 Bücher des AT (die Zählung differiert in der Tradition je nach der Zusammenfassung mehrerer Bücher zu einem Buch). Die christl. Bez. ›Altes Testament‹ wurde unter dem Einfluß der christl. Bibelwiss. auch im Judentum, das ja ein ›Neues Testament‹ nicht kennt, gebräuchlich. Die in der jüd. Umgangssprache übl. Bez. ist jedoch *Tenach* (hebr. tl.: těna‟k; Abk. aus den Anfangsbuchstaben der Namen der drei Hauptgruppen, in die die hebr. Bibel eingeteilt ist): *Thora* (hebr. tl.: tôrā = Gesetz) oder Pentateuch, 1.–5. Mose; *Nebiim* (hebr. tl.: něvî‟îm = Propheten): die sog. ›frühen Propheten‹: Josua, Richter, 1. und 2. Samuel, 1. und 2. Könige und die sog. ›späten Propheten‹: Jesaja, Jeremia, Ezechiel, das Buch der ›zwölf kleinen Propheten‹, bestehend aus: Hosea, Joel, Amos, Obadja, Jona, Micha, Nahum, Habakuk, Zephanja, Haggai, Sacharja, Maleachi; *Ketubim* (hebr. tl.: kětuvîm = Schriften): die poet. Schriften, Psalmen, Sprüche, Hiob, die sog. ›fünf Rollen‹ (Megilloth, hebr. tl.: měgillôt), bestehend aus Hohemlied, Ruth, Klagelieder, Prediger, Esther, den geschichtl. Schriften Daniel, Esra/Nehemia, 1. und 2. Chronik. Die einzelnen Bücher sind in einem Zeitraum verfaßt worden, der weit mehr als ein Jt. umfaßt, der Kanon war Ende des 1. Jh. n. Chr. abgeschlossen. Die jüd. Tradition bringt Bücher, die einen Autor nicht nennen, mit bestimmten Personen in Beziehung. So führt man die Thora auf Moses zurück, das Buch Richter auf Samuel und die Königsbücher auf Jeremia (↑ auch Bibel). – Neben diesen Büchern gibt es außerkanon. Schriften, die sich nur in der griech. Übersetzung des AT (Septuaginta) finden. Diese apokryphen Werke gibt es seit dem 3. Jh. v. Chr., zu ihnen

jüdische Literatur 325

zählen u.a. die 4 Makkabäer-Bücher, Jesus Sirach, Tobias, Judith und Weisheit. Die erhaltenen Schriften geben markante Hinweise auf Gruppierungen und Sekten, die sich abseits vom Hauptstrom jüd. Tradition zu behaupten suchten. Zu den Werken, die gleichfalls von der jüd. Tradition ausgeschieden wurden, gehören die sog. apokalypt. Bücher (Jubiläen-Buch, Henoch u.a.).

Hellenistisch-jüd. Literatur: Seit dem Bestehen größerer jüd. Gemeinden in Gebieten, die unter dem kulturellen Einfluß des Hellenismus standen (v.a. Alexandria), lassen sich Bestrebungen erkennen, jüd. und hellenist. Geistesgut zu verbinden (↑ hellenistisch-jüdische Literatur).

Rabbin. Literatur: Die jüd. Tradition versteht die Thora als ›schriftl. Lehre‹, die Moses am Berg Sinai empfangen hat. Neben ihr gibt es noch die ›mündl. Lehre‹, die in ihrem Ursprung gleichfalls auf Moses zurückgeführt und nach langer mündl. Überlieferung schriftlich fixiert wurde. Sie gründet sich auf religiös-gesetzl. Interpretation v.a. der Thora (↑ Halacha), daneben gibt es nichtgesetzl. Behandlungen des Stoffes (↑ Haggada). Die gesetzl. Teile werden zusammengefaßt in den tannait. Midraschim (↑ Midrasch), ↑ Mischna und ↑ Tosefta. Die Mischna (Endredaktion um 200 n.Chr. durch Jehuda Ha-Nasi [* um 135, † nach 200]) bildet den Ausgangspunkt für weitere Diskussionen in den Lehrhäusern Palästinas und Babyloniens, deren Ergebnis die aramäisch geschriebene ↑ Gemara ist. Mischna und Gemara bilden zusammen den ↑ Talmud, das wichtigste Werk der jüd. Traditionsliteratur nach der Bibel.

Liturg. Dichtung: Vom 5. bis 9.Jh. entstand – v.a. in Palästina – eine reichhaltige liturg. Dichtung und Hymnik. Bes. die sog. Pajtanim (= Dichter) schufen eine Gebetslyrik, bei der die Anwendung des Reimes, Alliterationen, Wortspiele und die Einführung neuer dichter. Gattungen auffallen. Wichtigste Vertreter dieser sog. Pijut-Dichtung sind Jannai (vor dem 8.Jh.) und Eleasar Ben Jakob Kalir (8.Jh.). Im Zeitalter der Gaonen (7.–10.Jh.) kam es in Babylonien zum ersten engen Kontakt mit der arab. Kultur.

Hier wie in Palästina beschäftigten sich die sog. Massoreten mit der Vokalisation des Bibeltextes. Die Gaonen legten die synagogale Liturgie fest (Amram Ben Scheschna [9.Jh.]); Saadja setzte sich in seinem Werk ›Seﬁr ha'ẹmûnôt wẹhade'ôt‹ (= Buch des Glaubens und des Wissens) mit antiken Lehren und arab. Religionsphilosophie auseinander und verfaßte das erste Werk zur hebr. Sprachwissenschaft (›Seﬁr ha'aḡrôn‹ [= Sammelbuch, Buch des Gesammelten]).

Mittelalterl. Literatur: Vom 10.Jh. an bildeten sich zwei neue Zentren jüd. Literatur und Gelehrsamkeit, nämlich im islam. Spanien und in Mitteleuropa. In Spanien kam es zu einer arabisch-jüd. Symbiose, Juden wirkten an arab. Höfen als Wissenschaftler, Ärzte, Übersetzer und Minister. Die hebr. Sprachwissenschaft erlebte durch Jehuda Ben David Chajjudsch (10.Jh.), Abraham Ben Meir Ibn Esra und Nathan Ben Jechiel (11.Jh.) einen großen Aufschwung, Juden vermittelten als Übersetzer antikes und arab. Geistesgut, eine neue wiss. und philosoph. Terminologie entstand. Dichtung und Philosphie beeinflußten sich gegenseitig in den Werken des Salomon Gabirol. Bachja Ben Joseph Ibn Pakuda (11.Jh.) verarbeitete neuplaton. und sufisches Geistesgut. Juda Halevi verfaßte mit seinem ›Seﬁr hakuzzarî‹ (= Buch der Chasaren) die klass. Apologie des Judentums. Ausstrahlungen des Schaffens dieser Epoche reichten bis in die Provence und bis nach Italien. – Raschi (* 1040, † 1105) und Nachmanides (* 1195, † 1270; eigtl. Rabbi Mose Ben Nachman) verfaßten klass. Bibelkommentare, ebenso Abraham Ben Meir Ibn Esra. Durch Raschi und seinen Bibelkommentar, v.a. jedoch durch seinen Kommentar zum babylon. Talmud, erreichte der Talmudismus in Lothringen und im Rheinland seinen Höhepunkt. Die ›Tosafisten‹ (›Hinzufüger‹) legten Erklärungen und Ergänzungen zur Gemara vor. In der sog. Responsenliteratur, die auch im islam. Bereich überaus reichhaltig ist, wurden Anfragen von Einzelpersonen oder Gemeinden durch Gelehrte beantwortet, während die ›Dezisoren‹ neue Kodifikationen des Gesetzes vorlegten (Jakob Ben Ascher [* um 1269,

326 jüdische Literatur

† 1343], ›Sefer 'arba'a ṭûrîm‹ [= Buch in vier Abteilungen]). Unter diesen neuen Systematisierungen des religiösen Rechts ragt die ›Mišnĕ tôrä‹ (= Zweite Lehre; Wiederholung der Lehre) des Maimonides hervor. In seinem Buch ›Môrĕ nĕvûķîm‹ (= Führer der Schwankenden) versuchte dieser eine Synthese von Religion und Philosophie auf der Grundlage des von Averroes vertretenen Aristotelismus. – Gegen rein intellektuellen Talmudismus und gegen Religionsphilosophie, die in der Folgezeit weiter betrieben wurden, entstanden eth. fromme Werke, wie das ›Sefer ḥāsîdîm‹ (= Buch der Frommen) aus dem 12. Jh. (Samuel He-Chasid aus Regensburg zugeschrieben) und eine reichhaltige myst. Literatur. Ausgehend von der Vision des göttl. Thronwagens in Ezechiel 1, 15, war diese myst. Literatur schon vor dem 10. Jh. in Palästina entstanden (Sefer ↑ Jezira). Den Höhepunkt dieser Mystik, die ↑ Kabbala, bildete das in aram. Sprache verfaßte Buch ↑ Sohar, das dem Kabbalisten Moses Ben Schem Tov de Leon (13. Jh.) zugeschrieben wird. Der Einfluß dieses Werks auf das im 16. Jh. in Zefat in Palästina entstehende neue kabbalist. Zentrum (Mose Ben Jakob Cordovero, Isaak Luria, Chajim Vital) und auf die Bewegung des Chassidismus war beträchtlich. Es existierte jedoch bereits im MA am Rande der zumeist religiös orientierten Literatur eine weltl. Literatur in hebr. Sprache, wie das ›Buch der Götzens‹ von Joseph Ibn Sabara (Spanien, 12. Jh.); ›Sefer Taḥkĕmonî‹ (= Buch der Weisheit, entst. um 1220, dt. 1858 u. d. T. ›Die ersten Makamen des Charisi‹) des Spaniers Juda Al Charisi Ben Salomo; der ›Garten der Parabel und Rätsel‹ des Spaniers Todros Ben Abulafia (13. Jh.); ›Ęvęn bohan‹ (= Prüfstein) von Kalonymos Ben Kalonymos Ben Meir. Z. Z. der Renaissance und begünstigt durch das Aufkommen humanist. Überzeugungen entstanden in Italien weltl. Gedichte und Prosawerke. Zu einer weiteren Verbreitung hebr. Werke – auch in nichtjüd. Kreisen – kam es durch den Buchdruck. Nach der Ausweisung der Juden von der Iber. Halbinsel Ende des 15. Jh. bildete sich ein neuer Mittelpunkt in Palästina, wo der Mischnakommentator Obadja Bertinoro (* um

1450, † nach 1500) wirkte und Joseph Karo (* um 1488, † 1575) seinen ›Šulḥan 'arûk‹ (= gedeckter Tisch) verfaßte. – In Polen, das mit dem 17. Jh. ein wichtiges literar. Zentrum wurde, herrschte die talmudist. Literatur vor, kabbalist. Einflüsse setzten sich aber fortlaufend durch (Jesaja Horowitz [* um 1555, † um 1625], ›Sefer šĕnê luḥôt habĕrît‹ [= Buch der zwei Bundestafeln]). Seit dem 12. Jh. gab es auch Reiseliteratur (Benjamin von Tudela [† 1173]), v. a. Berichte über Besuche in Palästina. Eine bes. Gattung bildeten apologet. Werke (›Sefer ha-niẓẓaḥôn‹ [= Buch des Sieges] des Jom Tov Lippmann-Mühlhausen [14./15. Jh.]) und die sog. Mussarliteratur. Letztere war als Literatur für Frauen und Ungebildete sehr verbreitet, sie basierte auf Haggada, Parabeln und Märchen und erschien vom 16. Jh. an in jidd. Sprache.

Jiddische Literatur: Seit dem 18. Jh. entstand in Polen eine reichhaltige Literatur in jidd. Sprache, v. a. traditionellen jüd. Schrifttum und zum Chassidismus (↑ auch jiddische Literatur).

Moderne Literatur: Obwohl bereits in Italien im 17. und 18. Jh. literar. Werke entstanden, in denen – losgelöst von der Tradition – sprachlich und thematisch neue Wege beschritten werden (M. Ch. Luzzatto), setzten doch erst mit dem Aufkommen der Aufklärung Mitte des 18. Jh. Bestrebungen ein, neue literar. Formen zu benutzen, um profane Gegenstände darzustellen (↑ hebräische Literatur). In Deutschland wurden, ausgehend von Moses Mendelssohn und seinem Kreis (Berliner Haskala), neben rein literar. Werken (Drama, Lyrik) v. a. wiss. Abhandlungen und journalist. Beiträge verfaßt. Die Darstellung erfolgte zunächst in hebr. Sprache, im Laufe der Zeit setzte sich die dt. Sprache jedoch zunehmend durch. In Polen und Rußland wurden im 19. Jh. die Bestrebungen der Aufklärung immer stärker und führten zum Entstehen neuer literar. Gattungen (Drama, Roman, Kurzgeschichte), die für die Weiterentwicklung der hebr. Sprache von größter Bedeutung geworden sind. Demgegenüber erschienen in Deutschland alle maßgebl. Werke in dt. Sprache; so verfaßten die Vertreter der um 1820 entstandenen Wiss. des Judentums ihre

Hauptwerke in dt. Sprache wie auch später u. a. Th. Herzl. Aber auch in Englisch, Französisch, Russisch und anderen Sprachen erschienen Werke, die zur j. L. zu zählen sind und z. T. auch Bestandteil der jeweiligen Nationalliteratur geworden sind. Im 20. Jh. verfaßten M. Buber und Franz Rosenzweig (* 1886, † 1929) maßgebl. Werke zur jüd. Religion, während in den USA die wichtigsten Werke des modernen Judentums (Mordechai Menahem Kaplan [* 1881, † 1983], Milton Steinberg [* 1903, † 1950], Abraham Joshua Heschel [* 1907, † 1972]) vorgelegt wurden. Zeitgenöss. Autoren, wie S. Bellow, B. Malamud, H. Kemelman und Ph. Roth, behandeln in ihren Romanen das Problem der jüd. Identität innerhalb der modernen amerikan. Gesellschaft und Zivilisation. – Seit dem Beginn der jüd. Besiedlung Palästinas Ende des 19. Jh. erscheinen dort wichtige Werke in hebr. Sprache, deren Wiederbelebung als gesprochene Sprache ihre Verwendung für alle literar. Formen gefördert hat. Dichter wie Ch. N. Bialik (Lyrik, Erzählungen), S. J. Agnon (Romane, Erzählungen) und E. Kishon (Satiren) haben der hebr. und j. L. der Gegenwart Weltgeltung verschafft.

Literatur: KARPELES, G.: Gesch. der j. L. Bln. ³1920–21. 2 Bde. Nachdr. Graz 1963. – WAXMAN, M.: A history of Jewish literature. New York 1960. 5 Bde. in 1 Bd. – Enc. Jud. Bd. 11, 1972, S. 307. – Greek and latin authors on Jews and Judaism. Hg., eingel., kommentiert u. übersetzt v. M. STERN. Jerusalem 1974–84. 3 Bde. – STEMBERGER, G.: Geschichte der j. L. Mchn. 1977. – Hauptwerke der hebr. Lit. Hg. v. L. PRIJS. Mchn. 1978. – TIEFENTHALER, S. L.: Die jüd.-amerikan. Lit. Stg. 1985. – Juden in der dt. Lit.˙Hg. v. S. MOSES u. A. SCHÖNE. Ffm. 1985. – Juden u. Judentum in der Lit. Hg. v. H. A. STRAUSS u. C. HOFFMANN. Mchn. 1985. – DAHM, V.: Das jüd. Buch im Dritten Reich. Mchn. ²1993.

Jugend, illustrierte Kulturzeitschrift (1896–1940) und Organ des dt. Jugendstils, das der Stilperiode den Namen gab; bei G. Hirth in München verlegt.

Jugendbuch ↑ Kinder- und Jugendliteratur.

jugendgefährdende Schriften, Schriften, die nach der Definition des Gesetzes über die Verbreitung j. Sch. in der Bekanntmachung vom 12. 7. 1985 geeignet sind, Kinder oder Jugendliche sittlich zu gefährden. Dazu zählen v. a. unsittl. und verrohend wirkende, zu Gewalttätigkeit, Verbrechen oder Rassenhaß anreizende sowie den Krieg verherrlichende Schriften. J. Sch. werden auf Antrag und nach Prüfung durch die Bundesprüfstelle für j. Sch. (Bonn) in eine Liste aufgenommen (ausgenommen sind Schriften, die der Kunst oder der Wiss. dienen oder im öffentl. Interesse liegen). Die Aufnahme in die Liste bewirkt ein Verbreitungsverbot an Kinder und Jugendliche sowie ein Verbot der Verbreitung außerhalb von Geschäftsräumen. Gleichzeitig wird die Werbung eingeschränkt; gegen die Aufnahme in die Liste kann Klage erhoben werden (Verwaltungsgerichtsweg). Offensichtlich schwer gefährdende Schriften unterliegen den Beschränkungen auch ohne Aufnahme in die Liste. Zuwiderhandlungen werden straf- oder ordnungswidrigkeitenrechtlich verfolgt.

Jugendliteratur ↑ Kinder- und Jugendliteratur.

Jugendstil, internat. Stilrichtung (in Frankreich und in England Art Nouveau, in England auch Modern Style, in Österreich Sezessionsstil) der Jahrhundertwende. Der J. (↑ Jugend) ist als Bewegung gegen die historisierenden Stile des 19. Jh. entstanden. Er suchte für alle Bereiche der Kunst und des Lebens nach neuen Formen. Zu den formalen Besonderheiten des J.s zählen Flächenhaftigkeit, arabeskenhaft schwingende Formen (v. a. Pflanzenmotive) und dekorative Ornamentik. – In der Literatur bezieht sich der Begriff ›J.‹ vorwiegend auf die literarische Kleinform, bes. die Lyrik (v. a. von O. J. Bierbaum, E. von Wolzogen, R. Dehmel, A. Mombert, E. Stucken) um die Jahrhundertwende, jedoch auch auf die Dichtungen von S. George, R. M. Rilke, H. von Hofmannsthal, E. Lasker-Schüler, G. Heym, soweit sie in dieser Zeit entstanden sind. Stilisiertes Naturgefühl, die Verwendung von Elementen des Mythologischen, Sagenhaft-Mittelalterlichen sowie eine Vorliebe für das Feierlich-Symbolische sind Hauptmerkmale dieser Literatur.

Literatur: HAJEK, E.: Literar. J. Wsb. 1971. – J. Hg. v. J. HERMAND. Darmst. 1971. – JOST, D.: Li-

328 Jugendtheater

terar. J. Stg. ²1980. – POR, P.: Das Bild in der Lyrik des J.s. Ffm. 1983. – SCHEIBLE, H.: Literar. J. in Wien. Eine Einf. Mchn. 1984.

Jugendtheater ↑ Kinder- und Jugendtheater.

Juhász, Ferenc [ungar. 'juha:ʃ], * Bia (Bezirk Pest) 16. Aug. 1928, ungar. Lyriker. – Mit ersten ep. Gedichten, deren Themen er aus dem Leben des ihm vertrauten Bauerntums nahm, erneuerte er eine auf S. Petőfi zurückgehende Tradition. Das Werk des reifen J. ist gekennzeichnet durch kosmisch-visionäre Dichtungen mit trag. Unterton. Die zahlreichen eigenwilligen Wortschöpfungen machen ihn zum wichtigen Erneuerer der ungar. Literatursprache. Eine Auswahl aus seinem Werk (›Gedichte‹) erschien 1966 in deutscher Übersetzung.
Weiteres Werk: A mindenség szerelme – Öszszegyűjtött versek 1946–1970 (= Die Liebe des Universums – Gesammelte Gedichte 1946 bis 1970, 2 Bde., 1971/72).

Juhász, Gyula [ungar. 'juha:ʃ], * Szeged 4. April 1883, † ebd. 6. April 1937, ungar. Lyriker. – War zunächst bed. Führer der Nyugatbewegung, orientierte sich an den frz. Impressionisten; später wurden seine Gedichte immer düsterer. J. war ein Meister der kleinen Form, der knappen Bilder.
Literatur: BORBÉLY, S.: J. G. Budapest 1983.

Juhre, Arnim, * Berlin 6. Dez. 1925, dt. Journalist und Schriftsteller. – War Redakteur, Verlagslektor in Wuppertal und Hamburg; Literaturredakteur am ›Dt. Allgemeinen Sonntagsblatt‹. Schreibt v. a. Gedichte, meist mit religiöser Thematik, auch Erzählungen, Essays und Sachbücher; Herausgebertätigkeit.
Werke: Das Spiel von der Weißen Rose (Dr., 1958), Die Hundeflöte (Ged., 1962), Das Salz der Sanftmütigen (En., 1962), Singen um gehört zu werden (Werkbuch, 1976), Wir stehn auf dünner Erdenhaut (Ged., 1979), Der Schatten über meiner Hand (Ged., 1984), Weihnachtsnachrichten (1988), Singen auf bewegter Erde. Psalmen und Lieder (1990).

Julian Apostata, röm Kaiser, ↑ Iulianus Apostata.

Julianus, Flavius Claudius, röm. Kaiser, ↑ Iulianus Apostata.

Juliet, Charles [frz. ʒy'ljɛ], * Corlier (Ain) 30. Sept. 1934, frz. Schriftsteller. – Sucht in lyr. Texten sowie bes. in der Prosa seiner unerbittl. Tagebücher durch das Wort oder das Schweigen Absolutes, Vollendung wider den ständigen Mangel des Alltäglichen. Wesentl. Anregungen verdankt sein erst in den 70er Jahren bekannt gewordenes Werk dem Bildhauer M. Descombin (* 1911) und v. a. dem Maler B. van Velde (* 1895, † 1981), auch aus diesem Grund hat die Kritik seine geistige Nähe zu R. M. Rilke mehrfach betont.
Werke: Rencontres avec Bram van Velde (1973), Bram van Velde (Biogr., 1975; mit J. Putman), L'œil se scrute (Ged., 1976), Croissance (Ged., 1978), Tagebuch. 1957–1981 (3 Bde., 1978–82, dt. 1988), Affûts (Ged., 1979), Brûlure du temps/Brennen der Zeit (Ged., dt. u. frz. Ausw. 1987), Jahr des Erwachens (R., 1989, dt. 1990).
Literatur: RAETHER, M.: Ch. J. In: Krit. Lex. der roman. Gegenwartsliteraturen. Hg. v. W.-D. LANGE. Losebl. Tüb. 1984 ff.

Jung, Franz, * Neisse 26. Nov. 1888, † Stuttgart 21. Jan. 1963, dt. Schriftsteller. – Ab 1912 Mitarbeit an F. Pfemferts Zeitschrift ›Die Aktion‹; 1918 Teilnahme an der Revolution, Haft; 1920 Mitglied der KPD; ging 1937, nachdem bereits vorher über ihn Schreibverbot verhängt worden war, ins Exil (u. a. Prag, Budapest); 1948 ging er in die USA; 1960 Rückkehr nach Europa. Begann als Expressionist, dann sozialkrit. Prosa; mehrere Werke über die UdSSR (›Reise in Rußland‹, 1920).
Weitere Werke: Das Trottelbuch (En., 1912), Kameraden ...! (R., 1913), Opferung (R., 1916), Der Sprung aus der Welt (R., 1918), Der Fall Gross (Nov., 1921), Die Kanaker. Wie lange noch (2 Schsp.e, 1921), Proletarier (E., 1921), Die rote Woche (R., 1921), Arbeitsfriede (R., 1922), Hausierer (R., 1931), Der Weg nach unten (Autobiogr., 1961, 1972 u. d. T. Der Torpedokäfer).
Ausgaben: F. J. Schrr. u. Briefe in 2 Bden. Hg. v. P. u. U. NETTELBECK. Salzhausen 1981. – F. J. Werke. Hamb. 1981 ff. (bisher 13 Tle. erschienen).
Literatur: IMHOF, A.: F. J. Leben u. Werk. Bonn 1974. – F. J. Leben u. Werk eines Rebellen. Hg. v. E. SCHÜRER. New York u. a. 1994.

Jung, Johann Heinrich, dt. Schriftsteller, ↑ Jung-Stilling, Johann Heinrich.

Jünger, Ernst, * Heidelberg 29. März 1895, dt. Schriftsteller. – Bruder von Friedrich Georg J.; 1913 in der Fremdenlegion; war 1914 Kriegsfreiwilliger, ausgezeichnet mit dem Orden ›Pour le

Mérite‹; studierte Naturwiss. und Philosophie, freier Schriftsteller; im 2. Weltkrieg im Stab des dt. Militärbefehlshabers von Paris, nach dem 20. Juli 1944 aus der Armee entlassen. J.s Gesamtwerk, das, in kühl distanzierter Sprache, durch elegantem Stil sowie ständige Verwandlung der Stil-, Denk- und Darstellungsformen gekennzeichnet ist, spiegelt aufschlußreich die politische und geistige Entwicklung Deutschlands seit dem 1. Weltkrieg. Er begann mit Tatsachenberichten und Tagebuchaufzeichnungen aus dem 1. Weltkrieg. In seinem Bemühen um die philosoph. Analyse der Zeit wechselte J. immer wieder seinen geistigen Standpunkt, was ihn für jedwede geistige oder politische Richtung unvereinnahmbar machte. Hier liegt u. a. der Grund für die bis heute andauernde Umstrittenheit J.s, die z. B. anläßlich der Verleihung des Frankfurter Goethe-Preises 1982 zu starken Protesten in der Öffentlichkeit führte: Werke wie ›In Stahlgewittern‹ (Tageb., 1920) oder ›Der Kampf als inneres Erlebnis‹ (Essay, 1922) gelten als Verherrlichung von Soldatentum, Krieg und nationalist. Ideen, sie wurden von den Nationalsozialisten, mit denen sich J. allerdings nie verbunden fühlte, als ›erzieherisch wertvoll‹ hoch geschätzt. Über diese Kriegserlebnisse hinaus versuchte J., das Phänomen Krieg in seiner modernen Form zu ergründen, die die Ohnmacht der Natur und des einzelnen Menschen deutlich aufzeigt. In der Folgezeit war J. um das Verhältnis von Einzelwesen und Macht, Natur und Technik bemüht, in deren Mißverhältnis er die Tragik der Moderne sieht. Später wandte er sich dem symbol. Roman und der Utopie zu, schrieb jedoch daneben immer wieder Reiseberichte und Tagebücher; viele seiner Werke hat er mehrmals überarbeitet.

Ernst Jünger

Weitere Werke: Feuer und Blut (E., 1925), Das abenteuerl. Herz. Aufzeichnungen bei Tag und Nacht (1929), Die totale Mobilmachung (Essay, 1931), Der Arbeiter. Herrschaft und Gestalt (Abh., 1932), Afrikan. Spiele (E., 1936), Auf den Marmorklippen (R., 1939), Gärten und Straßen (Tagebb., 1942), Der Friede (Essay, 1945), Heliopolis (R., 1949), Strahlungen (Tagebb., 1949), Besuch auf Godenholm (E., 1952), Der gord. Knoten (Essays, 1953), Das Sanduhrbuch (Essay, 1954), Am Sarazenenturm (Tageb., 1955), Gläserne Bienen (E., 1957), An der Zeitmauer (Essay, 1959), Der Weltstaat (Essay, 1960), Geheimnisse der Sprache (Essays, 1963), Typus, Name, Gestalt (Essay, 1963), Subtile Jagden (Essays, 1967), Annäherungen. Drogen und Rausch (1970), Die Zwille (E., 1973), Zahlen und Götter. Philemon und Baucis (2 Essays, 1974), Eumeswil (R., 1977), Siebzig verweht (Tagebb., 2 Bde., 1980/81), Aladins Problem (Bericht, 1983), Autor und Autorschaft (1984), Eine gefährl. Begegnung (R., 1985), Zwei Mal Halley (Tageb., 1987), Die Schere (Aufzeichnungen, 1990).
Ausgaben: E. J. Sämtl. Werke in 18 Bden. Stg. 1978–83. – E. J. Siebzig verweht [Tagebb.]. Stg. 1980–93. 3 Bde.
Literatur: BROCK, E.: Das Weltbild E. J.s. Darst. u. Deutung. Zü. 1945. – LOOSE, G.: E. J. Gestalt u. Werk. Ffm. 1957. – Wandlung u. Wiederkehr. Festschr. zum 70. Geburtstag E. J.s. Hg. v. H. L. ARNOLD. Aachen 1965. – KRANZ, G.: E. J.s symbol. Weltschau. Düss. 1968. – KATZMANN, E.: E. J.s mag. Realismus. Hildesheim 1975. – KAEMPFER, W.: E. J. Stg. 1981. – DES COUDRES, H. P./MÜHLEISEN, H.: Bibliogr. der Werke E. J.s. Stg. ²1985. – JAECKLE, E.: J.s Tageb. des Jh. Lahnstein 1986. – E. J. Hg. v. H. L. ARNOLD. Mchn. 1990. – KONITZER, M.: E. J. Ffm. u.a. 1993. – MEYER, MARTIN: E. J. Neuausg. Mchn. 1993. – DIETKA, N.: E. J. – vom Weltkrieg zum Weltfrieden. Biogr. u. Werkübersicht. Bad Honnef 1994.

Jünger, Friedrich Georg, * Hannover 1. Sept. 1898, † Überlingen 20. Juli 1977, dt. Schriftsteller. – Bruder von Ernst J.; studierte Jura, ab 1926 freier Schriftsteller. Als Lyriker von hohem Traditionsbewußtsein v. a. den Dichtern der klass. Antike, ferner F. G. Klopstock, J. Ch. F. Hölderlin und S. George verpflichtet; wie den klass. Formen (Bevorzugung der Ode) fühlte er sich dem Lebensgefühl der Antike und der dt. Klassik verbunden;

330 Jünger

J.s humanist. Geisteshaltung prägte auch seine Essays, in denen er zu ästhet., kulturphilosoph. und zeitkrit. Problemen Stellung nahm; sein Erzählwerk ist z. T. autobiographisch bestimmt.

Werke: Gedichte (1934), Der Taurus (Ged., 1937), Griech. Götter (Essays, 1943), Die Perfektion der Technik (Essay, 1944), Der Westwind (Ged., 1946), Die Perlenschnur (Ged., 1947), Dalmatin. Nacht (En., 1950), Grüne Zweige (Autobiogr., 1951), Der erste Gang (R., 1954), Zwei Schwestern (R., 1956), Spiegel der Jahre (Autobiogr., 1958), Kreuzwege (En., 1960), Sprache und Denken (Essays, 1962), Wiederkehr (En., 1965), Es pocht an der Tür (Ged., 1968), Laura und andere Erzählungen (1970), Heinrich March (R., hg. 1979), Im tiefen Granit. Nachgelassene Gedichte (hg. 1983).
Ausgaben: F. G. J. Ges. Erzählungen. Mchn. 1967. – F. G. J. Erzählungen. Stg. 1978. 3 Bde. – F. G. J. Sämtl. Werke. Hg. v. C. JÜNGER. Stg. 1978–87. 12 Bde.
Literatur: DES COUDRES, H. P.: F.-G.-J.-Bibliogr. In: Philobiblon 7 (1963), S. 160. – SCHIRNDING, A. VON/KABIERSKE, J.: F. G. J. In: Krit. Lex. zur deutschsprachigen Gegenwartslit. Bd. 3. Hg. v. H. L. ARNOLD. Losebl. Mchn. 1978 ff.

Jünger, Johann Friedrich, * Leipzig 15. Febr. 1759, † Wien 25. Febr. 1797, dt. Schriftsteller. – Kaufmann, Jura- und Literaturstudium; Prinzenerzieher, freier Schriftsteller in Weimar; ab 1787 Dramaturg und Hoftheaterdichter in Wien. In Leipzig gehörte er zum Kreis um Christian Gottfried Körner (* 1756, † 1831) und den Buchhändler G. J. Göschen; lernte dort 1785 Schiller kennen. Erfolgreich mit seinen Lustspielen im Geist der Aufklärung; unbed. Romane und Gedichte; Übersetzungen.

Werke: Die Badekur (Lsp., 1782), Der Instinct ... (Lsp., 1785), Lustspiele (5 Bde., 1785–89), Das Ehepaar aus der Provinz (Lsp., 1792), Die Geschwister vom Lande (Lsp., 1794), Maske für Maske (Lsp., 1794).

Junges Deutschland, politisch oppositionelle literar. Bewegung in der Restaurationszeit des 19. Jh.; der Name J. D. entstand analog zu politisch-revolutionären Geheimorganisationen wie Giovine Italia (1831, gegr. von G. Mazzini) und Junges Europa (gegr. 1834 in der Schweiz). 1835 wurden auf Beschluß der Bundesversammlung des Dt. Bundes die Schriften des J. D. als staatsgefährdend verboten, die Verbotsbegründung spricht von einer ›literar. Schule‹, als deren

Wortführer H. Heine, K. Gutzkow, L. Börne, H. Laube, L. Wienbarg und Th. Mundt angeführt werden, ›deren Bemühungen unverhohlen dahin gehen, in belletrist., für alle Klassen von Lesern zugängl. Schriften die christl. Religion auf die frechste Weise anzugreifen, die bestehenden sozialen Verhältnisse herabzuwürdigen und alle Zucht und Sittlichkeit zu zerstören‹. Für das J. D., zu dem auch E. A. Willkomm und G. Kühne zu rechnen sind, ist charakteristisch: Ablehnung jegl. Dogmen, Ablehnung der moral. und gesellschaftl. Ordnung der Restauration, Eintreten für Liberalismus, Individualismus, Meinungsfreiheit, für staatl. Einheit, Weltbürgertum, Emanzipation der Frau, Propagierung sozialist. und kollektivist. Ideen. Der idealist. Auffassung von Literatur sollte eine ›Literatur der Bewegung‹ entgegengesetzt werden; in diesem Sinne waren polit. und sozialkrit. Themen, die v. a. auch in zahlreichen programmat. Artikeln dargelegt wurden, Ausgangspunkt der Literatur des J. D.; als Theoretiker des J. D. gilt v. a. L. Wienbarg mit seiner Abhandlung ›Aesthet. Feldzüge‹ (1834). Die emanzipator. Intention verlangte ein großes Leserpublikum; Zeitungen und Zeitschriften wurden ein wichtiges Forum, was wiederum die Ausbildung des literar. Journalismus förderte, der sich in kleineren Prosaformen (↑ Feuilleton) manifestierte, in denen trotz Zensur geschickt verhüllte Zeitkritik geübt wurde. Darüber hinaus gewann der umfangreiche Zeit- und Gesellschaftsroman an Bedeutung (H. Laube, ›Das junge Europa‹, 1833–37; die Romane von K. Gutzkow; Th. Mundt, ›Madonna‹, 1835; E. A. Willkomm, ›Die Europamüden‹, 1838); wichtig war auch der emanzipator. Frauenroman (I. von Hahn-Hahn, F. Lewald u. a.). In den Tendenzdramen des J. D. wählte man die indirekte Behandlung zeitgenössischer Probleme am Beispiel historischer Situationen (K. Gutzkow; H. Laube, ›Die Karlsschüler‹, 1846; ›Struensee‹, 1847; E. A. Willkomm, ›Bernhard, Herzog von Weimar‹, 1833; ›Erich XIV.‹, 1834, u. a.). Als Lyriker kann man A. Grün, G. Herwegh und F. Freiligrath zum Umkreis des J. D. zählen, deren Vertreter sich insgesamt jedoch nicht als feste literarische

Jüngstes Deutschland 331

Gruppe betrachteten. Die meisten Werke des J. D. überdauerten nicht. – ↑auch Biedermeier.
Ausgaben: Dt. Revue. Dt. Blätter (Zss. des J. D.s) 1835. Nachdr. Ffm. 1971. – Das J. D. Texte u. Dokumente. Hg. v. J. HERMAND. Stg. 1966. Nachdr. Stg. 1992. – Polit. Avantgarde: 1830–1840. Eine Dokumentation zum J. D. Hg. v. A. ESTERMANN. Ffm. 1972. 2 Bde.
Literatur: LUKÁCS, G.: Das Ende der Kunstperiode. In: LUKÁCS: Fortschritt u. Reaktion in der dt. Lit. Bln. ²1950. – DIETZE, W.: J. D. u. dt. Klassik. Bln. ³1962. – WÜLFING, W.: J. D. Mchn. 1978. – RICHTER, C.: Leiden an der Gesellschaft. Vom literar. Liberalismus zum poet. Realismus. Königstein i. Ts. 1978. – Dt. Literatur. Eine Sozialgesch. Hg. v. H. GLASER. Bd. 6: Vormärz: Biedermeier, J. D., Demokraten. Rbk. 1980. – KURSCHEIDT, G.: Engagement u. Arrangement. Unterss. zur Roman- u. Wirklichkeitsauffassung vom J. D. bis zum poet. Realismus Otto Ludwigs. Bonn 1980. – SCHNEIDER, M.: Die kranke schöne Seele der Revolution. Heine, Börne, das ›J. D.‹, Marx u. Engels. Ffm. 1980. – STEINECKE, H.: Literaturkritik des J. D. Bln. 1982. – WÜLFING, W.: Schlagworte des J. D. Bln. 1982. – BRANDES, H.: Die Zeitschriften des J. D. Opladen 1991. – KOOPMANN, H.: Das J. D. Eine Einf. Darmst. 1993.

Junges Polen (Młoda Polska), literar. Bewegung in Polen um 1890–1918 (Zentrum: Krakau), die sich im Zuge des europ. künstler. Modernismus für die völlige Ungebundenheit der Kunst im Sinne des ↑L'art pour l'art einsetzte; bed. Vertreter: K. Tetmajer Przerwa, J. Kasprowicz, L. Staff, S. Przybyszewski, S. Żeromski, A. Górski u. a.; Zeitschrift: ›Życie‹.

Jungk, Robert [jʊŋk], eigtl. R. Baum, * Berlin 11. Mai 1913, † Salzburg 14. Juli 1994, österr. Wissenschaftspublizist und Futurologe dt. Herkunft. – Zunächst Journalist; emigrierte 1933, arbeitete nach seiner Ausbürgerung 1934 u. a. als Auslandskorrespondent in Prag, Zürich und London; 1950 amerikan., ab 1967 österr. Staatsbürger. J. behandelt in seinen Werken v. a. die eth. Probleme, die von der ›nur scheinbar neutralen‹ Wiss. und Technik gestellt werden (v. a. ›Die Zukunft hat schon begonnen‹, 1952; ›Heller als tausend Sonnen‹, 1956); sein Engagement zur Ächtung der Atomwaffen Ende der 50er Jahre fand literar. Niederschlag in dem Tatsachenbericht über das Nachkriegsleben in Hiroschima (›Strahlen aus der Asche‹, 1959). Befaßte

Robert Jungk

sich danach vorwiegend mit Fragen der Zukunftsforschung (›Der Jahrtausendmensch. Bericht aus den Werkstätten der neuen Gesellschaft‹, 1973); engagierte sich in der Friedensbewegung und war einer ihrer maßgebl. Repräsentanten.
Weitere Werke: Die große Maschine (1966), Der Atom-Staat (1977), Alternatives Leben (1980; mit N. R. Müller), Zukunftswerkstätten (1981; mit N. R. Müller), Menschenbeben. Der Aufstand gegen das Unerträgliche (1983), Und Wasser bricht den Stein (Essays, 1986), Sternenhimmel statt Giftwolke oder den Frieden erfinden (1987), Deutschland von außen. Beobachtungen eines illegalen Zeitungen (1990), Trotzdem. Mein Leben für die Zukunft (1993).
Literatur: Die Triebkraft Hoffnung. R. J. zu Ehren. Hg. v. W. CANZLER. Whm. 1993.

Jungmann, Josef, * Hudlice (Mittelböhm. Gebiet) 16. Juli 1773, † Prag 14. Nov. 1847, tschech. Schriftsteller und Philologe. – Setzte sich für eine geistige Erneuerung des tschech. Volkes im Sinne der Romantik ein; bereicherte seine Muttersprache durch meisterhafte Übersetzungen aus dem Englischen, Französischen und Deutschen, durch Wortneubildungen und ein tschech.-dt. Wörterbuch (5 Bde., 1834–39); schrieb eine Geschichte der tschech. Literatur (1825).
Ausgabe: J. J. Sebrané drobné spisy. Prag 1869–73. 3 Bde.

Jüngstes Deutschland, von den Brüdern H. und J. Hart 1878 in den ›Dt. Monatsblättern‹ geprägter Name für die Vertreter der literar. Bewegung des ↑Naturalismus. Zentren der zahlreichen Dichterkreise, die auch als ›Moderne‹ bezeichnet wurden, waren Berlin und München; z. T. wurden auch die Vertreter antinaturalist. Gegenströmungen, wie

Jung-Stilling

Impressionismus, Symbolismus, Décadence und Neuromantik, zum J. D. gezählt.

Jung-Stilling, Johann Heinrich, eigtl. J. H. Jung, * Grund (Landkreis Siegen) 12. Sept. 1740, † Karlsruhe 2. April 1817, dt. Schriftsteller. – Pietistisch erzogen, Schneiderlehre; bildete sich selbst, wurde Lehrer, studierte 1769–72 Medizin in Straßburg (lernte dort Goethe und J. G. Herder kennen); bekannter Augenarzt (Staroperationen); Prof. verschiedener Disziplinen, u.a. ab 1787 Prof. für Finanz- und Kameralwissenschaften in Marburg, ab 1803 Prof. der Staatswissenschaft in Heidelberg; ab 1806 in Karlsruhe als freier Schriftsteller (gesichert durch eine Pension des Kurfürsten). Bedeutendstes Werk neben geistl. Liedern, unbed. Romanen und pietist. Schriften ist seine sechsbändige Autobiographie (1777–1817; v.a. der 1.Bd. ›Henrich Stillings Jugend. Eine wahrhafte Geschichte‹, 1777), die, zwischen Roman und Bericht angelegt, pietist. Frömmigkeit, Humanitätsstreben und psycholog. Selbsterforschung zeigt.

Johann Heinrich Jung-Stilling

Ausgaben: J. H. Jung, genannt Stilling. Sämmtl. Schriften. Vorwort v. I. U. GROLLMANN. Stg. 1835–38. 13 Bde. u. 1 Erg.-Bd. in 8 Bden. Nachdr. Hildesheim 1979. – J. H. Jung, genannt Stilling. Sämmtl. Werke. Stg. 1841. 12 Bde. – J. H. J.-S. Briefe an seine Freunde. Hg. v. A. VÖMEL. Lpz. ²1924. – J. H. J.-S. Lebensgeschichte. Hg. v. G. A. BENRATH. Darmst. 1976. – Heinrich Stillings Jugend, Jünglingsjahre u. Wanderschaft. Hg. v. G. DREWS. Mchn. 1982.
Literatur: GÜNTHER, H. R. G.: J.-S. Mchn. ²1948. – GEIGER, M.: Aufklärung u. Erweckung. Beitrr. zur Erforschung J. H. J.-S.s u. der Erweckungstheologie. Zü. 1963. – WILLERT, A.: Religiöse Existenz u. literar. Produktion. J.-S.s Autobiogr. u. seine frühen Romane. Ffm. u. Bern 1982. – STENNER-PAGENSTECHER, A. M.: Das Wunderbare bei J.-S. Hildesheim 1985. – UNTERMSCHLOSS, G.: Begegnungen mit J.H. J.-S. Siegen 1988. – HAHN, O. W.: J. H. J.-S. Wuppertal u. Zü. 1990. – PFEIFFER, K.: J.-S.-Bibliogr. Siegen 1993.

Jung-Wien (Wiener Moderne), Gruppe von Schriftstellern und Kritikern um H. Bahr in Wien, etwa 1890–1900; vertrat Strömungen, die sich aus der Abkehr vom Naturalismus (H. Bahr, ›Die Überwindung des Naturalismus‹, 1891) entwickelten (u.a. ↑Symbolismus, ↑Impressionismus, ↑Jugendstil). Mitglieder der Gruppe waren u.a. H. von Hofmannsthal, A. Schnitzler, F. Salten, R. Beer-Hofmann, P. Altenberg, auch K. Kraus, der später das Junge Wien kritisierte.
Literatur: Jugend in Wien. Lit. um 1900. Hg. v. L. GREVE u. W. VOLKE. Ausst.-Kat. Marbach ²1987.

Junimea [rumän. ʒu'nimea = die Jugend], rumän. Dichterkreis, der 1863 von T. L. Maiorescu in Jassy gegründet wurde; der J. gehörten die bedeutendsten rumän. Dichter ihrer Zeit an, so u.a. I. Creangă, I. L. Caragiale, M. Eminescu, I. Slavici; Pflege der rumän. Sprache und Volksdichtung, Betonung der nat. Geschichte und Ablehnung der Nachahmung westeurop. Vorbilder standen im Mittelpunkt; Organ der J. war die 1867 gegründete Zeitschrift ›Convorbiri literare‹.
Literatur: KANNER, B.: La société litteraire J. de Jassy. Paris 1906. – J. și Junimiștii. Scrisori și documente inedite. Hg. v. J. ARHIP u. D. VACARIU. Jassy 1973. – ZUB, A.: J. Jassy 1976. – MIREA, G.: J. Jassy 1983.

Junosza, Klemens [poln. ju'nɔʃa], Pseudonym des poln. Erzählers Klemens ↑Szaniawski.

Junqueiro, Abílio Manuel de Guerra, portugies. Lyriker, ↑Guerra Junqueiro, Abílio Manuel de.

Jurčič, Josip [slowen. 'juːrtʃitʃ], * Muljava (Slowenien) 4. März 1844, † Ljubljana 3. Mai 1881, slowen. Schriftsteller. – Verfasser histor. Romane (Vorbild W. Scott) nach romant. Muster mit realist. Zügen; pflegte als erster Slowene den Gesellschaftsroman und stellte in

Dorfgeschichten, die er in die slowen. Literatur einführte, das Leben der Bauern dar.

Werke: Zigeuner, Janitscharen und Georg Kozjak (Nov., 1864, dt. 1957), Der zehnte Bruder (R., 1866/67, dt. 1886), Sosedov sin (= Der Nachbarssohn, E., 1868), Doktor Zober (R., 1876).
Ausgabe: J. J. Zbrano delo. Ljubljana ²1961 ff. 9 Bde.

Jurković, Janko [serbokroat. 'juːrkɔvitɕ], *Slavonska Požega 21. Nov. 1827, †Zagreb 20. März 1889, kroat. Schriftsteller. – Journalist, im Schuldienst; Realist, der in humorist. Erzählungen und Komödien den Alltag des Kleinbürgertums darstellte; erster kroatischer Humorist und Mitschöpfer der kroatischen Volkskomödie.

Juschidsch (tl.: Yūšïǧ), Nima, *Jusch (Nord-Iran) 1897, †Teheran 1960, pers. Dichter. – Überwand nach 1920 als erster pers. Dichter die klass. Metrik, wurde zum Begründer der Tradition des ›freien Verses‹ und mithin der modernen pers. Lyrik. Er modifizierte traditionelle myst. Themen der pers. Literatur (das Gegensatzpaar ›Liebender – Geliebte‹ wurde z. B. als ›Wirklichkeit – Phantasie‹ gedeutet); wird bis heute als Avantgardist geschätzt, aufgrund seiner verschlüsselten und auf der ›Melodie des Wortes‹ beruhenden Dichtkunst jedoch nur schwer verstanden.
Literatur: DJANNATI, N. J.: Yushidj, sa vie et son œuvre. Teheran 1955.

Juschin (tl.: Južin), Alexandr Iwanowitsch [russ. 'juʒin], eigtl. A. I. Sumbatow, *Kukujewka (Gebiet Tula) 16. Sept. 1857, †Juan-les-Pins (heute zu Antibes) 17. Sept. 1927, russ. Schauspieler und Dramatiker. – Ab 1882 einer der bedeutendsten Schauspieler in Moskau; beliebter Theaterdichter, schrieb Dramen, die durch gute Charakterisierung und geschickte Dialogführung gekennzeichnet sind. Zu seinen Hauptwerken gehören u. a. ›Im Dienst‹ (Dr., 1895, dt. 1898) und ›Die Macht der Frau‹ (Dr., 1899, dt. 1911).
Ausgabe: A. I. Južin-Sumbatow. P'esy. Moskau 1961.

Juschkewitsch (tl.: Juškevič), Semjon Solomonowitsch [russ. juʃ'kjevitʃ], *Odessa 7. Dez. 1868, †Paris 12. Febr. 1927, russ. Schriftsteller. – Emigrierte 1920; schilderte, zunächst von M. Gorki gefördert, teils naturalistisch, teils sentimental die Probleme jüd. Familien in den Provinzstädten.
Werke: Evrei (= Juden, E., 1903), Korol' (= Der König, Schsp., 1906), Miserere (Dr., 1910), Komedija braka (= Ehekomödie, Kom., 1911), Leon Drej (R., 1923).

Justinus, Marcus Junianus, röm. Schriftsteller, ↑Iustinus, Marcus Iunianus.

Juvačev, Daniil Ivanovič, russ.-sowjet. Schriftsteller, ↑Charms, Daniil Iwanowitsch.

Juvenal (Decimus Iunius Iuvenalis), *Aquinum (Latium) um 60 n.Chr., †nach 128, letzter röm. Satiriker. – Die Hauptthemen der 16 erhaltenen Satiren (in Hexametern; die 16. verstümmelt) sind der Sittenverfall und die Heuchelei zumal der oberen Schichten der röm. Gesellschaft, die mit Heftigkeit und grimmigem Sarkasmus angegriffen werden; als Maßstab dient ein idealisiertes Bild des einstigen Rom. J. verstand sich meisterlich auf zugespitzte Formulierungen, von denen einige als Zitate fortleben (u. a. ›panem et circenses‹ [= Brot und Spiele]) sowie auf die scharf zupackende Darstellung exakt beobachteter Detailszenen.
Ausgabe: D. I. I. Saturarum libri 5 [Satirae]. Hg. v. L. FRIEDLÄNDER (mit Komm.) Lpz. 1895. 2 Bde. Nachdr. Amsterdam 1962.
Literatur: MARMORALE, E. V.: Giovenale. Bari ²1950. – HIGHET, G.: J., the satirist. Oxford 1954. – SERAFINI, A.: Studio della satira di Giovenale. Florenz 1957. – COURTNEY, E.: A commentary of the satires of J. London 1980.

Juvencus, Gajus Vettius Aquilinus, lat. Schriftsteller, ↑Iuvencus, Gaius Vettius Aquilinus.

Juwatschow (tl.: Juvačev), Daniil Iwanowitsch [russ. juva'tʃɔf], russ.-sowjet. Schriftsteller, ↑Charms, Daniil Iwanowitsch.

Južin, Aleksandr Ivanovič, russ. Schauspieler und Dramatiker, ↑Juschin, Alexandr Iwanowitsch.

K

Kabak (tl.: Qabak), Aharon Abraham [hebr. 'kabak], * Smorgon (Prov. Wilna) 1880, † Jerusalem 1944, israel. Schriftsteller. – Lebte in der Türkei, in Palästina, Deutschland, Frankreich und (als Student) in der Schweiz, bevor er sich 1921 endgültig in Jerusalem als Gymnasiallehrer niederließ; Verfasser breit angelegter histor. und zeitgenöss. Romane, deren erster gleichzeitig der erste ›zionist.‹ Roman der hebr. Literatur ist (›Levaddâh‹ [= Für sich allein], 1905). Sein berühmtestes Werk ist der histor. Roman ›Šelômo Molcho‹ (3 Bde., 1928/29, engl. 1973 u. d. T. ›Shelomo Molho‹) über das Leben des Pseudo-Messias Salomo Molcho.

Literatur: WAXMAN, M.: A history of Jewish literature. New York 1960. Bd. 4. S. 162. – Enc. Jud. 1972, Bd. 10, S. 485.

Kabarẹtt [frz. cabaret, eigtl. = Schenke, Trinkstube], Kleinkunstbühne, auf der von Schauspielern oder von den Verfassern selbst Chansons, Gedichte, Balladen humoristisch-satir. Art *(literar. K.),* häufig mit entschieden politischgesellschaftskrit. Tendenz *(polit. K.),* vorgetragen sowie Pantomimen, Singspiel- und Tanznummern, auch artist. Kunststücke vorgeführt werden. Bei aufwendiger Ausstattung kann das K. zur ↑ Revue werden. Charakteristisch ist die Emanzipation der kleinen Formen der darstellenden Kunst, ihre Verbindung in einem (thematisch meist locker gefügten) ›Nummernprogramm‹, die Stellung des K.s zwischen Kunst und Unterhaltung und bes. die gegenüber den herrschenden Verhältnissen kritisch-oppositionelle Haltung. Inhalt und Themen sind witzig, pointiert, aktuell-politisch, auch erotisch, die Gestaltung bedient sich der ↑ Parodie, ↑ Travestie, ↑ Karikatur, der Montage von Disparatem, fließender Übergänge zwischen verschiedenen Genres (z. B. vom Lied zur gespielten Szene), der Andeutung statt der breiteren Ausführung. Musikal. Formen sind neben Chanson ↑ Couplet und ↑ Song; Spielformen sind neben Tanz und Pantomime ↑ Sketch und Conférence.

Geschichte: Aus dem ›Café-concert‹ (›Café chantant‹) gingen in Paris zunächst als Künstlerkneipen der Bohemiens, später als feste Bühnenunternehmen die ›Cabarets artistiques‹ hervor; 1881 wurde als erstes K. das ↑ Chat-Noir von R. Salis auf dem Montmartre eröffnet, das A. Bruant ab 1885 als ›Le Mirliton‹ weiterführte; hier trat die berühmte Diseuse Y. Guilbert auf. Zahlreiche weitere K.s entstanden um die Jahrhundertwende in Paris und bald in vielen anderen europ. Städten. In Berlin eröffnete E. von Wolzogen 1901 das ›Überbrettl‹. Weitere K.s waren in Berlin ›Schall und Rauch‹ (1901, gegr. von M. Reinhardt; 1919 Neueröffnung), in München ›Elf Scharfrichter‹ (1901, mit F. Wedekind und O. Falckenberg), ›Simplicissimus‹ (1903, gegr. von Kathi Kobus), in Wien ›Das Nachtlicht‹ (1906), ›Die Fledermaus‹ (1907). K.texte stammten in diesen Jahren u. a. von F. Wedekind, L. Thoma, P. Altenberg, Ch. Morgenstern, E. Friedell, A. Polgar. Gegen die nationalist. Stimmung zu Beginn des 1. Weltkrieges wandte sich das 1916 in Zürich von den Dadaisten H. Ball, H. Arp, R. Huelsenbeck und T. Tzara gegründete ›Cabaret Voltaire‹ mit antimilitarist. und kunstrevolutionärer Tendenz (↑ Dadaismus). Nach dem Krieg ergriff eine entschiedene (mitunter auch rechtsgerichtete) Politisierung das K., die dann durch den großen Erfolg der Revue (Erfinder: R. Nelson; Auftritte von M. Dietrich, H. Albers) Ende der 20er Jahre etwas eingedämmt wurde. Bekannte K.s waren ›K. der Komiker‹ (1924), ›Katakombe‹ (1929

Kabarett 335

gegr. von W. Finck, H. Deppe und R. Platte), ›Die Vier Nachrichter‹ (1931 gegr. von H. Käutner, B. Todd und K. E. Heyne). T. Hesterberg, C. Waldoff, G. Holl, R. Valetti, H. H. von Twardowski errangen Erfolge als Vortragende, F. Grünbaum, P. Nikolaus, W. Finck, H. Krüger als Conférenciers. Als Volkskomiker traten E. Carow und O. Reutter (Berlin) sowie W. Reichert (Stuttgart) hervor; einen bes. Hang zum Sprachwitz und zur Absurdität zeigten K. Valentin und L. Karlstadt (München). Texte mit stark gesellschaftkrit. Tendenz und formal innovativer Qualität schrieben W. Mehring, Klabund, K. Tucholsky, J. Ringelnatz und Erich Kästner; die Musik stammte von F. Hollaender, M. Spoliansky, auch von P. Hindemith. In Paris waren v. a. M. Chevalier und die Mistinguett, in London B. Lillie populär.

Während der Zeit des Nationalsozialismus wurden viele Kabarettisten verhaftet und ins KZ gebracht, viele emigrierten und beteiligten sich an den antifaschistischen K.s in Wien (›Der liebe Augustin‹, gegr. 1931, G. H. Mostar; ›Literatur am Naschmarkt‹, gegr. 1933), in Zürich (›Die Pfeffermühle‹, 1933 gegr. von E. Mann, mit Th. Giehse), in Prag, Paris, London, New York.

Nach dem 2. Weltkrieg entstanden zahlreiche neue K.s: ›Schaubude‹ (München, gegr. 1945 von Erich Kästner, mit U. Herking), ›Kom(m)ödchen‹ (Düsseldorf, 1947 gegr. von K. und L. Lorentz), das Rundfunk-K. der ›Insulaner‹ (Berlin, gegr. 1947, mit G. Neumann, T. Sais, A. Windeck, I. Trautschold, W. Gross, B. Fritz und E. Wenck), ›Mausefalle‹ (Stuttgart und Hamburg, 1948 gegr. von W. Finck), ›Die Stachelschweine‹ (Berlin, gegr. 1949, mit W. Neuss), ›Die Schmiere‹ (Frankfurt am Main, gegr. 1950), ›Die kleine Freiheit‹ (München, gegr. 1951), ›Münchner Lach- und Schießgesellschaft‹ (gegr. 1955 von S. Drechsel und D. Hildebrandt, mit K. P. Schreiner, K. Havenstein, U. Noack, H. J. Diedrich und J. Scheller), ›Bügelbrett‹ (Heidelberg, gegr. 1959), ›Rationaltheater‹ (München, gegr. 1965), ›Floh de Cologne‹ (Köln, gegr. 1966). In der DDR entstanden als erste politisch-satir. K.s die ›Distel‹ (1953) in Berlin und die ›Leipziger Pfeffermühle‹ (1954). In den 50er und 60er Jahren erlebte das K. mit der häufigeren Übernahme in Rundfunk- und Fernsehprogramme (bis hin zur Gründung eigener humorist. u. satir. Magazine) und mit zahlreichen Neugründungen in vielen größeren Städten der BR Deutschland eine neue Blüte. Als Vertreter des Einmann-K.s profilierten sich W. Neuss (›Jüngstes Gerücht‹, Berlin, gegr. 1963), J. von Manger, H. D. Hüsch, D. Hildebrandt, W. Schneyder, G. Polt, M. Richling, S. Zimmerschied u. a.

Die Erneuerung des polit. K.s in der BR Deutschland seit 1965 vollzog sich gleichzeitig mit der Formierung der sog. Neuen Linken und der sog. Protestsongbewegung. Sie führte zu einer verstärkten Hinwendung zur polit. Funktion und Effektivität des K.s (z. B. in den Liedern von D. Süverkrüp und F. J. Degenhardt) und mancherorts zu seiner Umwandlung in das ↑ Agitproptheater.

In Wien erlebte das K. nach dem 2. Weltkrieg eine Renaissance durch G. Kreisler, H. Qualtinger (mit C. Merz in ›Herr Karl‹, 1961) und G. Bronner. Erfolge als Kabarettisten hatten in Frankreich besonders J. Gréco, É. Piaf und Y. Montand, in Großbritannien D. Frost und J. Littlewood, in den USA M. Nichols, E. May und T. Lehrer, in Italien L. Betti, in den Niederlanden T. Hermans, in der Schweiz F. Hohler und E. Steinberger (›Emil‹). Bekannte K.s gibt es ebenso in Dänemark (Sommerrevuen von Helsingør und Hornbæk), Schweden (›Gröna Hund‹, ›Gula Hund‹ in Stockholm) und in der Tschechoslowakei (›Semafor‹ in Prag mit H. Hegerová).

Literatur: BUDZINSKI, K.: Die Muse mit der scharfen Zunge. Mchn. 1961. – KÜHL, S.: Dt. K.s. Düss. 1962. – HENNINGSEN, J.: Theorie des K.s. Ratingen 1967. – GREUL, H.: Bretter, die die Zeit bedeuten. Neuausg. Mchn. 1971. 2 Bde. – HÖSCH, R.: K. von gestern u. heute nach zeitgenöss. Berr. Bln. 1972. 2 Bde. – HOFMANN, G.: Das polit. K. als geschichtl. Quelle. Ffm. 1976. – RIHA, K.: Moritat, Bänkelsong, Protestballade. Königstein i. Ts. ²1979. – ›Sich fügen – heißt lügen‹. 80 Jahre dt. K. Hg. v. R. HIPPEN u. U. LÜCKING. Mainz 1981. – BUDZINSKI, K.: Das K. Düss. 1985. – RICHARD, L.: Cabaret, K. Von Paris nach Europa. Dt. Übers. Lpz. 1993. – VOGEL, B.: Fiktionskulisse. Poetik u. Gesch. des K.s. Paderborn 1993.

336 Kabbala

Kạbbala [auch: kaba'la:; hebr. = Überlieferung, Tradition], Bez. für die jüd. Geheimlehre und Mystik, v. a. zwischen dem 12. und 17. Jh., sowie für die esoter. und theosoph. Bewegung im Judentum überhaupt. Die K. ist kein einheitl. System, vielmehr haben ihre Anhänger **(Kabbalisten)** eine Vielzahl von Lehren und Entwürfen vorgelegt, wobei, anders als in den Schriften des Talmud, auch Einwirkungen aus der Volksreligion nachweisbar sind.

Vereinzelte esoter. Äußerungen und kosmogon. Spekulationen finden sich bereits in der hellenistisch-jüd. und in der rabbin. Literatur. Aber erst mit der sog. Merkabamystik (nach der hebr. Bez. mẹrkavā für den Thronwagen in Ezechiel 1, 15–28), einer Schau der Erscheinung Gottes, und mit der Ausbildung einer Engellehre in den sog. Hechalot-Schriften des 4.–10. Jh. liegt eine festumrissene Lehre vor. Vom 8. Jh. an gelangte die myst. Bewegung von Palästina nach Europa und zeigte Auswirkungen bei den sog. dt. Chassidim, die vorhandene myst. Vorstellungen (Merkabamystik, Buch ↑Jezira und neuplaton. Gedankengut) aufnahmen und mit asket. Tendenzen und Bußdisziplinen verschmolzen.

Vom 12. bis 14. Jh. entstand in Südfrankreich (Provence) und Spanien die Bewegung, die als K. im eigtl. Sinn bezeichnet wird. Ein bed. Dokument dieser Zeit ist das Buch *Bahir* (sefẹr bạhír), in dem Begriffe der älteren Esoterik weiterentwikkelt wurden. Gleichzeitig kamen prophetisch-messian. Bestrebungen auf. Zwischen 1240 und 1280 entstand das Hauptwerk der älteren K., das Buch ↑Sohar. Als Auswirkung der Vertreibung der Juden aus Spanien (1492) erfuhr die K. eine apokalypt. und weitere messian. Vertiefung und wurde eine geistige Bewegung, die breitere Schichten erfaßte. In dem neuen Zentrum Zefat in Palästina systematisierte Mose Ben Jakob Cordovero die Lehren der K.; I. Luria vertrat u. a. eine neue Lehre vom Weltentstehung und die Lehre vom ›Bruch der Gefäße‹ (Entstehung der Gegenwelt des Bösen). Die Hauptlehren der lurian. K. sowie viele Riten und Gebräuche des Kreises in Zefat fanden große Verbreitung und wirkten sich in der messian. Bewegung des Sabbatianismus im 17. Jh. und im Chassidismus in Polen im 18./19. Jh. aus. – Im christl. Raum zeigen G. Pico della Mirandola, J. Reuchlin, H. C. Agrippa von Nettesheim, Christian Knorr von Rosenroth (* 1636, † 1689) und J. Böhme Einflüsse der Kabbala.

Literatur: REICHSTEIN, H.: Prakt. Lehrb. der K. Bln. [6]1961. – SCHOLEM, G.: Ursprung u. Anfänge der K. Bln. 1962. – SCHOLEM, G.: Die jüd. Mystik in ihren Hauptströmungen. Ffm. [2]1967. – SCHOLEM, G.: Zur K. u. ihrer Symbolik. Ffm. 1973. – SCHOLEM, G.: Von der myst. Gestalt der Gottheit. Studien zu Grundbegriffen der K. Ffm. 1977. – SCHOLEM, G.: Und alles ist K.! Mchn. 1980. – Das Buch Bahir. Ein Schriftwechsel aus der Frühzeit der K. Hg. v. G. SCHOLEM. Darmst. [3]1980.

Kạb Ịbn Suhạir (tl.: Ka'b Ibn Zuhayr), arab. Dichter der 1. Hälfte des 7. Jahrhunderts. – Sohn des Dichters Suhair; Zeitgenosse Mohammeds, den er zuerst mit Spottversen bedachte; gewann die Gunst des Propheten durch das panegyr. Gedicht ›Bānat Sul'ād‹ (dt. von F. Rückert 1846 in der ›Hamasa‹ u. d. T. ›Suat ist fortgegangen‹).

Literatur: BROCKELMANN, C.: Gesch. der arab. Litteratur. Suppl.-Bd. 1. Leiden 1936–37. S. 68. – Enc. Islam Bd. 4, [2]1978, S. 316.

Kabir [ka'bi:r], * Benares (?) um 1440, † Maghar (Uttar Pradesh) 1518, ind. religiöser Dichter. – Brahmane von Geburt, jedoch von einem muslim. Weber erzogen; selbst Weber. Anhänger des wischnuit. Heiligen Rāmānand, des Gründers der Panthis, einer Hinduismus und Islam in einem strengen Monotheismus vereinenden Sekte; wandte sich gegen die feudale Oberschicht, gegen Orthodoxie und Dogmatik sowohl der islam. als auch der hinduist. Geistlichkeit. Seine Lyrik ist stilvoll, dennoch waren die religiösen Aussagen auch dem einfachen Volk verständlich. Viele Gedichte fanden Aufnahme in den ›Ādigrantha‹, die heilige Schrift der Sikhs.

Ausgaben: K. Hundert Ged. Hg. v. R. TAGORE. Übers. v. G. M. MUNCKER u. A. HAAS. Freib. 1961. – The Bijak of K. Engl. Übers. v. L. HESS. Berkeley (Calif.) 1983.

Kabụki, Gattung des bürgerl. jap. Theaters; als Begründerin gilt die Tänzerin Okuni, die um 1600 in Kioto auftrat; Elemente aus ↑No-Spiel und Kiogen (↑japanisches Theater und japanischer Tanz) mit populären Tanzformen verbin-

Kadesch-Schlacht-Gedicht 337

dend, erlangte ihr revueartiges Frauen-K. schnell Popularität. Erot. Momente wegen wurde es 1629 ebenso verboten wie 1653 das an seine Stelle getretene Knabenkabuki. Das um 1700 und in der 2. Hälfte des 18. Jh. blühende Männer-K. brachte eine verstärkte Dramatik sowie eine Verfeinerung von Tanz und Gesang in diese klass. Theaterform, der berühmte Schauspielerdynastien, Anhängergruppen und staatl. Subvention die Existenz bis heute sicherten.
Literatur: SCOTT, A. C.: The K. theatre of Japan. London 1955. – ERNST, E.: The K. theatre. London 1956. – ORTOLANI, B.: Das K.theater. Kulturgesch. der Anfänge. Tokio 1964. – TOITA, Y.: K. The popular theater. New York u. Tokio 1970.

Kačić Miošić, Andrija [serbokroat. 'katʃitɕ,miɔʃitɕ], * Brist (Dalmatien) 1704, † Kloster Zaostrog 15. Dez. 1760, kroat. Schriftsteller. – Franziskaner; im Dienst der päpstl. Diplomatie; seine Prosachronik mit umfangreicher Sammlung ep. Dichtungen ›Razgovor ugodni naroda slovinskoga‹ (= Angenehme Zwiesprache des südslaw. Volkes, 1756), in der er, den Volksliedton nachahmend, Ereignisse der südslaw. Geschichte gestaltet, ist noch heute populär.
Ausgabe: A. K. M. Djela. Zagreb 1942–45. 2 Bde.

Kadaré, Ismail, * Gjirokastër 27. Jan. 1936, alban. Schriftsteller. – Erfolgreichster alban. Schriftsteller der Gegenwart, der seit 1990 in Frankreich lebt. Hauptthema seiner farbig und lebendig geschriebenen Romane sind Vergangenheit und Gegenwart des alban. Volkes.
Werke: Der General der toten Armee (R., 1963, dt. 1973), Dasma (= Die Hochzeit, R., 1968), Die Festung (R., 1970, dt. 1988), Chronik in Stein (R., 1971, dt. 1988), Der große Winter (R., 1972, dt. 1987), November einer Hauptstadt (R., 1975, dt. 1991), Der Schandkasten (R., 1978, dt. 1990), Gjakftohtësia (= Kaltblütigkeit, Nov.n, 1980), Der zerrissene April (R., 1980, dt. 1989), Doruntinas Heimkehr (R., frz. 1986, dt. 1992), Die Schleierkarawane (En., dt. 1987), Konzert am Ende des Winters (R., 1988, dt. 1991), Alban. Frühling (Prosa, 1991, dt. 1991), Europa der Könige (En., dt. 1993).
Literatur: I. K., gardien de mémoire. Bearb. v. M. DRUON. Paris 1993.

Kadelburg, Gustav, * Pest (heute zu Budapest) 26. Juli 1851, † Berlin 11. Sept.

1925, österr. Schauspieler und Bühnendichter. – Spielte u. a. in Leipzig und Berlin; seit 1894 freier Schriftsteller in Berlin. Verfasser erfolgreicher Lustspiele, auch von Schwänken und Operettentexten, meist gemeinsam mit O. Blumenthal oder F. von Schönthan; bes. bekannt wurde das Lustspiel ›Im weißen Rößl‹ (1898) durch die Operettenbearbeitung R. Benatzkys.

Kaden Bandrowski, Juliusz [poln. 'kadɛmban'drɔfski], * Rzeszów 24. Febr. 1885, † Warschau (während des Aufstandes) 8. Aug. 1944, poln. Schriftsteller. – Vielseitiger, erfolgreicher Schriftsteller, Wortführer der Anhänger J. K. Piłsudskis. Über die Neuromantik hinausgehend, fand er zu einem übersteigerten expressionist. Prosastil, der auf die moderne poln. Literatur starken Einfluß ausübte; sein Werk, z. T. zeitkritisch und satirisch, gibt ein vortreffl. Bild des zeitgenöss. poln. Lebens.
Werke: Łuk (= Der Bogen, R., 1919), General Barcz (R., 1923, dt. 1929), Bündnis der Herzen (Nov., 1924, dt. 1928), Miasto mojej matki (= Die Stadt meiner Mutter, Erinnerungen, 1925), Die schwarzen Schwingen (R., 2 Tle., 1928/29, dt. 1983).
Ausgabe: J. K. B. Dzieła wybrane. Krakau 1981 ff.

Kadenz [italien., zu lat. cadere = fallen], in der Metrik rhythm. Gestalt des Versschlusses beim ↑akzentuierenden Versprinzip. Man unterscheidet zwischen männl. K. (auch stumpfe K.; einsilbig [in der mhd. Metrik auch zweisilbig], auf eine Hebung endend) und weibl. K. (auch klingende K.; zweisilbige Folge von Hebung und Senkung). Hinzu kommt die dreisilbige klingende K. mit Hebung, Senkung und Nebenhebung. Terminologie und Klassifizierung sind bes. in der mhd. Metrik nicht eindeutig geklärt.

Kadesch-Schlacht-Gedicht, ägypt. literar. Darstellung der Schlacht Königs Ramses' II. gegen den Hethiterkönig Muwatallis im Jahre 1285 v. Chr., die auf acht Tempelwänden und drei Papyri erhalten ist; schildert in Form eines Versepos mit Prosaeinleitung und Prosaschluß weniger das Schlachtgeschehen als vielmehr die Heldentat Ramses' II., der durch seine Tapferkeit die Schlacht

entschied, als er nach Flucht seines Heeres allein mit seinem Streitwagen gegen die Feinde rannte. Der Text, der durch mehrere Einschübe belebt wird, endet mit einem Lobpreis der heim. Götter auf den siegreichen König.
Literatur: LICHTHEIM, M.: Ancient Egyptian literature. Berkeley (Calif.) 1976. 2 Bde. – WAY, TH. VON DER: Die Textüberlieferung Ramses II. zur Qadeš-Schlacht. Hildesheim 1984.

Kadłubek, Wincenty, poln. Chronist, ↑ Wincenty Kadłubek.

Kaempeviser ['kɛm...] ↑ Kämpevise.

Kaeser-Kesser, Hermann, dt. Schriftsteller, ↑ Kesser, Hermann.

Kaffka, Margit [ungar. 'kɔfkɔ], * Nagykároly (heute Carei, Rumänien) 10. Juni 1880, † Budapest 1. Dez. 1918, ungar. Schriftstellerin. – Aus verarmter Adelsfamilie, Lehrerin; befreundet mit E. Ady; begann mit traditionellen Gedichten und Novellen. Bed. sind jedoch v. a. ihre Romane, bes. über Probleme der Frau in der modernen Gesellschaft.
Werke: Farben und Jahre (R., 1912, dt. 1958), Állomások (= Stationen, R., 1917).
Literatur: ÁGOSTON, J.: K. M. Budapest 1934. – FÖLDES, A.: K. M. Budapest 1987.

Franz Kafka

Kafka, Franz, * Prag 3. Juli 1883, † Kierling (heute zu Klosterneuburg) bei Wien 3. Juni 1924, österr. Schriftsteller. – Aus begüterter, bürgerl. Kaufmannsfamilie stammend; beschäftigte sich bereits als Gymnasiast (1893–1901) mit B. Spinoza, F. Nietzsche, H. Ibsen, dem naturalist. Theater und der Entwicklungslehre von Ch. R. Darwin. Beim Eintritt in die Dt. Univ. in Prag schwankte er zunächst bezüglich der Wahl des Studienfachs, richtete sich dann aber nach dem Willen des Vaters und entschied sich für Jura. Lektüre Ch. F. Hebbels, A. Stifters, H. von Kleists und H. von Hofmannsthals; Freundschaft u. a. mit M. Brod. Im Juli 1908 übernahm er eine Stelle als verbeamteter Versicherungsjurist bei der ›Arbeiter-Unfall-Versicherungs-Anstalt‹ für das Königreich Böhmen in Prag (bis zur Pensionierung im Juli 1922). In dieser Funktion veröffentlichte er Aufsätze über Unfallverhütung, schrieb die Jahresberichte seiner Versicherung und war Gutachter in Schadensersatzprozessen. Der Literatur widmete er sich weiterhin mit allen ihm verbleibenden Kräften. 1908 erste Publikation von 8 Prosastücken in der Zeitschrift ›Hyperion‹ (erneut gedr. in der Skizzensammlung ›Betrachtung‹, 1913). Ab 1910 führte er Tagebuch, wo er Erlebnisse und Erfahrungen, Reflexionen, Träume, Selbstanalysen und erste Werkskizzen festhielt. Intensive Beschäftigung mit dem jidd. Theater, mit dem Judentum überhaupt, die K. von einem assimilatorisch gesinnten und deren Lage nur unvollkommen reflektierenden Ästheten zu einem bewußten, engagierten Juden machte (›Rede über die jidd. Sprache‹, 1912), der sich dadurch auch seiner existenzbedrohenden Familienprobleme bewußt wurde. So versuchte er in dem berühmten ›Brief an den Vater‹ (entst. 1919, gedr. 1952, in: ›Die Neue Rundschau‹) anhand eines biograph. Überblicks seinem Briefpartner zu beweisen, daß sein Versagen eine Folge seiner ungünstigen Beziehung zum als übermächtig und bedrohend empfundenen Vater sei. Häufige Reisen, dienstlich oder privat (meist mit M. Brod), u. a. 1909 nach Oberitalien (daraus entstand das Feuilleton ›Die Aeroplane in Brescia‹), 1910 nach Paris, 1911 in die Schweiz, 1912 im Geiste Goethes nach Weimar sowie nach Leipzig, wo K. die Verleger K. Wolff und E. Rowohlt kennenlernte. Im Aug. 1912 erste Begegnung mit der Berlinerin Felice Bauer in Prag; mit ihr begann ein anspruchsvoller, schnell vertraulich werdender Briefwechsel (›Briefe an Felice und andere Korrespondenz aus der Verlobungszeit‹, hg. 1967). Im Sept. 1912 entstand ›Das Urteil‹ (gedr. 1913), für K.

Kafka 339

der Durchbruch zum bed. Schriftsteller. Hier ist autobiographisch K.s Vaterproblem im Blickpunkt auf die sich anbahnende Beziehung zu Felice thematisiert. In den folgenden Monaten wurden die meisten Teile des Romanfragments ›Der Verschollene‹ (bekannt u. d. T. ›Amerika‹; gedr. 1927; das 1. Kapitel des Romans erschien 1913 u. d. T. ›Der Heizer‹) konzipiert, in dem ein jugendl. Held allmählich aus der menschl. Gesellschaft gedrängt wird, weil er in einer über seine subjektive Schuld hinausgehenden Weise von seinen Eltern und deren Ersatzfiguren immer wieder verstoßen wird. Ende Nov./Anfang Dez. 1912 schrieb K. die Erzählung ›Die Verwandlung‹ (gedr. 1915). Pfingsten 1914 Verlobung mit Felice, die schon Mitte Juli desselben Jahres wieder gelöst wurde. In der 2. Jahreshälfte entstand der Roman ›Der Prozeß‹ (gedr. 1925), der Schuld und Selbstverurteilung eines sich dem Gemeinschaftsaufgaben Entziehenden darstellt. Im Juli 1917 zweite Verlobung mit Felice Bauer. Im Sept. erste Anzeichen von offener Tuberkulose. Weihnachten 1917 wurde die Verbindung mit Felice endgültig gelöst. 1919 Verlobung mit Julie Wohryzek (bis 1920). Im Frühjahr 1920 Korrespondenz mit Milena ↑Jesenská, die zu einer bald als aussichtslos erkannten Liebesbeziehung führte (›Briefe an Milena‹, hg. 1952). Anfang 1922 entstand die Erzählung ›Ein Hungerkünstler‹ (gedr. 1922, in: ›Die Neue Rundschau‹; Buchausgabe 1924), in den folgenden Monaten das Romanfragment ›Das Schloß‹ (gedr. 1926), in dem, veranlaßt durch das Milena-Erlebnis, K.s Kampf um die Verwurzelung in der menschl. Gesellschaft dargestellt ist. Im Sommer 1922 schrieb er die bes. im Blick auf das Problem des Judentums autobiograph. ›Forschungen eines Hundes‹ (gedr. 1931, in: ›Beim Bau der chin. Mauer‹). Ende Sept. 1923 Übersiedlung nach Berlin, wo er mit Dora Diamant zusammenlebte. Im März 1924 wegen sich verschlechternder Gesundheit Rückkehr nach Prag. Diagnostizierung einer Kehlkopftuberkulose; er starb in einem Sanatorium in der Nähe von Wien.

K.s Werk hat erst nach 1945 weltweite Resonanz gefunden (bis 1964 in der Tschechoslowakei als dekadent abgelehnt), allein die Wortbildung ›kafkaesk‹ (= auf rätselvolle Weise unheimlich, bedrohlich) zeugt von seiner breiten Wirkung. Bis heute beeinflußt K. das literar. Schaffen nicht nur deutschsprachiger Autoren. Eine wahre Deutungsflut ergoß sich über das hermetisch, verschlüsselt scheinende und zur Interpretation nachgerade herausfordernde Werk. Vertreten sind philosoph., religiöse und psychoanalyt. Ansätze, die in ihrer Verschiedenartigkeit und Gegensätzlichkeit dem literar. Grundmuster der Paradoxie bei K. entsprechen: Die genaue (K. Tucholsky sprach von ›schönster und klarster Prosa‹), wirklichkeitsgetreue Darstellung der Details führt nichtsdestoweniger zur Verrätselung des Ganzen; Heiterkeit, Komik wird zur Verzweiflung und umgekehrt. Lange hatte sich das Fehlen textkrit. Ausgaben zusätzlich hinderlich ausgewirkt: K. stand seinem Schaffen stets sehr skrupulös gegenüber, vieles erschien ihm nicht gut genug, zu wenig ausgearbeitet. Deren Vernichtung fürchtend, erwirkte M. Brod die Überlassung zahlreicher Manuskripte (u. a. die der drei Romane), unter dem Versprechen, sie nie zu veröffentlichen; nach dem Tod K.s entschloß sich der Freund doch zur Herausgabe. Die im Entstehen begriffene Gesamtausgabe auf wiss. Grundlage wird die K.-Forschung weiter voranbringen.

Weitere Werke: In der Strafkolonie (entst. 1914, gedr. 1919), Ein Landarzt (En., 1919; 1918 in: Die neue Dichtung), Josefine, die Sängerin oder das Volk der Mäuse (1924, in: Ein Hungerkünstler), Beim Bau der chin. Mauer (En. und Prosa, hg. 1931).
Ausgaben: F. K. Ges. Werke. Hg. v. M. BROD. Ffm. [2-7]1980. 5 Bde. – F. K. Schriften, Tagebücher, Briefe. Krit. Ausg. Hg. v. J. BORN u. a. Ffm. 1982 ff. – F. K. Briefe an Ottla u. an die Familie. Hg. v. H. BINDER u. K. WAGENBACH. Ffm. 8. – 11. Tsd. 1983. – F. K. Tagebücher 1910–1923. Ffm. 69.–71. Tsd. 1992. – F. K. Ges. Werke. Hg. v. M. BROD. Ffm. 54.–57. Tsd. 1993. 8 Bde. – F. K. Romane u. Erzählungen. Hg. v. MICHAEL MÜLLER. Stg. 1994.
Literatur: K.-Chronik. Hg. v. CHRIS BEZZEL. Mchn. 1975. – DELEUZE, G./GUATTARI, F.: K. Ffm. 1976. – The K. debate. New perspectives for our time. IIg. v. A. FLORES. Staten Island (N. Y.) 1977. – K.-Hdb. Hg. v. H. BINDER. Stg. 1979. 2 Bde. – Zu F. K. Hg. v. G. HEINTZ. Stg. 1979. – F. K. Themen u. Probleme. Hg. v. C. DAVID. Gött. 1980. – Benjamin über K. Hg. v.

340 Kagawa

H. Schweppenhäuser. Ffm. 1981. – Binder, H.: K.-Komm. Mchn. ²1982. 2 Bde. – Caputo-Mayr, M. L./Herz, J. M.: F. K.s Werke. Eine Bibliogr. der Primärlit. (1908–80). Bern u. a. 1982. – Amann, J.: F. K. Eine Studie über den Künstler. Mchn. ²1983. – Binder, H.: F. K. Leben u. Persönlichkeit. Stg. 1983. – Gruša, J.: F. K. aus Prag. Ffm. 1983. – Kraft, H.: K. Wirklichkeit u. Perspektive. Bern ²1983. – Nagel, B.: K. u. die Weltlit. Mchn. 1983. – Wagenbach, K.: F. K. Bilder aus seinem Leben. Bln. 1983. – Binder, H.: Motiv u. Gestaltung bei F. K. Bonn ²1985. – Müller, Hartmut: F. K. Leben, Werk, Wirkung. Düss. 1985. – Robert, M.: Einsam wie F. K. Dt. Übers. Ffm. 1985. – Was bleibt von F. K. Positionsbestimmung. K.-Symposium Wien 1983. Wien 1985. – Pawel, E.: Das Leben F. K.s. Dt. Übers. Mchn. 1986. – Caputo-Mayr, M./Herz, J. M.: F. K. Eine kommentierte Bibliogr. der Sekundärlit. Bern 1987. – Shim-Lee, Yu-Sun: Die Bildlichkeit bei F. K. Konstanz 1987. – Binder, H.: ›Vor dem Gesetz‹. Einf. in K.s Welt. Stg. 1993. – Brod, M.: Über F. K. Ffm. 45.–46. Tsd. 1993. – F. K. in der kommunist. Welt. Hg. v. N. Winkler u. a. Wien u. a. 1993. – Hoffmann, F.: F. K.s Technik des Erzählens. Rüsselsheim ²1993. – Ries, W.: K. zur Einf. Hamb. 1993. – Blanchot, M.: De K. à K. Paris 1994. – F. K. Hg. v. H. L. Arnold. Mchn. 1994. – Grötzinger, K. E.: K. u. die Kabbala. Das Jüdische im Werk u. Denken von F. K. Ffm. 1994. – K. u. Prag. Hg. v. K. Krolop u. a. Bln. u. a. 1994.

Kagawa, Tojohiko, * Kobe 12. Juli 1888, † Tokio 23. April 1960, jap. Theologe, Schriftsteller und Sozialreformer. – Als presbyterian. Pfarrer Mitglied der ›Vereinigten Kirche Christi in Japan‹, widmete sich prakt. Sozialarbeit und schuf mit Hilfe christl. Missionare vorbildl. soziale Einrichtungen. Seine literar. Hauptwerke sind die Romane ›Auflehnung und Opfer‹ (1920, dt. 1928), ›Taiyō wo iru mono‹ (= Die nach der Sonne schießen, 1921, engl. 1925 u. d. T. ›A shooter at the sun‹) und ›Kabe no koe kiku toki‹ (= Wenn man die Stimmen der Wände hört, 1924); schrieb auch Dramen, Lyrik und literaturkrit. Essays.

Kagero-nikki (tl.: Kagerō-nikki), jap. Hofdamentagebuch (›nikki‹) der Heianzeit. Die Verfasserin, als ›Mutter des Mitschitsuna‹ (955–1020) bekannt, beschreibt in dem ab 974 verfaßten Werk in realist. Weise die bitteren Seiten ihres Hoflebens.

Ausgabe: Fujiwara-mo Michitsuna no haha. K.-N. Tageb. einer jap. Edelfrau ums Jahr 980. Dt. Übers. Ffm. u. a. 1981.

Kahila, Hilja, Pseudonym des finn. Schriftstellers Arvid ↑ Järnefelt.

Kahlau, Heinz, * Drewitz (heute zu Potsdam) 6. Febr. 1931, dt. Schriftsteller. – Zunächst ungelernter Arbeiter, Traktorfahrer; lebt seit 1949 in Berlin, seit 1956 als freier Schriftsteller. Begann mit Agitpropgedichten und -liedern; das dann zunehmende poet. Moment wurde in der DDR oft als Manierismus und Klischeehaftigkeit kritisiert. K. gehörte zu den meistgelesenen Lyrikern in der DDR. Die verstärkte Hinwendung zum Kinderbuch und Jugendtheater sind Anzeichen für die didakt. Komponente seiner Arbeit. Schreibt auch Hör- und Fernsehspiele, Filmdrehbücher, Übersetzungen und Nachdichtungen aus zahlreichen Sprachen.

Werke: Hoffnung lebt in den Zweigen des Caiba (Vers-E., 1954), Probe (Ged., 1956), Der Fluß der Dinge (Ged., 1964), Poesiealbum (Ged., 1969), Die kluge Susanne. Märchenstücke (1973), Flugbrett für Engel (Ged., 1974), Der Vers. Der Reim. Die Zeile. Wie ich Gedichte schreibe (1974), Lob des Sisyphus (Ged., 1980), Tasso und die Galoschen. Zwei Stücke (1980), Du. Liebesgedichte 1954–1979 (1980), Bögen (Ged., 1981), Daß es dich gibt, macht mich heiter (Ged., 1982), Fundsachen (Ged., 1984), Der besoffene Fluß. Balladen (1991), Kaspers Waage (Ged., 1992).

Kahn, Gustave [frz. kan], * Metz 21. Dez. 1859, † Paris 5. Sept. 1936, frz. Schriftsteller. – Spielte zu Beginn der symbolist. Bewegung eine hervorragende Rolle, bes. als erster Theoretiker des Vers libre und Mitbegründer der Zeitschrift ›Le Symboliste‹; verfaßte theoret. und krit. Schriften (›Symbolistes et décadents‹, 1902; ›Le vers libre‹, 1912; ›Charles Baudelaire‹, 1925; ›Les origines du symbolisme‹, 1936, u. a.), daneben Gedichte, Romane und Biographien, u. a. über François Boucher (1905) und Auguste Rodin (1906).

Literatur: Ireson, J.-C.: L'œuvre poétique de K. Paris 1962. – Carmody, F.: La doctrine du vers libre: In: Cahiers de l'Association internationale des études françaises 21 (1969).

Kaikā'ūs, 'Unsuru'l Ma'ālī, pers. Fürst und Schriftsteller, ↑ Keika'us, Onsorolmaali.

Kailas, Uuno, * Heinola 29. März 1901, † Nizza 22. März 1933, finn. Lyriker. – Journalist, Schriftsteller und Übersetzer; gehörte zu den stärksten lyr. Begabungen der ›Feuerträger‹ (Tulenkantajat), deren Modernismus Finnland in den 20er Jahren mit dem Expressionismus bekannt machte. Krankheit und Vorwissen des frühen Todes führten schon den jungen K. zur sparsamen, bildgenauen, formstrengen Gedichtaussage, die bald als vorbildlich galt.

Werke: Purjehtijat (= Die Segler, Ged., 1925), Paljain jaloin (= Barfuß, Ged., 1928), Punajuova (= Roter Strich, Ged., hg. 1933), Novelleja (Nov.n, hg. 1936).

Kainar, Josef [tschech. ˈkajnar], * Přerov 29. Juni 1917, † Prag 16. Nov. 1971, tschech. Lyriker. – Schrieb z.T. von F. Halas beeinflußte Lyrik; in den 50er Jahren Vertreter einer sozialist. Dichtung; u. a. auch ein Puppenspiel für Kinder; Übersetzer frz. und dt. Poesie.

Literatur: MARKLOVÁ, M.: Die Verstechnik bei J. K. Diss. Gießen 1981 [Masch.].

Georg Kaiser

Kaiser, Georg, * Magdeburg 25. Nov. 1878, † Ascona 4. Juni 1945, dt. Dramatiker. – Zunächst Kaufmann, ab 1898 in Buenos Aires, von wo er 1901 mit schwerer Malaria zurückkehrte; lebte danach u. a. in Magdeburg, Seeheim an der Bergstraße, München (dort 1921 Verurteilung wegen einer Unterschlagung) und Grünheide bei Berlin; 1933 wurden seine Stücke verboten, 1938 emigrierte er über die Niederlande in die Schweiz, wo er bis zu seinem Tode als mittelloser, vergessener Emigrant lebte. K. war der fruchtbarste (über 60 Dramen), vielseitigste und meistgespielte Dramatiker des Expressionismus. In seinen Dramen gestaltete er stets – auch in zeitfernen Stoffen – aktuelle Zeitprobleme und das typisch expressionist. Thema der Erneuerung des Menschen. So entstanden pathet. histor. Dramen, Geschichtsparodien, daneben auch Ballette und Revuen. Anfangs von H. von Hofmannsthal und S. George beeinflußt, wandte er sich später v. a. A. Strindberg und F. Wedekind zu. In seiner mittleren Schaffensperiode bediente er sich des visionären und ekstat. Stils der Expressionisten, ihres Pathos, der abstrahierten, skelettartigen Handlung und konzentrierten Sprache. Alle Bühnenstücke sind durch starke gedankl. Konstruiertheit und bühnenwirksamen Aufbau gekennzeichnet. K.s erster großer Erfolg war das Drama ›Die Bürger von Calais‹ (1914, UA 1917), dessen Held, ein ›neuer Mensch‹ im expressionist. Sinn, sich für seine Heimatstadt opfert. In den zwar nicht zu einer Trilogie zusammengefaßten, inhaltlich jedoch zusammenhängenden Dramen ›Die Koralle‹ (1917), ›Gas‹ (1918) und ›Gas. Zweiter Teil‹ (1920) übt er Kritik an der kapitalist. Ordnung, an Industrialisierung und Automatisierung, die er letztlich verantwortlich macht für Krieg und soziale Mißstände; auch hier steht modellhaft der Konflikt zwischen der überkommenen Gesellschaft und den ›neuen Menschen‹ im Vordergrund, die Stücke enden jedoch in Hoffnungslosigkeit. K. schrieb auch Erzählungen, Romane, Hörspiele und Gedichte.

Weitere Werke: Die jüd. Witwe. Bibl. Komödie (1911), König Hahnrei (Dr., 1913), Der Kongreß (Kom., 1914, 1927 u. d. T. Der Präsident), Rektor Kleist (Dr., 1914), Europa (Spiel, 1915), Von Morgens bis Mitternachts (Dr., 1916), Der Brand im Opernhaus (Dr., 1919), Der gerettete Alkibiades (Dr., 1920), Die Flucht nach Venedig (Dr., 1923), Kolportage (Kom., 1924), Die Lederköpfe (Schsp., 1928), Rosamunde Floris (Schsp., 1940), Der Soldat Tanaka (Schsp., 1940), Villa Aurea (R., 1940), Das Floß der Medusa (Dr., UA 1945, vollständig hg. 1963).

Ausgaben: G. K. Stücke, Erzählungen, Aufss., Gedichte. Hg. v. W. HUDER. Köln u. Bln. 1966. – G. K. Werke. Hg. v. W. HUDER. Ffm. u. a. 1970–72. 6 Bde. – G. K. Werke in 3 Bden. Hg. v. K. KÄNDLER. Bln. u. Weimar 1979. – G. K. Briefe. Hg. v. G. M. VALK. Ffm. u. a. 1980.

Literatur: DIEBOLD, B.: Der Denkspieler G. K. Ffm. 1924. – SCHÜTZ, A.: G. K.s Nachlaß. Diss. Bern 1951. – PAULSEN, W.: G. K. Die Perspektiven seines Werkes. Tüb. 1960. – SCHÜRER, E.: G. K. New York 1971. – SCHÜRER, E.: G. K. u. Bertold Brecht. Ffm. 1971. – DURZAK, M.: Das expressionist. Drama. Bd. 1: Carl Sternheim – G. K. Mchn. 1978. – G. K. Symposium Hg. v. H. A. PAUSCH u. E. REINHOLD. Bln. 1980. – BENSON, R.: Dt. expressionist. Theater. Ernst Toller u. G. K. New York u. a. 1987.

Kaiserchronik, älteste mhd. geschichtsep. Reimdichtung aus der Zeit um 1150, mutmaßlich in Regensburg von wohl mehreren unbekannten Autoren verfaßt; 1147 (wegen des 2. Kreuzzugs?) abgebrochen (17 000 Verse). Auf eine fabulöse Darstellung der Gründung Roms und der Entstehung des röm. Weltreiches folgt in zwei Hauptteilen eine Geschichte der 36 röm. Kaiser, beginnend mit Cäsar (14 000 Verse), und der 19 Röm. Kaiser von Karl dem Großen bis Konrad III. (1147). Den Kaiserbiographien entspricht eine parallel geordnete Papstreihe. Die histor. Daten sind recht frei behandelt, das chronikale Gerüst ist ausgeschmückt mit fabulist. Partien, mit sich verselbständigenden Sagen, Anekdoten, Legenden, die exemplar. eth. Bedeutung haben. Die K. soll den heilsgeschichtl. Kampf guter und böser Mächte darstellen, sie wurde zum Vorbild für mittelalterl. Reimchroniken und im ›Rolandslied‹ des Pfaffen Konrad früh rezipiert.
Ausgaben: Monumenta Germaniae Historica. Scriptores. Dt. Chroniken. Bd. 1,1: Die K. eines Regensburger Geistlichen. Hg. v. E. SCHRÖDER. Hann. 1892. Nachdr. Bln. u. a. ²1969. – Die K. Ausgew. Erzählungen. Crescentia. Nach dem Vorauer Text. Hg. v. W. BULST. Hdbg. ²1970. – Frutolfs u. Ekkehards Chroniken u. die anonyme K. Dt. Übers. v. F.-J. SCHMALE u. I. SCHMALE-OTT. Darmst. 1972.
Literatur: OHLY, E. F.: Sage u. Legende in der K. Münster (Westf.) 1940. Nachdr. Darmst. 1968. – NEUMANN, F.: Wann entstanden K. u. Rolandslied? In: Zs. f. Dt. Altertum u. Dt. Lit. 91 (1961/62), S. 263. – NELLMANN, E.: Die Reichsidee in dt. Dichtungen der Salier- u. frühen Stauferzeit. Annolied, K., Rolandslied, Eraclius. Bln. 1963. – HENNEN, K.-H.: Strukturanalysen u. Interpretationen zur K. Diss. Köln 1977. 2 Tle. – PÉSZA, T. F.: Studium zu Erzähltechnik u. Figurenzeichnung in der dt. ›K.‹. Ffm. 1993.

Kakinomoto no Hitomaro, * 662 (?), † 710 (?), jap. Dichter. – An Norito und chin. Dichtung geschult, brachte er in seinen Gedichten, von denen die meisten in das ↑ ›Manioschu‹ aufgenommen wurden, starke Empfindungen, bes. in seiner Liebeslyrik, ungezwungen und abwechslungsreich zum Ausdruck. Sein damals neuer Stil hatte großen Einfluß auf die zeitgenöss. höf. Dichtung.

Kakophonie [griech.], Mißklang einer Silben- oder Wortfolge in der Rede oder in einer Tonfolge in der Musik.

Kalauer, erstmals 1858 in Berlin bezeugt für ›billiger Wortwitz‹; vermutlich Umformung von frz. calembour (= Wortspiel) nach der Stadt Calau (Bezirk Cottbus).

Kalb, Charlotte von, geb. Marschalk von Ostheim, * Waltershausen bei Königshofen im Grabfeld 25. Juli 1761, † Berlin 12. Mai 1843, dt. Schriftstellerin. – Ab 1783 ∞ mit dem in frz. Diensten stehenden Offizier Heinrich von K.; lernte 1784 in Mannheim Schiller kennen, dem sie in schwärmer. Verehrung zugetan war; später befreundete sie sich mit J. Ch. F. Hölderlin, der 1793–95 als Erzieher ihres Sohnes in ihrem Hause lebte; ab 1796 Freundschaft mit Jean Paul. 1804 zog sie nach Berlin; dort entstanden ihre Memoiren (›Charlotte‹, als Manuskript 1851, Buchausg. hg. 1879) und der Roman ›Cornelia‹ (als Manuskript hg. 1851).
Literatur: NAUMANN, U.: Ch. v. K. Eine Lebensgeschichte (1761–1843). Stg. 1985.

Kaleb, Vjekoslav, * Tijesno bei Šibenik 27. Nov. 1905, kroat. Schriftsteller. – In Romanen und Novellen gestaltet er v. a. soziale Probleme oder das Kriegserlebnis; auch Drehbücher und Publizistik.
Werke: Na kamenju (= Auf den Steinen, R., 1940), Die tanzende Sonne (R., 1956, dt. 1965), Smrtni zvuci (= Todesklänge, En., 1957).

Kaléko, Mascha [ka'lɛko], eigtl. Golda Malka K., geb. Engel, * Chrzanów (Woiwodschaft Kraków) 7. Juni 1907, † Zürich 21. Jan. 1975, Lyrikerin. – Tochter eines russ. Vaters und einer österr. Mutter; kam nach dem 1. Weltkrieg nach Berlin; Mitarbeiterin verschiedener Zeitungen; mußte als Jüdin 1938 emigrieren, lebte dann in den USA, ab 1960 in Jerusalem. Schrieb anfangs spöttisch-legere Gebrauchs- und Großstadtlyrik; ihre späteren Gedichte sind verhalten, melancholisch.
Werke: Das lyr. Stenogrammheft (Ged., 1933), Verse für Zeitgenossen (1945), Der Papagei, die Mamagei u. a. kom. Tiere (Ged., 1961), Verse in Dur und Moll (1967), Hat alles seine zwei

Kalhaṇa 343

Charlotte von Kalb (Kupferstich von Auguste Hüssener, um 1800)

Schattenseiten. Sinn- und Unsinngedichte (1973), Feine Pflänzchen (Ged., 1976), In meinen Träumen läutet es Sturm (Ged., hg. 1977), Heute ist morgen schon gestern (Ged., hg. 1980), Tag und Nacht (Notizen, hg. 1981), Der Stern, auf dem wir leben (Ged., hg. 1984).
Literatur: ZOCH-WESTPHAL, G.: Aus den sechs Leben der M. K. Biograph. Skizzen u. a. Bln. 1987.

Kalendergeschichte, kurze, volkstüml. Erzählung, oft unterhaltend und stets didaktisch orientiert; sie vereinigt mit wechselnder Gewichtung Elemente aus ↑Anekdote, ↑Schwank, ↑Legende, ↑Sage, ↑Tatsachenbericht und ↑Satire. Sie entstand im Zusammenhang mit der Entwicklung des gedruckten Kalenders und der Lesebedürfnisse seines Publikums im 16. Jh. und wird seither auch als eigenständige Gattung künstler. Erzählprosa anerkannt. Bis ins 19. Jh. blieb sie an die Publikationsform des Kalenders gebunden. Bed. Verfasser von K.n in diesem Rahmen waren J. J. Ch. von Grimmelshausen und J. P. Hebel, im 19. Jh. neben den Herausgebern wie Alban Stolz (* 1808, † 1883), B. Auerbach und L. Anzengruber z. B. auch J. Gotthelf und P. Rosegger. Die erfolgreichsten K.n wurden im 19. Jh. aus den Kalendern herausgelöst und in bes. Sammelbänden publiziert (J. P. Hebel, ›Schatzkästlein des rhein. Hausfreundes‹, 1811). Im 20. Jh. hat die K. sich vielfach ganz von der Bindung an den Kalender gelöst und tritt als selbständige Kunstform auf (z. B. B. Brecht, ›Kalendergeschichten‹, 1949).

Kalenter, Ossip, eigtl. [Carl Gotthelf] Johannes Burkhardt, * Dresden 15. Nov. 1900, † Zürich 14. Jan. 1976, schweizer. Schriftsteller dt. Herkunft. – Studierte Kunstgeschichte und Germanistik; Mitarbeiter verschiedener liberaler Zeitungen. 1924–34 in Italien, dann in Prag; 1939 Emigration nach Zürich; 1956 schweizer. Staatsbürger. Begann mit expressionist. Lyrik; meisterhafter Erzähler mit bes. Vorliebe für die kleinen Formen; gewandter Essayist und Übersetzer aus dem Englischen und Französischen.
Werke: Der seriöse Spaziergang (Ged., 1920), Die Idyllen um Sylphe (Ged., 1922), Herbstl. Stanzen (Ged., 1923), Die Abetiner (E., 1950), Ein gelungener Abend (En., 1955), Die Liebschaften der Colombina (E., 1957), Rendezvous um Mitternacht (En., 1958), Olivenland (Skizzen, 1960).

Kalevala [finn. = Land des Kaleva (einer myth. Gestalt)], finn. Nationalepos, das [in der endgültigen Fassung von 1849] aus 50 Gesängen mit 22 795 Versen in vierfüßigen, meist alliterierenden Trochäen besteht. Sein Verfasser ist E.↑Lönnrot, der mit dem meist von ihm selbst bei karel. Volkssängern gesammelten Material mittelalterl. und auch neuzeitl. finn.-karel. Volksliedichtung ein ep. Großfresko finn. Frühzeit um drei zentrale Heldengestalten komponierte. In der Geschichte von der Erschaffung der Erde bis zu den Anfängen des Christentums sind die Werbungs- und Kampfzüge der kaleval. Väinämöinen, Ilmarinen und Lemminkäinen nach dem ›Nordland‹ eingelagert. Ihre Überlegenheit besteht in ihrem Zauberwissen und Zaubervermögen.
Ausgaben: K. Das finn. Epos des Elias Lönnrot. Übers. v. L. FROMM u. H. FROMM. Mchn. 1967. 2 Bde. – K. Übers. v. A. SCHIEFNER u. M. BUBER. Hg. v. W. STEINITZ. Lpz. 1984.
Literatur: KROHN, K. L.: K.studien. Helsinki u. Lpz. 1924–28. 6 Tle. – HAAVIO, M.: Väinämöinen. Eternal sage. Engl. Übers. v. H. GOLDTHWAIT-VÄÄNÄNEN. Helsinki 1952. – KAUKONEN, V.: Lönnrot ja K. Helsinki 1979.

Kalhaṇa ['ka...], * Anfang des 12. Jh., † um 1150, nordind. Epiker. – Lebte am Hof des Herrschers von Kaschmir; verfaßte das bed. Sanskritepos ›Rājataraṅgiṇī‹, eine poet. Chronik von Kaschmir, in der er sich als Meister der Charakterzeichnung erweist; während die Darstellung der Vorzeit auf Sagen beruht, bemühte sich K. bei der Beschreibung seiner eigenen Epoche um weitgehende Ge-

344 Kālidāsa

schichtstreue. Das auch kulturhistorisch interessante Werk, das K. 1148(?) vollendete, wurde später von anderen kaschmir. Schriftstellern bis 1586 fortgeführt.

Literatur: KÖLVER, B.: Textkrit. u. philolog. Unterss. zur Rājataraṅginī des K. Wsb. 1971.

Kālidāsa [...'da:...], ind. Dichter um 400(?). – Über die Lebensumstände K.s ist nichts bekannt. Aus seinen Werken läßt sich nur erschließen, daß er Brahmane war. Er beherrschte alle Kunstmittel wie Grammatik, Stilistik, Dramatik und Politik und gilt mit seiner Lebensbejahung und lyr. Perfektion als Klassiker seines ›Goldenen Zeitalters‹ der Gupta-Dynastie. Unter den zahlreichen ihm zugeschriebenen Werken sind mit Sicherheit nur drei Kunstgedichte und drei Dramen echt. Im Epos ›Kumārasambhava‹ (dt. 1913 u.d.T. ›Der Kumārasambhava oder die Geburt des Kriegsgottes‹) beschreibt K., wie Umā, die Tochter des Bergkönigs Himālaya, die Liebe Schiwas zu gewinnen sucht. Das Epos ›Raghuvaṃśa‹ (dt. 1914 u.d.T. ›Raghuvamscha oder Raghus Stamm‹) ist Rāma und seinem Geschlecht gewidmet. Das lyr. Gedicht ›Meghadūta‹ (dt. 1847 u.d.T. ›Meghadūta oder Der Wolkenbote‹) enthält die Beschreibung des Weges von Süd- nach Nord-Indien für eine Wolke, die die Botschaft eines aus dem Norden verbannten göttl. Wesens an seine Geliebte überbringen soll. Wohl zu Unrecht wird K. die lyr. Dichtung ›Rtusaṃhāra‹ (dt. 1840), eine Beschreibung der Jahreszeiten, zugeschrieben. Vor den beiden Dramen ›Vikramorvaśīya‹ (dt. 1837 u.d.T. ›Urwasi, der Preis der Tapferkeit‹) und ›Mālavikāgnimitra‹ (dt. 1856 u.d.T. ›Mālavikā und Agnimitra‹) wurde das siebenaktige Drama ›Abhijñānaśakuntalā‹ oder kurz ›Śakuntalā‹ schon 1790 von G. Forster u.d.T. ›Sakontala oder der verhängnisvolle Ring‹ ins Deutsche übertragen und hat u.a. Goethe und Schiller begeistert.

Ausgaben: Complete works of K. Hg. v. V. P. JOSHI. Leiden 1976. – K. Werke. Übers. v. J. MEHLIG. Lpz. 1983.
Literatur: HUTH, G.: Die Zeit des K. Diss. Bln. 1890. – HILLEBRANDT, A.: K. Breslau 1921. – HENSGEN, H. K.: K.s Kumārasaṁbhava u. seine Quellen. Bonn 1953. – RUBEN, W.: K. Bln. 1956. – MIRASHI, U. V./NAVLEKAR, N. R.: K., date, life and works. Bombay 1969.

Kalila und Dimna, eine der aus dem ↑›Pañcatantra‹ hervorgegangenen Bearbeitungen des altind. Fabellehrbuchs (benannt nach den beiden in der Handlung auftretenden Schakalen); im 8.Jh. durch Ebn al Moghaffa u.d.T. ›Kalila wa-Dimna‹ ins Arabische übersetzt. Zum Teil auf Umwegen über hebr. Versionen entstanden die span. ›Calila e Dimnae‹ (1251 ?), die lat. ›Liber Kalilae et Dimna‹ (etwa 1270) und die dt. Fassung (von Antonius von Pforr u.d.T. ›Das Buch der Beispiele der alten Weisen‹, gedr. wahrscheinlich 1480 oder 1481, neu hg. 1860); von großer Bedeutung für die mittelalterl. Fabelliteratur.

Ausgabe: K. u. D. Die Fabeln des Bidpai. Bearb. v. PH. WOLFF. Zü. 1995.
Literatur: HOTTINGER, A.: K. u. D. Bern 1958. – MONTIEL, I.: Historia y bibliografia del ›Libro de Calila y Dimna‹. Madrid 1975. – GIER, A./KELLER, J. E.: Les formes narratives brèves en Espagne et au Portugal. In: Grundriß der roman. Literaturen des MA. Bd. 5, Teilbd. 1/2, Lieferung 2. Hg. v. W.-D. LANGE. Hdbg. 1985. S. 105.

Kalinčiak, Ján [slowak. 'kalintʃiak], *Horné Záturčie (heute zu Martin) 10. Aug. 1822, † Martin 16. Juni 1871, slowak. Schriftsteller. – Gymnasiallehrer; schilderte in seinen Romanen den slowak. Adel; obwohl noch zur Romantik gehörend, zeigt sein Roman ›Die Wahl‹ (1860, dt. 1961) bereits realist. Züge.

Ausgabe: J. K. Spisy. Preßburg 1963–65. 4 Bde.
Literatur: BRTÁŇ, R.: J. K. Preßburg 1971.

Kalir (tl.: Qalîr; Kallir), Eleasar Ben Jakob, *in Palästina um 700 n.Chr., jüd. religiöser Dichter. – Bed. sind seine zahlreichen Werke für die Gottesdienste aller ausgezeichneten Tage des Jahres. Seine Sprache ist eine Weiterentwicklung des tannait. Hebräisch.

Kalisch, David, *Breslau 23. Febr. 1820, † Berlin 21. Aug. 1872, dt. Schriftsteller. – Gründete 1848 mit Albert Hofmann (*1818, †1880) die politisch-satir. Zeitschrift ›Kladderadatsch‹; schrieb zahlreiche Possen, bes. Berliner Lokalstücke und Couplets (›Berliner Leierkasten. Couplets‹, 3 Bde., 1858–66).

Kallas, Aino, *Wyborg 2. Aug. 1878, † Helsinki 9. Nov. 1956, finn. Schriftstellerin. – Tochter von J. L. F. Krohn; schrieb nach konventionellen Anfängen farbige, psycholog. Alt-Estland-Novellen in archaisierendem Chronikon (›Barbara von Tisenhusen‹ [1923], ›Der Pfarrer von Roicks‹ [1926], ›Die Wolfsbraut‹ [1928]; dt. 1929 in einem Band u. d. T. ›Der tötende Eros‹). Den Hintergrund ihres Lebens bildet ihre trag. Liebe, ihre Liebe zu Eino Leino, enthüllten erst die kulturhistorisch bedeutenden Tagebücher (5 Bde., 1952–56).

Kallifatides, Theodor, * Molai (Griechenland) 12. März 1938, schwed. Schriftsteller griech. Herkunft. – Kam 1964 nach Schweden; wurde 1969 Dozent für Philosophie an der Univ. Stockholm; seit 1971 Redakteur der bed. Literaturzeitschrift ›Bonniers litterära magasin‹ (BLM). In seinen Gedichten und Romanen schilderte K. zunächst die Probleme von Einwanderern in Schweden, während er in einem Romanzyklus (›Bönder och herrar‹ [1973], ›Plogen och svärdet‹ [1975], ›Den grymma freden‹ [1977]) am Schicksal einer Familie griech. Geschichte und Politik der 30er und 40er Jahre darstellt. Andere Themen seiner Bücher sind Liebe und Sexualität, deren verschiedene Aspekte scharfsinnig analysiert werden.
Weitere Werke: Minnet i exil (Ged., 1969), Utlänningar (R., 1970), Kärleken (R., 1978), En fallen ängel (R., 1981), Schnaps und Rosen (R., 1983, dt. 1987), Lustarnas herre (R., 1986), En lång dag i Athen (E., 1989).

Kallimachos (tl.: Kallímachos), * Kyrene im letzten Jahrzehnt des 4. Jh. v. Chr., † Alexandria um 240, griech. Schriftsteller und Gelehrter. – War Elementarlehrer in Eleusis bei Alexandria, dann in einer Position am Ptolemäerhof und an der Alexandrin. Bibliothek. Aus seinem wiss. Werk ragen die ›Pínakes‹ (= Verzeichnisse [aller griech. Schriftsteller und ihrer Werke]; 120 Bücher), die erste Bibliographie der griech. Literatur, heraus; daneben stehen zahlreiche Schriften über die verschiedensten Wissensgebiete; die gesamten Prosaschriften sind jedoch nur fragmentarisch überliefert. Sein dichter. Werk ist z. T. erhalten: sechs Hymnen, etwa 60 Epigramme, Fragmente des eleg. Hauptwerkes ›Aítia‹ (= Ursachen, 4 Bücher), das eine Fülle mytholog. Ursprungssagen bringt, und der Elegie ›Locke der Berenike‹ (246/245; von Catull [Carmina 66] ins Lateinische übersetzt; wohl in das 4. Buch der ›Aítia‹ einbezogen). Die Dichtungen zeigen seine Vorliebe für kleine Formen, elegante Ausschmückung, einfache Handlung und weniger bekannte Themen. Dagegen lehnte K. das Großepos ab; darüber kam es wohl zur literar. Fehde mit Apollonios von Rhodos, dem vielleicht das durch die Nachdichtung Ovids bekannte Schmähgedicht ›Ibis‹ galt. Bes. auf die röm. Dichter hat K. nachhaltigen Einfluß ausgeübt.
Ausgaben: K. [Gesamtausg.] Hg. v. R. PFEIFFER. Oxford 1949–53. 2 Bde. – Die Dichtungen des K. Griech. u. dt. Hg. v. E. HOWALD u. E. STAIGER. Zü. 1955.
Literatur: K. Hg. v. A. D. SKIADAS. Darmst. 1975. – BLUM, R.: K. u. die Literaturverzeichnung bei den Griechen. Unterss. zur Gesch. der Biobibliogr. Ffm. 1977.

Kallinos von Ephesus (tl.: Kallīnos), griech. Schriftsteller der ersten Hälfte des 7. Jh. v. Chr. – Erster Elegiker der griech. Literatur; das einzige längere erhaltene Stück ist ein Aufruf an die jungen Männer zum Kampf für das Vaterland.

Kallisthenes (tl.: Kallisthénēs), * Olynthos um 370, † Baktra (heute Balkh) 327, griech. Geschichtsschreiber. – Großneffe und Schüler des Aristoteles, der an den makedon. Königshof begleitete; stellte sein Schaffen in den Dienst der makedon. Politik und verherrlichte in den ›Taten Alexanders‹ (›Alexándrou práxeis‹) dessen Heldentaten, die er mit zahlreichen Wundern umgibt, weshalb er fälschlich als Verfasser eines phantasiereichen Alexanderromans (›Pseudo-Kallisthenes‹) angesehen wurde; bed. ist auch seine ›Griech. Geschichte‹ (›Hellēniká‹), die die Jahre von 386 bis 356 umfaßt; alle Werke sind nur fragmentarisch überliefert. Wegen angebl. Teilnahme an einer Verschwörung gegen Alexander hingerichtet.

Kalma, Douwe, * Boksum 3. April 1896, † Leeuwarden 18. Okt. 1953, westfries. Dichter. – 1915 Gründer der Jungfries. Bewegung, die nat. Bestrebungen mit weltoffener Geisteshaltung zu vereinen suchte. Sein Werk umfaßt Lyrik, Epik, Dramatik, wiss. Abhandlungen und Übersetzungen (u. a. P. B. Shelley, Molière und das vollständige Werk Shakespeares).

346 kalmückische Literatur

Werke: Dage (Ged., 1927), Sangen (Ged., 1936), Gysbert Japiks (Studie, 1938), De lytse mienskip (Ged., 1944), Keningen fan Fryslân (Dr., 2 Bde., 1949–51), Shakespeare's wurk (8 Bde., hg. 1956–76).

kalmückische Literatur, Literatur der westmongol. Kalmücken, deren ältere Teile in der von dem lamaist. Mönch Zaya Pandita (* 1599, † 1662) erfundenen Schrift abgefaßt sind. Neben Übersetzungen der Hauptwerke des nördl. Buddhismus werden v. a. umfangreiche Heldenepen (z. B. ›Dschanggar-Epos‹, ›Masan batar‹ und ›Geser-Khan-Epos‹) bis in die Gegenwart tradiert; noch nach dem 2. Weltkrieg schufen Sänger neue ep. Lieder. In der modernen k. L., die in kyrill. Schrift mit Hilfsbuchstaben geschrieben wird, spiegelt sich die histor. Entwicklung der Kalmücken wider.
Literatur: BERGMANN, B. F. B.: Nomad. Streifereien unter den Kalmücken in den Jahren 1802 u. 1803. Riga 1804–05. 4 Bde.

Kalonymos Ben Kalonymos Ben Meir, * Arles 1287, † nach 1322, jüd. Übersetzer und Dichter. – Übersetzte naturwiss. und philosoph. Werke aus dem Arabischen ins Lateinische und Hebräische und kritisierte in seiner satir. Reimdichtung ›Even bohan‹ (= Prüfstein, gedr. 1489, jiddisch bearbeitet von Mosche Ben Chajim Eisenstadt, 1705) die Mißstände seiner Zeit.

Kaltneker, Hans, eigtl. H. K. von Wallkampf, * Temesvar 2. Febr. 1895, † Gutenstein (Niederösterreich) 29. Sept. 1919, österr. Schriftsteller. – Sohn eines Offiziers; schrieb übersteigerte, explosive expressionist. Dramen von starker Bühnenwirkung, Erzählungen und emphat. Lyrik (erst postum veröffentlicht); Thema ist die selbstbekenner., welterlösende Liebe.
Werke: Die Opferung (Trag., 1918), Das Bergwerk (Trag., hg. 1921), Die Liebe (Nov., hg. 1921), Die Schwester (Mysterium, hg. 1924), Die drei Erzählungen (hg. 1929).
Ausgaben: H. K. Dichtungen u. Dramen. Hg. v. P. ZSOLNAY. Wien 1925. – H. K. Gerichtet! Gerettet! Hg. v. H. HIMMEL. Graz u. Wien 1959.
Literatur: BRITZ, N.: Der Expressionismus u. sein österr. Jünger H. K. Wien. 1975.

Kalvos (tl.: Kalbos), Andreas, eigtl. A. Ioannidis, * Zakynthos April 1792, † Louth (Lincolnshire) 3. Nov. 1869, neugriech. Dichter. – Neben D. Solomos

bed. Vertreter der neugriech. Dichtung des 19. Jh.; schrieb zwanzig Oden klassisch-romant. Stils in feierl., dichter, distanzierter und antikisierender Sprache, bezogen auf hohe, eth. und vaterländ. Sujets, die heute in ihrer erhabenen Schlichtheit als Vorboten moderner Richtungen bewertet werden. Sein Werk ›Lyra‹ (zehn Oden) erschien 1824 in Genf, zehn weitere Oden erschienen 1826 in Paris.
Ausgabe: A. K. Odai. Krit. Ausg. Hg. v. F. M. PONTANI. Athen 1970.
Literatur: VITTI, M.: Pēges gia tē biographia tu K. Thessaloniki 1963.

Kamal Chodschandi (tl.: Kamāl Ḫuğandī) [pers. kæ'mɑːl xodʒæn'diː], * Chodschand (heute Leninabad) um 1335, † Täbris 1401, pers. Lyriker und Mystiker. – Lebte in einem Derwischkonvent in Täbris; myst. Liebe steht im Mittelpunkt seiner schwer verständl. Gedichte. Meister des Ghasels.

Kāmasūtra [...'zuːtra; Sanskrit = Leitfaden der Liebe], von Mallanāga Vātsyāyana vermutlich im 4. Jh. n. Chr. verfaßtes Werk. Es ist das älteste erhaltene Lehrbuch der Erotik aus Indien. In seinen sieben Kapiteln enthält es viele wichtige Nachrichten zur Kulturgeschichte.
Ausgaben: Das Kamasutram des Vatsyayana. Engl. Übers. v. R. BURTON u. F. F. ARBUTHNOT. Dt. Übers. v. E. KOLB u. J. WELTMANN. Hanau 1964. – VĀTSYĀYANA, M.: Das K. Rastatt 1980.
Literatur: SCHMIDT, RICHARD: Beitr. zur ind. Erotik. Bln. ³1922. – CHAKLADAR, H. CH.: Social life in ancient India. Studies in Vātsyāyana's K. Delhi 1976.

Kamban, Guðmundur, eigtl. Jansson Hallgrímson, * Álftanes bei Reykjavík 8. Juni 1888, † Kopenhagen 5. Mai 1945, island. Schriftsteller. – Hielt sich ab 1915 meist im Ausland auf (New York, Kopenhagen, Berlin); wurde von Widerstandskämpfern irrtümlich erschossen; schrieb in dän. und island. Sprache v. a. gesellschaftskrit. und Eheprobleme schildernde Dramen.
Werke: Hadda-Padda (Dr., 1914), Marmor (Dr., 1918, dt. 1931), Wir Mörder (Dr., 1920, dt. 1920), Ragnar Finsson (R., 1922, dt. 1925), Das schlafende Haus (R., 1925, dt. 1926), Sterne der Wüste (Dr., 1925, dt. 1929), Skálholt (histor. R., 4 Tle., 1930–32; dt. 2 Bde. u. d. T. Die Jungfrau auf Skalholt, 1934, und Der Herrscher auf Skalholt, 1938).

Ausgabe: G. K. Skáldverk. Reykjavík 1965. 7 Bde.

kambodschanische Literatur, mit dem Untergang des Reiches von Angkor (1. Hälfte des 15. Jh.) ging die auf vergängl. Material aufgezeichnete **altkambodschan. Literatur** verloren. Einzige überlieferte literar. Zeugnisse jener Zeit sind das ›Ream Ker‹ (= Der Ruf Rāmas), eine eigenständige Bearbeitung des ›Rāmāyaṇa‹, und das ›Trai Phum‹ (= Die drei Welten), die bruchstückhafte Version einer mahajanistisch beeinflußten Kosmogonie aus der Endzeit des Khmerreiches. In der **nachangkorian. Periode** wurden die Schriften des Buddhismus (›Tripiṭaka‹) ins Kambodschanische übersetzt. Am Hofe wurden die literar. Traditionen von Angkor wieder aufgenommen. König Preah Reach Samphear verfaßte zahlreiche Werke. Den unbestreitbaren Reichtum der Literatur Kambodschas bilden die Romane, Lieder und Märchen. Die **moderne kambodschan. Literatur,** während der frz. Kolonialzeit vom westl. Ideengut beeinflußt, sucht nach Erlangung der staatl. Unabhängigkeit den Weg nat. Selbstbesinnung.

Ausgaben: Légendes sur le Siam et le Cambodge. Frz. Übers. Hg. v. C. NOTTON. Bangkok 1939. – Liebesgeschichten aus Kambodscha. Hg. v. CH. VELDER. Zü. 1971. – Märchen der Khmer. Hg. v. R. SACHER. Lpz. 16.–27. Tsd. 1982.
Literatur: MASPERO, G.: Littérature du Cambodge et Laos. In: MASPERO: Un empire colonial français; l'Indochine. Bd. 1. Paris u. Brüssel 1929. – COEDÈS, G.: La littérature Cambodgienne. In: l'Indochine. Bd. 1. Paris 1951. S. 180. – NOTTON, C.: Légendes d'Angkor et chronique du Bouddha de cristal. Limoges 1960. – KENG VANNSAK: Quelques aspects de la littérature Khmére. Phnom-Penh 1966. – PIAT, M.: La littérature populaire Cambodgienne contemporaine. In: Colloque du XXIXᵉ Congrès international sur les littératures contemporaines de l'Asie du Sud-Est. Hg. v. P.-B. LAFONT u. D. COMBAR. Paris 1974. S. 19. – JACOB, J. M.: The short stories of Cambodian popular tradition. In: The short story in South East Asia. Hg. v. J. H. C. S. DAVIDSON u. H. CORDELL. London 1982. S. 37.

Kamenski (tl.: Kamenskij), Wassili Wassiljewitsch [russ. kaˈmjɛnskij], *auf einem Schiff auf der Kama in der Nähe von Perm 17. April 1884, † Moskau 11. Nov. 1961, russ.-sowjet. Schriftsteller. – Mitbegründer des Futurismus; mit W. W. Majakowski auf Vortragsreisen, die er in einer autobiograph. Studie (1940) schilderte; schuf bewußt schokkierende, avantgardist. Dichtungen mit vielen Neologismen; Verserzählungen über russ. Rebellenführer.
Ausgabe: V. V. Kamenskij. Stichotvorenija i poėmy. Moskau 1966.
Literatur: GINC, S.: V. Kamenskij. Perm 1974.

Kammerspiele, Anfang des 20. Jh. nach dem Beispiel der K. des Dt. Theaters Berlin (1906 von M. Reinhardt mit H. Ibsens ›Gespenster‹ eröffnet) entstandene kleinere Theater; neben der Beschränkung auf wenige hundert Plätze wurde bes. die Akustik dem Charakter der psycholog. Dramen (u. a. H. Ibsen, A. Strindberg, M. Maeterlinck) gerecht, der einen (nicht auf Deklamation beruhenden) subtilen, differenzierten Sprech- und Spielstil verlangte. Auch ein dramat. Werk, das bevorzugt in K.n aufgeführt wird, kann Kammerspiel heißen. – ↑auch Zimmertheater.

Kämpevise (Kæmpevise) [dän. = Heldenweise, Heldenlied] (Mrz. Kämpeviser), die skand., v. a. dän. Volksballade (↑Ballade, ↑Folkevise) des MA mit Stoffen aus der germanisch-dt. ↑Heldensage (z. B. die Nibelungenballaden) und aus der nord. Heldensage der Wikingerzeit (z. B. Balladen von Hagbard und Signe); im weiteren Sinne werden auch Ritterballaden (mit literar. Stoffen, v. a. frz. Provenienz) und histor. Balladen als K.r bezeichnet.

Kampfschrift, svw. ↑Streitschrift.

Kamphausen, Felix, *Krefeld 14. April 1944, dt. Schriftsteller. – Wurde 1970 wegen gemeinschaftlich versuchten Mordes inhaftiert und 1973 zu lebenslanger Haft verurteilt. Gründete 1980 mit anderen Häftlingen einen Verlag in der Haftanstalt Schwerte. In seinen Erzählungen und Gedichten plädiert er aufgrund eigenen Erlebens in einfacher, genauer, knapper Sprache für einen menschenwürdigen Strafvollzug; auch Graphiken.
Werke: Transport (E., 1978), Der Sprung (E., 1979), Die Psychiatrierung (En., 1981), Zu früh zu spät. Aufzeichnungen aus dem Jugendstrafvollzug (1981).

Kamphoevener, Elsa Sophia Baronin von [...høːvənər], *Hameln 14. Juni

1878, †Traunstein 27. Juli 1963, dt. Schriftstellerin. – Lebte über 40 Jahre in der Türkei. 1916 trat sie mit dem Roman ›Der Smaragd des Scheichs‹ hervor. Sie verfaßte Romane, Essays, erfolgreiche orientl. Märchenbücher, auch Übersetzungen aus dem Arabischen.

Weitere Werke: Die Pharaonin (R., 1926), An Nachtfeuern der Karawan-Serail (Märchen, 2 Bde., 1956/57), Damals im Reiche der Osmanen (Biogr., 1959), Anatolische Hirtenerzählungen (Märchen, 1960), Der Zedernbaum (Ausw., hg. 1966).

Kampmann, Christian [dänisch 'kambman], * Hellerup (heute zu Kopenhagen) 24. Juli 1939, †Insel Amholt 12. Sept. 1988 (ermordet), dän. Schriftsteller. – Journalist; Vertreter des sog. Neurealismus; analysierte in seinen im bürgerl. Milieu spielenden Romanen psych. Verhaltensweisen und Kommunikationsschwierigkeiten des modernen Menschen.

Werke: Blandt venner (En., 1962), Sammen (R., 1967), Uden navn (R., 1969), Vi elsker mere (En., 1970), Nok til hele ugen (R., 1971), En tid alene (R., 1972), Visse hensyn, Faste forhold, Rene linjer, Andre måder (R.-Tetralogie, 4 Bde., 1973–75), Fornemmelser, Videre trods alt, I glimt (R.-Trilogie, 1977–80), Sunshine (R., 1983), Gyldne løfter (R., 1986).

Literatur: HEESE, J.: Der Neurealismus in der dän. Gegenwartslit. Texte ausgew. v. A. BODELSEN u. CH. K. Ffm. 1983.

Kampow (tl.: Kampov), Boris Nikolajewitsch [russ. 'kampɐf], russ.-sowjet. Schriftsteller, ↑Polewoi, Boris Nikolajewitsch.

kanadische Literatur, die in Kanada seit dem 17. Jh. in Französisch und Englisch verfaßte Literatur.

K. L. in frz. Sprache (frankokanad. Literatur): Die *Literatur Neufrankreichs (1534–1763)* war Zweckliteratur: Expeditionsberichte (z. B. die fragmentarisch erhaltenen Jacques Cartiers [* 1491, † 1557]), Geschichtsschreibung, Briefe. Von bes. Interesse sind die Jahresberichte der Missionare, die ›Relations des Jésuites‹ (1632–73). – *Nach der engl. Eroberung 1760* oblag es der Literatur neben dem Katholizismus den kulturellen Zusammenhalt zu sichern. Richtungweisend war François-Xavier Garneau (* 1809, † 1866) mit seiner (antiklerikalen) ›Histoire du Canada, depuis sa

découverte jusqu'à nos jours‹ (3 Bde., 1845–48). Romantisch-patriotisch war auch das von Henri-Raymond Casgrain (* 1831, † 1904) angeregte Mouvement littéraire de Québec: O. Crémazie (zuerst hervorgetreten durch das Gedicht ›Chant du vieux soldat canadien‹, 1855), Pamphile Lemay ([* 1837, † 1918], ›Les vengeances. Poème canadien‹, 1875; ›Contes vrais‹, En., 1899), L. H. Fréchette (bekanntester kanad. Dichter seiner Zeit) sowie Philippe Aubert de Gaspé ([* 1786, † 1871], ›Les anciens Canadiens‹, R., 1863) und Antoine Gérin-Lajoie (* 1824, † 1882), der mit zwei ›Jean Rivard‹-Romanen (1862 und 1864) für ein bäuerl. Quebec eintrat. Ein hervorragender Sittenroman war ›Charles Guérin. Roman de mœurs canadiennes‹ (1853) von Pierre-Joseph-Olivier Chauveau (* 1820, † 1890); aktuell war der psycholog. Liebesroman ›Angéline de Montbrun‹ (1884) von Laure Conan (Pseudonym für Félicité Angers [* 1845, † 1924]). In der *Lyrik* entstand eine vom frz. Parnasse und Symbolismus beeinflußte Richtung in der von Jean Charbonneau (* 1875, † 1960) 1895 mitbegründeten École littéraire de Montréal. Ihr zuzurechnen sind Charles Gill (* 1871, † 1918), Albert Lozeau (* 1878, † 1924) und v. a. das junge Genie É. Nelligan. Nationalismus, repräsentiert durch den Historiker Lionel Groulx (* 1878, † 1967), dominierte weiter in dem mit ›La terre paternelle‹ (1846) von Patrice Lacombe (* 1807, † 1863) einsetzenden *Heimatroman (›roman du terroir‹),* dessen bekanntester Vertreter der nur 20 Monate in Kanada lebende Franzose L. Hémon mit ›Maria Chapdelaine‹ (hg. 1916, dt. 1923) wurde. Der Mythos einer intakten ruralen Gesellschaft wurde transzendiert bei F.-A. Savard, Philippe Panneton (* 1895, † 1960) und Germaine Guèvremont (* 1893, † 1968). Die Urbanisierung Quebecs spiegelte das Erzählwerk von R. Lemelin und der naturalist. Roman ›Bonheur d'occasion‹ (1945) der vielseitigen Erzählerin G. Roy.

In der *Lyrik* trat neben die Heimatdichtung eine exotist. Strömung – ›Le paon d'émail‹ (1911) von Paul Morin (* 1889, † 1963), ›Les atmosphères‹ (1920) von Jean-Aubert Loranger (* 1896, † 1942) –,

kanadische Literatur 349

was zur ›befreiten‹ Lyrik des kosmopolit. A. Grandbois (›Les îles de la nuit‹, 1944) und des visionären Hector de Saint-Denys-Garneau ([* 1912, † 1943], ›Regards et jeux dans l'espace‹, 1937) führte. Schwierig einzuordnen sind Alfred Des-Rochers ([* 1901, † 1978], ›À l'ombre de l'Orford‹, 1929), die myst. Dichterin Rina Lasnier (* 1915) und der enzyklopäd. Robert Choquette ([* 1905], ›Metropolitan Museum‹, 1931). Die Lyrik *nach dem 2. Weltkrieg* war zunächst surrealistisch geprägt: ›automatiste‹ bei Claude Gauvreau ([* 1925, † 1971], Mitunterzeichner des ein modernes Quebec fordernden Manifests ›Refus global‹, 1948) und Paul-Marie Lapointe ([* 1929], ›Le vierge incendié‹, 1948), der sich zu einem Verfechter von ›Écritures‹ (1979) entwikkelte, rebellisch-subversiv bei Roland Giguère ([* 1929], ›La main au feu, 1949–1968‹, 1973), die Priorität der Sprache betonend bei Gilles Hénault ([* 1920], ›Signaux pour les voyants‹, 1972). ›L'Hexagone‹, der 1953 von Gaston Miron ([* 1928], ›L'homme rapaillé‹, 1970) gegründete Verlag, wurde zur Bezeichnung für eine Dichtergeneration: P.-M. Lapointe, Jean-Guy Pilon (* 1930), Fernand Ouellette (* 1930). Weitere Richtungen sind polit. Dichtung (Paul Chamberland [* 1939], ›L'afficheur hurle‹, 1964), das Chanson (Gilles Vigneault [* 1928]), Medien-Mischkreationen (Claude Péloquin [* 1942]), Jazz-Poesie (Raoul Duguay [* 1939]), amerikanisch beeinflußte Gegenkultur (Denis Vanier [* 1950], ›Lesbiennes d'acid‹, 1972). Frz.-linguistisch orientiert und feministisch zugleich ist Nicole Brossard (* 1943). Weniger formalistisch und privater schreiben: Michel Beaulieu (* 1941, † 1985), Pierre Morency (* 1942), Alexis Lefrançois (* 1943). Proportional gesehen, produziert und liest Quebec mehr Lyrik als jedes andere frankophone Land.

Auch der *Roman* Quebecs blühte mit dem Ende der Ära des konservativen Regierungschefs von Quebec, Maurice Le Noblet Duplessis, der sog. ›Révolution tranquille‹ (1960), wieder auf. Die u. a. von André Major ([* 1942], ›Le cabochon‹, 1964) 1963 gegründete Zeitschrift ›Parti pris‹ forderte Entkolonialisierung

und plakatierte das Französisch der Montrealer Unterschicht (›joual‹) als Literatursprache. Bleibendes Dokument dieser Orientierung ist ›Le cassé‹ (1964) von Jacques Renaud (* 1943). Allgemein führte die Entwicklung des Genres von traditionsgebundeneren Formen – u. a. bei André Langevin (* 1927), Y. Thériault und A. Hébert – gemäß einem Wort von G. Bessette, der selbst diese Entwicklung verkörpert, zu einer ›littérature en ébullition‹: Fabulierfreude, Terrorthematik, Antiroman, (engagierter) Nouveau roman: Jacques Ferron ([* 1921, † 1985], ›Contes du pays incertain‹, 1962; ›Le ciel de Québec‹, 1969), Claude Jasmin ([* 1930], ›Ethel et le terroriste‹, 1964), J. Godbout, H. Aquin, R. Carrier, M.-C. Blais, R. Ducharme, A. Maillet und – amerikanisch-postmodern beeinflußt – Jacques Poulin (* 1937). Ein literar. Ereignis war der bizarre Roman ›Le matou‹ (1981) von Yves Beauchemin (* 1941).

Das *Theater* etablierte sich in Quebec vor dem Drama, das mit dem populären Stück ›Tit-coq‹ (1948) von Gratien Gélinas (* 1909) hervortrat. Marcel Dubé (* 1930) zeigte proletar. (›Zone‹, 1955) und bürgerl. Welt (in ›Bilan‹, 1968). Françoise Loranger ([* 1930], ›Encore cinq minutes‹, 1967) ist schon feministisch, Robert Gurik ([* 1932], ›Le pendu‹, 1970) zeitkritisch. Jean Barbeau (* 1945) vertritt die populäre Tradition, aus der sich das Œuvre des überragenden M. Tremblay nährt.

K. L. in engl. Sprache (anglokanad. Literatur): Den Anfang bildeten Reisetagebücher von Entdeckern wie Sir Alexander Mackenzie (* 1764, † 1820). Pionier-erfahrung vermittelten ›Roughing it in the bush; or, Forest life in Canada‹ (1852) von Susanna Moodie (* 1803, † 1885) und – praxisorientierter – ›The backwoods of Canada‹ von Catharine Parr Traill (* 1802, † 1899). Der *Roman* setzte ein mit der im eroberten Quebec verfaßten und spielenden ›History of Emily Montague‹ (1769) von Frances Brooke (* 1723, † 1789). Über Kanada hinaus fanden Verbreitung: Humor (Th. Ch. Haliburton) und romantisch-phantast., histor. und sentimentaler Roman: James De Mille ([* 1833, † 1880],

350 kanadische Literatur

›A strange manuscript found in a copper cylinder‹, hg. 1888) und May Agnes Fleming (* 1840, † 1880), die Vorläufer kanad. Bestseller-Autoren wie L[ucy] M[aud] Montgomery ([* 1874, † 1942], ›Anne auf Green Gables‹, 1908, dt. 1986), M. de la Roche, A. Hailey waren. Populäre histor. Stoffe waren Neufrankreich (Gilbert Parker [* 1862, † 1932], ›The seats of the mighty‹, 1896), Indianer- und engl.-amerikan. Kriege (John Richardson [* 1796, † 1852], ›Wacousta; or, The prophecy‹, 3 Bde., 1832, von J. F. Cooper beeinflußt) sowie der kanad. Nordwesten (Romane von Ralph Connor [Pseudonym für Ch. W. Gordon]). Versöhnlich gestalteten die engl.-frz. Auseinandersetzung um Quebec Rosanna E. Leprohon ([* 1829, † 1879], ›Antoinette de Mirecourt‹, 1864) und W. Kirby (›The golden dog‹, 1877, autorisierte Ausg. 1896). Lokalkolorit boten auch das Yukon-Gebiet (Robert W. Service [* 1874, † 1958], ›The trail of '98. A northland romance‹, 1911; ebenso seine ›Songs of a sourdough‹, 1907), die Atlantikprovinzen (Theodore Goodridge Roberts [* 1877, † 1953], ›The toll of the tides‹, 1912; die Romanzen und Bücher für Jungen seines Bruders Ch. G. D. Roberts, der neben E. Th. Seton die moderne Tiergeschichte schuf) und Ontario (Ch. W. Gordon), dessen Kleinstadtleben Sara Jeannette Duncan (* 1861, † 1922) in dem polit. Roman ›The imperialist‹ (1904; seltener Fall eines realist. Romans der Zeit) und S. Leacock humoristisch behandelten.

In der *Lyrik* entstand Interesse für Landschaft und Natur, zumal bei Charles Sangster ([* 1822, † 1893], ›The Saint Lawrence and the Saguenay‹, 1856), der wie Charles Mair ([* 1838, † 1927], Versdrama ›Tecumseh‹, 1886) auch patriot. Dichtung schrieb. Die Natur als komplexes, spirituelles Phänomen erfaßten die Confederation Poets: Ch. G. D. Roberts (dessen ›Orion‹, 1880, die Bewegung signalisierte), W. B. Carman, D. C. Scott, A. Lampman, an der Peripherie auch W. W. Campbell und der für seine Sonette bekannte Francis Joseph Sherman (* 1871, † 1926). Isabella Valancy Crawford ([* 1850, † 1887], ›Old Spookses' pass, Malcolm's Katie, and other poems‹, 1884) prägte die wichtige kanad.

Tradition des Erzählgedichts, das bei E. J. Pratt, der zentralen Übergangsfigur zur modernen Lyrik, seinen Höhepunkt erreichte.

Realist. *Romane* über das Pionierdasein entstanden im Westen: Laura Salverson (* 1890, † 1970), M. Ostenso (›Der Ruf der Wildgänse‹, 1925, dt. 1926) und v. a. F. Ph. Grove. Die Wirtschaftskrise der 30er Jahre prägte das städt. Milieu der Romane von M. E. Callaghans Hauptschaffensphase und führte zu einem überzeugenden Bild psycholog. und ökonom. Depression bei S. Ross. Wichtige Romanautoren traten *seit dem 2. Weltkrieg* hervor: H. MacLennan, R. Davies, M. Richler und E. Wilson. Der kanad. Roman behält seine charakterist. regionale Gliederung: W[illiam] O[rmond] Mitchell (* 1914) vermittelt das Erleben eines Jungen im Prairie-Westen in ›Who has seen the wind‹ (1947); die Atlantik-Provinzen sind der Stoff für gut recherchierte histor. Romane von T. Raddall und der Rahmen für den feinsinnigen Roman ›The mountain and the valley‹ (1952) von Ernest Buckler (* 1908, † 1984). Das Immigrantenmilieu Winnipegs dominiert bei Adele Wiseman ([* 1928], ›The sacrifice‹, 1956). Zeitweilig in Kanada beheimatet waren M. Lowry und der Ire Brian Moore ([* 1921], ›The luck of Ginger Coffey‹, 1960). Typisch mythisch-modernistisch ist ›The double hook‹ (1959) von Sheila Watson (* 1909). In der Kurzgeschichte brillierte M. Gallant. Weitere, in den 1960er Jahren hinzukommende Autoren ergeben eine Blüte des anglokanad. Erzählens: M. Laurence, M. E. Atwood, H. J. B. Hood, R. Wiebe und der postmoderne R. Kroetsch. A. Munro behandelt – wie Laurence und Atwood – Selbstverständnis und Selbstfindung der Frau. Timothy Findley (* 1930) betreibt komplexe Zivilisationskritik (›The last of the crazy people‹, 1967), Jack Hodgins (* 1938) erzählt humor- und phantasievoll über Vancouver Island (›The invention of the world‹, 1978). Virtuos und avantgardistisch sind die Werke von L. Cohen, Graeme Gibson ([* 1934], ›Five legs‹, 1969), Dave Godfrey ([* 1938], ›The new ancestors‹, 1970) und M. Ondaatje.

Kandschur 351

Moderne *Lyrik* entstand im Montreal Movement, das mit der Gründung der ›McGill Fortnightly Review‹ 1925 durch F. R. Scott und A. J. M. Smith begann. Zum Manifest wurde 1936 die Anthologie ›New provinces. Poems of several authors‹ (u.a. Smith, Scott, A[braham] M[oses] Klein [* 1909, † 1972], Leo Kennedy [* 1907]). Dorothy Livesay (* 1909) durchlief die Phasen der imagist., polit. und Bekenntnislyrik (›Plainsongs‹, 1969) – ähnlich permanent innovativ war Earle Birney (* 1904). Montreal blieb in den *1940er Jahren* Lyrikzentrum mit I. Layton und L. Dudek (Begründer mit R. Souster der Lyrik publizierenden ›Contact Press‹) an John Sutherlands (* 1919, † 1956) Zeitschrift ›First Statement‹ und Scott, Klein und P[atricia] K[athleen] Page ([* 1916], ›Cry Ararat‹, 1967) bei ›Preview‹. In den *1950er Jahren* erschienen Gedichtzyklen von Jay Macpherson ([* 1931], ›The boatman‹, 1957) und J. Reaney. In den *1960er Jahren* wurden prominent Margaret Avison (* 1918), Atwood, Al Purdy ([* 1918], ›The Cariboo horses‹, 1965), der den nun typ. umgangssprachl. Ton in der Lyrik repräsentierte, der idiosynkrat. M. Ondaatje, George Bowering (* 1935) – zentrale Gestalt des durch die konventionsfeindl. amerikan. Dichter der Beat generation beeinflußten West Coast Movement um die Zeitschrift ›Tish‹ – und John Newlove ([* 1938], ›The fatman‹, 1977), wie R. Kroetsch und Andrew Suknaski ([* 1942], ›Wood mountain poems‹, 1976) ein ›prairie poet‹. Gegen die amerikan. Vereinnahmung Kanadas protestierte Dennis Lee ([* 1939], ›Civil elegies‹, 1968). Typisch für den Hang zum Dämonischen in den *1970er Jahren* ist ›The impstone‹ (1976) von Susan Musgrave (* 1951). Daphne Marlatt (* 1942) repräsentiert die Aktualität des Erzählgedichts (›Steveston‹, 1974). Am experimentellsten ist bp (= Barry Phillip) Nichol.

Das Drama erreichte nicht ganz das Niveau von Epik und Lyrik, trotz Versdrama im 19. und Einakter im frühen 20. Jh. sowie Vertretern wie R. Davies, G. Ryga, J. Reaney, David Fennario ([* 1947], ›Balconville‹, 1980), Sharon Pollock ([* 1936], ›Blood relations‹, 1981) u.a.

Literatur: WATERSTON, E.: Survey. A short history of Canadian literature. Toronto 1973. – Canadian anthology. Hg. v. C. F. KLINCK u. R. E. WATTERS. Toronto ³1974. – Literary history of Canada. Canadian literature in English. Hg. v. C. F. KLINCK u.a. Toronto Neuaufl. 1976. 3 Bde. – Dictionnaire des œuvres littéraires du Québec. Hg. v. M. LEMIRE u.a. Montreal ¹⁻²1980–94. 6 Bde. – Anthologie de la littérature québécoise. Hg. v. G. MARCOTTE. Montreal 1980ff. 5 Bde. – PACHE, W.: Einführung in die Kanadistik. Darmst. 1981. – Canadian writers and their works. Hg. v. R. LECKER u.a. Toronto 1983–92. 20 Bde. – The Oxford companion to Canadian literature. Hg. v. W. TOYE. London 1984. – KEITH, W. J.: Canadian literature in English. Toronto 1985. – L'avant-garde culturelle et littéraire des années 70 au Québec. Hg. v. J. PELLETIER. Montreal 1986. – HAMBLET, E.: La littérature canadienne francophone. Paris 1987. – Littérature nouvelle du Québec. Zs. ›Europe‹ 731 (März 1990).

Kanafani (tl.: Kanafānī), Ghassan, * Akka 9. April 1936, † Beirut 8. Juli 1972, palästinens.-libanes. Schriftsteller. – Schilderte in seinen Erzählungen und Kurzgeschichten die Nöte und Probleme des palästinens. Volkes. Seine gesammelten Werke wurden 1972ff., als seiner Ermordung, veröffentlicht. In dt. Sprache liegen vor ›Umm Saad. Rückkehr nach Haifa‹ (2 Kurzromane, 1972, dt. 1986), ›Das Land der traurigen Orangen‹ (En., 1980, dt. 1983).

Literatur: WILD, S.: G. K. Wsb. 1975. – AUDEBERT, C. F.: Choice and responsability in Rijāl fī al-shams. In: Journal of Arabic Literature 15 (1984), S. 76.

Kandschur [tibet. bKa-'gyur = Übersetzung der Worte (des Buddha)], autoritativstes Sammelwerk des Lamaismus in sechs Teilen (1. 'dul-ba = Ordenszucht, 2. sher-phyin = Lehrtexte über die Vollkommenheit der Erkenntnis, 3. sangsrgyas phal-po-che = Große Buddhaversammlung, 4. dkon-brtsegs = angehäufte Kostbarkeiten, 5. mdo = Lehrtexte des großen und kleinen Fahrzeugs, 6. rGyud = Tantra). Der K. besteht zum größten Teil aus Übersetzungen buddhist. Sanskrittexte, die seit dem 8. Jh. unternommen wurden. Zum Inhalt gehören auch Texte über das Leben und Nirwana des Buddha sowie über Philosophie und Mythologie des Mahāyāna-Buddhismus. Der erste Holzdruck in 100 Bänden erschien 1411 in Peking, in Tibet zuerst in

352 **Kane**

sNar t'ang 1731. Der K. wurde ins Mongolische übersetzt. K. und ↑Tandschur bilden zusammen den ›Dreikorb‹ (Sanskrit: Tripiṭaka, Pāli: Tipiṭaka).

Ausgabe: The Tibetan Tripitaka. Peking edition. Hg. v. D. T. SUZUKI. Tokio 1955–61. 168 Bde. **Literatur:** A complete catalogue of the Tibetan Buddhist canons. Hg. v. HAKUJU UI. Sendai 1934. – EIMER, E.: Recent Kanjur research. In: Archiv für zentralasiat. Geschichtsforschung (1983).

Kane, Cheikh Hamidou [frz. kan], *Matam 3. April 1928, senegales. Schriftsteller. – Studierte Jura und Philosophie in Paris; Minister für industrielle Entwicklung; schildert in seiner Erzählung ›Der Zwiespalt des Sambo Diallo‹ (1971, dt. 1980) den Weg eines jungen Muslims, der aus der traditionellen Gesellschaft herausgelöst wird, um auf die Schulen der Weißen zu gehen. Dieser Weg ist eine Auseinandersetzung zwischen Islam und westl. Ideologien und eine Suche nach einer neuen geistigen Einheit.

Kanevas [frz.; letztlich zu griech.-lat. cannabis = Hanf], in der italien. Stegreifkomödie und Commedia dell'arte das ↑Szenarium, das den Handlungsablauf und die Szenenfolge festlegt.

Kangro, Bernard, *Vana-Antsla 18. Sept. 1910, estn. Schriftsteller und Literarhistoriker. – Seit 1944 in Schweden; Hg. der Zeitschrift ›Tulimuld‹ und Verlagsleiter; begann als naturmyst. Lyriker (z. T. freie Rhythmen), schrieb im Exil neben heimatbezogen-polit. Lyrik v. a. Romane, Zeitbilder aus der jüngeren und jüngsten estn. Geschichte. Dt. erschien 1954 die Gedichtsammlung ›Flucht und Bleibe‹.

K'ang Yu-wei (Kang You-wei) [chin. kaŋyuɛi], *Nahai (Kuangtung) 1858, †Tsingtao (Schantung) 1927, chin. Staatsmann und Philosoph. – Versuchte in der sog. ›100-Tage-Reform‹ von 1898, den erstarrten chin. Staat zu erneuern. In zahlreichen Schriften hatte er diese Reform durch Reinterpretationen konfuzian. Lehren vorbereitet. Nach deren Scheitern entwarf er im ›Ta t'ung shu‹ (= Buch von der großen Gemeinsamkeit) eine Utopie von einer Welt ohne soziale, polit. und Rassen-Schranken.

Literatur: LO, J. P.: K'ang Yu-wei. A biography and a symposium. Tucson (Ariz.) 1967. – HSIAO,

K. C.: A modern China and a new world. K'ang Yu-wei, reformer and utopian, 1858–1927. Seattle (Wash.) 1975.

Kanık, Orhan Veli [türk. kɑ'nik], *Konstantinopel (heute Istanbul) 13. April 1914, †ebd. 14. Nov. 1950, türk. Dichter. – Einer der bedeutendsten und einflußreichsten türk. Dichter des 20. Jahrhunderts. Mitbegründer der wichtigen sog. Garip-Bewegung (↑Anday, Melih Cevdet); in seinen Gedichten (›Bütün şiirleri‹ [= sämtl. Gedichte], hg. 1951) werden geschickt traditionelle volkstüml. und moderne sprachl. Elemente verbunden. Türk.-dt. erschien 1985 der Gedichtband ›Fremdartig/Garip‹.

Kannegießer, Karl Friedrich Ludwig, *Wendemark (Landkreis Seehausen) 9. Mai 1781, †Berlin 14. Sept. 1861, dt. Dramatiker, Lyriker und Übersetzer. – Lehrer in Berlin und Prenzlau, Gymnasialdirektor in Breslau, dort 1823–43 Privatdozent für neuere Literatur, lebte dann in Berlin; übersetzte u. a. Horaz, Dante, G. Leopardi, G. Chaucer, Lord Byron.

Werke: Amor und Hymen (Ged., 1818), Mirza, die Tochter Jephthas (Trag., 1818), Gedichte (1824), Märchen für Kinder (1835), Der arme Heinrich (Dr., 1836), Iphigenia in Delphi (Schsp., 1842), Schauspiele für die Jugend (12 Bde., 1844–49), Telemachos und Nausikaa (Epos, 1846), Frauenlob (Ged., 1853).

Kanon [griech.-lat. = Regel, Norm, Richtschnur, eigtl. = gerade Stange, Stab (wohl zu griech. kánna = Rohr)], in der Literatur eine Liste der als mustergültig angesehenen Autoren und ihrer Werke, wie sie in der Spätantike von alexandrin. und byzantin. Gelehrten zusammengestellt wurde. Die Auswahl als vorbildlich geltender Werke durch die Literaturwiss. wird Kanonbildung genannt.

Kant, Hermann, *Hamburg 14. Juni 1926, dt. Schriftsteller. – Elektrikerlehre; 1945–49 in poln. Kriegsgefangenschaft; Germanistikstudium in Greifswald (an der Arbeiter- und Bauernfakultät) und Berlin (Ost); Redakteur, dann freier Schriftsteller; wurde 1978 Präsident des Schriftstellerverbandes der DDR, Rücktritt 1989; 1986 Mitglied des Zentralkomitees der SED; 1991 Austritt aus dem PEN-Zentrum (Ost), 1992 aus der (Ostberliner) Akademie der Künste. Begann

Kantorowicz 353

mit dem Erzählungsband ›Ein bißchen Südsee‹ (1962), in dem er reizvoll und hintergründig vom Leben einfacher Menschen berichtet. Handlungsort des humorvoll-iron. Romans ›Die Aula‹ (1965) ist die Arbeiter- und Bauernfakultät von Greifswald, an der sich nach dem Krieg junge Arbeiter und Bauern auf das Abitur vorbereiteten.

Weitere Werke: Das Impressum (R., 1972), Eine Übertretung (En., 1975), Der Aufenthalt (R., 1977), Der dritte Nagel (En., 1981), Bronzezeit (En., 1986), Die Summe (E., 1987), Herrn Farssmanns Erzählungen (1989), Abspann (Autobiogr., 1991), Kormoran (R., 1994).

Kant, Immanuel, * Königsberg (Pr) 22. April 1724, † ebd. 12. Febr. 1804, dt. Philosoph. – Sohn eines Riemenmachers; 1740–46 Studium der Philosophie (einschl. Naturwiss. und Mathematik) in Königsberg, danach Hauslehrer; 1755 Promotion und Habilitation, Privatdozent in Königsberg, 1766–72 Unterbibliothekar (1769 und 1770 Ablehnung von Rufen nach Erlangen bzw. Jena), 1770-96 Prof. für Logik und Metaphysik in Königsberg. – K. gehört zu den einflußreichsten Denkern der Philosophiegeschichte. Auf dem Gebiet der theoret. Philosophie hat v. a. die ›Kritik der reinen Vernunft‹ (1781, zweite, stark veränderte Auflage 1787) nachhaltig das Philosophieren verändert. Sie enthält die reife Ausformulierung des ›transzendentalen Idealismus‹, wie K. seine Philosophie selbst bezeichnete. Die transzendentale Methode, d. h. die Frage nach den ›Bedingungen der Möglichkeit von ...‹ ist seither ein fester Bestandteil der Philosophie geworden. Das Ziel der Vernunftkritik ist die Bestimmung desjenigen Bereichs, in dem die Vernunft als zuverlässig gelten darf. In ihn gehören die Wissenschaften, denen ein großer Teil des Werks gewidmet ist. Unzureichend begründete Ansprüche, wie sie z. B. den Gottesbeweisen der Tradition zugrunde liegen, sind zurückzuweisen. Die Vernunft in Grenzen zu weisen, um dem Glauben Platz zu schaffen, war K.s oberstes Ziel. In der prakt. Philosophie wurde die Lehre vom ›kategor. Imperativ‹ sehr einflußreich. Sie ist in der ›Kritik der praktischen Vernunft‹ (1788) enthalten. K. hat mehrere Formulierungen hierfür

gegeben, z. B.: ›Handle so, daß die Maxime deines Willens jederzeit zugleich als Prinzip einer allgemeinen Gesetzgebung gelten könne.‹ Sehr bekannt wurde auch K.s Formel von der Aufklärung als ›Ausgang des Menschen aus selbstverschuldeter Unmündigkeit‹. Auch in der Geschichte gilt es, Vernunft zu verwirklichen. Letztes Ziel ist hier die Errichtung einer weltbürgerl. Ordnung, die den ›ewigen Frieden‹ sichern wird (›Zum ewigen Frieden. Ein philosoph. Entwurf‹, 1795).

Ausgabe: I. K. Werke. Hg. v. W. WEISCHEDEL. Darmst. u. Ffm. 1956–64. 6 Bde.

Literatur: FISCHER, KUNO: I. K. u. seine Lehre. Hdbg. ⁶1928–57. 2 Bde. – FUNKE, G.: Von der Aktualität K.s. Bonn 1979. – 200 Jahre Kritik der reinen Vernunft. Hg. v. J. KOPPER u. W. MARX. Hildesheim 1981. – FREUDIGER, J.: K.s Begründung der prakt. Philosophie. Bern 1993. – K. u. die Aufklärung. Hg. v. N. HINSKE. Hamb. 1993. – GRONDIN, J.: K. zur Einf. Hamb. 1994. – SCHULTE, G.: I. K. Ffm. ²1994. – SCHULTZ, UWE: I. K. Rbk. 106.–108. Tsd. 1994.

Kanteletar, Sammlung finn. Volkslyrik und balladenartiger Dichtungen (mehr als 700), die 1840/41 von E. Lönnrot herausgegeben und 1882 von H. Paul ins Deutsche übersetzt wurde.

Kantemir, Antioch Dmitrijewitsch Fürst [russ. kɐntɪˈmʲir], russ. Schriftsteller rumän. Abstammung, † Cantemir, Antioh Fürst.

Kantor-Berg, Friedrich, österr. Schriftsteller und Publizist, † Torberg, Friedrich.

Kantorowicz, Alfred [...vɪts], * Berlin 12. Aug. 1899, † Hamburg 27. März 1979, dt. Publizist, Literarhistoriker und Schriftsteller. – Ging 1933 als Kommunist nach Frankreich; 1936–38 Offizier bei den Internat. Brigaden im Span. Bürgerkrieg, während des 2. Weltkriegs in den USA, ab 1946 in Berlin (Ost), 1947–49 Hg. der Zeitschrift ›Ost und West‹, seit 1949 Prof. für neueste dt. Literatur; kam 1957 in die BR Deutschland. Das publizist. und literar. Werk K.' zeigt deutlich das polit. Engagement des Verfassers. Bed. auch als Hg. (u. a. der Werke H. Manns) und als Erforscher der Exilliteratur.

Werke: In unserem Lager ist Deutschland (Essays, 1936), Tschapaiew. Das Bataillon der 21 Nationen (Berichte, 1938; Hg.), Span. Tage-

Kanwa

buch (Bericht, 1948), Dt. Schicksale (En., 1949), Dt. Tagebuch (2 Bde., 1956–61), Meine Kleider (En., 1956), Exil in Frankreich (1971), Politik und Literatur im Exil. Deutschsprachige Schriftsteller im Kampf gegen den Nationalsozialismus (1978).
Literatur: Wache im Niemandsland. Zum 70. Geburtstag von A. K. Hg. v. H.-J. HEYDORN. Köln 1969. – A. K. Einl. v. J. RÜHLE. Hamb. 1969 (mit Bibliogr.).

Kanwa, Mpu, altjavan. Dichter. – Zeitgenosse des ostjavan. Königs Airlangga (1016–49); Verfasser des Preis- und Hochzeitsliedes ›Ardjunawiwāha‹ (1035) anläßlich der Vermählung von König Airlangga; zugrunde liegt eine Episode aus dem ind. Epos ›Mahābhārata‹.
Ausgabe: POERBATJARAKA, R. N.: Arajunawiwāha (Text u. Übers.). In: Bijdragen tot de Taal-, Land- en Volkenkunde van Nederlandsch-Indië. Tl. 82 (1926).
Literatur: ZOETMULDER, P. J.: Kalangwan. Den Haag 1974.

Kanzone [italien. = Lied (zu lat. canere = singen)],
1. mehrstrophiges Lied oder rezitiertes Gedicht beliebigen, oft ernsten Inhalts (auch freie K. genannt).
2. Lieder und Gedichte, deren formales Kennzeichen die **Kanzonenstrophe** ist (K. im engeren Sinn, klass. K.), die in der 1. Hälfte des 12. Jh. vermutlich im provenzal. Minnesang entstand. Die K.nstrophe besteht aus zwei Perioden. Die erste Periode (Aufgesang, italien. fronte) zerfällt stets in zwei symmetrisch gebaute Teile (Stollen, italien. piedi), denen jeweils auch dieselbe Melodie zugeordnet ist, die zweite Periode (Abgesang, italien. coda) kann dagegen frei gestaltet sein und einem neuen Melodienmodell folgen. Der Umfang des ↑ Abgesangs kann von einem Reimpaar bis zu mehreren Versgruppen reichen. Variabel sind auch die Länge und die metr. Gestaltung der Verse, die Länge der Strophe (in der Regel sieben bis zwölf oft metrisch ungleiche Verse) und die Position der Reime. Lieder in dieser Form bestehen aus mehreren K.nstrophen, die meist beschlossen werden durch ein sog. Geleit (provenzal. tornada, altfrz. ↑ Envoi), das oft dem Abgesang gleicht und in dem der Dichter in der Regel eine Widmung ausspricht. Solche K.n finden sich bei den ↑ Trouba-

dours und in der nordfrz. Dichtung, frei variiert auch im dt. ↑ Minnesang, im ↑ Meistersang und bes. in Italien, wo die K. neben ↑ Ballata und ↑ Sonett zur bedeutendsten lyr. Form wurde, gepflegt insbes. von den Vertretern des ↑ Dolce stil nuovo, z. B. von Dante. Ihre vollendetste Form erfuhr die K. durch F. Petrarca. Eine freirhythm. Strophenform schuf im 19. Jh. v. a. G. Leopardi. In Deutschland wurde die klass. K. seit der Romantik nachgeahmt, insbes. von A. W. Schlegel, Z. Werner, A. von Platen und F. Rückert.
Literatur: PAZZAGLIA, M.: Il verso e l'arte della canzone nel ›De vulgari eloquentia‹. Florenz 1967. – ELWERT, W. TH.: Italien. Metrik. Stg. ²1984.

Kanzonenstrophe ↑ Kanzone.

Kapijew (tl.: Kapiev), Effendi Mansurowitsch [russ. ka'pijıf], * Kumuch 13. März 1909, † Pjatigorsk 27. Jan. 1944, dagestan.-sowjet. Schriftsteller und Übersetzer lakkischer Nationalität. – Bed. Sammler der Dichtung seiner Heimat, die er ins Russische übersetzte und edierte (z. B. S. Stalski); schrieb in russ. Sprache Gedichte, Novellen und Prosaskizzen über Erlebnisse aus dem 2. Weltkrieg (Werkauswahl in russ. Sprache 1966).

Kapitel [lat.-mlat., eigtl. = Köpfchen] (Capitolo), ursprünglich die einem Textabschnitt vorangestellte Überleitungsformel oder Inhaltsangabe (Lemma, Rubrik, Summatium), später der Abschnitt selbst.

Kaplický, Václav [tschech. 'kaplitski:], * Sezimovo Ústí 28. Aug. 1895, † Prag 4. Okt. 1982, tschech. Schriftsteller. – Verfasser von histor. Romanen und Romanchroniken (v. a. aus der Geschichte der Gegenreformation und der Zeit der Bauernaufstände des 17. bis 19. Jahrhunderts).
Werke: Gornostaj (R., 1936), Škůdce zemský Jiří Kopidlanský (= Der dem Land schadende Jiří Kopidlanský, R., 1976).

Kapnist, Wassili Wassiljewitsch, * Welikaja Obuchowka (Gebiet Poltawa) 23. Febr. 1758 (1757 ?), † Kibinzy (Gebiet Poltawa) 9. Nov. 1823, russ. Schriftsteller. – Griff in seinem erfolgreichsten Werk, der bald verbotenen klassizist. Verskomödie ›Jabeda‹ (= Prozeßintrige,

Karadžić 355

UA 1798, hg. 1805), Korruption u. a. Mängel der russ. Rechtsprechung an.

Ausgabe: V. V. K. Sobranie sočinenij. Moskau u. Leningrad 1960. 2 Bde.
Literatur: MACAJ, A. I.: ›Jabeda‹ V. V. K.a. Kiew 1958.

Kappacher, Walter, *Salzburg 24. Okt. 1938, österr. Schriftsteller. – Gelernter Kraftfahrzeugmechaniker, in verschiedenen Berufen tätig; lebt heute als freier Schriftsteller in Salzburg. Thema seiner in einer einfachen Sprache gehaltenen Romane und Erzählungen ist die Arbeitswelt. Dies geht von der Beschreibung von Arbeitern, Arbeitsvorgängen und -verhältnissen, im Roman ›Die Werkstatt‹ (1975), bis zur Geschichte einer jungen Frau, die es vom Lehrmädchen bis zur Chefsekretärin bringt (›Rosina‹, E., 1978). K. verfaßte auch Science-fiction-Erzählungen, Kurzgeschichten, Hörspiele und Filmdrehbücher.

Weitere Werke: Nur Fliegen ist schöner u. a. Geschichten (1973), Morgen (R., 1975), Die irdische Liebe (En., 1979), Der lange Brief (R., 1982), Gipskopf (E., 1984), Cerreto. Aufzeichnungen aus der Toskana (1988), Ein Amateur (R., 1993).

Kappus, Franz Xaver, Pseudonym Franz Xaver, *Temesvar 17. Mai 1883, †Berlin 9. Okt. 1966, österr. Schriftsteller. – Offizier, Kriegsberichterstatter, dann Journalist, ab 1925 in Berlin; schrieb Lyrik, Satiren, Humoresken aus dem Soldatenmilieu, Komödien und v. a. spannende Unterhaltungsromane. Bekannt durch den 1902–08 geführten Briefwechsel mit R. M. Rilke, der an K. ›Briefe an einen jungen Dichter‹ (hg. 1929) richtete.

Werke: Die lebenden Vierzehn (R., 1918), Der Mann mit den zwei Seelen (R., 1924), Der Hamlet von Laibach (R., 1931), Die Tochter des Fliegers (R., 1935), Die Verzauberung des Lothar Bruck (R., 1939), Flammende Schatten (R., 1941), Flucht in die Liebe (R., 1949).

Kapuściński, Ryszard [kapu'ɕtɕiĩski], *Pinsk (Weißrußland) 4. März 1932, poln. Journalist und Publizist. – Als Korrespondent in den polit. Brandherden Afrikas, Asiens und Lateinamerikas; schrieb hervorragende [literar.] Reportagen.

Werke: Wieder ein Tag Leben. Innenansichten eines Bürgerkriegs (1976, dt. 1994), Der Fußballkrieg (Berichte, 1978, dt. 1990), König der Könige (literar. Reportage, 1978, dt. 1984), Schah-in-schah (Biogr., 1982, dt. 1986), Lapidarium (Notizen und Reflexionen, 1990, dt. 1992), Imperium. Sowjet. Streifzüge (1993, dt. 1993).

Kapuzinade (Kapuzinerpredigt), strafende oder tadelnde Ansprache, wie sie bei den Kapuzinern üblich war, in derber Sprache und volkstüml. Ausdrucksweise; am bekanntesten sind die K.n des Abraham a Sancta Clara.

Karacaoğlan [türk. kara'dʒaɔ:lan], *um 1606, †um 1679, türk. Volksdichter und -sänger (Âşık). – Stammte vermutlich aus dem Taurusgebiet in Südanatolien; der Sprache seiner lange Zeit nur mündlich tradierten Dichtung nach ist er turkman. Herkunft; verfaßte Balladen und Gedichte, in denen weniger – wie bei vielen seiner Zeitgenossen – Themen myst. Gottsuche im Vordergrund standen als vielmehr das diesseitige Leben, die reale Liebe, die Natur, Freude und Schmerz des Daseins; hatte großen Einfluß auf die türk. Dichtung seiner Zeit.

Karadžić, Vuk Stefanović [serbokroat. 'karadʒitɕ], *Tršić 26. Okt. 1787, †Wien 25. Jan. 1864, serb. Philologe. – Schöpfer der modernen Schriftsprache der Serben und Kroaten; floh 1813 nach dem Scheitern des serb. Aufstands gegen die Türken nach Wien. K. stand unter dem Einfluß der nationalromant. Geistesströmungen seiner Zeit. Er forderte den Ersatz der kirchenslaw. Elemente der serb. Literatursprache durch die Volkssprache. K. reformierte das Alphabet, führte die phonet. Rechtschreibung ein, schuf eine serb. Grammatik (1814, dt. von J. Grimm 1824, Neuausgabe 1974) und ein serbisch-dt.-lat. Wörterbuch (1818); gab u. a. eine bed. Sammlung serb. Volkslieder heraus (ab 1814, vollständige Ausgabe in 6 Bden., 1841–66, dt. 2 Bde., 1825/26, ²1853) und lieferte wertvolle Beiträge zur Erforschung der serb. Geschichte. Seine Übersetzung des NT (1847) nach den neuen serb. Sprachnormen wirkte nachhaltig auf die serb. Literatur.

Ausgabe: V. S. K. Sabrana dela. Belgrad 1965 ff. 38 Bde.
Literatur: WILSON, D.: The life and times of V. S. K., 1787–1864. Oxford 1970. – DOBRAŠINOVIĆ, G.: Bibliografija spisa V. K.a. Belgrad 1974. – BOJIĆ, V.: J. Grimm u. V. K. Mchn.

12*

356 Karagatsis

1977. – Sprache, Lit., Folklore bei V. S. K. Hg. v. R. LAUER. Wsb. 1988.

Karagatsis (tl.: Karagatsēs), M[itsos], eigtl. D. Rodopulos, *Athen 24. Juni 1908, †ebd. 14. Sept. 1960, neugriech. Erzähler. – Verfasser eines neorealist., ausdrucksstarken Erzählwerks, in dem sich gewagte sexuelle Szenen, seel. Vorgänge, Zynismus und lyr. Passagen abwechseln. **Werke:** Syntagmatarchēs Liapkin (= Oberst Liapkin, R., 1933), Junkermann (R., 1938), Ta sterna tu Junkermann (= Das Ende Junkermanns, R., 1941), Nychterinē historia (= Nächtl. Geschichte, En., 1942), Ta chameno nēsi (= Die verschwundene Insel, R., 1942), Ho kotzambassēs tu Kastropyrgu (= Der Vogt von Kastropyrgos, R., 1943, dt. 1962), Pyretos (= Fieber, En., 1946), Hē megalē chimaira (= Die große Chimäre, R., 1953, dt. 1968), Ho kitrinos phakelos (= Der gelbe Umschlag, R., 1956), Sergios kai Bakchos (= Sergius und Bacchus, R., 1959).

Karagöz [...'gø:s] (Karagös) [türk. = Schwarzauge], Hauptfigur des nach ihm benannten türk. Figurenspiels mit bewegl., farbig auf einen Schirm projizierten Figuren aus Pergament (daher kein Schattenspiel, wie das Spiel oft irrigerweise bezeichnet wird). – K. selbst ist gewitzt und listiger Repräsentant des türk. Volkscharakters und behält normalerweise die Oberhand; sein Gegenspieler Hacivad wirkt dagegen vertrottelt und muß oft als Prügelknabe dienen. Das Spiel hat einen bed. Einfluß auf die türk. Theaterdichtung der Moderne ausgeübt. **Literatur:** Karagös. Türk. Schattenspiele. Hg. v. H. RITTER. Hann. u. a. 1924–53. 3 Bde. – SPIES, O.: Türk. Puppentheater. Emsdetten 1959.

karaimische Literatur, Literatur in karaim. Sprache, einer nordwestl. Turksprache mit hebr. Schrift in Polen, in Litauen und der Ukraine; sie entwickelte sich aus der Notwendigkeit, religiöse, v. a. bibl. Texte in die Volkssprache zu übertragen, wobei es auch zu Interpolationen volksdichter. Herkunft kam. Die älteste Handschrift stammt aus der 1. Hälfte des 18. Jahrhunderts. Bußlieder, Hymnen und Gelegenheitsgedichte bildeten den Übergang zur weltl. Literatur, die sich vom 19. Jh. an verfolgen läßt. Der produktivste Autor im 20. Jh. war Aleksander Mardkowicz (*1875, †1944), Lyriker, Prosaist und Hg. der bedeutend-

sten karaim. Zeitschrift ›Karaj Avazy‹ (in Luzk hg. 1931–39). **Literatur:** ZAJĄCZKOWSKI, A.: Die k. L. In: Philologiae Turcicae Fundamenta. Bd. 2. Hg. v. L. BAZIN u. a. Wsb. 1965.

karakalpakische Literatur, Literatur in karakalpak. Sprache, einer Turksprache, die eigtl. ein Dialekt des Kasachischen ist und von den Karakalpaken, einem Volk v. a. südlich des Aralsees (bes. in Karakalpakien [Usbekistan]), gesprochen wird; in der vielgestaltigen karakalpak. Volksdichtung spielt das Heldenepos eine bed. Rolle. Bisher wurden mehr als 50 Epen aufgezeichnet, die z. T. noch heute von Rezitatoren vorgetragen werden. Neben Stoffen, die die Karakalpaken mit anderen Turkvölkern – insbes. Kasachen und Usbeken – gemeinsam haben, gibt es auch eigenständige Stoffe wie das romant. Epos ›Maspatša‹ und das Nationalepos ›Kyrk kys‹ (= Die 40 Mädchen). Einige Volksdichter des 19. Jh. waren als Aufklärer und Zeitkritiker Wegbereiter der heutigen Schriftliteratur, die um die Gattungen Prosa und Drama bereichert wurde. An ihrer Entwicklung hatte M. Daribajew (*1909, †1942) starken Anteil. **Literatur:** NURMUCHAMEDOV, M./IZMAJLOV, B.: Karakalpakskaja literatura. In: Kratkaja literaturnaja ênciklopedija. Bd. 3. Moskau 1966. S. 388.

Karalitschew (tl.: Karalijčev), Angel Iwanow [bulgar. kara'lijtʃɛf], *Straschiza 21. Aug. 1902, †Sofia 14. Dez. 1972, bulgar. Schriftsteller. – Mitarbeiter von literar. Zeitschriften; bed. Vertreter der modernen bulgar. Literatur. K. stellte in Romanen und Erzählungen in an Vorbildern der romant. und impressionist. Literatur geschulter lyr. Prosa meist das bulgar. Volksleben dar; auch Reiseerzählungen, Kinderbücher, histor. und folklorist. Skizzen, Märchen, Kleindramen und Gedichte. **Werke:** Khan Tatar (E., 1932, dt. 1936), Vichruška (= Wirbelwind, En., 1938). **Ausgabe:** A. Karalijčev. Izbrani săčinenija. Sofia 1972. 2 Bde.

Karamsin (tl.: Karamzin), Nikolai Michailowitsch [russ. kɐram'zin], *Michailowka (Gebiet Orenburg) 12. Dez. 1766, †Petersburg 3. Juni 1826, russischer Schriftsteller. – Bereiste 1789/90

Deutschland, die Schweiz, Frankreich und England (Bericht: ›Briefe eines reisenden Russen‹, 1. vollständige Ausgabe in 2 Bden. 1799–1801, dt. 6 Bde., 1799–1802); 1803 Historiograph des Kaisers, 1816 Staatsrat; Hauptvertreter der empfindsamen Dichtung Rußlands, die zur Romantik überleitete. Seine Erzählung ›Die arme Lisa‹ (1792, dt. 1800) gilt als Hauptwerk des russ. Sentimentalismus. Bed. sind seine Balladen; Verfasser der ersten wissenschaftlichen Darstellung der russ. Geschichte, ›Geschichte des russ. Reichs‹ (12 Bde., 1816–29, dt. 11 Bde., 1820–33).

Weiteres Werk: Marfa (E., 1803, dt. 1896).
Ausgabe: N. M. Karamzin. Izbrannye sočinenija. Moskau u. Leningrad 1964. 2 Bde.
Literatur: NEBEL, H. M.: N. M. Karamzin. Den Haag 1967. – ROTHE, H.: N. M. Karamzins europ. Reise. Wsb. 1968. – KOČETKOVA, N.: N. Karamzin. Boston (Mass.) 1974. – Essays on Karamzin. Hg. v. J. L. BLACK. Den Haag 1975.

Karaosmanoğlu, Yakup Kadri [türk. ka'rɑɔsmanɔ:ˌlu], * Kairo 27. März 1889, † Ankara 14. Dez. 1974, türk. Schriftsteller. – Polit. und diplomat. Tätigkeit, u. a. türk. Gesandter in Prag, Den Haag und Bern. Geistreicher und stilistisch sehr gewandter Prosaist; meisterhafte, subtile psycholog. Analyse in dem Roman ›Flamme und Falter‹ (1922, dt. 1947).

Weitere Werke: Eine Weibergeschichte und andere Novellen (1913, dt. Ausw. 1923), Der Fremdling (R., 1932, dt. 1939).

Karásek ze Lvovic, Jiří [tschech. ˈkara:sɛk ˈzɛ ˈ|vɔvits], eigtl. J. Josef Antonín K., * Prag 24. Jan. 1871, † ebd. 5. März 1951, tschech. Schriftsteller. – Vertreter der tschech. Dekadenz unter Einfluß der frz. Literatur, bes. Ch. Baudelaires und J.-K. Huysmans', auch O. Wildes; schuf formschöne Dichtungen, die die Bedrohung der menschl. Existenz durch unkontrollierbare Mächte und Triebe darstellen.

Werke: Zazděná okna (= Vermauerte Fenster, Ged., 1894), Hovory se smrti (= Gespräche mit dem Tod, Ged., 1904), Endymion (Ged., 1909), Ganymedes (R., 1925).

Karaslawow (tl.: Karaslavov), Georgi Slawow [bulgar. ka'raslavof], * Debar (Kreis Plowdiw) 12. Jan. 1904, † Sofia 26. Jan. 1980, bulgar. Schriftsteller. – Schilderte in realist. Romanen und Erzählungen vom Standpunkt des Kommunisten aus bulgar. Dorfleben; auch Dramen und Essays.

Werke: Die Schwiegertochter (R., 1942, dt. 1954), Tango (Nov., 1949), Obiknoveni chora (= Einfache Menschen, R., 6 Bde., 1952–75, Bd. 1 dt. 1958 u. d. T. Stanka), Der ungläubige Thomas (En., dt. Ausw. 1956).
Ausgabe: G. Karaslavov. Izbrani proizvedenija. Sofia 1978–79. 11 Bde.
Literatur: ZAREV, P.: G. Karaslavov. Sofia 1973.

karatschaiische Literatur, Literatur in karatschaiisch-balkar. Sprache, einer zur nordwestl. Gruppe der Turksprachen gehörenden Sprache; die Volksliteratur der Karatschaier und Balkaren weist neben gesamttürk. Zügen auch Einflüsse der benachbarten iberokaukas. Völker auf, mit denen sie z. B. das Epos der † Narten gemeinsam haben. Die Werke der modernen Schriftsteller (wie Chassan Alijewitsch Appajew [* 1904, † 1938]) werden seit 1957 wieder verstärkt gefördert. Der neue kulturelle Aufschwung wirkte sich bes. bei den Balkaren (Sch. Sch. Salichanow [* 1917] u. a.) aus.

Literatur: KARAEVA, A. I.: Očerk istorii karačaevskoj literatury. Moskau 1966. – BRANDS, H. W.: Literar. Tätigkeit bei den türk. Gruppen Nordkaukasiens. In: Zs. der Dt. Morgenländ. Gesellschaft. Suppl. 1, S. 17. Dt. Orientalistentag in Würzburg. Hg. v. W. VOIGT. Tl. 2. Wsb. 1969.

Karawajewa (tl.: Karavaeva), Anna Alexandrowna [russ. kɐra'vajivɐ], * Perm 27. Dez. 1893, † Moskau 21. Mai 1979, russ.-sowjet. Schriftstellerin. – Gehörte zunächst zu der trotzkifreundl. Literatengruppe Perewal, schloß sich dann der Einheitsorganisation der sowjet. Schriftsteller an; ihr Thema ist die Darstellung sozialer Probleme bes. der Bauern.

Werke: Die Fabrik im Walde (R., 1928, dt. 1930), Das Vaterhaus (R., 1950, dt. 1952).
Ausgabe: A. A. Karavaeva. Izbrannye proizvedenija. Moskau 1967. 2 Bde.

Karawelow (tl.: Karavelov), Ljuben Stoitschew [bulgar. kara'vɛlof], * Kopriwschtiza um 1834, † Russe 2. Febr. 1879, bulgar. Schriftsteller. – Hatte seit seiner Moskauer Studienzeit Kontakt mit den Slawophilen; bedeutendster Mitschöpfer des krit. Realismus in der bulgar. Literatur. Den Stoff für seine Vers- und Prosadichtungen lieferte ihm das Erlebnis des Freiheitskampfes gegen die Osmanen.

358 Kardos

Werke: Bulgaren der alten Zeit (Nov., russ. 1867, bulgar. 1872, dt. 1964), Je li kriva sudbina? (= Ist das Schicksal schuld?, E., serb. 1868/69), Chadži Ničo (Nov., 1870), Maminoto detence (= Das Muttersöhnchen, E., 1875). **Ausgabe:** L. Karavelov. Săbrani săčinenija. Sofia 1965–68. 9 Bde. **Literatur:** ATHANASSOWA, R.: Karavelov u. Černyševskij. Diss. Wien 1979 [Masch.].

Kardos, György G. [ungar. 'kɔrdoʃ], * Budapest 10. Mai 1925, ungar. Schriftsteller. – Nach der Befreiung aus einem Konzentrationslager bei Bor (Serbien) lebte er 1945–51 in Palästina. Die Erlebnisse dieser Zeit verarbeitete er in seiner Romantrilogie, einer der eindrucksvollsten Anklagen gegen Krieg, blinden Nationalismus und Rassenwahn: ›Die sieben Tage des Abraham Bogatir‹ (1968, dt. 1970), ›Zapfenstreich‹ (1971, dt. 1975), ›Das Ende der Geschichte‹ (1977, dt. 1981). **Weiteres Werk:** Jutalomjáték (= Benefizvorstellung, R., 1993).

karibische Literatur (westind. Literatur), Bez. für die auf Englisch, Französisch, Spanisch und Niederländisch bzw. in den entsprechenden Kreolsprachen geschriebene Literatur der Karib. Inseln und der drei Guyanas. Bis zu Beginn des 20. Jh. folgte die k. L. europ. Strömungen, auch in dem seit 1804 unabhängigen Haiti. Repräsentativ waren die Werke der Haitianer Oswald Durand (* 1840, † 1906) und Justin Lhérisson (* 1873, † 1907); wegweisend die nationalist. Gedichte der Kubaner J. M. de Heredia y Heredia und J. Martí. Stark europ. beeinflußt war der Literatur-Nobelpreisträger (1960) Saint-John Perse aus Guadeloupe. In **Haiti** entstand unter dem Einfluß Harlems und gefördert durch den Arzt und Völkerkundler Jean Price-Mars (* 1876, † 1969) der Indigenismus, der die einheim. afrohait. Volkskultur darstellt. Das Schwergewicht lag auf dem Roman (J. Roumain, ›Herr über den Tau‹, hg. 1944, dt. 1948; bed. sind auch die Werke von Jean F. Brierre [* 1909], Félix Morisseau-Leroy [* 1912], J. S. Alexis, René Depestre [* 1926] und der Brüder Philippe Thoby-Marcelin [* 1904, † 1975] und Pierre Marcelin [* 1908]). Frankétienne (* 1936) schrieb mit ›Dézafi‹ (1975) den ersten Roman in Kreolisch.

In **Martinique, Guadeloupe** und **Guyana** führte die ↑Négritude, von A. Césaire und L.-G. Damas im Paris der dreißiger Jahre mitvertreten, zu den ersten Ansätzen einer authent. karib. Literatur. Der preisgekrönte Roman ›Batouala‹ (1921, dt. 1922) von R. Maran ist eher der afrikan. Literatur zuzurechnen; mit ›La rue Cases-Nègres‹ (1950; verfilmt 1984) wurde Joseph Zobel (* 1915) der erste bed. Romancier der frankophon. Karibik. Seitdem dominiert É. Glissant mit Romanen, Gedichten, Dramen und Aufsätzen die Literaturszene; wichtig sind auch einige Schriftstellerinnen aus Guadeloupe (Michèle Lacrosil [* 1915], Simone Schwarz-Bart [* 1938], Maryse Condé [* 1936]).

In **Kuba** entwickelte sich im Lyrik der Negrismus, der an die Folklore der Schwarzen und Mulatten anknüpfte und den Rumbarhythmus in den span. Vers aufnahm. Kubaner europ. Abstammung (José Zacarías Tallet [* 1893], Ramón Guirao [* 1908, † 1949] und A. Carpentier) entwickelten den afrokuban. Stil, bedeutendster Vertreter ist der Afrokubaner N. Guillén. Vollendete Klangmalereien schufen Emilio Ballagas (* 1908, † 1954) und Marcelino Arozarena (* 1912). Seit der Revolution 1959 hat die Literaturproduktion in Kuba stark zugenommen. Verschiedene Entwicklungen sind z. B. bei J. Lezama Lima, César Leante (* 1928) und Nancy Moréjon (* 1944) zu beobachten (↑auch kubanische Literatur).

In der **Dominikanischen Republik** entwikkelte sich v. a. Dichtung mit afrokarib. Thematik (Manuel del Cabral [* 1907], Pedro Mir [* 1913], Manuel Rueda [* 1921]). Ein vielseitiger Schriftsteller ist der Ex-Präsident (1962/1963) G. J. Bosch. Zu den bekanntesten Schriftstellern **Puerto Ricos** zählen L. Palés Matos, Julia de Burgos (* 1914, † 1953), René Marqués (* 1919, † 1979) und Luis Rafael Sánchez (* 1936). Auf den **Niederländ. Antillen** entstand Literatur in Spanisch, Niederländisch und in der Kreolsprache Papiamento. Bedeutend ist der Papiamento-Dichter Frank Martinus Arion (* 1936) aus Curaçao, dessen niederländisch geschriebener Roman ›Dubbelspel‹ (1973) in dt. Übersetzung 1982

u. d. T. ›Doppeltes Spiel‹ erschien. Aus **Surinam** kommt der Dichter R. Dobru (* 1935), der das Niederländische und Sranan (das engl. Kreolisch der Schwarzen von Surinam) als Literatursprache benutzt.

In der anglophonen Karibik schrieb der **Jamaikaner** H. G. de Lisser (* 1877, † 1944) mit ›Janc's career‹ (1914) den ersten Roman mit einer schwarzen Zentralfigur. Ihm folgten C. McKay mit Gedichten, Kurzgeschichten und Romanen, Eric Walrond (* 1898, † 1967) mit ›Tropic death‹ (1926) und J. Rhys. In **Trinidad** erschienen Romane von C. L. R. James (* 1901) und Alfred H. Mendes (* 1897), die das Leben der Unterschicht beschreiben.

Seit den fünfziger Jahren gelang dem Roman der Durchbruch, v. a. in London, wo sich die meisten Schriftsteller niederließen. Zu den wichtigsten Romanciers sind zu zählen: R. Mais, E. A. Mittelholzer, J. Carew, John Hearne (* 1926), Samuel Selvon (* 1923, † 1994), G. Lamming, V. S. Naipaul und W. Harris. Die bekanntesten Lyriker sind Edward Brathwaite (* 1930) und Derek Walcott (Nobelpreis für Literatur 1992), der außerdem als bester Dramatiker gilt. In jüngster Zeit haben musikalisch-dichter. und dramat. Aktivitäten den Roman etwas verdrängt; dieser hat aber einen neuen Vertreter in E. Lovelace gefunden.

Literatur: FLEISCHMANN, U.: Ideologie und Wirklichkeit in der Lit. Haitis. Bln. 1969. – Caribbean writers. Hg. v. D. E. HERDECK. Washington (D. C.) 1979. – West Indian literature. Hg. v. B. KING. London u. Hamden (Conn.) 1979. – FRANZBACH, M.: Kuba – Die neue Welt der Lit. in der Karibik. Köln 1984. – Der Karib. Raum zw. Selbst- u. Fremdbestimmung. Zur k. L., Kultur u. Gesellschaft. Hg. v. R. SANDER. Ffm. 1984. – GEWECKE, F.: Die Karibik. Zur Gesch., Politik u. Kultur einer Region. Ffm. 1984. – Fifty Caribbean writers. Hg. v. D. C. DANCE. New York, Westpoint (Conn.) u. London 1986. – TOUMSON, R.: La transgression des couleurs. Littérature et langage des Antilles, XVIIIᵉ, XIXᵉ, XXᵉ siècles. Paris 1989. 2 Bde.

Karikatur [italien., eigtl. = Überladung (zu gall.-lat. carrus = Karren)], Darstellung einer Person oder Personengruppe o. ä., die sich auf eine als charakteristisch empfundene Eigenschaft konzentriert und diese in der Vergrößerung zuspitzt; die K. verdeutlicht auf diese Weise bestimmte Züge, die so nicht unbedingt sichtbar sind; meist als Enthüllung oder Entlarvung gedacht, setzt die K. auf Überraschung, die Gelächter auslöst, sie ist bes. beliebt als Mittel gesellschaftl. oder polit. Kritik. Neben der K. in der bildenden Kunst (v. a. in der Graphik) gibt es die literar. K., hier bes. in den Gattungen der Komik sowie ↑ Parodie und ↑ Satire.

Literar. K.en gibt es seit der Antike. Berühmt sind u. a. M. de Cervantes Saavedras ›Don Quijote‹ (1605–15, dt. 1621, 1956 u. d. T. ›Der sinnreiche Junker Don Quijote von der Mancha‹), Molières Ärzte-K.en oder seine Komödie ›Der Bürger als Edelmann‹ (1672, dt. 1918, erstmals dt. 1788), ferner N. W. Gogols K. des Provinzbeamtentums (›Der Revisor‹, 1836, dt. 1854), C. Sternheims ›bürgerl. Helden‹ (z. B. Theobald Maske in der Komödie ›Die Hose‹, 1911) sowie Diederich Heßling in H. Manns Roman ›Der Untertan‹ (1918). Bei C. Sternheim und H. Mann wird die gesellschaftskrit. Tendenz der literar. K. bes. deutlich.

Karinthy, Frigyes [ungar. 'kɔrinti], * Budapest 24. Juni 1887, † Siófok 29. Aug. 1938, ungar. Schriftsteller. – Wurde bekannt mit literar. Parodien und Persiflagen, die die zeitgenöss. Literatur kritisch spiegeln; verfaßte auch Gedichte, Dramen, Romane, Novellen, Skizzen und Epigramme.

Werke: Bitte, Herr Professor! (Humoreske, 1916, dt. 1926), Die Reise nach Faremido (R., 1916, dt. 1919), Reise um meinen Schädel (1937, dt. 1985), Selbstgespräche in der Badewanne (Humoresken, dt. Ausw. 1937).
Literatur: SZALAY, K.: K. F. Budapest 1961.

Karkavitsas (tl.: Karkabitsas), Andreas, * Lechena (Peloponnes) 1865, † Marussi bei Athen 24. Okt. 1922, neugriech. Erzähler. – Militärarzt; vertrat naturalistisch-realist. Tendenzen und pflegte die phantast. Erzählung in der Art von N. W. Gogol, E. A. Poe und E. T. A. Hoffmann; Mitbegründer der griech. Sittenschilderung.

Werke: Diēgēmata (= Erzählungen, 1892), Hē lygerē (= Die Gertenschlanke, Nov., 1896), Der Bettler (Nov., 1897, dt. 1984), Ta logia tēs plōrēs (= Die Worte des Bugs, En., 1899), Palies agapes (= Alte Lieben, En., 1900), Ho archaiologos (= Der Archäologe, R., 1904), Diēgēmata gia ta

360 Karlfeldt

palikaria mas (= Erzählungen über unsere Helden, 1922).
Literatur: SIDERIU-THOMOPULU, N.: A. K. kai he epoche tu. Athen 1959. – VALETAS, L. G.: A. K., ho koryphaıos pezographos tu dēmotikismou. Athen 1971. – VALETAS, L. G.: Eisagōgē sto ergo tu A. K. Athen 1973.

Karlfeldt, Erik Axel, *Karlbo by (Gemeinde Folkärna, Dalarna) 20. Juli 1864, † Stockholm 8. April 1931, schwed. Dichter. – Studierte von 1885 bis 1892 in Uppsala, war anschließend Lehrer in Stockholm; seit 1904 Mitglied der Schwed. Akademie, seit 1912 deren ständiger Sekretär; erhielt 1931 postum den Nobelpreis, den er vorher abgelehnt hatte. K. war bei seinem Tod der mit Abstand populärste aller lebenden schwed. Dichter. Diese Beliebtheit verdankte er fast ausschließlich den in seiner Heimat Dalarna wurzelnden Bauerngedichten, in denen der studierte Junggeselle Fridolin bald als selbständige Gestalt, bald als Alter ego des Dichters auftritt (›Fridolins visor‹, 1898; ›Fridolins Lieder‹, 1901, dt. 1944). Hier und in den schon 1895 veröffentlichten ›Vildmarks- och kärleksvisor‹ entwickelte er eine myst. Auffassung der Natur, in deren Tagesablauf der Mensch eingebettet ist. Dabei haben seine realistisch-ep., von meisterl. Sprachbeherrschung zeugenden Gedichte oft einen für die schwed. Neuromantik ungewöhnlich religiösen Ton. In dem 1906 erschienenen Gedichtband ›Flora och Pomona‹ wird das Verhältnis K.s zur Bauernromantik doppelbödiger: Versöhnung mit der Heimat scheint jetzt erst im Tod möglich. ›Flora och Bellona‹ (1918) enthält v. a. konservative, bisweilen gar reaktionäre Zeitlyrik, während ›Hösthorn‹ (1927) in die Welt Fridolins zurückkehrt, wobei der Ausdruck der Sprache gegenüber den früheren Sammlungen einfacher und direkter ist.
Ausgaben: E. A. K. Skrifter minnesupplaga. Stockholm 1932. 5 Bde. – E. A. K. Samlade dikter. Stockholm 1984.
Literatur: FOGELQVIST, T.: E. A. K. Stockholm [2]1941. – HILDEMAN, K.-I.: Sub luna och andra Karlfeldtessäer. Stockholm 1966. – K., Synpunkter och värderingar. Hg. v. M. BANCK. Stockholm 1971. – Karlfeldtdikter. Stockholm 1972. – HILDEMAN, K.-I.: En löskekarl. En Karlfeldtbok. Stockholm 1977.

Karlmeinet [aus Carolus Magnitus = der junge Karl der Große], mittelfränk., 36 000 paargereimte Verse umfassende sagenhafte Lebensgeschichte Karls des Großen von 1320–40 (aus Aachen?); von einem unbekannten Autor aus niederl. und älteren mhd. Quellen und dem ›Speculum historiale‹ des Vinzenz von Beauvais kompiliert. Enthält die Jugendgeschichte Karls, die Geschichte von Morant und Galie (ursprünglich selbständig), Karls Regierungszeit, verschiedene Kriegszüge Karls, die Episode vom zu Unrecht verstoßenen Paladin (Karl und Elegast), die Kämpfe gegen Spanien (Grundlage ist das ›Rolandslied‹) und Karls Ende.
Ausgabe: Karl Meinet. Zum 1. Mal hg. v. A. v. KELLER. Stg. 1858. Nachdr. Amsterdam 1971.
Literatur: MINIS, C.: Bibliogr. zum K. Amsterdam 1971. – ZAGOLLA, R.: Der K. u. seine Fassung vom Rolandslied des Pfaffen Konrad. Göppingen 1988.

Karlssage, Sage um Karl den Großen; im 9. Jh. schrieb Notker Balbulus seine lat. ›Gesta Caroli Magni‹. In der weiteren Geschichte der K. kristallisierten sich verschiedene Sagenkerne heraus, in denen Karl entweder als aktive Zentralfigur (Jugend, Kämpfe mit Vasallen und Heiden, Orientfahrt) oder als passive Hintergrundfigur fungiert, während die Handlung von einem der zwölf Paladine Karls getragen wird; ein dritter Bereich umfaßt die Sagen um Karls Frauen und Töchter. Die K. wurde bes. in frz. Sprache literarisiert und von dort in die anderen Literaturen übernommen (†Chanson de geste). In mhd. Sprache finden sich nur wenige dichter. Ausprägungen, so das ›Rolandslied‹ des Pfaffen Konrad (nach frz. Vorlage, 12. Jh.), ein darauf aufbauendes Karlsleben von dem Stricker (13. Jh.), der †›Karlmeinet‹ (1320–40), eine Verskompilation, und das Volksbuch von den †Haimonskindern (gedr. 1535). Auch in den übrigen europ. Literaturen finden sich Stoffe aus der K., z. B. die nord. ›Karlamagnussaga‹ (13. Jh.), in Italien ›I reali di Francia‹ von Andrea da Barberino (hg. 1491) und die ›Orlando‹-Epen M. M. Boiardos und L. Ariostos, in Spanien die Karlsdramen Lope F. de Vega Carpios (17. Jahrhundert).
Literatur: KÖSTER, R.: Karl der Große als polit. Gestalt in der Dichtung des dt. MA. Hamb. 1939. – GEITH, K.-E.: Carolus Magnus. Studien

zur Darst. Karls des Großen in der dt. Lit. des 12. u. 13. Jh. Bern u. Mchn. 1977.

Karlweis, C., eigtl. Karl Weiß, * Wien 22. Nov. 1850, † ebd. 27. Okt. 1901, österr. Schriftsteller. – Schilderte v. a. in Romanen, Schwänken und Komödien anschaulich das Wiener Kleinbürgertum.

Werke: Cousine Melanie (Lsp., 1879), Wiener Kinder (R., 1887), Ein Sohn seiner Zeit (R., 1892), Der kleine Mann (Volksstück, 1896), Onkel Toni (Kom., 1900), Der neue Simon (Kom., 1902).

Karnarutić, Brne [serbokroat. kar,narutitε], kroat. Dichter, ↑ Krnarutić, Brno.

Karpenko-Kary (tl.: Karyj) [ukrain. 'karej], eigtl. Iwan Karpowytsch Tobilewytsch, * Arsenjewka (Gouv. Cherson) 29. Sept. 1845, † Berlin 15. Sept. 1907, ukrain. Dramatiker. – Beamter, zeitweise Polizeidienst, wegen revolutionärer Tätigkeit verbannt; auch Schauspieler und Regisseur; bedeutendster ukrainischer Bühnendichter des 19. Jh., von A. N. Ostrowski beeinflußt; K.-K. wandte sich gegen die ukrain. Tradition des am Volkstum orientierten Dramas; führte soziale Tendenzen ein und übernahm vom realist. Drama die Milieuschilderung; Themen sind v. a. die sozialen Probleme der Dorfbevölkerung; auch histor. Dramen in romant. Tradition.

Werke: Sto tysjač (= Hunderttausend, Kom., 1890), Martyn Borulja (Kom., 1891), Sava Čalyj (Trag., 1899).

Ausgabe: K.-Karyj. Tvory. Kiew 1960–61. 3 Bde.

Karpiński, Franciszek [poln. kar'pińiski], * Hołosków (Galizien) 4. Okt. 1741, † Gut Chorowszczyzna (Litauen) 16. Sept. 1825, poln. Lyriker und Kritiker. – Stammte aus verarmtem Adel; wandte sich gegen den Pseudoklassizismus; Hauptvertreter der Empfindsamkeit in der poln. Literatur; am besten in liedhafter Dichtung.

Literatur: SOBOL, R.: F. K. Warschau 1979.

Karpowicz, Tymoteusz [poln. kar'povitʃ], * Zielona (Gebiet Wilna) 15. Dez. 1921, poln. Schriftsteller. – Verfaßt Gedichte, Erzählungen und Dramen; Vertreter der ›linguist. Poesie‹.

Werke: Kamienna muzyka (= Steinerne Musik, Ged., 1958), Odwrócone światło (= Das abgewandte Licht, Ged., 1972), Poezja niemożliwa (= Die unmögl. Poesie, Studie, 1975).

Karrillon, Adam ['karijō], * Wald-Michelbach (Kreis Bergstraße) 12. Mai 1853, † Wiesbaden 14. Sept. 1938, dt. Schriftsteller. – Wirkte als Arzt, u. a. in Weinheim und Wiesbaden. Beschrieb in seinen Romanen einerseits skurrile Gestalten aus seiner Odenwälder Heimat und ihren Kampf um das Überleben in der bäuerl. Armut (›Michael Hely der Dorfteufel‹, 1900, 1904 u. d. T. ›Michael Hely‹; ›Bauerngeselchtes. 16 Novellen aus dem Chattenlande‹, 1914; ›Adams Großvater‹, 1917), andererseits den von sozialen und psych. Problemen gekennzeichneten Beginn der Industrialisierung in einer bis dahin unentwickelten und abgeschiedenen Welt (›Die Mühle zu Husterloh‹, 1906). Seine Erlebnisse als Armen- und Landarzt beschrieb er in dem Liebesroman ›O Domina mea‹ (1909), seine Reisen, die ihn, z. T. als Schiffsarzt, bis nach Asien führten, verarbeitete er in ›Erlebnisse eines Erdenbummlers‹ (1923); erhielt 1923 als erster Preisträger den Georg-Büchner-Preis.

Literatur: DESCHLER, R.: K.-Biographie. Dt. Übers. Whm. 1978.

Karsch, Anna Luise, geb. Dürbach, genannt die Karschin, * bei Schwiebus 1. Dez. 1722, † Berlin 12. Okt. 1791, dt. Lyrikerin. – Bildete sich autodidaktisch, kam 1761 nach Berlin, wo sie durch J. G. Sulzer, K. W. Ramler und auch G. E. Lessing gefördert wurde. J. W. L. Gleim gab 1764 ihre erste Gedichtsammlung heraus. Die Verse der Karschin zeugen z. T. von echtem Naturgefühl, meist sind sie nur gewandte Gelegenheitsdichtungen; zu ihrer Zeit als ›dt. Sappho‹ überschätzt.

Werke: Auserlesene Gedichte (1764), Poet. Einfälle (1764), Neue Gedichte (1772), Gedichte (hg. 1792).

Ausgabe: A. L. K. Herzgedanken. Das Leben der ›dt. Sappho‹ von ihr selbst erzählt. Hg. v. B. BEUYS. Ffm. 1981.

Literatur: A. Louisa K. (1722–1791), von schles. Kunst u. Berliner Natur. Hg. v. A. BENNHOLDT-THOMSEN u. a. Gött. 1992.

Karsunke, Yaak, * Berlin 4. Juni 1934, dt. Schriftsteller. – Mitbegründer und 1965–68 Chefredakteur der literarisch-polit. Zeitschrift ›kürbiskern‹; verfaßt zeitbezogene gesellschaftskritische Lyrik sowie Textmontagen, Libretti, Theaterstücke, auch Hörspiele und Kinderbücher.

Werke: Kilroy & andere (Ged., 1967), reden & ausreden (Ged., 1969), Die Apotse kommen (Kinderb., 1972; mit R. Hachfeld), Die Bauernoper (Dr., 1973), Josef Bachmann. Sonny Liston (Prosa, Hsp.e, 1973), Ruhrkampf-Revue (Dr., UA 1975, Buchausg. 1976), da zwischen – 35 Gedichte & ein Stück (1979), auf die gefahr hin (Ged., 1982), Die Guillotine umkreisen (Ged., 1984), Toter Mann (Kriminalroman, 1989), Gespräch mit dem Stein (Ged., 1992).

Kartamihardja (Karta Miharja), Achdiat [indones. kartami'hardʒa], *Cibatu (Bezirk Garut, Java) 6. März 1911, indones. Schriftsteller. – 1961–70 Dozent für Indonesisch an der Australian National University in Canberra. Im Mittelpunkt seines Werkes stehen wie in dem Roman ›Atheis‹ (1949), der zu den bedeutendsten Schöpfungen der indones. Nachkriegsliteratur zählt, die geistig-religiösen Auseinandersetzungen der Gegenwart, insbes. die Auseinandersetzungen zwischen Anhängern des rechtgläubigen Islam und des Marxismus.
Literatur: TEEUW, A.: Modern Indonesian literature. Den Haag 1967. S. 202.

Karvaš, Peter [slowak. 'karvaʃ], *Banská Bystrica 25. April 1920, slowak. Schriftsteller. – Verfasser von Dramen mit Themen aus der Kriegs- und Nachkriegszeit (u. a. ›Mitternachtsmesse‹, 1959, dt. 1961; ›Antigone und die anderen‹, 1962, dt. 1962). Die Romane ›Toto pokolenie‹ (= Diese Generation, 1949) und ›Pokolenie v útoku‹ (= Generation im Ansturm, 1952) behandeln Generationsprobleme; 1979 erschien die Prosa ›Noc v mojom meste‹ (= Nacht in meiner Stadt); auch theoret. Arbeiten.
Weitere Werke: V hniezde (= Im Nest, Erinnerungen, 1981), Nové humoresky (= Neue Humoresken, 1986), Tanz der Salome (Apokryphen, dt. 1992).

kasachische Literatur, Literatur in kasach. Sprache, einer v. a. in Kasachstan und in der chin. Region Sinkiang gesprochenen Turksprache. Die Volksdichtung umfaßt meist umfangreiche Epen, wie ›Alpamys‹, ›Koblandy‹ u. a., die bis nach dem 2. Weltkrieg ideologisch umstritten (angeblich Verherrlichung des Feudalismus) waren, aber seit den 50er Jahren in verstärktem Maß erforscht und publiziert werden. Zum Repertoire der Volkssänger (›aqyn‹) gehörten auch die originellen Improvisationstexte der Sängerwettkämpfe (›aitys‹), die heute ebenfalls aufgezeichnet werden. Die moderne Literatur wurde durch den europäisch gebildeten Abai Kunanbajew begründet. In der sowjet. Zeit entwickelte sich eine Prosa- und Bühnenliteratur im Zeichen des sozialistischen Realismus (Gabiden Mustafin [*1902], Saken Seifullin [*1894, †1939] u. a.). International fand M. O. Auesow Beachtung. Abdischamil K. Nurpeissow (*1924), der Lyriker Olschas O. Suleimenow (*1936) u. a. bestimmen die Gegenwartsliteratur.
Literatur: Očerk istorii kazachskoj sovetskoj literatury. Hg. v. M. O. AUÉZOV u. S. M. MUKANOV. Alma-Ata 1958. – TOGAN, Z. V.: La littérature kazakh. In: Philologiae Turcicae Fundamenta. Hg. v. L. BAZIN u. a. Bd. 2. Wsb. 1965. – LIZUNOVA, E. V.: Kazachskaja literatura. In: Kratkaja literaturnaja enciklopedija. Bd. 3. Moskau 1966. S. 296. – Istorija kazachskoj literatury. Hg. v. N. S. SMIRNOVA (gen. OJ). Alma-Ata 1968–71. 3 Bde.

Hermann Kasack

Kasack, Hermann, *Potsdam 24. Juli 1896, †Stuttgart 10. Jan. 1966, dt. Schriftsteller. – Lektor, dann Verlagsdirektor, ab 1927 freier Schriftsteller. 1949 Mitbegründer des dt. P.E.N.-Clubs, 1953–63 Präsident der Dt. Akademie für Sprache und Dichtung. Deutlich spürbare Einflüsse F. Kafkas (in der Darstellung der unwirkl. Welt), des Surrealismus, von J. Joyce (in der psycholog. Gespaltenheit), des Existentialismus und des Buddhismus. Sein Hauptwerk ist der Roman ›Die Stadt hinter dem Strom‹ (1947), in dem er unter dem Eindruck des Kriegsgeschehens die beängstigende Vision eines schemenhaften Zwischenreichs, Abbild einer totalen, seelenlosen

Kasantzakis 363

Diktatur und mechanisierten Bürokratie, schildert. Schrieb auch Erzählungen, Gedichte, Dramen, Hörspiele und Essays. Herausgeber u. a. der Werke O. Loerkes. **Weitere Werke:** Der Mensch (Ged., 1918), Die Insel (Ged., 1920), Tull, der Meisterspringer (Jugendb., 1935), Der Strom der Welt (Ged., 1940), Das ewige Dasein (Ged., 1943), Der Webstuhl (E., 1949), Das große Netz (R., 1952), Fälschungen (E., 1953), Aus dem chin. Bilderbuch (Ged., 1955), Wasserzeichen (Ged., 1964). **Literatur:** BESCH, H.: Dichtung zw. Vision u. Wirklichkeit. Eine Analyse des Werkes von H. K. mit Tagebuchedition (1930–1943). Sankt Ingbert 1992. – H. K. – Leben u. Werk. Hg. v. H. JOHN. Ffm. u. a. 1994.

Kasakewitsch (tl.: Kazakevič), Emmanuil Genrichowitsch [russ. kɐzaˈkjevɪtʃ], *Krementschug 24. Febr. 1913, †Moskau 22. Sept. 1962, russ.-sowjet. Schriftsteller. – Schrieb anfänglich jiddisch; später russ. Prosa. Seine Erzählsprache ist präzise und lakonisch, seine Stoffe sind aus dem Zeitgeschehen genommen. Dt. liegen u. a. vor seine Erzählung ›Das Todesurteil‹ (1948, dt. 1964), die Romane ›Frühling an der Oder‹ (1949, dt. 1953), ›Das Herz des Freundes‹ (1953, dt. 1957), ›Das Haus am Platz‹ (1956, dt. 1957) sowie die Erzählung ›Im Tageslicht‹ (1961, dt. 1964). **Ausgabe:** É. G. Kazakevič. Izbrannye proizvedenija. Moskau 1974. 2 Bde.

Kasak Lugạnski (tl.: Kazak Luganskij) [russ. kaˈzak], Pseudonym von Wladimir Iwanowitsch ↑Dal.

Kasakow (tl.: Kazakov), Juri Pawlowitsch [russ. kɐzaˈkɔf], *Moskau 8. Aug. 1927, †ebd. 1. Dez. 1982, russ.-sowjet. Schriftsteller. – Schrieb Erzählungen in lyr. Prosa, die v. a. moralisch-philosoph. Probleme behandeln; Schilderer der Natur. **Werke:** Arktur, der Jagdhund (E., 1958, dt. 1976), Musik bei Nacht (En., dt. Ausw. 1961), Der Duft des Brotes (En., dt. Ausw. 1965), Larifari u. a. Erzählungen (dt. Ausw. 1966).

Kasakow (tl.: Kazakov), Wladimir Wassiljewitsch [russ. kɐzaˈkɔf], *Moskau 29. Aug. 1938, †ebd. 23. Juni 1988, russ.-sowjet. Schriftsteller. – 1972 Eintritt in die russisch-orthodoxe Kirche; neigte in Gedichten und Prosa, die in der Sowjetunion bis 1989 nicht erscheinen durften, zum Absurden; stand in der Tradition des Futurismus.

Werke: Meine Begegnungen mit V. Kazakov (Prosa, Szenen, 1972, dt. 1972), Der Fehler der Lebenden (R., dt. 1973, russ. 1976), Žizn' prozy (= Das Leben der Prosa, R., 1982), Ot golovy do zvezd (= Vom Kopf bis zu den Sternen, R., 1982). **Ausgabe:** W. K. Unterbrechen Sie mich nicht, ich schweige! Sämtl. Dramen. Dt. Übers. Mchn. u. a. 1990.

kasạntatarische Literatụr, svw. ↑tatarische Literatur.

Kasantzạkis (tl.: Kazantzakēs), Nikos, *Iraklion (Kreta) 18. Febr. 1883, †Freiburg im Breisgau 26. Okt. 1957, neugriech. Schriftsteller. – Studierte Jura in Athen und Philosophie in Paris (bei H. Bergson). Bekleidete hohe Ämter (Minister, Ministerialdirektor), auf die er jedesmal bald verzichtete, um zu schreiben und weite Reisen zu unternehmen. Erzähler eines überwältigenden sprachgestalter. Wortschatzes und einer auf philosoph. Suche und Basis aufgebauten Weltordnung und Problematik, deren Vorbilder oft wechseln. Besonderer Einfluß von F. Nietzsche, Bergson, der christl. Lehre, Buddha, Franz von Assisi, A. Schweitzer und in den 20er Jahren des russ. Sozialismus. In seinem Epos ›Odysseia‹ (1938, dt. 1973 u. d. T. ›Odyssee‹) setzt er die Homerische Odyssee bis zum Tod des Odysseus fort, in seinen Romanen stellt er v. a. Menschen und Situationen der kret. Landschaft eindringlich dar, wie sie es schon als Kind erlebt hat, mit ihren harten Gesetzen und ihren stolzen, unnachgiebigen Charakteren. Stolz, unnachgiebig und wahrheitssuchend stellt er auch die Helden in seinen Tragödien dar. Er übersetzte Homer, Dante, Goethe, Nietzsche, Ch. R. Darwin, Shakespeare, F. García Lorca und A. Rimbaud.

Weitere Werke: Xēmerōnei (= Es tagt, Kom., 1906), Ophis kai krino (= Schlange und Lilie, Nov., 1906), Ho prōtomastoras (= Der Baumeister, Trag., 1910), Askētikē (= Asketik, Schrift, 1927, 1945 u. d. T. Salvatores Dei, dt. 1953 u. d. T. Rettet Gott, 1973 u. d. T. Askese), Nikephoros Phōkas (Trag., 1927), Taxideuontas (= Auf Reisen, Reiseber., 1927), Christos (= Christus, Trag., 1928), Odysseas (= Odysseus, Trag., 1928), Ti eida stē Russia (= Was ich in Rußland sah, 2 Bde., 1928), Toda Raba (R., 1934), Iapōnia – Kina (= Japan – China, Reiseber., 1938), Anglia (= England, Reiseber., 1941), Hē trilogia tu Promēthea (= Prometheus'

Trilogie, Trag., 1941–43), Iulianos (= Julian, Trag., 1945), Kapodistrias (Trag., 1946), Alexis Sorbas (R., 1946, dt. 1952), Ho Christos xanastaurōnetai (= Christus wird wieder gekreuzigt, R., entst. 1948, gedr. 1954, dt. 1951 u. d. T. Griechische Passion), Ho teleutaios peirasmos (= Die letzte Versuchung, R., 1951, dt. 1952), Kapetan Michalēs (R., 1953, dt. 1954 u.d.T. Freiheit oder Tod), Kuros (Trag., 1955), Melissa (Trag., 1955), Konstantinos Palaiologos (Trag., 1956), Sodoma kai Gomorra (= Sodom und Gomorrha, Dr., 1956), Ho phtōchulēs tu theu (= Der Arme Gottes, R., 1956, dt. 1956 u.d.T. Mein Franz von Assisi), Anaphora ston Greko (= Rechenschaft vor El Greco, Biogr., hg. 1961, dt. 2 Bde., 1964–67), Adelphophades (= Brudermörder, R., hg. 1965, dt. 1969), Symposion (Prosa, hg. 1971).
Ausgaben: N. K. Theatron. Athen 1955–56. 3 Bde. – PREVELAKIS, P.: 400 grammata tu K. ston Prevelakis. Athen 1965. – KAZANTZAKIS, N. Im Zauber der griech. Landschaft (Anthologie). Dt. Übers. u. hg. v. I. ROSENTHAL-KAMARINEA. Mchn. ⁶1984.
Literatur: PREVELAKIS, P.: Ho poiētēs kai to poiema tes Odysseias. Athen 1958. Engl. u.d.T. N. K. and his Odyssey. New York 1961. – Néa Hestia (Sonderhefte N. K.) 1959 u. 1971. – ANAPLIOTIS, I.: Ho alēthinos Zorbas kai ho K. Athen 1960. – SPANDONIDIS, P.: N. K., ho yios tēs anēsychias. Athen 1960. – VRETTAKOS, N.: N. K. Athen 1960. – IZZET, A.: N. K. Paris 1965. – JANIAUD-LUST, C.: N. K., sa vie, son œuvre. Paris 1970. – BIEN, P.: K. and the linguistic revolution in Greek literature. Princeton (N. J.) 1972. – KASANTZAKI, E.: Einsame Freiheit. Biogr. aus Briefen u. Aufzeichnungen des Dichters. Übers. v. CH. PLEHN u. J. u. TH. KNUST. Mchn. u. Bln. 1972. – Sonderheft Folia neohellenica 6 (1984).

Kasbegi (tl.: Kazbegi), Alexandr Michailowitsch [russ. kaz'bjegi], eigtl. Tschopikaschwili, *Kasbegi 20. Jan. 1848, †Tiflis 22. Dez. 1893, georg. Schriftsteller. – Erhielt bis zum zwölften Lebensjahr Hausunterricht, besuchte danach das Gymnasium in Tiflis (ohne Abschluß); 1866 Studium der Landwirtschaft in Moskau, 1879 Schauspieler, Übersetzer, Journalist in Tiflis, wo er 1880–85 seine wichtigste Schaffensperiode hatte; starb geisteskrank. In seinen Erzählungen finden sich meistens Schicksale, die er selbst kennengelernt hat, großartige Naturschilderungen seiner Heimat, Kämpfe gegen die Russen, Kritik an der Heuchelei der zivilisierten Welt und an der Bürokratie.

Kaschnitz, Marie Luise, eigtl. M. L. Freifrau von K.-Weinberg, geb. von Hol-

Marie Luise Kaschnitz

zing-Berstett, *Karlsruhe 31. Jan. 1901, †Rom 10. Okt. 1974, dt. Schriftstellerin. – Buchhändlerlehre, ab 1924 in einem Antiquariat in Rom tätig; heiratete 1925 den Archäologen Guido Freiherr von K.-Weinberg. Mit ihm unternahm sie zahlreiche ausgedehnte Reisen; ab 1941 lebte sie v. a. in Frankfurt am Main und in Bollschweil bei Freiburg im Breisgau. 1948/49 Mit-Hg. der Zeitschrift ›Die Wandlung‹. Ihre stark autobiographisch geprägte Dichtung ist zutiefst human; ihre Lyrik durchzieht, zunächst noch spielerisch, dann ichbezogener, der Gedanke an den Tod; neben Lyrik, Erzählungen und Romanen schrieb sie auch Essays und Hörspiele sowie Tagebücher mit literarisch durchgestalteter Prosa. Neben vielen anderen Auszeichnungen erhielt sie 1955 den Georg-Büchner-Preis.
Werke: Liebe beginnt (R., 1933), Elissa (R., 1937), Gedichte (1947), Totentanz und Gedichte zur Zeit (1947), Zukunftsmusik (Ged., 1950), Das dicke Kind u. a. Erzählungen (1952), Ewige Stadt (Ged., 1952), Engelsbrücke. Röm. Betrachtungen (1955), Das Haus der Kindheit (Autobiogr., 1956), Lange Schatten (En., 1960), Dein Schweigen – meine Stimme (Ged., 1962), Hörspiele (1962), Wohin denn ich (Autobiogr., 1963), Ein Wort weiter (Ged., 1965), Ferngespräche (En., 1966), Tage, Tage, Jahre (Tagebuchaufzeichnungen, 1968), Die fremde Stimme (Hsp.e, 1969), Steht noch dahin. Neue Prosa (1970), Orte. Aufzeichnungen (1973).
Ausgabe: M. L. K. Ges. Werke. Hg. v. CH. BÜTTRICH u. N. MILLER. Ffm. 1981–89. 7 Bde.
Literatur: LINPINSEL, B. K.-Bibliogr. Hamb. u. Düss. 1971. – BAUS, A.: Standortbestimmung als Prozeß. Eine Unters. zur Prosa von M. L. K. Bonn 1974. – STRACK-RICHTER, A.: Öffentl. u. privates Engagement, die Lyrik von M. L. K.

Ffm. u.a. 1979. – PULVER, E.: M. L. K. Mchn. 1984. – GERSDORFF, D. VON: M. L. K. Eine Biogr. Ffm. u.a. ³1993. – GUNI-CRACIUN, K.: L'existence tragique dans la prose de M. L. K. Bern u.a. 1994.

kaschubische Literatur, Regionalliteratur in kaschub. Dialekten, gesprochen von etwa 200 000 Kaschuben in Nordpolen (westlich und südlich von Danzig). Die ersten kaschub. Sprachdenkmäler stammen aus der Reformationszeit, doch kommt es erst Mitte das 19. Jh. durch das nationalkaschub. literar. Wirken von F. S. ↑Cenowa zu einer bewußteren Pflege des Kaschubischen. Jan Hieronim Derdowskis (* 1852, † 1902) ›Pan Czorlińsci‹ (1880) ist eine humorist., abenteuerlich-folklorist. Reisebeschreibung Kaschubiens. Aleksander Majkowski (* 1876, † 1938) schrieb v. a. Lyrik und den Roman ›Życie i przygody Remusa‹ (= Leben und Abenteuer des Remus, 1938). Heimatgedichte, Liebeslyrik und Bühnenstücke verfaßte Jan Karnowski (* 1886, † 1939), Heimatlieder und szen. Anekdoten schrieb der auch als Epiker hervorgetretene Leon Heyke (* 1885, † 1939). Kaschub. Märchen, Sagen und Balladen sammelte Franciszek Sędzicki (* 1882, † 1957). Von Bernard Sychta (* 1907) stammen beliebte Theaterstücke (›Hanka sę żeni‹ [= Hanka heiratet], 1937) und das bed. kaschub. Dialektwörterbuch (7 Bde., 1967–76). Als Erzähler wurde u.a. Leon Roppel (* 1912) bekannt. Nach dem 2. Weltkrieg sind Jan Piepka (* 1926) und der Erzähler und Lyriker Alojzy Nagel (* 1930) zu nennen, doch verbleibt die k. L. im engen Rahmen einer regionalen Mundart- und Heimatdichtung mit traditioneller Thematik.
Literatur: NEUREITER, F.: Gesch. der k. L. Mchn. 1978. – DRZEŻDŻEN, J.: Współczesna literatura kaszubska. Warschau 1986.

Kasia (tl.: Kasía; Kassia), byzantin. Kirchendichterin um 810. – Bei der Brautschau von Kaiser Theophilos wegen zu intelligenter und schlagfertiger Antworten als Bewerberin abgelehnt; gründete danach ein Kloster, in dem sie als Nonne lebte.
Literatur: ROCHOW, I.: Studien zu der Person, den Werken u. dem Nachleben der Dichterin Kassia. Bln. 1967.

Kasin (tl.: Kazin), Wassili Wassiljewitsch [russ. 'kazin], * Moskau 6. Aug. 1898, † Peredelkino bei Moskau 1. Okt. 1981, russ.-sowjet. Lyriker. – Gehörte bereits in den 20er Jahren zur literar. Gruppe der Kosmisten, die im Geiste einer orthodox-kommunist. Weltanschauung ihre Themen aus dem Bereich der Fabrikarbeit bezogen; Verherrlichung des Kollektivs; kosm. Metaphern kennzeichnen den Stil.
Ausgabe: V. V. Kazin. Izbrannoe. Moskau 1978.

Kasperltheater, Puppenspiel mit Kasperl als kom. Hauptfigur. Die Figuren des K.s sind typ. Vertreter einer dem Märchen verwandten Gesellschaftsordnung: König, Prinzessin, Hofpersonal, Polizist u.a. einerseits und andererseits Hexe, Teufel, Tod, Zauberer, Drache u.a., Hüter und Störer einer hierarch. Ordnung. Kasperl als ein mit derbem Humor begabter Außenseiter verhilft in einem Spiel mit einfacher Handlung und naiver Typik dem Guten zum Sieg und stellt die gestörte Gesellschaftsordnung wieder her. – Die Gestalt des Kasperl war ursprünglich die ↑lustige Person des ↑Wiener Volkstheaters, u.a. in der Tradition des ↑Hanswurst; erfolgreichste Darstellung des Kasperl durch J.J. La Roche (* 1745, † 1806) am Wiener Leopoldstädter Theater. Verwandt waren im Wiener Volkstheater und Stegreifspiel die Gestalten des Staberl und Thaddädl.
Literatur: GUGITZ, G.: Der weiland Kasperl. Wien 1920.

Kasprowicz, Jan [poln. kas'prɔvitʃ], * Szymborze bei Hohensalza 12. Dez. 1860, † Poronin bei Nowy Targ 1. Aug. 1926, poln. Schriftsteller. – Ab 1909 in Lemberg Prof. für Literaturwiss.; Vertreter des Jungen Polen. Lyrik und Dramen von K. sind geprägt von Naturalismus, Symbolismus und Expressionismus; auch Bindung an die poln. Folkloretradition; hervorragender Übersetzer (griech., frz., engl. und dt. Literatur).
Werke: Poezje (Ged., 1889), Chrystus (Epos, 1890), Anima lachrymans (Ged., 1894), Mein Abendlied (Ged., 1902, dt. 1905), Vom heldenhaften Pferd und vom einstürzenden Haus (Ged., 1906, dt. 1922), Księga ubogich (= Buch der Armen, Ged., 1916), Marchołt (Dr., 1920).
Ausgabe: J. K. Dzieła wybrane. Krakau 1958. 4 Bde.

366 Kassák

Literatur: LIPSKI, J. J.: Twórczość J. K.a. Warschau 1967–75. 2 Bde. – GÓRSKI, K.: J. K. Warschau 1977.

Kassák, Lajos [ungar. 'kɔʃʃaːk], * Érsekújvár (heute Nové Zámky) 21. März 1887, † Budapest 22. Juli 1967, ungar. Schriftsteller und Maler. – Ursprünglich Schlosser; in Budapest und Wien (1920–26) als avantgardist. Literat und Hg. u. a. der Zeitschrift ›Ma‹ (= Heute, 1916–26, Nachdr. 1971) und konstruktivist. Maler (um 1920, erneut um 1950) tätig; schrieb u. a. die Romane ›Egy ember élete‹ (= Eines Menschen Leben, 8 Bde., 1927–35) und ›Angyalföld‹ (1929); auch Lyriker (›M-A-Buch‹, dt. Ausw. 1923; ›Das Pferd stirbt und die Vögel fliegen aus‹, dt. 1989).
Weitere Werke: Als Vagabund unterwegs (Erinnerungen, dt. 1979), Laßt uns leben in unserer Zeit. Gedichte, Bilder und Schriften zur Kunst (dt. Ausw. 1989).

Kassew, Roman [frz. ka'sɛf], frz. Schriftsteller, ↑ Gary, Romain.

Kassia, byzantin. Kirchendichterin, ↑ Kasia.

Kasside [arab.], Form des Zweckgedichtes in der arab. Lyrik, wie das ↑ Ghasel durch quantitierende Metren, stichische Anordnung der Zeilen und Monoreim charakterisiert, jedoch umfangreicher als das Ghasel (zwischen 25 und 100 Zeilenpaare). Die K. besteht aus drei Teilen: der (oft erot.) Einleitung, dem Ritt durch die Wüste (dabei Preis der Vorzüge eines Pferdes, eines Kamels, Jagddarstellungen, Schilderung von Wüstenstürmen usw.) und dem Hauptteil, meist ein Loblied, aber auch ein Schmähgedicht oder eine Totenklage. Die K. wurde auch in die pers. und türk. Literatur übernommen. Dt. Nachbildungen schufen A. von Platen und F. Rückert.

Kassner, Rudolf, * Großpawlowitz (Südmähr. Gebiet) 11. Sept. 1873, † Siders (Wallis) 1. April 1959, österr. Philosoph und Schriftsteller. – Studierte in Wien und Berlin Geschichte und Philosophie; lebte als Privatgelehrter in Berlin, Paris, London, München und Wien, ab 1945 in der Schweiz; befreundet mit H. von Hofmannsthal, R. M. Rilke, O. Wilde und P. Valéry, die er mehr oder weniger nachhaltig beeinflußt hat. Das ureigenste Gebiet K.s, der als bed. Kulturphilosoph, Essayist und Erzähler weitreichenden Einfluß ausübte, ist die ›Physiognomik‹, ein Weltdeuten, das er auf weite Bereiche des menschl. Denkens und Fühlens, die menschl. Existenz überhaupt anwendete. Für die Literatur proklamiert er in seinen Essays eine neuromant. ästhet. Richtung. Auch bed. Übersetzer.
Werke: Die Mystik, die Künstler und das Leben (1900), Der ind. Idealismus (1903), Von den Elementen der menschl. Größe (1911), Zahl und Gesicht (1919), Die Grundlagen der Physiognomik (1922), Das physiognom. Weltbild (1930), Die zweite Fahrt (Memoiren, 1946), Umgang der Jahre (Memoiren, 1949), Das inwendige Reich (1953).
Ausgabe: R. K. Sämtl. Werke. Hg. v. E. ZINN. Pfullingen 1969–91. 10 Bde.
Literatur: WIESER, TH.: Die Einbildungskraft bei R. K. Studie mit Abriß v. Leben u. Werk. Zü. 1949. – PAESCHKE, H.: R. K. Pfullingen 1963. – ACQUISTAPACE, E.: Person u. Weltdeutung. Zur Form des Essayistischen im Blick auf das literar. Selbstverständnis R. K.s. Bern u. Ffm. 1971. – Rilke u. K. Bearb. v. H. SCHMIDT-BERGMANN. Sigmaringen 1989.

Kaštelan, Jure [serbokroat. kaʃ,tela:n], * Zakučac bei Omiš 18. Dez. 1919, † Zagreb 25. Febr. 1990, kroat. Schriftsteller. – Prof. in Zagreb; schrieb v. a. Lyrik, auch Essays, Dramen und Feuilletons; verwendete in seiner Dichtung assoziative Wortspiele, auch Elemente der Volksdichtung. Bed. ist der Zyklus ›Tifusari‹ (= Opfer des Typhus, Partisanendichtung, 1940).
Weitere Werke: Otvorena pjesma (= Offenes Lied, Dr., 1976), Divlje oko (= Wildauge, Ged., 1978), Pjesme o mojej Zemlji Banjal (= Lieder über mein Land Banjal, Ged., 1983).

Kastellan von Coucy [frz. ku'si], altfrz. Dichter, ↑ Coucy, Kastellan von.

Kästner, Erhart, * Schweinfurt 13. März 1904, † Staufen im Breisgau 3. Febr. 1974, dt. Schriftsteller. – War Bibliothekar in Dresden, 1936–38 Sekretär G. Hauptmanns, im 2. Weltkrieg Soldat in Griechenland und Kreta, als Kriegsgefangener in Afrika. 1950–68 Leiter der Herzog August Bibliothek in Wolfenbüttel. K. trat mit sehr persönl. Erlebnisbüchern hervor, die vom Eindruck der Mittelmeerlandschaft und der antiken Welt, aber auch des Kriegs und der Gefangenschaft geprägt sind.

Katachrese 367

Werke: Kreta (Reisebericht, 1946), Zeltbuch von Tumilad (Erinnerungen, 1949), Ölberge, Weinberge (Reiseber., 1953; 1942 u.d.T. Griechenland. Ein Buch aus dem Kriege), Die Stundentrommel vom hl. Berg Athos (Bericht, 1956), Die Lerchenschule (Tageb., 1964), Aufstand der Dinge. Byzantin. Aufzeichnungen (1973), Der Hund in der Sonne u.a. Prosa (hg. 1975).
Ausgabe: E. K. Briefe. Hg. v. P. RAABE. Ffm. 1984.
Literatur: E. K. Leben u. Werk in Daten u. Bildern. Hg. v. A. KÄSTNER u. R. KÄSTNER. Ffm. ²1994. – E. K. – Bibliothekar, Schriftsteller, Sammler. Bearb. v. H.-U. LEHMANN u.a. Wsb. 1994.

Kästner, Erich, Pseudonym Melchior Kurtz, * Dresden 23. Febr. 1899, † München 29. Juli 1974, dt. Schriftsteller. – Ab 1927 freier Schriftsteller in Berlin; zu den ersten Veröffentlichungen gehörten die Gedichtbände ›Herz auf Taille‹ (1928), ›Lärm im Spiegel‹ (1929) u.a. zeitkrit., politisch-satir. Gedichte und Texte für das Kabarett sowie die ätzende Satire ›Fabian‹ (R., 1931), in denen er sich mit rücksichtsloser Kritik und treffsicherem Witz gegen spießbürgerl. Moral, Militarismus und Faschismus wendet. Neben Gedichten und Romanen schrieb er amüsante Kinderbücher mit erzieher. Tendenz, Feuilletons, Theaterstücke und Filmdrehbücher. Obwohl 1933 seine Bücher verbrannt und verboten wurden (1942 erhielt er totales Schreibverbot), emigrierte er nicht und publizierte im Ausland. Nach 1945 war er Feuilletonredakteur der ›Neuen Zeitung‹ in München, Hg. der Jugendzeitschrift ›Der Pinguin‹ und Mitglied des Münchner Kabaretts ›Schaubude‹. Er erhielt 1957 den Georg-Büchner-Preis, 1960 den Hans-Christian-Andersen-Preis.

Erich Kästner

Weitere Werke: Emil und die Detektive (Kinderb., 1929), Ein Mann gibt Auskunft (Ged., 1930), Pünktchen und Anton (Kinderb., 1930), Gesang zwischen den Stühlen (Ged., 1932), Das fliegende Klassenzimmer (Kinderb., 1933), Drei Männer im Schnee (R., 1934), Dr. Erich Kästners lyr. Hausapotheke (Ged., 1935), Georg und die Zwischenfälle (R., 1938, 1949 u.d.T. Der kleine Grenzverkehr), Kurz und bündig (Epigramme, 1948, 1965), Der tägl. Kram. Chansons und Prosa 1945–48 (1948), Das doppelte Lottchen (Kinderb., 1949), Die Konferenz der Tiere (Kinderb., 1950), Die Schule der Diktatoren (Kom., 1956), Als ich ein kleiner Junge war (Erinnerungen, 1957), Notabene 45 (Tageb., 1961), Der kleine Mann (Kinderb., 1963), Der kleine Mann und die kleine Miss (Kinderb., 1967), Der Zauberlehrling (R.fragment, 1974).
Ausgaben: E. K. Ges. Schrr. Stg. u.a. 1965. 7 Bde. – E. K. Ges. Schrr. f. Erwachsene. Mchn. u. Zü. 1.–50. Tsd. 1969. 8 Bde. – E. K. Ges. Schrr. f. Kinder. Zü. 1985. 2 Bde.
Literatur: BEUTLER, K.: E. K. Eine literaturpädagog. Unters. Whm. u. Bln. 1967. – BENSON, R.: E. K. Studien zu seinem Werk. Bonn ²1976. – KIESEL, H.: E. K. Mchn. 1981. – MANK, D.: E. K. im nationalsozialist. Deutschland. 1933–45. Zeit ohne Werk? Ffm. u. Bern 1981. – SCHNEYDER, W.: E. K. Mchn. 1982. – E. K. Werk u. Wirkung. Hg. v. R. WOLFF. Bonn 1983. – BÄUMLER, M.: Die aufgeräumte Wirklichkeit des E. K. Köln 1984. – DROUVE, A.: E. K. – Moralist mit doppeltem Boden. Marburg 1993. – ENDERLE, L.: E. K. Rbk. 71.–73. Tsd. 1993. – LUTZ-KOPP, E.: ›Nur wer Kind bleibt ...‹ E.-K.-Verfilmungen. Ffm. 1993. – BEMMANN, H.: E. K. Leben u. Werk. Neuausg. Ffm. 1994. – KORDON, K.: Die Zeit ist kaputt. Die Lebensgesch. des E. K. Whm. 1994.

Kasus [lat.] (Mrz. Kasus ['ka:zu:s]), jurist. Begriff, der auf die Literatur übertragen eine Form der Volkserzählung bezeichnet, die zu den † einfachen Formen gehört; der K. behandelt einen Konflikt zwischen allgemeiner Norm und einer davon abweichenden Tat, der nicht gelöst, sondern nur vorgeführt wird.

Katabasis [griech. = Abstieg],
1. Fahrt des Helden in die Unterwelt; fester Bestandteil zahlreicher vorderasiat. und europ. Heldensagen (z.B. im Gilgamesch-Epos).
2. in der aristotel. Dramatik die auf die † Peripetie folgende † Handlung.

Katachrese [griech. = Mißbrauch], ursprünglich der uneigtl. Gebrauch eines Wortes für eine fehlende Benennung einer Sache (z. B. das **Bein** eines Tisches) bzw. die unpräzise Verwendung eines

Katajew

Wortes, dessen ursprüngl. Bedeutung nicht mehr voll bewußt ist, z. B. lat. parricidium (eigtl. Vatermord) für Verwandtenmord. In der *Rhetorik* der sog. Bildbruch, d. h. die Kombination nicht zueinander passender bildl. Wendungen, z. B. ›Wenn alle Stricke reißen, hänge ich mich auf‹.

Katajew (tl.: Kataev), Jewgeni Petrowitsch [russ. ka'tajıf], russ.-sowjet. Schriftsteller, † Petrow, Jewgeni.

Katajew (tl.: Kataev), Walentin Petrowitsch [russ. ka'tajıf], * Odessa 28. Jan. 1897, † Peredelkino bei Moskau 12. April 1986, russ.-sowjet. Schriftsteller. – Begann mit Gedichten; bekannt wurde er mit Erzählungen (›Otec‹ [= Der Vater], 1925), die v. a. Eindrücke aus der Zeit des 1. Weltkriegs und des Bürgerkriegs widerspiegeln. Mit dem satir. Roman ›Die Defraudanten‹ (1926, dt. 1928, 1957 u. d. T. ›Die Hochstapler‹) und der Komödie ›Die Quadratur des Kreises‹ (1928, dt. 1930) wandte er sich aktuellen Fragen zu. Später paßte er sich der Parteilinie an. Beliebt ist der Roman ›Es blinkt ein einsam Segel‹ (1936, dt. 1946), der autobiograph. Züge trägt.

Weitere Werke: Blumenweg (Kom., 1934, dt. 1956), In den Katakomben von Odessa (R., 1948, 2. Fassung 1951, dt. 1955), Kraut des Vergessens (Erinnerungen, 1967, dt. 1968), Kubik (R., 1969, dt. 1970), Zersplittertes Leben oder Oberons Zauberhorn (Erinnerungen, 1972, dt. 1977), Meine Diamantenkrone (R., 1979, dt. 1982), Die Bekenntnisse meines alten Freundes Sascha Ptscholkin. Roman einer Jugend (1983, dt. 1984).

Ausgabe: V. P. Kataev. Sobranie sočinenij. Moskau 1969–71. 9 Bde.

Literatur: BRAJNINA, B. J.: V. Kataev. Moskau 1960. – LE COMTE, S. R. E.: The prose of V. Kataev. Diss. Vanderbilt University Nashville (Tenn.) 1974. – VOGL, J.: Das Frühwerk V. P. Kataevs. Diss. Wien 1982 [Masch.].

katalanische Literatur, die Literatur in Katalanisch, das in Katalonien, Teilen Aragoniens und der Prov. Valencia, auf den Balearen, in Andorra, im Roussillon (heutiges Dep. Pyrénées-Orientales) sowie in Alghero auf Sardinien gesprochen wird. Auf Grund der engen polit. und kulturellen Verknüpfung mit Südfrankreich war die erste in Katalonien zwischen 1160 und 1290 entstandene Literatur – Troubadourdichtung –

in provenzal. Sprache abgefaßt. Katalan. Autoren wie Guillem de Berguedà (Ende des 12. Jh.), R. Vidal de Besalú (1. Hälfte des 13. Jh.) und Cervení de Girona (2. Hälfte des 13. Jh.) gehörten zu den hervorragendsten Vertretern der roman. Lyrik des MA überhaupt. Der Bedeutung der katalan. Lyrik auch für Kastilien entsprach die Übernahme der provenzal. Dichtungstheorie in den ›Flors del gay saber‹ (1393). Daneben kennzeichnete die k. L. des MA und der Renaissance eine Fülle von ep., moralisch-didakt., philosophisch-religiösen und satir. Texten. Der älteste mittelalterl. nichtliterar. Text ist eine bereits mit Zügen des Katalanischen behaftete Sammlung von sechs kurzen Predigten, die ›Homilies d'Organyà‹ (um 1200). Die herausragende Gestalt des katalan. MA war R. Lullus, dessen geistige Ausstrahlung der des Thomas von Aquin ebenbürtig ist. Als Einfallstor italien. Einflüsse auf der Iberischen Halbinsel finden sich in Katalonien frühe Beispiele von Petrarkismus (A. March) und humanistisch inspirierter Literatur (B. Metge, Andreu Febrer [* um 1375, † um 1444]). Als wichtige Beispiele des spätmittelalterl. Ritter- und Erziehungsromans gelten der anonyme ›Curial e Güelfa‹ (zw. 1435 und 1462) und der von M. de Cervantes Saavedra als ›das beste Buch der Welt‹ bezeichnete ›Tirant lo blanch‹ von J. Martorell, den Martí Joan de Galba († 1490) nach Martorells Tod vollendete (hg. 1490).

Der vom 16. Jh. an auf Grund der kastil. Hegemonie zu beobachtende Niedergang wurde im 19. Jh. durch die Renaixença-Bewegung beendet, die, nat., historisch und philologisch am katalan. MA orientiert, eine dem zeitgenöss. Kenntnisstand entsprechende Wiederbelebung der k. L. anstrebte, die nun auch wieder stärker in die übrigen europ. Literaturen integriert werden sollte. Klare Ausprägung der angestrebten Konsolidierung war die Hinwendung zur katalan. Sprache, an deren Aufwertung Dichter und Philologen gleichermaßen Anteil hatten (Bonaventura Carles Aribau [* 1798, † 1862], ›Oda a la pàtria‹, 1833; J. Rubió i Ors, T. Llorente i Olivares). Einen wichtigen Beitrag leistete die Schule von Mallorca (Tomás Aguiló i Fuster

Katastrophe 369

[* 1812, † 1884], M. Costa i Llobera, J. Alcover i Maspons). Marià Aguiló i Fuster (* 1825, † 1897), Dichter und Philologe, stellte die Renaixença auf eine feste Basis. Bed. als Dramatiker war A. Guimerà, berühmt wurde J. Verdaguer i Santaló als Verfasser des Versepos ›Atlantis‹ (1877, dt. 1897). Für diese Ziele setzten sich modernist. und neoklassizist. Autoren in gleicher Weise ein: der Goethe-Übersetzer J. Maragall i Gorina und die ›noucentistes‹, die Wegbereiter einer Ablösung von den literar. Vorstellungen des 19. Jh., E. d'Ors i Rovira und C. Riba Bracóns. In der Folge des totalen Zusammenbruchs der polit. Institutionen Kataloniens im Span. Bürgerkrieg 1936–39 und der repressiven Kulturpolitik des Franco-Regimes blieb den katalan. Autoren bis in die 50er Jahre nur das Exil oder die heiml. Publikation ihrer Schriften. Erst nach dem Tod C. Riba Bracóns lockerte sich diese Situation ein wenig, und die sozial engagierten Werke von Pere Quart (eigtl. Joan Oliver [* 1899, † 1986]) und S. Espriu sowie die Gedanken- und Erfahrungslyrik G. Ferrater i Solers belebten die literar. Szene wesentlich.

Der Tod Francos und u. a. die mit ihm verbundene Aufhebung der Zensur haben den Katalanen ein größeres Maß an regionaler Eigenständigkeit und damit auch an kultureller Freiheit gebracht, was auch zu einer Neubelebung der k. n. L. führte. Als Vertreter der neueren Lyrik sind u. a. Narcís Comadira (* 1942) und Pere Gimferrer (* 1945), als Romanciers u. a. Manuel de Pedrolo (* 1918, † 1990), M. Rodoreda und Llorenç Villalonga (* 1897, † 1980) aus Mallorca, ferner Montserrat Roig (* 1946, † 1991), Carme Riera (* 1948), Joan Perucho (* 1920), Baltasar Porcel (* 1937), Terenci Moix (* 1942) hervorgetreten. Die Zunahme von Theateraufführungen und Publikationen in katalan. Sprache und die neue Offenheit gegenüber ausländ. Einflüssen bestätigen den Wandel des geistigen und polit. Klimas.

Literatur: RUBIÓ I BALUGUER, J.: Literatura catalana. In: Historia general de las literaturas hispánicas. Hg. v. G. DÍAZ-PLAJA u. a. Barcelona 1949–68. 6 Bde. Nachdr. 1969–73. 7 Bde. – MONTOLIU, M. DE: Les grans personalitats de la literatura catalana. Barcelona 1957–62. 7 Bde. –

TERRY, A.: Catalan literature. London u. New York 1972. – BRUMMER, R.: Katalan. Sprache u. Lit. Ein Abriß. Mchn. 1975. – BROCH, A.: Literatura catalana dels anys setenta. Barcelona 1980. – Història de la literatura catalana (Part antiga). Hg. v. M. DE RIQUER. Barcelona ²⁻³1980–82. 3 Bde. Bd. 4 (Part moderna). Hg. v. A. COMAS. Barcelona ²1981. – Historia de las literaturas hispánicas no castellanas. Hg. v. J. M. DIEZ BORQUE. Madrid 1980. – RUBIÓ I BALAGUER, J.: Die k. L. In: Die Literaturen der Welt. Hg. v. W. VON EINSIEDEL. Herrsching ²1981. – VERDAGUER, P.: Histoire de la littérature catalane. Barcelona 1981. – HÖSLE, J.: Die k. L. von der Renaixença bis zur Gegenwart. Tüb. 1982. – RIBERA LLOPIS, J. M.: Literaturas catalana, gallega y vasca. Madrid 1982. – CÒNSUL I GIRIBET, I.: Catalan literary activity in 1985. Barcelona 1986. – BONELLS, J.: Histoire de la littérature catalane. Paris 1994.

Katalekten [griech.], veraltete Bez. für gesammelte Bruchstücke antiker Werke.

katalektisch [griech. = (vorzeitig) aufhörend], von antiken Versen auf der Ebene des Versschemas gesagt: am Versschluß um ein Element verkürzt (gemessen an einem anderen Vers); Ggs. ↑ akatalektisch. – ↑ auch brachykatalektischer Vers, ↑ hyperkatalektisch.

Katalog [griech.-lat., zu griech. katalégein = hersagen, aufzählen],
1. allgemein ein systemat. oder alphabet. Verzeichnis, insbes. Übersicht über eine Sammlung von Gegenständen (u. a. Bücher, Bilder, Handschriften, Münzen). Im Bibliothekswesen sind K.e nach verschiedenen Gesichtspunkten (alphabet. K., Sach-K.) geordnete Verzeichnisse des Bestandes.
2. in der Antike begegnet in der ›Ilias‹ der sog. **Schiffskatalog**. Seitdem sind die K.e eine für das Epos charakterist. Form der Faktendarstellung. Im Hellenismus waren K.e häufig (u. a. ›Aitia‹ des Kallimachos); als ein Vorläufer hellenist. K.e wird die ›Lýdē‹ des Antimachos von Kolophon angesehen. K.e finden sich auch bei den Geschichtsschreibern, u. a. bei Thukydides.

Katalogdichtung ↑ Merkdichtung.

Katastrophe [griech.-lat. = Umkehr, Wendung], im ↑ Drama Wendung der Handlung im letzten Teil (↑ Dreiakter, ↑ Fünfakter), der die Lösung des Konflikts bringt. Im ↑ analytischen Drama kann sich die K. über den gesamten Verlauf der Handlung erstrecken. In der antiken Poetik nach der Komödientheorie von A. Donatus der auf † Protasis und † Epitasis folgende Schlußteil eines Dramas. Der Begriff K. ist in diesem Sinne zuerst bei dem Komödiendichter Antiphanes belegt.

Kate, Jan Jacob Lodewijk ten, * Den Haag 23. Dez. 1819, † Amsterdam 26. Dez. 1889, niederl. Dichter. – War reformierter Prediger; von seinen v. a. didakt., zunächst romantisch beeinflußten Dichtungen wurde ›Die Schöpfung‹ (1866) 1881 ins Deutsche übertragen; K. übersetzte u. a. Schillers ›Maria Stuart‹ (1868), Goethes ›Faust I‹ (1878), J. Miltons ›Verlorenes Paradies‹ (1880).

Kateb, Yacine [frz. ka'tɛb], * Constantine 6. Aug. 1929, † Grenoble 28. Okt. 1989, alger. Schriftsteller. – War u. a. Journalist; lebte zeitweise in Paris; kehrte 1972 nach Algerien zurück. Hauptthema seiner frz. geschriebenen patriotisch-revolutionären Romane (bes. bekannt: ›Nedschma‹, 1956, dt. 1958) und Dramen ist die Unterdrückung der Araber und ihre polit. Befreiung. Das Versdrama ›L'homme aux sandales de caoutchouc‹ (1970) feiert den vietnames. Befreiungskampf.

Weitere Werke: Soliloques (Ged., 1946), Le cercle des représailles (Dramentrilogie, 1959), Mohammed, prends ta valise (Schsp., 1972), Saout-En-Nisa (Schsp., 1972), La guerre de 2000 ans (Schsp., 1974), Le roi de l'ouest (Schsp., 1977), Palestine trahie (Schsp., 1978), L'œuvre en fragments (Texte, 1986).

Literatur: SARTER, P.: Kolonialismus im Roman. Aspekte alger. Lit. frz. Sprache u. ihrer Rezeption am Beispiel K. Y.s Nedjma. Ffm. u. Bern 1977. – ALESSANDRA, J.: le théâtre de Y. Diss. Nizza 1980. – GONTARD, M.: ›Nedjma‹ de K. Y. Essai sur la structure formelle du roman. Paris 1985. – SBOUAI, T.: La femme sauvage de K. Y. Paris 1985. – AUBRAKKEN, K.: L'étoile d'araignée. Une lecture de ›Nedjma‹ de Y. K. Paris 1986. – TAMBA, S.: K. Y. Paris 1991.

Katene (Catene) [lat. catena = Kette], seit dem 6. Jh. beliebte Aneinanderreihung von Auszügen aus den Bibelkommentaren der Kirchenväter. Die K.n sind teilweise für die Erschließung verlorener Lesarten des Bibeltextes wichtig.

Katenin, Pawel Alexandrowitsch [russ. ka'tjenin], * Gut Schajowo (Gouv.

Kostroma) 22. Dez. 1792, † ebd. 4. Juni 1853, russ. Schriftsteller. – Letzter Klassizist unter den russ. Bühnendichtern; übersetzte P. Corneille und J. Racine; griff in seinen realist. Balladen bewußt auf altruss. Thematik zurück.

Ausgabe: P. A. K. Izbrannye proizvedenija. Moskau u. Leningrad 1965.
Literatur: L'HERMITE, R.: P. A. K., 1792–1853. Diss. Paris 1970.

Katerla, Józef, Pseudonym des poln. Schriftstellers Stefan † Żeromski.

Katharina von Siena (Caterina da Siena), hl., eigtl. Caterina Benincasa, * Siena um 1347, † Rom 29. April 1380, italien. Dichterin und Mystikerin, Dominikanerterziarin. – Typ. Vertreterin der verinnerlichten spätmittelalterlichen Passionsfrömmigkeit, verbindet dies jedoch mit weitreichenden polit. und kirchl. Aktivitäten (u. a. Rückführung des Papsttums von Avignon nach Rom). Von bes. Bedeutung sind die 381 erhaltenen Briefe, die wichtige Dokumente der italien. Sprache sind (hg. 1492 [37 Briefe], 1500 [350 Briefe], dt. 1919).

Ausgaben: K. v. S. Briefe. Hg. v. M. KÄPPELI. Vechta 1931. – Caterina da Siena. Le lettere. Hg. v. P. MISCIATELLI. Florenz 1939/1940. 6 Bde. – K. v. S. Engagiert aus Glauben. Polit. Briefe. Hg. v. F. STROBEL. Köln 1979.
Literatur: LEVASTI, A.: K. v. S. Dt. Übers. Regensburg 1952. – RADIUS, E.: Santa Caterina da Siena. Mailand 1970. – FALLANI, G.: La letteratura religiosa in Italia. Neapel 1973. – BIZZICCARI, A.: Linguaggio e stile delle lettere di Caterina da Siena. In: Italica 53, 3 (1976), S. 320.

Katharina II., die Große (Jekaterina II Alexejewna), geb. Sophie Auguste Prinzessin von Anhalt-Zerbst, * Stettin 2. Mai 1729, † Zarskoje Selo (Puschkin) 17. Nov. 1796, russ. Kaiserin (seit 1762) und Schriftstellerin. – Gemahlin Peters III., Mutter Pauls I.; korrespondierte mit den führenden frz. Aufklärern und Enzyklopädisten, v. a. mit D. Diderot und Voltaire; pflegte bes. Satire und satir. Komödie, in der sie mit nachsichtiger Milde Schwächen ihrer Untertanen kritisierte; förderte u. a. eine von ihr kontrollierte satir. Zeitschrift.

Werke: O, vremja! (= O, diese Zeit!, Kom., 1772), Imjaniny gospoži Vorčalkinoj (= Der Namenstag der Frau Griesgram, Kom., UA 1772).

Ausgabe: K. II. Memoiren. Hg. v. A. GRASSHOFF. Dt. Übers. Mchn. 1987.

Katz 371

Literatur: GREY, J.: K. d. Gr. Übers. v. E. M. KRAUSS. Tüb. u. a. [3]1964. – RIMSCHA, H. VON: K. II. Gött. [2]1977. – CRONIN, V.: K. d. Gr. Düss. 1978. – NEUMANN-HODIZ, R.: K. d. Gr. Rbk. 1988.

Katharsis ['ka(:)...; griech. = Reinigung], Zentralbegriff der aristotel. Wirkungsästhetik der ↑Tragödie: indem sie ›Jammer‹ und ›Schaudern‹ (griech. ›éleos‹ und ›phóbos‹) bewirkt, löst sie eine ›Reinigung‹ des Zuschauers ›von eben derartigen Affekten‹ aus. ›Jammer‹ und ›Schaudern‹ waren für Aristoteles in erster Linie psych. Erregungszustände, die sich in heftigen phys. Prozessen äußern. – Die neuzeitl. Diskussion des K.begriffs setzte mit dem Humanismus ein. Bei der übl. Wiedergabe von griech. ›éleos‹ und ›phóbos‹ durch lat. ›misericordia‹ (Mitleid) und ›metus‹ (Furcht; neben ›terror‹ = Schrecken) handelte es sich im Ansatz um eine Neuinterpretation. Der Begriff wurde ethisch gedeutet als Reinigung von den Leidenschaften, die in der Tragödie zur Darstellung kommen. Diese Umdeutung der aristotel. Tragödientheorie wurde durch P. Corneille aufgegriffen. G. E. Lessing (›Hamburg. Dramaturgie‹, 1768, 73.–78. Stück) übte deshalb an Corneille Kritik. Der entscheidende Affekt, den die Tragödie beim Zuschauer auslöst, ist für ihn das Mitleid; Furcht wird diesem subsumiert, unter K. versteht er die ›Verwandlung‹ der durch die Tragödie erregten Affekte ›in tugendhafte Fertigkeiten‹. J. G. Herder interpretiert die K. in religiösem Sinn als ›heilige Vollendung‹. Dem steht Goethes Aristotelesinterpretation entgegen, nach der K. die alle Leidenschaften ausgleichende ›aussöhnende Abrundung‹ der Tragödie ist. W. Schadewaldts Rückkehr zu einer psychologisch-psychotherapeut. Auffassung der K. (›phóbos‹ und ›éleos‹ als ›Schaudern‹ und ›Jammer‹) entspricht den Tendenzen in der zeitgenöss. Rezeption der antiken Tragödie. B. Brechts Theorie des ↑epischen Theaters geht von der aristotel. K.lehre in der Deutung Lessings aus. Er fordert die Ablösung der auf emotionaler Basis beruhenden K. des einzelnen durch rationale und krit. Reaktionen.

Literatur: SCHADEWALDT, W.: Furcht u. Mitleid? Zu Lessings Deutung des aristotel. Tragödiensatzes. In: SCHADEWALDT: Hellas u. Hesperien. Zü. u. Stg. 1960. S. 346. – FUHRMANN, M.: Einf. in die antike Dichtungstheorie. Darmst. 1973. – SCHINGS, H.: Der mitleidigste Mensch ist der beste Mensch. Poetik des Mitleids von Lessing bis Büchner. Mchn. 1980. – Die Aristotel. K. Hg. v. M. LUSERKE. Hildesheim 1991. – THIELE, M.: Negierte K. Platon – Aristoteles – Brecht. Ffm. u. a. 1991.

Kathāsaritsagara [sanskr. = Ozean der Flüsse der Erzählungen] ↑Somadeva.

Katz, Richard, *Prag 21. Okt. 1888, †Locarno 8. Nov. 1968, dt. Schriftsteller. – Journalist; als Korrespondent u. a. in Ostasien und Australien; emigrierte 1933 in die Schweiz, 1941 nach Brasilien, 1945 Rückkehr in die Schweiz. K. schrieb erfolgreiche, viel übersetzte Reisebücher, Erzählungen, Jugend- und Tierbücher.

Werke: Ein Bummel um die Welt (Reiseb., 1927), Heitere Tage mit braunen Menschen (Reiseb., 1930), Funkelnder Ferner Osten (Reiseb., 1931), Leid in der Stadt (R., 1938), Begegnungen in Rio (Essays, 1945), Seltsame Fahrten in Brasilien (Reiseb., 1947), Mein Inselbuch (Autobiogr., 1950), Wandernde Welt (Nov.n, 1950), Gruß aus der Hängematte (Erinnerungen, 1958), Übern Gartenhag (1961).

Katz, Steve [engl. kæts], *New York 14. Mai 1935, amerikan. Schriftsteller. – Studium an der Cornell University in Ithaka (N. Y.) 1952–56 sowie an der University of Oregon; Italienaufenthalt (1959–62); seit 1978 Prof. an der University of Colorado. Beeinflußt von der Malerei der italien. Renaissance und der amerikan. Gegenwart, versucht K. in seinen postmodernen Literaturexperimenten imaginativ gängige Vorstellungen von Realität und Kunst zu dekonstruieren. In Erzählungen und Gedichten zeigt er die spieler. Aufhebung der Grenzen zwischen Kunst und Leben, die Ablösung der mimet. Abbildung der Welt durch räumlich-visuelle Strukturierung, wodurch auch die eigene Person zum Gegenstand der Darstellung werden kann, wie in seinen bekanntesten Romanen, ›The exaggeration of Peter Prince‹ (1968) und ›Moving parts‹ (1977).

Weitere Werke: The Lestriad (R., 1962), The weight of Antony (Ged., 1964), Creamy and delicious (En., 1970), Saw (R., 1972), Cheyenne River wild track (Ged., 1973), Stolen stories (En., 1984), Wier & Pouce (R., 1984), Florry of Washington Heights (R., 1986).

Literatur: Anything can happen. Interviews with contemporary American novelists. Hg. v.

372 Kauderwelsch

TH. LECLAIR u. L. MCCAFFERY. Urbana (Ill.) 1983.

Kauderwelsch, verworrene, unverständl. Sprache; ursprünglich Bez. für die rätoroman. (›welsche‹) Sprache im Gebiet von Chur (mundartlich ›Kauer‹).

Kauer, Walter, * Bern 4. Sept. 1935, † Murten (Kt. Freiburg) 27. April 1987 (Motorradunfall), schweizer. Schriftsteller. – Ausbildung zum Heilpädagogen; Studium in Berlin; Journalist und Buchhändler, lebte in Murten. Seine Werke haben sozial- und heimatkrit. Tendenz; als Stilmittel verwendete er die Verschachtelung histor. mit gegenwärtigen Ereignissen. Schrieb auch Hör- und Fernsehspiele.

Werke: Grüner Strom und schwarze Erde (R., 1968), Schachteltraum (R., 1974), Spätholz (R., 1976), Abseitsfalle (R., 1977), Tellereisen (R., 1979), Weckergerassel (En., 1981), Schwelbrände (R., 1983), Bittersalz (R., 1984), Gastlosen (R., 1986).

Kaufman, George S[imon] [engl. 'kɔːfmən], * Pittsburgh (Pa.) 16. Nov. 1889, † New York 2. Juni 1961, amerikan. Journalist und Dramatiker. – Schrieb, fast immer in Zusammenarbeit mit anderen Autoren (u. a. E. Ferber, Moss Hart, R. Lardner), äußerst bühnenwirksame und erfolgreiche Schauspiele; seine besten Werke sind treffende Gesellschaftssatiren; daneben pflegte er die musikal. Komödie. Zu seinen Mitarbeitern gehörte auch G. Gershwin, der am Erfolg von ›Of thee I sing‹ (Kom., 1931; Pulitzerpreis 1932) wesentlich beteiligt war.

Weitere Werke: Once in a life time (Dr., 1930), Stage door (Kom., 1936; mit E. Ferber), You can't take it with you (Kom., 1936, mit M. Hart und G. Gershwin; Pulitzerpreis 1937), George Washington slept here (Dr., 1940), Silk stockings (Kom., 1955).

Literatur: TEICHMANN, H.: G. S. K. An intimate portrait. New York 1972. – MEREDITH, S.: G. S. K. and his friends. Garden City (N. Y.) 1974. – GOLDSTEIN, M.: G. S. K. His life, his theater. New York 1979.

Kaufmann, Christoph, * Winterthur 14. Aug. 1753, † Berthelsdorf 21. März 1795, schweizer. Satiriker und Abenteurer. – K. war bekannt mit J. G. Herder, J. G. Hamann, Goethe, Ch. M. Wieland, J. K. Lavater, J. H. Merck u. a.; er schloß sich 1782 den schles. Herrnhuter Brüdergemeine an. Typischer Vertreter der Ge-

niezeit; von Friedrich Müller in ›Fausts Leben dramatisiert‹ (1778) als ›Gottes Spürhund‹ persifliert. Auf K. geht die Umbenennung von F. M. Klingers Drama ›Wirrwarr‹ in ›Sturm und Drang‹ zurück.

kaukasische Literaturen, sie umfassen außer der südkaukas. † georgischen Literatur die Schöpfungen, die in den anderen kaukas. Sprachen abgefaßt und als † ostkaukasische Literaturen bzw. † westkaukasische Literaturen bekannt geworden sind; sie berühren sich z. T. eng mit den literar. Produkten nichtkaukas. Sprachen des Kaukasus (Armenisch, Tatisch, Ossetisch, Turksprachen, Neuaramäisch). Beispiele für verbreitete Sujets sind die † Narten und der Prometheus-Mythos. Vor der russ. Eroberung im 19. Jh. waren oriental. Modelle bestimmend. Danach nahmen russ. Einflüsse zu. Über ältere Tradition verfügen nur die beiden christl. Kultursprachen Georgisch und Armenisch; dazu kommt das fragmentarisch überlieferte kaukas. Albanische. In das Awarische wurden religiöse arab. Texte bereits im 17./18. Jh. übersetzt. In der mündlich überlieferten Volksdichtung werden bes. Sagen, Märchen und Lieder gepflegt. Für den Kaukasus rechnet man mit über 2 000 verschiedenen Märchenstoffen.

Literatur: ARDASENOV, CH. N.: Očerk razvitija osetinskoj literatury. Ordschonikidse 1959. – ČIKOVANI, M. J.: Narodnyj gruzinskij èpos o prikovannom Amirani. Moskau 1966. – Istorija dagestanskoj sovetskoj literatury. Hg. v. A. F. NAZAREVIČ u. R. F. JUSUFOV. Machatschkala 1967. 2 Bde. – Skazanija o nartach – èpos narodov Kavkaza. Hg. v. A. A. PETROSJAN. Moskau 1969. – Der Schlangenknabe. Georg. Volksmärchen. Dt. Olten. Moskau 1977. – Skazanija o nartach – osetinskij èpos. Übers. aus dem Osset. Hg. v. E. N. IMBOVIĆ. Moskau 1978. – ÖZBEK, B.: Die tscherkess. Nartensagen. Hdbg. 1982.

Kauṭilya (Kauṭalya, Cāṇakya), * um 360, † um 300, ind. Staatsmann. – Kanzler des Kaisers Candragupta Maurya (322–298); verfaßte ein Lehrbuch zu Politik und Verwaltung. Erst nach 200 n. Chr. verschmolz ein Viṣṇugupta diesen Text u. a. mit einigen Kommentaren zu einem Gesamtwerk, dem er den Titel ›Arthaśāstra‹ (= Lehrbuch vom materiellen Gewinn) gab. Schon bald wurde Viṣṇugupta mit K. identifiziert.

Ausgaben: Das altind. Buch vom Welt- u. Staatsleben. Dt. Übers. v. J. J. MEYER. Lpz. 1926. Nachdr. Graz 1977. – The Kauṭilīya Arthaśāstra I. Engl. Übers. v. R. P. KANGLE. Bombay 1960–65. 3 Bde. **Literatur:** WILHELM, F.: Polit. Polemiken im Staatslehrbuch des Kauṭalya. Wsb. 1960. – SCHARFE, H.: Unterss. zur Staatsrechtslehre des K. Wsb. 1968.

Kavafis (tl.: Kabafēs), K[onstantinos] P., *Alexandria 17. April 1863, †ebd. 29. April 1933, neugriech. Lyriker. – Verbrachte seine Kindheit und frühe Jugend in London; 1880–85 in Konstantinopel (heute Istanbul), danach wieder in Alexandria. Byzantin. und moderne westl. Einflüsse sowie Reminiszenzen der hellenist. Tradition im alexandrin. Griechentum formten die Eigenart seiner Dichtung, die durch eigentüml. Sprache, sparsame Ausdrucksmittel, beherrschte, suggestiv wirkende Empfindsamkeit und Distanziertheit charakterisiert ist. **Ausgaben:** K. K. Poesie. Hg. v. F. M. PONTANI. Mit italien. Übers. Mailand 1961. – K. K. Gedichte. Eingel. u. übers. v. H. VON DEN STEINEN. Amsterdam 1962. – K. K. Anekdota peza keimana. Hg. v. M. PERIDIS. Athen 1963. – K. K. Poiēmata. Hg. v. G. P. SAVVIDIS. Athen 1963–64. 2 Bde. – Gedichte des K. K. Hg. u. übers. v. H. VON DEN STEINEN. Ffm. 6.–7. Tsd. 1965. – Hoi Kabaphikes ekdoseis 1881–1932. Hg. v. G. P. SAVVIDIS. Athen 1966. – K. K. Anekdota poiēmata. Hg. v. G. P. SAVVIDIS. Athen 1968. – K. K. Ausgew. Gedichte Griech. u. dt. Hg. v. G. ARIDAS. Lpz. 1979. – K. K. Brichst du auf gen Ithaka. Sämtl. Ged. Übers. v. W. JOSING. Köln 1983. – K. K. Ta apokezygmena. Hg. v. G. P. SAVVIDIS. Athen 1983. – K. K. Gedichte. Das ges. Werk. Übers. v. H. VON DEN STEINEN. Amsterdam 1985. – K. P. K. Die Lüge ist nur gealterte Wahrheit. Notate, Prosa u. Ged. aus dem Nachlaß. Hg. v. A. KUTULAS. Dt. Übers. Mchn. 1991. – K. K. Die vier Wände meines Zimmers. Verworfene u. unveröffentlichte Ged. Hg. v. A. KUTULAS. Dt. Übers. Mchn. 1994. **Literatur:** KATSIMBALIS, G.: Bibliographia K. P. K. Athen 1943. Erg.-Bd. 1944. – PERIDIS, H.: Ho bios kai to ergo tu K. K. Athen 1948. – MICHALETOS, J.: He poiēsē tu K. Athen 1952. – MALANOS, T.: Ho poiētēs K. P. K., ho anthrōpos kai to ergo tu. Athen ²1957. – TSIRKAS, S.: Ho K. kai hē epochē tu. Athen 1959. – MALANOS, T.: K. K. Athen 1963. – PAPUTSAKIS, G.: Scholia ston K. Athen 1963. – Nea Hestia (Sonder-H. K. P. K.) 1963. – SAREJANNIS, I. A.: Scholia ston K. Athen 1964.

Kaván, Josef [tschech. 'kava:n], tschech. Schriftsteller und Journalist, ↑Nor, A. C.

Kavanagh, Dan [engl. 'kævənə], engl. Schriftsteller, ↑Barnes, Julian.

Kavanagh, Patrick [engl. 'kævənə], *Inniskean (Monaghan) 21. Okt. 1905, †Dublin 30. Nov. 1967, ir. Lyriker. – Wuchs in bäuerl. Umwelt auf; lebte später als Journalist, Kritiker und Dozent in Dublin. Die Landschaft des ir. Binnenlandes ist häufiges Motiv seiner herben, dem Impressionismus nahestehenden Lyrik; als Hauptwerk gilt sein großes ep. Gedicht ›The great hunger‹ (1942). **Weitere Werke:** Ploughman and other poems (Ged., 1936), A soul for sale (Ged., 1947), Tarry Flynn (R., 1948), Nimbus (Ged., 1956), One and once (Ged., 1960), Collected poems (Ged., 1964), Self-portrait (Autobiogr., 1964), A happy man (R., hg. 1972). **Literatur:** QUINN, A.: P. K. A critical study. Syracuse (N. Y.) 1991.

Kavanagh, P[atrick] J[oseph] [engl. 'kævənə], *Worthing (Sussex) 3. Jan. 1931, engl. Schriftsteller. – War nach dem Studium in Oxford u. a. für den Funk und als Schauspieler tätig; seit 1970 freier Schriftsteller. Erfolgreich wurde K. zunächst durch seine seit 1959 entstandene Lyrik in traditionellem, verhaltenem Stil (›Collected poems‹, 1992) sowie durch seine bekenntnishafte Autobiographie ›The perfect stranger‹ (1966). Schreibt seitdem auch Romane, Kinderbücher und Fernsehdokumentationen. **Weitere Werke:** A song and dance (R., 1968), People and weather (R., 1978), An enchantment (Ged., 1991).

Kaverin, Veniamin Aleksandrovič, russ.-sowjet. Schriftsteller, ↑Kawerin, Weniamin Alexandrowitsch.

Kāvya ['ka:vja; sanskr. = Kunstgedicht], literar. Gattung der Inder. Als klass. Höhepunkt des K. in Sanskrit, dessen Stoff meist den Epen entnommen wird, gilt das Schaffen des Kālidāsa. Ein K. kann aus Versen (›padya‹), Prosa (›gadya‹) oder einer Mischung von beiden (›campū‹) bestehen. Auch die ind. Dramen kommen einem K. oft sehr nahe. **Literatur:** NOBEL, J.: The foundations of Indian poetry and their historical development. Kalkutta 1925. – WARDER, A. K.: Indian Kavya literature. Bd. 1. Delhi 1972.

Kawabata, Jasunari, *Osaka 11. Juni 1899, †Kamakura 16. April 1972, jap. Schriftsteller. – 1948–65 Präsident des

Kawalec

Jasunari
Kawabata

jap. P.E.N.-Clubs. War von der Gebrechlichkeit und Vergänglichkeit menschl. Daseins überzeugt; ein feines psycholog. Einfühlungsvermögen zeichnet seine realistisch geschriebenen Werke aus; während sein Frühwerk u.a. durch einen an J. Joyce erinnernden Experimentalstil geprägt ist, sind seine Spätwerke ästhetisierend und höchst stilisiert, ohne dabei der Eleganz und der Leichtigkeit zu entbehren. K. erhielt 1968 den Nobelpreis für Literatur.

Werke: Tagebuch eines Sechzehnjährigen (1925, dt. 1969), Die kleine Tänzerin von Izu (Nov., 1926, dt. 1948, in: Flüchtiges Leben), Schneeland (R., 1947, dt. 1957), Tausend Kraniche (R., 1949, dt. 1956), Ein Kirschbaum im Winter (R., 1949, dt. 1969), Kyoto oder Die jungen Liebenden in der alten Kaiserstadt (R., 1962, dt. 1965), Schönheit und Trauer (R., 1965, dt. 1987), Träume im Kristall (En., dt. Ausw. 1974), Handtellergeschichten (dt. Ausw. 1990).

Kawalec, Julian [poln. kaˈvalɛts], *Wrzawy bei Tarnobrzeg 11. Okt. 1916, poln. Schriftsteller. – Im Mittelpunkt seiner Dorfprosa stehen existentielle Fragen im Spiegel geschichtl. Erfahrungen, v.a. nach 1945; krit. Haltung gegenüber der Tradition (W. S. Reymont, S. Żeromski).

Werke: Der tanzende Habicht (R., 1964, dt. 1967), Marsz weselny (= Hochzeitsmarsch, E., 1966), Du wirst den Fluß schon durchschwimmen (R., 1973, dt. 1982), Die graue Aureole (R., 1973, dt. 1975), Oset (= Distel, R., 1977), Ukraść brata (= Den Bruder stehlen, R., 1982).

Kawątake, Mokuami, eigtl. Schinschitschi Joschimura, *Edo (heute Tokio) 3. Febr. 1816, † Tokio 22. Jan. 1893, jap. Dramatiker. – Sohn eines Kaufmanns, wurde Schauspieler; erfolgreicher Dramatiker mit mehr als 360 Stükken, die er für alle Kabuki-Theater seiner Zeit schrieb und deren Themen vorwiegend der bürgerl. Welt entstammen, jedoch in späten Jahren schon viele für das damalige Japan exot. Fremdwörter sowie Gegenstände der neu eindringenden westl. Zivilisation und Technik einbeziehen. Das Schauspiel ›Der Weg ins Unbekannte ...‹ (1860) wurde 1937 ins Deutsche übersetzt.

Kawerin (tl.: Kaverin), Weniamin Alexandrowitsch [russ. kaˈvjerin], eigtl. W. A. Silber, *Pleskau 19. April 1902, †Moskau 4. Mai 1989, russ.-sowjet. Schriftsteller. – Gehörte den Serapionsbrüdern an; im Frühwerk Einflüsse von N. W. Gogol, E. T. A. Hoffmann und E. A. Poe; oft Formexperimente; stellte gern spannende Abenteuer dar; Jugendbuchautor.

Werke: Devjat' desjatych sud'by (= Neun Zehntel Schicksal, R., 1926), Skandalist ... (= Der Unruhestifter, R., 1929), Unbekannter Meister (R., 1931, dt. 1961), Die Erfüllung der Wünsche (R., 2 Tle., 1934–36, dt. 1976), Zwei Kapitäne (R., 2 Tle., 1938–44, dt. 1946/47), Otkrytaja kniga (= Das offene Buch, R.-Trilogie, Bd. 1: Glückl. Jahre, 1949, dt. 1954, 1977 u. d. T. Das offene Buch; Bd. 2: Doktor Tatjana Wlassenkowa, 1952, dt. 1953; Bd. 3: Poiski i nadeždy [= Suchen und Hoffnungen], 1956), Das doppelte Porträt (R., 1966, dt. 1973), Vor dem Spiegel (R., 1971, dt. 1971), Večernij den' (= Der abendl. Tag, Prosa, 1980), Berlocche (E., 1983, dt. 1991), Pis'mennyj stol (= Schreibtisch, Prosa, 1985), Sčast'e talanta (= Das Glück des Talents, Prosa, 1989).

Ausgabe: V. A. Kaverin. Sobranie sočinenij. Moskau 1980 ff. 8 Bde.
Literatur: OULANOFF, H.: The prose fiction of V. Kaverin. Cambridge (Mass.) 1976.

Kay, Juliane [kaɪ], eigtl. Erna Baumann-K., *Wien 9. Jan. 1904 (1899 ?), † Wien 8. Sept. 1968, österr. Schriftstellerin. – Schauspielerin und Regisseurin; schrieb erfolgreiche Komödien, Romane, Erzählungen und Drehbücher.

Werke: Abenteuer im Sommer (R., 1925), Der Schneider treibt den Teufel aus (Kom., 1936), Der Zauberer (Kom., 1938), Vagabunden (Schsp., 1942), Meine Schwester oder meine Frau (R., 1953), Die Erinnerungen der Köchin Therese Galassler (R., 1961, 1965 u.d. T. Was den gnädigen Herrn betrifft ...).

Kayenbergh, Albert, belg. Lyriker, †Giraud, Albert.

Kaye-Smith, Sheila [engl. 'kɛɪ'smɪθ], * Saint Leonards-on-Sea (heute zu Hastings) 4. Febr. 1887, † Northiam (Sussex) 14. Jan. 1956, engl. Schriftstellerin. – Trat 1929 zum Katholizismus über. Schildert, beeinflußt von Th. Hardy, in ihren nach gleichbleibendem Muster verfaßten Werken das tragisch umdüsterte Schicksal der Bauern ihrer Heimatprovinz Sussex; auch Frauenromane.
Werke: Waage des Schicksals (R., 1914, dt. 1947, 1950 u. d. T. Drei Frauen um Frank), Stechginster von Sussex (R., 1916, dt. 1937, 1946 u. d. T. Die Backfields), Johanna Godden (R., 1921, dt. 1938), Das Ende des Hauses Alard (R., 1923, dt. 1936), Das Licht in der Dunkelheit (R., 1940, dt. 1947), Jahrmarkt der Zeit (R., 1943, dt. 1945), Die tapfere Frau (R., 1945, dt. 1951).

Kayßler, Friedrich, * Neurode (Niederschlesien) 7. April 1874, † Kleinmachnow bei Berlin 24. April 1945, dt. Schauspieler und Schriftsteller. – Studierte Philosophie, wurde Schauspieler, war vorwiegend an Berliner Bühnen tätig (u. a. bei M. Reinhardt und G. Gründgens); seine Dramen sind v. a. dem Impressionismus verpflichtet; auch Lyrik, Essays und geistreiche Aphorismen.
Werke: Simplicius (Trag., 1905), Schauspielernotizen (2 Bde., 1910–14), Kreise (Ged., 1913), Jan der Wunderbare (Lsp., 1917), Zwischen Tal und Berg der Welle (Ged., 1917), Besinnungen ... (Aphorismen, 1921), Wegfahrt (Ged., 1943).

Kazakevič, Ėmmanuil Genrichovič, russ.-sowjet. Schriftsteller, ↑ Kasakewitsch, Emmanuil Genrichowitsch.

Kazak Luganskij, russ. Schriftsteller und Folklorist, ↑ Dal, Wladimir Iwanowitsch.

Kazakov ↑ Kasakow.

Kazan, Elia [engl. kə'zɑːn], eigtl. E. Kasanioglus, * Konstantinopel (heute Istanbul) 7. Sept. 1909, amerikan. Regisseur und Schriftsteller griech. Abstammung. – Seit 1913 in den USA, Studium am Williams College und Theaterausbildung an der Yale University (1930–32); dann Schauspieler des ›Group Theatre‹ (1932–39) und Theaterregisseur in New York, wo er mit dem ›Actors' Studio‹ zusammenarbeitete. Als Filmregisseur (seit 1945) wurde K. in den 50er Jahren mit psycholog. und sozialkrit. Filmen, z. B. ›Endstation Sehnsucht‹ (1951), ›Die Faust im Nacken‹ (1954), ›Jenseits von Eden‹ (1955), ›Baby Doll‹ (1956), internat. bekannt. Weitere Filme sind u. a. ›Ein Baum wächst in Brooklyn‹ (1945), ›Tabu der Gerechten‹ (1947), ›Viva Zapata‹ (1951), ›Ein Gesicht in der Menge‹ (1957), ›Die Unbezwingbaren‹ (1963), ›Die Besucher‹ (1971), ›Der letzte Tycoon‹ (1975). Schrieb auch Romane (›Amerika, Amerika‹, 1962, dt. 1963, verfilmt 1963; ›Das Arrangement‹, 1967, dt. 1968, verfilmt 1969; ›Dieses mörder. Leben‹, 1972, dt. 1972; ›Wege der Liebe‹, 1978, dt. 1980) und eine Autobiographie (›E. K. A life‹, 1988).
Literatur: FERNÁNDEZ CUENCA, C.: E. K. San Sebastián 1964. – PAULY, TH. H.: An American Odyssey: E. K. and American culture. Philadelphia (Pa.) 1983. – MICHAELS, L.: E. K. A guide to references and resources. Boston (Mass.) 1985.

Elia Kazan

Kazenelson, Jizchak, * Korelitschi (Weißrußland) 1886, † Auschwitz 3. Mai 1944, jidd. Lyriker und Dramatiker. – Verfaßte 1944 im KZ Vittel (Frankreich) ›Dos lid fun ojsgehargetn (= ausgerotteten) jidischn folk‹ mit Szenen aus dem Warschauer Getto, aus dem K. kam; bekannt außerdem durch (z. T. hebr.) Kinderlieder und sein (ebenfalls hebr.) Tagebuch, in dem er das Grauen jener Zeit in erschütternder Weise festhielt.
Ausgaben: J. Katzenelson. Dos lid funm ojsgehargetn jidischn folk. Das Lied vom letzten Juden. Hg. v. M. RICHTER. Bln. 1992. – J. Katzenelson. Dos lied vunem ojsgehargetn jidischn volk. Großer Gesang vom ausgerotteten jüd. Volk. Übers. u. hg. v. W. BIERMANN. Köln 1994.

Kazin, Alfred [engl. 'keɪzɪn], * New York 5. Juni 1915, amerikan. Literaturkritiker und Schriftsteller. – Studium am

376 **Kazin**

New York City College und an der Columbia University. Stellte in seinen literaturkrit. Schriften eine Beziehung zwischen Literatur und dem soziokulturellen Kontext her. Neben Studien zu F. S. Fitzgerald und Th. Dreiser wurden bes. seine Arbeiten über amerikan. Romanciers der Moderne bekannt: ›Der amerikan. Roman. Eine Interpretation moderner amerikan. Prosaliteratur‹ (1942, dt. 1942, 1951 [gekürzt] u. d. T. ›Amerika. Selbsterkenntnis und Befreiung ...‹ und die Fortsetzung in ›Bright book of life‹ (1973) sowie ›An American procession‹ (1984). Seine dreiteilige Autobiographie, ›Meine Straßen in New York‹ (1951, dt. 1966), ›Starting out in the 30s‹ (1965) und ›New York Jew‹ (1978), zeichnet seinen auch moralisch engagierten Werdegang nach.

Kazin, Vasilij Vasil'evič, russ.-sowjet. Lyriker, † Kasin, Wassili Wassiljewitsch.

Kazinczy, Ferenc [ungar. ˈkɔzintsi], * Érsemlyén 27. Okt. 1759, † Széphalom 22. Aug. 1831, ungar. Schriftsteller. – Mitherausgeber der ersten ungar. literar. Zeitschrift ›Magyar Museum‹ (gegr. 1787). Im Zusammenhang mit der Jakobinerverschwörung Ignác Martinovics' (* 1755, † 1795) zum Tode verurteilt, begnadigt, 1794–1801 inhaftiert. Von ihm und seinem Kreis ging die bedeutendste ungar. Sprachreform aus. K. war v. a. durch seine organisator. und krit. Tätigkeit bedeutend. Er übersetzte u. a. Werke von Shakespeare, S. Geßner, J. G. Herder und Goethe.
Literatur: NÉGYESY, L.: K. pályája. Budapest 1931. – SZABÓ, L. Z.: K. F. Budapest 1984.

Keating, Geoffrey [engl. ˈkiːtɪŋ] (ir. Seathrún Céitinn), * Tipperary 1570, † Dublin 1646, ir. Historiker und Theologe. – Sein 1633 oder 1634 abgeschlossenes Werk ›Forás feasa ar Éirinn‹ behandelt die ›Geschichte Irlands‹ von der ersten sagenhaften Besiedelung bis zum Beginn der engl. Eroberung. Unkritisch in der Aufnahme und Umgestaltung romant. Erzählungen, Legenden und Sagen, schuf K. mit diesem sprachlich auf hohem Niveau stehenden Kunstwerk die wichtigste Grundlage für die neuir. Schriftsprache. Von K.s übrigen Werken ist die theolog. Abhandlung ›Trí biorghaoithe an bháis‹ (= Die drei Schäfte des Todes, entst. um 1630/31) bes. bekanntgeworden.
Literatur: Stories from K.'s history of Ireland. Hg. v. O. BERGIN. Dublin 1909.

Keats, John [engl. kiːts], * London 29. oder 31. Okt. 1795, † Rom 23. Febr. 1821, engl. Dichter. – Wurde 15jährig Vollwaise, verließ daraufhin die Schule, Lehre bei einem Wundarzt, war in einem Londoner Hospital beschäftigt; widmete sich schon früh intensiven literar. Studien (E. Spenser, Shakespeare und J. Milton). Sein erster Gedichtband erschien 1817 durch Vermittlung seines Freundes P. B. Shelley. Die schonungslose Kritik an seiner unausgeglichenen, genial. Dichtung ›Endymion‹ (1818, dt. 1897), seine Erkrankung an Tuberkulose, seine aufwühlende Liebe zu Fanny Brawne (die sich in bemerkenswerten Briefen niederschlug) führten zu einer Krise, aber auch zu intensiver dichter. Produktivität. Mit dem Fragment gebliebenen ›Hyperion‹ (1820, dt. 1897) strebte er das Epos an. Als Vertreter der zweiten Generation der engl. Romantik gehört K. zu den hervorragendsten engl. Odendichtern. Bes. Bedeutung hatte für ihn die antike Mythologie. Seine leidenschaftl. sensualist. Dichtung zeugt von hoher Wortkunst; der bildhafte, ornamentale und um Klangwirkungen bemühte Stil ist kennzeichnend für K.' Ideal poet. Schönheit. Wirkung auf die Präraffaeliten, auf A. Lord Tennyson und A. Swinburne.
Weitere Werke: Isabella (Vers-E., 1820), Sankt Agnes Vorabend (Vers-E., 1820, dt. 1897), On a Grecian urn (Ode, 1820), La belle dame sans merci (Ballade, 1820).
Ausgaben: J. K. Gedichte u. Briefe. Dt. Übers. Hg. v. H. W. HÄUSERMANN. Zü. 1950. – The letters of J. K. 1814–1821. Hg. v. H. E. ROLLINS. Cambridge 1958. 2 Bde. – J. K. Complete works. Hg. v. H. B. FORMAN. London ²1970. 8 Bde. – J. K. Poems. Hg. v. J. STILLINGER. London 1978.
Literatur: FINNEY, C. L.: The evolution of K.' poetry. New York ²1963. 2 Bde. – BATE, W. J.: J. K. London 1967. – GITTINGS, R.: J. K. London 1968. – VIEBROCK, H.: J. K. Darmst. 1977. – RICHARDSON, J.: The life and letters of J. K. London 1981. – VENDLER, H.: The odes of J. K. Cambridge (Mass.) 1985. – BAKER, J.: J. K. and symbolism. Brighton 1986. – BARNARD, J.: J. K. Cambridge 1987. – LEVINSON, M.: K.'s life of allegory. Oxford 1988.

Keble, John [engl. kiːbl], * Fairford (Gloucester) 25. April 1792, † Bournemouth 29. März 1866, engl. Dichter. – Ab 1815 Geistlicher. Seine Sammlung religiöser Gedichte ›The Christian year‹ (1827) machte ihn berühmt. 1831–41 Prof. für Poesie in Oxford; seine Predigt ›National apostasy‹ (1833), die sich gegen den antiklerikalen Liberalismus wandte, ließ ihn zum Initiator der Oxfordbewegung werden.

Weitere Werke: Tracts for the times (Predigten, 1834–41), Lyra apostolica (Ged., 1836), Lyra innocentium (Ged., 1846), Miscellaneous poems (Ged., hg. 1869).
Literatur: BATTISCOMBE, G.: J. K., a study in limitations. New York 1964.

Kebrä nägäst (tl.: Keberä nägäśet)
[amhar. kəbrɛ nɛgɛst = Herrlichkeit der Könige], eines der Hauptwerke der äthiop. Literatur; Anfang des 14. Jh. aus verschiedenen älteren Überlieferungen von Neburäed Jeshak von Aksum zusammengestellt und redigiert. Kern des K. n. bilden die Erzählungen über den Besuch der Königin von Saba bei Salomo in Jerusalem, die Geburt ihres dieser Begegnung entstammenden Sohnes Menilek (I.) und die Entführung der Bundeslade aus Jerusalem nach Äthiopien.

Ausgabe: Kebra Nagast, die Herrlichkeit der Könige. Hg. u. Übers. v. C. BEZOLD. Mchn. 1905.
Literatur: ULLENDORF, E.: The queen of Sheba. In: Bull. of the John Rylands Library (Manchester) 45 (1963), S. 486. – Solomon & Sheba. Hg. v. J. B. PRITCHARD. London 1974.

Kęckeis, Gustav, Pseudonym Johannes Muron, * Basel 27. März 1884, † ebd. 10. März 1967, schweizer. Verleger und Schriftsteller. – Studium u. a. der Germanistik und Kunstgeschichte; ab 1926 Verlagsleiter in Freiburg im Breisgau, ab 1935 in Einsiedeln. Schrieb realist. Romane und Erzählungen, gekennzeichnet durch themat. Vielfalt und bildhafte Sprache, Essays, Jugendbücher; Hg. mehrerer Lexika.

Werke: Von jungen Menschen (E., 1906), Der Vetter (E., 1922), Die span. Insel (R., 2 Bde., 1926–28), Himmel überm wandernden Sand (Schrift, 1931), Das kleine Volk (R., 1939), Die fremde Zeit (R., 1947), Fedor (R., 1957).

Kedrin, Dmitri Borissowitsch [russ. 'kjedrin], * Bogoduchowskigrube (heute Schtscheglowka, Donbass) 4. Febr. 1907, † Tarassowka bei Moskau 18. Sept. 1945, russ.-sowjet. Lyriker. – In seinen Gedich-

ten sind Geschichte, Natur, auch das Zeitgenössische bestimmend; Verfasser des Versdramas ›Rembrandt‹ (1940).

Ausgabe: D. B. K. Izbrannye proizvedenija. Leningrad 1974.
Literatur: TARTAKOVSKIJ, P.: D. K. Moskau 1963.

Kehrreim, Übersetzung von frz. ↑ Refrain, von G. A. Bürger 1793 in die dt. Sprache eingeführt; ›Reim‹ wird hier noch im älteren Sinne von ›Vers‹ gebraucht, also: ›wiederkehrender Vers‹.

Keikaus (tl.: Kaikā'ūs), Onsorolmaali [pers. keikɑ'u:s], * 1021, † 1098(?), pers. Fürst und Schriftsteller. – Verfaßte um 1082/83 einen Fürstenspiegel in pers. Sprache, das ›Nasihat-nāmaʰ‹ (= Buch der Ratschläge), auch ›Qābūs-nāmaʰ‹ genannt (dt. 1811 u. d. T. ›Buch des Kabus‹), das zu einer wichtigen Quelle für die Gesellschaftsgeschichte des frühmittelalterl. Persien wurde.

Literatur: RYPKA, J., u. a.: Iran. Literaturgesch. Dt. Übers. Lpz. 1959. S. 232. – KNAUTH, W./NADJMABADI: Das altiran. Fürstenideal. Wsb. 1975.

Keilschrift, aus einer um 3000 v. Chr. in Uruk (im südl. Irak) entstandenen ↑ Bilderschrift durch Vereinfachung und Abstraktion entwickelte Schriftform, die v. a. in Babylonien und Assyrien verwendet wurde; benannt nach den keilförmigen Eindruck des schräg gehaltenen Rohrgriffels in zunächst weiche Tontafeln, die später getrocknet oder gebrannt wurden. Die K. ist eine Mischform aus Wortzeichen, silb. Lautzeichen und Zeichen für Bedeutungsklassen oder Gattungen. Sie wurde in Assyrien bis ins 6. Jh., in Babylonien bis ins 1. Jh., in astronom. Texten noch im 1. Jh. n. Chr. benutzt. Die K. fand über Mesopotamien hinaus Verbreitung, u. a. zur Schreibung des Hethitischen und des Altpersischen. Der entscheidende Durchbruch zu ihrer Entzifferung gelang dem dt. Orientalisten G. F. Grotefend (1802).

Keim, Franz, * Alt-Lambach (heute Stadl-Paura) 28. Dez. 1840, † Brunn am Gebirge (Niederösterreich) 26. Juni 1918, österr. Schriftsteller. – Gymnasiallehrer in Sankt Pölten; ab 1902 lebte er in Wien. Mit seinen Dramen, in denen er v. a. histor. Stoffe behandelte, stand er in der Nachfolge Ch. F. Hebbels und L. Anzen-

grubers; außerdem schrieb er ep. und lyr. Gedichte.
Werke: Sulamith (Trag., 1875), Stefan Fadinger (Epos, 1885), Die Spinnerin am Kreuz (Dr., 1892), Der Schenk von Dürnstein (Dr., 1892), Der Schelm vom Kahlenberg (Lsp., 1894), Der Büßer von Göttweih (Schsp., 1908).

Kell, Joseph [engl. kɛl], Pseudonym des engl. Schriftstellers und Kritikers Antony ↑ Burgess.

Keller, Gottfried, *Zürich 19. Juli 1819, †ebd. 15. Juli 1890, schweizer. Schriftsteller. – K. war ländlicher Abstammung, aufgewachsen ist er in städtisch-kleinbürgerl. Milieu; der Vater starb früh. Bereits als Kind malte und zeichnete K., füllte die Skizzenbücher zugleich mit Landschaftsbeschreibungen, Aufsätzen. Doch der Jugendtraum vom Maler verwirklichte sich nicht, ebensowenig die gleichgewichtige Ausübung von Schreiben und Malen nebeneinander. Im Sept. 1845 entschloß er sich – nach künstler. Ausbildung in München (1840–42), die mangels angemessener Förderung weitgehend unfruchtbar blieb – zur endgültigen Aufgabe der Malerei als Beruf. Seine Entscheidung zugunsten des Worts wurde auch beeinflußt durch die Erfahrungen während der schweizer. Auseinandersetzungen zwischen liberalen und kath.-konservativen Kantonen, wo sich K. persönlich und mit der Feder engagierte. Nach dem Vorbild der polit. Lyrik G. Herweghs und F. Freiligraths (die sich damals in der Schweiz befanden) schrieb er ›Gedichte‹, die 1846 in Buchform herauskamen. Ihr Erfolg verschaffte ihm ein Stipendium der liberalen Züricher Regierung, welches ihm erlaubte, für längere Zeit nach Heidelberg (1848–50) und nach Berlin (1850–55) zu gehen. In Heidelberg, wo er das ›tolle Jahr‹ 1848 erlebte, hatte er entscheidende Beziehungen zum Literar- und Kunsthistoriker H. Hettner und zu L. Feuerbach, durch dessen Philosophie K. stark geprägt wurde. Der bildenden Kunst blieb er in Mußestunden verbunden; er gestaltete sie sogar zum literar. Thema, indem er einen ›elegisch-lyr.‹ Künstlerroman zu schreiben begann; in diesem ersten Roman, ›Der grüne Heinrich‹, unternahm K. nicht nur die Verarbeitung seiner eigenen Jugendgeschichte,

Gottfried Keller

sondern auch gewichtiger Zeitsymptome der Epoche des Übergangs von der Spätromantik zum Realismus. Gattung, Aufbau und v. a. Sprache orientierten sich an Goethes ›Wilhelm Meister‹ (z. T. auch an Jean Paul). Der Konflikt zwischen Phantasie und Wirklichkeit, Begabung und Abhängigkeit von gesellschaftl. und familiären Bedingungen insbes. im Fall des angehenden Künstlers bestimmte die inhaltl. Seite. Das Motiv der Schwermut über verfehltes Leben und die Sühne durch den Tod schließt die 1. Fassung (4 Bde., 1854/55). Der Realist K. änderte später das Abschlußmotiv in Buße durch Arbeit und Bewährung (4 Bde., 1879/80). Überhaupt wurde die Erziehung des Menschen zum Staatsbürger jetzt zu K.s Leitthema. Er ist nicht zuletzt ein Meister der Novelle mit häufig gegenwartsgeschichtl. Stoffwahl; Ironie und Wehmut zeigen sich darin, Heiterkeit und Humor ebenso wie die Verkettung im Tragischen; bemerkenswert ist auch sein Sinn für das Groteske, die Parodie. K.s Novellistik begann in der Berliner Zeit, wenn auch die bed. Zyklen als Ganzes erst in Zürich gedruckt wurden, wohin er 1855 zurückkehrte (dort nahm er 1861–76 das Amt des Ersten Staatsschreibers wahr). In der Novellensammlung ›Die Leute von Seldwyla‹ (1856, erweitert 4 Bde., 1873/1874) ist Seldwyla das Symbol der Kleinstadt, in der alltägl. Menschen miteinander zu leben haben. K. exemplifiziert dies teils in ganz gegenwärtigen, teils in histor. Novellen. Der Ernst der Zeit- und Menschenkritik wird in ›Pankraz der Schmoller‹, ›Frau Regel Amrain und ihr Jüngster‹ und ›Das verlorene Lachen‹ deutlich. In den Novellen ›Die drei gerechten Kammacher‹, ›Kleider machen Leute‹, ›Der Schmied seines Glükkes‹ und ›Die mißbrauchten Liebesbriefe‹ läßt dagegen K. seinem humorvollen Sinn für Ver- und Mißbildung spielerisch die Zügel. Dies gilt auch für das einzige Märchen der Sammlung ›Spiegel das Kätzchen‹. Die ›Züricher Novellen‹ (2 Bde., 1878) sind, mit einziger Ausnahme des berühmten ›Fähnleins der sieben Aufrechten‹, ausschließlich histor. Novellen, von denen ›Der Landvogt von Greifensee‹ aus sanftem, resigniertem Humor lebt, die drei mit mittelalterl. bzw. Reformationsstoff (›Hadlaub‹, ›Der Narr auf Manegg‹, ›Ursula‹) menschl. Gelingen und menschl. Tragik historisch distanzierter darstellen, alle übrigens auch psychologisch meisterhaft gestaltet. Seldwyler Geschichten und ›Züricher Novellen‹ werden durch eine in beiden Fällen später versickernde Rahmenhandlung zu Zyklen aneinandergefügt. Nicht so in der Novellensammlung ›Das Sinngedicht‹ (1882), in dem K. seine sublimste Kunst der Rahmenerzählung entwickelt und durchführt. Ein Epigramm des Barockdichters F. von Logau begleitet – als Devise und Rezept – schalkhaft die Liebe eines jungen Paares. Eingesprengt sind dann realist. wie auch phantast. Erzählungen. Einzig stehen unter K.s Erzählungen ›Die sieben Legenden‹ (1872) da. Das ›Tanzlegendchen‹ bes. ist ein Muster von zierl. Leichtigkeit und symbol. Tiefsinn. – Das Spätwerk ›Martin Salander‹ (1886) ist ein durchdringend gegenwartskrit. Roman ohne jeden romant. Rest: die Geschichte eines Zürichers in der ›Gründerzeit‹ und seiner Angefochtenheit durch mancherlei Zeitgenossenschaft. K. übt scharfe Kritik an Vorgängen im damaligen Zürich, doch beruht sie auf dem Vertrauen zu der Widerstandskraft des Tüchtigen (Salander) im spätgoetheschen Sinne. 1883 gab K. seine ›Gesammelten Gedichte‹ heraus, die durch zarte und sublime Töne gekennzeichnet sind. Seine dramat. Versuche blieben ohne Erfolg.

Ausgaben: G. K. Sämtl. Werke. Hg. v. J. FRÄNKEL. Bern 1926–49. 22 in 24 Bden. – G. K. Ges. Briefe. Hg. v. C. HELBLING. Bern 1950–54. 4 in 5 Bden. – G. K. Sämtl. Werke u. ausgew. Briefe. Hg. v. C. HESELHAUS. Mchn. ³⁻⁴1972–79. 3 Bde. – G. K. Werke. In 5 Bden. Aufgrund der v. M. ZOLLINGER besorgten Ausg. neu bearb. v. W. DENINGER. Zü. u. a. 1973. – G. K. Werke. Zürcher Ausg. Hg. v. G. STEINER. Zü. 1978. 8 Bde. – G. K. Werke. Geschenkausg. in 6 Bden. Zü. 1984. – G. K. Sämtl. Werke. Hg. v. T. BÖNING. Zü. u. a. Ffm. 1985 ff. Auf 7 Bde. berechnet. **Literatur:** BÄCHTOLD, J.: G. K.s Leben. Seine Briefe u. Tagebücher. Bln. 1894–97. 3 Bde. – LUKÁCS, G.: G. K. Bln. ²1947. – ERMATINGER, E.: G. K.s Leben. Zü. ⁸1950. – WIESMANN, L.: G. K. Das Werk als Spiegel der Persönlichkeit. Frauenfeld u. a. 1967. – Dichter über ihre Dichtungen. G. K. Hg. v. K. JEZIORKOWSKI. Mchn. 1969. – WEBER, B.: Der Maler G. K. Basel 1971. – WINTER, C.: G. K. Zeit, Gesch., Dichtung. Bonn 1971. – FEHR, K.: G. K. Aufschlüsse u. Deutungen. Bern u. Mchn. 1972. – RICHARTZ, H.: Literaturkritik als Gesellschaftskritik. Darstellungsweise u. polit.-didakt. Intention in G. K.s Erzählkunst. Bonn 1975. – BOESCHENSTEIN, H.: G. K. Stg. ²1977. – FREY, A.: Erinnerungen an G. K. Zü. u. Stg. 1979. – MUSCHG, A.: G. K. Ffm. 1980. – Zu G. K. Hg. v. H. STEINECKE. Stg. 1984. – KAISER, G.: G. K. Mchn. 1985. – LOCHER, K.: G. K. Welterfahrung, Wertstruktur u. Stil. Bern 1985. – BAUMANN, W.: G. K. Leben, Werk, Zeit. Zü. 1986. – BREITENBRUCH, B.: G. K. Rbk. 58.–60. Tsd. 1990. – G. K. 1819–1890. London Symposium. Hg. v. J. L. FLOOD u. M. SWALES. Stg. 1991. – RENZ, C.: G. K.'s ›Sieben Legenden‹. Versuch einer Darst. seines Erzählens. Tüb. 1993.

Keller, Hans Peter, * Rosellerheide (heute zu Neuss) 11. März 1915, † Büttgen bei Düsseldorf 11. Mai 1989, dt. Schriftsteller. – Nach 1945 Verlagslektor in der Schweiz, 1955–80 Lehrer für Literatur in Düsseldorf. Seine Lyrik kennzeichnen freie Rhythmen, ein sarkastisch-lapidarer Ton und eine präzise Bildsprache; zeitkritisch-pessimist. Haltung.

Werke: Die wankende Stunde (Ged., 1958), Herbstauge (Ged., 1961), Grundwasser (Ged., 1965), Stichwörter, Flickwörter (Ged., 1969), Kauderwelsch (Aphorismen, 1971), Extrakt um 18 Uhr (Ged. und Prosa, 1975).

Keller, Helen [Adams] [engl. ˈkɛlə], * Tuscumbia (Ala.) 27. Juni 1880, † Westport (Conn.) 1. Juni 1968, amerikan. Schriftstellerin. – Ab dem 2. Lebensjahr blind und taubstumm; Schulausbildung und erfolgreicher Besuch des Radcliffe College mit Hilfe ihrer Lehrerin Anne Sullivan Macy (* 1866, † 1936). Helen K. veröffentlichte autobiograph. Bücher so-

380 Keller

wie Schriften über Blindenerziehung und Existenzprobleme der Blinden.

Werke: Geschichte meines Lebens (Autobiogr., 1902, dt. 1904), Optimismus (Autobiogr., 1903, dt. 1906), Meine Welt (Autobiogr., 1908, dt. 1908), Dunkelheit (Autobiogr., 1909, dt. 1909). **Literatur:** CLEVE, E.: H. K. Bln. 11.–20. Tsd. 1951. – SCHMITT, A.: H. K. und die Sprache. Münster 1954. – HARRITY, R./MARIN, R. G.: Three lives of H. K. Garden City (N. Y.) 1962. – LASH, J. P.: Helen and teacher. The story of H. K. and Anne Sullivan Macy. New York 1980.

Keller, Paul, * Arnsdorf bei Schweidnitz 6. Juli 1873, † Breslau 20. Aug. 1932, dt. Schriftsteller. – War Volksschullehrer, ab 1908 freier Schriftsteller. In seinen volkstümlich-gemütvollen Romanen und Erzählungen schildert er meist die Menschen seiner schles. Heimat. Besonders bekannt wurde sein 1934 und 1952 verfilmter Roman ›Ferien vom Ich‹ (1915). **Weitere Werke:** Gold und Myrrhe (En., 2 Bde., 1898–1900), Waldwinter (R., 1902), Die Heimat (R., 1903), Der Sohn der Hagar (R., 1907), Stille Straßen (Nov.n, 1912), Die Insel der Einsamen (R., 1913), Hubertus (R., 1918), Die vier Einsiedler (R., 1923), Marie Heinrich (R., 1926), Drei Brüder suchen das Glück (R., 1929). **Ausgabe:** P. K. Werke. Jubiläumsausg. Breslau [1–23] 1922–25. 14 Bde. in 3 Serien. **Literatur:** WENTZIG, H.: P. K. Leben u. Werk. Mchn. 1954.

Keller, Paul Anton, * Radkersburg 11. Jan. 1907, † Hart bei Sankt Peter 22. Okt. 1976, österr. Schriftsteller. – Schauspielersohn; heimatverbundener Lyriker und Erzähler, der zur Darstellung von übersinnl. Vorgängen neigte; Landschaftsbücher, Essays. **Werke:** Gesang vor den Toren der Welt (Ged., 1931), Die Garbe fällt (En., 1941), Das Sausaler Jahr (En., 1941), Jahre, die gleich Wolken wandern (Erinnerungen, 1948), Der Mann im Moor (En., 1953), Du holde Frühe (Ged., 1954), Gast der Erde (Autobiogr., 1957), Salvatore und sein Hund (R., 1966).

Keller, Werner, Pseudonym Norman Alken, * Gut Nutha bei Zerbst 13. Aug. 1909, † Ascona 29. Febr. 1980, dt. Sachbuchautor. – Verfaßte mit ›Und die Bibel hat doch recht‹ (1956, [25] 1973; revidierte Neuausg. 1991) eines der erfolgreichsten Sachbücher der Nachkriegszeit. **Weitere Werke:** Ost minus West = Null (1960), Und wurden zerstreut unter alle Völker (1966), Denn sie entzündeten das Licht. Geschichte der Etrusker ... (1970), Da aber staunte Herodot (1972), Was gestern noch als Wunder galt ... (1973).

Kellermann, Bernhard, * Fürth 4. März 1879, † Klein-Glienicke (heute zu Potsdam) 17. Okt. 1951, dt. Schriftsteller. – Studierte in München, unternahm größere Reisen, u.a. in die UdSSR und die USA; 1949 Volkskammerabgeordneter in der DDR; begann mit impressionistisch-neuromant. Romanen; den größten Erfolg errang er mit dem sensationellen technisch-utop. Roman ›Der Tunnel‹ (1913, Neuausgabe 1986), dem Romane gleicher Art folgten; daneben zeitkrit. Themen; auch Reiseberichte, Dramen, Essays. **Weitere Werke:** Yester und Li (R., 1904), Ingeborg (R., 1906), Das Meer (R., 1910), Der 9. November (R., 1920, veränderte Aufl. 1946), Die Brüder Schellenberg (R., 1925), Die Stadt Anatol (R., 1932), Das Blaue Band (R., 1938), Totentanz (R., 1948). **Ausgaben:** B. K. zum Gedenken. Aufss., Briefe, Reden 1945–1951. Bln. 1952. – B. K. Ausgew. Werke in Einzelausgg. Hg. v. E. KELLERMANN u. U. DIETZEL. Bln. [1–2] 1958–79. 10 Bde. **Literatur:** ILBERG, W.: B. K. in seinen Werken. Bln. 1959. – WENZEL, G.: Das Gesellschaftsbild im erzähler. Werk B. K.s. Diss. Halle/Saale 1964.

Kellgren, Johan Henric [schwed. 'tɕɛlgre:n], * Floby (Västergötland) 1. Dez. 1751, † Stockholm 20. April 1795, schwed. Dichter. – Pastorensohn; schloß 1772 sein philosoph. Studium in Åbo ab, 1774 dort Dozent, kam 1777 nach Stockholm, dort als literar. Berater König Gustavs III. tätig; eines der ersten Mitglieder der 1786 gegründeten Schwed. Akademie. K. gilt als Schwedens erster bed. Publizist und Literaturkritiker; ab 1778 Mitarbeiter (ab 1780 Hg.) der Zeitschrift ›Stockholms Posten‹. Vernunft und Sensualismus waren für ihn bestimmend; stark von den frz. Enzyklopädisten und Voltaire beeinflußt, zeigt er sich antireligiös und antiklerikal. In langem Streit mit Th. Thorild kämpfte er gegen literar. Neuerungen und erwies sich als glänzender Parodist. In seinen literar. und journalist. Arbeiten verteidigte K. die Ideen der Aufklärung und der Frz. Revolution; seine Polemik richtete sich v. a. gegen okkultist. und mystizist. Strömungen seiner Zeit. Hegte die Vision von einer geeinten und aufgeklärten Gesellschaft, zu der die

Schriftsteller der jungen Generation mit beitragen sollten. Geschliffen in der Form, geistreich, Intellekt und Temperament zu ihrem Recht kommen lassend, ist K. eine führende Gestalt der Aufklärung, der in seinen Spätwerken jedoch bereits zur Romantik neigt.

Werke: Mina löjen (Ged., 1778), Våra villor (Ged., 1780), Gustaf Wasa (Dr., 1782), Man äger ej snille för det man är galen (Ged., 1787), Den nya skapelsen (Ged., 1790), Dumboms lefverne (Ged., 1791), Die Feinde des Lichtes (Ged., 1792, dt. 1860). **Ausgabe:** J. H. K. Samlade skrifter. Hg. v. E. SVERKER u.a. Stockholm 1923–67. 10 Bde. **Literatur:** ABENIUS, M.: Stilstudier i K.s prosa. Uppsala 1931. – SYLWAN, O.: J. H. K. Stockholm ²1939. – JOSEPHSON, L.: K. och samhället. Uppsala 1942. – EK, S./EK, I.: K. Stockholm 1965–80. 2 Bde.

Kelly, James Plunkett [engl. 'kɛlɪ], ir. Schriftsteller, ↑Dunsany, Edward John Moreton Drax Plunkett, Baron.

Kelter, Jochen, * Köln 8. Sept. 1946, dt. Schriftsteller. – Studierte Romanistik und Germanistik, lebt als freier Schriftsteller in der Schweiz. Schreibt neben Essays, Glossen und Erzählungen v.a. Lyrik, u.a. den Gedichtzyklus ›Laura‹ (1984), in dem die Geliebte nicht der idealen Laura F. Petrarcas entspricht, sondern als Gegenfigur gezeigt wird, die sich nach der Annäherung immer wieder entzieht und entfremdet.

Weitere Werke: Zwischenbericht (Ged., 1978), Land der Träume (Ged., 1979), Unsichtbar ins taube Ohr (Ged., 1982), Der Sprung aus dem Kopf (Prosa, 1984), Die steinerne Insel (E., 1985), Nachricht aus dem Inneren der Welt (Ged., 1986), Ein Ort unterm Himmel. Texte aus Alemannien (1989), Achtundsechzig folgende. Aufsätze, Glossen, Essays (1991), In der besten aller Welten (Farce, 1991), Meinetwegen wolgabreit. Gedichte 1989–1993 (1994).

keltische Literaturen ↑bretonische Literatur, ↑irische Literatur, ↑kornische Literatur, ↑schottisch-gälische Literatur, ↑walisische Literatur.

keltische Renaissance [rənɛ'sãːs; frz. = Wiedergeburt], Bez. für zwei Bewegungen in der englischsprachigen Literatur im Rahmen einer nat. Selbstbesinnung: 1. die **k. R. im 18. Jh.,** die im Gefolge einer vorromant. Rückwendung zu Geschichte und Sage die altkelt. Dichtung zu beleben suchte (J. Macpherson, ›Fragments of ancient poetry, collected

in the highlands of Scotland‹, 1760; Th. Percy, ›Reliques of ancient English poetry‹, 1765); 2. die **k. R. Ende des 19. Jh.** (ir.-kelt. Renaissance) als Teil der nationalen Unabhängigkeitsbewegung Irlands mit Rückbesinnung auf die irische Volksdichtung und deren Erneuerung. Hauptvertreter waren u.a. Lady Isabella Augusta Gregory, G. W. Russell (›A. E.‹), W. B. Yeats, J. M. Synge, S. O'Casey.

Kemal, Orhan, türk. Schriftsteller, ↑Orhan Kemal.

Kemal, Yahya, türk. Dichter, ↑Beyatlı, Yahya Kemal.

Kemal, Yaşar, türk. Schriftsteller, ↑Yaşar Kemal.

Kemal Bey, türk. Schriftsteller und Publizist, ↑Namık Kemal, Mehmet.

Kemal Tahir, türk. Schriftsteller, ↑Tahir, Kemal.

Kemelman, Harry [engl. 'kɛməlmən], * Boston (Mass.) 24. Nov. 1908, amerikan. Schriftsteller. – Wurde bekannt durch seine Kriminalromane um den Rabbiner David Small (u.a. ›Am Freitag schlief der Rabbi lang‹, 1964, dt. 1966; ›Am Samstag aß der Rabbi nichts‹, 1966, dt. 1967; ›Am Mittwoch wird der Rabbi naß‹, 1976, dt. 1977; ›Der Rabbi schoß am Donnerstag‹, 1978, dt. 1979; ›Conversations with Rabbi Small‹, 1981; ›Ein Kreuz für den Rabbi‹, 1987, dt. 1988; ›Ein neuer Job für den Rabbi‹, 1992, dt. 1994), die zugleich auch soziolog. Studien des Lebens einer jüd.-amerikan. Gemeinde sind.

Kemény, Zsigmond Baron [ungar. 'kɛmeːnj], * Alvinc (heute Vințu des Jos) 12. Juni 1814, † Pusztakamarás 22. Dez. 1875, ungar. Schriftsteller. – Aus vornehmer Siebenbürger Adelsfamilie, studierte Jura, später Naturwissenschaften und Medizin; führende Persönlichkeit im polit. und literar. Leben, Mitglied der Akad. der Wissenschaften, Abgeordneter; publizistisch setzte er sich für den Ausgleich mit Österreich ein; schrieb u.a. von H. de Balzac beeinflußte, zeitbezogene histor. Romane und aktuelle Gesellschafts- und Sittenromane, deren Sprache der romant. Tradition verpflichtet ist; meisterhafte Charakterdarstellung, ausgezeichnete Seelenanalyse und Wie-

dergabe der Zeitatmosphäre; auch Verfasser von Porträts ungar. Persönlichkeiten; Essays. Dt. erschien 1867 der Roman ›Rauhe Zeiten‹ (3 Bde., 1862).
Literatur: NAGY, M.: K. Z. Budapest 1972.

Kemp, Bernard, eigtl. B. Frans van Vlierden, *Hamont 22. Aug. 1926, †Löwen 2. Nov. 1980, fläm. Schriftsteller. – Verfasser intellektualist. Romane mit stark ausgebauten Strukturen; erregte Aufsehen mit seinem ersten Roman ›Das letzte Spiel‹ (1957, dt. 1959); schrieb auch literarhistor. Werke, u. a. ›W. Elsschot‹ (1962) und ›G. Walschap‹ (1962).
Weitere Werke: Die Dioskuren (R., 1959, dt. 1960), Der Kater des Orpheus (R., 1960, dt. 1962), De glimlachende god (R., 1965, dt. gekürzt u. d. T. Die in den Abgrund sehen).

Kemp, Pierre, eigtl. Petrus Johannes K., *Maastricht 1. Dez. 1886, †ebd. 21. Juli 1967, niederl. Lyriker. – Begann mit traditioneller Lyrik (›Het wondere lied‹, 1914), später (›Stabielen en passanten‹, 1934) schrieb er stärker assoziierend und experimentierend und übte so einen starken Einfluß auf die Nachkriegsgeneration aus.
Weitere Werke: Standard-book of classic blacks (Ged., 1946), Engelse verfdoos (Ged., 1956), Perzische suite (Ged., 1965).
Literatur: P. K. Sonder-H. der Zs. Roeping (1961).

Kempe, Margery [engl. kemp], *King's Lynn (Norfolk) um 1373, †um 1438, engl. Mystikerin. – Nach einem Bekehrungserlebnis begab sie sich auf Pilger- und Bekenntnisfahrten und praktizierte eine mystisch-enthusiast. Frömmigkeit, die den Lehren der Franziskaner nahestand. Ihre spirituelle Autobiographie ›The book of M. K.‹ (1436) ist als Zeugnis spätmittelalterl. Religiosität von großem kulturgeschichtl. Interesse.
Literatur: LOCHRIE, K.: M. K. and translations of the flesh. Philadelphia (Pa.) 1991.

Kempen, Thomas von, dt. Mystiker, †Thomas a Kempis.

Kempner, Alfred, dt. Theaterkritiker und Schriftsteller, †Kerr, Alfred.

Kempner, Friederike, *Opatów (Posen) 25. Juni 1836, †Friederikenhof bei Reichthal (Schlesien) 23. Febr. 1904, dt. Schriftstellerin. – Ihre in ernster Absicht verfaßten ›Gedichte‹ (1873, ⁸1903) hatten wegen der ungewollten Komik, die v. a.

in der Diskrepanz zwischen dem erhabenen Thema und der mißlungenen sprachl. Form lag, großen Erfolg. K. wurde als ›Schles. Schwan‹ bzw. ›Schles. Nachtigall‹ verspottet; sie schrieb auch Novellen und Dramen sowie polit. Denkschriften. K. hatte starkes Interesse an polit. und sozialen Fragen und trat in fast allen ihren Werken aufklärerisch für Freiheit, Toleranz und Menschenrechte ein.
Weitere Werke: Berenize (Trag., 1860), Novellen (1861, 1898), Der faule Fleck im Staate Dänemark oder ... (Lsp., 1888).
Ausgaben: Die sämtl. Ged. der F. K. Hg. v. P. H. NEUMANN. Bremen 1964. – F. K., der Schles. Schwan. Hg. v. G. H. MOSTAR. Mchn. 1965.

Walter Kempowski

Kempowski, Walter, *Rostock 29. April 1929, dt. Schriftsteller. – 1948 wegen Spionage verurteilt, bis 1956 in Haft in Bautzen, seitdem in der BR Deutschland; war Lehrer, lebt heute in einem Dorf in Norddeutschland. Wurde v. a. bekannt durch seine ›dt. Chronik‹, eine z. T. auf eigenen Erlebnissen beruhende Romanreihe über eine bürgerl. Familie vom Kaiserreich bis in die Nachkriegszeit: ›Tadellöser & Wolf‹ (1971), ›Uns geht's ja noch gold‹ (1972), ›Ein Kapitel für sich‹ (1975), ›Aus großer Zeit‹ (1978), ›Schöne Aussicht‹ (1981), ›Herzlich Willkommen‹ (1984). In ihr stellt K. in aphorist. Manier und minuziöser Beobachtungsweise Geschehnisse der jüngsten Vergangenheit und menschl. Verhalten dar.
Weitere Werke: Im Block. Ein Haftbericht (1969), Haben Sie Hitler gesehen? Dt. Antworten (1973; Hg.), Beethovens Fünfte (Hsp., Ur-

sendung 1975, gedr. 1982), Wer will unter die Soldaten? (1976), Haben Sie davon gewußt? Dt. Antworten (1979; Hg.), Unser Herr Böckelmann (E., 1979), Moin Vaddr läbt (Hsp., 1980), K.s einfache Fibel (1981), Herrn Böckelmanns schönste Tafelgeschichten (En., 1983), Hundstage (R., 1988), Sirius. Eine Art Tagebuch (1990), Mark und Bein. Eine Episode (1992), Das Echolot. Ein kollektives Tagebuch (4 Bde., 1993), Der arme König von Opplawur. Ein Märchen (1994), Mein Rostock (1994). **Literatur:** DIERKS, M.: Autor–Text–Leser: W. K. Mchn. 1981. – DIERKS, M.: W. K. Mchn. 1984. – KEELE, A. F.: Word concordance to the German chronicle of W. K. Provo (Utah) 1986.

Kendall, Henry [Thomas Clarence] [engl. kɛndl], * Kirmington bei Ulladulla (Neusüdwales) 18. April 1839, † Redfern bei Sydney 1. Aug. 1882, austral. Lyriker. – Neben Charles Harpur (* 1813, † 1868) bedeutendster Dichter des frühen kolonialen Australiens, von dem bereits 1862 in England Gedichte in der renommierten Zeitschrift ›Athenaeum‹ erschienen. Trotz literar. Erfolge litt er zeitlebens an wirtschaftl. Not und familiären Schwierigkeiten. Stark beeindruckt von Harpur, W. Wordsworth, P. B. Shelley und A. Ch. Swinburne, gelang ihm dennoch eine eigenständige, individuelle Ausformung poet. Sensibilität und schöpfer. Imagination. In effektvollen Bildern zeichnen seine Gedichte lichtoder hitzedurchflutete Landschaftsausschnitte Australiens (›Bell-birds‹, ›September in Australia‹). Häufig gestalten sie in melanchol. Retrospektiven die äußere Natur zur Seelenlandschaft um und arbeiten eine pathet., aber unsentimentale Note unerfüllter Sehnsucht oder Verzweiflung in die lyr. Stimmung ein (›Mooni‹, ›Orara‹, ›Araluen‹, ›On the Paroo‹). **Werke:** Leaves from Australian forests (Ged., 1869), Songs from the mountains (Ged., 1880), Orara (Ged., 1881), Poems (Ged., hg. 1886). **Ausgabe:** H. K. Hg. v. L. KRAMER u. A. D. HOPE. Melbourne 1973. **Literatur:** REED, T. TH.: H. K. Adelaide 1960. – WILDE, H.: H. K. Boston (Mass.) 1976.

Kene (tl.: Qenē) [amhar. kʼəne], Genus der äthiop. Dichtung: kurzer Gesang mit 2 bis 11 Versen und 13 Arten; im Gottesdienst hat er seinen Platz entweder zwischen zwei Versen eines Psalmes oder an dessen Ende. K. werden in der Regel von den *Däbtäras* (einem Stand in der Kir-

che, der u. a. den Kirchengesang zu besorgen hat) improvisiert; nur die wertvolleren sind schriftlich fixiert. Der Inhalt der K. reicht vom Lob Gottes und seiner Heiligen über moral. Reflexionen und Ermahnungen bis zu Anspielungen auf aktuelle Ereignisse. **Literatur:** SCHALL, A.: Zur äthiop. Verskunst. Wsb. 1961. – HAMMERSCHMIDT, E.: Äthiopien. Christl. Reich zw. Gestern u. Morgen. Wsb. 1967. – LEVINE, D. N.: Wax and gold. Tradition and innovation in Ethiopian culture. Chicago (Ill.) 1972.

Keneally, Thomas [engl. kɪˈniːlɪ], * Sidney 7. Okt. 1935, austral. Schriftsteller. – Studierte zuerst für das Priesteramt, dann Rechtswiss., war 1960–64 High-School-Lehrer, 1969/70 Dozent für Drama an der University of New England in Armidale (Neusüdwales). Von seinen rund 20 Romanen erhielten bed. Literaturpreise: ›Bring larks and heroes‹ (1967), ›Three cheers for the Paraclete‹ (1968), ›Austral. Ballade‹ (1972, dt. 1977), ›Schindlers Liste‹ (1982, dt. 1983; Booker-Preis 1982; Film von S. Spielberg, 1993). K.s kath. Herkunft wird deutlich in der häufigen Gestaltung existentieller Konflikte zwischen Gewissen, freiem Willen und dem Zwang schicksalhafter Umstände. Viele seiner mytholog., anthropolog. und histor. Anspielungen erhalten vor diesem Hintergrund brisante gesellschaftl. Relevanz. Ernsthafte Auseinandersetzung mit der Thematik, klarer flüssiger Stil und die Wahl meist durchchnittl. Figuren als Helden, die an den Anforderungen des Lebens zerbrechen, kennzeichnen seine besten Romane. **Weitere Werke:** The place at Whitton (R., 1964), A dutiful daughter (R., 1971), Blood red, Sister Rose (R., 1974), Gossip from the forest (R., 1975), Season in purgatory (R., 1976), Victims of the Aurora (R., 1978), Passenger (R., 1979), The confederates (R., 1980), The cut-rate kingdom (R., 1980), A family madness (R., 1987), The playmaker (R., 1987), Towards Asmara (R., 1989), Flying hero class (R., 1991), The place where souls are born (Reiseb., 1992). **Literatur:** QUARTERMAINE, P.: Th. K. London 1991.

Kennedy, John Pendleton [engl. ˈkɛnɪdɪ], * Baltimore (Md.) 25. Okt. 1795, † Newport (R. I.) 18. Aug. 1870, amerikan. Schriftsteller. – Studium am Balti-

384 Kennedy

more College, kurze Tätigkeit als Rechtsanwalt, dann literar. und polit. Karriere; Förderer von E. A. Poe und Freund von W. M. Thackeray, dem er aus seiner eigenen Darstellung des Staates Virginia, ›Swallow barn‹ (1832), wertvolle Hinweise für dessen Roman ›Die Virginier‹ lieferte. K. vermittelte ein skizzenhaftes Bild des Landlebens im aristokrat. Süden Amerikas und korrigierte in dem Roman ›Hufeisen-Robinson‹ (3 Bde., 1835, dt. 5 Bde., 1853) über den amerikan. Unabhängigkeitskrieg das von J. F. Cooper geprägte einseitige Bild des amerikan. Grenzers. Seine späteren Schriften standen unter dem Eindruck seiner polit. Tätigkeit als Abgeordneter im Repräsentantenhaus (1838–44) und als Marineminister (1852).

Literatur: OSBORNE, W. S.: J. P. K. A study of his literary career. New York 1960. – BOHNER, CH. H.: J. P. K. Gentleman from Baltimore. Baltimore (Md.) 1961. – RIDGELY, J. V.: J. P. K. New York 1966.

Kennedy, Margaret [engl. 'kɛnɪdɪ], * London 23. April 1896, † Adderbury (Oxfordshire) 31. Juli 1967, engl. Schriftstellerin. – Schrieb erfolgreiche populäre Romane, die oft Probleme künstler. Existenz in der bürgerl. Umwelt zum Thema haben.

Werke: Die treue Nymphe (R., 1924, dt. 1925, dramatisiert 1926), Zuflucht (R., 1927, dt. 1929), The fool of the family (R., 1930), The Midas touch (R., 1938), Zwei Seelen (R., 1952, dt. 1955), Gottes Finger (R., 1955, dt. 1956), The forgotten smile (R., 1961), Not in the calendar (R., 1964).

Literatur: POWELL, M.: The constant novelist. A study of M. K. London 1983.

Kennedy, William [engl. 'kɛnɪdɪ], * Albany (N. Y.) 16. Jan. 1928, amerikan. Schriftsteller. – Hatte nach Unterstützung von S. Bellow plötzl. Erfolg mit Romanen, die u. a. das Verbrecherunwesen in seiner Heimatstadt Albany während der 30er Jahre zum Inhalt haben: ›Der Lange‹ (1975, dt. 1985), der an F. S. Fitzgeralds ›Der große Gatsby‹ erinnert, ›Billy Phelans höchster Einsatz‹ (1978, dt. 1985) und ›Wolfsmilch‹ (1983, dt. 1986), ausgezeichnet mit dem Pulitzerpreis 1983, geben ein nahezu zusammenhängendes Panorama der Stadt, das K. in ›O Albany! An urban tapestry‹ (1983) mit histor. Anekdoten abrundet.

Weitere Werke: Druck (R., 1969, dt 1987), The Cotton Club (Drehbuch, 1984; mit F. F. Coppola), Quinns Buch (R., 1988, dt. 1990), Very old bones (R., 1992).

Kennelly, Brendan [engl. 'kɛnəlɪ], * Ballylongford (Kerry) 17. April 1936, ir. Dichter. – Prof. für engl. Literatur am Trinity College, Dublin; einer der produktivsten neueren angloir. Lyriker. Menschl. Unzulänglichkeit ist ein häufiges Thema seiner Gedichte; schrieb auch Romane.

Werke: The crooked cross (R., 1963), The Florentines (R., 1967), Selected poems (Ged., 1969), New and selected poems (Ged., 1976), Islandman (Ged., 1977), Cromwell (Ged., 1983), Moloney up and at it (Ged., 1984), The book of Judas (Ged., 1991), A time for voices. Selected poems 1960–1990 (Ged., 1990).

Kennerly, Thomas [engl. 'kɛnəlɪ], amerikan. Schriftsteller, †Wolfe, Tom.

Kenning [altnord. = Kennzeichnung, poet. Umschreibung] (Mrz. Kenningar), in der altnord. und ags. Dichtung die Technik der Umschreibung eines Begriffs durch eine mehrgliedrige nominale Verbindung (Nomen + Nomen im Genitiv) oder ein zweigliedriges Kompositum (z. B. ›fleina brak‹ [= Das Tosen der Pfeile] oder ›fleinbrak‹ [= Pfeilgetöse] als K. für ›Kampf‹). Die Anfänge der K.technik liegen im Dunkeln, z. T. verweisen die altnord. und ags. K.ar in den Bereich der Magie (Umschreibung tabuisierter Wörter). In geschichtl. Zeit ist die K. jedoch ausschließlich poet. Stilmittel. – ↑auch Heiti.

Literatur: MAROLD, E.: K.kunst. Ein Beitr. zur Poetik der Skaldendichtung. Bln. 1983.

Kerellos (tl.: Qērelos; Kyrillos) [amhar. k'erəllos], äthiop. Kompendium dogmatisch-patrist. Texte, nach dem am Beginn stehenden Traktaten des Kyrillos von Alexandria (†444) benannt. Mit Ausnahme der sog. Endtraktate ist der K. in der aksumit. Periode aus dem Griechischen ins Gees (Altäthiopisch) übertragen worden. Die Texte sind von der Polemik gegen den Nestorianismus geprägt und betonen daher die Einheit der beiden Naturen in Christus.

Ausgabe: WEISCHER, B. M.: In: Äthiopist. Forschungen 2 (1977), 4 (1979), 6 (1979) und 7 (1980) und in: Afrikan. Forschungen 7 (1973).

Keret-Epos, eine in Ugarit in ugarit. Sprache auf drei Tafeln in Keilalphabet-

Kerner 385

schrift unvollständig überlieferte ep. Erzählung: Dem um den Verlust seiner gesamten Familie klagenden König Keret (richtiger vielleicht: Kartu) rät der Gott El zu einem Kriegszug, als dessen Tribut er die Prinzessin Hurrija fordern soll. Nach einem Gelübde bei Astarte in Sidon und Tyros gelingt der Feldzug; Hurrija schenkt ihm Söhne und Töchter, Keret aber erkrankt schwer, anscheinend wegen mangelhafter Erfüllung des Gelübdes, in einer allgemeinen Notzeit; er kann nur durch einen Zauber Els gerettet werden und verflucht seinen Sohn Jassib, der sich offenbar des Thrones hatte bemächtigen wollen. Das ursprüngl. Ende des K.-E. ist nicht erhalten. Äußere Handlung und einzelne Motive erinnern stark an den bibl. Hiob.
Literatur: SAUREN, H./KESTEMONT, G.: Keret, roi de Ḥubur. In: Ugarit-Forschungen 3 (1971), S. 181.

Kerkhove, Valeer Victor van, * Sleidinge 30. April 1919, † Tervuren 8. Aug. 1982, fläm. Schriftsteller. – Von F. Mauriac und G. Greene beeinflußter Verfasser erfolgreicher psycholog. Romane aus kath. Sicht, u. a. ›De weerlozen‹ (1951), ›Dies irae‹ (1953), ›De bungalow‹ (1956).

Kerkidas von Megalopolis (tl.: Kerkídas), * um 290, † um 220, griech. Lyriker. – Anhänger des Kynismus; wohl mit dem gleichnamigen Politiker und Feldherrn bei Polybios identisch; erhalten sind Fragmente v. a. von ›Meliamben‹ (eine Form der Jambendichtung), in denen er sich auf die Seite der Armen stellt und gerechte Besitzverteilung fordert.

Kermani, persischer Dichter, † Chadschu-je Kermani, Kamaloddin.

Kern, Alfred, * Hattingen (Ruhr) 22. Juli 1919, frz. Schriftsteller. – Wuchs im Elsaß auf; geisteswiss. Studium in Heidelberg, Straßburg, Leipzig; lehrt in Paris; trat mit psycholog., sehr poet. und symbolisch vertieften Romanen hervor; auch Lyrik und Essays; Arbeiten für Rundfunk und Fernsehen, ›Phototexte‹.
Werke: Le jardin perdu (R., 1950), Les voleurs de cendres (R., 1951), Der Clown (R., 1957, dt. 1962), Ird. Liebe (R., 1959, dt. 1960), Das zerbrechl. Glück (R., 1960, dt. 1964), Le viol (R., 1964).

Kerner, Justinus [Andreas Christian], * Ludwigsburg 18. Sept. 1786, † Weins-

berg 21. Febr. 1862, dt. Arzt und Schriftsteller. – Kaufmänn. Lehre in der herzogl. Tuchfabrik Ludwigsburg, danach Studium der Naturwiss. und Medizin in Tübingen, wo er mit L. Uhland, G. Schwab u. a. befreundet war; Reisen; Arzt in Wien, ab 1810 in Dürrmenz, 1811 in Wildbad, 1813 Heirat mit Friederike ›Rikkele‹ Ehmann, danach Oberamtsarzt in Gaildorf und schließlich (ab 1819) in Weinsberg. Hier pflegte er auch Friederike Hauffe, deren Lebensgeschichte in den Roman ›Die Seherin von Prevorst‹ (2 Bde., 1829) einging. Dank der großzügigen Gastfreundschaft des Besitzers wurde sein ›Kernerhaus‹ zu einem Anziehungspunkt für viele, bedeutende Persönlichkeiten. K. gehört zu den bedeutendsten Lyrikern der spätromant. schwäb. Dichterschule. Seine dem Volkslied verpflichtete Lyrik ist durch schlichte Sprache, z. T. frischen Humor, oft jedoch tiefe Wehmut sowie Neigung zum Mystischen und Okkulten gekennzeichnet; bed. ist v. a. der satir. Roman ›Reiseschatten‹ (1811); auch Schriften über medizin. und okkultist. Themen.
Weitere Werke: Gedichte (1826), Der Bärenhäuter im Salzbade (Schattenspiel, 1837), Die lyr. Gedichte (1847), Das Bilderbuch aus meiner Knabenzeit (Autobiogr., 1849), Der letzte Blüthenstrauß (Ged., 1852), Winterblüthen (Ged., 1859), Klecksographien (hg. 1890).
Ausgaben: J. K. Sämtl. Werke in 8 Büchern. Neu hg. v. W. HEICHEN. Bln. 1903. – J. K. Sämtl. poet. Werke in 4 Bden. Hg. v. J. GAISMAIER. Lpz. 1905. – J. K. Werke. Hg. v. R. PISSIN. Bln. 1914. 6 Tle. in 2 Bden. Nachdr. Hildesheim 1974. – Das Leben des J. K. Erzählt von ihm u. seiner Tochter Marie. Hg. v. K. PÖRNBACHER. Mchn. 1967.
Literatur: STRAUMANN, H.: J. K. u. der Okkultismus in der dt. Romantik. Horgen 1928. – J.-K.-Verein: Beitr. zur schwäb. Lit.- u. Geistesgesch. u. Mitt. des J.-K.-Vereins u. Frauenvereins Weinsberg e. V. (1964)ff. – FRÖSCHLE, H.: J. K. u. L. Uhland. Gesch. einer Dichterfreundschaft. Göppingen 1973. – KERNER, TH.: Das Kernerhaus u. seine Gäste. Weinsberg 26.–30. Tsd. 1978. – JENNINGS, L. B.: J. K.s Weg nach Weinsberg (1809–19). Columbia (S. C.) 1982. – J. K. Hg. v. H. SCHOTT. Weinsberg 1990.

Kerner, Theobald, * Gaildorf 14. Juni 1817, † Weinsberg 11. Aug. 1907, dt. Arzt und Schriftsteller. – Sohn von Justinus K.; war bemüht, die medizin. und naturwiss. Versuche seines Vaters weiterzuführen, gründete 1852 in Stuttgart eine

13 MTL Lit. 4

386 Kernstock

galvanomagnet. Heilanstalt. Seit 1863
lebte er im väterl. Hause als Arzt. Mit sei-
nen Gedichten steht er in der Nachfolge
seines Vaters, daneben Lustspiele, No-
vellen, Kinderbücher.
Werke: Gedichte (1845), Prinzessin Klatschrose
(Kinder., 1851), Trag. Erlebnisse (Nov., 1864),
Dichtungen (1879), Der neue Ahasver (Lsp.,
1885), Pastor Staber (Lsp., 1888), Das Kerner-
haus und seine Gäste (1894), Altes und Neues
(Dichtung, 1902).

Kernstock, Ottokar, * Maribor
25. Juli 1848, † Festenburg (Steiermark)
5. Nov. 1928, österr. Theologe und
Schriftsteller. – Kath. Priester; 1872–77
Archivar und Bibliothekar im Augusti-
ner-Chorherrenstift Vorau. Verfaßte ne-
ben theolog. und archäolog. Schriften
lyr. Gedichte, die z.T. vertont wurden,
patriot. Lieder und Balladen; Verfasser
der österr. Nationalhymne der Jahre
1934–38.
Werke: Die wehrhafte Nachtigall (Ged., 1900),
Aus dem Zwingergärtlein (Ged., 1901), Unter
der Linde (Ged., 1905), Turmschwalben (Ged.,
1908), Schwertlilien aus dem Zwingergärtlein
(Ged., 1915), Der redende Born (Ged., 1922).

Kerouac, Jack [engl. ˈkɛrʊæk], * Low-
ell (Mass.) 12. März 1922, † Saint Peters-
burg (Fla.) 21. Okt. 1969, amerikan.
Schriftsteller. – Unterbrach sein Studium
an der Columbia University, um am
2. Weltkrieg teilzunehmen; gemeinsam
mit A. Ginsberg und W. Burroughs
Hauptvertreter der Beat generation; gibt
in seinem Werk der Suche nach neuen
Lebenswerten mit allen Mitteln unbür-
gerl. Lebensgestaltung in dynam., oft
dem Slang nahestehender Sprache Aus-
druck.
Werke: Unterwegs (R., 1957, dt. 1959), Gamm-
ler, Zen und hohe Berge (R., 1958, dt. 1963),
Mexico City blues (Ged., 1959), Engel, Kiff und
neue Länder (R., 1960, dt. 1967), Satori in Paris
(R., 1966, dt. 1968), Die Verblendung des Du-
luoz (autobiograph. Ber., 1968, dt. 1969).
Literatur: CHARTERS, A.: K. A biography. Lon-
don 1974. – CHARTERS, A.: A bibliography of
works by J. K. 1939–1975. Neuausg. New York
1975. – HIPKISS, R. A.: J. K. Prophet of the new
romanticism. Lawrence (Kans.) 1976. – TYTELL,
J.: Naked angels. The lives and literature of the
beat generation. New York u.a. 1976. – GIF-
FORD, B./LEE, L.: Jack's book. An oral bio-
graphy of J. K. New York 1978. – MCNALLY,
D.: Desolate angel. J. K., the beat generation,
and America. New York 1979. – MILEWSKI,
R. J., u.a.: J. K. An annotated bibliography of

secondary sources, 1944–1979. Metuchen (N. J.)
1981. – K. and friends. A beat generation al-
bum. Hg. v. F. W. MCDARRAH. New York 1985.

Kerr, Alfred, ursprüngl. A. Kempner
(bis 1911), * Breslau 25. Dez. 1867,
† Hamburg 12. Okt. 1948, dt. Schriftstel-
ler und Theaterkritiker. – Ab etwa 1890
Veröffentlichung von Theaterkritiken
und Essays in Zeitungen und Zeitschrif-
ten (ab 1919 v. a. im ›Berliner Tageblatt‹).
1912–15 Mitarbeiter und Hg. der Zeit-
schrift ›Pan‹. 1933 Emigration über Prag,
Lugano und Paris nach London; Mitar-
beit an Emigrantenzeitschriften und
(nach 1945) an Zeitungen in Deutschland
(›Die Welt‹, ›Die Neue Zeitung‹). Für K.
war Literatur- bzw. Theaterkritik neben
Epik, Lyrik und Dramatik eine vierte li-
terar. Grundgattung; er förderte H. Ibsen
und G. Hauptmann und bekämpfte
H. Sudermann und B. Brecht, verfaßte
auch Gedichte und Reiseerzählungen,
entdeckte Klabund für den ›Pan‹. In sei-
nen ›Tagesglossen‹ im Berliner Rund-
funk forderte er lange vor 1933 zur Einig-
keit der Linken gegen die Nationalsozia-
listen auf (gesammelt in ›Die Diktatur
des Hausknechts‹ [1934]).
Weitere Werke: Schauspielkunst (1904), Das
neue Drama (1905), Newyork und London
(Reiseb., 1923), O Spanien! (Reiseb., 1925), Ca-
prichos (Ged., 1926), Walther Rathenau (1935),
Melodien (Ged., 1938), Gedichte (hg. 1955).
Ausgaben: A. K. Ges. Schrr. in 2 Reihen. Bln.
[1–10]1917–20. 7 Bde. – A. K. Theaterkritiken. Hg.
v. J. BEHRENS. Stg. 1971. – A. K. Sätze meines
Lebens. Über Reisen, Kunst u. Politik. Hg. v.
H. BEMMANN. Bln. 1978. – A. K. Ich kam nach
England. Ein Tageb. aus dem Nachlaß. Hg. v.
W. HUDER u. TH. KOEBNER. Bonn 1979. – A. K.
Mit Schleuder u. Harfe. Theaterkritiken aus drei
Jahrzehnten. Hg. v. H. FETTING. Neuausg. Mchn.
1985. – A. K. Werke in Einzelbden. Bln. 1989 ff.
Auf 8 Bde. ber. (bisher 4 Bde. erschienen).
Literatur: CHAPIRO, J.: Für A. K. Ein Buch der
Freundschaft. Bln. 1928. – HUDER, W.: A. K.
Ein dt. Kritiker im Exil. In: Sinn u. Form 18
(1966), S. 1262. – SCHÖLLMANN, T.: Ein Weg zur
literar. Selbstverwirklichung, A. K. Zur Eigen-
art u. Wirkung seiner krit. Schrr. Mchn. 1977. –
SCHNEIDER, H.: A. K. als Theaterkritiker. Rhein-
felden 1984. 2 Tle. – A. K., Lesebuch zu Leben
u. Werk. Hg. v. H. HAARMANN u.a. Bln. 1987.

Kersnik, Janko, * Brdo 4. Sept. 1852,
† Ljubljana 28. Juli 1897, slowen. Erzäh-
ler. – Stand unter dem Einfluß von J. Jur-
čič. Seine Romane enthalten aufschluß-
reiche Gesellschaftsanalysen.

Alfred Kerr

Werke: Cyclamen (R., 1883, dt. 1901), Agitator (R., 1885), Testament (E., 1887), Jara gospoda (= Die Emporkömmlinge, E., 1893).
Ausgabe: J. K. Zbrano delo. Ljubljana 1947–52. 5 Bde.

Kertész, Ákos [ungar. 'kɛrte:s], *Budapest 18. Juli 1932, ungar. Schriftsteller. – Die Romane, Erzählungen und Dramen des gelernten Karosserieschlossers spielen im Arbeitermilieu; ihr immer wiederkehrendes Thema ist – wie im bisher bedeutendsten Roman des Autors ›Das verschenkte Leben des Ferenc Makra‹ (1971, dt. 1975) – das konfliktreiche Leben in der konsolidierten sozialist. Gesellschaft.
Weitere Werke: Névnap (= Namenstag, En., 1972), Wer wagt, gewinnt (Dr., 1979, dt. 1981), Haus mit Mansarde (R., 1982, dt. 1984).

Kesey, Ken Elton [engl. 'kiːsɪ], *La Junta (Colo.) 17. Sept. 1935, amerikan. Schriftsteller. – Lebte nach dem Studium an der University of Oregon und der Stanford University als Bohemien; war u. a. auch Präsident einer Filmfirma. Schreibt gesellschaftskrit., makabre Romane, von denen v. a. ›Einer flog über das Kuckucksnest‹ (1962, dt. 1972), der in einer psychiatr. Anstalt spielt, bes. durch die Verfilmung bekannt wurde. Seine aufsehenerregende Omnibustour durch die USA mit gleichgesinnten Künstlern, den sog. Merry Pranksters, stellte Tom Wolfe in ›Electric kool-aid acid test‹ (R., 1968) dar.
Weitere Werke: Manchmal ein großes Verlangen (R., 1964, dt. 1966), Kesey's garage sale (R., 1973), Der Tag, nach dem Superman starb (R., 1980, dt. 1988), Die Dämonenkiste. Neue Geschichten aus Amerika (R., 1986, dt. 1989), The further inquiry (Prosa, 1990).

Literatur: One flew over the cuckoo's nest. Text and criticism. Hg. v. J. C. PRATT. New York 1973. Nachdr. Harmondsworth 1978. – LEEDS, B. H.: K. K. New York 1981. – TANNER, S. L.: K. K. Boston (Mass.) 1983.

Kessel, Joseph, *Clara (Argentinien) 10. Febr. 1898, †Avernes (Val-d'Oise) 23. Juli 1979, frz. Schriftsteller russ. Abstammung. – Arzt; im 1. Weltkrieg Fliegeroffizier, dann Journalist; Verfasser des ersten frz. Fliegerromans (›L'équipage‹, 1923); schrieb außerdem Abenteuer- und Reisebücher, z. T. reportageartig, daneben moderne Gesellschafts- und Familienromane. 1962 wurde er Mitglied der Académie française.
Weitere Werke: Die rote Steppe (Nov.n, 1922, dt. 1927), Die Gefangenen (R., 1926, dt. 1930), La belle de jour. Die Schöne des Tages (R., 1929, dt. 1968), Le bataillon du ciel (R., 1947), Der Brunnen der Medici (R., 4 Bde., 1950, dt. 1951, 1961 u. d. T. Brunnen der Parzen), Die Liebenden vom Tajo (R., 1954, dt. 1970), Patricia und der Löwe (R., 1958, dt. 1959), Medizinalrat Kesten (R., 1960, dt. 1961), Zeuge in heilloser Zeit (Reportagen, 1963, dt. 1964), Die Steppenreiter (R., 1967, dt. 1971), Les temps sauvages (Reportagen, 1978).

Kessel, Martin, *Plauen 14. April 1901, †Berlin 14. April 1990, dt. Schriftsteller. – Seit 1923 freier Schriftsteller in Berlin, das er gern zum Schauplatz seiner Dichtungen machte. Zeitkrit. Moralist, Essayist, Erzähler und Lyriker mit Vorliebe für kleinere Formen (Essays, Aphorismen), die er in meisterhafter, geistvoller und geschliffener Sprache gestaltete. Erhielt u. a. 1954 den Georg-Büchner-Preis.
Werke: Gebändigte Kurven (Ged., 1925), Betriebsamkeit (4 Nov.n, 1927), Herrn Brechers Fiasko (R., 1932), Romant. Liebhabereien (Essays, 1938), Die Schwester des Don Quijote (R., 1938), Aphorismen (1948, erweiterte Neuaufl. 1960 u. d. T. Gegengabe), Gesammelte Gedichte (1951), Iron. Miniaturen (1960), Kopf und Herz. Sprüche im Widerstreit (1963), Lydia Faude (R., 1965), Alles lebt nur, wenn es leuchtet (Ged., 1971), Ehrfurcht und Gelächter (Essays, 1974).

Kesser, Hermann, eigtl. H. Kaeser-Kesser, *München 4. Aug. 1880, †Basel 4. April 1952, dt. Schriftsteller. – Lehrer am Konservatorium in Zürich, Journalist, ab 1913 freier Schriftsteller, v. a. in Berlin und Wiesbaden. 1933 Emigration (Schweiz, USA); vom Expressionismus ausgehender Erzähler, Dramatiker und Essayist.

Werke: Lukas Langkofler. Das Verbrechen der Elise Geitler (En., 1912), Novellen (1916), Die Stunde des Martin Jochner (R., 1916), Summa Summarum (Tragikom., 1920), Vom Chaos zur Gestaltung (Essays und Ged., 1925), Straßenmann (E., 1926), Musik in der Pension (R., 1928).
Ausgaben: H. K. Die Stunde des Martin Jochner. Erzählungen. Nachwort v. F. Hammer. Bln. 1975. – H. K. Das Verbrechen der Elise Geitler u. a. Erzählungen. Hg. v. B. Jentzsch. Olten u. Freib. 1981.

Keßler, Harry Graf, * Paris 23. Mai 1868, † Lyon 30. Nov. 1937, dt. Schriftsteller. – Schrieb ab 1895 (Mit-Hg. ab 1896) für die Zeitschrift ›Pan‹ Kritiken und Aufsätze. Mitarbeiter H. von Hofmannsthals u.a. beim Libretto der ›Josephslegende‹. 1912/13 Gründer und Leiter der Cranach-Presse, einer privaten Druckerei in Weimar, die mit eigenen Schrifttypen auf eigens entwickeltem Papier druckte (1931 aufgelöst). 1918–21 Gesandter in Polen; engagierter Verfechter der Völkerbundidee. Von bes. Interesse sind seine ›Tagebücher. 1918–1937‹ (hg. 1961).
Weitere Werke: Notizen über Mexiko (1898), Walther Rathenau (1928), Gesichter und Zeiten (Erinnerungen, 1935).
Literatur: Lohmann-Hinrichs, D.: Ästhetizismus u. Politik H. Graf K. u. seine Tagebb. in der Zeit der Weimarer Republik. Ffm. u. a. 1994.

Kesten, Hermann, * Podwołoczyska (heute Podwolotschisk, Ukraine) 28. Jan. 1900, dt. Schriftsteller. – Als Verlagslektor ab 1927 in Berlin und nach der Emigration 1933–40 in Amsterdam war K. ein unermüdlicher und streitbarer Förderer der jungen Literatur (›24 neue dt. Erzähler. Frühwerke der Neuen Sachlichkeit‹ [Hg., 1929]) und der Schriftsteller im Exil. Ab 1940 in den USA, 1949 amerikan. Staatsbürger; lebte ab 1949 in New York und Rom, ging 1977 nach Basel und lebt seit 1980 in Riehen (Schweiz). 1972–76 Präsident des P.E.N.-Zentrums BR Deutschland, seitdem Ehrenpräsident. Neben seiner Bedeutung als Literaturvermittler, Kritiker, Herausgeber (u. a. J. Roth [1956, 1975/76], R. Schickele [1939, 1959], Anthologien) und Übersetzer v. a. frz. und engl. Literatur steht sein eigenes literar. Werk. Seine Romane und Novellen enthalten Gesellschaftskritik und satir. Zeitdiagnose und sind Bekenntnisse zu Humanität und Freiheit

Hermann Kesten

(›Die Kinder von Gernika‹, R., 1939). Auch Verfasser von Biographien, Theaterstücken (z. T. mit E. Toller), Gedichten und Essays. Erhielt 1974 den Georg-Büchner-Preis.
Weitere Werke: Josef sucht die Freiheit (R., 1927), Ein ausschweifender Mensch (R., 1929), Glückl. Menschen (R., 1931), Der Scharlatan (R., 1932), Der Gerechte (R., 1934), Ferdinand und Isabella (R., 1936, 1953 u. d. T. Sieg der Dämonen), König Philipp der Zweite (R., 1938, 1950 u. d. T. Ich, der König), Copernikus und seine Welt (Biogr., engl. 1945, dt. 1948), Die Zwillinge von Nürnberg (R., engl. 1946, dt. 1947), Die fremden Götter (R., 1949), Meine Freunde, die Poeten (Essays, 1953, erweiterte Neuausg. 1959), Ein Sohn des Glücks (R., 1955), Die Abenteuer eines Moralisten (R., 1961), Die Zeit der Narren (R., 1966), Ein Mann von sechzig Jahren (R., 1972), Revolutionäre mit Geduld (Essays, 1973), Ich bin der ich bin (Ged., 1974), Dialog der Liebe (Nov.n, 1981), Der Freund im Schrank (Nov.n 1983).
Ausgaben: H. K. Ges. Werke in Einzelausgg. Mchn. 1966–74. 6 Bde. – H. K. Ausgew. Werke in 20 Einzelbdn. Ffm. 1980 ff.
Literatur: H. K. Ein Buch der Freunde. Zum 60. Geburtstag am 28. Jan. 1960. Mchn. u. a. 1960. – Winkler, A.: H. K. im Exil (1933–40). Hamb. 1977. – Hommage à H. K. Hg. v. H. Bienek. Ffm. u. a. 1980.

Kestner, René, Pseudonym des dt. Dramatikers Hans José † Rehfisch.

Kette, Dragotin, * Prem 19. Jan. 1876, † Ljubljana 26. April 1899, slowen. Lyriker. – Frühvollendeter Vertreter der slowen. Moderne, der nach anfängl. Versuchen im Volksliedton in formstrengen Sonetten seinen dichter. Höhepunkt erreichte.
Ausgabe: D. K. Zbrano delo. Hg. v. F. Koblar. Ljubljana 1949. 2 Bde.

Kettenmärchen, Erzählform, in der sich ein Motiv in Abwandlungen mehrfach wiederholt, wie etwa in ›Tod des Hühnchens‹ in den ›Kinder- und Hausmärchen‹ der Brüder Grimm. – ↑ auch Formelmärchen.

Kettenreim,
1. äußerer K. (auch Terzinenreim; ↑ Terzine): Endreime mit der Reimstellung aba/bcb/ ... (z. B. Dante, ›Die Göttl. Komödie‹, entst. nach 1313 bis 1321, gedr. 1472, dt. 1814–21, erstmals dt. 1767–69). **2. innerer K.:** nach einem bestimmten Schema wechselnder Reim zwischen Wörtern im Versinnern und dem Versende.

Keulenvers (Rhopalikos, Versus rhopalicus), Sonderform des ↑ Hexameters. Der K. setzt sich aus fünf Wörtern zusammen, deren Silbenzahl gegenüber dem vorangehenden Wort stets um eine Silbe zunimmt.

Keun, Irmgard, * Berlin 6. Febr. 1905, † Köln 5. Mai 1982, dt. Schriftstellerin. – Fabrikantentocher, emigrierte 1935 in die Niederlande, kehrte 1940 nach Deutschland zurück und tauchte bis 1945 unter. Schrieb in den 1930er Jahren sehr erfolgreiche Romane, die ironisch-kritisch die unerfüllbare Sehnsucht nach Glück und Liebe darstellen. Auch im Exil und nach dem Krieg blieb die Darstellung der Realität ironisch und satirisch. Alle ihre Romane wurden zwischen 1979 und 1983 neu herausgegeben.
Werke: Gilgi – eine von uns (R., 1931), Das kunstseidene Mädchen (R., 1932), Das Mädchen, mit dem die Kinder nicht verkehren durften (R., 1936), Nach Mitternacht (R., 1937), D-Zug dritter Klasse (R., 1938), Kind aller Länder (R., 1938), Bilder und Gedichte aus der Emigration (1947), Ferdinand, der Mann mit dem freundl. Herzen (R., 1950), Wenn wir alle gut wären (En., 1957), Blühende Neurosen (1962).
Literatur: LORISIKA, I.: Frauendarstt. bei I. K. u. Anna Seghers. Ffm. 1985. – KREIS, G.: I. K. Neuausg. Mchn. 1993.

Key, Francis Scott [engl. ki:], * Frederick County (heute Carroll County, Md.) 1. Aug. 1779, † Baltimore (Md.) 11. Jan. 1843, amerikan. Lyriker. – Verfasser des 1931 zur Nationalhymne der USA erklärten Gedichts ›The star-spangled banner‹ (1814), das er während des brit. Angriffs auf Baltimore schrieb.

Literatur: BATES, H. D.: F. S. K. New York u. London 1936.

Key-Åberg, Sandro [schwed. 'kɛi-'o:bærj], * Radebeul 6. Mai 1922, schwed. Schriftsteller. – Schrieb anfangs Lyrik aus misanthropisch-pessimist. Grundhaltung, später satir. Lyrik und Prosa, auch Theaterstücke und Bildgedichte. Im Mittelpunkt seiner Werke stehen die Probleme der menschl. Existenz und ihre Bedrohung.
Werke: Skrämdas lekar (Ged., 1950), Bittergök (Ged., 1954), Livets glädje (Ged., 1960), Livet en stor sak (Ged., 1963), Sagolik (3 Kurzromane, 1964), Gebildete Menschen (Ged., 1964, dt. 1970), O. Szenengespräche (Stücke, 1965, dt. 1966), Härliga tid som randas (Schsp., 1968), Uppslagsbok för rådvilla (Ged., Prosa, 1970), Lovsånger (Ged., 1970), På sin höjd (Ged., 1972), De goda människorna (R., 1976), Som om ingenting har hänt (Nov., 1980), I det darrande ljuset (Ged., 1981), Fridhem, Småland (Prosa, 1982), Till de sörjande (Ged., 1985), Gamlandets lov (Ged., 1987).

Keyes, Sidney Arthur Kilworth [engl. ki:z, kaɪz], * Dartford (Kent) 27. Mai 1922, ✕ Tunis 29. April 1943, engl. Dichter. – Formbewußter, an Romantik und Neuromantik (u. a. an W. Wordsworth und W. B. Yeats) geschulter Lyriker der Kriegsgeneration.
Werke: The iron laurel (Ged., 1942), The cruel solstice (Ged., hg. 1944), Beauty and beast (Ged., hg. 1944), Minos of Crete (Dramen, En., Tagebuchnotizen, Ged., hg. 1948).
Ausgabe: S. A. K. K. The collected poems. Hg. v. MICHAEL MEYER. New York 1945.

Keyserling, Eduard Graf von, * Schloß Paddern (Kurland) 14. oder 15. Mai 1855, † München 28. Sept. 1918, dt. Schriftsteller. – Lebte ab 1895 in München; freier Schriftsteller, befreundet mit F. Wedekind und L. Andreas-Salomé. Geschult an Th. Fontane, I. Turgenjew, J. P. Jacobsen; ab 1907 erblindet, starb in Einsamkeit. Meister des impressionist. Prosa, stilsicherer Schilderer des kurländ. Landschaft und des balt. Adels. Der Mangel an stoffl. Abwechslung (Hauptmotive: Vereinsamung, Langeweile, Resignation) wird durch die fesselnde Darstellung, den prägnanten Dialog und die atmosphär. Dichte verdeckt.
Werke: Fräulein Rosa Herz (E., 1887), Die dritte Stiege (R., 1892), Ein Frühlingsopfer (Schsp., 1900), Beate und Mareile (E., 1903), Schwüle Tage (Nov.n, 1906), Dumala (R., 1908), Wellen (R., 1911), Abendl. Häuser (R., 1914),

Kianto

Am Südhang (E., 1916), Fürstinnen (E., 1917), Im stillen Winkel (En., 1918), Feiertagskinder (R., hg. 1919).
Ausgabe: E. Graf v. K. Werke. Hg. v. R. GRUEN-TER. Ffm. 1973.
Literatur: BAUMANN, H.: E. v. K.s Erzählungen. Eine Interpretation des Romans Abendl. Häuser. Zü. u. Freib. 1967. – STEINHILBER, R.: E. v. K. Sprachskepsis u. Zeitkritik in seinem Werk. Darmst. 1977. – SCHWALB, I.: E. v. K. Ffm. u. a. 1993.

Kịanto, Ilmari, früher I. Calamnius, * Suomussalmi 7. Mai 1874, † Helsinki 27. April 1970, finn. Schriftsteller. – Schrieb gesellschaftskrit. Romane (›Der rote Strich‹, 1909, dt. 1920; ›Ryysyrannan Jooseppi‹ [= Der Ryysyranta Jooseppi], 1924), die den armen Bauern Nordostfinnlands zum Helden haben. K.s Werk zeigt eine kauzige Mischung aus Kultur- und Kirchenfeindlichkeit, Sozialismus und empfindsamer Heimatverwurzelung.

Kiatschẹli (tl.: Kiačeli), Leo, eigtl. Leon Michailowitsch Schengelaja, * Obudschi 19. Febr. 1884, † Tiflis 19. Dez. 1963, georg. Schriftsteller. – Entstammte einer Adelsfamilie; 1906 Revolutionär in Westgeorgien; wurde verhaftet und floh 1907 nach Moskau, wo er sich illegal aufhielt; 1912–17 Studium in Genf; 1917 Lehrer für Literatur an georg. Schulen; schilderte in dem Roman ›Tariel Golua‹ (1917) Ereignisse während der Revolution von 1905 bis 1907 in Georgien; danach Hinwendung zum Symbolismus; polit. Anerkennung fand später der Kolchosroman ›Gwadi Bigwas Wandlung‹ (1938, russ. 1941, dt. 1951); in ›Mtis ḳaci‹ (= Der Gebirgsmensch, 1946) wird der Kampf um ein abchas. Dorf im 2. Weltkrieg geschildert; übersetzte M. Gorki, Stendhal, A. France und H. Barbusse ins Georgische.

Kiaulẹhn, Walther, Pseudonym Lehnau, * Berlin 4. Juli 1900, † München 7. Dez. 1968, dt. Schriftsteller. – Journalist; nach 1945 Schauspieler, freier Schriftsteller. Verfasser populärer, anschaulich geschriebener, z. T. kulturhistor. Unterhaltungsliteratur: ›Lesebuch für Lächler‹ (Essays, 1938) und ›Berlin, Schicksal einer Weltstadt‹ (1958).
Weitere Werke: Lehnaus Trostfibel und Gelächterbuch (1932), Die eisernen Engel (Dar-

stellung, 1935), Rüdesheimer Fragmente (1960), Mein Freund der Verleger. Ernst Rowohlt und seine Zeit (1967).

Kidde, Astrid [dän. 'kiðə], dän. Schriftstellerin, ↑ Ehrencron-Kidde, Astrid.

Kidde, Harald [dän. 'kiðə], * Vejle 14. Aug. 1878, † Kopenhagen 23. Nov. 1918, dän. Dichter. – Brach das theolog. Studium aus Gewissensgründen ab; ∞ mit Astrid ↑ Ehrencron-Kidde; stand im Ggs. zum Kulturoptimismus und Fortschrittsglauben seiner Zeit; schrieb skept., schwermütige Romane, weltanschaulich von S. Kierkegaard, stilistisch von J. P. Jacobsen, J. Jørgensen und der dän. Romantik beeinflußt.
Werke: Aage og Else (R., 2 Bde., 1902/03), Luftschlösser (Parabeln, 1904, dt. 1906), De blinde (R., 1906), Loven (R., 1908), Den anden (R., 1909), Der Held (R., 1912, dt. 1927).
Literatur: HÖGER, A.: Form u. Gehalt der Romane u. kleineren Erzählungen. H. K.s Diss. Mchn. 1969.

Kiehtreiber, Albert Conrad, österr. Schriftsteller und Maler, ↑ Gütersloh, Albert Paris.

Kielland, Alexander L[ange] [norweg. 'çɛlan], * Stavanger 18. Febr. 1849, † Bergen 6. April 1906, norweg. Schriftsteller. – K. gelang es in seinen Werken, eine radikale Tendenz, die sich gegen soziale Mißverhältnisse und Heuchelei innerhalb von Kirche und Gesellschaft richtet, mit einer künstler. Form zu vereinen. Geistreiche Ironie und elegante Sprache waren seine Waffen.
Werke: Garman & Worse (R., 1880, dt. 1881), Else (E., 1881, dt. 1882), Schiffer Worse (R., 1882, dt. 1882), Gift (R., 1883, dt. 1886), Johannisfest (R., 1886, dt. 1886), Jakob (R., 1891, dt. 1899).
Ausgaben: A. L. K. Ges. Werke. Dt. Übers. Lpz. 1905–08. 10 Tle. in 5 Bden. – A. L. K. Werke. Dt. Übers. Bln. 1985–86. 4 Bde..
Literatur: BULL, F.: Omkring A. L. K. Oslo 1949. – BAEHRENDTZ, N. E.: A. K.s litterära genombrott. Diss. Stockholm 1952. – LUNDE, J.: A. L. K. Oslo 1970. – APELAND, O.: A. L. K.s romaner. Oslo 1971.

Kierkegaard, Søren [Aabye] ['kɪrkəgart; dän. 'kergəgɔː'r], * Kopenhagen 5. Mai 1813, † ebd. 11. Nov. 1855, dän. Philosoph, Theologe und Schriftsteller. – Studierte zuerst Philosophie, später Theologie; hielt sich im Winter 1841/42 in Berlin auf und war Hörer von Schel-

Søren Kierkegaard (Kohlezeichnung von Niels Christian Kierkegaard, um 1840)

lings Vorlesungen. K. hat keine systemat. Philosophie entwickelt. Im Mittelpunkt seiner zahlreichen Schriften steht der einzelne Mensch, der sich entscheiden muß. Er schildert dessen Versuche, den Sinn seines Daseins auf dem Hintergrund des Schuldbewußtseins zu begreifen. K. unterscheidet dabei drei Stufen: die ›ästhet.‹ (die schließlich zu Langeweile, Ekel und Überdruß führt), die ›eth.‹ (auf der der Mensch sein Dasein bewußt annimmt) und die ›religiöse‹ (auf der er Angst und Verzweiflung durch den Glauben überwindet). – K. war mit seiner den einzelnen Menschen und seine Befindlichkeit ([Entscheidungs]angst, Ekel, u. a.) betonenden Philosophie einer der wichtigsten Vorläufer der Existenzphilosophie und des Existentialismus. Seine Untersuchungen zeugen oft von einem großen psycholog. Scharfblick.

Werke: Entweder-Oder (1843, dt. 1885), Furcht und Zittern (1843, dt. 1882), Philosoph. Bissen (1844, dt. 1890), Der Begriff der Angst (1844, dt. 1890), Die Krankheit zum Tode (1849, dt. 1881), Einübung im Christentum (1850, dt. 1878).
Ausgabe: S. K. Ges. Werke. Hg. v. E. Hirsch u. a. Dt. Übers. Düss. u. Köln [1-4]1960–71. 36 Abteilungen in 26 Bden.
Literatur: Adorno, Th. W.: K. Konstruktion des Ästhetischen. Ffm. Neuausg. 1962. – Schulz, W.: S. K. Existenz u. System. Pfullingen 1967. – Materialien zur Philosophie S. K.s Hg. v. M. Theunissen u. W. Greve. Ffm. 1979. – Aizpún de Bobadilla, T.: K.s Begriff der Ausnahme. Mchn. 1992. – Billeskov Jansen, F. J.: K. Kopenhagen ²1993.

Kieseritzky, Ingomar, *Dresden 21. Febr. 1944, dt. Schriftsteller. – Lebt seit 1971 als freier Schriftsteller in Berlin (West); schreibt Hörspiele und experimentelle Prosa, u. a. den Roman ›Trägheit oder Szenen aus der vita activa‹ (1978), eine Folge analyt. Bilder als Dokument der allgemeinen Destruktion.
Weitere Werke: Ossip und Sobolev oder Die Melancholie (1968), Tief oben (R., 1970), das eine wie das andere (R., 1971), Die ungeheuerl. Ohrfeige oder Szenen aus der Geschichte der Vernunft (R., 1981), Obsession. Ein Liebesfall (E., 1984), Tristan und Isolde im Wald von Morois oder der zerstreute Diskurs. Dialoge (1987; mit K. Bellingkrodt), Anatomie für Künstler (R., 1989), Der Frauenplan (R., 1991).

Kihlman, Christer Alfred [schwed. ˌtçiːlman], *Helsinki 14. Juni 1930, finn. Schriftsteller schwed. Sprache. – In seinen Romanen, die oft Anlaß zu heftigen Diskussionen gaben, geißelt K. in rückhaltloser, sezierender Offenheit gegen sich selbst und seine eigene Gesellschaftsschicht soziale und sexuelle Tabus sowie moral. Feigheit, um zu den Grundbedingungen der menschl. Existenz vorzustoßen. Als erzähler. Mittel dienen ihm dabei oft der innere Monolog und eine komplizierte psycholog. Handlungsstruktur; auch bed. Essayist.
Werke: Rummen vid havet (Ged., 1951), Munkmonolog (Ged., 1953), Se upp, salige! (R., 1960), Den blå modern (R., 1963), Madeleine (R., 1965), Inblandningar, utmaningar (Essay, 1968), Homo tremens (R., 1971, dt. 1985), Frälsaren och det glömda folket (Dr., 1972), Edler Prinz (R., 1975, dt. 1983), Livsdrömmen rena (R., 1982), På drift i förlustens landskap (R., 1986), Gerdt Bladhs undergång (R., 1987).

Kikutschi (tl.: Kikuchi), Hiroschi (auch: K., Kan), *Takamatsu (Kagawa) 26. Dez. 1888, †Tokio 6. März 1948, jap. Schriftsteller und Verleger. – 1923 Gründer der noch heute erscheinenden bed. literar. Zeitschrift ›Bungei Shunjū‹; Dramatiker und Erzähler, dessen Werke von skept. Realismus geprägt sind.
Werke: Vater kehrt zurück (Dr., 1917, dt. 1935), Jenseits von Liebe und Haß (E., 1919, dt. 1961 in: Die fünfstöckige Pagode), Tojuros Liebe (Dr., 1919, dt. 1925).

Kilchner, Ernst, Pseudonym des schweizer. ev. Theologen und Schriftstellers Carl Albrecht † Bernoulli.

Kilpi, Eeva, *Hiitola 18. Febr. 1928, finn. Erzählerin. – Behandelt mit Einfühlungsvermögen, oft auch mit Ironie die Problematik des menschl. Zusammenlebens, der sexuellen Freiheit, der Ehe, bes. aus der Perspektive der Frau.

392 **Kilpi**

Werke: Wind in Ahornblüten (Nov.n, 1959, dt. 1963), Kesä ja keskiikäinen nainen (= Sommer und eine Frau in den mittleren Jahren, En., 1970), Tamara (R., 1971, dt. 1974), Laulu rakkaudesta (= Liebeslied, Ged., 1972), Elämän evakkona (= Ein Leben lang vertrieben, R., 1983), Kuolema ja muori rakastaja (= Der Tod und der junge Liebhaber, En., 1986), Talvisodan aika (= Die Zeit des Winterkriegs, Prosa, 1989), Välirauha, ikävöinnin aika (= Der Interimsfriede, Zeit der Sehnsucht, Erinnerungen, 1990).

Kilpi, Volter Adalbert, früher Ericsson, * Kustavi 12. Dez. 1874, † Turku 13. Juni 1939, finn. Schriftsteller. – Anfangs von der dt. Romantik und den engl. Präraffaeliten, später von der zeitgenössischen europ. Prosaliteratur (M. Proust, J. Joyce) beeinflußt, schildert K. das Leben seiner westfinn. Inselheimat in einer verschlungenen, experimentellen, sprachschöpfer. Prosa.
Werke: Alastalon salissa (= Im Saal von Alastalo, R., 2 Bde., 1933), Pitäjän pienempiä (= Die kleineren Leute der Gemeinde, Nov.n, 1934), Kirkolle (= Zur Kirche, Nov.n, 1937), Gulliverin matka Fantomimian mantereelle (= Gullivers Reise auf dem Kontinent Fantomimia, R.fragment, hg. 1944).

Kilroy, Thomas [engl. 'kılrɔı], * Callan (Kilkenny) 23. Sept. 1934, ir. Schriftsteller und Dramatiker. – Studium in Dublin, seit 1978 Prof. für Englisch in Galway. Trotz des Achtungserfolges seines Romans ›The big chapel‹ (1971) wurde er v.a. als Dramatiker bekannt, zuerst durch die Tragikomödie ›The death and resurrection of Mr. Roche‹ (1969) über kulturelle Sterilität ir. Stadtlebens. In seinen Stücken wechseln realist. und phantast. Stilarten.
Weitere Werke: The O'Neill (Dr., UA 1969), Tea and sex and Shakespeare (Dr., UA 1976), Talbot's box (Dr., 1979), Double cross (Dr., 1986), The Madame MacAdam Travelling Theatre (Dr., 1991).

Kim, Anatoli Andrejewitsch, * Sergijewka (Kasachstan) 15. Juni 1939, russ. Schriftsteller korean. Herkunft. – Zuerst Maler. Seine Prosa kreist um das Problem des Todes. Er beschreibt, stark gefühlshaltig, mit exot. Kolorit und formal modernistisch, Schicksale seiner korean. Landsleute auf Sachalin in Vergangenheit und Gegenwart.
Werke: Nachtigallenecho (En., 1980, dt. 1988), Der Lotos (R., 1980, dt. 1986), Der Nephritgür-

tel (E., 1981, dt. 1986), Die Kräutersammler (E., 1983, dt. 1991), Eichhörnchen (R., 1984, dt. 1987), Der Waldvater (R., 1989, dt. 1989).

Kinädenpoesie [griech.] (Kinaidologie), alexandrin. Dichtung erot. Inhalts, die bei Gelagen vom Kinäden (Päderasten) rezitiert wurde.

Kinau, Hans, dt. Schriftsteller, † Fock, Gorch.

Kinau, Jacob, * Finkenwerder (heute zu Hamburg) 28. Aug. 1884, † Hamburg 14. Dez. 1965, dt. Schriftsteller. – Bruder von Rudolf K. und Gorch Fock, dessen Biograph und Herausgeber; seine Romane berichten vom Leben der Bauern und Seeleute seiner Heimat.
Werke: Die See ruft (R., 1924), Gorch Fock (Biogr., 1935), Freibeuter (R., 1938), Undeichbar Land (R., 1942), Legerwall (R., 1950).

Kinau, Rudolf, * Finkenwerder (heute zu Hamburg) 23. März 1887, † Hamburg 19. Nov. 1975, dt. Schriftsteller. – Bruder von Gorch Fock und Jacob K.; Verfasser humorvoller, realist. Skizzen (u.a. ›Blinkfüer‹, 1918), Erzählungen und Romane aus dem Leben der Finkenwerder Bevölkerung, in deren Sprache (Finkenwerder Platt) fast alle seine Werke geschrieben sind.
Weitere Werke: Thess Bott, dat Woterküken (R., 1919), Lanterne (R., 1920), Hinnik Seehund (R., 1923), Dörte Jessen (R., 1925), Finkenwarder Geschichten (1953), Bi uns an'n Dieck (En., 1955), Mien Wihnachtsbook (En., 1958), Langs de Küst (En., 1968).

Kinck, Hans Ernst [norweg. çiŋk], * Øksfjord (Finnmark) 11. Okt. 1865, † Oslo 13. Okt. 1926, norweg. Schriftsteller. – Begann mit naturalist. Erzählungen, war dann mehr und mehr bemüht, das Wesen des norweg. Menschen analytisch darzustellen; nahm auch zu aktuellen Fragen, bes. zum Problem der Auswanderung Stellung; mehrere seiner Dramen entnehmen ihren Stoff der italien. Renaissance (u.a. ›Agilulf den vise‹, 1906; ›Mot karneval‹, 1915).
Weitere Werke: Wenn die Liebe stirbt (R., 1903, dt. 1913), Auswanderer (R., 1904, dt. 1906), Driftekaren (Dr., 1908), Machiavelli (Essay, 1916, dt. 1938), Sneskavlen brast (R., 3 Bde., 1918/1919), Herman Ek (R., 1923, dt. 1927).
Literatur: ALKER, H. E.: H. E. K. In: Arch. f. Kulturgesch. 24 (1934), S. 186. – LEA, D.: H. E. K. Oslo 1941. – BEYER, E.: H. E. K. Oslo 1956–65. 2 Bde.

Kinder- und Jugendliteratur 393

Kind, Johann Friedrich, Pseudonym Oscar, * Leipzig 4. März 1768, † Dresden 25. Juni 1843, dt. Schriftsteller. – Rechtsanwalt in Dresden, ab 1816 freier Schriftsteller. Mitglied des ›Dresdener Liederkreises‹. Schrieb neben Gedichten, Erzählungen und Dramen im Zeitgeschmack u. a. die Libretti zu C. M. von Webers Oper ›Der Freischütz‹ (nach einer Erzählung von J. A. Apel) und zu K. Kreutzers Oper ›Das Nachtlager von Granada‹.

Weitere Werke: Carlo (Nov., 1801), Malven (En., 2 Bde., 1805), Tulpen (En., 7 Bde., 1806–10), Gedichte (1808, erweitert 5 Bde., 1817–25), Erzählungen und kleine Romane (5 Bde., 1820–27), Theaterschriften (4 Bde., 1821–27).

Literatur: KRÜGER, H. A.: Pseudoromantik. F. K. u. der Dresdner Liederkreis. Lpz. 1904.

Kinderlied, textlich und musikalisch meist einfaches Lied für Kinder. Die Vortragsart liegt häufig zwischen Singen und Sprechen. K.er gehören meist zu einem Anlaß und begleiten oft eine Tätigkeit, wie Wiegen- und Koselied (›Schlaf‘, Kindlein, schlaf‘‹), Kniereiterlied (›Hoppe, hoppe, Reiter‹), Abzählverse, Heilsprüche (›Heile, heile, Segen‹), Tierlieder (›Maikäfer, flieg‘‹), Gebete (›Müde bin ich, geh’ zur Ruh‘‹), Sprachspiele (›Ene mene mopel‹), Rätsel usw. Zahlreiche K.er gehören zu Spielen (Tanz, Reigen, Rollen-, Kampf-, Suchspiel), die oft auch aus der Erwachsenenwelt stammen. Zur Kinderfolklore zählen auch Neck- und Spottverse, ferner K.er, die gängige Redensarten (oder auch Reklametexte) aktualitätsbezogen parodieren. Der Vergangenheit gehören in Europa Kinderarbeitslieder (Hütebubenruf, Beerenlied) an; ein verhältnismäßig neuer Typus sind K.er sozialkrit. oder polit. Inhalts (z. B. D. Süverkrüps ›Baggerführer Willibald‹). K.er wenden sich oft an ein außermenschl. Du, so die allerdings nur teilweise von Kindern gesungenen Heischelieder (zum Erbitten von Gaben) des Jahresbrauchtums oder die beschwörenden Anrufe an Tiere, Sonne, Regen usw. Das volkstüml. K. knüpft ein Element an das andere. Der Reimklang und einmal gefundene Baumuster spielen eine große Rolle. Das K. ist überwiegend kurz (v. a. Vierzeiler) mit Reim oder

Assonanz. Mehrstrophigkeit kommt selten vor, außer bei Spielliedern und beim Kinderkunstlied.

Literatur: BÖHME, F. M.: Dt. K. u. Kinderspiel. Lpz. 1897. Nachdr. Nendeln 1967. – COCK, K. A. DE/TEIRLINCK, I.: Kinderspel en kinderlust in Zuid-Nederland. Gent 1902–08. 8 Bde. – The Oxford dictionary of nursery rhymes. Hg. v. I. OPIE u. P. OPIE. Oxford 1951. Nachdr. Oxford 1969. – OPIE, I./OPIE, P.: The lore and language of school-children. Oxford 1967. – OPIE, I./OPIE, P.: Children’s games in street and playground. Oxford 1969. – RÜHMKORF, P.: Über das Volksvermögen. Exkurse in den literar. Untergrund. Rbk. ³1970. – LORBE, R.: Die Welt des K.es. Whm. u. a. 1971. – GERSTNER, E.: Das K. In: Hdb. des Volksliedes. Hg. v. R. W. BREDNICH u. a. Bd. 1. Mchn. 1973. – ERNST, H.-B.: Zur Gesch. des K.es. Das einstimmige dt. geistl. K. im 16. Jh. Regensburg 1985. – MESSERLI, A.: Elemente einer Pragmatik des K.es u. des Kinderreimes. Aarau u. a. 1991. – VAHLE, F.: K. Erkundungen zu einer frühen Form der Poesie im Menschenleben. Whm. 1992.

Kinder- und Jugendliteratur, zur K.- u. J. werden alle Texte und Bilder gezählt, die von heranwachsenden Menschen – vom Kleinkind bis zum Jugendlichen – bevorzugt (gelesen) werden. Ältere Darstellungen beschränken den Begriff der K.- u. J. auf die Bücher, die eigens für Kinder und Jugendliche geschrieben wurden. Von der Literaturgeschichte und Literaturkritik ist die K.- u. J. als literar. Gattung lange Zeit kaum beachtet worden. Erst in jüngerer Zeit hat sich die Auffassung durchgesetzt, daß die Unterscheidung zwischen Literatur für Erwachsene sowie K.- u. J., insbes. was die Bewertung des literar. Niveaus betrifft, fragwürdig ist.

Das *Elementarbilderbuch* bildet für das Kleinkind, das noch nicht sprechen kann, die dreidimensionale Umwelt auf dicken Hartpappenseiten ab. Die Lust des Wiedererkennens der dargestellten Figuren und Gegenstände schafft eine erste wichtige Beziehung zum bedruckten Papier (Helmut Spanner [* 1951], ›Mein kleiner Bär‹, 1983; ›Ich bin die kleine Katze‹, 1981). Mit der Entwicklung der Sprache wächst das Bedürfnis nach vielseitigem Bildmaterial, das zum Benennen und Beweisen einlädt. (sog. Wimmelbilder; Ali Mitgutsch, ›Riesenbilderbuch‹, 1980). Traditionelle Textformen (Fingerverse, Kinder- und Wie-

Kinder- und Jugendliteratur

genlieder, Versbilderbücher) wurden in den letzten Jahren neu belebt (Janosch, ›Das große Buch der Kinderreime‹, 1984; Helme Heine [* 1941]/Frederik Vahle [* 1942], ›Katzentanz‹, 1980), traditionelle Motive neu bearbeitet (u. a. das Motiv von den ›zehn kleinen Negerlein‹ durch Lilo Fromm [* 1928]/Dorothée Kreusch-Jacob [* 1942], ›10 kleine Musikanten‹, 1984). Neuere Versbilderbücher (Annegert Fuchshuber [* 1940]/Beatrice Schenk de Regniers, ›Ich habe einen Freund ...‹, 1985; Kazuo Iwamura [* 1939]/Rose Pflock [* 1929], ›Nachts, wenn alle schlafen‹, 1984) erzählen ohne Zeigefingermoral Geschichten von ersten kindl. Abnabelungsprozessen. In dieser Zeit des Noch-nicht-lesen-könnens kann man beobachten, wie unbefangen Kinder sich Bildern und Texten gegenüber verhalten: Scheinbar Häßliches oder Furchterregendes wird neugierig zum kleinen Weltbild gebaut. Die Kinder spüren, was die Geschichte mitteilt, ob sie Bedürfnisse, Wünsche und Erfahrungen erzählt (M. B. Sendak, ›Wo die wilden Kerle wohnen‹, 1967) oder ob sie nur belehren, zurechtweisen und eine bestimmte Moral vermitteln will; davon, aber auch von der Art der Vermittlung hängt ab, ob Kinder Bücher lieben oder fürchten. Das Bilderbuch erzählt in Bildern, meist mit dazugehörigen Texten, immer auch eine Geschichte, die das Kind zur Identifikation auffordert. Der Gedanke der Individualität wird hier dem Kind in einer Fülle von Mustern und Charakteren (immer wieder) vorgestellt. Für das Vorschulkind ist alles lebendig, ist alles Person. Entscheidend für die pädagog. Qualität eines Bilderbuches sind folgende Aspekte: welche Möglichkeit der Identifikation wird gegeben; wie deutlich präsentiert sich der Handlungszusammenhang (Erzählform, Perspektive); welche Modelle sozialen Verhaltens werden angeboten; wird die Neugierde und Lernfreude des Kindes berücksichtigt; welche religiösen und myth. Implikationen enthalten die Bilder und Geschichten. Der wesentl. Aspekt für die künstler. Qualität eines Bilderbuches ist die Gestaltung der Bilder und die Ausstattung überhaupt. In der Bilderbuchproduktion nach dem 2. Weltkrieg lassen

sich drei wesentl. Richtungen unterscheiden: 1. das phantastisch-märchenhafte Bilderbuch (Brinette Schroeder, ›Lupinchen‹, 1969; Rita von Bilsen/Cornelis Wilkeshuis, ›Das schönste Geschenk‹, 1977; Helme Heine, ›Die Perle‹, 1984; Leo Lionni [* 1910], ›Frederick‹, 1967; A. Fuchshuber, ›Mausemärchen – Riesengeschichte‹, 1983); 2. das Wirklichkeit und Alltagserfahrungen verarbeitende Bilderbuch (Gunilla Bergström [* 1942], ›Gute Nacht, Willi Wiberg‹, 1974; M. Rettich, ›Jan und Julia verreisen‹, 1974; J. Steiner/Jörg Müller [* 1942], ›Die Kanincheninsel‹, 1977; H. Heine, ›Freunde‹, 1982; Eric Hill, ›Ja, wo is' er denn‹, 1981; Irina Korschunow [* 1925]/Reinhard Michl [* 1948], ›Der Findefuchs‹, 1982) und 3. das sachlichorientierende Bilderbuch (Friedrich Kohlsaat [* 1924]/Katrin Arnold [* 1937], ›David und das Krankenhaus‹, 1981; Irmgard Eberhard [* 1933]/Ursel Scheffler [* 1938], ›Auf dem Markt‹, 1980; Wolfgang de Haen [* 1952], ›Die Uhr‹, 1976; Una Jacobs [* 1934], ›Die Sonnen-Uhr‹, 1983).

Das *Sachbuch* stellt eine Kinderliteraturgattung dar, die ein breites Spektrum von Themen für jedes Kinder- und Jugendalter in vorwiegend informativer Weise bereithält. Die Neugier und der Wissensdurst des Kindes ist permanent lebendig und will befriedigt werden; Erwachsene stehen Kinderfragen häufig hilflos gegenüber. Das Sachbuch (›Herders Bilderlexikon‹, die Reihe ›Alles, was ich wissen will‹ [hg. v. Eliot Humberstone], ›Meyers Kinderlexikon‹ mit Texten von A. Bröger) ist eine Fundgrube, in der Bildfolgen (Graphiken, Photographien u. a.), ergänzt durch Texte, Funktionszusammenhänge erklären, und vermittelt die wichtige Erkenntnis, daß niemand alles wissen kann oder muß.

Das phantast. und das realist. Kinderbuch: Kinder wollen Märchen immer wieder hören oder lesen, weil die komplexe Symbolik und vieldeutigen Identifikationsmöglichkeiten Ich-Wandlungen zulassen. ›Kinder brauchen Märchen und die Phantasie der Geschichten, die ihren Gedanken Freiheit geben‹ (B. Bettelheim). Im Unterschied zum Märchen, das sich immer als mag. Welt vorstellt,

Kinder- und Jugendliteratur 395

bietet die phantast. Erzählung die Schönheit, den Humor und die Spannung einer Traumwelt symbolisch als Möglichkeit, Realität zu erfahren. Die phantast. Erzählung hat ihren Handlungsort in der wirkl. Welt, aber es geschieht Wunderbares, Zauberhaftes, Verrücktes. A. Lindgren, Ch. Nöstlinger, P. Maar, Erich Kästner, M. Ende, O. Preußler, Erwin Moser (* 1954) sind einige der wichtigen Autoren solcher literar. Erzählungen. Daran anknüpfend bietet sich die Möglichkeit, dem Kind Kunstmärchen anzubieten. H. Ch. Andersen, W. Hauff, E. T. A. Hoffmann, L. Tieck, Th. Storm u. a. sind durch ihre Geschichten, die das Menschliche allgemeingültig, nicht aktualitätsgebunden darstellen, gute Verbündete für Kinder auf dem Weg in die Phantasie. Aber Kinder wollen nicht nur träumen. Sie wollen sich v. a. auch zurechtfinden in ihrer Umwelt und brauchen Unterstützung in der Bewältigung alltägl. Konflikte. Sie wollen Selbstbewußtsein, Selbstsicherheit ausbilden und brauchen deshalb auch die Solidarität realer Helden zur Identifikationsfindung; P. Härtling, I. Korschunow, F. Hetmann, u. a. sind Erfinder von mutigen, traurigen, klugen, verzweifelten, liebenden und hassenden, furchtsamen, ängstl., unterdrückten und verführten Kindern und Menschen, die zur Parteinahme auffordern, die Lösungen von Problemen anbieten oder beim Nachdenken helfen, selbst Lösungen zu finden.

Das erheblich zunehmende Interesse am *Jugendbuch* in der Nachkriegszeit zeigt sich in der Behandlung durch die Massenmedien, in der ständig sich ausweitenden Vermarktung (Taschenbuch, Fernsehen, Schallplatte, Kassette) und in der zunehmenden wiss. Beschäftigung mit ihm seitens mehrerer Disziplinen. Die ›Frankfurter Schule‹ rückte die soziolog. Betrachtungsweise und die Kommunikationstheorie in den Vordergrund. Man schloß die Trivialliteratur ein (Comic strips), analysierte die Indoktrination und versuchte umgekehrt, das Jugendbuch zur Veränderung der gegenwärtigen gesellschaftl. Verhältnisse zu benutzen und den Leser zur Emanzipation von familiären und schul. Abhängigkeiten zu führen (F. Hetmann, Ch. Nöst-

linger). Gleichzeitig brachte das Abrücken vom pädagog. Optimismus, ›Lebenshilfe‹ leisten zu können, einen massiven pädagog. Pessimismus und eine planmäßige Zerstörung bisheriger Tabus. Vorherrschende Thematik: körperl., seel. und geistige Behinderungen (u. a. P. Härtling); Drogen, Alkohol, Krankheit, Alter, Tod (Pierre Pelot [* 1945]); Sexualität, auch Homosexualität, Rassismus, Aggression, Angst (William Sleator [* 1945]); Unterdrückung von Minoritäten, Gastarbeiterproblematik, Zerstörung der Umwelt (Jörg Müller [* 1942]). Auffällig vor dem pessimist. Hintergrund der 70er Jahre ist die Bestsellerentwicklung der sog. Fantasyliteratur der 80er Jahre. M. Ende (›Momo‹, 1973; ›Die unendl. Geschichte‹, 1979), J. R. R. Tolkien (›Der Herr der Ringe‹, 3 Bde., 1954/55, dt. 1969/70) und O. Preußler (›Krabat‹, 1971) haben dabei einen starken Einfluß zu verzeichnen. Eine neue psychoanalyt. Betrachtung begleitet das nach einer kurzen Periode soziolog. Kritik stark einsetzende Interesse am Zaubermärchen. Daneben aber bieten Abenteuerbücher, historische Romane, Science-fictions, Freundschafts- und Liebesgeschichten sowie Pubertätsprobleme in literar. Form dem jugendl. Leser ein Lesevergnügen, das durch die Qualität der Information und die Sensibilität der Sprache Vorbereitung ist auf den Übergang zur sog. Weltliteratur.

Geschichtliche Entwicklung: Die Geschichtsschreibung der K.- u. J. ist unzureichend. Man darf wohl annehmen, daß die Heranwachsenden in der Zeit vor der Aufklärung Gelegenheit genug fanden, aus den überlieferten Versen, Fabeln, Märchen, Heiligenlegenden usw. herauszulesen, was ihrer Entwicklung entsprach. Mit der Erfindung des Letterndruckes entstanden die ↑ Bilderbogen und die oft reich illustrierten ↑ Volksbücher. Herausragende Vertreter in der Vorläuferzeit waren J. A. Comenius mit seiner Enzyklopädie (›Orbis sensualium pictus‹, 1658) für die Sachliteratur und Ch. Perrault (›Contes de ma mère l'oye‹, 1697, dt. 1822 u. d. T. ›Feenmärchen für die Jugend‹) für die Festlegung der Volksüberlieferung. Beide Werke riefen eine Fülle von Nachahmungen und Neu-

396 Kinder- und Jugendliteratur

schöpfungen hervor. Den Markt für K.-
u. J. hat erst die Aufklärungszeit ent-
deckt. In den 70er und 80er Jahren des
18. Jh. wurden die bürgerl. Familien ge-
radezu überflutet von Jugendzeitschrif-
ten und Kindertheatertexten, teils moral-
pädagog., teils sachbelehrender und teils
märchenhaft unterhaltender Art. Diesen
Erscheinungen waren u. a. Feenmärchen
frz. Herkunft vorausgegangen, denen
J. K. A. Musäus den ersten dt. Beitrag
hinzufügte (1782–86). Auch die lehrhafte
Fabel wurde ausgeschlachtet, und die
Weltliteratur hielt von M. de Cervantes
Saavedras ›Don Quijote‹ (1605–15, erst-
mals dt. 1621) bis D. Defoes ›Robinson
Crusoe‹ (1719/20, erstmals dt. 1720/21)
Einlaß in die Jugendliteratur, wobei sich
insbes. F. J. Bertuch und J. H. Campe als
verleger. Genies erwiesen. Weniger gut
erforscht ist die K.- u. J. der Romantik,
da man sich ganz einseitig den beiden
epochemachenden Sammlungen von
C. Brentano und A. von Armin (›Des
Knaben Wunderhorn‹, 1806–08) und der
Brüder J. und W. Grimm (›Kinder- und
Hausmärchen‹, 1812–15) zugewandt hat.
Völlig überschätzt wurde die Wirkung
der Görresschen Abhandlung ›Die teut-
schen Volksbücher‹ (1807). Sie blieb zu
ihrer Zeit so gut wie ohne Widerhall, und
erst der schwäb. Dichterkreis hat durch
seine Balladen und erzähler. Bearbeitun-
gen diesen Faden teilweise wieder aufge-
nommen. Gleichzeitig bahnte sich eine
Betonung des Nationalen an, mit ausge-
löst wohl durch die Abwehr der frz.
Werke seitens der Brüder Grimm; die
verschiedenen griech. und röm. Mytho-
logien für die Jugend (z. B. von August
Heinrich Petiscus [* 1780, † 1846], ›Der
Olymp‹, 1820) wurden einseitig durch
G. Schwabs Bearbeitung (1838–40) er-
setzt. In der ersten Hälfte des 19. Jh. wur-
zeln viele Strömungen: W. Scott rief eine
bis auf den heutigen Tag nicht endende
Kette erzählter Geschichten hervor
(›Ivanhoe‹, 1820, dt. 1820). Mit E. T. A.
Hoffmann (›Nußknacker und Mause-
könig‹, in: ›Die Serapionsbrüder‹,
1819–21) und später H. Ch. Andersen er-
oberte sich die phantast. Erzählung ihren
Platz. L. Richter und sein Kreis leiteten
das romantisch-idyll. Bilderbuch ein,
während O. Speckter in seinen Illustra-

tionen (›Der gestiefelte Kater‹, 1843;
›Andersens Märchen‹, 1845) seinen poet.
Realismus eher magisch und phanta-
stisch akzentuierte und H. Hoffmann
(›Der Struwwelpeter‹, 1845) als erster ein
eigentlich projektives Bilderbuch heraus-
brachte. Schließlich wurden die Grund-
lagen für eine klass. Mundartdichtung
für Kinder geschaffen (Ph. O. Runge,
J. P. Hebel, K. Groth). Auch die theore-
tisch-histor. Betrachtung der K.- u. J.
wurde in diesen Jahren eingeleitet (zuerst
durch K. Kühner, 1858; später von
A. Merget, 1867; das erste größere Aus-
wahlverzeichnis stammt von K. Bern-
hardi, 1852). In der 2. Hälfte des 19. Jh.
nahmen die Übersetzungen aus der an-
gelsächs. Literatur einen bed. Platz ein
(Ch. Dickens, ›Oliver Twist‹, 3 Bde.,
1838, dt. 1839; H. Beecher Stowe, ›Onkel
Toms Hütte ...‹, 2 Bde., 1852, dt. 1852;
L. Carroll, ›Alice im Wunderland‹, 1865,
dt. 1870; Mark Twain, ›Die Abenteuer
Tom Sawyers‹, 1876, dt. 1876; R. L. Ste-
venson, ›Die Schatzinsel‹, 1883, dt.
1897). Zu den bekanntesten Werken der
frz. Lit. gehören die Romane J. Vernes
(u. a. ›Fünf Wochen im Ballon‹, 1863, dt.
um 1875; ›Reise nach dem Mittelpunkt
der Erde‹, 1864, dt. um 1875). Die wichti-
gen Beiträge der Zeit vor und nach dem
Ersten Weltkrieg dürften jene beiden Bü-
cher sein, in denen zum erstenmal kindl.
Helden im Vordergrund stehen, die ihre
Probleme selbst in die Hand nehmen:
F. Molnár, ›Die Jungens der Paulstraße‹
(1907, dt. 1910) und Erich Kästner ›Emil
und die Detektive‹ (1929). Die Entwick-
lung während der beiden Jahrzehnte
nach dem Zweiten Weltkrieg war durch
den lebhaften internat. Austausch ge-
kennzeichnet, wobei Autoren wie C. S.
Lewis, J. R. R. Tolkien, M. B. Sendak,
A. A. Milne, P. Travers, A. Lindgren,
M. Aymé, M. Druon, Ch. Vildrac u. a. we-
sentl. Einfluß auf die Entwicklung der dt.
K.- u. J. hatten. Der Austausch mit den
slaw. Ländern begann später (Josef Lada
[* 1887, † 1957], Klára Jarunková [* 1922],
J. Korczak). Außerhalb des dt. Sprachge-
bietes fanden außer Erich Kästner v. a.
folgende deutschsprachige Autoren An-
erkennung: H. Baumann, H. M. Denne-
borg, M. Ende, K. Bruckner, F. Habeck,
die Bilderbuchkünstlerin Sigrid Heuck

Kinder- und Jugendtheater 397

(* 1932), J. Krüss, Kurt Lütgen (* 1911), Benno Pludra (* 1925), O. Preußler, L. Tetzner und L. Welskopf-Henrich. Unter den Sachbuchautoren machte sich bes. H. Pleticha einen Namen. Was der K.- u. J. der Schweiz, Österreichs und der BR Deutschland jedoch seit den 60er Jahren eine Sonderstellung gab, war der hohe Anteil an zeitgeschichtl. Thematik mit der erklärten Absicht, die jüngste polit. Vergangenheit aufzuarbeiten. Das Interesse verebbte kurz nach Erscheinen des bedeutendsten Zeugnisses (J. Procházka, ›Es lebe die Republik!‹, 1965, dt. 1968). Dafür erwachte die Kritik an den derzeitigen gesellschaftl. Verhältnissen und rief eine Flut von Büchern und polit. Schriften hervor. Die Entwicklung der Jugendpresse begann mit Zeitschriften der Jugendverbände als Leitorganen homogener Leserschichten; heute herrschen die allgemein unterhaltenden oder belehrenden kommerziellen Magazine vor.

Förderung: Verschiedene private und staatl. Institutionen und Organisationen haben es sich zur Aufgabe gemacht, anspruchsvolle K.- u. J. auf nat. und internat. Ebene zu fördern. In der BR Deutschland sind das u. a.: die *Internat. Jugendbibliothek* in München, der *Arbeitskreis* ›Das gute Jugendbuch‹ *e. V.* im Börsenverein des Dt. Buchhandels und der *Arbeitskreis für Jugendliteratur* in München, der jährlich den Dt. Jugendliteraturpreis vergibt. Dieser Arbeitskreis ist Mitglied des *Internat. Kuratoriums für das Jugendbuch* in Zürich, das den ↑ Hans-Christian-Andersen-Preis verleiht.

Literatur: KÖSTER, H. L.: Gesch. der dt. Jugendlit. Brsw. u. a. ⁴1927. Nachdr. Pullach u. Bln. 1972. – HÜRLIMANN, B.: Europ. Kinderbücher aus 3 Jh.en Zü. ²1963. – DYHRENFURTH, I.: Gesch. des dt. Jugendbuches. Zü. u. Freib. ³1967. – ADLER, A.: Holzbengel mit Herzensbildung. Mchn. 1972. – NEUMANN, G.: Das Porträt der Frau in der zeitgenöss. Jugendlit. Mchn. 1977. – Lex. der K.- u. J. Hg. v. K. DODERER. Whm. ¹⁻²1977–82. 3 Bde. u. Reg.-Bd. – SCHERF, W.: Strukturanalyse der K.- u. J. Bad Heilbrunn 1978. – WEGEHAUPT, H.: Alte dt. Kinderbücher. Stg. 1979. – DAHRENDORF, M.: K.- u. J. im bürgerl. Zeitalter. Ffm. 1980. – KRÜGER, A.: Die erzählende K.- u. J. im Wandel. Ffm. u. Aarau 1980. – RÜCKERT, G.: Wege zur Kinderlit. Freib. 1980. – GRENZ, D.: Mädchenlit. Stg. 1981. –

SCHERF, W.: Lex. der Zaubermärchen. Stg. 1982. – VERCH, M.: Das engl. Gedicht für Kinder vom 17. bis 20. Jh. Hdbg. 1983. – K.- u. J. Hg. v. G. HAAS. Stg. ³1984. – DAHL, E.: Die Entstehung der phantast. Kinder- u. Jugenderzählungen in England. Paderborn 1986. – BARTKE, S.: Kinderfernsehen u. Kinderlit. Osnabrück 1992. – Gift im Bücherschrank. Kinder- u. Jugendlektüre im Nationalsozialismus. Hg. v. W. GRAF. Paderborn 1992. – KRÜSS, J.: Naivität u. Kunstverstand. Gedanken zur Kinderlit. Neuausg. Whm. u. Basel 1992. – Jugendlit. u. Gesellschaft. Hg. v. H. HEIDTMANN. Whm. 1993. – Jugendlit. zw. Trümmern u. Wohlstand 1945–1960. Hg. v. K. DODERER. Whm. 1993. – Literar. u. didakt. Aspekte der phantast. K.- u. J. Hg. v. G. LANGE u. a. Wzb. 1993. – MAIER, KARL E.: Jugendlit. Bad Heilbrunn 1993. – KAMINSKI, W.: Einf. in die K.- u. J. Whm. ³1994. – Kinderlit. im interkulturellen Prozeß. Hg. v. H.-H. EWERS u. a. Stg. 1994.

Kinder- und Jugendtheater, Sammelbegriff für alle Formen von Bühnenstücken, die speziell für Kinder und Jugendliche geschrieben worden sind. – Das Kindertheater geht auf das ↑ Schuldrama des 16./17. Jh. zurück; seine Entwicklung erreichte einen Höhepunkt in der Zeit der Aufklärung; im 19. Jh. war es ohne Bedeutung. Eine neue Blütezeit erfuhr es nach der Oktoberrevolution in Sowjetrußland, wo 1918 das erste K.- u. J. (›Zentrales Theater für Kinder‹) von Natalija Iljinitschna Saz (* 1903) gegründet wurde. In den USA wurde 1921 in New York das erste K.- u. J. eröffnet, in Deutschland 1923 das Berliner ›Theater der höheren Schulen‹, in Frankreich 1929 das ›Théâtre de l'Oncle Sébastien‹ in Paris, in Österreich 1934 das ›Theater der Jugend‹ (Wien). – In der BR Deutschland zählen zu den selbständigen K.- u. J.n u. a. ›Theater für Kinder‹ in Hamburg und Hannover, ›Theater der Jugend‹ in München, Unna und Bonn, ›Rote Grütze‹ und ›Birne‹ in Berlin, ›Off-Off-Theater‹ in München und ›Schnawwl‹ in Mannheim. Das Grips-Theater in Berlin (gegr. 1969) hat sich mit einem Schauspieler-, Regie- und Autorenkollektiv unter der Leitung Volker Ludwigs (* 1937) zu einem Theater von internat. Bedeutung entwickelt. Die über 30 Stücke (meist eigene Produktionen, die ein Autorenkreis um V. Ludwig verfaßt) sind in 36 Ländern und 32 Sprachen nachinszeniert worden. Aus der ehem.

398 Kindi, Al

DDR sind vier K.- u. J. bekannt. – Je nach Thematik und Aufführungsstil lassen sich Stücktypen unterscheiden: das sog. Aufklärungstheater will Einsicht in gesellschaftl. Verhältnisse vermitteln und zur polit. Kritik anregen; das Aufregungstheater bietet bes. Spaß und Bewegung; das Bildertheater schafft Identifikations- und Projektionsmöglichkeiten v. a. in szen. Bildern; im Titeltheater werden meist weitverbreitete Märchen, Kinder- und Jugendbücher dramatisiert.
Literatur: BAUER, K. W.: Emanzipator. Kindertheater. Mchn. 1980. – MAECKER, G.: Theoret. Grundlagen zur Dramaturgie eines emanzipator. Kindertheaters. Ffm. 1981. – MAIRBÄURL, G.: Die Familie als Werkstatt der Erziehung. Rollenbilder des Kindertheaters im späten 18. Jh. Mchn. 1983. – CARDI, C.: Das Kinderschauspiel der Aufklärungszeit. Ffm. 1983. – Jugendtheater – Theater für alle. Hg. v. R. DRINGENBERG u. S. KRAUSE. Brsw. 1983. – KAYSER, R.: Von der Rebellion zum Märchen. Der Etablierungsprozess des K.- u. J.s seit seinen Neuansätzen in der Studentenbewegung. Ffm. 1985. – K.- u. J. in der DDR. Hg. v. W. SCHNEIDER. Ffm. 1990. – K.- u. J. in den Niederlanden. Hg. v. W. SCHNEIDER. Ffm. 1992. – Reclams Kindertheaterführer. Stg. 1994.

Kindi, Al (tl.: Al-Kindī), Jaakub Ibn Ishak, * Basra um 800, † Bagdad 870, arab. Philosoph. – Führte als erster die Philosophie in den Islam ein. Sein System ist eine Synthese zwischen koran. Theologie und griech. Philosophie unter der Voraussetzung, daß beide Wissenschaften sich als Wahrheit nicht widersprechen. – Berühmt wegen seiner Übersetzungen und Kommentare zu Aristoteles. Von Al K. stammen auch zahlreiche Werke u. a. auf dem Gebiet der Musik, zur Medizin und zur Astronomie.
Literatur: ATIYEH, G. N.: Al-K., the philosopher of the Arabs. Rawalpindi 1966. – JOLIVET, J.: L'intellect selon K. Leiden 1971. – Enc. Islam Bd. 5, ²1979, S. 122.

King, Stephen [engl. kɪŋ], * Portland (Maine) 27. Sept. 1947, amerikan. Schriftsteller. – Verfasser zahlreicher spannender Unterhaltungsromane, in denen der plötzl. Einbruch des Phantastischen in die amerikan. Alltagswelt Figuren wie Leser durch dämon. Geister, blutsaugende Vampire und grauenhafte Monster in Angst und Schrecken versetzt. Zu den bekanntesten der meist auch verfilmten, u. a. von E. A. Poe und

N. Hawthorne beeinflußten, Märchenmotive verarbeitenden Bestsellern gehören ›Carrie‹ (1974, dt. 1977), ›Brennen muß Salem!‹ (1975, dt. 1979), ›Shining‹ (1977, dt. 1982), ›Friedhof der Kuscheltiere‹ (1983, dt. 1985), ›Sie‹ (1987, dt. 1987), ›Stark. The dark half‹ (1989, dt. 1989). K. schreibt auch Kurzgeschichten (›Nachtschicht‹, 1978, dt. 1987; ›Four past midnight‹, 1990), Drehbücher und Prosa (›Danse macabre‹, 1981, dt. 1988) sowie Romane unter dem Pseudonym Richard Bachman.
Weitere Werke: Das letzte Gefecht (1978, dt. 1985), Das Attentat (1979, dt. 1980), Feuerkind (1980, dt. 1982), Cujo (1981, dt. 1983), Es (1986, dt. 1986), Dolores (R., 1993, dt. 1993), schlaflos (R., 1994, dt. 1994).
Literatur: Kingdom of fear. The world of S. K. Hg. v. T. UNDERWOOD u. C. MILLER. New York 1986. – MAGISTRALE, T.: S. K. New York 1992.

Kingo, Thomas [dän. 'keŋgo], * Slangerup 15. Dez. 1634, † Odense 14. Okt. 1703, dän. Dichter. – Geistlicher, zuletzt (1677) Bischof von Odense; bedeutendster Vertreter der Barockdichtung in Dänemark; von seinen Psalmen sind heute noch etwa 100 im geltenden dän. luth. Gesangbuch zu finden.
Ausgabe: Th. K. Samlede skrifter. Hg. v. H. BRIX u. a. Kopenhagen 1939–45. 7 Bde.
Literatur: LUDWIGS, CH.: Th. K. Kopenhagen 1924. – FRIESE, W.: Nord. Barockdichtung. Mchn. 1968.

Kingsley, Charles [engl. 'kɪŋzlɪ], * Holne (Devon) 12. Juni 1819, † Eversley (Hampshire) 23. Jan. 1875, engl. Schriftsteller. – Ab 1844 Pfarrer; unter dem Einfluß Th. Carlyles Anschluß an die christlich-soziale Bewegung von F. D. Maurice; 1860–69 Prof. für neuere Geschichte in Cambridge, danach in hohen Kirchenämtern tätig. Nahm unter dem Pseudonym Parson Lot zu sozialen Problemen Stellung; auch seine Romane, bes. sein Hauptwerk, der histor. Roman ›Hypatia‹ (2 Bde., 1853, dt. 1858), enthalten christlich-soziales Gedankengut; daneben u. a. Lyrik, Kinderbücher (u. a. ›Die kleinen Wasserkinder‹, 1863, dt. 1880, 1910 u. d. T. ›Die Wasserkinder‹), Predigten.
Weitere Werke: Gischt (R., 1848, dt. 1890), Alton Locke (R., 2 Bde., 1850, dt. 1891), Westward ho! (R., 1855, dt. 1885), The heroes (R., 1856), Two years ago (R., 1857), Hereward der Wach-

same (R., 2 Bde., 1866, dt. 1867), At last (Reiseber., 1871).
Ausgabe: The life and works of Ch. K. Hg. v. F. KINGSLEY. London u. New York 1901–03. 19 Bde.
Literatur: POPE-HENNESSY, U.: Canon Ch. K. New York 1949. Nachdr. 1973. – THORP, M. F.: Ch. K., 1819–1875. New York Neuaufl. 1969. – HARTLEY, A. J.: The novels of Ch. K. Folkestone 1977.

Kingsley, Henry [engl. ˈkɪŋzlɪ], * Barnack (Northampton) 2. Jan. 1830, † Cuckfield (Sussex) 24. Mai 1876, engl. Schriftsteller. – Bruder von Charles K.; Romancier und Kurzgeschichtenautor. Studierte ohne Abschluß in Oxford und fuhr 1853 nach Australien. War nach erfolgloser Glückssuche auf den Goldfeldern bei der berittenen Polizei in Sydney und danach bis zur Rückkehr nach England 1858 Gelegenheitsarbeiter. Ab 1869 Hg. von ›The Daily Review‹ in Edinburgh, für die er Kriegsberichterstatter auf seiten der Preußen im Dt.-Frz. Krieg 1870/71 war. Das detailgetreu wiedergegebene Milieu seiner Romane ›The recollections of Geoffrey Hamlyn‹ (3 Bde., 1859) und ›The Hillyars and the Burtons‹ (3 Bde., 1865) geht auf seine Erfahrungen in Australien zurück. Die Darstellung des unternehmungslustigen Pioniergeistes bei der Ausbeutung des Landes durch wagemutige Projekte und Unerschrockenheit gegenüber Gefahren und harter Arbeit sowie die geschickte Stilisierung seiner Helden zu echten Abenteurern prägten für Jahrzehnte das Klischee des Australienbildes in der Literatur des 19. Jahrhunderts. Darüber hinaus befriedigte seine Betonung der exot. Note des Landes die Vorliebe der engl. Leser für spannende Unterhaltung, gemischt mit melodramat. Elementen und Fakten über den sozialen Hintergrund der Kolonie.
Weitere Werke: Ravenshoe oder Der falsche Erbe (R., 3 Bde., 1861, dt. 1863), Tales of old travel re-narrated (Kurzgeschichten, 1869), The boy in grey (Kurzgeschichten, 1871), Hetty and other stories (Kurzgeschichten, 1871), Hornby Mills and other stories (Kurzgeschichten, 2 Bde., 1872), Reginald Hetherege (R., 3 Bde., 1874).
Ausgabe: H. K. Hg. v. J. S. MELLICK. Saint Lucia (Queensland) 1982.
Literatur: BARNES, J.: H. K. and colonial fiction. Melbourne 1971. – MELLICK, J. S.: The passing guest. A biography of H. K. New York 1984.

Kingsley, John [engl. ˈkɪŋzlɪ], engl. Dramatiker, ↑ Orton, Joe.

Kingsley, Sidney [engl. ˈkɪŋzlɪ], * New York 22. Okt. 1906, amerikan. Dramatiker. – Erhielt für sein erstes Stück, ›Menschen in Weiß‹ (1933, dt. 1934), das den Arztberuf und seine Probleme zeigt, 1934 den Pulitzerpreis; noch erfolgreicher war sein auch verfilmtes Stück ›Dead end‹ (1935) über die Slums in New York.
Weitere Werke: Die Patrioten (Dr., 1942, dt. 1946), Detective story (Dr., 1949), Darkness at noon (Dr., 1951), Lunatics and lovers (Dr., 1954), Night life (Dr., 1962).

Kingston, Maxine Hong [engl. ˈkɪŋstən], * Stockton (Calif.) 27. Okt. 1940, amerikan. Schriftstellerin chin. Herkunft. – Seit 1989 Literaturdozentin an der University of California in Berkeley. In ihrem autobiograph. Werk thematisiert K. Probleme der Akkulturation, die sich aus der bikulturellen Existenz der zweiten Generation chin. Einwanderer ergeben. Während sich ›Die Schwertkämpferin‹ (R., 1976, dt. 1982) auf die Darstellung der eigenen Kindheit, die eng mit den Mythen der eigenen chin. Vergangenheit, den Erzählungen (›talk stories‹) der Mutter und tatsächl. Begebenheiten verknüpft ist, konzentriert, behandelt ›Die Söhne des Himmels‹ (R., 1980, dt. 1984) die Anpassungsschwierigkeiten der Väter und Großväter an die amerikan. Kultur und die in der chin. Gesellschaft praktizierte Diskriminierung der Frauen. ›Tripmaster monkey. His fake book‹ (R., 1989) ist eine funktionale Gestaltung chinesisch-amerikan. Beziehungen im San Francisco der 60er Jahre.
Literatur: MAYER, SUSANNE: Die Sehnsucht nach den anderen. Eine Studie zum Verhältnis von Subjekt u. Gesellschaft in den Autobiographien von Lillian Hellman, Maya Angelou u. M. H. K. Ffm. 1986. – Autobiographie & Avantgarde. Hg. v. A. HORNUNG u. E. RUHE. Tüb. 1992.

Kinkel, [Johann] Gottfried, * Oberkassel (heute zu Bonn) 11. Aug. 1815, † Zürich 13. Nov. 1882, dt. Schriftsteller. – Kirchenhistoriker, Religionslehrer; ab 1843 ∞ mit Johanna Matthieux, geb. Mockel (* 1810, † 1858), der eigentlichen Gründerin des literar. ›Maikäferbundes‹, dessen Mitglied K. zusammen mit

F. Freiligrath, E. Geibel und K. Simrock war; ab 1846 Prof. für Kunst- und Kulturgeschichte in Bonn; ab 1848 Mitglied der preuß. Nationalversammlung; 1849 wegen Beteiligung am pfälzisch-bad. Aufstand Verurteilung zu lebenslängl. Festungshaft; im Nov. 1850 Flucht nach England; 1853 Prof. für dt. Sprache und Literatur in London; 1866 Prof. für Archäologie und Kunstgeschichte in Zürich. K.s zeitgenöss. Wirkung als Dichter beruht v. a. auf der romantisierenden episch-lyr. Verserzählung ›Otto der Schütz‹ (1846), während seine pathetisch-polit. Lyrik, seine Dramen, Versepen und Novellen ihn als Epigonen ausweisen.

Rudyard Kipling (anonyme Bleistiftzeichnung nach einer Radierung von William Strang um 1900)

Weitere Werke: Gedichte (1843), Nimrod (Dr., 1857), Der Grobschmied von Antwerpen (Epos, 1872), Tanagra (Idyll, 1883), Selbstbiographie. 1838–1848 (hg. 1931).
Literatur: BEYRODT, W.: G. K. als Kunsthistoriker. Bonn 1979. – RÖSCH-SONDERMANN, H.: G. K. als Ästhetiker, Politiker u. Dichter. Bonn 1982. – BERG, A.: G. K. Kunstgesch. u. soziales Engagement. Bonn 1985.

Kinker, Johannes, * Nieuwer-Amstel 1. Jan. 1764, † Amsterdam 16. Sept. 1845, niederl. Dichter. – 1817–30 Prof. für niederl. Sprache und Literatur in Lüttich. Schrieb [anakreont.] Gedichte, Dramen, literar. Parodien und krit. Essays, übersetzte Schillers ›Maria Stuart‹ und ›Die Jungfrau von Orleans‹.
Werke: Mijne minderjarige zangster (Ged., 1785), Eerstelingen (Ged., 1788), Celia (Trag., 1792), Almanzor en Zehra (Trag., 1804), Gedichten (3 Bde., 1819–21), Beoordeling van Bilderdijk's Nederlandsche spraakleer (Essay, 1829), Helmina en Eliza (Dr., 1832).
Literatur: VIS, G. J.: J. K. en zijn literatuurtheorie. Diss. Amsterdam 1967 (mit Bibliogr.).

Ki no Tsurajuki (tl.: Ki no Tsurayuki), †946, jap. Dichter. – Berühmt durch sein Reisetagebuch ›Tosa-nikki‹ (hg. um 1633, dt. 1923), das erste erhaltene Tagebuch der jap. Literatur, das von großer kultur- und literarhistor. Bedeutung ist, sowie durch seine Arbeiten an der ersten offiziellen Anthologie ›Kokin wakashū‹ († Tschokusenwakaschu), zu der er etwa 100 Gedichte beisteuerte und deren von ihm verfaßtes Vorwort als bedeutendste jap. Poetikschrift gilt.
Literatur: BENL, O.: Die Entwicklung der jap. Poetik bis zum 16. Jh. Hamb. 1951.

Kinsella, Thomas [engl. kɪn'sɛlə], * Dublin 4. Mai 1928, ir. Dichter. – Studium am University College Dublin, dann Finanzbeamter, seit 1965 anglist. Lehrtätigkeit an Universitäten in den USA. Einer der originellsten neueren ir. Lyriker; seine beachtl. Spannweite reicht von frühen Liebesgedichten über bittere, gedanklich scharfe Meditationen über Vergänglichkeit, künstler. Kreativität und den Materialismus des Lebens bis zu verinnerlichten späteren Gedichten; Hg. des ›New Oxford book of Irish verse‹ (1986).
Werke: Another September (Ged., 1958), Wormwood (Ged., 1966), Notes from the land of the dead and other poems (Ged., 1972), The good fight (Ged., 1973), The messenger (Ged., 1978), One and other poems (Ged., 1979), Poems 1956–73 (Ged., 1980), Songs of the Psyche (Ged., 1985), Her vertical smile (Ged., 1985), Out of Ireland (Ged., 1987), Saint Catherine's clock (Ged., 1987), Personal places (Ged., 1990), From centre city (Ged., 1990).
Literatur: HARMON, M.: The poetry of Th. K. Dublin 1974. – JOHNSTON, D.: Irish poetry after Joyce. Notre Dame (Ind.) 1985.

Kiogen (Kyogen) [jap.] † No-Spiel.

Kiokutei Bakin (tl.: Kyokutei Bakin), jap. Dichter und Gelehrter, † Takisawa Bakin.

Kipling, [Joseph] Rudyard, * Bombay 30. Dez. 1865, † London 18. Jan. 1936, engl. Schriftsteller. – Kam mit sechs Jahren nach England, kehrte 1882 nach Indien zurück, war dort Mitarbeiter verschiedener Zeitungen; lebte ab 1896 wieder in England. K. begann mit Gedichten, er beherrschte aber v. a. die Form der knappen, lakon. Kurzgeschichte mit dy-

kiptschakische Literatur

nam. Handlung und prägnanter Skizzierung und Typisierung. Es gelangen ihm hervorragende Naturschilderungen im expressionist. Stil; Darstellung exot. Motive (bes. Indien); emphat. Vertreter des Imperialismus (Kolonisation als Kulturtat). Seine kraftvollen Romane und Erzählungen sowie Tiergeschichten aus dem Dschungel waren sehr erfolgreich. 1907 erhielt er den Nobelpreis für Literatur.

Werke: Schlichte Geschichten aus Indien (Kurzgeschichten, 1888, dt. 1895), Soldatengeschichten (Kurzgeschichten, 1888, dt. 1900), Under the deodars (Kurzgeschichten, 1888), Balladen aus dem Biwak (Ged., 1892, dt. 1911), Im Dschungel (En., 1894, dt. 1898, 1927 u. d. T. Das Dschungelbuch), Das neue Dschungelbuch (En., 1895, dt. 1899), Brave Seeleute (R., 1897, dt. 1902), Lange Latte und Genossen (En., 1899, dt. 1909), Kim (R., 1901, dt. 1908), Nur so Geschichten für Kinder (Märchen, 1902, dt. 1911), Puck. Geschichten aus alten Tagen (1906, dt. 1912), Spiel und Gegenspiel (En., 1909, dt. 1913), Bilanz (En., 1926, dt. 1927).
Ausgaben: R. K. Ausgew. Werke. Dt. Übers. Hg. v. H. REISIGER. Lpz. 1925–27. 10 Bde. – R. K. The Sussex edition of the complete works in prose and verse. London 1937–39. 35 Bde. – R. K. Ges. Werke. Dt. Übers. Hg. v. J. GOTTWALD. Mchn. 1965. 3 Bde. – R. K. Werke. Dt. Übers. Hg. v. G. HAEFS. Zü. 1987 ff. Auf mehrere Bde. berechnet (bisher 7 Bde. erschienen). – The letters of R. K. Hg. v. TH. PINNEY. Basingstoke 1990. 2 Bde.
Literatur: LIVINGSTON, F. V.: Bibliography of the works of R. K. New York 1927. Nachdr. 1968. 2 Bde. – MERTNER, E.: Das Prosawerk R. K.s. Bln. 1940. – LÉAUD, F.: La poétique de R. K. Essai d'interprétation générale de son œuvre. Paris u. Brüssel 1958. – K.'s mind and art. Selected critical essays. Hg. v. A. RUTHERFORD. Edinburgh 1964. – STEWART, J. I. M.: R. K. New York 1966. – WILSON, A.: The strange ride of R. K. His life and works. London u. New York 1978. – BIRKENHEAD, F. W. F. S. Second Earl of: R. K. London u. New York 1978. – CARRINGTON, CH. E.: R. K., his life and works. Neuausg. London 1978. – MERTNER, E.: R. K. u. seine Kritiker. Darmst. 1983. – PAGE, N.: A K. companion. London 1984. – HAEFS, G.: K. companion. Zü. 1987.

Kipphardt, Heinar, * Heidersdorf (Schlesien) 8. März 1922, † München 18. Nov. 1982, dt. Schriftsteller. – Facharzt für Psychiatrie; 1951–59 [Chef]dramaturg am Dt. Theater in Berlin (Ost), danach Übersiedlung in die BR Deutschland; seit 1960 freier Schriftsteller, 1970/71 Chefdramaturg der Kammerspiele München. Verfasser von Gedichten, Erzählungen, Hör- und Fernsehspielen und v. a. von Dramen, in denen er sich vorzugsweise mit Stoffen aus der Kriegs- und Nachkriegszeit auseinandersetzt. Errang internat. Erfolge mit seinem Schauspiel ›In der Sache J. Robert Oppenheimer‹ (1964). Einer der wichtigsten deutschsprachigen Vertreter des dokumentar. Theaters.

Weitere Werke: Shakespeare dringend gesucht (Lsp., 1954), Der Aufstieg des Alois Piontek (Tragikom., 1956), Der Hund des Generals (Schsp., 1963), Die Ganovenfresse (En., 1964), Joel Brand (Schsp., 1965), Die Nacht in der der Chef geschlachtet wurde (Kom., 1967), Die Soldaten (Schsp., nach J. M. R. Lenz, 1968), Leben des schizophrenen Dichters Alexander M. Ein Film (1976), März (R., 1976; dramatisiert u. d. T. März, ein Künstlerleben, 1980), Angelsbrucker Notizen (Ged., 1977), Der Mann des Tages u. a. Erzählungen (1977), Traumprotokolle (1981), Bruder Eichmann (Schsp., hg. 1983).
Ausgaben: H. K. Theaterstücke. Köln 1978–81. 2 Bde. – H. K. Werkausgabe. Hg. v. U. NEUMANN. Neuausg. Rbk. 1990. 10 Bde.
Literatur: INGEN, F. VAN: H. K.: ›In der Sache J. Robert Oppenheimer‹. Ffm. ²1982. – STOCK, A.: H. K. Rbk. 1987. – LINDNER, T.: Die Modellierung des Faktischen. H. K.s ›Bruder Eichmann‹ im Kontext seines dokumentar. Theaters. Ffm. u. a. 1990. – HANUSCHEK, S.: ›Ich nenne es Wahrheitsfindung‹. H. K.s Dramen ... Bielefeld 1993.

Heinar Kipphardt

kiptschakische Literatur, Literatur in kiptschak. Sprache, einer Turksprache, die im MA von einer türk. Volksgruppe im Gebiet um den Aralsee, das Kasp. Meer und das Schwarze Meer gesprochen wurde. Die modernen Turksprachen der Nordwestgruppe werden

402 Kirby

oft als kiptschak. Sprachen zusammengefaßt. Die Literatur umfaßt dichter. und histor. Texte in verschiedenen zeitl. und örtl. Varianten der mitteltürk. Literatursprache Turkestans und des Wolgagebiets. Die zeitl. Zuordnung reicht vom 13. bis zum 17. Jahrhundert. Zur k. L. gehören auch die mamluk-kiptschakischen Texte aus Ägypten sowie ›armenisch-kiptschak.‹ Akten späterer Zeit, überwiegend aus dem polnisch-westukrain. Grenzgebiet (Podolien).
Literatur: ECKMANN, J.: Die k. L. In: Philologiae Turcicae fundamenta. Bd. 2. Wsb. 1964. S. 275.

Kirby, William [engl. 'kə:bɪ], * Hull 13. Okt. 1817, † Niagara (Ontario) 23. Juni 1906, kanad. Schriftsteller engl. Herkunft. – Kam 1832 in die USA und 1839 nach Kanada; schrieb patriot. und histor. Gedichte, Erzählungen und den histor. Roman ›The golden dog. A romance of the days of Louis Quinze in Quebec‹, der 1877 ohne K.s Wissen veröffentlicht wurde (autorisierte Ausg. 1896) und als sein bedeutendstes Werk gilt.

Kirchenlied, das von der Gemeinde im christlichen Gottesdienst gesungene stroph. volkssprachl. Lied mit z. T. liturg. Funktion. Die Unterscheidung vom geistl. Lied ist oft schwer zu bestimmen. Erhaltene Belege gehen bis in das 9. Jh. zurück (Freisinger ›Petruslied‹) und erweisen sich im frühen MA neben der eigenständigen Form der Leisen (↑ Leis) vielfach als volkssprachl. Umdichtungen von lat. Hymnen und Sequenzen. Die enge Verbindung mit ihnen zeigt sich bei K.ern wie ›Christ ist erstanden‹ (12. Jh., zu ›Victimae paschali laudes‹) oder ›Komm, heiliger Geist‹ (zu ›Veni sancte spiritus‹). Lieder aus Mysterienspielen fanden Verwendung als K.er ebenso wie dt.-lat. Mischpoesien (z. B. ›In dulci jubilo‹), die mit beliebter Dreiklangsmelodik dem aufblühenden Volkslied nahestehen. Neuere Funde (W. Lipphardt) unterstreichen die große Bedeutung einer v. a. an die Klöster gebundenen myst. K.poesie, die bis zum Anfang des 16. Jh. lebendig war. In den Anfängen der Reformation gab, angeregt von der böhm. Cantio (meist einstimmiges Lied) des 14./15. Jh., Th. Müntzer einen von Luther

sofort aufgegriffenen Anstoß, in dessen Folge das K. zu einem im Volk schnell verbreiteten Träger des neuen Glaubensgutes wurde. Die Übernahme, Ausweitung und Umdichtung bereits bekannter K.er (z. B. ›Wir glauben all an einen Gott‹) stand neben einer sich verstärkenden Neuschöpfung, die in die Gesangbücher Eingang fand. Ein eigener Strang ging von den Genfer Psalmliedern (Hugenottenpsalter von C. Marot und Th. Beza) aus, die im deutschsprachigen Bereich der ev. Kirchen von P. Schede Melissus (1572) und A. Lobwasser (1573) übernommen und für die kath. Psalmlieder von K. Ulenberg (1582) maßgebend wurden. Das kath. K. des 17. Jh. ist zunächst durch die auf mittelalterl. Leisen und Rufe stark zurückgreifenden Sammlungen von Nikolaus Beuttner (16./17. Jh.) und David Gregor Corner (* 1585, † 1648), v. a. aber durch das jesuit. Liedgut der Gegenreformation geprägt (seit 1607, u. a. ›Trutz-Nachtigall ...‹ von F. Spee von Langenfeld, 1649). Im ev. K. setzt um 1600 eine myst. Verinnerlichung ein (Ph. Nicolai), die sich in einseitiger Betonung des religiösen Gefühls (›Ich-Lieder‹) zur Jesusfrömmigkeit des Pietismus wendet, aber gültige Höhepunkte bei J. Heermann, J. Rist, Johann Franck (* 1618, † 1677) und v. a. P. Gerhardt erreicht. Im Musikalischen spiegelt sich diese Entwicklung im Übergang von überwiegend schlichter Melodik zu einer nahezu ariosen Gestaltung. Nach den Einheitsgesangbüchern der ev. und der kath. Kirche gehen neuere Bestrebungen dahin, ein für alle christl. Kirchen verbindl. Repertoire von K.ern zu erarbeiten.
Literatur: WACKERNAGEL, PH.: Das dt. K. von der ältesten Zeit bis zu Anfang des 17. Jh. Lpz. 1864–77. 5 Bde. Nachdr. Hildesheim 1964. – KOCH, E.: Gesch. des K.s u. Kirchengesangs der christl., insbes. der dt. ev. Kirche. Stg. ³1866–76. 8 Bde. u. Reg.-Bd. Nachdr. Hildesheim 1973. – BÄUMKER, W.: Das kath. dt. K. in seinen Singweisen ... bis gegen Ende des 17. Jh. Freib. 1883–1911. 4 Bde. Nachdr. Hildesheim 1962. – FISCHER, A.: Das dt. ev. K. des 17. Jh. Vollendet u. hg. v. W. TÜMPEL. Güt. 1904–16. 6 Bde. Nachdr. Hildesheim 1964. – Jb. f. Liturgik u. Hymnologie 1 (1955) ff. – GABRIEL, P.: Das dt. ev. K. von Martin Luther bis zur Gegenwart. Bln. ³1956. – JANOTA, J.: Studien zu Funktion u. Typus des dt. geistl. Liedes im MA. Mchn.

1968. – THUST, K. CH.: Das K. der Gegenwart. Gött. 1976.

Kirchenschriftsteller, Verfasser theolog. Schriften des kirchl. Altertums, denen das Merkmal der Rechtgläubigkeit nicht zuerkannt wurde, die aber doch wichtige Zeugen für die Erfassung altkirchl. Lehrens sind (z. B. T. F. Clemens von Alexandria, Tertullian, Origenes u. a.). Im sog. ›Decretum Gelasianum‹ (Anfang des 6. Jh.) sind zum ersten Mal alle anerkannten und nicht anerkannten Schriftsteller zusammengestellt.
Literatur: ALTANER, B./STUIBER, A.: Patrologie. Freib. ⁹1980.

kirchenslawische Literatur, die kirchl. und weltl. Literatur der orthodoxen Slawen in kirchenslaw. Sprache, deren Anfänge im 9./10. Jh. liegen und deren Ende gewöhnlich im 18. Jh. angesetzt wird. – Grundlage bildet das im Zuge der mähr. Slawenmission (9. Jh.) durch die Brüder ↑Kyrillos und Methodios nach dem Vorbild des Griechischen geschaffene, auf dem südslaw. Dialekt von Thessalonike (Saloniki) beruhende Altkirchenslawische, in das die Brüder und ihre Schüler das für ihr Missionswerk notwendige Gebrauchsschrifttum (Evangelien, Psalter, Euchologium, Legenden, Homilien) übersetzten. Erhalten sind altkirchenslaw. Handschriften erst aus dem späten 10. und dem 11. Jh. in glagolit. und kyrill. Schrift. Mit Übernahme des Christentums drangen ähnl. religiöse Texte insbes. zu Bulgaren, Serben und Ostslawen (Russen), wobei das Altkirchenslawische durch den Einfluß der autochthonen slaw. Regionalsprachen zum Bulgarisch-Kirchenslawischen, Serbisch-Kirchenslawischen und Russisch-Kirchenslawischen wurde. Die k. L. ist in diesen sprachl. Hauptvarianten überliefert, deren Unterschiede anfänglich gering, später gewichtiger waren. Das byzantin. Griechische als Quelle zahlreicher Übersetzungen speiste die k. L., die ihren übernat. Charakter trotz ihrer Varianten über Jahrhunderte bewahrte.
Zum liturgisch-theolog. kirchenslaw. Schrifttum gehören neben den bibl. insbes. homilet., patrist., hagiograph. und apokryphe Schriften, die in zahlreichen Kodizes, z. T. aus späterer Zeit, überliefert sind. Schon im 12. Jh. traten dogmat. und kanon., auch historiograph. und naturkundl. kirchenslaw. Übersetzungen und mittelalterl. Erzählkunst (z. B. Barlaam und Josaphat, Alexander- und Trojaroman) hinzu. Frühes eigenständiges kirchenslaw. Schrifttum finden wir in den ›Pannon. Legenden‹ (Konstantin-Vita [die Vita des Kyrillos], Methodios-Vita), auch in der berühmten Apologie des Slawischen durch den bulgar. Mönch Chrabar, in den Lobreden Kliment Ochridskis, im lehrhaften Evangelium Konstantins von Preslaw und im ›Proglas‹ (= Vorrede). Auch übersetzungstheoretisch bed. ist schließlich die Hexaemeron-Übersetzung (›Šestodnev‹ [= Sechstagewerk]) des Joan Eksarch. Die kirchenslaw. literar. Werke des 13.–18. Jh. werden gewöhnlich den einzelnen slaw. Literaturen zugezählt, doch muß mit einem regen Austausch (auch über die Athosklöster) zwischen den k. L.en gerechnet werden. Im 14./15. Jh. kam es um den letzten bulgar. Patriarchen Euthymios von Tarnowo zu einer Reformbewegung, die bis zu den Ostslawen ausstrahlte (sog. ›zweiter südslaw. Einfluß‹). Erst im 18./19. Jh. wurde die k. L. und Sprache durch das Entstehen moderner Standardsprachen und Nationalliteraturen auf den rein kirchl. Bereich zurückgedrängt.
Literatur: JAGIĆ, V.: Entstehungsgesch. der kirchenslaw. Sprache. Bln. ²1913. – GRIVEC, F.: Konstantin u. Method. Wsb. 1960. – ZAGIBA, F.: Das Geistesleben der Slawen im frühen MA. Wien 1971. – Aspects of the Slavic language question. Bd. 1. Hg. v. R. PICCHIO u. H. GOLDBLATT. New Haven (Conn.) 1984.

Kirchenväter, frühchristl. Schriftsteller, die nach den Kriterien Rechtgläubigkeit, Heiligkeit des Lebens und Anerkennung durch die Kirche als verbindl. Lehrzeugen gelten. Seit dem 4. Jh. wird die ausdrückl. Berufung auf die Väter als Zeugen des Glaubens üblich. Isidor von Sevilla (†636) oder Beda (†735) im Westen und Ioannes von Damaskus (†um 750) im Osten gelten als letzte Kirchenväter.

Kirchhoff, Bodo, *Hamburg 6. Juli 1948, dt. Schriftsteller. – Studierte Psychologie und Pädagogik, lebt als freier Schriftsteller in Frankfurt am Main. In seinen Schauspielen, Hörspielen, Essays

404 Kirchhoff

und Erzählungen spielen psycholog. Fragestellungen eine große Rolle, v. a. Fragen nach den Bedingungen von Lust und Begierde, nach dem Verständnis von Sprache, Phantasie und Wirklichkeit.
Werke: Das Kind oder Die Vernichtung von Neuseeland (Schsp., 1978), Body-Building (Schsp., 1979), Ohne Eifer, ohne Zorn (Nov., 1979), Die Einsamkeit der Haut (E., 1981), Zwiefalten (R., 1983), Mexikan. Novelle (1984), Dame und Schwein (En., 1985), Ferne Frauen (En., 1987), Infanta (R., 1990), Der Sandmann (R., 1992), Gegen die Laufrichtung (Nov., 1993), Der Ansager einer Stripteasenummer gibt nicht auf (Stück, 1994), Herrenmenschlichkeit (Essay, 1994).

Kirchhoff, Hans Wilhelm, * Kassel (?) um 1525, † Spangenberg bei Kassel 30. Sept. 1605, dt. Schriftsteller. – War Landsknecht und führte in den Kriegswirren der Zeit ein unstetes Leben; wurde nach dem Studium (in Marburg) 1561 in Kassel ansässig; ab 1584 Burggraf in Spangenberg. Sein Hauptwerk, ›Wendunmuth‹ (7 Bde., 1563–1603), eine unterhaltsam-belehrende Sammlung von Schwänken, Anekdoten und Fabeln, ist die umfangreichste Schwanksammlung im 16. Jahrhundert.

Kirchmair, Thomas, nlat. Dramatiker, ↑ Naogeorgus, Thomas.

Kirejewski (tl.: Kireevskij), Iwan Wassiljewitsch [russ. ki'rjejıfskij], * Moskau 3. April 1806, † Petersburg 23. Juni 1856, russ. Philosoph, Literaturkritiker und Publizist. – Neben A. S. Chomjakow bed. Theoretiker und Kulturphilosoph der Slawophilen. Insbes. von F. W. J. von Schelling beeinflußt, versuchte K. die Überwindung des europ. Rationalismus und des Gegensatzes von Glaube und Verstand durch eine Synthese zwischen den ostkirchl., auf Ganzheit zielenden Denktraditionen und der modernen Wissenschaft.
Werk: Über den Charakter der Zivilisation Europas und ihr Verhältnis zur Zivilisation Rußlands (Essay, 1852, dt. 1921).
Literatur: CHAPMAN, M. C.: I. V. Kireevskij. Diss. Liverpool 1972.

Kirejewski (tl.: Kireevskij), Pjotr Wassiljewitsch [russ. ki'rjejıfskij], * Dolbino (Gouv. Kaluga) 23. Febr. 1808, † Kirejewskaja Slobodka (Gouv. Orel) 6. Nov. 1856, russ. Folklorist und Publizist. – Bruder von Iwan Wassiljewitsch

K.; Vertreter der Slawophilen; ab 1830 Sammlung von Volksliedern, die zum größten Teil nach seinem Tod herausgeben wurden (10 Bde., 1860–74; 2 Bde., 1911–29).

kirgisische Literatur, Literatur in kirgis. Sprache, einer zur nordwestl. Gruppe gehörenden Turksprache, die in Kirgisien und angrenzenden Gebieten gesprochen wird; sie gründet auf einer sehr reichen Volksdichtung, die den umfangreichsten Epenzyklus der Turkvölker, ›Manas‹, aufweist. Die wie die kirgis. Schriftsprache erst nach der Oktoberrevolution entstandene Kunstliteratur begann mit den traditionellen lyr. Gattungen. Berühmte Volkssänger wurden zu Begründern der neuen Schriftliteratur. Die Formen der Prosa und des Dramas kamen später hinzu. Die Autoren der jüngeren Generation schreiben z. T. auch in russ. Sprache, wie der Erzähler T. Aitmatow.
Literatur: Očerki istorii kirgizskoj sovetskoj literatury. Hg. v. T. SYDYKBEKOV u. a. Frunse 1961. – KYDYRBAEVA, R.: Kirgizskaja literatura. In: Kratkaja literaturnaja ènciklopedija. Bd. 3. Moskau 1966. S. 525.

Kirijenko-Woloschin (tl.: Kirienko-Vološin) [russ. kiri'jɛnkɐva'lɔʃin], Maximilian Alexandrowitsch, russ. Lyriker, ↑ Woloschin, Maximilian Alexandrowitsch.

Kiril, Lehrer und Apostel der Slawen, ↑ Kyrillos und Methodios.

Kirill Turowski (tl.: Turovskij) [russ. 'turɐfskij], * Turow (Gebiet Gomel) vermutlich in den 30er Jahren des 12. Jh., † nicht später als 1182, altruss. Kirchendichter des Kiewer Reichs. – Bischof von Turow; bed. sind u. a. seine Predigten auf den Palmsonntag sowie über den Laien- und über den Mönchstand, ferner das Lehrschreiben mit dem Gleichnis von Seele und Körper des Menschen.

Kirk, Hans [dän. kirg], * Hadsund 11. Jan. 1898, † Kopenhagen 16. Juni 1962, dän. Schriftsteller. – Sohn eines Arztes; floh 1943 aus dt. Internierungshaft und arbeitete ab 1945 an der kommunist. Zeitung ›Land og folk‹. In seinen Romanen ist er krit. Realist; wurde aus Anteilnahme am Leid des Mitmenschen Marxist.

Werke: Die Fischer (R., 1928, dt. 1969), Die Tagelöhner (R., 1936, dt. 1938), Der Sklave (R., 1948, dt. 1950), Djævelens penge (R., 1952), Skyggespil (Memoiren, 1953).

Kirsanow (tl.: Kirsanov), Semjon Issaakowitsch [russ. kir'sanɐf], * Odessa 18. Sept. 1906, † Moskau 10. Dez. 1972, russ.-sowjet. Lyriker. – Anhänger W. W. Majakowskis, Mitarbeiter der Zeitschrift ›LEF‹; schrieb Gedichte mit formalist. Experimenten; in den 30er Jahren v. a. publizistisch tätig; vielseitige Thematik seiner Nachkriegsgedichte, die allegor. und philosoph. Züge tragen; auch Übersetzer L. Aragons, P. Nerudas, B. Brechts und W. Broniewskis.
Werk: Sem' dnej nedeli (= Sieben Tage der Woche, Vers-E., 1956).
Ausgabe: S. I. Kirsanov. Sobranie sočinenij. Moskau 1974–76. 4 Bde.

Kirsch, Hans-Christian, dt. Schriftsteller, † Hetmann, Frederik.

Kirsch, Rainer, * Döbeln 17. Juli 1934, dt. Schriftsteller. – Studierte Geschichte und Philosophie, wurde 1957 relegiert, arbeitete als Druckerei- und Chemiearbeiter; 1963–65 Studium am ›Literaturinstitut Johannes R. Becher‹ in Leipzig. 1958–68 war er ∞ mit Sarah Kirsch. Schreibt krit. Gedichte, Erzählungen, Dramen, Hörspiele und Kinderbücher; auch Übersetzungen, v. a. aus dem Russischen. Auseinandersetzungen um seine Komödie ›Heinrich Schlaghands Höllenfahrt‹ (1973) führten 1973 zu seinem Ausschluß aus der SED. 1990 wurde er letzter Präsident des Schriftstellerverbandes der DDR.
Weitere Werke: Kopien nach Originalen. Drei Porträts & eine Reportage (1974), Das Wort und seine Strahlung. Über Poesie und ihre Übersetzung (1976), Auszug das Fürchten zu lernen (En., Ged., Essays, eine Kom., 1978), Amt des Dichters (Prosa, 1979), Ausflug machen (Ged., 1980), Sauna oder Die fernherwirkende Trübung (En., 1985), Kunst in Mark Brandenburg (Ged., 1988), Anna Katarina oder Die Nacht am Moorbusch. Eine sächs. Schauerballade nebst dreizehn sanften Liedern und einem tiefgründigen Gespräch (1991).

Kirsch, Sarah, geb. Ingrid Bernstein, * Limlingerode (Harz) 16. April 1935, dt. Lyrikerin. – Studium der Biologie, danach am ›Literaturinstitut J. R. Becher‹ in Leipzig. Begann mit Gedichten, Reportagen, Kinderbüchern und Überset-

Kirschweng 405

Sarah Kirsch

zungen, wobei sie z. T. mit Rainer K., mit dem sie verheiratet war, zusammenarbeitete. 1977 siedelte sie nach Berlin (West) über, lebt jetzt in Tielenhemme (Kreis Dithmarschen). K. erhielt 1976 den Petrarca-Preis, 1980 den Österr. Staatspreis für europ. Literatur.
Werke: Gespräch mit dem Saurier (Ged., 1965; mit Rainer K.), Landaufenthalt (Ged., 1967), Gedichte (1969), Die Pantherfrau (En., 1973), Zaubersprüche (Ged., 1973), Rückenwind (Ged., 1976), Drachensteigen (Ged., 1979), La Pagerie (Prosa, 1980), Erdreich (Ged., 1982), Katzenleben (Ged., 1984), Irrstern (Prosa, 1986), Allerlei-Rauh. Eine Chronik (1988), Schwingrasen (Prosa, 1991), Erlkönigs Tochter (Ged., 1992), Das simple Leben (Prosa, 1994).
Ausgaben: S. K. Hundert Gedichte. Ebenhausen 1985. – S. K. Landwege. Eine Ausw. 1980–85. Stg. 1985.
Literatur: S. K. Hg. v. H. L. ARNOLD. Mchn. 1989. – WAGNER, H.: S. K. Bln. 1989.

Kirschon (tl.: Kiršon), Wladimir Michailowitsch, * Naltschik 19. Aug. 1902, † 28. Juli 1938, russ.-sowjet. Dramatiker. – Als Trotzkist inhaftiert und hingerichtet; 1957 rehabilitiert; sah im Drama eine Möglichkeit, zu aktuellen Problemen satirisch Stellung zu nehmen; sein erfolgreichstes Stück war ›Chleb‹ (= Brot, 1930). Dt. liegt die Komödie ›Die wunderbare Legierung‹ (1934, dt. 1936) vor.
Ausgabe: V. M. Kiršon. Dramatičeskie proizvedenija. Moskau 1957.

Kirschweng, Johannes, * Wadgassen (Landkreis Saarlouis) 19. Dez. 1900, † Saarlouis 22. Aug. 1951, dt. Schriftsteller. – War Kaplan, ab 1934 freier Schriftsteller; Heimatliebe und kath. Lebenshaltung prägten seine histor. Romane

406 Kiršon

und Novellen; Heimatdichter des Saar-
landes.
Werke: Zwischen Welt und Wäldern (En.,
1933), Feldwache der Liebe (R., 1936), Ernte ei-
nes Sommers (En., 1938), Der Neffe des Mar-
schalls (R., 1939), Das Tor der Freude (R.,
1940), Spät in der Nacht (Ged., 1946).
Ausgabe: J. K. Ges. Werke in 10 Bden. Saar-
brücken 1974 ff. (bisher 8 Bde. erschienen).
Literatur: J. K. Bilder u. Dokumente. Hg. v.
P. NEUMANN u. a. Saarbrücken 1980. – STEIN-
MEYER, F.: ›Weil über allem Elend dieser Zeit
die Heimat steht‹. Lit. u. Politik im Werk von
J. K. Sankt Ingbert 1990.

Kiršon, Vladimir Michajlovič, russ.-
sowjet. Dramatiker, † Kirschon, Wladi-
mir Michailowitsch.

Kirst, Hans Hellmut, * Osterode
i. Ostpr. 5. Dez. 1914, † Bremen 23. Febr.
1989, dt. Schriftsteller. – Auch im Aus-
land erfolgreicher Verfasser von zeitbe-
zogenen Romanen in einem dem Ge-
schmack eines breiten Publikums entge-
genkommenden Stil; wurde v. a. bekannt
durch seine Romantrilogie ›Nullacht
fünfzehn‹ (1954/55).
Weitere Werke: Die Nacht der Generale (R.,
1962), Null-acht fünfzehn heute (R., 1963), Al-
les hat seinen Preis (R., 1974), Der Nachkriegs-
sieger (R., 1979), Eine Falle aus Papier (R.,
1981), Ende '45 (R., 1982), Blitzmädel (R.,
1984), Kameraden (R., 1985), Der unheiml.
Mann Gottes (E., 1987).
Literatur: H. H. K. Der Autor u. sein Werk. In-
formation, Zeugnis, Werk. Hg. v. H. PUKNUS.
Mchn. 1979.

Kirsten, Wulf, * Klipphausen bei
Meißen 21. Juni 1934, dt. Schriftsteller. –
Kaufmänn. Lehre, später Studium der
Pädagogik; dann Verlagslektor in Wei-
mar. Schreibt v. a. an J. Bobrowski und
P. Huchel geschulte Naturlyrik.
Werke: Poesiealbum (Ged., 1968), Satzanfang
(Ged., 1970), Ziegelbrennersprache (Ged.,
1975), Der Landgänger (Ged., 1976), Der Blei-
baum (Ged., 1977), Die Schlacht bei Kessels-
dorf. Ein Bericht (1984), Veilchenzeit (Ged.,
1989), Stimmenschotter (Ged., 1993).

Kirstinä, Väinö, * Tyrnävä 29. Jan.
1936, finn. Lyriker. – Seine z. T. bizarre
Sprache ist voller eigenwilliger Wort-
kompositionen und vieldeutiger Assozia-
tionen; einige Gedichte sind in dt. An-
thologien übersetzt erschienen, u. a. in:
›Krieger. Sätze‹ (1970) und ›Finn. Lyrik
aus hundert Jahren‹ (1973).
Werke: Lakeus (= Die Ebene, Ged., 1961), Hi-
taat auringot (= Langsame Sonnen, Ged.,

1963), Luonnollinen tanssi (= Naturtanz, Ged.,
1965), Pitkän tähtäyksen LSD-suunnitelma
(= LSD-Plan auf lange Sicht, Ged., 1967), Ru-
noja 1958–1977 (= Gedichte 1958–1977, 1979).

Kiš, Danilo [serbokroat. kiʃ], * Suboti-
ca 22. Febr. 1935, † Paris 15. Okt. 1989,
serb. Schriftsteller. – Lebte ab 1979 in Pa-
ris; seine Romane und Erzählungen von
jüd. Schicksalen werden in einer poet.,
subjektiven Sicht der Welt, von der Ge-
nauigkeit der Beobachtung bestimmt.
Werke: Die Dachkammer (R., 1962, dt. 1990),
Garten, Asche (R., 1965, dt. 1968), Frühe Leiden
(R., 1970, dt. 1989), Sanduhr (R., 1972, dt. 1988),
Ein Grabmal für Boris Dawidowitsch (En.,
1976, dt. 1983), Enzyklopädie der Toten (En.,
1983, dt. 1986), Homo poeticus (Gespräche und
Essays, 1983, dt. 1994).
Ausgabe: D. K. Djela. Zagreb 1983. 10 Bde.

Kısakürek, Necip Fazıl [türk. ki'sa-
kyrɛk], * Istanbul 26. Mai 1905, † ebd.
25. Mai 1983, türk. Schriftsteller. – Arbei-
tete für die Feuilletons von Tageszeitun-
gen und war Hg. verschiedener Zeit-
schriften; gilt als bed. Lyriker in der
Frühzeit der Republik, als er mit leiden-
schaftlich einzelgängerisch, auch anar-
chistisch gefärbten Gedichtbänden her-
vortrat; seit 1943 Vertreter einer stark
antilaizistisch geprägten Restaurations-
ideologie und einer der geistigen Führer
des militant religiösen Lagers in der
Nachkriegstürkei.

Kisch, Egon Erwin, * Prag 29. April
1885, † ebd. 31. März 1948, deutschspra-
chiger tschech. Journalist und Schrift-
steller. – Ab 1904 Reporter, zuerst in
Prag, Berlin und Wien, ab 1921 wieder in
Berlin (bis 1933 als Starreporter liberaler
Blätter); 1933 nach dem Reichstagsbrand
in Berlin verhaftet und in die Tschecho-
slowakei abgeschoben; 1937/38 Teil-
nahme am Span. Bürgerkrieg, 1940–46 in
Mexiko, ab 1946 in Prag, dort Stadtrat.
Ausgedehnte Reisen in alle Kontinente
fanden in abenteuerlich anmutenden Re-
portagen und Büchern ihren Nieder-
schlag. K. erhob die Reportage zu literar.
Rang; seine Romane hatten nur geringen
Erfolg. Der Titel seiner Sammlung ›Der
rasende Reporter‹ (1925) wurde zum
Synonym für K. selbst.
Weitere Werke: Die Abenteuer in Prag (R.,
1920), Soldat im Prager Korps (Tageb., 1922,
1930 u. d. T. Schreib das auf, Kisch), Hetzjagd
durch die Zeit (Reportagen, 1926), Wagnisse in

Kisielewski 407

Egon Erwin Kisch

aller Welt (Reportagen, 1927), Zaren, Popen, Bolschewiken (Bericht, 1927), Paradies Amerika (Bericht, 1930), China geheim (Bericht, 1933), Geschichten aus sieben Ghettos (En., 1934), Abenteuer in fünf Kontinenten (Bericht, 1936), Landung in Australien (Bericht, 1937), Entdeckungen in Mexiko (Bericht, 1945).
Ausgaben: E. E. K. Ges. Werke in Einzelausgg. Hg. v. B. UHSE u. G. KISCH. Bln. u. a. [1-4]1960-83. 8 Bde. – E. E. K. Nichts ist erregender als die Wahrheit. Reportagen aus vier Jahrzehnten. Hg. von W. SCHMIEDING. Köln 1979. 2 Bde.
Literatur: E. E. K. Hg. von H. L. ARNOLD. Mchn. 1980. – GEISSLER, R.: Die Entwicklung der Reportage E. E. K.s in der Weimarer Republik. Köln 1982. – SCHANNE, K.: Anschläge. Der rasende Reporter E. E. K. Stg. 1983. – PROKOSCH, E.: E. E. K. Reporter einer rasenden Zeit. Bonn 1985. – SCHLENSTEDT, D.: E. E. K. Sein Leben u. Werk. Bln. 1985. – HAUPT, K./WESSEL, H.: K. war hier. Reportagen über den ›Rasenden Reporter‹. Bln. [2]1988. – HOFMANN, F.: E. E. K. ... Biografie. Bln. (Ost) 1988.

Kisfaludy, Károly [ungar. 'kiʃfɔludi], * Tét 5. Febr. 1788, † Pest (heute zu Budapest) 21. Nov. 1830, ungar. Dichter. – Bruder von Sándor K.; Offizier in den Napoleon. Kriegen, schrieb historischpatriot. Dramen und glänzende, bühnenwirksame Lustspiele, daneben einige Novellen, Balladen und volkstüml. Lieder. Mit seinem Werk wurde er zum Führer der ungar. Romantik. 1822 gründete er die literar. Zeitschrift ›Aurora‹; ihm zu Ehren wurde die **Kisfaludy-Gesellschaft** (1836–1952) gegründet.
Werke: Die Tataren in Ungarn (Dr., 1819, dt. 1820), Stibor (Dr., 1819, dt. 1823), Irene (Trag., 1820, dt. 1868).
Literatur: HORVÁTH, J.: K. K. Budapest 1936.

Kisfaludy, Sándor [ungar. 'kiʃfɔludi], * Sümeg 27. Sept. 1772, † ebd. 28. Okt. 1844, ungar. Dichter. – Bruder von Károly K., war als Offizier in Italien und Frankreich; romant. Lyriker, bekannt durch den Zyklus von Liebesgedichten ›Himfy's auserlesene Liebeslieder‹ (1827, dt. 1829); daneben schrieb er gereimte ›Sagen aus der magyar. Vorzeit‹ (1807, dt. 1863) und wenig erfolgreiche histor. Dramen.
Literatur: FENYÖ, I.: K. S. Budapest 1961.

Kishon (tl.: Qîšôn), Ephraim [hebr. ki-'ʃɔn], eigtl. Ferenc Hofmann, * Budapest 23. Aug. 1924, israel. Schriftsteller und Journalist. – Seit 1949 in Israel; Verfasser von Theaterstücken, Romanen (›Der Fuchs im Hühnerstall‹, 1955, dt. 1969), Hörspielen, Filmdrehbüchern und v. a. von Satiren über das heutige Israel; dt. erschienen u. a. die Sammlungen ›Drehn Sie sich um, Frau Lot‹ (Satiren, dt. 1962), ›Arche Noah, Touristenklasse‹ (Satiren, dt. 1963), ›Der seekranke Walfisch oder Ein Israeli auf Reisen‹ (Satiren, dt. 1965), ›Wie unfair, David‹ (Satiren, dt. 1967), ›Nicht so laut vor Jericho‹ (Satiren, dt. 1970), ›Salomos Urteil, zweite Instanz‹ (Satiren, dt. 1972), ›Kein Applaus für Podmanitzki‹ (Satiren, dt. 1973), ›Kein Öl, Moses?‹ (Satiren, dt. 1974), ›In Sachen Kain und Abel. Neue Satiren‹ (dt. 1976), ›Es war die Lerche‹ (Lsp.e, dt. 1977), ›Mein Freund Jossele‹ (Satiren, dt. 1977), ›... und die beste Ehefrau von allen. Eine satir. Geständnis‹ (dt. 1981), ›Das Kamel im Nadelöhr. Neue Satiren‹ (dt. 1982), ›Bekenntnisse eines perfekten Ehemannes. Gesammelte Geschichten‹ (dt. 1983), ›Abraham kann nichts dafür. Neue Satiren‹ (dt. 1984), ›Picasso war kein Scharlatan. Randbemerkungen zur modernen Kunst‹ (1986), ›Total verkabelt‹ (Satiren, dt. 1989), ›Kishon für Steuerzahler. Eine satir. Bilanz‹ (dt. 1991), ›Nichts zu lachen‹ (Erinnerungen, dt. 1993), ›Ein Apfel ist an allem schuld. Gebrauchsanweisung für die Zehn Gebote‹ (dt. 1994).

Kisielewski, Jan August [poln. kiɛɛ-'lɛfski], * Rzeszów 8. Febr. 1876, † Warschau 29. Jan. 1918, poln. Dramatiker. – Hatte mit den Dramen ›W sieci‹ (= Im Netz, 1899) und ›Karykatury‹ (= Karikaturen, 1899), die in der Tradition des realist. Theaters stehen, großen Erfolg

408 Kiss

durch die desillusionierende Ironie der Darstellung; auch wertvolle Theaterkritiken.

Literatur: OBRĄCZKA, P.: Studia nad życiem i twórczością J. A. K.ego. Oppeln 1973.

Kiss, József [ungar. kiʃ], eigtl. J. Klein, * Mezőcsát 30. Nov. 1843, † Budapest 31. Dez. 1921, ungar. Lyriker. – Entstammte einer jüd. Familie; Gründer und Hg. der literar. Zeitschrift ›A Hét‹, um die sich ein Kreis fortschrittl. jüd. Dichter scharte, die in kosmopolit. Einstellung für die modernen westl. dekadenten Strömungen aufgeschlossen waren. Seine Dichtung umfaßt Geschichtsballaden v. a. mit jüd. Thematik und Großstadtlyrik; mitunter soziale, religiöse und pazifist. Tendenz. Dt. erschienen ›Gedichte‹ in Auswahl (1886 und 1887).

Literatur: RUBINYI, M.: K. J., élete és munkássága. Budapest 1926.

Kitsch [wohl zu mundartlich veraltend kitschen = streichen, schmieren; speziell: eine Straße mit einer ›Kitsche‹ vom Schlamm befreien (nach E. Koelwel)], Ende des 19. Jh. entstandene, abwertende Bez. für ein auf Effektkumulation und süßl. Konfliktverschleierung basierendes Kunstprodukt, zunächst – wohl wegen eines vielfach anzutreffenden schlammfarbenen, ›soßigbraunen‹ Kolorits – aus dem Bereich der bildenden Künste (Nofretetebüsten, Madonnen- und Engelsbildnisse als Lackbilder), ab etwa 1890 auch aus denjenigen von Literatur (↑ Trivialliteratur) und Musik (Heimatlieder u. ä.). Vor der Neigung des K.rezipienten zu Selbstgenuß, ›Ökonomie der Wunscherfüllung‹ (W. Killy) und ästhet. Distanzlosigkeit (J. Schulte-Sasse) gewinnen theoret. Erklärungsversuche des K.s eine philosophisch-anthropologische (H. Broch, O. F. Bollnow, L. Giesz), eine historisch-soziolog. (A. A. Moles, G. Ueding) und eine allgemein ideologiekrit. (U. Eco) Dimension.

Literatur: KOELWEL, E.: K. u. Schwäbisches. In: Muttersprache 52 (1937), S. 58 ff. – BROCH, H.: Einige Bemerkungen zum Problem des K.es. In: BROCH: Ges. Werke. Bd 6. Zü. 1955. – MICHEL, K. M.: Gefühl als Ware. Zur Phänomenologie des K.es. In: Neue Dt. Hefte 6 (1959/60). – DORFLES, G.: Der K. Dt. Übers. Tüb. 1969. – GIESZ, L.: Phänomenologie des K.es. Mchn. ²1971. – MOLES, A. A.: Psychologie des K.es. Dt.

Übers. Mchn. 1972. – ROTERS, E.: Trivialmythen. In: Dokumenta 5. Ausst.-Kat. Kassel 1972. – KILLY, W.: Dt. K. Gött. ⁷1973. – UEDING, G.: Glanzvolles Elend. Versuch über K. u. Kolportage. Ffm. 1973. – ERHARD, E.-O.: Pop, K., Concept-Art. Ravensburg 1974. – SCHULTE-SASSE, J.: Die Kritik an der Triviallit. seit der Aufklärung. Studien zur Geschichte des modernen K.-Begriffs. Mchn. ²1977. – Literar. K. Hg. v. J. SCHULTE-SASSE. Tüb. 1979. – ECO, U.: Apokalyptiker u. Integrierte. Zur krit. Kritik der Massenkultur. Dt. Übers. Ffm. 1984. – K. Soziale u. polit. Aspekte einer Geschmacksfrage. Hg. v. H. PROSS. Mchn. 1985. – DESCHNER, K.: K., Konvention u. Kunst. Eine literar. Streitschrift. Neuausg. Ffm. 1991.

Kivi, Aleksis, eigtl. A. Stenvall, * Nurmijärvi 10. Okt. 1834, † Tuusula 31. Dez. 1872, finn. Schriftsteller. – Entbehrungsreiche Jugend als Sohn eines Dorfschneiders; besuchte die schwed. Schule und ab 1859 vorübergehend die Univ. in Helsinki, danach freier Schriftsteller; innerlich und äußerlich unstet, ab 1870 unheilbar geisteskrank. K. leitete die moderne Literatur in finn. Sprache ein, er ist deren erster (an Shakespeare, M. de Cervantes Saavedra und L. von Holberg gebildeter) Dramatiker und ein bed. Romancier. Humorvoller Realismus, v. a. in der Charakterkomödie ›Die Heideschuster‹ (1864, dt. 1922) und in dem z. T. in Dialogform gehaltenen Roman ›Die sieben Brüder‹ (1870, dt. 1921), seinem Hauptwerk, mit dem er das Volkstümliche als grundlegendes Element in die finn. Literatur einführte. Starke und ursprüngl. Ausdruckskraft besitzt seine reimlose Lyrik.

Weitere Werke: Kullervo (Dr., 1864), Die Verlobung (Kom., 1866, dt. 1953), Karkurit (= Flüchtlinge, Trag., 1867), Lea (Dr., 1869), Margareta (Dr., 1871).

Ausgabe: A. K. Kootut teokset. Hg. v. E. KAUPPINEN u. a. Helsinki 1984.

Literatur: HEIN, M. P.: Die Kanonisierung eines Romans. A. K.s ›Sieben Brüder‹, 1870–1980. Helsinki u. a. 1984. – MERI, V.: Elon saarel tääl. Otava 1984. – TARKIAINEN, V.: A. K. Helsinki 1984.

Kiwus, Karin, * Berlin 9. Nov. 1942, dt. Lyrikerin. – War Verlagslektorin in Frankfurt am Main, Mitarbeiterin an der Akad. der Künste in Berlin, 1986 Verlagslektorin in Hamburg, lebt heute in Berlin. In ihren Gedichten artikuliert sie subjektive Erfahrungen und Empfindungen, wobei sie mit verschiedenen lyr. Ausdrucksmöglichkeiten experimentiert.

Werke: Von beiden Seiten der Gegenwart (Ged., 1976), Angenommen später (Ged., 1979), 39 Gedichte (1981), Poet. Perlen. Ein Fünf-Tage-Ketten-Gedicht (1986; mit Hiroshi Kawasaki, Makoto Ooka, Guntram Vesper), Das chin. Examen (Ged., 1992).

Kjær, Nils [norweg. çæ:r], * Holmestrand 11. Sept. 1870, † Son 9. Febr. 1924, norweg. Dramatiker. – Beeinflußt von A. Strindberg, schrieb er v. a. bühnenwirksame Komödien und zeitkrit., soziale Satiren; daneben geistvolle und einfallsreiche Essays.

Werke: Capriccio (Essay, 1898, dt. 1910), Der Tag der Rechenschaft (Dr., 1902, dt. 1909), Mimosas hjemkomst (Dr., 1907), Det lykkelige valg (Kom., 1914), Siste epistler (Essays, 1924).
Ausgabe: N. K. Samlede skrifter. Christiania 1921–22. 5 Bde.
Literatur: NORENG, H.: N. K. Oslo 1949.

Kjærstad, Jan [norweg. 'çæ:rsta:], * Oslo 6. März 1953, norweg. Schriftsteller. – Versucht die Gattung des Romans durch geschärftes sprachl. Bewußtsein und durch entschiedene Abkehr vom Realismus zu erneuern.

Werke: Kloden dreier stille rundt (Nov.n, 1980), Speil (R., 1982), Homo falsus (R., 1984), Det store eventyret (R., 1987), Rand (R., 1990, dt. 1994).

Kjellgren, Josef [schwed. 'tçɛlgre:n], * Mörkö (Södermanland) 13. Dez. 1907, † Stockholm 8. April 1948, schwed. Schriftsteller. – Gehörte der literar. Gruppe Fem Unga an, einer Reihe junger Modernisten, die der schwed. Literatur neue Wege weisen wollten. Als überzeugter und sozialkrit. Arbeiterdichter schildert er in Prosa und Lyrik realistisch das harte Leben der Seeleute.

Werke: Begegnung an einer Brücke (R., 1935, dt. 1954), Smaragden (R., 1939), Guldkedjan (R., 1940), Kamratskap mellan män (R., 1947), Nu seglar jag (R., 1948).
Literatur: MATSSON, R.: J. K. Stockholm 1957.

Kjuchelbeker (tl.: Kjuchel'beker), Wilgelm Karlowitsch [russ. kjuxɪlj'bjekɪr], eigtl. Wilhelm Küchelbecker, * Petersburg 21. Juni 1797, † Tobolsk 23. Aug. 1846, russ. Schriftsteller dt. Abkunft. – Als Dekabrist zu Zwangsarbeit verurteilt; Vertreter der jüngeren Archaisten; akzeptierte sprachl. und stilist. Neuerungen, hielt aber im Sinne G. R. Derschawins an der Forderung nach ernsten Inhalten der Poesie fest; pflegte v. a. die Odendichtung.

Ausgabe: V. K. Kjuchel'beker. Izbrannye proizvedenija. Moskau u. Leningrad 1967. 2 Bde.
Literatur: BAXTER, N. A.: The early (1817–1825) literary criticism of W. K. Diss. University of California Berkeley 1977.

Kjuljawkow (tl.: Kjuljavkov), Krum Pawlow [bulgar. kju'ljafkof], * Kjustendil 24. Febr. 1893, † Sofia 18. Dez. 1955, bulgar. Schriftsteller. – 1928–40 in der UdSSR; seine Frühwerke stehen dem Symbolismus nahe; K. wandte sich jedoch bald dem sozialist. Realismus zu und schilderte die Lebensverhältnisse der Bulgaren; Erzähler und Dramatiker; auch humorist. Gedichte.

Ausgabe: K. P. Kjuljavkov. Izbrani proizvedenija. Sofia 1953–54. 3 Bde.

Kläber, Kurt, dt. Schriftsteller, † Held, Kurt.

Klabund

Klabund, eigtl. Alfred Henschke, * Crossen (Oder) 4. Nov. 1890, † Davos 14. Aug. 1928, dt. Schriftsteller. – Studierte Philosophie und Literatur in München und Lausanne, dann freier Schriftsteller in München und Berlin; häufiger Aufenthalt in Sanatorien (bereits mit 16 Jahren an Tuberkulose erkrankt); ab 1925 ∞ mit der Schauspielerin Carola Neher. K. stand zwischen Impressionismus und Expressionismus. Sein Werk, in rastloser Arbeit entstanden, wirkt oft flüchtig-skizzenhaft, in ständiger Wandlung begriffen (Klabund = Wandlung; nach anderer Erklärung ist der Name durch Kontamination aus ›Klabautermann‹ und ›Vagabund‹ entstanden) und wurde der stark erot. oder pazifist. Themen wegen häufig angegriffen. Seine von F. Villon ausgehende Lyrik ist durch Far-

Kladderadatsch

ben- und Formenreichtum ausgezeichnet, bald ekstatisch aufgewühlt, bald volksliedhaft schlicht. Als Erzähler schuf K. expressionist. Kurzromane, die teils autobiograph., teils stilisiert histor., symbolhafte und erot. Züge tragen. Sein Bestes leistete er als einfühlender Nachdichter fernöstl. Lyrik nach dt., engl. und frz. Übersetzungen: aus dem Chinesischen ›Dumpfe Trommeln und berauschtes Gong‹ (1915), ›Li tai-pe‹ (1916), aus dem Japanischen ›Die Geisha O-sen‹ (1918) und aus dem Persischen ›Das Sinngedicht des pers. Zeltmachers‹ (1917), ›Der Feueranbeter‹ (1919). Am bekanntesten wurde seine Nachgestaltung des chinesischen Dramas ›Der Kreidekreis‹ (1925).

Weitere Werke: Morgenrot! Klabund! Die Tage dämmern! (Ged., 1913), Die Himmelsleiter (Ged., 1916), Moreau (R., 1916), Die Krankheit (E., 1917), Mohammed (R., 1917), Bracke (R., 1918), Der himml. Vagant (Ged., 1919), Dreiklang (Ged., 1920), Franziskus (R., 1921), Pjotr (R., 1923), Die Harfenjule (Ged., 1927), Borgia (R., 1928), XYZ (Kom., 1928), Rasputin (R., hg. 1929), Novellen von der Liebe (hg. 1930). **Ausgaben:** K. Ges. Werke in Einzelausgg. Wien 1930. 6 Bde. – K. Der himml. Vagant. Eine Ausw. aus dem Werk. Hg. v. M. KESTING. Köln 1968. – K. Der Kunterbuntergang. Grotesken, Novellen, Erzählungen. Hg. v. R. LEIBBRAND. Hamb. 1983. **Literatur:** PAULSEN, W.: K. A critical bibliography. In: Philological Quarterly 37 (1958), S. 1. – GILMAN, S. L.: Form u. Funktion. Eine strukturelle Unters. der Romane K.s. Ffm. 1971. – KAULLA, G. VON: Brennendes Herz. K. Legende u. Wirklichkeit. Zü. u.a. 1971. – KAULLA, G. VON: ... und verbrenn' in seinem Herzen. Die Schauspielerin Carola Neher u. K. Freib. 1983. – K. in Davos. Texte, Bilder, Dokumente. Bearb. v. P. RAABE. Zü. 1990.

Kladderadatsch, 1848–1944 in Berlin herausgegebenes politisch-satir., nat. ausgerichtetes Wochenblatt; erlangte Bedeutung zur Zeit Bismarcks, dessen Politik es unterstützte; 1970 in Bonn wiederbegründet.

Klage, Die, mhd. Dichtung in vierhebigen Reimpaaren, vermutlich um 1200 in räuml. (Bayern) und zeitl. Nähe zum ›Nibelungenlied‹ entstanden, stets zusammen mit ihm überliefert als eine Art alternative Gestaltung des Nibelungenstoffes, in dem das trag. Geschehen aus höfisch-christl. Sicht gedeutet wird als Folge der ›superbia‹, der ›übermüete‹, und Goldgier der Nibelungen. In mehr als 4300 Versen werden in immer neuen Klagen die Toten beweint und gepriesen, zunächst am Etzelhof, dann in Bechelaren, Passau und Worms, wohin Boten die traurige Kunde bringen. **Ausgabe:** Diu K., mit den Lesearten sämmtl. Hss. Hg. v. K. BARTSCH. Lpz. 1875. Nachdr. Darmst. 1964. **Literatur:** KROGMANN, W./PRETZEL, U.: Bibliogr. zum Nibelungenlied u. zur K. Bearb. v. H. HAAS u. W. BACHOFER. Bln. ⁴1966. – GILLESPIE, G. T.: D. K. as a commentary on Das Nibelungenlied. In: Probleme mhd. Erzählformen. Hg. v. P. F. GANZ u. W. SCHRÖDER. Bln. 1972. S. 153. – CURSCHMANN, M.: ›Nibelungenlied‹ u. ›Nibelungenklage‹. In: Dt. Lit. im MA. Kontakte u. Perspektiven. Hg. v. CH. CORMEAU. Stg. 1979. S. 85. – GÜNZBURGER, A.: Studien zur Nibelungenklage. Ffm. 1983. – ↑ auch Nibelungenlied.

Klaj, Johann [klaɪ], d.J., latinisiert Clajus, * Meißen 1616, † Kitzingen 1656, dt. Schriftsteller. – Studierte ev. Theologie, war Lehrer und Pfarrer; führte mit G. Ph. Harsdörffer die Schäferdichtung in Nürnberg ein und gründete mit ihm den ›Löbl. Hirten- und Blumenorden an der Pegnitz‹ (↑ Nürnberger Dichterkreis). K. schrieb Andachts- und Kirchenlieder, Weihnachts-, Passions- und Auferstehungsspiele; bed. als Wegbereiter des Oratoriums. Der Anwendung rhetor. Mittel verdankt er die eindrucksvolle Wirkung seiner Dichtung.

Werke: Auferstehung Jesu Christi (Oratorium, 1644), Höllen- und Himmelfahrt Jesu Christi (Oratorium, 1644), Engel- und Drachenstreit (Oratorium, 1645), Lobrede der Teutschen Poeterey ... (1645), Andachts Lieder (1646), Weihnacht Gedichte (1648), Freudengedichte ... (1650), Geburtstag Deß Friedens ... (1650), Irene ... (1650). **Ausgaben:** J. K. Redeoratorien u. ›Lobrede der teutschen Poeterey‹. Hg. v. C. WIEDEMANN. Tüb. 1965. – J. K. Friedensdichtungen u. kleinere poet. Schrr. Hg. v. C. WIEDEMANN. Tüb. 1968. – J. K.s Weihnachtsdichtung. Das ›Freudengedichte‹ von 1650. Mit einer Einf. v. M. KELLER. Bln. 1971. **Literatur:** FRANZ, A.: J. K. Marburg a.d. Lahn 1908. – WIEDEMANN, C.: J. K. u. seine Redeoratorien. Unterss. zur Dichtung eines dt. Barockmanieristen. Nbg. 1966.

Klangfiguren ↑ rhetorische Figuren.

Klanggestalt, alle sprachlich-phonet. Elemente einer Dichtung, deren Ausdruckswert v. a. im Klanglich-Akustischen liegt.

Klangmalerei ↑ Lautmalerei.

Klappentext, im Buchwesen der meist auf der vorderen und hinteren Klappe des [Schutz]umschlages gedruckte Werbetext für das betreffende Buch.

Klapphornverse, Scherzverse nach dem angeblich von dem Göttinger Universitätsnotar F. Daniel (* 1809, † 1899) stammenden Muster: ›Zwei Knaben gingen durch das Korn, der andere blies das Klappenhorn, er konnt' es zwar nicht ordentlich blasen, doch blies er's wenigstens einigermaßen‹; erstmals 1878 erschienen in den Münchener ›Fliegenden Blättern‹.

Klassik [zu lat. classicus = die (ersten) Bürgerklassen betreffend, (übertragen:) ersten Ranges, mustergültig], in seiner Bedeutung nur ungefähr umschreibbarer Begriff, der sowohl ein an der Antike orientiertes Formideal als auch geistesgeschichtl. Epochen bezeichnet, deren Werke als Ausdruck kultureller Blütezeiten zum allgemeinen kulturellen Besitz einer Nation und als solche auch Bestandteil der Weltliteratur geworden sind. Als K. im normbildenden, kanon. Sinne betrachtete die röm. Antike die griech. Literatur und Kunst. In der Renaissance bedeutete K. einerseits die gesamte griechisch-röm. Antike (so auch heute noch: klass. Sprachen, klass. Philologie), andererseits deren Höhepunkte: im griech. Altertum die Epoche des Perikles, im röm. Altertum die Zeit der Goldenen Latinität unter Augustus. In späterer Zeit wurde dieses Verständnis von K. auf andere Völker und Epochen übertragen, so z. B. auf die Zeit der Renaissance in Italien (von Dante bis T. Tasso), auf die Zeit von P. Calderón de la Barca und M. de Cervantes Saavedra in Spanien, auf das elisabethan. Zeitalter (Shakespeare) in England, in Frankreich auf die Epoche Ludwigs XIV. (von P. Corneille bis J. Racine) und in Deutschland auf die Zeit um 1800, die ↑ Weimarer Klassik, die man entweder auf die gesamte Goethezeit zwischen Sturm und Drang und Romantik bezieht oder eingeengt auf die Werke Goethes und Schillers.
Literatur: SCHULTZ, FRANZ: K. u. Romantik der Deutschen. Stg. ³1959. 2 Tle. – BRAY, R.: La formation de la doctrine classique en France. Neu-

ausg. Paris 1963. – Die K.-Legende. Hg. v. R. GRIMM u. J. HERMAND. Ffm. 1971. – Begriffsbestimmung der K. u. des Klassischen. Hg. v. H. O. BURGER. Darmst. 1972. – STORZ, G.: K. u. Romantik. Mhm. u. a. 1972. – UEDING, G.: K. u. Romantik, dt. Lit. im Zeitalter der Frz. Revolution 1789–1815. Neuausg. Mchn. 1988. 2 Tle.

Klassiker, literar. Verfasser oder Schöpfer eines als ↑ klassisch angesehenen literar., künstler. oder wiss. Werkes.

klassisch, im 18. Jh. erstmals in dt. Sprache für bed. antike Schriftsteller und ihre Werke gebraucht, wird der Begriff heute in folgender, sich z. T. überlagernder Bedeutung verwendet: 1. historisch bezogen auf antike Autoren und Künstler, weiter auf die antiken Sprachen (Griechisch, Latein) und auf die Wiss., die sich mit der Literatur der Antike beschäftigt (k.e Philologie); 2. analog normativ für herausragende, aufgrund bestimmter Normen den antiken Klassikern vergleichbare neuzeitl. Autoren und Künstler; 3. als Stilbegriff in der Bedeutung von harmonisch, maßvoll, vollendet. – ↑ auch Klassik.

Klassizismus, auf die klass. Antike bezogener Stil- und Wertbegriff für Literatur, die sich antiker Stilformen und Stoffe bedient (↑ antikisierende Dichtung). Unter dem Aspekt der Imitation älterer Formmuster wurde bisweilen schon die röm. Klassik in ihrem Verhältnis zur griech. Klassik als klassizistisch eingestuft. In der Neuzeit begegnet klassizist. Literatur, orientiert an einem an der Antike gebildeten Regelkanon, erstmals in der italien. Renaissance; diese Strömungen wirkten im Rahmen des europ. Humanismus v. a. auf Frankreich (P. de Ronsard) und auf die im Französischen als ›classicisme‹ bezeichnete Blütezeit der frz. Kultur (17. Jh.); die frz. Bez. ›classicisme‹ wird in dt. Darstellungen als ›Klassik‹ in Analogie zur ↑ Weimarer Klassik wiedergegeben, wenn der Stellenwert der Epoche innerhalb der frz. Geistesgeschichte angesprochen wird; den frz. K. des 18. Jh. und die antiromant. und antisymbolist. Tendenzen in der frz. Literatur des beginnenden 20. Jh. erfaßt die Bez. ›neoclassicisme‹. In England lassen sich breitere klassizist. Strömungen hauptsächlich im 18. Jh. feststellen (A. Pope, S. Johnson). Wenn man von

412 Klausel

gewissen klassizist. Zügen in der Literatur der Karolingerzeit (Otfrid von Weißenburg), der Ottonik (Hrotsvit von Gandersheim) und in der stauf. Dichtung (Gottfried von Straßburg) absieht, erfolgte die Hinwendung zu antiken Formidealen in Deutschland, bes. durch J. Ch. Gottsched, dann in der Anakreontik bei Ch. M. Wieland, im 19. und 20. Jh. in der Lyrik bei A. von Platen, E. Geibel, S. George, im Drama bei E. von Wildenbruch und P. Ernst.

Literatur: ERNST, F.: Der K. in Italien, Frankreich u. Deutschland. Wien 1924. – WELLEK, R.: Das Wort u. der Begriff ›K.‹ in der Literaturgesch. In: Schweizer Monatshh. 45 (1965/66), S. 15.

Klausel [lat. clausula = Schluß, Schlußsatz; Schluß-, Gesetzesformel], in der antiken Rhetorik die durch Silbenquantitäten geregelten Perioden- und Satzschlüsse der Kunstprosa. Die wichtigsten K.n setzen sich aus einem ↑ Kretikus und einer Trochäuskadenz zusammen.

Klausner, Joseph, * Olkieniki (Litauen) 15. Aug. 1874, † Jerusalem 27. Okt. 1958, israel. Religions- und Literaturwissenschaftler. – Ging nach dem 1. Weltkrieg nach Palästina, wo er ab 1925 als Prof. für neuhebr. Literatur, später auch für jüd. Geschichte an der Hebr. Univ. Jerusalem wirkte; schrieb eine sechsbändige ›Geschichte der modernen hebr. Literatur‹ (1930–50, ²1952–59).

Literatur: KLING, S.: J. K. New York 1970.

Kldiaschwili (tl.: Kldiašvili), Dawit Samsonowitsch, * Simoneti bei Kutaissi 11. Sept. 1862, † ebd. 24. April 1931, georg. Schriftsteller. – Offizier, wegen Teilnahme an der Revolution in Georgien von 1905–07 aus der Armee entlassen; 1930 als georg. Volksschriftsteller geehrt; stellt in kritisch-realist., oft humorist. Erzählungen den Verfall des georg. Landadels und die Welt der georg. Bauern vor der Revolution dar; auch erfolgreicher Lustspielautor. Eine Werkauswahl (2 Bde.) in russ. Sprache erschien 1950–52.

Klein, József, ungar. Lyriker, ↑ Kiss, József.

Kleine Heidelberger Liederhandschrift, die älteste der drei oberdt. Liederhandschriften (Sigle A), wohl Ende des 13. Jh. im Elsaß entstanden (↑ auch

Große Heidelberger Liederhandschrift, ↑ Stuttgarter Liederhandschrift). Sie besteht aus 45 in got. Minuskeln, im Hauptteil von einer Hand eng beschriebenen Pergamentblättern im Quartformat. Erstmals nachweisbar in der Mitte des 16. Jh. in der ↑ Palatina, heute in der Universitätsbibliothek Heidelberg. Enthält in 34 mit Autorennamen (oder auch nur Sammlernamen) bezeichneten, fortlaufend eingetragenen Abschnitten mhd. Minnelyrik aus dem Ende des 12. und dem Anfang des 13. Jahrhunderts.

Kleist, Ewald Christian von, * Zeblin (bei Köslin) 7. März 1715, † Frankfurt/Oder 24. Aug. 1759, dt. Schriftsteller. – Ab 1731 Jura-, Philosophie- und Mathematikstudium; 1736 dän. Offizier, 1740 im Heer Friedrichs des Großen auf österr., frz. und russ. Kriegsschauplätzen. Befreundet mit J. W. L. Gleim, K. W. Ramler und F. Nicolai; lernte 1752 in der Schweiz J. J. Bodmer und S. Geßner kennen; schloß in Leipzig 1758 Freundschaft mit G. E. Lessing. Starb an einer in der Schlacht bei Kunersdorf erlittenen Verwundung. K. begann mit Gedichten im Stil der Anakreontik. Unter dem Einfluß F. G. Klopstocks und J. Thomsons entstand die bukol. Idylle ›Der Frühling‹ (1749); schrieb auch vaterländ. Gedichte, Oden und Versepik.

Weitere Werke: Ode an die preuß. Armee (1757), Neue Gedichte ... (1758), Cissides und Paches (Epos, 1759).

Ausgaben: E. v. K.s Werke. Hg. v. A. SAUER. Bln. 1887. 3 Bde. Nachdr. Bern 1968. – E. Ch. v. K. Sämtl. Werke. Hg. v. J. STENZEL. Stg. 1971. – E. Ch. v. K. Ihn foltert Schwermut, weil er lebt. Sämtl. Gedichte, Prosa, Stücke u. Briefe. Hg. v. G. WOLF. Ffm. 1983.

Literatur: GUGGENBÜHL, H.: E. v. K. Weltschmerz als Schicksal. Erlenbach u. Zü. 1948.

Kleist, [Bernd] Heinrich [Wilhelm] von, * Frankfurt/Oder 18. Okt. [nach eigener Angabe 10. Okt.] 1777, † am Kleinen Wannsee (heute zu Berlin) 21. Nov. 1811, dt. Dramatiker und Erzähler. – Entstammte einem alten pommerschen Adelsgeschlecht; ältester Sohn eines preuß. Hauptmanns, Großneffe Ewald Christian von K.s; früh verwaist, trat 1792 der Familientradition gemäß in das Potsdamer Garderegiment ein, machte 1794 den Rheinfeldzug mit, quittierte 1799 den verhaßten Dienst, um sich ei-

Kleist

Heinrich von Kleist

nem selbst aufgestellten Bildungsplan zu widmen: er wollte sich v. a. mit Mathematik, Physik und Philosophie beschäftigen. Nach drei Semestern Studium (Jura und Kameralwissenschaften) in Frankfurt/Oder und dem Verlöbnis (1802 gelöst) mit Wilhelmine von Zenge (*1780, †1852) suchte er sich für das ›schriftsteller. Fach‹ vorzubereiten; die sog. ›Kantkrise‹ (1801) bezeichnet die endgültige Wendung K.s von der Wiss. zur Dichtung: Das Studium der Kantischen Philosophie ließ ihn an der Möglichkeit der Erkenntnis zweifeln, das Wissenschaftsideal brach damit für ihn zusammen, das subjektive Gefühl trat an seine Stelle. Einer von der Familie gewünschten Anstellung im Staatsdienst entzog er sich 1801 durch eine Reise mit der Stiefschwester Ulrike von K. (*1774, †1849) nach Dresden und Paris. Anschließend blieb er in der Schweiz, wo er in Bern mit den Literaten H. Zschokke, L. Wieland und dem Buchhändler Heinrich Geßner (*1768, †1813), dem Sohn S. Geßners, zusammentraf und den Kauf eines Bauerngutes plante, auf dem er mit Wilhelmine ein bäuerl. Leben führen wollte, was diese jedoch ablehnte. Im Frühjahr 1802 bezog er ein Häuschen auf der Aare-Insel bei Thun und begann die Arbeit an zwei Trauerspielen: ›Die Familie Schroffenstein‹ (1803; Arbeitstitel: ›Die Familie Thierrez‹ bzw. ›Die Familie Ghonorez‹) und ›Robert Guiskard, Herzog der Normänner‹ (unvollendet 1808 in seiner Monatsschrift ›Phöbus‹ gedruckt).
Auf Einladung des alten Ch. M. Wieland verbrachte K. den Winter 1802/03 auf Wielands Gut Oßmannstedt bei Weimar, wo er u. a. Goethe und Schiller begegnete, dann auch in Dresden dem von Wieland begünstigten Satiriker J. D. Falk, der damals am Amphitryon-Stoff arbeitete und K. zu ›Amphitryon, ein Lustspiel nach Molière‹ anregte (gedr. 1807). L. Wieland, Zschokke und K. ließen sich durch einen Kupferstich mit dem Titel ›La cruche casée‹ zu einem Dichterwettstreit anregen, und so entstand als zweites Lustspiel ›Der zerbrochene Krug‹ (gedr. 1811). Mit Ernst von Pfuel, einem Freund aus der Militärzeit, unternahm er eine Reise in die Schweiz; sie führte ihn im Spätsommer 1803 bis Mailand und über Genf im Okt. nach Paris. Dort verbrannte K. in einem Verzweiflungsanfall das Guiskardmanuskript und wanderte ohne Abschied an die frz. Nordküste, um in Napoleons I. Landungskorps gegen England ›den schönen Tod der Schlachten zu sterben‹. Nach Paris zurückgebracht und nach Deutschland abgeschoben, erkrankte er in Mainz und blieb bei einem ihm befreundeten Arzt.
Auf Drängen der Verwandten bewarb er sich im Sommer 1804 in Berlin um Anstellung im Finanzdepartement und kam zur weiteren Ausbildung im nächsten Jahr als Diätar (Aushilfsangestellter) an die Domänenkammer in Königsberg (Pr); doch ließ er sich im Sommer 1806 krankheitshalber beurlauben und schrieb intensiv an seinen Dichtungen. Auf dem Weg nach Dresden, wohin es K. Anfang 1807 nach dem Zusammenbruch Preußens zog, wurde er in Berlin als angebl. Spion von den Franzosen verhaftet, zum Fort de Joux und dann in das Gefangenenlager Châlons-sur-Marne gebracht, wo er sechs Monate festgehalten wurde. Im kulturell aufblühenden Dresden inmitten angesehener Schriftsteller, Maler und Mäzene (A. H. Müller, J. J. Otto August Rühle von Lilienstern [*1780, †1847], G. H. Schubert, F. G. Wetzel, K. A. Böttiger, F. Hartmann, G. von Kügelgen, C. D. Friedrich, Ch. G. Körner, L. Tieck) begann seine fruchtbarste Schaffensperiode. Mit A. H. Müller, der zuvor den ›Amphitryon‹ herausgegeben hatte, redigierte er die anspruchsvolle Kunstzeitschrift ›Phöbus‹ (einziger Jg.

414 Kleist

1808), in der u.a. Proben der Dramen ›Penthesilea‹ und ›Käthchen von Heilbronn‹ sowie der Erzählungen ›Die Marquise von O...‹ und ›Michael Kohlhaas‹ erschienen. Noch im gleichen Jahr (1808) verlegte J. F. Cotta das Amazonendrama ›Penthesilea‹, dessen grauenvolle Übersteigerungen die Zeitgenossen, nicht zuletzt Goethe, schockieren mußten. Der Penthesilea, die den Geliebten von Hunden zerreißen läßt, stellte K. mit dem Käthchen von Heilbronn ein Mädchen gegenüber, das ›ebenso mächtig ist durch gänzl. Hingebung als jene durch Handeln‹. In Weimar besuchte Goethe am 2. März 1808 eine Aufführung vom ›Zerbrochenen Krug‹, doch wurde die Aufführung des damals noch überlangen, in drei Akte aufgeteilten Einakters ein Mißerfolg.

Nach dem Bankrott seiner literar. Bemühungen wurde K. zum politisch engagierten Schriftsteller. Ende 1808 entstand das Tendenzdrama ›Die Hermannsschlacht‹ (gedr. 1821), mit dem er zum Kampf gegen Napoleon I. aufrufen wollte. Zu Beginn der österr. Erhebung wanderte K. mit dem Historiker F. C. Dahlmann nach Prag, wo er die Herausgabe einer polit. Wochenschrift ›Germania‹ plante, was sich jedoch durch Napoleons Sieg bei Wagram (6. Juli 1809) zerschlug.

Als bereits Totgesagter (es gab Gerüchte, er sei in Prag gestorben) tauchte er Ende 1809 in der Heimat auf. In Berlin verkehrte er mit A. H. Müller, F. de la Motte Fouqué, O. H. Graf von Loeben, A. von Arnim, C. Brentano, B. von Arnim, R. Varnhagen von Ense, mit verschiedenen Verlegern und mit seiner Cousine Marie von K., geb. von Gualtieri, die sich beim preuß. Königshaus wiederholt für K. verwendete. Das in Wien uraufgeführte ›große histor. Ritterschauspiel‹ ›Das Käthchen von Heilbronn‹ wurde vom Berliner Schauspieldirektor A. W. Iffland abgelehnt, so daß K. es 1810 drucken ließ, zugleich mit einem Band früher verfaßter Erzählungen (›Michael Kohlhaas‹, ›Die Marquise von O...‹, ›Das Erdbeben in Chili‹ [1807 u. d. T. ›Jeronimo und Josephe‹, in: ›Morgenblatt für gebildete Stände‹]), dem er 1811 einen zweiten Band neuer Erzählungen (›Die Verlobung in St. Domingo‹, ›Das Bettelweib von Locarno‹, ›Der Findling‹, ›Die heilige Cäcilie‹, ›Der Zweikampf‹) folgen ließ; auch bot er einen (wohl nie fertiggestellten) ›Roman in zwei Bänden‹ an. Die ›Berliner Abendblätter‹, die erste täglich erscheinende Zeitung Berlins, die K. von Okt. 1810 bis März 1811 herausgab und mit Polizeinachrichten, mustergültig geprägten Anekdoten und bed. Essays (›Über das Marionettentheater‹) füllte, kam, nach anfängl. Erfolg, durch Behördenschikanen zum Erliegen. Sein letztes Meisterwerk, das Schauspiel ›Prinz Friedrich von Homburg‹ (gedr. 1821), wurde im Sept. 1811 durch Marie von K. der Prinzessin Marianne von Hessen-Homburg überreicht, doch blieb die erhoffte Anerkennung samt finanzieller Unterstützung aus; das Stück wurde schließlich in Preußen sogar verboten, weil darin ein General ohnmächtig wird. Schon seit je hatte K. immer wieder mit dem Gedanken an einen doppelten Freitod gespielt; nun, ohne Existenzgrundlage (durch den Tod der Königin Luise von Preußen hatte er auch noch eine letzte kleine Rente eingebüßt) und ohne Hoffnung für die Zukunft, nahm sich K. zusammen mit der schwerkranken, von den Ärzten aufgegebenen empfindsamen Henriette Vogel, geb. Keber (* 1773), deren Bekanntschaft er erst 1811 gemacht hatte und der ihn wenig verband, das Leben; in seinem letzten Brief (an Ulrike) schrieb er: ›... Die Wahrheit ist, daß mir auf Erden nicht zu helfen war.‹

1821 gab L. Tieck K.s ›Hinterlassene Schriften‹, 1826 K.s ›Gesammelte Schriften‹ (3 Bde.) heraus. Mehr und mehr wuchs seitdem das Verständnis für K.s überragende dramat. Gestaltungskraft. Bes. populäre Gestalten seiner Dichtung wurden Michael Kohlhaas, jener rechtschaffene Pferdehändler, der aufgrund seines ausgeprägten Rechtsgefühls zum Räuber und Rebellen gegen eine korrupte Ordnung wird, der Dorfrichter Adam im ›Zerbrochenen Krug‹, der sich trotz aller Winkelzüge selbst als Täter entlarven muß, das Käthchen von Heilbronn, das in liebl. Demut dem Ritter, ihrem ›hohen Herrn‹, grenzenlos ergeben ist. K. pflegte seine Gestalten extremen Situationen auszusetzen, in denen sie sich allein der Entscheidung ihres inner-

Kleist-Preis 415

sten Gefühls überlassen mußten. Wegen seiner Vorliebe für jurist. Stoffe und Verhörsituationen (z. B. im ›Zerbrochenen Krug‹, im ›Käthchen‹, im ›Prinz Friedrich von Homburg‹ und in der ›Marquise von O...‹) wurde er ein ›jurid. Dichter‹ genannt. Er gehörte keiner literar. Schule oder polit. Partei an, auch vom preuß. Junkertum sowie vom luther. Glauben seines Elternhauses hatte er sich bewußt distanziert. Sein Dichtertum weist in die Moderne voraus und nimmt in manchem den Expressionismus vorweg: K.s Sprache ist reine Spannung, Satzperioden werden zerstückelt, Imagination wiegt schwerer als Wirklichkeit, das Dionysisch-Rauschhafte tritt hervor, Stil wiegt mehr als Wahrheit: ›In der Kunst kommt es überall auf die Form an, und alles, was eine Gestalt hat, ist meine Sache.‹

Ausgaben: H. v. K. Werke. Hg. v. ERICH SCHMIDT. Lpz. [2]1938. 7 Bde. (m.n.e.). – H. v. K. Werke u. Briefe in 4 Bden. Hg. v. S. STRELLER u. P. GOLDAMMER. Bln. u. Weimar 1978. – H. v. K. Sämtl. Werke u. Briefe. Hg. v. I.-M. BARTH u. H. C. SEEBA. Ffm. 1987 ff. Auf 4 Bde. berechnet. – H. v. K. Sämtl. Werke. Hg. v. R. REUSS u. a. Basel 1988 ff. – H. v. K. Sämtl. Werke u. Briefe. Hg. v. H. SEMBDNER. Mchn. [9]1993. 2 Bde. **Literatur: Dokumentation:** H. v. K. Gesch. meiner Seele, Ideenmagazin. Das Lebenszeugnis der Briefe. Hg. v. H. SEMBDNER. Bremen 1959. – H. v. K.s Lebensspuren. Dokumente u. Ber. der Zeitgenossen. Hg. v. H. SEMBDNER. Neuausg. Mchn. 1969. – HORN, P.: K.-Chronik. Königstein i. Ts. 1980. – K. Leben u. Werk im Bild. Hg. v. E. SIEBERT. Ffm. 1980. – GÜNZEL, K.: K. Ein Lebensbild in Briefen u. zeitgenöss. Berichten. Stg. 1985. – HOHOFF, C.: H. v. K. Rbk. 162.–165. Tsd. 1993. – **Studien:** GUNDOLF, F.: H. v. K. Bln. [1–2]1922–24. – MUSCHG, W. K. Lpz. 1923. – FRICKE, G.: Gefühl u. Schicksal bei H. v. K. Bln. 1929. Nachdr. Darmst. 1975. – MICHAELIS, R.: H. v. K. Velber 1965. – AYRAULT, R.: H. v. K. Paris Neuausg. 1966. – KREUTZER, H. J.: Die dichter. Entwicklung H.s v. K. Bln. 1968. – MÜLLER-SEIDEL, W.: Verstehen u. Erkennen. Eine Studie über H. v. K. Köln u. Wien [3]1971. – MOERING, M.: Witz u. Ironie in der Prosa H. v. K.s. Mchn. 1972. – SCHMIDT, JOCHEN: H. v. K. Studien zu seiner poet. Verfahrensweise. Tüb. 1974. – KANZOG, K.: Edition u. Engagement. 150 Jahre Editionsgesch. der Werke u. Briefe H. v. K.s Bln. u. New York 1979. 2 Bde. – H. v. K. Aufss. u. Essays. Hg. v. W. MÜLLER-SEIDEL. Darmst. [3]1980. – K.s Aktualität. Hg. v. W. MÜLLER-SEIDEL. Darmst. 1981. – WEIDMANN, H.: H. v. K. – Glück u. Aufbegehren. Bonn 1984. – WEISS, H.: Funde u. Studien zu H. v. K. Tüb. 1984. – CARRIÈRE, M.: Für eine Lit. des Krieges,

K. Neuausg. Ffm. 1990. – GRATHOFF, D.: K.s Geheimnisse. Unbekannte Seiten einer Biogr. Opladen 1993. – H. v. K. Hg. v. H. L. ARNOLD. Mchn. 1993. – WEINHOLZ, G.: H. v. K. Dt. Dichtergenie. Essen 1993. – H. v. K. Hg. v. G. NEUMANN. Freib. 1994. – SEMBDNER, H.: In Sachen K. Beitr. zur Forschung. Mchn. u. a. [3]1994. – **Bibliographien u. Schriftenreihen:** Schrr. der K.-Gesellschaft 1 (1921)–19 (1937). Nachdr. Amsterdam 1970. – ROTHE, E.: K.-Bibliogr. 1945–1960. In: Jb. der Dt. Schillergesellschaft 5 (1961). – Jahresgabe der H. v. K.-Gesellschaft. Bd. 1. Bln. 1962 ff. – SEMBDNER, H.: K.-Bibliogr. 1803–1862. H. v. K.s Schrr. in frühen Drucken u. Erstveröff. Stg. 1966. – K.-Jb. Hg. v. H. J. KREUTZER. Bln. u. a. 1982 ff.

Kleist-Preis, ein von Fritz Engel (* 1867, † 1935), Redakteur des ›Berliner Tageblatts‹, 1911 zum 100. Todesjahr H. von Kleists angeregter und von der dafür gegründeten Kleiststiftung zwischen 1912 und 1932 an junge dt. Dichter verliehener Förderpreis, der als höchste literar. Auszeichnung galt. Preisträger waren: H. Burte und R. J. Sorge (1912), H. Essig und O. Loerke (1913), F. von Unruh und H. Essig (1914), R. Michel und A. Zweig (1915), A. Miegel und H. Lersch (1916), W. Hasenclever (1917), L. Frank und P. Zech (1918), A. Dietzenschmidt und K. Heynicke (1919), H. H. Jahnn (1920), P. Gurk (1921), B. Brecht (1922), W. Lehmann und R. Musil (1923), E. Barlach (1924), C. Zuckmayer (1925), A. Lernet-Holenia und A. Neumann (1926), Gerhard Menzel [* 1894, † 1966] und Hans Meisel [* 1900] (1927), A. Seghers (1928), A. Brust und E. Reinacher (1929), R. Goering (1930), Ö. von Horváth und E. Reger (1931), R. Billinger und E. Lasker-Schüler (1932). Unter der Herrschaft des Nationalsozialismus wurde die Kleiststiftung aufgelöst. Vergeben wurde der K.-P. erstmals wieder auf der Jahrestagung der 1962 neu gegründeten *Heinrich-von-Kleist-Gesellschaft* im Jahre 1985. Der vom Bundesministerium des Innern und einigen Verlagen gestiftete, mit 25 000 Mark dotierte Preis soll jährlich für Arbeiten verliehen werden, ›die sich auf Gebieten bewegen, auf denen Kleist selbst tätig war‹. Die Jury wählt – entsprechend dem histor. Vorbild (›Nur ein einzelner kann sich rücksichtslos für das Außerordentliche einsetzen‹, Begründung von R. Dehmel in: ›Das literar. Echo‹, 1. Dez. 1912) – jähr-

416 Kleitarchos

lich einen ›Vertrauensmann‹, der allein verantwortlich einen Preisträger benennt. Die Preisträger sind: 1985 A. Kluge, 1986 Diana Kempff (* 1945), 1987 Th. Brasch, 1988 Ulrich Horstmann (* 1949), 1989 E. Augustin, 1990 Heiner Müller, 1991 G. Salvatore, 1992 M. Maron, 1993 E. Jandl, 1994 Herta Müller. **Literatur:** Der K.-P. 1912–1932. Hg. v. H. SEMBDNER. Bln. 1968.

Kleitarchos (tl.: Kleítarchos; lat. Clitarchus), griech. Geschichtsschreiber Ende des 4. Jh. v. Chr. – Schrieb nach Alexanders des Großen Tod (323) und vor 310 eine auf Augenzeugenberichten fußende Biographie des Königs, die dessen Weg von der Thronbesteigung bis zum Ende schildert und spätere Alexanderdarstellungen beeinflußt hat; ein Auszug ist im 17. Buch der Weltgeschichte des Diodoros enthalten.

Klemens von Alexandria, griech. Kirchenschriftsteller, ↑ Clemens, Titus Flavius C. Alexandrinus.

Klemm, Wilhelm, Pseudonym Felix Brazil, * Leipzig 15. Mai 1881, † Wiesbaden 23. Jan. 1968, dt. Lyriker. – Arzt, übernahm 1909 die väterl. Buchhandlung; heiratete eine Tochter des Verlegers Alfred Kröner (* 1861, † 1921); als Oberarzt im 1. Weltkrieg; ab 1921 Verlagsgeschäftsführer. K. ist ein stark durch das Erlebnis des Kriegs geprägter expressionist. Lyriker; seine Gedichte erschienen bis 1918 v. a. in F. Pfemferts ›Aktion‹; nach 1922 veröffentlichte er seine Gedichte nicht mehr, erst 1964 erschien wieder eine kleine Sammlung u. d. T. ›Geflammte Ränder‹.
Weitere Werke: Gloria! (Ged., 1915), Verse und Bilder (Ged., 1916), Aufforderung (Ged., 1917), Entfaltung (Ged., 1919), Ergriffenheit (Ged., 1919), Traumschutt (Ged., 1920), Verzauberte Ziele (Ged., 1921), Die Satanspuppe (Ged., 1922).
Ausgabe: W. K. Ich lag in fremder Stube. Ges. Gedichte. Hg. v. H.-J. ORTHEIL. Mchn. 1981.
Literatur: ORTHEIL, H.-J.: W. K. Monographie über einen Lyriker der ›Menschheitsdämmerung‹. Stg. 1979.

Klen, Juri, eigtl. Oswald Burghardt, * Serbinowzy 4. Okt. 1891, † Augsburg 30. Okt. 1947, ukrain. Schriftsteller dt. Herkunft. – Anglist und Germanist; Lehrer, Prof. in Kiew (bis 1930), Münster und Prag; Verfasser neoklass. Lyrik und Epik (›Popil imperij‹ [= Die Asche der Imperien], hg. 1957; unvollendet).

Kleodemos (tl.: Kleódēmos; auch Malchos), jüd.-hellenist. Geschichtsschreiber des 2. Jh. v. Chr. – Das bei Josephus Flavius (›Jüd. Archäologie‹) überlieferte einzige Bruchstück von K.' Werken stellt unter Verwendung griech. Saggenguts eine jüd. Beteiligung bei der Kolonisation Nordafrikas dar.

Klephtenlieder, lyrisch-ep. Gesänge, in denen die Abenteuer der Klephten (räuber. Freischärler in Griechenland, die sich nie der osman. Herrschaft unterwarfen) besungen werden.

Klepper, Jochen, * Beuthen/Oder 22. März 1903, † Berlin-Nikolassee 11. Dez. 1942, dt. Schriftsteller. – Studierte Theologie, war publizistisch tätig; beging mit seiner jüd. Frau und seiner Stieftochter unter polit. Druck Selbstmord. Sein literar. Schaffen ist von tiefer prot. Frömmigkeit geprägt; schrieb histor. Romane, schlichte geistl. Lieder (›Kyrie‹, 1938), erschütternde Tagebuchaufzeichnungen (›Unter dem Schatten deiner Flügel‹, hg. 1956; ›Überwindung‹, hg. 1958).
Weitere Werke: Der Kahn der fröhlichen Leute (R., 1933), Der Vater (R., 1937), Der Soldatenkönig und die Stillen im Lande (Berr. und Gespräche, 1938), Das ewige Haus (R.-Fragment, hg. 1951), Ziel der Zeit (ges. Ged., hg. 1962).
Literatur: JONAS, I.: J. K. Dichter u. Zeuge. Bln. 1967. – RIEMSCHNEIDER, E. G.: Der Fall J. K. Eine Dokumentation. Stg. 1975. – THALMAN, R.: J. K. Ein Leben zw. Idyllen u. Katastrophen. 1903–1942. Mchn. 1977. – MASCHER, B.: J. K. – Dichter der christl. Gemeinde. Stg. 1977. – GROSCH, H.: Nach J. K. fragen. Stg. 1982. – BLOCK, D.: Daß ich ihn leidend lobe. J. K. – Leben u. Werk. Lahr ²1993.

Klettenberg, Susanne Katharina von, * Frankfurt am Main 19. Dez. 1723, † ebd. 13. Dez. 1774, dt. Schriftstellerin. – Mitglied der Herrnhuter Brüdergemeine; Freundin von Goethes Mutter; nahm sich des jungen Goethe während dessen Krankheit 1768/69 und auch noch später an; übte einen mystisch-pietist. Einfluß auf ihn aus. In Erinnerung an sie schrieb Goethe die ›Bekenntnisse einer schönen Seele‹ im 6. Buch des ›Wilhelm Meister‹. Sie selbst verfaßte v. a. empfindsame geistl. Lyrik (u. a. ›Geistl. Lieder‹, 1754) und erbaul. Schriften.